万年暦

風水・擇日・奇門

山道帰一著

風水・擇日・奇門　万年暦―目次

◆第一章　暦(こよみ)について

◆第二章　干支暦(かんしれき)　1924年―2064年

◆第三章　万年暦の活用方法

八字命理（はちじめいり）

易占（えきせん）

堪輿（かんよ）

玄空飛星図（げんくうひせい）216局　飛星（ひせい）チャート

擇日（たくじつ）

奇門遁甲

後跋

増補改訂版に寄せて

第一章

暦（こよみ）について

暦とは何か？

本書は「万年暦」であり、この「万年暦」というものを定義するのに、『大辞泉』によれば「1年だけでなく、長年役立つ暦の意。開運・相性・日の吉凶などを記し集めた暦」とされます。つまり、「万年暦」とは言わば暦の一つであります。ここで日常よく口にする暦について考えてみたいと思います。

◆暦について

暦とは「日読み」が原意であり、時間の運行を年・月・日・時で区切り、数えるために体系づけたものです。

暦を構成する方法を暦法と呼びます。暦を記載したものとして暦書・暦表（カレンダー）があります。暦が示すものとしては、各日ごとの月齢、天体の出没（日の出・日の入り・月の出・月の入り）の時刻、潮汐（干満）の時刻などを記したり、曜日、行事、吉凶（暦注）を記したものを総称して暦と呼びます。

◆暦法について

暦法とは、毎年の暦を作成するための方法を指します。暦法とは太陽・月・惑星などの天体観測の成果としての天文学から見出せる法則に基づき作られた暦という意味合いがあります。暦は天体の運行に基づいて確立され、その決定においては太陽と月が主として用いられます。月の運行に基づいた暦を太陰暦、月と太陽の運行に基づいた暦を太陰太陽暦、太陽の運行に基づいた暦を太陽暦といいます。

◆暦注について

日本では、「暦注」と呼ばれることが多いですが、暦注の日取りを決める方法を「撰日法」といいます。

また、この「撰日法」は中華圏では「擇日法」（尅擇、涓吉、諏吉）と呼ばれます。岡田芳朗氏は「撰日」を次のように定義しています。

「撰日は「選日」と書くこともある。撰日とは、干支・十二直・六曜などによって、吉日を選ぶことで、つまり、日取りの仕方をいう。（中略）暦注の撰日法には次の三通りがある（月切り・節切り・不断）。」

（岡田芳朗・阿久根末忠『現代こよみ読み解き事典』柏書房）

中華の伝統文化における「擇日」と定義できるものとして以下の十二種類の技法があります。

［1］叢辰法　［2］禄命法　［3］天星法　［4］斗首法　［5］運気法　［6］演禽法　［7］穿山法

［8］紫白法　［9］奇門法　［10］六壬法　［11］太乙法　［12］三元法

この中でも日本にも導入され吉凶を説く「暦注」として馴染んでいる擇日法としては「叢辰法」が挙げられます。これは中華圏では「通書（通勝、黄暦）擇日」とも呼ばれます。

「通書擇日」の概念は、暦学の名家である洪潮和が清朝の乾隆初年に朝廷の※欽天監として出仕した後に隠居して福建泉州に居を定めたことから民間に爆発的な広がりを見せます。中国において暦法の原型は皇家御用達であり、故に「皇暦」と呼ばれてきましたが、洪潮和は隠居後、自身の暦法を長男の洪彬海に伝え、

洪潮和著『剋擇講義』には、その暦注は諸事における「擇吉避凶」（吉を選んで凶を避ける）の思想があらわれています。洪潮和による擇日は民間で広く普及し、洪氏の擇日館は「継成堂」と命名され通書が発行され続けました。現代においても、リチャード・J・スミス著『通書の世界』で述べられているように「洪潮和の通書のように古くて輝かしい血統を現代に伝えるものもある」のです。

洪潮和から世代を経て伝えられた暦注は、今日では既に二百多年的の歴史を経て、その家系は「通勝世家」とも呼ばれ、アジア圏に広く浸透した暦法の一つとなりました。通書的世界は、近世の東アジアの人々の暮らしや世界観と密接につながっていたのです。その普及率は現代においても、例えば「台湾では八三パーセントの家庭が伝統様式の通書を少なくとも一冊はそなえていることが明らかになった」（『通書の世界』）と、その現代に引き続く普及ぶりが今日でも伺われるのです。また同書の解説において監訳者の三浦國雄氏は、通書の存在意義について『通書の世界』を通じて次のように述べています。

「通書を低俗な消耗品ぐらいに考えている人は、通書が果たした歴史的、社会的役割に蒙を啓かれるはずである」

※欽天監：旧中国における官署で、近代の王立ないし国立天文台に相当する。天文現象を観測して暦法を推算する職務を管掌した。

暦の分類

通常、暦は以下の三種類に類型されます。

◆太陰暦

太陰は天体の月であり、月の運行をもとにし、朔望月（さくぼうげつ）（月の満ち欠けの周期）を1カ月とする暦法です。12朔望月（約３５４日）を1年とします。現在もイスラム諸国で使用されており、朔望月の長さを唯一の基本定数にしています。

◆太陰太陽暦

太陰暦を、太陽の動きに合わせることで、季節にも対応するように作られ、月の運行によって日を決め、太陽の運行を参照して調整する暦です。名が示す通り、太陰暦と太陽暦の折中であり、毎月の日数を朔望月を基本とし、1年の長さがある期間を平均し、ほぼ1太陽年になるようにセットされています。

太陰暦の12カ月は1太陽年より約11日少ないため、このずれが3年で約1カ月となるので、約3年に1回、余分な1カ月＝閏月（うるうづき）を挿入し、19年に7回の閏月を置くと誤差なく暦を運用できることが古くから知られて調節されてきました。太陰太陽暦において、閏月をどこに置くかを定める方法である置閏法（ちじゅんほう）は以下の４つが考案されました。

①歳末置閏法：中国では殷代以降行われてきた置閏法は冬至を基準にして、冬至から冬至までの間が13カ月ある場合に年末に13月をセットして、閏月が生じた年はすべてその年の終りに置くという方法です。

②歳中置閏法：前6世紀までには導入され、前5世紀には完備したものになったと考えられる置閏法で、季節の変化と暦の日付との間には大きな差異が生じないように二十四節気を定めて、それにあわせて季節とのずれがあまり大きくなる前に閏月を入れる方法です。

③無節置閏法：二十四節気（にじゅうしせっき）は※「節気」と※「中気」が交互に来て成り立ちます。節気の間隔は約１５・２２日で倍にすると３０・４４日、朔望月は２９・５３日なので平気法で二十四節気を定める場合、必ず節気の入らない月、中気の入らない月が生じるため、節気の無い月を閏月とする方法を無節置閏法といいます。

④無中置閏法：中気の無い月を閏月とする方法を「無中置閏法」といいます。

中国では暦と季節とのずれを検出するために二十四節気が考案され、節気と中気より成り立つ二十四節気の節気から次の節気までの間を節月と呼び、これは約30日あり、1朔望月よりも長いため、暦と季節とのずれが蓄積されていくと、中気を含まない月が生じ、この中気を含まない月を閏月といいます。

日本ではさまざまな文化や慣習が太陰太陽暦に端を発しており、旧暦と呼ばれているのは、この太陰太陽暦を指します。また、旧暦は天保暦（１８４４～１８７２年）以降は既に廃止されており、公的機関が旧暦である太陰太陽暦を作成していないのが現状です。

また中国暦では清の時憲暦（じけんれき）（１６４４～１９１１年）において太陰太陽暦が導入され、現在では農暦と呼ばれています。本万年暦においては、旧暦（太陰太陽暦）を農暦と表記しており、この太陰太陽暦は時憲暦に基づきます。日本では旧暦といえば天保暦を指します。

※節気：二十四節気は、12の中気と12の節気の総称で、中気と節気は交互に配置され、各月に1個の中気と1個の節気が含まれます。小寒・立春・啓蟄・清明・立夏・芒種・小暑・立秋・白露・寒露・立冬・大雪がこれにあたります。

※中気：冬至から次の冬至までを12等分した各区分点で、二十四節気の偶数番目のものとなります。冬至・大寒・雨水・春分・穀雨・小満・夏至・大暑・処暑・秋分・霜降・小雪がこれにあたります。

◆太陽暦

現在最も多くの国で使用されており、太陽が春分点を通過してから再び春分点に来るまでの時間である1太陽年（365・2422日）の長さ回帰年を基礎としています。

太陽暦は、エジプト暦に始まり、ユリウス暦・グレゴリオ暦と改良され、現在世界各国で使用されています。日本では明治6（1873）年から太陰太陽暦に代わって採用され、新暦と呼ばれます。太陽暦において、閏日のある年をいつセットするかという方法論としての置閏法（ちじゅんほう）は次のようになっています。

ユリウス暦では1年を365日とし、西暦年数が4で割り切れる年を閏年とします。

グレゴリオ暦では西暦の年の数について、4で割り切れたら閏年とし、100の倍数になる年は400の倍数でない限り平年として、400で割り切れたら閏年とします。

日本でグレゴリオ暦を採用する際、閏年には2月の日数を1日増加させ、これを閏日とし、2月29日を閏日と定めています。

地動説と呼ばれる地球が宇宙の中心ではなく、他の惑星と同様に太陽の周りを公転しているという説が受容されたのは16～17世紀にかけてであり、太陽系を構成する天体のうち、当時知られていたのは太陽と6つの惑星である水星、金星、火星、木星、土星、地球とその衛星である月、そして木星の4つの衛星であるガリレオ衛星のみでした。

暦と天体

◆太陽からの影響 ― 昼夜の別・季節変化

暦と呼ばれるものが派生した背景には、人間が自然界から感じ取れる確かな「変化」という点に着眼点があり、その「変化」を数えることが暦という観念を持ち始めたと言えるのではないでしょうか。そして自然現象としての「変化」がもたらした最たるものとは、人間が感じ取ることができる天体からの「影響」であり、その「影響」とは何かを以下に説明いたします。

太陽の日の出・日の入り、朝が来て、夜が来る自然現象である一昼夜を人類が一つの数として数え始めたのは、至極当然の成り行きでした。昼と夜の区別は我々の行動に及び夜は眠り、昼は活動するという行動の変化に顕著に現れます。この昼夜の変化とは、地球が自転をしながら太陽の周りを公転することによって起こる自然現象です。地球の赤道面は、公転面に対して23度26分傾いており、この傾きが自転軸の傾きでもあり、季節変化をもたらすのです。

季節変化によってもたらされるものは、春には春の、夏には夏の、秋には秋の、そして冬には冬の景色があるように、視覚的、嗅覚的にも我々は季節変化を感じ取り、その投げ与えられた変化の影響は、人類が移住型の狩猟生活においては、動物を狩猟する上での動物の行動に対する傾向性を浮かび上がらせ、人間が狩猟を目的とし、狩猟対象となる動物の行動を追う方向感覚を発達させました。

それは狩猟生活時代の主要な関心事である、獲物を追うという行動様式から方位は意識され古代社会における「八卦」（八方位）の概念の誕生へと連なります。

人類が定住型の農耕生活に移行してからは、四季の変化とは「五行」（季節）で代表される時間のサイクルを生み出し、やがては農耕における種蒔きから収穫まで、大地の恵みの恩恵にあずかるようになったのは、人類がこの変化を熟知したからであり、そこに暦が介在してくるのです。

現代においても、我々は太陽からの影響を日常の一部としてその変化を感じ続けているのです。例えば、紫外線は太陽高度が高くなるにつれ急速に強くなり、1年の紫外線の強さと量が最も多い季節は夏であり、冬の乾燥で肌が弱っていて急に紫外線が増える3月、4月、5月も肌を気にする人には注意が必要と、実に我々は多くの変化と影響を太陽から受け続け、それは生活様式から、行動様式に影響を与え続けています。

自然現象の変化に伴う影響を受けて成り立つ人類の生活から行動様式は常に暦に密着しています。それは暦というものが時間に単位を設けて区切った楔であり、標（しる）されたものだからです。そして季節のように再現性のある時間概念、言わば経過する時間、そして循環する時間概念によって、暦は誕生し成り立つのです。

その派生のメカニズムは自然界からの変化を受け、人類がその影響に対して考察を始めたときに時間概念が生まれ、そのメカニズムとなるものが暦と言い換えても良いのではないでしょうか。そして、太陽からの影響である季節変化は暦を成立させる主要なものです。

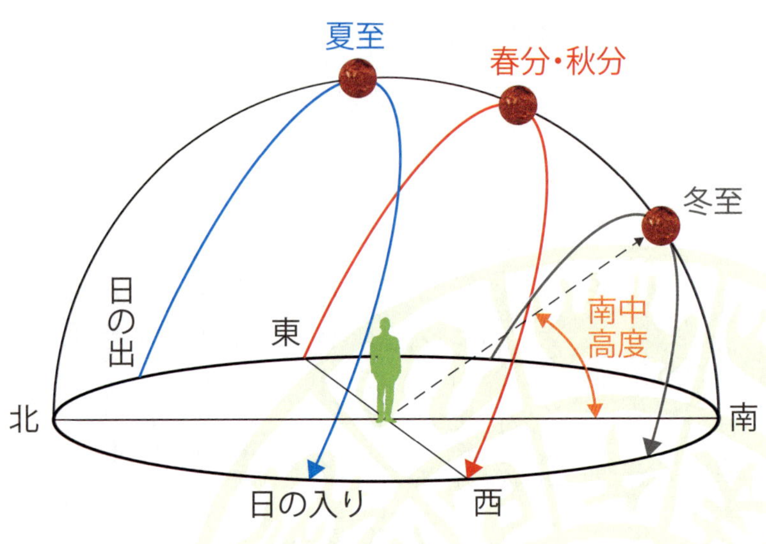
夏至
春分・秋分
冬至
南中
高度
日の出
東
北
南
日の入り
西

◆採光と人間心理

日本では夏の太陽は高く、冬の太陽は低く見えます。季節によって太陽の通り道が異なるわけです。季節によって異なるのは、「太陽が出ている時間」「太陽の高度」の二つです。日照時間が長いと地表もよく熱せられ、太陽の高度が高ければ、日光によって地表があたためられ、大気があたためられ、気温が上がるわけです。太陽の南中高度が最も高いのが夏至で、逆に最も低いのが冬至です。そして、春分と秋分は冬至と夏至の中間の南中高度となります。つまり高度が高いほど日光はたくさんあたるということになり、太陽の高度の違いが、「気温が夏に高く、冬に低い」ことの原因の一つとなっています。そして、季節を決定しているのは太陽の南中高度で、南中高度が高いと日照時間も長くなります。

日照時間の長さは住宅づくりにおける大事な問題の一つである採光に関係しています。採光とは建築物の室内の環境を調整するため、外部から自然光を採り入れることです。

そして、採光が適切であれば快適であると感じるのは人間の心理ですが、採光が人間の心理に与える影響を考えるならば、採光のための宅の向き、つまり風水でいう「理気（りき）」もまた人間心理に与える影響があるということになります。
そこで次に、風水学から採光を取る目的である住宅（陽宅）の向き（理気）について、人間の心理と共に考えてみたいと思います。と言うのも、陽宅風水が環境心理学との接点や類似点があるのは人間と環境を一体に考える、人間心理にあるからです。まずは採光の効用が得られるのは太陽の昇っている日中です。そして日本国内における47都道府県においても、経度緯度がそれぞれ異なり、地域ごとに日照時間（太陽の光が当たる時間）が当然異なります。
東北方面や山陰地方の日照時間は短いですが、その中でも秋田県はワースト1位です。もちろん、これには秋田県が典型的な日本海側気候であるということも関係しています。
さて、ここで住宅（陽宅）が太陽光を取り入れる採光（そのための向きが理気の目的の一つ）が、人間の心理に何らかの結びつきや影響が出るのならば、環境心理学と同じく実証主義の立場に立つと仮定した陽宅風水としては、経験に由来しない概念を用いて思考したりすることを避け、採光を取る向き（理気）によって顕著にあらわれる事実のみに基づいて論証を推し進めると次のようなことがわかっています。
この日照時間が47都道府県でワースト1位の秋田県の自殺率は、平成16年で人口10万人あたり39・1となっており、秋田県は47都道府県で自殺率に関してもワースト1位なのです。また、自殺率のワースト2位以下も青森県は38・3、岩手県34・6と日照時間の短い東北地方で、高い数値となっています。
また秋田県は自殺と結びつく原因の一つとして考えられる、高齢うつ病患者数においても、第一位（2008年）となっています。
ここから日照時間と自殺率、うつ病患者数には何らかの関係が成立すると考えてもいいのではないでしょうか。そして、うつ病などに顕著なように人間の心理のあらわれとしての病と日照時間、ひいては住宅の採光が因果関係があることが証明できたということは、人間心理と環境を一体として捉える風水学の採光を取る目的である陽宅（住宅）の理気（向き）を非科学的であると断ずることはできないということです。つまり、陽宅風水の考える理気や、太陽の位置、季節ごとの影響としての採光と人間心理における関係を非科学的であるといって切り捨てることはできないのです。

◆月からの影響 ― 潮汐力・皮膚の新陳代謝

人類にとって最も深刻な影響がある自然現象に見出せる変化の最たるものの一つとして月があります。月が及ぼす力として最も顕著なものが潮汐力であり、「潮の干満（潮の満ち干）」を引き起こします。

潮汐力は、主に月の引力と遠心力によって引き起こされるので、ちょうど月が南中にきている場所とその反対側にもっとも大きく働きます。もちろん潮汐力は太陽の影響も受けますが、距離が遠いため月の半分程度しかありません（左の図上）。

地球の自転は6時間ごとに90度回転するので、干潮と満潮はほぼ6時間ごとに繰り返し、満月や新月の時、太陽と月の潮汐力が重なり、普段よりも干満の差が大きくなり大潮となります。上弦や下弦（半月）の時は太陽と月の潮汐力が相殺され干満差の少ない小潮となります。

しかし、実際の潮の満ち干は海水と海底の摩擦や海水の慣性、地形的な要素も加わり南中から数時間程度遅れるようです（左の図下）。したがって大雑把ですが、月の出時刻前後1～2時間頃が満潮になり、南中時刻の前後が干潮と考えることもできます。

干満差は地形によって大きな影響を受け、日本最大の干満差を持つ有明海で約4・5ｍにもなり、瀬戸内海も有名で場所によっては3・5ｍを越えます。東京湾では約1・8ｍ、春分・秋分頃には、干満差はさら

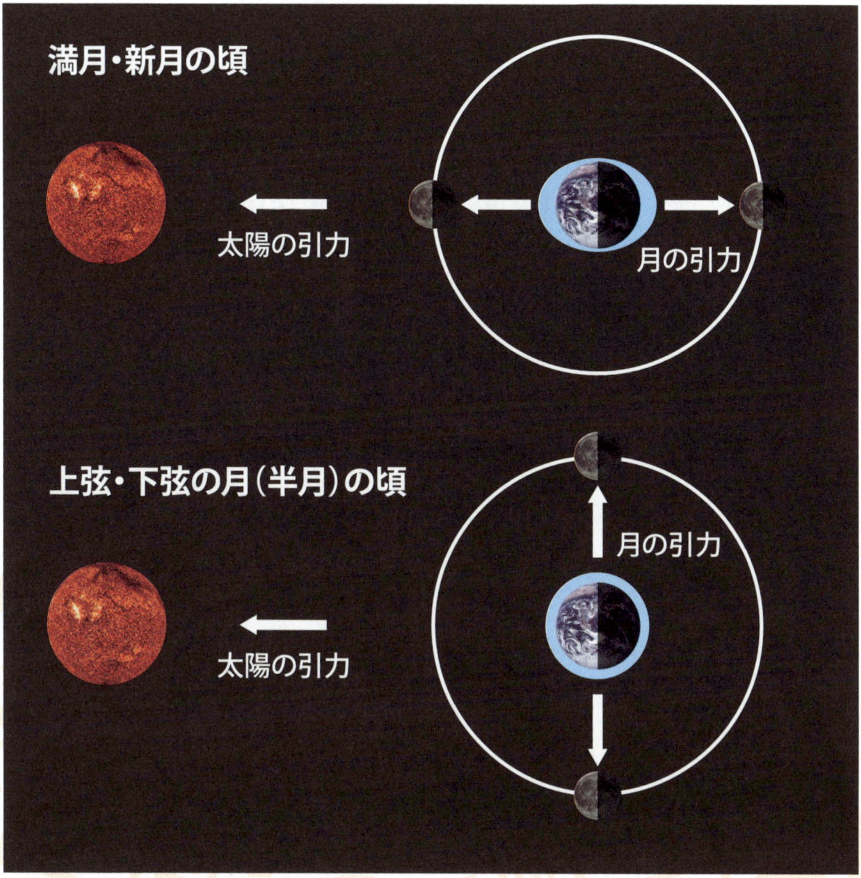

満月・新月の頃

太陽の引力

月の引力

上弦・下弦の月（半月）の頃

月の引力

太陽の引力

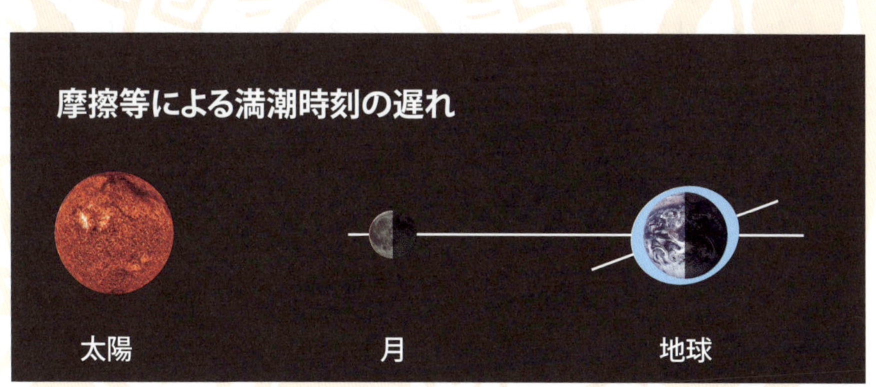
摩擦等による満潮時刻の遅れ
太陽
月
地球

に大きくなり東京湾で２ｍを、有明海では６ｍを超えるほどになります。

日本海や地中海では干満差が小さく、大潮の時でもせいぜい十数㎝程度です。これは日本海も地中海も内湾的で海水が閉じこめられた状態にあるため水位変化が起きにくいといわれています。

また、潮汐力はその潮の満ち干に伴って海水の流れにも大きな影響を及ぼします。これを潮流といい、潮汐に合わせて周期的に変化します。特に湾口や水道などでは複雑な流れが起き急流となります。

一方向に徐々に速度が増し、最強流に達した後、今度は徐々に速度が落ちてきて、流れが停止する時間（潮止まり）があります。次に潮流は逆の方向に流れ始め（転流）、流速を増して最強流に達した後、流速を減少して再び流れが停止し、これを12時間かけて周期的に繰り返します。潮の干満や潮流は同じ原理で働きますから、当然潮流の激しさは大潮の時期に最大となります。特に鳴門海峡の渦潮は有名です。

人が天体からの影響を感じ取っていることは、人が月の満ち欠けの状態を把握していなくとも、影響は顕著に人体にあらわれていることでわかります。

人間の皮膚の新陳代謝の周期は28日、月の周期の２７・３２日と近いものになっています。

また、女性の場合は生理の周期も28日が中心の人が多いのも既存の事実です。なんとなく満月に神経が高ぶる、という女性が多いともいわれます。そして、新月や満月は、引力の関係からか出産が増えるというのも顕著であり、産婦人科ではその日の出勤スタッフを増やしているところもあるとのことです。

暦の成り立ち

◆平気法と定気法

1年の長さ（1太陽年）を24等分して二十四節気を定める方法を平気法（恒気法／常気法）と呼びます。平気法は時間分割法とも呼ばれ、冬至から翌年の冬至までの時間を24等分して導き出します。太陽の視黄経が15度の倍数になる度数をもって定義する決め方を定気法（実気法）と呼びます。黄道を24分割する定気法は空間分割法とも呼ばれます。

黄道を春分点を起点として15度ずつの24分点に分け、太陽がこの点を通過する時を二十四節気とする定気法の導入は、中国暦では清の時憲暦（1644～1911年）から導入され、日本においては天保暦（1844～1872年）から導入されました。それまではいずれも平気法が用いられてきました。

定気法は新しい考え方ではなく、その考え方は隋代には既に提案されていました。中国の東晋時代の虞喜（ぐき）（281～356年）は、独自に冬至点（中国の天文学では春分点より冬至点の位置を重要視した）の逆行を発見し、歳差の存在を指摘しており、さらに六世紀の半ばに北斉の張子信（ちょうししん）によって太陽運動の中心差が発見され、後の隋代の儒学者、天文学者であった劉焯（りゅうしゃく）（544～608年）によって、太陰太陽暦の暦法であり、六朝時代の天文学の成果をすべて取り入れた画期的な暦である皇極暦（こうきょくれき）を作成する際に太陽が黄道上を行く度数によって節気を定義する定気の法が提唱されていました。この定気法は千年以上経過し、清朝の時憲書が配布されるようになってはじめて採用されたのです。

本万年暦は、定気法による時憲暦に基づいた太陰太陽暦の暦法を採用しています。

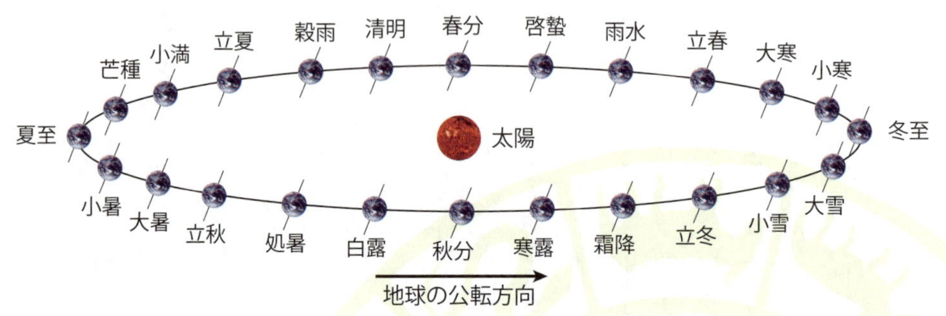

春分
清明
穀雨
立夏
小満
芒種
夏至
小暑
大暑
立秋
処暑
白露
秋分
寒露
霜降
立冬
小雪
大雪
冬至
小寒
大寒
立春
雨水
啓蟄
太陽
地球の公転方向

◆二十四節気（にじゅうしせっき）

二十四節気とは、太陰太陽暦において暦と季節とのずれを検出し、季節を正しく示すために考案されました。１太陽年を太陽の黄経によって24等分し、その分点に節気と中気を交互に配列し、それぞれに季節の名称を与えています。

平気法における二十四節気は、１太陽年を日数によって24等分したものになります。

定気法における二十四節気は、太陽の黄経（黄道座標の経度。春分点を零度として東回りに３６０度まで測る）を視位置によって24等分したものになります。

二十四節気による分割点を含む日に季節を表す名称を付したものを二十四節気といいます。

本万年暦における二十四節気・節入月日時刻は国立天文台が編纂する「理科年表」（大正14年（１９２５年）創刊）に基づき、時刻は全て中央標準時（Japan central standard time）となっております。

◆旧暦2033年問題について

太陰太陽暦で閏月を入れる回数を求めるのに用いられたメトン周期（中国では章法という）は、紀元前5世紀のギリシャの数学者、天文学者、技術者であるメトンが発見し、太陰太陽暦で閏月を入れる回数を求めるのに際して、19太陽年は235朔望月にほぼ等しいという周期のことをいいます。

これは月の満ち欠けをもとにする太陰太陽暦と太陽暦の関係が19年でほぼ元に戻るということを意味し、メトン周期に従うと19年間に7回の閏月を入れれば太陽年とのずれが解消されることになります。前回は1995年、次に2014年、次回は2033年ですが、次回の2033年にはその関係にちょっとした問題が生じることが知られています。

地球が常に一定速度で運動していれば平気法でも定気法でも結果は変らないのですが、天保暦のように定気法を採用する太陰太陽暦の場合には、ケプラーの第2法則によって、地球が近日点を通る頃の冬には速く動くので中気の間隔は短くなってしまいます。反対に遠日点を通る頃の夏には遅く動くので中気の間隔は長くなります。

その変動幅はおよそ29・5〜31・5日であり、特に間隔が短くなる冬には、旧暦のひと月の間に中気が二つ入り、それが何月か決まらなくなる事態も起こりうるのです。

そのため天保暦では、冬至を含む月は11月、春分を含む月は2月、夏至を含む月は5月、秋分を含む月は8月となるように調整するというルールが加えられていました。

そして2033年は、中気の二つ入る月が二つ、中気の入らない月が三つも存在してしまいます。天保暦のルールによれば9月23日からの月は秋分を含むため8月、11月22日からの月は冬至を含むため11月ということになりますが、その間に9月と10月を入れようにも、10月23日からの月しかないため不可能で、旧暦が決まらないことになってしまいます。これが旧暦２０３３年問題と呼ばれるものです。これは天保暦が始まって以来、初めて起こる事態です。

一方、天保暦よりも先に定気法を採用した中国の時憲暦においては、この旧暦２０３３年問題をどう対処しているのか見ることにします。時憲暦における置閏法については、『清史稿』「時憲志」康熙甲子元法上に記載されています。

求閏月以前後兩年有冬至之月為準中積十三月者以無中氣之月從前月置閏一歳中兩無中氣者置在前無中氣之月為閏。

閏月を求めるには、前後両年にある冬至あるの月を以て準となす。中積十三月なるは、中気無きの月を以って、前月に従って閏を置く。一歳中、両つながら中気無きは、前に在る中気無きの月を閏となす。

日本の天文学者の薮内清(やぶうちきよし)氏（１９０６～２０００年）は『清史稿』「時憲志」康熙甲子元法上に見られる置閏法の解釈について次のように述べています。

「その新法である冬至月を一一月に固定し、前年の一一月から次年の一一月までの日数が十三カ月の時には、※無中置閏法によって閏月をおく。しかもそのばあい、二個の無中気の月があれば、はじめの月を閏月とするのである」（薮内清著『中国の天文暦法』）

※無中置閏法：中気の無い月を閏月とする方法。

2033〜2034年の旧暦月（時憲暦）

朔	中気1	中気2	時憲暦
2033年12月22日			閏11月

つまり、中国の時憲暦では、冬至を含む月から次に冬至を含む月までに13ヵ月ある場合に、中気が入らない最初の月を閏月とすると定められています。

冬至と秋分の両方の条件を満たすことはできませんので、まずは冬至を優先するということであり、冬至を含む暦月を11月とします。古代の暦法では中国も日本も冬至を定めることが出発点だったことを前提とすれば、冬至を優先するのは至極妥当な判断だといえるでしょう。そのため、本書では時憲暦のルールに基づき12月22日より閏11月を置いています。

定気法を採用した日本の天保暦の置閏法は、中国の時憲暦に由来するとされてきましたが、実際には天保暦の置閏法は日本のオリジナル・ルールであった可能性があります。また、今日の日本においては旧暦となる太陰太陽暦である天保暦は既に廃止され、その手順どおりに推算・公表する機関もないため、通常は現代天文学による朔や二十四節気の情報をもとに構築しているというのが実態で、太陰太陽暦のルールのメンテナンスが行われておらず、旧暦２０３３年問題による民間のカレンダーの混乱が予想されます。

第二章

干支暦（かんしれき）

1924年～2064年

一九二四年　甲子　四緑

二元八運…「三運」
三元九運…「四運」

月	1月	2月	3月	4月	5月	6月
月干支	乙丑 癸亥(年)	丙寅	丁卯	戊辰	己巳	庚午
紫白	九紫	八白	七赤	六白	五黄	四緑
節気	6 小寒 23時5分	5 立春 10時50分	6 啓蟄 5時12分	5 清明 10時33分	6 立夏 4時26分	6 芒種 9時2分
節気	21 大寒 16時28分	20 雨水 6時51分	21 春分 6時20分	20 穀雨 17時59分	21 小満 17時40分	22 夏至 1時59分

新暦	1月 農暦	1月 日干支	1月 日紫白	1月 奇門遁甲局数	2月 農暦	2月 日干支	2月 日紫白	2月 奇門遁甲局数	3月 農暦	3月 日干支	3月 日紫白	3月 奇門遁甲局数
1	11/25	己卯	七	陽2局	12/27	庚戌	二	陽8局	1/26	己卯	四	陽1局
2	11/26	庚辰	八		12/28	辛亥	三		1/27	庚辰	五	
3	11/27	辛巳	九		12/29	壬子	四		1/28	辛巳	六	
4	11/28	壬午	一		12/30	癸丑	五		1/29	壬午	七	
5	11/29	癸未	二		1/1	甲寅	六	陽5局	2/1	癸未	八	
6	12/1	甲申	三	陽8局	1/2	乙卯	七		2/2	甲申	九	陽7局
7	12/2	乙酉	四		1/3	丙辰	八		2/3	乙酉	一	
8	12/3	丙戌	五		1/4	丁巳	九		2/4	丙戌	二	
9	12/4	丁亥	六		1/5	戊午	一		2/5	丁亥	三	
10	12/5	戊子	七		1/6	己未	二	陽2局	2/6	戊子	四	
11	12/6	己丑	八	陽5局	1/7	庚申	三		2/7	己丑	五	陽4局
12	12/7	庚寅	九		1/8	辛酉	四		2/8	庚寅	六	
13	12/8	辛卯	一		1/9	壬戌	五		2/9	辛卯	七	
14	12/9	壬辰	二		1/10	癸亥	六		2/10	壬辰	八	
15	12/10	癸巳	三		1/11	甲子	一	陽9局	2/11	癸巳	九	
16	12/11	甲午	四	陽3局	1/12	乙丑	二		2/12	甲午	一	陽3局
17	12/12	乙未	五		1/13	丙寅	三		2/13	乙未	二	
18	12/13	丙申	六		1/14	丁卯	四		2/14	丙申	三	
19	12/14	丁酉	七		1/15	戊辰	五		2/15	丁酉	四	
20	12/15	戊戌	八		1/16	己巳	三	陽6局	2/16	戊戌	五	
21	12/16	己亥	九	陽9局	1/17	庚午	四		2/17	己亥	六	陽9局
22	12/17	庚子	一		1/18	辛未	五		2/18	庚子	七	
23	12/18	辛丑	二		1/19	壬申	六		2/19	辛丑	八	
24	12/19	壬寅	三		1/20	癸酉	七		2/20	壬寅	九	
25	12/20	癸卯	四		1/21	甲戌	八	陽3局	2/21	癸卯	一	
26	12/21	甲辰	五	陽6局	1/22	乙亥	九		2/22	甲辰	二	陽6局
27	12/22	乙巳	六		1/23	丙子	一		2/23	乙巳	三	
28	12/23	丙午	七		1/24	丁丑	二		2/24	丙午	四	
29	12/24	丁未	八		1/25	戊寅	三		2/25	丁未	五	
30	12/25	戊申	九						2/26	戊申	六	
31	12/26	己酉	一	8					2/27	己酉	七	4

新暦	4月 農暦	4月 日干支	4月 日紫白	4月 奇門遁甲局数	5月 農暦	5月 日干支	5月 日紫白	5月 奇門遁甲局数	6月 農暦	6月 日干支	6月 日紫白	6月 奇門遁甲局数
1	2/28	庚戌	八	陽4局	3/28	庚辰	二	陽4局	4/29	辛亥	六	陽6局
2	2/29	辛亥	九		3/29	辛巳	三		5/1	壬子	七	
3	2/30	壬子	一		3/30	壬午	四		5/2	癸丑	八	
4	3/1	癸丑	二		4/1	癸未	五		5/3	甲寅	九	陽3局
5	3/2	甲寅	三	陽1局	4/2	甲申	六	陽1局	5/4	乙卯	一	
6	3/3	乙卯	四		4/3	乙酉	七		5/5	丙辰	二	
7	3/4	丙辰	五		4/4	丙戌	八		5/6	丁巳	三	
8	3/5	丁巳	六		4/5	丁亥	九		5/7	戊午	四	
9	3/6	戊午	七		4/6	戊子	一		5/8	己未	五	陽9局
10	3/7	己未	八	陽7局	4/7	己丑	二	陽7局	5/9	庚申	六	
11	3/8	庚申	九		4/8	庚寅	三		5/10	辛酉	七	
12	3/9	辛酉	一		4/9	辛卯	四		5/11	壬戌	八	
13	3/10	壬戌	二		4/10	壬辰	五		5/12	癸亥	九	
14	3/11	癸亥	三		4/11	癸巳	六		5/13	甲子	四	陰9局
15	3/12	甲子	七	陽5局	4/12	甲午	七	陽5局	5/14	乙丑	五	
16	3/13	乙丑	八		4/13	乙未	八		5/15	丙寅	六	
17	3/14	丙寅	九		4/14	丙申	九		5/16	丁卯	七	
18	3/15	丁卯	一		4/15	丁酉	一		5/17	戊辰	八	
19	3/16	戊辰	二		4/16	戊戌	二		5/18	己巳	九	陰3局
20	3/17	己巳	九	陽2局	4/17	己亥	三	陽2局	5/19	庚午	一	
21	3/18	庚午	一		4/18	庚子	四		5/20	辛未	二	
22	3/19	辛未	二		4/19	辛丑	五		5/21	壬申	一	
23	3/20	壬申	三		4/20	壬寅	六		5/22	癸酉	九	
24	3/21	癸酉	四		4/21	癸卯	七		5/23	甲戌	八	陰6局
25	3/22	甲戌	五	陽8局	4/22	甲辰	八	陽8局	5/24	乙亥	七	
26	3/23	乙亥	六		4/23	乙巳	九		5/25	丙子	六	
27	3/24	丙子	七		4/24	丙午	一		5/26	丁丑	五	
28	3/25	丁丑	八		4/25	丁未	二		5/27	戊寅	四	
29	3/26	戊寅	九		4/26	戊申	三		5/28	己卯	三	8
30	3/27	己卯	一	4	4/27	己酉	四	6	5/29	庚辰	二	
31					4/28	庚戌	五					

1923年　癸亥(年)／甲子(月)

月	12月				11月				10月				9月				8月				7月			
月干支	丙子				乙亥				甲戌				癸酉				壬申				辛未			
紫白	七赤				八白				九紫				一白				二黒				三碧			
節気	22	7	日紫白	奇門遁甲局数	22	8	日紫白	奇門遁甲局数	24	8	日紫白	奇門遁甲局数	23	8	日紫白	奇門遁甲局数	23	8	日紫白	奇門遁甲局数	23	7	日紫白	奇門遁甲局数
	冬至 11時45分	大雪 17時53分			小雪 22時46分	立冬 1時29分			霜降 1時44分	寒露 22時52分			秋分 16時58分	白露 7時46分			処暑 19時48分	立秋 5時12分			大暑 12時57分	小暑 19時29分		
新暦	農暦	日干支			農暦	日干支			農暦	日干支			農暦	日干支			農暦	日干支			農暦	日干支		
1	11/5	甲寅	一	陰7局	10/5	甲申	四	陰9局	9/3	癸丑	八	6	8/3	癸未	二	9	7/1	壬子	六	2	5/30	辛巳	一	陰8局
2	11/6	乙卯	九		10/6	乙酉	三		9/4	甲寅	七	陰9局	8/4	甲申	一	陰3局	7/2	癸丑	五		6/1	壬午	九	
3	11/7	丙辰	八		10/7	丙戌	二		9/5	乙卯	六		8/5	乙酉	九		7/3	甲寅	四	陰5局	6/2	癸未	八	
4	11/8	丁巳	七		10/8	丁亥	一		9/6	丙辰	五		8/6	丙戌	八		7/4	乙卯	三		6/3	甲申	七	陰2局
5	11/9	戊午	六		10/9	戊子	九		9/7	丁巳	四		8/7	丁亥	七		7/5	丙辰	二		6/4	乙酉	六	
6	11/10	己未	五	陰1局	10/10	己丑	八	陰3局	9/8	戊午	三		8/8	戊子	六		7/6	丁巳	一		6/5	丙戌	五	
7	11/11	庚申	四		10/11	庚寅	七		9/9	己未	二	陰3局	8/9	己丑	五	陰6局	7/7	戊午	九		6/6	丁亥	四	
8	11/12	辛酉	三		10/12	辛卯	六		9/10	庚申	一		8/10	庚寅	四		7/8	己未	八	陰8局	6/7	戊子	三	
9	11/13	壬戌	二		10/13	壬辰	五		9/11	辛酉	九		8/11	辛卯	三		7/9	庚申	七		6/8	己丑	二	陰5局
10	11/14	癸亥	一		10/14	癸巳	四		9/12	壬戌	八		8/12	壬辰	二		7/10	辛酉	六		6/9	庚寅	一	
11	11/15	甲子	六	陰4局・閏	10/15	甲午	三	陰5局	9/13	癸亥	七		8/13	癸巳	一		7/11	壬戌	五		6/10	辛卯	九	
12	11/16	乙丑	五		10/16	乙未	二		9/14	甲子	三	陰5局	8/14	甲午	九	陰7局	7/12	癸亥	四		6/11	壬辰	八	
13	11/17	丙寅	四		10/17	丙申	一		9/15	乙丑	二		8/15	乙未	八		7/13	甲子	九	陰1局	6/12	癸巳	七	
14	11/18	丁卯	三		10/18	丁酉	九		9/16	丙寅	一		8/16	丙申	七		7/14	乙丑	八		6/13	甲午	六	陰7局
15	11/19	戊辰	二		10/19	戊戌	八		9/17	丁卯	九		8/17	丁酉	六		7/15	丙寅	七		6/14	乙未	五	
16	11/20	己巳	一	陰7局・閏	10/20	己亥	七	陰8局	9/18	戊辰	八		8/18	戊戌	五		7/16	丁卯	六		6/15	丙申	四	
17	11/21	庚午	九		10/21	庚子	六		9/19	己巳	七	陰8局	8/19	己亥	四	陰1局	7/17	戊辰	五		6/16	丁酉	三	
18	11/22	辛未	八		10/22	辛丑	五		9/20	庚午	六		8/20	庚子	三		7/18	己巳	四	陰4局	6/17	戊戌	二	
19	11/23	壬申	七		10/23	壬寅	四		9/21	辛未	五		8/21	辛丑	二		7/19	庚午	三		6/18	己亥	一	陰1局
20	11/24	癸酉	六		10/24	癸卯	三		9/22	壬申	四		8/22	壬寅	一		7/20	辛未	二		6/19	庚子	九	
21	11/25	甲戌	五	陰1局・閏	10/25	甲辰	二	陰2局	9/23	癸酉	三		8/23	癸卯	九		7/21	壬申	一		6/20	辛丑	八	
22	11/26	乙亥	三		10/26	乙巳	一		9/24	甲戌	二	陰2局	8/24	甲辰	八	陰4局	7/22	癸酉	九		6/21	壬寅	七	
23	11/27	丙子	四		10/27	丙午	九		9/25	乙亥	一		8/25	乙巳	七		7/23	甲戌	二	陰7局	6/22	癸卯	六	
24	11/28	丁丑	五		10/28	丁未	八		9/26	丙子	三		8/26	丙午	六		7/24	乙亥	一		6/23	甲辰	五	陰4局
25	11/29	戊寅	六		10/29	戊申	七		9/27	丁丑	二		8/27	丁未	五		7/25	丙子	九		6/24	乙巳	四	
26	12/1	己卯	七	陽1局	10/30	己酉	六	陰4局	9/28	戊寅	一		8/28	戊申	四		7/26	丁丑	八		6/25	丙午	三	
27	12/2	庚辰	八		11/1	庚戌	五		9/29	己卯	九	陰6局	8/29	己酉	三	陰6局	7/27	戊寅	七		6/26	丁未	二	
28	12/3	辛巳	九		11/2	辛亥	四		10/1	庚辰	八		8/30	庚戌	二		7/28	己卯	六	陰9局	6/27	戊申	一	
29	12/4	壬午	一		11/3	壬子	三		10/2	辛巳	七		9/1	辛亥	一		7/29	庚辰	五		6/28	己酉	九	陰2局
30	12/5	癸未	二		11/4	癸丑	二		10/3	壬午	六		9/2	壬子	九		8/1	辛巳	四		6/29	庚戌	八	
31	12/6	甲申	三	7					10/4	癸未	五						8/2	壬午	三		6/30	辛亥	七	

一九二五年 乙丑 三碧

三元八運…「三運」
三元九運…「四運」

月	1月				2月				3月				4月				5月				6月			
月干支	丁丑 甲子(年)				戊寅				己卯				庚辰				辛巳				壬午			
紫白	六白				五黄				四緑				三碧				二黒				一白			
節気	6 小寒 4時53分	20 大寒 22時20分			4 立春 16時37分	19 雨水 12時43分			6 啓蟄 11時0分	21 春分 12時12分			5 清明 16時22分	20 穀雨 23時51分			6 立夏 10時18分	21 小満 23時33分			6 芒種 14時56分	22 夏至 7時50分		
新暦	農暦	日干支	日紫白	奇門遁甲局数	農暦	日干支	日紫白	奇門遁甲局数	農暦	日干支	日紫白	奇門遁甲局数	農暦	日干支	日紫白	奇門遁甲局数	農暦	日干支	日紫白	奇門遁甲局数	農暦	日干支	日紫白	奇門遁甲局数
1	12/7	乙酉	四	陽7局	1/9	丙辰	八	陽9局	2/7	甲申	九	陽6局	3/9	乙卯	四	陽9局	4/9	乙酉	七	陽2局	閏4/11	丙辰	二	陽2局
2	12/8	丙戌	五		1/10	丁巳	九		2/8	乙酉	一		3/10	丙辰	五		4/10	丙戌	八		閏4/12	丁巳	三	
3	12/9	丁亥	六		1/11	戊午	一		2/9	丙戌	二		3/11	丁巳	六		4/11	丁亥	九		閏4/13	戊午	四	
4	12/10	戊子	七		1/12	己未	二	陽6局	2/10	丁亥	三		3/12	戊午	七		4/12	戊子	一		閏4/14	己未	五	陽8局
5	12/11	己丑	八	陽4局	1/13	庚申	三		2/11	戊子	四		3/13	己未	八	陽6局	4/13	己丑	二	陽8局	閏4/15	庚申	六	
6	12/12	庚寅	九		1/14	辛酉	四		2/12	己丑	五	陽3局	3/14	庚申	九		4/14	庚寅	三		閏4/16	辛酉	七	
7	12/13	辛卯	一		1/15	壬戌	五		2/13	庚寅	六		3/15	辛酉	一		4/15	辛卯	四		閏4/17	壬戌	八	
8	12/14	壬辰	二		1/16	癸亥	六		2/14	辛卯	七		3/16	壬戌	二		4/16	壬辰	五		閏4/18	癸亥	九	
9	12/15	癸巳	三		1/17	甲子	一	陽8局	2/15	壬辰	八		3/17	癸亥	三		4/17	癸巳	六		閏4/19	甲子	四	陽6局
10	12/16	甲午	四	陽2局	1/18	乙丑	二		2/16	癸巳	九		3/18	甲子	七	陽4局	4/18	甲午	七	陽4局	閏4/20	乙丑	五	
11	12/17	乙未	五		1/19	丙寅	三		2/17	甲午	一	陽1局	3/19	乙丑	八		4/19	乙未	八		閏4/21	丙寅	六	
12	12/18	丙申	六		1/20	丁卯	四		2/18	乙未	二		3/20	丙寅	九		4/20	丙申	九		閏4/22	丁卯	七	
13	12/19	丁酉	七		1/21	戊辰	五		2/19	丙申	三		3/21	丁卯	一		4/21	丁酉	一		閏4/23	戊辰	八	
14	12/20	戊戌	八		1/22	己巳	六	陽5局	2/20	丁酉	四		3/22	戊辰	二		4/22	戊戌	二		閏4/24	己巳	九	陽3局
15	12/21	己亥	九	陽8局	1/23	庚午	七		2/21	戊戌	五		3/23	己巳	三	陽1局	4/23	己亥	三	陽1局	閏4/25	庚午	一	
16	12/22	庚子	一		1/24	辛未	八		2/22	己亥	六	陽7局	3/24	庚午	四		4/24	庚子	四		閏4/26	辛未	二	
17	12/23	辛丑	二		1/25	壬申	九		2/23	庚子	七		3/25	辛未	五		4/25	辛丑	五		閏4/27	壬申	三	
18	12/24	壬寅	三		1/26	癸酉	一		2/24	辛丑	八		3/26	壬申	六		4/26	壬寅	六		閏4/28	癸酉	四	
19	12/25	癸卯	四		1/27	甲戌	八	陽2局	2/25	壬寅	九		3/27	癸酉	七		4/27	癸卯	七		閏4/29	甲戌	五	陽9局
20	12/26	甲辰	五	陽5局	1/28	乙亥	九		2/26	癸卯	一		3/28	甲戌	五	陽7局	4/28	甲辰	八	陽7局	閏4/30	乙亥	六	
21	12/27	乙巳	六		1/29	丙子	一		2/27	甲辰	二	陽4局	3/29	乙亥	六		4/29	乙巳	九		5/1	丙子	七	
22	12/28	丙午	七		1/30	丁丑	二		2/28	乙巳	三		3/30	丙子	七		閏4/1	丙午	一		5/2	丁丑	五	
23	12/29	丁未	八		2/1	戊寅	三		2/29	丙午	四		4/1	丁丑	八		閏4/2	丁未	二		5/3	戊寅	四	
24	1/1	戊申	九		2/2	己卯	四	陽9局	3/1	丁未	五		4/2	戊寅	九		閏4/3	戊申	三		5/4	己卯	三	陰9局
25	1/2	己酉	一	陽3局	2/3	庚辰	五		3/2	戊申	六		4/3	己卯	一	陽5局	閏4/4	己酉	四	陽5局	5/5	庚辰	二	
26	1/3	庚戌	二		2/4	辛巳	六		3/3	己酉	七	陽3局	4/4	庚辰	二		閏4/5	庚戌	五		5/6	辛巳	一	
27	1/4	辛亥	三		2/5	壬午	七		3/4	庚戌	八		4/5	辛巳	三		閏4/6	辛亥	六		5/7	壬午	九	
28	1/5	壬子	四		2/6	癸未	八		3/5	辛亥	九		4/6	壬午	四		閏4/7	壬子	七		5/8	癸未	八	
29	1/6	癸丑	五						3/6	壬子	一		4/7	癸未	五		閏4/8	癸丑	八		5/9	甲申	七	3
30	1/7	甲寅	六	9					3/7	癸丑	二		4/8	甲申	六	2	閏4/9	甲寅	九	2	5/10	乙酉	六	
31	1/8	乙卯	七						3/8	甲寅	三	9					閏4/10	乙卯	一					

1924年 甲子(年)／丙子(月)

月	12月				11月				10月				9月				8月				7月			
月干支	戊子				丁亥				丙戌				乙酉				甲申				癸未			
紫白	四緑				五黄				六白				七赤				八白				九紫			
節気	22 冬至 17時37分	7 大雪 23時52分	日紫白	奇門遁甲局数	23 小雪 4時35分	8 立冬 7時26分	日紫白	奇門遁甲局数	24 霜降 7時31分	9 寒露 4時47分	日紫白	奇門遁甲局数	23 秋分 22時43分	8 白露 13時40分	日紫白	奇門遁甲局数	24 処暑 1時33分	8 立秋 11時7分	日紫白	奇門遁甲局数	23 大暑 18時45分	8 小暑 1時25分	日紫白	奇門遁甲局数
新暦	農暦	日干支			農暦	日干支			農暦	日干支			農暦	日干支			農暦	日干支			農暦	日干支		
1	10/16	己未	五	陰2局	9/15	己丑	八	陰2局	8/14	戊午	三	1	7/14	戊子	六	4	6/12	丁巳	一	1	5/11	丙戌	五	陰3局
2	10/17	庚申	四		9/16	庚寅	七		8/15	己未	二	陰4局	7/15	己丑	五	陰7局	6/13	戊午	九		5/12	丁亥	四	
3	10/18	辛酉	三		9/17	辛卯	六		8/16	庚申	一		7/16	庚寅	四		6/14	己未	八	陰4局	5/13	戊子	三	
4	10/19	壬戌	二		9/18	壬辰	五		8/17	辛酉	九		7/17	辛卯	三		6/15	庚申	七		5/14	己丑	二	陰6局
5	10/20	癸亥	一		9/19	癸巳	四		8/18	壬戌	八		7/18	壬辰	二		6/16	辛酉	六		5/15	庚寅	一	
6	10/21	甲子	六	陰4局	9/20	甲午	三	陰6局	8/19	癸亥	七		7/19	癸巳	一		6/17	壬戌	五		5/16	辛卯	九	
7	10/22	乙丑	五		9/21	乙未	二		8/20	甲子	三	陰6局	7/20	甲午	九	陰9局	6/18	癸亥	四		5/17	壬辰	八	
8	10/23	丙寅	四		9/22	丙申	一		8/21	乙丑	二		7/21	乙未	八		6/19	甲子	九	陰2局	5/18	癸巳	七	
9	10/24	丁卯	三		9/23	丁酉	九		8/22	丙寅	一		7/22	丙申	七		6/20	乙丑	八		5/19	甲午	六	陰8局
10	10/25	戊辰	二		9/24	戊戌	八		8/23	丁卯	九		7/23	丁酉	六		6/21	丙寅	七		5/20	乙未	五	
11	10/26	己巳	一	陰7局	9/25	己亥	七	陰9局	8/24	戊辰	八		7/24	戊戌	五		6/22	丁卯	六		5/21	丙申	四	
12	10/27	庚午	九		9/26	庚子	六		8/25	己巳	七	陰9局	7/25	己亥	四	陰3局	6/23	戊辰	五		5/22	丁酉	三	
13	10/28	辛未	八		9/27	辛丑	五		8/26	庚午	六		7/26	庚子	三		6/24	己巳	四	陰5局	5/23	戊戌	二	
14	10/29	壬申	七		9/28	壬寅	四		8/27	辛未	五		7/27	辛丑	二		6/25	庚午	三		5/24	己亥	一	陰2局
15	10/30	癸酉	六		9/29	癸卯	三		8/28	壬申	四		7/28	壬寅	一		6/26	辛未	二		5/25	庚子	九	
16	11/1	甲戌	五	陰1局	10/1	甲辰	二	陰3局	8/29	癸酉	三		7/29	癸卯	九		6/27	壬申	一		5/26	辛丑	八	
17	11/2	乙亥	四		10/2	乙巳	一		8/30	甲戌	二	陰3局	7/30	甲辰	八	陰6局	6/28	癸酉	九		5/27	壬寅	七	
18	11/3	丙子	三		10/3	丙午	九		9/1	乙亥	一		8/1	乙巳	七		6/29	甲戌	八	陰8局	5/28	癸卯	六	
19	11/4	丁丑	二		10/4	丁未	八		9/2	丙子	九		8/2	丙午	六		7/1	乙亥	七		5/29	甲辰	五	陰5局
20	11/5	戊寅	一		10/5	戊申	七		9/3	丁丑	八		8/3	丁未	五		7/2	丙子	六		5/30	乙巳	四	
21	11/6	己卯	九	陽1局	10/6	己酉	六	陰5局	9/4	戊寅	七		8/4	戊申	四		7/3	丁丑	五		6/1	丙午	三	
22	11/7	庚辰	八		10/7	庚戌	五		9/5	己卯	六	陰5局	8/5	己酉	三	陰7局	7/4	戊寅	四		6/2	丁未	二	
23	11/8	辛巳	九		10/8	辛亥	四		9/6	庚辰	五		8/6	庚戌	二		7/5	己卯	三	陰1局	6/3	戊申	一	
24	11/9	壬午	一		10/9	壬子	三		9/7	辛巳	七		8/7	辛亥	一		7/6	庚辰	五		6/4	己酉	九	陰7局
25	11/10	癸未	二		10/10	癸丑	二		9/8	壬午	六		8/8	壬子	九		7/7	辛巳	四		6/5	庚戌	八	
26	11/11	甲申	三	陽7局	10/11	甲寅	一	陰8局	9/9	癸未	五		8/9	癸丑	八		7/8	壬午	三		6/6	辛亥	七	
27	11/12	乙酉	四		10/12	乙卯	九		9/10	甲申	四	陰8局	8/10	甲寅	七	陰1局	7/9	癸未	二		6/7	壬子	六	
28	11/13	丙戌	五		10/13	丙辰	八		9/11	乙酉	三		8/11	乙卯	六		7/10	甲申	一	陰4局	6/8	癸丑	五	
29	11/14	丁亥	六		10/14	丁巳	七		9/12	丙戌	二		8/12	丙辰	五		7/11	乙酉	九		6/9	甲寅	四	陰1局
30	11/15	戊子	七		10/15	戊午	六		9/13	丁亥	一		8/13	丁巳	四		7/12	丙戌	八		6/10	乙卯	三	
31	11/16	己丑	八	4					9/14	戊子	九						7/13	丁亥	七		6/11	丙辰	二	

一九二六年 丙寅 二黒

二元八運…「三運」　三元九運…「四運」

月	1月	2月	3月	4月	5月	6月
月干支	己丑 乙丑(年)	庚寅	辛卯	壬辰	癸巳	甲午
紫白	三碧	二黒	一白	九紫	八白	七赤
節気	6 小寒 10時54分 / 21 大寒 4時12分	4 立春 22時38分 / 19 雨水 18時35分	6 啓蟄 17時0分 / 21 春分 18時1分	5 清明 22時18分 / 21 穀雨 5時36分	6 立夏 16時8分 / 22 小満 5時14分	6 芒種 20時42分 / 22 夏至 13時30分

新暦	1月 農暦	1月 日干支	1月 日紫白	1月 奇門遁甲局数	2月 農暦	2月 日干支	2月 日紫白	2月 奇門遁甲局数	3月 農暦	3月 日干支	3月 日紫白	3月 奇門遁甲局数	4月 農暦	4月 日干支	4月 日紫白	4月 奇門遁甲局数	5月 農暦	5月 日干支	5月 日紫白	5月 奇門遁甲局数	6月 農暦	6月 日干支	6月 日紫白	6月 奇門遁甲局数
1	11/17	庚寅	九	陽4局	12/19	辛酉	四	陽6局	1/17	己丑	五	陽3局	2/19	庚申	九	陽6局	3/20	庚寅	三	陽8局	4/21	辛酉	七	陽8局
2	11/18	辛卯	一		12/20	壬戌	五		1/18	庚寅	六		2/20	辛酉	一		3/21	辛卯	四		4/22	壬戌	八	
3	11/19	壬辰	二		12/21	癸亥	六		1/19	辛卯	七		2/21	壬戌	二		3/22	壬辰	五		4/23	癸亥	九	
4	11/20	癸巳	三		12/22	甲子	一	陽8局	1/20	壬辰	八		2/22	癸亥	三		3/23	癸巳	六		4/24	甲子	四	陽6局
5	11/21	甲午	四	陽2局	12/23	乙丑	二		1/21	癸巳	九		2/23	甲子	七	陽4局	3/24	甲午	七	陽4局	4/25	乙丑	五	
6	11/22	乙未	五		12/24	丙寅	三		1/22	甲午	一	陽1局	2/24	乙丑	八		3/25	乙未	八		4/26	丙寅	六	
7	11/23	丙申	六		12/25	丁卯	四		1/23	乙未	二		2/25	丙寅	九		3/26	丙申	九		4/27	丁卯	七	
8	11/24	丁酉	七		12/26	戊辰	五		1/24	丙申	三		2/26	丁卯	一		3/27	丁酉	一		4/28	戊辰	八	
9	11/25	戊戌	八		12/27	己巳	六	陽5局	1/25	丁酉	四		2/27	戊辰	二		3/28	戊戌	二		4/29	己巳	九	陽3局
10	11/26	己亥	九	陽8局	12/28	庚午	七		1/26	戊戌	五		2/28	己巳	三	陽1局	3/29	己亥	三	陽1局	5/1	庚午	一	
11	11/27	庚子	一		12/29	辛未	八		1/27	己亥	六	陽7局	2/29	庚午	四		3/30	庚子	四		5/2	辛未	二	
12	11/28	辛丑	二		12/30	壬申	九		1/28	庚子	七		3/1	辛未	五		4/1	辛丑	五		5/3	壬申	三	
13	11/29	壬寅	三		1/1	癸酉	一		1/29	辛丑	八		3/2	壬申	六		4/2	壬寅	六		5/4	癸酉	四	
14	12/1	癸卯	四		1/2	甲戌	二	陽2局	2/1	壬寅	九		3/3	癸酉	七		4/3	癸卯	七		5/5	甲戌	五	陽9局
15	12/2	甲辰	五	陽5局	1/3	乙亥	三		2/2	癸卯	一		3/4	甲戌	八	陽7局	4/4	甲辰	八	陽7局	5/6	乙亥	六	
16	12/3	乙巳	六		1/4	丙子	四		2/3	甲辰	二	陽4局	3/5	乙亥	九		4/5	乙巳	九		5/7	丙子	七	
17	12/4	丙午	七		1/5	丁丑	五		2/4	乙巳	三		3/6	丙子	一		4/6	丙午	一		5/8	丁丑	八	
18	12/5	丁未	八		1/6	戊寅	六		2/5	丙午	四		3/7	丁丑	二		4/7	丁未	二		5/9	戊寅	九	
19	12/6	戊申	九		1/7	己卯	四	陽9局	2/6	丁未	五		3/8	戊寅	三		4/8	戊申	三		5/10	己卯	一	陰9局
20	12/7	己酉	一	陽3局	1/8	庚辰	五		2/7	戊申	六		3/9	己卯	四	陽5局	4/9	己酉	四	陽5局	5/11	庚辰	二	
21	12/8	庚戌	二		1/9	辛巳	六		2/8	己酉	七	陽3局	3/10	庚辰	二		4/10	庚戌	五		5/12	辛巳	三	
22	12/9	辛亥	三		1/10	壬午	七		2/9	庚戌	八		3/11	辛巳	三		4/11	辛亥	六		5/13	壬午	九	
23	12/10	壬子	四		1/11	癸未	八		2/10	辛亥	九		3/12	壬午	四		4/12	壬子	七		5/14	癸未	八	
24	12/11	癸丑	五		1/12	甲申	九	陽6局	2/11	壬子	一		3/13	癸未	五		4/13	癸丑	八		5/15	甲申	七	陰3局
25	12/12	甲寅	六	陽9局	1/13	乙酉	一		2/12	癸丑	二		3/14	甲申	六	陽2局	4/14	甲寅	九	陽2局	5/16	乙酉	六	
26	12/13	乙卯	七		1/14	丙戌	二		2/13	甲寅	三	陽9局	3/15	乙酉	七		4/15	乙卯	一		5/17	丙戌	五	
27	12/14	丙辰	八		1/15	丁亥	三		2/14	乙卯	四		3/16	丙戌	八		4/16	丙辰	二		5/18	丁亥	四	
28	12/15	丁巳	九		1/16	戊子	四		2/15	丙辰	五		3/17	丁亥	九		4/17	丁巳	三		5/19	戊子	三	
29	12/16	戊午	一						2/16	丁巳	六		3/18	戊子	一		4/18	戊午	四		5/20	己丑	二	6
30	12/17	己未	二	6					2/17	戊午	七		3/19	己丑	二	8	4/19	己未	五	8	5/21	庚寅	一	
31	12/18	庚申	三						2/18	己未	八	6					4/20	庚申	六					

1925年 乙丑(年) ／ 戊子(月)

月	12月				11月				10月				9月				8月				7月			
月干支	庚子				己亥				戊戌				丁酉				丙申				乙未			
紫白	一白				二黒				三碧				四緑				五黄				六白			
節気	22 冬至 23時33分	8 大雪 5時39分	日紫白	奇門遁甲局数	23 小雪 10時28分	8 立冬 13時8分	日紫白	奇門遁甲局数	24 霜降 13時18分	9 寒露 10時25分	日紫白	奇門遁甲局数	24 秋分 4時27分	8 白露 19時16分	日紫白	奇門遁甲局数	24 処暑 7時14分	8 立秋 16時44分	日紫白	奇門遁甲局数	24 大暑 0時25分	8 小暑 7時6分	日紫白	奇門遁甲局数
新暦	農暦	日干支			農暦	日干支			農暦	日干支			農暦	日干支			農暦	日干支			農暦	日干支		
1	10/27	甲子	六	陰4局	9/26	甲午	三	陰6局	8/25	癸亥	七	4	7/25	癸巳	一	7	6/23	壬戌	五	4	5/22	辛卯	九	陰6局
2	10/28	乙丑	五		9/27	乙未	二		8/26	甲子	三	陰6局	7/26	甲午	九	陰9局	6/24	癸亥	四		5/23	壬辰	八	
3	10/29	丙寅	四		9/28	丙申	一		8/27	乙丑	二		7/27	乙未	八		6/25	甲子	九	陰2局	5/24	癸巳	七	
4	10/30	丁卯	三		9/29	丁酉	九		8/28	丙寅	一		7/28	丙申	七		6/26	乙丑	八		5/25	甲午	六	陰8局
5	11/1	戊辰	二		10/1	戊戌	八		8/29	丁卯	九		7/29	丁酉	六		6/27	丙寅	七		5/26	乙未	五	
6	11/2	己巳	一	陰7局	10/2	己亥	七	陰9局	8/30	戊辰	八		7/30	戊戌	五		6/28	丁卯	六		5/27	丙申	四	
7	11/3	庚午	九		10/3	庚子	六		9/1	己巳	七	陰9局	8/1	己亥	四	陰3局	6/29	戊辰	五		5/28	丁酉	三	
8	11/4	辛未	八		10/4	辛丑	五		9/2	庚午	六		8/2	庚子	三		7/1	己巳	四	陰5局	5/29	戊戌	二	
9	11/5	壬申	七		10/5	壬寅	四		9/3	辛未	五		8/3	辛丑	二		7/2	庚午	三		5/30	己亥	一	陰2局
10	11/6	癸酉	六		10/6	癸卯	三		9/4	壬申	四		8/4	壬寅	一		7/3	辛未	二		6/1	庚子	九	
11	11/7	甲戌	五	陰1局	10/7	甲辰	二	陰3局	9/5	癸酉	三		8/5	癸卯	九		7/4	壬申	一		6/2	辛丑	八	
12	11/8	乙亥	四		10/8	乙巳	一		9/6	甲戌	二	陰3局	8/6	甲辰	八	陰6局	7/5	癸酉	九		6/3	壬寅	七	
13	11/9	丙子	三		10/9	丙午	九		9/7	乙亥	一		8/7	乙巳	七		7/6	甲戌	八	陰8局	6/4	癸卯	六	
14	11/10	丁丑	二		10/10	丁未	八		9/8	丙子	九		8/8	丙午	六		7/7	乙亥	七		6/5	甲辰	五	陰5局
15	11/11	戊寅	一		10/11	戊申	七		9/9	丁丑	八		8/9	丁未	五		7/8	丙子	六		6/6	乙巳	四	
16	11/12	己卯	九	陽1局	10/12	己酉	六	陰5局	9/10	戊寅	七		8/10	戊申	四		7/9	丁丑	五		6/7	丙午	三	
17	11/13	庚辰	八		10/13	庚戌	五		9/11	己卯	六	陰5局	8/11	己酉	三	陰7局	7/10	戊寅	四		6/8	丁未	二	
18	11/14	辛巳	七		10/14	辛亥	四		9/12	庚辰	五		8/12	庚戌	二		7/11	己卯	三	陰1局	6/9	戊申	一	
19	11/15	壬午	六		10/15	壬子	三		9/13	辛巳	四		8/13	辛亥	一		7/12	庚辰	二		6/10	己酉	九	陰7局
20	11/16	癸未	五		10/16	癸丑	二		9/14	壬午	三		8/14	壬子	九		7/13	辛巳	一		6/11	庚戌	八	
21	11/17	甲申	四	陽7局	10/17	甲寅	一	陰8局	9/15	癸未	二		8/15	癸丑	八		7/14	壬午	九		6/12	辛亥	七	
22	11/18	乙酉	四		10/18	乙卯	九		9/16	甲申	一	陰8局	8/16	甲寅	七	陰1局	7/15	癸未	八		6/13	壬子	六	
23	11/19	丙戌	五		10/19	丙辰	八		9/17	乙酉	九		8/17	乙卯	六		7/16	甲申	七	陰4局	6/14	癸丑	五	
24	11/20	丁亥	六		10/20	丁巳	七		9/18	丙戌	二		8/18	丙辰	五		7/17	乙酉	九		6/15	甲寅	四	陰1局
25	11/21	戊子	七		10/21	戊午	六		9/19	丁亥	一		8/19	丁巳	四		7/18	丙戌	八		6/16	乙卯	三	
26	11/22	己丑	八	陽4局	10/22	己未	五	陰2局	9/20	戊子	九		8/20	戊午	三		7/19	丁亥	七		6/17	丙辰	二	
27	11/23	庚寅	九		10/23	庚申	四		9/21	己丑	八	陰2局	8/21	己未	二	陰4局	7/20	戊子	六		6/18	丁巳	一	
28	11/24	辛卯	一		10/24	辛酉	三		9/22	庚寅	七		8/22	庚申	一		7/21	己丑	五	陰7局	6/19	戊午	九	
29	11/25	壬辰	二		10/25	壬戌	二		9/23	辛卯	六		8/23	辛酉	九		7/22	庚寅	四		6/20	己未	八	陰4局
30	11/26	癸巳	三		10/26	癸亥	一		9/24	壬辰	五		8/24	壬戌	八		7/23	辛卯	三		6/21	庚申	七	
31	11/27	甲午	四	2					9/25	癸巳	四						7/24	壬辰	二		6/22	辛酉	六	

一九二七年 丁卯 一白

二元八運…「三運」

三元九運…「四運」

6月				5月				4月				3月				2月				1月				月
丙午				乙巳				甲辰				癸卯				壬寅				辛丑 丙寅(年)				月干支
四緑				五黄				六白				七赤				八白				九紫				紫白
22 夏至 19時22分	7 芒種 2時25分	日紫白	奇門遁甲局数	22 小満 11時8分	6 立夏 21時53分	日紫白	奇門遁甲局数	21 穀雨 11時32分	6 清明 4時6分	日紫白	奇門遁甲局数	21 春分 23時59分	6 啓蟄 22時50分	日紫白	奇門遁甲局数	20 雨水 0時34分	5 立春 4時30分	日紫白	奇門遁甲局数	21 大寒 10時12分	6 小寒 16時45分	日紫白	奇門遁甲局数	節気
農暦	日干支			農暦	日干支			農暦	日干支			農暦	日干支			農暦	日干支			農暦	日干支			新暦
5/2	丙寅	六	陽6局	4/1	乙未	八	陽4局	2/29	乙丑	八	陽4局	1/28	甲午	一	陽1局	12/29	丙寅	三	陽8局	11/28	乙未	五	陽2局	1
5/3	丁卯	七		4/2	丙申	九		3/1	丙寅	九		1/29	乙未	二		1/1	丁卯	四		11/29	丙申	六		2
5/4	戊辰	八		4/3	丁酉	一		3/2	丁卯	一		1/30	丙申	三		1/2	戊辰	五		11/30	丁酉	七		3
5/5	己巳	九	陽3局	4/4	戊戌	二		3/3	戊辰	二		2/1	丁酉	四		1/3	己巳	六	陽5局	12/1	戊戌	八		4
5/6	庚午	一		4/5	己亥	三	陽1局	3/4	己巳	三	陽1局	2/2	戊戌	五		1/4	庚午	七		12/2	己亥	九	陽8局	5
5/7	辛未	二		4/6	庚子	四		3/5	庚午	四		2/3	己亥	六	陽7局	1/5	辛未	八		12/3	庚子	一		6
5/8	壬申	三		4/7	辛丑	五		3/6	辛未	五		2/4	庚子	七		1/6	壬申	九		12/4	辛丑	二		7
5/9	癸酉	四		4/8	壬寅	六		3/7	壬申	六		2/5	辛丑	八		1/7	癸酉	一		12/5	壬寅	三		8
5/10	甲戌	五	陽9局	4/9	癸卯	七		3/8	癸酉	七		2/6	壬寅	九		1/8	甲戌	二	陽2局	12/6	癸卯	四		9
5/11	乙亥	六		4/10	甲辰	八	陽7局	3/9	甲戌	八	陽7局	2/7	癸卯	一		1/9	乙亥	三		12/7	甲辰	五	陽5局	10
5/12	丙子	七		4/11	乙巳	九		3/10	乙亥	九		2/8	甲辰	二	陽4局	1/10	丙子	四		12/8	乙巳	六		11
5/13	丁丑	八		4/12	丙午	一		3/11	丙子	一		2/9	乙巳	三		1/11	丁丑	五		12/9	丙午	七		12
5/14	戊寅	九		4/13	丁未	二		3/12	丁丑	二		2/10	丙午	四		1/12	戊寅	六		12/10	丁未	八		13
5/15	己卯	一	陰9局	4/14	戊申	三		3/13	戊寅	三		2/11	丁未	五		1/13	己卯	七	陽9局	12/11	戊申	九		14
5/16	庚辰	二		4/15	己酉	四	陽5局	3/14	己卯	四	陽5局	2/12	戊申	六		1/14	庚辰	八		12/12	己酉	一	陽3局	15
5/17	辛巳	三		4/16	庚戌	五		3/15	庚辰	五		2/13	己酉	七	陽3局	1/15	辛巳	九		12/13	庚戌	二		16
5/18	壬午	四		4/17	辛亥	六		3/16	辛巳	六		2/14	庚戌	八		1/16	壬午	一		12/14	辛亥	三		17
5/19	癸未	五		4/18	壬子	七		3/17	壬午	七		2/15	辛亥	九		1/17	癸未	二		12/15	壬子	四		18
5/20	甲申	六	陰3局	4/19	癸丑	八		3/18	癸未	八		2/16	壬子	一		1/18	甲申	三	陽6局	12/16	癸丑	五		19
5/21	乙酉	七		4/20	甲寅	九	陽2局	3/19	甲申	九	陽2局	2/17	癸丑	二		1/19	乙酉	一		12/17	甲寅	六	陽9局	20
5/22	丙戌	八		4/21	乙卯	一		3/20	乙酉	七		2/18	甲寅	三	陽9局	1/20	丙戌	二		12/18	乙卯	七		21
5/23	丁亥	四		4/22	丙辰	二		3/21	丙戌	八		2/19	乙卯	四		1/21	丁亥	三		12/19	丙辰	八		22
5/24	戊子	三		4/23	丁巳	三		3/22	丁亥	九		2/20	丙辰	五		1/22	戊子	四		12/20	丁巳	九		23
5/25	己丑	二	陰6局	4/24	戊午	四		3/23	戊子	一		2/21	丁巳	六		1/23	己丑	五	陽3局	12/21	戊午	一		24
5/26	庚寅	一		4/25	己未	五	陽8局	3/24	己丑	二	陽8局	2/22	戊午	七		1/24	庚寅	六		12/22	己未	二	陽6局	25
5/27	辛卯	九		4/26	庚申	六		3/25	庚寅	三		2/23	己未	八	陽6局	1/25	辛卯	七		12/23	庚申	三		26
5/28	壬辰	八		4/27	辛酉	七		3/26	辛卯	四		2/24	庚申	九		1/26	壬辰	八		12/24	辛酉	四		27
5/29	癸巳	七		4/28	壬戌	八		3/27	壬辰	五		2/25	辛酉	一		1/27	癸巳	九		12/25	壬戌	五		28
6/1	甲午	六	8	4/29	癸亥	九		3/28	癸巳	六		2/26	壬戌	二						12/26	癸亥	六		29
6/2	乙未	五		4/30	甲子	四	6	3/29	甲午	七	4	2/27	癸亥	三						12/27	甲子	一	8	30
				5/1	乙丑	五						2/28	甲子	七	4					12/28	乙丑	二		31

1926年 丙寅(年)／庚子(月)

月	12月				11月			
月干支	壬子				辛亥			
紫白	七赤				八白			
節気	23 冬至 5時18分	8 大雪 11時26分	日紫白	奇門遁甲局数	23 小雪 16時14分	8 立冬 18時57分	日紫白	奇門遁甲局数
新暦	農暦	日干支			農暦	日干支		
1	11/8	己巳	一	陰7局	10/8	己亥	七	陰9局
2	11/9	庚午	九		10/9	庚子	六	
3	11/10	辛未	八		10/10	辛丑	五	
4	11/11	壬申	七		10/11	壬寅	四	
5	11/12	癸酉	六		10/12	癸卯	三	
6	11/13	甲戌	五	陰1局	10/13	甲辰	二	陰3局
7	11/14	乙亥	四		10/14	乙巳	一	
8	11/15	丙子	三		10/15	丙午	九	
9	11/16	丁丑	二		10/16	丁未	八	
10	11/17	戊寅	一		10/17	戊申	七	
11	11/18	己卯	九	陰4局・閏	10/18	己酉	六	陰5局
12	11/19	庚辰	八		10/19	庚戌	五	
13	11/20	辛巳	七		10/20	辛亥	四	
14	11/21	壬午	六		10/21	壬子	三	
15	11/22	癸未	五		10/22	癸丑	二	
16	11/23	甲申	四	陰7局・閏	10/23	甲寅	一	陰8局
17	11/24	乙酉	三		10/24	乙卯	九	
18	11/25	丙戌	二		10/25	丙辰	八	
19	11/26	丁亥	一		10/26	丁巳	七	
20	11/27	戊子	九		10/27	戊午	六	
21	11/28	己丑	八	陰1局・閏	10/28	己未	五	陰2局
22	11/29	庚寅	七		10/29	庚申	四	
23	11/30	辛卯	一		10/30	辛酉	三	
24	12/1	壬辰	二		11/1	壬戌	二	
25	12/2	癸巳	三		11/2	癸亥	一	
26	12/3	甲午	四	陽1局	11/3	甲子	六	陰4局
27	12/4	乙未	五		11/4	乙丑	五	
28	12/5	丙申	六		11/5	丙寅	四	
29	12/6	丁酉	七		11/6	丁卯	三	
30	12/7	戊戌	八		11/7	戊辰	二	
31	12/8	己亥	九	7				

月	10月				9月			
月干支	庚戌				己酉			
紫白	九紫				一白			
節気	24 霜降 19時7分	9 寒露 16時15分	日紫白	奇門遁甲局数	24 秋分 10時17分	9 白露 1時5分	日紫白	奇門遁甲局数
新暦	農暦	日干支			農暦	日干支		
1	9/6	戊辰	八	6	8/6	戊戌	五	9
2	9/7	己巳	七	陰9局	8/7	己亥	四	陰3局
3	9/8	庚午	六		8/8	庚子	三	
4	9/9	辛未	五		8/9	辛丑	二	
5	9/10	壬申	四		8/10	壬寅	一	
6	9/11	癸酉	三		8/11	癸卯	九	
7	9/12	甲戌	二	陰3局	8/12	甲辰	八	陰6局
8	9/13	乙亥	一		8/13	乙巳	七	
9	9/14	丙子	九		8/14	丙午	六	
10	9/15	丁丑	八		8/15	丁未	五	
11	9/16	戊寅	七		8/16	戊申	四	
12	9/17	己卯	六	陰5局	8/17	己酉	三	陰7局
13	9/18	庚辰	五		8/18	庚戌	二	
14	9/19	辛巳	四		8/19	辛亥	一	
15	9/20	壬午	三		8/20	壬子	九	
16	9/21	癸未	二		8/21	癸丑	八	
17	9/22	甲申	一	陰8局	8/22	甲寅	七	陰1局
18	9/23	乙酉	九		8/23	乙卯	六	
19	9/24	丙戌	八		8/24	丙辰	五	
20	9/25	丁亥	七		8/25	丁巳	四	
21	9/26	戊子	六		8/26	戊午	三	
22	9/27	己丑	五	陰2局	8/27	己未	二	陰4局
23	9/28	庚寅	四		8/28	庚申	一	
24	9/29	辛卯	六		8/29	辛酉	九	
25	10/1	壬辰	五		8/30	壬戌	八	
26	10/2	癸巳	四		9/1	癸亥	七	
27	10/3	甲午	三	陰6局	9/2	甲子	三	陰6局
28	10/4	乙未	二		9/3	乙丑	二	
29	10/5	丙申	一		9/4	丙寅	一	
30	10/6	丁酉	九		9/5	丁卯	九	
31	10/7	戊戌	八					

月	8月				7月			
月干支	戊申				丁未			
紫白	二黒				三碧			
節気	24 処暑 13時5分	8 立秋 22時31分	日紫白	奇門遁甲局数	24 大暑 6時17分	8 小暑 12時50分	日紫白	奇門遁甲局数
新暦	農暦	日干支			農暦	日干支		
1	7/4	丁卯	六	2	6/3	丙申	四	陰8局
2	7/5	戊辰	五		6/4	丁酉	三	
3	7/6	己巳	四	陰5局	6/5	戊戌	二	
4	7/7	庚午	三		6/6	己亥	一	陰2局
5	7/8	辛未	二		6/7	庚子	九	
6	7/9	壬申	一		6/8	辛丑	八	
7	7/10	癸酉	九		6/9	壬寅	七	
8	7/11	甲戌	八	陰8局	6/10	癸卯	六	
9	7/12	乙亥	七		6/11	甲辰	五	陰5局
10	7/13	丙子	六		6/12	乙巳	四	
11	7/14	丁丑	五		6/13	丙午	三	
12	7/15	戊寅	四		6/14	丁未	二	
13	7/16	己卯	三	陰1局	6/15	戊申	一	
14	7/17	庚辰	二		6/16	己酉	九	陰7局
15	7/18	辛巳	一		6/17	庚戌	八	
16	7/19	壬午	九		6/18	辛亥	七	
17	7/20	癸未	八		6/19	壬子	六	
18	7/21	甲申	七	陰4局	6/20	癸丑	五	
19	7/22	乙酉	六		6/21	甲寅	四	陰1局
20	7/23	丙戌	五		6/22	乙卯	三	
21	7/24	丁亥	四		6/23	丙辰	二	
22	7/25	戊子	三		6/24	丁巳	一	
23	7/26	己丑	二	陰7局	6/25	戊午	九	
24	7/27	庚寅	四		6/26	己未	八	陰4局
25	7/28	辛卯	三		6/27	庚申	七	
26	7/29	壬辰	二		6/28	辛酉	六	
27	8/1	癸巳	一		6/29	壬戌	五	
28	8/2	甲午	九	陰9局	6/30	癸亥	四	
29	8/3	乙未	八		7/1	甲子	九	陰2局
30	8/4	丙申	七		7/2	乙丑	八	
31	8/5	丁酉	六		7/3	丙寅	七	

一九二八年 戊辰 九紫

三元八運…「三運」 三元九運…「四運」

月	1月				2月				3月				4月				5月				6月			
月干支	癸丑 丁卯(年)				甲寅				乙卯				丙辰				丁巳				戊午			
紫白	六白				五黄				四緑				三碧				二黒				一白			
節気	6 小寒 22時31分	21 大寒 15時57分	日紫白	奇門遁甲局数	5 立春 10時16分	20 雨水 6時19分	日紫白	奇門遁甲局数	6 啓蟄 4時37分	21 春分 5時44分	日紫白	奇門遁甲局数	5 清明 9時55分	20 穀雨 17時17分	日紫白	奇門遁甲局数	6 立夏 3時43分	21 小満 16時52分	日紫白	奇門遁甲局数	6 芒種 8時17分	22 夏至 1時6分	日紫白	奇門遁甲局数
新暦	農暦	日干支			農暦	日干支			農暦	日干支			農暦	日干支			農暦	日干支			農暦	日干支		
1	12/9	庚子	一	陽7局	1/10	辛未	八	陽9局	2/10	庚子	七	陽6局	閏2/11	辛未	五	陽9局	3/12	辛丑	五	陽2局	4/14	壬申	三	2
2	12/10	辛丑	二		1/11	壬申	九		2/11	辛丑	八		閏2/12	壬申	六		3/13	壬寅	六		4/15	癸酉	四	
3	12/11	壬寅	三		1/12	癸酉	一		2/12	壬寅	九		閏2/13	癸酉	七		3/14	癸卯	七		4/16	甲戌	五	陽8局
4	12/12	癸卯	四		1/13	甲戌	二	陽6局	2/13	癸卯	一		閏2/14	甲戌	八	陽6局	3/15	甲辰	八	陽8局	4/17	乙亥	六	
5	12/13	甲辰	五	陽4局	1/14	乙亥	三		2/14	甲辰	二	陽3局	閏2/15	乙亥	九		3/16	乙巳	九		4/18	丙子	七	
6	12/14	乙巳	六		1/15	丙子	四		2/15	乙巳	三		閏2/16	丙子	一		3/17	丙午	一		4/19	丁丑	八	
7	12/15	丙午	七		1/16	丁丑	五		2/16	丙午	四		閏2/17	丁丑	二		3/18	丁未	二		4/20	戊寅	九	
8	12/16	丁未	八		1/17	戊寅	六		2/17	丁未	五		閏2/18	戊寅	三		3/19	戊申	三		4/21	己卯	一	陽6局
9	12/17	戊申	九		1/18	己卯	七	陽8局	2/18	戊申	六		閏2/19	己卯	四	陽4局	3/20	己酉	四	陽4局	4/22	庚辰	二	
10	12/18	己酉	一	陽2局	1/19	庚辰	八		2/19	己酉	七	陽1局	閏2/20	庚辰	五		3/21	庚戌	五		4/23	辛巳	三	
11	12/19	庚戌	二		1/20	辛巳	九		2/20	庚戌	八		閏2/21	辛巳	六		3/22	辛亥	六		4/24	壬午	四	
12	12/20	辛亥	三		1/21	壬午	一		2/21	辛亥	九		閏2/22	壬午	七		3/23	壬子	七		4/25	癸未	五	
13	12/21	壬子	四		1/22	癸未	二		2/22	壬子	一		閏2/23	癸未	八		3/24	癸丑	八		4/26	甲申	六	陽3局
14	12/22	癸丑	五		1/23	甲申	三	陽5局	2/23	癸丑	二		閏2/24	甲申	九	陽1局	3/25	甲寅	九	陽1局	4/27	乙酉	七	
15	12/23	甲寅	六	陽8局	1/24	乙酉	四		2/24	甲寅	三	陽7局	閏2/25	乙酉	一		3/26	乙卯	一		4/28	丙戌	八	
16	12/24	乙卯	七		1/25	丙戌	五		2/25	乙卯	四		閏2/26	丙戌	二		3/27	丙辰	二		4/29	丁亥	九	
17	12/25	丙辰	八		1/26	丁亥	六		2/26	丙辰	五		閏2/27	丁亥	三		3/28	丁巳	三		4/30	戊子	一	
18	12/26	丁巳	九		1/27	戊子	七		2/27	丁巳	六		閏2/28	戊子	四		3/29	戊午	四		5/1	己丑	二	陽9局
19	12/27	戊午	一		1/28	己丑	八	陽2局	2/28	戊午	七		閏2/29	己丑	五	陽7局	4/1	己未	五	陽7局	5/2	庚寅	三	
20	12/28	己未	二	陽5局	1/29	庚寅	六		2/29	己未	八	陽4局	3/1	庚寅	三		4/2	庚申	六		5/3	辛卯	四	
21	12/29	庚申	三		2/1	辛卯	七		2/30	庚申	九		3/2	辛卯	四		4/3	辛酉	七		5/4	壬辰	五	
22	12/30	辛酉	四		2/2	壬辰	八		閏2/1	辛酉	一		3/3	壬辰	五		4/4	壬戌	八		5/5	癸巳	七	
23	1/1	壬戌	五		2/3	癸巳	九		閏2/2	壬戌	二		3/4	癸巳	六		4/5	癸亥	九		5/6	甲午	六	陰9局
24	1/2	癸亥	六		2/4	甲午	一	陽9局	閏2/3	癸亥	三		3/5	甲午	七	陽5局	4/6	甲子	四	陽5局	5/7	乙未	五	
25	1/3	甲子	一	陽3局	2/5	乙未	二		閏2/4	甲子	七	陽3局	3/6	乙未	八		4/7	乙丑	五		5/8	丙申	四	
26	1/4	乙丑	二		2/6	丙申	三		閏2/5	乙丑	八		3/7	丙申	九		4/8	丙寅	六		5/9	丁酉	三	
27	1/5	丙寅	三		2/7	丁酉	四		閏2/6	丙寅	九		3/8	丁酉	一		4/9	丁卯	七		5/10	戊戌	二	
28	1/6	丁卯	四		2/8	戊戌	五		閏2/7	丁卯	一		3/9	戊戌	二		4/10	戊辰	八		5/11	己亥	一	陰3局
29	1/7	戊辰	五		2/9	己亥	六	6	閏2/8	戊辰	二		3/10	己亥	三	2	4/11	己巳	九	陽2局	5/12	庚子	九	
30	1/8	己巳	六	9					閏2/9	己巳	三	9	3/11	庚子	四		4/12	庚午	一		5/13	辛丑	八	
31	1/9	庚午	七						閏2/10	庚午	四						4/13	辛未	二					

1927年 丁卯(年)／壬子(月)

月	12月				11月				10月				9月				8月				7月			
月干支	甲子				癸亥				壬戌				辛酉				庚申				己未			
紫白	四緑				五黄				六白				七赤				八白				九紫			
節気	22 冬至 11時4分	7 大雪 17時17分	日紫白	奇門遁甲局数	22 小雪 22時0分	8 立冬 0時50分	日紫白	奇門遁甲局数	24 霜降 0時54分	8 寒露 22時10分	日紫白	奇門遁甲局数	23 秋分 16時5分	8 白露 7時2分	日紫白	奇門遁甲局数	23 処暑 18時53分	8 立秋 4時28分	日紫白	奇門遁甲局数	23 大暑 12時2分	7 小暑 18時44分	日紫白	奇門遁甲局数
新暦	農暦	日干支			農暦	日干支			農暦	日干支			農暦	日干支			農暦	日干支			農暦	日干支		
1	10/20	乙亥	四	陰2局	9/20	乙巳	一	陰2局	8/18	甲戌	二	陰4局	7/18	甲辰	八	陰7局	6/16	癸酉	九	1	5/14	壬寅	七	3
2	10/21	丙子	三		9/21	丙午	九		8/19	乙亥	一		7/19	乙巳	七		6/17	甲戌	八	陰4局	5/15	癸卯	六	
3	10/22	丁丑	二		9/22	丁未	八		8/20	丙子	九		7/20	丙午	六		6/18	乙亥	七		5/16	甲辰	五	陰6局
4	10/23	戊寅	一		9/23	戊申	七		8/21	丁丑	八		7/21	丁未	五		6/19	丙子	六		5/17	乙巳	四	
5	10/24	己卯	九	陰4局	9/24	己酉	六	陰6局	8/22	戊寅	七		7/22	戊申	四		6/20	丁丑	五		5/18	丙午	三	
6	10/25	庚辰	八		9/25	庚戌	五		8/23	己卯	六	陰6局	7/23	己酉	三	陰9局	6/21	戊寅	四		5/19	丁未	二	
7	10/26	辛巳	七		9/26	辛亥	四		8/24	庚辰	五		7/24	庚戌	二		6/22	己卯	三	陰2局	5/20	戊申	一	
8	10/27	壬午	六		9/27	壬子	三		8/25	辛巳	四		7/25	辛亥	一		6/23	庚辰	二		5/21	己酉	九	陰8局
9	10/28	癸未	五		9/28	癸丑	二		8/26	壬午	三		7/26	壬子	九		6/24	辛巳	一		5/22	庚戌	八	
10	10/29	甲申	四	陰7局	9/29	甲寅	一	陰9局	8/27	癸未	二		7/27	癸丑	八		6/25	壬午	九		5/23	辛亥	七	
11	10/30	乙酉	三		9/30	乙卯	九		8/28	甲申	一	陰9局	7/28	甲寅	七	陰3局	6/26	癸未	八		5/24	壬子	六	
12	11/1	丙戌	二		10/1	丙辰	八		8/29	乙酉	九		7/29	乙卯	六		6/27	甲申	七	陰5局	5/25	癸丑	五	
13	11/2	丁亥	一		10/2	丁巳	七		9/1	丙戌	八		7/30	丙辰	五		6/28	乙酉	六		5/26	甲寅	四	陰2局
14	11/3	戊子	九		10/3	戊午	六		9/2	丁亥	七		8/1	丁巳	四		6/29	丙戌	五		5/27	乙卯	三	
15	11/4	己丑	八	陰1局	10/4	己未	五	陰3局	9/3	戊子	六		8/2	戊午	三		7/1	丁亥	四		5/28	丙辰	二	
16	11/5	庚寅	七		10/5	庚申	四		9/4	己丑	五	陰3局	8/3	己未	二	陰6局	7/2	戊子	三		5/29	丁巳	一	
17	11/6	辛卯	六		10/6	辛酉	三		9/5	庚寅	四		8/4	庚申	一		7/3	己丑	二	陰8局	6/1	戊午	九	
18	11/7	壬辰	五		10/7	壬戌	二		9/6	辛卯	三		8/5	辛酉	九		7/4	庚寅	一		6/2	己未	八	陰5局
19	11/8	癸巳	四		10/8	癸亥	一		9/7	壬辰	二		8/6	壬戌	八		7/5	辛卯	九		6/3	庚申	七	
20	11/9	甲午	三	陽1局	10/9	甲子	六	陰5局	9/8	癸巳	一		8/7	癸亥	七		7/6	壬辰	八		6/4	辛酉	六	
21	11/10	乙未	二		10/10	乙丑	五		9/9	甲午	九	陰5局	8/8	甲子	三	陰7局	7/7	癸巳	七		6/5	壬戌	五	
22	11/11	丙申	六		10/11	丙寅	四		9/10	乙未	八		8/9	乙丑	二		7/8	甲午	六	陰1局	6/6	癸亥	四	
23	11/12	丁酉	七		10/12	丁卯	三		9/11	丙申	七		8/10	丙寅	一		7/9	乙未	八		6/7	甲子	九	陰7局
24	11/13	戊戌	八		10/13	戊辰	二		9/12	丁酉	九		8/11	丁卯	九		7/10	丙申	七		6/8	乙丑	八	
25	11/14	己亥	九	陽7局	10/14	己巳	一	陰8局	9/13	戊戌	八		8/12	戊辰	八		7/11	丁酉	六		6/9	丙寅	七	
26	11/15	庚子	一		10/15	庚午	九		9/14	己亥	七	陰8局	8/13	己巳	七	陰1局	7/12	戊戌	五		6/10	丁卯	六	
27	11/16	辛丑	二		10/16	辛未	八		9/15	庚子	六		8/14	庚午	六		7/13	己亥	四	陰4局	6/11	戊辰	五	
28	11/17	壬寅	三		10/17	壬申	七		9/16	辛丑	五		8/15	辛未	五		7/14	庚子	三		6/12	己巳	四	陰1局
29	11/18	癸卯	四		10/18	癸酉	六		9/17	壬寅	四		8/16	壬申	四		7/15	辛丑	二		6/13	庚午	三	
30	11/19	甲辰	五	4	10/19	甲戌	五	2	9/18	癸卯	三		8/17	癸酉	三		7/16	壬寅	一		6/14	辛未	二	
31	11/20	乙巳	六						9/19	甲辰	二	2					7/17	癸卯	九		6/15	壬申	一	

一九二九年 己巳 八白

二元八運…「三運」
三元九運…「四運」

6月				5月				4月				3月				2月				1月				月
庚午				己巳				戊辰				丁卯				丙寅				乙丑 戊辰(年)				月干支
七赤				八白				九紫				一白				二黒				三碧				紫白
22 夏至 7時1分	6 芒種 14時11分			21 小満 22時48分	6 立夏 9時40分			20 穀雨 23時10分	5 清明 15時51分			21 春分 11時35分	6 啓蟄 10時32分			19 雨水 12時7分	4 立春 16時9分			20 大寒 21時42分	6 小寒 4時22分			節気
農暦	日干支	日紫白	奇門遁甲局数	農暦	日干支	日紫白	奇門遁甲局数	農暦	日干支	日紫白	奇門遁甲局数	農暦	日干支	日紫白	奇門遁甲局数	農暦	日干支	日紫白	奇門遁甲局数	農暦	日干支	日紫白	奇門遁甲局数	新暦
4/24	丁丑	八	8	3/22	丙午	一	陽8局	2/22	丙子	一	陽6局	1/20	乙巳	三	陽3局	12/22	丁丑	五	6	11/21	丙午	七	陽4局	1
4/25	戊寅	九		3/23	丁未	二		2/23	丁丑	二		1/21	丙午	四		12/23	戊寅	六		11/22	丁未	八		2
4/26	己卯	一	陽6局	3/24	戊申	三		2/24	戊寅	三		1/22	丁未	五		12/24	己卯	七	陽8局	11/23	戊申	九		3
4/27	庚辰	二		3/25	己酉	四	陽4局	2/25	己卯	四	陽4局	1/23	戊申	六		12/25	庚辰	八		11/24	己酉	一	陽2局	4
4/28	辛巳	三		3/26	庚戌	五		2/26	庚辰	五		1/24	己酉	七	陽1局	12/26	辛巳	九		11/25	庚戌	二		5
4/29	壬午	四		3/27	辛亥	六		2/27	辛巳	六		1/25	庚戌	八		12/27	壬午	一		11/26	辛亥	三		6
5/1	癸未	五		3/28	壬子	七		2/28	壬午	七		1/26	辛亥	九		12/28	癸未	二		11/27	壬子	四		7
5/2	甲申	六	陽3局	3/29	癸丑	八		2/29	癸未	八		1/27	壬子	一		12/29	甲申	三	陽5局	11/28	癸丑	五		8
5/3	乙酉	七		4/1	甲寅	九	陽1局	2/30	甲申	九	陽1局	1/28	癸丑	二		12/30	乙酉	四		11/29	甲寅	六	陽8局	9
5/4	丙戌	八		4/2	乙卯	一		3/1	乙酉	一		1/29	甲寅	三	陽7局	1/1	丙戌	五		11/30	乙卯	七		10
5/5	丁亥	九		4/3	丙辰	二		3/2	丙戌	二		2/1	乙卯	四		1/2	丁亥	六		12/1	丙辰	八		11
5/6	戊子	一		4/4	丁巳	三		3/3	丁亥	三		2/2	丙辰	五		1/3	戊子	七		12/2	丁巳	九		12
5/7	己丑	二	陽9局	4/5	戊午	四		3/4	戊子	四		2/3	丁巳	六		1/4	己丑	八	陽2局	12/3	戊午	一		13
5/8	庚寅	三		4/6	己未	五	陽7局	3/5	己丑	五	陽7局	2/4	戊午	七		1/5	庚寅	九		12/4	己未	二	陽5局	14
5/9	辛卯	四		4/7	庚申	六		3/6	庚寅	六		2/5	己未	八	陽4局	1/6	辛卯	一		12/5	庚申	三		15
5/10	壬辰	五		4/8	辛酉	七		3/7	辛卯	七		2/6	庚申	九		1/7	壬辰	二		12/6	辛酉	四		16
5/11	癸巳	六		4/9	壬戌	八		3/8	壬辰	八		2/7	辛酉	一		1/8	癸巳	三		12/7	壬戌	五		17
5/12	甲午	七	陰9局	4/10	癸亥	九		3/9	癸巳	九		2/8	壬戌	二		1/9	甲午	四	陽9局	12/8	癸亥	六		18
5/13	乙未	八		4/11	甲子	四	陽5局	3/10	甲午	一	陽5局	2/9	癸亥	三		1/10	乙未	二		12/9	甲子	一	陽3局	19
5/14	丙申	九		4/12	乙丑	五		3/11	乙未	八		2/10	甲子	七	陽3局	1/11	丙申	三		12/10	乙丑	二		20
5/15	丁酉	一		4/13	丙寅	六		3/12	丙申	九		2/11	乙丑	八		1/12	丁酉	四		12/11	丙寅	三		21
5/16	戊戌	二		4/14	丁卯	七		3/13	丁酉	一		2/12	丙寅	九		1/13	戊戌	五		12/12	丁卯	四		22
5/17	己亥	一	陰3局	4/15	戊辰	八		3/14	戊戌	二		2/13	丁卯	一		1/14	己亥	六	陽6局	12/13	戊辰	五		23
5/18	庚子	九		4/16	己巳	九	陽2局	3/15	己亥	三	陽2局	2/14	戊辰	二		1/15	庚子	七		12/14	己巳	六	陽9局	24
5/19	辛丑	八		4/17	庚午	一		3/16	庚子	四		2/15	己巳	三	陽9局	1/16	辛丑	八		12/15	庚午	七		25
5/20	壬寅	七		4/18	辛未	二		3/17	辛丑	五		2/16	庚午	四		1/17	壬寅	九		12/16	辛未	八		26
5/21	癸卯	六		4/19	壬申	三		3/18	壬寅	六		2/17	辛未	五		1/18	癸卯	一		12/17	壬申	九		27
5/22	甲辰	五	陰6局	4/20	癸酉	四		3/19	癸卯	七		2/18	壬申	六		1/19	甲辰	二	3	12/18	癸酉	一		28
5/23	乙巳	四		4/21	甲戌	五	陽8局	3/20	甲辰	八	8	2/19	癸酉	七						12/19	甲戌	二	陽6局	29
5/24	丙午	三		4/22	乙亥	六		3/21	乙巳	九		2/20	甲戌	八	6					12/20	乙亥	三		30
				4/23	丙子	七						2/21	乙亥	九						12/21	丙子	四		31

1928年 戊辰(年)／甲子(月)

月	12 月				11 月				10 月				9 月				8 月				7 月			
月干支	丙子				乙亥				甲戌				癸酉				壬申				辛未			
紫白	一白				二黒				三碧				四緑				五黄				六白			
節気	22 冬至 16時53分	7 大雪 22時56分	日紫白	奇門遁甲局数	23 小雪 3時48分	8 立冬 6時27分	日紫白	奇門遁甲局数	24 霜降 6時41分	9 寒露 3時47分	日紫白	奇門遁甲局数	23 秋分 21時52分	8 白露 12時40分	日紫白	奇門遁甲局数	24 処暑 0時41分	8 立秋 10時9分	日紫白	奇門遁甲局数	23 大暑 17時53分	8 小暑 0時32分	日紫白	奇門遁甲局数
新暦	農暦	日干支			農暦	日干支			農暦	日干支			農暦	日干支			農暦	日干支			農暦	日干支		
1	11/1	庚辰	八	陰4局	10/1	庚戌	五	陰6局	8/29	己卯	六	陰6局	7/28	己酉	三	陰9局	6/26	戊寅	四	4	5/25	丁未	二	6
2	11/2	辛巳	七		10/2	辛亥	四		8/30	庚辰	五		7/29	庚戌	二		6/27	己卯	三	陰2局	5/26	戊申	一	
3	11/3	壬午	六		10/3	壬子	三		9/1	辛巳	四		8/1	辛亥	一		6/28	庚辰	二		5/27	己酉	九	陰8局
4	11/4	癸未	五		10/4	癸丑	二		9/2	壬午	三		8/2	壬子	九		6/29	辛巳	一		5/28	庚戌	八	
5	11/5	甲申	四	陰7局	10/5	甲寅	一	陰9局	9/3	癸未	二		8/3	癸丑	八		7/1	壬午	九		5/29	辛亥	七	
6	11/6	乙酉	三		10/6	乙卯	九		9/4	甲申	一	陰9局	8/4	甲寅	七	陰3局	7/2	癸未	八		5/30	壬子	六	
7	11/7	丙戌	二		10/7	丙辰	八		9/5	乙酉	九		8/5	乙卯	六		7/3	甲申	七	陰5局	6/1	癸丑	五	
8	11/8	丁亥	一		10/8	丁巳	七		9/6	丙戌	八		8/6	丙辰	五		7/4	乙酉	六		6/2	甲寅	四	陰2局
9	11/9	戊子	九		10/9	戊午	六		9/7	丁亥	七		8/7	丁巳	四		7/5	丙戌	五		6/3	乙卯	三	
10	11/10	己丑	八	陰1局	10/10	己未	五	陰3局	9/8	戊子	六		8/8	戊午	三		7/6	丁亥	四		6/4	丙辰	二	
11	11/11	庚寅	七		10/11	庚申	四		9/9	己丑	五	陰3局	8/9	己未	二	陰6局	7/7	戊子	三		6/5	丁巳	一	
12	11/12	辛卯	六		10/12	辛酉	三		9/10	庚寅	四		8/10	庚申	一		7/8	己丑	二	陰8局	6/6	戊午	九	
13	11/13	壬辰	五		10/13	壬戌	二		9/11	辛卯	三		8/11	辛酉	九		7/9	庚寅	一		6/7	己未	八	陰5局
14	11/14	癸巳	四		10/14	癸亥	一		9/12	壬辰	二		8/12	壬戌	八		7/10	辛卯	九		6/8	庚申	七	
15	11/15	甲午	三	陽1局	10/15	甲子	六	陰5局	9/13	癸巳	一		8/13	癸亥	七		7/11	壬辰	八		6/9	辛酉	六	
16	11/16	乙未	二		10/16	乙丑	五		9/14	甲午	九	陰5局	8/14	甲子	三	陰7局	7/12	癸巳	七		6/10	壬戌	五	
17	11/17	丙申	一		10/17	丙寅	四		9/15	乙未	八		8/15	乙丑	二		7/13	甲午	六	陰1局	6/11	癸亥	四	
18	11/18	丁酉	九		10/18	丁卯	三		9/16	丙申	七		8/16	丙寅	一		7/14	乙未	五		6/12	甲子	九	陰7局
19	11/19	戊戌	八		10/19	戊辰	二		9/17	丁酉	六		8/17	丁卯	九		7/15	丙申	四		6/13	乙丑	八	
20	11/20	己亥	七	陽7局	10/20	己巳	一	陰8局	9/18	戊戌	五		8/18	戊辰	八		7/16	丁酉	三		6/14	丙寅	七	
21	11/21	庚子	六		10/21	庚午	九		9/19	己亥	四	陰8局	8/19	己巳	七	陰1局	7/17	戊戌	二		6/15	丁卯	六	
22	11/22	辛丑	二		10/22	辛未	八		9/20	庚子	三		8/20	庚午	六		7/18	己亥	一	陰4局	6/16	戊辰	五	
23	11/23	壬寅	三		10/23	壬申	七		9/21	辛丑	二		8/21	辛未	五		7/19	庚子	九		6/17	己巳	四	陰1局
24	11/24	癸卯	四		10/24	癸酉	六		9/22	壬寅	四		8/22	壬申	四		7/20	辛丑	二		6/18	庚午	三	
25	11/25	甲辰	五	陽4局	10/25	甲戌	五	陰2局	9/23	癸卯	三		8/23	癸酉	三		7/21	壬寅	一		6/19	辛未	二	
26	11/26	乙巳	六		10/26	乙亥	四		9/24	甲辰	二	陰2局	8/24	甲戌	二	陰4局	7/22	癸卯	九		6/20	壬申	一	
27	11/27	丙午	七		10/27	丙子	三		9/25	乙巳	一		8/25	乙亥	一		7/23	甲辰	八	陰7局	6/21	癸酉	九	
28	11/28	丁未	八		10/28	丁丑	二		9/26	丙午	九		8/26	丙子	九		7/24	乙巳	七		6/22	甲戌	八	陰4局
29	11/29	戊申	九		10/29	戊寅	一		9/27	丁未	八		8/27	丁丑	八		7/25	丙午	六		6/23	乙亥	七	
30	11/30	己酉	一	2	10/30	己卯	九	4	9/28	戊申	七		8/28	戊寅	七		7/26	丁未	五		6/24	丙子	六	
31	12/1	庚戌	二						9/29	己酉	六	6					7/27	戊申	四		6/25	丁丑	五	

一九三〇年 庚午 七赤

二元八運…「四運」　三元九運…「四運」

1月　丁丑（己巳(年)）　九紫

節気：6 小寒 10時3分／21 大寒 3時33分

新暦	農暦	日干支	日紫白	奇門遁甲局数
1	12/2	辛亥	三	陽2局
2	12/3	壬子	四	
3	12/4	癸丑	五	
4	12/5	甲寅	六	陽8局
5	12/6	乙卯	七	
6	12/7	丙辰	八	
7	12/8	丁巳	九	
8	12/9	戊午	一	
9	12/10	己未	二	陽5局
10	12/11	庚申	三	
11	12/12	辛酉	四	
12	12/13	壬戌	五	
13	12/14	癸亥	六	
14	12/15	甲子	一	陽3局
15	12/16	乙丑	二	
16	12/17	丙寅	三	
17	12/18	丁卯	四	
18	12/19	戊辰	五	
19	12/20	己巳	六	陽9局
20	12/21	庚午	七	
21	12/22	辛未	八	
22	12/23	壬申	九	
23	12/24	癸酉	一	
24	12/25	甲戌	二	陽6局
25	12/26	乙亥	三	
26	12/27	丙子	四	
27	12/28	丁丑	五	
28	12/29	戊寅	六	
29	12/30	己卯	七	陽8局
30	1/1	庚辰	八	
31	1/2	辛巳	九	

2月　戊寅　八白

節気：4 立春 21時51分／19 雨水 18時0分

新暦	農暦	日干支	日紫白	奇門遁甲局数
1	1/3	壬午	一	8
2	1/4	癸未	二	
3	1/5	甲申	三	
4	1/6	乙酉	四	陽5局
5	1/7	丙戌	五	
6	1/8	丁亥	六	
7	1/9	戊子	七	
8	1/10	己丑	八	
9	1/11	庚寅	九	陽2局
10	1/12	辛卯	一	
11	1/13	壬辰	二	
12	1/14	癸巳	三	
13	1/15	甲午	四	
14	1/16	乙未	五	陽9局
15	1/17	丙申	六	
16	1/18	丁酉	七	
17	1/19	戊戌	八	
18	1/20	己亥	九	
19	1/21	庚子	七	陽6局
20	1/22	辛丑	八	
21	1/23	壬寅	九	
22	1/24	癸卯	一	
23	1/25	甲辰	二	
24	1/26	乙巳	三	陽3局
25	1/27	丙午	四	
26	1/28	丁未	五	
27	1/29	戊申	六	
28	2/1	己酉	七	1
29				
30				
31				

3月　己卯　七赤

節気：6 啓蟄 16時17分／21 春分 17時30分

新暦	農暦	日干支	日紫白	奇門遁甲局数
1	2/2	庚戌	八	陽1局
2	2/3	辛亥	九	
3	2/4	壬子	一	
4	2/5	癸丑	二	
5	2/6	甲寅	三	陽7局
6	2/7	乙卯	四	
7	2/8	丙辰	五	
8	2/9	丁巳	六	
9	2/10	戊午	七	
10	2/11	己未	八	陽4局
11	2/12	庚申	九	
12	2/13	辛酉	一	
13	2/14	壬戌	二	
14	2/15	癸亥	三	
15	2/16	甲子	七	陽3局
16	2/17	乙丑	八	
17	2/18	丙寅	九	
18	2/19	丁卯	一	
19	2/20	戊辰	二	
20	2/21	己巳	三	陽9局
21	2/22	庚午	四	
22	2/23	辛未	五	
23	2/24	壬申	六	
24	2/25	癸酉	七	
25	2/26	甲戌	八	陽6局
26	2/27	乙亥	九	
27	2/28	丙子	一	
28	2/29	丁丑	二	
29	2/30	戊寅	三	
30	3/1	己卯	四	4
31	3/2	庚辰	五	

4月　庚辰　六白

節気：5 清明 21時37分／21 穀雨 5時6分

新暦	農暦	日干支	日紫白	奇門遁甲局数
1	3/3	辛巳	六	陽4局
2	3/4	壬午	七	
3	3/5	癸未	八	
4	3/6	甲申	九	陽1局
5	3/7	乙酉	一	
6	3/8	丙戌	二	
7	3/9	丁亥	三	
8	3/10	戊子	四	
9	3/11	己丑	五	陽7局
10	3/12	庚寅	六	
11	3/13	辛卯	七	
12	3/14	壬辰	八	
13	3/15	癸巳	九	
14	3/16	甲午	一	陽5局
15	3/17	乙未	二	
16	3/18	丙申	三	
17	3/19	丁酉	四	
18	3/20	戊戌	五	
19	3/21	己亥	六	陽2局
20	3/22	庚子	七	
21	3/23	辛丑	五	
22	3/24	壬寅	六	
23	3/25	癸卯	七	
24	3/26	甲辰	八	陽8局
25	3/27	乙巳	九	
26	3/28	丙午	一	
27	3/29	丁未	二	
28	3/30	戊申	三	
29	4/1	己酉	四	4
30	4/2	庚戌	五	
31				

5月　辛巳　五黄

節気：6 立夏 15時27分／22 小満 4時42分

新暦	農暦	日干支	日紫白	奇門遁甲局数
1	4/3	辛亥	六	陽4局
2	4/4	壬子	七	
3	4/5	癸丑	八	
4	4/6	甲寅	九	陽1局
5	4/7	乙卯	一	
6	4/8	丙辰	二	
7	4/9	丁巳	三	
8	4/10	戊午	四	
9	4/11	己未	五	陽7局
10	4/12	庚申	六	
11	4/13	辛酉	七	
12	4/14	壬戌	八	
13	4/15	癸亥	九	
14	4/16	甲子	四	陽5局
15	4/17	乙丑	五	
16	4/18	丙寅	六	
17	4/19	丁卯	七	
18	4/20	戊辰	八	
19	4/21	己巳	九	陽2局
20	4/22	庚午	一	
21	4/23	辛未	二	
22	4/24	壬申	三	
23	4/25	癸酉	四	
24	4/26	甲戌	五	陽8局
25	4/27	乙亥	六	
26	4/28	丙子	七	
27	4/29	丁丑	八	
28	5/1	戊寅	九	
29	5/2	己卯	一	陽6局
30	5/3	庚辰	二	
31	5/4	辛巳	三	

6月　壬午　四緑

節気：6 芒種 19時58分／22 夏至 12時53分

新暦	農暦	日干支	日紫白	奇門遁甲局数
1	5/5	壬午	四	6
2	5/6	癸未	五	
3	5/7	甲申	六	陽3局
4	5/8	乙酉	七	
5	5/9	丙戌	八	
6	5/10	丁亥	九	
7	5/11	戊子	一	
8	5/12	己丑	二	陽9局
9	5/13	庚寅	三	
10	5/14	辛卯	四	
11	5/15	壬辰	五	
12	5/16	癸巳	六	
13	5/17	甲午	七	陽6局・閏
14	5/18	乙未	八	
15	5/19	丙申	九	
16	5/20	丁酉	一	
17	5/21	戊戌	二	
18	5/22	己亥	三	陽3局・閏
19	5/23	庚子	四	
20	5/24	辛丑	五	
21	5/25	壬寅	六	
22	5/26	癸卯	六	
23	5/27	甲辰	五	陽9局・閏
24	5/28	乙巳	四	
25	5/29	丙午	三	
26	6/1	丁未	二	
27	6/2	戊申	一	
28	6/3	己酉	九	陰9局
29	6/4	庚戌	八	
30	6/5	辛亥	七	
31				

1929年　己巳(年)／丙子(月)

月	12月				11月				10月			
月干支	戊子				丁亥				丙戌			
紫白	七赤				八白				九紫			
節気	22 冬至 22時40分	8 大雪 4時51分	日紫白	奇門遁甲局数	23 小雪 9時34分	8 立冬 12時20分	日紫白	奇門遁甲局数	24 霜降 12時26分	9 寒露 9時37分	日紫白	奇門遁甲局数
新暦	農暦	日干支			農暦	日干支			農暦	日干支		
1	10/12	乙酉	三	陰8局	9/11	乙卯	九	陰8局	8/10	甲申	一	陰1局
2	10/13	丙戌	二		9/12	丙辰	八		8/11	乙酉	九	
3	10/14	丁亥	一		9/13	丁巳	七		8/12	丙戌	八	
4	10/15	戊子	九		9/14	戊午	六		8/13	丁亥	七	
5	10/16	己丑	八	陰2局	9/15	己未	五	陰2局	8/14	戊子	六	
6	10/17	庚寅	七		9/16	庚申	四		8/15	己丑	五	陰4局
7	10/18	辛卯	六		9/17	辛酉	三		8/16	庚寅	四	
8	10/19	壬辰	五		9/18	壬戌	二		8/17	辛卯	三	
9	10/20	癸巳	四		9/19	癸亥	一		8/18	壬辰	二	
10	10/21	甲午	三	陰4局	9/20	甲子	六	陰6局	8/19	癸巳	一	
11	10/22	乙未	二		9/21	乙丑	五		8/20	甲午	九	陰6局
12	10/23	丙申	一		9/22	丙寅	四		8/21	乙未	八	
13	10/24	丁酉	九		9/23	丁卯	三		8/22	丙申	七	
14	10/25	戊戌	八		9/24	戊辰	二		8/23	丁酉	六	
15	10/26	己亥	七	陰7局	9/25	己巳	一	陰9局	8/24	戊戌	五	
16	10/27	庚子	六		9/26	庚午	九		8/25	己亥	四	陰9局
17	10/28	辛丑	五		9/27	辛未	八		8/26	庚子	三	
18	10/29	壬寅	四		9/28	壬申	七		8/27	辛丑	二	
19	10/30	癸卯	三		9/29	癸酉	六		8/28	壬寅	一	
20	11/1	甲辰	二	陰1局	10/1	甲戌	五	陰3局	8/29	癸卯	九	
21	11/2	乙巳	一		10/2	乙亥	四		8/30	甲辰	八	陰3局
22	11/3	丙午	七		10/3	丙子	三		9/1	乙巳	七	
23	11/4	丁未	八		10/4	丁丑	二		9/2	丙午	六	
24	11/5	戊申	九		10/5	戊寅	一		9/3	丁未	八	
25	11/6	己酉	一	陽1局	10/6	己卯	九	陰5局	9/4	戊申	七	
26	11/7	庚戌	二		10/7	庚辰	八		9/5	己酉	六	陰5局
27	11/8	辛亥	三		10/8	辛巳	七		9/6	庚戌	五	
28	11/9	壬子	四		10/9	壬午	六		9/7	辛亥	四	
29	11/10	癸丑	五		10/10	癸未	五		9/8	壬子	三	
30	11/11	甲寅	六	7	10/11	甲申	四	8	9/9	癸丑	二	
31	11/12	乙卯	七						9/10	甲寅	一	8

月	9月				8月				7月			
月干支	乙酉				甲申				癸未			
紫白	一白				二黒				三碧			
節気	24 秋分 3時36分	8 白露 18時28分	日紫白	奇門遁甲局数	24 処暑 6時26分	8 立秋 15時57分	日紫白	奇門遁甲局数	23 大暑 23時42分	8 小暑 6時20分	日紫白	奇門遁甲局数
新暦	農暦	日干支			農暦	日干支			農暦	日干支		
1	7/9	甲寅	七	陰4局	閏6/7	癸未	八	7	6/6	壬子	六	9
2	7/10	乙卯	六		閏6/8	甲申	七	陰1局	6/7	癸丑	五	
3	7/11	丙辰	五		閏6/9	乙酉	六		6/8	甲寅	四	陰3局
4	7/12	丁巳	四		閏6/10	丙戌	五		6/9	乙卯	三	
5	7/13	戊午	三		閏6/11	丁亥	四		6/10	丙辰	二	
6	7/14	己未	二	陰7局	閏6/12	戊子	三		6/11	丁巳	一	
7	7/15	庚申	一		閏6/13	己丑	二	陰4局	6/12	戊午	九	
8	7/16	辛酉	九		閏6/14	庚寅	一		6/13	己未	八	陰6局
9	7/17	壬戌	八		閏6/15	辛卯	九		6/14	庚申	七	
10	7/18	癸亥	七		閏6/16	壬辰	八		6/15	辛酉	六	
11	7/19	甲子	三	陰9局	閏6/17	癸巳	七		6/16	壬戌	五	
12	7/20	乙丑	二		閏6/18	甲午	六	陰2局	6/17	癸亥	四	
13	7/21	丙寅	一		閏6/19	乙未	五		6/18	甲子	九	陰8局
14	7/22	丁卯	九		閏6/20	丙申	四		6/19	乙丑	八	
15	7/23	戊辰	八		閏6/21	丁酉	三		6/20	丙寅	七	
16	7/24	己巳	七	陰3局	閏6/22	戊戌	二		6/21	丁卯	六	
17	7/25	庚午	六		閏6/23	己亥	一	陰5局	6/22	戊辰	五	
18	7/26	辛未	五		閏6/24	庚子	九		6/23	己巳	四	陰2局
19	7/27	壬申	四		閏6/25	辛丑	八		6/24	庚午	三	
20	7/28	癸酉	三		閏6/26	壬寅	七		6/25	辛未	二	
21	7/29	甲戌	二	陰6局	閏6/27	癸卯	六		6/26	壬申	一	
22	8/1	乙亥	一		閏6/28	甲辰	五	陰8局	6/27	癸酉	九	
23	8/2	丙子	九		閏6/29	乙巳	四		6/28	甲戌	八	陰5局
24	8/3	丁丑	八		7/1	丙午	六		6/29	乙亥	七	
25	8/4	戊寅	七		7/2	丁未	五		6/30	丙子	六	
26	8/5	己卯	六	陰7局	7/3	戊申	四		閏6/1	丁丑	五	
27	8/6	庚辰	五		7/4	己酉	三	陰1局	閏6/2	戊寅	四	
28	8/7	辛巳	四		7/5	庚戌	二		閏6/3	己卯	三	陰7局
29	8/8	壬午	三		7/6	辛亥	一		閏6/4	庚辰	二	
30	8/9	癸未	二		7/7	壬子	九		閏6/5	辛巳	一	
31					7/8	癸丑	八		閏6/6	壬午	九	

一九三一年　辛未　六白

三元八運…「四運」

三元九運…「四運」

月	1月				2月				3月				4月				5月				6月			
月干支	己丑 庚午(年)				庚寅				辛卯				壬辰				癸巳				甲午			
紫白	六白				五黄				四緑				三碧				二黒				一白			
節気	6 小寒 15時56分	21 大寒 9時17分			5 立春 3時41分	19 雨水 23時40分			6 啓蟄 22時2分	21 春分 23時6分			6 清明 3時20分	21 穀雨 10時40分			6 立夏 21時10分	22 小満 10時15分			7 芒種 1時42分	22 夏至 18時28分		
新暦	農暦	日干支	日紫白	奇門遁甲局数	農暦	日干支	日紫白	奇門遁甲局数	農暦	日干支	日紫白	奇門遁甲局数	農暦	日干支	日紫白	奇門遁甲局数	農暦	日干支	日紫白	奇門遁甲局数	農暦	日干支	日紫白	奇門遁甲局数
1	11/13	丙辰	八	陽7局	12/14	丁亥	六	9	1/13	乙卯	四	陽6局	2/14	丙戌	二	陽9局	3/14	丙辰	二	陽2局	4/16	丁亥	九	2
2	11/14	丁巳	九		12/15	戊子	七		1/14	丙辰	五		2/15	丁亥	三		3/15	丁巳	三		4/17	戊子	一	
3	11/15	戊午	一		12/16	己丑	八	陽6局	1/15	丁巳	六		2/16	戊子	四		3/16	戊午	四		4/18	己丑	二	陽8局
4	11/16	己未	二	陽4局	12/17	庚寅	九		1/16	戊午	七		2/17	己丑	五	陽6局	3/17	己未	五	陽8局	4/19	庚寅	三	
5	11/17	庚申	三		12/18	辛卯	一		1/17	己未	八	陽3局	2/18	庚寅	六		3/18	庚申	六		4/20	辛卯	四	
6	11/18	辛酉	四		12/19	壬辰	二		1/18	庚申	九		2/19	辛卯	七		3/19	辛酉	七		4/21	壬辰	五	
7	11/19	壬戌	五		12/20	癸巳	三		1/19	辛酉	一		2/20	壬辰	八		3/20	壬戌	八		4/22	癸巳	六	
8	11/20	癸亥	六		12/21	甲午	四	陽8局	1/20	壬戌	二		2/21	癸巳	九		3/21	癸亥	九		4/23	甲午	七	陽6局
9	11/21	甲子	一	陽2局	12/22	乙未	五		1/21	癸亥	三		2/22	甲午	一	陽4局	3/22	甲子	四	陽4局	4/24	乙未	八	
10	11/22	乙丑	二		12/23	丙申	六		1/22	甲子	七	陽1局	2/23	乙未	二		3/23	乙丑	五		4/25	丙申	九	
11	11/23	丙寅	三		12/24	丁酉	七		1/23	乙丑	八		2/24	丙申	三		3/24	丙寅	六		4/26	丁酉	一	
12	11/24	丁卯	四		12/25	戊戌	八		1/24	丙寅	九		2/25	丁酉	四		3/25	丁卯	七		4/27	戊戌	二	
13	11/25	戊辰	五		12/26	己亥	九	陽5局	1/25	丁卯	一		2/26	戊戌	五		3/26	戊辰	八		4/28	己亥	三	陽3局
14	11/26	己巳	六	陽8局	12/27	庚子	一		1/26	戊辰	二		2/27	己亥	六	陽1局	3/27	己巳	九	陽1局	4/29	庚子	四	
15	11/27	庚午	七		12/28	辛丑	二		1/27	己巳	三	陽7局	2/28	庚子	七		3/28	庚午	一		4/30	辛丑	五	
16	11/28	辛未	八		12/29	壬寅	三		1/28	庚午	四		2/29	辛丑	八		3/29	辛未	二		5/1	壬寅	六	
17	11/29	壬申	九		1/1	癸卯	四		1/29	辛未	五		2/30	壬寅	九		4/1	壬申	三		5/2	癸卯	七	
18	11/30	癸酉	一		1/2	甲辰	五	陽2局	1/30	壬申	六		3/1	癸卯	一		4/2	癸酉	四		5/3	甲辰	八	陽9局
19	12/1	甲戌	二	陽5局	1/3	乙巳	三		2/1	癸酉	七		3/2	甲辰	二	陽7局	4/3	甲戌	五	陽7局	5/4	乙巳	九	
20	12/2	乙亥	三		1/4	丙午	四		2/2	甲戌	八	陽4局	3/3	乙巳	三		4/4	乙亥	六		5/5	丙午	一	
21	12/3	丙子	四		1/5	丁未	五		2/3	乙亥	九		3/4	丙午	一		4/5	丙子	七		5/6	丁未	二	
22	12/4	丁丑	五		1/6	戊申	六		2/4	丙子	一		3/5	丁未	二		4/6	丁丑	八		5/7	戊申	一	
23	12/5	戊寅	六		1/7	己酉	七	陽9局	2/5	丁丑	二		3/6	戊申	三		4/7	戊寅	九		5/8	己酉	九	陰9局
24	12/6	己卯	七	陽3局	1/8	庚戌	八		2/6	戊寅	三		3/7	己酉	四	陽5局	4/8	己卯	一	陽5局	5/9	庚戌	八	
25	12/7	庚辰	八		1/9	辛亥	九		2/7	己卯	四	陽3局	3/8	庚戌	五		4/9	庚辰	二		5/10	辛亥	七	
26	12/8	辛巳	九		1/10	壬子	一		2/8	庚辰	五		3/9	辛亥	六		4/10	辛巳	三		5/11	壬子	六	
27	12/9	壬午	一		1/11	癸丑	二		2/9	辛巳	六		3/10	壬子	七		4/11	壬午	四		5/12	癸丑	五	
28	12/10	癸未	二		1/12	甲寅	三	6	2/10	壬午	七		3/11	癸丑	八		4/12	癸未	五		5/13	甲寅	四	陰3局
29	12/11	甲申	三	陽9局					2/11	癸未	八		3/12	甲寅	九	2	4/13	甲申	六	陽2局	5/14	乙卯	三	
30	12/12	乙酉	四						2/12	甲申	九	9	3/13	乙卯	一		4/14	乙酉	七		5/15	丙辰	二	
31	12/13	丙戌	五						2/13	乙酉	一						4/15	丙戌	八					

1930年　庚午(年)／戊子(月)

月	12月				11月				10月				9月				8月				7月			
月干支	庚子				己亥				戊戌				丁酉				丙申				乙未			
紫白	四緑				五黄				六白				七赤				八白				九紫			
節気	23	8	日紫白	奇門遁甲局数	23	8	日紫白	奇門遁甲局数	24	9	日紫白	奇門遁甲局数	24	9	日紫白	奇門遁甲局数	24	8	日紫白	奇門遁甲局数	24	8	日紫白	奇門遁甲局数
	冬至 4時30分	大雪 10時40分			小雪 15時25分	立冬 18時10分			霜降 18時15分	寒露 15時27分			秋分 9時23分	白露 0時17分			処暑 12時10分	立秋 21時45分			大暑 5時21分	小暑 12時6分		
新暦	農暦	日干支			農暦	日干支			農暦	日干支			農暦	日干支			農暦	日干支			農暦	日干支		
1	10/22	庚寅	七	陰2局	9/22	庚申	四	陰2局	8/20	己丑	五	陰4局	7/19	己未	二	陰7局	6/18	戊子	三	1	5/16	丁巳	一	3
2	10/23	辛卯	六		9/23	辛酉	三		8/21	庚寅	四		7/20	庚申	一		6/19	己丑	二	陰4局	5/17	戊午	九	
3	10/24	壬辰	五		9/24	壬戌	二		8/22	辛卯	三		7/21	辛酉	九		6/20	庚寅	一		5/18	己未	八	陰6局
4	10/25	癸巳	四		9/25	癸亥	一		8/23	壬辰	二		7/22	壬戌	八		6/21	辛卯	九		5/19	庚申	七	
5	10/26	甲午	三	陰4局	9/26	甲子	六	陰6局	8/24	癸巳	一		7/23	癸亥	七		6/22	壬辰	八		5/20	辛酉	六	
6	10/27	乙未	二		9/27	乙丑	五		8/25	甲午	九	陰6局	7/24	甲子	三	陰9局	6/23	癸巳	七		5/21	壬戌	五	
7	10/28	丙申	一		9/28	丙寅	四		8/26	乙未	八		7/25	乙丑	二		6/24	甲午	六	陰2局	5/22	癸亥	四	
8	10/29	丁酉	九		9/29	丁卯	三		8/27	丙申	七		7/26	丙寅	一		6/25	乙未	五		5/23	甲子	九	陰8局
9	11/1	戊戌	八		9/30	戊辰	二		8/28	丁酉	六		7/27	丁卯	九		6/26	丙申	四		5/24	乙丑	八	
10	11/2	己亥	七	陰7局	10/1	己巳	一	陰9局	8/29	戊戌	五		7/28	戊辰	八		6/27	丁酉	三		5/25	丙寅	七	
11	11/3	庚子	六		10/2	庚午	九		9/1	己亥	四	陰9局	7/29	己巳	七	陰3局	6/28	戊戌	二		5/26	丁卯	六	
12	11/4	辛丑	五		10/3	辛未	八		9/2	庚子	三		8/1	庚午	六		6/29	己亥	一	陰5局	5/27	戊辰	五	
13	11/5	壬寅	四		10/4	壬申	七		9/3	辛丑	二		8/2	辛未	五		6/30	庚子	九		5/28	己巳	四	陰2局
14	11/6	癸卯	三		10/5	癸酉	六		9/4	壬寅	一		8/3	壬申	四		7/1	辛丑	八		5/29	庚午	三	
15	11/7	甲辰	二	陰1局	10/6	甲戌	五	陰3局	9/5	癸卯	九		8/4	癸酉	三		7/2	壬寅	七		6/1	辛未	二	
16	11/8	乙巳	一		10/7	乙亥	四		9/6	甲辰	八	陰3局	8/5	甲戌	二	陰6局	7/3	癸卯	六		6/2	壬申	一	
17	11/9	丙午	九		10/8	丙子	三		9/7	乙巳	七		8/6	乙亥	一		7/4	甲辰	五	陰8局	6/3	癸酉	九	
18	11/10	丁未	八		10/9	丁丑	二		9/8	丙午	六		8/7	丙子	九		7/5	乙巳	四		6/4	甲戌	八	陰5局
19	11/11	戊申	七		10/10	戊寅	一		9/9	丁未	五		8/8	丁丑	八		7/6	丙午	三		6/5	乙亥	七	
20	11/12	己酉	六	陽1局	10/11	己卯	九	陰5局	9/10	戊申	四		8/9	戊寅	七		7/7	丁未	二		6/6	丙子	六	
21	11/13	庚戌	五		10/12	庚辰	八		9/11	己酉	三	陰5局	8/10	己卯	六	陰7局	7/8	戊申	一		6/7	丁丑	五	
22	11/14	辛亥	四		10/13	辛巳	七		9/12	庚戌	二		8/11	庚辰	五		7/9	己酉	九	陰1局	6/8	戊寅	四	
23	11/15	壬子	四		10/14	壬午	六		9/13	辛亥	一		8/12	辛巳	四		7/10	庚戌	八		6/9	己卯	三	陰7局
24	11/16	癸丑	五		10/15	癸未	五		9/14	壬子	三		8/13	壬午	三		7/11	辛亥	一		6/10	庚辰	二	
25	11/17	甲寅	六	陽7局	10/16	甲申	四	陰8局	9/15	癸丑	二		8/14	癸未	二		7/12	壬子	九		6/11	辛巳	一	
26	11/18	乙卯	七		10/17	乙酉	三		9/16	甲寅	一	陰8局	8/15	甲申	一	陰1局	7/13	癸丑	八		6/12	壬午	九	
27	11/19	丙辰	八		10/18	丙戌	二		9/17	乙卯	九		8/16	乙酉	九		7/14	甲寅	七	陰4局	6/13	癸未	八	
28	11/20	丁巳	九		10/19	丁亥	一		9/18	丙辰	八		8/17	丙戌	八		7/15	乙卯	六		6/14	甲申	七	陰1局
29	11/21	戊午	一		10/20	戊子	九		9/19	丁巳	七		8/18	丁亥	七		7/16	丙辰	五		6/15	乙酉	六	
30	11/22	己未	二	4	10/21	己丑	八	2	9/20	戊午	六		8/19	戊子	六		7/17	丁巳	四		6/16	丙戌	五	
31	11/23	庚申	三						9/21	己未	五	2					7/18	戊午	三		6/17	丁亥	四	

一九三二年 壬申 五黄

二元八運…「四運」

三元九運…「四運」

6月				5月				4月				3月				2月				1月				月
丙午				乙巳				甲辰				癸卯				壬寅				辛丑 辛未(年)				月干支
七赤				八白				九紫				一白				二黒				三碧				紫白
22 夏至 0時23分	6 芒種 7時28分			21 小満 16時7分	6 立夏 2時55分			20 穀雨 16時28分	5 清明 9時6分			21 春分 4時54分	6 啓蟄 3時49分			20 雨水 5時28分	5 立春 9時29分			21 大寒 15時7分	6 小寒 21時45分			節気
農暦	日干支	日紫白	奇門遁甲局数	農暦	日干支	日紫白	奇門遁甲局数	農暦	日干支	日紫白	奇門遁甲局数	農暦	日干支	日紫白	奇門遁甲局数	農暦	日干支	日紫白	奇門遁甲局数	農暦	日干支	日紫白	奇門遁甲局数	新暦
4/27	癸巳	六	8	3/26	壬戌	八	8	2/26	壬辰	八	6	1/25	辛酉	一	陽3局	12/25	壬辰	二	6	11/24	辛酉	四	陽4局	1
4/28	甲午	七		3/27	癸亥	九		2/27	癸巳	九		1/26	壬戌	二		12/26	癸巳	三		11/25	壬戌	五		2
4/29	乙未	八	陽6局	3/28	甲子	四		2/28	甲午	一		1/27	癸亥	三		12/27	甲午	四		11/26	癸亥	六		3
5/1	丙申	九		3/29	乙丑	五	陽4局	2/29	乙未	二	陽4局	1/28	甲子	七		12/28	乙未	五	陽8局	11/27	甲子	一		4
5/2	丁酉	一		3/30	丙寅	六		2/30	丙申	三		1/29	乙丑	八	陽1局	12/29	丙申	六		11/28	乙丑	二	陽2局	5
5/3	戊戌	二		4/1	丁卯	七		3/1	丁酉	四		1/30	丙寅	九		1/1	丁酉	七		11/29	丙寅	三		6
5/4	己亥	三		4/2	戊辰	八		3/2	戊戌	五		2/1	丁卯	一		1/2	戊戌	八		11/30	丁卯	四		7
5/5	庚子	四	陽3局	4/3	己巳	九		3/3	己亥	六		2/2	戊辰	二		1/3	己亥	九		12/1	戊辰	五		8
5/6	辛丑	五		4/4	庚午	一	陽1局	3/4	庚子	七	陽1局	2/3	己巳	三		1/4	庚子	一	陽5局	12/2	己巳	六		9
5/7	壬寅	六		4/5	辛未	二		3/5	辛丑	八		2/4	庚午	四	陽7局	1/5	辛丑	二		12/3	庚午	七	陽8局	10
5/8	癸卯	七		4/6	壬申	三		3/6	壬寅	九		2/5	辛未	五		1/6	壬寅	三		12/4	辛未	八		11
5/9	甲辰	八		4/7	癸酉	四		3/7	癸卯	一		2/6	壬申	六		1/7	癸卯	四		12/5	壬申	九		12
5/10	乙巳	九	陽9局	4/8	甲戌	五		3/8	甲辰	二		2/7	癸酉	七		1/8	甲辰	五		12/6	癸酉	一		13
5/11	丙午	一		4/9	乙亥	六	陽7局	3/9	乙巳	三	陽7局	2/8	甲戌	八		1/9	乙巳	六	陽2局	12/7	甲戌	二		14
5/12	丁未	二		4/10	丙子	七		3/10	丙午	四		2/9	乙亥	九	陽4局	1/10	丙午	七		12/8	乙亥	三	陽5局	15
5/13	戊申	三		4/11	丁丑	八		3/11	丁未	五		2/10	丙子	一		1/11	丁未	八		12/9	丙子	四		16
5/14	己酉	四		4/12	戊寅	九		3/12	戊申	六		2/11	丁丑	二		1/12	戊申	九		12/10	丁丑	五		17
5/15	庚戌	五	陰9局	4/13	己卯	一		3/13	己酉	七		2/12	戊寅	三		1/13	己酉	一		12/11	戊寅	六		18
5/16	辛亥	六		4/14	庚辰	二	陽5局	3/14	庚戌	八	陽5局	2/13	己卯	四		1/14	庚戌	二	陽9局	12/12	己卯	七		19
5/17	壬子	七		4/15	辛巳	三		3/15	辛亥	六		2/14	庚辰	五	陽3局	1/15	辛亥	九		12/13	庚辰	八	陽3局	20
5/18	癸丑	八		4/16	壬午	四		3/16	壬子	七		2/15	辛巳	六		1/16	壬子	一		12/14	辛巳	九		21
5/19	甲寅	四		4/17	癸未	五		3/17	癸丑	八		2/16	壬午	七		1/17	癸丑	二		12/15	壬午	一		22
5/20	乙卯	三	陰3局	4/18	甲申	六		3/18	甲寅	九		2/17	癸未	八		1/18	甲寅	三		12/16	癸未	二		23
5/21	丙辰	二		4/19	乙酉	七	陽2局	3/19	乙卯	一	陽2局	2/18	甲申	九		1/19	乙卯	四	陽6局	12/17	甲申	三		24
5/22	丁巳	一		4/20	丙戌	八		3/20	丙辰	二		2/19	乙酉	一	陽9局	1/20	丙辰	五		12/18	乙酉	四	陽9局	25
5/23	戊午	九		4/21	丁亥	九		3/21	丁巳	三		2/20	丙戌	二		1/21	丁巳	六		12/19	丙戌	五		26
5/24	己未	八		4/22	戊子	一		3/22	戊午	四		2/21	丁亥	三		1/22	戊午	七		12/20	丁亥	六		27
5/25	庚申	七	陰6局	4/23	己丑	二		3/23	己未	五	陽8局	2/22	戊子	四		1/23	己未	八	3	12/21	戊子	七		28
5/26	辛酉	六		4/24	庚寅	三	陽8局	3/24	庚申	六		2/23	己丑	五	陽6局	1/24	庚申	九		12/22	己丑	八	陽6局	29
5/27	壬戌	五		4/25	辛卯	四		3/25	辛酉	七		2/24	庚寅	六						12/23	庚寅	九		30
				4/26	壬辰	五						2/25	辛卯	七						12/24	辛卯	一		31

1931年 辛未(年)／庚子(月)

月	12月				11月				10月				9月				8月				7月			
月干支	壬子				辛亥				庚戌				己酉				戊申				丁未			
紫白	一白				二黒				三碧				四緑				五黄				六白			
節気	22 冬至 10時14分	7 大雪 16時18分	日紫白	奇門遁甲局数	22 小雪 21時10分	7 立冬 23時50分	日紫白	奇門遁甲局数	24 霜降 0時4分	8 寒露 21時10分	日紫白	奇門遁甲局数	23 秋分 15時16分	8 白露 6時3分	日紫白	奇門遁甲局数	23 処暑 18時6分	8 立秋 3時32分	日紫白	奇門遁甲局数	23 大暑 11時18分	7 小暑 17時52分	日紫白	奇門遁甲局数
新暦	農暦	日干支			農暦	日干支			農暦	日干支			農暦	日干支			農暦	日干支			農暦	日干支		
1	11/4	丙申	一	陰4局	10/4	丙寅	四	陰6局	9/2	乙未	八	陰6局	8/1	乙丑	二	陰9局	6/29	甲午	六	陰2局	5/28	癸亥	四	6
2	11/5	丁酉	九		10/5	丁卯	三		9/3	丙申	七		8/2	丙寅	一		7/1	乙未	五		5/29	甲子	九	陰8局
3	11/6	戊戌	八		10/6	戊辰	二		9/4	丁酉	六		8/3	丁卯	九		7/2	丙申	四		5/30	乙丑	八	
4	11/7	己亥	七	陰7局	10/7	己巳	一	陰9局	9/5	戊戌	五		8/4	戊辰	八		7/3	丁酉	三		6/1	丙寅	七	
5	11/8	庚子	六		10/8	庚午	九		9/6	己亥	四		8/5	己巳	七	陰3局	7/4	戊戌	二		6/2	丁卯	六	
6	11/9	辛丑	五		10/9	辛未	八		9/7	庚子	三	陰9局	8/6	庚午	六		7/5	己亥	一	陰5局	6/3	戊辰	五	
7	11/10	壬寅	四		10/10	壬申	七		9/8	辛丑	二		8/7	辛未	五		7/6	庚子	九		6/4	己巳	四	陰2局
8	11/11	癸卯	三		10/11	癸酉	六		9/9	壬寅	一		8/8	壬申	四		7/7	辛丑	八		6/5	庚午	三	
9	11/12	甲辰	二	陰1局	10/12	甲戌	五	陰3局	9/10	癸卯	九		8/9	癸酉	三		7/8	壬寅	七		6/6	辛未	二	
10	11/13	乙巳	一		10/13	乙亥	四		9/11	甲辰	八		8/10	甲戌	二	陰6局	7/9	癸卯	六		6/7	壬申	一	
11	11/14	丙午	九		10/14	丙子	三		9/12	乙巳	七	陰3局	8/11	乙亥	一		7/10	甲辰	五	陰8局	6/8	癸酉	九	
12	11/15	丁未	八		10/15	丁丑	二		9/13	丙午	六		8/12	丙子	九		7/11	乙巳	四		6/9	甲戌	八	陰5局
13	11/16	戊申	七		10/16	戊寅	一		9/14	丁未	五		8/13	丁丑	八		7/12	丙午	三		6/10	乙亥	七	
14	11/17	己酉	六	陽1局	10/17	己卯	九	陰5局	9/15	戊申	四		8/14	戊寅	七		7/13	丁未	二		6/11	丙子	六	
15	11/18	庚戌	五		10/18	庚辰	八		9/16	己酉	三		8/15	己卯	六	陰7局	7/14	戊申	一		6/12	丁丑	五	
16	11/19	辛亥	四		10/19	辛巳	七		9/17	庚戌	二	陰5局	8/16	庚辰	五		7/15	己酉	九	陰1局	6/13	戊寅	四	
17	11/20	壬子	三		10/20	壬午	六		9/18	辛亥	一		8/17	辛巳	四		7/16	庚戌	八		6/14	己卯	三	陰7局
18	11/21	癸丑	二		10/21	癸未	五		9/19	壬子	九		8/18	壬午	三		7/17	辛亥	七		6/15	庚辰	二	
19	11/22	甲寅	一	陽7局	10/22	甲申	四	陰8局	9/20	癸丑	八		8/19	癸未	二		7/18	壬子	六		6/16	辛巳	一	
20	11/23	乙卯	九		10/23	乙酉	三		9/21	甲寅	七		8/20	甲申	一	陰1局	7/19	癸丑	五		6/17	壬午	九	
21	11/24	丙辰	八		10/24	丙戌	二		9/22	乙卯	六	陰8局	8/21	乙酉	九		7/20	甲寅	四	陰4局	6/18	癸未	八	
22	11/25	丁巳	九		10/25	丁亥	一		9/23	丙辰	五		8/22	丙戌	八		7/21	乙卯	三		6/19	甲申	七	陰1局
23	11/26	戊午	一		10/26	戊子	九		9/24	丁巳	四		8/23	丁亥	七		7/22	丙辰	五		6/20	乙酉	六	
24	11/27	己未	二	陽4局	10/27	己丑	八	陰2局	9/25	戊午	六		8/24	戊子	六		7/23	丁巳	四		6/21	丙戌	五	
25	11/28	庚申	三		10/28	庚寅	七		9/26	己未	五		8/25	己丑	五	陰4局	7/24	戊午	三		6/22	丁亥	四	
26	11/29	辛酉	四		10/29	辛卯	六		9/27	庚申	四	陰2局	8/26	庚寅	四		7/25	己未	二	陰7局	6/23	戊子	三	
27	12/1	壬戌	五		10/30	壬辰	五		9/28	辛酉	三		8/27	辛卯	三		7/26	庚申	一		6/24	己丑	二	陰4局
28	12/2	癸亥	六		11/1	癸巳	四		9/29	壬戌	二		8/28	壬辰	二		7/27	辛酉	九		6/25	庚寅	一	
29	12/3	甲子	一	陽2局	11/2	甲午	三	4	10/1	癸亥	一		8/29	癸巳	一		7/28	壬戌	八		6/26	辛卯	九	
30	12/4	乙丑	二		11/3	乙未	二		10/2	甲子	六		9/1	甲午	九	6	7/29	癸亥	七		6/27	壬辰	八	
31	12/5	丙寅	三						10/3	乙丑	五	6					7/30	甲子	三	9	6/28	癸巳	七	

一九三三年 癸酉 四緑

二元八運…「四運」　三元九運…「四運」

月	1月				2月				3月			
月干支	癸丑 壬申(年)				甲寅				乙卯			
紫白	九紫				八白				七赤			
節気	20 大寒 20時53分	6 小寒 3時23分			19 雨水 11時16分	4 立春 15時9分			21 春分 10時43分	6 啓蟄 9時31分		
新暦	農暦	日干支	日紫白	奇門遁甲局数	農暦	日干支	日紫白	奇門遁甲局数	農暦	日干支	日紫白	奇門遁甲局数
1	12/6	丁卯	四	2	1/7	戊戌	八	8	2/6	丙寅	九	陽1局
2	12/7	戊辰	五		1/8	己亥	九	陽5局	2/7	丁卯	一	
3	12/8	己巳	六	陽8局	1/9	庚子	一		2/8	戊辰	二	
4	12/9	庚午	七		1/10	辛丑	二		2/9	己巳	三	陽7局
5	12/10	辛未	八		1/11	壬寅	三		2/10	庚午	四	
6	12/11	壬申	九		1/12	癸卯	四		2/11	辛未	五	
7	12/12	癸酉	一		1/13	甲辰	五	陽2局	2/12	壬申	六	
8	12/13	甲戌	二	陽5局	1/14	乙巳	六		2/13	癸酉	七	
9	12/14	乙亥	三		1/15	丙午	七		2/14	甲戌	八	陽4局
10	12/15	丙子	四		1/16	丁未	八		2/15	乙亥	九	
11	12/16	丁丑	五		1/17	戊申	九		2/16	丙子	一	
12	12/17	戊寅	六		1/18	己酉	一	陽9局	2/17	丁丑	二	
13	12/18	己卯	七	陽3局	1/19	庚戌	二		2/18	戊寅	三	
14	12/19	庚辰	八		1/20	辛亥	三		2/19	己卯	四	陽3局
15	12/20	辛巳	九		1/21	壬子	四		2/20	庚辰	五	
16	12/21	壬午	一		1/22	癸丑	五		2/21	辛巳	六	
17	12/22	癸未	二		1/23	甲寅	六	陽6局	2/22	壬午	七	
18	12/23	甲申	三	陽9局	1/24	乙卯	七		2/23	癸未	八	
19	12/24	乙酉	四		1/25	丙辰	五		2/24	甲申	九	陽9局
20	12/25	丙戌	五		1/26	丁巳	六		2/25	乙酉	一	
21	12/26	丁亥	六		1/27	戊午	七		2/26	丙戌	二	
22	12/27	戊子	七		1/28	己未	八	陽3局	2/27	丁亥	三	
23	12/28	己丑	八	陽6局	1/29	庚申	九		2/28	戊子	四	
24	12/29	庚寅	九		2/1	辛酉	一		2/29	己丑	五	陽6局
25	12/30	辛卯	一		2/2	壬戌	二		2/30	庚寅	六	
26	1/1	壬辰	二		2/3	癸亥	三		3/1	辛卯	七	
27	1/2	癸巳	三		2/4	甲子	七	1	3/2	壬辰	八	
28	1/3	甲午	四	陽8局	2/5	乙丑	八		3/3	癸巳	九	
29	1/4	乙未	五						3/4	甲午	一	陽4局
30	1/5	丙申	六						3/5	乙未	二	
31	1/6	丁酉	七						3/6	丙申	三	

月	4月				5月				6月			
月干支	丙辰				丁巳				戊午			
紫白	六白				五黄				四緑			
節気	20 穀雨 22時18分	5 清明 14時50分			21 小満 21時57分	6 立夏 8時42分			22 夏至 6時12分	6 芒種 13時17分		
新暦	農暦	日干支	日紫白	奇門遁甲局数	農暦	日干支	日紫白	奇門遁甲局数	農暦	日干支	日紫白	奇門遁甲局数
1	3/7	丁酉	四	4	4/7	丁卯	七	4	5/9	戊戌	二	6
2	3/8	戊戌	五		4/8	戊辰	八		5/10	己亥	三	陽3局
3	3/9	己亥	六	陽1局	4/9	己巳	九	陽1局	5/11	庚子	四	
4	3/10	庚子	七		4/10	庚午	一		5/12	辛丑	五	
5	3/11	辛丑	八		4/11	辛未	二		5/13	壬寅	六	
6	3/12	壬寅	九		4/12	壬申	三		5/14	癸卯	七	
7	3/13	癸卯	一		4/13	癸酉	四		5/15	甲辰	八	陽9局
8	3/14	甲辰	二	陽7局	4/14	甲戌	五	陽7局	5/16	乙巳	九	
9	3/15	乙巳	三		4/15	乙亥	六		5/17	丙午	一	
10	3/16	丙午	四		4/16	丙子	七		5/18	丁未	二	
11	3/17	丁未	五		4/17	丁丑	八		5/19	戊申	三	
12	3/18	戊申	六		4/18	戊寅	九		5/20	己酉	四	陽6・閏
13	3/19	己酉	七	陽5局	4/19	己卯	一	陽5局	5/21	庚戌	五	
14	3/20	庚戌	八		4/20	庚辰	二		5/22	辛亥	六	
15	3/21	辛亥	九		4/21	辛巳	三		5/23	壬子	七	
16	3/22	壬子	一		4/22	壬午	四		5/24	癸丑	八	
17	3/23	癸丑	二		4/23	癸未	五		5/25	甲寅	九	陽3局・閏
18	3/24	甲寅	三	陽2局	4/24	甲申	六	陽2局	5/26	乙卯	一	
19	3/25	乙卯	四		4/25	乙酉	七		5/27	丙辰	二	
20	3/26	丙辰	二		4/26	丙戌	八		5/28	丁巳	三	
21	3/27	丁巳	三		4/27	丁亥	九		5/29	戊午	四	
22	3/28	戊午	四		4/28	戊子	一		5/30	己未	八	陽9局・閏
23	3/29	己未	五	陽8局	4/29	己丑	二	陽8局	閏5/1	庚申	七	
24	3/30	庚申	六		5/1	庚寅	三		閏5/2	辛酉	六	
25	4/1	辛酉	七		5/2	辛卯	四		閏5/3	壬戌	五	
26	4/2	壬戌	八		5/3	壬辰	五		閏5/4	癸亥	四	
27	4/3	癸亥	九		5/4	癸巳	六		閏5/5	甲子	九	陰9局
28	4/4	甲子	四	陽4局	5/5	甲午	七	陽6局	閏5/6	乙丑	八	
29	4/5	乙丑	五		5/6	乙未	八		閏5/7	丙寅	七	
30	4/6	丙寅	六		5/7	丙申	九		閏5/8	丁卯	六	
31					5/8	丁酉	一					

1932年 壬申(年)／壬子(月)

月	12月				11月				10月				9月				8月				7月			
月干支	甲子				癸亥				壬戌				辛酉				庚申				己未			
紫白	七赤				八白				九紫				一白				二黒				三碧			
節	22	7	日紫白	奇門遁甲局数	23	8	日紫白	奇門遁甲局数	24	9	日紫白	奇門遁甲局数	23	8	日紫白	奇門遁甲局数	23	8	日紫白	奇門遁甲局数	23	7	日紫白	奇門遁甲局数
気	冬至 15時57分	大雪 22時11分			小雪 2時53分	立冬 5時43分			霜降 5時48分	寒露 3時4分			秋分 21時1分	白露 11時57分			処暑 23時52分	立秋 9時26分			大暑 17時5分	小暑 23時44分		
新暦	農暦	日干支			農暦	日干支			農暦	日干支			農暦	日干支			農暦	日干支			農暦	日干支		
1	10/14	辛丑	五	陰8局	9/14	辛未	八	陰8局	8/12	庚子	三		7/12	庚午	六		6/10	己亥	一		閏5/9	戊辰	五	9
2	10/15	壬寅	四		9/15	壬申	七		8/13	辛丑	二	陰1局	7/13	辛未	五	陰4局	6/11	庚子	九		閏5/10	己巳	四	
3	10/16	癸卯	三		9/16	癸酉	六		8/14	壬寅	一		7/14	壬申	四		6/12	辛丑	八	陰1局	閏5/11	庚午	三	陰3局
4	10/17	甲辰	二		9/17	甲戌	五		8/15	癸卯	九		7/15	癸酉	三		6/13	壬寅	七		閏5/12	辛未	二	
5	10/18	乙巳	一	陰2局	9/18	乙亥	四	陰2局	8/16	甲辰	八		7/16	甲戌	二		6/14	癸卯	六		閏5/13	壬申	一	
6	10/19	丙午	九		9/19	丙子	三		8/17	乙巳	七		7/17	乙亥	一		6/15	甲辰	五		閏5/14	癸酉	九	
7	10/20	丁未	八		9/20	丁丑	二		8/18	丙午	六	陰4局	7/18	丙子	九	陰7局	6/16	乙巳	四		閏5/15	甲戌	八	
8	10/21	戊申	七		9/21	戊寅	一		8/19	丁未	五		7/19	丁丑	八		6/17	丙午	三	陰4局	閏5/16	乙亥	七	陰6局
9	10/22	己酉	六		9/22	己卯	九		8/20	戊申	四		7/20	戊寅	七		6/18	丁未	二		閏5/17	丙子	六	
10	10/23	庚戌	五	陰4局	9/23	庚辰	八	陰6局	8/21	己酉	三		7/21	己卯	六		6/19	戊申	一		閏5/18	丁丑	五	
11	10/24	辛亥	四		9/24	辛巳	七		8/22	庚戌	二		7/22	庚辰	五		6/20	己酉	九		閏5/19	戊寅	四	
12	10/25	壬子	三		9/25	壬午	六		8/23	辛亥	一	陰6局	7/23	辛巳	四	陰9局	6/21	庚戌	八		閏5/20	己卯	三	
13	10/26	癸丑	二		9/26	癸未	五		8/24	壬子	九		7/24	壬午	三		6/22	辛亥	七	陰2局	閏5/21	庚辰	二	陰8局
14	10/27	甲寅	一		9/27	甲申	四		8/25	癸丑	八		7/25	癸未	二		6/23	壬子	六		閏5/22	辛巳	一	
15	10/28	乙卯	九	陰7局	9/28	乙酉	三	陰9局	8/26	甲寅	七		7/26	甲申	一		6/24	癸丑	五		閏5/23	壬午	九	
16	10/29	丙辰	八		9/29	丙戌	二		8/27	乙卯	六		7/27	乙酉	九		6/25	甲寅	四		閏5/24	癸未	八	
17	11/1	丁巳	七		9/30	丁亥	一		8/28	丙辰	五	陰9局	7/28	丙戌	八	陰3局	6/26	乙卯	三		閏5/25	甲申	七	
18	11/2	戊午	六		10/1	戊子	九		8/29	丁巳	四		7/29	丁亥	七		6/27	丙辰	二	陰5局	閏5/26	乙酉	六	陰2局
19	11/3	己未	五		10/2	己丑	八		9/1	戊午	三		7/30	戊子	六		6/28	丁巳	一		閏5/27	丙戌	五	
20	11/4	庚申	四	陰1局	10/3	庚寅	七	陰3局	9/2	己未	二		8/1	己丑	五		6/29	戊午	九		閏5/28	丁亥	四	
21	11/5	辛酉	三		10/4	辛卯	六		9/3	庚申	一		8/2	庚寅	四		7/1	己未	八		閏5/29	戊子	三	
22	11/6	壬戌	五		10/5	壬辰	五		9/4	辛酉	九	陰3局	8/3	辛卯	三	陰6局	7/2	庚申	七		閏5/30	己丑	二	
23	11/7	癸亥	六		10/6	癸巳	四		9/5	壬戌	八		8/4	壬辰	二		7/3	辛酉	九	陰8局	6/1	庚寅	一	陰5局
24	11/8	甲子	一		10/7	甲午	三		9/6	癸亥	一		8/5	癸巳	一		7/4	壬戌	八		6/2	辛卯	九	
25	11/9	乙丑	二	陽1局	10/8	乙未	二	陰5局	9/7	甲子	六		8/6	甲午	九		7/5	癸亥	七		6/3	壬辰	八	
26	11/10	丙寅	三		10/9	丙申	一		9/8	乙丑	五		8/7	乙未	八		7/6	甲子	三		6/4	癸巳	七	
27	11/11	丁卯	四		10/10	丁酉	九		9/9	丙寅	四	陰5局	8/8	丙申	七	陰7局	7/7	乙丑	二		6/5	甲午	六	
28	11/12	戊辰	五		10/11	戊戌	八		9/10	丁卯	三		8/9	丁酉	六		7/8	丙寅	一	陰1局	6/6	乙未	五	陰7局
29	11/13	己巳	六	陽7局	10/12	己亥	七	8	9/11	戊辰	二		8/10	戊戌	五		7/9	丁卯	九		6/7	丙申	四	
30	11/14	庚午	七		10/13	庚子	六		9/12	己巳	一	8	8/11	己亥	四	1	7/10	戊辰	八		6/8	丁酉	三	
31	11/15	辛未	八						9/13	庚午	九						7/11	己巳	七	4	6/9	戊戌	二	

一九三四年

甲戌

三碧

二元八運…「四運」

三元九運…「四運」

1月 乙丑 癸酉(年) 六白

節気：6 小寒 9時16分／21 大寒 2時37分

新暦	農暦	日干支	日紫白	奇門遁甲局数
1	11/16	壬申	九	7
2	11/17	癸酉	一	
3	11/18	甲戌	二	陽4局
4	11/19	乙亥	三	
5	11/20	丙子	四	
6	11/21	丁丑	五	
7	11/22	戊寅	六	
8	11/23	己卯	七	陽2局
9	11/24	庚辰	八	
10	11/25	辛巳	九	
11	11/26	壬午	一	
12	11/27	癸未	二	
13	11/28	甲申	三	陽8局
14	11/29	乙酉	四	
15	12/1	丙戌	五	
16	12/2	丁亥	六	
17	12/3	戊子	七	
18	12/4	己丑	八	陽5局
19	12/5	庚寅	九	
20	12/6	辛卯	一	
21	12/7	壬辰	二	
22	12/8	癸巳	三	
23	12/9	甲午	四	陽3局
24	12/10	乙未	五	
25	12/11	丙申	六	
26	12/12	丁酉	七	
27	12/13	戊戌	八	
28	12/14	己亥	九	陽9局
29	12/15	庚子	一	
30	12/16	辛丑	二	
31	12/17	壬寅	三	

2月 丙寅 五黄

節気：4 立春 21時4分／19 雨水 17時2分

新暦	農暦	日干支	日紫白	奇門遁甲局数
1	12/18	癸卯	四	9
2	12/19	甲辰	五	陽6局
3	12/20	乙巳	六	
4	12/21	丙午	七	
5	12/22	丁未	八	
6	12/23	戊申	九	
7	12/24	己酉	一	陽8局
8	12/25	庚戌	二	
9	12/26	辛亥	三	
10	12/27	壬子	四	
11	12/28	癸丑	五	
12	12/29	甲寅	六	陽5局
13	12/30	乙卯	七	
14	1/1	丙辰	八	
15	1/2	丁巳	九	
16	1/3	戊午	一	
17	1/4	己未	二	陽2局
18	1/5	庚申	三	
19	1/6	辛酉	一	
20	1/7	壬戌	二	
21	1/8	癸亥	三	
22	1/9	甲子	七	陽9局
23	1/10	乙丑	八	
24	1/11	丙寅	九	
25	1/12	丁卯	一	
26	1/13	戊辰	二	
27	1/14	己巳	三	6
28	1/15	庚午	四	
29				
30				
31				

3月 丁卯 四緑

節気：6 啓蟄 15時26分／21 春分 16時28分

新暦	農暦	日干支	日紫白	奇門遁甲局数
1	1/16	辛未	五	陽6局
2	1/17	壬申	六	
3	1/18	癸酉	七	
4	1/19	甲戌	八	陽3局
5	1/20	乙亥	九	
6	1/21	丙子	一	
7	1/22	丁丑	二	
8	1/23	戊寅	三	
9	1/24	己卯	四	陽1局
10	1/25	庚辰	五	
11	1/26	辛巳	六	
12	1/27	壬午	七	
13	1/28	癸未	八	
14	1/29	甲申	九	陽7局
15	2/1	乙酉	一	
16	2/2	丙戌	二	
17	2/3	丁亥	三	
18	2/4	戊子	四	
19	2/5	己丑	五	陽4局
20	2/6	庚寅	六	
21	2/7	辛卯	七	
22	2/8	壬辰	八	
23	2/9	癸巳	九	
24	2/10	甲午	一	陽3局
25	2/11	乙未	二	
26	2/12	丙申	三	
27	2/13	丁酉	四	
28	2/14	戊戌	五	
29	2/15	己亥	六	陽9局
30	2/16	庚子	七	
31	2/17	辛丑	八	

4月 戊辰 三碧

節気：5 清明 20時44分／21 穀雨 4時0分

新暦	農暦	日干支	日紫白	奇門遁甲局数
1	2/18	壬寅	九	9
2	2/19	癸卯	一	
3	2/20	甲辰	二	陽6局
4	2/21	乙巳	三	
5	2/22	丙午	四	
6	2/23	丁未	五	
7	2/24	戊申	六	
8	2/25	己酉	七	陽4局
9	2/26	庚戌	八	
10	2/27	辛亥	九	
11	2/28	壬子	一	
12	2/29	癸丑	二	
13	2/30	甲寅	三	陽1局
14	3/1	乙卯	四	
15	3/2	丙辰	五	
16	3/3	丁巳	六	
17	3/4	戊午	七	
18	3/5	己未	八	陽7局
19	3/6	庚申	九	
20	3/7	辛酉	一	
21	3/8	壬戌	八	
22	3/9	癸亥	九	
23	3/10	甲子	四	陽5局
24	3/11	乙丑	五	
25	3/12	丙寅	六	
26	3/13	丁卯	七	
27	3/14	戊辰	八	
28	3/15	己巳	九	陽2局
29	3/16	庚午	一	
30	3/17	辛未	二	
31				

5月 己巳 二黒

節気：6 立夏 14時31分／22 小満 3時35分

新暦	農暦	日干支	日紫白	奇門遁甲局数
1	3/18	壬申	三	2
2	3/19	癸酉	四	
3	3/20	甲戌	五	陽8局
4	3/21	乙亥	六	
5	3/22	丙子	七	
6	3/23	丁丑	八	
7	3/24	戊寅	九	
8	3/25	己卯	一	陽4局
9	3/26	庚辰	二	
10	3/27	辛巳	三	
11	3/28	壬午	四	
12	3/29	癸未	五	
13	4/1	甲申	六	陽1局
14	4/2	乙酉	七	
15	4/3	丙戌	八	
16	4/4	丁亥	九	
17	4/5	戊子	一	
18	4/6	己丑	二	陽7局
19	4/7	庚寅	三	
20	4/8	辛卯	四	
21	4/9	壬辰	五	
22	4/10	癸巳	六	
23	4/11	甲午	七	陽5局
24	4/12	乙未	八	
25	4/13	丙申	九	
26	4/14	丁酉	一	
27	4/15	戊戌	二	
28	4/16	己亥	三	陽2局
29	4/17	庚子	四	
30	4/18	辛丑	五	
31	4/19	壬寅	六	

6月 庚午 一白

節気：6 芒種 19時1分／22 夏至 11時48分

新暦	農暦	日干支	日紫白	奇門遁甲局数
1	4/20	癸卯	七	2
2	4/21	甲辰	八	陽8局
3	4/22	乙巳	九	
4	4/23	丙午	一	
5	4/24	丁未	二	
6	4/25	戊申	三	
7	4/26	己酉	四	陽6局
8	4/27	庚戌	五	
9	4/28	辛亥	六	
10	4/29	壬子	七	
11	4/30	癸丑	八	
12	5/1	甲寅	九	陽3局
13	5/2	乙卯	一	
14	5/3	丙辰	二	
15	5/4	丁巳	三	
16	5/5	戊午	四	
17	5/6	己未	五	陽9局
18	5/7	庚申	六	
19	5/8	辛酉	七	
20	5/9	壬戌	八	
21	5/10	癸亥	九	
22	5/11	甲子	九	陰9局
23	5/12	乙丑	八	
24	5/13	丙寅	七	
25	5/14	丁卯	六	
26	5/15	戊辰	五	
27	5/16	己巳	四	陰3局
28	5/17	庚午	三	
29	5/18	辛未	二	
30	5/19	壬申	一	
31				

1933年 癸酉(年)／甲子(月)

月	12 月				11 月				10 月				9 月				8 月				7 月			
月干支	丙子				乙亥				甲戌				癸酉				壬申				辛未			
紫白	四緑				五黄				六白				七赤				八白				九紫			
節気	22	8	日紫白	奇門遁甲局数	23	8	日紫白	奇門遁甲局数	24	9	日紫白	奇門遁甲局数	24	8	日紫白	奇門遁甲局数	24	8	日紫白	奇門遁甲局数	23	8	日紫白	奇門遁甲局数
	21時49分 冬至	3時57分 大雪			8時44分 小雪	11時27分 立冬			11時36分 霜降	8時45分 寒露			2時45分 秋分	17時36分 白露			5時32分 処暑	15時4分 立秋			22時42分 大暑	5時24分 小暑		
新暦	農暦	日干支			農暦	日干支			農暦	日干支			農暦	日干支			農暦	日干支			農暦	日干支		
1	10/25	丙午	九	陰2局	9/25	丙子	三	陰2局	8/23	乙巳	七	陰4局	7/23	乙亥	一	陰7局	6/21	甲辰	五	陰4局	5/20	癸酉	九	3
2	10/26	丁未	八		9/26	丁丑	二		8/24	丙午	六		7/24	丙子	九		6/22	乙巳	四		5/21	甲戌	八	陰6局
3	10/27	戊申	七		9/27	戊寅	一		8/25	丁未	五		7/25	丁丑	八		6/23	丙午	三		5/22	乙亥	七	
4	10/28	己酉	六	陰4局	9/28	己卯	九	陰6局	8/26	戊申	四		7/26	戊寅	七		6/24	丁未	二		5/23	丙子	六	
5	10/29	庚戌	五		9/29	庚辰	八		8/27	己酉	三	陰6局	7/27	己卯	六	陰9局	6/25	戊申	一		5/24	丁丑	五	
6	10/30	辛亥	四		9/30	辛巳	七		8/28	庚戌	二		7/28	庚辰	五		6/26	己酉	九	陰2局	5/25	戊寅	四	
7	11/1	壬子	三		10/1	壬午	六		8/29	辛亥	一		7/29	辛巳	四		6/27	庚戌	八		5/26	己卯	三	陰8局
8	11/2	癸丑	二		10/2	癸未	五		9/1	壬子	九		7/30	壬午	三		6/28	辛亥	七		5/27	庚辰	二	
9	11/3	甲寅	一	陰7局	10/3	甲申	四	陰9局	9/2	癸丑	八		8/1	癸未	二		6/29	壬子	六		5/28	辛巳	一	
10	11/4	乙卯	九		10/4	乙酉	三		9/3	甲寅	七	陰9局	8/2	甲申	一	陰3局	7/1	癸丑	五		5/29	壬午	九	
11	11/5	丙辰	八		10/5	丙戌	二		9/4	乙卯	六		8/3	乙酉	九		7/2	甲寅	四	陰5局	5/30	癸未	八	
12	11/6	丁巳	七		10/6	丁亥	一		9/5	丙辰	五		8/4	丙戌	八		7/3	乙卯	三		6/1	甲申	七	陰2局
13	11/7	戊午	六		10/7	戊子	九		9/6	丁巳	四		8/5	丁亥	七		7/4	丙辰	二		6/2	乙酉	六	
14	11/8	己未	五	陰1局	10/8	己丑	八	陰3局	9/7	戊午	三		8/6	戊子	六		7/5	丁巳	一		6/3	丙戌	五	
15	11/9	庚申	四		10/9	庚寅	七		9/8	己未	二	陰3局	8/7	己丑	五	陰6局	7/6	戊午	九		6/4	丁亥	四	
16	11/10	辛酉	三		10/10	辛卯	六		9/9	庚申	一		8/8	庚寅	四		7/7	己未	八	陰8局	6/5	戊子	三	
17	11/11	壬戌	二		10/11	壬辰	五		9/10	辛酉	九		8/9	辛卯	三		7/8	庚申	七		6/6	己丑	二	陰5局
18	11/12	癸亥	一		10/12	癸巳	四		9/11	壬戌	八		8/10	壬辰	二		7/9	辛酉	六		6/7	庚寅	一	
19	11/13	甲子	六	陽1局	10/13	甲午	三	陰5局	9/12	癸亥	七		8/11	癸巳	一		7/10	壬戌	五		6/8	辛卯	九	
20	11/14	乙丑	五		10/14	乙未	二		9/13	甲子	三	陰5局	8/12	甲午	九	陰7局	7/11	癸亥	四		6/9	壬辰	八	
21	11/15	丙寅	四		10/15	丙申	一		9/14	乙丑	二		8/13	乙未	八		7/12	甲子	九	陰1局	6/10	癸巳	七	
22	11/16	丁卯	四		10/16	丁酉	九		9/15	丙寅	一		8/14	丙申	七		7/13	乙丑	八		6/11	甲午	六	陰7局
23	11/17	戊辰	五		10/17	戊戌	八		9/16	丁卯	九		8/15	丁酉	六		7/14	丙寅	七		6/12	乙未	五	
24	11/18	己巳	六	陽7局	10/18	己亥	七	陰8局	9/17	戊辰	二		8/16	戊戌	五		7/15	丁卯	九		6/13	丙申	四	
25	11/19	庚午	七		10/19	庚子	六		9/18	己巳	一	陰8局	8/17	己亥	四	陰1局	7/16	戊辰	八		6/14	丁酉	三	
26	11/20	辛未	八		10/20	辛丑	五		9/19	庚午	九		8/18	庚子	三		7/17	己巳	七	陰4局	6/15	戊戌	二	
27	11/21	壬申	九		10/21	壬寅	四		9/20	辛未	八		8/19	辛丑	二		7/18	庚午	六		6/16	己亥	一	陰1局
28	11/22	癸酉	一		10/22	癸卯	三		9/21	壬申	七		8/20	壬寅	一		7/19	辛未	五		6/17	庚子	九	
29	11/23	甲戌	二	陽4局	10/23	甲辰	二	2	9/22	癸酉	六		8/21	癸卯	九		7/20	壬申	四		6/18	辛丑	八	
30	11/24	乙亥	三		10/24	乙巳	一		9/23	甲戌	五	2	8/22	甲辰	八	4	7/21	癸酉	三		6/19	壬寅	七	
31	11/25	丙子	四						9/24	乙亥	四						7/22	甲戌	二	7	6/20	癸卯	六	

一九三五年 乙亥 二黒

二元八運…「四運」 三元九運…「四運」

月	1月				2月				3月				4月				5月				6月			
月干支	丁丑 甲戌(年)				戊寅				己卯				庚辰				辛巳				壬午			
紫白	三碧				二黒				一白				九紫				八白				七赤			
節気	21 大寒 8時28分	6 小寒 15時2分	日紫白	奇門遁甲局数	19 雨水 22時52分	5 立春 2時49分	日紫白	奇門遁甲局数	21 春分 22時18分	6 啓蟄 21時10分	日紫白	奇門遁甲局数	21 穀雨 9時50分	6 清明 2時26分	日紫白	奇門遁甲局数	22 小満 9時25分	6 立夏 20時12分	日紫白	奇門遁甲局数	22 夏至 17時38分	7 芒種 0時42分	日紫白	奇門遁甲局数
新暦	農暦	日干支			農暦	日干支			農暦	日干支			農暦	日干支			農暦	日干支			農暦	日干支		
1	11/26	丁丑	五	4	12/28	戊申	九	6	1/26	丙子	一	陽3局	2/28	丁未	五	6	3/29	丁丑	八	8	5/1	戊申	三	8
2	11/27	戊寅	六		12/29	己酉	一	陽8局	1/27	丁丑	二		2/29	戊申	六		3/30	戊寅	九		5/2	己酉	四	陽6局
3	11/28	己卯	七	陽2局	12/30	庚戌	二		1/28	戊寅	三		3/1	己酉	七	陽4局	4/1	己卯	一	陽4局	5/3	庚戌	五	
4	11/29	庚辰	八		1/1	辛亥	三		1/29	己卯	四	陽1局	3/2	庚戌	八		4/2	庚辰	二		5/4	辛亥	六	
5	12/1	辛巳	九		1/2	壬子	四		2/1	庚辰	五		3/3	辛亥	九		4/3	辛巳	三		5/5	壬子	七	
6	12/2	壬午	一		1/3	癸丑	五		2/2	辛巳	六		3/4	壬子	一		4/4	壬午	四		5/6	癸丑	八	
7	12/3	癸未	二		1/4	甲寅	六	陽5局	2/3	壬午	七		3/5	癸丑	二		4/5	癸未	五		5/7	甲寅	九	陽3局
8	12/4	甲申	三	陽8局	1/5	乙卯	七		2/4	癸未	八		3/6	甲寅	三	陽1局	4/6	甲申	六	陽1局	5/8	乙卯	一	
9	12/5	乙酉	四		1/6	丙辰	八		2/5	甲申	九	陽7局	3/7	乙卯	四		4/7	乙酉	七		5/9	丙辰	二	
10	12/6	丙戌	五		1/7	丁巳	九		2/6	乙酉	一		3/8	丙辰	五		4/8	丙戌	八		5/10	丁巳	三	
11	12/7	丁亥	六		1/8	戊午	一		2/7	丙戌	二		3/9	丁巳	六		4/9	丁亥	九		5/11	戊午	四	
12	12/8	戊子	七		1/9	己未	二	陽2局	2/8	丁亥	三		3/10	戊午	七		4/10	戊子	一		5/12	己未	五	陽9局
13	12/9	己丑	八	陽5局	1/10	庚申	三		2/9	戊子	四		3/11	己未	八	陽7局	4/11	己丑	二	陽7局	5/13	庚申	六	
14	12/10	庚寅	九		1/11	辛酉	四		2/10	己丑	五	陽4局	3/12	庚申	九		4/12	庚寅	三		5/14	辛酉	七	
15	12/11	辛卯	一		1/12	壬戌	五		2/11	庚寅	六		3/13	辛酉	一		4/13	辛卯	四		5/15	壬戌	八	
16	12/12	壬辰	二		1/13	癸亥	六		2/12	辛卯	七		3/14	壬戌	二		4/14	壬辰	五		5/16	癸亥	九	
17	12/13	癸巳	三		1/14	甲子	一	陽9局	2/13	壬辰	八		3/15	癸亥	三		4/15	癸巳	六		5/17	甲子	四	陰9局
18	12/14	甲午	四	陽3局	1/15	乙丑	二		2/14	癸巳	九		3/16	甲子	七	陽5局	4/16	甲午	七	陽5局	5/18	乙丑	五	
19	12/15	乙未	五		1/16	丙寅	九		2/15	甲午	一	陽3局	3/17	乙丑	八		4/17	乙未	八		5/19	丙寅	六	
20	12/16	丙申	六		1/17	丁卯	一		2/16	乙未	二		3/18	丙寅	九		4/18	丙申	九		5/20	丁卯	七	
21	12/17	丁酉	七		1/18	戊辰	二		2/17	丙申	三		3/19	丁卯	七		4/19	丁酉	一		5/21	戊辰	八	
22	12/18	戊戌	八		1/19	己巳	三	陽6局	2/18	丁酉	四		3/20	戊辰	八		4/20	戊戌	二		5/22	己巳	四	陰3局
23	12/19	己亥	九	陽9局	1/20	庚午	四		2/19	戊戌	五		3/21	己巳	九	陽2局	4/21	己亥	三	陽2局	5/23	庚午	三	
24	12/20	庚子	一		1/21	辛未	五		2/20	己亥	六	陽9局	3/22	庚午	一		4/22	庚子	四		5/24	辛未	二	
25	12/21	辛丑	二		1/22	壬申	六		2/21	庚子	七		3/23	辛未	二		4/23	辛丑	五		5/25	壬申	一	
26	12/22	壬寅	三		1/23	癸酉	七		2/22	辛丑	八		3/24	壬申	三		4/24	壬寅	六		5/26	癸酉	九	
27	12/23	癸卯	四		1/24	甲戌	八	3	2/23	壬寅	九		3/25	癸酉	四		4/25	癸卯	七		5/27	甲戌	八	陰6局
28	12/24	甲辰	五	陽6局	1/25	乙亥	九		2/24	癸卯	一		3/26	甲戌	五	陽8局	4/26	甲辰	八	陽8局	5/28	乙亥	七	
29	12/25	乙巳	六						2/25	甲辰	二	陽6局	3/27	乙亥	六		4/27	乙巳	九		5/29	丙子	六	
30	12/26	丙午	七						2/26	乙巳	三		3/28	丙子	七		4/28	丙午	一		5/30	丁丑	五	
31	12/27	丁未	八						2/27	丙午	四						4/29	丁未	二					

1934年 甲戌(年)／丙子(月)

月	12月				11月				10月				9月				8月				7月			
月干支	戊子				丁亥				丙戌				乙酉				甲申				癸未			
紫白	一白				二黒				三碧				四緑				五黄				六白			
節気	23	8	日紫白	奇門遁甲局数	23	8	日紫白	奇門遁甲局数	24	9	日紫白	奇門遁甲局数	24	8	日紫白	奇門遁甲局数	24	8	日紫白	奇門遁甲局数	24	8	日紫白	奇門遁甲局数
	冬至 3時37分	大雪 9時45分			小雪 14時35分	立冬 17時18分			霜降 17時29分	寒露 14時36分			秋分 8時38分	白露 23時24分			処暑 11時24分	立秋 20時48分			大暑 4時33分	小暑 11時6分		
新暦	農暦	日干支			農暦	日干支			農暦	日干支			農暦	日干支			農暦	日干支			農暦	日干支		
1	11/6	辛亥	四	陰4局	10/6	辛巳	七	陰6局	9/4	庚戌	二	陰6局	8/4	庚辰	五	陰9局	7/3	己酉	九	陰2局	6/1	戊寅	四	6
2	11/7	壬子	三		10/7	壬午	六		9/5	辛亥	一		8/5	辛巳	四		7/4	庚戌	八		6/2	己卯	三	陰8局
3	11/8	癸丑	二		10/8	癸未	五		9/6	壬子	九		8/6	壬午	三		7/5	辛亥	七		6/3	庚辰	二	
4	11/9	甲寅	一	陰7局	10/9	甲申	四	陰9局	9/7	癸丑	八		8/7	癸未	二		7/6	壬子	六		6/4	辛巳	一	
5	11/10	乙卯	九		10/10	乙酉	三		9/8	甲寅	七	陰9局	8/8	甲申	一	陰3局	7/7	癸丑	五		6/5	壬午	九	
6	11/11	丙辰	八		10/11	丙戌	二		9/9	乙卯	六		8/9	乙酉	九		7/8	甲寅	四	陰5局	6/6	癸未	八	
7	11/12	丁巳	七		10/12	丁亥	一		9/10	丙辰	五		8/10	丙戌	八		7/9	乙卯	三		6/7	甲申	七	陰2局
8	11/13	戊午	六		10/13	戊子	九		9/11	丁巳	四		8/11	丁亥	七		7/10	丙辰	二		6/8	乙酉	六	
9	11/14	己未	五	陰1局	10/14	己丑	八	陰3局	9/12	戊午	三		8/12	戊子	六		7/11	丁巳	一		6/9	丙戌	五	
10	11/15	庚申	四		10/15	庚寅	七		9/13	己未	二	陰3局	8/13	己丑	五	陰6局	7/12	戊午	九		6/10	丁亥	四	
11	11/16	辛酉	三		10/16	辛卯	六		9/14	庚申	一		8/14	庚寅	四		7/13	己未	八	陰8局	6/11	戊子	三	
12	11/17	壬戌	二		10/17	壬辰	五		9/15	辛酉	九		8/15	辛卯	三		7/14	庚申	七		6/12	己丑	二	陰5局
13	11/18	癸亥	一		10/18	癸巳	四		9/16	壬戌	八		8/16	壬辰	二		7/15	辛酉	六		6/13	庚寅	一	
14	11/19	甲子	六	陰4局・閏	10/19	甲午	三	陰5局	9/17	癸亥	七		8/17	癸巳	一		7/16	壬戌	五		6/14	辛卯	九	
15	11/20	乙丑	五		10/20	乙未	二		9/18	甲子	三	陰5局	8/18	甲午	九	陰7局	7/17	癸亥	四		6/15	壬辰	八	
16	11/21	丙寅	四		10/21	丙申	一		9/19	乙丑	二		8/19	乙未	八		7/18	甲子	九	陰1局	6/16	癸巳	七	
17	11/22	丁卯	三		10/22	丁酉	九		9/20	丙寅	一		8/20	丙申	七		7/19	乙丑	八		6/17	甲午	六	陰7局
18	11/23	戊辰	二		10/23	戊戌	八		9/21	丁卯	九		8/21	丁酉	六		7/20	丙寅	七		6/18	乙未	五	
19	11/24	己巳	一	陰7局・閏	10/24	己亥	七	陰8局	9/22	戊辰	八		8/22	戊戌	五		7/21	丁卯	六		6/19	丙申	四	
20	11/25	庚午	九		10/25	庚子	六		9/23	己巳	七	陰8局	8/23	己亥	四	陰1局	7/22	戊辰	五		6/20	丁酉	三	
21	11/26	辛未	八		10/26	辛丑	五		9/24	庚午	六		8/24	庚子	三		7/23	己巳	四	陰4局	6/21	戊戌	二	
22	11/27	壬申	七		10/27	壬寅	四		9/25	辛未	五		8/25	辛丑	二		7/24	庚午	三		6/22	己亥	一	陰1局
23	11/28	癸酉	一		10/28	癸卯	三		9/26	壬申	四		8/26	壬寅	一		7/25	辛未	二		6/23	庚子	九	
24	11/29	甲戌	二	陰1局・閏	10/29	甲辰	二	陰2局	9/27	癸酉	六		8/27	癸卯	九		7/26	壬申	四		6/24	辛丑	八	
25	11/30	乙亥	三		10/30	乙巳	一		9/28	甲戌	五	陰2局	8/28	甲辰	八	陰4局	7/27	癸酉	三		6/25	壬寅	七	
26	12/1	丙子	四		11/1	丙午	九		9/29	乙亥	四		8/29	乙巳	七		7/28	甲戌	二	陰7局	6/26	癸卯	六	
27	12/2	丁丑	五		11/2	丁未	八		10/1	丙子	三		8/30	丙午	六		7/29	乙亥	一		6/27	甲辰	五	陰4局
28	12/3	戊寅	六		11/3	戊申	七		10/2	丁丑	二		9/1	丁未	五		7/30	丙子	九		6/28	乙巳	四	
29	12/4	己卯	七	陽1局	11/4	己酉	六	4	10/3	戊寅	一		9/2	戊申	四		8/1	丁丑	八		6/29	丙午	三	
30	12/5	庚辰	八		11/5	庚戌	五		10/4	己卯	九	6	9/3	己酉	三	6	8/2	戊寅	七		7/1	丁未	二	
31	12/6	辛巳	九						10/5	庚辰	八						8/3	己卯	六	9	7/2	戊申	一	

一九三六年 丙子 一白

三元八運…「四運」 三元九運…「四運」

月	1月				2月				3月				4月				5月				6月			
月干支	己丑 乙亥(年)				庚寅				辛卯				壬辰				癸巳				甲午			
紫白	九紫				八白				七赤				六白				五黄				四緑			
節気	6 小寒 20時47分	21 大寒 14時12分			5 立春 8時29分	20 雨水 4時33分			6 啓蟄 2時49分	21 春分 3時58分			5 清明 8時7分	20 穀雨 15時31分			6 立夏 1時56分	21 小満 15時7分			6 芒種 6時31分	21 夏至 23時22分		
新暦	農暦	日干支	日紫白	奇門遁甲局数	農暦	日干支	日紫白	奇門遁甲局数	農暦	日干支	日紫白	奇門遁甲局数	農暦	日干支	日紫白	奇門遁甲局数	農暦	日干支	日紫白	奇門遁甲局数	農暦	日干支	日紫白	奇門遁甲局数
1	12/7	壬午	一	1	1/9	癸丑	五	3	2/8	壬午	七	9	3/10	癸丑	二	3	閏3/11	癸未	五	5	4/12	甲寅	九	陽2局
2	12/8	癸未	二		1/10	甲寅	六	陽9局	2/9	癸未	八		3/11	甲寅	三	陽9局	閏3/12	甲申	六	陽2局	4/13	乙卯	一	
3	12/9	甲申	三	陽7局	1/11	乙卯	七		2/10	甲申	九	陽6局	3/12	乙卯	四		閏3/13	乙酉	七		4/14	丙辰	二	
4	12/10	乙酉	四		1/12	丙辰	八		2/11	乙酉	一		3/13	丙辰	五		閏3/14	丙戌	八		4/15	丁巳	三	
5	12/11	丙戌	五		1/13	丁巳	九		2/12	丙戌	二		3/14	丁巳	六		閏3/15	丁亥	九		4/16	戊午	四	
6	12/12	丁亥	六		1/14	戊午	一		2/13	丁亥	三		3/15	戊午	七		閏3/16	戊子	一		4/17	己未	五	陽8局
7	12/13	戊子	七		1/15	己未	二	陽6局	2/14	戊子	四		3/16	己未	八	陽6局	閏3/17	己丑	二	陽8局	4/18	庚申	六	
8	12/14	己丑	八	陽4局	1/16	庚申	三		2/15	己丑	五	陽3局	3/17	庚申	九		閏3/18	庚寅	三		4/19	辛酉	七	
9	12/15	庚寅	九		1/17	辛酉	四		2/16	庚寅	六		3/18	辛酉	一		閏3/19	辛卯	四		4/20	壬戌	八	
10	12/16	辛卯	一		1/18	壬戌	五		2/17	辛卯	七		3/19	壬戌	二		閏3/20	壬辰	五		4/21	癸亥	九	
11	12/17	壬辰	二		1/19	癸亥	六		2/18	壬辰	八		3/20	癸亥	三		閏3/21	癸巳	六		4/22	甲子	四	陽6局
12	12/18	癸巳	三		1/20	甲子	一	陽8局	2/19	癸巳	九		3/21	甲子	七	陽4局	閏3/22	甲午	七	陽4局	4/23	乙丑	五	
13	12/19	甲午	四	陽2局	1/21	乙丑	二		2/20	甲午	一	陽1局	3/22	乙丑	八		閏3/23	乙未	八		4/24	丙寅	六	
14	12/20	乙未	五		1/22	丙寅	三		2/21	乙未	二		3/23	丙寅	九		閏3/24	丙申	九		4/25	丁卯	七	
15	12/21	丙申	六		1/23	丁卯	四		2/22	丙申	三		3/24	丁卯	一		閏3/25	丁酉	一		4/26	戊辰	八	
16	12/22	丁酉	七		1/24	戊辰	五		2/23	丁酉	四		3/25	戊辰	二		閏3/26	戊戌	二		4/27	己巳	九	陽3局
17	12/23	戊戌	八		1/25	己巳	六	陽5局	2/24	戊戌	五		3/26	己巳	三	陽1局	閏3/27	己亥	三	陽1局	4/28	庚午	一	
18	12/24	己亥	九	陽8局	1/26	庚午	七		2/25	己亥	六	陽7局	3/27	庚午	四		閏3/28	庚子	四		4/29	辛未	二	
19	12/25	庚子	一		1/27	辛未	八		2/26	庚子	七		3/28	辛未	五		閏3/29	辛丑	五		5/1	壬申	三	
20	12/26	辛丑	二		1/28	壬申	六		2/27	辛丑	八		3/29	壬申	三		閏3/30	壬寅	六		5/2	癸酉	四	
21	12/27	壬寅	三		1/29	癸酉	七		2/28	壬寅	九		閏3/1	癸酉	四		4/1	癸卯	七		5/3	甲戌	八	陽9局
22	12/28	癸卯	四		1/30	甲戌	八	陽2局	2/29	癸卯	一		閏3/2	甲戌	五	陽7局	4/2	甲辰	八	陽7局	5/4	乙亥	七	
23	12/29	甲辰	五	陽5局	2/1	乙亥	九		3/1	甲辰	二	陽4局	閏3/3	乙亥	六		4/3	乙巳	九		5/5	丙子	六	
24	1/1	乙巳	六		2/2	丙子	一		3/2	乙巳	三		閏3/4	丙子	七		4/4	丙午	一		5/6	丁丑	五	
25	1/2	丙午	七		2/3	丁丑	二		3/3	丙午	四		閏3/5	丁丑	八		4/5	丁未	二		5/7	戊寅	四	
26	1/3	丁未	八		2/4	戊寅	三		3/4	丁未	五		閏3/6	戊寅	九		4/6	戊申	三		5/8	己卯	三	陰9局
27	1/4	戊申	九		2/5	己卯	四	陽9局	3/5	戊申	六		閏3/7	己卯	一	陽5局	4/7	己酉	四	陽5局	5/9	庚辰	二	
28	1/5	己酉	一	陽3局	2/6	庚辰	五		3/6	己酉	七	陽3局	閏3/8	庚辰	二		4/8	庚戌	五		5/10	辛巳	一	
29	1/6	庚戌	二		2/7	辛巳	六		3/7	庚戌	八		閏3/9	辛巳	三		4/9	辛亥	六		5/11	壬午	九	
30	1/7	辛亥	三						3/8	辛亥	九		閏3/10	壬午	四		4/10	壬子	七		5/12	癸未	八	
31	1/8	壬子	四						3/9	壬子	一						4/11	癸丑	八					

1935年 乙亥(年)／戊子(月)

月	12月				11月				10月				9月				8月				7月			
月干支	庚子				己亥				戊戌				丁酉				丙申				乙未			
紫白	七赤				八白				九紫				一白				二黒				三碧			
節気	22	7	日紫白	奇門遁甲局数	22	7	日紫白	奇門遁甲局数	23	8	日紫白	奇門遁甲局数	23	8	日紫白	奇門遁甲局数	23	8	日紫白	奇門遁甲局数	23	7	日紫白	奇門遁甲局数
	冬至 9時27分	大雪 15時42分			小雪 20時25分	立冬 23時15分			霜降 23時18分	寒露 20時32分			秋分 14時26分	白露 5時21分			処暑 17時10分	立秋 2時43分			大暑 10時18分	小暑 16時58分		
新暦	農暦	日干支			農暦	日干支			農暦	日干支			農暦	日干支			農暦	日干支			農暦	日干支		
1	10/18	丁巳	七	8	9/18	丁亥	一	8	8/16	丙辰	五	陰1局	7/16	丙戌	八	陰4局	6/15	乙卯	三	陰1局	5/13	甲申	七	陰3局
2	10/19	戊午	六		9/19	戊子	九		8/17	丁巳	四		7/17	丁亥	七		6/16	丙辰	二		5/14	乙酉	六	
3	10/20	己未	五	陰2局	9/20	己丑	八	陰2局	8/18	戊午	三		7/18	戊子	六		6/17	丁巳	一		5/15	丙戌	五	
4	10/21	庚申	四		9/21	庚寅	七		8/19	己未	二	陰4局	7/19	己丑	五	陰7局	6/18	戊午	九		5/16	丁亥	四	
5	10/22	辛酉	三		9/22	辛卯	六		8/20	庚申	一		7/20	庚寅	四		6/19	己未	八	陰4局	5/17	戊子	三	
6	10/23	壬戌	二		9/23	壬辰	五		8/21	辛酉	九		7/21	辛卯	三		6/20	庚申	七		5/18	己丑	二	陰6局
7	10/24	癸亥	一		9/24	癸巳	四		8/22	壬戌	八		7/22	壬辰	二		6/21	辛酉	六		5/19	庚寅	一	
8	10/25	甲子	六	陰4局	9/25	甲午	三	陰6局	8/23	癸亥	七		7/23	癸巳	一		6/22	壬戌	五		5/20	辛卯	九	
9	10/26	乙丑	五		9/26	乙未	二		8/24	甲子	三	陰6局	7/24	甲午	九	陰9局	6/23	癸亥	四		5/21	壬辰	八	
10	10/27	丙寅	四		9/27	丙申	一		8/25	乙丑	二		7/25	乙未	八		6/24	甲子	九	陰2局	5/22	癸巳	七	
11	10/28	丁卯	三		9/28	丁酉	九		8/26	丙寅	一		7/26	丙申	七		6/25	乙丑	八		5/23	甲午	六	陰8局
12	10/29	戊辰	二		9/29	戊戌	八		8/27	丁卯	九		7/27	丁酉	六		6/26	丙寅	七		5/24	乙未	五	
13	10/30	己巳	一	陰7局	9/30	己亥	七	陰9局	8/28	戊辰	八		7/28	戊戌	五		6/27	丁卯	六		5/25	丙申	四	
14	11/1	庚午	九		10/1	庚子	六		8/29	己巳	七	陰9局	7/29	己亥	四	陰3局	6/28	戊辰	五		5/26	丁酉	三	
15	11/2	辛未	八		10/2	辛丑	五		9/1	庚午	六		7/30	庚子	三		6/29	己巳	四	陰5局	5/27	戊戌	二	
16	11/3	壬申	七		10/3	壬寅	四		9/2	辛未	五		8/1	辛丑	二		6/30	庚午	三		5/28	己亥	一	陰2局
17	11/4	癸酉	六		10/4	癸卯	三		9/3	壬申	四		8/2	壬寅	一		7/1	辛未	二		5/29	庚子	九	
18	11/5	甲戌	五	陰1局	10/5	甲辰	二	陰3局	9/4	癸酉	三		8/3	癸卯	九		7/2	壬申	一		6/1	辛丑	八	
19	11/6	乙亥	四		10/6	乙巳	一		9/5	甲戌	二	陰3局	8/4	甲辰	八	陰6局	7/3	癸酉	九		6/2	壬寅	七	
20	11/7	丙子	三		10/7	丙午	九		9/6	乙亥	一		8/5	乙巳	七		7/4	甲戌	八	陰8局	6/3	癸卯	六	
21	11/8	丁丑	二		10/8	丁未	八		9/7	丙子	九		8/6	丙午	六		7/5	乙亥	七		6/4	甲辰	五	陰5局
22	11/9	戊寅	六		10/9	戊申	七		9/8	丁丑	八		8/7	丁未	五		7/6	丙子	六		6/5	乙巳	四	
23	11/10	己卯	七	陽1局	10/10	己酉	六	陰5局	9/9	戊寅	一		8/8	戊申	四		7/7	丁丑	八		6/6	丙午	三	
24	11/11	庚辰	八		10/11	庚戌	五		9/10	己卯	九	陰5局	8/9	己酉	三	陰7局	7/8	戊寅	七		6/7	丁未	二	
25	11/12	辛巳	九		10/12	辛亥	四		9/11	庚辰	八		8/10	庚戌	二		7/9	己卯	六	陰1局	6/8	戊申	一	
26	11/13	壬午	一		10/13	壬子	三		9/12	辛巳	七		8/11	辛亥	一		7/10	庚辰	五		6/9	己酉	九	陰7局
27	11/14	癸未	二		10/14	癸丑	二		9/13	壬午	六		8/12	壬子	九		7/11	辛巳	四		6/10	庚戌	八	
28	11/15	甲申	三	陽7局	10/15	甲寅	一	陰8局	9/14	癸未	五		8/13	癸丑	八		7/12	壬午	三		6/11	辛亥	七	
29	11/16	乙酉	四		10/16	乙卯	九		9/15	甲申	四	陰8局	8/14	甲寅	七	1	7/13	癸未	二		6/12	壬子	六	
30	11/17	丙戌	五		10/17	丙辰	八		9/16	乙酉	三		8/15	乙卯	六		7/14	甲申	一	4	6/13	癸丑	五	
31	11/18	丁亥	六						9/17	丙戌	二						7/15	乙酉	九		6/14	甲寅	四	1

一九三七年　丁丑　九紫

二元八運…「四運」
三元九運…「四運」

月	1月				2月				3月			
月干支	辛丑 丙子(年)				壬寅				癸卯			
紫白	六白				五黄				四緑			
節気	6 小寒 2時44分	20 大寒 20時1分			4 立春 14時26分	19 雨水 10時21分			6 啓蟄 8時44分	21 春分 9時45分		
新暦	農暦	日干支	日紫白	奇門遁甲局数	農暦	日干支	日紫白	奇門遁甲局数	農暦	日干支	日紫白	奇門遁甲局数
1	11/19	戊子	七	7	12/20	己未	二	陽6局	1/19	丁亥	三	6
2	11/20	己丑	八	陽4局	12/21	庚申	三		1/20	戊子	四	
3	11/21	庚寅	九		12/22	辛酉	四		1/21	己丑	五	陽3局
4	11/22	辛卯	一		12/23	壬戌	五		1/22	庚寅	六	
5	11/23	壬辰	二		12/24	癸亥	六		1/23	辛卯	七	
6	11/24	癸巳	三		12/25	甲子	一	陽8局	1/24	壬辰	八	
7	11/25	甲午	四	陽2局	12/26	乙丑	二		1/25	癸巳	九	
8	11/26	乙未	五		12/27	丙寅	三		1/26	甲午	一	陽1局
9	11/27	丙申	六		12/28	丁卯	四		1/27	乙未	二	
10	11/28	丁酉	七		12/29	戊辰	五		1/28	丙申	三	
11	11/29	戊戌	八		1/1	己巳	六	陽5局	1/29	丁酉	四	
12	11/30	己亥	九	陽8局	1/2	庚午	七		1/30	戊戌	五	
13	12/1	庚子	一		1/3	辛未	八		2/1	己亥	六	陽7局
14	12/2	辛丑	二		1/4	壬申	九		2/2	庚子	七	
15	12/3	壬寅	三		1/5	癸酉	一		2/3	辛丑	八	
16	12/4	癸卯	四		1/6	甲戌	二	陽2局	2/4	壬寅	九	
17	12/5	甲辰	五	陽5局	1/7	乙亥	三		2/5	癸卯	一	
18	12/6	乙巳	六		1/8	丙子	四		2/6	甲辰	二	陽4局
19	12/7	丙午	七		1/9	丁丑	二		2/7	乙巳	三	
20	12/8	丁未	八		1/10	戊寅	三		2/8	丙午	四	
21	12/9	戊申	九		1/11	己卯	四	陽9局	2/9	丁未	五	
22	12/10	己酉	一	陽3局	1/12	庚辰	五		2/10	戊申	六	
23	12/11	庚戌	二		1/13	辛巳	六		2/11	己酉	七	陽3局
24	12/12	辛亥	三		1/14	壬午	七		2/12	庚戌	八	
25	12/13	壬子	四		1/15	癸未	八		2/13	辛亥	九	
26	12/14	癸丑	五		1/16	甲申	九	陽6局	2/14	壬子	一	
27	12/15	甲寅	六	陽9局	1/17	乙酉	一		2/15	癸丑	二	
28	12/16	乙卯	七		1/18	丙戌	二		2/16	甲寅	三	陽9局
29	12/17	丙辰	八						2/17	乙卯	四	
30	12/18	丁巳	九						2/18	丙辰	五	
31	12/19	戊午	一						2/19	丁巳	六	

月	4月				5月				6月			
月干支	甲辰				乙巳				丙午			
紫白	三碧				二黒				一白			
節気	5 清明 14時1分	20 穀雨 21時19分			6 立夏 7時51分	21 小満 20時57分			6 芒種 12時23分	22 夏至 5時12分		
新暦	農暦	日干支	日紫白	奇門遁甲局数	農暦	日干支	日紫白	奇門遁甲局数	農暦	日干支	日紫白	奇門遁甲局数
1	2/20	戊午	七	9	3/21	戊子	一	2	4/23	己未	五	陽8局
2	2/21	己未	八	陽6局	3/22	己丑	二	陽8局	4/24	庚申	六	
3	2/22	庚申	九		3/23	庚寅	三		4/25	辛酉	七	
4	2/23	辛酉	一		3/24	辛卯	四		4/26	壬戌	八	
5	2/24	壬戌	二		3/25	壬辰	五		4/27	癸亥	九	
6	2/25	癸亥	三		3/26	癸巳	六		4/28	甲子	四	陽6局
7	2/26	甲子	七	陽4局	3/27	甲午	七	陽4局	4/29	乙丑	五	
8	2/27	乙丑	八		3/28	乙未	八		4/30	丙寅	六	
9	2/28	丙寅	九		3/29	丙申	九		5/1	丁卯	七	
10	2/29	丁卯	一		4/1	丁酉	一		5/2	戊辰	八	
11	3/1	戊辰	二		4/2	戊戌	二		5/3	己巳	九	陽3局
12	3/2	己巳	三	陽1局	4/3	己亥	三	陽1局	5/4	庚午	一	
13	3/3	庚午	四		4/4	庚子	四		5/5	辛未	二	
14	3/4	辛未	五		4/5	辛丑	五		5/6	壬申	三	
15	3/5	壬申	六		4/6	壬寅	六		5/7	癸酉	四	
16	3/6	癸酉	七		4/7	癸卯	七		5/8	甲戌	五	陽9局
17	3/7	甲戌	八	陽7局	4/8	甲辰	八	陽7局	5/9	乙亥	六	
18	3/8	乙亥	九		4/9	乙巳	九		5/10	丙子	七	
19	3/9	丙子	一		4/10	丙午	一		5/11	丁丑	八	
20	3/10	丁丑	八		4/11	丁未	二		5/12	戊寅	九	
21	3/11	戊寅	九		4/12	戊申	三		5/13	己卯	一	陰9局
22	3/12	己卯	一	陽5局	4/13	己酉	四	陽5局	5/14	庚辰	二	
23	3/13	庚辰	二		4/14	庚戌	五		5/15	辛巳	一	
24	3/14	辛巳	三		4/15	辛亥	六		5/16	壬午	九	
25	3/15	壬午	四		4/16	壬子	七		5/17	癸未	八	
26	3/16	癸未	五		4/17	癸丑	八		5/18	甲申	七	陰3局
27	3/17	甲申	六	陽2局	4/18	甲寅	九	陽2局	5/19	乙酉	六	
28	3/18	乙酉	七		4/19	乙卯	一		5/20	丙戌	五	
29	3/19	丙戌	八		4/20	丙辰	二		5/21	丁亥	四	
30	3/20	丁亥	九		4/21	丁巳	三		5/22	戊子	三	
31					4/22	戊午	四					

1936年 丙子(年)／庚子(月)

月	12月				11月			
月干支	壬子				辛亥			
紫白	四緑				五黄			
節気	22 冬至 15時22分	7 大雪 21時26分			23 小雪 2時16分	8 立冬 4時55分		
新暦	農暦	日干支	日紫白	奇門遁甲局数	農暦	日干支	日紫白	奇門遁甲局数
1	10/29	壬戌	二	2	9/29	壬辰	五	2
2	10/30	癸亥	一		9/30	癸巳	四	
3	11/1	甲子	六	陰4局	10/1	甲午	三	陰6局
4	11/2	乙丑	五		10/2	乙未	二	
5	11/3	丙寅	四		10/3	丙申	一	
6	11/4	丁卯	三		10/4	丁酉	九	
7	11/5	戊辰	二		10/5	戊戌	八	
8	11/6	己巳	一	陰7局	10/6	己亥	七	陰9局
9	11/7	庚午	九		10/7	庚子	六	
10	11/8	辛未	八		10/8	辛丑	五	
11	11/9	壬申	七		10/9	壬寅	四	
12	11/10	癸酉	六		10/10	癸卯	三	
13	11/11	甲戌	五	陰1局	10/11	甲辰	二	陰3局
14	11/12	乙亥	四		10/12	乙巳	一	
15	11/13	丙子	三		10/13	丙午	九	
16	11/14	丁丑	二		10/14	丁未	八	
17	11/15	戊寅	一		10/15	戊申	七	
18	11/16	己卯	九	陽1局	10/16	己酉	六	陰5局
19	11/17	庚辰	八		10/17	庚戌	五	
20	11/18	辛巳	七		10/18	辛亥	四	
21	11/19	壬午	六		10/19	壬子	三	
22	11/20	癸未	二		10/20	癸丑	二	
23	11/21	甲申	三	陽7局	10/21	甲寅	一	陰8局
24	11/22	乙酉	四		10/22	乙卯	九	
25	11/23	丙戌	五		10/23	丙辰	八	
26	11/24	丁亥	六		10/24	丁巳	七	
27	11/25	戊子	七		10/25	戊午	六	
28	11/26	己丑	八	陽4局	10/26	己未	五	陰2局
29	11/27	庚寅	九		10/27	庚申	四	
30	11/28	辛卯	一		10/28	辛酉	三	
31	11/29	壬辰	二					

月	10月				9月			
月干支	庚戌				己酉			
紫白	六白				七赤			
節気	24 霜降 5時6分	9 寒露 2時11分			23 秋分 20時13分	8 白露 10時59分		
新暦	農暦	日干支	日紫白	奇門遁甲局数	農暦	日干支	日紫白	奇門遁甲局数
1	8/27	辛酉	九	陰4局	7/27	辛卯	三	陰7局
2	8/28	壬戌	八		7/28	壬辰	二	
3	8/29	癸亥	七		7/29	癸巳	一	
4	9/1	甲子	三	陰6局	7/30	甲午	九	陰9局
5	9/2	乙丑	二		8/1	乙未	八	
6	9/3	丙寅	一		8/2	丙申	七	
7	9/4	丁卯	九		8/3	丁酉	六	
8	9/5	戊辰	八		8/4	戊戌	五	
9	9/6	己巳	七	陰9局	8/5	己亥	四	陰3局
10	9/7	庚午	六		8/6	庚子	三	
11	9/8	辛未	五		8/7	辛丑	二	
12	9/9	壬申	四		8/8	壬寅	一	
13	9/10	癸酉	三		8/9	癸卯	九	
14	9/11	甲戌	二	陰3局	8/10	甲辰	八	陰6局
15	9/12	乙亥	一		8/11	乙巳	七	
16	9/13	丙子	九		8/12	丙午	六	
17	9/14	丁丑	八		8/13	丁未	五	
18	9/15	戊寅	七		8/14	戊申	四	
19	9/16	己卯	六	陰5局	8/15	己酉	三	陰7局
20	9/17	庚辰	五		8/16	庚戌	二	
21	9/18	辛巳	四		8/17	辛亥	一	
22	9/19	壬午	三		8/18	壬子	九	
23	9/20	癸未	二		8/19	癸丑	八	
24	9/21	甲申	四	陰8局	8/20	甲寅	七	陰1局
25	9/22	乙酉	三		8/21	乙卯	六	
26	9/23	丙戌	二		8/22	丙辰	五	
27	9/24	丁亥	一		8/23	丁巳	四	
28	9/25	戊子	九		8/24	戊午	三	
29	9/26	己丑	八	陰2局	8/25	己未	二	4
30	9/27	庚寅	七		8/26	庚申	一	
31	9/28	辛卯	六					

月	8月				7月			
月干支	戊申				丁未			
紫白	八白				九紫			
節気	23 処暑 22時58分	8 立秋 8時25分			23 大暑 16時7分	7 小暑 22時46分		
新暦	農暦	日干支	日紫白	奇門遁甲局数	農暦	日干支	日紫白	奇門遁甲局数
1	6/25	庚申	七	陰4局	5/23	己丑	二	陰6局
2	6/26	辛酉	六		5/24	庚寅	一	
3	6/27	壬戌	五		5/25	辛卯	九	
4	6/28	癸亥	四		5/26	壬辰	八	
5	6/29	甲子	九	陰2局	5/27	癸巳	七	
6	7/1	乙丑	八		5/28	甲午	六	陰8局
7	7/2	丙寅	七		5/29	乙未	五	
8	7/3	丁卯	六		6/1	丙申	四	
9	7/4	戊辰	五		6/2	丁酉	三	
10	7/5	己巳	四	陰5局	6/3	戊戌	二	
11	7/6	庚午	三		6/4	己亥	一	陰2局
12	7/7	辛未	二		6/5	庚子	九	
13	7/8	壬申	一		6/6	辛丑	八	
14	7/9	癸酉	九		6/7	壬寅	七	
15	7/10	甲戌	八	陰8局	6/8	癸卯	六	
16	7/11	乙亥	七		6/9	甲辰	五	陰5局
17	7/12	丙子	六		6/10	乙巳	四	
18	7/13	丁丑	五		6/11	丙午	三	
19	7/14	戊寅	四		6/12	丁未	二	
20	7/15	己卯	三	陰1局	6/13	戊申	一	
21	7/16	庚辰	二		6/14	己酉	九	陰7局
22	7/17	辛巳	一		6/15	庚戌	八	
23	7/18	壬午	三		6/16	辛亥	七	
24	7/19	癸未	二		6/17	壬子	六	
25	7/20	甲申	一	陰4局	6/18	癸丑	五	
26	7/21	乙酉	九		6/19	甲寅	四	陰1局
27	7/22	丙戌	八		6/20	乙卯	三	
28	7/23	丁亥	七		6/21	丙辰	二	
29	7/24	戊子	六		6/22	丁巳	一	
30	7/25	己丑	五	7	6/23	戊午	九	
31	7/26	庚寅	四		6/24	己未	八	4

一九三八年

戊寅　八白

二元八運…「四運」

三元九運…「四運」

月	1月	2月	3月	4月	5月	6月
月干支	癸丑 丁丑(年)	甲寅	乙卯	丙辰	丁巳	戊午
紫白	三碧	二黒	一白	九紫	八白	七赤
節気	6 小寒 8時31分／21 大寒 1時59分	4 立春 20時15分／19 雨水 16時20分	6 啓蟄 14時34分／21 春分 15時43分	5 清明 19時49分／21 穀雨 3時15分	6 立夏 13時35分／22 小満 2時50分	6 芒種 18時7分／22 夏至 11時4分

新暦	1月 農暦	1月 日干支	1月 日紫白	1月 奇門遁甲局数	2月 農暦	2月 日干支	2月 日紫白	2月 奇門遁甲局数
1	11/30	癸巳	三	4	1/2	甲子	一	陽8局
2	12/1	甲午	四	陽2局	1/3	乙丑	二	
3	12/2	乙未	五		1/4	丙寅	三	
4	12/3	丙申	六		1/5	丁卯	四	
5	12/4	丁酉	七		1/6	戊辰	五	
6	12/5	戊戌	八		1/7	己巳	六	陽5局
7	12/6	己亥	九	陽8局	1/8	庚午	七	
8	12/7	庚子	一		1/9	辛未	八	
9	12/8	辛丑	二		1/10	壬申	九	
10	12/9	壬寅	三		1/11	癸酉	一	
11	12/10	癸卯	四		1/12	甲戌	二	陽2局
12	12/11	甲辰	五	陽5局	1/13	乙亥	三	
13	12/12	乙巳	六		1/14	丙子	四	
14	12/13	丙午	七		1/15	丁丑	五	
15	12/14	丁未	八		1/16	戊寅	六	
16	12/15	戊申	九		1/17	己卯	七	陽9局
17	12/16	己酉	一	陽3局	1/18	庚辰	八	
18	12/17	庚戌	二		1/19	辛巳	九	
19	12/18	辛亥	三		1/20	壬午	七	
20	12/19	壬子	四		1/21	癸未	八	
21	12/20	癸丑	五		1/22	甲申	九	陽6局
22	12/21	甲寅	六	陽9局	1/23	乙酉	一	
23	12/22	乙卯	七		1/24	丙戌	二	
24	12/23	丙辰	八		1/25	丁亥	三	
25	12/24	丁巳	九		1/26	戊子	四	
26	12/25	戊午	一		1/27	己丑	五	陽3局
27	12/26	己未	二	陽6局	1/28	庚寅	六	
28	12/27	庚申	三		1/29	辛卯	七	
29	12/28	辛酉	四					
30	12/29	壬戌	五					
31	1/1	癸亥	六					

新暦	3月 農暦	3月 日干支	3月 日紫白	3月 奇門遁甲局数	4月 農暦	4月 日干支	4月 日紫白	4月 奇門遁甲局数
1	1/30	壬辰	八	3	3/1	癸亥	三	6
2	2/1	癸巳	九		3/2	甲子	七	陽4局
3	2/2	甲午	一	陽1局	3/3	乙丑	八	
4	2/3	乙未	二		3/4	丙寅	九	
5	2/4	丙申	三		3/5	丁卯	一	
6	2/5	丁酉	四		3/6	戊辰	二	
7	2/6	戊戌	五		3/7	己巳	三	陽1局
8	2/7	己亥	六	陽7局	3/8	庚午	四	
9	2/8	庚子	七		3/9	辛未	五	
10	2/9	辛丑	八		3/10	壬申	六	
11	2/10	壬寅	九		3/11	癸酉	七	
12	2/11	癸卯	一		3/12	甲戌	八	陽7局
13	2/12	甲辰	二	陽4局	3/13	乙亥	九	
14	2/13	乙巳	三		3/14	丙子	一	
15	2/14	丙午	四		3/15	丁丑	二	
16	2/15	丁未	五		3/16	戊寅	三	
17	2/16	戊申	六		3/17	己卯	四	陽5局
18	2/17	己酉	七	陽3局	3/18	庚辰	五	
19	2/18	庚戌	八		3/19	辛巳	六	
20	2/19	辛亥	九		3/20	壬午	七	
21	2/20	壬子	一		3/21	癸未	五	
22	2/21	癸丑	二		3/22	甲申	六	陽2局
23	2/22	甲寅	三	陽9局	3/23	乙酉	七	
24	2/23	乙卯	四		3/24	丙戌	八	
25	2/24	丙辰	五		3/25	丁亥	九	
26	2/25	丁巳	六		3/26	戊子	一	
27	2/26	戊午	七		3/27	己丑	二	陽8局
28	2/27	己未	八	陽6局	3/28	庚寅	三	
29	2/28	庚申	九		3/29	辛卯	四	
30	2/29	辛酉	一		4/1	壬辰	五	
31	2/30	壬戌	二					

新暦	5月 農暦	5月 日干支	5月 日紫白	5月 奇門遁甲局数	6月 農暦	6月 日干支	6月 日紫白	6月 奇門遁甲局数
1	4/2	癸巳	六	8	5/4	甲子	四	陽6局
2	4/3	甲午	七	陽4局	5/5	乙丑	五	
3	4/4	乙未	八		5/6	丙寅	六	
4	4/5	丙申	九		5/7	丁卯	七	
5	4/6	丁酉	一		5/8	戊辰	八	
6	4/7	戊戌	二		5/9	己巳	九	陽3局
7	4/8	己亥	三	陽1局	5/10	庚午	一	
8	4/9	庚子	四		5/11	辛未	二	
9	4/10	辛丑	五		5/12	壬申	三	
10	4/11	壬寅	六		5/13	癸酉	四	
11	4/12	癸卯	七		5/14	甲戌	五	陽9局
12	4/13	甲辰	八	陽7局	5/15	乙亥	六	
13	4/14	乙巳	九		5/16	丙子	七	
14	4/15	丙午	一		5/17	丁丑	八	
15	4/16	丁未	二		5/18	戊寅	九	
16	4/17	戊申	三		5/19	己卯	一	陰9局
17	4/18	己酉	四	陽5局	5/20	庚辰	二	
18	4/19	庚戌	五		5/21	辛巳	三	
19	4/20	辛亥	六		5/22	壬午	四	
20	4/21	壬子	七		5/23	癸未	五	
21	4/22	癸丑	八		5/24	甲申	六	陰3局
22	4/23	甲寅	九	陽2局	5/25	乙酉	六	
23	4/24	乙卯	一		5/26	丙戌	五	
24	4/25	丙辰	二		5/27	丁亥	四	
25	4/26	丁巳	三		5/28	戊子	三	
26	4/27	戊午	四		5/29	己丑	二	陰6局
27	4/28	己未	五	陽8局	5/30	庚寅	一	
28	4/29	庚申	六		6/1	辛卯	九	
29	5/1	辛酉	七		6/2	壬辰	八	
30	5/2	壬戌	八		6/3	癸巳	七	
31	5/3	癸亥	九					

1937年 丁丑(年)／壬子(月)

月	12月				11月				10月				9月				8月				7月			
月干支	甲子				癸亥				壬戌				辛酉				庚申				己未			
紫白	一白				二黒				三碧				四緑				五黄				六白			
節気	22 冬至 21時13分	8 大雪 3時22分	日紫白	奇門遁甲局数	23 小雪 8時6分	8 立冬 10時48分	日紫白	奇門遁甲局数	24 霜降 10時54分	9 寒露 8時1分	日紫白	奇門遁甲局数	24 秋分 1時59分	8 白露 16時48分	日紫白	奇門遁甲局数	24 処暑 4時46分	8 立秋 14時13分	日紫白	奇門遁甲局数	23 大暑 21時57分	8 小暑 4時31分	日紫白	奇門遁甲局数
新暦	農暦	日干支			農暦	日干支			農暦	日干支			農暦	日干支			農暦	日干支			農暦	日干支		
1	10/10	丁卯	三	4	9/10	丁酉	九	6	8/8	丙寅	一	陰6局	閏7/8	丙申	七	陰9局	7/6	乙丑	八	陰2局	6/4	甲午	六	陰8局
2	10/11	戊辰	二		9/11	戊戌	八		8/9	丁卯	九		閏7/9	丁酉	六		7/7	丙寅	七		6/5	乙未	五	
3	10/12	己巳	一	陰7局	9/12	己亥	七	陰9局	8/10	戊辰	八		閏7/10	戊戌	五		7/8	丁卯	六		6/6	丙申	四	
4	10/13	庚午	九		9/13	庚子	六		8/11	己巳	七	陰9局	閏7/11	己亥	四	陰3局	7/9	戊辰	五		6/7	丁酉	三	
5	10/14	辛未	八		9/14	辛丑	五		8/12	庚午	六		閏7/12	庚子	三		7/10	己巳	四	陰5局	6/8	戊戌	二	
6	10/15	壬申	七		9/15	壬寅	四		8/13	辛未	五		閏7/13	辛丑	二		7/11	庚午	三		6/9	己亥	一	陰2局
7	10/16	癸酉	六		9/16	癸卯	三		8/14	壬申	四		閏7/14	壬寅	一		7/12	辛未	二		6/10	庚子	九	
8	10/17	甲戌	五	陰1局	9/17	甲辰	二	陰3局	8/15	癸酉	三		閏7/15	癸卯	九		7/13	壬申	一		6/11	辛丑	八	
9	10/18	乙亥	四		9/18	乙巳	一		8/16	甲戌	二	陰3局	閏7/16	甲辰	八	陰6局	7/14	癸酉	九		6/12	壬寅	七	
10	10/19	丙子	三		9/19	丙午	九		8/17	乙亥	一		閏7/17	乙巳	七		7/15	甲戌	八	陰8局	6/13	癸卯	六	
11	10/20	丁丑	二		9/20	丁未	八		8/18	丙子	九		閏7/18	丙午	六		7/16	乙亥	七		6/14	甲辰	五	陰5局
12	10/21	戊寅	一		9/21	戊申	七		8/19	丁丑	八		閏7/19	丁未	五		7/17	丙子	六		6/15	乙巳	四	
13	10/22	己卯	九	陰4局・閏	9/22	己酉	六	陰5局	8/20	戊寅	七		閏7/20	戊申	四		7/18	丁丑	五		6/16	丙午	三	
14	10/23	庚辰	八		9/23	庚戌	五		8/21	己卯	六	陰5局	閏7/21	己酉	三	陰7局	7/19	戊寅	四		6/17	丁未	二	
15	10/24	辛巳	七		9/24	辛亥	四		8/22	庚辰	五		閏7/22	庚戌	二		7/20	己卯	三	陰1局	6/18	戊申	一	
16	10/25	壬午	六		9/25	壬子	三		8/23	辛巳	四		閏7/23	辛亥	一		7/21	庚辰	二		6/19	己酉	九	陰7局
17	10/26	癸未	五		9/26	癸丑	二		8/24	壬午	三		閏7/24	壬子	九		7/22	辛巳	一		6/20	庚戌	八	
18	10/27	甲申	四	陰7局・閏	9/27	甲寅	一	陰8局	8/25	癸未	二		閏7/25	癸丑	八		7/23	壬午	九		6/21	辛亥	七	
19	10/28	乙酉	三		9/28	乙卯	九		8/26	甲申	一	陰8局	閏7/26	甲寅	七	陰1局	7/24	癸未	八		6/22	壬子	六	
20	10/29	丙戌	二		9/29	丙辰	八		8/27	乙酉	九		閏7/27	乙卯	六		7/25	甲申	七	陰4局	6/23	癸丑	五	
21	10/30	丁亥	一		9/30	丁巳	七		8/28	丙戌	八		閏7/28	丙辰	五		7/26	乙酉	六		6/24	甲寅	四	陰1局
22	11/1	戊子	七		10/1	戊午	六		8/29	丁亥	七		閏7/29	丁巳	四		7/27	丙戌	五		6/25	乙卯	三	
23	11/2	己丑	八	陰1局・閏	10/2	己未	五	陰2局	9/1	戊子	六		閏7/30	戊午	三		7/28	丁亥	四		6/26	丙辰	二	
24	11/3	庚寅	九		10/3	庚申	四		9/2	己丑	八	陰2局	8/1	己未	二	陰4局	7/29	戊子	六		6/27	丁巳	一	
25	11/4	辛卯	一		10/4	辛酉	三		9/3	庚寅	七		8/2	庚申	一		閏7/1	己丑	五	陰7局	6/28	戊午	九	
26	11/5	壬辰	二		10/5	壬戌	二		9/4	辛卯	六		8/3	辛酉	九		閏7/2	庚寅	四		6/29	己未	八	陰4局
27	11/6	癸巳	三		10/6	癸亥	一		9/5	壬辰	五		8/4	壬戌	八		閏7/3	辛卯	三		7/1	庚申	七	
28	11/7	甲午	四	陽1局	10/7	甲子	六	陰4局	9/6	癸巳	四		8/5	癸亥	七		閏7/4	壬辰	二		7/2	辛酉	六	
29	11/8	乙未	五		10/8	乙丑	五		9/7	甲午	三	陰6局	8/6	甲子	三	6	閏7/5	癸巳	一		7/3	壬戌	五	
30	11/9	丙申	六		10/9	丙寅	四		9/8	乙未	二		8/7	乙丑	二		閏7/6	甲午	九	9	7/4	癸亥	四	
31	11/10	丁酉	七						9/9	丙申	一						閏7/7	乙未	八		7/5	甲子	九	2

一九三九年 己卯 七赤

二元八運…「四運」
三元九運…「四運」

月	1月				2月				3月				4月				5月				6月			
月干支	乙丑 戊寅(年)				丙寅				丁卯				戊辰				己巳				庚午			
紫白	九紫				八白				七赤				六白				五黄				四緑			
節気	21 大寒 7時51分	6 小寒 14時28分	日紫白	奇門遁甲局数	19 雨水 22時9分	5 立春 2時10分	日紫白	奇門遁甲局数	21 春分 21時28分	6 啓蟄 20時26分	日紫白	奇門遁甲局数	21 穀雨 8時55分	6 清明 1時37分	日紫白	奇門遁甲局数	22 小満 8時27分	6 立夏 19時21分	日紫白	奇門遁甲局数	22 夏至 16時39分	6 芒種 23時52分	日紫白	奇門遁甲局数
新暦	農暦	日干支			農暦	日干支			農暦	日干支			農暦	日干支			農暦	日干支			農暦	日干支		
1	11/11	戊戌	八	1	12/13	己巳	六	陽9局	1/11	丁酉	四	9	2/12	戊辰	二	3	3/12	戊戌	二	5	4/14	己巳	九	陽2局
2	11/12	己亥	九	陽7局	12/14	庚午	七		1/12	戊戌	五		2/13	己巳	三	陽9局	3/13	己亥	三	陽2局	4/15	庚午	一	
3	11/13	庚子	一		12/15	辛未	八		1/13	己亥	六	陽6局	2/14	庚午	四		3/14	庚子	四		4/16	辛未	二	
4	11/14	辛丑	二		12/16	壬申	九		1/14	庚子	七		2/15	辛未	五		3/15	辛丑	五		4/17	壬申	三	
5	11/15	壬寅	三		12/17	癸酉	一		1/15	辛丑	八		2/16	壬申	六		3/16	壬寅	六		4/18	癸酉	四	
6	11/16	癸卯	四		12/18	甲戌	二	陽6局	1/16	壬寅	九		2/17	癸酉	七		3/17	癸卯	七		4/19	甲戌	五	陽8局
7	11/17	甲辰	五	陽4局	12/19	乙亥	三		1/17	癸卯	一		2/18	甲戌	八	陽6局	3/18	甲辰	八	陽8局	4/20	乙亥	六	
8	11/18	乙巳	六		12/20	丙子	四		1/18	甲辰	二	陽3局	2/19	乙亥	九		3/19	乙巳	九		4/21	丙子	七	
9	11/19	丙午	七		12/21	丁丑	五		1/19	乙巳	三		2/20	丙子	一		3/20	丙午	一		4/22	丁丑	八	
10	11/20	丁未	八		12/22	戊寅	六		1/20	丙午	四		2/21	丁丑	二		3/21	丁未	二		4/23	戊寅	九	
11	11/21	戊申	九		12/23	己卯	七	陽8局	1/21	丁未	五		2/22	戊寅	三		3/22	戊申	三		4/24	己卯	一	陽6局
12	11/22	己酉	一	陽2局	12/24	庚辰	八		1/22	戊申	六		2/23	己卯	四	陽4局	3/23	己酉	四	陽4局	4/25	庚辰	二	
13	11/23	庚戌	二		12/25	辛巳	九		1/23	己酉	七	陽1局	2/24	庚辰	五		3/24	庚戌	五		4/26	辛巳	三	
14	11/24	辛亥	三		12/26	壬午	一		1/24	庚戌	八		2/25	辛巳	六		3/25	辛亥	六		4/27	壬午	四	
15	11/25	壬子	四		12/27	癸未	二		1/25	辛亥	九		2/26	壬午	七		3/26	壬子	七		4/28	癸未	五	
16	11/26	癸丑	五		12/28	甲申	三	陽5局	1/26	壬子	一		2/27	癸未	八		3/27	癸丑	八		4/29	甲申	六	陽3局
17	11/27	甲寅	六	陽8局	12/29	乙酉	四		1/27	癸丑	二		2/28	甲申	九	陽1局	3/28	甲寅	九	陽1局	5/1	乙酉	七	
18	11/28	乙卯	七		12/30	丙戌	五		1/28	甲寅	三	陽7局	2/29	乙酉	一		3/29	乙卯	一		5/2	丙戌	八	
19	11/29	丙辰	八		1/1	丁亥	三		1/29	乙卯	四		2/30	丙戌	二		4/1	丙辰	二		5/3	丁亥	九	
20	12/1	丁巳	九		1/2	戊子	四		1/30	丙辰	五		3/1	丁亥	三		4/2	丁巳	三		5/4	戊子	一	
21	12/2	戊午	一		1/3	己丑	五	陽2局	2/1	丁巳	六		3/2	戊子	一		4/3	戊午	四		5/5	己丑	二	陽9局
22	12/3	己未	二	陽5局	1/4	庚寅	六		2/2	戊午	七		3/3	己丑	二	陽7局	4/4	己未	五	陽7局	5/6	庚寅	一	
23	12/4	庚申	三		1/5	辛卯	七		2/3	己未	八	陽4局	3/4	庚寅	三		4/5	庚申	六		5/7	辛卯	九	
24	12/5	辛酉	四		1/6	壬辰	八		2/4	庚申	九		3/5	辛卯	四		4/6	辛酉	七		5/8	壬辰	八	
25	12/6	壬戌	五		1/7	癸巳	九		2/5	辛酉	一		3/6	壬辰	五		4/7	壬戌	八		5/9	癸巳	七	
26	12/7	癸亥	六		1/8	甲午	一	陽9局	2/6	壬戌	二		3/7	癸巳	六		4/8	癸亥	九		5/10	甲午	六	陰9局
27	12/8	甲子	一	陽3局	1/9	乙未	二		2/7	癸亥	三		3/8	甲午	七	陽5局	4/9	甲子	四	陽5局	5/11	乙未	五	
28	12/9	乙丑	二		1/10	丙申	三		2/8	甲子	七	陽3局	3/9	乙未	八		4/10	乙丑	五		5/12	丙申	四	
29	12/10	丙寅	三						2/9	乙丑	八		3/10	丙申	九		4/11	丙寅	六		5/13	丁酉	三	
30	12/11	丁卯	四						2/10	丙寅	九		3/11	丁酉	一		4/12	丁卯	七		5/14	戊戌	二	
31	12/12	戊辰	五						2/11	丁卯	一						4/13	戊辰	八					

1938年 戊寅(年)／甲子(月)

月	12月				11月				10月			
月干支	丙子				乙亥				甲戌			
紫白	七赤				八白				九紫			
節気	23 冬至 3時6分	8 大雪 9時17分	日紫白	奇門遁甲局数	23 小雪 13時58分	8 立冬 16時44分	日紫白	奇門遁甲局数	24 霜降 16時46分	9 寒露 13時57分	日紫白	奇門遁甲局数
新暦	農暦	日干支			農暦	日干支			農暦	日干支		
1	10/21	壬申	七	8	9/20	壬寅	四	8	8/19	辛未	五	陰1局
2	10/22	癸酉	六		9/21	癸卯	三		8/20	壬申	四	
3	10/23	甲戌	五	陰2局	9/22	甲辰	二	陰2局	8/21	癸酉	三	
4	10/24	乙亥	四		9/23	乙巳	一		8/22	甲戌	二	陰4局
5	10/25	丙子	三		9/24	丙午	九		8/23	乙亥	一	
6	10/26	丁丑	二		9/25	丁未	八		8/24	丙子	九	
7	10/27	戊寅	一		9/26	戊申	七		8/25	丁丑	八	
8	10/28	己卯	九	陰4局	9/27	己酉	六	陰6局	8/26	戊寅	七	
9	10/29	庚辰	八		9/28	庚戌	五		8/27	己卯	六	陰6局
10	10/30	辛巳	七		9/29	辛亥	四		8/28	庚辰	五	
11	11/1	壬午	六		10/1	壬子	三		8/29	辛巳	四	
12	11/2	癸未	五		10/2	癸丑	二		8/30	壬午	三	
13	11/3	甲申	四	陰7局	10/3	甲寅	一	陰9局	9/1	癸未	二	
14	11/4	乙酉	三		10/4	乙卯	九		9/2	甲申	一	陰9局
15	11/5	丙戌	二		10/5	丙辰	八		9/3	乙酉	九	
16	11/6	丁亥	一		10/6	丁巳	七		9/4	丙戌	八	
17	11/7	戊子	九		10/7	戊午	六		9/5	丁亥	七	
18	11/8	己丑	八	陰1局	10/8	己未	五	陰3局	9/6	戊子	六	
19	11/9	庚寅	七		10/9	庚申	四		9/7	己丑	五	陰3局
20	11/10	辛卯	六		10/10	辛酉	三		9/8	庚寅	四	
21	11/11	壬辰	五		10/11	壬戌	二		9/9	辛卯	三	
22	11/12	癸巳	四		10/12	癸亥	一		9/10	壬辰	二	
23	11/13	甲午	四	陽1局	10/13	甲子	六	陰5局	9/11	癸巳	一	
24	11/14	乙未	五		10/14	乙丑	五		9/12	甲午	三	陰5局
25	11/15	丙申	六		10/15	丙寅	四		9/13	乙未	二	
26	11/16	丁酉	七		10/16	丁卯	三		9/14	丙申	一	
27	11/17	戊戌	八		10/17	戊辰	二		9/15	丁酉	九	
28	11/18	己亥	九	陽7局	10/18	己巳	一	陰8局	9/16	戊戌	八	
29	11/19	庚子	一		10/19	庚午	九		9/17	己亥	七	陰8局
30	11/20	辛丑	二		10/20	辛未	八		9/18	庚子	六	
31	11/21	壬寅	三						9/19	辛丑	五	

月	9月				8月				7月			
月干支	癸酉				壬申				辛未			
紫白	一白				二黒				三碧			
節気	24 秋分 7時49分	8 白露 22時42分	日紫白	奇門遁甲局数	24 処暑 10時31分	8 立秋 20時3分	日紫白	奇門遁甲局数	24 大暑 3時37分	8 小暑 10時18分	日紫白	奇門遁甲局数
新暦	農暦	日干支			農暦	日干支			農暦	日干支		
1	7/18	辛丑	二	陰4局	6/16	庚午	三	陰1局	5/15	己亥	一	陰3局
2	7/19	壬寅	一		6/17	辛未	二		5/16	庚子	九	
3	7/20	癸卯	九		6/18	壬申	一		5/17	辛丑	八	
4	7/21	甲辰	八	陰7局	6/19	癸酉	九		5/18	壬寅	七	
5	7/22	乙巳	七		6/20	甲戌	八	陰4局	5/19	癸卯	六	
6	7/23	丙午	六		6/21	乙亥	七		5/20	甲辰	五	陰6局
7	7/24	丁未	五		6/22	丙子	六		5/21	乙巳	四	
8	7/25	戊申	四		6/23	丁丑	五		5/22	丙午	三	
9	7/26	己酉	三	陰9局	6/24	戊寅	四		5/23	丁未	二	
10	7/27	庚戌	二		6/25	己卯	三	陰2局	5/24	戊申	一	
11	7/28	辛亥	一		6/26	庚辰	二		5/25	己酉	九	陰8局
12	7/29	壬子	九		6/27	辛巳	一		5/26	庚戌	八	
13	8/1	癸丑	八		6/28	壬午	九		5/27	辛亥	七	
14	8/2	甲寅	七	陰3局	6/29	癸未	八		5/28	壬子	六	
15	8/3	乙卯	六		7/1	甲申	七	陰5局	5/29	癸丑	五	
16	8/4	丙辰	五		7/2	乙酉	六		5/30	甲寅	四	陰2局
17	8/5	丁巳	四		7/3	丙戌	五		6/1	乙卯	三	
18	8/6	戊午	三		7/4	丁亥	四		6/2	丙辰	二	
19	8/7	己未	二	陰6局	7/5	戊子	三		6/3	丁巳	一	
20	8/8	庚申	一		7/6	己丑	二	陰8局	6/4	戊午	九	
21	8/9	辛酉	九		7/7	庚寅	一		6/5	己未	八	陰5局
22	8/10	壬戌	八		7/8	辛卯	九		6/6	庚申	七	
23	8/11	癸亥	七		7/9	壬辰	八		6/7	辛酉	六	
24	8/12	甲子	三	陰7局	7/10	癸巳	一		6/8	壬戌	五	
25	8/13	乙丑	二		7/11	甲午	九	陰1局	6/9	癸亥	四	
26	8/14	丙寅	一		7/12	乙未	八		6/10	甲子	九	陰7局
27	8/15	丁卯	九		7/13	丙申	七		6/11	乙丑	八	
28	8/16	戊辰	八		7/14	丁酉	六		6/12	丙寅	七	
29	8/17	己巳	七	1	7/15	戊戌	五		6/13	丁卯	六	
30	8/18	庚午	六		7/16	己亥	四	4	6/14	戊辰	五	
31					7/17	庚子	三		6/15	己巳	四	1

一九四〇年 庚辰 六白

二元八運…「四運」 三元九運…「四運」

月	1月				2月				3月				4月				5月				6月			
月干支	丁丑 己卯(年)				戊寅				己卯				庚辰				辛巳				壬午			
紫白	六白				五黄				四緑				三碧				二黒				一白			
節気	6 小寒 20時24分 / 21 大寒 13時44分				5 立春 8時8分 / 20 雨水 4時4分				6 啓蟄 2時24分 / 21 春分 3時24分				5 清明 7時35分 / 20 穀雨 14時51分				6 立夏 1時16分 / 21 小満 14時23分				6 芒種 5時44分 / 21 夏至 22時36分			
新暦	農暦	日干支	日紫白	奇門遁甲局数	農暦	日干支	日紫白	奇門遁甲局数	農暦	日干支	日紫白	奇門遁甲局数	農暦	日干支	日紫白	奇門遁甲局数	農暦	日干支	日紫白	奇門遁甲局数	農暦	日干支	日紫白	奇門遁甲局数
1	11/22	癸卯	四	7	12/24	甲戌	二	陽6局	1/23	癸卯	一	6	2/24	甲戌	八	陽6局	3/24	甲辰	八	陽8局	4/26	乙亥	六	陽8局
2	11/23	甲辰	五	陽4局	12/25	乙亥	三		1/24	甲辰	二	陽3局	2/25	乙亥	九		3/25	乙巳	九		4/27	丙子	七	
3	11/24	乙巳	六		12/26	丙子	四		1/25	乙巳	三		2/26	丙子	一		3/26	丙午	一		4/28	丁丑	八	
4	11/25	丙午	七		12/27	丁丑	五		1/26	丙午	四		2/27	丁丑	二		3/27	丁未	二		4/29	戊寅	九	
5	11/26	丁未	八		12/28	戊寅	六		1/27	丁未	五		2/28	戊寅	三		3/28	戊申	三		4/30	己卯	一	陽6局
6	11/27	戊申	九		12/29	己卯	七	陽8局	1/28	戊申	六		2/29	己卯	四	陽4局	3/29	己酉	四	陽4局	5/1	庚辰	二	
7	11/28	己酉	一	陽2局	12/30	庚辰	八		1/29	己酉	七	陽1局	2/30	庚辰	五		4/1	庚戌	五		5/2	辛巳	三	
8	11/29	庚戌	二		1/1	辛巳	九		1/30	庚戌	八		3/1	辛巳	六		4/2	辛亥	六		5/3	壬午	四	
9	12/1	辛亥	三		1/2	壬午	一		2/1	辛亥	九		3/2	壬午	七		4/3	壬子	七		5/4	癸未	五	
10	12/2	壬子	四		1/3	癸未	二		2/2	壬子	一		3/3	癸未	八		4/4	癸丑	八		5/5	甲申	六	陽3局
11	12/3	癸丑	五		1/4	甲申	三	陽5局	2/3	癸丑	二		3/4	甲申	九	陽1局	4/5	甲寅	九	陽1局	5/6	乙酉	七	
12	12/4	甲寅	六	陽8局	1/5	乙酉	四		2/4	甲寅	三	陽7局	3/5	乙酉	一		4/6	乙卯	一		5/7	丙戌	八	
13	12/5	乙卯	七		1/6	丙戌	五		2/5	乙卯	四		3/6	丙戌	二		4/7	丙辰	二		5/8	丁亥	九	
14	12/6	丙辰	八		1/7	丁亥	六		2/6	丙辰	五		3/7	丁亥	三		4/8	丁巳	三		5/9	戊子	一	
15	12/7	丁巳	九		1/8	戊子	七		2/7	丁巳	六		3/8	戊子	四		4/9	戊午	四		5/10	己丑	二	陽9局
16	12/8	戊午	一		1/9	己丑	八	陽2局	2/8	戊午	七		3/9	己丑	五	陽7局	4/10	己未	五	陽7局	5/11	庚寅	三	
17	12/9	己未	二	陽5局	1/10	庚寅	九		2/9	己未	八	陽4局	3/10	庚寅	六		4/11	庚申	六		5/12	辛卯	四	
18	12/10	庚申	三		1/11	辛卯	一		2/10	庚申	九		3/11	辛卯	七		4/12	辛酉	七		5/13	壬辰	五	
19	12/11	辛酉	四		1/12	壬辰	二		2/11	辛酉	一		3/12	壬辰	八		4/13	壬戌	八		5/14	癸巳	六	
20	12/12	壬戌	五		1/13	癸巳	九		2/12	壬戌	二		3/13	癸巳	六		4/14	癸亥	九		5/15	甲午	七	陰9局
21	12/13	癸亥	六		1/14	甲午	一	陽9局	2/13	癸亥	三		3/14	甲午	七	陽5局	4/15	甲子	四	陽5局	5/16	乙未	五	
22	12/14	甲子	一	陽3局	1/15	乙未	二		2/14	甲子	七	陽3局	3/15	乙未	八		4/16	乙丑	五		5/17	丙申	四	
23	12/15	乙丑	二		1/16	丙申	三		2/15	乙丑	八		3/16	丙申	九		4/17	丙寅	六		5/18	丁酉	三	
24	12/16	丙寅	三		1/17	丁酉	四		2/16	丙寅	九		3/17	丁酉	一		4/18	丁卯	七		5/19	戊戌	二	
25	12/17	丁卯	四		1/18	戊戌	五		2/17	丁卯	一		3/18	戊戌	二		4/19	戊辰	八		5/20	己亥	一	陰3局
26	12/18	戊辰	五		1/19	己亥	六	陽6局	2/18	戊辰	二		3/19	己亥	三	陽2局	4/20	己巳	九	陽2局	5/21	庚子	九	
27	12/19	己巳	六	陽9局	1/20	庚子	七		2/19	己巳	三	陽9局	3/20	庚子	四		4/21	庚午	一		5/22	辛丑	八	
28	12/20	庚午	七		1/21	辛丑	八		2/20	庚午	四		3/21	辛丑	五		4/22	辛未	二		5/23	壬寅	七	
29	12/21	辛未	八		1/22	壬寅	九		2/21	辛未	五		3/22	壬寅	六		4/23	壬申	三		5/24	癸卯	六	
30	12/22	壬申	九						2/22	壬申	六		3/23	癸卯	七		4/24	癸酉	四		5/25	甲辰	五	6
31	12/23	癸酉	一						2/23	癸酉	七						4/25	甲戌	五	8				

1939年 己卯(年)／丙子(月)

郵便はがき

恐縮ですが切手をお貼りください

101-0052

東京都千代田区神田小川町3-6-10
M.Oビル5階

株式会社 太玄社

愛読者カード係 行

フリガナ		性別
お名前		男・女
年齢	歳	ご職業
ご住所	〒	
電話		
FAX		
E-mail		
ご購入先	□ 書店(書店名:) □ ネット(サイト名:) □ その他( )	

ご記入いただいたお名前、ご住所、メールアドレスなどの個人情報は、企画の参考、アンケート依頼、商品情報の案内に使用し、そのほかの目的では使用いたしません。

ご愛読者カード

ご購読ありがとうございました。このカードは今後の参考にさせていただきたいと思いますので、アンケートにご記入のうえ、お送りくださいますようお願いいたします。

●お買い上げいただいた本のタイトル

●この本をどこでお知りになりましたか。

1. 書店で見て
2. 知人の紹介
3. 新聞・雑誌広告で見て
4. DM
5. その他（　　　　　　　　　　　　　　　　）

●ご購読の動機

●この本をお読みになってのご感想をお聞かせください。

●今後どのような本の出版を希望されますか？

購入申込書

本と郵便振替用紙をお送りしますので到着しだいお振込みください（送料をご負担いただきます）

書　籍　名	冊数
	冊
	冊

●弊社からのDMを送らせていただく場合がありますがよろしいでしょうか？

□はい　　□いいえ

月	12月				11月				10月				9月				8月				7月			
月干支	戊子				丁亥				丙戌				乙酉				甲申				癸未			
紫白	四緑				五黄				六白				七赤				八白				九紫			
節気	22 8時55分 冬至	7 14時58分 大雪	日紫白	奇門遁甲局数	22 19時49分 小雪	7 22時27分 立冬	日紫白	奇門遁甲局数	23 22時39分 霜降	8 19時42分 寒露	日紫白	奇門遁甲局数	23 13時46分 秋分	8 4時29分 白露	日紫白	奇門遁甲局数	23 16時29分 処暑	8 1時51分 立秋	日紫白	奇門遁甲局数	23 9時34分 大暑	7 16時8分 小暑	日紫白	奇門遁甲局数
新暦	農暦	日干支			農暦	日干支			農暦	日干支			農暦	日干支			農暦	日干支			農暦	日干支		
1	11/3	戊寅	一	2	10/2	戊申	七	2	9/1	丁丑	八	4	7/29	丁未	五	7	6/28	丙子	六	陰4局	5/26	乙巳	四	陰6局
2	11/4	己卯	九	陰4局	10/3	己酉	六	陰6局	9/2	戊寅	七		8/1	戊申	四		6/29	丁丑	五		5/27	丙午	三	
3	11/5	庚辰	八		10/4	庚戌	五		9/3	己卯	六	陰6局	8/2	己酉	三	陰9局	6/30	戊寅	四		5/28	丁未	二	
4	11/6	辛巳	七		10/5	辛亥	四		9/4	庚辰	五		8/3	庚戌	二		7/1	己卯	三	陰2局	5/29	戊申	一	
5	11/7	壬午	六		10/6	壬子	三		9/5	辛巳	四		8/4	辛亥	一		7/2	庚辰	二		6/1	己酉	九	陰8局
6	11/8	癸未	五		10/7	癸丑	二		9/6	壬午	三		8/5	壬子	九		7/3	辛巳	一		6/2	庚戌	八	
7	11/9	甲申	四	陰7局	10/8	甲寅	一	陰9局	9/7	癸未	二		8/6	癸丑	八		7/4	壬午	九		6/3	辛亥	七	
8	11/10	乙酉	三		10/9	乙卯	九		9/8	甲申	一	陰9局	8/7	甲寅	七	陰3局	7/5	癸未	八		6/4	壬子	六	
9	11/11	丙戌	二		10/10	丙辰	八		9/9	乙酉	九		8/8	乙卯	六		7/6	甲申	七	陰5局	6/5	癸丑	五	
10	11/12	丁亥	一		10/11	丁巳	七		9/10	丙戌	八		8/9	丙辰	五		7/7	乙酉	六		6/6	甲寅	四	陰2局
11	11/13	戊子	九		10/12	戊午	六		9/11	丁亥	七		8/10	丁巳	四		7/8	丙戌	五		6/7	乙卯	三	
12	11/14	己丑	八	陰1局	10/13	己未	五	陰3局	9/12	戊子	六		8/11	戊午	三		7/9	丁亥	四		6/8	丙辰	二	
13	11/15	庚寅	七		10/14	庚申	四		9/13	己丑	五	陰3局	8/12	己未	二	陰6局	7/10	戊子	三		6/9	丁巳	一	
14	11/16	辛卯	六		10/15	辛酉	三		9/14	庚寅	四		8/13	庚申	一		7/11	己丑	二	陰8局	6/10	戊午	九	
15	11/17	壬辰	五		10/16	壬戌	二		9/15	辛卯	三		8/14	辛酉	九		7/12	庚寅	一		6/11	己未	八	陰5局
16	11/18	癸巳	四		10/17	癸亥	一		9/16	壬辰	二		8/15	壬戌	八		7/13	辛卯	九		6/12	庚申	七	
17	11/19	甲午	三	陽1局	10/18	甲子	六	陰5局	9/17	癸巳	一		8/16	癸亥	七		7/14	壬辰	八		6/13	辛酉	六	
18	11/20	乙未	二		10/19	乙丑	五		9/18	甲午	九	陰5局	8/17	甲子	三	陰7局	7/15	癸巳	七		6/14	壬戌	五	
19	11/21	丙申	一		10/20	丙寅	四		9/19	乙未	八		8/18	乙丑	二		7/16	甲午	六	陰1局	6/15	癸亥	四	
20	11/22	丁酉	九		10/21	丁卯	三		9/20	丙申	七		8/19	丙寅	一		7/17	乙未	五		6/16	甲子	九	陰7局
21	11/23	戊戌	八		10/22	戊辰	二		9/21	丁酉	六		8/20	丁卯	九		7/18	丙申	四		6/17	乙丑	八	
22	11/24	己亥	九	陽7局	10/23	己巳	一	陰8局	9/22	戊戌	五		8/21	戊辰	八		7/19	丁酉	三		6/18	丙寅	七	
23	11/25	庚子	一		10/24	庚午	九		9/23	己亥	七	陰8局	8/22	己巳	七	陰1局	7/20	戊戌	五		6/19	丁卯	六	
24	11/26	辛丑	二		10/25	辛未	八		9/24	庚子	六		8/23	庚午	六		7/21	己亥	四	陰4局	6/20	戊辰	五	
25	11/27	壬寅	三		10/26	壬申	七		9/25	辛丑	五		8/24	辛未	五		7/22	庚子	三		6/21	己巳	四	陰1局
26	11/28	癸卯	四		10/27	癸酉	六		9/26	壬寅	四		8/25	壬申	四		7/23	辛丑	二		6/22	庚午	三	
27	11/29	甲辰	五	陽4局	10/28	甲戌	五	陰2局	9/27	癸卯	三		8/26	癸酉	三		7/24	壬寅	一		6/23	辛未	二	
28	11/30	乙巳	六		10/29	乙亥	四		9/28	甲辰	二	陰2局	8/27	甲戌	二	陰4局	7/25	癸卯	九		6/24	壬申	一	
29	12/1	丙午	七		11/1	丙子	三		9/29	乙巳	一		8/28	乙亥	一		7/26	甲辰	八	陰7局	6/25	癸酉	九	
30	12/2	丁未	八		11/2	丁丑	二		9/30	丙午	九		8/29	丙子	九		7/27	乙巳	七		6/26	甲戌	八	4
31	12/3	戊申	九						10/1	丁未	八						7/28	丙午	六		6/27	乙亥	七	

一九四一年 辛巳 五黄

二元八運…「四運」 三元九運…「四運」

月	1月				2月				3月			
月干支	己丑 庚辰(年)				庚寅				辛卯			
紫白	三碧				二黒				一白			
節気	20 大寒 19時34分	6 小寒 2時4分			19 雨水 9時56分	4 立春 13時50分			21 春分 9時20分	6 啓蟄 8時10分		
新暦	農暦	日干支	日紫白	奇門遁甲局数	農暦	日干支	日紫白	奇門遁甲局数	農暦	日干支	日紫白	奇門遁甲局数
1	12/4	己酉	一	陽2局	1/6	庚辰	八	陽8局	2/4	戊申	六	3
2	12/5	庚戌	二		1/7	辛巳	九		2/5	己酉	七	陽1局
3	12/6	辛亥	三		1/8	壬午	一		2/6	庚戌	八	
4	12/7	壬子	四		1/9	癸未	二		2/7	辛亥	九	
5	12/8	癸丑	五		1/10	甲申	三	陽5局	2/8	壬子	一	
6	12/9	甲寅	六	陽8局	1/11	乙酉	四		2/9	癸丑	二	
7	12/10	乙卯	七		1/12	丙戌	五		2/10	甲寅	三	陽7局
8	12/11	丙辰	八		1/13	丁亥	六		2/11	乙卯	四	
9	12/12	丁巳	九		1/14	戊子	七		2/12	丙辰	五	
10	12/13	戊午	一		1/15	己丑	八	陽2局	2/13	丁巳	六	
11	12/14	己未	二	陽5局	1/16	庚寅	九		2/14	戊午	七	
12	12/15	庚申	三		1/17	辛卯	一		2/15	己未	八	陽4局
13	12/16	辛酉	四		1/18	壬辰	二		2/16	庚申	九	
14	12/17	壬戌	五		1/19	癸巳	三		2/17	辛酉	一	
15	12/18	癸亥	六		1/20	甲午	四	陽9局	2/18	壬戌	二	
16	12/19	甲子	一	陽3局	1/21	乙未	五		2/19	癸亥	三	
17	12/20	乙丑	二		1/22	丙申	六		2/20	甲子	七	陽3局
18	12/21	丙寅	三		1/23	丁酉	七		2/21	乙丑	八	
19	12/22	丁卯	四		1/24	戊戌	五		2/22	丙寅	九	
20	12/23	戊辰	五		1/25	己亥	六	陽6局	2/23	丁卯	一	
21	12/24	己巳	六	陽9局	1/26	庚子	七		2/24	戊辰	二	
22	12/25	庚午	七		1/27	辛丑	八		2/25	己巳	三	陽9局
23	12/26	辛未	八		1/28	壬寅	九		2/26	庚午	四	
24	12/27	壬申	九		1/29	癸卯	一		2/27	辛未	五	
25	12/28	癸酉	一		1/30	甲辰	二	陽3局	2/28	壬申	六	
26	12/29	甲戌	二	陽6局	2/1	乙巳	三		2/29	癸酉	七	
27	1/1	乙亥	三		2/2	丙午	四		2/30	甲戌	八	陽6局
28	1/2	丙子	四		2/3	丁未	五		3/1	乙亥	九	
29	1/3	丁丑	五						3/2	丙子	一	
30	1/4	戊寅	六						3/3	丁丑	二	
31	1/5	己卯	七	8					3/4	戊寅	三	

月	4月				5月				6月			
月干支	壬辰				癸巳				甲午			
紫白	九紫				八白				七赤			
節気	20 穀雨 20時50分	5 清明 13時25分			21 小満 20時23分	6 立夏 7時10分			22 夏至 4時33分	6 芒種 11時39分		
新暦	農暦	日干支	日紫白	奇門遁甲局数	農暦	日干支	日紫白	奇門遁甲局数	農暦	日干支	日紫白	奇門遁甲局数
1	3/5	己卯	四	陽4局	4/6	己酉	四	陽4局	5/7	庚辰	二	陽6局
2	3/6	庚辰	五		4/7	庚戌	五		5/8	辛巳	三	
3	3/7	辛巳	六		4/8	辛亥	六		5/9	壬午	四	
4	3/8	壬午	七		4/9	壬子	七		5/10	癸未	五	
5	3/9	癸未	八		4/10	癸丑	八		5/11	甲申	六	陽3局
6	3/10	甲申	九	陽1局	4/11	甲寅	九	陽1局	5/12	乙酉	七	
7	3/11	乙酉	一		4/12	乙卯	一		5/13	丙戌	八	
8	3/12	丙戌	二		4/13	丙辰	二		5/14	丁亥	九	
9	3/13	丁亥	三		4/14	丁巳	三		5/15	戊子	一	
10	3/14	戊子	四		4/15	戊午	四		5/16	己丑	二	陽9局
11	3/15	己丑	五	陽7局	4/16	己未	五	陽7局	5/17	庚寅	三	
12	3/16	庚寅	六		4/17	庚申	六		5/18	辛卯	四	
13	3/17	辛卯	七		4/18	辛酉	七		5/19	壬辰	五	
14	3/18	壬辰	八		4/19	壬戌	八		5/20	癸巳	六	
15	3/19	癸巳	九		4/20	癸亥	九		5/21	甲午	七	陰9局
16	3/20	甲午	一	陽5局	4/21	甲子	四	陽5局	5/22	乙未	八	
17	3/21	乙未	二		4/22	乙丑	五		5/23	丙申	九	
18	3/22	丙申	三		4/23	丙寅	六		5/24	丁酉	一	
19	3/23	丁酉	四		4/24	丁卯	七		5/25	戊戌	二	
20	3/24	戊戌	二		4/25	戊辰	八		5/26	己亥	三	陰3局
21	3/25	己亥	三	陽2局	4/26	己巳	九	陽2局	5/27	庚子	四	
22	3/26	庚子	四		4/27	庚午	一		5/28	辛丑	八	
23	3/27	辛丑	五		4/28	辛未	二		5/29	壬寅	七	
24	3/28	壬寅	六		4/29	壬申	三		5/30	癸卯	六	
25	3/29	癸卯	七		4/30	癸酉	四		6/1	甲辰	五	陰6局
26	4/1	甲辰	八	陽8局	5/1	甲戌	五	陽8局	6/2	乙巳	四	
27	4/2	乙巳	九		5/2	乙亥	六		6/3	丙午	三	
28	4/3	丙午	一		5/3	丙子	七		6/4	丁未	二	
29	4/4	丁未	二		5/4	丁丑	八		6/5	戊申	一	
30	4/5	戊申	三		5/5	戊寅	九		6/6	己酉	九	8
31					5/6	己卯	一	6				

1940年 庚辰(年)／戊子(月)

月	12月				11月				10月				9月				8月				7月			
月干支	庚子				己亥				戊戌				丁酉				丙申				乙未			
紫白	一白				二黒				三碧				四緑				五黄				六白			
節気	22 冬至 14時44分	7 大雪 20時56分	日紫白	奇門遁甲局数	23 小雪 1時38分	8 立冬 4時24分	日紫白	奇門遁甲局数	24 霜降 4時27分	9 寒露 1時38分	日紫白	奇門遁甲局数	23 秋分 19時33分	8 白露 10時24分	日紫白	奇門遁甲局数	23 処暑 22時17分	7 立秋 7時46分	日紫白	奇門遁甲局数	23 大暑 15時26分	7 小暑 22時3分	日紫白	奇門遁甲局数
新暦	農暦	日干支			農暦	日干支			農暦	日干支			農暦	日干支			農暦	日干支			農暦	日干支		
1	10/13	癸未	五	4	9/13	癸丑	二	6	8/11	壬午	三	6	7/10	壬子	九	9	閏6/9	辛巳	一	陰2局	6/7	庚戌	八	陰8局
2	10/14	甲申	四	陰7局	9/14	甲寅	一	陰9局	8/12	癸未	二		7/11	癸丑	八		閏6/10	壬午	九		6/8	辛亥	七	
3	10/15	乙酉	三		9/15	乙卯	九		8/13	甲申	一	陰9局	7/12	甲寅	七	陰3局	閏6/11	癸未	八		6/9	壬子	六	
4	10/16	丙戌	二		9/16	丙辰	八		8/14	乙酉	九		7/13	乙卯	六		閏6/12	甲申	七	陰5局	6/10	癸丑	五	
5	10/17	丁亥	一		9/17	丁巳	七		8/15	丙戌	八		7/14	丙辰	五		閏6/13	乙酉	六		6/11	甲寅	四	陰2局
6	10/18	戊子	九		9/18	戊午	六		8/16	丁亥	七		7/15	丁巳	四		閏6/14	丙戌	五		6/12	乙卯	三	
7	10/19	己丑	八	陰1局	9/19	己未	五	陰3局	8/17	戊子	六		7/16	戊午	三		閏6/15	丁亥	四		6/13	丙辰	二	
8	10/20	庚寅	七		9/20	庚申	四		8/18	己丑	五	陰3局	7/17	己未	二	陰6局	閏6/16	戊子	三		6/14	丁巳	一	
9	10/21	辛卯	六		9/21	辛酉	三		8/19	庚寅	四		7/18	庚申	一		閏6/17	己丑	二	陰8局	6/15	戊午	九	
10	10/22	壬辰	五		9/22	壬戌	二		8/20	辛卯	三		7/19	辛酉	九		閏6/18	庚寅	一		6/16	己未	八	陰5局
11	10/23	癸巳	四		9/23	癸亥	一		8/21	壬辰	二		7/20	壬戌	八		閏6/19	辛卯	九		6/17	庚申	七	
12	10/24	甲午	三	陰4局・閏	9/24	甲子	六	陰5局	8/22	癸巳	一		7/21	癸亥	七		閏6/20	壬辰	八		6/18	辛酉	六	
13	10/25	乙未	二		9/25	乙丑	五		8/23	甲午	九	陰5局	7/22	甲子	三	陰7局	閏6/21	癸巳	七		6/19	壬戌	五	
14	10/26	丙申	一		9/26	丙寅	四		8/24	乙未	八		7/23	乙丑	二		閏6/22	甲午	六	陰1局	6/20	癸亥	四	
15	10/27	丁酉	九		9/27	丁卯	三		8/25	丙申	七		7/24	丙寅	一		閏6/23	乙未	五		6/21	甲子	九	陰7局
16	10/28	戊戌	八		9/28	戊辰	二		8/26	丁酉	六		7/25	丁卯	九		閏6/24	丙申	四		6/22	乙丑	八	
17	10/29	己亥	七	陰7局・閏	9/29	己巳	一	陰8局	8/27	戊戌	五		7/26	戊辰	八		閏6/25	丁酉	三		6/23	丙寅	七	
18	11/1	庚子	六		9/30	庚午	九		8/28	己亥	四	陰8局	7/27	己巳	七	陰1局	閏6/26	戊戌	二		6/24	丁卯	六	
19	11/2	辛丑	五		10/1	辛未	八		8/29	庚子	三		7/28	庚午	六		閏6/27	己亥	一	陰4局	6/25	戊辰	五	
20	11/3	壬寅	四		10/2	壬申	七		9/1	辛丑	二		7/29	辛未	五		閏6/28	庚子	九		6/26	己巳	四	陰1局
21	11/4	癸卯	三		10/3	癸酉	六		9/2	壬寅	一		8/1	壬申	四		閏6/29	辛丑	八		6/27	庚午	三	
22	11/5	甲辰	五	陰1局・閏	10/4	甲戌	五	陰2局	9/3	癸卯	九		8/2	癸酉	三		閏6/30	壬寅	七		6/28	辛未	二	
23	11/6	乙巳	六		10/5	乙亥	四		9/4	甲辰	八	陰2局	8/3	甲戌	二	陰4局	7/1	癸卯	九		6/29	壬申	一	
24	11/7	丙午	七		10/6	丙子	三		9/5	乙巳	一		8/4	乙亥	一		7/2	甲辰	八	陰7局	閏6/1	癸酉	九	
25	11/8	丁未	八		10/7	丁丑	二		9/6	丙午	九		8/5	丙子	九		7/3	乙巳	七		閏6/2	甲戌	八	陰4局
26	11/9	戊申	九		10/8	戊寅	一		9/7	丁未	八		8/6	丁丑	八		7/4	丙午	六		閏6/3	乙亥	七	
27	11/10	己酉	一	陽1局	10/9	己卯	九	陰4局	9/8	戊申	七		8/7	戊寅	七		7/5	丁未	五		閏6/4	丙子	六	
28	11/11	庚戌	二		10/10	庚辰	八		9/9	己酉	六	陰6局	8/8	己卯	六	陰6局	7/6	戊申	四		閏6/5	丁丑	五	
29	11/12	辛亥	三		10/11	辛巳	七		9/10	庚戌	五		8/9	庚辰	五		7/7	己酉	三	陰9局	閏6/6	戊寅	四	
30	11/13	壬子	四		10/12	壬午	六		9/11	辛亥	四		8/10	辛巳	四		7/8	庚戌	二		閏6/7	己卯	三	2
31	11/14	癸丑	五						9/12	壬子	三						7/9	辛亥	一		閏6/8	庚辰	二	

一九四二年 壬午 四緑

二元八運…「四運」
三元九運…「四運」

月	1月				2月			
月干支	辛丑 辛巳(年)				壬寅			
紫白	九紫				八白			
節	6	21			4	19		
気	小寒 8時2分	大寒 1時23分			立春 19時49分	雨水 15時47分		
新暦	農暦	日干支	日紫白	奇門遁甲局数	農暦	日干支	日紫白	奇門遁甲局数
1	11/15	甲寅	六	陽7局	12/16	乙酉	四	陽9局
2	11/16	乙卯	七		12/17	丙戌	五	
3	11/17	丙辰	八		12/18	丁亥	六	
4	11/18	丁巳	九		12/19	戊子	七	
5	11/19	戊午	一		12/20	己丑	八	
6	11/20	己未	二	陽4局	12/21	庚寅	九	陽6局
7	11/21	庚申	三		12/22	辛卯	一	
8	11/22	辛酉	四		12/23	壬辰	二	
9	11/23	壬戌	五		12/24	癸巳	三	
10	11/24	癸亥	六		12/25	甲午	四	
11	11/25	甲子	一	陽2局	12/26	乙未	五	陽8局
12	11/26	乙丑	二		12/27	丙申	六	
13	11/27	丙寅	三		12/28	丁酉	七	
14	11/28	丁卯	四		12/29	戊戌	八	
15	11/29	戊辰	五		1/1	己亥	九	
16	11/30	己巳	六	陽8局	1/2	庚子	一	陽5局
17	12/1	庚午	七		1/3	辛丑	二	
18	12/2	辛未	八		1/4	壬寅	三	
19	12/3	壬申	九		1/5	癸卯	一	
20	12/4	癸酉	一		1/6	甲辰	二	
21	12/5	甲戌	二	陽5局	1/7	乙巳	三	陽2局
22	12/6	乙亥	三		1/8	丙午	四	
23	12/7	丙子	四		1/9	丁未	五	
24	12/8	丁丑	五		1/10	戊申	六	
25	12/9	戊寅	六		1/11	己酉	七	
26	12/10	己卯	七	陽3局	1/12	庚戌	八	陽9局
27	12/11	庚辰	八		1/13	辛亥	九	
28	12/12	辛巳	九		1/14	壬子	一	
29	12/13	壬午	一					
30	12/14	癸未	二					
31	12/15	甲申	三	9				

月	3月				4月			
月干支	癸卯				甲辰			
紫白	七赤				六白			
節	6	21			5	21		
気	啓蟄 14時9分	春分 15時11分			清明 19時24分	穀雨 2時39分		
新暦	農暦	日干支	日紫白	奇門遁甲局数	農暦	日干支	日紫白	奇門遁甲局数
1	1/15	癸丑	二	9	2/16	甲申	九	陽9局
2	1/16	甲寅	三	陽6局	2/17	乙酉	一	
3	1/17	乙卯	四		2/18	丙戌	二	
4	1/18	丙辰	五		2/19	丁亥	三	
5	1/19	丁巳	六		2/20	戊子	四	
6	1/20	戊午	七		2/21	己丑	五	陽6局
7	1/21	己未	八	陽3局	2/22	庚寅	六	
8	1/22	庚申	九		2/23	辛卯	七	
9	1/23	辛酉	一		2/24	壬辰	八	
10	1/24	壬戌	二		2/25	癸巳	九	
11	1/25	癸亥	三		2/26	甲午	一	陽4局
12	1/26	甲子	七	陽1局	2/27	乙未	二	
13	1/27	乙丑	八		2/28	丙申	三	
14	1/28	丙寅	九		2/29	丁酉	四	
15	1/29	丁卯	一		3/1	戊戌	五	
16	1/30	戊辰	二		3/2	己亥	六	陽1局
17	2/1	己巳	三	陽7局	3/3	庚子	七	
18	2/2	庚午	四		3/4	辛丑	八	
19	2/3	辛未	五		3/5	壬寅	九	
20	2/4	壬申	六		3/6	癸卯	一	
21	2/5	癸酉	七		3/7	甲辰	八	陽7局
22	2/6	甲戌	八	陽4局	3/8	乙巳	九	
23	2/7	乙亥	九		3/9	丙午	一	
24	2/8	丙子	一		3/10	丁未	二	
25	2/9	丁丑	二		3/11	戊申	三	
26	2/10	戊寅	三		3/12	己酉	四	陽5局
27	2/11	己卯	四	陽3局	3/13	庚戌	五	
28	2/12	庚辰	五		3/14	辛亥	六	
29	2/13	辛巳	六		3/15	壬子	七	
30	2/14	壬午	七		3/16	癸丑	八	
31	2/15	癸未	八					

月	5月				6月			
月干支	乙巳				丙午			
紫白	五黄				四緑			
節	6	22			6	22		
気	立夏 13時7分	小満 2時9分			芒種 17時33分	夏至 10時16分		
新暦	農暦	日干支	日紫白	奇門遁甲局数	農暦	日干支	日紫白	奇門遁甲局数
1	3/17	甲寅	九	陽2局	4/18	乙酉	七	陽2局
2	3/18	乙卯	一		4/19	丙戌	八	
3	3/19	丙辰	二		4/20	丁亥	九	
4	3/20	丁巳	三		4/21	戊子	一	
5	3/21	戊午	四		4/22	己丑	二	
6	3/22	己未	五	陽8局	4/23	庚寅	三	陽8局
7	3/23	庚申	六		4/24	辛卯	四	
8	3/24	辛酉	七		4/25	壬辰	五	
9	3/25	壬戌	八		4/26	癸巳	六	
10	3/26	癸亥	九		4/27	甲午	七	
11	3/27	甲子	四	陽4局	4/28	乙未	八	陽6局
12	3/28	乙丑	五		4/29	丙申	九	
13	3/29	丙寅	六		4/30	丁酉	一	
14	3/30	丁卯	七		5/1	戊戌	二	
15	4/1	戊辰	八		5/2	己亥	三	
16	4/2	己巳	九	陽1局	5/3	庚子	四	陽3局
17	4/3	庚午	一		5/4	辛丑	五	
18	4/4	辛未	二		5/5	壬寅	六	
19	4/5	壬申	三		5/6	癸卯	七	
20	4/6	癸酉	四		5/7	甲辰	八	
21	4/7	甲戌	五	陽7局	5/8	乙巳	九	陽9局
22	4/8	乙亥	六		5/9	丙午	三	
23	4/9	丙子	七		5/10	丁未	二	
24	4/10	丁丑	八		5/11	戊申	一	
25	4/11	戊寅	九		5/12	己酉	九	陰9局
26	4/12	己卯	一	陽5局	5/13	庚戌	八	
27	4/13	庚辰	二		5/14	辛亥	七	
28	4/14	辛巳	三		5/15	壬子	六	
29	4/15	壬午	四		5/16	癸丑	五	
30	4/16	癸未	五		5/17	甲寅	四	3
31	4/17	甲申	六	2				

1941年 辛巳(年)／庚子(月)

月	12月	11月	10月	9月	8月	7月
月干支	壬子	辛亥	庚戌	己酉	戊申	丁未
紫白	七赤	八白	九紫	一白	二黒	三碧
節気	22 冬至 20時40分	23 小雪 7時30分	24 霜降 10時15分	24 秋分 1時16分	24 処暑 3時58分	23 大暑 21時7分
節気	8 大雪 2時47分	8 立冬 10時11分	9 寒露 7時22分	8 白露 16時6分	8 立秋 13時30分	8 小暑 3時52分

12月

新暦	農暦	日干支	日紫白	奇門遁甲局数
1	10/24	戊子	九	8
2	10/25	己丑	八	陰2局
3	10/26	庚寅	七	
4	10/27	辛卯	六	
5	10/28	壬辰	五	
6	10/29	癸巳	四	
7	10/30	甲午	三	陰4局
8	11/1	乙未	二	
9	11/2	丙申	一	
10	11/3	丁酉	九	
11	11/4	戊戌	八	
12	11/5	己亥	七	陰7局
13	11/6	庚子	六	
14	11/7	辛丑	五	
15	11/8	壬寅	四	
16	11/9	癸卯	三	
17	11/10	甲辰	二	陰1局
18	11/11	乙巳	一	
19	11/12	丙午	九	
20	11/13	丁未	八	
21	11/14	戊申	七	
22	11/15	己酉	一	陽1局
23	11/16	庚戌	二	
24	11/17	辛亥	三	
25	11/18	壬子	四	
26	11/19	癸丑	五	
27	11/20	甲寅	六	陽7局
28	11/21	乙卯	七	
29	11/22	丙辰	八	
30	11/23	丁巳	九	
31	11/24	戊午	一	

11月

新暦	農暦	日干支	日紫白	奇門遁甲局数
1	9/23	戊午	六	8
2	9/24	己未	五	陰2局
3	9/25	庚申	四	
4	9/26	辛酉	三	
5	9/27	壬戌	二	
6	9/28	癸亥	一	
7	9/29	甲子	六	陰6局
8	10/1	乙丑	五	
9	10/2	丙寅	四	
10	10/3	丁卯	三	
11	10/4	戊辰	二	
12	10/5	己巳	一	陰9局
13	10/6	庚午	九	
14	10/7	辛未	八	
15	10/8	壬申	七	
16	10/9	癸酉	六	
17	10/10	甲戌	五	陰3局
18	10/11	乙亥	四	
19	10/12	丙子	三	
20	10/13	丁丑	二	
21	10/14	戊寅	一	
22	10/15	己卯	九	陰5局
23	10/16	庚辰	八	
24	10/17	辛巳	七	
25	10/18	壬午	六	
26	10/19	癸未	五	
27	10/20	甲申	四	陰8局
28	10/21	乙酉	三	
29	10/22	丙戌	二	
30	10/23	丁亥	一	
31				

10月

新暦	農暦	日干支	日紫白	奇門遁甲局数
1	8/22	丁亥	七	1
2	8/23	戊子	六	
3	8/24	己丑	五	陰4局
4	8/25	庚寅	四	
5	8/26	辛卯	三	
6	8/27	壬辰	二	
7	8/28	癸巳	一	
8	8/29	甲午	九	陰6局
9	8/30	乙未	八	
10	9/1	丙申	七	
11	9/2	丁酉	六	
12	9/3	戊戌	五	
13	9/4	己亥	四	陰9局
14	9/5	庚子	三	
15	9/6	辛丑	二	
16	9/7	壬寅	一	
17	9/8	癸卯	九	
18	9/9	甲辰	八	陰3局
19	9/10	乙巳	七	
20	9/11	丙午	六	
21	9/12	丁未	五	
22	9/13	戊申	四	
23	9/14	己酉	三	陰5局
24	9/15	庚戌	五	
25	9/16	辛亥	四	
26	9/17	壬子	三	
27	9/18	癸丑	二	
28	9/19	甲寅	一	陰8局
29	9/20	乙卯	九	
30	9/21	丙辰	八	
31	9/22	丁巳	七	

9月

新暦	農暦	日干支	日紫白	奇門遁甲局数
1	7/21	丁巳	四	4
2	7/22	戊午	三	
3	7/23	己未	二	陰7局
4	7/24	庚申	一	
5	7/25	辛酉	九	
6	7/26	壬戌	八	
7	7/27	癸亥	七	
8	7/28	甲子	三	陰9局
9	7/29	乙丑	二	
10	8/1	丙寅	一	
11	8/2	丁卯	九	
12	8/3	戊辰	八	
13	8/4	己巳	七	陰3局
14	8/5	庚午	六	
15	8/6	辛未	五	
16	8/7	壬申	四	
17	8/8	癸酉	三	
18	8/9	甲戌	二	陰6局
19	8/10	乙亥	一	
20	8/11	丙子	九	
21	8/12	丁丑	八	
22	8/13	戊寅	七	
23	8/14	己卯	六	陰7局
24	8/15	庚辰	五	
25	8/16	辛巳	四	
26	8/17	壬午	三	
27	8/18	癸未	二	
28	8/19	甲申	一	陰1局
29	8/20	乙酉	九	
30	8/21	丙戌	八	
31				

8月

新暦	農暦	日干支	日紫白	奇門遁甲局数
1	6/20	丙戌	五	陰1局
2	6/21	丁亥	四	
3	6/22	戊子	三	
4	6/23	己丑	二	陰4局
5	6/24	庚寅	一	
6	6/25	辛卯	九	
7	6/26	壬辰	八	
8	6/27	癸巳	七	
9	6/28	甲午	六	陰2局
10	6/29	乙未	五	
11	6/30	丙申	四	
12	7/1	丁酉	三	
13	7/2	戊戌	二	
14	7/3	己亥	一	陰5局
15	7/4	庚子	九	
16	7/5	辛丑	八	
17	7/6	壬寅	七	
18	7/7	癸卯	六	
19	7/8	甲辰	五	陰8局
20	7/9	乙巳	四	
21	7/10	丙午	三	
22	7/11	丁未	二	
23	7/12	戊申	一	
24	7/13	己酉	三	陰1局
25	7/14	庚戌	二	
26	7/15	辛亥	一	
27	7/16	壬子	九	
28	7/17	癸丑	八	
29	7/18	甲寅	七	陰4局
30	7/19	乙卯	六	
31	7/20	丙辰	五	

7月

新暦	農暦	日干支	日紫白	奇門遁甲局数
1	5/18	乙卯	三	陰3局
2	5/19	丙辰	二	
3	5/20	丁巳	一	
4	5/21	戊午	九	
5	5/22	己未	八	陰6局
6	5/23	庚申	七	
7	5/24	辛酉	六	
8	5/25	壬戌	五	
9	5/26	癸亥	四	
10	5/27	甲子	九	陰8局
11	5/28	乙丑	八	
12	5/29	丙寅	七	
13	6/1	丁卯	六	
14	6/2	戊辰	五	
15	6/3	己巳	四	陰2局
16	6/4	庚午	三	
17	6/5	辛未	二	
18	6/6	壬申	一	
19	6/7	癸酉	九	
20	6/8	甲戌	八	陰5局
21	6/9	乙亥	七	
22	6/10	丙子	六	
23	6/11	丁丑	五	
24	6/12	戊寅	四	
25	6/13	己卯	三	陰7局
26	6/14	庚辰	二	
27	6/15	辛巳	一	
28	6/16	壬午	九	
29	6/17	癸未	八	
30	6/18	甲申	七	1
31	6/19	乙酉	六	

一九四三年 癸未 三碧

二元八運：「四運」 三元九運：「四運」

6月				5月				4月				3月				2月				1月				月
戊午				丁巳				丙辰				乙卯				甲寅				癸丑 壬午(年)				月干支
一白				二黒				三碧				四緑				五黄				六白				紫白
22 夏至 16時12分	6 芒種 23時19分			22 小満 8時3分	6 立夏 18時53分			21 穀雨 8時31分	6 清明 1時11分			21 春分 21時3分	6 啓蟄 19時59分			19 雨水 21時40分	5 立春 1時40分			21 大寒 7時19分	6 小寒 13時55分			節気
農暦	日干支	日紫白	奇門遁甲局数	農暦	日干支	日紫白	奇門遁甲局数	農暦	日干支	日紫白	奇門遁甲局数	農暦	日干支	日紫白	奇門遁甲局数	農暦	日干支	日紫白	奇門遁甲局数	農暦	日干支	日紫白	奇門遁甲局数	新暦
4/29	庚寅	三	陽8局	3/27	己未	五	陽8局	2/27	己丑	五	陽6局	1/25	戊午	七	6	12/27	庚寅	九	陽6局	11/25	己未	二	陽4局	1
4/30	辛卯	四		3/28	庚申	六		2/28	庚寅	六		1/26	己未	八	陽3局	12/28	辛卯	一		11/26	庚申	三		2
5/1	壬辰	五		3/29	辛酉	七		2/29	辛卯	七		1/27	庚申	九		12/29	壬辰	二		11/27	辛酉	四		3
5/2	癸巳	六		4/1	壬戌	八		2/30	壬辰	八		1/28	辛酉	一		12/30	癸巳	三		11/28	壬戌	五		4
5/3	甲午	七		4/2	癸亥	九		3/1	癸巳	九		1/29	壬戌	二		1/1	甲午	四	陽8局	11/29	癸亥	六		5
5/4	乙未	八	陽6局	4/3	甲子	四	陽4局	3/2	甲午	一	陽4局	2/1	癸亥	三		1/2	乙未	五		12/1	甲子	一	陽2局	6
5/5	丙申	九		4/4	乙丑	五		3/3	乙未	二		2/2	甲子	七	陽1局	1/3	丙申	六		12/2	乙丑	二		7
5/6	丁酉	一		4/5	丙寅	六		3/4	丙申	三		2/3	乙丑	八		1/4	丁酉	七		12/3	丙寅	三		8
5/7	戊戌	二		4/6	丁卯	七		3/5	丁酉	四		2/4	丙寅	九		1/5	戊戌	八		12/4	丁卯	四		9
5/8	己亥	三		4/7	戊辰	八		3/6	戊戌	五		2/5	丁卯	一		1/6	己亥	九	陽5局	12/5	戊辰	五		10
5/9	庚子	四	陽3局	4/8	己巳	九	陽1局	3/7	己亥	六	陽1局	2/6	戊辰	二		1/7	庚子	一		12/6	己巳	六	陽8局	11
5/10	辛丑	五		4/9	庚午	一		3/8	庚子	七		2/7	己巳	三	陽7局	1/8	辛丑	二		12/7	庚午	七		12
5/11	壬寅	六		4/10	辛未	二		3/9	辛丑	八		2/8	庚午	四		1/9	壬寅	三		12/8	辛未	八		13
5/12	癸卯	七		4/11	壬申	三		3/10	壬寅	九		2/9	辛未	五		1/10	癸卯	四		12/9	壬申	九		14
5/13	甲辰	八		4/12	癸酉	四		3/11	癸卯	一		2/10	壬申	六		1/11	甲辰	五	陽2局	12/10	癸酉	一		15
5/14	乙巳	九	陽9局	4/13	甲戌	五	陽7局	3/12	甲辰	二	陽7局	2/11	癸酉	七		1/12	乙巳	六		12/11	甲戌	二	陽5局	16
5/15	丙午	一		4/14	乙亥	六		3/13	乙巳	三		2/12	甲戌	八	陽4局	1/13	丙午	七		12/12	乙亥	三		17
5/16	丁未	二		4/15	丙子	七		3/14	丙午	四		2/13	乙亥	九		1/14	丁未	八		12/13	丙子	四		18
5/17	戊申	三		4/16	丁丑	八		3/15	丁未	五		2/14	丙子	一		1/15	戊申	六		12/14	丁丑	五		19
5/18	己酉	四	陰9局	4/17	戊寅	九		3/16	戊申	六		2/15	丁丑	二		1/16	己酉	七	陽9局	12/15	戊寅	六		20
5/19	庚戌	五		4/18	己卯	一	陽5局	3/17	己酉	四	陽5局	2/16	戊寅	三		1/17	庚戌	八		12/16	己卯	七	陽3局	21
5/20	辛亥	七		4/19	庚辰	二		3/18	庚戌	五		2/17	己卯	四	陽3局	1/18	辛亥	九		12/17	庚辰	八		22
5/21	壬子	六		4/20	辛巳	三		3/19	辛亥	六		2/18	庚辰	五		1/19	壬子	一		12/18	辛巳	九		23
5/22	癸丑	五		4/21	壬午	四		3/20	壬子	七		2/19	辛巳	六		1/20	癸丑	二		12/19	壬午	一		24
5/23	甲寅	四	陰3局	4/22	癸未	五		3/21	癸丑	八		2/20	壬午	七		1/21	甲寅	三	陽6局	12/20	癸未	二		25
5/24	乙卯	三		4/23	甲申	六	陽2局	3/22	甲寅	九	陽2局	2/21	癸未	八		1/22	乙卯	四		12/21	甲申	三	陽9局	26
5/25	丙辰	二		4/24	乙酉	七		3/23	乙卯	一		2/22	甲申	九	陽9局	1/23	丙辰	五		12/22	乙酉	四		27
5/26	丁巳	一		4/25	丙戌	八		3/24	丙辰	二		2/23	乙酉	一		1/24	丁巳	六		12/23	丙戌	五		28
5/27	戊午	九		4/26	丁亥	九		3/25	丁巳	三		2/24	丙戌	二						12/24	丁亥	六		29
5/28	己未	八	6	4/27	戊子	一		3/26	戊午	四		2/25	丁亥	三						12/25	戊子	七		30
				4/28	己丑	二	8					2/26	戊子	四						12/26	己丑	八	6	31

1942年 壬午(年)／壬子(月)

月	12月				11月				10月				9月				8月				7月			
月干支	甲子				癸亥				壬戌				辛酉				庚申				己未			
紫白	四緑				五黄				六白				七赤				八白				九紫			
節気	23	8	日紫白	奇門遁甲局数	23	8	日紫白	奇門遁甲局数	24	9	日紫白	奇門遁甲局数	24	8	日紫白	奇門遁甲局数	24	8	日紫白	奇門遁甲局数	24	8	日紫白	奇門遁甲局数
	冬至 2時29分	大雪 8時33分			小雪 13時21分	立冬 15時59分			霜降 16時8分	寒露 13時10分			秋分 7時12分	白露 21時55分			処暑 9時55分	立秋 19時19分			大暑 3時5分	小暑 9時39分		
新暦	農暦	日干支			農暦	日干支			農暦	日干支			農暦	日干支			農暦	日干支			農暦	日干支		
1	11/5	癸巳	四	2	10/4	癸亥	一	2	9/3	壬辰	二	4	8/2	壬戌	八	7	7/1	辛卯	九	陰4局	5/29	庚申	七	陰6局
2	11/6	甲午	三	陰4局	10/5	甲子	六	陰6局	9/4	癸巳	一		8/3	癸亥	七		7/2	壬辰	八		6/1	辛酉	六	
3	11/7	乙未	二		10/6	乙丑	五		9/5	甲午	九	陰6局	8/4	甲子	三	陰9局	7/3	癸巳	七		6/2	壬戌	五	
4	11/8	丙申	一		10/7	丙寅	四		9/6	乙未	八		8/5	乙丑	二		7/4	甲午	六	陰2局	6/3	癸亥	四	
5	11/9	丁酉	九		10/8	丁卯	三		9/7	丙申	七		8/6	丙寅	一		7/5	乙未	五		6/4	甲子	九	陰8局
6	11/10	戊戌	八		10/9	戊辰	二		9/8	丁酉	六		8/7	丁卯	九		7/6	丙申	四		6/5	乙丑	八	
7	11/11	己亥	七	陰7局	10/10	己巳	一	陰9局	9/9	戊戌	五		8/8	戊辰	八		7/7	丁酉	三		6/6	丙寅	七	
8	11/12	庚子	六		10/11	庚午	九		9/10	己亥	四	陰9局	8/9	己巳	七	陰3局	7/8	戊戌	二		6/7	丁卯	六	
9	11/13	辛丑	五		10/12	辛未	八		9/11	庚子	三		8/10	庚午	六		7/9	己亥	一	陰5局	6/8	戊辰	五	
10	11/14	壬寅	四		10/13	壬申	七		9/12	辛丑	二		8/11	辛未	五		7/10	庚子	九		6/9	己巳	四	陰2局
11	11/15	癸卯	三		10/14	癸酉	六		9/13	壬寅	一		8/12	壬申	四		7/11	辛丑	八		6/10	庚午	三	
12	11/16	甲辰	二	陰1局	10/15	甲戌	五	陰3局	9/14	癸卯	九		8/13	癸酉	三		7/12	壬寅	七		6/11	辛未	二	
13	11/17	乙巳	一		10/16	乙亥	四		9/15	甲辰	八	陰3局	8/14	甲戌	二	陰6局	7/13	癸卯	六		6/12	壬申	一	
14	11/18	丙午	九		10/17	丙子	三		9/16	乙巳	七		8/15	乙亥	一		7/14	甲辰	五	陰8局	6/13	癸酉	九	
15	11/19	丁未	八		10/18	丁丑	二		9/17	丙午	六		8/16	丙子	九		7/15	乙巳	四		6/14	甲戌	八	陰5局
16	11/20	戊申	七		10/19	戊寅	一		9/18	丁未	五		8/17	丁丑	八		7/16	丙午	三		6/15	乙亥	七	
17	11/21	己酉	六	陽1局	10/20	己卯	九	陰5局	9/19	戊申	四		8/18	戊寅	七		7/17	丁未	二		6/16	丙子	六	
18	11/22	庚戌	五		10/21	庚辰	八		9/20	己酉	三	陰5局	8/19	己卯	六	陰7局	7/18	戊申	一		6/17	丁丑	五	
19	11/23	辛亥	四		10/22	辛巳	七		9/21	庚戌	二		8/20	庚辰	五		7/19	己酉	九	陰1局	6/18	戊寅	四	
20	11/24	壬子	三		10/23	壬午	六		9/22	辛亥	一		8/21	辛巳	四		7/20	庚戌	八		6/19	己卯	三	陰7局
21	11/25	癸丑	二		10/24	癸未	五		9/23	壬子	九		8/22	壬午	三		7/21	辛亥	七		6/20	庚辰	二	
22	11/26	甲寅	一	陽7局	10/25	甲申	四	陰8局	9/24	癸丑	八		8/23	癸未	二		7/22	壬子	六		6/21	辛巳	一	
23	11/27	乙卯	七		10/26	乙酉	三		9/25	甲寅	七	陰8局	8/24	甲申	一	陰1局	7/23	癸丑	五		6/22	壬午	九	
24	11/28	丙辰	八		10/27	丙戌	二		9/26	乙卯	九		8/25	乙酉	九		7/24	甲寅	七	陰4局	6/23	癸未	八	
25	11/29	丁巳	九		10/28	丁亥	一		9/27	丙辰	八		8/26	丙戌	八		7/25	乙卯	六		6/24	甲申	七	陰1局
26	11/30	戊午	一		10/29	戊子	九		9/28	丁巳	七		8/27	丁亥	七		7/26	丙辰	五		6/25	乙酉	六	
27	12/1	己未	二	陽4局	11/1	己丑	八	陰2局	9/29	戊午	六		8/28	戊子	六		7/27	丁巳	四		6/26	丙戌	五	
28	12/2	庚申	三		11/2	庚寅	七		9/30	己未	五	陰2局	8/29	己丑	五	陰4局	7/28	戊午	三		6/27	丁亥	四	
29	12/3	辛酉	四		11/3	辛卯	六		10/1	庚申	四		9/1	庚寅	四		7/29	己未	二	陰7局	6/28	戊子	三	
30	12/4	壬戌	五		11/4	壬辰	五		10/2	辛酉	三		9/2	辛卯	三		7/30	庚申	一		6/29	己丑	二	4
31	12/5	癸亥	六						10/3	壬戌	二						8/1	辛酉	九		6/30	庚寅	一	

一九四四年 甲申 二黒

三元八運…「四運」　三元九運…「五運」

6月				5月				4月				3月				2月				1月				月
庚午				己巳				戊辰				丁卯				丙寅				乙丑 癸未(年)				月干支
七赤				八白				九紫				一白				二黒				三碧				紫白
21 夏至 22時2分	6 芒種 5時11分	日紫白	奇門遁甲局数	21 小満 13時51分	6 立夏 0時40分	日紫白	奇門遁甲局数	20 穀雨 14時18分	5 清明 6時54分	日紫白	奇門遁甲局数	21 春分 2時49分	6 啓蟄 1時40分	日紫白	奇門遁甲局数	20 雨水 3時27分	5 立春 7時23分	日紫白	奇門遁甲局数	21 大寒 13時7分	6 小寒 19時39分	日紫白	奇門遁甲局数	節気
農暦	日干支			農暦	日干支			農暦	日干支			農暦	日干支			農暦	日干支			農暦	日干支			新暦
閏4/11	丙申	九	陽6局	4/9	乙丑	五	陽4局	3/9	乙未	二	陽4局	2/7	甲子	七	陽1局	1/8	乙未	五	陽8局	12/6	甲子	一	陽2局	1
閏4/12	丁酉	一		4/10	丙寅	六		3/10	丙申	三		2/8	乙丑	八		1/9	丙申	六		12/7	乙丑	二		2
閏4/13	戊戌	二		4/11	丁卯	七		3/11	丁酉	四		2/9	丙寅	九		1/10	丁酉	七		12/8	丙寅	三		3
閏4/14	己亥	三	陽3局	4/12	戊辰	八		3/12	戊戌	五		2/10	丁卯	一		1/11	戊戌	八		12/9	丁卯	四		4
閏4/15	庚子	四		4/13	己巳	九	陽1局	3/13	己亥	六	陽1局	2/11	戊辰	二		1/12	己亥	九	陽5局	12/10	戊辰	五		5
閏4/16	辛丑	五		4/14	庚午	一		3/14	庚子	七		2/12	己巳	三	陽7局	1/13	庚子	一		12/11	己巳	六	陽8局	6
閏4/17	壬寅	六		4/15	辛未	二		3/15	辛丑	八		2/13	庚午	四		1/14	辛丑	二		12/12	庚午	七		7
閏4/18	癸卯	七		4/16	壬申	三		3/16	壬寅	九		2/14	辛未	五		1/15	壬寅	三		12/13	辛未	八		8
閏4/19	甲辰	八	陽9局	4/17	癸酉	四		3/17	癸卯	一		2/15	壬申	六		1/16	癸卯	四		12/14	壬申	九		9
閏4/20	乙巳	九		4/18	甲戌	五	陽7局	3/18	甲辰	二	陽7局	2/16	癸酉	七		1/17	甲辰	五	陽2局	12/15	癸酉	一		10
閏4/21	丙午	一		4/19	乙亥	六		3/19	乙巳	三		2/17	甲戌	八	陽4局	1/18	乙巳	六		12/16	甲戌	二	陽5局	11
閏4/22	丁未	二		4/20	丙子	七		3/20	丙午	四		2/18	乙亥	九		1/19	丙午	七		12/17	乙亥	三		12
閏4/23	戊申	三		4/21	丁丑	八		3/21	丁未	五		2/19	丙子	一		1/20	丁未	八		12/18	丙子	四		13
閏4/24	己酉	四	陰9局	4/22	戊寅	九		3/22	戊申	六		2/20	丁丑	二		1/21	戊申	九		12/19	丁丑	五		14
閏4/25	庚戌	五		4/23	己卯	一	陽5局	3/23	己酉	七	陽5局	2/21	戊寅	三		1/22	己酉	一	陽9局	12/20	戊寅	六		15
閏4/26	辛亥	六		4/24	庚辰	二		3/24	庚戌	八		2/22	己卯	四	陽3局	1/23	庚戌	二		12/21	己卯	七	陽3局	16
閏4/27	壬子	七		4/25	辛巳	三		3/25	辛亥	九		2/23	庚辰	五		1/24	辛亥	三		12/22	庚辰	八		17
閏4/28	癸丑	八		4/26	壬午	四		3/26	壬子	一		2/24	辛巳	六		1/25	壬子	四		12/23	辛巳	九		18
閏4/29	甲寅	九	陰3局	4/27	癸未	五		3/27	癸丑	二		2/25	壬午	七		1/26	癸丑	五		12/24	壬午	一		19
閏4/30	乙卯	一		4/28	甲申	六	陽2局	3/28	甲寅	九	陽2局	2/26	癸未	八		1/27	甲寅	三	陽6局	12/25	癸未	二		20
5/1	丙辰	二		4/29	乙酉	七		3/29	乙卯	一		2/27	甲申	九	陽9局	1/28	乙卯	四		12/26	甲申	三	陽9局	21
5/2	丁巳	一		閏4/1	丙戌	八		3/30	丙辰	二		2/28	乙酉	一		1/29	丙辰	五		12/27	乙酉	四		22
5/3	戊午	九		閏4/2	丁亥	九		4/1	丁巳	三		2/29	丙戌	二		1/30	丁巳	六		12/28	丙戌	五		23
5/4	己未	八	陰6局	閏4/3	戊子	一		4/2	戊午	四		3/1	丁亥	三		2/1	戊午	七		12/29	丁亥	六		24
5/5	庚申	七		閏4/4	己丑	二	陽8局	4/3	己未	五	陽8局	3/2	戊子	四		2/2	己未	八	陽3局	1/1	戊子	七		25
5/6	辛酉	六		閏4/5	庚寅	三		4/4	庚申	六		3/3	己丑	五	陽6局	2/3	庚申	九		1/2	己丑	八	陽6局	26
5/7	壬戌	五		閏4/6	辛卯	四		4/5	辛酉	七		3/4	庚寅	六		2/4	辛酉	一		1/3	庚寅	九		27
5/8	癸亥	四		閏4/7	壬辰	五		4/6	壬戌	八		3/5	辛卯	七		2/5	壬戌	二		1/4	辛卯	一		28
5/9	甲子	九	8	閏4/8	癸巳	六		4/7	癸亥	九		3/6	壬辰	八		2/6	癸亥	三		1/5	壬辰	二		29
5/10	乙丑	八		閏4/9	甲午	七	6	4/8	甲子	四	4	3/7	癸巳	九						1/6	癸巳	三		30
				閏4/10	乙未	八						3/8	甲午	一	4					1/7	甲午	四	8	31

1943年 癸未(年)／甲子(月)

月	12月				11月				10月				9月				8月				7月			
月干支	丙子				乙亥				甲戌				癸酉				壬申				辛未			
紫白	一白				二黒				三碧				四緑				五黄				六白			
節気	22	7	日紫白	奇門遁甲局数	22	7	日紫白	奇門遁甲局数	23	8	日紫白	奇門遁甲局数	23	8	日紫白	奇門遁甲局数	23	8	日紫白	奇門遁甲局数	23	7	日紫白	奇門遁甲局数
	冬至 8時15分	大雪 14時28分			小雪 19時8分	立冬 21時55分			霜降 21時56分	寒露 19時9分			秋分 13時2分	白露 3時56分			処暑 15時46分	立秋 1時19分			大暑 8時56分	小暑 15時36分		
新暦	農暦	日干支			農暦	日干支			農暦	日干支			農暦	日干支			農暦	日干支			農暦	日干支		
1	10/16	己亥	七	陰7局	9/16	己巳	一	陰9局	8/15	戊戌	五	6	7/14	戊辰	八	9	6/13	丁酉	三	2	5/11	丙寅	七	陰8局
2	10/17	庚子	六		9/17	庚午	九		8/16	己亥	四	陰9局	7/15	己巳	七	陰3局	6/14	戊戌	二		5/12	丁卯	六	
3	10/18	辛丑	五		9/18	辛未	八		8/17	庚子	三		7/16	庚午	六		6/15	己亥	一	陰5局	5/13	戊辰	五	
4	10/19	壬寅	四		9/19	壬申	七		8/18	辛丑	二		7/17	辛未	五		6/16	庚子	九		5/14	己巳	四	陰2局
5	10/20	癸卯	三		9/20	癸酉	六		8/19	壬寅	一		7/18	壬申	四		6/17	辛丑	八		5/15	庚午	三	
6	10/21	甲辰	二	陰1局	9/21	甲戌	五	陰3局	8/20	癸卯	九		7/19	癸酉	三		6/18	壬寅	七		5/16	辛未	二	
7	10/22	乙巳	一		9/22	乙亥	四		8/21	甲辰	八	陰3局	7/20	甲戌	二	陰6局	6/19	癸卯	六		5/17	壬申	一	
8	10/23	丙午	九		9/23	丙子	三		8/22	乙巳	七		7/21	乙亥	一		6/20	甲辰	五	陰8局	5/18	癸酉	九	
9	10/24	丁未	八		9/24	丁丑	二		8/23	丙午	六		7/22	丙子	九		6/21	乙巳	四		5/19	甲戌	八	陰5局
10	10/25	戊申	七		9/25	戊寅	一		8/24	丁未	五		7/23	丁丑	八		6/22	丙午	三		5/20	乙亥	七	
11	10/26	己酉	六	陰4局・閏	9/26	己卯	九	陰5局	8/25	戊申	四		7/24	戊寅	七		6/23	丁未	二		5/21	丙子	六	
12	10/27	庚戌	五		9/27	庚辰	八		8/26	己酉	三	陰5局	7/25	己卯	六	陰7局	6/24	戊申	一		5/22	丁丑	五	
13	10/28	辛亥	四		9/28	辛巳	七		8/27	庚戌	二		7/26	庚辰	五		6/25	己酉	九	陰1局	5/23	戊寅	四	
14	10/29	壬子	三		9/29	壬午	六		8/28	辛亥	一		7/27	辛巳	四		6/26	庚戌	八		5/24	己卯	三	陰7局
15	11/1	癸丑	二		9/30	癸未	五		8/29	壬子	九		7/28	壬午	三		6/27	辛亥	七		5/25	庚辰	二	
16	11/2	甲寅	一	陰7局・閏	10/1	甲申	四	陰8局	8/30	癸丑	八		7/29	癸未	二		6/28	壬子	六		5/26	辛巳	一	
17	11/3	乙卯	九		10/2	乙酉	三		9/1	甲寅	七	陰8局	8/1	甲申	一	陰1局	6/29	癸丑	五		5/27	壬午	九	
18	11/4	丙辰	八		10/3	丙戌	二		9/2	乙卯	六		8/2	乙酉	九		6/30	甲寅	四	陰4局	5/28	癸未	八	
19	11/5	丁巳	七		10/4	丁亥	一		9/3	丙辰	五		8/3	丙戌	八		7/1	乙卯	三		5/29	甲申	七	陰1局
20	11/6	戊午	六		10/5	戊子	九		9/4	丁巳	四		8/4	丁亥	七		7/2	丙辰	二		6/1	乙酉	六	
21	11/7	己未	五	陰1局・閏	10/6	己丑	八	陰2局	9/5	戊午	三		8/5	戊子	六		7/3	丁巳	一		6/2	丙戌	五	
22	11/8	庚申	三		10/7	庚寅	七		9/6	己未	二	陰2局	8/6	己丑	五	陰4局	7/4	戊午	九		6/3	丁亥	四	
23	11/9	辛酉	四		10/8	辛卯	六		9/7	庚申	四		8/7	庚寅	四		7/5	己未	二	陰7局	6/4	戊子	三	
24	11/10	壬戌	五		10/9	壬辰	五		9/8	辛酉	三		8/8	辛卯	三		7/6	庚申	一		6/5	己丑	二	陰4局
25	11/11	癸亥	六		10/10	癸巳	四		9/9	壬戌	二		8/9	壬辰	二		7/7	辛酉	九		6/6	庚寅	一	
26	11/12	甲子	一	陽1局	10/11	甲午	三	陰4局	9/10	癸亥	一		8/10	癸巳	一		7/8	壬戌	八		6/7	辛卯	九	
27	11/13	乙丑	二		10/12	乙未	二		9/11	甲子	六	陰6局	8/11	甲午	九	陰6局	7/9	癸亥	七		6/8	壬辰	八	
28	11/14	丙寅	三		10/13	丙申	一		9/12	乙丑	五		8/12	乙未	八		7/10	甲子	三	陰9局	6/9	癸巳	七	
29	11/15	丁卯	四		10/14	丁酉	九		9/13	丙寅	四		8/13	丙申	七		7/11	乙丑	二		6/10	甲午	六	陰2局
30	11/16	戊辰	五		10/15	戊戌	八		9/14	丁卯	三		8/14	丁酉	六		7/12	丙寅	一		6/11	乙未	五	
31	11/17	己巳	六	7					9/15	戊辰	二						7/13	丁卯	九		6/12	丙申	四	

一九四五年 乙酉 一白

二元八運…「四運」　三元九運…「五運」

1月　丁丑 甲申(年)　九紫　節気：6 小寒 1時34分／20 大寒 18時54分
2月　戊寅　八白　節気：4 立春 13時19分／19 雨水 9時15分

新暦	1月 農暦	1月 日干支	1月 日紫白	1月 奇門遁甲局数	2月 農暦	2月 日干支	2月 日紫白	2月 奇門遁甲局数
1	11/18	庚午	七	陽7局	12/19	辛丑	二	陽9局
2	11/19	辛未	八		12/20	壬寅	三	
3	11/20	壬申	九		12/21	癸卯	四	
4	11/21	癸酉	一		12/22	甲辰	五	
5	11/22	甲戌	二		12/23	乙巳	六	陽6局
6	11/23	乙亥	三	陽4局	12/24	丙午	七	
7	11/24	丙子	四		12/25	丁未	八	
8	11/25	丁丑	五		12/26	戊申	九	
9	11/26	戊寅	六		12/27	己酉	一	
10	11/27	己卯	七		12/28	庚戌	二	陽8局
11	11/28	庚辰	八	陽2局	12/29	辛亥	三	
12	11/29	辛巳	九		12/30	壬子	四	
13	11/30	壬午	一		1/1	癸丑	五	
14	12/1	癸未	二		1/2	甲寅	六	
15	12/2	甲申	三		1/3	乙卯	七	陽5局
16	12/3	乙酉	四	陽8局	1/4	丙辰	八	
17	12/4	丙戌	五		1/5	丁巳	九	
18	12/5	丁亥	六		1/6	戊午	一	
19	12/6	戊子	七		1/7	己未	八	
20	12/7	己丑	八		1/8	庚申	九	陽2局
21	12/8	庚寅	九	陽5局	1/9	辛酉	一	
22	12/9	辛卯	一		1/10	壬戌	二	
23	12/10	壬辰	二		1/11	癸亥	三	
24	12/11	癸巳	三		1/12	甲子	七	
25	12/12	甲午	四		1/13	乙丑	八	陽9局
26	12/13	乙未	五	陽3局	1/14	丙寅	九	
27	12/14	丙申	六		1/15	丁卯	一	
28	12/15	丁酉	七		1/16	戊辰	二	
29	12/16	戊戌	八					
30	12/17	己亥	九	9				
31	12/18	庚子	一					

3月　己卯　七赤　節気：6 啓蟄 7時38分／21 春分 8時37分
4月　庚辰　六白　節気：5 清明 12時52分／20 穀雨 20時7分

新暦	3月 農暦	3月 日干支	3月 日紫白	3月 奇門遁甲局数	4月 農暦	4月 日干支	4月 日紫白	4月 奇門遁甲局数
1	1/17	己巳	三		2/19	庚子	七	
2	1/18	庚午	四	陽6局	2/20	辛丑	八	陽9局
3	1/19	辛未	五		2/21	壬寅	九	
4	1/20	壬申	六		2/22	癸卯	一	
5	1/21	癸酉	七		2/23	甲辰	二	
6	1/22	甲戌	八		2/24	乙巳	三	陽6局
7	1/23	乙亥	九	陽3局	2/25	丙午	四	
8	1/24	丙子	一		2/26	丁未	五	
9	1/25	丁丑	二		2/27	戊申	六	
10	1/26	戊寅	三		2/28	己酉	七	
11	1/27	己卯	四		2/29	庚戌	八	陽4局
12	1/28	庚辰	五	陽1局	3/1	辛亥	九	
13	1/29	辛巳	六		3/2	壬子	一	
14	2/1	壬午	七		3/3	癸丑	二	
15	2/2	癸未	八		3/4	甲寅	三	
16	2/3	甲申	九		3/5	乙卯	四	陽1局
17	2/4	乙酉	一	陽7局	3/6	丙辰	五	
18	2/5	丙戌	二		3/7	丁巳	六	
19	2/6	丁亥	三		3/8	戊午	七	
20	2/7	戊子	四		3/9	己未	五	
21	2/8	己丑	五		3/10	庚申	六	陽7局
22	2/9	庚寅	六	陽4局	3/11	辛酉	七	
23	2/10	辛卯	七		3/12	壬戌	八	
24	2/11	壬辰	八		3/13	癸亥	九	
25	2/12	癸巳	九		3/14	甲子	四	
26	2/13	甲午	一		3/15	乙丑	五	陽5局
27	2/14	乙未	二	陽3局	3/16	丙寅	六	
28	2/15	丙申	三		3/17	丁卯	七	
29	2/16	丁酉	四		3/18	戊辰	八	
30	2/17	戊戌	五		3/19	己巳	九	2
31	2/18	己亥	六	9				

5月　辛巳　五黄　節気：6 立夏 6時37分／21 小満 19時40分
6月　壬午　四緑　節気：6 芒種 11時5分／22 夏至 3時52分

新暦	5月 農暦	5月 日干支	5月 日紫白	5月 奇門遁甲局数	6月 農暦	6月 日干支	6月 日紫白	6月 奇門遁甲局数
1	3/20	庚午	一		4/21	辛丑	五	陽2局
2	3/21	辛未	二	陽2局	4/22	壬寅	六	
3	3/22	壬申	三		4/23	癸卯	七	
4	3/23	癸酉	四		4/24	甲辰	八	
5	3/24	甲戌	五		4/25	乙巳	九	陽8局
6	3/25	乙亥	六	陽8局	4/26	丙午	一	
7	3/26	丙子	七		4/27	丁未	二	
8	3/27	丁丑	八		4/28	戊申	三	
9	3/28	戊寅	九		4/29	己酉	四	
10	3/29	己卯	一		5/1	庚戌	五	陽6局
11	3/30	庚辰	二	陽4局	5/2	辛亥	六	
12	4/1	辛巳	三		5/3	壬子	七	
13	4/2	壬午	四		5/4	癸丑	八	
14	4/3	癸未	五		5/5	甲寅	九	
15	4/4	甲申	六		5/6	乙卯	一	陽3局
16	4/5	乙酉	七	陽1局	5/7	丙辰	二	
17	4/6	丙戌	八		5/8	丁巳	三	
18	4/7	丁亥	九		5/9	戊午	四	
19	4/8	戊子	一		5/10	己未	五	
20	4/9	己丑	二		5/11	庚申	六	陽9局
21	4/10	庚寅	三	陽7局	5/12	辛酉	七	
22	4/11	辛卯	四		5/13	壬戌	五	
23	4/12	壬辰	五		5/14	癸亥	四	
24	4/13	癸巳	六		5/15	甲子	九	陰9局
25	4/14	甲午	七		5/16	乙丑	八	
26	4/15	乙未	八	陽5局	5/17	丙寅	七	
27	4/16	丙申	九		5/18	丁卯	六	
28	4/17	丁酉	一		5/19	戊辰	五	
29	4/18	戊戌	二		5/20	己巳	四	3
30	4/19	己亥	三	2	5/21	庚午	三	
31	4/20	庚子	四					

1944年 甲申(年)／丙子(月)

月	12月				11月				10月				9月				8月				7月			
月干支	戊子				丁亥				丙戌				乙酉				甲申				癸未			
紫白	七赤				八白				九紫				一白				二黒				三碧			
節気	22 14時4分 冬至	7 20時8分 大雪			23 0時55分 小雪	8 3時34分 立冬			24 3時44分 霜降	9 0時49分 寒露			23 18時50分 秋分	8 9時38分 白露			23 21時35分 処暑	8 7時5分 立秋			23 14時45分 大暑	7 21時27分 小暑		
新暦	農暦	日干支	日紫白	奇門遁甲局数	農暦	日干支	日紫白	奇門遁甲局数	農暦	日干支	日紫白	奇門遁甲局数	農暦	日干支	日紫白	奇門遁甲局数	農暦	日干支	日紫白	奇門遁甲局数	農暦	日干支	日紫白	奇門遁甲局数
1	10/27	甲辰	二		9/27	甲戌	五		8/26	癸卯	九	1	7/25	癸酉	三	4	6/24	壬寅	七	1	5/22	辛未	二	
2	10/28	乙巳	一		9/28	乙亥	四		8/27	甲辰	八		7/26	甲戌	二		6/25	癸卯	六		5/23	壬申	一	陰3局
3	10/29	丙午	九	陰2局	9/29	丙子	三	陰2局	8/28	乙巳	七		7/27	乙亥	一		6/26	甲辰	五		5/24	癸酉	九	
4	10/30	丁未	八		9/30	丁丑	二		8/29	丙午	六	陰4局	7/28	丙子	九	陰7局	6/27	乙巳	四		5/25	甲戌	八	
5	11/1	戊申	七		10/1	戊寅	一		8/30	丁未	五		7/29	丁丑	八		6/28	丙午	三	陰4局	5/26	乙亥	七	
6	11/2	己酉	六		10/2	己卯	九		9/1	戊申	四		8/1	戊寅	七		6/29	丁未	二		5/27	丙子	六	陰6局
7	11/3	庚戌	五		10/3	庚辰	八		9/2	己酉	三		8/2	己卯	六		6/30	戊申	一		5/28	丁丑	五	
8	11/4	辛亥	四	陰4局	10/4	辛巳	七	陰6局	9/3	庚戌	二		8/3	庚辰	五		7/1	己酉	九		5/29	戊寅	四	
9	11/5	壬子	三		10/5	壬午	六		9/4	辛亥	一	陰6局	8/4	辛巳	四	陰9局	7/2	庚戌	八		6/1	己卯	三	
10	11/6	癸丑	二		10/6	癸未	五		9/5	壬子	九		8/5	壬午	三		7/3	辛亥	七	陰2局	6/2	庚辰	二	
11	11/7	甲寅	一		10/7	甲申	四		9/6	癸丑	八		8/6	癸未	二		7/4	壬子	六		6/3	辛巳	一	陰8局
12	11/8	乙卯	九		10/8	乙酉	三		9/7	甲寅	七		8/7	甲申	一		7/5	癸丑	五		6/4	壬午	九	
13	11/9	丙辰	八	陰7局	10/9	丙戌	二	陰9局	9/8	乙卯	六		8/8	乙酉	九		7/6	甲寅	四		6/5	癸未	八	
14	11/10	丁巳	七		10/10	丁亥	一		9/9	丙辰	五	陰9局	8/9	丙戌	八	陰3局	7/7	乙卯	三		6/6	甲申	七	
15	11/11	戊午	六		10/11	戊子	九		9/10	丁巳	四		8/10	丁亥	七		7/8	丙辰	二	陰5局	6/7	乙酉	六	
16	11/12	己未	五		10/12	己丑	八		9/11	戊午	三		8/11	戊子	六		7/9	丁巳	一		6/8	丙戌	五	陰2局
17	11/13	庚申	四		10/13	庚寅	七		9/12	己未	二		8/12	己丑	五		7/10	戊午	九		6/9	丁亥	四	
18	11/14	辛酉	三	陰1局	10/14	辛卯	六	陰3局	9/13	庚申	一		8/13	庚寅	四		7/11	己未	八		6/10	戊子	三	
19	11/15	壬戌	二		10/15	壬辰	五		9/14	辛酉	九	陰3局	8/14	辛卯	三	陰6局	7/12	庚申	七		6/11	己丑	二	
20	11/16	癸亥	一		10/16	癸巳	四		9/15	壬戌	八		8/15	壬辰	二		7/13	辛酉	六	陰8局	6/12	庚寅	一	
21	11/17	甲子	六		10/17	甲午	三		9/16	癸亥	七		8/16	癸巳	一		7/14	壬戌	五		6/13	辛卯	九	陰5局
22	11/18	乙丑	二		10/18	乙未	二		9/17	甲子	三		8/17	甲午	九		7/15	癸亥	四		6/14	壬辰	八	
23	11/19	丙寅	三	陽1局	10/19	丙申	一	陰5局	9/18	乙丑	二		8/18	乙未	八		7/16	甲子	三		6/15	癸巳	七	
24	11/20	丁卯	四		10/20	丁酉	九		9/19	丙寅	四	陰5局	8/19	丙申	七	陰7局	7/17	乙丑	二		6/16	甲午	六	
25	11/21	戊辰	五		10/21	戊戌	八		9/20	丁卯	三		8/20	丁酉	六		7/18	丙寅	一	陰1局	6/17	乙未	五	
26	11/22	己巳	六		10/22	己亥	七		9/21	戊辰	二		8/21	戊戌	五		7/19	丁卯	九		6/18	丙申	四	陰7局
27	11/23	庚午	七		10/23	庚子	六		9/22	己巳	一		8/22	己亥	四		7/20	戊辰	八		6/19	丁酉	三	
28	11/24	辛未	八	陽7局	10/24	辛丑	五	陰8局	9/23	庚午	九		8/23	庚子	三	陰1局	7/21	己巳	七		6/20	戊戌	二	
29	11/25	壬申	九		10/25	壬寅	四		9/24	辛未	八	陰8局	8/24	辛丑	二		7/22	庚午	六	陰4局	6/21	己亥	一	
30	11/26	癸酉	一		10/26	癸卯	三		9/25	壬申	七		8/25	壬寅	一		7/23	辛未	五		6/22	庚子	九	陰1局
31	11/27	甲戌	二	4					9/26	癸酉	六						7/24	壬申	四		6/23	辛丑	八	

一九四六年 丙戌 九紫

二元八運…「四運」

三元九運…「五運」

月	1月	2月	3月	4月	5月	6月
月干支	己丑 乙酉(年)	庚寅	辛卯	壬辰	癸巳	甲午
紫白	六白	五黄	四緑	三碧	二黒	一白
節気	6 小寒 7時16分 / 21 大寒 0時45分	4 立春 19時4分 / 19 雨水 15時9分	6 啓蟄 13時25分 / 21 春分 14時33分	5 清明 18時39分 / 21 穀雨 2時2分	6 立夏 12時21分 / 22 小満 1時34分	6 芒種 16時49分 / 22 夏至 9時44分

新暦	1月 農暦	1月 日干支	1月 日紫白	1月 奇門遁甲局数	2月 農暦	2月 日干支	2月 日紫白	2月 奇門遁甲局数	3月 農暦	3月 日干支	3月 日紫白	3月 奇門遁甲局数	4月 農暦	4月 日干支	4月 日紫白	4月 奇門遁甲局数	5月 農暦	5月 日干支	5月 日紫白	5月 奇門遁甲局数	6月 農暦	6月 日干支	6月 日紫白	6月 奇門遁甲局数
1	11/28	乙亥	三	陽4局	12/30	丙午	七	陽6局	1/28	甲戌	八	陽3局	2/29	乙巳	三	陽6局	4/1	乙亥	六	陽8局	5/2	丙午	一	陽8局
2	11/29	丙子	四		1/1	丁未	八		1/29	乙亥	九		3/1	丙午	四		4/2	丙子	七		5/3	丁未	二	
3	12/1	丁丑	五		1/2	戊申	九		1/30	丙子	一		3/2	丁未	五		4/3	丁丑	八		5/4	戊申	三	
4	12/2	戊寅	六		1/3	己酉	一	陽8局	2/1	丁丑	二		3/3	戊申	六		4/4	戊寅	九		5/5	己酉	四	陽6局
5	12/3	己卯	七	陽2局	1/4	庚戌	二		2/2	戊寅	三		3/4	己酉	七	陽4局	4/5	己卯	一	陽4局	5/6	庚戌	五	
6	12/4	庚辰	八		1/5	辛亥	三		2/3	己卯	四	陽1局	3/5	庚戌	八		4/6	庚辰	二		5/7	辛亥	六	
7	12/5	辛巳	九		1/6	壬子	四		2/4	庚辰	五		3/6	辛亥	九		4/7	辛巳	三		5/8	壬子	七	
8	12/6	壬午	一		1/7	癸丑	五		2/5	辛巳	六		3/7	壬子	一		4/8	壬午	四		5/9	癸丑	八	
9	12/7	癸未	二		1/8	甲寅	六	陽5局	2/6	壬午	七		3/8	癸丑	二		4/9	癸未	五		5/10	甲寅	九	陽3局
10	12/8	甲申	三	陽8局	1/9	乙卯	七		2/7	癸未	八		3/9	甲寅	三	陽1局	4/10	甲申	六	陽1局	5/11	乙卯	一	
11	12/9	乙酉	四		1/10	丙辰	八		2/8	甲申	九	陽7局	3/10	乙卯	四		4/11	乙酉	七		5/12	丙辰	二	
12	12/10	丙戌	五		1/11	丁巳	九		2/9	乙酉	一		3/11	丙辰	五		4/12	丙戌	八		5/13	丁巳	三	
13	12/11	丁亥	六		1/12	戊午	一		2/10	丙戌	二		3/12	丁巳	六		4/13	丁亥	九		5/14	戊午	四	
14	12/12	戊子	七		1/13	己未	二	陽2局	2/11	丁亥	三		3/13	戊午	七		4/14	戊子	一		5/15	己未	五	陽9局
15	12/13	己丑	八	陽5局	1/14	庚申	三		2/12	戊子	四		3/14	己未	八	陽7局	4/15	己丑	二	陽7局	5/16	庚申	六	
16	12/14	庚寅	九		1/15	辛酉	四		2/13	己丑	五	陽4局	3/15	庚申	九		4/16	庚寅	三		5/17	辛酉	七	
17	12/15	辛卯	一		1/16	壬戌	五		2/14	庚寅	六		3/16	辛酉	一		4/17	辛卯	四		5/18	壬戌	八	
18	12/16	壬辰	二		1/17	癸亥	六		2/15	辛卯	七		3/17	壬戌	二		4/18	壬辰	五		5/19	癸亥	九	
19	12/17	癸巳	三		1/18	甲子	七	陽9局	2/16	壬辰	八		3/18	癸亥	三		4/19	癸巳	六		5/20	甲子	四	陰9局
20	12/18	甲午	四	陽3局	1/19	乙丑	八		2/17	癸巳	九		3/19	甲子	七	陽5局	4/20	甲午	七	陽5局	5/21	乙丑	五	
21	12/19	乙未	五		1/20	丙寅	九		2/18	甲午	一	陽3局	3/20	乙丑	五		4/21	乙未	八		5/22	丙寅	六	
22	12/20	丙申	六		1/21	丁卯	一		2/19	乙未	二		3/21	丙寅	六		4/22	丙申	九		5/23	丁卯	六	
23	12/21	丁酉	七		1/22	戊辰	二		2/20	丙申	三		3/22	丁卯	七		4/23	丁酉	一		5/24	戊辰	五	
24	12/22	戊戌	八		1/23	己巳	三	陽6局	2/21	丁酉	四		3/23	戊辰	八		4/24	戊戌	二		5/25	己巳	四	陰3局
25	12/23	己亥	九	陽9局	1/24	庚午	四		2/22	戊戌	五		3/24	己巳	九	陽2局	4/25	己亥	三	陽2局	5/26	庚午	三	
26	12/24	庚子	一		1/25	辛未	五		2/23	己亥	六	陽9局	3/25	庚午	一		4/26	庚子	四		5/27	辛未	二	
27	12/25	辛丑	二		1/26	壬申	六		2/24	庚子	七		3/26	辛未	二		4/27	辛丑	五		5/28	壬申	一	
28	12/26	壬寅	三		1/27	癸酉	七		2/25	辛丑	八		3/27	壬申	三		4/28	壬寅	六		5/29	癸酉	九	
29	12/27	癸卯	四						2/26	壬寅	九		3/28	癸酉	四		4/29	癸卯	七		6/1	甲戌	八	6
30	12/28	甲辰	五	6					2/27	癸卯	一		3/29	甲戌	五	8	4/30	甲辰	八	8	6/2	乙亥	七	
31	12/29	乙巳	六						2/28	甲辰	二	6					5/1	乙巳	九					

1945年 乙酉(年)／戊子(月)

月	12月				11月				10月				9月				8月				7月			
月干支	庚子				己亥				戊戌				丁酉				丙申				乙未			
紫白	四緑				五黄				六白				七赤				八白				九紫			
節気	22	8	日紫白	奇門遁甲局数	23	8	日紫白	奇門遁甲局数	24	9	日紫白	奇門遁甲局数	24	8	日紫白	奇門遁甲局数	24	8	日紫白	奇門遁甲局数	23	8	日紫白	奇門遁甲局数
	冬至 19時53分	大雪 2時0分			小雪 6時46分	立冬 9時27分			霜降 9時35分	寒露 6時41分			秋分 0時41分	白露 15時27分			処暑 3時26分	立秋 12時52分			大暑 20時37分	小暑 3時11分		
新暦	農暦	日干支			農暦	日干支			農暦	日干支			農暦	日干支			農暦	日干支			農暦	日干支		
1	11/8	己酉	六	陰4局	10/8	己卯	九	陰6局	9/7	戊申	四	4	8/6	戊寅	七	7	7/5	丁未	二	4	6/3	丙子	六	陰6局
2	11/9	庚戌	五		10/9	庚辰	八		9/8	己酉	三	陰6局	8/7	己卯	六	陰9局	7/6	戊申	一		6/4	丁丑	五	
3	11/10	辛亥	四		10/10	辛巳	七		9/9	庚戌	二		8/8	庚辰	五		7/7	己酉	九	陰2局	6/5	戊寅	四	
4	11/11	壬子	三		10/11	壬午	六		9/10	辛亥	一		8/9	辛巳	四		7/8	庚戌	八		6/6	己卯	三	陰8局
5	11/12	癸丑	二		10/12	癸未	五		9/11	壬子	九		8/10	壬午	三		7/9	辛亥	七		6/7	庚辰	二	
6	11/13	甲寅	一	陰7局	10/13	甲申	四	陰9局	9/12	癸丑	八		8/11	癸未	二		7/10	壬子	六		6/8	辛巳	一	
7	11/14	乙卯	九		10/14	乙酉	三		9/13	甲寅	七	陰9局	8/12	甲申	一	陰3局	7/11	癸丑	五		6/9	壬午	九	
8	11/15	丙辰	八		10/15	丙戌	二		9/14	乙卯	六		8/13	乙酉	九		7/12	甲寅	四	陰5局	6/10	癸未	八	
9	11/16	丁巳	七		10/16	丁亥	一		9/15	丙辰	五		8/14	丙戌	八		7/13	乙卯	三		6/11	甲申	七	陰2局
10	11/17	戊午	六		10/17	戊子	九		9/16	丁巳	四		8/15	丁亥	七		7/14	丙辰	二		6/12	乙酉	六	
11	11/18	己未	五	陰1局	10/18	己丑	八	陰3局	9/17	戊午	三		8/16	戊子	六		7/15	丁巳	一		6/13	丙戌	五	
12	11/19	庚申	四		10/19	庚寅	七		9/18	己未	二	陰3局	8/17	己丑	五	陰6局	7/16	戊午	九		6/14	丁亥	四	
13	11/20	辛酉	三		10/20	辛卯	六		9/19	庚申	一		8/18	庚寅	四		7/17	己未	八	陰8局	6/15	戊子	三	
14	11/21	壬戌	二		10/21	壬辰	五		9/20	辛酉	九		8/19	辛卯	三		7/18	庚申	七		6/16	己丑	二	陰5局
15	11/22	癸亥	一		10/22	癸巳	四		9/21	壬戌	八		8/20	壬辰	二		7/19	辛酉	六		6/17	庚寅	一	
16	11/23	甲子	六	陽1局	10/23	甲午	三	陰5局	9/22	癸亥	七		8/21	癸巳	一		7/20	壬戌	五		6/18	辛卯	九	
17	11/24	乙丑	五		10/24	乙未	二		9/23	甲子	三	陰5局	8/22	甲午	九	陰7局	7/21	癸亥	四		6/19	壬辰	八	
18	11/25	丙寅	四		10/25	丙申	一		9/24	乙丑	二		8/23	乙未	八		7/22	甲子	九	陰1局	6/20	癸巳	七	
19	11/26	丁卯	三		10/26	丁酉	九		9/25	丙寅	一		8/24	丙申	七		7/23	乙丑	八		6/21	甲午	六	陰7局
20	11/27	戊辰	二		10/27	戊戌	八		9/26	丁卯	九		8/25	丁酉	六		7/24	丙寅	七		6/22	乙未	五	
21	11/28	己巳	一	陽7局	10/28	己亥	七	陰8局	9/27	戊辰	八		8/26	戊戌	五		7/25	丁卯	六		6/23	丙申	四	
22	11/29	庚午	七		10/29	庚子	六		9/28	己巳	七	陰8局	8/27	己亥	四	陰1局	7/26	戊辰	五		6/24	丁酉	三	
23	12/1	辛未	八		10/30	辛丑	五		9/29	庚午	六		8/28	庚子	三		7/27	己巳	四	陰4局	6/25	戊戌	二	
24	12/2	壬申	九		11/1	壬寅	四		9/30	辛未	八		8/29	辛丑	二		7/28	庚午	六		6/26	己亥	一	陰1局
25	12/3	癸酉	一		11/2	癸卯	三		10/1	壬申	七		9/1	壬寅	一		7/29	辛未	五		6/27	庚子	九	
26	12/4	甲戌	二	陽4局	11/3	甲辰	二	陰2局	10/2	癸酉	六		9/2	癸卯	九		7/30	壬申	四		6/28	辛丑	八	
27	12/5	乙亥	三		11/4	乙巳	一		10/3	甲戌	五	陰2局	9/3	甲辰	八	陰4局	8/1	癸酉	三		6/29	壬寅	七	
28	12/6	丙子	四		11/5	丙午	九		10/4	乙亥	四		9/4	乙巳	七		8/2	甲戌	二	陰7局	7/1	癸卯	六	
29	12/7	丁丑	五		11/6	丁未	八		10/5	丙子	三		9/5	丙午	六		8/3	乙亥	一		7/2	甲辰	五	陰4局
30	12/8	戊寅	六		11/7	戊申	七		10/6	丁丑	二		9/6	丁未	五		8/4	丙子	九		7/3	乙巳	四	
31	12/9	己卯	七	2					10/7	戊寅	一						8/5	丁丑	八		7/4	丙午	三	

一九四七年 丁亥 八白

二元八運…「四運」

三元九運…「五運」

6月				5月				4月				3月				2月				1月				月
丙午				乙巳				甲辰				癸卯				壬寅				辛丑 丙戌(年)				月干支
七赤				八白				九紫				一白				二黒				三碧				紫白
22 夏至 15時19分	6 芒種 22時31分	日紫白	奇門遁甲局数	22 小満 7時9分	6 立夏 18時3分	日紫白	奇門遁甲局数	21 穀雨 7時39分	6 清明 0時20分	日紫白	奇門遁甲局数	21 春分 20時13分	6 啓蟄 19時8分	日紫白	奇門遁甲局数	19 雨水 20時52分	5 立春 0時50分	日紫白	奇門遁甲局数	21 大寒 6時32分	6 小寒 13時6分	日紫白	奇門遁甲局数	節気
農暦	日干支			農暦	日干支			農暦	日干支			農暦	日干支			農暦	日干支			農暦	日干支			新暦
4/13	辛亥	六	陽6局	3/11	庚辰	二	陽4局	閏2/10	庚戌	八	陽4局	2/9	己卯	四	陽1局	1/11	辛亥	三	陽8局	12/10	庚辰	八	陽2局	1
4/14	壬子	七		3/12	辛巳	三		閏2/11	辛亥	九		2/10	庚辰	五		1/12	壬子	四		12/11	辛巳	九		2
4/15	癸丑	八		3/13	壬午	四		閏2/12	壬子	一		2/11	辛巳	六		1/13	癸丑	五		12/12	壬午	一		3
4/16	甲寅	九	陽3局	3/14	癸未	五		閏2/13	癸丑	二		2/12	壬午	七		1/14	甲寅	六	陽5局	12/13	癸未	二		4
4/17	乙卯	一		3/15	甲申	六	陽1局	閏2/14	甲寅	三	陽1局	2/13	癸未	八		1/15	乙卯	七		12/14	甲申	三	陽8局	5
4/18	丙辰	二		3/16	乙酉	七		閏2/15	乙卯	四		2/14	甲申	九	陽7局	1/16	丙辰	八		12/15	乙酉	四		6
4/19	丁巳	三		3/17	丙戌	八		閏2/16	丙辰	五		2/15	乙酉	一		1/17	丁巳	九		12/16	丙戌	五		7
4/20	戊午	四		3/18	丁亥	九		閏2/17	丁巳	六		2/16	丙戌	二		1/18	戊午	一		12/17	丁亥	六		8
4/21	己未	五	陽9局	3/19	戊子	一		閏2/18	戊午	七		2/17	丁亥	三		1/19	己未	二	陽2局	12/18	戊子	七		9
4/22	庚申	六		3/20	己丑	二	陽7局	閏2/19	己未	八	陽7局	2/18	戊子	四		1/20	庚申	三		12/19	己丑	八	陽5局	10
4/23	辛酉	七		3/21	庚寅	三		閏2/20	庚申	九		2/19	己丑	五	陽4局	1/21	辛酉	四		12/20	庚寅	九		11
4/24	壬戌	八		3/22	辛卯	四		閏2/21	辛酉	一		2/20	庚寅	六		1/22	壬戌	五		12/21	辛卯	一		12
4/25	癸亥	九		3/23	壬辰	五		閏2/22	壬戌	二		2/21	辛卯	七		1/23	癸亥	六		12/22	壬辰	二		13
4/26	甲子	四	陰9局	3/24	癸巳	六		閏2/23	癸亥	三		2/22	壬辰	八		1/24	甲子	一	陽9局	12/23	癸巳	三		14
4/27	乙丑	五		3/25	甲午	七	陽5局	閏2/24	甲子	七	陽5局	2/23	癸巳	九		1/25	乙丑	二		12/24	甲午	四	陽3局	15
4/28	丙寅	六		3/26	乙未	八		閏2/25	乙丑	八		2/24	甲午	一	陽3局	1/26	丙寅	三		12/25	乙未	五		16
4/29	丁卯	七		3/27	丙申	九		閏2/26	丙寅	九		2/25	乙未	二		1/27	丁卯	四		12/26	丙申	六		17
4/30	戊辰	八		3/28	丁酉	一		閏2/27	丁卯	一		2/26	丙申	三		1/28	戊辰	五		12/27	丁酉	七		18
5/1	己巳	九	陰3局	3/29	戊戌	二		閏2/28	戊辰	二		2/27	丁酉	四		1/29	己巳	三	陽6局	12/28	戊戌	八		19
5/2	庚午	一		4/1	己亥	三	陽2局	閏2/29	己巳	三	陽2局	2/28	戊戌	五		1/30	庚午	四		12/29	己亥	九	陽9局	20
5/3	辛未	二		4/2	庚子	四		3/1	庚午	一		2/29	己亥	六	陽9局	2/1	辛未	五		12/30	庚子	一		21
5/4	壬申	一		4/3	辛丑	五		3/2	辛未	二		2/30	庚子	七		2/2	壬申	六		1/1	辛丑	二		22
5/5	癸酉	九		4/4	壬寅	六		3/3	壬申	三		閏2/1	辛丑	八		2/3	癸酉	七		1/2	壬寅	三		23
5/6	甲戌	八	陰6局	4/5	癸卯	七		3/4	癸酉	四		閏2/2	壬寅	九		2/4	甲戌	八	陽3局	1/3	癸卯	四		24
5/7	乙亥	七		4/6	甲辰	八	陽8局	3/5	甲戌	五	陽8局	閏2/3	癸卯	一		2/5	乙亥	九		1/4	甲辰	五	陽6局	25
5/8	丙子	六		4/7	乙巳	九		3/6	乙亥	六		閏2/4	甲辰	二	陽6局	2/6	丙子	一		1/5	乙巳	六		26
5/9	丁丑	五		4/8	丙午	一		3/7	丙子	七		閏2/5	乙巳	三		2/7	丁丑	二		1/6	丙午	七		27
5/10	戊寅	四		4/9	丁未	二		3/8	丁丑	八		閏2/6	丙午	四		2/8	戊寅	三		1/7	丁未	八		28
5/11	己卯	三	8	4/10	戊申	三		3/9	戊寅	九		閏2/7	丁未	五						1/8	戊申	九		29
5/12	庚辰	二		4/11	己酉	四	6	3/10	己卯	一	4	閏2/8	戊申	六						1/9	己酉	一	8	30
				4/12	庚戌	五						閏2/9	己酉	七	4					1/10	庚戌	二		31

1946年 丙戌(年)／庚子(月)

月	12月				11月			
月干支	壬子				辛亥			
紫白	一白				二黒			
節気	23 1時43分 冬至	8 7時56分 大雪	日紫白	奇門遁甲局数	23 12時38分 小雪	8 15時24分 立冬	日紫白	奇門遁甲局数
新暦	農暦	日干支			農暦	日干支		
1	10/19	甲寅	一	陰7局	9/19	甲申	四	陰9局
2	10/20	乙卯	九		9/20	乙酉	三	
3	10/21	丙辰	八		9/21	丙戌	二	
4	10/22	丁巳	七		9/22	丁亥	一	
5	10/23	戊午	六		9/23	戊子	九	
6	10/24	己未	五	陰1局	9/24	己丑	八	陰3局
7	10/25	庚申	四		9/25	庚寅	七	
8	10/26	辛酉	三		9/26	辛卯	六	
9	10/27	壬戌	二		9/27	壬辰	五	
10	10/28	癸亥	一		9/28	癸巳	四	
11	10/29	甲子	六	陰4局・閏	9/29	甲午	三	陰5局
12	11/1	乙丑	五		9/30	乙未	二	
13	11/2	丙寅	四		10/1	丙申	一	
14	11/3	丁卯	三		10/2	丁酉	九	
15	11/4	戊辰	二		10/3	戊戌	八	
16	11/5	己巳	一	陰7局・閏	10/4	己亥	七	陰8局
17	11/6	庚午	九		10/5	庚子	六	
18	11/7	辛未	八		10/6	辛丑	五	
19	11/8	壬申	七		10/7	壬寅	四	
20	11/9	癸酉	六		10/8	癸卯	三	
21	11/10	甲戌	五	陰1局・閏	10/9	甲辰	二	陰2局
22	11/11	乙亥	四		10/10	乙巳	一	
23	11/12	丙子	四		10/11	丙午	九	
24	11/13	丁丑	五		10/12	丁未	八	
25	11/14	戊寅	六		10/13	戊申	七	
26	11/15	己卯	七	陽1局	10/14	己酉	六	陰4局
27	11/16	庚辰	八		10/15	庚戌	五	
28	11/17	辛巳	九		10/16	辛亥	四	
29	11/18	壬午	一		10/17	壬子	三	
30	11/19	癸未	二		10/18	癸丑	二	
31	11/20	甲申	三	7				

月	10月				9月			
月干支	庚戌				己酉			
紫白	三碧				四緑			
節気	24 15時26分 霜降	9 12時37分 寒露	日紫白	奇門遁甲局数	24 6時29分 秋分	8 21時21分 白露	日紫白	奇門遁甲局数
新暦	農暦	日干支			農暦	日干支		
1	8/17	癸丑	八	6	7/17	癸未	二	9
2	8/18	甲寅	七	陰9局	7/18	甲申	一	陰3局
3	8/19	乙卯	六		7/19	乙酉	九	
4	8/20	丙辰	五		7/20	丙戌	八	
5	8/21	丁巳	四		7/21	丁亥	七	
6	8/22	戊午	三		7/22	戊子	六	
7	8/23	己未	二	陰3局	7/23	己丑	五	陰6局
8	8/24	庚申	一		7/24	庚寅	四	
9	8/25	辛酉	九		7/25	辛卯	三	
10	8/26	壬戌	八		7/26	壬辰	二	
11	8/27	癸亥	七		7/27	癸巳	一	
12	8/28	甲子	三	陰5局	7/28	甲午	九	陰7局
13	8/29	乙丑	二		7/29	乙未	八	
14	9/1	丙寅	一		7/30	丙申	七	
15	9/2	丁卯	九		8/1	丁酉	六	
16	9/3	戊辰	八		8/2	戊戌	五	
17	9/4	己巳	七	陰8局	8/3	己亥	四	陰1局
18	9/5	庚午	六		8/4	庚子	三	
19	9/6	辛未	五		8/5	辛丑	二	
20	9/7	壬申	四		8/6	壬寅	一	
21	9/8	癸酉	三		8/7	癸卯	九	
22	9/9	甲戌	二	陰2局	8/8	甲辰	八	陰4局
23	9/10	乙亥	一		8/9	乙巳	七	
24	9/11	丙子	三		8/10	丙午	六	
25	9/12	丁丑	二		8/11	丁未	五	
26	9/13	戊寅	一		8/12	戊申	四	
27	9/14	己卯	九	陰6局	8/13	己酉	三	陰6局
28	9/15	庚辰	八		8/14	庚戌	二	
29	9/16	辛巳	七		8/15	辛亥	一	
30	9/17	壬午	六		8/16	壬子	九	
31	9/18	癸未	五					

月	8月				7月			
月干支	戊申				丁未			
紫白	五黄				六白			
節気	24 9時9分 処暑	8 18時41分 立秋	日紫白	奇門遁甲局数	24 2時14分 大暑	8 8時56分 小暑	日紫白	奇門遁甲局数
新暦	農暦	日干支			農暦	日干支		
1	6/15	壬子	六	2	5/13	辛巳	一	陰8局
2	6/16	癸丑	五		5/14	壬午	九	
3	6/17	甲寅	四	陰5局	5/15	癸未	八	
4	6/18	乙卯	三		5/16	甲申	七	陰2局
5	6/19	丙辰	二		5/17	乙酉	六	
6	6/20	丁巳	一		5/18	丙戌	五	
7	6/21	戊午	九		5/19	丁亥	四	
8	6/22	己未	八	陰8局	5/20	戊子	三	
9	6/23	庚申	七		5/21	己丑	二	陰5局
10	6/24	辛酉	六		5/22	庚寅	一	
11	6/25	壬戌	五		5/23	辛卯	九	
12	6/26	癸亥	四		5/24	壬辰	八	
13	6/27	甲子	九	陰1局	5/25	癸巳	七	
14	6/28	乙丑	八		5/26	甲午	六	陰7局
15	6/29	丙寅	七		5/27	乙未	五	
16	7/1	丁卯	六		5/28	丙申	四	
17	7/2	戊辰	五		5/29	丁酉	三	
18	7/3	己巳	四	陰4局	6/1	戊戌	二	
19	7/4	庚午	三		6/2	己亥	一	陰1局
20	7/5	辛未	二		6/3	庚子	九	
21	7/6	壬申	一		6/4	辛丑	八	
22	7/7	癸酉	九		6/5	壬寅	七	
23	7/8	甲戌	八	陰7局	6/6	癸卯	六	
24	7/9	乙亥	一		6/7	甲辰	五	陰4局
25	7/10	丙子	九		6/8	乙巳	四	
26	7/11	丁丑	八		6/9	丙午	三	
27	7/12	戊寅	七		6/10	丁未	二	
28	7/13	己卯	六	陰9局	6/11	戊申	一	
29	7/14	庚辰	五		6/12	己酉	九	陰2局
30	7/15	辛巳	四		6/13	庚戌	八	
31	7/16	壬午	三		6/14	辛亥	七	

一九四八年 戊子 七赤

二元八運…「四運」

三元九運…「五運」

1月 癸丑 丁亥(年) 九紫

節気：6 小寒 19時0分／21 大寒 12時18分

新暦	農暦	日干支	日紫白	奇門遁甲局数
1	11/21	乙酉	四	陽7局
2	11/22	丙戌	五	
3	11/23	丁亥	六	
4	11/24	戊子	七	
5	11/25	己丑	八	陽4局
6	11/26	庚寅	九	
7	11/27	辛卯	一	
8	11/28	壬辰	二	
9	11/29	癸巳	三	
10	11/30	甲午	四	陽2局
11	12/1	乙未	五	
12	12/2	丙申	六	
13	12/3	丁酉	七	
14	12/4	戊戌	八	
15	12/5	己亥	九	陽8局
16	12/6	庚子	一	
17	12/7	辛丑	二	
18	12/8	壬寅	三	
19	12/9	癸卯	四	
20	12/10	甲辰	五	陽5局
21	12/11	乙巳	六	
22	12/12	丙午	七	
23	12/13	丁未	八	
24	12/14	戊申	九	
25	12/15	己酉	一	陽3局
26	12/16	庚戌	二	
27	12/17	辛亥	三	
28	12/18	壬子	四	
29	12/19	癸丑	五	
30	12/20	甲寅	六	9
31	12/21	乙卯	七	

2月 甲寅 八白

節気：5 立春 6時42分／20 雨水 2時37分

新暦	農暦	日干支	日紫白	奇門遁甲局数
1	12/22	丙辰	八	陽9局
2	12/23	丁巳	九	
3	12/24	戊午	一	
4	12/25	己未	二	陽6局
5	12/26	庚申	三	
6	12/27	辛酉	四	
7	12/28	壬戌	五	
8	12/29	癸亥	六	
9	12/30	甲子	一	陽8局
10	1/1	乙丑	二	
11	1/2	丙寅	三	
12	1/3	丁卯	四	
13	1/4	戊辰	五	
14	1/5	己巳	六	陽5局
15	1/6	庚午	七	
16	1/7	辛未	八	
17	1/8	壬申	九	
18	1/9	癸酉	一	
19	1/10	甲戌	二	陽2局
20	1/11	乙亥	九	
21	1/12	丙子	一	
22	1/13	丁丑	二	
23	1/14	戊寅	三	
24	1/15	己卯	四	陽9局
25	1/16	庚辰	五	
26	1/17	辛巳	六	
27	1/18	壬午	七	
28	1/19	癸未	八	
29	1/20	甲申	九	6
30				
31				

3月 乙卯 七赤

節気：6 啓蟄 0時58分／21 春分 1時57分

新暦	農暦	日干支	日紫白	奇門遁甲局数
1	1/21	乙酉	一	陽6局
2	1/22	丙戌	二	
3	1/23	丁亥	三	
4	1/24	戊子	四	
5	1/25	己丑	五	陽3局
6	1/26	庚寅	六	
7	1/27	辛卯	七	
8	1/28	壬辰	八	
9	1/29	癸巳	九	
10	1/30	甲午	一	陽1局
11	2/1	乙未	二	
12	2/2	丙申	三	
13	2/3	丁酉	四	
14	2/4	戊戌	五	
15	2/5	己亥	六	陽7局
16	2/6	庚子	七	
17	2/7	辛丑	八	
18	2/8	壬寅	九	
19	2/9	癸卯	一	
20	2/10	甲辰	二	陽4局
21	2/11	乙巳	三	
22	2/12	丙午	四	
23	2/13	丁未	五	
24	2/14	戊申	六	
25	2/15	己酉	七	陽3局
26	2/16	庚戌	八	
27	2/17	辛亥	九	
28	2/18	壬子	一	
29	2/19	癸丑	二	
30	2/20	甲寅	三	9
31	2/21	乙卯	四	

4月 丙辰 六白

節気：5 清明 6時9分／20 穀雨 13時25分

新暦	農暦	日干支	日紫白	奇門遁甲局数
1	2/22	丙辰	五	陽9局
2	2/23	丁巳	六	
3	2/24	戊午	七	
4	2/25	己未	八	陽6局
5	2/26	庚申	九	
6	2/27	辛酉	一	
7	2/28	壬戌	二	
8	2/29	癸亥	三	
9	3/1	甲子	七	陽4局
10	3/2	乙丑	八	
11	3/3	丙寅	九	
12	3/4	丁卯	一	
13	3/5	戊辰	二	
14	3/6	己巳	三	陽1局
15	3/7	庚午	四	
16	3/8	辛未	五	
17	3/9	壬申	六	
18	3/10	癸酉	七	
19	3/11	甲戌	八	陽7局
20	3/12	乙亥	六	
21	3/13	丙子	七	
22	3/14	丁丑	八	
23	3/15	戊寅	九	
24	3/16	己卯	一	陽5局
25	3/17	庚辰	二	
26	3/18	辛巳	三	
27	3/19	壬午	四	
28	3/20	癸未	五	
29	3/21	甲申	六	2
30	3/22	乙酉	七	
31				

5月 丁巳 五黄

節気：5 立夏 23時52分／21 小満 12時58分

新暦	農暦	日干支	日紫白	奇門遁甲局数
1	3/23	丙戌	八	陽2局
2	3/24	丁亥	九	
3	3/25	戊子	一	
4	3/26	己丑	二	陽8局
5	3/27	庚寅	三	
6	3/28	辛卯	四	
7	3/29	壬辰	五	
8	3/30	癸巳	六	
9	4/1	甲午	七	陽4局
10	4/2	乙未	八	
11	4/3	丙申	九	
12	4/4	丁酉	一	
13	4/5	戊戌	二	
14	4/6	己亥	三	陽1局
15	4/7	庚子	四	
16	4/8	辛丑	五	
17	4/9	壬寅	六	
18	4/10	癸卯	七	
19	4/11	甲辰	八	陽7局
20	4/12	乙巳	九	
21	4/13	丙午	一	
22	4/14	丁未	二	
23	4/15	戊申	三	
24	4/16	己酉	四	陽5局
25	4/17	庚戌	五	
26	4/18	辛亥	六	
27	4/19	壬子	七	
28	4/20	癸丑	八	
29	4/21	甲寅	九	陽2局
30	4/22	乙卯	一	
31	4/23	丙辰	二	

6月 戊午 四緑

節気：6 芒種 4時20分／21 夏至 21時11分

新暦	農暦	日干支	日紫白	奇門遁甲局数
1	4/24	丁巳	三	2
2	4/25	戊午	四	
3	4/26	己未	五	陽8局
4	4/27	庚申	六	
5	4/28	辛酉	七	
6	4/29	壬戌	八	
7	5/1	癸亥	九	
8	5/2	甲子	四	陽6局
9	5/3	乙丑	五	
10	5/4	丙寅	六	
11	5/5	丁卯	七	
12	5/6	戊辰	八	
13	5/7	己巳	九	陽3局
14	5/8	庚午	一	
15	5/9	辛未	二	
16	5/10	壬申	三	
17	5/11	癸酉	四	
18	5/12	甲戌	五	陽9局
19	5/13	乙亥	六	
20	5/14	丙子	七	
21	5/15	丁丑	五	
22	5/16	戊寅	四	
23	5/17	己卯	三	陰9局
24	5/18	庚辰	二	
25	5/19	辛巳	一	
26	5/20	壬午	九	
27	5/21	癸未	八	
28	5/22	甲申	七	陰3局
29	5/23	乙酉	六	
30	5/24	丙戌	五	
31				

1947年 丁亥(年)／壬子(月)

月	12月				11月				10月				9月				8月				7月			
月干支	甲子				癸亥				壬戌				辛酉				庚申				己未			
紫白	七赤				八白				九紫				一白				二黒				三碧			
節気	22 冬至 7時33分	7 大雪 13時38分	日紫白	奇門遁甲局数	22 小雪 18時29分	7 立冬 21時7分	日紫白	奇門遁甲局数	23 霜降 21時18分	8 寒露 18時20分	日紫白	奇門遁甲局数	23 秋分 12時22分	8 白露 3時5分	日紫白	奇門遁甲局数	23 処暑 15時3分	8 立秋 0時26分	日紫白	奇門遁甲局数	23 大暑 8時8分	7 小暑 14時44分	日紫白	奇門遁甲局数
新暦	農暦	日干支			農暦	日干支			農暦	日干支			農暦	日干支			農暦	日干支			農暦	日干支		
1	11/1	庚申	四		10/1	庚寅	七		8/29	己未	二		7/28	己丑	五		6/26	戊午	九	1	5/25	丁亥	四	3
2	11/2	辛酉	三	陰2局	10/2	辛卯	六	陰2局	8/30	庚申	一	陰4局	7/29	庚寅	四	陰7局	6/27	己未	八		5/26	戊子	三	
3	11/3	壬戌	二		10/3	壬辰	五		9/1	辛酉	九		8/1	辛卯	三		6/28	庚申	七	陰4局	5/27	己丑	二	
4	11/4	癸亥	一		10/4	癸巳	四		9/2	壬戌	八		8/2	壬辰	二		6/29	辛酉	六		5/28	庚寅	一	陰6局
5	11/5	甲子	六		10/5	甲午	三		9/3	癸亥	七		8/3	癸巳	一		7/1	壬戌	五		5/29	辛卯	九	
6	11/6	乙丑	五	陰4局	10/6	乙未	二	陰6局	9/4	甲子	三		8/4	甲午	九		7/2	癸亥	四		5/30	壬辰	八	
7	11/7	丙寅	四		10/7	丙申	一		9/5	乙丑	二	陰6局	8/5	乙未	八	陰9局	7/3	甲子	九		6/1	癸巳	七	
8	11/8	丁卯	三		10/8	丁酉	九		9/6	丙寅	一		8/6	丙申	七		7/4	乙丑	八	陰2局	6/2	甲午	六	
9	11/9	戊辰	二		10/9	戊戌	八		9/7	丁卯	九		8/7	丁酉	六		7/5	丙寅	七		6/3	乙未	五	陰8局
10	11/10	己巳	一		10/10	己亥	七		9/8	戊辰	八		8/8	戊戌	五		7/6	丁卯	六		6/4	丙申	四	
11	11/11	庚午	九	陰7局	10/11	庚子	六	陰9局	9/9	己巳	七		8/9	己亥	四		7/7	戊辰	五		6/5	丁酉	三	
12	11/12	辛未	八		10/12	辛丑	五		9/10	庚午	六	陰9局	8/10	庚子	三	陰3局	7/8	己巳	四		6/6	戊戌	二	
13	11/13	壬申	七		10/13	壬寅	四		9/11	辛未	五		8/11	辛丑	二		7/9	庚午	三	陰5局	6/7	己亥	一	
14	11/14	癸酉	六		10/14	癸卯	三		9/12	壬申	四		8/12	壬寅	一		7/10	辛未	二		6/8	庚子	九	陰2局
15	11/15	甲戌	五		10/15	甲辰	二		9/13	癸酉	三		8/13	癸卯	九		7/11	壬申	一		6/9	辛丑	八	
16	11/16	乙亥	四	陰1局	10/16	乙巳	一	陰3局	9/14	甲戌	二		8/14	甲辰	八		7/12	癸酉	九		6/10	壬寅	七	
17	11/17	丙子	三		10/17	丙午	九		9/15	乙亥	一	陰3局	8/15	乙巳	七	陰6局	7/13	甲戌	八		6/11	癸卯	六	
18	11/18	丁丑	二		10/18	丁未	八		9/16	丙子	九		8/16	丙午	六		7/14	乙亥	七	陰8局	6/12	甲辰	五	
19	11/19	戊寅	一		10/19	戊申	七		9/17	丁丑	八		8/17	丁未	五		7/15	丙子	六		6/13	乙巳	四	陰5局
20	11/20	己卯	九		10/20	己酉	六		9/18	戊寅	七		8/18	戊申	四		7/16	丁丑	五		6/14	丙午	三	
21	11/21	庚辰	八	陽1局	10/21	庚戌	五	陰5局	9/19	己卯	六		8/19	己酉	三		7/17	戊寅	四		6/15	丁未	二	
22	11/22	辛巳	九		10/22	辛亥	四		9/20	庚辰	五	陰5局	8/20	庚戌	二	陰7局	7/18	己卯	三		6/16	戊申	一	
23	11/23	壬午	一		10/23	壬子	三		9/21	辛巳	七		8/21	辛亥	一		7/19	庚辰	五	陰1局	6/17	己酉	九	
24	11/24	癸未	二		10/24	癸丑	二		9/22	壬午	六		8/22	壬子	九		7/20	辛巳	四		6/18	庚戌	八	陰7局
25	11/25	甲申	三		10/25	甲寅	一		9/23	癸未	五		8/23	癸丑	八		7/21	壬午	三		6/19	辛亥	七	
26	11/26	乙酉	四	陽7局	10/26	乙卯	九	陰8局	9/24	甲申	四		8/24	甲寅	七		7/22	癸未	二		6/20	壬子	六	
27	11/27	丙戌	五		10/27	丙辰	八		9/25	乙酉	三	陰8局	8/25	乙卯	六	陰1局	7/23	甲申	一		6/21	癸丑	五	
28	11/28	丁亥	六		10/28	丁巳	七		9/26	丙戌	二		8/26	丙辰	五		7/24	乙酉	九	陰4局	6/22	甲寅	四	
29	11/29	戊子	七		10/29	戊午	六		9/27	丁亥	一		8/27	丁巳	四		7/25	丙戌	八		6/23	乙卯	三	陰1局
30	12/1	己丑	八	4	10/30	己未	五	2	9/28	戊子	九		8/28	戊午	三		7/26	丁亥	七		6/24	丙辰	二	
31	12/2	庚寅	九						9/29	己丑	八	2					7/27	戊子	六		6/25	丁巳	一	

一九四九年 己丑 六白

二元八運…「四運」　三元九運…「五運」

月	1月				2月			
月干支	乙丑 戊子(年)				丙寅			
紫白	六白				五黄			
節気	20 大寒 18時9分	6 小寒 0時41分	日紫白	奇門遁甲局数	19 雨水 8時27分	4 立春 12時23分	日紫白	奇門遁甲局数
新暦	農暦	日干支			農暦	日干支		
1	12/3	辛卯	一	陽4局	1/4	壬戌	五	6
2	12/4	壬辰	二		1/5	癸亥	六	
3	12/5	癸巳	三		1/6	甲子	一	陽8局
4	12/6	甲午	四	陽2局	1/7	乙丑	二	
5	12/7	乙未	五		1/8	丙寅	三	
6	12/8	丙申	六		1/9	丁卯	四	
7	12/9	丁酉	七		1/10	戊辰	五	
8	12/10	戊戌	八		1/11	己巳	六	陽5局
9	12/11	己亥	九	陽8局	1/12	庚午	七	
10	12/12	庚子	一		1/13	辛未	八	
11	12/13	辛丑	二		1/14	壬申	九	
12	12/14	壬寅	三		1/15	癸酉	一	
13	12/15	癸卯	四		1/16	甲戌	二	陽2局
14	12/16	甲辰	五	陽5局	1/17	乙亥	三	
15	12/17	乙巳	六		1/18	丙子	四	
16	12/18	丙午	七		1/19	丁丑	五	
17	12/19	丁未	八		1/20	戊寅	六	
18	12/20	戊申	九		1/21	己卯	七	陽9局
19	12/21	己酉	一	陽3局	1/22	庚辰	五	
20	12/22	庚戌	二		1/23	辛巳	六	
21	12/23	辛亥	三		1/24	壬午	七	
22	12/24	壬子	四		1/25	癸未	八	
23	12/25	癸丑	五		1/26	甲申	九	陽6局
24	12/26	甲寅	六	陽9局	1/27	乙酉	一	
25	12/27	乙卯	七		1/28	丙戌	二	
26	12/28	丙辰	八		1/29	丁亥	三	
27	12/29	丁巳	九		1/30	戊子	四	
28	12/30	戊午	一		2/1	己丑	五	3
29	1/1	己未	二	陽6局				
30	1/2	庚申	三					
31	1/3	辛酉	四					

月	3月				4月			
月干支	丁卯				戊辰			
紫白	四緑				三碧			
節気	21 春分 7時48分	6 啓蟄 6時39分	日紫白	奇門遁甲局数	20 穀雨 19時17分	5 清明 11時52分	日紫白	奇門遁甲局数
新暦	農暦	日干支			農暦	日干支		
1	2/2	庚寅	六	陽3局	3/4	辛酉	一	陽6局
2	2/3	辛卯	七		3/5	壬戌	二	
3	2/4	壬辰	八		3/6	癸亥	三	
4	2/5	癸巳	九		3/7	甲子	七	陽4局
5	2/6	甲午	一	陽1局	3/8	乙丑	八	
6	2/7	乙未	二		3/9	丙寅	九	
7	2/8	丙申	三		3/10	丁卯	一	
8	2/9	丁酉	四		3/11	戊辰	二	
9	2/10	戊戌	五		3/12	己巳	三	陽1局
10	2/11	己亥	六	陽7局	3/13	庚午	四	
11	2/12	庚子	七		3/14	辛未	五	
12	2/13	辛丑	八		3/15	壬申	六	
13	2/14	壬寅	九		3/16	癸酉	七	
14	2/15	癸卯	一		3/17	甲戌	八	陽7局
15	2/16	甲辰	二	陽4局	3/18	乙亥	九	
16	2/17	乙巳	三		3/19	丙子	一	
17	2/18	丙午	四		3/20	丁丑	二	
18	2/19	丁未	五		3/21	戊寅	三	
19	2/20	戊申	六		3/22	己卯	四	陽5局
20	2/21	己酉	七	陽3局	3/23	庚辰	二	
21	2/22	庚戌	八		3/24	辛巳	三	
22	2/23	辛亥	九		3/25	壬午	四	
23	2/24	壬子	一		3/26	癸未	五	
24	2/25	癸丑	二		3/27	甲申	六	陽2局
25	2/26	甲寅	三	陽9局	3/28	乙酉	七	
26	2/27	乙卯	四		3/29	丙戌	八	
27	2/28	丙辰	五		3/30	丁亥	九	
28	2/29	丁巳	六		4/1	戊子	一	
29	3/1	戊午	七		4/2	己丑	二	8
30	3/2	己未	八	6	4/3	庚寅	三	
31	3/3	庚申	九					

月	5月				6月			
月干支	己巳				庚午			
紫白	二黒				一白			
節気	21 小満 18時51分	6 立夏 5時37分	日紫白	奇門遁甲局数	22 夏至 3時3分	6 芒種 10時7分	日紫白	奇門遁甲局数
新暦	農暦	日干支			農暦	日干支		
1	4/4	辛卯	四	陽8局	5/5	壬戌	八	8
2	4/5	壬辰	五		5/6	癸亥	九	
3	4/6	癸巳	六		5/7	甲子	四	陽6局
4	4/7	甲午	七	陽4局	5/8	乙丑	五	
5	4/8	乙未	八		5/9	丙寅	六	
6	4/9	丙申	九		5/10	丁卯	七	
7	4/10	丁酉	一		5/11	戊辰	八	
8	4/11	戊戌	二		5/12	己巳	九	陽3局
9	4/12	己亥	三	陽1局	5/13	庚午	一	
10	4/13	庚子	四		5/14	辛未	二	
11	4/14	辛丑	五		5/15	壬申	三	
12	4/15	壬寅	六		5/16	癸酉	四	
13	4/16	癸卯	七		5/17	甲戌	五	陽9局
14	4/17	甲辰	八	陽7局	5/18	乙亥	六	
15	4/18	乙巳	九		5/19	丙子	七	
16	4/19	丙午	一		5/20	丁丑	八	
17	4/20	丁未	二		5/21	戊寅	九	
18	4/21	戊申	三		5/22	己卯	一	陰9局
19	4/22	己酉	四	陽5局	5/23	庚辰	二	
20	4/23	庚戌	五		5/24	辛巳	三	
21	4/24	辛亥	六		5/25	壬午	四	
22	4/25	壬子	七		5/26	癸未	八	
23	4/26	癸丑	八		5/27	甲申	七	陰3局
24	4/27	甲寅	九	陽2局	5/28	乙酉	六	
25	4/28	乙卯	一		5/29	丙戌	五	
26	4/29	丙辰	二		6/1	丁亥	四	
27	4/30	丁巳	三		6/2	戊子	三	
28	5/1	戊午	四		6/3	己丑	二	陰6局
29	5/2	己未	五	陽8局	6/4	庚寅	一	
30	5/3	庚申	六		6/5	辛卯	九	
31	5/4	辛酉	七					

1948年 戊子(年)／甲子(月)

月	12月				11月				10月				9月				8月				7月			
月干支	丙子				乙亥				甲戌				癸酉				壬申				辛未			
紫白	四緑				五黄				六白				七赤				八白				九紫			
節気	22	7	日紫白	奇門遁甲局数	23	8	日紫白	奇門遁甲局数	24	9	日紫白	奇門遁甲局数	23	8	日紫白	奇門遁甲局数	23	8	日紫白	奇門遁甲局数	23	7	日紫白	奇門遁甲局数
	冬至 13時23分	大雪 19時33分			小雪 0時16分	立冬 3時0分			霜降 3時3分	寒露 0時11分			秋分 18時6分	白露 8時54分			処暑 20時48分	立秋 6時15分			大暑 13時57分	小暑 20時32分		
新暦	農暦	日干支			農暦	日干支			農暦	日干支			農暦	日干支			農暦	日干支			農暦	日干支		
1	10/12	乙丑	五	陰4局	9/11	乙未	二	陰6局	8/10	甲子	三	陰6局	閏7/9	甲午	九	陰9局	7/7	癸亥	四	4	6/6	壬辰	八	6
2	10/13	丙寅	四		9/12	丙申	一		8/11	乙丑	二		閏7/10	乙未	八		7/8	甲子	九	陰2局	6/7	癸巳	七	
3	10/14	丁卯	三		9/13	丁酉	九		8/12	丙寅	一		閏7/11	丙申	七		7/9	乙丑	八		6/8	甲午	六	陰8局
4	10/15	戊辰	二		9/14	戊戌	八		8/13	丁卯	九		閏7/12	丁酉	六		7/10	丙寅	七		6/9	乙未	五	
5	10/16	己巳	一	陰7局	9/15	己亥	七	陰9局	8/14	戊辰	八		閏7/13	戊戌	五		7/11	丁卯	六		6/10	丙申	四	
6	10/17	庚午	九		9/16	庚子	六		8/15	己巳	七	陰9局	閏7/14	己亥	四	陰3局	7/12	戊辰	五		6/11	丁酉	三	
7	10/18	辛未	八		9/17	辛丑	五		8/16	庚午	六		閏7/15	庚子	三		7/13	己巳	四	陰5局	6/12	戊戌	二	
8	10/19	壬申	七		9/18	壬寅	四		8/17	辛未	五		閏7/16	辛丑	二		7/14	庚午	三		6/13	己亥	一	陰2局
9	10/20	癸酉	六		9/19	癸卯	三		8/18	壬申	四		閏7/17	壬寅	一		7/15	辛未	二		6/14	庚子	九	
10	10/21	甲戌	五	陰1局	9/20	甲辰	二	陰3局	8/19	癸酉	三		閏7/18	癸卯	九		7/16	壬申	一		6/15	辛丑	八	
11	10/22	乙亥	四		9/21	乙巳	一		8/20	甲戌	二	陰3局	閏7/19	甲辰	八	陰6局	7/17	癸酉	九		6/16	壬寅	七	
12	10/23	丙子	三		9/22	丙午	九		8/21	乙亥	一		閏7/20	乙巳	七		7/18	甲戌	八	陰8局	6/17	癸卯	六	
13	10/24	丁丑	二		9/23	丁未	八		8/22	丙子	九		閏7/21	丙午	六		7/19	乙亥	七		6/18	甲辰	五	陰5局
14	10/25	戊寅	一		9/24	戊申	七		8/23	丁丑	八		閏7/22	丁未	五		7/20	丙子	六		6/19	乙巳	四	
15	10/26	己卯	九	陽1局	9/25	己酉	六	陰5局	8/24	戊寅	七		閏7/23	戊申	四		7/21	丁丑	五		6/20	丙午	三	
16	10/27	庚辰	八		9/26	庚戌	五		8/25	己卯	六	陰5局	閏7/24	己酉	三	陰7局	7/22	戊寅	四		6/21	丁未	二	
17	10/28	辛巳	七		9/27	辛亥	四		8/26	庚辰	五		閏7/25	庚戌	二		7/23	己卯	三	陰1局	6/22	戊申	一	
18	10/29	壬午	六		9/28	壬子	三		8/27	辛巳	四		閏7/26	辛亥	一		7/24	庚辰	二		6/23	己酉	九	陰7局
19	10/30	癸未	五		9/29	癸丑	二		8/28	壬午	三		閏7/27	壬子	九		7/25	辛巳	一		6/24	庚戌	八	
20	11/1	甲申	四	陽7局	10/1	甲寅	一	陰8局	8/29	癸未	二		閏7/28	癸丑	八		7/26	壬午	九		6/25	辛亥	七	
21	11/2	乙酉	三		10/2	乙卯	九		8/30	甲申	一	陰8局	閏7/29	甲寅	七	陰1局	7/27	癸未	八		6/26	壬子	六	
22	11/3	丙戌	五		10/3	丙辰	八		9/1	乙酉	九		8/1	乙卯	六		7/28	甲申	七	陰4局	6/27	癸丑	五	
23	11/4	丁亥	六		10/4	丁巳	七		9/2	丙戌	八		8/2	丙辰	五		7/29	乙酉	九		6/28	甲寅	四	陰1局
24	11/5	戊子	七		10/5	戊午	六		9/3	丁亥	一		8/3	丁巳	四		閏7/1	丙戌	八		6/29	乙卯	三	
25	11/6	己丑	八	陽4局	10/6	己未	五	陰2局	9/4	戊子	九		8/4	戊午	三		閏7/2	丁亥	七		6/30	丙辰	二	
26	11/7	庚寅	九		10/7	庚申	四		9/5	己丑	八	陰2局	8/5	己未	二	陰4局	閏7/3	戊子	六		7/1	丁巳	一	
27	11/8	辛卯	一		10/8	辛酉	三		9/6	庚寅	七		8/6	庚申	一		閏7/4	己丑	五	陰7局	7/2	戊午	九	
28	11/9	壬辰	二		10/9	壬戌	二		9/7	辛卯	六		8/7	辛酉	九		閏7/5	庚寅	四		7/3	己未	八	陰4局
29	11/10	癸巳	三		10/10	癸亥	一		9/8	壬辰	五		8/8	壬戌	八		閏7/6	辛卯	三		7/4	庚申	七	
30	11/11	甲午	四	2	10/11	甲子	六	4	9/9	癸巳	四		8/9	癸亥	七		閏7/7	壬辰	二		7/5	辛酉	六	
31	11/12	乙未	五						9/10	甲午	三	6					閏7/8	癸巳	一		7/6	壬戌	五	

一九五〇年 庚寅 五黄

二元八運…「四運」　三元九運…「五運」

月	1月				2月				3月				4月				5月				6月			
月干支	丁丑 己丑(年)				戊寅				己卯				庚辰				辛巳				壬午			
紫白	三碧				二黒				一白				九紫				八白				七赤			
節気	6 小寒 6時39分	21 大寒 0時0分	日紫白	奇門遁甲局数	4 立春 18時21分	19 雨水 14時18分	日紫白	奇門遁甲局数	6 啓蟄 12時35分	21 春分 13時35分	日紫白	奇門遁甲局数	5 清明 17時44分	21 穀雨 0時59分	日紫白	奇門遁甲局数	6 立夏 11時25分	22 小満 0時27分	日紫白	奇門遁甲局数	6 芒種 15時51分	22 夏至 8時36分	日紫白	奇門遁甲局数
新暦	農暦	日干支			農暦	日干支			農暦	日干支			農暦	日干支			農暦	日干支			農暦	日干支		
1	11/13	丙申	六	陽2局	12/15	丁卯	四	8	1/13	乙未	二	陽1局	2/15	丙寅	九	陽4局	3/15	丙申	九	陽4局	4/16	丁卯	七	6
2	11/14	丁酉	七		12/16	戊辰	五		1/14	丙申	三		2/16	丁卯	一		3/16	丁酉	一		4/17	戊辰	八	
3	11/15	戊戌	八		12/17	己巳	六	陽5局	1/15	丁酉	四		2/17	戊辰	二		3/17	戊戌	二		4/18	己巳	九	陽3局
4	11/16	己亥	九	陽8局	12/18	庚午	七		1/16	戊戌	五		2/18	己巳	三	陽1局	3/18	己亥	三	陽1局	4/19	庚午	一	
5	11/17	庚子	一		12/19	辛未	八		1/17	己亥	六	陽7局	2/19	庚午	四		3/19	庚子	四		4/20	辛未	二	
6	11/18	辛丑	二		12/20	壬申	九		1/18	庚子	七		2/20	辛未	五		3/20	辛丑	五		4/21	壬申	三	
7	11/19	壬寅	三		12/21	癸酉	一		1/19	辛丑	八		2/21	壬申	六		3/21	壬寅	六		4/22	癸酉	四	
8	11/20	癸卯	四		12/22	甲戌	二	陽2局	1/20	壬寅	九		2/22	癸酉	七		3/22	癸卯	七		4/23	甲戌	五	陽9局
9	11/21	甲辰	五	陽5局	12/23	乙亥	三		1/21	癸卯	一		2/23	甲戌	八	陽7局	3/23	甲辰	八	陽7局	4/24	乙亥	六	
10	11/22	乙巳	六		12/24	丙子	四		1/22	甲辰	二	陽4局	2/24	乙亥	九		3/24	乙巳	九		4/25	丙子	七	
11	11/23	丙午	七		12/25	丁丑	五		1/23	乙巳	三		2/25	丙子	一		3/25	丙午	一		4/26	丁丑	八	
12	11/24	丁未	八		12/26	戊寅	六		1/24	丙午	四		2/26	丁丑	二		3/26	丁未	二		4/27	戊寅	九	
13	11/25	戊申	九		12/27	己卯	七	陽9局	1/25	丁未	五		2/27	戊寅	三		3/27	戊申	三		4/28	己卯	一	陽6局・閏
14	11/26	己酉	一	陽3局	12/28	庚辰	八		1/26	戊申	六		2/28	己卯	四	陽5局	3/28	己酉	四	陽5局	4/29	庚辰	二	
15	11/27	庚戌	二		12/29	辛巳	九		1/27	己酉	七	陽3局	2/29	庚辰	五		3/29	庚戌	五		5/1	辛巳	三	
16	11/28	辛亥	三		12/30	壬午	一		1/28	庚戌	八		2/30	辛巳	六		3/30	辛亥	六		5/2	壬午	四	
17	11/29	壬子	四		1/1	癸未	二		1/29	辛亥	九		3/1	壬午	七		4/1	壬子	七		5/3	癸未	五	
18	12/1	癸丑	五		1/2	甲申	三	陽6局	2/1	壬子	一		3/2	癸未	八		4/2	癸丑	八		5/4	甲申	六	陽3局・閏
19	12/2	甲寅	六	陽9局	1/3	乙酉	一		2/2	癸丑	二		3/3	甲申	九	陽2局	4/3	甲寅	九	陽2局	5/5	乙酉	七	
20	12/3	乙卯	七		1/4	丙戌	二		2/3	甲寅	三	陽9局	3/4	乙酉	一		4/4	乙卯	一		5/6	丙戌	八	
21	12/4	丙辰	八		1/5	丁亥	三		2/4	乙卯	四		3/5	丙戌	八		4/5	丙辰	二		5/7	丁亥	九	
22	12/5	丁巳	九		1/6	戊子	四		2/5	丙辰	五		3/6	丁亥	九		4/6	丁巳	三		5/8	戊子	三	
23	12/6	戊午	一		1/7	己丑	五	陽3局	2/6	丁巳	六		3/7	戊子	一		4/7	戊午	四		5/9	己丑	二	陽9局・閏
24	12/7	己未	二	陽6局	1/8	庚寅	六		2/7	戊午	七		3/8	己丑	二	陽8局	4/8	己未	五	陽8局	5/10	庚寅	一	
25	12/8	庚申	三		1/9	辛卯	七		2/8	己未	八	陽6局	3/9	庚寅	三		4/9	庚申	六		5/11	辛卯	九	
26	12/9	辛酉	四		1/10	壬辰	八		2/9	庚申	九		3/10	辛卯	四		4/10	辛酉	七		5/12	壬辰	八	
27	12/10	壬戌	五		1/11	癸巳	九		2/10	辛酉	一		3/11	壬辰	五		4/11	壬戌	八		5/13	癸巳	七	
28	12/11	癸亥	六		1/12	甲午	一	1	2/11	壬戌	二		3/12	癸巳	六		4/12	癸亥	九		5/14	甲午	六	陰9局
29	12/12	甲子	一	陽8局					2/12	癸亥	三		3/13	甲午	七	4	4/13	甲子	四	陽6局	5/15	乙未	五	
30	12/13	乙丑	二						2/13	甲子	七	4	3/14	乙未	八		4/14	乙丑	五		5/16	丙申	四	
31	12/14	丙寅	三						2/14	乙丑	八						4/15	丙寅	六					

1949年 己丑(年)／丙子(月)

月	12月				11月				10月				9月				8月				7月			
月干支	戊子				丁亥				丙戌				乙酉				甲申				癸未			
紫白	一白				二黒				三碧				四緑				五黄				六白			
節気	22 冬至 19時13分	8 大雪 1時22分			23 小雪 6時2分	8 立冬 8時44分			24 霜降 8時45分	9 寒露 5時52分			23 秋分 23時44分	8 白露 14時34分			24 処暑 2時23分	8 立秋 11時55分			23 大暑 19時30分	8 小暑 2時13分		
新暦	農暦	日干支	日紫白	奇門遁甲局数	農暦	日干支	日紫白	奇門遁甲局数	農暦	日干支	日紫白	奇門遁甲局数	農暦	日干支	日紫白	奇門遁甲局数	農暦	日干支	日紫白	奇門遁甲局数	農暦	日干支	日紫白	奇門遁甲局数
1	10/22	庚午	九	陰8局	9/22	庚子	六	陰8局	8/20	己巳	七	陰1局	7/19	己亥	四	陰4局	6/18	戊辰	五	7	5/17	丁酉	三	9
2	10/23	辛未	八		9/23	辛丑	五		8/21	庚午	六		7/20	庚子	三		6/19	己巳	四	陰1局	5/18	戊戌	二	
3	10/24	壬申	七		9/24	壬寅	四		8/22	辛未	五		7/21	辛丑	二		6/20	庚午	三		5/19	己亥	一	陰3局
4	10/25	癸酉	六		9/25	癸卯	三		8/23	壬申	四		7/22	壬寅	一		6/21	辛未	二		5/20	庚子	九	
5	10/26	甲戌	五	陰2局	9/26	甲辰	二	陰2局	8/24	癸酉	三		7/23	癸卯	九		6/22	壬申	一		5/21	辛丑	八	
6	10/27	乙亥	四		9/27	乙巳	一		8/25	甲戌	二	陰4局	7/24	甲辰	八	陰7局	6/23	癸酉	九		5/22	壬寅	七	
7	10/28	丙子	三		9/28	丙午	九		8/26	乙亥	一		7/25	乙巳	七		6/24	甲戌	八	陰4局	5/23	癸卯	六	
8	10/29	丁丑	二		9/29	丁未	八		8/27	丙子	九		7/26	丙午	六		6/25	乙亥	七		5/24	甲辰	五	陰6局
9	11/1	戊寅	一		9/30	戊申	七		8/28	丁丑	八		7/27	丁未	五		6/26	丙子	六		5/25	乙巳	四	
10	11/2	己卯	九	陰4局	10/1	己酉	六	陰6局	8/29	戊寅	七		7/28	戊申	四		6/27	丁丑	五		5/26	丙午	三	
11	11/3	庚辰	八		10/2	庚戌	五		9/1	己卯	六	陰6局	7/29	己酉	三	陰9局	6/28	戊寅	四		5/27	丁未	二	
12	11/4	辛巳	七		10/3	辛亥	四		9/2	庚辰	五		8/1	庚戌	二		6/29	己卯	三	陰2局	5/28	戊申	一	
13	11/5	壬午	六		10/4	壬子	三		9/3	辛巳	四		8/2	辛亥	一		6/30	庚辰	二		5/29	己酉	九	陰8局
14	11/6	癸未	五		10/5	癸丑	二		9/4	壬午	三		8/3	壬子	九		7/1	辛巳	一		5/30	庚戌	八	
15	11/7	甲申	四	陰7局	10/6	甲寅	一	陰9局	9/5	癸未	二		8/4	癸丑	八		7/2	壬午	九		6/1	辛亥	七	
16	11/8	乙酉	三		10/7	乙卯	九		9/6	甲申	一	陰9局	8/5	甲寅	七	陰3局	7/3	癸未	八		6/2	壬子	六	
17	11/9	丙戌	二		10/8	丙辰	八		9/7	乙酉	九		8/6	乙卯	六		7/4	甲申	七	陰5局	6/3	癸丑	五	
18	11/10	丁亥	一		10/9	丁巳	七		9/8	丙戌	八		8/7	丙辰	五		7/5	乙酉	六		6/4	甲寅	四	陰2局
19	11/11	戊子	九		10/10	戊午	六		9/9	丁亥	七		8/8	丁巳	四		7/6	丙戌	五		6/5	乙卯	三	
20	11/12	己丑	八	陰1局	10/11	己未	五	陰3局	9/10	戊子	六		8/9	戊午	三		7/7	丁亥	四		6/6	丙辰	二	
21	11/13	庚寅	七		10/12	庚申	四		9/11	己丑	五	陰3局	8/10	己未	二	陰6局	7/8	戊子	三		6/7	丁巳	一	
22	11/14	辛卯	一		10/13	辛酉	三		9/12	庚寅	四		8/11	庚申	一		7/9	己丑	二	陰8局	6/8	戊午	九	
23	11/15	壬辰	二		10/14	壬戌	二		9/13	辛卯	三		8/12	辛酉	九		7/10	庚寅	一		6/9	己未	八	陰5局
24	11/16	癸巳	三		10/15	癸亥	一		9/14	壬辰	五		8/13	壬戌	八		7/11	辛卯	三		6/10	庚申	七	
25	11/17	甲午	四	陽1局	10/16	甲子	六	陰5局	9/15	癸巳	四		8/14	癸亥	七		7/12	壬辰	二		6/11	辛酉	六	
26	11/18	乙未	五		10/17	乙丑	五		9/16	甲午	三	陰5局	8/15	甲子	三	陰7局	7/13	癸巳	一		6/12	壬戌	五	
27	11/19	丙申	六		10/18	丙寅	四		9/17	乙未	二		8/16	乙丑	二		7/14	甲午	九	陰1局	6/13	癸亥	四	
28	11/20	丁酉	七		10/19	丁卯	三		9/18	丙申	一		8/17	丙寅	一		7/15	乙未	八		6/14	甲子	九	陰7局
29	11/21	戊戌	八		10/20	戊辰	二		9/19	丁酉	九		8/18	丁卯	九		7/16	丙申	七		6/15	乙丑	八	
30	11/22	己亥	九	7	10/21	己巳	一	8	9/20	戊戌	八		8/19	戊辰	八		7/17	丁酉	六		6/16	丙寅	七	
31	11/23	庚子	一						9/21	己亥	七	8					7/18	戊戌	五		6/17	丁卯	六	

一九五一年 辛卯 四緑

二元八運…「四運」

三元九運…「五運」

月	1月	2月	3月	4月	5月	6月
月干支	己丑 庚寅(年)	庚寅	辛卯	壬辰	癸巳	甲午
紫白	九紫	八白	七赤	六白	五黄	四緑
節気	6 小寒 12時30分 / 21 大寒 5時52分	5 立春 0時13分 / 19 雨水 20時10分	6 啓蟄 18時27分 / 21 春分 19時26分	5 清明 23時33分 / 21 穀雨 6時48分	6 立夏 17時9分 / 22 小満 6時15分	6 芒種 21時33分 / 22 夏至 14時25分

1月 己丑 九紫

新暦	農暦	日干支	日紫白	奇門遁甲局数
1	11/24	辛丑	二	陽7局
2	11/25	壬寅	三	
3	11/26	癸卯	四	
4	11/27	甲辰	五	陽4局
5	11/28	乙巳	六	
6	11/29	丙午	七	
7	11/30	丁未	八	
8	12/1	戊申	九	
9	12/2	己酉	一	陽2局
10	12/3	庚戌	二	
11	12/4	辛亥	三	
12	12/5	壬子	四	
13	12/6	癸丑	五	
14	12/7	甲寅	六	陽8局
15	12/8	乙卯	七	
16	12/9	丙辰	八	
17	12/10	丁巳	九	
18	12/11	戊午	一	
19	12/12	己未	二	陽5局
20	12/13	庚申	三	
21	12/14	辛酉	四	
22	12/15	壬戌	五	
23	12/16	癸亥	六	
24	12/17	甲子	一	陽3局
25	12/18	乙丑	二	
26	12/19	丙寅	三	
27	12/20	丁卯	四	
28	12/21	戊辰	五	
29	12/22	己巳	六	陽9局
30	12/23	庚午	七	
31	12/24	辛未	八	

2月 庚寅 八白

新暦	農暦	日干支	日紫白	奇門遁甲局数
1	12/25	壬申	九	9
2	12/26	癸酉	一	
3	12/27	甲戌	二	陽6局
4	12/28	乙亥	三	
5	12/29	丙子	四	
6	1/1	丁丑	五	
7	1/2	戊寅	六	
8	1/3	己卯	七	陽8局
9	1/4	庚辰	八	
10	1/5	辛巳	九	
11	1/6	壬午	一	
12	1/7	癸未	二	
13	1/8	甲申	三	陽5局
14	1/9	乙酉	四	
15	1/10	丙戌	五	
16	1/11	丁亥	六	
17	1/12	戊子	七	
18	1/13	己丑	八	陽2局
19	1/14	庚寅	六	
20	1/15	辛卯	七	
21	1/16	壬辰	八	
22	1/17	癸巳	九	
23	1/18	甲午	一	陽9局
24	1/19	乙未	二	
25	1/20	丙申	三	
26	1/21	丁酉	四	
27	1/22	戊戌	五	
28	1/23	己亥	六	6

3月 辛卯 七赤

新暦	農暦	日干支	日紫白	奇門遁甲局数
1	1/24	庚子	七	陽6局
2	1/25	辛丑	八	
3	1/26	壬寅	九	
4	1/27	癸卯	一	
5	1/28	甲辰	二	陽3局
6	1/29	乙巳	三	
7	1/30	丙午	四	
8	2/1	丁未	五	
9	2/2	戊申	六	
10	2/3	己酉	七	陽1局
11	2/4	庚戌	八	
12	2/5	辛亥	九	
13	2/6	壬子	一	
14	2/7	癸丑	二	
15	2/8	甲寅	三	陽7局
16	2/9	乙卯	四	
17	2/10	丙辰	五	
18	2/11	丁巳	六	
19	2/12	戊午	七	
20	2/13	己未	八	陽4局
21	2/14	庚申	九	
22	2/15	辛酉	一	
23	2/16	壬戌	二	
24	2/17	癸亥	三	
25	2/18	甲子	七	陽3局
26	2/19	乙丑	八	
27	2/20	丙寅	九	
28	2/21	丁卯	一	
29	2/22	戊辰	二	
30	2/23	己巳	三	9
31	2/24	庚午	四	

4月 壬辰 六白

新暦	農暦	日干支	日紫白	奇門遁甲局数
1	2/25	辛未	五	陽9局
2	2/26	壬申	六	
3	2/27	癸酉	七	
4	2/28	甲戌	八	陽6局
5	2/29	乙亥	九	
6	3/1	丙子	一	
7	3/2	丁丑	二	
8	3/3	戊寅	三	
9	3/4	己卯	四	陽4局
10	3/5	庚辰	五	
11	3/6	辛巳	六	
12	3/7	壬午	七	
13	3/8	癸未	八	
14	3/9	甲申	九	陽1局
15	3/10	乙酉	一	
16	3/11	丙戌	二	
17	3/12	丁亥	三	
18	3/13	戊子	四	
19	3/14	己丑	五	陽7局
20	3/15	庚寅	六	
21	3/16	辛卯	四	
22	3/17	壬辰	五	
23	3/18	癸巳	六	
24	3/19	甲午	七	陽5局
25	3/20	乙未	八	
26	3/21	丙申	九	
27	3/22	丁酉	一	
28	3/23	戊戌	二	
29	3/24	己亥	三	2
30	3/25	庚子	四	

5月 癸巳 五黄

新暦	農暦	日干支	日紫白	奇門遁甲局数
1	3/26	辛丑	五	陽2局
2	3/27	壬寅	六	
3	3/28	癸卯	七	
4	3/29	甲辰	八	陽8局
5	3/30	乙巳	九	
6	4/1	丙午	一	
7	4/2	丁未	二	
8	4/3	戊申	三	
9	4/4	己酉	四	陽4局
10	4/5	庚戌	五	
11	4/6	辛亥	六	
12	4/7	壬子	七	
13	4/8	癸丑	八	
14	4/9	甲寅	九	陽1局
15	4/10	乙卯	一	
16	4/11	丙辰	二	
17	4/12	丁巳	三	
18	4/13	戊午	四	
19	4/14	己未	五	陽7局
20	4/15	庚申	六	
21	4/16	辛酉	七	
22	4/17	壬戌	八	
23	4/18	癸亥	九	
24	4/19	甲子	四	陽5局
25	4/20	乙丑	五	
26	4/21	丙寅	六	
27	4/22	丁卯	七	
28	4/23	戊辰	八	
29	4/24	己巳	九	陽2局
30	4/25	庚午	一	
31	4/26	辛未	二	

6月 甲午 四緑

新暦	農暦	日干支	日紫白	奇門遁甲局数
1	4/27	壬申	三	2
2	4/28	癸酉	四	
3	4/29	甲戌	五	陽8局
4	4/30	乙亥	六	
5	5/1	丙子	七	
6	5/2	丁丑	八	
7	5/3	戊寅	九	
8	5/4	己卯	一	陽6局
9	5/5	庚辰	二	
10	5/6	辛巳	三	
11	5/7	壬午	四	
12	5/8	癸未	五	
13	5/9	甲申	六	陽3局
14	5/10	乙酉	七	
15	5/11	丙戌	八	
16	5/12	丁亥	九	
17	5/13	戊子	一	
18	5/14	己丑	二	陽9局
19	5/15	庚寅	三	
20	5/16	辛卯	四	
21	5/17	壬辰	五	
22	5/18	癸巳	七	
23	5/19	甲午	六	陰9局
24	5/20	乙未	五	
25	5/21	丙申	四	
26	5/22	丁酉	三	
27	5/23	戊戌	二	
28	5/24	己亥	一	陰3局
29	5/25	庚子	九	
30	5/26	辛丑	八	

1950年 庚寅(年)／戊子(月)

月	12月				11月				10月				9月				8月				7月			
月干支	庚子				己亥				戊戌				丁酉				丙申				乙未			
紫白	七赤				八白				九紫				一白				二黒				三碧			
節気	23 冬至 1時0分	8 大雪 7時2分			23 小雪 11時51分	8 立冬 14時27分			24 霜降 14時36分	9 寒露 11時36分			24 秋分 5時37分	8 白露 20時18分			24 処暑 8時16分	8 立秋 17時37分			24 大暑 1時21分	8 小暑 7時54分		
新暦	農暦	日干支	日紫白	奇門遁甲局数	農暦	日干支	日紫白	奇門遁甲局数	農暦	日干支	日紫白	奇門遁甲局数	農暦	日干支	日紫白	奇門遁甲局数	農暦	日干支	日紫白	奇門遁甲局数	農暦	日干支	日紫白	奇門遁甲局数
1	11/3	乙亥	四	陰2局	10/3	乙巳	一	陰2局	9/1	甲戌	二	陰4局	8/1	甲辰	八	陰7局	6/29	癸酉	九	1	5/27	壬寅	七	3
2	11/4	丙子	三		10/4	丙午	九		9/2	乙亥	一		8/2	乙巳	七		6/30	甲戌	八	陰4局	5/28	癸卯	六	
3	11/5	丁丑	二		10/5	丁未	八		9/3	丙子	九		8/3	丙午	六		7/1	乙亥	七		5/29	甲辰	五	陰6局
4	11/6	戊寅	一		10/6	戊申	七		9/4	丁丑	八		8/4	丁未	五		7/2	丙子	六		6/1	乙巳	四	
5	11/7	己卯	九	陰4局	10/7	己酉	六	陰6局	9/5	戊寅	七		8/5	戊申	四		7/3	丁丑	五		6/2	丙午	三	
6	11/8	庚辰	八		10/8	庚戌	五		9/6	己卯	六	陰6局	8/6	己酉	三	陰9局	7/4	戊寅	四		6/3	丁未	二	
7	11/9	辛巳	七		10/9	辛亥	四		9/7	庚辰	五		8/7	庚戌	二		7/5	己卯	三	陰2局	6/4	戊申	一	
8	11/10	壬午	六		10/10	壬子	三		9/8	辛巳	四		8/8	辛亥	一		7/6	庚辰	二		6/5	己酉	九	陰8局
9	11/11	癸未	五		10/11	癸丑	二		9/9	壬午	三		8/9	壬子	九		7/7	辛巳	一		6/6	庚戌	八	
10	11/12	甲申	四	陰7局	10/12	甲寅	一	陰9局	9/10	癸未	二		8/10	癸丑	八		7/8	壬午	九		6/7	辛亥	七	
11	11/13	乙酉	三		10/13	乙卯	九		9/11	甲申	一	陰9局	8/11	甲寅	七	陰3局	7/9	癸未	八		6/8	壬子	六	
12	11/14	丙戌	二		10/14	丙辰	八		9/12	乙酉	九		8/12	乙卯	六		7/10	甲申	七	陰5局	6/9	癸丑	五	
13	11/15	丁亥	一		10/15	丁巳	七		9/13	丙戌	八		8/13	丙辰	五		7/11	乙酉	六		6/10	甲寅	四	陰2局
14	11/16	戊子	九		10/16	戊午	六		9/14	丁亥	七		8/14	丁巳	四		7/12	丙戌	五		6/11	乙卯	三	
15	11/17	己丑	八	陰1局	10/17	己未	五	陰3局	9/15	戊子	六		8/15	戊午	三		7/13	丁亥	四		6/12	丙辰	二	
16	11/18	庚寅	七		10/18	庚申	四		9/16	己丑	五	陰3局	8/16	己未	二	陰6局	7/14	戊子	三		6/13	丁巳	一	
17	11/19	辛卯	六		10/19	辛酉	三		9/17	庚寅	四		8/17	庚申	一		7/15	己丑	二	陰8局	6/14	戊午	九	
18	11/20	壬辰	五		10/20	壬戌	二		9/18	辛卯	三		8/18	辛酉	九		7/16	庚寅	一		6/15	己未	八	陰5局
19	11/21	癸巳	四		10/21	癸亥	一		9/19	壬辰	二		8/19	壬戌	八		7/17	辛卯	九		6/16	庚申	七	
20	11/22	甲午	三	陽1局	10/22	甲子	六	陰5局	9/20	癸巳	一		8/20	癸亥	七		7/18	壬辰	八		6/17	辛酉	六	
21	11/23	乙未	二		10/23	乙丑	五		9/21	甲午	九	陰5局	8/21	甲子	三	陰7局	7/19	癸巳	七		6/18	壬戌	五	
22	11/24	丙申	一		10/24	丙寅	四		9/22	乙未	八		8/22	乙丑	二		7/20	甲午	六	陰1局	6/19	癸亥	四	
23	11/25	丁酉	七		10/25	丁卯	三		9/23	丙申	七		8/23	丙寅	一		7/21	乙未	五		6/20	甲子	九	陰7局
24	11/26	戊戌	八		10/26	戊辰	二		9/24	丁酉	九		8/24	丁卯	九		7/22	丙申	七		6/21	乙丑	八	
25	11/27	己亥	九	陽7局	10/27	己巳	一	陰8局	9/25	戊戌	八		8/25	戊辰	八		7/23	丁酉	六		6/22	丙寅	七	
26	11/28	庚子	一		10/28	庚午	九		9/26	己亥	七	陰8局	8/26	己巳	七	陰1局	7/24	戊戌	五		6/23	丁卯	六	
27	11/29	辛丑	二		10/29	辛未	八		9/27	庚子	六		8/27	庚午	六		7/25	己亥	四	陰4局	6/24	戊辰	五	
28	12/1	壬寅	三		10/30	壬申	七		9/28	辛丑	五		8/28	辛未	五		7/26	庚子	三		6/25	己巳	四	陰1局
29	12/2	癸卯	四		11/1	癸酉	六		9/29	壬寅	四		8/29	壬申	四		7/27	辛丑	二		6/26	庚午	三	
30	12/3	甲辰	五	4	11/2	甲戌	五	2	10/1	癸卯	三		8/30	癸酉	三		7/28	壬寅	一		6/27	辛未	二	
31	12/4	乙巳	六						10/2	甲辰	二	2					7/29	癸卯	九		6/28	壬申	一	

一九五二年　壬辰　三碧

二元八運…「四運」

三元九運…「五運」

月	1月	2月	3月	4月	5月	6月
月干支	辛丑 辛卯(年)	壬寅	癸卯	甲辰	乙巳	丙午
紫白	六白	五黄	四緑	三碧	二黒	一白
節気	6 小寒 18時10分 / 21 大寒 11時38分	5 立春 5時53分 / 20 雨水 1時57分	6 啓蟄 0時7分 / 21 春分 1時14分	5 清明 5時15分 / 20 穀雨 12時37分	5 立夏 22時54分 / 21 小満 12時4分	6 芒種 3時20分 / 21 夏至 20時13分

新暦	1月 農暦	1月 日干支	1月 日紫白	1月 奇門遁甲局数	2月 農暦	2月 日干支	2月 日紫白	2月 奇門遁甲局数	3月 農暦	3月 日干支	3月 日紫白	3月 奇門遁甲局数
1	12/5	丙午	七	陽4局	1/6	丁丑	五	6	2/6	丙午	四	陽3局
2	12/6	丁未	八		1/7	戊寅	六		2/7	丁未	五	
3	12/7	戊申	九		1/8	己卯	七	陽8局	2/8	戊申	六	
4	12/8	己酉	一	陽2局	1/9	庚辰	八		2/9	己酉	七	陽1局
5	12/9	庚戌	二		1/10	辛巳	九		2/10	庚戌	八	
6	12/10	辛亥	三		1/11	壬午	一		2/11	辛亥	九	
7	12/11	壬子	四		1/12	癸未	二		2/12	壬子	一	
8	12/12	癸丑	五		1/13	甲申	三	陽5局	2/13	癸丑	二	
9	12/13	甲寅	六	陽8局	1/14	乙酉	四		2/14	甲寅	三	陽7局
10	12/14	乙卯	七		1/15	丙戌	五		2/15	乙卯	四	
11	12/15	丙辰	八		1/16	丁亥	六		2/16	丙辰	五	
12	12/16	丁巳	九		1/17	戊子	七		2/17	丁巳	六	
13	12/17	戊午	一		1/18	己丑	八	陽2局	2/18	戊午	七	
14	12/18	己未	二	陽5局	1/19	庚寅	九		2/19	己未	八	陽4局
15	12/19	庚申	三		1/20	辛卯	一		2/20	庚申	九	
16	12/20	辛酉	四		1/21	壬辰	二		2/21	辛酉	一	
17	12/21	壬戌	五		1/22	癸巳	三		2/22	壬戌	二	
18	12/22	癸亥	六		1/23	甲午	四	陽9局	2/23	癸亥	三	
19	12/23	甲子	一	陽3局	1/24	乙未	五		2/24	甲子	七	陽3局
20	12/24	乙丑	二		1/25	丙申	三		2/25	乙丑	八	
21	12/25	丙寅	三		1/26	丁酉	四		2/26	丙寅	九	
22	12/26	丁卯	四		1/27	戊戌	五		2/27	丁卯	一	
23	12/27	戊辰	五		1/28	己亥	六	陽6局	2/28	戊辰	二	
24	12/28	己巳	六	陽9局	1/29	庚子	七		2/29	己巳	三	陽9局
25	12/29	庚午	七		2/1	辛丑	八		2/30	庚午	四	
26	12/30	辛未	八		2/2	壬寅	九		3/1	辛未	五	
27	1/1	壬申	九		2/3	癸卯	一		3/2	壬申	六	
28	1/2	癸酉	一		2/4	甲辰	二	3	3/3	癸酉	七	
29	1/3	甲戌	二	陽6局	2/5	乙巳	三		3/4	甲戌	八	陽6局
30	1/4	乙亥	三						3/5	乙亥	九	
31	1/5	丙子	四						3/6	丙子	一	

新暦	4月 農暦	4月 日干支	4月 日紫白	4月 奇門遁甲局数	5月 農暦	5月 日干支	5月 日紫白	5月 奇門遁甲局数	6月 農暦	6月 日干支	6月 日紫白	6月 奇門遁甲局数
1	3/7	丁丑	二	6	4/8	丁未	二	8	5/9	戊寅	九	8
2	3/8	戊寅	三		4/9	戊申	三		5/10	己卯	一	陽6局
3	3/9	己卯	四	陽4局	4/10	己酉	四	陽4局	5/11	庚辰	二	
4	3/10	庚辰	五		4/11	庚戌	五		5/12	辛巳	三	
5	3/11	辛巳	六		4/12	辛亥	六		5/13	壬午	四	
6	3/12	壬午	七		4/13	壬子	七		5/14	癸未	五	
7	3/13	癸未	八		4/14	癸丑	八		5/15	甲申	六	陽3局
8	3/14	甲申	九	陽1局	4/15	甲寅	九	陽1局	5/16	乙酉	七	
9	3/15	乙酉	一		4/16	乙卯	一		5/17	丙戌	八	
10	3/16	丙戌	二		4/17	丙辰	二		5/18	丁亥	九	
11	3/17	丁亥	三		4/18	丁巳	三		5/19	戊子	一	
12	3/18	戊子	四		4/19	戊午	四		5/20	己丑	二	陽9局
13	3/19	己丑	五	陽7局	4/20	己未	五	陽7局	5/21	庚寅	三	
14	3/20	庚寅	六		4/21	庚申	六		5/22	辛卯	四	
15	3/21	辛卯	七		4/22	辛酉	七		5/23	壬辰	五	
16	3/22	壬辰	八		4/23	壬戌	八		5/24	癸巳	六	
17	3/23	癸巳	九		4/24	癸亥	九		5/25	甲午	七	陰9局
18	3/24	甲午	一	陽5局	4/25	甲子	四	陽5局	5/26	乙未	八	
19	3/25	乙未	二		4/26	乙丑	五		5/27	丙申	九	
20	3/26	丙申	九		4/27	丙寅	六		5/28	丁酉	一	
21	3/27	丁酉	一		4/28	丁卯	七		5/29	戊戌	二	
22	3/28	戊戌	二		4/29	戊辰	八		閏5/1	己亥	一	陰3局
23	3/29	己亥	三	陽2局	4/30	己巳	九	陽2局	閏5/2	庚子	九	
24	4/1	庚子	四		5/1	庚午	一		閏5/3	辛丑	八	
25	4/2	辛丑	五		5/2	辛未	二		閏5/4	壬寅	七	
26	4/3	壬寅	六		5/3	壬申	三		閏5/5	癸卯	六	
27	4/4	癸卯	七		5/4	癸酉	四		閏5/6	甲辰	五	陰6局
28	4/5	甲辰	八	陽8局	5/5	甲戌	五	陽8局	閏5/7	乙巳	四	
29	4/6	乙巳	九		5/6	乙亥	六		閏5/8	丙午	三	
30	4/7	丙午	一		5/7	丙子	七		閏5/9	丁未	二	
31					5/8	丁丑	八					

1951年　辛卯(年)／庚子(月)

月	12月				11月				10月				9月				8月				7月			
月干支	壬子				辛亥				庚戌				己酉				戊申				丁未			
紫白	四緑				五黄				六白				七赤				八白				九紫			
節気	22 冬至 6時43分	7 大雪 12時56分	日紫白	奇門遁甲局数	22 小雪 17時36分	7 立冬 20時22分	日紫白	奇門遁甲局数	23 霜降 20時22分	8 寒露 17時32分	日紫白	奇門遁甲局数	23 秋分 11時24分	8 白露 2時14分	日紫白	奇門遁甲局数	23 処暑 14時3分	7 立秋 23時31分	日紫白	奇門遁甲局数	23 大暑 7時7分	7 小暑 13時45分	日紫白	奇門遁甲局数
新暦	農暦	日干支			農暦	日干支			農暦	日干支			農暦	日干支			農暦	日干支			農暦	日干支		
1	10/15	辛巳	七	陰4局	9/14	辛亥	四	陰6局	8/13	庚辰	五	陰6局	7/13	庚戌	二	陰9局	6/11	己卯	三	陰2局	閏5/10	戊申	一	6
2	10/16	壬午	六		9/15	壬子	三		8/14	辛巳	四		7/14	辛亥	一		6/12	庚辰	二		閏5/11	己酉	九	陰8局
3	10/17	癸未	五		9/16	癸丑	二		8/15	壬午	三		7/15	壬子	九		6/13	辛巳	一		閏5/12	庚戌	八	
4	10/18	甲申	四	陰7局	9/17	甲寅	一	陰9局	8/16	癸未	二		7/16	癸丑	八		6/14	壬午	九		閏5/13	辛亥	七	
5	10/19	乙酉	三		9/18	乙卯	九		8/17	甲申	一	陰9局	7/17	甲寅	七	陰3局	6/15	癸未	八		閏5/14	壬子	六	
6	10/20	丙戌	二		9/19	丙辰	八		8/18	乙酉	九		7/18	乙卯	六		6/16	甲申	七	陰5局	閏5/15	癸丑	五	
7	10/21	丁亥	一		9/20	丁巳	七		8/19	丙戌	八		7/19	丙辰	五		6/17	乙酉	六		閏5/16	甲寅	四	陰2局
8	10/22	戊子	九		9/21	戊午	六		8/20	丁亥	七		7/20	丁巳	四		6/18	丙戌	五		閏5/17	乙卯	三	
9	10/23	己丑	八	陰1局	9/22	己未	五	陰3局	8/21	戊子	六		7/21	戊午	三		6/19	丁亥	四		閏5/18	丙辰	二	
10	10/24	庚寅	七		9/23	庚申	四		8/22	己丑	五	陰3局	7/22	己未	二	陰6局	6/20	戊子	三		閏5/19	丁巳	一	
11	10/25	辛卯	六		9/24	辛酉	三		8/23	庚寅	四		7/23	庚申	一		6/21	己丑	二	陰8局	閏5/20	戊午	九	
12	10/26	壬辰	五		9/25	壬戌	二		8/24	辛卯	三		7/24	辛酉	九		6/22	庚寅	一		閏5/21	己未	八	陰5局
13	10/27	癸巳	四		9/26	癸亥	一		8/25	壬辰	二		7/25	壬戌	八		6/23	辛卯	九		閏5/22	庚申	七	
14	10/28	甲午	三	陽1局	9/27	甲子	六	陰5局	8/26	癸巳	一		7/26	癸亥	七		6/24	壬辰	八		閏5/23	辛酉	六	
15	10/29	乙未	二		9/28	乙丑	五		8/27	甲午	九	陰5局	7/27	甲子	三	陰7局	6/25	癸巳	七		閏5/24	壬戌	五	
16	10/30	丙申	一		9/29	丙寅	四		8/28	乙未	八		7/28	乙丑	二		6/26	甲午	六	陰1局	閏5/25	癸亥	四	
17	11/1	丁酉	九		10/1	丁卯	三		8/29	丙申	七		7/29	丙寅	一		6/27	乙未	五		閏5/26	甲子	九	陰7局
18	11/2	戊戌	八		10/2	戊辰	二		8/30	丁酉	六		7/30	丁卯	九		6/28	丙申	四		閏5/27	乙丑	八	
19	11/3	己亥	七	陽7局	10/3	己巳	一	陰8局	9/1	戊戌	五		8/1	戊辰	八		6/29	丁酉	三		閏5/28	丙寅	七	
20	11/4	庚子	六		10/4	庚午	九		9/2	己亥	四	陰8局	8/2	己巳	七	陰1局	7/1	戊戌	二		閏5/29	丁卯	六	
21	11/5	辛丑	五		10/5	辛未	八		9/3	庚子	三		8/3	庚午	六		7/2	己亥	一	陰4局	閏5/30	戊辰	五	
22	11/6	壬寅	三		10/6	壬申	七		9/4	辛丑	二		8/4	辛未	五		7/3	庚子	九		6/1	己巳	四	陰1局
23	11/7	癸卯	四		10/7	癸酉	六		9/5	壬寅	四		8/5	壬申	四		7/4	辛丑	二		6/2	庚午	三	
24	11/8	甲辰	五	陽4局	10/8	甲戌	五	陰2局	9/6	癸卯	三		8/6	癸酉	三		7/5	壬寅	一		6/3	辛未	二	
25	11/9	乙巳	六		10/9	乙亥	四		9/7	甲辰	二	陰2局	8/7	甲戌	二	陰4局	7/6	癸卯	九		6/4	壬申	一	
26	11/10	丙午	七		10/10	丙子	三		9/8	乙巳	一		8/8	乙亥	一		7/7	甲辰	八	陰7局	6/5	癸酉	九	
27	11/11	丁未	八		10/11	丁丑	二		9/9	丙午	九		8/9	丙子	九		7/8	乙巳	七		6/6	甲戌	八	陰4局
28	11/12	戊申	九		10/12	戊寅	一		9/10	丁未	八		8/10	丁丑	八		7/9	丙午	六		6/7	乙亥	七	
29	11/13	己酉	一	陽2局	10/13	己卯	九	4	9/11	戊申	七		8/11	戊寅	七		7/10	丁未	五		6/8	丙子	六	
30	11/14	庚戌	二		10/14	庚辰	八		9/12	己酉	六	6	8/12	己卯	六	6	7/11	戊申	四		6/9	丁丑	五	
31	11/15	辛亥	三						9/13	庚戌	五						7/12	己酉	三	9	6/10	戊寅	四	

一九五三年 癸巳 二黒

二元八運…「四運」 三元九運…「五運」

月	1月				2月				3月				4月				5月				6月			
月干支	癸丑 壬辰(年)				甲寅				乙卯				丙辰				丁巳				戊午			
紫白	三碧				二黒				一白				九紫				八白				七赤			
節気	6 小寒 0時2分	20 大寒 17時21分			4 立春 11時46分	19 雨水 7時41分			6 啓蟄 6時2分	21 春分 7時0分			5 清明 11時13分	20 穀雨 18時25分			6 立夏 4時52分	21 小満 17時53分			6 芒種 9時16分	22 夏至 2時0分		
新暦	農暦	日干支	日紫白	奇門遁甲局数	農暦	日干支	日紫白	奇門遁甲局数	農暦	日干支	日紫白	奇門遁甲局数	農暦	日干支	日紫白	奇門遁甲局数	農暦	日干支	日紫白	奇門遁甲局数	農暦	日干支	日紫白	奇門遁甲局数
1	11/16	壬子	四	2	12/18	癸未	二	8	1/16	辛亥	九	陽1局	2/18	壬午	七	4	3/18	壬子	七	4	4/20	癸未	五	6
2	11/17	癸丑	五		12/19	甲申	三	陽5局	1/17	壬子	一		2/19	癸未	八		3/19	癸丑	八		4/21	甲申	六	陽3局
3	11/18	甲寅	六	陽8局	12/20	乙酉	四		1/18	癸丑	二		2/20	甲申	九	陽1局	3/20	甲寅	九	陽1局	4/22	乙酉	七	
4	11/19	乙卯	七		12/21	丙戌	五		1/19	甲寅	三	陽7局	2/21	乙酉	一		3/21	乙卯	一		4/23	丙戌	八	
5	11/20	丙辰	八		12/22	丁亥	六		1/20	乙卯	四		2/22	丙戌	二		3/22	丙辰	二		4/24	丁亥	九	
6	11/21	丁巳	九		12/23	戊子	七		1/21	丙辰	五		2/23	丁亥	三		3/23	丁巳	三		4/25	戊子	一	
7	11/22	戊午	一		12/24	己丑	八	陽2局	1/22	丁巳	六		2/24	戊子	四		3/24	戊午	四		4/26	己丑	二	陽9局
8	11/23	己未	二	陽5局	12/25	庚寅	九		1/23	戊午	七		2/25	己丑	五	陽7局	3/25	己未	五	陽7局	4/27	庚寅	三	
9	11/24	庚申	三		12/26	辛卯	一		1/24	己未	八	陽4局	2/26	庚寅	六		3/26	庚申	六		4/28	辛卯	四	
10	11/25	辛酉	四		12/27	壬辰	二		1/25	庚申	九		2/27	辛卯	七		3/27	辛酉	七		4/29	壬辰	五	
11	11/26	壬戌	五		12/28	癸巳	三		1/26	辛酉	一		2/28	壬辰	八		3/28	壬戌	八		5/1	癸巳	六	
12	11/27	癸亥	六		12/29	甲午	四	陽9局	1/27	壬戌	二		2/29	癸巳	九		3/29	癸亥	九		5/2	甲午	七	陽6局・閏
13	11/28	甲子	一	陽3局	12/30	乙未	五		1/28	癸亥	三		2/30	甲午	一	陽5局	4/1	甲子	四	陽5局	5/3	乙未	八	
14	11/29	乙丑	二		1/1	丙申	六		1/29	甲子	七	陽3局	3/1	乙未	二		4/2	乙丑	五		5/4	丙申	九	
15	12/1	丙寅	三		1/2	丁酉	七		2/1	乙丑	八		3/2	丙申	三		4/3	丙寅	六		5/5	丁酉	一	
16	12/2	丁卯	四		1/3	戊戌	八		2/2	丙寅	九		3/3	丁酉	四		4/4	丁卯	七		5/6	戊戌	二	
17	12/3	戊辰	五		1/4	己亥	九	陽6局	2/3	丁卯	一		3/4	戊戌	五		4/5	戊辰	八		5/7	己亥	三	陽3局・閏
18	12/4	己巳	六	陽9局	1/5	庚子	一		2/4	戊辰	二		3/5	己亥	六	陽2局	4/6	己巳	九	陽2局	5/8	庚子	四	
19	12/5	庚午	七		1/6	辛丑	八		2/5	己巳	三	陽9局	3/6	庚子	七		4/7	庚午	一		5/9	辛丑	五	
20	12/6	辛未	八		1/7	壬寅	九		2/6	庚午	四		3/7	辛丑	五		4/8	辛未	二		5/10	壬寅	六	
21	12/7	壬申	九		1/8	癸卯	一		2/7	辛未	五		3/8	壬寅	六		4/9	壬申	三		5/11	癸卯	七	
22	12/8	癸酉	一		1/9	甲辰	二	陽3局	2/8	壬申	六		3/9	癸卯	七		4/10	癸酉	四		5/12	甲辰	五	陽9局・閏
23	12/9	甲戌	二	陽6局	1/10	乙巳	三		2/9	癸酉	七		3/10	甲辰	八	陽8局	4/11	甲戌	五	陽8局	5/13	乙巳	四	
24	12/10	乙亥	三		1/11	丙午	四		2/10	甲戌	八	陽6局	3/11	乙巳	九		4/12	乙亥	六		5/14	丙午	三	
25	12/11	丙子	四		1/12	丁未	五		2/11	乙亥	九		3/12	丙午	一		4/13	丙子	七		5/15	丁未	二	
26	12/12	丁丑	五		1/13	戊申	六		2/12	丙子	一		3/13	丁未	二		4/14	丁丑	八		5/16	戊申	一	
27	12/13	戊寅	六		1/14	己酉	七	1	2/13	丁丑	二		3/14	戊申	三		4/15	戊寅	九		5/17	己酉	九	陰9局
28	12/14	己卯	七	陽8局	1/15	庚戌	八		2/14	戊寅	三		3/15	己酉	四	陽4局	4/16	己卯	一	陽6局	5/18	庚戌	八	
29	12/15	庚辰	八						2/15	己卯	四	陽4局	3/16	庚戌	五		4/17	庚辰	二		5/19	辛亥	七	
30	12/16	辛巳	九						2/16	庚辰	五		3/17	辛亥	六		4/18	辛巳	三		5/20	壬子	六	
31	12/17	壬午	一						2/17	辛巳	六						4/19	壬午	四					

1952年 壬辰(年)／壬子(月)

月	12月				11月				10月				9月				8月				7月			
月干支	甲子				癸亥				壬戌				辛酉				庚申				己未			
紫白	一白				二黒				三碧				四緑				五黄				六白			
節気	22 冬至 12時31分	7 大雪 18時37分			22 小雪 23時22分	8 立冬 2時1分			24 霜降 2時6分	8 寒露 23時10分			23 秋分 17時6分	8 白露 7時53分			23 処暑 19時45分	8 立秋 5時15分			23 大暑 12時52分	7 小暑 19時35分		
新暦	農暦	日干支	日紫白	奇門遁甲局数	農暦	日干支	日紫白	奇門遁甲局数	農暦	日干支	日紫白	奇門遁甲局数	農暦	日干支	日紫白	奇門遁甲局数	農暦	日干支	日紫白	奇門遁甲局数	農暦	日干支	日紫白	奇門遁甲局数
1	10/25	丙戌	二	陰8局	9/25	丙辰	八	陰8局	8/24	乙酉	九	陰1局	7/23	乙卯	六	陰4局	6/22	甲申	七	陰1局	5/21	癸丑	五	9
2	10/26	丁亥	一		9/26	丁巳	七		8/25	丙戌	八		7/24	丙辰	五		6/23	乙酉	六		5/22	甲寅	四	陰3局
3	10/27	戊子	九		9/27	戊午	六		8/26	丁亥	七		7/25	丁巳	四		6/24	丙戌	五		5/23	乙卯	三	
4	10/28	己丑	八	陰2局	9/28	己未	五	陰2局	8/27	戊子	六		7/26	戊午	三		6/25	丁亥	四		5/24	丙辰	二	
5	10/29	庚寅	七		9/29	庚申	四		8/28	己丑	五	陰4局	7/27	己未	二	陰7局	6/26	戊子	三		5/25	丁巳	一	
6	11/1	辛卯	六		9/30	辛酉	三		8/29	庚寅	四		7/28	庚申	一		6/27	己丑	二	陰4局	5/26	戊午	九	
7	11/2	壬辰	五		10/1	壬戌	二		8/30	辛卯	三		7/29	辛酉	九		6/28	庚寅	一		5/27	己未	八	陰6局
8	11/3	癸巳	四		10/2	癸亥	一		9/1	壬辰	二		8/1	壬戌	八		6/29	辛卯	九		5/28	庚申	七	
9	11/4	甲午	三	陰4局	10/3	甲子	六	陰6局	9/2	癸巳	一		8/2	癸亥	七		6/30	壬辰	八		5/29	辛酉	六	
10	11/5	乙未	二		10/4	乙丑	五		9/3	甲午	九	陰6局	8/3	甲子	三	陰9局	7/1	癸巳	七		5/30	壬戌	五	
11	11/6	丙申	一		10/5	丙寅	四		9/4	乙未	八		8/4	乙丑	二		7/2	甲午	六	陰2局	6/1	癸亥	四	
12	11/7	丁酉	九		10/6	丁卯	三		9/5	丙申	七		8/5	丙寅	一		7/3	乙未	五		6/2	甲子	九	陰8局
13	11/8	戊戌	八		10/7	戊辰	二		9/6	丁酉	六		8/6	丁卯	九		7/4	丙申	四		6/3	乙丑	八	
14	11/9	己亥	七	陰7局	10/8	己巳	一	陰9局	9/7	戊戌	五		8/7	戊辰	八		7/5	丁酉	三		6/4	丙寅	七	
15	11/10	庚子	六		10/9	庚午	九		9/8	己亥	四	陰9局	8/8	己巳	七	陰3局	7/6	戊戌	二		6/5	丁卯	六	
16	11/11	辛丑	五		10/10	辛未	八		9/9	庚子	三		8/9	庚午	六		7/7	己亥	一	陰5局	6/6	戊辰	五	
17	11/12	壬寅	四		10/11	壬申	七		9/10	辛丑	二		8/10	辛未	五		7/8	庚子	九		6/7	己巳	四	陰2局
18	11/13	癸卯	三		10/12	癸酉	六		9/11	壬寅	一		8/11	壬申	四		7/9	辛丑	八		6/8	庚午	三	
19	11/14	甲辰	二	陰1局	10/13	甲戌	五	陰3局	9/12	癸卯	九		8/12	癸酉	三		7/10	壬寅	七		6/9	辛未	二	
20	11/15	乙巳	一		10/14	乙亥	四		9/13	甲辰	八	陰3局	8/13	甲戌	二	陰6局	7/11	癸卯	六		6/10	壬申	一	
21	11/16	丙午	九		10/15	丙子	三		9/14	乙巳	七		8/14	乙亥	一		7/12	甲辰	五	陰8局	6/11	癸酉	九	
22	11/17	丁未	八		10/16	丁丑	二		9/15	丙午	六		8/15	丙子	九		7/13	乙巳	四		6/12	甲戌	八	陰5局
23	11/18	戊申	九		10/17	戊寅	一		9/16	丁未	五		8/16	丁丑	八		7/14	丙午	六		6/13	乙亥	七	
24	11/19	己酉	一	陽1局	10/18	己卯	九	陰5局	9/17	戊申	七		8/17	戊寅	七		7/15	丁未	五		6/14	丙子	六	
25	11/20	庚戌	二		10/19	庚辰	八		9/18	己酉	六	陰5局	8/18	己卯	六	陰7局	7/16	戊申	四		6/15	丁丑	五	
26	11/21	辛亥	三		10/20	辛巳	七		9/19	庚戌	五		8/19	庚辰	五		7/17	己酉	三	陰1局	6/16	戊寅	四	
27	11/22	壬子	四		10/21	壬午	六		9/20	辛亥	四		8/20	辛巳	四		7/18	庚戌	二		6/17	己卯	三	陰7局
28	11/23	癸丑	五		10/22	癸未	五		9/21	壬子	三		8/21	壬午	三		7/19	辛亥	一		6/18	庚辰	二	
29	11/24	甲寅	六	陽7局	10/23	甲申	四	8	9/22	癸丑	二		8/22	癸未	二		7/20	壬子	九		6/19	辛巳	一	
30	11/25	乙卯	七		10/24	乙酉	三		9/23	甲寅	一	8	8/23	甲申	一	1	7/21	癸丑	八		6/20	壬午	九	
31	11/26	丙辰	八						9/24	乙卯	九						7/22	甲寅	七	4	6/21	癸未	八	

一九五四年 甲午 一白

三元八運…「六運」

三元九運…「五運」

6月				5月				4月				3月				2月				1月				月
庚午				己巳				戊辰				丁卯				丙寅				乙丑 癸巳(年)				月干支
四緑				五黄				六白				七赤				八白				九紫				紫白
22 夏至 7時54分	6 芒種 15時1分			21 小満 23時47分	6 立夏 10時38分			21 穀雨 0時20分	5 清明 16時59分			21 春分 12時53分	6 啓蟄 11時49分			19 雨水 13時32分	4 立春 17時31分			20 大寒 23時11分	6 小寒 5時45分			節気
農暦	日干支	日紫白	奇門遁甲局数	農暦	日干支	日紫白	奇門遁甲局数	農暦	日干支	日紫白	奇門遁甲局数	農暦	日干支	日紫白	奇門遁甲局数	農暦	日干支	日紫白	奇門遁甲局数	農暦	日干支	日紫白	奇門遁甲局数	新暦
5/1	戊子	一	2	3/29	丁巳	三	2	2/28	丁亥	三	9	1/27	丙辰	五	陽6局	12/28	戊子	七	9	11/27	丁巳	九	7	1
5/2	己丑	二	陽8局	3/30	戊午	四		2/29	戊子	四		1/28	丁巳	六		12/29	己丑	八	陽6局	11/28	戊午	一		2
5/3	庚寅	三		4/1	己未	五	陽8局	3/1	己丑	五	陽6局	1/29	戊午	七		1/1	庚寅	九		11/29	己未	二	陽4局	3
5/4	辛卯	四		4/2	庚申	六		3/2	庚寅	六		1/30	己未	八	陽3局	1/2	辛卯	一		11/30	庚申	三		4
5/5	壬辰	五		4/3	辛酉	七		3/3	辛卯	七		2/1	庚申	九		1/3	壬辰	二		12/1	辛酉	四		5
5/6	癸巳	六		4/4	壬戌	八		3/4	壬辰	八		2/2	辛酉	一		1/4	癸巳	三		12/2	壬戌	五		6
5/7	甲午	七	陽6局	4/5	癸亥	九		3/5	癸巳	九		2/3	壬戌	二		1/5	甲午	四	陽8局	12/3	癸亥	六		7
5/8	乙未	八		4/6	甲子	四	陽4局	3/6	甲午	一	陽4局	2/4	癸亥	三		1/6	乙未	五		12/4	甲子	一	陽2局	8
5/9	丙申	九		4/7	乙丑	五		3/7	乙未	二		2/5	甲子	七	陽1局	1/7	丙申	六		12/5	乙丑	二		9
5/10	丁酉	一		4/8	丙寅	六		3/8	丙申	三		2/6	乙丑	八		1/8	丁酉	七		12/6	丙寅	三		10
5/11	戊戌	二		4/9	丁卯	七		3/9	丁酉	四		2/7	丙寅	九		1/9	戊戌	八		12/7	丁卯	四		11
5/12	己亥	三	陽3局	4/10	戊辰	八		3/10	戊戌	五		2/8	丁卯	一		1/10	己亥	九	陽5局	12/8	戊辰	五		12
5/13	庚子	四		4/11	己巳	九	陽1局	3/11	己亥	六	陽1局	2/9	戊辰	二		1/11	庚子	一		12/9	己巳	六	陽8局	13
5/14	辛丑	五		4/12	庚午	一		3/12	庚子	七		2/10	己巳	三	陽7局	1/12	辛丑	二		12/10	庚午	七		14
5/15	壬寅	六		4/13	辛未	二		3/13	辛丑	八		2/11	庚午	四		1/13	壬寅	三		12/11	辛未	八		15
5/16	癸卯	七		4/14	壬申	三		3/14	壬寅	九		2/12	辛未	五		1/14	癸卯	四		12/12	壬申	九		16
5/17	甲辰	八	陽9局	4/15	癸酉	四		3/15	癸卯	一		2/13	壬申	六		1/15	甲辰	五	陽2局	12/13	癸酉	一		17
5/18	乙巳	九		4/16	甲戌	五	陽7局	3/16	甲辰	二	陽7局	2/14	癸酉	七		1/16	乙巳	六		12/14	甲戌	二	陽5局	18
5/19	丙午	一		4/17	乙亥	六		3/17	乙巳	三		2/15	甲戌	八	陽4局	1/17	丙午	四		12/15	乙亥	三		19
5/20	丁未	二		4/18	丙子	七		3/18	丙午	四		2/16	乙亥	九		1/18	丁未	五		12/16	丙子	四		20
5/21	戊申	三		4/19	丁丑	八		3/19	丁未	二		2/17	丙子	一		1/19	戊申	六		12/17	丁丑	五		21
5/22	己酉	九	陰9局	4/20	戊寅	九		3/20	戊申	三		2/18	丁丑	二		1/20	己酉	七	陽9局	12/18	戊寅	六		22
5/23	庚戌	八		4/21	己卯	一	陽5局	3/21	己酉	四	陽5局	2/19	戊寅	三		1/21	庚戌	八		12/19	己卯	七	陽3局	23
5/24	辛亥	七		4/22	庚辰	二		3/22	庚戌	五		2/20	己卯	四	陽3局	1/22	辛亥	九		12/20	庚辰	八		24
5/25	壬子	六		4/23	辛巳	三		3/23	辛亥	六		2/21	庚辰	五		1/23	壬子	一		12/21	辛巳	九		25
5/26	癸丑	五		4/24	壬午	四		3/24	壬子	七		2/22	辛巳	六		1/24	癸丑	二		12/22	壬午	一		26
5/27	甲寅	四	陰3局	4/25	癸未	五		3/25	癸丑	八		2/23	壬午	七		1/25	甲寅	三	6	12/23	癸未	二		27
5/28	乙卯	三		4/26	甲申	六	陽2局	3/26	甲寅	九	陽2局	2/24	癸未	八		1/26	乙卯	四		12/24	甲申	三	陽9局	28
5/29	丙辰	二		4/27	乙酉	七		3/27	乙卯	一		2/25	甲申	九	陽9局					12/25	乙酉	四		29
6/1	丁巳	一		4/28	丙戌	八		3/28	丙辰	二		2/26	乙酉	一						12/26	丙戌	五		30
				4/29	丁亥	九						2/27	丙戌	二						12/27	丁亥	六		31

1953年 癸巳(年) ／ 甲子(月)

月	12 月				11 月				10 月				9 月				8 月				7 月			
月干支	丙子				乙亥				甲戌				癸酉				壬申				辛未			
紫白	七赤				八白				九紫				一白				二黒				三碧			
節気	22 冬至 18時24分	8 大雪 0時29分	日紫白	奇門遁甲局数	23 小雪 5時14分	8 立冬 7時51分	日紫白	奇門遁甲局数	24 霜降 7時56分	9 寒露 4時57分	日紫白	奇門遁甲局数	23 秋分 22時55分	8 白露 13時38分	日紫白	奇門遁甲局数	24 処暑 1時36分	8 立秋 10時59分	日紫白	奇門遁甲局数	23 大暑 18時45分	8 小暑 1時19分	日紫白	奇門遁甲局数
新暦	農暦	日干支			農暦	日干支			農暦	日干支			農暦	日干支			農暦	日干支			農暦	日干支		
1	11/7	辛卯	六	陰2局	10/6	辛酉	三	陰2局	9/5	庚寅	四	陰4局	8/5	庚申	一	陰7局	7/3	己丑	二	陰4局	6/2	戊午	九	3
2	11/8	壬辰	五		10/7	壬戌	二		9/6	辛卯	三		8/6	辛酉	九		7/4	庚寅	一		6/3	己未	八	陰6局
3	11/9	癸巳	四		10/8	癸亥	一		9/7	壬辰	二		8/7	壬戌	八		7/5	辛卯	九		6/4	庚申	七	
4	11/10	甲午	三	陰4局	10/9	甲子	六	陰6局	9/8	癸巳	一		8/8	癸亥	七		7/6	壬辰	八		6/5	辛酉	六	
5	11/11	乙未	二		10/10	乙丑	五		9/9	甲午	九	陰6局	8/9	甲子	三	陰9局	7/7	癸巳	七		6/6	壬戌	五	
6	11/12	丙申	一		10/11	丙寅	四		9/10	乙未	八		8/10	乙丑	二		7/8	甲午	六	陰2局	6/7	癸亥	四	
7	11/13	丁酉	九		10/12	丁卯	三		9/11	丙申	七		8/11	丙寅	一		7/9	乙未	五		6/8	甲子	九	陰8局
8	11/14	戊戌	八		10/13	戊辰	二		9/12	丁酉	六		8/12	丁卯	九		7/10	丙申	四		6/9	乙丑	八	
9	11/15	己亥	七	陰7局	10/14	己巳	一	陰9局	9/13	戊戌	五		8/13	戊辰	八		7/11	丁酉	三		6/10	丙寅	七	
10	11/16	庚子	六		10/15	庚午	九		9/14	己亥	四	陰9局	8/14	己巳	七	陰3局	7/12	戊戌	二		6/11	丁卯	六	
11	11/17	辛丑	五		10/16	辛未	八		9/15	庚子	三		8/15	庚午	六		7/13	己亥	一	陰5局	6/12	戊辰	五	
12	11/18	壬寅	四		10/17	壬申	七		9/16	辛丑	二		8/16	辛未	五		7/14	庚子	九		6/13	己巳	四	陰2局
13	11/19	癸卯	三		10/18	癸酉	六		9/17	壬寅	一		8/17	壬申	四		7/15	辛丑	八		6/14	庚午	三	
14	11/20	甲辰	二	陰1局	10/19	甲戌	五	陰3局	9/18	癸卯	九		8/18	癸酉	三		7/16	壬寅	七		6/15	辛未	二	
15	11/21	乙巳	一		10/20	乙亥	四		9/19	甲辰	八	陰3局	8/19	甲戌	二	陰6局	7/17	癸卯	六		6/16	壬申	一	
16	11/22	丙午	九		10/21	丙子	三		9/20	乙巳	七		8/20	乙亥	一		7/18	甲辰	五	陰8局	6/17	癸酉	九	
17	11/23	丁未	八		10/22	丁丑	二		9/21	丙午	六		8/21	丙子	九		7/19	乙巳	四		6/18	甲戌	八	陰5局
18	11/24	戊申	七		10/23	戊寅	一		9/22	丁未	五		8/22	丁丑	八		7/20	丙午	三		6/19	乙亥	七	
19	11/25	己酉	六	陽1局	10/24	己卯	九	陰5局	9/23	戊申	四		8/23	戊寅	七		7/21	丁未	二		6/20	丙子	六	
20	11/26	庚戌	五		10/25	庚辰	八		9/24	己酉	三	陰5局	8/24	己卯	六	陰7局	7/22	戊申	一		6/21	丁丑	五	
21	11/27	辛亥	四		10/26	辛巳	七		9/25	庚戌	二		8/25	庚辰	五		7/23	己酉	九	陰1局	6/22	戊寅	四	
22	11/28	壬子	四		10/27	壬午	六		9/26	辛亥	一		8/26	辛巳	四		7/24	庚戌	八		6/23	己卯	三	陰7局
23	11/29	癸丑	五		10/28	癸未	五		9/27	壬子	九		8/27	壬午	三		7/25	辛亥	七		6/24	庚辰	二	
24	11/30	甲寅	六	陽7局	10/29	甲申	四	陰8局	9/28	癸丑	二		8/28	癸未	二		7/26	壬子	九		6/25	辛巳	一	
25	12/1	乙卯	七		11/1	乙酉	三		9/29	甲寅	一	陰8局	8/29	甲申	一	陰1局	7/27	癸丑	八		6/26	壬午	九	
26	12/2	丙辰	八		11/2	丙戌	二		9/30	乙卯	九		8/30	乙酉	九		7/28	甲寅	七	陰4局	6/27	癸未	八	
27	12/3	丁巳	九		11/3	丁亥	一		10/1	丙辰	八		9/1	丙戌	八		7/29	乙卯	六		6/28	甲申	七	陰1局
28	12/4	戊午	一		11/4	戊子	九		10/2	丁巳	七		9/2	丁亥	七		8/1	丙辰	五		6/29	乙酉	六	
29	12/5	己未	二	陽4局	11/5	己丑	八	2	10/3	戊午	六		9/3	戊子	六		8/2	丁巳	四		6/30	丙戌	五	
30	12/6	庚申	三		11/6	庚寅	七		10/4	己未	五	2	9/4	己丑	五	4	8/3	戊午	三		7/1	丁亥	四	
31	12/7	辛酉	四						10/5	庚申	四						8/4	己未	二	7	7/2	戊子	三	

一九五五年 乙未 九紫

三元八運…「六運」

三元九運…「五運」

月	1月				2月				3月				4月				5月				6月			
月干支	丁丑 甲午(年)				戊寅				己卯				庚辰				辛巳				壬午			
紫白	六白				五黄				四緑				三碧				二黒				一白			
節気	21 大寒 5時3分	6 小寒 11時37分			19 雨水 19時19分	4 立春 23時18分			21 春分 18時36分	6 啓蟄 17時32分			21 穀雨 5時58分	5 清明 22時39分			22 小満 5時25分	6 立夏 16時18分			22 夏至 13時32分	6 芒種 20時44分		
新暦	農暦	日干支	日紫白	奇門遁甲局数	農暦	日干支	日紫白	奇門遁甲局数	農暦	日干支	日紫白	奇門遁甲局数	農暦	日干支	日紫白	奇門遁甲局数	農暦	日干支	日紫白	奇門遁甲局数	農暦	日干支	日紫白	奇門遁甲局数
1	12/8	壬戌	五	4	1/9	癸巳	三	6	2/8	辛酉	一	陽3局	3/9	壬辰	八	6	閏3/10	壬戌	八	8	4/11	癸巳	六	8
2	12/9	癸亥	六		1/10	甲午	四	陽8局	2/9	壬戌	二		3/10	癸巳	九		閏3/11	癸亥	九		4/12	甲午	七	陽6局
3	12/10	甲子	一	陽2局	1/11	乙未	五		2/10	癸亥	三		3/11	甲午	一	陽4局	閏3/12	甲子	四	陽4局	4/13	乙未	八	
4	12/11	乙丑	二		1/12	丙申	六		2/11	甲子	七	陽1局	3/12	乙未	二		閏3/13	乙丑	五		4/14	丙申	九	
5	12/12	丙寅	三		1/13	丁酉	七		2/12	乙丑	八		3/13	丙申	三		閏3/14	丙寅	六		4/15	丁酉	一	
6	12/13	丁卯	四		1/14	戊戌	八		2/13	丙寅	九		3/14	丁酉	四		閏3/15	丁卯	七		4/16	戊戌	二	
7	12/14	戊辰	五		1/15	己亥	九	陽5局	2/14	丁卯	一		3/15	戊戌	五		閏3/16	戊辰	八		4/17	己亥	三	陽3局
8	12/15	己巳	六	陽8局	1/16	庚子	一		2/15	戊辰	二		3/16	己亥	六	陽1局	閏3/17	己巳	九	陽1局	4/18	庚子	四	
9	12/16	庚午	七		1/17	辛丑	二		2/16	己巳	三	陽7局	3/17	庚子	七		閏3/18	庚午	一		4/19	辛丑	五	
10	12/17	辛未	八		1/18	壬寅	三		2/17	庚午	四		3/18	辛丑	八		閏3/19	辛未	二		4/20	壬寅	六	
11	12/18	壬申	九		1/19	癸卯	四		2/18	辛未	五		3/19	壬寅	九		閏3/20	壬申	三		4/21	癸卯	七	
12	12/19	癸酉	一		1/20	甲辰	五	陽2局	2/19	壬申	六		3/20	癸卯	一		閏3/21	癸酉	四		4/22	甲辰	八	陽9局
13	12/20	甲戌	二	陽5局	1/21	乙巳	六		2/20	癸酉	七		3/21	甲辰	二	陽7局	閏3/22	甲戌	五	陽7局	4/23	乙巳	九	
14	12/21	乙亥	三		1/22	丙午	七		2/21	甲戌	八	陽4局	3/22	乙巳	三		閏3/23	乙亥	六		4/24	丙午	一	
15	12/22	丙子	四		1/23	丁未	八		2/22	乙亥	九		3/23	丙午	四		閏3/24	丙子	七		4/25	丁未	二	
16	12/23	丁丑	五		1/24	戊申	九		2/23	丙子	一		3/24	丁未	五		閏3/25	丁丑	八		4/26	戊申	三	
17	12/24	戊寅	六		1/25	己酉	一	陽9局	2/24	丁丑	二		3/25	戊申	六		閏3/26	戊寅	九		4/27	己酉	四	陰9局
18	12/25	己卯	七	陽3局	1/26	庚戌	二		2/25	戊寅	三		3/26	己酉	七	陽5局	閏3/27	己卯	一	陽5局	4/28	庚戌	五	
19	12/26	庚辰	八		1/27	辛亥	九		2/26	己卯	四	陽3局	3/27	庚戌	八		閏3/28	庚辰	二		4/29	辛亥	六	
20	12/27	辛巳	九		1/28	壬子	一		2/27	庚辰	五		3/28	辛亥	九		閏3/29	辛巳	三		5/1	壬子	七	
21	12/28	壬午	一		1/29	癸丑	二		2/28	辛巳	六		3/29	壬子	七		閏3/30	壬午	四		5/2	癸丑	八	
22	12/29	癸未	二		2/1	甲寅	三	陽6局	2/29	壬午	七		閏3/1	癸丑	八		4/1	癸未	五		5/3	甲寅	四	陰3局
23	12/30	甲申	三	陽9局	2/2	乙卯	四		2/30	癸未	八		閏3/2	甲寅	九	陽2局	4/2	甲申	六	陽2局	5/4	乙卯	三	
24	1/1	乙酉	四		2/3	丙辰	五		3/1	甲申	九	陽9局	閏3/3	乙卯	一		4/3	乙酉	七		5/5	丙辰	二	
25	1/2	丙戌	五		2/4	丁巳	六		3/2	乙酉	一		閏3/4	丙辰	二		4/4	丙戌	八		5/6	丁巳	一	
26	1/3	丁亥	六		2/5	戊午	七		3/3	丙戌	二		閏3/5	丁巳	三		4/5	丁亥	九		5/7	戊午	九	
27	1/4	戊子	七		2/6	己未	八	3	3/4	丁亥	三		閏3/6	戊午	四		4/6	戊子	一		5/8	己未	八	陰6局
28	1/5	己丑	八	陽6局	2/7	庚申	九		3/5	戊子	四		閏3/7	己未	五	陽8局	4/7	己丑	二	陽8局	5/9	庚申	七	
29	1/6	庚寅	九						3/6	己丑	五	陽6局	閏3/8	庚申	六		4/8	庚寅	三		5/10	辛酉	六	
30	1/7	辛卯	一						3/7	庚寅	六		閏3/9	辛酉	七		4/9	辛卯	四		5/11	壬戌	五	
31	1/8	壬辰	二						3/8	辛卯	七						4/10	壬辰	五					

1954年 甲午(年)／丙子(月)

月	12月				11月				10月				9月				8月				7月			
月干支	戊子				丁亥				丙戌				乙酉				甲申				癸未			
紫白	四緑				五黄				六白				七赤				八白				九紫			
節気	23 冬至 0時12分	8 大雪 6時24分	日紫白	奇門遁甲局数	23 小雪 11時2分	8 立冬 13時46分	日紫白	奇門遁甲局数	24 霜降 13時44分	9 寒露 10時53分	日紫白	奇門遁甲局数	24 秋分 4時42分	8 白露 19時32分	日紫白	奇門遁甲局数	24 処暑 7時20分	8 立秋 16時51分	日紫白	奇門遁甲局数	24 大暑 0時25分	8 小暑 7時6分	日紫白	奇門遁甲局数
新暦	農暦	日干支			農暦	日干支			農暦	日干支			農暦	日干支			農暦	日干支			農暦	日干支		
1	10/18	丙申	一	陰4局	9/17	丙寅	四	陰6局	8/16	乙未	八	陰6局	7/15	乙丑	二	陰9局	6/14	甲午	六	陰2局	5/12	癸亥	四	6
2	10/19	丁酉	九		9/18	丁卯	三		8/17	丙申	七		7/16	丙寅	一		6/15	乙未	五		5/13	甲子	九	陰8局
3	10/20	戊戌	八		9/19	戊辰	二		8/18	丁酉	六		7/17	丁卯	九		6/16	丙申	四		5/14	乙丑	八	
4	10/21	己亥	七	陰7局	9/20	己巳	一	陰9局	8/19	戊戌	五		7/18	戊辰	八		6/17	丁酉	三		5/15	丙寅	七	
5	10/22	庚子	六		9/21	庚午	九		8/20	己亥	四	陰9局	7/19	己巳	七	陰3局	6/18	戊戌	二		5/16	丁卯	六	
6	10/23	辛丑	五		9/22	辛未	八		8/21	庚子	三		7/20	庚午	六		6/19	己亥	一	陰5局	5/17	戊辰	五	
7	10/24	壬寅	四		9/23	壬申	七		8/22	辛丑	二		7/21	辛未	五		6/20	庚子	九		5/18	己巳	四	陰2局
8	10/25	癸卯	三		9/24	癸酉	六		8/23	壬寅	一		7/22	壬申	四		6/21	辛丑	八		5/19	庚午	三	
9	10/26	甲辰	二	陰1局	9/25	甲戌	五	陰3局	8/24	癸卯	九		7/23	癸酉	三		6/22	壬寅	七		5/20	辛未	二	
10	10/27	乙巳	一		9/26	乙亥	四		8/25	甲辰	八	陰3局	7/24	甲戌	二	陰6局	6/23	癸卯	六		5/21	壬申	一	
11	10/28	丙午	九		9/27	丙子	三		8/26	乙巳	七		7/25	乙亥	一		6/24	甲辰	五	陰8局	5/22	癸酉	九	
12	10/29	丁未	八		9/28	丁丑	二		8/27	丙午	六		7/26	丙子	九		6/25	乙巳	四		5/23	甲戌	八	陰5局
13	10/30	戊申	七		9/29	戊寅	一		8/28	丁未	五		7/27	丁丑	八		6/26	丙午	三		5/24	乙亥	七	
14	11/1	己酉	六	陰4局・閏	10/1	己卯	九	陰5局	8/29	戊申	四		7/28	戊寅	七		6/27	丁未	二		5/25	丙子	六	
15	11/2	庚戌	五		10/2	庚辰	八		8/30	己酉	三	陰5局	7/29	己卯	六	陰7局	6/28	戊申	一		5/26	丁丑	五	
16	11/3	辛亥	四		10/3	辛巳	七		9/1	庚戌	二		8/1	庚辰	五		6/29	己酉	九	陰1局	5/27	戊寅	四	
17	11/4	壬子	三		10/4	壬午	六		9/2	辛亥	一		8/2	辛巳	四		6/30	庚戌	八		5/28	己卯	三	陰7局
18	11/5	癸丑	二		10/5	癸未	五		9/3	壬子	九		8/3	壬午	三		7/1	辛亥	七		5/29	庚辰	二	
19	11/6	甲寅	一	陰7局・閏	10/6	甲申	四	陰8局	9/4	癸丑	八		8/4	癸未	二		7/2	壬子	六		6/1	辛巳	一	
20	11/7	乙卯	九		10/7	乙酉	三		9/5	甲寅	七	陰8局	8/5	甲申	一	陰1局	7/3	癸丑	五		6/2	壬午	九	
21	11/8	丙辰	八		10/8	丙戌	二		9/6	乙卯	六		8/6	乙酉	九		7/4	甲寅	四	陰4局	6/3	癸未	八	
22	11/9	丁巳	七		10/9	丁亥	一		9/7	丙辰	五		8/7	丙戌	八		7/5	乙卯	三		6/4	甲申	七	陰1局
23	11/10	戊午	一		10/10	戊子	九		9/8	丁巳	四		8/8	丁亥	七		7/6	丙辰	二		6/5	乙酉	六	
24	11/11	己未	二	陰1局・閏	10/11	己丑	八	陰2局	9/9	戊午	六		8/9	戊子	六		7/7	丁巳	四		6/6	丙戌	五	
25	11/12	庚申	三		10/12	庚寅	七		9/10	己未	五	陰2局	8/10	己丑	五	陰4局	7/8	戊午	三		6/7	丁亥	四	
26	11/13	辛酉	四		10/13	辛卯	六		9/11	庚申	四		8/11	庚寅	四		7/9	己未	二	陰7局	6/8	戊子	三	
27	11/14	壬戌	五		10/14	壬辰	五		9/12	辛酉	三		8/12	辛卯	三		7/10	庚申	一		6/9	己丑	二	陰4局
28	11/15	癸亥	六		10/15	癸巳	四		9/13	壬戌	二		8/13	壬辰	二		7/11	辛酉	九		6/10	庚寅	一	
29	11/16	甲子	一	陽1局	10/16	甲午	三	4	9/14	癸亥	一		8/14	癸巳	一		7/12	壬戌	八		6/11	辛卯	九	
30	11/17	乙丑	二		10/17	乙未	二		9/15	甲子	六	6	8/15	甲午	九	6	7/13	癸亥	七		6/12	壬辰	八	
31	11/18	丙寅	三						9/16	乙丑	五						7/14	甲子	三	9	6/13	癸巳	七	

一九五六年 丙申 八白

二元八運…「六運」　三元九運…「五運」

1月　己丑（乙未(年)）　三碧

節気：6　小寒　17時31分／21　大寒　10時49分

新暦	農暦	日干支	日紫白	奇門遁甲局数
1	11/19	丁卯	四	1
2	11/20	戊辰	五	
3	11/21	己巳	六	陽7局
4	11/22	庚午	七	
5	11/23	辛未	八	
6	11/24	壬申	九	
7	11/25	癸酉	一	
8	11/26	甲戌	二	陽4局
9	11/27	乙亥	三	
10	11/28	丙子	四	
11	11/29	丁丑	五	
12	11/30	戊寅	六	
13	12/1	己卯	七	陽2局
14	12/2	庚辰	八	
15	12/3	辛巳	九	
16	12/4	壬午	一	
17	12/5	癸未	二	
18	12/6	甲申	三	陽8局
19	12/7	乙酉	四	
20	12/8	丙戌	五	
21	12/9	丁亥	六	
22	12/10	戊子	七	
23	12/11	己丑	八	陽5局
24	12/12	庚寅	九	
25	12/13	辛卯	一	
26	12/14	壬辰	二	
27	12/15	癸巳	三	
28	12/16	甲午	四	陽3局
29	12/17	乙未	五	
30	12/18	丙申	六	
31	12/19	丁酉	七	

2月　庚寅　二黒

節気：5　立春　5時13分／20　雨水　1時5分

新暦	農暦	日干支	日紫白	奇門遁甲局数
1	12/20	戊戌	八	3
2	12/21	己亥	九	陽9局
3	12/22	庚子	一	
4	12/23	辛丑	二	
5	12/24	壬寅	三	
6	12/25	癸卯	四	
7	12/26	甲辰	五	陽6局
8	12/27	乙巳	六	
9	12/28	丙午	七	
10	12/29	丁未	八	
11	12/30	戊申	九	
12	1/1	己酉	一	陽8局
13	1/2	庚戌	二	
14	1/3	辛亥	三	
15	1/4	壬子	四	
16	1/5	癸丑	五	
17	1/6	甲寅	六	陽5局
18	1/7	乙卯	七	
19	1/8	丙辰	八	
20	1/9	丁巳	六	
21	1/10	戊午	七	
22	1/11	己未	八	陽2局
23	1/12	庚申	九	
24	1/13	辛酉	一	
25	1/14	壬戌	二	
26	1/15	癸亥	三	
27	1/16	甲子	七	陽9局
28	1/17	乙丑	八	
29	1/18	丙寅	九	
30				
31				

3月　辛卯　一白

節気：5　啓蟄　23時25分／21　春分　0時21分

新暦	農暦	日干支	日紫白	奇門遁甲局数
1	1/19	丁卯	一	9
2	1/20	戊辰	二	
3	1/21	己巳	三	陽6局
4	1/22	庚午	四	
5	1/23	辛未	五	
6	1/24	壬申	六	
7	1/25	癸酉	七	
8	1/26	甲戌	八	陽3局
9	1/27	乙亥	九	
10	1/28	丙子	一	
11	1/29	丁丑	二	
12	2/1	戊寅	三	
13	2/2	己卯	四	陽1局
14	2/3	庚辰	五	
15	2/4	辛巳	六	
16	2/5	壬午	七	
17	2/6	癸未	八	
18	2/7	甲申	九	陽7局
19	2/8	乙酉	一	
20	2/9	丙戌	二	
21	2/10	丁亥	三	
22	2/11	戊子	四	
23	2/12	己丑	五	陽4局
24	2/13	庚寅	六	
25	2/14	辛卯	七	
26	2/15	壬辰	八	
27	2/16	癸巳	九	
28	2/17	甲午	一	陽3局
29	2/18	乙未	二	
30	2/19	丙申	三	
31	2/20	丁酉	四	

4月　壬辰　九紫

節気：5　清明　4時32分／20　穀雨　11時44分

新暦	農暦	日干支	日紫白	奇門遁甲局数
1	2/21	戊戌	五	3
2	2/22	己亥	六	陽9局
3	2/23	庚子	七	
4	2/24	辛丑	八	
5	2/25	壬寅	九	
6	2/26	癸卯	一	
7	2/27	甲辰	二	陽6局
8	2/28	乙巳	三	
9	2/29	丙午	四	
10	2/30	丁未	五	
11	3/1	戊申	六	
12	3/2	己酉	七	陽4局
13	3/3	庚戌	八	
14	3/4	辛亥	九	
15	3/5	壬子	一	
16	3/6	癸丑	二	
17	3/7	甲寅	三	陽1局
18	3/8	乙卯	四	
19	3/9	丙辰	五	
20	3/10	丁巳	三	
21	3/11	戊午	四	
22	3/12	己未	五	陽7局
23	3/13	庚申	六	
24	3/14	辛酉	七	
25	3/15	壬戌	八	
26	3/16	癸亥	九	
27	3/17	甲子	四	陽5局
28	3/18	乙丑	五	
29	3/19	丙寅	六	
30	3/20	丁卯	七	
31				

5月　癸巳　八白

節気：5　立夏　22時10分／21　小満　11時13分

新暦	農暦	日干支	日紫白	奇門遁甲局数
1	3/21	戊辰	八	5
2	3/22	己巳	九	陽2局
3	3/23	庚午	一	
4	3/24	辛未	二	
5	3/25	壬申	三	
6	3/26	癸酉	四	
7	3/27	甲戌	五	陽8局
8	3/28	乙亥	六	
9	3/29	丙子	七	
10	4/1	丁丑	八	
11	4/2	戊寅	九	
12	4/3	己卯	一	陽4局
13	4/4	庚辰	二	
14	4/5	辛巳	三	
15	4/6	壬午	四	
16	4/7	癸未	五	
17	4/8	甲申	六	陽1局
18	4/9	乙酉	七	
19	4/10	丙戌	八	
20	4/11	丁亥	九	
21	4/12	戊子	一	
22	4/13	己丑	二	陽7局
23	4/14	庚寅	三	
24	4/15	辛卯	四	
25	4/16	壬辰	五	
26	4/17	癸巳	六	
27	4/18	甲午	七	陽5局
28	4/19	乙未	八	
29	4/20	丙申	九	
30	4/21	丁酉	一	
31	4/22	戊戌	二	

6月　甲午　七赤

節気：6　芒種　2時36分／21　夏至　19時24分

新暦	農暦	日干支	日紫白	奇門遁甲局数
1	4/23	己亥	三	陽2局
2	4/24	庚子	四	
3	4/25	辛丑	五	
4	4/26	壬寅	六	
5	4/27	癸卯	七	
6	4/28	甲辰	八	陽8局
7	4/29	乙巳	九	
8	4/30	丙午	一	
9	5/1	丁未	二	
10	5/2	戊申	三	
11	5/3	己酉	四	陽6局
12	5/4	庚戌	五	
13	5/5	辛亥	六	
14	5/6	壬子	七	
15	5/7	癸丑	八	
16	5/8	甲寅	九	陽3局
17	5/9	乙卯	一	
18	5/10	丙辰	二	
19	5/11	丁巳	三	
20	5/12	戊午	四	
21	5/13	己未	八	陽9局
22	5/14	庚申	七	
23	5/15	辛酉	六	
24	5/16	壬戌	五	
25	5/17	癸亥	四	
26	5/18	甲子	九	陰9局
27	5/19	乙丑	八	
28	5/20	丙寅	七	
29	5/21	丁卯	六	
30	5/22	戊辰	五	
31				

1955年　乙未(年)／戊子(月)

月	12月				11月				10月				9月				8月				7月			
月干支	庚子				己亥				戊戌				丁酉				丙申				乙未			
紫白	一白				二黒				三碧				四緑				五黄				六白			
節気	22 冬至 6時0分	7 大雪 12時3分	日紫白	奇門遁甲局数	22 小雪 16時51分	7 立冬 19時27分	日紫白	奇門遁甲局数	23 霜降 19時35分	8 寒露 16時37分	日紫白	奇門遁甲局数	23 秋分 10時36分	8 白露 1時20分	日紫白	奇門遁甲局数	23 処暑 13時15分	7 立秋 22時41分	日紫白	奇門遁甲局数	23 大暑 6時20分	7 小暑 12時59分	日紫白	奇門遁甲局数
新暦	農暦	日干支			農暦	日干支			農暦	日干支			農暦	日干支			農暦	日干支			農暦	日干支		
1	10/29	壬寅	四	8	9/29	壬申	七	8	8/27	辛丑	二	陰1局	7/27	辛未	五	陰4局	6/25	庚子	九	陰1局	5/23	己巳	四	陰3局
2	11/1	癸卯	三		9/30	癸酉	六		8/28	壬寅	一		7/28	壬申	四		6/26	辛丑	八		5/24	庚午	三	
3	11/2	甲辰	二	陰2局	10/1	甲戌	五	陰2局	8/29	癸卯	九		7/29	癸酉	三		6/27	壬寅	七		5/25	辛未	二	
4	11/3	乙巳	一		10/2	乙亥	四		9/1	甲辰	八	陰4局	7/30	甲戌	二	陰7局	6/28	癸卯	六		5/26	壬申	一	
5	11/4	丙午	九		10/3	丙子	三		9/2	乙巳	七		8/1	乙亥	一		6/29	甲辰	五	陰4局	5/27	癸酉	九	
6	11/5	丁未	八		10/4	丁丑	二		9/3	丙午	六		8/2	丙子	九		7/1	乙巳	四		5/28	甲戌	八	陰6局
7	11/6	戊申	七		10/5	戊寅	一		9/4	丁未	五		8/3	丁丑	八		7/2	丙午	三		5/29	乙亥	七	
8	11/7	己酉	六	陰4局	10/6	己卯	九	陰6局	9/5	戊申	四		8/4	戊寅	七		7/3	丁未	二		6/1	丙子	六	
9	11/8	庚戌	五		10/7	庚辰	八		9/6	己酉	三	陰6局	8/5	己卯	六	陰9局	7/4	戊申	一		6/2	丁丑	五	
10	11/9	辛亥	四		10/8	辛巳	七		9/7	庚戌	二		8/6	庚辰	五		7/5	己酉	九	陰2局	6/3	戊寅	四	
11	11/10	壬子	三		10/9	壬午	六		9/8	辛亥	一		8/7	辛巳	四		7/6	庚戌	八		6/4	己卯	三	陰8局
12	11/11	癸丑	二		10/10	癸未	五		9/9	壬子	九		8/8	壬午	三		7/7	辛亥	七		6/5	庚辰	二	
13	11/12	甲寅	一	陰7局	10/11	甲申	四	陰9局	9/10	癸丑	八		8/9	癸未	二		7/8	壬子	六		6/6	辛巳	一	
14	11/13	乙卯	九		10/12	乙酉	三		9/11	甲寅	七	陰9局	8/10	甲申	一	陰3局	7/9	癸丑	五		6/7	壬午	九	
15	11/14	丙辰	八		10/13	丙戌	二		9/12	乙卯	六		8/11	乙酉	九		7/10	甲寅	四	陰5局	6/8	癸未	八	
16	11/15	丁巳	七		10/14	丁亥	一		9/13	丙辰	五		8/12	丙戌	八		7/11	乙卯	三		6/9	甲申	七	陰2局
17	11/16	戊午	六		10/15	戊子	九		9/14	丁巳	四		8/13	丁亥	七		7/12	丙辰	二		6/10	乙酉	六	
18	11/17	己未	五	陰1局	10/16	己丑	八	陰3局	9/15	戊午	三		8/14	戊子	六		7/13	丁巳	一		6/11	丙戌	五	
19	11/18	庚申	四		10/17	庚寅	七		9/16	己未	二	陰3局	8/15	己丑	五	陰6局	7/14	戊午	九		6/12	丁亥	四	
20	11/19	辛酉	三		10/18	辛卯	六		9/17	庚申	一		8/16	庚寅	四		7/15	己未	八	陰8局	6/13	戊子	三	
21	11/20	壬戌	二		10/19	壬辰	五		9/18	辛酉	九		8/17	辛卯	三		7/16	庚申	七		6/14	己丑	二	陰5局
22	11/21	癸亥	六		10/20	癸巳	四		9/19	壬戌	八		8/18	壬辰	二		7/17	辛酉	六		6/15	庚寅	一	
23	11/22	甲子	一	陽1局	10/21	甲午	三	陰5局	9/20	癸亥	一		8/19	癸巳	一		7/18	壬戌	八		6/16	辛卯	九	
24	11/23	乙丑	二		10/22	乙未	二		9/21	甲子	六	陰5局	8/20	甲午	九	陰7局	7/19	癸亥	七		6/17	壬辰	八	
25	11/24	丙寅	三		10/23	丙申	一		9/22	乙丑	五		8/21	乙未	八		7/20	甲子	三	陰1局	6/18	癸巳	七	
26	11/25	丁卯	四		10/24	丁酉	九		9/23	丙寅	四		8/22	丙申	七		7/21	乙丑	二		6/19	甲午	六	陰7局
27	11/26	戊辰	五		10/25	戊戌	八		9/24	丁卯	三		8/23	丁酉	六		7/22	丙寅	一		6/20	乙未	五	
28	11/27	己巳	六	陽7局	10/26	己亥	七	陰8局	9/25	戊辰	二		8/24	戊戌	五		7/23	丁卯	九		6/21	丙申	四	
29	11/28	庚午	七		10/27	庚子	六		9/26	己巳	一	陰8局	8/25	己亥	四	1	7/24	戊辰	八		6/22	丁酉	三	
30	11/29	辛未	八		10/28	辛丑	五		9/27	庚午	九		8/26	庚子	三		7/25	己巳	七	4	6/23	戊戌	二	
31	11/30	壬申	九						9/28	辛未	八						7/26	庚午	六		6/24	己亥	一	1

一九五七年　丁酉　七赤

二元八運…「六運」

三元九運…「五運」

6月				5月				4月				3月				2月				1月				月
丙午				乙巳				甲辰				癸卯				壬寅				辛丑 丙申(年)				月干支
四緑				五黄				六白				七赤				八白				九紫				紫白
22 夏至 1時21分	6 芒種 8時25分			21 小満 17時11分	6 立夏 3時59分			20 穀雨 17時42分	5 清明 10時19分			21 春分 6時17分	6 啓蟄 5時11分			19 雨水 6時59分	4 立春 10時55分			20 大寒 16時39分	5 小寒 23時11分			節気
農暦	日干支	日紫白	奇門遁甲局数	農暦	日干支	日紫白	奇門遁甲局数	農暦	日干支	日紫白	奇門遁甲局数	農暦	日干支	日紫白	奇門遁甲局数	農暦	日干支	日紫白	奇門遁甲局数	農暦	日干支	日紫白	奇門遁甲局数	新暦
5/4	甲辰	八	陽8局	4/2	癸酉	四	2	3/2	癸卯	一	9	1/30	壬申	六	6	1/2	甲辰	五	陽6局	12/1	癸酉	一	7	1
5/5	乙巳	九		4/3	甲戌	五	陽8局	3/3	甲辰	二	陽6局	2/1	癸酉	七		1/3	乙巳	六		12/2	甲戌	二	陽4局	2
5/6	丙午	一		4/4	乙亥	六		3/4	乙巳	三		2/2	甲戌	八	陽3局	1/4	丙午	七		12/3	乙亥	三		3
5/7	丁未	二		4/5	丙子	七		3/5	丙午	四		2/3	乙亥	九		1/5	丁未	八		12/4	丙子	四		4
5/8	戊申	三		4/6	丁丑	八		3/6	丁未	五		2/4	丙子	一		1/6	戊申	九		12/5	丁丑	五		5
5/9	己酉	四	陽6局	4/7	戊寅	九		3/7	戊申	六		2/5	丁丑	二		1/7	己酉	一	陽8局	12/6	戊寅	六		6
5/10	庚戌	五		4/8	己卯	一	陽4局	3/8	己酉	七	陽4局	2/6	戊寅	三		1/8	庚戌	二		12/7	己卯	七	陽2局	7
5/11	辛亥	六		4/9	庚辰	二		3/9	庚戌	八		2/7	己卯	四	陽1局	1/9	辛亥	三		12/8	庚辰	八		8
5/12	壬子	七		4/10	辛巳	三		3/10	辛亥	九		2/8	庚辰	五		1/10	壬子	四		12/9	辛巳	九		9
5/13	癸丑	八		4/11	壬午	四		3/11	壬子	一		2/9	辛巳	六		1/11	癸丑	五		12/10	壬午	一		10
5/14	甲寅	九	陽3局	4/12	癸未	五		3/12	癸丑	二		2/10	壬午	七		1/12	甲寅	六	陽5局	12/11	癸未	二		11
5/15	乙卯	一		4/13	甲申	六	陽1局	3/13	甲寅	三	陽1局	2/11	癸未	八		1/13	乙卯	七		12/12	甲申	三	陽8局	12
5/16	丙辰	二		4/14	乙酉	七		3/14	乙卯	四		2/12	甲申	九	陽7局	1/14	丙辰	八		12/13	乙酉	四		13
5/17	丁巳	三		4/15	丙戌	八		3/15	丙辰	五		2/13	乙酉	一		1/15	丁巳	九		12/14	丙戌	五		14
5/18	戊午	四		4/16	丁亥	九		3/16	丁巳	六		2/14	丙戌	二		1/16	戊午	一		12/15	丁亥	六		15
5/19	己未	五	陽9局	4/17	戊子	一		3/17	戊午	七		2/15	丁亥	三		1/17	己未	二	陽2局	12/16	戊子	七		16
5/20	庚申	六		4/18	己丑	二	陽7局	3/18	己未	八	陽7局	2/16	戊子	四		1/18	庚申	三		12/17	己丑	八	陽5局	17
5/21	辛酉	七		4/19	庚寅	三		3/19	庚申	九		2/17	己丑	五	陽4局	1/19	辛酉	四		12/18	庚寅	九		18
5/22	壬戌	八		4/20	辛卯	四		3/20	辛酉	一		2/18	庚寅	六		1/20	壬戌	二		12/19	辛卯	一		19
5/23	癸亥	九		4/21	壬辰	五		3/21	壬戌	八		2/19	辛卯	七		1/21	癸亥	三		12/20	壬辰	二		20
5/24	甲子	四	陰9局	4/22	癸巳	六		3/22	癸亥	九		2/20	壬辰	八		1/22	甲子	七	陽9局	12/21	癸巳	三		21
5/25	乙丑	八		4/23	甲午	七	陽5局	3/23	甲子	四	陽5局	2/21	癸巳	九		1/23	乙丑	八		12/22	甲午	四	陽3局	22
5/26	丙寅	七		4/24	乙未	八		3/24	乙丑	五		2/22	甲午	一	陽3局	1/24	丙寅	九		12/23	乙未	五		23
5/27	丁卯	六		4/25	丙申	九		3/25	丙寅	六		2/23	乙未	二		1/25	丁卯	一		12/24	丙申	六		24
5/28	戊辰	五		4/26	丁酉	一		3/26	丁卯	七		2/24	丙申	三		1/26	戊辰	二		12/25	丁酉	七		25
5/29	己巳	四	陰3局	4/27	戊戌	二		3/27	戊辰	八		2/25	丁酉	四		1/27	己巳	三	陽6局	12/26	戊戌	八		26
5/30	庚午	三		4/28	己亥	三	陽2局	3/28	己巳	九	陽2局	2/26	戊戌	五		1/28	庚午	四		12/27	己亥	九	陽9局	27
6/1	辛未	二		4/29	庚子	四		3/29	庚午	一		2/27	己亥	六	陽9局	1/29	辛未	五		12/28	庚子	一		28
6/2	壬申	一		5/1	辛丑	五		3/30	辛未	二		2/28	庚子	七						12/29	辛丑	二		29
6/3	癸酉	九		5/2	壬寅	六		4/1	壬申	三		2/29	辛丑	八						12/30	壬寅	三		30
				5/3	癸卯	七						3/1	壬寅	九						1/1	癸卯	四		31

1956年　丙申(年)／庚子(月)

月	12月				11月				10月				9月				8月				7月			
月干支	壬子				辛亥				庚戌				己酉				戊申				丁未			
紫白	七赤				八白				九紫				一白				二黒				三碧			
節気	22	7	日紫白	奇門遁甲局数	22	8	日紫白	奇門遁甲局数	24	8	日紫白	奇門遁甲局数	23	8	日紫白	奇門遁甲局数	23	8	日紫白	奇門遁甲局数	23	7	日紫白	奇門遁甲局数
	冬至 11時49分	大雪 17時57分			小雪 22時40分	立冬 1時21分			霜降 1時25分	寒露 22時31分			秋分 16時27分	白露 7時13分			処暑 19時8分	立秋 4時33分			大暑 12時15分	小暑 18時49分		
新暦	農暦	日干支			農暦	日干支			農暦	日干支			農暦	日干支			農暦	日干支			農暦	日干支		
1	10/10	丁未	八	2	9/10	丁丑	二	2	閏8/8	丙午	六	陰4局	8/8	丙子	九	陰7局	7/6	乙巳	四	陰4局	6/4	甲戌	八	陰6局
2	10/11	戊申	七		9/11	戊寅	一		閏8/9	丁未	五		8/9	丁丑	八		7/7	丙午	三		6/5	乙亥	七	
3	10/12	己酉	六	陰4局	9/12	己卯	九	陰6局	閏8/10	戊申	四		8/10	戊寅	七		7/8	丁未	二		6/6	丙子	六	
4	10/13	庚戌	五		9/13	庚辰	八		閏8/11	己酉	三	陰6局	8/11	己卯	六	陰9局	7/9	戊申	一		6/7	丁丑	五	
5	10/14	辛亥	四		9/14	辛巳	七		閏8/12	庚戌	二		8/12	庚辰	五		7/10	己酉	九	陰2局	6/8	戊寅	四	
6	10/15	壬子	三		9/15	壬午	六		閏8/13	辛亥	一		8/13	辛巳	四		7/11	庚戌	八		6/9	己卯	三	陰8局
7	10/16	癸丑	二		9/16	癸未	五		閏8/14	壬子	九		8/14	壬午	三		7/12	辛亥	七		6/10	庚辰	二	
8	10/17	甲寅	一	陰7局	9/17	甲申	四	陰9局	閏8/15	癸丑	八		8/15	癸未	二		7/13	壬子	六		6/11	辛巳	一	
9	10/18	乙卯	九		9/18	乙酉	三		閏8/16	甲寅	七	陰9局	8/16	甲申	一	陰3局	7/14	癸丑	五		6/12	壬午	九	
10	10/19	丙辰	八		9/19	丙戌	二		閏8/17	乙卯	六		8/17	乙酉	九		7/15	甲寅	四	陰5局	6/13	癸未	八	
11	10/20	丁巳	七		9/20	丁亥	一		閏8/18	丙辰	五		8/18	丙戌	八		7/16	乙卯	三		6/14	甲申	七	陰2局
12	10/21	戊午	六		9/21	戊子	九		閏8/19	丁巳	四		8/19	丁亥	七		7/17	丙辰	二		6/15	乙酉	六	
13	10/22	己未	五	陰1局	9/22	己丑	八	陰3局	閏8/20	戊午	三		8/20	戊子	六		7/18	丁巳	一		6/16	丙戌	五	
14	10/23	庚申	四		9/23	庚寅	七		閏8/21	己未	二	陰3局	8/21	己丑	五	陰6局	7/19	戊午	九		6/17	丁亥	四	
15	10/24	辛酉	三		9/24	辛卯	六		閏8/22	庚申	一		8/22	庚寅	四		7/20	己未	八	陰8局	6/18	戊子	三	
16	10/25	壬戌	二		9/25	壬辰	五		閏8/23	辛酉	九		8/23	辛卯	三		7/21	庚申	七		6/19	己丑	二	陰5局
17	10/26	癸亥	一		9/26	癸巳	四		閏8/24	壬戌	八		8/24	壬辰	二		7/22	辛酉	六		6/20	庚寅	一	
18	10/27	甲子	六	陽1局	9/27	甲午	三	陰5局	閏8/25	癸亥	七		8/25	癸巳	一		7/23	壬戌	五		6/21	辛卯	九	
19	10/28	乙丑	五		9/28	乙未	二		閏8/26	甲子	三	陰5局	8/26	甲午	九	陰7局	7/24	癸亥	四		6/22	壬辰	八	
20	10/29	丙寅	四		9/29	丙申	一		閏8/27	乙丑	二		8/27	乙未	八		7/25	甲子	九	陰1局	6/23	癸巳	七	
21	11/1	丁卯	三		9/30	丁酉	九		閏8/28	丙寅	一		8/28	丙申	七		7/26	乙丑	八		6/24	甲午	六	陰7局
22	11/2	戊辰	五		10/1	戊戌	八		閏8/29	丁卯	九		8/29	丁酉	六		7/27	丙寅	七		6/25	乙未	五	
23	11/3	己巳	六	陽7局	10/2	己亥	七	陰8局	9/1	戊辰	八		8/30	戊戌	五		7/28	丁卯	九		6/26	丙申	四	
24	11/4	庚午	七		10/3	庚子	六		9/2	己巳	一	陰8局	閏8/1	己亥	四	陰1局	7/29	戊辰	八		6/27	丁酉	三	
25	11/5	辛未	八		10/4	辛丑	五		9/3	庚午	九		閏8/2	庚子	三		8/1	己巳	七	陰4局	6/28	戊戌	二	
26	11/6	壬申	九		10/5	壬寅	四		9/4	辛未	八		閏8/3	辛丑	二		8/2	庚午	六		6/29	己亥	一	陰1局
27	11/7	癸酉	一		10/6	癸卯	三		9/5	壬申	七		閏8/4	壬寅	一		8/3	辛未	五		7/1	庚子	九	
28	11/8	甲戌	二	陽4局	10/7	甲辰	二	陰2局	9/6	癸酉	六		閏8/5	癸卯	九		8/4	壬申	四		7/2	辛丑	八	
29	11/9	乙亥	三		10/8	乙巳	一		9/7	甲戌	五	陰2局	閏8/6	甲辰	八	4	8/5	癸酉	三		7/3	壬寅	七	
30	11/10	丙子	四		10/9	丙午	九		9/8	乙亥	四		閏8/7	乙巳	七		8/6	甲戌	二	7	7/4	癸卯	六	
31	11/11	丁丑	五						9/9	丙子	三						8/7	乙亥	一		7/5	甲辰	五	4

一九五八年 戊戌 六白

二元八運…「六運」 三元九運…「五運」

月	1月				2月				3月			
月干支	癸丑 丁酉(年)				甲寅				乙卯			
紫白	六白				五黄				四緑			
節気	20 大寒 22時29分	6 小寒 5時5分	日紫白	奇門遁甲局数	19 雨水 12時49分	4 立春 16時50分	日紫白	奇門遁甲局数	21 春分 12時6分	6 啓蟄 11時6分	日紫白	奇門遁甲局数
新暦	農暦	日干支			農暦	日干支			農暦	日干支		
1	11/12	戊寅	六	4	12/13	己酉	一	陽8局	1/12	丁丑	二	3
2	11/13	己卯	七	陽2局	12/14	庚戌	二		1/13	戊寅	三	
3	11/14	庚辰	八		12/15	辛亥	三		1/14	己卯	四	陽1局
4	11/15	辛巳	九		12/16	壬子	四		1/15	庚辰	五	
5	11/16	壬午	一		12/17	癸丑	五		1/16	辛巳	六	
6	11/17	癸未	二		12/18	甲寅	六	陽5局	1/17	壬午	七	
7	11/18	甲申	三	陽8局	12/19	乙卯	七		1/18	癸未	八	
8	11/19	乙酉	四		12/20	丙辰	八		1/19	甲申	九	陽7局
9	11/20	丙戌	五		12/21	丁巳	九		1/20	乙酉	一	
10	11/21	丁亥	六		12/22	戊午	一		1/21	丙戌	二	
11	11/22	戊子	七		12/23	己未	二	陽2局	1/22	丁亥	三	
12	11/23	己丑	八	陽5局	12/24	庚申	三		1/23	戊子	四	
13	11/24	庚寅	九		12/25	辛酉	四		1/24	己丑	五	陽4局
14	11/25	辛卯	一		12/26	壬戌	五		1/25	庚寅	六	
15	11/26	壬辰	二		12/27	癸亥	六		1/26	辛卯	七	
16	11/27	癸巳	三		12/28	甲子	一	陽9局	1/27	壬辰	八	
17	11/28	甲午	四	陽3局	12/29	乙丑	二		1/28	癸巳	九	
18	11/29	乙未	五		1/1	丙寅	三		1/29	甲午	一	陽3局
19	11/30	丙申	六		1/2	丁卯	一		1/30	乙未	二	
20	12/1	丁酉	七		1/3	戊辰	二		2/1	丙申	三	
21	12/2	戊戌	八		1/4	己巳	三	陽6局	2/2	丁酉	四	
22	12/3	己亥	九	陽9局	1/5	庚午	四		2/3	戊戌	五	
23	12/4	庚子	一		1/6	辛未	五		2/4	己亥	六	陽9局
24	12/5	辛丑	二		1/7	壬申	六		2/5	庚子	七	
25	12/6	壬寅	三		1/8	癸酉	七		2/6	辛丑	八	
26	12/7	癸卯	四		1/9	甲戌	八	陽3局	2/7	壬寅	九	
27	12/8	甲辰	五	陽6局	1/10	乙亥	九		2/8	癸卯	一	
28	12/9	乙巳	六		1/11	丙子	一		2/9	甲辰	二	陽6局
29	12/10	丙午	七						2/10	乙巳	三	
30	12/11	丁未	八						2/11	丙午	四	
31	12/12	戊申	九						2/12	丁未	五	

月	4月				5月				6月			
月干支	丙辰				丁巳				戊午			
紫白	三碧				二黒				一白			
節気	20 穀雨 23時27分	5 清明 16時13分	日紫白	奇門遁甲局数	21 小満 22時51分	6 立夏 9時50分	日紫白	奇門遁甲局数	22 夏至 6時57分	6 芒種 14時13分	日紫白	奇門遁甲局数
新暦	農暦	日干支			農暦	日干支			農暦	日干支		
1	2/13	戊申	六	6	3/13	戊寅	九	8	4/14	己酉	四	陽6局
2	2/14	己酉	七	陽4局	3/14	己卯	一	陽4局	4/15	庚戌	五	
3	2/15	庚戌	八		3/15	庚辰	二		4/16	辛亥	六	
4	2/16	辛亥	九		3/16	辛巳	三		4/17	壬子	七	
5	2/17	壬子	一		3/17	壬午	四		4/18	癸丑	八	
6	2/18	癸丑	二		3/18	癸未	五		4/19	甲寅	九	陽3局
7	2/19	甲寅	三	陽1局	3/19	甲申	六	陽1局	4/20	乙卯	一	
8	2/20	乙卯	四		3/20	乙酉	七		4/21	丙辰	二	
9	2/21	丙辰	五		3/21	丙戌	八		4/22	丁巳	三	
10	2/22	丁巳	六		3/22	丁亥	九		4/23	戊午	四	
11	2/23	戊午	七		3/23	戊子	一		4/24	己未	五	陽9局
12	2/24	己未	八	陽7局	3/24	己丑	二	陽7局	4/25	庚申	六	
13	2/25	庚申	九		3/25	庚寅	三		4/26	辛酉	七	
14	2/26	辛酉	一		3/26	辛卯	四		4/27	壬戌	八	
15	2/27	壬戌	二		3/27	壬辰	五		4/28	癸亥	九	
16	2/28	癸亥	三		3/28	癸巳	六		4/29	甲子	四	陰9局
17	2/29	甲子	七	陽5局	3/29	甲午	七	陽5局	5/1	乙丑	五	
18	2/30	乙丑	八		3/30	乙未	八		5/2	丙寅	六	
19	3/1	丙寅	九		4/1	丙申	九		5/3	丁卯	七	
20	3/2	丁卯	七		4/2	丁酉	一		5/4	戊辰	八	
21	3/3	戊辰	八		4/3	戊戌	二		5/5	己巳	九	陰3局
22	3/4	己巳	九	陽2局	4/4	己亥	三	陽2局	5/6	庚午	三	
23	3/5	庚午	一		4/5	庚子	四		5/7	辛未	二	
24	3/6	辛未	二		4/6	辛丑	五		5/8	壬申	一	
25	3/7	壬申	三		4/7	壬寅	六		5/9	癸酉	九	
26	3/8	癸酉	四		4/8	癸卯	七		5/10	甲戌	八	陰6局
27	3/9	甲戌	五	陽8局	4/9	甲辰	八	陽8局	5/11	乙亥	七	
28	3/10	乙亥	六		4/10	乙巳	九		5/12	丙子	六	
29	3/11	丙子	七		4/11	丙午	一		5/13	丁丑	五	
30	3/12	丁丑	八		4/12	丁未	二		5/14	戊寅	四	
31					4/13	戊申	三					

1957年 丁酉(年)／壬子(月)

月	12月				11月				10月				9月				8月				7月			
月干支	甲子				癸亥				壬戌				辛酉				庚申				己未			
紫白	四緑				五黄				六白				七赤				八白				九紫			
節気	22 冬至 17時41分	7 大雪 23時50分	日紫白	奇門遁甲局数	23 小雪 4時30分	8 立冬 7時13分	日紫白	奇門遁甲局数	24 霜降 7時12分	9 寒露 4時20分	日紫白	奇門遁甲局数	23 秋分 22時10分	8 白露 13時0分	日紫白	奇門遁甲局数	24 処暑 0時47分	8 立秋 10時18分	日紫白	奇門遁甲局数	23 大暑 17時51分	8 小暑 0時34分	日紫白	奇門遁甲局数
新暦	農暦	日干支			農暦	日干支			農暦	日干支			農暦	日干支			農暦	日干支			農暦	日干支		
1	10/21	壬子	三	4	9/20	壬午	六	6	8/19	辛亥	一	陰6局	7/18	辛巳	四	陰9局	6/16	庚戌	八	陰2局	5/15	己卯	三	陰8局
2	10/22	癸丑	二		9/21	癸未	五		8/20	壬子	九		7/19	壬午	三		6/17	辛亥	七		5/16	庚辰	二	
3	10/23	甲寅	一	陰7局	9/22	甲申	四	陰9局	8/21	癸丑	八		7/20	癸未	二		6/18	壬子	六		5/17	辛巳	一	
4	10/24	乙卯	九		9/23	乙酉	三		8/22	甲寅	七	陰9局	7/21	甲申	一	陰3局	6/19	癸丑	五		5/18	壬午	九	
5	10/25	丙辰	八		9/24	丙戌	二		8/23	乙卯	六		7/22	乙酉	九		6/20	甲寅	四	陰5局	5/19	癸未	八	
6	10/26	丁巳	七		9/25	丁亥	一		8/24	丙辰	五		7/23	丙戌	八		6/21	乙卯	三		5/20	甲申	七	陰2局
7	10/27	戊午	六		9/26	戊子	九		8/25	丁巳	四		7/24	丁亥	七		6/22	丙辰	二		5/21	乙酉	六	
8	10/28	己未	五	陰1局	9/27	己丑	八	陰3局	8/26	戊午	三		7/25	戊子	六		6/23	丁巳	一		5/22	丙戌	五	
9	10/29	庚申	四		9/28	庚寅	七		8/27	己未	二	陰3局	7/26	己丑	五	陰6局	6/24	戊午	九		5/23	丁亥	四	
10	10/30	辛酉	三		9/29	辛卯	六		8/28	庚申	一		7/27	庚寅	四		6/25	己未	八	陰8局	5/24	戊子	三	
11	11/1	壬戌	二		10/1	壬辰	五		8/29	辛酉	九		7/28	辛卯	三		6/26	庚申	七		5/25	己丑	二	陰5局
12	11/2	癸亥	一		10/2	癸巳	四		8/30	壬戌	八		7/29	壬辰	二		6/27	辛酉	六		5/26	庚寅	一	
13	11/3	甲子	六	陰4局・閏	10/3	甲午	三	陰5局	9/1	癸亥	七		8/1	癸巳	一		6/28	壬戌	五		5/27	辛卯	九	
14	11/4	乙丑	五		10/4	乙未	二		9/2	甲子	三	陰5局	8/2	甲午	九	陰7局	6/29	癸亥	四		5/28	壬辰	八	
15	11/5	丙寅	四		10/5	丙申	一		9/3	乙丑	二		8/3	乙未	八		7/1	甲子	九	陰1局	5/29	癸巳	七	
16	11/6	丁卯	三		10/6	丁酉	九		9/4	丙寅	一		8/4	丙申	七		7/2	乙丑	八		5/30	甲午	六	陰7局
17	11/7	戊辰	二		10/7	戊戌	八		9/5	丁卯	九		8/5	丁酉	六		7/3	丙寅	七		6/1	乙未	五	
18	11/8	己巳	一	陰7局・閏	10/8	己亥	七	陰8局	9/6	戊辰	八		8/6	戊戌	五		7/4	丁卯	六		6/2	丙申	四	
19	11/9	庚午	九		10/9	庚子	六		9/7	己巳	七	陰8局	8/7	己亥	四	陰1局	7/5	戊辰	五		6/3	丁酉	三	
20	11/10	辛未	八		10/10	辛丑	五		9/8	庚午	六		8/8	庚子	三		7/6	己巳	四	陰4局	6/4	戊戌	二	
21	11/11	壬申	七		10/11	壬寅	四		9/9	辛未	五		8/9	辛丑	二		7/7	庚午	三		6/5	己亥	一	陰1局
22	11/12	癸酉	一		10/12	癸卯	三		9/10	壬申	四		8/10	壬寅	一		7/8	辛未	二		6/6	庚子	九	
23	11/13	甲戌	二	陰1局・閏	10/13	甲辰	二	陰2局	9/11	癸酉	三		8/11	癸卯	九		7/9	壬申	一		6/7	辛丑	八	
24	11/14	乙亥	三		10/14	乙巳	一		9/12	甲戌	五	陰2局	8/12	甲辰	八	陰4局	7/10	癸酉	三		6/8	壬寅	七	
25	11/15	丙子	四		10/15	丙午	九		9/13	乙亥	四		8/13	乙巳	七		7/11	甲戌	二	陰7局	6/9	癸卯	六	
26	11/16	丁丑	五		10/16	丁未	八		9/14	丙子	三		8/14	丙午	六		7/12	乙亥	一		6/10	甲辰	五	陰4局
27	11/17	戊寅	六		10/17	戊申	七		9/15	丁丑	二		8/15	丁未	五		7/13	丙子	九		6/11	乙巳	四	
28	11/18	己卯	七	陽1局	10/18	己酉	六	陰4局	9/16	戊寅	一		8/16	戊申	四		7/14	丁丑	八		6/12	丙午	三	
29	11/19	庚辰	八		10/19	庚戌	五		9/17	己卯	九	陰6局	8/17	己酉	三	6	7/15	戊寅	七		6/13	丁未	二	
30	11/20	辛巳	九		10/20	辛亥	四		9/18	庚辰	八		8/18	庚戌	二		7/16	己卯	六	9	6/14	戊申	一	
31	11/21	壬午	一						9/19	辛巳	七						7/17	庚辰	五		6/15	己酉	九	2

一九五九年 己亥 五黄

二元八運…「六運」
三元九運…「五運」

月	1月				2月			
月干支	乙丑 戊戌(年)				丙寅			
紫白	三碧				二黒			
節気	6 小寒 10時59分 / 21 大寒 4時20分				4 立春 22時43分 / 19 雨水 18時38分			
新暦	農暦	日干支	日紫白	奇門遁甲局数	農暦	日干支	日紫白	奇門遁甲局数
1	11/22	癸未	二	1	12/24	甲寅	六	陽9局
2	11/23	甲申	三	陽7局	12/25	乙卯	七	
3	11/24	乙酉	四		12/26	丙辰	八	
4	11/25	丙戌	五		12/27	丁巳	九	
5	11/26	丁亥	六		12/28	戊午	一	
6	11/27	戊子	七		12/29	己未	二	陽6局
7	11/28	己丑	八	陽4局	12/30	庚申	三	
8	11/29	庚寅	九		1/1	辛酉	四	
9	12/1	辛卯	一		1/2	壬戌	五	
10	12/2	壬辰	二		1/3	癸亥	六	
11	12/3	癸巳	三		1/4	甲子	一	陽8局
12	12/4	甲午	四	陽2局	1/5	乙丑	二	
13	12/5	乙未	五		1/6	丙寅	三	
14	12/6	丙申	六		1/7	丁卯	四	
15	12/7	丁酉	七		1/8	戊辰	五	
16	12/8	戊戌	八		1/9	己巳	六	陽5局
17	12/9	己亥	九	陽8局	1/10	庚午	七	
18	12/10	庚子	一		1/11	辛未	八	
19	12/11	辛丑	二		1/12	壬申	六	
20	12/12	壬寅	三		1/13	癸酉	七	
21	12/13	癸卯	四		1/14	甲戌	八	陽2局
22	12/14	甲辰	五	陽5局	1/15	乙亥	九	
23	12/15	乙巳	六		1/16	丙子	一	
24	12/16	丙午	七		1/17	丁丑	二	
25	12/17	丁未	八		1/18	戊寅	三	
26	12/18	戊申	九		1/19	己卯	四	陽9局
27	12/19	己酉	一	陽3局	1/20	庚辰	五	
28	12/20	庚戌	二		1/21	辛巳	六	
29	12/21	辛亥	三					
30	12/22	壬子	四					
31	12/23	癸丑	五					

月	3月				4月			
月干支	丁卯				戊辰			
紫白	一白				九紫			
節気	6 啓蟄 16時57分 / 21 春分 17時55分				5 清明 22時4分 / 21 穀雨 5時17分			
新暦	農暦	日干支	日紫白	奇門遁甲局数	農暦	日干支	日紫白	奇門遁甲局数
1	1/22	壬午	七	9	2/24	癸丑	二	3
2	1/23	癸未	八		2/25	甲寅	三	陽9局
3	1/24	甲申	九	陽6局	2/26	乙卯	四	
4	1/25	乙酉	一		2/27	丙辰	五	
5	1/26	丙戌	二		2/28	丁巳	六	
6	1/27	丁亥	三		2/29	戊午	七	
7	1/28	戊子	四		2/30	己未	八	陽6局
8	1/29	己丑	五	陽3局	3/1	庚申	九	
9	2/1	庚寅	六		3/2	辛酉	一	
10	2/2	辛卯	七		3/3	壬戌	二	
11	2/3	壬辰	八		3/4	癸亥	三	
12	2/4	癸巳	九		3/5	甲子	七	陽4局
13	2/5	甲午	一	陽1局	3/6	乙丑	八	
14	2/6	乙未	二		3/7	丙寅	九	
15	2/7	丙申	三		3/8	丁卯	一	
16	2/8	丁酉	四		3/9	戊辰	二	
17	2/9	戊戌	五		3/10	己巳	三	陽1局
18	2/10	己亥	六	陽7局	3/11	庚午	四	
19	2/11	庚子	七		3/12	辛未	五	
20	2/12	辛丑	八		3/13	壬申	六	
21	2/13	壬寅	九		3/14	癸酉	四	
22	2/14	癸卯	一		3/15	甲戌	五	陽7局
23	2/15	甲辰	二	陽4局	3/16	乙亥	六	
24	2/16	乙巳	三		3/17	丙子	七	
25	2/17	丙午	四		3/18	丁丑	八	
26	2/18	丁未	五		3/19	戊寅	九	
27	2/19	戊申	六		3/20	己卯	一	陽5局
28	2/20	己酉	七	陽3局	3/21	庚辰	二	
29	2/21	庚戌	八		3/22	辛巳	三	
30	2/22	辛亥	九		3/23	壬午	四	
31	2/23	壬子	一					

月	5月				6月			
月干支	己巳				庚午			
紫白	八白				七赤			
節気	6 立夏 15時39分 / 22 小満 4時43分				6 芒種 20時1分 / 22 夏至 12時50分			
新暦	農暦	日干支	日紫白	奇門遁甲局数	農暦	日干支	日紫白	奇門遁甲局数
1	3/24	癸未	五	5	4/25	甲寅	九	陽2局
2	3/25	甲申	六	陽2局	4/26	乙卯	一	
3	3/26	乙酉	七		4/27	丙辰	二	
4	3/27	丙戌	八		4/28	丁巳	三	
5	3/28	丁亥	九		4/29	戊午	四	
6	3/29	戊子	一		5/1	己未	五	陽8局
7	3/30	己丑	二	陽8局	5/2	庚申	六	
8	4/1	庚寅	三		5/3	辛酉	七	
9	4/2	辛卯	四		5/4	壬戌	八	
10	4/3	壬辰	五		5/5	癸亥	九	
11	4/4	癸巳	六		5/6	甲子	四	陽6局
12	4/5	甲午	七	陽4局	5/7	乙丑	五	
13	4/6	乙未	八		5/8	丙寅	六	
14	4/7	丙申	九		5/9	丁卯	七	
15	4/8	丁酉	一		5/10	戊辰	八	
16	4/9	戊戌	二		5/11	己巳	九	陽3局
17	4/10	己亥	三	陽1局	5/12	庚午	一	
18	4/11	庚子	四		5/13	辛未	二	
19	4/12	辛丑	五		5/14	壬申	三	
20	4/13	壬寅	六		5/15	癸酉	四	
21	4/14	癸卯	七		5/16	甲戌	五	陽9局
22	4/15	甲辰	八	陽7局	5/17	乙亥	七	
23	4/16	乙巳	九		5/18	丙子	六	
24	4/17	丙午	一		5/19	丁丑	五	
25	4/18	丁未	二		5/20	戊寅	四	
26	4/19	戊申	三		5/21	己卯	三	陰9局
27	4/20	己酉	四	陽5局	5/22	庚辰	二	
28	4/21	庚戌	五		5/23	辛巳	一	
29	4/22	辛亥	六		5/24	壬午	九	
30	4/23	壬子	七		5/25	癸未	八	
31	4/24	癸丑	八					

1958年 戊戌(年)／甲子(月)

月	12 月				11 月				10 月				9 月				8 月				7 月			
月干支	丙子				乙亥				甲戌				癸酉				壬申				辛未			
紫白	一 白				二 黒				三 碧				四 緑				五 黄				六 白			
節気	22	8	日紫白	奇門遁甲局数	23	8	日紫白	奇門遁甲局数	24	9	日紫白	奇門遁甲局数	24	8	日紫白	奇門遁甲局数	24	8	日紫白	奇門遁甲局数	23	8	日紫白	奇門遁甲局数
	冬至 23時35分	大雪 5時38分			小雪 10時28分	立冬 13時3分			霜降 13時12分	寒露 10時11分			秋分 4時9分	白露 18時49分			処暑 6時44分	立秋 16時5分			大暑 23時46分	小暑 6時20分		
新暦	農暦	日干支			農暦	日干支			農暦	日干支			農暦	日干支			農暦	日干支			農暦	日干支		
1	11/2	丁巳	七	8	10/1	丁亥	一	8	8/29	丙辰	五	陰1局	7/29	丙戌	八	陰4局	6/27	乙卯	三	陰1局	5/26	甲申	七	陰3局
2	11/3	戊午	六		10/2	戊子	九		9/1	丁巳	四		7/30	丁亥	七		6/28	丙辰	二		5/27	乙酉	六	
3	11/4	己未	五	陰2局	10/3	己丑	八	陰2局	9/2	戊午	三		8/1	戊子	六		6/29	丁巳	一		5/28	丙戌	五	
4	11/5	庚申	四		10/4	庚寅	七		9/3	己未	二	陰4局	8/2	己丑	五	陰7局	7/1	戊午	九		5/29	丁亥	四	
5	11/6	辛酉	三		10/5	辛卯	六		9/4	庚申	一		8/3	庚寅	四		7/2	己未	八	陰4局	5/30	戊子	三	
6	11/7	壬戌	二		10/6	壬辰	五		9/5	辛酉	九		8/4	辛卯	三		7/3	庚申	七		6/1	己丑	二	陰6局
7	11/8	癸亥	一		10/7	癸巳	四		9/6	壬戌	八		8/5	壬辰	二		7/4	辛酉	六		6/2	庚寅	一	
8	11/9	甲子	六	陰4局	10/8	甲午	三	陰6局	9/7	癸亥	七		8/6	癸巳	一		7/5	壬戌	五		6/3	辛卯	九	
9	11/10	乙丑	五		10/9	乙未	二		9/8	甲子	三	陰6局	8/7	甲午	九	陰9局	7/6	癸亥	四		6/4	壬辰	八	
10	11/11	丙寅	四		10/10	丙申	一		9/9	乙丑	二		8/8	乙未	八		7/7	甲子	九	陰2局	6/5	癸巳	七	
11	11/12	丁卯	三		10/11	丁酉	九		9/10	丙寅	一		8/9	丙申	七		7/8	乙丑	八		6/6	甲午	六	陰8局
12	11/13	戊辰	二		10/12	戊戌	八		9/11	丁卯	九		8/10	丁酉	六		7/9	丙寅	七		6/7	乙未	五	
13	11/14	己巳	一	陰7局	10/13	己亥	七	陰9局	9/12	戊辰	八		8/11	戊戌	五		7/10	丁卯	六		6/8	丙申	四	
14	11/15	庚午	九		10/14	庚子	六		9/13	己巳	七	陰9局	8/12	己亥	四	陰3局	7/11	戊辰	五		6/9	丁酉	三	
15	11/16	辛未	八		10/15	辛丑	五		9/14	庚午	六		8/13	庚子	三		7/12	己巳	四	陰5局	6/10	戊戌	二	
16	11/17	壬申	七		10/16	壬寅	四		9/15	辛未	五		8/14	辛丑	二		7/13	庚午	三		6/11	己亥	一	陰2局
17	11/18	癸酉	六		10/17	癸卯	三		9/16	壬申	四		8/15	壬寅	一		7/14	辛未	二		6/12	庚子	九	
18	11/19	甲戌	五	陰1局	10/18	甲辰	二	陰3局	9/17	癸酉	三		8/16	癸卯	九		7/15	壬申	一		6/13	辛丑	八	
19	11/20	乙亥	四		10/19	乙巳	一		9/18	甲戌	二	陰3局	8/17	甲辰	八	陰6局	7/16	癸酉	九		6/14	壬寅	七	
20	11/21	丙子	三		10/20	丙午	九		9/19	乙亥	一		8/18	乙巳	七		7/17	甲戌	八	陰8局	6/15	癸卯	六	
21	11/22	丁丑	二		10/21	丁未	八		9/20	丙子	九		8/19	丙午	六		7/18	乙亥	七		6/16	甲辰	五	陰5局
22	11/23	戊寅	六		10/22	戊申	七		9/21	丁丑	八		8/20	丁未	五		7/19	丙子	六		6/17	乙巳	四	
23	11/24	己卯	七	陽1局	10/23	己酉	六	陰5局	9/22	戊寅	七		8/21	戊申	四		7/20	丁丑	五		6/18	丙午	三	
24	11/25	庚辰	八		10/24	庚戌	五		9/23	己卯	九	陰5局	8/22	己酉	三	陰7局	7/21	戊寅	七		6/19	丁未	二	
25	11/26	辛巳	九		10/25	辛亥	四		9/24	庚辰	八		8/23	庚戌	二		7/22	己卯	六	陰1局	6/20	戊申	一	
26	11/27	壬午	一		10/26	壬子	三		9/25	辛巳	七		8/24	辛亥	一		7/23	庚辰	五		6/21	己酉	九	陰7局
27	11/28	癸未	二		10/27	癸丑	二		9/26	壬午	六		8/25	壬子	九		7/24	辛巳	四		6/22	庚戌	八	
28	11/29	甲申	三	陽7局	10/28	甲寅	一	陰8局	9/27	癸未	五		8/26	癸丑	八		7/25	壬午	三		6/23	辛亥	七	
29	11/30	乙酉	四		10/29	乙卯	九		9/28	甲申	四	陰8局	8/27	甲寅	七	1	7/26	癸未	二		6/24	壬子	六	
30	12/1	丙戌	五		11/1	丙辰	八		9/29	乙酉	三		8/28	乙卯	六		7/27	甲申	一	4	6/25	癸丑	五	
31	12/2	丁亥	六						9/30	丙戌	二						7/28	乙酉	九		6/26	甲寅	四	1

一九六〇年 庚子 四緑

二元八運…「六運」
三元九運…「五運」

月	1月				2月				3月				4月				5月				6月			
月干支	丁丑 己亥(年)				戊寅				己卯				庚辰				辛巳				壬午			
紫白	九紫				八白				七赤				六白				五黄				四緑			
節気	6 小寒 16時43分	21 大寒 10時10分	日紫白	奇門遁甲局数	5 立春 4時23分	20 雨水 0時26分	日紫白	奇門遁甲局数	5 啓蟄 22時36分	20 春分 23時43分	日紫白	奇門遁甲局数	5 清明 3時44分	20 穀雨 11時6分	日紫白	奇門遁甲局数	5 立夏 21時23分	21 小満 10時33分	日紫白	奇門遁甲局数	6 芒種 1時48分	21 夏至 18時42分	日紫白	奇門遁甲局数
新暦	農暦	日干支			農暦	日干支			農暦	日干支			農暦	日干支			農暦	日干支			農暦	日干支		
1	12/3	戊子	七	7	1/5	己未	二	陽6局	2/4	戊子	四	6	3/6	己未	八	陽6局	4/6	己丑	二	陽8局	5/8	庚申	六	陽8局
2	12/4	己丑	八	陽4局	1/6	庚申	三		2/5	己丑	五	陽3局	3/7	庚申	九		4/7	庚寅	三		5/9	辛酉	七	
3	12/5	庚寅	九		1/7	辛酉	四		2/6	庚寅	六		3/8	辛酉	一		4/8	辛卯	四		5/10	壬戌	八	
4	12/6	辛卯	一		1/8	壬戌	五		2/7	辛卯	七		3/9	壬戌	二		4/9	壬辰	五		5/11	癸亥	九	
5	12/7	壬辰	二		1/9	癸亥	六		2/8	壬辰	八		3/10	癸亥	三		4/10	癸巳	六		5/12	甲子	四	陽6局
6	12/8	癸巳	三		1/10	甲子	一	陽8局	2/9	癸巳	九		3/11	甲子	七	陽4局	4/11	甲午	七	陽4局	5/13	乙丑	五	
7	12/9	甲午	四	陽2局	1/11	乙丑	二		2/10	甲午	一	陽1局	3/12	乙丑	八		4/12	乙未	八		5/14	丙寅	六	
8	12/10	乙未	五		1/12	丙寅	三		2/11	乙未	二		3/13	丙寅	九		4/13	丙申	九		5/15	丁卯	七	
9	12/11	丙申	六		1/13	丁卯	四		2/12	丙申	三		3/14	丁卯	一		4/14	丁酉	一		5/16	戊辰	八	
10	12/12	丁酉	七		1/14	戊辰	五		2/13	丁酉	四		3/15	戊辰	二		4/15	戊戌	二		5/17	己巳	九	陽3局
11	12/13	戊戌	八		1/15	己巳	六	陽5局	2/14	戊戌	五		3/16	己巳	三	陽1局	4/16	己亥	三	陽1局	5/18	庚午	一	
12	12/14	己亥	九	陽8局	1/16	庚午	七		2/15	己亥	六	陽7局	3/17	庚午	四		4/17	庚子	四		5/19	辛未	二	
13	12/15	庚子	一		1/17	辛未	八		2/16	庚子	七		3/18	辛未	五		4/18	辛丑	五		5/20	壬申	三	
14	12/16	辛丑	二		1/18	壬申	九		2/17	辛丑	八		3/19	壬申	六		4/19	壬寅	六		5/21	癸酉	四	
15	12/17	壬寅	三		1/19	癸酉	一		2/18	壬寅	九		3/20	癸酉	七		4/20	癸卯	七		5/22	甲戌	五	陽9局
16	12/18	癸卯	四		1/20	甲戌	二	陽2局	2/19	癸卯	一		3/21	甲戌	八	陽7局	4/21	甲辰	八	陽7局	5/23	乙亥	六	
17	12/19	甲辰	五	陽5局	1/21	乙亥	三		2/20	甲辰	二	陽4局	3/22	乙亥	九		4/22	乙巳	九		5/24	丙子	七	
18	12/20	乙巳	六		1/22	丙子	四		2/21	乙巳	三		3/23	丙子	一		4/23	丙午	一		5/25	丁丑	八	
19	12/21	丙午	七		1/23	丁丑	五		2/22	丙午	四		3/24	丁丑	二		4/24	丁未	二		5/26	戊寅	九	
20	12/22	丁未	八		1/24	戊寅	三		2/23	丁未	五		3/25	戊寅	九		4/25	戊申	三		5/27	己卯	一	陰9局
21	12/23	戊申	九		1/25	己卯	四	陽9局	2/24	戊申	六		3/26	己卯	一	陽5局	4/26	己酉	四	陽5局	5/28	庚辰	二	
22	12/24	己酉	一	陽3局	1/26	庚辰	五		2/25	己酉	七	陽3局	3/27	庚辰	二		4/27	庚戌	五		5/29	辛巳	一	
23	12/25	庚戌	二		1/27	辛巳	六		2/26	庚戌	八		3/28	辛巳	三		4/28	辛亥	六		5/30	壬午	九	
24	12/26	辛亥	三		1/28	壬午	七		2/27	辛亥	九		3/29	壬午	四		4/29	壬子	七		6/1	癸未	八	
25	12/27	壬子	四		1/29	癸未	八		2/28	壬子	一		3/30	癸未	五		5/1	癸丑	八		6/2	甲申	七	陰3局
26	12/28	癸丑	五		1/30	甲申	九	陽6局	2/29	癸丑	二		4/1	甲申	六	陽2局	5/2	甲寅	九	陽2局	6/3	乙酉	六	
27	12/29	甲寅	六	陽9局	2/1	乙酉	一		3/1	甲寅	三	陽9局	4/2	乙酉	七		5/3	乙卯	一		6/4	丙戌	五	
28	1/1	乙卯	七		2/2	丙戌	二		3/2	乙卯	四		4/3	丙戌	八		5/4	丙辰	二		6/5	丁亥	四	
29	1/2	丙辰	八		2/3	丁亥	三		3/3	丙辰	五		4/4	丁亥	九		5/5	丁巳	三		6/6	戊子	三	
30	1/3	丁巳	九						3/4	丁巳	六		4/5	戊子	一		5/6	戊午	四		6/7	己丑	二	6
31	1/4	戊午	一						3/5	戊午	七						5/7	己未	五	8				

1959年 己亥(年)／丙子(月)

月	12月	11月	10月	9月	8月	7月
月干支	戊子	丁亥	丙戌	乙酉	甲申	癸未
紫白	七赤	八白	九紫	一白	二黒	三碧
節気	22 冬至 5時26分 / 7 大雪 11時38分	22 小雪 16時19分 / 7 立冬 19時2分	23 霜降 19時2分 / 8 寒露 16時9分	23 秋分 9時59分 / 8 白露 0時46分	23 処暑 12時35分 / 7 立秋 22時0分	23 大暑 5時38分 / 7 小暑 12時13分

12月

新暦	農暦	日干支	日紫白	奇門遁甲局数
1	10/13	癸亥	一	2
2	10/14	甲子	六	陰4局
3	10/15	乙丑	五	
4	10/16	丙寅	四	
5	10/17	丁卯	三	
6	10/18	戊辰	二	
7	10/19	己巳	一	陰7局
8	10/20	庚午	九	
9	10/21	辛未	八	
10	10/22	壬申	七	
11	10/23	癸酉	六	
12	10/24	甲戌	五	陰1局
13	10/25	乙亥	四	
14	10/26	丙子	三	
15	10/27	丁丑	二	
16	10/28	戊寅	一	
17	10/29	己卯	九	陽1局
18	11/1	庚辰	八	
19	11/2	辛巳	七	
20	11/3	壬午	六	
21	11/4	癸未	五	
22	11/5	甲申	三	陽7局
23	11/6	乙酉	四	
24	11/7	丙戌	五	
25	11/8	丁亥	六	
26	11/9	戊子	七	
27	11/10	己丑	八	陽4局
28	11/11	庚寅	九	
29	11/12	辛卯	一	
30	11/13	壬辰	二	
31	11/14	癸巳	三	

11月

新暦	農暦	日干支	日紫白	奇門遁甲局数
1	9/13	癸巳	四	2
2	9/14	甲午	三	陰6局
3	9/15	乙未	二	
4	9/16	丙申	一	
5	9/17	丁酉	九	
6	9/18	戊戌	八	
7	9/19	己亥	七	陰9局
8	9/20	庚子	六	
9	9/21	辛丑	五	
10	9/22	壬寅	四	
11	9/23	癸卯	三	
12	9/24	甲辰	二	陰3局
13	9/25	乙巳	一	
14	9/26	丙午	九	
15	9/27	丁未	八	
16	9/28	戊申	七	
17	9/29	己酉	六	陰5局
18	9/30	庚戌	五	
19	10/1	辛亥	四	
20	10/2	壬子	三	
21	10/3	癸丑	二	
22	10/4	甲寅	一	陰8局
23	10/5	乙卯	九	
24	10/6	丙辰	八	
25	10/7	丁巳	七	
26	10/8	戊午	六	
27	10/9	己未	五	陰2局
28	10/10	庚申	四	
29	10/11	辛酉	三	
30	10/12	壬戌	二	
31				

10月

新暦	農暦	日干支	日紫白	奇門遁甲局数
1	8/11	壬戌	八	4
2	8/12	癸亥	七	
3	8/13	甲子	三	陰6局
4	8/14	乙丑	二	
5	8/15	丙寅	一	
6	8/16	丁卯	九	
7	8/17	戊辰	八	
8	8/18	己巳	七	陰9局
9	8/19	庚午	六	
10	8/20	辛未	五	
11	8/21	壬申	四	
12	8/22	癸酉	三	
13	8/23	甲戌	二	陰3局
14	8/24	乙亥	一	
15	8/25	丙子	九	
16	8/26	丁丑	八	
17	8/27	戊寅	七	
18	8/28	己卯	六	陰5局
19	8/29	庚辰	五	
20	9/1	辛巳	四	
21	9/2	壬午	三	
22	9/3	癸未	二	
23	9/4	甲申	四	陰8局
24	9/5	乙酉	三	
25	9/6	丙戌	二	
26	9/7	丁亥	一	
27	9/8	戊子	九	
28	9/9	己丑	八	陰2局
29	9/10	庚寅	七	
30	9/11	辛卯	六	
31	9/12	壬辰	五	

9月

新暦	農暦	日干支	日紫白	奇門遁甲局数
1	7/11	壬辰	二	7
2	7/12	癸巳	一	
3	7/13	甲午	九	陰9局
4	7/14	乙未	八	
5	7/15	丙申	七	
6	7/16	丁酉	六	
7	7/17	戊戌	五	
8	7/18	己亥	四	陰3局
9	7/19	庚子	三	
10	7/20	辛丑	二	
11	7/21	壬寅	一	
12	7/22	癸卯	九	
13	7/23	甲辰	八	陰6局
14	7/24	乙巳	七	
15	7/25	丙午	六	
16	7/26	丁未	五	
17	7/27	戊申	四	
18	7/28	己酉	三	陰7局
19	7/29	庚戌	二	
20	7/30	辛亥	一	
21	8/1	壬子	九	
22	8/2	癸丑	八	
23	8/3	甲寅	七	陰1局
24	8/4	乙卯	六	
25	8/5	丙辰	五	
26	8/6	丁巳	四	
27	8/7	戊午	三	
28	8/8	己未	二	陰4局
29	8/9	庚申	一	
30	8/10	辛酉	九	
31				

8月

新暦	農暦	日干支	日紫白	奇門遁甲局数
1	閏6/9	辛酉	六	陰4局
2	閏6/10	壬戌	五	
3	閏6/11	癸亥	四	
4	閏6/12	甲子	九	陰2局
5	閏6/13	乙丑	八	
6	閏6/14	丙寅	七	
7	閏6/15	丁卯	六	
8	閏6/16	戊辰	五	
9	閏6/17	己巳	四	陰5局
10	閏6/18	庚午	三	
11	閏6/19	辛未	二	
12	閏6/20	壬申	一	
13	閏6/21	癸酉	九	
14	閏6/22	甲戌	八	陰8局
15	閏6/23	乙亥	七	
16	閏6/24	丙子	六	
17	閏6/25	丁丑	五	
18	閏6/26	戊寅	四	
19	閏6/27	己卯	三	陰1局
20	閏6/28	庚辰	二	
21	閏6/29	辛巳	一	
22	7/1	壬午	九	
23	7/2	癸未	二	
24	7/3	甲申	一	陰4局
25	7/4	乙酉	九	
26	7/5	丙戌	八	
27	7/6	丁亥	七	
28	7/7	戊子	六	
29	7/8	己丑	五	陰7局
30	7/9	庚寅	四	
31	7/10	辛卯	三	

7月

新暦	農暦	日干支	日紫白	奇門遁甲局数
1	6/8	庚寅	一	陰6局
2	6/9	辛卯	九	
3	6/10	壬辰	八	
4	6/11	癸巳	七	
5	6/12	甲午	六	陰8局
6	6/13	乙未	五	
7	6/14	丙申	四	
8	6/15	丁酉	三	
9	6/16	戊戌	二	
10	6/17	己亥	一	陰2局
11	6/18	庚子	九	
12	6/19	辛丑	八	
13	6/20	壬寅	七	
14	6/21	癸卯	六	
15	6/22	甲辰	五	陰5局
16	6/23	乙巳	四	
17	6/24	丙午	三	
18	6/25	丁未	二	
19	6/26	戊申	一	
20	6/27	己酉	九	陰7局
21	6/28	庚戌	八	
22	6/29	辛亥	七	
23	6/30	壬子	六	
24	閏6/1	癸丑	五	
25	閏6/2	甲寅	四	陰1局
26	閏6/3	乙卯	三	
27	閏6/4	丙辰	二	
28	閏6/5	丁巳	一	
29	閏6/6	戊午	九	
30	閏6/7	己未	八	4
31	閏6/8	庚申	七	

一九六一年　辛丑　三碧

二元八運…「六運」
三元九運…「五運」

月	1月				2月				3月				4月				5月				6月			
月干支	己丑 庚子(年)				庚寅				辛卯				壬辰				癸巳				甲午			
紫白	六白				五黄				四緑				三碧				二黒				一白			
節気	5 小寒 22時43分	20 大寒 16時1分			4 立春 10時23分	19 雨水 6時17分			6 啓蟄 4時35分	21 春分 5時32分			5 清明 9時42分	20 穀雨 16時55分			6 立夏 3時21分	21 小満 16時22分			6 芒種 7時46分	22 夏至 0時30分		
新暦	農暦	日干支	日紫白	奇門遁甲局数	農暦	日干支	日紫白	奇門遁甲局数	農暦	日干支	日紫白	奇門遁甲局数	農暦	日干支	日紫白	奇門遁甲局数	農暦	日干支	日紫白	奇門遁甲局数	農暦	日干支	日紫白	奇門遁甲局数
1	11/15	甲午	四	陽2局	12/16	乙丑	二	陽8局	1/15	癸巳	九	3	2/16	甲子	七	陽4局	3/17	甲午	七	陽4局	4/18	乙丑	五	陽6局
2	11/16	乙未	五		12/17	丙寅	三		1/16	甲午	一	陽1局	2/17	乙丑	八		3/18	乙未	八		4/19	丙寅	六	
3	11/17	丙申	六		12/18	丁卯	四		1/17	乙未	二		2/18	丙寅	九		3/19	丙申	九		4/20	丁卯	七	
4	11/18	丁酉	七		12/19	戊辰	五		1/18	丙申	三		2/19	丁卯	一		3/20	丁酉	一		4/21	戊辰	八	
5	11/19	戊戌	八		12/20	己巳	六	陽5局	1/19	丁酉	四		2/20	戊辰	二		3/21	戊戌	二		4/22	己巳	九	陽3局
6	11/20	己亥	九	陽8局	12/21	庚午	七		1/20	戊戌	五		2/21	己巳	三	陽1局	3/22	己亥	三	陽1局	4/23	庚午	一	
7	11/21	庚子	一		12/22	辛未	八		1/21	己亥	六	陽7局	2/22	庚午	四		3/23	庚子	四		4/24	辛未	二	
8	11/22	辛丑	二		12/23	壬申	九		1/22	庚子	七		2/23	辛未	五		3/24	辛丑	五		4/25	壬申	三	
9	11/23	壬寅	三		12/24	癸酉	一		1/23	辛丑	八		2/24	壬申	六		3/25	壬寅	六		4/26	癸酉	四	
10	11/24	癸卯	四		12/25	甲戌	二	陽2局	1/24	壬寅	九		2/25	癸酉	七		3/26	癸卯	七		4/27	甲戌	五	陽9局
11	11/25	甲辰	五	陽5局	12/26	乙亥	三		1/25	癸卯	一		2/26	甲戌	八	陽7局	3/27	甲辰	八	陽7局	4/28	乙亥	六	
12	11/26	乙巳	六		12/27	丙子	四		1/26	甲辰	二	陽4局	2/27	乙亥	九		3/28	乙巳	九		4/29	丙子	七	
13	11/27	丙午	七		12/28	丁丑	五		1/27	乙巳	三		2/28	丙子	一		3/29	丙午	一		5/1	丁丑	八	
14	11/28	丁未	八		12/29	戊寅	六		1/28	丙午	四		2/29	丁丑	二		3/30	丁未	二		5/2	戊寅	九	
15	11/29	戊申	九		1/1	己卯	七	陽9局	1/29	丁未	五		3/1	戊寅	三		4/1	戊申	三		5/3	己卯	一	陰9局
16	11/30	己酉	一	陽3局	1/2	庚辰	八		1/30	戊申	六		3/2	己卯	四	陽5局	4/2	己酉	四	陽5局	5/4	庚辰	二	
17	12/1	庚戌	二		1/3	辛巳	九		2/1	己酉	七	陽3局	3/3	庚辰	五		4/3	庚戌	五		5/5	辛巳	三	
18	12/2	辛亥	三		1/4	壬午	一		2/2	庚戌	八		3/4	辛巳	六		4/4	辛亥	六		5/6	壬午	四	
19	12/3	壬子	四		1/5	癸未	八		2/3	辛亥	九		3/5	壬午	七		4/5	壬子	七		5/7	癸未	五	
20	12/4	癸丑	五		1/6	甲申	九	陽6局	2/4	壬子	一		3/6	癸未	五		4/6	癸丑	八		5/8	甲申	六	陰3局
21	12/5	甲寅	六	陽9局	1/7	乙酉	一		2/5	癸丑	二		3/7	甲申	六	陽2局	4/7	甲寅	九	陽2局	5/9	乙酉	七	
22	12/6	乙卯	七		1/8	丙戌	二		2/6	甲寅	三	陽9局	3/8	乙酉	七		4/8	乙卯	一		5/10	丙戌	五	
23	12/7	丙辰	八		1/9	丁亥	三		2/7	乙卯	四		3/9	丙戌	八		4/9	丙辰	二		5/11	丁亥	四	
24	12/8	丁巳	九		1/10	戊子	四		2/8	丙辰	五		3/10	丁亥	九		4/10	丁巳	三		5/12	戊子	三	
25	12/9	戊午	一		1/11	己丑	五	陽3局	2/9	丁巳	六		3/11	戊子	一		4/11	戊午	四		5/13	己丑	二	陰6局
26	12/10	己未	二	陽6局	1/12	庚寅	六		2/10	戊午	七		3/12	己丑	二	陽8局	4/12	己未	五	陽8局	5/14	庚寅	一	
27	12/11	庚申	三		1/13	辛卯	七		2/11	己未	八	陽6局	3/13	庚寅	三		4/13	庚申	六		5/15	辛卯	九	
28	12/12	辛酉	四		1/14	壬辰	八		2/12	庚申	九		3/14	辛卯	四		4/14	辛酉	七		5/16	壬辰	八	
29	12/13	壬戌	五						2/13	辛酉	一		3/15	壬辰	五		4/15	壬戌	八		5/17	癸巳	七	
30	12/14	癸亥	六						2/14	壬戌	二		3/16	癸巳	六		4/16	癸亥	九		5/18	甲午	六	8
31	12/15	甲子	一	8					2/15	癸亥	三						4/17	甲子	四	6				

1960年　庚子(年)／戊子(月)

月	12月				11月				10月				9月				8月				7月			
月干支	庚子				己亥				戊戌				丁酉				丙申				乙未			
紫白	四緑				五黄				六白				七赤				八白				九紫			
節気	22	7	日紫白	奇門遁甲局数	22	8	日紫白	奇門遁甲局数	24	8	日紫白	奇門遁甲局数	23	8	日紫白	奇門遁甲局数	23	8	日紫白	奇門遁甲局数	23	7	日紫白	奇門遁甲局数
	冬至 11時20分	大雪 17時26分			小雪 22時8分	立冬 0時46分			霜降 0時48分	寒露 21時51分			秋分 15時43分	白露 6時29分			処暑 18時19分	立秋 3時48分			大暑 11時24分	小暑 18時7分		
新暦	農暦	日干支			農暦	日干支			農暦	日干支			農暦	日干支			農暦	日干支			農暦	日干支		
1	10/24	戊辰	二	4	9/23	戊戌	八	6	8/22	丁卯	九	6	7/22	丁酉	六	9	6/20	丙寅	七	陰2局	5/19	乙未	五	陰8局
2	10/25	己巳	一	陰7局	9/24	己亥	七	陰9局	8/23	戊辰	八		7/23	戊戌	五		6/21	丁卯	六		5/20	丙申	四	
3	10/26	庚午	九		9/25	庚子	六		8/24	己巳	七	陰9局	7/24	己亥	四	陰3局	6/22	戊辰	五		5/21	丁酉	三	
4	10/27	辛未	八		9/26	辛丑	五		8/25	庚午	六		7/25	庚子	三		6/23	己巳	四	陰5局	5/22	戊戌	二	
5	10/28	壬申	七		9/27	壬寅	四		8/26	辛未	五		7/26	辛丑	二		6/24	庚午	三		5/23	己亥	一	陰2局
6	10/29	癸酉	六		9/28	癸卯	三		8/27	壬申	四		7/27	壬寅	一		6/25	辛未	二		5/24	庚子	九	
7	10/30	甲戌	五	陰1局	9/29	甲辰	二	陰3局	8/28	癸酉	三		7/28	癸卯	九		6/26	壬申	一		5/25	辛丑	八	
8	11/1	乙亥	四		10/1	乙巳	一		8/29	甲戌	二	陰3局	7/29	甲辰	八	陰6局	6/27	癸酉	九		5/26	壬寅	七	
9	11/2	丙子	三		10/2	丙午	九		8/30	乙亥	一		7/30	乙巳	七		6/28	甲戌	八	陰8局	5/27	癸卯	六	
10	11/3	丁丑	二		10/3	丁未	八		9/1	丙子	九		8/1	丙午	六		6/29	乙亥	七		5/28	甲辰	五	陰5局
11	11/4	戊寅	一		10/4	戊申	七		9/2	丁丑	八		8/2	丁未	五		7/1	丙子	六		5/29	乙巳	四	
12	11/5	己卯	九	陰4局・閏	10/5	己酉	六	陰5局	9/3	戊寅	七		8/3	戊申	四		7/2	丁丑	五		5/30	丙午	三	
13	11/6	庚辰	八		10/6	庚戌	五		9/4	己卯	六	陰5局	8/4	己酉	三	陰7局	7/3	戊寅	四		6/1	丁未	二	
14	11/7	辛巳	七		10/7	辛亥	四		9/5	庚辰	五		8/5	庚戌	二		7/4	己卯	三	陰1局	6/2	戊申	一	
15	11/8	壬午	六		10/8	壬子	三		9/6	辛巳	四		8/6	辛亥	一		7/5	庚辰	二		6/3	己酉	九	陰7局
16	11/9	癸未	五		10/9	癸丑	二		9/7	壬午	三		8/7	壬子	九		7/6	辛巳	一		6/4	庚戌	八	
17	11/10	甲申	四	陰7局・閏	10/10	甲寅	一	陰8局	9/8	癸未	二		8/8	癸丑	八		7/7	壬午	九		6/5	辛亥	七	
18	11/11	乙酉	三		10/11	乙卯	九		9/9	甲申	一	陰8局	8/9	甲寅	七	陰1局	7/8	癸未	八		6/6	壬子	六	
19	11/12	丙戌	二		10/12	丙辰	八		9/10	乙酉	九		8/10	乙卯	六		7/9	甲申	七	陰4局	6/7	癸丑	五	
20	11/13	丁亥	一		10/13	丁巳	七		9/11	丙戌	八		8/11	丙辰	五		7/10	乙酉	六		6/8	甲寅	四	陰1局
21	11/14	戊子	九		10/14	戊午	六		9/12	丁亥	七		8/12	丁巳	四		7/11	丙戌	五		6/9	乙卯	三	
22	11/15	己丑	八	陰1局・閏	10/15	己未	五	陰2局	9/13	戊子	六		8/13	戊午	三		7/12	丁亥	四		6/10	丙辰	二	
23	11/16	庚寅	九		10/16	庚申	四		9/14	己丑	五	陰2局	8/14	己未	二	陰4局	7/13	戊子	六		6/11	丁巳	一	
24	11/17	辛卯	一		10/17	辛酉	三		9/15	庚寅	七		8/15	庚申	一		7/14	己丑	五	陰7局	6/12	戊午	九	
25	11/18	壬辰	二		10/18	壬戌	二		9/16	辛卯	六		8/16	辛酉	九		7/15	庚寅	四		6/13	己未	八	陰4局
26	11/19	癸巳	三		10/19	癸亥	一		9/17	壬辰	五		8/17	壬戌	八		7/16	辛卯	三		6/14	庚申	七	
27	11/20	甲午	四	陽1局	10/20	甲子	六	陰4局	9/18	癸巳	四		8/18	癸亥	七		7/17	壬辰	二		6/15	辛酉	六	
28	11/21	乙未	五		10/21	乙丑	五		9/19	甲午	三	陰6局	8/19	甲子	三	陰6局	7/18	癸巳	一		6/16	壬戌	五	
29	11/22	丙申	六		10/22	丙寅	四		9/20	乙未	二		8/20	乙丑	二		7/19	甲午	九	陰9局	6/17	癸亥	四	
30	11/23	丁酉	七		10/23	丁卯	三		9/21	丙申	一		8/21	丙寅	一		7/20	乙未	八		6/18	甲子	九	2
31	11/24	戊戌	八						9/22	丁酉	九						7/21	丙申	七		6/19	乙丑	八	

一九六二年 壬寅 二黒

二元八運…「六運」 三元九運…「五運」

新暦	1月 農暦	1月 日干支	1月 日紫白	1月 奇門遁甲局数	2月 農暦	2月 日干支	2月 日紫白	2月 奇門遁甲局数
月干支	辛丑 (辛丑(年))				壬寅			
紫白	三碧				二黒			
節気	20 大寒 21時58分	6 小寒 4時35分			19 雨水 12時15分	4 立春 16時18分		
1	11/25	己亥	九	陽7局	12/27	庚午	七	陽9局
2	11/26	庚子	一		12/28	辛未	八	
3	11/27	辛丑	二		12/29	壬申	九	
4	11/28	壬寅	三		12/30	癸酉	一	
5	11/29	癸卯	四		1/1	甲戌	二	
6	12/1	甲辰	五	陽4局	1/2	乙亥	三	陽6局
7	12/2	乙巳	六		1/3	丙子	四	
8	12/3	丙午	七		1/4	丁丑	五	
9	12/4	丁未	八		1/5	戊寅	六	
10	12/5	戊申	九		1/6	己卯	七	
11	12/6	己酉	一	陽2局	1/7	庚辰	八	陽8局
12	12/7	庚戌	二		1/8	辛巳	九	
13	12/8	辛亥	三		1/9	壬午	一	
14	12/9	壬子	四		1/10	癸未	二	
15	12/10	癸丑	五		1/11	甲申	三	
16	12/11	甲寅	六	陽8局	1/12	乙酉	四	陽5局
17	12/12	乙卯	七		1/13	丙戌	五	
18	12/13	丙辰	八		1/14	丁亥	六	
19	12/14	丁巳	九		1/15	戊子	四	
20	12/15	戊午	一		1/16	己丑	五	
21	12/16	己未	二	陽5局	1/17	庚寅	六	陽2局
22	12/17	庚申	三		1/18	辛卯	七	
23	12/18	辛酉	四		1/19	壬辰	八	
24	12/19	壬戌	五		1/20	癸巳	九	
25	12/20	癸亥	六		1/21	甲午	一	
26	12/21	甲子	一	陽3局	1/22	乙未	二	陽9局
27	12/22	乙丑	二		1/23	丙申	三	
28	12/23	丙寅	三		1/24	丁酉	四	
29	12/24	丁卯	四					
30	12/25	戊辰	五					
31	12/26	己巳	六	9				

新暦	3月 農暦	3月 日干支	3月 日紫白	3月 奇門遁甲局数	4月 農暦	4月 日干支	4月 日紫白	4月 奇門遁甲局数
月干支	癸卯				甲辰			
紫白	一白				九紫			
節気	21 春分 11時30分	6 啓蟄 10時30分			20 穀雨 22時51分	5 清明 15時34分		
1	1/25	戊戌	五	9	2/27	己巳	三	陽9局
2	1/26	己亥	六	陽6局	2/28	庚午	四	
3	1/27	庚子	七		2/29	辛未	五	
4	1/28	辛丑	八		2/30	壬申	六	
5	1/29	壬寅	九		3/1	癸酉	七	
6	2/1	癸卯	一		3/2	甲戌	八	陽6局
7	2/2	甲辰	二	陽3局	3/3	乙亥	九	
8	2/3	乙巳	三		3/4	丙子	一	
9	2/4	丙午	四		3/5	丁丑	二	
10	2/5	丁未	五		3/6	戊寅	三	
11	2/6	戊申	六		3/7	己卯	四	陽4局
12	2/7	己酉	七	陽1局	3/8	庚辰	五	
13	2/8	庚戌	八		3/9	辛巳	六	
14	2/9	辛亥	九		3/10	壬午	七	
15	2/10	壬子	一		3/11	癸未	八	
16	2/11	癸丑	二		3/12	甲申	九	陽1局
17	2/12	甲寅	三	陽7局	3/13	乙酉	一	
18	2/13	乙卯	四		3/14	丙戌	二	
19	2/14	丙辰	五		3/15	丁亥	三	
20	2/15	丁巳	六		3/16	戊子	一	
21	2/16	戊午	七		3/17	己丑	二	陽7局
22	2/17	己未	八	陽4局	3/18	庚寅	三	
23	2/18	庚申	九		3/19	辛卯	四	
24	2/19	辛酉	一		3/20	壬辰	五	
25	2/20	壬戌	二		3/21	癸巳	六	
26	2/21	癸亥	三		3/22	甲午	七	陽5局
27	2/22	甲子	七	陽3局	3/23	乙未	八	
28	2/23	乙丑	八		3/24	丙申	九	
29	2/24	丙寅	九		3/25	丁酉	一	
30	2/25	丁卯	一		3/26	戊戌	二	
31	2/26	戊辰	二					

新暦	5月 農暦	5月 日干支	5月 日紫白	5月 奇門遁甲局数	6月 農暦	6月 日干支	6月 日紫白	6月 奇門遁甲局数
月干支	乙巳				丙午			
紫白	八白				七赤			
節気	21 小満 22時16分	6 立夏 9時9分			22 夏至 6時24分	6 芒種 13時31分		
1	3/27	己亥	三	陽2局	4/29	庚午	一	陽2局
2	3/28	庚子	四		5/1	辛未	二	
3	3/29	辛丑	五		5/2	壬申	三	
4	4/1	壬寅	六		5/3	癸酉	四	
5	4/2	癸卯	七		5/4	甲戌	五	陽8局
6	4/3	甲辰	八	陽8局	5/5	乙亥	六	
7	4/4	乙巳	九		5/6	丙子	七	
8	4/5	丙午	一		5/7	丁丑	八	
9	4/6	丁未	二		5/8	戊寅	九	
10	4/7	戊申	三		5/9	己卯	一	陽6局
11	4/8	己酉	四	陽4局	5/10	庚辰	二	
12	4/9	庚戌	五		5/11	辛巳	三	
13	4/10	辛亥	六		5/12	壬午	四	
14	4/11	壬子	七		5/13	癸未	五	
15	4/12	癸丑	八		5/14	甲申	六	陽3局
16	4/13	甲寅	九	陽1局	5/15	乙酉	七	
17	4/14	乙卯	一		5/16	丙戌	八	
18	4/15	丙辰	二		5/17	丁亥	九	
19	4/16	丁巳	三		5/18	戊子	一	
20	4/17	戊午	四		5/19	己丑	二	陽9局
21	4/18	己未	五	陽7局	5/20	庚寅	三	
22	4/19	庚申	六		5/21	辛卯	九	
23	4/20	辛酉	七		5/22	壬辰	八	
24	4/21	壬戌	八		5/23	癸巳	七	
25	4/22	癸亥	九		5/24	甲午	六	陰9局
26	4/23	甲子	四	陽5局	5/25	乙未	五	
27	4/24	乙丑	五		5/26	丙申	四	
28	4/25	丙寅	六		5/27	丁酉	三	
29	4/26	丁卯	七		5/28	戊戌	二	
30	4/27	戊辰	八		5/29	己亥	一	3
31	4/28	己巳	九	2				

1961年 辛丑(年)／庚子(月)

月	12月			
月干支	壬子			
紫白	一白			
節気	22 冬至 17時16分	7 大雪 23時17分	日紫白	奇門遁甲局数
新暦	農暦	日干支		
1	11/5	癸酉	六	8
2	11/6	甲戌	五	陰2局
3	11/7	乙亥	四	
4	11/8	丙子	三	
5	11/9	丁丑	二	
6	11/10	戊寅	一	
7	11/11	己卯	九	陰4局
8	11/12	庚辰	八	
9	11/13	辛巳	七	
10	11/14	壬午	六	
11	11/15	癸未	五	
12	11/16	甲申	四	陰7局
13	11/17	乙酉	三	
14	11/18	丙戌	二	
15	11/19	丁亥	一	
16	11/20	戊子	九	
17	11/21	己丑	八	陰1局
18	11/22	庚寅	七	
19	11/23	辛卯	六	
20	11/24	壬辰	五	
21	11/25	癸巳	四	
22	11/26	甲午	四	陽1局
23	11/27	乙未	五	
24	11/28	丙申	六	
25	11/29	丁酉	七	
26	11/30	戊戌	八	
27	12/1	己亥	九	陽7局
28	12/2	庚子	一	
29	12/3	辛丑	二	
30	12/4	壬寅	三	
31	12/5	癸卯	四	

月	11月			
月干支	辛亥			
紫白	二黒			
節気	23 小雪 4時2分	8 立冬 6時35分	日紫白	奇門遁甲局数
新暦	農暦	日干支		
1	10/5	癸卯	三	8
2	10/6	甲辰	二	陰2局
3	10/7	乙巳	一	
4	10/8	丙午	九	
5	10/9	丁未	八	
6	10/10	戊申	七	
7	10/11	己酉	六	陰6局
8	10/12	庚戌	五	
9	10/13	辛亥	四	
10	10/14	壬子	三	
11	10/15	癸丑	二	
12	10/16	甲寅	一	陰9局
13	10/17	乙卯	九	
14	10/18	丙辰	八	
15	10/19	丁巳	七	
16	10/20	戊午	六	
17	10/21	己未	五	陰3局
18	10/22	庚申	四	
19	10/23	辛酉	三	
20	10/24	壬戌	二	
21	10/25	癸亥	一	
22	10/26	甲子	六	陰5局
23	10/27	乙丑	五	
24	10/28	丙寅	四	
25	10/29	丁卯	三	
26	10/30	戊辰	二	
27	11/1	己巳	一	陰8局
28	11/2	庚午	九	
29	11/3	辛未	八	
30	11/4	壬申	七	
31				

月	10月			
月干支	庚戌			
紫白	三碧			
節気	24 霜降 6時40分	9 寒露 3時38分	日紫白	奇門遁甲局数
新暦	農暦	日干支		
1	9/3	壬申	四	1
2	9/4	癸酉	三	
3	9/5	甲戌	二	陰4局
4	9/6	乙亥	一	
5	9/7	丙子	九	
6	9/8	丁丑	八	
7	9/9	戊寅	七	
8	9/10	己卯	六	陰6局
9	9/11	庚辰	五	
10	9/12	辛巳	四	
11	9/13	壬午	三	
12	9/14	癸未	二	
13	9/15	甲申	一	陰9局
14	9/16	乙酉	九	
15	9/17	丙戌	八	
16	9/18	丁亥	七	
17	9/19	戊子	六	
18	9/20	己丑	五	陰3局
19	9/21	庚寅	四	
20	9/22	辛卯	三	
21	9/23	壬辰	二	
22	9/24	癸巳	一	
23	9/25	甲午	九	陰5局
24	9/26	乙未	二	
25	9/27	丙申	一	
26	9/28	丁酉	九	
27	9/29	戊戌	八	
28	10/1	己亥	七	陰8局
29	10/2	庚子	六	
30	10/3	辛丑	五	
31	10/4	壬寅	四	

月	9月			
月干支	己酉			
紫白	四緑			
節気	23 秋分 21時35分	8 白露 12時16分	日紫白	奇門遁甲局数
新暦	農暦	日干支		
1	8/3	壬寅	一	4
2	8/4	癸卯	九	
3	8/5	甲辰	八	陰7局
4	8/6	乙巳	七	
5	8/7	丙午	六	
6	8/8	丁未	五	
7	8/9	戊申	四	
8	8/10	己酉	三	陰9局
9	8/11	庚戌	二	
10	8/12	辛亥	一	
11	8/13	壬子	九	
12	8/14	癸丑	八	
13	8/15	甲寅	七	陰3局
14	8/16	乙卯	六	
15	8/17	丙辰	五	
16	8/18	丁巳	四	
17	8/19	戊午	三	
18	8/20	己未	二	陰6局
19	8/21	庚申	一	
20	8/22	辛酉	九	
21	8/23	壬戌	八	
22	8/24	癸亥	七	
23	8/25	甲子	三	陰7局
24	8/26	乙丑	二	
25	8/27	丙寅	一	
26	8/28	丁卯	九	
27	8/29	戊辰	八	
28	8/30	己巳	七	陰1局
29	9/1	庚午	六	
30	9/2	辛未	五	
31				

月	8月			
月干支	戊申			
紫白	五黄			
節気	24 処暑 0時13分	8 立秋 9時34分	日紫白	奇門遁甲局数
新暦	農暦	日干支		
1	7/2	辛未	二	陰1局
2	7/3	壬申	一	
3	7/4	癸酉	九	
4	7/5	甲戌	八	陰4局
5	7/6	乙亥	七	
6	7/7	丙子	六	
7	7/8	丁丑	五	
8	7/9	戊寅	四	
9	7/10	己卯	三	陰2局
10	7/11	庚辰	二	
11	7/12	辛巳	一	
12	7/13	壬午	九	
13	7/14	癸未	八	
14	7/15	甲申	七	陰5局
15	7/16	乙酉	六	
16	7/17	丙戌	五	
17	7/18	丁亥	四	
18	7/19	戊子	三	
19	7/20	己丑	二	陰8局
20	7/21	庚寅	一	
21	7/22	辛卯	九	
22	7/23	壬辰	八	
23	7/24	癸巳	七	
24	7/25	甲午	九	陰1局
25	7/26	乙未	八	
26	7/27	丙申	七	
27	7/28	丁酉	六	
28	7/29	戊戌	五	
29	7/30	己亥	四	陰4局
30	8/1	庚子	三	
31	8/2	辛丑	二	

月	7月			
月干支	丁未			
紫白	六白			
節気	23 大暑 17時18分	7 小暑 23時51分	日紫白	奇門遁甲局数
新暦	農暦	日干支		
1	5/30	庚子	九	陰3局
2	6/1	辛丑	八	
3	6/2	壬寅	七	
4	6/3	癸卯	六	
5	6/4	甲辰	五	陰6局
6	6/5	乙巳	四	
7	6/6	丙午	三	
8	6/7	丁未	二	
9	6/8	戊申	一	
10	6/9	己酉	九	陰8局
11	6/10	庚戌	八	
12	6/11	辛亥	七	
13	6/12	壬子	六	
14	6/13	癸丑	五	
15	6/14	甲寅	四	陰2局
16	6/15	乙卯	三	
17	6/16	丙辰	二	
18	6/17	丁巳	一	
19	6/18	戊午	九	
20	6/19	己未	八	陰5局
21	6/20	庚申	七	
22	6/21	辛酉	六	
23	6/22	壬戌	五	
24	6/23	癸亥	四	
25	6/24	甲子	九	陰7局
26	6/25	乙丑	八	
27	6/26	丙寅	七	
28	6/27	丁卯	六	
29	6/28	戊辰	五	
30	6/29	己巳	四	1
31	7/1	庚午	三	

一九六三年 癸卯 一白

二元八運…「六運」
三元九運…「五運」

	1月				2月				3月				4月				5月				6月			
月干支	癸丑 壬寅(年)				甲寅				乙卯				丙辰				丁巳				戊午			
紫白	九紫				八白				七赤				六白				五黄				四緑			
節気	6 小寒 10時27分	21 大寒 3時54分			4 立春 22時8分	19 雨水 18時9分			6 啓蟄 16時17分	21 春分 17時20分			5 清明 21時19分	21 穀雨 4時36分			6 立夏 14時52分	22 小満 3時58分			6 芒種 19時14分	22 夏至 12時4分		
新暦	農暦	日干支	日紫白	奇門遁甲局数	農暦	日干支	日紫白	奇門遁甲局数	農暦	日干支	日紫白	奇門遁甲局数	農暦	日干支	日紫白	奇門遁甲局数	農暦	日干支	日紫白	奇門遁甲局数	農暦	日干支	日紫白	奇門遁甲局数
1	12/6	甲辰	五	陽4局	1/8	乙亥	三	陽6局	2/6	癸卯	一	6	3/8	甲戌	八	陽6局	4/8	甲辰	八	陽8局	閏4/10	乙亥	六	陽8局
2	12/7	乙巳	六		1/9	丙子	四		2/7	甲辰	二	陽3局	3/9	乙亥	九		4/9	乙巳	九		閏4/11	丙子	七	
3	12/8	丙午	七		1/10	丁丑	五		2/8	乙巳	三		3/10	丙子	一		4/10	丙午	一		閏4/12	丁丑	八	
4	12/9	丁未	八		1/11	戊寅	六		2/9	丙午	四		3/11	丁丑	二		4/11	丁未	二		閏4/13	戊寅	九	
5	12/10	戊申	九		1/12	己卯	七	陽8局	2/10	丁未	五		3/12	戊寅	三		4/12	戊申	三		閏4/14	己卯	一	陽6局
6	12/11	己酉	一	陽2局	1/13	庚辰	八		2/11	戊申	六		3/13	己卯	四	陽4局	4/13	己酉	四	陽4局	閏4/15	庚辰	二	
7	12/12	庚戌	二		1/14	辛巳	九		2/12	己酉	七	陽1局	3/14	庚辰	五		4/14	庚戌	五		閏4/16	辛巳	三	
8	12/13	辛亥	三		1/15	壬午	一		2/13	庚戌	八		3/15	辛巳	六		4/15	辛亥	六		閏4/17	壬午	四	
9	12/14	壬子	四		1/16	癸未	二		2/14	辛亥	九		3/16	壬午	七		4/16	壬子	七		閏4/18	癸未	五	
10	12/15	癸丑	五		1/17	甲申	三	陽5局	2/15	壬子	一		3/17	癸未	八		4/17	癸丑	八		閏4/19	甲申	六	陽3局
11	12/16	甲寅	六	陽8局	1/18	乙酉	四		2/16	癸丑	二		3/18	甲申	九	陽1局	4/18	甲寅	九	陽1局	閏4/20	乙酉	七	
12	12/17	乙卯	七		1/19	丙戌	五		2/17	甲寅	三	陽7局	3/19	乙酉	一		4/19	乙卯	一		閏4/21	丙戌	八	
13	12/18	丙辰	八		1/20	丁亥	六		2/18	乙卯	四		3/20	丙戌	二		4/20	丙辰	二		閏4/22	丁亥	九	
14	12/19	丁巳	九		1/21	戊子	七		2/19	丙辰	五		3/21	丁亥	三		4/21	丁巳	三		閏4/23	戊子	一	
15	12/20	戊午	一		1/22	己丑	八	陽2局	2/20	丁巳	六		3/22	戊子	四		4/22	戊午	四		閏4/24	己丑	二	陽9局
16	12/21	己未	二	陽5局	1/23	庚寅	九		2/21	戊午	七		3/23	己丑	五	陽7局	4/23	己未	五	陽7局	閏4/25	庚寅	三	
17	12/22	庚申	三		1/24	辛卯	一		2/22	己未	八	陽4局	3/24	庚寅	六		4/24	庚申	六		閏4/26	辛卯	四	
18	12/23	辛酉	四		1/25	壬辰	二		2/23	庚申	九		3/25	辛卯	七		4/25	辛酉	七		閏4/27	壬辰	五	
19	12/24	壬戌	五		1/26	癸巳	九		2/24	辛酉	一		3/26	壬辰	八		4/26	壬戌	八		閏4/28	癸巳	六	
20	12/25	癸亥	六		1/27	甲午	一	陽9局	2/25	壬戌	二		3/27	癸巳	九		4/27	癸亥	九		閏4/29	甲午	七	陰9局
21	12/26	甲子	一	陽3局	1/28	乙未	二		2/26	癸亥	三		3/28	甲午	七	陽5局	4/28	甲子	四	陽5局	5/1	乙未	八	
22	12/27	乙丑	二		1/29	丙申	三		2/27	甲子	七	陽3局	3/29	乙未	八		4/29	乙丑	五		5/2	丙申	四	
23	12/28	丙寅	三		1/30	丁酉	四		2/28	乙丑	八		3/30	丙申	九		閏4/1	丙寅	六		5/3	丁酉	三	
24	12/29	丁卯	四		2/1	戊戌	五		2/29	丙寅	九		4/1	丁酉	一		閏4/2	丁卯	七		5/4	戊戌	二	
25	1/1	戊辰	五		2/2	己亥	六	陽6局	3/1	丁卯	一		4/2	戊戌	二		閏4/3	戊辰	八		5/5	己亥	一	陰3局
26	1/2	己巳	六	陽9局	2/3	庚子	七		3/2	戊辰	二		4/3	己亥	三	陽2局	閏4/4	己巳	九	陽2局	5/6	庚子	九	
27	1/3	庚午	七		2/4	辛丑	八		3/3	己巳	三	陽9局	4/4	庚子	四		閏4/5	庚午	一		5/7	辛丑	八	
28	1/4	辛未	八		2/5	壬寅	九		3/4	庚午	四		4/5	辛丑	五		閏4/6	辛未	二		5/8	壬寅	七	
29	1/5	壬申	九						3/5	辛未	五		4/6	壬寅	六		閏4/7	壬申	三		5/9	癸卯	六	
30	1/6	癸酉	一						3/6	壬申	六		4/7	癸卯	七		閏4/8	癸酉	四		5/10	甲辰	五	6
31	1/7	甲戌	二	6					3/7	癸酉	七						閏4/9	甲戌	五	8				

1962年 壬寅(年)／壬子(月)

月	12 月	11 月	10 月	9 月	8 月	7 月
月干支	甲子	癸亥	壬戌	辛酉	庚申	己未
紫白	七赤	八白	九紫	一白	二黒	三碧
節気	8 大雪 5時13分 / 22 冬至 23時2分	8 立冬 12時33分 / 23 小雪 9時50分	9 寒露 9時36分 / 24 霜降 12時29分	8 白露 18時12分 / 24 秋分 3時24分	8 立秋 15時26分 / 24 処暑 5時58分	8 小暑 5時38分 / 23 大暑 22時59分

12 月

新暦	農暦	日干支	日紫白	奇門遁甲局数
1	10/16	戊寅	一	2
2	10/17	己卯	九	陰4局
3	10/18	庚辰	八	
4	10/19	辛巳	七	
5	10/20	壬午	六	
6	10/21	癸未	五	
7	10/22	甲申	四	陰7局
8	10/23	乙酉	三	
9	10/24	丙戌	二	
10	10/25	丁亥	一	
11	10/26	戊子	九	
12	10/27	己丑	八	陰1局
13	10/28	庚寅	七	
14	10/29	辛卯	六	
15	10/30	壬辰	五	
16	11/1	癸巳	四	
17	11/2	甲午	三	陽1局
18	11/3	乙未	二	
19	11/4	丙申	一	
20	11/5	丁酉	九	
21	11/6	戊戌	八	
22	11/7	己亥	九	陽7局
23	11/8	庚子	一	
24	11/9	辛丑	二	
25	11/10	壬寅	三	
26	11/11	癸卯	四	
27	11/12	甲辰	五	陽4局
28	11/13	乙巳	六	
29	11/14	丙午	七	
30	11/15	丁未	八	
31	11/16	戊申	九	

11 月

新暦	農暦	日干支	日紫白	奇門遁甲局数
1	9/16	戊申	七	2
2	9/17	己酉	六	陰6局
3	9/18	庚戌	五	
4	9/19	辛亥	四	
5	9/20	壬子	三	
6	9/21	癸丑	二	
7	9/22	甲寅	一	陰9局
8	9/23	乙卯	九	
9	9/24	丙辰	八	
10	9/25	丁巳	七	
11	9/26	戊午	六	
12	9/27	己未	五	陰3局
13	9/28	庚申	四	
14	9/29	辛酉	三	
15	9/30	壬戌	二	
16	10/1	癸亥	一	
17	10/2	甲子	六	陰5局
18	10/3	乙丑	五	
19	10/4	丙寅	四	
20	10/5	丁卯	三	
21	10/6	戊辰	二	
22	10/7	己巳	一	陰8局
23	10/8	庚午	九	
24	10/9	辛未	八	
25	10/10	壬申	七	
26	10/11	癸酉	六	
27	10/12	甲戌	五	陰2局
28	10/13	乙亥	四	
29	10/14	丙子	三	
30	10/15	丁丑	二	
31				

10 月

新暦	農暦	日干支	日紫白	奇門遁甲局数
1	8/14	丁丑	八	4
2	8/15	戊寅	七	
3	8/16	己卯	六	陰6局
4	8/17	庚辰	五	
5	8/18	辛巳	四	
6	8/19	壬午	三	
7	8/20	癸未	二	
8	8/21	甲申	一	陰9局
9	8/22	乙酉	九	
10	8/23	丙戌	八	
11	8/24	丁亥	七	
12	8/25	戊子	六	
13	8/26	己丑	五	陰3局
14	8/27	庚寅	四	
15	8/28	辛卯	三	
16	8/29	壬辰	二	
17	9/1	癸巳	一	
18	9/2	甲午	九	陰5局
19	9/3	乙未	八	
20	9/4	丙申	七	
21	9/5	丁酉	六	
22	9/6	戊戌	五	
23	9/7	己亥	四	陰8局
24	9/8	庚子	六	
25	9/9	辛丑	五	
26	9/10	壬寅	四	
27	9/11	癸卯	三	
28	9/12	甲辰	二	陰2局
29	9/13	乙巳	一	
30	9/14	丙午	九	
31	9/15	丁未	八	

9 月

新暦	農暦	日干支	日紫白	奇門遁甲局数
1	7/14	丁未	五	7
2	7/15	戊申	四	
3	7/16	己酉	三	陰9局
4	7/17	庚戌	二	
5	7/18	辛亥	一	
6	7/19	壬子	九	
7	7/20	癸丑	八	
8	7/21	甲寅	七	陰3局
9	7/22	乙卯	六	
10	7/23	丙辰	五	
11	7/24	丁巳	四	
12	7/25	戊午	三	
13	7/26	己未	二	陰6局
14	7/27	庚申	一	
15	7/28	辛酉	九	
16	7/29	壬戌	八	
17	7/30	癸亥	七	
18	8/1	甲子	三	陰7局
19	8/2	乙丑	二	
20	8/3	丙寅	一	
21	8/4	丁卯	九	
22	8/5	戊辰	八	
23	8/6	己巳	七	陰1局
24	8/7	庚午	六	
25	8/8	辛未	五	
26	8/9	壬申	四	
27	8/10	癸酉	三	
28	8/11	甲戌	二	陰4局
29	8/12	乙亥	一	
30	8/13	丙子	九	
31				

8 月

新暦	農暦	日干支	日紫白	奇門遁甲局数
1	6/12	丙子	六	陰4局
2	6/13	丁丑	五	
3	6/14	戊寅	四	
4	6/15	己卯	三	陰2局
5	6/16	庚辰	二	
6	6/17	辛巳	一	
7	6/18	壬午	九	
8	6/19	癸未	八	
9	6/20	甲申	七	陰5局
10	6/21	乙酉	六	
11	6/22	丙戌	五	
12	6/23	丁亥	四	
13	6/24	戊子	三	
14	6/25	己丑	二	陰8局
15	6/26	庚寅	一	
16	6/27	辛卯	九	
17	6/28	壬辰	八	
18	6/29	癸巳	七	
19	7/1	甲午	六	陰1局
20	7/2	乙未	五	
21	7/3	丙申	四	
22	7/4	丁酉	三	
23	7/5	戊戌	二	
24	7/6	己亥	四	陰4局
25	7/7	庚子	三	
26	7/8	辛丑	二	
27	7/9	壬寅	一	
28	7/10	癸卯	九	
29	7/11	甲辰	八	陰7局
30	7/12	乙巳	七	
31	7/13	丙午	六	

7 月

新暦	農暦	日干支	日紫白	奇門遁甲局数
1	5/11	乙巳	四	陰6局
2	5/12	丙午	三	
3	5/13	丁未	二	
4	5/14	戊申	一	
5	5/15	己酉	九	陰8局
6	5/16	庚戌	八	
7	5/17	辛亥	七	
8	5/18	壬子	六	
9	5/19	癸丑	五	
10	5/20	甲寅	四	陰2局
11	5/21	乙卯	三	
12	5/22	丙辰	二	
13	5/23	丁巳	一	
14	5/24	戊午	九	
15	5/25	己未	八	陰5局
16	5/26	庚申	七	
17	5/27	辛酉	六	
18	5/28	壬戌	五	
19	5/29	癸亥	四	
20	5/30	甲子	九	陰7局
21	6/1	乙丑	八	
22	6/2	丙寅	七	
23	6/3	丁卯	六	
24	6/4	戊辰	五	
25	6/5	己巳	四	陰1局
26	6/6	庚午	三	
27	6/7	辛未	二	
28	6/8	壬申	一	
29	6/9	癸酉	九	
30	6/10	甲戌	八	4
31	6/11	乙亥	七	

一九六四年 甲辰 九紫

二元八運…「六運」 三元九運…「六運」

月	1月				2月				3月			
月干支	乙丑 発卯(年)				丙寅				丁卯			
紫白	六白				五黄				四緑			
節気	21 大寒 9時41分	6 小寒 16時23分			19 雨水 23時57分	5 立春 4時5分			20 春分 23時10分	5 啓蟄 22時16分		
新暦	農暦	日干支	日紫白	奇門遁甲局数	農暦	日干支	日紫白	奇門遁甲局数	農暦	日干支	日紫白	奇門遁甲局数
1	11/17	己酉	一		12/18	庚辰	八		1/18	己酉	七	
2	11/18	庚戌	二		12/19	辛巳	九	陽8局	1/19	庚戌	八	
3	11/19	辛亥	三	陽2局	12/20	壬午	一		1/20	辛亥	九	陽1局
4	11/20	壬子	四		12/21	癸未	二		1/21	壬子	一	
5	11/21	癸丑	五		12/22	甲申	三		1/22	癸丑	二	
6	11/22	甲寅	六		12/23	乙酉	四		1/23	甲寅	三	
7	11/23	乙卯	七		12/24	丙戌	五	陽5局	1/24	乙卯	四	
8	11/24	丙辰	八	陽8局	12/25	丁亥	六		1/25	丙辰	五	陽7局
9	11/25	丁巳	九		12/26	戊子	七		1/26	丁巳	六	
10	11/26	戊午	一		12/27	己丑	八		1/27	戊午	七	
11	11/27	己未	二		12/28	庚寅	九		1/28	己未	八	
12	11/28	庚申	三		12/29	辛卯	一	陽2局	1/29	庚申	九	
13	11/29	辛酉	四	陽5局	1/1	壬辰	二		1/30	辛酉	一	陽4局
14	11/30	壬戌	五		1/2	癸巳	三		2/1	壬戌	二	
15	12/1	癸亥	六		1/3	甲午	四		2/2	癸亥	三	
16	12/2	甲子	一		1/4	乙未	五		2/3	甲子	七	
17	12/3	乙丑	二		1/5	丙申	六	陽9局	2/4	乙丑	八	
18	12/4	丙寅	三	陽3局	1/6	丁酉	七		2/5	丙寅	九	陽3局
19	12/5	丁卯	四		1/7	戊戌	五		2/6	丁卯	一	
20	12/6	戊辰	五		1/8	己亥	六		2/7	戊辰	二	
21	12/7	己巳	六		1/9	庚子	七		2/8	己巳	三	
22	12/8	庚午	七		1/10	辛丑	八	陽6局	2/9	庚午	四	
23	12/9	辛未	八	陽9局	1/11	壬寅	九		2/10	辛未	五	陽9局
24	12/10	壬申	九		1/12	癸卯	一		2/11	壬申	六	
25	12/11	癸酉	一		1/13	甲辰	二		2/12	癸酉	七	
26	12/12	甲戌	二		1/14	乙巳	三		2/13	甲戌	八	
27	12/13	乙亥	三		1/15	丙午	四	陽3局	2/14	乙亥	九	
28	12/14	丙子	四	陽6局	1/16	丁未	五		2/15	丙子	一	陽6局
29	12/15	丁丑	五		1/17	戊申	六		2/16	丁丑	二	
30	12/16	戊寅	六						2/17	戊寅	三	
31	12/17	己卯	七	8					2/18	己卯	四	4

月	4月				5月				6月			
月干支	戊辰				己巳				庚午			
紫白	三碧				二黒				一白			
節気	20 穀雨 10時27分	5 清明 3時18分			21 小満 9時50分	5 立夏 20時51分			21 夏至 17時57分	6 芒種 1時12分		
新暦	農暦	日干支	日紫白	奇門遁甲局数	農暦	日干支	日紫白	奇門遁甲局数	農暦	日干支	日紫白	奇門遁甲局数
1	2/19	庚辰	五		3/20	庚戌	五		4/21	辛巳	三	
2	2/20	辛巳	六	陽4局	3/21	辛亥	六	陽4局	4/22	壬午	四	陽6局
3	2/21	壬午	七		3/22	壬子	七		4/23	癸未	五	
4	2/22	癸未	八		3/23	癸丑	八		4/24	甲申	六	
5	2/23	甲申	九		3/24	甲寅	九		4/25	乙酉	七	
6	2/24	乙酉	一		3/25	乙卯	一		4/26	丙戌	八	陽3局
7	2/25	丙戌	二	陽1局	3/26	丙辰	二	陽1局	4/27	丁亥	九	
8	2/26	丁亥	三		3/27	丁巳	三		4/28	戊子	一	
9	2/27	戊子	四		3/28	戊午	四		4/29	己丑	二	
10	2/28	己丑	五		3/29	己未	五		5/1	庚寅	三	
11	2/29	庚寅	六		3/30	庚申	六		5/2	辛卯	四	陽9局
12	3/1	辛卯	七	陽7局	4/1	辛酉	七	陽7局	5/3	壬辰	五	
13	3/2	壬辰	八		4/2	壬戌	八		5/4	癸巳	六	
14	3/3	癸巳	九		4/3	癸亥	九		5/5	甲午	七	
15	3/4	甲午	一		4/4	甲子	四		5/6	乙未	八	
16	3/5	乙未	二		4/5	乙丑	五		5/7	丙申	九	陰9局
17	3/6	丙申	三	陽5局	4/6	丙寅	六	陽5局	5/8	丁酉	一	
18	3/7	丁酉	四		4/7	丁卯	七		5/9	戊戌	二	
19	3/8	戊戌	五		4/8	戊辰	八		5/10	己亥	三	
20	3/9	己亥	三		4/9	己巳	九		5/11	庚子	四	
21	3/10	庚子	四		4/10	庚午	一		5/12	辛丑	八	陰3局
22	3/11	辛丑	五	陽2局	4/11	辛未	二	陽2局	5/13	壬寅	七	
23	3/12	壬寅	六		4/12	壬申	三		5/14	癸卯	六	
24	3/13	癸卯	七		4/13	癸酉	四		5/15	甲辰	五	
25	3/14	甲辰	八		4/14	甲戌	五		5/16	乙巳	四	
26	3/15	乙巳	九		4/15	乙亥	六		5/17	丙午	三	陰6局
27	3/16	丙午	一	陽8局	4/16	丙子	七	陽8局	5/18	丁未	二	
28	3/17	丁未	二		4/17	丁丑	八		5/19	戊申	一	
29	3/18	戊申	三		4/18	戊寅	九		5/20	己酉	九	8
30	3/19	己酉	四	4	4/19	己卯	一	6	5/21	庚戌	八	
31					4/20	庚辰	二					

1963年 癸卯(年)／甲子(月)

月	12 月			
月干支	丙子			
紫白	四緑			
節気	22 冬至 4時50分	7 大雪 10時53分		
新暦	農暦	日干支	日紫白	奇門遁甲局数
1	10/28	甲申	四	陰7局
2	10/29	乙酉	三	
3	10/30	丙戌	二	
4	11/1	丁亥	一	
5	11/2	戊子	九	
6	11/3	己丑	八	陰1局
7	11/4	庚寅	七	
8	11/5	辛卯	六	
9	11/6	壬辰	五	
10	11/7	癸巳	四	
11	11/8	甲午	三	陰4局・閏
12	11/9	乙未	二	
13	11/10	丙申	一	
14	11/11	丁酉	九	
15	11/12	戊戌	八	
16	11/13	己亥	七	陰7局・閏
17	11/14	庚子	六	
18	11/15	辛丑	五	
19	11/16	壬寅	四	
20	11/17	癸卯	三	
21	11/18	甲辰	二	陰1局・閏
22	11/19	乙巳	六	
23	11/20	丙午	七	
24	11/21	丁未	八	
25	11/22	戊申	九	
26	11/23	己酉	一	陽1局
27	11/24	庚戌	二	
28	11/25	辛亥	三	
29	11/26	壬子	四	
30	11/27	癸丑	五	
31	11/28	甲寅	六	7

月	11 月			
月干支	乙亥			
紫白	五黄			
節気	22 小雪 15時39分	7 立冬 18時15分		
新暦	農暦	日干支	日紫白	奇門遁甲局数
1	9/27	甲寅	一	陰9局
2	9/28	乙卯	九	
3	9/29	丙辰	八	
4	10/1	丁巳	七	
5	10/2	戊午	六	
6	10/3	己未	五	陰3局
7	10/4	庚申	四	
8	10/5	辛酉	三	
9	10/6	壬戌	二	
10	10/7	癸亥	一	
11	10/8	甲子	六	陰5局
12	10/9	乙丑	五	
13	10/10	丙寅	四	
14	10/11	丁卯	三	
15	10/12	戊辰	二	
16	10/13	己巳	一	陰8局
17	10/14	庚午	九	
18	10/15	辛未	八	
19	10/16	壬申	七	
20	10/17	癸酉	六	
21	10/18	甲戌	五	陰2局
22	10/19	乙亥	四	
23	10/20	丙子	三	
24	10/21	丁丑	二	
25	10/22	戊寅	一	
26	10/23	己卯	九	陰4局
27	10/24	庚辰	八	
28	10/25	辛巳	七	
29	10/26	壬午	六	
30	10/27	癸未	五	
31				

月	10 月			
月干支	甲戌			
紫白	六白			
節気	23 霜降 18時21分	8 寒露 15時22分		
新暦	農暦	日干支	日紫白	奇門遁甲局数
1	8/26	癸未	二	6
2	8/27	甲申	一	陰9局
3	8/28	乙酉	九	
4	8/29	丙戌	八	
5	8/30	丁亥	七	
6	9/1	戊子	六	
7	9/2	己丑	五	陰3局
8	9/3	庚寅	四	
9	9/4	辛卯	三	
10	9/5	壬辰	二	
11	9/6	癸巳	一	
12	9/7	甲午	九	陰5局
13	9/8	乙未	八	
14	9/9	丙申	七	
15	9/10	丁酉	六	
16	9/11	戊戌	五	
17	9/12	己亥	四	陰8局
18	9/13	庚子	三	
19	9/14	辛丑	二	
20	9/15	壬寅	一	
21	9/16	癸卯	九	
22	9/17	甲辰	八	陰2局
23	9/18	乙巳	一	
24	9/19	丙午	九	
25	9/20	丁未	八	
26	9/21	戊申	七	
27	9/22	己酉	六	陰6局
28	9/23	庚戌	五	
29	9/24	辛亥	四	
30	9/25	壬子	三	
31	9/26	癸丑	二	

月	9 月			
月干支	癸酉			
紫白	七赤			
節気	23 秋分 9時17分	8 白露 0時0分		
新暦	農暦	日干支	日紫白	奇門遁甲局数
1	7/25	癸丑	八	9
2	7/26	甲寅	七	陰3局
3	7/27	乙卯	六	
4	7/28	丙辰	五	
5	7/29	丁巳	四	
6	8/1	戊午	三	
7	8/2	己未	二	陰6局
8	8/3	庚申	一	
9	8/4	辛酉	九	
10	8/5	壬戌	八	
11	8/6	癸亥	七	
12	8/7	甲子	三	陰7局
13	8/8	乙丑	二	
14	8/9	丙寅	一	
15	8/10	丁卯	九	
16	8/11	戊辰	八	
17	8/12	己巳	七	陰1局
18	8/13	庚午	六	
19	8/14	辛未	五	
20	8/15	壬申	四	
21	8/16	癸酉	三	
22	8/17	甲戌	二	陰4局
23	8/18	乙亥	一	
24	8/19	丙子	九	
25	8/20	丁丑	八	
26	8/21	戊寅	七	
27	8/22	己卯	六	陰6局
28	8/23	庚辰	五	
29	8/24	辛巳	四	
30	8/25	壬午	三	
31				

月	8 月			
月干支	壬申			
紫白	八白			
節気	23 処暑 11時51分	7 立秋 21時16分		
新暦	農暦	日干支	日紫白	奇門遁甲局数
1	6/24	壬午	九	2
2	6/25	癸未	八	
3	6/26	甲申	七	陰5局
4	6/27	乙酉	六	
5	6/28	丙戌	五	
6	6/29	丁亥	四	
7	6/30	戊子	三	
8	7/1	己丑	二	陰8局
9	7/2	庚寅	一	
10	7/3	辛卯	九	
11	7/4	壬辰	八	
12	7/5	癸巳	七	
13	7/6	甲午	六	陰1局
14	7/7	乙未	五	
15	7/8	丙申	四	
16	7/9	丁酉	三	
17	7/10	戊戌	二	
18	7/11	己亥	一	陰4局
19	7/12	庚子	九	
20	7/13	辛丑	八	
21	7/14	壬寅	七	
22	7/15	癸卯	六	
23	7/16	甲辰	八	陰7局
24	7/17	乙巳	七	
25	7/18	丙午	六	
26	7/19	丁未	五	
27	7/20	戊申	四	
28	7/21	己酉	三	陰9局
29	7/22	庚戌	二	
30	7/23	辛亥	一	
31	7/24	壬子	九	

月	7 月			
月干支	辛未			
紫白	九紫			
節気	23 大暑 4時53分	7 小暑 11時32分		
新暦	農暦	日干支	日紫白	奇門遁甲局数
1	5/22	辛亥	七	陰8局
2	5/23	壬子	六	
3	5/24	癸丑	五	
4	5/25	甲寅	四	陰2局
5	5/26	乙卯	三	
6	5/27	丙辰	二	
7	5/28	丁巳	一	
8	5/29	戊午	九	
9	6/1	己未	八	陰5局
10	6/2	庚申	七	
11	6/3	辛酉	六	
12	6/4	壬戌	五	
13	6/5	癸亥	四	
14	6/6	甲子	九	陰7局
15	6/7	乙丑	八	
16	6/8	丙寅	七	
17	6/9	丁卯	六	
18	6/10	戊辰	五	
19	6/11	己巳	四	陰1局
20	6/12	庚午	三	
21	6/13	辛未	二	
22	6/14	壬申	一	
23	6/15	癸酉	九	
24	6/16	甲戌	八	陰4局
25	6/17	乙亥	七	
26	6/18	丙子	六	
27	6/19	丁丑	五	
28	6/20	戊寅	四	
29	6/21	己卯	三	陰2局
30	6/22	庚辰	二	
31	6/23	辛巳	一	

一九六五年　乙巳　八白

二元八運…「六運」　三元九運…「六運」

6月				5月				4月				3月				2月				1月				月
壬午				辛巳				庚辰				己卯				戊寅				丁丑 甲辰(年)				月干支
七赤				八白				九紫				一白				二黒				三碧				紫白
21 夏至 23時56分	6 芒種 7時2分	日紫白	奇門遁甲局数	21 小満 15時50分	6 立夏 2時42分	日紫白	奇門遁甲局数	20 穀雨 16時26分	5 清明 9時7分	日紫白	奇門遁甲局数	21 春分 5時5分	6 啓蟄 4時1分	日紫白	奇門遁甲局数	19 雨水 5時48分	4 立春 9時46分	日紫白	奇門遁甲局数	20 大寒 15時29分	5 小寒 22時2分	日紫白	奇門遁甲局数	節気
農暦	日干支			農暦	日干支			農暦	日干支			農暦	日干支			農暦	日干支			農暦	日干支			新暦
5/2	丙戌	八	陽2局	4/1	乙卯	一	陽2局	2/30	乙酉	一	陽9局	1/28	甲寅	三	陽6局	12/30	丙戌	五	陽9局	11/29	乙卯	七	陽7局	1
5/3	丁亥	九		4/2	丙辰	二		3/1	丙戌	二		1/29	乙卯	四		1/1	丁亥	六		11/30	丙辰	八		2
5/4	戊子	一		4/3	丁巳	三		3/2	丁亥	三		2/1	丙辰	五		1/2	戊子	七		12/1	丁巳	九		3
5/5	己丑	二	陽8局	4/4	戊午	四		3/3	戊子	四		2/2	丁巳	六		1/3	己丑	八	陽6局	12/2	戊午	一		4
5/6	庚寅	三		4/5	己未	五	陽8局	3/4	己丑	五	陽6局	2/3	戊午	七		1/4	庚寅	九		12/3	己未	二	陽4局	5
5/7	辛卯	四		4/6	庚申	六		3/5	庚寅	六		2/4	己未	八	陽3局	1/5	辛卯	一		12/4	庚申	三		6
5/8	壬辰	五		4/7	辛酉	七		3/6	辛卯	七		2/5	庚申	九		1/6	壬辰	二		12/5	辛酉	四		7
5/9	癸巳	六		4/8	壬戌	八		3/7	壬辰	八		2/6	辛酉	一		1/7	癸巳	三		12/6	壬戌	五		8
5/10	甲午	七	陽6局	4/9	癸亥	九		3/8	癸巳	九		2/7	壬戌	二		1/8	甲午	四	陽8局	12/7	癸亥	六		9
5/11	乙未	八		4/10	甲子	四	陽4局	3/9	甲午	一	陽4局	2/8	癸亥	三		1/9	乙未	五		12/8	甲子	一	陽2局	10
5/12	丙申	九		4/11	乙丑	五		3/10	乙未	二		2/9	甲子	七	陽1局	1/10	丙申	六		12/9	乙丑	二		11
5/13	丁酉	一		4/12	丙寅	六		3/11	丙申	三		2/10	乙丑	八		1/11	丁酉	七		12/10	丙寅	三		12
5/14	戊戌	二		4/13	丁卯	七		3/12	丁酉	四		2/11	丙寅	九		1/12	戊戌	八		12/11	丁卯	四		13
5/15	己亥	三	陽3局	4/14	戊辰	八		3/13	戊戌	五		2/12	丁卯	一		1/13	己亥	九	陽5局	12/12	戊辰	五		14
5/16	庚子	四		4/15	己巳	九	陽1局	3/14	己亥	六	陽1局	2/13	戊辰	二		1/14	庚子	一		12/13	己巳	六	陽8局	15
5/17	辛丑	五		4/16	庚午	一		3/15	庚子	七		2/14	己巳	三	陽7局	1/15	辛丑	二		12/14	庚午	七		16
5/18	壬寅	六		4/17	辛未	二		3/16	辛丑	八		2/15	庚午	四		1/16	壬寅	三		12/15	辛未	八		17
5/19	癸卯	七		4/18	壬申	三		3/17	壬寅	九		2/16	辛未	五		1/17	癸卯	四		12/16	壬申	九		18
5/20	甲辰	八	陽9局	4/19	癸酉	四		3/18	癸卯	一		2/17	壬申	六		1/18	甲辰	二	陽2局	12/17	癸酉	一		19
5/21	乙巳	九		4/20	甲戌	五	陽7局	3/19	甲辰	八	陽7局	2/18	癸酉	七		1/19	乙巳	三		12/18	甲戌	二	陽5局	20
5/22	丙午	三		4/21	乙亥	六		3/20	乙巳	九		2/19	甲戌	八	陽4局	1/20	丙午	四		12/19	乙亥	三		21
5/23	丁未	二		4/22	丙子	七		3/21	丙午	一		2/20	乙亥	九		1/21	丁未	五		12/20	丙子	四		22
5/24	戊申	一		4/23	丁丑	八		3/22	丁未	二		2/21	丙子	一		1/22	戊申	六		12/21	丁丑	五		23
5/25	己酉	九	陰9局	4/24	戊寅	九		3/23	戊申	三		2/22	丁丑	二		1/23	己酉	七	陽9局	12/22	戊寅	六		24
5/26	庚戌	八		4/25	己卯	一	陽5局	3/24	己酉	四	陽5局	2/23	戊寅	三		1/24	庚戌	八		12/23	己卯	七	陽3局	25
5/27	辛亥	七		4/26	庚辰	二		3/25	庚戌	五		2/24	己卯	四	陽3局	1/25	辛亥	九		12/24	庚辰	八		26
5/28	壬子	六		4/27	辛巳	三		3/26	辛亥	六		2/25	庚辰	五		1/26	壬子	一		12/25	辛巳	九		27
5/29	癸丑	五		4/28	壬午	四		3/27	壬子	七		2/26	辛巳	六		1/27	癸丑	二		12/26	壬午	一		28
6/1	甲寅	四	3	4/29	癸未	五		3/28	癸丑	八		2/27	壬午	七						12/27	癸未	二		29
6/2	乙卯	三		4/30	甲申	六	2	3/29	甲寅	九	2	2/28	癸未	八						12/28	甲申	三	9	30
				5/1	乙酉	七						2/29	甲申	九	9					12/29	乙酉	四		31

1964年　甲辰(年)／丙子(月)

月	12月				11月				10月				9月				8月				7月			
月干支	戊子				丁亥				丙戌				乙酉				甲申				癸未			
紫白	一白				二黒				三碧				四緑				五黄				六白			
節気	22 冬至 10時41分	7 大雪 16時46分	日紫白	奇門遁甲局数	22 小雪 21時29分	8 立冬 0時7分	日紫白	奇門遁甲局数	24 霜降 0時10分	8 寒露 21時11分	日紫白	奇門遁甲局数	23 秋分 15時6分	8 白露 5時48分	日紫白	奇門遁甲局数	23 処暑 17時43分	8 立秋 3時5分	日紫白	奇門遁甲局数	23 大暑 10時48分	7 小暑 17時21分	日紫白	奇門遁甲局数
新暦	農暦	日干支			農暦	日干支			農暦	日干支			農暦	日干支			農暦	日干支			農暦	日干支		
1	11/9	己丑	八	陰2局	10/9	己未	五	陰2局	9/7	戊子	六	1	8/6	戊午	三	4	7/5	丁亥	四	1	6/3	丙辰	二	陰3局
2	11/10	庚寅	七		10/10	庚申	四		9/8	己丑	五	陰4局	8/7	己未	二	陰7局	7/6	戊子	三		6/4	丁巳	一	
3	11/11	辛卯	六		10/11	辛酉	三		9/9	庚寅	四		8/8	庚申	一		7/7	己丑	二	陰4局	6/5	戊午	九	
4	11/12	壬辰	五		10/12	壬戌	二		9/10	辛卯	三		8/9	辛酉	九		7/8	庚寅	一		6/6	己未	八	陰6局
5	11/13	癸巳	四		10/13	癸亥	一		9/11	壬辰	二		8/10	壬戌	八		7/9	辛卯	九		6/7	庚申	七	
6	11/14	甲午	三	陰4局	10/14	甲子	六	陰6局	9/12	癸巳	一		8/11	癸亥	七		7/10	壬辰	八		6/8	辛酉	六	
7	11/15	乙未	二		10/15	乙丑	五		9/13	甲午	九	陰6局	8/12	甲子	三	陰9局	7/11	癸巳	七		6/9	壬戌	五	
8	11/16	丙申	一		10/16	丙寅	四		9/14	乙未	八		8/13	乙丑	二		7/12	甲午	六	陰2局	6/10	癸亥	四	
9	11/17	丁酉	九		10/17	丁卯	三		9/15	丙申	七		8/14	丙寅	一		7/13	乙未	五		6/11	甲子	九	陰8局
10	11/18	戊戌	八		10/18	戊辰	二		9/16	丁酉	六		8/15	丁卯	九		7/14	丙申	四		6/12	乙丑	八	
11	11/19	己亥	七	陰7局	10/19	己巳	一	陰9局	9/17	戊戌	五		8/16	戊辰	八		7/15	丁酉	三		6/13	丙寅	七	
12	11/20	庚子	六		10/20	庚午	九		9/18	己亥	四	陰9局	8/17	己巳	七	陰3局	7/16	戊戌	二		6/14	丁卯	六	
13	11/21	辛丑	五		10/21	辛未	八		9/19	庚子	三		8/18	庚午	六		7/17	己亥	一	陰5局	6/15	戊辰	五	
14	11/22	壬寅	四		10/22	壬申	七		9/20	辛丑	二		8/19	辛未	五		7/18	庚子	九		6/16	己巳	四	陰2局
15	11/23	癸卯	三		10/23	癸酉	六		9/21	壬寅	一		8/20	壬申	四		7/19	辛丑	八		6/17	庚午	三	
16	11/24	甲辰	二	陰1局	10/24	甲戌	五	陰3局	9/22	癸卯	九		8/21	癸酉	三		7/20	壬寅	七		6/18	辛未	二	
17	11/25	乙巳	一		10/25	乙亥	四		9/23	甲辰	八	陰3局	8/22	甲戌	二	陰6局	7/21	癸卯	六		6/19	壬申	一	
18	11/26	丙午	九		10/26	丙子	三		9/24	乙巳	七		8/23	乙亥	一		7/22	甲辰	五	陰8局	6/20	癸酉	九	
19	11/27	丁未	八		10/27	丁丑	二		9/25	丙午	六		8/24	丙子	九		7/23	乙巳	四		6/21	甲戌	八	陰5局
20	11/28	戊申	七		10/28	戊寅	一		9/26	丁未	五		8/25	丁丑	八		7/24	丙午	三		6/22	乙亥	七	
21	11/29	己酉	六	陽1局	10/29	己卯	九	陰5局	9/27	戊申	四		8/26	戊寅	七		7/25	丁未	二		6/23	丙子	六	
22	11/30	庚戌	二		10/30	庚辰	八		9/28	己酉	三	陰5局	8/27	己卯	六	陰7局	7/26	戊申	一		6/24	丁丑	五	
23	12/1	辛亥	三		11/1	辛巳	七		9/29	庚戌	二		8/28	庚辰	五		7/27	己酉	三	陰1局	6/25	戊寅	四	
24	12/2	壬子	四		11/2	壬午	六		10/1	辛亥	四		8/29	辛巳	四		7/28	庚戌	二		6/26	己卯	三	陰7局
25	12/3	癸丑	五		11/3	癸未	五		10/2	壬子	三		9/1	壬午	三		7/29	辛亥	一		6/27	庚辰	二	
26	12/4	甲寅	六	陽7局	11/4	甲申	四	陰8局	10/3	癸丑	二		9/2	癸未	二		7/30	壬子	九		6/28	辛巳	一	
27	12/5	乙卯	七		11/5	乙酉	三		10/4	甲寅	一	陰8局	9/3	甲申	一	陰1局	8/1	癸丑	八		6/29	壬午	九	
28	12/6	丙辰	八		11/6	丙戌	二		10/5	乙卯	九		9/4	乙酉	九		8/2	甲寅	七	陰4局	7/1	癸未	八	
29	12/7	丁巳	九		11/7	丁亥	一		10/6	丙辰	八		9/5	丙戌	八		8/3	乙卯	六		7/2	甲申	七	陰1局
30	12/8	戊午	一		11/8	戊子	九		10/7	丁巳	七		9/6	丁亥	七		8/4	丙辰	五		7/3	乙酉	六	
31	12/9	己未	二	4					10/8	戊午	六						8/5	丁巳	四		7/4	丙戌	五	

一九六六年 丙午 七赤

三元八運…「六運」　三元九運…「六運」

月	月干支	紫白	節気
1月	己丑（乙巳年）	九紫	6 小寒 3時55分 / 20 大寒 21時20分
2月	庚寅	八白	4 立春 15時38分 / 19 雨水 11時38分
3月	辛卯	七赤	6 啓蟄 9時52分 / 21 春分 10時53分
4月	壬辰	六白	5 清明 14時57分 / 20 穀雨 22時12分
5月	癸巳	五黄	6 立夏 8時30分 / 21 小満 21時32分
6月	甲午	四緑	6 芒種 12時50分 / 22 夏至 5時33分

新暦	1月 農暦	日干支	日紫白	奇門遁甲局数	2月 農暦	日干支	日紫白	奇門遁甲局数	3月 農暦	日干支	日紫白	奇門遁甲局数
1	12/10	庚申	三	陽4局	1/12	辛卯	一	陽6局	2/10	己未	八	陽3局
2	12/11	辛酉	四		1/13	壬辰	二		2/11	庚申	九	
3	12/12	壬戌	五		1/14	癸巳	三		2/12	辛酉	一	
4	12/13	癸亥	六		1/15	甲午	四	陽8局	2/13	壬戌	二	
5	12/14	甲子	一	陽2局	1/16	乙未	五		2/14	癸亥	三	
6	12/15	乙丑	二		1/17	丙申	六		2/15	甲子	七	陽1局
7	12/16	丙寅	三		1/18	丁酉	七		2/16	乙丑	八	
8	12/17	丁卯	四		1/19	戊戌	八		2/17	丙寅	九	
9	12/18	戊辰	五		1/20	己亥	九	陽5局	2/18	丁卯	一	
10	12/19	己巳	六	陽8局	1/21	庚子	一		2/19	戊辰	二	
11	12/20	庚午	七		1/22	辛丑	二		2/20	己巳	三	陽7局
12	12/21	辛未	八		1/23	壬寅	三		2/21	庚午	四	
13	12/22	壬申	九		1/24	癸卯	四		2/22	辛未	五	
14	12/23	癸酉	一		1/25	甲辰	五	陽2局	2/23	壬申	六	
15	12/24	甲戌	二	陽5局	1/26	乙巳	六		2/24	癸酉	七	
16	12/25	乙亥	三		1/27	丙午	七		2/25	甲戌	八	陽4局
17	12/26	丙子	四		1/28	丁未	八		2/26	乙亥	九	
18	12/27	丁丑	五		1/29	戊申	九		2/27	丙子	一	
19	12/28	戊寅	六		1/30	己酉	七	陽9局	2/28	丁丑	二	
20	12/29	己卯	七	陽3局	2/1	庚戌	八		2/29	戊寅	三	
21	1/1	庚辰	八		2/2	辛亥	九		2/30	己卯	四	陽3局
22	1/2	辛巳	九		2/3	壬子	一		3/1	庚辰	五	
23	1/3	壬午	一		2/4	癸丑	二		3/2	辛巳	六	
24	1/4	癸未	二		2/5	甲寅	三	陽6局	3/3	壬午	七	
25	1/5	甲申	三	陽9局	2/6	乙卯	四		3/4	癸未	八	
26	1/6	乙酉	四		2/7	丙辰	五		3/5	甲申	九	陽9局
27	1/7	丙戌	五		2/8	丁巳	六		3/6	乙酉	一	
28	1/8	丁亥	六		2/9	戊午	七		3/7	丙戌	二	
29	1/9	戊子	七						3/8	丁亥	三	
30	1/10	己丑	八	6					3/9	戊子	四	
31	1/11	庚寅	九						3/10	己丑	五	6

新暦	4月 農暦	日干支	日紫白	奇門遁甲局数	5月 農暦	日干支	日紫白	奇門遁甲局数	6月 農暦	日干支	日紫白	奇門遁甲局数
1	3/11	庚寅	六	陽6局	閏3/11	庚申	六	陽8局	4/13	辛卯	四	陽8局
2	3/12	辛卯	七		閏3/12	辛酉	七		4/14	壬辰	五	
3	3/13	壬辰	八		閏3/13	壬戌	八		4/15	癸巳	六	
4	3/14	癸巳	九		閏3/14	癸亥	九		4/16	甲午	七	陽6局
5	3/15	甲午	一	陽4局	閏3/15	甲子	四	陽4局	4/17	乙未	八	
6	3/16	乙未	二		閏3/16	乙丑	五		4/18	丙申	九	
7	3/17	丙申	三		閏3/17	丙寅	六		4/19	丁酉	一	
8	3/18	丁酉	四		閏3/18	丁卯	七		4/20	戊戌	二	
9	3/19	戊戌	五		閏3/19	戊辰	八		4/21	己亥	三	陽3局
10	3/20	己亥	六	陽1局	閏3/20	己巳	九	陽1局	4/22	庚子	四	
11	3/21	庚子	七		閏3/21	庚午	一		4/23	辛丑	五	
12	3/22	辛丑	八		閏3/22	辛未	二		4/24	壬寅	六	
13	3/23	壬寅	九		閏3/23	壬申	三		4/25	癸卯	七	
14	3/24	癸卯	一		閏3/24	癸酉	四		4/26	甲辰	八	陽9局
15	3/25	甲辰	二	陽7局	閏3/25	甲戌	五	陽7局	4/27	乙巳	九	
16	3/26	乙巳	三		閏3/26	乙亥	六		4/28	丙午	一	
17	3/27	丙午	四		閏3/27	丙子	七		4/29	丁未	二	
18	3/28	丁未	五		閏3/28	丁丑	八		4/30	戊申	三	
19	3/29	戊申	六		閏3/29	戊寅	九		5/1	己酉	四	陰9局
20	3/30	己酉	四	陽5局	4/1	己卯	一	陽5局	5/2	庚戌	五	
21	閏3/1	庚戌	五		4/2	庚辰	二		5/3	辛亥	六	
22	閏3/2	辛亥	六		4/3	辛巳	三		5/4	壬子	六	
23	閏3/3	壬子	七		4/4	壬午	四		5/5	癸丑	五	
24	閏3/4	癸丑	八		4/5	癸未	五		5/6	甲寅	四	陰3局
25	閏3/5	甲寅	九	陽2局	4/6	甲申	六	陽2局	5/7	乙卯	三	
26	閏3/6	乙卯	一		4/7	乙酉	七		5/8	丙辰	二	
27	閏3/7	丙辰	二		4/8	丙戌	八		5/9	丁巳	一	
28	閏3/8	丁巳	三		4/9	丁亥	九		5/10	戊午	九	
29	閏3/9	戊午	四		4/10	戊子	一		5/11	己未	八	6
30	閏3/10	己未	五	8	4/11	己丑	二	8	5/12	庚申	七	
31					4/12	庚寅	三					

1965年 乙巳（年）／戊子（月）

月	12月				11月				10月				9月				8月				7月			
月干支	庚子				己亥				戊戌				丁酉				丙申				乙未			
紫白	七赤				八白				九紫				一白				二黒				三碧			
節気	22 冬至 16時28分	7 大雪 22時38分	日紫白	奇門遁甲局数	23 小雪 3時14分	8 立冬 5時56分	日紫白	奇門遁甲局数	24 霜降 5時51分	9 寒露 2時57分	日紫白	奇門遁甲局数	23 秋分 20時43分	8 白露 11時32分	日紫白	奇門遁甲局数	23 処暑 23時18分	8 立秋 8時49分	日紫白	奇門遁甲局数	23 大暑 16時23分	7 小暑 23時7分	日紫白	奇門遁甲局数
新暦	農暦	日干支			農暦	日干支			農暦	日干支			農暦	日干支			農暦	日干支			農暦	日干支		
1	10/20	甲午	三	陰4局	9/19	甲子	六	陰6局	8/17	癸巳	一	4	7/17	癸亥	七	7	6/15	壬辰	八	4	5/13	辛酉	六	陰6局
2	10/21	乙未	二		9/20	乙丑	五		8/18	甲午	九	陰6局	7/18	甲子	三	陰9局	6/16	癸巳	七		5/14	壬戌	五	
3	10/22	丙申	一		9/21	丙寅	四		8/19	乙未	八		7/19	乙丑	二		6/17	甲午	六	陰2局	5/15	癸亥	四	
4	10/23	丁酉	九		9/22	丁卯	三		8/20	丙申	七		7/20	丙寅	一		6/18	乙未	五		5/16	甲子	九	陰8局
5	10/24	戊戌	八		9/23	戊辰	二		8/21	丁酉	六		7/21	丁卯	九		6/19	丙申	四		5/17	乙丑	八	
6	10/25	己亥	七	陰7局	9/24	己巳	一	陰9局	8/22	戊戌	五		7/22	戊辰	八		6/20	丁酉	三		5/18	丙寅	七	
7	10/26	庚子	六		9/25	庚午	九		8/23	己亥	四	陰9局	7/23	己巳	七	陰3局	6/21	戊戌	二		5/19	丁卯	六	
8	10/27	辛丑	五		9/26	辛未	八		8/24	庚子	三		7/24	庚午	六		6/22	己亥	一	陰5局	5/20	戊辰	五	
9	10/28	壬寅	四		9/27	壬申	七		8/25	辛丑	二		7/25	辛未	五		6/23	庚子	九		5/21	己巳	四	陰2局
10	10/29	癸卯	三		9/28	癸酉	六		8/26	壬寅	一		7/26	壬申	四		6/24	辛丑	八		5/22	庚午	三	
11	10/30	甲辰	二	陰1局	9/29	甲戌	五	陰3局	8/27	癸卯	九		7/27	癸酉	三		6/25	壬寅	七		5/23	辛未	二	
12	11/1	乙巳	一		10/1	乙亥	四		8/28	甲辰	八	陰3局	7/28	甲戌	二	陰6局	6/26	癸卯	六		5/24	壬申	一	
13	11/2	丙午	九		10/2	丙子	三		8/29	乙巳	七		7/29	乙亥	一		6/27	甲辰	五	陰8局	5/25	癸酉	九	
14	11/3	丁未	八		10/3	丁丑	二		9/1	丙午	六		7/30	丙子	九		6/28	乙巳	四		5/26	甲戌	八	陰5局
15	11/4	戊申	七		10/4	戊寅	一		9/2	丁未	五		8/1	丁丑	八		6/29	丙午	三		5/27	乙亥	七	
16	11/5	己酉	六	陽1局	10/5	己卯	九	陰5局	9/3	戊申	四		8/2	戊寅	七		7/1	丁未	二		5/28	丙子	六	
17	11/6	庚戌	五		10/6	庚辰	八		9/4	己酉	三	陰5局	8/3	己卯	六	陰7局	7/2	戊申	一		5/29	丁丑	五	
18	11/7	辛亥	四		10/7	辛巳	七		9/5	庚戌	二		8/4	庚辰	五		7/3	己酉	九	陰1局	6/1	戊寅	四	
19	11/8	壬子	三		10/8	壬午	六		9/6	辛亥	一		8/5	辛巳	四		7/4	庚戌	八		6/2	己卯	三	陰7局
20	11/9	癸丑	二		10/9	癸未	五		9/7	壬子	九		8/6	壬午	三		7/5	辛亥	七		6/3	庚辰	二	
21	11/10	甲寅	一	陽7局	10/10	甲申	四	陰8局	9/8	癸丑	八		8/7	癸未	二		7/6	壬子	六		6/4	辛巳	一	
22	11/11	乙卯	七		10/11	乙酉	三		9/9	甲寅	七	陰8局	8/8	甲申	一	陰1局	7/7	癸丑	五		6/5	壬午	九	
23	11/12	丙辰	八		10/12	丙戌	二		9/10	乙卯	六		8/9	乙酉	九		7/8	甲寅	七	陰4局	6/6	癸未	八	
24	11/13	丁巳	九		10/13	丁亥	一		9/11	丙辰	八		8/10	丙戌	八		7/9	乙卯	六		6/7	甲申	七	陰1局
25	11/14	戊午	一		10/14	戊子	九		9/12	丁巳	七		8/11	丁亥	七		7/10	丙辰	五		6/8	乙酉	六	
26	11/15	己未	二	陽4局	10/15	己丑	八	陰2局	9/13	戊午	六		8/12	戊子	六		7/11	丁巳	四		6/9	丙戌	五	
27	11/16	庚申	三		10/16	庚寅	七		9/14	己未	五	陰2局	8/13	己丑	五	陰4局	7/12	戊午	三		6/10	丁亥	四	
28	11/17	辛酉	四		10/17	辛卯	六		9/15	庚申	四		8/14	庚寅	四		7/13	己未	二	陰7局	6/11	戊子	三	
29	11/18	壬戌	五		10/18	壬辰	五		9/16	辛酉	三		8/15	辛卯	三		7/14	庚申	一		6/12	己丑	二	陰4局
30	11/19	癸亥	六		10/19	癸巳	四		9/17	壬戌	二		8/16	壬辰	二		7/15	辛酉	九		6/13	庚寅	一	
31	11/20	甲子	一	2					9/18	癸亥	一						7/16	壬戌	八		6/14	辛卯	九	

一九六七年 丁未 六白

二元八運…「六運」

三元九運…「六運」

月	1月				2月				3月			
月干支	辛丑 丙午(年)				壬寅				癸卯			
紫白	六白				五黄				四緑			
節気	6 小寒 9時49分 / 21 大寒 3時8分				4 立春 21時31分 / 19 雨水 17時24分				6 啓蟄 15時42分 / 21 春分 16時37分			
新暦	農暦	日干支	日紫白	奇門遁甲局数	農暦	日干支	日紫白	奇門遁甲局数	農暦	日干支	日紫白	奇門遁甲局数
1	11/21	乙丑	二	陽2局	12/22	丙申	六	陽8局	1/21	甲子	七	陽1局
2	11/22	丙寅	三		12/23	丁酉	七		1/22	乙丑	八	
3	11/23	丁卯	四		12/24	戊戌	八		1/23	丙寅	九	
4	11/24	戊辰	五		12/25	己亥	九	陽5局	1/24	丁卯	一	
5	11/25	己巳	六	陽8局	12/26	庚子	一		1/25	戊辰	二	
6	11/26	庚午	七		12/27	辛丑	二		1/26	己巳	三	陽7局
7	11/27	辛未	八		12/28	壬寅	三		1/27	庚午	四	
8	11/28	壬申	九		12/29	癸卯	四		1/28	辛未	五	
9	11/29	癸酉	一		1/1	甲辰	五	陽2局	1/29	壬申	六	
10	11/30	甲戌	二	陽5局	1/2	乙巳	六		1/30	癸酉	七	
11	12/1	乙亥	三		1/3	丙午	七		2/1	甲戌	八	陽4局
12	12/2	丙子	四		1/4	丁未	八		2/2	乙亥	九	
13	12/3	丁丑	五		1/5	戊申	九		2/3	丙子	一	
14	12/4	戊寅	六		1/6	己酉	一	陽9局	2/4	丁丑	二	
15	12/5	己卯	七	陽3局	1/7	庚戌	二		2/5	戊寅	三	
16	12/6	庚辰	八		1/8	辛亥	三		2/6	己卯	四	陽3局
17	12/7	辛巳	九		1/9	壬子	四		2/7	庚辰	五	
18	12/8	壬午	一		1/10	癸丑	五		2/8	辛巳	六	
19	12/9	癸未	二		1/11	甲寅	三	陽6局	2/9	壬午	七	
20	12/10	甲申	三	陽9局	1/12	乙卯	四		2/10	癸未	八	
21	12/11	乙酉	四		1/13	丙辰	五		2/11	甲申	九	陽9局
22	12/12	丙戌	五		1/14	丁巳	六		2/12	乙酉	一	
23	12/13	丁亥	六		1/15	戊午	七		2/13	丙戌	二	
24	12/14	戊子	七		1/16	己未	八	陽3局	2/14	丁亥	三	
25	12/15	己丑	八	陽6局	1/17	庚申	九		2/15	戊子	四	
26	12/16	庚寅	九		1/18	辛酉	一		2/16	己丑	五	陽6局
27	12/17	辛卯	一		1/19	壬戌	二		2/17	庚寅	六	
28	12/18	壬辰	二		1/20	癸亥	三		2/18	辛卯	七	
29	12/19	癸巳	三						2/19	壬辰	八	
30	12/20	甲午	四	8					2/20	癸巳	九	
31	12/21	乙未	五						2/21	甲午	一	4

月	4月				5月				6月			
月干支	甲辰				乙巳				丙午			
紫白	三碧				二黒				一白			
節気	5 清明 20時45分 / 21 穀雨 3時55分				6 立夏 14時17分 / 22 小満 3時18分				6 芒種 18時36分 / 22 夏至 11時23分			
新暦	農暦	日干支	日紫白	奇門遁甲局数	農暦	日干支	日紫白	奇門遁甲局数	農暦	日干支	日紫白	奇門遁甲局数
1	2/22	乙未	二	陽4局	3/22	乙丑	五	陽4局	4/24	丙申	九	陽6局
2	2/23	丙申	三		3/23	丙寅	六		4/25	丁酉	一	
3	2/24	丁酉	四		3/24	丁卯	七		4/26	戊戌	二	
4	2/25	戊戌	五		3/25	戊辰	八		4/27	己亥	三	陽3局
5	2/26	己亥	六	陽1局	3/26	己巳	九	陽1局	4/28	庚子	四	
6	2/27	庚子	七		3/27	庚午	一		4/29	辛丑	五	
7	2/28	辛丑	八		3/28	辛未	二		4/30	壬寅	六	
8	2/29	壬寅	九		3/29	壬申	三		5/1	癸卯	七	
9	2/30	癸卯	一		4/1	癸酉	四		5/2	甲辰	八	陽9局
10	3/1	甲辰	二	陽7局	4/2	甲戌	五	陽7局	5/3	乙巳	九	
11	3/2	乙巳	三		4/3	乙亥	六		5/4	丙午	一	
12	3/3	丙午	四		4/4	丙子	七		5/5	丁未	二	
13	3/4	丁未	五		4/5	丁丑	八		5/6	戊申	三	
14	3/5	戊申	六		4/6	戊寅	九		5/7	己酉	四	陰9局
15	3/6	己酉	七	陽5局	4/7	己卯	一	陽5局	5/8	庚戌	五	
16	3/7	庚戌	八		4/8	庚辰	二		5/9	辛亥	六	
17	3/8	辛亥	九		4/9	辛巳	三		5/10	壬子	七	
18	3/9	壬子	一		4/10	壬午	四		5/11	癸丑	八	
19	3/10	癸丑	二		4/11	癸未	五		5/12	甲寅	九	陰3局
20	3/11	甲寅	三	陽2局	4/12	甲申	六	陽2局	5/13	乙卯	一	
21	3/12	乙卯	一		4/13	乙酉	七		5/14	丙辰	二	
22	3/13	丙辰	二		4/14	丙戌	八		5/15	丁巳	一	
23	3/14	丁巳	三		4/15	丁亥	九		5/16	戊午	九	
24	3/15	戊午	四		4/16	戊子	一		5/17	己未	八	陰6局
25	3/16	己未	五	陽8局	4/17	己丑	二	陽8局	5/18	庚申	七	
26	3/17	庚申	六		4/18	庚寅	三		5/19	辛酉	六	
27	3/18	辛酉	七		4/19	辛卯	四		5/20	壬戌	五	
28	3/19	壬戌	八		4/20	壬辰	五		5/21	癸亥	四	
29	3/20	癸亥	九		4/21	癸巳	六		5/22	甲子	九	8
30	3/21	甲子	四	4	4/22	甲午	七	6	5/23	乙丑	八	
31					4/23	乙未	八					

1966年 丙午(年)／庚子(月)

月	12月				11月				10月				9月				8月				7月			
月干支	壬子				辛亥				庚戌				己酉				戊申				丁未			
紫白	四緑				五黄				六白				七赤				八白				九紫			
節気	22	8	日紫白	奇門遁甲局数	23	8	日紫白	奇門遁甲局数	24	9	日紫白	奇門遁甲局数	24	8	日紫白	奇門遁甲局数	24	8	日紫白	奇門遁甲局数	23	8	日紫白	奇門遁甲局数
	冬至 22時17分	大雪 4時18分			小雪 9時5分	立冬 11時38分			霜降 11時44分	寒露 8時41分			秋分 2時38分	白露 17時18分			処暑 5時13分	立秋 14時35分			大暑 22時16分	小暑 4時53分		
新暦	農暦	日干支			農暦	日干支			農暦	日干支			農暦	日干支			農暦	日干支			農暦	日干支		
1	10/30	己亥	七	陰7局	9/29	己巳	一	陰9局	8/28	戊戌	五	6	7/27	戊辰	八	9	6/25	丁酉	三	2	5/24	丙寅	七	陰8局
2	11/1	庚子	六		10/1	庚午	九		8/29	己亥	四	陰9局	7/28	己巳	七	陰3局	6/26	戊戌	二		5/25	丁卯	六	
3	11/2	辛丑	五		10/2	辛未	八		8/30	庚子	三		7/29	庚午	六		6/27	己亥	一	陰5局	5/26	戊辰	五	
4	11/3	壬寅	四		10/3	壬申	七		9/1	辛丑	二		8/1	辛未	五		6/28	庚子	九		5/27	己巳	四	陰2局
5	11/4	癸卯	三		10/4	癸酉	六		9/2	壬寅	一		8/2	壬申	四		6/29	辛丑	八		5/28	庚午	三	
6	11/5	甲辰	二	陰1局	10/5	甲戌	五	陰3局	9/3	癸卯	九		8/3	癸酉	三		7/1	壬寅	七		5/29	辛未	二	
7	11/6	乙巳	一		10/6	乙亥	四		9/4	甲辰	八	陰3局	8/4	甲戌	二	陰6局	7/2	癸卯	六		5/30	壬申	一	
8	11/7	丙午	九		10/7	丙子	三		9/5	乙巳	七		8/5	乙亥	一		7/3	甲辰	五	陰8局	6/1	癸酉	九	
9	11/8	丁未	八		10/8	丁丑	二		9/6	丙午	六		8/6	丙子	九		7/4	乙巳	四		6/2	甲戌	八	陰5局
10	11/9	戊申	七		10/9	戊寅	一		9/7	丁未	五		8/7	丁丑	八		7/5	丙午	三		6/3	乙亥	七	
11	11/10	己酉	六	陰4局・閏	10/10	己卯	九	陰5局	9/8	戊申	四		8/8	戊寅	七		7/6	丁未	二		6/4	丙子	六	
12	11/11	庚戌	五		10/11	庚辰	八		9/9	己酉	三	陰5局	8/9	己卯	六	陰7局	7/7	戊申	一		6/5	丁丑	五	
13	11/12	辛亥	四		10/12	辛巳	七		9/10	庚戌	二		8/10	庚辰	五		7/8	己酉	九	陰1局	6/6	戊寅	四	
14	11/13	壬子	三		10/13	壬午	六		9/11	辛亥	一		8/11	辛巳	四		7/9	庚戌	八		6/7	己卯	三	陰7局
15	11/14	癸丑	二		10/14	癸未	五		9/12	壬子	九		8/12	壬午	三		7/10	辛亥	七		6/8	庚辰	二	
16	11/15	甲寅	一	陰7局・閏	10/15	甲申	四	陰8局	9/13	癸丑	八		8/13	癸未	二		7/11	壬子	六		6/9	辛巳	一	
17	11/16	乙卯	九		10/16	乙酉	三		9/14	甲寅	七	陰8局	8/14	甲申	一	陰1局	7/12	癸丑	五		6/10	壬午	九	
18	11/17	丙辰	八		10/17	丙戌	二		9/15	乙卯	六		8/15	乙酉	九		7/13	甲寅	四	陰4局	6/11	癸未	八	
19	11/18	丁巳	七		10/18	丁亥	一		9/16	丙辰	五		8/16	丙戌	八		7/14	乙卯	三		6/12	甲申	七	陰1局
20	11/19	戊午	六		10/19	戊子	九		9/17	丁巳	四		8/17	丁亥	七		7/15	丙辰	二		6/13	乙酉	六	
21	11/20	己未	五	陰1局・閏	10/20	己丑	八	陰2局	9/18	戊午	三		8/18	戊子	六		7/16	丁巳	一		6/14	丙戌	五	
22	11/21	庚申	三		10/21	庚寅	七		9/19	己未	二	陰2局	8/19	己丑	五	陰4局	7/17	戊午	九		6/15	丁亥	四	
23	11/22	辛酉	四		10/22	辛卯	六		9/20	庚申	一		8/20	庚寅	四		7/18	己未	八	陰7局	6/16	戊子	三	
24	11/23	壬戌	五		10/23	壬辰	五		9/21	辛酉	三		8/21	辛卯	三		7/19	庚申	一		6/17	己丑	二	陰4局
25	11/24	癸亥	六		10/24	癸巳	四		9/22	壬戌	二		8/22	壬辰	二		7/20	辛酉	九		6/18	庚寅	一	
26	11/25	甲子	一	陽1局	10/25	甲午	三	陰4局	9/23	癸亥	一		8/23	癸巳	一		7/21	壬戌	八		6/19	辛卯	九	
27	11/26	乙丑	二		10/26	乙未	二		9/24	甲子	六	陰6局	8/24	甲午	九	陰6局	7/22	癸亥	七		6/20	壬辰	八	
28	11/27	丙寅	三		10/27	丙申	一		9/25	乙丑	五		8/25	乙未	八		7/23	甲子	三	陰9局	6/21	癸巳	七	
29	11/28	丁卯	四		10/28	丁酉	九		9/26	丙寅	四		8/26	丙申	七		7/24	乙丑	二		6/22	甲午	六	陰2局
30	11/29	戊辰	五		10/29	戊戌	八		9/27	丁卯	三		8/27	丁酉	六		7/25	丙寅	一		6/23	乙未	五	
31	12/1	己巳	六	7					9/28	戊辰	二						7/26	丁卯	九		6/24	丙申	四	

一九六八年 戊申 五黄

三元八運…「六運」 三元九運…「六運」

月	1 月	2 月	3 月	4 月	5 月	6 月
月干支	癸丑 丁未(年)	甲寅	乙卯	丙辰	丁巳	戊午
紫白	三碧	二黒	一白	九紫	八白	七赤
節気	6 小寒 15時27分	5 立春 3時8分	5 啓蟄 21時18分	5 清明 2時21分	5 立夏 19時56分	6 芒種 0時19分
節気	21 大寒 8時54分	19 雨水 23時9分	20 春分 22時22分	20 穀雨 9時41分	21 小満 9時6分	21 夏至 17時13分

1月 癸丑

新暦	農暦	日干支	日紫白	奇門遁甲局数
1	12/2	庚午	七	陽7局
2	12/3	辛未	八	
3	12/4	壬申	九	
4	12/5	癸酉	一	
5	12/6	甲戌	二	
6	12/7	乙亥	三	陽4局
7	12/8	丙子	四	
8	12/9	丁丑	五	
9	12/10	戊寅	六	
10	12/11	己卯	七	陽2局
11	12/12	庚辰	八	
12	12/13	辛巳	九	
13	12/14	壬午	一	
14	12/15	癸未	二	
15	12/16	甲申	三	陽8局
16	12/17	乙酉	四	
17	12/18	丙戌	五	
18	12/19	丁亥	六	
19	12/20	戊子	七	
20	12/21	己丑	八	陽5局
21	12/22	庚寅	九	
22	12/23	辛卯	一	
23	12/24	壬辰	二	
24	12/25	癸巳	三	
25	12/26	甲午	四	陽3局
26	12/27	乙未	五	
27	12/28	丙申	六	
28	12/29	丁酉	七	
29	12/30	戊戌	八	
30	1/1	己亥	九	9
31	1/2	庚子	一	

2月 甲寅

新暦	農暦	日干支	日紫白	奇門遁甲局数
1	1/3	辛丑	二	陽9局
2	1/4	壬寅	三	
3	1/5	癸卯	四	
4	1/6	甲辰	五	陽6局
5	1/7	乙巳	六	
6	1/8	丙午	七	
7	1/9	丁未	八	
8	1/10	戊申	九	
9	1/11	己酉	一	陽8局
10	1/12	庚戌	二	
11	1/13	辛亥	三	
12	1/14	壬子	四	
13	1/15	癸丑	五	
14	1/16	甲寅	六	陽5局
15	1/17	乙卯	七	
16	1/18	丙辰	八	
17	1/19	丁巳	九	
18	1/20	戊午	一	
19	1/21	己未	八	陽2局
20	1/22	庚申	九	
21	1/23	辛酉	一	
22	1/24	壬戌	二	
23	1/25	癸亥	三	
24	1/26	甲子	七	陽9局
25	1/27	乙丑	八	
26	1/28	丙寅	九	
27	1/29	丁卯	一	
28	2/1	戊辰	二	
29	2/2	己巳	三	6
30				
31				

3月 乙卯

新暦	農暦	日干支	日紫白	奇門遁甲局数
1	2/3	庚午	四	陽6局
2	2/4	辛未	五	
3	2/5	壬申	六	
4	2/6	癸酉	七	
5	2/7	甲戌	八	陽3局
6	2/8	乙亥	九	
7	2/9	丙子	一	
8	2/10	丁丑	二	
9	2/11	戊寅	三	
10	2/12	己卯	四	陽1局
11	2/13	庚辰	五	
12	2/14	辛巳	六	
13	2/15	壬午	七	
14	2/16	癸未	八	
15	2/17	甲申	九	陽7局
16	2/18	乙酉	一	
17	2/19	丙戌	二	
18	2/20	丁亥	三	
19	2/21	戊子	四	
20	2/22	己丑	五	陽4局
21	2/23	庚寅	六	
22	2/24	辛卯	七	
23	2/25	壬辰	八	
24	2/26	癸巳	九	
25	2/27	甲午	一	陽3局
26	2/28	乙未	二	
27	2/29	丙申	三	
28	2/30	丁酉	四	
29	3/1	戊戌	五	
30	3/2	己亥	六	9
31	3/3	庚子	七	

4月 丙辰

新暦	農暦	日干支	日紫白	奇門遁甲局数
1	3/4	辛丑	八	陽9局
2	3/5	壬寅	九	
3	3/6	癸卯	一	
4	3/7	甲辰	二	陽6局
5	3/8	乙巳	三	
6	3/9	丙午	四	
7	3/10	丁未	五	
8	3/11	戊申	六	
9	3/12	己酉	七	陽4局
10	3/13	庚戌	八	
11	3/14	辛亥	九	
12	3/15	壬子	一	
13	3/16	癸丑	二	
14	3/17	甲寅	三	陽1局
15	3/18	乙卯	四	
16	3/19	丙辰	五	
17	3/20	丁巳	六	
18	3/21	戊午	七	
19	3/22	己未	八	陽7局
20	3/23	庚申	六	
21	3/24	辛酉	七	
22	3/25	壬戌	八	
23	3/26	癸亥	九	
24	3/27	甲子	四	陽5局
25	3/28	乙丑	五	
26	3/29	丙寅	六	
27	4/1	丁卯	七	
28	4/2	戊辰	八	
29	4/3	己巳	九	2
30	4/4	庚午	一	
31				

5月 丁巳

新暦	農暦	日干支	日紫白	奇門遁甲局数
1	4/5	辛未	二	陽2局
2	4/6	壬申	三	
3	4/7	癸酉	四	
4	4/8	甲戌	五	
5	4/9	乙亥	六	陽8局
6	4/10	丙子	七	
7	4/11	丁丑	八	
8	4/12	戊寅	九	
9	4/13	己卯	一	陽4局
10	4/14	庚辰	二	
11	4/15	辛巳	三	
12	4/16	壬午	四	
13	4/17	癸未	五	
14	4/18	甲申	六	陽1局
15	4/19	乙酉	七	
16	4/20	丙戌	八	
17	4/21	丁亥	九	
18	4/22	戊子	一	
19	4/23	己丑	二	陽7局
20	4/24	庚寅	三	
21	4/25	辛卯	四	
22	4/26	壬辰	五	
23	4/27	癸巳	六	
24	4/28	甲午	七	陽5局
25	4/29	乙未	八	
26	4/30	丙申	九	
27	5/1	丁酉	一	
28	5/2	戊戌	二	
29	5/3	己亥	三	陽2局
30	5/4	庚子	四	
31	5/5	辛丑	五	

6月 戊午

新暦	農暦	日干支	日紫白	奇門遁甲局数
1	5/6	壬寅	六	2
2	5/7	癸卯	七	
3	5/8	甲辰	八	陽8局
4	5/9	乙巳	九	
5	5/10	丙午	一	
6	5/11	丁未	二	
7	5/12	戊申	三	
8	5/13	己酉	四	陽6局
9	5/14	庚戌	五	
10	5/15	辛亥	六	
11	5/16	壬子	七	
12	5/17	癸丑	八	
13	5/18	甲寅	九	陽3局
14	5/19	乙卯	一	
15	5/20	丙辰	二	
16	5/21	丁巳	三	
17	5/22	戊午	四	
18	5/23	己未	五	陽9局
19	5/24	庚申	六	
20	5/25	辛酉	七	
21	5/26	壬戌	五	
22	5/27	癸亥	四	
23	5/28	甲子	九	陰9局
24	5/29	乙丑	八	
25	5/30	丙寅	七	
26	6/1	丁卯	六	
27	6/2	戊辰	五	
28	6/3	己巳	四	陰3局
29	6/4	庚午	三	
30	6/5	辛未	二	
31				

1967年 丁未(年)／壬子(月)

月	12月				11月				10月				9月				8月				7月			
月干支	甲子				癸亥				壬戌				辛酉				庚申				己未			
紫白	一白				二黒				三碧				四緑				五黄				六白			
節気	22 冬至 4時0分	7 大雪 10時9分	日紫白	奇門遁甲局数	22 小雪 14時49分	7 立冬 17時30分	日紫白	奇門遁甲局数	23 霜降 17時30分	8 寒露 14時35分	日紫白	奇門遁甲局数	23 秋分 8時26分	7 白露 23時12分	日紫白	奇門遁甲局数	23 処暑 11時3分	7 立秋 20時27分	日紫白	奇門遁甲局数	23 大暑 4時7分	7 小暑 10時42分	日紫白	奇門遁甲局数
新暦	農暦	日干支			農暦	日干支			農暦	日干支			農暦	日干支			農暦	日干支			農暦	日干支		
1	10/12	乙巳	一	陰2局	9/11	乙亥	四	陰2局	8/10	甲辰	八	陰4局	閏7/9	甲戌	二	陰7局	7/8	癸卯	六	1	6/6	壬申	一	3
2	10/13	丙午	九		9/12	丙子	三		8/11	乙巳	七		閏7/10	乙亥	一		7/9	甲辰	五	陰4局	6/7	癸酉	九	
3	10/14	丁未	八		9/13	丁丑	二		8/12	丙午	六		閏7/11	丙子	九		7/10	乙巳	四		6/8	甲戌	八	陰6局
4	10/15	戊申	七		9/14	戊寅	一		8/13	丁未	五		閏7/12	丁丑	八		7/11	丙午	三		6/9	乙亥	七	
5	10/16	己酉	六		9/15	己卯	九		8/14	戊申	四		閏7/13	戊寅	七		7/12	丁未	二		6/10	丙子	六	
6	10/17	庚戌	五	陰4局	9/16	庚辰	八	陰6局	8/15	己酉	三	陰6局	閏7/14	己卯	六	陰9局	7/13	戊申	一		6/11	丁丑	五	
7	10/18	辛亥	四		9/17	辛巳	七		8/16	庚戌	二		閏7/15	庚辰	五		7/14	己酉	九	陰2局	6/12	戊寅	四	
8	10/19	壬子	三		9/18	壬午	六		8/17	辛亥	一		閏7/16	辛巳	四		7/15	庚戌	八		6/13	己卯	三	陰8局
9	10/20	癸丑	二		9/19	癸未	五		8/18	壬子	九		閏7/17	壬午	三		7/16	辛亥	七		6/14	庚辰	二	
10	10/21	甲寅	一		9/20	甲申	四		8/19	癸丑	八		閏7/18	癸未	二		7/17	壬子	六		6/15	辛巳	一	
11	10/22	乙卯	九	陰7局	9/21	乙酉	三	陰9局	8/20	甲寅	七	陰9局	閏7/19	甲申	一	陰3局	7/18	癸丑	五		6/16	壬午	九	
12	10/23	丙辰	八		9/22	丙戌	二		8/21	乙卯	六		閏7/20	乙酉	九		7/19	甲寅	四	陰5局	6/17	癸未	八	
13	10/24	丁巳	七		9/23	丁亥	一		8/22	丙辰	五		閏7/21	丙戌	八		7/20	乙卯	三		6/18	甲申	七	陰2局
14	10/25	戊午	六		9/24	戊子	九		8/23	丁巳	四		閏7/22	丁亥	七		7/21	丙辰	二		6/19	乙酉	六	
15	10/26	己未	五		9/25	己丑	八		8/24	戊午	三		閏7/23	戊子	六		7/22	丁巳	一		6/20	丙戌	五	
16	10/27	庚申	四	陰1局	9/26	庚寅	七	陰3局	8/25	己未	二	陰3局	閏7/24	己丑	五	陰6局	7/23	戊午	九		6/21	丁亥	四	
17	10/28	辛酉	三		9/27	辛卯	六		8/26	庚申	一		閏7/25	庚寅	四		7/24	己未	八	陰8局	6/22	戊子	三	
18	10/29	壬戌	二		9/28	壬辰	五		8/27	辛酉	九		閏7/26	辛卯	三		7/25	庚申	七		6/23	己丑	二	陰5局
19	10/30	癸亥	一		9/29	癸巳	四		8/28	壬戌	八		閏7/27	壬辰	二		7/26	辛酉	六		6/24	庚寅	一	
20	11/1	甲子	六	陽1局	10/1	甲午	三		8/29	癸亥	七		閏7/28	癸巳	一		7/27	壬戌	五		6/25	辛卯	九	
21	11/2	乙丑	五		10/2	乙未	二	陰5局	8/30	甲子	三	陰5局	閏7/29	甲午	九	陰7局	7/28	癸亥	四		6/26	壬辰	八	
22	11/3	丙寅	三		10/3	丙申	一		9/1	乙丑	二		8/1	乙未	八		7/29	甲子	九	陰1局	6/27	癸巳	七	
23	11/4	丁卯	四		10/4	丁酉	九		9/2	丙寅	四		8/2	丙申	七		7/30	乙丑	二		6/28	甲午	六	陰7局
24	11/5	戊辰	五		10/5	戊戌	八		9/3	丁卯	三		8/3	丁酉	六		閏7/1	丙寅	一		6/29	乙未	五	
25	11/6	己巳	六	陽7局	10/6	己亥	七		9/4	戊辰	二		8/4	戊戌	五		閏7/2	丁卯	九		7/1	丙申	四	
26	11/7	庚午	七		10/7	庚子	六	陰8局	9/5	己巳	一	陰8局	8/5	己亥	四	陰1局	閏7/3	戊辰	八		7/2	丁酉	三	
27	11/8	辛未	八		10/8	辛丑	五		9/6	庚午	九		8/6	庚子	三		閏7/4	己巳	七	陰4局	7/3	戊戌	二	
28	11/9	壬申	九		10/9	壬寅	四		9/7	辛未	八		8/7	辛丑	二		閏7/5	庚午	六		7/4	己亥	一	陰1局
29	11/10	癸酉	一		10/10	癸卯	三		9/8	壬申	七		8/8	壬寅	一		閏7/6	辛未	五		7/5	庚子	九	
30	11/11	甲戌	二	4	10/11	甲辰	二	2	9/9	癸酉	六		8/9	癸卯	九		閏7/7	壬申	四		7/6	辛丑	八	
31	11/12	乙亥	三						9/10	甲戌	五	2					閏7/8	癸酉	三		7/7	壬寅	七	

一九六九年 己酉 四緑

二元八運…「六運」　三元九運…「六運」

月	1月				2月				3月				4月				5月				6月			
月干支	乙丑 戊申(年)				丙寅				丁卯				戊辰				己巳				庚午			
紫白	九紫				八白				七赤				六白				五黄				四緑			
節気	5 小寒 21時17分	20 大寒 14時38分			4 立春 8時59分	19 雨水 4時55分			6 啓蟄 3時11分	21 春分 4時8分			5 清明 8時15分	20 穀雨 15時27分			6 立夏 1時50分	21 小満 14時50分			6 芒種 6時11分	21 夏至 22時55分		
新暦	農暦	日干支	日紫白	奇門遁甲局数	農暦	日干支	日紫白	奇門遁甲局数	農暦	日干支	日紫白	奇門遁甲局数	農暦	日干支	日紫白	奇門遁甲局数	農暦	日干支	日紫白	奇門遁甲局数	農暦	日干支	日紫白	奇門遁甲局数
1	11/13	丙子	四	陽4局	12/15	丁未	八	6	1/13	乙亥	九	陽3局	2/15	丙午	四	陽6局	3/15	丙子	七	陽8局	4/17	丁未	二	8
2	11/14	丁丑	五		12/16	戊申	九		1/14	丙子	一		2/16	丁未	五		3/16	丁丑	八		4/18	戊申	三	
3	11/15	戊寅	六		12/17	己酉	一		1/15	丁丑	二		2/17	戊申	六		3/17	戊寅	九		4/19	己酉	四	陽6局
4	11/16	己卯	七	陽2局	12/18	庚戌	二	陽8局	1/16	戊寅	三	陽1局	2/18	己酉	七	陽4局	3/18	己卯	一	陽4局	4/20	庚戌	五	
5	11/17	庚辰	八		12/19	辛亥	三		1/17	己卯	四		2/19	庚戌	八		3/19	庚辰	二		4/21	辛亥	六	
6	11/18	辛巳	九		12/20	壬子	四		1/18	庚辰	五		2/20	辛亥	九		3/20	辛巳	三		4/22	壬子	七	
7	11/19	壬午	一		12/21	癸丑	五		1/19	辛巳	六		2/21	壬子	一		3/21	壬午	四		4/23	癸丑	八	
8	11/20	癸未	二		12/22	甲寅	六		1/20	壬午	七		2/22	癸丑	二		3/22	癸未	五		4/24	甲寅	九	陽3局
9	11/21	甲申	三	陽8局	12/23	乙卯	七	陽5局	1/21	癸未	八	陽7局	2/23	甲寅	三	陽1局	3/23	甲申	六	陽1局	4/25	乙卯	一	
10	11/22	乙酉	四		12/24	丙辰	八		1/22	甲申	九		2/24	乙卯	四		3/24	乙酉	七		4/26	丙辰	二	
11	11/23	丙戌	五		12/25	丁巳	九		1/23	乙酉	一		2/25	丙辰	五		3/25	丙戌	八		4/27	丁巳	三	
12	11/24	丁亥	六		12/26	戊午	一		1/24	丙戌	二		2/26	丁巳	六		3/26	丁亥	九		4/28	戊午	四	
13	11/25	戊子	七		12/27	己未	二		1/25	丁亥	三		2/27	戊午	七		3/27	戊子	一		4/29	己未	五	陽9局
14	11/26	己丑	八	陽5局	12/28	庚申	三	陽2局	1/26	戊子	四	陽4局	2/28	己未	八	陽7局	3/28	己丑	二	陽7局	4/30	庚申	六	
15	11/27	庚寅	九		12/29	辛酉	四		1/27	己丑	五		2/29	庚申	九		3/29	庚寅	三		5/1	辛酉	七	
16	11/28	辛卯	一		12/30	壬戌	五		1/28	庚寅	六		2/30	辛酉	一		4/1	辛卯	四		5/2	壬戌	八	
17	11/29	壬辰	二		1/1	癸亥	六		1/29	辛卯	七		3/1	壬戌	二		4/2	壬辰	五		5/3	癸亥	九	
18	12/1	癸巳	三		1/2	甲子	一		2/1	壬辰	八		3/2	癸亥	三		4/3	癸巳	六		5/4	甲子	四	陰9局
19	12/2	甲午	四	陽3局	1/3	乙丑	八	陽9局	2/2	癸巳	九	陽3局	3/3	甲子	七	陽5局	4/4	甲午	七	陽5局	5/5	乙丑	五	
20	12/3	乙未	五		1/4	丙寅	九		2/3	甲午	一		3/4	乙丑	五		4/5	乙未	八		5/6	丙寅	六	
21	12/4	丙申	六		1/5	丁卯	一		2/4	乙未	二		3/5	丙寅	六		4/6	丙申	九		5/7	丁卯	六	
22	12/5	丁酉	七		1/6	戊辰	二		2/5	丙申	三		3/6	丁卯	七		4/7	丁酉	一		5/8	戊辰	五	
23	12/6	戊戌	八		1/7	己巳	三		2/6	丁酉	四		3/7	戊辰	八		4/8	戊戌	二		5/9	己巳	四	陰3局
24	12/7	己亥	九	陽9局	1/8	庚午	四	陽6局	2/7	戊戌	五	陽9局	3/8	己巳	九	陽2局	4/9	己亥	三	陽2局	5/10	庚午	三	
25	12/8	庚子	一		1/9	辛未	五		2/8	己亥	六		3/9	庚午	一		4/10	庚子	四		5/11	辛未	二	
26	12/9	辛丑	二		1/10	壬申	六		2/9	庚子	七		3/10	辛未	二		4/11	辛丑	五		5/12	壬申	一	
27	12/10	壬寅	三		1/11	癸酉	七		2/10	辛丑	八		3/11	壬申	三		4/12	壬寅	六		5/13	癸酉	九	
28	12/11	癸卯	四		1/12	甲戌	八	3	2/11	壬寅	九		3/12	癸酉	四		4/13	癸卯	七		5/14	甲戌	八	陰6局
29	12/12	甲辰	五	陽6局					2/12	癸卯	一	6	3/13	甲戌	五	8	4/14	甲辰	八	陽8局	5/15	乙亥	七	
30	12/13	乙巳	六						2/13	甲辰	二		3/14	乙亥	六		4/15	乙巳	九		5/16	丙子	六	
31	12/14	丙午	七						2/14	乙巳	三						4/16	丙午	一					

1968年 戊申(年)／甲子(月)

月	12月				11月				10月				9月				8月				7月			
月干支	丙子				乙亥				甲戌				癸酉				壬申				辛未			
紫白	七赤				八白				九紫				一白				二黒				三碧			
節気	22 冬至 9時44分	7 大雪 15時52分	日紫白	奇門遁甲局数	22 小雪 20時31分	7 立冬 23時12分	日紫白	奇門遁甲局数	23 霜降 23時11分	8 寒露 20時17分	日紫白	奇門遁甲局数	23 秋分 14時7分	8 白露 4時56分	日紫白	奇門遁甲局数	23 処暑 16時44分	8 立秋 2時14分	日紫白	奇門遁甲局数	23 大暑 9時48分	7 小暑 16時32分	日紫白	奇門遁甲局数
新暦	農暦	日干支			農暦	日干支			農暦	日干支			農暦	日干支			農暦	日干支			農暦	日干支		
1	10/22	庚戌	五	陰4局	9/22	庚辰	八	陰6局	8/20	己酉	三	陰6局	7/20	己卯	六	陰9局	6/19	戊申	一	4	5/17	丁丑	五	6
2	10/23	辛亥	四		9/23	辛巳	七		8/21	庚戌	二		7/21	庚辰	五		6/20	己酉	九	陰2局	5/18	戊寅	四	
3	10/24	壬子	三		9/24	壬午	六		8/22	辛亥	一		7/22	辛巳	四		6/21	庚戌	八		5/19	己卯	三	陰8局
4	10/25	癸丑	二		9/25	癸未	五		8/23	壬子	九		7/23	壬午	三		6/22	辛亥	七		5/20	庚辰	二	
5	10/26	甲寅	一	陰7局	9/26	甲申	四	陰9局	8/24	癸丑	八		7/24	癸未	二		6/23	壬子	六		5/21	辛巳	一	
6	10/27	乙卯	九		9/27	乙酉	三		8/25	甲寅	七	陰9局	7/25	甲申	一	陰3局	6/24	癸丑	五		5/22	壬午	九	
7	10/28	丙辰	八		9/28	丙戌	二		8/26	乙卯	六		7/26	乙酉	九		6/25	甲寅	四	陰5局	5/23	癸未	八	
8	10/29	丁巳	七		9/29	丁亥	一		8/27	丙辰	五		7/27	丙戌	八		6/26	乙卯	三		5/24	甲申	七	陰2局
9	11/1	戊午	六		9/30	戊子	九		8/28	丁巳	四		7/28	丁亥	七		6/27	丙辰	二		5/25	乙酉	六	
10	11/2	己未	五	陰1局	10/1	己丑	八	陰3局	8/29	戊午	三		7/29	戊子	六		6/28	丁巳	一		5/26	丙戌	五	
11	11/3	庚申	四		10/2	庚寅	七		9/1	己未	二	陰3局	7/30	己丑	五	陰6局	6/29	戊午	九		5/27	丁亥	四	
12	11/4	辛酉	三		10/3	辛卯	六		9/2	庚申	一		8/1	庚寅	四		6/30	己未	八	陰8局	5/28	戊子	三	
13	11/5	壬戌	二		10/4	壬辰	五		9/3	辛酉	九		8/2	辛卯	三		7/1	庚申	七		5/29	己丑	二	陰5局
14	11/6	癸亥	一		10/5	癸巳	四		9/4	壬戌	八		8/3	壬辰	二		7/2	辛酉	六		6/1	庚寅	一	
15	11/7	甲子	六	陽1局	10/6	甲午	三	陰5局	9/5	癸亥	七		8/4	癸巳	一		7/3	壬戌	五		6/2	辛卯	九	
16	11/8	乙丑	五		10/7	乙未	二		9/6	甲子	三	陰5局	8/5	甲午	九	陰7局	7/4	癸亥	四		6/3	壬辰	八	
17	11/9	丙寅	四		10/8	丙申	一		9/7	乙丑	二		8/6	乙未	八		7/5	甲子	九	陰1局	6/4	癸巳	七	
18	11/10	丁卯	三		10/9	丁酉	九		9/8	丙寅	一		8/7	丙申	七		7/6	乙丑	八		6/5	甲午	六	陰7局
19	11/11	戊辰	二		10/10	戊戌	八		9/9	丁卯	九		8/8	丁酉	六		7/7	丙寅	七		6/6	乙未	五	
20	11/12	己巳	一	陽7局	10/11	己亥	七	陰8局	9/10	戊辰	八		8/9	戊戌	五		7/8	丁卯	六		6/7	丙申	四	
21	11/13	庚午	九		10/12	庚子	六		9/11	己巳	七	陰8局	8/10	己亥	四	陰1局	7/9	戊辰	五		6/8	丁酉	三	
22	11/14	辛未	八		10/13	辛丑	五		9/12	庚午	六		8/11	庚子	三		7/10	己巳	四	陰4局	6/9	戊戌	二	
23	11/15	壬申	九		10/14	壬寅	四		9/13	辛未	八		8/12	辛丑	二		7/11	庚午	六		6/10	己亥	一	陰1局
24	11/16	癸酉	一		10/15	癸卯	三		9/14	壬申	七		8/13	壬寅	一		7/12	辛未	五		6/11	庚子	九	
25	11/17	甲戌	二	陽4局	10/16	甲辰	二	陰2局	9/15	癸酉	六		8/14	癸卯	九		7/13	壬申	四		6/12	辛丑	八	
26	11/18	乙亥	三		10/17	乙巳	一		9/16	甲戌	五	陰2局	8/15	甲辰	八	陰4局	7/14	癸酉	三		6/13	壬寅	七	
27	11/19	丙子	四		10/18	丙午	九		9/17	乙亥	四		8/16	乙巳	七		7/15	甲戌	二	陰7局	6/14	癸卯	六	
28	11/20	丁丑	五		10/19	丁未	八		9/18	丙子	三		8/17	丙午	六		7/16	乙亥	一		6/15	甲辰	五	陰4局
29	11/21	戊寅	六		10/20	戊申	七		9/19	丁丑	二		8/18	丁未	五		7/17	丙子	九		6/16	乙巳	四	
30	11/22	己卯	七	2	10/21	己酉	六	4	9/20	戊寅	一		8/19	戊申	四		7/18	丁丑	八		6/17	丙午	三	
31	11/23	庚辰	八						9/21	己卯	九	6					7/19	戊寅	七		6/18	丁未	二	

一九七〇年 庚戌 三碧

二元八運…「六運」

三元九運…「六運」

新暦	1月 農暦	1月 日干支	1月 日紫白	1月 奇門遁甲局数	2月 農暦	2月 日干支	2月 日紫白	2月 奇門遁甲局数	3月 農暦	3月 日干支	3月 日紫白	3月 奇門遁甲局数	4月 農暦	4月 日干支	4月 日紫白	4月 奇門遁甲局数	5月 農暦	5月 日干支	5月 日紫白	5月 奇門遁甲局数	6月 農暦	6月 日干支	6月 日紫白	6月 奇門遁甲局数
月干支	丁丑 己酉(年)				戊寅				己卯				庚辰				辛巳				壬午			
紫白	六白				五黄				四緑				三碧				二黒				一白			
節気	6 小寒 3時2分	20 大寒 20時24分			4 立春 14時46分	19 雨水 10時42分			6 啓蟄 8時59分	21 春分 9時56分			5 清明 14時2分	20 穀雨 21時15分			6 立夏 7時34分	21 小満 20時37分			6 芒種 11時52分	22 夏至 4時43分		
1	11/24	辛巳	九	陽2局	12/25	壬子	四	8	1/24	庚辰	五	陽1局	2/25	辛亥	九	陽4局	3/26	辛巳	三	陽4局	4/28	壬子	七	6
2	11/25	壬午	一		12/26	癸丑	五		1/25	辛巳	六		2/26	壬子	一		3/27	壬午	四		4/29	癸丑	八	
3	11/26	癸未	二		12/27	甲寅	六	陽5局	1/26	壬午	七		2/27	癸丑	二		3/28	癸未	五		4/30	甲寅	九	陽3局
4	11/27	甲申	三	陽8局	12/28	乙卯	七		1/27	癸未	八		2/28	甲寅	三	陽1局	3/29	甲申	六	陽1局	5/1	乙卯	一	
5	11/28	乙酉	四		12/29	丙辰	八		1/28	甲申	九	陽7局	2/29	乙卯	四		4/1	乙酉	七		5/2	丙辰	二	
6	11/29	丙戌	五		1/1	丁巳	九		1/29	乙酉	一		3/1	丙辰	五		4/2	丙戌	八		5/3	丁巳	三	
7	11/30	丁亥	六		1/2	戊午	一		1/30	丙戌	二		3/2	丁巳	六		4/3	丁亥	九		5/4	戊午	四	
8	12/1	戊子	七		1/3	己未	二	陽2局	2/1	丁亥	三		3/3	戊午	七		4/4	戊子	一		5/5	己未	五	陽9局
9	12/2	己丑	八	陽5局	1/4	庚申	三		2/2	戊子	四		3/4	己未	八	陽7局	4/5	己丑	二	陽7局	5/6	庚申	六	
10	12/3	庚寅	九		1/5	辛酉	四		2/3	己丑	五	陽4局	3/5	庚申	九		4/6	庚寅	三		5/7	辛酉	七	
11	12/4	辛卯	一		1/6	壬戌	五		2/4	庚寅	六		3/6	辛酉	一		4/7	辛卯	四		5/8	壬戌	八	
12	12/5	壬辰	二		1/7	癸亥	六		2/5	辛卯	七		3/7	壬戌	二		4/8	壬辰	五		5/9	癸亥	九	
13	12/6	癸巳	三		1/8	甲子	一	陽9局	2/6	壬辰	八		3/8	癸亥	三		4/9	癸巳	六		5/10	甲子	四	陽6局・閏
14	12/7	甲午	四	陽3局	1/9	乙丑	二		2/7	癸巳	九		3/9	甲子	七	陽5局	4/10	甲午	七	陽5局	5/11	乙丑	五	
15	12/8	乙未	五		1/10	丙寅	三		2/8	甲午	一	陽3局	3/10	乙丑	八		4/11	乙未	八		5/12	丙寅	六	
16	12/9	丙申	六		1/11	丁卯	四		2/9	乙未	二		3/11	丙寅	九		4/12	丙申	九		5/13	丁卯	七	
17	12/10	丁酉	七		1/12	戊辰	五		2/10	丙申	三		3/12	丁卯	一		4/13	丁酉	一		5/14	戊辰	八	
18	12/11	戊戌	八		1/13	己巳	六	陽6局	2/11	丁酉	四		3/13	戊辰	二		4/14	戊戌	二		5/15	己巳	九	陽3局・閏
19	12/12	己亥	九	陽9局	1/14	庚午	四		2/12	戊戌	五		3/14	己巳	三	陽2局	4/15	己亥	三	陽2局	5/16	庚午	一	
20	12/13	庚子	一		1/15	辛未	五		2/13	己亥	六	陽9局	3/15	庚午	一		4/16	庚子	四		5/17	辛未	二	
21	12/14	辛丑	二		1/16	壬申	六		2/14	庚子	七		3/16	辛未	二		4/17	辛丑	五		5/18	壬申	三	
22	12/15	壬寅	三		1/17	癸酉	七		2/15	辛丑	八		3/17	壬申	三		4/18	壬寅	六		5/19	癸酉	九	
23	12/16	癸卯	四		1/18	甲戌	八	陽3局	2/16	壬寅	九		3/18	癸酉	四		4/19	癸卯	七		5/20	甲戌	八	陽9局・閏
24	12/17	甲辰	五	陽6局	1/19	乙亥	九		2/17	癸卯	一		3/19	甲戌	五	陽8局	4/20	甲辰	八	陽8局	5/21	乙亥	七	
25	12/18	乙巳	六		1/20	丙子	一		2/18	甲辰	二	陽6局	3/20	乙亥	六		4/21	乙巳	九		5/22	丙子	六	
26	12/19	丙午	七		1/21	丁丑	二		2/19	乙巳	三		3/21	丙子	七		4/22	丙午	一		5/23	丁丑	五	
27	12/20	丁未	八		1/22	戊寅	三		2/20	丙午	四		3/22	丁丑	八		4/23	丁未	二		5/24	戊寅	四	
28	12/21	戊申	九		1/23	己卯	四	1	2/21	丁未	五		3/23	戊寅	九		4/24	戊申	三		5/25	己卯	三	陰9局
29	12/22	己酉	一	陽8局					2/22	戊申	六		3/24	己卯	一	4	4/25	己酉	四	陽6局	5/26	庚辰	二	
30	12/23	庚戌	二						2/23	己酉	七	4	3/25	庚辰	二		4/26	庚戌	五		5/27	辛巳	一	
31	12/24	辛亥	三						2/24	庚戌	八						4/27	辛亥	六					

1969年 己酉(年)／丙子(月)

月	12月	11月	10月	9月	8月	7月
月干支	戊子	丁亥	丙戌	乙酉	甲申	癸未
紫白	四緑	五黄	六白	七赤	八白	九紫
節気	22 冬至 15時36分 / 7 大雪 21時38分	23 小雪 2時25分 / 8 立冬 4時58分	24 霜降 5時5分 / 9 寒露 2時2分	23 秋分 19時59分 / 8 白露 10時38分	23 処暑 22時34分 / 8 立秋 7時54分	23 大暑 15時37分 / 7 小暑 22時11分

12月 戊子 四緑

新暦	農暦	日干支	日紫白	奇門遁甲局数
1	11/3	乙卯	九	陰8局
2	11/4	丙辰	八	
3	11/5	丁巳	七	
4	11/6	戊午	六	
5	11/7	己未	五	
6	11/8	庚申	四	陰2局
7	11/9	辛酉	三	
8	11/10	壬戌	二	
9	11/11	癸亥	一	
10	11/12	甲子	六	
11	11/13	乙丑	五	陰4局
12	11/14	丙寅	四	
13	11/15	丁卯	三	
14	11/16	戊辰	二	
15	11/17	己巳	一	
16	11/18	庚午	九	陰7局
17	11/19	辛未	八	
18	11/20	壬申	七	
19	11/21	癸酉	六	
20	11/22	甲戌	五	
21	11/23	乙亥	四	陰1局
22	11/24	丙子	四	
23	11/25	丁丑	五	
24	11/26	戊寅	六	
25	11/27	己卯	七	
26	11/28	庚辰	八	陽1局
27	11/29	辛巳	九	
28	12/1	壬午	一	
29	12/2	癸未	二	
30	12/3	甲申	三	7
31	12/4	乙酉	四	

11月 丁亥 五黄

新暦	農暦	日干支	日紫白	奇門遁甲局数
1	10/3	乙酉	三	陰8局
2	10/4	丙戌	二	
3	10/5	丁亥	一	
4	10/6	戊子	九	
5	10/7	己丑	八	
6	10/8	庚寅	七	陰2局
7	10/9	辛卯	六	
8	10/10	壬辰	五	
9	10/11	癸巳	四	
10	10/12	甲午	三	
11	10/13	乙未	二	陰6局
12	10/14	丙申	一	
13	10/15	丁酉	九	
14	10/16	戊戌	八	
15	10/17	己亥	七	
16	10/18	庚子	六	陰9局
17	10/19	辛丑	五	
18	10/20	壬寅	四	
19	10/21	癸卯	三	
20	10/22	甲辰	二	
21	10/23	乙巳	一	陰3局
22	10/24	丙午	九	
23	10/25	丁未	八	
24	10/26	戊申	七	
25	10/27	己酉	六	
26	10/28	庚戌	五	陰5局
27	10/29	辛亥	四	
28	10/30	壬子	三	
29	11/1	癸丑	二	
30	11/2	甲寅	一	8
31				

10月 丙戌 六白

新暦	農暦	日干支	日紫白	奇門遁甲局数
1	9/2	甲寅	七	陰1局
2	9/3	乙卯	六	
3	9/4	丙辰	五	
4	9/5	丁巳	四	
5	9/6	戊午	三	
6	9/7	己未	二	陰4局
7	9/8	庚申	一	
8	9/9	辛酉	九	
9	9/10	壬戌	八	
10	9/11	癸亥	七	
11	9/12	甲子	三	陰6局
12	9/13	乙丑	二	
13	9/14	丙寅	一	
14	9/15	丁卯	九	
15	9/16	戊辰	八	
16	9/17	己巳	七	陰9局
17	9/18	庚午	六	
18	9/19	辛未	五	
19	9/20	壬申	四	
20	9/21	癸酉	三	
21	9/22	甲戌	二	陰3局
22	9/23	乙亥	一	
23	9/24	丙子	九	
24	9/25	丁丑	二	
25	9/26	戊寅	一	
26	9/27	己卯	九	陰5局
27	9/28	庚辰	八	
28	9/29	辛巳	七	
29	9/30	壬午	六	
30	10/1	癸未	五	
31	10/2	甲申	四	8

9月 乙酉 七赤

新暦	農暦	日干支	日紫白	奇門遁甲局数
1	8/1	甲申	一	陰4局
2	8/2	乙酉	九	
3	8/3	丙戌	八	
4	8/4	丁亥	七	
5	8/5	戊子	六	
6	8/6	己丑	五	陰7局
7	8/7	庚寅	四	
8	8/8	辛卯	三	
9	8/9	壬辰	二	
10	8/10	癸巳	一	
11	8/11	甲午	九	陰9局
12	8/12	乙未	八	
13	8/13	丙申	七	
14	8/14	丁酉	六	
15	8/15	戊戌	五	
16	8/16	己亥	四	陰3局
17	8/17	庚子	三	
18	8/18	辛丑	二	
19	8/19	壬寅	一	
20	8/20	癸卯	九	
21	8/21	甲辰	八	陰6局
22	8/22	乙巳	七	
23	8/23	丙午	六	
24	8/24	丁未	五	
25	8/25	戊申	四	
26	8/26	己酉	三	陰7局
27	8/27	庚戌	二	
28	8/28	辛亥	一	
29	8/29	壬子	九	
30	9/1	癸丑	八	
31				

8月 甲申 八白

新暦	農暦	日干支	日紫白	奇門遁甲局数
1	6/30	癸丑	五	7
2	7/1	甲寅	四	陰1局
3	7/2	乙卯	三	
4	7/3	丙辰	二	
5	7/4	丁巳	一	
6	7/5	戊午	九	
7	7/6	己未	八	陰4局
8	7/7	庚申	七	
9	7/8	辛酉	六	
10	7/9	壬戌	五	
11	7/10	癸亥	四	
12	7/11	甲子	九	陰2局
13	7/12	乙丑	八	
14	7/13	丙寅	七	
15	7/14	丁卯	六	
16	7/15	戊辰	五	
17	7/16	己巳	四	陰5局
18	7/17	庚午	三	
19	7/18	辛未	二	
20	7/19	壬申	一	
21	7/20	癸酉	九	
22	7/21	甲戌	八	陰8局
23	7/22	乙亥	一	
24	7/23	丙子	九	
25	7/24	丁丑	八	
26	7/25	戊寅	七	
27	7/26	己卯	六	陰1局
28	7/27	庚辰	五	
29	7/28	辛巳	四	
30	7/29	壬午	三	
31	7/30	癸未	二	

7月 癸未 九紫

新暦	農暦	日干支	日紫白	奇門遁甲局数
1	5/28	壬午	九	9
2	5/29	癸未	八	
3	6/1	甲申	七	陰3局
4	6/2	乙酉	六	
5	6/3	丙戌	五	
6	6/4	丁亥	四	
7	6/5	戊子	三	
8	6/6	己丑	二	陰6局
9	6/7	庚寅	一	
10	6/8	辛卯	九	
11	6/9	壬辰	八	
12	6/10	癸巳	七	
13	6/11	甲午	六	陰8局
14	6/12	乙未	五	
15	6/13	丙申	四	
16	6/14	丁酉	三	
17	6/15	戊戌	二	
18	6/16	己亥	一	陰2局
19	6/17	庚子	九	
20	6/18	辛丑	八	
21	6/19	壬寅	七	
22	6/20	癸卯	六	
23	6/21	甲辰	五	陰5局
24	6/22	乙巳	四	
25	6/23	丙午	三	
26	6/24	丁未	二	
27	6/25	戊申	一	
28	6/26	己酉	九	陰7局
29	6/27	庚戌	八	
30	6/28	辛亥	七	
31	6/29	壬子	六	

一九七一年 辛亥 二黒

三元八運…「六運」　三元九運…「六運」

月	6月				5月				4月				新暦
月干支	甲午				癸巳				壬辰				
紫白	七赤				八白				九紫				
節気	22 夏至 10時20分	6 芒種 17時29分			22 小満 2時15分	6 立夏 13時8分			21 穀雨 2時54分	5 清明 19時36分			
	農暦	日干支	日紫白	奇門遁甲局数	農暦	日干支	日紫白	奇門遁甲局数	農暦	日干支	日紫白	奇門遁甲局数	新暦
	5/9	丁巳	三	2	4/7	丙戌	八	陽2局	3/6	丙辰	五	陽9局	1
	5/10	戊午	四		4/8	丁亥	九		3/7	丁巳	六		2
	5/11	己未	五	陽8局	4/9	戊子	一		3/8	戊午	七		3
	5/12	庚申	六		4/10	己丑	二	陽8局	3/9	己未	八	陽6局	4
	5/13	辛酉	七		4/11	庚寅	三		3/10	庚申	九		5
	5/14	壬戌	八		4/12	辛卯	四		3/11	辛酉	一		6
	5/15	癸亥	九		4/13	壬辰	五		3/12	壬戌	二		7
	5/16	甲子	四	陽6局	4/14	癸巳	六		3/13	癸亥	三		8
	5/17	乙丑	五		4/15	甲午	七	陽4局	3/14	甲子	七	陽4局	9
	5/18	丙寅	六		4/16	乙未	八		3/15	乙丑	八		10
	5/19	丁卯	七		4/17	丙申	九		3/16	丙寅	九		11
	5/20	戊辰	八		4/18	丁酉	一		3/17	丁卯	一		12
	5/21	己巳	九	陽3局	4/19	戊戌	二		3/18	戊辰	二		13
	5/22	庚午	一		4/20	己亥	三	陽1局	3/19	己巳	三	陽1局	14
	5/23	辛未	二		4/21	庚子	四		3/20	庚午	四		15
	5/24	壬申	三		4/22	辛丑	五		3/21	辛未	五		16
	5/25	癸酉	四		4/23	壬寅	六		3/22	壬申	六		17
	5/26	甲戌	五	陽9局	4/24	癸卯	七		3/23	癸酉	七		18
	5/27	乙亥	六		4/25	甲辰	八	陽7局	3/24	甲戌	八	陽7局	19
	5/28	丙子	七		4/26	乙巳	九		3/25	乙亥	九		20
	5/29	丁丑	八		4/27	丙午	一		3/26	丙子	七		21
	5/30	戊寅	四		4/28	丁未	二		3/27	丁丑	八		22
	閏5/1	己卯	三	陰9局	4/29	戊申	三		3/28	戊寅	九		23
	閏5/2	庚辰	二		5/1	己酉	四	陽5局	3/29	己卯	一	陽5局	24
	閏5/3	辛巳	一		5/2	庚戌	五		4/1	庚辰	二		25
	閏5/4	壬午	九		5/3	辛亥	六		4/2	辛巳	三		26
	閏5/5	癸未	八		5/4	壬子	七		4/3	壬午	四		27
	閏5/6	甲申	七	陰3局	5/5	癸丑	八		4/4	癸未	五		28
	閏5/7	乙酉	六		5/6	甲寅	九	陽2局	4/5	甲申	六	2	29
	閏5/8	丙戌	五		5/7	乙卯	一		4/6	乙酉	七		30
					5/8	丙辰	二						31

月	3月				2月				1月				新暦
月干支	辛卯				庚寅				己丑 庚戌(年)				
紫白	一白				二黒				三碧				
節気	21 春分 15時38分	6 啓蟄 14時35分			19 雨水 16時27分	4 立春 20時26分			21 大寒 2時13分	6 小寒 8時45分			
	農暦	日干支	日紫白	奇門遁甲局数	農暦	日干支	日紫白	奇門遁甲局数	農暦	日干支	日紫白	奇門遁甲局数	新暦
	2/5	乙酉	一	陽6局	1/6	丁巳	九	9	12/5	丙戌	五	陽7局	1
	2/6	丙戌	二		1/7	戊午	一		12/6	丁亥	六		2
	2/7	丁亥	三		1/8	己未	二	陽6局	12/7	戊子	七		3
	2/8	戊子	四		1/9	庚申	三		12/8	己丑	八	陽4局	4
	2/9	己丑	五	陽3局	1/10	辛酉	四		12/9	庚寅	九		5
	2/10	庚寅	六		1/11	壬戌	五		12/10	辛卯	一		6
	2/11	辛卯	七		1/12	癸亥	六		12/11	壬辰	二		7
	2/12	壬辰	八		1/13	甲子	一	陽8局	12/12	癸巳	三		8
	2/13	癸巳	九		1/14	乙丑	二		12/13	甲午	四	陽2局	9
	2/14	甲午	一	陽1局	1/15	丙寅	三		12/14	乙未	五		10
	2/15	乙未	二		1/16	丁卯	四		12/15	丙申	六		11
	2/16	丙申	三		1/17	戊辰	五		12/16	丁酉	七		12
	2/17	丁酉	四		1/18	己巳	六	陽5局	12/17	戊戌	八		13
	2/18	戊戌	五		1/19	庚午	七		12/18	己亥	九	陽8局	14
	2/19	己亥	六	陽7局	1/20	辛未	八		12/19	庚子	一		15
	2/20	庚子	七		1/21	壬申	九		12/20	辛丑	二		16
	2/21	辛丑	八		1/22	癸酉	一		12/21	壬寅	三		17
	2/22	壬寅	九		1/23	甲戌	二	陽2局	12/22	癸卯	四		18
	2/23	癸卯	一		1/24	乙亥	九		12/23	甲辰	五	陽5局	19
	2/24	甲辰	二	陽4局	1/25	丙子	一		12/24	乙巳	六		20
	2/25	乙巳	三		1/26	丁丑	二		12/25	丙午	七		21
	2/26	丙午	四		1/27	戊寅	三		12/26	丁未	八		22
	2/27	丁未	五		1/28	己卯	四	陽9局	12/27	戊申	九		23
	2/28	戊申	六		1/29	庚辰	五		12/28	己酉	一	陽3局	24
	2/29	己酉	七	陽3局	2/1	辛巳	六		12/29	庚戌	二		25
	2/30	庚戌	八		2/2	壬午	七		12/30	辛亥	三		26
	3/1	辛亥	九		2/3	癸未	八		1/1	壬子	四		27
	3/2	壬子	一		2/4	甲申	九	6	1/2	癸丑	五		28
	3/3	癸丑	二						1/3	甲寅	六	陽9局	29
	3/4	甲寅	三	9					1/4	乙卯	七		30
	3/5	乙卯	四						1/5	丙辰	八		31

1970年 庚戌(年)／戊子(月)

月	12月				11月				10月				9月				8月				7月			
月干支	庚子				己亥				戊戌				丁酉				丙申				乙未			
紫白	一白				二黒				三碧				四緑				五黄				六白			
節気	22	8	日紫白	奇門遁甲局数	23	8	日紫白	奇門遁甲局数	24	9	日紫白	奇門遁甲局数	24	8	日紫白	奇門遁甲局数	24	8	日紫白	奇門遁甲局数	23	8	日紫白	奇門遁甲局数
	冬至 21時24分	大雪 3時36分			小雪 8時14分	立冬 10時57分			霜降 10時53分	寒露 7時59分			秋分 1時45分	白露 16時30分			処暑 4時15分	立秋 13時40分			大暑 21時15分	小暑 3時51分		
新暦	農暦	日干支			農暦	日干支			農暦	日干支			農暦	日干支			農暦	日干支			農暦	日干支		
1	10/14	庚申	四	陰2局	9/14	庚寅	七	陰2局	8/13	己未	二	陰4局	7/12	己丑	五	陰7局	6/11	戊午	九	1	閏5/9	丁亥	四	3
2	10/15	辛酉	三		9/15	辛卯	六		8/14	庚申	一		7/13	庚寅	四		6/12	己未	八	陰4局	閏5/10	戊子	三	
3	10/16	壬戌	二		9/16	壬辰	五		8/15	辛酉	九		7/14	辛卯	三		6/13	庚申	七		閏5/11	己丑	二	陰6局
4	10/17	癸亥	一		9/17	癸巳	四		8/16	壬戌	八		7/15	壬辰	二		6/14	辛酉	六		閏5/12	庚寅	一	
5	10/18	甲子	六	陰4局	9/18	甲午	三	陰6局	8/17	癸亥	七		7/16	癸巳	一		6/15	壬戌	五		閏5/13	辛卯	九	
6	10/19	乙丑	五		9/19	乙未	二		8/18	甲子	三	陰6局	7/17	甲午	九	陰9局	6/16	癸亥	四		閏5/14	壬辰	八	
7	10/20	丙寅	四		9/20	丙申	一		8/19	乙丑	二		7/18	乙未	八		6/17	甲子	九	陰2局	閏5/15	癸巳	七	
8	10/21	丁卯	三		9/21	丁酉	九		8/20	丙寅	一		7/19	丙申	七		6/18	乙丑	八		閏5/16	甲午	六	陰8局
9	10/22	戊辰	二		9/22	戊戌	八		8/21	丁卯	九		7/20	丁酉	六		6/19	丙寅	七		閏5/17	乙未	五	
10	10/23	己巳	一	陰7局	9/23	己亥	七	陰9局	8/22	戊辰	八		7/21	戊戌	五		6/20	丁卯	六		閏5/18	丙申	四	
11	10/24	庚午	九		9/24	庚子	六		8/23	己巳	七	陰9局	7/22	己亥	四	陰3局	6/21	戊辰	五		閏5/19	丁酉	三	
12	10/25	辛未	八		9/25	辛丑	五		8/24	庚午	六		7/23	庚子	三		6/22	己巳	四	陰5局	閏5/20	戊戌	二	
13	10/26	壬申	七		9/26	壬寅	四		8/25	辛未	五		7/24	辛丑	二		6/23	庚午	三		閏5/21	己亥	一	陰2局
14	10/27	癸酉	六		9/27	癸卯	三		8/26	壬申	四		7/25	壬寅	一		6/24	辛未	二		閏5/22	庚子	九	
15	10/28	甲戌	五	陰1局	9/28	甲辰	二	陰3局	8/27	癸酉	三		7/26	癸卯	九		6/25	壬申	一		閏5/23	辛丑	八	
16	10/29	乙亥	四		9/29	乙巳	一		8/28	甲戌	二	陰3局	7/27	甲辰	八	陰6局	6/26	癸酉	九		閏5/24	壬寅	七	
17	10/30	丙子	三		9/30	丙午	九		8/29	乙亥	一		7/28	乙巳	七		6/27	甲戌	八	陰8局	閏5/25	癸卯	六	
18	11/1	丁丑	二		10/1	丁未	八		8/30	丙子	九		7/29	丙午	六		6/28	乙亥	七		閏5/26	甲辰	五	陰5局
19	11/2	戊寅	一		10/2	戊申	七		9/1	丁丑	八		8/1	丁未	五		6/29	丙子	六		閏5/27	乙巳	四	
20	11/3	己卯	九	陽1局	10/3	己酉	六	陰5局	9/2	戊寅	七		8/2	戊申	四		6/30	丁丑	五		閏5/28	丙午	三	
21	11/4	庚辰	八		10/4	庚戌	五		9/3	己卯	六	陰5局	8/3	己酉	三	陰7局	7/1	戊寅	四		閏5/29	丁未	二	
22	11/5	辛巳	九		10/5	辛亥	四		9/4	庚辰	五		8/4	庚戌	二		7/2	己卯	三	陰1局	6/1	戊申	一	
23	11/6	壬午	一		10/6	壬子	三		9/5	辛巳	四		8/5	辛亥	一		7/3	庚辰	二		6/2	己酉	九	陰7局
24	11/7	癸未	二		10/7	癸丑	二		9/6	壬午	六		8/6	壬子	九		7/4	辛巳	四		6/3	庚戌	八	
25	11/8	甲申	三	陽7局	10/8	甲寅	一	陰8局	9/7	癸未	五		8/7	癸丑	八		7/5	壬午	三		6/4	辛亥	七	
26	11/9	乙酉	四		10/9	乙卯	九		9/8	甲申	四	陰8局	8/8	甲寅	七	陰1局	7/6	癸未	二		6/5	壬子	六	
27	11/10	丙戌	五		10/10	丙辰	八		9/9	乙酉	三		8/9	乙卯	六		7/7	甲申	一	陰4局	6/6	癸丑	五	
28	11/11	丁亥	六		10/11	丁巳	七		9/10	丙戌	二		8/10	丙辰	五		7/8	乙酉	九		6/7	甲寅	四	陰1局
29	11/12	戊子	七		10/12	戊午	六		9/11	丁亥	一		8/11	丁巳	四		7/9	丙戌	八		6/8	乙卯	三	
30	11/13	己丑	八	4	10/13	己未	五	2	9/12	戊子	九		8/12	戊午	三		7/10	丁亥	七		6/9	丙辰	二	
31	11/14	庚寅	九						9/13	己丑	八	2					7/11	戊子	六		6/10	丁巳	一	

一九七二年 壬子 一白

二元八運…「六運」 三元九運…「六運」

月	1月				2月				3月				4月				5月				6月			
月干支	辛丑 辛亥(年)				壬寅				癸卯				甲辰				乙巳				丙午			
紫白	九紫				八白				七赤				六白				五黄				四緑			
節気	6 小寒 14時42分	21 大寒 7時59分			5 立春 2時20分	19 雨水 22時12分			5 啓蟄 20時28分	20 春分 21時22分			5 清明 1時29分	20 穀雨 8時37分			5 立夏 19時1分	21 小満 7時59分			5 芒種 23時22分	21 夏至 16時6分		
新暦	農暦	日干支	日紫白	奇門遁甲局数	農暦	日干支	日紫白	奇門遁甲局数	農暦	日干支	日紫白	奇門遁甲局数	農暦	日干支	日紫白	奇門遁甲局数	農暦	日干支	日紫白	奇門遁甲局数	農暦	日干支	日紫白	奇門遁甲局数
1	11/15	辛卯	一	陽4局	12/17	壬戌	五	6	1/16	辛卯	七	陽3局	2/18	壬戌	二	6	3/18	壬辰	五	8	4/20	癸亥	九	8
2	11/16	壬辰	二		12/18	癸亥	六		1/17	壬辰	八		2/19	癸亥	三		3/19	癸巳	六		4/21	甲子	四	
3	11/17	癸巳	三		12/19	甲子	一		1/18	癸巳	九		2/20	甲子	七		3/20	甲午	七		4/22	乙丑	五	陽6局
4	11/18	甲午	四		12/20	乙丑	二	陽8局	1/19	甲午	一		2/21	乙丑	八	陽4局	3/21	乙未	八	陽4局	4/23	丙寅	六	
5	11/19	乙未	五	陽2局	12/21	丙寅	三		1/20	乙未	二	陽1局	2/22	丙寅	九		3/22	丙申	九		4/24	丁卯	七	
6	11/20	丙申	六		12/22	丁卯	四		1/21	丙申	三		2/23	丁卯	一		3/23	丁酉	一		4/25	戊辰	八	
7	11/21	丁酉	七		12/23	戊辰	五		1/22	丁酉	四		2/24	戊辰	二		3/24	戊戌	二		4/26	己巳	九	
8	11/22	戊戌	八		12/24	己巳	六		1/23	戊戌	五		2/25	己巳	三		3/25	己亥	三		4/27	庚午	一	陽3局
9	11/23	己亥	九		12/25	庚午	七	陽5局	1/24	己亥	六		2/26	庚午	四	陽1局	3/26	庚子	四	陽1局	4/28	辛未	二	
10	11/24	庚子	一	陽8局	12/26	辛未	八		1/25	庚子	七	陽7局	2/27	辛未	五		3/27	辛丑	五		4/29	壬申	三	
11	11/25	辛丑	二		12/27	壬申	九		1/26	辛丑	八		2/28	壬申	六		3/28	壬寅	六		5/1	癸酉	四	
12	11/26	壬寅	三		12/28	癸酉	一		1/27	壬寅	九		2/29	癸酉	七		3/29	癸卯	七		5/2	甲戌	五	
13	11/27	癸卯	四		12/29	甲戌	二		1/28	癸卯	一		2/30	甲戌	八		4/1	甲辰	八		5/3	乙亥	六	陽9局
14	11/28	甲辰	五		12/30	乙亥	三	陽2局	1/29	甲辰	二		3/1	乙亥	九	陽7局	4/2	乙巳	九	陽7局	5/4	丙子	七	
15	11/29	乙巳	六	陽5局	1/1	丙子	四		2/1	乙巳	三	陽4局	3/2	丙子	一		4/3	丙午	一		5/5	丁丑	八	
16	12/1	丙午	七		1/2	丁丑	五		2/2	丙午	四		3/3	丁丑	二		4/4	丁未	二		5/6	戊寅	九	
17	12/2	丁未	八		1/3	戊寅	六		2/3	丁未	五		3/4	戊寅	三		4/5	戊申	三		5/7	己卯	一	
18	12/3	戊申	九		1/4	己卯	七		2/4	戊申	六		3/5	己卯	四		4/6	己酉	四		5/8	庚辰	二	陰9局
19	12/4	己酉	一		1/5	庚辰	五	陽9局	2/5	己酉	七		3/6	庚辰	五	陽5局	4/7	庚戌	五	陽5局	5/9	辛巳	三	
20	12/5	庚戌	二	陽3局	1/6	辛巳	六		2/6	庚戌	八	陽3局	3/7	辛巳	三		4/8	辛亥	六		5/10	壬午	四	
21	12/6	辛亥	三		1/7	壬午	七		2/7	辛亥	九		3/8	壬午	四		4/9	壬子	七		5/11	癸未	八	
22	12/7	壬子	四		1/8	癸未	八		2/8	壬子	一		3/9	癸未	五		4/10	癸丑	八		5/12	甲申	七	
23	12/8	癸丑	五		1/9	甲申	九		2/9	癸丑	二		3/10	甲申	六		4/11	甲寅	九		5/13	乙酉	六	陰3局
24	12/9	甲寅	六		1/10	乙酉	一	陽6局	2/10	甲寅	三		3/11	乙酉	七	陽2局	4/12	乙卯	一	陽2局	5/14	丙戌	五	
25	12/10	乙卯	七	陽9局	1/11	丙戌	二		2/11	乙卯	四	陽9局	3/12	丙戌	八		4/13	丙辰	二		5/15	丁亥	四	
26	12/11	丙辰	八		1/12	丁亥	三		2/12	丙辰	五		3/13	丁亥	九		4/14	丁巳	三		5/16	戊子	三	
27	12/12	丁巳	九		1/13	戊子	四		2/13	丁巳	六		3/14	戊子	一		4/15	戊午	四		5/17	己丑	二	
28	12/13	戊午	一		1/14	己丑	五	3	2/14	戊午	七		3/15	己丑	二	陽8局	4/16	己未	五		5/18	庚寅	一	陰6局
29	12/14	己未	二	陽6局	1/15	庚寅	六		2/15	己未	八	陽6局	3/16	庚寅	三		4/17	庚申	六	陽8局	5/19	辛卯	九	
30	12/15	庚申	三						2/16	庚申	九		3/17	辛卯	四		4/18	辛酉	七		5/20	壬辰	八	
31	12/16	辛酉	四						2/17	辛酉	一						4/19	壬戌	八					

1971年 辛亥(年)／庚子(月)

月	12月				11月				10月				9月				8月				7月			
月干支	壬子				辛亥				庚戌				己酉				戊申				丁未			
紫白	七赤				八白				九紫				一白				二黒				三碧			
節気	22 冬至 3時13分	7 大雪 9時19分	日紫白	奇門遁甲局数	22 小雪 14時3分	7 立冬 16時40分	日紫白	奇門遁甲局数	23 霜降 16時42分	8 寒露 13時42分	日紫白	奇門遁甲局数	23 秋分 7時33分	7 白露 22時15分	日紫白	奇門遁甲局数	23 処暑 10時3分	7 立秋 19時29分	日紫白	奇門遁甲局数	23 大暑 3時3分	7 小暑 9時43分	日紫白	奇門遁甲局数
新暦	農暦	日干支			農暦	日干支			農暦	日干支			農暦	日干支			農暦	日干支			農暦	日干支		
1	10/26	丙寅	四	陰4局	9/26	丙申	一	陰6局	8/24	乙丑	二	陰6局	7/24	乙未	八	陰9局	6/22	甲子	九	陰2局	5/21	癸巳	七	6
2	10/27	丁卯	三		9/27	丁酉	九		8/25	丙寅	一		7/25	丙申	七		6/23	乙丑	八		5/22	甲午	六	陰8局
3	10/28	戊辰	二		9/28	戊戌	八		8/26	丁卯	九		7/26	丁酉	六		6/24	丙寅	七		5/23	乙未	五	
4	10/29	己巳	一	陰7局	9/29	己亥	七	陰9局	8/27	戊辰	八		7/27	戊戌	五		6/25	丁卯	六		5/24	丙申	四	
5	10/30	庚午	九		9/30	庚子	六		8/28	己巳	七	陰9局	7/28	己亥	四	陰3局	6/26	戊辰	五		5/25	丁酉	三	
6	11/1	辛未	八		10/1	辛丑	五		8/29	庚午	六		7/29	庚子	三		6/27	己巳	四	陰5局	5/26	戊戌	二	
7	11/2	壬申	七		10/2	壬寅	四		9/1	辛未	五		7/30	辛丑	二		6/28	庚午	三		5/27	己亥	一	陰2局
8	11/3	癸酉	六		10/3	癸卯	三		9/2	壬申	四		8/1	壬寅	一		6/29	辛未	二		5/28	庚子	九	
9	11/4	甲戌	五	陰1局	10/4	甲辰	二	陰3局	9/3	癸酉	三		8/2	癸卯	九		7/1	壬申	一		5/29	辛丑	八	
10	11/5	乙亥	四		10/5	乙巳	一		9/4	甲戌	二	陰3局	8/3	甲辰	八	陰6局	7/2	癸酉	九		5/30	壬寅	七	
11	11/6	丙子	三		10/6	丙午	九		9/5	乙亥	一		8/4	乙巳	七		7/3	甲戌	八	陰8局	6/1	癸卯	六	
12	11/7	丁丑	二		10/7	丁未	八		9/6	丙子	九		8/5	丙午	六		7/4	乙亥	七		6/2	甲辰	五	陰5局
13	11/8	戊寅	一		10/8	戊申	七		9/7	丁丑	八		8/6	丁未	五		7/5	丙子	六		6/3	乙巳	四	
14	11/9	己卯	九	陽1局	10/9	己酉	六	陰5局	9/8	戊寅	七		8/7	戊申	四		7/6	丁丑	五		6/4	丙午	三	
15	11/10	庚辰	八		10/10	庚戌	五		9/9	己卯	六	陰5局	8/8	己酉	三	陰7局	7/7	戊寅	四		6/5	丁未	二	
16	11/11	辛巳	七		10/11	辛亥	四		9/10	庚辰	五		8/9	庚戌	二		7/8	己卯	三	陰1局	6/6	戊申	一	
17	11/12	壬午	六		10/12	壬子	三		9/11	辛巳	四		8/10	辛亥	一		7/9	庚辰	二		6/7	己酉	九	陰7局
18	11/13	癸未	五		10/13	癸丑	二		9/12	壬午	三		8/11	壬子	九		7/10	辛巳	一		6/8	庚戌	八	
19	11/14	甲申	四	陽7局	10/14	甲寅	一	陰8局	9/13	癸未	二		8/12	癸丑	八		7/11	壬午	九		6/9	辛亥	七	
20	11/15	乙酉	三		10/15	乙卯	九		9/14	甲申	一	陰8局	8/13	甲寅	七	陰1局	7/12	癸未	八		6/10	壬子	六	
21	11/16	丙戌	二		10/16	丙辰	八		9/15	乙酉	九		8/14	乙卯	六		7/13	甲申	七	陰4局	6/11	癸丑	五	
22	11/17	丁亥	六		10/17	丁巳	七		9/16	丙戌	八		8/15	丙辰	五		7/14	乙酉	六		6/12	甲寅	四	陰1局
23	11/18	戊子	七		10/18	戊午	六		9/17	丁亥	一		8/16	丁巳	四		7/15	丙戌	八		6/13	乙卯	三	
24	11/19	己丑	八	陽4局	10/19	己未	五	陰2局	9/18	戊子	九		8/17	戊午	三		7/16	丁亥	七		6/14	丙辰	二	
25	11/20	庚寅	九		10/20	庚申	四		9/19	己丑	八	陰2局	8/18	己未	二	陰4局	7/17	戊子	六		6/15	丁巳	一	
26	11/21	辛卯	一		10/21	辛酉	三		9/20	庚寅	七		8/19	庚申	一		7/18	己丑	五	陰7局	6/16	戊午	九	
27	11/22	壬辰	二		10/22	壬戌	二		9/21	辛卯	六		8/20	辛酉	九		7/19	庚寅	四		6/17	己未	八	陰4局
28	11/23	癸巳	三		10/23	癸亥	一		9/22	壬辰	五		8/21	壬戌	八		7/20	辛卯	三		6/18	庚申	七	
29	11/24	甲午	四	陽2局	10/24	甲子	六	4	9/23	癸巳	四		8/22	癸亥	七		7/21	壬辰	二		6/19	辛酉	六	
30	11/25	乙未	五		10/25	乙丑	五		9/24	甲午	三	6	8/23	甲子	三	6	7/22	癸巳	一		6/20	壬戌	五	
31	11/26	丙申	六						9/25	乙未	二						7/23	甲午	九	9	6/21	癸亥	四	

一九七三年　癸丑　九紫

二元八運…「六運」　三元九運…「六運」

6月				5月				4月				3月				2月				1月				月
戊午				丁巳				丙辰				乙卯				甲寅				癸丑 壬子(年)				月干支
一白				二黒				三碧				四緑				五黄				六白				紫白
21 夏至 22時1分	6 芒種 5時7分	日紫白	奇門遁甲局数	21 小満 13時54分	6 立夏 0時46分	日紫白	奇門遁甲局数	20 穀雨 14時30分	5 清明 7時14分	日紫白	奇門遁甲局数	21 春分 3時13分	6 啓蟄 2時13分	日紫白	奇門遁甲局数	19 雨水 4時1分	4 立春 8時4分	日紫白	奇門遁甲局数	20 大寒 13時49分	5 小寒 20時26分	日紫白	奇門遁甲局数	節気
農暦	日干支			農暦	日干支			農暦	日干支			農暦	日干支			農暦	日干支			農暦	日干支			新暦
5/1	戊辰	八	6	3/29	丁酉	一	4	2/28	丁卯	一	4	1/27	丙申	三	陽1局	12/29	戊辰	五	8	11/27	丁酉	七	2	1
5/2	己巳	九		3/30	戊戌	二		2/29	戊辰	二		1/28	丁酉	四		12/30	己巳	六		11/28	戊戌	八		2
5/3	庚午	一	陽3局	4/1	己亥	三	陽1局	3/1	己巳	三	陽1局	1/29	戊戌	五		1/1	庚午	七	陽5局	11/29	己亥	九	陽8局	3
5/4	辛未	二		4/2	庚子	四		3/2	庚午	四		1/30	己亥	六		1/2	辛未	八		12/1	庚子	一		4
5/5	壬申	三		4/3	辛丑	五		3/3	辛未	五		2/1	庚子	七	陽7局	1/3	壬申	九		12/2	辛丑	二		5
5/6	癸酉	四		4/4	壬寅	六		3/4	壬申	六		2/2	辛丑	八		1/4	癸酉	一		12/3	壬寅	三		6
5/7	甲戌	五		4/5	癸卯	七		3/5	癸酉	七		2/3	壬寅	九		1/5	甲戌	二		12/4	癸卯	四		7
5/8	乙亥	六	陽9局	4/6	甲辰	八	陽7局	3/6	甲戌	八	陽7局	2/4	癸卯	一		1/6	乙亥	三	陽2局	12/5	甲辰	五	陽5局	8
5/9	丙子	七		4/7	乙巳	九		3/7	乙亥	九		2/5	甲辰	二		1/7	丙子	四		12/6	乙巳	六		9
5/10	丁丑	八		4/8	丙午	一		3/8	丙子	一		2/6	乙巳	三	陽4局	1/8	丁丑	五		12/7	丙午	七		10
5/11	戊寅	九		4/9	丁未	二		3/9	丁丑	二		2/7	丙午	四		1/9	戊寅	六		12/8	丁未	八		11
5/12	己卯	一		4/10	戊申	三		3/10	戊寅	三		2/8	丁未	五		1/10	己卯	七		12/9	戊申	九		12
5/13	庚辰	二	陽6・閏	4/11	己酉	四	陽5局	3/11	己卯	四	陽5局	2/9	戊申	六		1/11	庚辰	八	陽9局	12/10	己酉	一	陽3局	13
5/14	辛巳	三		4/12	庚戌	五		3/12	庚辰	五		2/10	己酉	七		1/12	辛巳	九		12/11	庚戌	二		14
5/15	壬午	四		4/13	辛亥	六		3/13	辛巳	六		2/11	庚戌	八	陽3局	1/13	壬午	一		12/12	辛亥	三		15
5/16	癸未	五		4/14	壬子	七		3/14	壬午	七		2/12	辛亥	九		1/14	癸未	二		12/13	壬子	四		16
5/17	甲申	六		4/15	癸丑	八		3/15	癸未	八		2/13	壬子	一		1/15	甲申	三		12/14	癸丑	五		17
5/18	乙酉	七	陽3局・閏	4/16	甲寅	九	陽2局	3/16	甲申	九	陽2局	2/14	癸丑	二		1/16	乙酉	四	陽6局	12/15	甲寅	六	陽9局	18
5/19	丙戌	八		4/17	乙卯	一		3/17	乙酉	一		2/15	甲寅	三		1/17	丙戌	二		12/16	乙卯	七		19
5/20	丁亥	九		4/18	丙辰	二		3/18	丙戌	八		2/16	乙卯	四	陽9局	1/18	丁亥	三		12/17	丙辰	八		20
5/21	戊子	三		4/19	丁巳	三		3/19	丁亥	九		2/17	丙辰	五		1/19	戊子	四		12/18	丁巳	九		21
5/22	己丑	二		4/20	戊午	四		3/20	戊子	一		2/18	丁巳	六		1/20	己丑	五		12/19	戊午	一		22
5/23	庚寅	一	陽9局・閏	4/21	己未	五	陽8局	3/21	己丑	二	陽8局	2/19	戊午	七		1/21	庚寅	六	陽3局	12/20	己未	二	陽6局	23
5/24	辛卯	九		4/22	庚申	六		3/22	庚寅	三		2/20	己未	八		1/22	辛卯	七		12/21	庚申	三		24
5/25	壬辰	八		4/23	辛酉	七		3/23	辛卯	四		2/21	庚申	九	陽6局	1/23	壬辰	八		12/22	辛酉	四		25
5/26	癸巳	七		4/24	壬戌	八		3/24	壬辰	五		2/22	辛酉	一		1/24	癸巳	九		12/23	壬戌	五		26
5/27	甲午	六		4/25	癸亥	九		3/25	癸巳	六		2/23	壬戌	二		1/25	甲午	一	1	12/24	癸亥	六		27
5/28	乙未	五	陰9局	4/26	甲子	四	陽6局	3/26	甲午	七	陽4局	2/24	癸亥	三		1/26	乙未	二		12/25	甲子	一	陽8局	28
5/29	丙申	四		4/27	乙丑	五		3/27	乙未	八		2/25	甲子	七	陽4局					12/26	乙丑	二		29
6/1	丁酉	三		4/28	丙寅	六		3/28	丙申	九		2/26	乙丑	八						12/27	丙寅	三		30
				4/29	丁卯	七						2/27	丙寅	九						12/28	丁卯	四		31

1972年　壬子(年)／壬子(月)

月	12月				11月				10月				9月				8月				7月			
月干支	甲子				癸亥				壬戌				辛酉				庚申				己未			
紫白	四緑				五黄				六白				七赤				八白				九紫			
節気	22 冬至 9時8分	7 大雪 15時11分	日紫白	奇門遁甲局数	22 小雪 19時54分	7 立冬 22時28分	日紫白	奇門遁甲局数	23 霜降 22時31分	8 寒露 19時28分	日紫白	奇門遁甲局数	23 秋分 13時21分	8 白露 4時0分	日紫白	奇門遁甲局数	23 処暑 15時54分	8 立秋 1時13分	日紫白	奇門遁甲局数	23 大暑 8時56分	7 小暑 15時27分	日紫白	奇門遁甲局数
新暦	農暦	日干支			農暦	日干支			農暦	日干支			農暦	日干支			農暦	日干支			農暦	日干支		
1	11/7	辛未	八	陰8局	10/7	辛丑	五	陰8局	9/6	庚午	六	陰1局	8/5	庚子	三	陰4局	7/3	己巳	四	陰1局	6/2	戊戌	二	9
2	11/8	壬申	七		10/8	壬寅	四		9/7	辛未	五		8/6	辛丑	二		7/4	庚午	三		6/3	己亥	一	陰3局
3	11/9	癸酉	六		10/9	癸卯	三		9/8	壬申	四		8/7	壬寅	一		7/5	辛未	二		6/4	庚子	九	
4	11/10	甲戌	五	陰2局	10/10	甲辰	二	陰2局	9/9	癸酉	三		8/8	癸卯	九		7/6	壬申	一		6/5	辛丑	八	
5	11/11	乙亥	四		10/11	乙巳	一		9/10	甲戌	二	陰4局	8/9	甲辰	八	陰7局	7/7	癸酉	九		6/6	壬寅	七	
6	11/12	丙子	三		10/12	丙午	九		9/11	乙亥	一		8/10	乙巳	七		7/8	甲戌	八	陰4局	6/7	癸卯	六	
7	11/13	丁丑	二		10/13	丁未	八		9/12	丙子	九		8/11	丙午	六		7/9	乙亥	七		6/8	甲辰	五	陰6局
8	11/14	戊寅	一		10/14	戊申	七		9/13	丁丑	八		8/12	丁未	五		7/10	丙子	六		6/9	乙巳	四	
9	11/15	己卯	九	陰4局	10/15	己酉	六	陰6局	9/14	戊寅	七		8/13	戊申	四		7/11	丁丑	五		6/10	丙午	三	
10	11/16	庚辰	八		10/16	庚戌	五		9/15	己卯	六	陰6局	8/14	己酉	三	陰9局	7/12	戊寅	四		6/11	丁未	二	
11	11/17	辛巳	七		10/17	辛亥	四		9/16	庚辰	五		8/15	庚戌	二		7/13	己卯	三	陰2局	6/12	戊申	一	
12	11/18	壬午	六		10/18	壬子	三		9/17	辛巳	四		8/16	辛亥	一		7/14	庚辰	二		6/13	己酉	九	陰8局
13	11/19	癸未	五		10/19	癸丑	二		9/18	壬午	三		8/17	壬子	九		7/15	辛巳	一		6/14	庚戌	八	
14	11/20	甲申	四	陰7局	10/20	甲寅	一	陰9局	9/19	癸未	二		8/18	癸丑	八		7/16	壬午	九		6/15	辛亥	七	
15	11/21	乙酉	三		10/21	乙卯	九		9/20	甲申	一	陰9局	8/19	甲寅	七	陰3局	7/17	癸未	八		6/16	壬子	六	
16	11/22	丙戌	二		10/22	丙辰	八		9/21	乙酉	九		8/20	乙卯	六		7/18	甲申	七	陰5局	6/17	癸丑	五	
17	11/23	丁亥	一		10/23	丁巳	七		9/22	丙戌	八		8/21	丙辰	五		7/19	乙酉	六		6/18	甲寅	四	陰2局
18	11/24	戊子	九		10/24	戊午	六		9/23	丁亥	七		8/22	丁巳	四		7/20	丙戌	五		6/19	乙卯	三	
19	11/25	己丑	八	陰1局	10/25	己未	五	陰3局	9/24	戊子	六		8/23	戊午	三		7/21	丁亥	四		6/20	丙辰	二	
20	11/26	庚寅	七		10/26	庚申	四		9/25	己丑	五	陰3局	8/24	己未	二	陰6局	7/22	戊子	三		6/21	丁巳	一	
21	11/27	辛卯	六		10/27	辛酉	三		9/26	庚寅	四		8/25	庚申	一		7/23	己丑	二	陰8局	6/22	戊午	九	
22	11/28	壬辰	二		10/28	壬戌	二		9/27	辛卯	三		8/26	辛酉	九		7/24	庚寅	一		6/23	己未	八	陰5局
23	11/29	癸巳	三		10/29	癸亥	一		9/28	壬辰	五		8/27	壬戌	八		7/25	辛卯	三		6/24	庚申	七	
24	12/1	甲午	四	陽1局	10/30	甲子	六	陰5局	9/29	癸巳	四		8/28	癸亥	七		7/26	壬辰	二		6/25	辛酉	六	
25	12/2	乙未	五		11/1	乙丑	五		9/30	甲午	三	陰5局	8/29	甲子	三	陰7局	7/27	癸巳	一		6/26	壬戌	五	
26	12/3	丙申	六		11/2	丙寅	四		10/1	乙未	二		9/1	乙丑	二		7/28	甲午	九	陰1局	6/27	癸亥	四	
27	12/4	丁酉	七		11/3	丁卯	三		10/2	丙申	一		9/2	丙寅	一		7/29	乙未	八		6/28	甲子	九	陰7局
28	12/5	戊戌	八		11/4	戊辰	二		10/3	丁酉	九		9/3	丁卯	九		8/1	丙申	七		6/29	乙丑	八	
29	12/6	己亥	九	陽7局	11/5	己巳	一	8	10/4	戊戌	八		9/4	戊辰	八		8/2	丁酉	六		6/30	丙寅	七	
30	12/7	庚子	一		11/6	庚午	九		10/5	己亥	七	8	9/5	己巳	七	1	8/3	戊戌	五		7/1	丁卯	六	
31	12/8	辛丑	二						10/6	庚子	六						8/4	己亥	四	4	7/2	戊辰	五	

一九七四年　甲寅　八白

二元八運…「六運」

三元九運…「六運」

1月　乙丑（癸丑(年)）　三碧

節気：6 小寒 2時20分／20 大寒 19時46分

新暦	農暦	日干支	日紫白	奇門遁甲局数
1	12/9	壬寅	三	7
2	12/10	癸卯	四	
3	12/11	甲辰	五	陽4局
4	12/12	乙巳	六	
5	12/13	丙午	七	
6	12/14	丁未	八	
7	12/15	戊申	九	
8	12/16	己酉	一	陽2局
9	12/17	庚戌	二	
10	12/18	辛亥	三	
11	12/19	壬子	四	
12	12/20	癸丑	五	
13	12/21	甲寅	六	陽8局
14	12/22	乙卯	七	
15	12/23	丙辰	八	
16	12/24	丁巳	九	
17	12/25	戊午	一	
18	12/26	己未	二	陽5局
19	12/27	庚申	三	
20	12/28	辛酉	四	
21	12/29	壬戌	五	
22	12/30	癸亥	六	
23	1/1	甲子	一	陽3局
24	1/2	乙丑	二	
25	1/3	丙寅	三	
26	1/4	丁卯	四	
27	1/5	戊辰	五	
28	1/6	己巳	六	陽9局
29	1/7	庚午	七	
30	1/8	辛未	八	
31	1/9	壬申	九	

2月　丙寅　二黒

節気：4 立春 14時0分／19 雨水 9時59分

新暦	農暦	日干支	日紫白	奇門遁甲局数
1	1/10	癸酉	一	9
2	1/11	甲戌	二	陽6局
3	1/12	乙亥	三	
4	1/13	丙子	四	
5	1/14	丁丑	五	
6	1/15	戊寅	六	
7	1/16	己卯	七	陽8局
8	1/17	庚辰	八	
9	1/18	辛巳	九	
10	1/19	壬午	一	
11	1/20	癸未	二	
12	1/21	甲申	三	陽5局
13	1/22	乙酉	四	
14	1/23	丙戌	五	
15	1/24	丁亥	六	
16	1/25	戊子	七	
17	1/26	己丑	八	陽2局
18	1/27	庚寅	九	
19	1/28	辛卯	七	
20	1/29	壬辰	八	
21	1/30	癸巳	九	
22	2/1	甲午	一	陽9局
23	2/2	乙未	二	
24	2/3	丙申	三	
25	2/4	丁酉	四	
26	2/5	戊戌	五	
27	2/6	己亥	六	6
28	2/7	庚子	七	
29				
30				
31				

3月　丁卯　一白

節気：6 啓蟄 8時7分／21 春分 9時7分

新暦	農暦	日干支	日紫白	奇門遁甲局数
1	2/8	辛丑	八	陽6局
2	2/9	壬寅	九	
3	2/10	癸卯	一	
4	2/11	甲辰	二	陽3局
5	2/12	乙巳	三	
6	2/13	丙午	四	
7	2/14	丁未	五	
8	2/15	戊申	六	
9	2/16	己酉	七	陽1局
10	2/17	庚戌	八	
11	2/18	辛亥	九	
12	2/19	壬子	一	
13	2/20	癸丑	二	
14	2/21	甲寅	三	陽7局
15	2/22	乙卯	四	
16	2/23	丙辰	五	
17	2/24	丁巳	六	
18	2/25	戊午	七	
19	2/26	己未	八	陽4局
20	2/27	庚申	九	
21	2/28	辛酉	一	
22	2/29	壬戌	二	
23	2/30	癸亥	三	
24	3/1	甲子	七	陽3局
25	3/2	乙丑	八	
26	3/3	丙寅	九	
27	3/4	丁卯	一	
28	3/5	戊辰	二	
29	3/6	己巳	三	陽9局
30	3/7	庚午	四	
31	3/8	辛未	五	

4月　戊辰　九紫

節気：5 清明 13時5分／20 穀雨 20時19分

新暦	農暦	日干支	日紫白	奇門遁甲局数
1	3/9	壬申	六	9
2	3/10	癸酉	七	
3	3/11	甲戌	八	陽6局
4	3/12	乙亥	九	
5	3/13	丙子	一	
6	3/14	丁丑	二	
7	3/15	戊寅	三	
8	3/16	己卯	四	陽4局
9	3/17	庚辰	五	
10	3/18	辛巳	六	
11	3/19	壬午	七	
12	3/20	癸未	八	
13	3/21	甲申	九	陽1局
14	3/22	乙酉	一	
15	3/23	丙戌	二	
16	3/24	丁亥	三	
17	3/25	戊子	四	
18	3/26	己丑	五	陽7局
19	3/27	庚寅	六	
20	3/28	辛卯	四	
21	3/29	壬辰	五	
22	4/1	癸巳	六	
23	4/2	甲午	七	陽5局
24	4/3	乙未	八	
25	4/4	丙申	九	
26	4/5	丁酉	一	
27	4/6	戊戌	二	
28	4/7	己亥	三	陽2局
29	4/8	庚子	四	
30	4/9	辛丑	五	
31				

5月　己巳　八白

節気：6 立夏 6時34分／21 小満 19時36分

新暦	農暦	日干支	日紫白	奇門遁甲局数
1	4/10	壬寅	六	2
2	4/11	癸卯	七	
3	4/12	甲辰	八	陽8局
4	4/13	乙巳	九	
5	4/14	丙午	一	
6	4/15	丁未	二	
7	4/16	戊申	三	
8	4/17	己酉	四	陽4局
9	4/18	庚戌	五	
10	4/19	辛亥	六	
11	4/20	壬子	七	
12	4/21	癸丑	八	
13	4/22	甲寅	九	陽1局
14	4/23	乙卯	一	
15	4/24	丙辰	二	
16	4/25	丁巳	三	
17	4/26	戊午	四	
18	4/27	己未	五	陽7局
19	4/28	庚申	六	
20	4/29	辛酉	七	
21	4/30	壬戌	八	
22	閏4/1	癸亥	九	
23	閏4/2	甲子	四	陽5局
24	閏4/3	乙丑	五	
25	閏4/4	丙寅	六	
26	閏4/5	丁卯	七	
27	閏4/6	戊辰	八	
28	閏4/7	己巳	九	陽2局
29	閏4/8	庚午	一	
30	閏4/9	辛未	二	
31	閏4/10	壬申	三	

6月　庚午　七赤

節気：6 芒種 10時52分／22 夏至 3時38分

新暦	農暦	日干支	日紫白	奇門遁甲局数
1	閏4/11	癸酉	四	2
2	閏4/12	甲戌	五	陽8局
3	閏4/13	乙亥	六	
4	閏4/14	丙子	七	
5	閏4/15	丁丑	八	
6	閏4/16	戊寅	九	
7	閏4/17	己卯	一	陽6局
8	閏4/18	庚辰	二	
9	閏4/19	辛巳	三	
10	閏4/20	壬午	四	
11	閏4/21	癸未	五	
12	閏4/22	甲申	六	陽3局
13	閏4/23	乙酉	七	
14	閏4/24	丙戌	八	
15	閏4/25	丁亥	九	
16	閏4/26	戊子	一	
17	閏4/27	己丑	二	陽9局
18	閏4/28	庚寅	三	
19	閏4/29	辛卯	四	
20	5/1	壬辰	五	
21	5/2	癸巳	六	
22	5/3	甲午	六	陰9局
23	5/4	乙未	五	
24	5/5	丙申	四	
25	5/6	丁酉	三	
26	5/7	戊戌	二	
27	5/8	己亥	一	陰3局
28	5/9	庚子	九	
29	5/10	辛丑	八	
30	5/11	壬寅	七	
31				

1973年　癸丑(年)／甲子(月)

月	12月				11月				10月				9月				8月				7月			
月干支	丙子				乙亥				甲戌				癸酉				壬申				辛未			
紫白	一白				二黒				三碧				四緑				五黄				六白			
節気	22	7	日紫白	奇門遁甲局数	23	8	日紫白	奇門遁甲局数	24	9	日紫白	奇門遁甲局数	23	8	日紫白	奇門遁甲局数	23	8	日紫白	奇門遁甲局数	23	7	日紫白	奇門遁甲局数
	14時56分 冬至	21時5分 大雪			1時39分 小雪	4時18分 立冬			4時11分 霜降	1時15分 寒露			18時59分 秋分	9時45分 白露			21時29分 処暑	6時57分 立秋			14時30分 大暑	21時11分 小暑		
新暦	農暦	日干支			農暦	日干支			農暦	日干支			農暦	日干支			農暦	日干支			農暦	日干支		
1	10/18	丙子	三	陰2局	9/18	丙午	九	陰2局	8/16	乙亥	一	陰4局	7/15	乙巳	七	陰7局	6/14	甲戌	八	陰4局	5/12	癸卯	六	3
2	10/19	丁丑	二		9/19	丁未	八		8/17	丙子	九		7/16	丙午	六		6/15	乙亥	七		5/13	甲辰	五	陰6局
3	10/20	戊寅	一		9/20	戊申	七		8/18	丁丑	八		7/17	丁未	五		6/16	丙子	六		5/14	乙巳	四	
4	10/21	己卯	九	陰4局	9/21	己酉	六	陰6局	8/19	戊寅	七		7/18	戊申	四		6/17	丁丑	五		5/15	丙午	三	
5	10/22	庚辰	八		9/22	庚戌	五		8/20	己卯	六	陰6局	7/19	己酉	三	陰9局	6/18	戊寅	四		5/16	丁未	二	
6	10/23	辛巳	七		9/23	辛亥	四		8/21	庚辰	五		7/20	庚戌	二		6/19	己卯	三	陰2局	5/17	戊申	一	
7	10/24	壬午	六		9/24	壬子	三		8/22	辛巳	四		7/21	辛亥	一		6/20	庚辰	二		5/18	己酉	九	陰8局
8	10/25	癸未	五		9/25	癸丑	二		8/23	壬午	三		7/22	壬子	九		6/21	辛巳	一		5/19	庚戌	八	
9	10/26	甲申	四	陰7局	9/26	甲寅	一	陰9局	8/24	癸未	二		7/23	癸丑	八		6/22	壬午	九		5/20	辛亥	七	
10	10/27	乙酉	三		9/27	乙卯	九		8/25	甲申	一	陰9局	7/24	甲寅	七	陰3局	6/23	癸未	八		5/21	壬子	六	
11	10/28	丙戌	二		9/28	丙辰	八		8/26	乙酉	九		7/25	乙卯	六		6/24	甲申	七	陰5局	5/22	癸丑	五	
12	10/29	丁亥	一		9/29	丁巳	七		8/27	丙戌	八		7/26	丙辰	五		6/25	乙酉	六		5/23	甲寅	四	陰2局
13	10/30	戊子	九		9/30	戊午	六		8/28	丁亥	七		7/27	丁巳	四		6/26	丙戌	五		5/24	乙卯	三	
14	11/1	己丑	八	陰1局	10/1	己未	五	陰3局	8/29	戊子	六		7/28	戊午	三		6/27	丁亥	四		5/25	丙辰	二	
15	11/2	庚寅	七		10/2	庚申	四		9/1	己丑	五	陰3局	7/29	己未	二	陰6局	6/28	戊子	三		5/26	丁巳	一	
16	11/3	辛卯	六		10/3	辛酉	三		9/2	庚寅	四		8/1	庚申	一		6/29	己丑	二	陰8局	5/27	戊午	九	
17	11/4	壬辰	五		10/4	壬戌	二		9/3	辛卯	三		8/2	辛酉	九		6/30	庚寅	一		5/28	己未	八	陰5局
18	11/5	癸巳	四		10/5	癸亥	一		9/4	壬辰	二		8/3	壬戌	八		7/1	辛卯	九		5/29	庚申	七	
19	11/6	甲午	三	陽1局	10/6	甲子	六	陰5局	9/5	癸巳	一		8/4	癸亥	七		7/2	壬辰	八		6/1	辛酉	六	
20	11/7	乙未	二		10/7	乙丑	五		9/6	甲午	九	陰5局	8/5	甲子	三	陰7局	7/3	癸巳	七		6/2	壬戌	五	
21	11/8	丙申	一		10/8	丙寅	四		9/7	乙未	八		8/6	乙丑	二		7/4	甲午	六	陰1局	6/3	癸亥	四	
22	11/9	丁酉	七		10/9	丁卯	三		9/8	丙申	七		8/7	丙寅	一		7/5	乙未	五		6/4	甲子	九	陰7局
23	11/10	戊戌	八		10/10	戊辰	二		9/9	丁酉	六		8/8	丁卯	九		7/6	丙申	七		6/5	乙丑	八	
24	11/11	己亥	九	陽7局	10/11	己巳	一	陰8局	9/10	戊戌	八		8/9	戊辰	八		7/7	丁酉	六		6/6	丙寅	七	
25	11/12	庚子	一		10/12	庚午	九		9/11	己亥	七	陰8局	8/10	己巳	七	陰1局	7/8	戊戌	五		6/7	丁卯	六	
26	11/13	辛丑	二		10/13	辛未	八		9/12	庚子	六		8/11	庚午	六		7/9	己亥	四	陰4局	6/8	戊辰	五	
27	11/14	壬寅	三		10/14	壬申	七		9/13	辛丑	五		8/12	辛未	五		7/10	庚子	三		6/9	己巳	四	陰1局
28	11/15	癸卯	四		10/15	癸酉	六		9/14	壬寅	四		8/13	壬申	四		7/11	辛丑	二		6/10	庚午	三	
29	11/16	甲辰	五	陽4局	10/16	甲戌	五	2	9/15	癸卯	三		8/14	癸酉	三		7/12	壬寅	一		6/11	辛未	二	
30	11/17	乙巳	六		10/17	乙亥	四		9/16	甲辰	二	2	8/15	甲戌	二	4	7/13	癸卯	九		6/12	壬申	一	
31	11/18	丙午	七						9/17	乙巳	一						7/14	甲辰	八	7	6/13	癸酉	九	

一九七五年　乙卯　七赤

三元八運…「七運」　三元九運…「六運」

月	月干支	紫白	節気	節気
1月	丁丑　甲寅(年)	九紫	6　小寒　8時18分	21　大寒　1時37分
2月	戊寅	八白	4　立春　19時59分	19　雨水　15時50分
3月	己卯	七赤	6　啓蟄　14時6分	21　春分　14時57分
4月	庚辰	六白	5　清明　19時2分	21　穀雨　2時7分
5月	辛巳	五黄	6　立夏　12時27分	22　小満　1時24分
6月	壬午	四緑	6　芒種　16時42分	22　夏至　9時26分

1月　丁丑

新暦	農暦	日干支	日紫白	奇門遁甲局数
1	11/19	丁未	八	4
2	11/20	戊申	九	
3	11/21	己酉	一	陽2局
4	11/22	庚戌	二	
5	11/23	辛亥	三	
6	11/24	壬子	四	
7	11/25	癸丑	五	
8	11/26	甲寅	六	陽8局
9	11/27	乙卯	七	
10	11/28	丙辰	八	
11	11/29	丁巳	九	
12	12/1	戊午	一	
13	12/2	己未	二	陽5局
14	12/3	庚申	三	
15	12/4	辛酉	四	
16	12/5	壬戌	五	
17	12/6	癸亥	六	
18	12/7	甲子	一	陽3局
19	12/8	乙丑	二	
20	12/9	丙寅	三	
21	12/10	丁卯	四	
22	12/11	戊辰	五	
23	12/12	己巳	六	陽9局
24	12/13	庚午	七	
25	12/14	辛未	八	
26	12/15	壬申	九	
27	12/16	癸酉	一	
28	12/17	甲戌	二	陽6局
29	12/18	乙亥	三	
30	12/19	丙子	四	
31	12/20	丁丑	五	

2月　戊寅

新暦	農暦	日干支	日紫白	奇門遁甲局数
1	12/21	戊寅	六	6
2	12/22	己卯	七	陽8局
3	12/23	庚辰	八	
4	12/24	辛巳	九	
5	12/25	壬午	一	
6	12/26	癸未	二	
7	12/27	甲申	三	陽5局
8	12/28	乙酉	四	
9	12/29	丙戌	五	
10	12/30	丁亥	六	
11	1/1	戊子	七	
12	1/2	己丑	八	陽2局
13	1/3	庚寅	九	
14	1/4	辛卯	一	
15	1/5	壬辰	二	
16	1/6	癸巳	三	
17	1/7	甲午	四	陽9局
18	1/8	乙未	五	
19	1/9	丙申	三	
20	1/10	丁酉	四	
21	1/11	戊戌	五	
22	1/12	己亥	六	陽6局
23	1/13	庚子	七	
24	1/14	辛丑	八	
25	1/15	壬寅	九	
26	1/16	癸卯	一	
27	1/17	甲辰	二	3
28	1/18	乙巳	三	

3月　己卯

新暦	農暦	日干支	日紫白	奇門遁甲局数
1	1/19	丙午	四	陽3局
2	1/20	丁未	五	
3	1/21	戊申	六	
4	1/22	己酉	七	陽1局
5	1/23	庚戌	八	
6	1/24	辛亥	九	
7	1/25	壬子	一	
8	1/26	癸丑	二	
9	1/27	甲寅	三	陽7局
10	1/28	乙卯	四	
11	1/29	丙辰	五	
12	1/30	丁巳	六	
13	2/1	戊午	七	
14	2/2	己未	八	陽4局
15	2/3	庚申	九	
16	2/4	辛酉	一	
17	2/5	壬戌	二	
18	2/6	癸亥	三	
19	2/7	甲子	七	陽3局
20	2/8	乙丑	八	
21	2/9	丙寅	九	
22	2/10	丁卯	一	
23	2/11	戊辰	二	
24	2/12	己巳	三	陽9局
25	2/13	庚午	四	
26	2/14	辛未	五	
27	2/15	壬申	六	
28	2/16	癸酉	七	
29	2/17	甲戌	八	陽6局
30	2/18	乙亥	九	
31	2/19	丙子	一	

4月　庚辰

新暦	農暦	日干支	日紫白	奇門遁甲局数
1	2/20	丁丑	二	6
2	2/21	戊寅	三	
3	2/22	己卯	四	陽4局
4	2/23	庚辰	五	
5	2/24	辛巳	六	
6	2/25	壬午	七	
7	2/26	癸未	八	
8	2/27	甲申	九	陽1局
9	2/28	乙酉	一	
10	2/29	丙戌	二	
11	2/30	丁亥	三	
12	3/1	戊子	四	
13	3/2	己丑	五	陽7局
14	3/3	庚寅	六	
15	3/4	辛卯	七	
16	3/5	壬辰	八	
17	3/6	癸巳	九	
18	3/7	甲午	一	陽5局
19	3/8	乙未	二	
20	3/9	丙申	三	
21	3/10	丁酉	一	
22	3/11	戊戌	二	
23	3/12	己亥	三	陽2局
24	3/13	庚子	四	
25	3/14	辛丑	五	
26	3/15	壬寅	六	
27	3/16	癸卯	七	
28	3/17	甲辰	八	陽8局
29	3/18	乙巳	九	
30	3/19	丙午	一	

5月　辛巳

新暦	農暦	日干支	日紫白	奇門遁甲局数
1	3/20	丁未	二	8
2	3/21	戊申	三	
3	3/22	己酉	四	陽4局
4	3/23	庚戌	五	
5	3/24	辛亥	六	
6	3/25	壬子	七	
7	3/26	癸丑	八	
8	3/27	甲寅	九	陽1局
9	3/28	乙卯	一	
10	3/29	丙辰	二	
11	4/1	丁巳	三	
12	4/2	戊午	四	
13	4/3	己未	五	陽7局
14	4/4	庚申	六	
15	4/5	辛酉	七	
16	4/6	壬戌	八	
17	4/7	癸亥	九	
18	4/8	甲子	四	陽5局
19	4/9	乙丑	五	
20	4/10	丙寅	六	
21	4/11	丁卯	七	
22	4/12	戊辰	八	
23	4/13	己巳	九	陽2局
24	4/14	庚午	一	
25	4/15	辛未	二	
26	4/16	壬申	三	
27	4/17	癸酉	四	
28	4/18	甲戌	五	陽8局
29	4/19	乙亥	六	
30	4/20	丙子	七	
31	4/21	丁丑	八	

6月　壬午

新暦	農暦	日干支	日紫白	奇門遁甲局数
1	4/22	戊寅	九	8
2	4/23	己卯	一	陽6局
3	4/24	庚辰	二	
4	4/25	辛巳	三	
5	4/26	壬午	四	
6	4/27	癸未	五	
7	4/28	甲申	六	陽3局
8	4/29	乙酉	七	
9	4/30	丙戌	八	
10	5/1	丁亥	九	
11	5/2	戊子	一	
12	5/3	己丑	二	陽9局
13	5/4	庚寅	三	
14	5/5	辛卯	四	
15	5/6	壬辰	五	
16	5/7	癸巳	六	
17	5/8	甲午	七	陰9局
18	5/9	乙未	八	
19	5/10	丙申	九	
20	5/11	丁酉	一	
21	5/12	戊戌	二	
22	5/13	己亥	一	陰3局
23	5/14	庚子	九	
24	5/15	辛丑	八	
25	5/16	壬寅	七	
26	5/17	癸卯	六	
27	5/18	甲辰	五	陰6局
28	5/19	乙巳	四	
29	5/20	丙午	三	
30	5/21	丁未	二	

1974年　甲寅(年)／丙子(月)

月	12月				11月				10月			
月干支	戊子				丁亥				丙戌			
紫白	七赤				八白				九紫			
節気	22 冬至 20時46分	8 大雪 2時47分			23 小雪 7時31分	8 立冬 10時3分			24 霜降 10時6分	9 寒露 7時2分		
新暦	農暦	日干支	日紫白	奇門遁甲局数	農暦	日干支	日紫白	奇門遁甲局数	農暦	日干支	日紫白	奇門遁甲局数
1	10/29	辛巳	七	陰4局	9/28	辛亥	四	陰6局	8/26	庚辰	五	陰6局
2	10/30	壬午	六		9/29	壬子	三		8/27	辛巳	四	
3	11/1	癸未	五		10/1	癸丑	二		8/28	壬午	三	
4	11/2	甲申	四	陰7局	10/2	甲寅	一	陰9局	8/29	癸未	二	
5	11/3	乙酉	三		10/3	乙卯	九		9/1	甲申	一	陰9局
6	11/4	丙戌	二		10/4	丙辰	八		9/2	乙酉	九	
7	11/5	丁亥	一		10/5	丁巳	七		9/3	丙戌	八	
8	11/6	戊子	九		10/6	戊午	六		9/4	丁亥	七	
9	11/7	己丑	八	陰1局	10/7	己未	五	陰3局	9/5	戊子	六	
10	11/8	庚寅	七		10/8	庚申	四		9/6	己丑	五	陰3局
11	11/9	辛卯	六		10/9	辛酉	三		9/7	庚寅	四	
12	11/10	壬辰	五		10/10	壬戌	二		9/8	辛卯	三	
13	11/11	癸巳	四		10/11	癸亥	一		9/9	壬辰	二	
14	11/12	甲午	三	陽1局	10/12	甲子	六	陰5局	9/10	癸巳	一	
15	11/13	乙未	二		10/13	乙丑	五		9/11	甲午	九	陰5局
16	11/14	丙申	一		10/14	丙寅	四		9/12	乙未	八	
17	11/15	丁酉	九		10/15	丁卯	三		9/13	丙申	七	
18	11/16	戊戌	八		10/16	戊辰	二		9/14	丁酉	六	
19	11/17	己亥	七	陽7局	10/17	己巳	一	陰8局	9/15	戊戌	五	
20	11/18	庚子	六		10/18	庚午	九		9/16	己亥	四	陰8局
21	11/19	辛丑	五		10/19	辛未	八		9/17	庚子	三	
22	11/20	壬寅	三		10/20	壬申	七		9/18	辛丑	二	
23	11/21	癸卯	四		10/21	癸酉	六		9/19	壬寅	一	
24	11/22	甲辰	五	陽4局	10/22	甲戌	五	陰2局	9/20	癸卯	三	
25	11/23	乙巳	六		10/23	乙亥	四		9/21	甲辰	二	陰2局
26	11/24	丙午	七		10/24	丙子	三		9/22	乙巳	一	
27	11/25	丁未	八		10/25	丁丑	二		9/23	丙午	九	
28	11/26	戊申	九		10/26	戊寅	一		9/24	丁未	八	
29	11/27	己酉	一	陽2局	10/27	己卯	九	4	9/25	戊申	七	
30	11/28	庚戌	二		10/28	庚辰	八		9/26	己酉	六	6
31	11/29	辛亥	三						9/27	庚戌	五	

月	9月				8月				7月			
月干支	乙酉				甲申				癸未			
紫白	一白				二黒				三碧			
節気	24 秋分 0時55分	8 白露 15時33分			24 処暑 3時24分	8 立秋 12時45分			23 大暑 20時22分	8 小暑 2時59分		
新暦	農暦	日干支	日紫白	奇門遁甲局数	農暦	日干支	日紫白	奇門遁甲局数	農暦	日干支	日紫白	奇門遁甲局数
1	7/26	庚戌	二	陰9局	6/24	己卯	三	陰2局	5/22	戊申	一	6
2	7/27	辛亥	一		6/25	庚辰	二		5/23	己酉	九	陰8局
3	7/28	壬子	九		6/26	辛巳	一		5/24	庚戌	八	
4	7/29	癸丑	八		6/27	壬午	九		5/25	辛亥	七	
5	7/30	甲寅	七	陰3局	6/28	癸未	八		5/26	壬子	六	
6	8/1	乙卯	六		6/29	甲申	七	陰5局	5/27	癸丑	五	
7	8/2	丙辰	五		7/1	乙酉	六		5/28	甲寅	四	陰2局
8	8/3	丁巳	四		7/2	丙戌	五		5/29	乙卯	三	
9	8/4	戊午	三		7/3	丁亥	四		6/1	丙辰	二	
10	8/5	己未	二	陰6局	7/4	戊子	三		6/2	丁巳	一	
11	8/6	庚申	一		7/5	己丑	二	陰8局	6/3	戊午	九	
12	8/7	辛酉	九		7/6	庚寅	一		6/4	己未	八	陰5局
13	8/8	壬戌	八		7/7	辛卯	九		6/5	庚申	七	
14	8/9	癸亥	七		7/8	壬辰	八		6/6	辛酉	六	
15	8/10	甲子	三	陰7局	7/9	癸巳	七		6/7	壬戌	五	
16	8/11	乙丑	二		7/10	甲午	六	陰1局	6/8	癸亥	四	
17	8/12	丙寅	一		7/11	乙未	五		6/9	甲子	九	陰7局
18	8/13	丁卯	九		7/12	丙申	四		6/10	乙丑	八	
19	8/14	戊辰	八		7/13	丁酉	三		6/11	丙寅	七	
20	8/15	己巳	七	陰1局	7/14	戊戌	二		6/12	丁卯	六	
21	8/16	庚午	六		7/15	己亥	一	陰4局	6/13	戊辰	五	
22	8/17	辛未	五		7/16	庚子	九		6/14	己巳	四	陰1局
23	8/18	壬申	四		7/17	辛丑	八		6/15	庚午	三	
24	8/19	癸酉	三		7/18	壬寅	一		6/16	辛未	二	
25	8/20	甲戌	二	陰4局	7/19	癸卯	九		6/17	壬申	一	
26	8/21	乙亥	一		7/20	甲辰	八	陰7局	6/18	癸酉	九	
27	8/22	丙子	九		7/21	乙巳	七		6/19	甲戌	八	陰4局
28	8/23	丁丑	八		7/22	丙午	六		6/20	乙亥	七	
29	8/24	戊寅	七		7/23	丁未	五		6/21	丙子	六	
30	8/25	己卯	六	6	7/24	戊申	四		6/22	丁丑	五	
31					7/25	己酉	三	9	6/23	戊寅	四	

一九七六年 丙辰 六白

二元八運…「七運」

三元九運…「六運」

新暦	1月 農暦	1月 日干支	1月 日紫白	1月 奇門遁甲局数	2月 農暦	2月 日干支	2月 日紫白	2月 奇門遁甲局数	3月 農暦	3月 日干支	3月 日紫白	3月 奇門遁甲局数
月干支	己丑 乙卯(年)				庚寅				辛卯			
紫白	六白				五黄				四緑			
節気	6 小寒 13時58分	21 大寒 7時25分			5 立春 1時40分	19 雨水 21時40分			5 啓蟄 19時48分	20 春分 20時50分		
1	12/1	壬子	四	2	1/2	癸未	二	8	2/1	壬子	一	1
2	12/2	癸丑	五		1/3	甲申	三	陽5局	2/2	癸丑	二	
3	12/3	甲寅	六	陽8局	1/4	乙酉	四		2/3	甲寅	三	陽7局
4	12/4	乙卯	七		1/5	丙戌	五		2/4	乙卯	四	
5	12/5	丙辰	八		1/6	丁亥	六		2/5	丙辰	五	
6	12/6	丁巳	九		1/7	戊子	七		2/6	丁巳	六	
7	12/7	戊午	一		1/8	己丑	八	陽2局	2/7	戊午	七	
8	12/8	己未	二	陽5局	1/9	庚寅	九		2/8	己未	八	陽4局
9	12/9	庚申	三		1/10	辛卯	一		2/9	庚申	九	
10	12/10	辛酉	四		1/11	壬辰	二		2/10	辛酉	一	
11	12/11	壬戌	五		1/12	癸巳	三		2/11	壬戌	二	
12	12/12	癸亥	六		1/13	甲午	四	陽9局	2/12	癸亥	三	
13	12/13	甲子	一	陽3局	1/14	乙未	五		2/13	甲子	七	陽3局
14	12/14	乙丑	二		1/15	丙申	六		2/14	乙丑	八	
15	12/15	丙寅	三		1/16	丁酉	七		2/15	丙寅	九	
16	12/16	丁卯	四		1/17	戊戌	八		2/16	丁卯	一	
17	12/17	戊辰	五		1/18	己亥	九	陽6局	2/17	戊辰	二	
18	12/18	己巳	六	陽9局	1/19	庚子	一		2/18	己巳	三	陽9局
19	12/19	庚午	七		1/20	辛丑	八		2/19	庚午	四	
20	12/20	辛未	八		1/21	壬寅	九		2/20	辛未	五	
21	12/21	壬申	九		1/22	癸卯	一		2/21	壬申	六	
22	12/22	癸酉	一		1/23	甲辰	二	陽3局	2/22	癸酉	七	
23	12/23	甲戌	二	陽6局	1/24	乙巳	三		2/23	甲戌	八	陽6局
24	12/24	乙亥	三		1/25	丙午	四		2/24	乙亥	九	
25	12/25	丙子	四		1/26	丁未	五		2/25	丙子	一	
26	12/26	丁丑	五		1/27	戊申	六		2/26	丁丑	二	
27	12/27	戊寅	六		1/28	己酉	七	陽1局	2/27	戊寅	三	
28	12/28	己卯	七	陽8局	1/29	庚戌	八		2/28	己卯	四	陽4局
29	12/29	庚辰	八		1/30	辛亥	九		2/29	庚辰	五	
30	12/30	辛巳	九						2/30	辛巳	六	
31	1/1	壬午	一						3/1	壬午	七	

新暦	4月 農暦	4月 日干支	4月 日紫白	4月 奇門遁甲局数	5月 農暦	5月 日干支	5月 日紫白	5月 奇門遁甲局数	6月 農暦	6月 日干支	6月 日紫白	6月 奇門遁甲局数
月干支	壬辰				癸巳				甲午			
紫白	三碧				二黒				一白			
節気	5 清明 0時47分	20 穀雨 8時3分			5 立夏 18時14分	21 小満 7時21分			5 芒種 22時31分	21 夏至 15時24分		
1	3/2	癸未	八	4	4/3	癸丑	八	4	5/4	甲申	六	陽3局
2	3/3	甲申	九	陽1局	4/4	甲寅	九	陽1局	5/5	乙酉	七	
3	3/4	乙酉	一		4/5	乙卯	一		5/6	丙戌	八	
4	3/5	丙戌	二		4/6	丙辰	二		5/7	丁亥	九	
5	3/6	丁亥	三		4/7	丁巳	三		5/8	戊子	一	
6	3/7	戊子	四		4/8	戊午	四		5/9	己丑	二	陽9局
7	3/8	己丑	五	陽7局	4/9	己未	五	陽7局	5/10	庚寅	三	
8	3/9	庚寅	六		4/10	庚申	六		5/11	辛卯	四	
9	3/10	辛卯	七		4/11	辛酉	七		5/12	壬辰	五	
10	3/11	壬辰	八		4/12	壬戌	八		5/13	癸巳	六	
11	3/12	癸巳	九		4/13	癸亥	九		5/14	甲午	七	陽6局・閏
12	3/13	甲午	一	陽5局	4/14	甲子	四	陽5局	5/15	乙未	八	
13	3/14	乙未	二		4/15	乙丑	五		5/16	丙申	九	
14	3/15	丙申	三		4/16	丙寅	六		5/17	丁酉	一	
15	3/16	丁酉	四		4/17	丁卯	七		5/18	戊戌	二	
16	3/17	戊戌	五		4/18	戊辰	八		5/19	己亥	三	陽3局・閏
17	3/18	己亥	六	陽2局	4/19	己巳	九	陽2局	5/20	庚子	四	
18	3/19	庚子	七		4/20	庚午	一		5/21	辛丑	五	
19	3/20	辛丑	八		4/21	辛未	二		5/22	壬寅	六	
20	3/21	壬寅	六		4/22	壬申	三		5/23	癸卯	七	
21	3/22	癸卯	七		4/23	癸酉	四		5/24	甲辰	五	陽9局・閏
22	3/23	甲辰	八	陽8局	4/24	甲戌	五	陽8局	5/25	乙巳	四	
23	3/24	乙巳	九		4/25	乙亥	六		5/26	丙午	三	
24	3/25	丙午	一		4/26	丙子	七		5/27	丁未	二	
25	3/26	丁未	二		4/27	丁丑	八		5/28	戊申	一	
26	3/27	戊申	三		4/28	戊寅	九		5/29	己酉	九	陰9局
27	3/28	己酉	四	陽4局	4/29	己卯	一	陽6局	6/1	庚戌	八	
28	3/29	庚戌	五		4/30	庚辰	二		6/2	辛亥	七	
29	4/1	辛亥	六		5/1	辛巳	三		6/3	壬子	六	
30	4/2	壬子	七		5/2	壬午	四		6/4	癸丑	五	
31					5/3	癸未	五					

1975年 乙卯(年)／戊子(月)

月	12月				11月				10月			
月干支	庚子				己亥				戊戌			
紫白	四緑				五黄				六白			
節気	22 2時35分 冬至	7 8時41分 大雪	日紫白	奇門遁甲局数	22 13時22分 小雪	7 15時59分 立冬	日紫白	奇門遁甲局数	23 15時58分 霜降	8 12時58分 寒露	日紫白	奇門遁甲局数
新暦	農暦	日干支			農暦	日干支			農暦	日干支		
1	10/11	丁亥	一	8	9/10	丁巳	七	8	閏8/8	丙戌	八	陰1局
2	10/12	戊子	九		9/11	戊午	六		閏8/9	丁亥	七	
3	10/13	己丑	八	陰2局	9/12	己未	五	陰2局	閏8/10	戊子	六	
4	10/14	庚寅	七		9/13	庚申	四		閏8/11	己丑	五	陰4局
5	10/15	辛卯	六		9/14	辛酉	三		閏8/12	庚寅	四	
6	10/16	壬辰	五		9/15	壬戌	二		閏8/13	辛卯	三	
7	10/17	癸巳	四		9/16	癸亥	一		閏8/14	壬辰	二	
8	10/18	甲午	三	陰4局	9/17	甲子	六	陰6局	閏8/15	癸巳	一	
9	10/19	乙未	二		9/18	乙丑	五		閏8/16	甲午	九	陰6局
10	10/20	丙申	一		9/19	丙寅	四		閏8/17	乙未	八	
11	10/21	丁酉	九		9/20	丁卯	三		閏8/18	丙申	七	
12	10/22	戊戌	八		9/21	戊辰	二		閏8/19	丁酉	六	
13	10/23	己亥	七	陰7局	9/22	己巳	一	陰9局	閏8/20	戊戌	五	
14	10/24	庚子	六		9/23	庚午	九		閏8/21	己亥	四	陰9局
15	10/25	辛丑	五		9/24	辛未	八		閏8/22	庚子	三	
16	10/26	壬寅	四		9/25	壬申	七		閏8/23	辛丑	二	
17	10/27	癸卯	三		9/26	癸酉	六		閏8/24	壬寅	一	
18	10/28	甲辰	二	陰1局	9/27	甲戌	五	陰3局	閏8/25	癸卯	九	
19	10/29	乙巳	一		9/28	乙亥	四		閏8/26	甲辰	八	陰3局
20	10/30	丙午	九		9/29	丙子	三		閏8/27	乙巳	七	
21	11/1	丁未	八		10/1	丁丑	二		閏8/28	丙午	六	
22	11/2	戊申	九		10/2	戊寅	一		閏8/29	丁未	五	
23	11/3	己酉	一	陽1局	10/3	己卯	九	陰5局	9/1	戊申	七	
24	11/4	庚戌	二		10/4	庚辰	八		9/2	己酉	六	陰5局
25	11/5	辛亥	三		10/5	辛巳	七		9/3	庚戌	五	
26	11/6	壬子	四		10/6	壬午	六		9/4	辛亥	四	
27	11/7	癸丑	五		10/7	癸未	五		9/5	壬子	三	
28	11/8	甲寅	六	陽7局	10/8	甲申	四	陰8局	9/6	癸丑	二	
29	11/9	乙卯	七		10/9	乙酉	三		9/7	甲寅	一	陰8局
30	11/10	丙辰	八		10/10	丙戌	二		9/8	乙卯	九	
31	11/11	丁巳	九						9/9	丙辰	八	

月	9月				8月				7月			
月干支	丁酉				丙申				乙未			
紫白	七赤				八白				九紫			
節気	23 6時48分 秋分	7 21時28分 白露	日紫白	奇門遁甲局数	23 9時18分 処暑	7 18時39分 立秋	日紫白	奇門遁甲局数	23 2時19分 大暑	7 8時51分 小暑	日紫白	奇門遁甲局数
新暦	農暦	日干支			農暦	日干支			農暦	日干支		
1	8/8	丙辰	五	陰4局	7/6	乙酉	六	陰1局	6/5	甲寅	四	陰3局
2	8/9	丁巳	四		7/7	丙戌	五		6/6	乙卯	三	
3	8/10	戊午	三		7/8	丁亥	四		6/7	丙辰	二	
4	8/11	己未	二	陰7局	7/9	戊子	三		6/8	丁巳	一	
5	8/12	庚申	一		7/10	己丑	二	陰4局	6/9	戊午	九	
6	8/13	辛酉	九		7/11	庚寅	一		6/10	己未	八	陰6局
7	8/14	壬戌	八		7/12	辛卯	九		6/11	庚申	七	
8	8/15	癸亥	七		7/13	壬辰	八		6/12	辛酉	六	
9	8/16	甲子	三	陰9局	7/14	癸巳	七		6/13	壬戌	五	
10	8/17	乙丑	二		7/15	甲午	六	陰2局	6/14	癸亥	四	
11	8/18	丙寅	一		7/16	乙未	五		6/15	甲子	九	陰8局
12	8/19	丁卯	九		7/17	丙申	四		6/16	乙丑	八	
13	8/20	戊辰	八		7/18	丁酉	三		6/17	丙寅	七	
14	8/21	己巳	七	陰3局	7/19	戊戌	二		6/18	丁卯	六	
15	8/22	庚午	六		7/20	己亥	一	陰5局	6/19	戊辰	五	
16	8/23	辛未	五		7/21	庚子	九		6/20	己巳	四	陰2局
17	8/24	壬申	四		7/22	辛丑	八		6/21	庚午	三	
18	8/25	癸酉	三		7/23	壬寅	七		6/22	辛未	二	
19	8/26	甲戌	二	陰6局	7/24	癸卯	六		6/23	壬申	一	
20	8/27	乙亥	一		7/25	甲辰	五	陰8局	6/24	癸酉	九	
21	8/28	丙子	九		7/26	乙巳	四		6/25	甲戌	八	陰5局
22	8/29	丁丑	八		7/27	丙午	三		6/26	乙亥	七	
23	8/30	戊寅	七		7/28	丁未	五		6/27	丙子	六	
24	閏8/1	己卯	六	陰7局	7/29	戊申	四		6/28	丁丑	五	
25	閏8/2	庚辰	五		8/1	己酉	三	陰1局	6/29	戊寅	四	
26	閏8/3	辛巳	四		8/2	庚戌	二		6/30	己卯	三	陰7局
27	閏8/4	壬午	三		8/3	辛亥	一		7/1	庚辰	二	
28	閏8/5	癸未	二		8/4	壬子	九		7/2	辛巳	一	
29	閏8/6	甲申	一	1	8/5	癸丑	八		7/3	壬午	九	
30	閏8/7	乙酉	九		8/6	甲寅	七	4	7/4	癸未	八	
31					8/7	乙卯	六		7/5	甲申	七	1

一九七七年　丁巳　五黄

三元八運…「七運」

三元九運…「六運」

新暦	1月 農暦	1月 日干支	1月 日紫白	1月 奇門遁甲局数	2月 農暦	2月 日干支	2月 日紫白	2月 奇門遁甲局数
月干支	辛丑 丙辰(年)				壬寅			
紫白	三碧				二黒			
節気	5 小寒 19時51分	20 大寒 13時15分			4 立春 7時34分	19 雨水 3時31分		
1	11/12	戊午	一	7	12/14	己丑	八	陽6局
2	11/13	己未	二	陽4局	12/15	庚寅	九	
3	11/14	庚申	三		12/16	辛卯	一	
4	11/15	辛酉	四		12/17	壬辰	二	
5	11/16	壬戌	五		12/18	癸巳	三	
6	11/17	癸亥	六		12/19	甲午	四	陽8局
7	11/18	甲子	一	陽2局	12/20	乙未	五	
8	11/19	乙丑	二		12/21	丙申	六	
9	11/20	丙寅	三		12/22	丁酉	七	
10	11/21	丁卯	四		12/23	戊戌	八	
11	11/22	戊辰	五		12/24	己亥	九	陽5局
12	11/23	己巳	六	陽8局	12/25	庚子	一	
13	11/24	庚午	七		12/26	辛丑	二	
14	11/25	辛未	八		12/27	壬寅	三	
15	11/26	壬申	九		12/28	癸卯	四	
16	11/27	癸酉	一		12/29	甲辰	五	陽2局
17	11/28	甲戌	二	陽5局	12/30	乙巳	六	
18	11/29	乙亥	三		1/1	丙午	七	
19	12/1	丙子	四		1/2	丁未	五	
20	12/2	丁丑	五		1/3	戊申	六	
21	12/3	戊寅	六		1/4	己酉	七	陽9局
22	12/4	己卯	七	陽3局	1/5	庚戌	八	
23	12/5	庚辰	八		1/6	辛亥	九	
24	12/6	辛巳	九		1/7	壬子	一	
25	12/7	壬午	一		1/8	癸丑	二	
26	12/8	癸未	二		1/9	甲寅	三	陽6局
27	12/9	甲申	三	陽9局	1/10	乙卯	四	
28	12/10	乙酉	四		1/11	丙辰	五	
29	12/11	丙戌	五					
30	12/12	丁亥	六					
31	12/13	戊子	七					

新暦	3月 農暦	3月 日干支	3月 日紫白	3月 奇門遁甲局数	4月 農暦	4月 日干支	4月 日紫白	4月 奇門遁甲局数
月干支	癸卯				甲辰			
紫白	一白				九紫			
節気	6 啓蟄 1時44分	21 春分 2時42分			5 清明 6時46分	20 穀雨 13時57分		
1	1/12	丁巳	六	6	2/13	戊子	四	9
2	1/13	戊午	七		2/14	己丑	五	陽6局
3	1/14	己未	八	陽3局	2/15	庚寅	六	
4	1/15	庚申	九		2/16	辛卯	七	
5	1/16	辛酉	一		2/17	壬辰	八	
6	1/17	壬戌	二		2/18	癸巳	九	
7	1/18	癸亥	三		2/19	甲午	一	陽4局
8	1/19	甲子	七	陽1局	2/20	乙未	二	
9	1/20	乙丑	八		2/21	丙申	三	
10	1/21	丙寅	九		2/22	丁酉	四	
11	1/22	丁卯	一		2/23	戊戌	五	
12	1/23	戊辰	二		2/24	己亥	六	陽1局
13	1/24	己巳	三	陽7局	2/25	庚子	七	
14	1/25	庚午	四		2/26	辛丑	八	
15	1/26	辛未	五		2/27	壬寅	九	
16	1/27	壬申	六		2/28	癸卯	一	
17	1/28	癸酉	七		2/29	甲辰	二	陽7局
18	1/29	甲戌	八	陽4局	3/1	乙巳	三	
19	1/30	乙亥	九		3/2	丙午	四	
20	2/1	丙子	一		3/3	丁未	二	
21	2/2	丁丑	二		3/4	戊申	三	
22	2/3	戊寅	三		3/5	己酉	四	陽5局
23	2/4	己卯	四	陽3局	3/6	庚戌	五	
24	2/5	庚辰	五		3/7	辛亥	六	
25	2/6	辛巳	六		3/8	壬子	七	
26	2/7	壬午	七		3/9	癸丑	八	
27	2/8	癸未	八		3/10	甲寅	九	陽2局
28	2/9	甲申	九	陽9局	3/11	乙卯	一	
29	2/10	乙酉	一		3/12	丙辰	二	
30	2/11	丙戌	二		3/13	丁巳	三	
31	2/12	丁亥	三					

新暦	5月 農暦	5月 日干支	5月 日紫白	5月 奇門遁甲局数	6月 農暦	6月 日干支	6月 日紫白	6月 奇門遁甲局数
月干支	乙巳				丙午			
紫白	八白				七赤			
節気	6 立夏 0時16分	21 小満 13時14分			6 芒種 4時32分	21 夏至 21時14分		
1	3/14	戊午	四	2	4/15	己丑	二	陽8局
2	3/15	己未	五	陽8局	4/16	庚寅	三	
3	3/16	庚申	六		4/17	辛卯	四	
4	3/17	辛酉	七		4/18	壬辰	五	
5	3/18	壬戌	八		4/19	癸巳	六	
6	3/19	癸亥	九		4/20	甲午	七	陽6局
7	3/20	甲子	四	陽4局	4/21	乙未	八	
8	3/21	乙丑	五		4/22	丙申	九	
9	3/22	丙寅	六		4/23	丁酉	一	
10	3/23	丁卯	七		4/24	戊戌	二	
11	3/24	戊辰	八		4/25	己亥	三	陽3局
12	3/25	己巳	九	陽1局	4/26	庚子	四	
13	3/26	庚午	一		4/27	辛丑	五	
14	3/27	辛未	二		4/28	壬寅	六	
15	3/28	壬申	三		4/29	癸卯	七	
16	3/29	癸酉	四		4/30	甲辰	八	陽9局
17	3/30	甲戌	五	陽7局	5/1	乙巳	九	
18	4/1	乙亥	六		5/2	丙午	一	
19	4/2	丙子	七		5/3	丁未	二	
20	4/3	丁丑	八		5/4	戊申	三	
21	4/4	戊寅	九		5/5	己酉	九	陰9局
22	4/5	己卯	一	陽5局	5/6	庚戌	八	
23	4/6	庚辰	二		5/7	辛亥	七	
24	4/7	辛巳	三		5/8	壬子	六	
25	4/8	壬午	四		5/9	癸丑	五	
26	4/9	癸未	五		5/10	甲寅	四	陰3局
27	4/10	甲申	六	陽2局	5/11	乙卯	三	
28	4/11	乙酉	七		5/12	丙辰	二	
29	4/12	丙戌	八		5/13	丁巳	一	
30	4/13	丁亥	九		5/14	戊午	九	
31	4/14	戊子	一					

1976年　丙辰(年)／庚子(月)

月	12月				11月				10月				9月				8月				7月			
月干支	壬子				辛亥				庚戌				己酉				戊申				丁未			
紫白	一白				二黒				三碧				四緑				五黄				六白			
節気	22 冬至 8時24分	7 大雪 14時31分	日紫白	奇門遁甲局数	22 小雪 19時7分	7 立冬 21時46分	日紫白	奇門遁甲局数	23 霜降 21時41分	8 寒露 18時44分	日紫白	奇門遁甲局数	23 秋分 12時30分	8 白露 3時16分	日紫白	奇門遁甲局数	23 処暑 15時0分	8 立秋 0時30分	日紫白	奇門遁甲局数	23 大暑 8時4分	7 小暑 14時48分	日紫白	奇門遁甲局数
新暦	農暦	日干支			農暦	日干支			農暦	日干支			農暦	日干支			農暦	日干支			農暦	日干支		
1	10/21	壬辰	五	2	9/20	壬戌	二	2	8/19	辛卯	三	陰4局	7/18	辛酉	九	陰7局	6/17	庚寅	一	陰4局	5/15	己未	八	陰6局
2	10/22	癸巳	四		9/21	癸亥	一		8/20	壬辰	二		7/19	壬戌	八		6/18	辛卯	九		5/16	庚申	七	
3	10/23	甲午	三	陰4局	9/22	甲子	六	陰6局	8/21	癸巳	一		7/20	癸亥	七		6/19	壬辰	八		5/17	辛酉	六	
4	10/24	乙未	二		9/23	乙丑	五		8/22	甲午	九	陰6局	7/21	甲子	三	陰9局	6/20	癸巳	七		5/18	壬戌	五	
5	10/25	丙申	一		9/24	丙寅	四		8/23	乙未	八		7/22	乙丑	二		6/21	甲午	六	陰2局	5/19	癸亥	四	
6	10/26	丁酉	九		9/25	丁卯	三		8/24	丙申	七		7/23	丙寅	一		6/22	乙未	五		5/20	甲子	九	陰8局
7	10/27	戊戌	八		9/26	戊辰	二		8/25	丁酉	六		7/24	丁卯	九		6/23	丙申	四		5/21	乙丑	八	
8	10/28	己亥	七	陰7局	9/27	己巳	一	陰9局	8/26	戊戌	五		7/25	戊辰	八		6/24	丁酉	三		5/22	丙寅	七	
9	10/29	庚子	六		9/28	庚午	九		8/27	己亥	四	陰9局	7/26	己巳	七	陰3局	6/25	戊戌	二		5/23	丁卯	六	
10	10/30	辛丑	五		9/29	辛未	八		8/28	庚子	三		7/27	庚午	六		6/26	己亥	一	陰5局	5/24	戊辰	五	
11	11/1	壬寅	四		10/1	壬申	七		8/29	辛丑	二		7/28	辛未	五		6/27	庚子	九		5/25	己巳	四	陰2局
12	11/2	癸卯	三		10/2	癸酉	六		8/30	壬寅	一		7/29	壬申	四		6/28	辛丑	八		5/26	庚午	三	
13	11/3	甲辰	二	陰1局	10/3	甲戌	五	陰3局	9/1	癸卯	九		8/1	癸酉	三		6/29	壬寅	七		5/27	辛未	二	
14	11/4	乙巳	一		10/4	乙亥	四		9/2	甲辰	八	陰3局	8/2	甲戌	二	陰6局	6/30	癸卯	六		5/28	壬申	一	
15	11/5	丙午	九		10/5	丙子	三		9/3	乙巳	七		8/3	乙亥	一		7/1	甲辰	五	陰8局	5/29	癸酉	九	
16	11/6	丁未	八		10/6	丁丑	二		9/4	丙午	六		8/4	丙子	九		7/2	乙巳	四		6/1	甲戌	八	陰5局
17	11/7	戊申	七		10/7	戊寅	一		9/5	丁未	五		8/5	丁丑	八		7/3	丙午	三		6/2	乙亥	七	
18	11/8	己酉	六	陽1局	10/8	己卯	九	陰5局	9/6	戊申	四		8/6	戊寅	七		7/4	丁未	二		6/3	丙子	六	
19	11/9	庚戌	五		10/9	庚辰	八		9/7	己酉	三	陰5局	8/7	己卯	六	陰7局	7/5	戊申	一		6/4	丁丑	五	
20	11/10	辛亥	四		10/10	辛巳	七		9/8	庚戌	二		8/8	庚辰	五		7/6	己酉	九	陰1局	6/5	戊寅	四	
21	11/11	壬子	三		10/11	壬午	六		9/9	辛亥	一		8/9	辛巳	四		7/7	庚戌	八		6/6	己卯	三	陰7局
22	11/12	癸丑	五		10/12	癸未	五		9/10	壬子	九		8/10	壬午	三		7/8	辛亥	七		6/7	庚辰	二	
23	11/13	甲寅	六	陽7局	10/13	甲申	四	陰8局	9/11	癸丑	二		8/11	癸未	二		7/9	壬子	九		6/8	辛巳	一	
24	11/14	乙卯	七		10/14	乙酉	三		9/12	甲寅	一	陰8局	8/12	甲申	一	陰1局	7/10	癸丑	八		6/9	壬午	九	
25	11/15	丙辰	八		10/15	丙戌	二		9/13	乙卯	九		8/13	乙酉	九		7/11	甲寅	七	陰4局	6/10	癸未	八	
26	11/16	丁巳	九		10/16	丁亥	一		9/14	丙辰	八		8/14	丙戌	八		7/12	乙卯	六		6/11	甲申	七	陰1局
27	11/17	戊午	一		10/17	戊子	九		9/15	丁巳	七		8/15	丁亥	七		7/13	丙辰	五		6/12	乙酉	六	
28	11/18	己未	二	陽4局	10/18	己丑	八	陰2局	9/16	戊午	六		8/16	戊子	六		7/14	丁巳	四		6/13	丙戌	五	
29	11/19	庚申	三		10/19	庚寅	七		9/17	己未	五	陰2局	8/17	己丑	五	4	7/15	戊午	三		6/14	丁亥	四	
30	11/20	辛酉	四		10/20	辛卯	六		9/18	庚申	四		8/18	庚寅	四		7/16	己未	二	7	6/15	戊子	三	
31	11/21	壬戌	五						9/19	辛酉	三						7/17	庚申	一		6/16	己丑	二	4

一九七八年　戊午　四緑

二元八運…「七運」
三元九運…「六運」

月	1月				2月				3月				4月				5月				6月			
月干支	癸丑 丁巳(年)				甲寅				乙卯				丙辰				丁巳				戊午			
紫白	九紫				八白				七赤				六白				五黄				四緑			
節気	6 小寒 1時44分	20 大寒 19時4分			4 立春 13時27分	19 雨水 9時21分			6 啓蟄 7時38分	21 春分 8時34分			5 清明 12時39分	20 穀雨 19時50分			6 立夏 6時9分	21 小満 19時8分			6 芒種 10時23分	22 夏至 3時10分		
新暦	農暦	日干支	日紫白	奇門遁甲局数	農暦	日干支	日紫白	奇門遁甲局数	農暦	日干支	日紫白	奇門遁甲局数	農暦	日干支	日紫白	奇門遁甲局数	農暦	日干支	日紫白	奇門遁甲局数	農暦	日干支	日紫白	奇門遁甲局数
1	11/22	癸亥	六	4	12/24	甲午	四	陽8局	1/23	壬戌	二	3	2/24	癸巳	九	6	3/25	癸亥	九	8	4/26	甲午	七	陽6局
2	11/23	甲子	一	陽2局	12/25	乙未	五		1/24	癸亥	三		2/25	甲午	一	陽4局	3/26	甲子	四	陽4局	4/27	乙未	八	
3	11/24	乙丑	二		12/26	丙申	六		1/25	甲子	七	陽1局	2/26	乙未	二		3/27	乙丑	五		4/28	丙申	九	
4	11/25	丙寅	三		12/27	丁酉	七		1/26	乙丑	八		2/27	丙申	三		3/28	丙寅	六		4/29	丁酉	一	
5	11/26	丁卯	四		12/28	戊戌	八		1/27	丙寅	九		2/28	丁酉	四		3/29	丁卯	七		4/30	戊戌	二	
6	11/27	戊辰	五		12/29	己亥	九	陽5局	1/28	丁卯	一		2/29	戊戌	五		3/30	戊辰	八		5/1	己亥	三	陽3局
7	11/28	己巳	六	陽8局	1/1	庚子	一		1/29	戊辰	二		3/1	己亥	六	陽1局	4/1	己巳	九	陽1局	5/2	庚子	四	
8	11/29	庚午	七		1/2	辛丑	二		1/30	己巳	三	陽7局	3/2	庚子	七		4/2	庚午	一		5/3	辛丑	五	
9	12/1	辛未	八		1/3	壬寅	三		2/1	庚午	四		3/3	辛丑	八		4/3	辛未	二		5/4	壬寅	六	
10	12/2	壬申	九		1/4	癸卯	四		2/2	辛未	五		3/4	壬寅	九		4/4	壬申	三		5/5	癸卯	七	
11	12/3	癸酉	一		1/5	甲辰	五	陽2局	2/3	壬申	六		3/5	癸卯	一		4/5	癸酉	四		5/6	甲辰	八	陽9局
12	12/4	甲戌	二	陽5局	1/6	乙巳	六		2/4	癸酉	七		3/6	甲辰	二	陽7局	4/6	甲戌	五	陽7局	5/7	乙巳	九	
13	12/5	乙亥	三		1/7	丙午	七		2/5	甲戌	八	陽4局	3/7	乙巳	三		4/7	乙亥	六		5/8	丙午	一	
14	12/6	丙子	四		1/8	丁未	八		2/6	乙亥	九		3/8	丙午	四		4/8	丙子	七		5/9	丁未	二	
15	12/7	丁丑	五		1/9	戊申	九		2/7	丙子	一		3/9	丁未	五		4/9	丁丑	八		5/10	戊申	三	
16	12/8	戊寅	六		1/10	己酉	一	陽9局	2/8	丁丑	二		3/10	戊申	六		4/10	戊寅	九		5/11	己酉	四	陰9局
17	12/9	己卯	七	陽3局	1/11	庚戌	二		2/9	戊寅	三		3/11	己酉	七	陽5局	4/11	己卯	一	陽5局	5/12	庚戌	五	
18	12/10	庚辰	八		1/12	辛亥	三		2/10	己卯	四	陽3局	3/12	庚戌	八		4/12	庚辰	二		5/13	辛亥	六	
19	12/11	辛巳	九		1/13	壬子	一		2/11	庚辰	五		3/13	辛亥	九		4/13	辛巳	三		5/14	壬子	七	
20	12/12	壬午	一		1/14	癸丑	二		2/12	辛巳	六		3/14	壬子	七		4/14	壬午	四		5/15	癸丑	八	
21	12/13	癸未	二		1/15	甲寅	三	陽6局	2/13	壬午	七		3/15	癸丑	八		4/15	癸未	五		5/16	甲寅	九	陰3局
22	12/14	甲申	三	陽9局	1/16	乙卯	四		2/14	癸未	八		3/16	甲寅	九	陽2局	4/16	甲申	六	陽2局	5/17	乙卯	三	
23	12/15	乙酉	四		1/17	丙辰	五		2/15	甲申	九	陽9局	3/17	乙卯	一		4/17	乙酉	七		5/18	丙辰	二	
24	12/16	丙戌	五		1/18	丁巳	六		2/16	乙酉	一		3/18	丙辰	二		4/18	丙戌	八		5/19	丁巳	一	
25	12/17	丁亥	六		1/19	戊午	七		2/17	丙戌	二		3/19	丁巳	三		4/19	丁亥	九		5/20	戊午	九	
26	12/18	戊子	七		1/20	己未	八	陽3局	2/18	丁亥	三		3/20	戊午	四		4/20	戊子	一		5/21	己未	八	陰6局
27	12/19	己丑	八	陽6局	1/21	庚申	九		2/19	戊子	四		3/21	己未	五	陽8局	4/21	己丑	二	陽8局	5/22	庚申	七	
28	12/20	庚寅	九		1/22	辛酉	一		2/20	己丑	五	陽6局	3/22	庚申	六		4/22	庚寅	三		5/23	辛酉	六	
29	12/21	辛卯	一						2/21	庚寅	六		3/23	辛酉	七		4/23	辛卯	四		5/24	壬戌	五	
30	12/22	壬辰	二						2/22	辛卯	七		3/24	壬戌	八		4/24	壬辰	五		5/25	癸亥	四	
31	12/23	癸巳	三						2/23	壬辰	八						4/25	癸巳	六					

1977年　丁巳(年)／壬子(月)

月	12月				11月				10月				9月				8月				7月			
月干支	甲子				癸亥				壬戌				辛酉				庚申				己未			
紫白	七赤				八白				九紫				一白				二黒				三碧			
節気	22 冬至 14時21分	7 大雪 20時20分	日紫白	奇門遁甲局数	23 小雪 1時5分	8 立冬 3時34分	日紫白	奇門遁甲局数	24 霜降 3時37分	9 寒露 0時31分	日紫白	奇門遁甲局数	23 秋分 18時26分	8 白露 9時3分	日紫白	奇門遁甲局数	23 処暑 20時57分	8 立秋 6時18分	日紫白	奇門遁甲局数	23 大暑 14時0分	7 小暑 20時37分	日紫白	奇門遁甲局数
新暦	農暦	日干支			農暦	日干支			農暦	日干支			農暦	日干支			農暦	日干支			農暦	日干支		
1	11/2	丁酉	九	4	10/1	丁卯	三	6	8/29	丙申	七	陰6局	7/29	丙寅	一	陰9局	6/28	乙未	五	陰2局	5/26	甲子	九	陰8局
2	11/3	戊戌	八		10/2	戊辰	二		9/1	丁酉	六		7/30	丁卯	九		6/29	丙申	四		5/27	乙丑	八	
3	11/4	己亥	七	陰7局	10/3	己巳	一	陰9局	9/2	戊戌	五		8/1	戊辰	八		6/30	丁酉	三		5/28	丙寅	七	
4	11/5	庚子	六		10/4	庚午	九		9/3	己亥	四	陰9局	8/2	己巳	七	陰3局	7/1	戊戌	二		5/29	丁卯	六	
5	11/6	辛丑	五		10/5	辛未	八		9/4	庚子	三		8/3	庚午	六		7/2	己亥	一	陰5局	6/1	戊辰	五	
6	11/7	壬寅	四		10/6	壬申	七		9/5	辛丑	二		8/4	辛未	五		7/3	庚子	九		6/2	己巳	四	陰2局
7	11/8	癸卯	三		10/7	癸酉	六		9/6	壬寅	一		8/5	壬申	四		7/4	辛丑	八		6/3	庚午	三	
8	11/9	甲辰	二	陰1局	10/8	甲戌	五	陰3局	9/7	癸卯	九		8/6	癸酉	三		7/5	壬寅	七		6/4	辛未	二	
9	11/10	乙巳	一		10/9	乙亥	四		9/8	甲辰	八	陰3局	8/7	甲戌	二	陰6局	7/6	癸卯	六		6/5	壬申	一	
10	11/11	丙午	九		10/10	丙子	三		9/9	乙巳	七		8/8	乙亥	一		7/7	甲辰	五	陰8局	6/6	癸酉	九	
11	11/12	丁未	八		10/11	丁丑	二		9/10	丙午	六		8/9	丙子	九		7/8	乙巳	四		6/7	甲戌	八	陰5局
12	11/13	戊申	七		10/12	戊寅	一		9/11	丁未	五		8/10	丁丑	八		7/9	丙午	三		6/8	乙亥	七	
13	11/14	己酉	六	陰4局・閏	10/13	己卯	九	陰5局	9/12	戊申	四		8/11	戊寅	七		7/10	丁未	二		6/9	丙子	六	
14	11/15	庚戌	五		10/14	庚辰	八		9/13	己酉	三	陰5局	8/12	己卯	六	陰7局	7/11	戊申	一		6/10	丁丑	五	
15	11/16	辛亥	四		10/15	辛巳	七		9/14	庚戌	二		8/13	庚辰	五		7/12	己酉	九	陰1局	6/11	戊寅	四	
16	11/17	壬子	三		10/16	壬午	六		9/15	辛亥	一		8/14	辛巳	四		7/13	庚戌	八		6/12	己卯	三	陰7局
17	11/18	癸丑	二		10/17	癸未	五		9/16	壬子	九		8/15	壬午	三		7/14	辛亥	七		6/13	庚辰	二	
18	11/19	甲寅	一	陰7局・閏	10/18	甲申	四	陰8局	9/17	癸丑	八		8/16	癸未	二		7/15	壬子	六		6/14	辛巳	一	
19	11/20	乙卯	九		10/19	乙酉	三		9/18	甲寅	七	陰8局	8/17	甲申	一	陰1局	7/16	癸丑	五		6/15	壬午	九	
20	11/21	丙辰	八		10/20	丙戌	二		9/19	乙卯	六		8/18	乙酉	九		7/17	甲寅	四	陰4局	6/16	癸未	八	
21	11/22	丁巳	七		10/21	丁亥	一		9/20	丙辰	五		8/19	丙戌	八		7/18	乙卯	三		6/17	甲申	七	陰1局
22	11/23	戊午	一		10/22	戊子	九		9/21	丁巳	四		8/20	丁亥	七		7/19	丙辰	二		6/18	乙酉	六	
23	11/24	己未	二	陰1局・閏	10/23	己丑	八	陰2局	9/22	戊午	三		8/21	戊子	六		7/20	丁巳	四		6/19	丙戌	五	
24	11/25	庚申	三		10/24	庚寅	七		9/23	己未	五	陰2局	8/22	己丑	五	陰4局	7/21	戊午	三		6/20	丁亥	四	
25	11/26	辛酉	四		10/25	辛卯	六		9/24	庚申	四		8/23	庚寅	四		7/22	己未	二	陰7局	6/21	戊子	三	
26	11/27	壬戌	五		10/26	壬辰	五		9/25	辛酉	三		8/24	辛卯	三		7/23	庚申	一		6/22	己丑	二	陰4局
27	11/28	癸亥	六		10/27	癸巳	四		9/26	壬戌	二		8/25	壬辰	二		7/24	辛酉	九		6/23	庚寅	一	
28	11/29	甲子	一	陽1局	10/28	甲午	三	陰4局	9/27	癸亥	一		8/26	癸巳	一		7/25	壬戌	八		6/24	辛卯	九	
29	11/30	乙丑	二		10/29	乙未	二		9/28	甲子	六	陰6局	8/27	甲午	九	6	7/26	癸亥	七		6/25	壬辰	八	
30	12/1	丙寅	三		11/1	丙申	一		9/29	乙丑	五		8/28	乙未	八		7/27	甲子	三	9	6/26	癸巳	七	
31	12/2	丁卯	四						9/30	丙寅	四						7/28	乙丑	二		6/27	甲午	六	2

一九七九年 己未 三碧

二元八運…「七運」 三元九運…「六運」

月	1月				2月				3月				4月				5月				6月			
月干支	乙丑 (戊午年)				丙寅				丁卯				戊辰				己巳				庚午			
紫白	六白				五黄				四緑				三碧				二黒				一白			
節気	6 小寒 7時32分	21 大寒 1時0分			4 立春 19時13分	19 雨水 15時13分			6 啓蟄 13時20分	21 春分 14時22分			5 清明 18時18分	21 穀雨 1時35分			6 立夏 11時47分	22 小満 0時54分			6 芒種 16時5分	22 夏至 8時56分		
新暦	農暦	日干支	日紫白	奇門遁甲局数	農暦	日干支	日紫白	奇門遁甲局数	農暦	日干支	日紫白	奇門遁甲局数	農暦	日干支	日紫白	奇門遁甲局数	農暦	日干支	日紫白	奇門遁甲局数	農暦	日干支	日紫白	奇門遁甲局数
1	12/3	戊辰	五	1	1/5	己亥	九	陽9局	2/3	丁卯	一	9	3/5	戊戌	五	3	4/6	戊辰	八	5	5/7	己亥	三	陽2局
2	12/4	己巳	六	陽7局	1/6	庚子	一		2/4	戊辰	二		3/6	己亥	六	陽9局	4/7	己巳	九	陽2局	5/8	庚子	四	
3	12/5	庚午	七		1/7	辛丑	二		2/5	己巳	三	陽6局	3/7	庚子	七		4/8	庚午	一		5/9	辛丑	五	
4	12/6	辛未	八		1/8	壬寅	三		2/6	庚午	四		3/8	辛丑	八		4/9	辛未	二		5/10	壬寅	六	
5	12/7	壬申	九		1/9	癸卯	四		2/7	辛未	五		3/9	壬寅	九		4/10	壬申	三		5/11	癸卯	七	
6	12/8	癸酉	一		1/10	甲辰	五	陽6局	2/8	壬申	六		3/10	癸卯	一		4/11	癸酉	四		5/12	甲辰	八	陽8局
7	12/9	甲戌	二	陽4局	1/11	乙巳	六		2/9	癸酉	七		3/11	甲辰	二	陽6局	4/12	甲戌	五	陽8局	5/13	乙巳	九	
8	12/10	乙亥	三		1/12	丙午	七		2/10	甲戌	八	陽3局	3/12	乙巳	三		4/13	乙亥	六		5/14	丙午	一	
9	12/11	丙子	四		1/13	丁未	八		2/11	乙亥	九		3/13	丙午	四		4/14	丙子	七		5/15	丁未	二	
10	12/12	丁丑	五		1/14	戊申	九		2/12	丙子	一		3/14	丁未	五		4/15	丁丑	八		5/16	戊申	三	
11	12/13	戊寅	六		1/15	己酉	一	陽8局	2/13	丁丑	二		3/15	戊申	六		4/16	戊寅	九		5/17	己酉	四	陽6局
12	12/14	己卯	七	陽2局	1/16	庚戌	二		2/14	戊寅	三		3/16	己酉	七	陽4局	4/17	己卯	一	陽4局	5/18	庚戌	五	
13	12/15	庚辰	八		1/17	辛亥	三		2/15	己卯	四	陽1局	3/17	庚戌	八		4/18	庚辰	二		5/19	辛亥	六	
14	12/16	辛巳	九		1/18	壬子	四		2/16	庚辰	五		3/18	辛亥	九		4/19	辛巳	三		5/20	壬子	七	
15	12/17	壬午	一		1/19	癸丑	五		2/17	辛巳	六		3/19	壬子	一		4/20	壬午	四		5/21	癸丑	八	
16	12/18	癸未	二		1/20	甲寅	六	陽5局	2/18	壬午	七		3/20	癸丑	二		4/21	癸未	五		5/22	甲寅	九	陽3局
17	12/19	甲申	三	陽8局	1/21	乙卯	七		2/19	癸未	八		3/21	甲寅	三	陽1局	4/22	甲申	六	陽1局	5/23	乙卯	一	
18	12/20	乙酉	四		1/22	丙辰	八		2/20	甲申	九	陽7局	3/22	乙卯	四		4/23	乙酉	七		5/24	丙辰	二	
19	12/21	丙戌	五		1/23	丁巳	六		2/21	乙酉	一		3/23	丙辰	五		4/24	丙戌	八		5/25	丁巳	三	
20	12/22	丁亥	六		1/24	戊午	七		2/22	丙戌	二		3/24	丁巳	六		4/25	丁亥	九		5/26	戊午	四	
21	12/23	戊子	七		1/25	己未	八	陽2局	2/23	丁亥	三		3/25	戊午	四		4/26	戊子	一		5/27	己未	五	陽9局
22	12/24	己丑	八	陽5局	1/26	庚申	九		2/24	戊子	四		3/26	己未	五	陽7局	4/27	己丑	二	陽7局	5/28	庚申	七	
23	12/25	庚寅	九		1/27	辛酉	一		2/25	己丑	五	陽4局	3/27	庚申	六		4/28	庚寅	三		5/29	辛酉	六	
24	12/26	辛卯	一		1/28	壬戌	二		2/26	庚寅	六		3/28	辛酉	七		4/29	辛卯	四		6/1	壬戌	五	
25	12/27	壬辰	二		1/29	癸亥	三		2/27	辛卯	七		3/29	壬戌	八		4/30	壬辰	五		6/2	癸亥	四	
26	12/28	癸巳	三		1/30	甲子	七	陽9局	2/28	壬辰	八		4/1	癸亥	九		5/1	癸巳	六		6/3	甲子	九	陰9局
27	12/29	甲午	四	陽3局	2/1	乙丑	八		2/29	癸巳	九		4/2	甲子	四	陽5局	5/2	甲午	七	陽5局	6/4	乙丑	八	
28	1/1	乙未	五		2/2	丙寅	九		3/1	甲午	一	陽3局	4/3	乙丑	五		5/3	乙未	八		6/5	丙寅	七	
29	1/2	丙申	六						3/2	乙未	二		4/4	丙寅	六		5/4	丙申	九		6/6	丁卯	六	
30	1/3	丁酉	七						3/3	丙申	三		4/5	丁卯	七		5/5	丁酉	一		6/7	戊辰	五	
31	1/4	戊戌	八						3/4	丁酉	四						5/6	戊戌	二					

1978年 戊午（年）／ 甲子（月）

月	12月				11月				10月				9月				8月				7月			
月干支	丙子				乙亥				甲戌				癸酉				壬申				辛未			
紫白	四緑				五黄				六白				七赤				八白				九紫			
節気	22 冬至 20時10分	8 大雪 2時18分	日紫白	奇門遁甲局数	23 小雪 6時54分	8 立冬 9時33分	日紫白	奇門遁甲局数	24 霜降 9時28分	9 寒露 6時30分	日紫白	奇門遁甲局数	24 秋分 0時17分	8 白露 15時0分	日紫白	奇門遁甲局数	24 処暑 2時47分	8 立秋 12時11分	日紫白	奇門遁甲局数	23 大暑 19時49分	8 小暑 2時25分	日紫白	奇門遁甲局数
新暦	農暦	日干支			農暦	日干支			農暦	日干支			農暦	日干支			農暦	日干支			農暦	日干支		
1	10/12	壬寅	四	8	9/12	壬申	七	8	8/11	辛丑	二	陰1局	7/10	辛未	五	陰4局	閏6/9	庚子	九	陰1局	6/8	己巳	四	陰3局
2	10/13	癸卯	三		9/13	癸酉	六		8/12	壬寅	一		7/11	壬申	四		閏6/10	辛丑	八		6/9	庚午	三	
3	10/14	甲辰	二	陰2局	9/14	甲戌	五	陰2局	8/13	癸卯	九		7/12	癸酉	三		閏6/11	壬寅	七		6/10	辛未	二	
4	10/15	乙巳	一		9/15	乙亥	四		8/14	甲辰	八	陰4局	7/13	甲戌	二	陰7局	閏6/12	癸卯	六		6/11	壬申	一	
5	10/16	丙午	九		9/16	丙子	三		8/15	乙巳	七		7/14	乙亥	一		閏6/13	甲辰	五	陰4局	6/12	癸酉	九	
6	10/17	丁未	八		9/17	丁丑	二		8/16	丙午	六		7/15	丙子	九		閏6/14	乙巳	四		6/13	甲戌	八	陰6局
7	10/18	戊申	七		9/18	戊寅	一		8/17	丁未	五		7/16	丁丑	八		閏6/15	丙午	三		6/14	乙亥	七	
8	10/19	己酉	六	陰4局	9/19	己卯	九	陰6局	8/18	戊申	四		7/17	戊寅	七		閏6/16	丁未	二		6/15	丙子	六	
9	10/20	庚戌	五		9/20	庚辰	八		8/19	己酉	三	陰6局	7/18	己卯	六	陰9局	閏6/17	戊申	一		6/16	丁丑	五	
10	10/21	辛亥	四		9/21	辛巳	七		8/20	庚戌	二		7/19	庚辰	五		閏6/18	己酉	九	陰2局	6/17	戊寅	四	
11	10/22	壬子	三		9/22	壬午	六		8/21	辛亥	一		7/20	辛巳	四		閏6/19	庚戌	八		6/18	己卯	三	陰8局
12	10/23	癸丑	二		9/23	癸未	五		8/22	壬子	九		7/21	壬午	三		閏6/20	辛亥	七		6/19	庚辰	二	
13	10/24	甲寅	一	陰7局	9/24	甲申	四	陰9局	8/23	癸丑	八		7/22	癸未	二		閏6/21	壬子	六		6/20	辛巳	一	
14	10/25	乙卯	九		9/25	乙酉	三		8/24	甲寅	七	陰9局	7/23	甲申	一	陰3局	閏6/22	癸丑	五		6/21	壬午	九	
15	10/26	丙辰	八		9/26	丙戌	二		8/25	乙卯	六		7/24	乙酉	九		閏6/23	甲寅	四	陰5局	6/22	癸未	八	
16	10/27	丁巳	七		9/27	丁亥	一		8/26	丙辰	五		7/25	丙戌	八		閏6/24	乙卯	三		6/23	甲申	七	陰2局
17	10/28	戊午	六		9/28	戊子	九		8/27	丁巳	四		7/26	丁亥	七		閏6/25	丙辰	二		6/24	乙酉	六	
18	10/29	己未	五	陰1局	9/29	己丑	八	陰3局	8/28	戊午	三		7/27	戊子	六		閏6/26	丁巳	一		6/25	丙戌	五	
19	11/1	庚申	四		9/30	庚寅	七		8/29	己未	二	陰3局	7/28	己丑	五	陰6局	閏6/27	戊午	九		6/26	丁亥	四	
20	11/2	辛酉	三		10/1	辛卯	六		8/30	庚申	一		7/29	庚寅	四		閏6/28	己未	八	陰8局	6/27	戊子	三	
21	11/3	壬戌	二		10/2	壬辰	五		9/1	辛酉	九		8/1	辛卯	三		閏6/29	庚申	七		6/28	己丑	二	陰5局
22	11/4	癸亥	六		10/3	癸巳	四		9/2	壬戌	八		8/2	壬辰	二		閏6/30	辛酉	六		6/29	庚寅	一	
23	11/5	甲子	一	陽1局	10/4	甲午	三	陰5局	9/3	癸亥	七		8/3	癸巳	一		7/1	壬戌	五		6/30	辛卯	九	
24	11/6	乙丑	二		10/5	乙未	二		9/4	甲子	六	陰5局	8/4	甲午	九	陰7局	7/2	癸亥	七		閏6/1	壬辰	八	
25	11/7	丙寅	三		10/6	丙申	一		9/5	乙丑	五		8/5	乙未	八		7/3	甲子	三	陰1局	閏6/2	癸巳	七	
26	11/8	丁卯	四		10/7	丁酉	九		9/6	丙寅	四		8/6	丙申	七		7/4	乙丑	二		閏6/3	甲午	六	陰7局
27	11/9	戊辰	五		10/8	戊戌	八		9/7	丁卯	三		8/7	丁酉	六		7/5	丙寅	一		閏6/4	乙未	五	
28	11/10	己巳	六	陽7局	10/9	己亥	七	陰8局	9/8	戊辰	二		8/8	戊戌	五		7/6	丁卯	九		閏6/5	丙申	四	
29	11/11	庚午	七		10/10	庚子	六		9/9	己巳	一	陰8局	8/9	己亥	四	1	7/7	戊辰	八		閏6/6	丁酉	三	
30	11/12	辛未	八		10/11	辛丑	五		9/10	庚午	九		8/10	庚子	三		7/8	己巳	七	4	閏6/7	戊戌	二	
31	11/13	壬申	九						9/11	辛未	八						7/9	庚午	六		閏6/8	己亥	一	1

一九八〇年　庚申　二黒

三元八運…「七運」　三元九運…「六運」

月	1月	2月	3月	4月	5月	6月
月干支	丁丑 己未(年)	戊寅	己卯	庚辰	辛巳	壬午
紫白	三碧	二黒	一白	九紫	八白	七赤
節気	6 小寒 13時29分 / 21 大寒 6時49分	5 立春 1時10分 / 19 雨水 21時2分	5 啓蟄 19時17分 / 20 春分 20時10分	5 清明 0時15分 / 20 穀雨 7時23分	5 立夏 17時45分 / 21 小満 6時42分	5 芒種 22時4分 / 21 夏至 14時47分

新暦	1月 農暦	1月 日干支	1月 日紫白	1月 奇門遁甲局数	2月 農暦	2月 日干支	2月 日紫白	2月 奇門遁甲局数	3月 農暦	3月 日干支	3月 日紫白	3月 奇門遁甲局数
1	11/14	癸酉	一	7	12/15	甲辰	五	陽6局	1/15	癸酉	七	6
2	11/15	甲戌	二	陽4局	12/16	乙巳	六		1/16	甲戌	八	陽3局
3	11/16	乙亥	三		12/17	丙午	七		1/17	乙亥	九	
4	11/17	丙子	四		12/18	丁未	八		1/18	丙子	一	
5	11/18	丁丑	五		12/19	戊申	九		1/19	丁丑	二	
6	11/19	戊寅	六		12/20	己酉	一	陽8局	1/20	戊寅	三	
7	11/20	己卯	七	陽2局	12/21	庚戌	二		1/21	己卯	四	陽1局
8	11/21	庚辰	八		12/22	辛亥	三		1/22	庚辰	五	
9	11/22	辛巳	九		12/23	壬子	四		1/23	辛巳	六	
10	11/23	壬午	一		12/24	癸丑	五		1/24	壬午	七	
11	11/24	癸未	二		12/25	甲寅	六	陽5局	1/25	癸未	八	
12	11/25	甲申	三	陽8局	12/26	乙卯	七		1/26	甲申	九	陽7局
13	11/26	乙酉	四		12/27	丙辰	八		1/27	乙酉	一	
14	11/27	丙戌	五		12/28	丁巳	九		1/28	丙戌	二	
15	11/28	丁亥	六		12/29	戊午	一		1/29	丁亥	三	
16	11/29	戊子	七		1/1	己未	二	陽2局	1/30	戊子	四	
17	11/30	己丑	八	陽5局	1/2	庚申	三		2/1	己丑	五	陽4局
18	12/1	庚寅	九		1/3	辛酉	四		2/2	庚寅	六	
19	12/2	辛卯	一		1/4	壬戌	二		2/3	辛卯	七	
20	12/3	壬辰	二		1/5	癸亥	三		2/4	壬辰	八	
21	12/4	癸巳	三		1/6	甲子	七	陽9局	2/5	癸巳	九	
22	12/5	甲午	四	陽3局	1/7	乙丑	八		2/6	甲午	一	陽3局
23	12/6	乙未	五		1/8	丙寅	九		2/7	乙未	二	
24	12/7	丙申	六		1/9	丁卯	一		2/8	丙申	三	
25	12/8	丁酉	七		1/10	戊辰	二		2/9	丁酉	四	
26	12/9	戊戌	八		1/11	己巳	三	陽6局	2/10	戊戌	五	
27	12/10	己亥	九	陽9局	1/12	庚午	四		2/11	己亥	六	陽9局
28	12/11	庚子	一		1/13	辛未	五		2/12	庚子	七	
29	12/12	辛丑	二		1/14	壬申	六		2/13	辛丑	八	
30	12/13	壬寅	三						2/14	壬寅	九	
31	12/14	癸卯	四						2/15	癸卯	一	

新暦	4月 農暦	4月 日干支	4月 日紫白	4月 奇門遁甲局数	5月 農暦	5月 日干支	5月 日紫白	5月 奇門遁甲局数	6月 農暦	6月 日干支	6月 日紫白	6月 奇門遁甲局数
1	2/16	甲辰	二	陽6局	3/17	甲戌	五	陽8局	4/19	乙巳	九	陽8局
2	2/17	乙巳	三		3/18	乙亥	六		4/20	丙午	一	
3	2/18	丙午	四		3/19	丙子	七		4/21	丁未	二	
4	2/19	丁未	五		3/20	丁丑	八		4/22	戊申	三	
5	2/20	戊申	六		3/21	戊寅	九		4/23	己酉	四	陽6局
6	2/21	己酉	七	陽4局	3/22	己卯	一	陽4局	4/24	庚戌	五	
7	2/22	庚戌	八		3/23	庚辰	二		4/25	辛亥	六	
8	2/23	辛亥	九		3/24	辛巳	三		4/26	壬子	七	
9	2/24	壬子	一		3/25	壬午	四		4/27	癸丑	八	
10	2/25	癸丑	二		3/26	癸未	五		4/28	甲寅	九	陽3局
11	2/26	甲寅	三	陽1局	3/27	甲申	六	陽1局	4/29	乙卯	一	
12	2/27	乙卯	四		3/28	乙酉	七		4/30	丙辰	二	
13	2/28	丙辰	五		3/29	丙戌	八		5/1	丁巳	三	
14	2/29	丁巳	六		4/1	丁亥	九		5/2	戊午	四	
15	3/1	戊午	七		4/2	戊子	一		5/3	己未	五	陽9局
16	3/2	己未	八	陽7局	4/3	己丑	二	陽7局	5/4	庚申	六	
17	3/3	庚申	九		4/4	庚寅	三		5/5	辛酉	七	
18	3/4	辛酉	一		4/5	辛卯	四		5/6	壬戌	八	
19	3/5	壬戌	二		4/6	壬辰	五		5/7	癸亥	九	
20	3/6	癸亥	九		4/7	癸巳	六		5/8	甲子	四	陰9局
21	3/7	甲子	四	陽5局	4/8	甲午	七	陽5局	5/9	乙丑	八	
22	3/8	乙丑	五		4/9	乙未	八		5/10	丙寅	七	
23	3/9	丙寅	六		4/10	丙申	九		5/11	丁卯	六	
24	3/10	丁卯	七		4/11	丁酉	一		5/12	戊辰	五	
25	3/11	戊辰	八		4/12	戊戌	二		5/13	己巳	四	陰3局
26	3/12	己巳	九	陽2局	4/13	己亥	三	陽2局	5/14	庚午	三	
27	3/13	庚午	一		4/14	庚子	四		5/15	辛未	二	
28	3/14	辛未	二		4/15	辛丑	五		5/16	壬申	一	
29	3/15	壬申	三		4/16	壬寅	六		5/17	癸酉	九	
30	3/16	癸酉	四		4/17	癸卯	七		5/18	甲戌	八	6
31					4/18	甲辰	八	8				

1979年　己未(年)／丙子(月)

月	12月				11月				10月			
月干支	戊子				丁亥				丙戌			
紫白	一白				二黒				三碧			
節気	22 冬至 1時56分	7 大雪 8時2分	日紫白	奇門遁甲局数	22 小雪 12時42分	7 立冬 15時19分	日紫白	奇門遁甲局数	23 霜降 15時18分	8 寒露 12時20分	日紫白	奇門遁甲局数
新暦	農暦	日干支			農暦	日干支			農暦	日干支		
1	10/24	戊申	七	2	9/24	戊寅	一	2	8/23	丁未	五	4
2	10/25	己酉	六	陰4局	9/25	己卯	九	陰6局	8/24	戊申	四	
3	10/26	庚戌	五		9/26	庚辰	八		8/25	己酉	三	陰6局
4	10/27	辛亥	四		9/27	辛巳	七		8/26	庚戌	二	
5	10/28	壬子	三		9/28	壬午	六		8/27	辛亥	一	
6	10/29	癸丑	二		9/29	癸未	五		8/28	壬子	九	
7	11/1	甲寅	一	陰7局	9/30	甲申	四	陰9局	8/29	癸丑	八	
8	11/2	乙卯	九		10/1	乙酉	三		8/30	甲寅	七	陰9局
9	11/3	丙辰	八		10/2	丙戌	二		9/1	乙卯	六	
10	11/4	丁巳	七		10/3	丁亥	一		9/2	丙辰	五	
11	11/5	戊午	六		10/4	戊子	九		9/3	丁巳	四	
12	11/6	己未	五	陰1局	10/5	己丑	八	陰3局	9/4	戊午	三	
13	11/7	庚申	四		10/6	庚寅	七		9/5	己未	二	陰3局
14	11/8	辛酉	三		10/7	辛卯	六		9/6	庚申	一	
15	11/9	壬戌	二		10/8	壬辰	五		9/7	辛酉	九	
16	11/10	癸亥	一		10/9	癸巳	四		9/8	壬戌	八	
17	11/11	甲子	六	陽1局	10/10	甲午	三	陰5局	9/9	癸亥	七	
18	11/12	乙丑	五		10/11	乙未	二		9/10	甲子	三	陰5局
19	11/13	丙寅	四		10/12	丙申	一		9/11	乙丑	二	
20	11/14	丁卯	三		10/13	丁酉	九		9/12	丙寅	一	
21	11/15	戊辰	二		10/14	戊戌	八		9/13	丁卯	九	
22	11/16	己巳	六	陽7局	10/15	己亥	七	陰8局	9/14	戊辰	八	
23	11/17	庚午	七		10/16	庚子	六		9/15	己巳	一	陰8局
24	11/18	辛未	八		10/17	辛丑	五		9/16	庚午	九	
25	11/19	壬申	九		10/18	壬寅	四		9/17	辛未	八	
26	11/20	癸酉	一		10/19	癸卯	三		9/18	壬申	七	
27	11/21	甲戌	二	陽4局	10/20	甲辰	二	陰2局	9/19	癸酉	六	
28	11/22	乙亥	三		10/21	乙巳	一		9/20	甲戌	五	陰2局
29	11/23	丙子	四		10/22	丙午	九		9/21	乙亥	四	
30	11/24	丁丑	五		10/23	丁未	八		9/22	丙子	三	
31	11/25	戊寅	六						9/23	丁丑	二	

月	9月				8月				7月			
月干支	乙酉				甲申				癸未			
紫白	四緑				五黄				六白			
節気	23 秋分 6時9分	7 白露 20時54分	日紫白	奇門遁甲局数	23 処暑 8時41分	7 立秋 18時9分	日紫白	奇門遁甲局数	23 大暑 1時42分	7 小暑 8時24分	日紫白	奇門遁甲局数
新暦	農暦	日干支			農暦	日干支			農暦	日干支		
1	7/22	丁丑	八	7	6/21	丙午	三	陰4局	5/19	乙亥	七	陰6局
2	7/23	戊寅	七		6/22	丁未	二		5/20	丙子	六	
3	7/24	己卯	六	陰9局	6/23	戊申	一		5/21	丁丑	五	
4	7/25	庚辰	五		6/24	己酉	九	陰2局	5/22	戊寅	四	
5	7/26	辛巳	四		6/25	庚戌	八		5/23	己卯	三	陰8局
6	7/27	壬午	三		6/26	辛亥	七		5/24	庚辰	二	
7	7/28	癸未	二		6/27	壬子	六		5/25	辛巳	一	
8	7/29	甲申	一	陰3局	6/28	癸丑	五		5/26	壬午	九	
9	8/1	乙酉	九		6/29	甲寅	四	陰5局	5/27	癸未	八	
10	8/2	丙戌	八		6/30	乙卯	三		5/28	甲申	七	陰2局
11	8/3	丁亥	七		7/1	丙辰	二		5/29	乙酉	六	
12	8/4	戊子	六		7/2	丁巳	一		6/1	丙戌	五	
13	8/5	己丑	五	陰6局	7/3	戊午	九		6/2	丁亥	四	
14	8/6	庚寅	四		7/4	己未	八	陰8局	6/3	戊子	三	
15	8/7	辛卯	三		7/5	庚申	七		6/4	己丑	二	陰5局
16	8/8	壬辰	二		7/6	辛酉	六		6/5	庚寅	一	
17	8/9	癸巳	一		7/7	壬戌	五		6/6	辛卯	九	
18	8/10	甲午	九	陰7局	7/8	癸亥	四		6/7	壬辰	八	
19	8/11	乙未	八		7/9	甲子	九	陰1局	6/8	癸巳	七	
20	8/12	丙申	七		7/10	乙丑	八		6/9	甲午	六	陰7局
21	8/13	丁酉	六		7/11	丙寅	七		6/10	乙未	五	
22	8/14	戊戌	五		7/12	丁卯	六		6/11	丙申	四	
23	8/15	己亥	四	陰1局	7/13	戊辰	八		6/12	丁酉	三	
24	8/16	庚子	三		7/14	己巳	七	陰4局	6/13	戊戌	二	
25	8/17	辛丑	二		7/15	庚午	六		6/14	己亥	一	陰1局
26	8/18	壬寅	一		7/16	辛未	五		6/15	庚子	九	
27	8/19	癸卯	九		7/17	壬申	四		6/16	辛丑	八	
28	8/20	甲辰	八	陰4局	7/18	癸酉	三		6/17	壬寅	七	
29	8/21	乙巳	七		7/19	甲戌	二	陰7局	6/18	癸卯	六	
30	8/22	丙午	六		7/20	乙亥	一		6/19	甲辰	五	4
31					7/21	丙子	九		6/20	乙巳	四	

6月				5月				4月				3月				2月				1月				月
甲午				癸巳				壬辰				辛卯				庚寅				己丑 庚申(年)				月干支
四緑				五黄				六白				七赤				八白				九紫				紫白
21 夏至 20時45分	6 芒種 3時53分	日紫白	奇門遁甲局数	21 小満 12時39分	5 立夏 23時35分	日紫白	奇門遁甲局数	20 穀雨 13時19分	5 清明 6時5分	日紫白	奇門遁甲局数	21 春分 2時3分	6 啓蟄 1時5分	日紫白	奇門遁甲局数	19 雨水 2時52分	4 立春 6時56分	日紫白	奇門遁甲局数	20 大寒 12時36分	5 小寒 19時13分	日紫白	奇門遁甲局数	節気
農暦	日干支			農暦	日干支			農暦	日干支			農暦	日干支			農暦	日干支			農暦	日干支			新暦
4/29	庚戌	五	陽6局	3/27	己卯	一	陽4局	2/27	己酉	七	陽4局	1/25	戊寅	三	3	12/27	庚戌	二	陽8局	11/26	己卯	七	陽2局	1
5/1	辛亥	六		3/28	庚辰	二		2/28	庚戌	八		1/26	己卯	四	陽1局	12/28	辛亥	三		11/27	庚辰	八		2
5/2	壬子	七		3/29	辛巳	三		2/29	辛亥	九		1/27	庚辰	五		12/29	壬子	四		11/28	辛巳	九		3
5/3	癸丑	八		4/1	壬午	四		2/30	壬子	一		1/28	辛巳	六		12/30	癸丑	五		11/29	壬午	一		4
5/4	甲寅	九	陽3局	4/2	癸未	五		3/1	癸丑	二		1/29	壬午	七		1/1	甲寅	六	陽5局	11/30	癸未	二		5
5/5	乙卯	一		4/3	甲申	六	陽1局	3/2	甲寅	三	陽1局	2/1	癸未	八		1/2	乙卯	七		12/1	甲申	三	陽8局	6
5/6	丙辰	二		4/4	乙酉	七		3/3	乙卯	四		2/2	甲申	九	陽7局	1/3	丙辰	八		12/2	乙酉	四		7
5/7	丁巳	三		4/5	丙戌	八		3/4	丙辰	五		2/3	乙酉	一		1/4	丁巳	九		12/3	丙戌	五		8
5/8	戊午	四		4/6	丁亥	九		3/5	丁巳	六		2/4	丙戌	二		1/5	戊午	一		12/4	丁亥	六		9
5/9	己未	五	陽9局	4/7	戊子	一		3/6	戊午	七		2/5	丁亥	三		1/6	己未	二	陽2局	12/5	戊子	七		10
5/10	庚申	六		4/8	己丑	二	陽7局	3/7	己未	八	陽7局	2/6	戊子	四		1/7	庚申	三		12/6	己丑	八	陽5局	11
5/11	辛酉	七		4/9	庚寅	三		3/8	庚申	九		2/7	己丑	五	陽4局	1/8	辛酉	四		12/7	庚寅	九		12
5/12	壬戌	八		4/10	辛卯	四		3/9	辛酉	一		2/8	庚寅	六		1/9	壬戌	五		12/8	辛卯	一		13
5/13	癸亥	九		4/11	壬辰	五		3/10	壬戌	二		2/9	辛卯	七		1/10	癸亥	六		12/9	壬辰	二		14
5/14	甲子	四	陰9局	4/12	癸巳	六		3/11	癸亥	三		2/10	壬辰	八		1/11	甲子	一	陽9局	12/10	癸巳	三		15
5/15	乙丑	五		4/13	甲午	七	陽5局	3/12	甲子	七	陽5局	2/11	癸巳	九		1/12	乙丑	二		12/11	甲午	四	陽3局	16
5/16	丙寅	六		4/14	乙未	八		3/13	乙丑	八		2/12	甲午	一	陽3局	1/13	丙寅	三		12/12	乙未	五		17
5/17	丁卯	七		4/15	丙申	九		3/14	丙寅	九		2/13	乙未	二		1/14	丁卯	四		12/13	丙申	六		18
5/18	戊辰	八		4/16	丁酉	一		3/15	丁卯	一		2/14	丙申	三		1/15	戊辰	二		12/14	丁酉	七		19
5/19	己巳	九	陰3局	4/17	戊戌	二		3/16	戊辰	八		2/15	丁酉	四		1/16	己巳	三	陽6局	12/15	戊戌	八		20
5/20	庚午	三		4/18	己亥	三	陽2局	3/17	己巳	九	陽2局	2/16	戊戌	五		1/17	庚午	四		12/16	己亥	九	陽9局	21
5/21	辛未	二		4/19	庚子	四		3/18	庚午	一		2/17	己亥	六	陽9局	1/18	辛未	五		12/17	庚子	一		22
5/22	壬申	一		4/20	辛丑	五		3/19	辛未	二		2/18	庚子	七		1/19	壬申	六		12/18	辛丑	二		23
5/23	癸酉	九		4/21	壬寅	六		3/20	壬申	三		2/19	辛丑	八		1/20	癸酉	七		12/19	壬寅	三		24
5/24	甲戌	八	陰6局	4/22	癸卯	七		3/21	癸酉	四		2/20	壬寅	九		1/21	甲戌	八	陽3局	12/20	癸卯	四		25
5/25	乙亥	七		4/23	甲辰	八	陽8局	3/22	甲戌	五	陽8局	2/21	癸卯	一		1/22	乙亥	九		12/21	甲辰	五	陽6局	26
5/26	丙子	六		4/24	乙巳	九		3/23	乙亥	六		2/22	甲辰	二	陽6局	1/23	丙子	一		12/22	乙巳	六		27
5/27	丁丑	五		4/25	丙午	一		3/24	丙子	七		2/23	乙巳	三		1/24	丁丑	二		12/23	丙午	七		28
5/28	戊寅	四		4/26	丁未	二		3/25	丁丑	八		2/24	丙午	四						12/24	丁未	八		29
5/29	己卯	三	8	4/27	戊申	三		3/26	戊寅	九		2/25	丁未	五						12/25	戊申	九		30
				4/28	己酉	四	6					2/26	戊申	六						12/26	己酉	一	8	31

一九八一年 辛酉 一白

二元八運…「七運」

三元九運…「六運」

1980年 庚申(年)／戊子(月)

新暦	12月 農暦	日干支	日紫白	奇門遁甲局数
月干支	庚子			
紫白	七赤			
節気	22 冬至 7時51分	7 大雪 13時52分		
1	11/6	癸丑	二	4
2	11/7	甲寅	一	陰7局
3	11/8	乙卯	九	
4	11/9	丙辰	八	
5	11/10	丁巳	七	
6	11/11	戊午	六	
7	11/12	己未	五	陰1局
8	11/13	庚申	四	
9	11/14	辛酉	三	
10	11/15	壬戌	二	
11	11/16	癸亥	一	
12	11/17	甲子	六	陰4局・閏
13	11/18	乙丑	五	
14	11/19	丙寅	四	
15	11/20	丁卯	三	
16	11/21	戊辰	二	
17	11/22	己巳	一	陰7局・閏
18	11/23	庚午	九	
19	11/24	辛未	八	
20	11/25	壬申	七	
21	11/26	癸酉	六	
22	11/27	甲戌	二	陰1局・閏
23	11/28	乙亥	三	
24	11/29	丙子	四	
25	11/30	丁丑	五	
26	12/1	戊寅	六	
27	12/2	己卯	七	陽1局
28	12/3	庚辰	八	
29	12/4	辛巳	九	
30	12/5	壬午	一	
31	12/6	癸未	二	

新暦	11月 農暦	日干支	日紫白	奇門遁甲局数
月干支	己亥			
紫白	八白			
節気	22 小雪 18時36分	7 立冬 21時9分		
1	10/5	癸未	五	6
2	10/6	甲申	四	陰9局
3	10/7	乙酉	三	
4	10/8	丙戌	二	
5	10/9	丁亥	一	
6	10/10	戊子	九	
7	10/11	己丑	八	陰3局
8	10/12	庚寅	七	
9	10/13	辛卯	六	
10	10/14	壬辰	五	
11	10/15	癸巳	四	
12	10/16	甲午	三	陰5局
13	10/17	乙未	二	
14	10/18	丙申	一	
15	10/19	丁酉	九	
16	10/20	戊戌	八	
17	10/21	己亥	七	陰8局
18	10/22	庚子	六	
19	10/23	辛丑	五	
20	10/24	壬寅	四	
21	10/25	癸卯	三	
22	10/26	甲辰	二	陰2局
23	10/27	乙巳	一	
24	10/28	丙午	九	
25	10/29	丁未	八	
26	11/1	戊申	七	
27	11/2	己酉	六	陰4局
28	11/3	庚戌	五	
29	11/4	辛亥	四	
30	11/5	壬子	三	
31				

新暦	10月 農暦	日干支	日紫白	奇門遁甲局数
月干支	戊戌			
紫白	九紫			
節気	23 霜降 21時13分	8 寒露 18時10分		
1	9/4	壬子	九	6
2	9/5	癸丑	八	
3	9/6	甲寅	七	陰9局
4	9/7	乙卯	六	
5	9/8	丙辰	五	
6	9/9	丁巳	四	
7	9/10	戊午	三	
8	9/11	己未	二	陰3局
9	9/12	庚申	一	
10	9/13	辛酉	九	
11	9/14	壬戌	八	
12	9/15	癸亥	七	
13	9/16	甲子	三	陰5局
14	9/17	乙丑	二	
15	9/18	丙寅	一	
16	9/19	丁卯	九	
17	9/20	戊辰	八	
18	9/21	己巳	七	陰8局
19	9/22	庚午	六	
20	9/23	辛未	五	
21	9/24	壬申	四	
22	9/25	癸酉	三	
23	9/26	甲戌	五	陰2局
24	9/27	乙亥	四	
25	9/28	丙子	三	
26	9/29	丁丑	二	
27	9/30	戊寅	一	
28	10/1	己卯	九	陰6局
29	10/2	庚辰	八	
30	10/3	辛巳	七	
31	10/4	壬午	六	

新暦	9月 農暦	日干支	日紫白	奇門遁甲局数
月干支	丁酉			
紫白	一白			
節気	23 秋分 12時6分	8 白露 2時43分		
1	8/4	壬午	三	9
2	8/5	癸未	二	
3	8/6	甲申	一	陰3局
4	8/7	乙酉	九	
5	8/8	丙戌	八	
6	8/9	丁亥	七	
7	8/10	戊子	六	
8	8/11	己丑	五	陰6局
9	8/12	庚寅	四	
10	8/13	辛卯	三	
11	8/14	壬辰	二	
12	8/15	癸巳	一	
13	8/16	甲午	九	陰7局
14	8/17	乙未	八	
15	8/18	丙申	七	
16	8/19	丁酉	六	
17	8/20	戊戌	五	
18	8/21	己亥	四	陰1局
19	8/22	庚子	三	
20	8/23	辛丑	二	
21	8/24	壬寅	一	
22	8/25	癸卯	九	
23	8/26	甲辰	八	陰4局
24	8/27	乙巳	七	
25	8/28	丙午	六	
26	8/29	丁未	五	
27	8/30	戊申	四	
28	9/1	己酉	三	陰6局
29	9/2	庚戌	二	
30	9/3	辛亥	一	
31				

新暦	8月 農暦	日干支	日紫白	奇門遁甲局数
月干支	丙申			
紫白	二黒			
節気	23 処暑 14時38分	7 立秋 23時57分		
1	7/2	辛亥	七	陰2局
2	7/3	壬子	六	
3	7/4	癸丑	五	
4	7/5	甲寅	四	陰5局
5	7/6	乙卯	三	
6	7/7	丙辰	二	
7	7/8	丁巳	一	
8	7/9	戊午	九	
9	7/10	己未	八	陰8局
10	7/11	庚申	七	
11	7/12	辛酉	六	
12	7/13	壬戌	五	
13	7/14	癸亥	四	
14	7/15	甲子	九	陰1局
15	7/16	乙丑	八	
16	7/17	丙寅	七	
17	7/18	丁卯	六	
18	7/19	戊辰	五	
19	7/20	己巳	四	陰4局
20	7/21	庚午	三	
21	7/22	辛未	二	
22	7/23	壬申	一	
23	7/24	癸酉	三	
24	7/25	甲戌	二	陰7局
25	7/26	乙亥	一	
26	7/27	丙子	九	
27	7/28	丁丑	八	
28	7/29	戊寅	七	
29	8/1	己卯	六	陰9局
30	8/2	庚辰	五	
31	8/3	辛巳	四	

新暦	7月 農暦	日干支	日紫白	奇門遁甲局数
月干支	乙未			
紫白	三碧			
節気	23 大暑 7時40分	7 小暑 14時12分		
1	5/30	庚辰	二	陰8局
2	6/1	辛巳	一	
3	6/2	壬午	九	
4	6/3	癸未	八	
5	6/4	甲申	七	陰2局
6	6/5	乙酉	六	
7	6/6	丙戌	五	
8	6/7	丁亥	四	
9	6/8	戊子	三	
10	6/9	己丑	二	陰5局
11	6/10	庚寅	一	
12	6/11	辛卯	九	
13	6/12	壬辰	八	
14	6/13	癸巳	七	
15	6/14	甲午	六	陰7局
16	6/15	乙未	五	
17	6/16	丙申	四	
18	6/17	丁酉	三	
19	6/18	戊戌	二	
20	6/19	己亥	一	陰1局
21	6/20	庚子	九	
22	6/21	辛丑	八	
23	6/22	壬寅	七	
24	6/23	癸卯	六	
25	6/24	甲辰	五	陰4局
26	6/25	乙巳	四	
27	6/26	丙午	三	
28	6/27	丁未	二	
29	6/28	戊申	一	
30	6/29	己酉	九	2
31	7/1	庚戌	八	

一九八二年 壬戌 九紫

二元八運…「七運」　三元九運…「六運」

1月　辛丑 辛酉(年)　六白

節気：6 小寒 1時3分／20 大寒 18時31分

新暦	農暦	日干支	日紫白	奇門遁甲局数
1	12/7	甲申	三	陽7局
2	12/8	乙酉	四	
3	12/9	丙戌	五	
4	12/10	丁亥	六	
5	12/11	戊子	七	
6	12/12	己丑	八	陽4局
7	12/13	庚寅	九	
8	12/14	辛卯	一	
9	12/15	壬辰	二	
10	12/16	癸巳	三	
11	12/17	甲午	四	陽2局
12	12/18	乙未	五	
13	12/19	丙申	六	
14	12/20	丁酉	七	
15	12/21	戊戌	八	
16	12/22	己亥	九	陽8局
17	12/23	庚子	一	
18	12/24	辛丑	二	
19	12/25	壬寅	三	
20	12/26	癸卯	四	
21	12/27	甲辰	五	陽5局
22	12/28	乙巳	六	
23	12/29	丙午	七	
24	12/30	丁未	八	
25	1/1	戊申	九	
26	1/2	己酉	一	陽3局
27	1/3	庚戌	二	
28	1/4	辛亥	三	
29	1/5	壬子	四	
30	1/6	癸丑	五	
31	1/7	甲寅	六	9

2月　壬寅　五黄

節気：4 立春 12時46分／19 雨水 8時47分

新暦	農暦	日干支	日紫白	奇門遁甲局数
1	1/8	乙卯	七	陽9局
2	1/9	丙辰	八	
3	1/10	丁巳	九	
4	1/11	戊午	一	
5	1/12	己未	二	
6	1/13	庚申	三	陽6局
7	1/14	辛酉	四	
8	1/15	壬戌	五	
9	1/16	癸亥	六	
10	1/17	甲子	一	
11	1/18	乙丑	二	陽8局
12	1/19	丙寅	三	
13	1/20	丁卯	四	
14	1/21	戊辰	五	
15	1/22	己巳	六	
16	1/23	庚午	七	陽5局
17	1/24	辛未	八	
18	1/25	壬申	九	
19	1/26	癸酉	七	
20	1/27	甲戌	八	
21	1/28	乙亥	九	陽2局
22	1/29	丙子	一	
23	1/30	丁丑	二	
24	2/1	戊寅	三	
25	2/2	己卯	四	
26	2/3	庚辰	五	陽9局
27	2/4	辛巳	六	
28	2/5	壬午	七	
29				
30				
31				

3月　癸卯　四緑

節気：6 啓蟄 6時55分／21 春分 7時56分

新暦	農暦	日干支	日紫白	奇門遁甲局数
1	2/6	癸未	八	9
2	2/7	甲申	九	陽6局
3	2/8	乙酉	一	
4	2/9	丙戌	二	
5	2/10	丁亥	三	
6	2/11	戊子	四	
7	2/12	己丑	五	陽3局
8	2/13	庚寅	六	
9	2/14	辛卯	七	
10	2/15	壬辰	八	
11	2/16	癸巳	九	
12	2/17	甲午	一	陽1局
13	2/18	乙未	二	
14	2/19	丙申	三	
15	2/20	丁酉	四	
16	2/21	戊戌	五	
17	2/22	己亥	六	陽7局
18	2/23	庚子	七	
19	2/24	辛丑	八	
20	2/25	壬寅	九	
21	2/26	癸卯	一	
22	2/27	甲辰	二	陽4局
23	2/28	乙巳	三	
24	2/29	丙午	四	
25	3/1	丁未	五	
26	3/2	戊申	六	
27	3/3	己酉	七	陽3局
28	3/4	庚戌	八	
29	3/5	辛亥	九	
30	3/6	壬子	一	
31	3/7	癸丑	二	

4月　甲辰　三碧

節気：5 清明 11時53分／20 穀雨 19時8分

新暦	農暦	日干支	日紫白	奇門遁甲局数
1	3/8	甲寅	三	陽9局
2	3/9	乙卯	四	
3	3/10	丙辰	五	
4	3/11	丁巳	六	
5	3/12	戊午	七	
6	3/13	己未	八	陽6局
7	3/14	庚申	九	
8	3/15	辛酉	一	
9	3/16	壬戌	二	
10	3/17	癸亥	三	
11	3/18	甲子	七	陽4局
12	3/19	乙丑	八	
13	3/20	丙寅	九	
14	3/21	丁卯	一	
15	3/22	戊辰	二	
16	3/23	己巳	三	陽1局
17	3/24	庚午	四	
18	3/25	辛未	五	
19	3/26	壬申	六	
20	3/27	癸酉	四	
21	3/28	甲戌	五	陽7局
22	3/29	乙亥	六	
23	3/30	丙子	七	
24	4/1	丁丑	八	
25	4/2	戊寅	九	
26	4/3	己卯	一	陽5局
27	4/4	庚辰	二	
28	4/5	辛巳	三	
29	4/6	壬午	四	
30	4/7	癸未	五	
31				

5月　乙巳　二黒

節気：6 立夏 5時20分／21 小満 18時23分

新暦	農暦	日干支	日紫白	奇門遁甲局数
1	4/8	甲申	六	陽2局
2	4/9	乙酉	七	
3	4/10	丙戌	八	
4	4/11	丁亥	九	
5	4/12	戊子	一	
6	4/13	己丑	二	陽8局
7	4/14	庚寅	三	
8	4/15	辛卯	四	
9	4/16	壬辰	五	
10	4/17	癸巳	六	
11	4/18	甲午	七	陽4局
12	4/19	乙未	八	
13	4/20	丙申	九	
14	4/21	丁酉	一	
15	4/22	戊戌	二	
16	4/23	己亥	三	陽1局
17	4/24	庚子	四	
18	4/25	辛丑	五	
19	4/26	壬寅	六	
20	4/27	癸卯	七	
21	4/28	甲辰	八	陽7局
22	4/29	乙巳	九	
23	閏4/1	丙午	一	
24	閏4/2	丁未	二	
25	閏4/3	戊申	三	
26	閏4/4	己酉	四	陽5局
27	閏4/5	庚戌	五	
28	閏4/6	辛亥	六	
29	閏4/7	壬子	七	
30	閏4/8	癸丑	八	
31	閏4/9	甲寅	九	2

6月　丙午　一白

節気：6 芒種 9時36分／22 夏至 2時23分

新暦	農暦	日干支	日紫白	奇門遁甲局数
1	閏4/10	乙卯	一	陽2局
2	閏4/11	丙辰	二	
3	閏4/12	丁巳	三	
4	閏4/13	戊午	四	
5	閏4/14	己未	五	陽8局
6	閏4/15	庚申	六	
7	閏4/16	辛酉	七	
8	閏4/17	壬戌	八	
9	閏4/18	癸亥	九	
10	閏4/19	甲子	四	陽6局
11	閏4/20	乙丑	五	
12	閏4/21	丙寅	六	
13	閏4/22	丁卯	七	
14	閏4/23	戊辰	八	
15	閏4/24	己巳	九	陽3局
16	閏4/25	庚午	一	
17	閏4/26	辛未	二	
18	閏4/27	壬申	三	
19	閏4/28	癸酉	四	
20	閏4/29	甲戌	五	陽9局
21	5/1	乙亥	六	
22	5/2	丙子	六	
23	5/3	丁丑	五	
24	5/4	戊寅	四	
25	5/5	己卯	三	陰9局
26	5/6	庚辰	二	
27	5/7	辛巳	一	
28	5/8	壬午	九	
29	5/9	癸未	八	
30	5/10	甲申	七	3
31				

1981年 辛酉(年)／庚子(月)

月	12月				11月				10月				9月				8月				7月			
月干支	壬子				辛亥				庚戌				己酉				戊申				丁未			
紫白	四緑				五黄				六白				七赤				八白				九紫			
節気	22 冬至 13時39分	7 大雪 19時48分	日紫白	奇門遁甲局数	23 小雪 0時24分	8 立冬 3時4分	日紫白	奇門遁甲局数	24 霜降 2時58分	9 寒露 0時2分	日紫白	奇門遁甲局数	23 秋分 17時47分	8 白露 8時32分	日紫白	奇門遁甲局数	23 処暑 20時15分	8 立秋 5時42分	日紫白	奇門遁甲局数	23 大暑 13時16分	7 小暑 19時55分	日紫白	奇門遁甲局数
新暦	農暦	日干支			農暦	日干支			農暦	日干支			農暦	日干支			農暦	日干支			農暦	日干支		
1	10/17	戊午	六	8	9/16	戊子	九	8	8/15	丁巳	四	1	7/14	丁亥	七	4	6/12	丙辰	二	陰1局	5/11	乙酉	六	陰3局
2	10/18	己未	五	陰2局	9/17	己丑	八	陰2局	8/16	戊午	三		7/15	戊子	六		6/13	丁巳	一		5/12	丙戌	五	
3	10/19	庚申	四		9/18	庚寅	七		8/17	己未	二	陰4局	7/16	己丑	五	陰7局	6/14	戊午	九		5/13	丁亥	四	
4	10/20	辛酉	三		9/19	辛卯	六		8/18	庚申	一		7/17	庚寅	四		6/15	己未	八	陰4局	5/14	戊子	三	
5	10/21	壬戌	二		9/20	壬辰	五		8/19	辛酉	九		7/18	辛卯	三		6/16	庚申	七		5/15	己丑	二	
6	10/22	癸亥	一		9/21	癸巳	四		8/20	壬戌	八		7/19	壬辰	二		6/17	辛酉	六		5/16	庚寅	一	陰6局
7	10/23	甲子	六	陰4局	9/22	甲午	三	陰6局	8/21	癸亥	七		7/20	癸巳	一		6/18	壬戌	五		5/17	辛卯	九	
8	10/24	乙丑	五		9/23	乙未	二		8/22	甲子	三	陰6局	7/21	甲午	九	陰9局	6/19	癸亥	四		5/18	壬辰	八	
9	10/25	丙寅	四		9/24	丙申	一		8/23	乙丑	二		7/22	乙未	八		6/20	甲子	九	陰2局	5/19	癸巳	七	
10	10/26	丁卯	三		9/25	丁酉	九		8/24	丙寅	一		7/23	丙申	七		6/21	乙丑	八		5/20	甲午	六	
11	10/27	戊辰	二		9/26	戊戌	八		8/25	丁卯	九		7/24	丁酉	六		6/22	丙寅	七		5/21	乙未	五	陰8局
12	10/28	己巳	一	陰7局	9/27	己亥	七	陰9局	8/26	戊辰	八		7/25	戊戌	五		6/23	丁卯	六		5/22	丙申	四	
13	10/29	庚午	九		9/28	庚子	六		8/27	己巳	七	陰9局	7/26	己亥	四	陰3局	6/24	戊辰	五		5/23	丁酉	三	
14	10/30	辛未	八		9/29	辛丑	五		8/28	庚午	六		7/27	庚子	三		6/25	己巳	四	陰5局	5/24	戊戌	二	
15	11/1	壬申	七		10/1	壬寅	四		8/29	辛未	五		7/28	辛丑	二		6/26	庚午	三		5/25	己亥	一	
16	11/2	癸酉	六		10/2	癸卯	三		8/30	壬申	四		7/29	壬寅	一		6/27	辛未	二		5/26	庚子	九	陰2局
17	11/3	甲戌	五	陰1局	10/3	甲辰	二	陰3局	9/1	癸酉	三		8/1	癸卯	九		6/28	壬申	一		5/27	辛丑	八	
18	11/4	乙亥	四		10/4	乙巳	一		9/2	甲戌	二	陰3局	8/2	甲辰	八	陰6局	6/29	癸酉	九		5/28	壬寅	七	
19	11/5	丙子	三		10/5	丙午	九		9/3	乙亥	一		8/3	乙巳	七		7/1	甲戌	八	陰8局	5/29	癸卯	六	
20	11/6	丁丑	二		10/6	丁未	八		9/4	丙子	九		8/4	丙午	六		7/2	乙亥	七		5/30	甲辰	五	
21	11/7	戊寅	一		10/7	戊申	七		9/5	丁丑	八		8/5	丁未	五		7/3	丙子	六		6/1	乙巳	四	陰5局
22	11/8	己卯	七	陽1局	10/8	己酉	六	陰5局	9/6	戊寅	七		8/6	戊申	四		7/4	丁丑	五		6/2	丙午	三	
23	11/9	庚辰	八		10/9	庚戌	五		9/7	己卯	六	陰5局	8/7	己酉	三	陰7局	7/5	戊寅	七		6/3	丁未	二	
24	11/10	辛巳	九		10/10	辛亥	四		9/8	庚辰	八		8/8	庚戌	二		7/6	己卯	六	陰1局	6/4	戊申	一	
25	11/11	壬午	一		10/11	壬子	三		9/9	辛巳	七		8/9	辛亥	一		7/7	庚辰	五		6/5	己酉	九	
26	11/12	癸未	二		10/12	癸丑	二		9/10	壬午	六		8/10	壬子	九		7/8	辛巳	四		6/6	庚戌	八	陰7局
27	11/13	甲申	三	陽7局	10/13	甲寅	一	陰8局	9/11	癸未	五		8/11	癸丑	八		7/9	壬午	三		6/7	辛亥	七	
28	11/14	乙酉	四		10/14	乙卯	九		9/12	甲申	四	陰8局	8/12	甲寅	七	陰1局	7/10	癸未	二		6/8	壬子	六	
29	11/15	丙戌	五		10/15	丙辰	八		9/13	乙酉	三		8/13	乙卯	六		7/11	甲申	一	陰4局	6/9	癸丑	五	
30	11/16	丁亥	六		10/16	丁巳	七		9/14	丙戌	二		8/14	丙辰	五		7/12	乙酉	九		6/10	甲寅	四	
31	11/17	戊子	七						9/15	丁亥	一						7/13	丙戌	八		6/11	乙卯	三	1

一九八三年 癸亥 八白

二元八運…「七運」

三元九運…「六運」

月	1月				2月				3月			
月干支	癸丑 壬戌(年)				甲寅				乙卯			
紫白	三碧				二黒				一白			
節気	6 小寒 6時59分	21 大寒 0時17分	日紫白	奇門遁甲局数	4 立春 18時40分	19 雨水 14時31分	日紫白	奇門遁甲局数	6 啓蟄 12時47分	21 春分 13時39分	日紫白	奇門遁甲局数
新暦	農暦	日干支			農暦	日干支			農暦	日干支		
1	11/18	己丑	八	陽4局	12/19	庚申	三	陽6局	1/17	戊子	四	6
2	11/19	庚寅	九		12/20	辛酉	四		1/18	己丑	五	陽3局
3	11/20	辛卯	一		12/21	壬戌	五		1/19	庚寅	六	
4	11/21	壬辰	二		12/22	癸亥	六		1/20	辛卯	七	
5	11/22	癸巳	三		12/23	甲子	一	陽8局	1/21	壬辰	八	
6	11/23	甲午	四	陽2局	12/24	乙丑	二		1/22	癸巳	九	
7	11/24	乙未	五		12/25	丙寅	三		1/23	甲午	一	陽1局
8	11/25	丙申	六		12/26	丁卯	四		1/24	乙未	二	
9	11/26	丁酉	七		12/27	戊辰	五		1/25	丙申	三	
10	11/27	戊戌	八		12/28	己巳	六	陽5局	1/26	丁酉	四	
11	11/28	己亥	九	陽8局	12/29	庚午	七		1/27	戊戌	五	
12	11/29	庚子	一		12/30	辛未	八		1/28	己亥	六	陽7局
13	11/30	辛丑	二		1/1	壬申	九		1/29	庚子	七	
14	12/1	壬寅	三		1/2	癸酉	一		1/30	辛丑	八	
15	12/2	癸卯	四		1/3	甲戌	二	陽2局	2/1	壬寅	九	
16	12/3	甲辰	五	陽5局	1/4	乙亥	三		2/2	癸卯	一	
17	12/4	乙巳	六		1/5	丙子	四		2/3	甲辰	二	陽4局
18	12/5	丙午	七		1/6	丁丑	五		2/4	乙巳	三	
19	12/6	丁未	八		1/7	戊寅	三		2/5	丙午	四	
20	12/7	戊申	九		1/8	己卯	四	陽9局	2/6	丁未	五	
21	12/8	己酉	一	陽3局	1/9	庚辰	五		2/7	戊申	六	
22	12/9	庚戌	二		1/10	辛巳	六		2/8	己酉	七	陽3局
23	12/10	辛亥	三		1/11	壬午	七		2/9	庚戌	八	
24	12/11	壬子	四		1/12	癸未	八		2/10	辛亥	九	
25	12/12	癸丑	五		1/13	甲申	九	陽6局	2/11	壬子	一	
26	12/13	甲寅	六	陽9局	1/14	乙酉	一		2/12	癸丑	二	
27	12/14	乙卯	七		1/15	丙戌	二		2/13	甲寅	三	陽9局
28	12/15	丙辰	八		1/16	丁亥	三		2/14	乙卯	四	
29	12/16	丁巳	九						2/15	丙辰	五	
30	12/17	戊午	一						2/16	丁巳	六	
31	12/18	己未	二	6					2/17	戊午	七	

月	4月				5月				6月			
月干支	丙辰				丁巳				戊午			
紫白	九紫				八白				七赤			
節気	5 清明 17時44分	21 穀雨 0時50分	日紫白	奇門遁甲局数	6 立夏 11時11分	22 小満 0時6分	日紫白	奇門遁甲局数	6 芒種 15時26分	22 夏至 8時9分	日紫白	奇門遁甲局数
新暦	農暦	日干支			農暦	日干支			農暦	日干支		
1	2/18	己未	八	陽6局	3/19	己丑	二	陽8局	4/20	庚申	六	陽8局
2	2/19	庚申	九		3/20	庚寅	三		4/21	辛酉	七	
3	2/20	辛酉	一		3/21	辛卯	四		4/22	壬戌	八	
4	2/21	壬戌	二		3/22	壬辰	五		4/23	癸亥	九	
5	2/22	癸亥	三		3/23	癸巳	六		4/24	甲子	四	陽6局
6	2/23	甲子	七	陽4局	3/24	甲午	七	陽4局	4/25	乙丑	五	
7	2/24	乙丑	八		3/25	乙未	八		4/26	丙寅	六	
8	2/25	丙寅	九		3/26	丙申	九		4/27	丁卯	七	
9	2/26	丁卯	一		3/27	丁酉	一		4/28	戊辰	八	
10	2/27	戊辰	二		3/28	戊戌	二		4/29	己巳	九	陽3局
11	2/28	己巳	三	陽1局	3/29	己亥	三	陽1局	5/1	庚午	一	
12	2/29	庚午	四		3/30	庚子	四		5/2	辛未	二	
13	3/1	辛未	五		4/1	辛丑	五		5/3	壬申	三	
14	3/2	壬申	六		4/2	壬寅	六		5/4	癸酉	四	
15	3/3	癸酉	七		4/3	癸卯	七		5/5	甲戌	五	陽9局
16	3/4	甲戌	八	陽7局	4/4	甲辰	八	陽7局	5/6	乙亥	六	
17	3/5	乙亥	九		4/5	乙巳	九		5/7	丙子	七	
18	3/6	丙子	一		4/6	丙午	一		5/8	丁丑	八	
19	3/7	丁丑	二		4/7	丁未	二		5/9	戊寅	九	
20	3/8	戊寅	三		4/8	戊申	三		5/10	己卯	一	陰9局
21	3/9	己卯	一	陽5局	4/9	己酉	四	陽5局	5/11	庚辰	二	
22	3/10	庚辰	二		4/10	庚戌	五		5/12	辛巳	一	
23	3/11	辛巳	三		4/11	辛亥	六		5/13	壬午	九	
24	3/12	壬午	四		4/12	壬子	七		5/14	癸未	八	
25	3/13	癸未	五		4/13	癸丑	八		5/15	甲申	七	陰3局
26	3/14	甲申	六	陽2局	4/14	甲寅	九	陽2局	5/16	乙酉	六	
27	3/15	乙酉	七		4/15	乙卯	一		5/17	丙戌	五	
28	3/16	丙戌	八		4/16	丙辰	二		5/18	丁亥	四	
29	3/17	丁亥	九		4/17	丁巳	三		5/19	戊子	三	
30	3/18	戊子	一		4/18	戊午	四		5/20	己丑	二	6
31					4/19	己未	五	8				

1982年 壬戌(年)／壬子(月)

月	12月				11月				10月				9月				8月				7月			
月干支	甲子				癸亥				壬戌				辛酉				庚申				己未			
紫白	一白				二黒				三碧				四緑				五黄				六白			
節気	22 19時30分 冬至	8 1時34分 大雪	日紫白	奇門遁甲局数	23 6時19分 小雪	8 8時53分 立冬	日紫白	奇門遁甲局数	24 8時55分 霜降	9 5時51分 寒露	日紫白	奇門遁甲局数	23 23時42分 秋分	8 14時20分 白露	日紫白	奇門遁甲局数	24 2時8分 処暑	8 11時30分 立秋	日紫白	奇門遁甲局数	23 19時4分 大暑	8 1時43分 小暑	日紫白	奇門遁甲局数
新暦	農暦	日干支			農暦	日干支			農暦	日干支			農暦	日干支			農暦	日干支			農暦	日干支		
1	10/27	癸亥	一	2	9/27	癸巳	四	2	8/25	壬戌	八	4	7/24	壬辰	二	7	6/23	辛酉	六	陰4局	5/21	庚寅	一	陰6局
2	10/28	甲子	六	陰4局	9/28	甲午	三	陰6局	8/26	癸亥	七		7/25	癸巳	一		6/24	壬戌	五		5/22	辛卯	九	
3	10/29	乙丑	五		9/29	乙未	二		8/27	甲子	三	陰6局	7/26	甲午	九	陰9局	6/25	癸亥	四		5/23	壬辰	八	
4	11/1	丙寅	四		9/30	丙申	一		8/28	乙丑	二		7/27	乙未	八		6/26	甲子	九	陰2局	5/24	癸巳	七	
5	11/2	丁卯	三		10/1	丁酉	九		8/29	丙寅	一		7/28	丙申	七		6/27	乙丑	八		5/25	甲午	六	陰8局
6	11/3	戊辰	二		10/2	戊戌	八		9/1	丁卯	九		7/29	丁酉	六		6/28	丙寅	七		5/26	乙未	五	
7	11/4	己巳	一	陰7局	10/3	己亥	七	陰9局	9/2	戊辰	八		8/1	戊戌	五		6/29	丁卯	六		5/27	丙申	四	
8	11/5	庚午	九		10/4	庚子	六		9/3	己巳	七	陰9局	8/2	己亥	四	陰3局	6/30	戊辰	五		5/28	丁酉	三	
9	11/6	辛未	八		10/5	辛丑	五		9/4	庚午	六		8/3	庚子	三		7/1	己巳	四	陰5局	5/29	戊戌	二	
10	11/7	壬申	七		10/6	壬寅	四		9/5	辛未	五		8/4	辛丑	二		7/2	庚午	三		6/1	己亥	一	陰2局
11	11/8	癸酉	六		10/7	癸卯	三		9/6	壬申	四		8/5	壬寅	一		7/3	辛未	二		6/2	庚子	九	
12	11/9	甲戌	五	陰1局	10/8	甲辰	二	陰3局	9/7	癸酉	三		8/6	癸卯	九		7/4	壬申	一		6/3	辛丑	八	
13	11/10	乙亥	四		10/9	乙巳	一		9/8	甲戌	二	陰3局	8/7	甲辰	八	陰6局	7/5	癸酉	九		6/4	壬寅	七	
14	11/11	丙子	三		10/10	丙午	九		9/9	乙亥	一		8/8	乙巳	七		7/6	甲戌	八	陰8局	6/5	癸卯	六	
15	11/12	丁丑	二		10/11	丁未	八		9/10	丙子	九		8/9	丙午	六		7/7	乙亥	七		6/6	甲辰	五	陰5局
16	11/13	戊寅	一		10/12	戊申	七		9/11	丁丑	八		8/10	丁未	五		7/8	丙子	六		6/7	乙巳	四	
17	11/14	己卯	九	陽1局	10/13	己酉	六	陰5局	9/12	戊寅	七		8/11	戊申	四		7/9	丁丑	五		6/8	丙午	三	
18	11/15	庚辰	八		10/14	庚戌	五		9/13	己卯	六	陰5局	8/12	己酉	三	陰7局	7/10	戊寅	四		6/9	丁未	二	
19	11/16	辛巳	七		10/15	辛亥	四		9/14	庚辰	五		8/13	庚戌	二		7/11	己卯	三	陰1局	6/10	戊申	一	
20	11/17	壬午	六		10/16	壬子	三		9/15	辛巳	四		8/14	辛亥	一		7/12	庚辰	二		6/11	己酉	九	陰7局
21	11/18	癸未	五		10/17	癸丑	二		9/16	壬午	三		8/15	壬子	九		7/13	辛巳	一		6/12	庚戌	八	
22	11/19	甲申	三	陽7局	10/18	甲寅	一	陰8局	9/17	癸未	二		8/16	癸丑	八		7/14	壬午	九		6/13	辛亥	七	
23	11/20	乙酉	四		10/19	乙卯	九		9/18	甲申	一	陰8局	8/17	甲寅	七	陰1局	7/15	癸未	八		6/14	壬子	六	
24	11/21	丙戌	五		10/20	丙辰	八		9/19	乙酉	三		8/18	乙卯	六		7/16	甲申	一	陰4局	6/15	癸丑	五	
25	11/22	丁亥	六		10/21	丁巳	七		9/20	丙戌	二		8/19	丙辰	五		7/17	乙酉	九		6/16	甲寅	四	陰1局
26	11/23	戊子	七		10/22	戊午	六		9/21	丁亥	一		8/20	丁巳	四		7/18	丙戌	八		6/17	乙卯	三	
27	11/24	己丑	八	陽4局	10/23	己未	五	陰2局	9/22	戊子	九		8/21	戊午	三		7/19	丁亥	七		6/18	丙辰	二	
28	11/25	庚寅	九		10/24	庚申	四		9/23	己丑	八	陰2局	8/22	己未	二	陰4局	7/20	戊子	六		6/19	丁巳	一	
29	11/26	辛卯	一		10/25	辛酉	三		9/24	庚寅	七		8/23	庚申	一		7/21	己丑	五	陰7局	6/20	戊午	九	
30	11/27	壬辰	二		10/26	壬戌	二		9/25	辛卯	六		8/24	辛酉	九		7/22	庚寅	四		6/21	己未	八	4
31	11/28	癸巳	三						9/26	壬辰	五						7/23	辛卯	三		6/22	庚申	七	

一九八四年 甲子 七赤

三元八運…「七運」

三元九運…「七運」

月	1月				2月				3月				4月				5月				6月			
月干支	乙丑 癸亥(年)				丙寅				丁卯				戊辰				己巳				庚午			
紫白	九紫				八白				七赤				六白				五黄				四緑			
節気	6 小寒 12時41分	21 大寒 6時5分			5 立春 0時19分	19 雨水 20時16分			5 啓蟄 18時25分	20 春分 19時24分			4 清明 23時22分	20 穀雨 6時38分			5 立夏 16時51分	21 小満 5時58分			5 芒種 21時9分	21 夏至 14時2分		
新暦	農暦	日干支	日紫白	奇門遁甲局数	農暦	日干支	日紫白	奇門遁甲局数	農暦	日干支	日紫白	奇門遁甲局数	農暦	日干支	日紫白	奇門遁甲局数	農暦	日干支	日紫白	奇門遁甲局数	農暦	日干支	日紫白	奇門遁甲局数
1	11/29	甲午	四	陽2局	12/30	乙丑	二	陽8局	1/29	甲午	一	陽1局	3/1	乙丑	八	陽4局	4/1	乙未	八	陽4局	5/2	丙寅	六	陽6局
2	11/30	乙未	五		1/1	丙寅	三		1/30	乙未	二		3/2	丙寅	九		4/2	丙申	九		5/3	丁卯	七	
3	12/1	丙申	六		1/2	丁卯	四		2/1	丙申	三		3/3	丁卯	一		4/3	丁酉	一		5/4	戊辰	八	
4	12/2	丁酉	七		1/3	戊辰	五		2/2	丁酉	四		3/4	戊辰	二		4/4	戊戌	二		5/5	己巳	九	陽3局
5	12/3	戊戌	八		1/4	己巳	六	陽5局	2/3	戊戌	五		3/5	己巳	三	陽1局	4/5	己亥	三	陽1局	5/6	庚午	一	
6	12/4	己亥	九	陽8局	1/5	庚午	七		2/4	己亥	六	陽7局	3/6	庚午	四		4/6	庚子	四		5/7	辛未	二	
7	12/5	庚子	一		1/6	辛未	八		2/5	庚子	七		3/7	辛未	五		4/7	辛丑	五		5/8	壬申	三	
8	12/6	辛丑	二		1/7	壬申	九		2/6	辛丑	八		3/8	壬申	六		4/8	壬寅	六		5/9	癸酉	四	
9	12/7	壬寅	三		1/8	癸酉	一		2/7	壬寅	九		3/9	癸酉	七		4/9	癸卯	七		5/10	甲戌	五	陽9局
10	12/8	癸卯	四		1/9	甲戌	二	陽2局	2/8	癸卯	一		3/10	甲戌	八	陽7局	4/10	甲辰	八	陽7局	5/11	乙亥	六	
11	12/9	甲辰	五	陽5局	1/10	乙亥	三		2/9	甲辰	二	陽4局	3/11	乙亥	九		4/11	乙巳	九		5/12	丙子	七	
12	12/10	乙巳	六		1/11	丙子	四		2/10	乙巳	三		3/12	丙子	一		4/12	丙午	一		5/13	丁丑	八	
13	12/11	丙午	七		1/12	丁丑	五		2/11	丙午	四		3/13	丁丑	二		4/13	丁未	二		5/14	戊寅	九	
14	12/12	丁未	八		1/13	戊寅	六		2/12	丁未	五		3/14	戊寅	三		4/14	戊申	三		5/15	己卯	一	陰9局
15	12/13	戊申	九		1/14	己卯	七	陽9局	2/13	戊申	六		3/15	己卯	四	陽5局	4/15	己酉	四	陽5局	5/16	庚辰	二	
16	12/14	己酉	一	陽3局	1/15	庚辰	八		2/14	己酉	七	陽3局	3/16	庚辰	五		4/16	庚戌	五		5/17	辛巳	三	
17	12/15	庚戌	二		1/16	辛巳	九		2/15	庚戌	八		3/17	辛巳	六		4/17	辛亥	六		5/18	壬午	四	
18	12/16	辛亥	三		1/17	壬午	一		2/16	辛亥	九		3/18	壬午	七		4/18	壬子	七		5/19	癸未	五	
19	12/17	壬子	四		1/18	癸未	八		2/17	壬子	一		3/19	癸未	八		4/19	癸丑	八		5/20	甲申	六	陰3局
20	12/18	癸丑	五		1/19	甲申	九	陽6局	2/18	癸丑	二		3/20	甲申	六	陽2局	4/20	甲寅	九	陽2局	5/21	乙酉	七	
21	12/19	甲寅	六	陽9局	1/20	乙酉	一		2/19	甲寅	三	陽9局	3/21	乙酉	七		4/21	乙卯	一		5/22	丙戌	五	
22	12/20	乙卯	七		1/21	丙戌	二		2/20	乙卯	四		3/22	丙戌	八		4/22	丙辰	二		5/23	丁亥	四	
23	12/21	丙辰	八		1/22	丁亥	三		2/21	丙辰	五		3/23	丁亥	九		4/23	丁巳	三		5/24	戊子	三	
24	12/22	丁巳	九		1/23	戊子	四		2/22	丁巳	六		3/24	戊子	一		4/24	戊午	四		5/25	己丑	二	陰6局
25	12/23	戊午	一		1/24	己丑	五	陽3局	2/23	戊午	七		3/25	己丑	二	陽8局	4/25	己未	五	陽8局	5/26	庚寅	一	
26	12/24	己未	二	陽6局	1/25	庚寅	六		2/24	己未	八	陽6局	3/26	庚寅	三		4/26	庚申	六		5/27	辛卯	九	
27	12/25	庚申	三		1/26	辛卯	七		2/25	庚申	九		3/27	辛卯	四		4/27	辛酉	七		5/28	壬辰	八	
28	12/26	辛酉	四		1/27	壬辰	八		2/26	辛酉	一		3/28	壬辰	五		4/28	壬戌	八		5/29	癸巳	七	
29	12/27	壬戌	五		1/28	癸巳	九		2/27	壬戌	二		3/29	癸巳	六		4/29	癸亥	九		6/1	甲午	六	8
30	12/28	癸亥	六						2/28	癸亥	三		3/30	甲午	七	4	4/30	甲子	四	6	6/2	乙未	五	
31	12/29	甲子	一	8					2/29	甲子	七	4					5/1	乙丑	五					

1983年 癸亥(年)／甲子(月)

月	12月				11月				10月				9月				8月				7月			
月干支	丙子				乙亥				甲戌				癸酉				壬申				辛未			
紫白	七赤				八白				九紫				一白				二黒				三碧			
節気	22	7	日紫白	奇門遁甲局数	22	7	日紫白	奇門遁甲局数	23	8	日紫白	奇門遁甲局数	23	7	日紫白	奇門遁甲局数	23	7	日紫白	奇門遁甲局数	23	7	日紫白	奇門遁甲局数
	冬至 1時23分	大雪 7時28分			小雪 12時11分	立冬 14時46分			霜降 14時46分	寒露 11時43分			秋分 5時33分	白露 20時10分			処暑 8時0分	立秋 17時18分			大暑 0時58分	小暑 7時29分		
新暦	農暦	日干支			農暦	日干支			農暦	日干支			農暦	日干支			農暦	日干支			農暦	日干支		
1	閏10/9	己巳	一	陰7局	10/9	己亥	七	陰9局	9/7	戊辰	八	6	8/6	戊戌	五	9	7/5	丁卯	六	2	6/3	丙申	四	陰8局
2	閏10/10	庚午	九		10/10	庚子	六		9/8	己巳	七	陰9局	8/7	己亥	四	陰3局	7/6	戊辰	五		6/4	丁酉	三	
3	閏10/11	辛未	八		10/11	辛丑	五		9/9	庚午	六		8/8	庚子	三		7/7	己巳	四	陰5局	6/5	戊戌	二	
4	閏10/12	壬申	七		10/12	壬寅	四		9/10	辛未	五		8/9	辛丑	二		7/8	庚午	三		6/6	己亥	一	陰2局
5	閏10/13	癸酉	六		10/13	癸卯	三		9/11	壬申	四		8/10	壬寅	一		7/9	辛未	二		6/7	庚子	九	
6	閏10/14	甲戌	五	陰1局	10/14	甲辰	二	陰3局	9/12	癸酉	三		8/11	癸卯	九		7/10	壬申	一		6/8	辛丑	八	
7	閏10/15	乙亥	四		10/15	乙巳	一		9/13	甲戌	二	陰3局	8/12	甲辰	八	陰6局	7/11	癸酉	九		6/9	壬寅	七	
8	閏10/16	丙子	三		10/16	丙午	九		9/14	乙亥	一		8/13	乙巳	七		7/12	甲戌	八	陰8局	6/10	癸卯	六	
9	閏10/17	丁丑	二		10/17	丁未	八		9/15	丙子	九		8/14	丙午	六		7/13	乙亥	七		6/11	甲辰	五	陰5局
10	閏10/18	戊寅	一		10/18	戊申	七		9/16	丁丑	八		8/15	丁未	五		7/14	丙子	六		6/12	乙巳	四	
11	閏10/19	己卯	九	陰4局・閏	10/19	己酉	六	陰5局	9/17	戊寅	七		8/16	戊申	四		7/15	丁丑	五		6/13	丙午	三	
12	閏10/20	庚辰	八		10/20	庚戌	五		9/18	己卯	六	陰5局	8/17	己酉	三	陰7局	7/16	戊寅	四		6/14	丁未	二	
13	閏10/21	辛巳	七		10/21	辛亥	四		9/19	庚辰	五		8/18	庚戌	二		7/17	己卯	三	陰1局	6/15	戊申	一	
14	閏10/22	壬午	六		10/22	壬子	三		9/20	辛巳	四		8/19	辛亥	一		7/18	庚辰	二		6/16	己酉	九	陰7局
15	閏10/23	癸未	五		10/23	癸丑	二		9/21	壬午	三		8/20	壬子	九		7/19	辛巳	一		6/17	庚戌	八	
16	閏10/24	甲申	四	陰7局・閏	10/24	甲寅	一	陰8局	9/22	癸未	二		8/21	癸丑	八		7/20	壬午	九		6/18	辛亥	七	
17	閏10/25	乙酉	三		10/25	乙卯	九		9/23	甲申	一	陰8局	8/22	甲寅	七	陰1局	7/21	癸未	八		6/19	壬子	六	
18	閏10/26	丙戌	二		10/26	丙辰	八		9/24	乙酉	九		8/23	乙卯	六		7/22	甲申	七	陰4局	6/20	癸丑	五	
19	閏10/27	丁亥	一		10/27	丁巳	七		9/25	丙戌	八		8/24	丙辰	五		7/23	乙酉	六		6/21	甲寅	四	陰1局
20	閏10/28	戊子	九		10/28	戊午	六		9/26	丁亥	七		8/25	丁巳	四		7/24	丙戌	五		6/22	乙卯	三	
21	閏10/29	己丑	八	陰1局・閏	10/29	己未	五	陰2局	9/27	戊子	六		8/26	戊午	三		7/25	丁亥	四		6/23	丙辰	二	
22	11/1	庚寅	九		10/30	庚申	四		9/28	己丑	五	陰2局	8/27	己未	二	陰4局	7/26	戊子	三		6/24	丁巳	一	
23	11/2	辛卯	一		閏10/1	辛酉	三		9/29	庚寅	七		8/28	庚申	一		7/27	己丑	五	陰7局	6/25	戊午	九	
24	11/3	壬辰	二		閏10/2	壬戌	二		10/1	辛卯	六		8/29	辛酉	九		7/28	庚寅	四		6/26	己未	八	陰4局
25	11/4	癸巳	三		閏10/3	癸亥	一		10/2	壬辰	五		9/1	壬戌	八		7/29	辛卯	三		6/27	庚申	七	
26	11/5	甲午	四	陽1局	閏10/4	甲子	六	陰4局	10/3	癸巳	四		9/2	癸亥	七		7/30	壬辰	二		6/28	辛酉	六	
27	11/6	乙未	五		閏10/5	乙丑	五		10/4	甲午	三	陰6局	9/3	甲子	三	陰6局	8/1	癸巳	一		6/29	壬戌	五	
28	11/7	丙申	六		閏10/6	丙寅	四		10/5	乙未	二		9/4	乙丑	二		8/2	甲午	九	陰9局	7/1	癸亥	四	
29	11/8	丁酉	七		閏10/7	丁卯	三		10/6	丙申	一		9/5	丙寅	一		8/3	乙未	八		7/2	甲子	九	陰2局
30	11/9	戊戌	八		閏10/8	戊辰	二		10/7	丁酉	九		9/6	丁卯	九		8/4	丙申	七		7/3	乙丑	八	
31	11/10	己亥	九	7					10/8	戊戌	八						8/5	丁酉	六		7/4	丙寅	七	

一九八五年 乙丑 六白

二元八運…「七運」　三元九運…「七運」

1月　丁丑　甲子(年)　六白

節気：5 小寒 18時35分　20 大寒 11時58分

新暦	農暦	日干支	日紫白	奇門遁甲局数
1	11/11	庚子	一	陽7局
2	11/12	辛丑	二	
3	11/13	壬寅	三	
4	11/14	癸卯	四	
5	11/15	甲辰	五	
6	11/16	乙巳	六	陽4局
7	11/17	丙午	七	
8	11/18	丁未	八	
9	11/19	戊申	九	
10	11/20	己酉	一	
11	11/21	庚戌	二	陽2局
12	11/22	辛亥	三	
13	11/23	壬子	四	
14	11/24	癸丑	五	
15	11/25	甲寅	六	
16	11/26	乙卯	七	陽8局
17	11/27	丙辰	八	
18	11/28	丁巳	九	
19	11/29	戊午	一	
20	11/30	己未	二	
21	12/1	庚申	三	陽5局
22	12/2	辛酉	四	
23	12/3	壬戌	五	
24	12/4	癸亥	六	
25	12/5	甲子	一	
26	12/6	乙丑	二	陽3局
27	12/7	丙寅	三	
28	12/8	丁卯	四	
29	12/9	戊辰	五	
30	12/10	己巳	六	
31	12/11	庚午	七	9

2月　戊寅　五黄

節気：4 立春 6時12分　19 雨水 2時7分

新暦	農暦	日干支	日紫白	奇門遁甲局数
1	12/12	辛未	八	陽9局
2	12/13	壬申	九	
3	12/14	癸酉	一	
4	12/15	甲戌	二	陽6局
5	12/16	乙亥	三	
6	12/17	丙子	四	
7	12/18	丁丑	五	
8	12/19	戊寅	六	
9	12/20	己卯	七	陽8局
10	12/21	庚辰	八	
11	12/22	辛巳	九	
12	12/23	壬午	一	
13	12/24	癸未	二	
14	12/25	甲申	三	陽5局
15	12/26	乙酉	四	
16	12/27	丙戌	五	
17	12/28	丁亥	六	
18	12/29	戊子	七	
19	12/30	己丑	五	陽2局
20	1/1	庚寅	六	
21	1/2	辛卯	七	
22	1/3	壬辰	八	
23	1/4	癸巳	九	
24	1/5	甲午	一	陽9局
25	1/6	乙未	二	
26	1/7	丙申	三	
27	1/8	丁酉	四	
28	1/9	戊戌	五	
29				
30				
31				

3月　己卯　四緑

節気：6 啓蟄 0時16分　21 春分 1時14分

新暦	農暦	日干支	日紫白	奇門遁甲局数
1	1/10	己亥	六	陽6局
2	1/11	庚子	七	
3	1/12	辛丑	八	
4	1/13	壬寅	九	
5	1/14	癸卯	一	
6	1/15	甲辰	二	陽3局
7	1/16	乙巳	三	
8	1/17	丙午	四	
9	1/18	丁未	五	
10	1/19	戊申	六	
11	1/20	己酉	七	陽1局
12	1/21	庚戌	八	
13	1/22	辛亥	九	
14	1/23	壬子	一	
15	1/24	癸丑	二	
16	1/25	甲寅	三	陽7局
17	1/26	乙卯	四	
18	1/27	丙辰	五	
19	1/28	丁巳	六	
20	1/29	戊午	七	
21	2/1	己未	八	陽4局
22	2/2	庚申	九	
23	2/3	辛酉	一	
24	2/4	壬戌	二	
25	2/5	癸亥	三	
26	2/6	甲子	七	陽3局
27	2/7	乙丑	八	
28	2/8	丙寅	九	
29	2/9	丁卯	一	
30	2/10	戊辰	二	
31	2/11	己巳	三	9

4月　庚辰　三碧

節気：5 清明 5時14分　20 穀雨 12時26分

新暦	農暦	日干支	日紫白	奇門遁甲局数
1	2/12	庚午	四	陽9局
2	2/13	辛未	五	
3	2/14	壬申	六	
4	2/15	癸酉	七	
5	2/16	甲戌	八	陽6局
6	2/17	乙亥	九	
7	2/18	丙子	一	
8	2/19	丁丑	二	
9	2/20	戊寅	三	
10	2/21	己卯	四	陽4局
11	2/22	庚辰	五	
12	2/23	辛巳	六	
13	2/24	壬午	七	
14	2/25	癸未	八	
15	2/26	甲申	九	陽1局
16	2/27	乙酉	一	
17	2/28	丙戌	二	
18	2/29	丁亥	三	
19	2/30	戊子	四	
20	3/1	己丑	二	陽7局
21	3/2	庚寅	三	
22	3/3	辛卯	四	
23	3/4	壬辰	五	
24	3/5	癸巳	六	
25	3/6	甲午	七	陽5局
26	3/7	乙未	八	
27	3/8	丙申	九	
28	3/9	丁酉	一	
29	3/10	戊戌	二	
30	3/11	己亥	三	2
31				

5月　辛巳　二黒

節気：5 立夏 22時43分　21 小満 11時43分

新暦	農暦	日干支	日紫白	奇門遁甲局数
1	3/12	庚子	四	陽2局
2	3/13	辛丑	五	
3	3/14	壬寅	六	
4	3/15	癸卯	七	
5	3/16	甲辰	八	陽8局
6	3/17	乙巳	九	
7	3/18	丙午	一	
8	3/19	丁未	二	
9	3/20	戊申	三	
10	3/21	己酉	四	陽4局
11	3/22	庚戌	五	
12	3/23	辛亥	六	
13	3/24	壬子	七	
14	3/25	癸丑	八	
15	3/26	甲寅	九	陽1局
16	3/27	乙卯	一	
17	3/28	丙辰	二	
18	3/29	丁巳	三	
19	3/30	戊午	四	
20	4/1	己未	五	陽7局
21	4/2	庚申	六	
22	4/3	辛酉	七	
23	4/4	壬戌	八	
24	4/5	癸亥	九	
25	4/6	甲子	四	陽5局
26	4/7	乙丑	五	
27	4/8	丙寅	六	
28	4/9	丁卯	七	
29	4/10	戊辰	八	
30	4/11	己巳	九	2
31	4/12	庚午	一	

6月　壬午　一白

節気：6 芒種 3時0分　21 夏至 19時44分

新暦	農暦	日干支	日紫白	奇門遁甲局数
1	4/13	辛未	二	陽2局
2	4/14	壬申	三	
3	4/15	癸酉	四	
4	4/16	甲戌	五	陽8局
5	4/17	乙亥	六	
6	4/18	丙子	七	
7	4/19	丁丑	八	
8	4/20	戊寅	九	
9	4/21	己卯	一	陽6局
10	4/22	庚辰	二	
11	4/23	辛巳	三	
12	4/24	壬午	四	
13	4/25	癸未	五	
14	4/26	甲申	六	陽3局
15	4/27	乙酉	七	
16	4/28	丙戌	八	
17	4/29	丁亥	九	
18	5/1	戊子	一	
19	5/2	己丑	二	陽9局
20	5/3	庚寅	三	
21	5/4	辛卯	九	
22	5/5	壬辰	八	
23	5/6	癸巳	七	
24	5/7	甲午	六	陰9局
25	5/8	乙未	五	
26	5/9	丙申	四	
27	5/10	丁酉	三	
28	5/11	戊戌	二	
29	5/12	己亥	一	3
30	5/13	庚子	九	
31				

1984年　甲子(年)／丙子(月)

月	12月				11月				10月				9月				8月				7月			
月干支	戊子				丁亥				丙戌				乙酉				甲申				癸未			
紫白	四緑				五黄				六白				七赤				八白				九紫			
節気	22 冬至 7時8分	7 大雪 13時16分	日紫白	奇門遁甲局数	22 小雪 17時51分	7 立冬 20時29分	日紫白	奇門遁甲局数	23 霜降 20時22分	8 寒露 17時25分	日紫白	奇門遁甲局数	23 秋分 11時7分	8 白露 1時53分	日紫白	奇門遁甲局数	23 処暑 13時36分	7 立秋 23時4分	日紫白	奇門遁甲局数	23 大暑 6時36分	7 小暑 13時19分	日紫白	奇門遁甲局数
新暦	農暦	日干支			農暦	日干支			農暦	日干支			農暦	日干支			農暦	日干支			農暦	日干支		
1	10/20	甲戌	五	陰2局	9/19	甲辰	二	陰2局	8/17	癸酉	三	1	7/17	癸卯	九	4	6/15	壬申	一	1	5/14	辛丑	八	陰3局
2	10/21	乙亥	四		9/20	乙巳	一		8/18	甲戌	二	陰4局	7/18	甲辰	八	陰7局	6/16	癸酉	九		5/15	壬寅	七	
3	10/22	丙子	三		9/21	丙午	九		8/19	乙亥	一		7/19	乙巳	七		6/17	甲戌	八	陰4局	5/16	癸卯	六	
4	10/23	丁丑	二		9/22	丁未	八		8/20	丙子	九		7/20	丙午	六		6/18	乙亥	七		5/17	甲辰	五	陰6局
5	10/24	戊寅	一		9/23	戊申	七		8/21	丁丑	八		7/21	丁未	五		6/19	丙子	六		5/18	乙巳	四	
6	10/25	己卯	九	陰4局	9/24	己酉	六	陰6局	8/22	戊寅	七		7/22	戊申	四		6/20	丁丑	五		5/19	丙午	三	
7	10/26	庚辰	八		9/25	庚戌	五		8/23	己卯	六	陰6局	7/23	己酉	三	陰9局	6/21	戊寅	四		5/20	丁未	二	
8	10/27	辛巳	七		9/26	辛亥	四		8/24	庚辰	五		7/24	庚戌	二		6/22	己卯	三	陰2局	5/21	戊申	一	
9	10/28	壬午	六		9/27	壬子	三		8/25	辛巳	四		7/25	辛亥	一		6/23	庚辰	二		5/22	己酉	九	陰8局
10	10/29	癸未	五		9/28	癸丑	二		8/26	壬午	三		7/26	壬子	九		6/24	辛巳	一		5/23	庚戌	八	
11	10/30	甲申	四	陰7局	9/29	甲寅	一	陰9局	8/27	癸未	二		7/27	癸丑	八		6/25	壬午	九		5/24	辛亥	七	
12	11/1	乙酉	三		10/1	乙卯	九		8/28	甲申	一	陰9局	7/28	甲寅	七	陰3局	6/26	癸未	八		5/25	壬子	六	
13	11/2	丙戌	二		10/2	丙辰	八		8/29	乙酉	九		7/29	乙卯	六		6/27	甲申	七	陰5局	5/26	癸丑	五	
14	11/3	丁亥	一		10/3	丁巳	七		9/1	丙戌	八		7/30	丙辰	五		6/28	乙酉	六		5/27	甲寅	四	陰2局
15	11/4	戊子	九		10/4	戊午	六		9/2	丁亥	七		8/1	丁巳	四		6/29	丙戌	五		5/28	乙卯	三	
16	11/5	己丑	八	陰1局	10/5	己未	五	陰3局	9/3	戊子	六		8/2	戊午	三		7/1	丁亥	四		5/29	丙辰	二	
17	11/6	庚寅	七		10/6	庚申	四		9/4	己丑	五	陰3局	8/3	己未	二	陰6局	7/2	戊子	三		5/30	丁巳	一	
18	11/7	辛卯	六		10/7	辛酉	三		9/5	庚寅	四		8/4	庚申	一		7/3	己丑	二	陰8局	6/1	戊午	九	
19	11/8	壬辰	五		10/8	壬戌	二		9/6	辛卯	三		8/5	辛酉	九		7/4	庚寅	一		6/2	己未	八	陰5局
20	11/9	癸巳	四		10/9	癸亥	一		9/7	壬辰	二		8/6	壬戌	八		7/5	辛卯	九		6/3	庚申	七	
21	11/10	甲午	三	陽1局	10/10	甲子	六	陰5局	9/8	癸巳	一		8/7	癸亥	七		7/6	壬辰	八		6/4	辛酉	六	
22	11/11	乙未	五		10/11	乙丑	五		9/9	甲午	九	陰5局	8/8	甲子	三	陰7局	7/7	癸巳	七		6/5	壬戌	五	
23	11/12	丙申	六		10/12	丙寅	四		9/10	乙未	二		8/9	乙丑	二		7/8	甲午	九	陰1局	6/6	癸亥	四	
24	11/13	丁酉	七		10/13	丁卯	三		9/11	丙申	一		8/10	丙寅	一		7/9	乙未	八		6/7	甲子	九	陰7局
25	11/14	戊戌	八		10/14	戊辰	二		9/12	丁酉	九		8/11	丁卯	九		7/10	丙申	七		6/8	乙丑	八	
26	11/15	己亥	九	陽7局	10/15	己巳	一	陰8局	9/13	戊戌	八		8/12	戊辰	八		7/11	丁酉	六		6/9	丙寅	七	
27	11/16	庚子	一		10/16	庚午	九		9/14	己亥	七	陰8局	8/13	己巳	七	陰1局	7/12	戊戌	五		6/10	丁卯	六	
28	11/17	辛丑	二		10/17	辛未	八		9/15	庚子	六		8/14	庚午	六		7/13	己亥	四	陰4局	6/11	戊辰	五	
29	11/18	壬寅	三		10/18	壬申	七		9/16	辛丑	五		8/15	辛未	五		7/14	庚子	三		6/12	己巳	四	陰1局
30	11/19	癸卯	四		10/19	癸酉	六		9/17	壬寅	四		8/16	壬申	四		7/15	辛丑	二		6/13	庚午	三	
31	11/20	甲辰	五	4					9/18	癸卯	三						7/16	壬寅	一		6/14	辛未	二	

一九八六年 丙寅 五黄

二元八運…「七運」

三元九運…「七運」

新暦	1月 農暦	1月 日干支	1月 日紫白	1月 奇門遁甲局数	2月 農暦	2月 日干支	2月 日紫白	2月 奇門遁甲局数	3月 農暦	3月 日干支	3月 日紫白	3月 奇門遁甲局数
月干支	乙丑 乙丑(年)				庚寅				辛卯			
紫白	三碧				二黒				一白			
節気	6 小寒 0時28分	20 大寒 17時46分			4 立春 12時8分	19 雨水 7時58分			6 啓蟄 6時12分	21 春分 7時3分		
1	11/21	乙巳	六	陽4局	12/23	丙子	四	陽6局	1/21	甲辰	二	陽3局
2	11/22	丙午	七		12/24	丁丑	五		1/22	乙巳	三	
3	11/23	丁未	八		12/25	戊寅	六		1/23	丙午	四	
4	11/24	戊申	九		12/26	己卯	七	陽8局	1/24	丁未	五	
5	11/25	己酉	一		12/27	庚辰	八		1/25	戊申	六	
6	11/26	庚戌	二	陽2局	12/28	辛巳	九		1/26	己酉	七	陽1局
7	11/27	辛亥	三		12/29	壬午	一		1/27	庚戌	八	
8	11/28	壬子	四		12/30	癸未	二		1/28	辛亥	九	
9	11/29	癸丑	五		1/1	甲申	三	陽5局	1/29	壬子	一	
10	12/1	甲寅	六		1/2	乙酉	四		2/1	癸丑	二	
11	12/2	乙卯	七	陽8局	1/3	丙戌	五		2/2	甲寅	三	陽7局
12	12/3	丙辰	八		1/4	丁亥	六		2/3	乙卯	四	
13	12/4	丁巳	九		1/5	戊子	七		2/4	丙辰	五	
14	12/5	戊午	一		1/6	己丑	八	陽2局	2/5	丁巳	六	
15	12/6	己未	二		1/7	庚寅	九		2/6	戊午	七	
16	12/7	庚申	三	陽5局	1/8	辛卯	一		2/7	己未	八	陽4局
17	12/8	辛酉	四		1/9	壬辰	二		2/8	庚申	九	
18	12/9	壬戌	五		1/10	癸巳	三		2/9	辛酉	一	
19	12/10	癸亥	六		1/11	甲午	一	陽9局	2/10	壬戌	二	
20	12/11	甲子	一		1/12	乙未	二		2/11	癸亥	三	
21	12/12	乙丑	二	陽3局	1/13	丙申	三		2/12	甲子	七	陽3局
22	12/13	丙寅	三		1/14	丁酉	四		2/13	乙丑	八	
23	12/14	丁卯	四		1/15	戊戌	五		2/14	丙寅	九	
24	12/15	戊辰	五		1/16	己亥	六	陽6局	2/15	丁卯	一	
25	12/16	己巳	六		1/17	庚子	七		2/16	戊辰	二	
26	12/17	庚午	七	陽9局	1/18	辛丑	八		2/17	己巳	三	陽9局
27	12/18	辛未	八		1/19	壬寅	九		2/18	庚午	四	
28	12/19	壬申	九		1/20	癸卯	一		2/19	辛未	五	
29	12/20	癸酉	一						2/20	壬申	六	
30	12/21	甲戌	二						2/21	癸酉	七	
31	12/22	乙亥	三	6					2/22	甲戌	八	6

新暦	4月 農暦	4月 日干支	4月 日紫白	4月 奇門遁甲局数	5月 農暦	5月 日干支	5月 日紫白	5月 奇門遁甲局数	6月 農暦	6月 日干支	6月 日紫白	6月 奇門遁甲局数
月干支	壬辰				癸巳				甲午			
紫白	九紫				八白				七赤			
節気	5 清明 11時6分	20 穀雨 18時12分			6 立夏 4時31分	21 小満 17時28分			6 芒種 8時44分	22 夏至 1時30分		
1	2/23	乙亥	九	陽6局	3/23	乙巳	九	陽8局	4/24	丙子	七	陽8局
2	2/24	丙子	一		3/24	丙午	一		4/25	丁丑	八	
3	2/25	丁丑	二		3/25	丁未	二		4/26	戊寅	九	
4	2/26	戊寅	三		3/26	戊申	三		4/27	己卯	一	陽6局
5	2/27	己卯	四	陽4局	3/27	己酉	四	陽4局	4/28	庚辰	二	
6	2/28	庚辰	五		3/28	庚戌	五		4/29	辛巳	三	
7	2/29	辛巳	六		3/29	辛亥	六		5/1	壬午	四	
8	2/30	壬午	七		3/30	壬子	七		5/2	癸未	五	
9	3/1	癸未	八		4/1	癸丑	八		5/3	甲申	六	陽3局
10	3/2	甲申	九	陽1局	4/2	甲寅	九	陽1局	5/4	乙酉	七	
11	3/3	乙酉	一		4/3	乙卯	一		5/5	丙戌	八	
12	3/4	丙戌	二		4/4	丙辰	二		5/6	丁亥	九	
13	3/5	丁亥	三		4/5	丁巳	三		5/7	戊子	一	
14	3/6	戊子	四		4/6	戊午	四		5/8	己丑	二	陽9局
15	3/7	己丑	五	陽7局	4/7	己未	五	陽7局	5/9	庚寅	三	
16	3/8	庚寅	六		4/8	庚申	六		5/10	辛卯	四	
17	3/9	辛卯	七		4/9	辛酉	七		5/11	壬辰	五	
18	3/10	壬辰	八		4/10	壬戌	八		5/12	癸巳	六	
19	3/11	癸巳	九		4/11	癸亥	九		5/13	甲午	七	陰9局
20	3/12	甲午	七	陽5局	4/12	甲子	四	陽5局	5/14	乙未	八	
21	3/13	乙未	八		4/13	乙丑	五		5/15	丙申	九	
22	3/14	丙申	九		4/14	丙寅	六		5/16	丁酉	三	
23	3/15	丁酉	一		4/15	丁卯	七		5/17	戊戌	二	
24	3/16	戊戌	二		4/16	戊辰	八		5/18	己亥	一	陰3局
25	3/17	己亥	三	陽2局	4/17	己巳	九	陽2局	5/19	庚子	九	
26	3/18	庚子	四		4/18	庚午	一		5/20	辛丑	八	
27	3/19	辛丑	五		4/19	辛未	二		5/21	壬寅	七	
28	3/20	壬寅	六		4/20	壬申	三		5/22	癸卯	六	
29	3/21	癸卯	七		4/21	癸酉	四		5/23	甲辰	五	6
30	3/22	甲辰	八	8	4/22	甲戌	五	8	5/24	乙巳	四	
31					4/23	乙亥	六					

1985年 乙丑(年)／戊子(月)

月	12月				11月				10月				9月				8月				7月			
月干支	庚子				己亥				戊戌				丁酉				丙申				乙未			
紫白	一白				二黒				三碧				四緑				五黄				六白			
節気	22 冬至 13時2分	7 大雪 19時1分	日紫白	奇門遁甲局数	22 小雪 23時44分	8 立冬 2時13分	日紫白	奇門遁甲局数	24 霜降 2時14分	8 寒露 23時7分	日紫白	奇門遁甲局数	23 秋分 16時59分	8 白露 7時35分	日紫白	奇門遁甲局数	23 処暑 19時26分	8 立秋 4時46分	日紫白	奇門遁甲局数	23 大暑 12時24分	7 小暑 19時1分	日紫白	奇門遁甲局数
新暦	農暦	日干支			農暦	日干支			農暦	日干支			農暦	日干支			農暦	日干支			農暦	日干支		
1	10/30	己卯	九	陰4局	9/29	己酉	六	陰6局	8/28	戊寅	七	4	7/27	戊申	四	7	6/26	丁丑	五	4	5/25	丙午	三	陰6局
2	11/1	庚辰	八		10/1	庚戌	五		8/29	己卯	六	陰6局	7/28	己酉	三	陰9局	6/27	戊寅	四		5/26	丁未	二	
3	11/2	辛巳	七		10/2	辛亥	四		8/30	庚辰	五		7/29	庚戌	二		6/28	己卯	三	陰2局	5/27	戊申	一	
4	11/3	壬午	六		10/3	壬子	三		9/1	辛巳	四		8/1	辛亥	一		6/29	庚辰	二		5/28	己酉	九	陰8局
5	11/4	癸未	五		10/4	癸丑	二		9/2	壬午	三		8/2	壬子	九		6/30	辛巳	一		5/29	庚戌	八	
6	11/5	甲申	四	陰7局	10/5	甲寅	一	陰9局	9/3	癸未	二		8/3	癸丑	八		7/1	壬午	九		5/30	辛亥	七	
7	11/6	乙酉	三		10/6	乙卯	九		9/4	甲申	一	陰9局	8/4	甲寅	七	陰3局	7/2	癸未	八		6/1	壬子	六	
8	11/7	丙戌	二		10/7	丙辰	八		9/5	乙酉	九		8/5	乙卯	六		7/3	甲申	七	陰5局	6/2	癸丑	五	
9	11/8	丁亥	一		10/8	丁巳	七		9/6	丙戌	八		8/6	丙辰	五		7/4	乙酉	六		6/3	甲寅	四	陰2局
10	11/9	戊子	九		10/9	戊午	六		9/7	丁亥	七		8/7	丁巳	四		7/5	丙戌	五		6/4	乙卯	三	
11	11/10	己丑	八	陰1局	10/10	己未	五	陰3局	9/8	戊子	六		8/8	戊午	三		7/6	丁亥	四		6/5	丙辰	二	
12	11/11	庚寅	七		10/11	庚申	四		9/9	己丑	五	陰3局	7/9	己未	二	陰6局	7/7	戊子	三		6/6	丁巳	一	
13	11/12	辛卯	六		10/12	辛酉	三		9/10	庚寅	四		8/10	庚申	一		7/8	己丑	二	陰8局	6/7	戊午	九	
14	11/13	壬辰	五		10/13	壬戌	二		9/11	辛卯	三		8/11	辛酉	九		7/9	庚寅	一		6/8	己未	八	陰5局
15	11/14	癸巳	四		10/14	癸亥	一		9/12	壬辰	二		8/12	壬戌	八		7/10	辛卯	九		6/9	庚申	七	
16	11/15	甲午	三	陽1局	10/15	甲子	六	陰5局	9/13	癸巳	一		8/13	癸亥	七		7/11	壬辰	八		6/10	辛酉	六	
17	11/16	乙未	二		10/16	乙丑	五		9/14	甲午	九	陰5局	8/14	甲子	三	陰7局	7/12	癸巳	七		6/11	壬戌	五	
18	11/17	丙申	一		10/17	丙寅	四		9/15	乙未	八		8/15	乙丑	二		7/13	甲午	六	陰1局	6/12	癸亥	四	
19	11/18	丁酉	九		10/18	丁卯	三		9/16	丙申	七		8/16	丙寅	一		7/14	乙未	五		6/13	甲子	九	陰7局
20	11/19	戊戌	八		10/19	戊辰	二		9/17	丁酉	六		8/17	丁卯	九		7/15	丙申	四		6/14	乙丑	八	
21	11/20	己亥	七	陽7局	10/20	己巳	一	陰8局	9/18	戊戌	五		8/18	戊辰	八		7/16	丁酉	三		6/15	丙寅	七	
22	11/21	庚子	一		10/21	庚午	九		9/19	己亥	四	陰8局	8/19	己巳	七	陰1局	7/17	戊戌	二		6/16	丁卯	六	
23	11/22	辛丑	二		10/22	辛未	八		9/20	庚子	三		8/20	庚午	六		7/18	己亥	四	陰4局	6/17	戊辰	五	
24	11/23	壬寅	三		10/23	壬申	七		9/21	辛丑	五		8/21	辛未	五		7/19	庚子	三		6/18	己巳	四	陰1局
25	11/24	癸卯	四		10/24	癸酉	六		9/22	壬寅	四		8/22	壬申	四		7/20	辛丑	二		6/19	庚午	三	
26	11/25	甲辰	五	陽4局	10/25	甲戌	五	陰2局	9/23	癸卯	三		8/23	癸酉	三		7/21	壬寅	一		6/20	辛未	二	
27	11/26	乙巳	六		10/26	乙亥	四		9/24	甲辰	二	陰2局	8/24	甲戌	二	陰4局	7/22	癸卯	九		6/21	壬申	一	
28	11/27	丙午	七		10/27	丙子	三		9/25	乙巳	一		8/25	乙亥	一		7/23	甲辰	八	陰7局	6/22	癸酉	九	
29	11/28	丁未	八		10/28	丁丑	二		9/26	丙午	九		8/26	丙子	九		7/24	乙巳	七		6/23	甲戌	八	陰4局
30	11/29	戊申	九		10/29	戊寅	一		9/27	丁未	八		8/27	丁丑	八		7/25	丙午	六		6/24	乙亥	七	
31	12/1	己酉	一	2					9/28	戊申	七						7/26	丁未	五		6/25	丙子	六	

一九八七年 丁卯 四緑

二元八運…「七運」
三元九運…「七運」

月	1月				2月				3月				4月				5月				6月			
月干支	辛丑 丙寅(年)				壬寅				癸卯				甲辰				乙巳				丙午			
紫白	九紫				八白				七赤				六白				五黄				四緑			
節気	6 小寒 6時13分	20 大寒 23時40分			4 立春 17時52分	19 雨水 13時50分			6 啓蟄 11時54分	21 春分 12時52分			5 清明 16時44分	20 穀雨 23時58分			6 立夏 10時6分	21 小満 23時10分			6 芒種 14時19分	22 夏至 7時11分		
新暦	農暦	日干支	日紫白	奇門遁甲局数	農暦	日干支	日紫白	奇門遁甲局数	農暦	日干支	日紫白	奇門遁甲局数	農暦	日干支	日紫白	奇門遁甲局数	農暦	日干支	日紫白	奇門遁甲局数	農暦	日干支	日紫白	奇門遁甲局数
1	12/2	庚戌	二	陽2局	1/4	辛巳	九	陽8局	2/2	己酉	七	陽1局	3/4	庚辰	五	陽4局	4/4	庚戌	五	陽4局	5/6	辛巳	三	陽6局
2	12/3	辛亥	三		1/5	壬午	一		2/3	庚戌	八		3/5	辛巳	六		4/5	辛亥	六		5/7	壬午	四	
3	12/4	壬子	四		1/6	癸未	二		2/4	辛亥	九		3/6	壬午	七		4/6	壬子	七		5/8	癸未	五	
4	12/5	癸丑	五		1/7	甲申	三	陽5局	2/5	壬子	一		3/7	癸未	八		4/7	癸丑	八		5/9	甲申	六	陽3局
5	12/6	甲寅	六	陽8局	1/8	乙酉	四		2/6	癸丑	二		3/8	甲申	九	陽1局	4/8	甲寅	九	陽1局	5/10	乙酉	七	
6	12/7	乙卯	七		1/9	丙戌	五		2/7	甲寅	三	陽7局	3/9	乙酉	一		4/9	乙卯	一		5/11	丙戌	八	
7	12/8	丙辰	八		1/10	丁亥	六		2/8	乙卯	四		3/10	丙戌	二		4/10	丙辰	二		5/12	丁亥	九	
8	12/9	丁巳	九		1/11	戊子	七		2/9	丙辰	五		3/11	丁亥	三		4/11	丁巳	三		5/13	戊子	一	
9	12/10	戊午	一		1/12	己丑	八	陽2局	2/10	丁巳	六		3/12	戊子	四		4/12	戊午	四		5/14	己丑	二	陽9局
10	12/11	己未	二	陽5局	1/13	庚寅	九		2/11	戊午	七		3/13	己丑	五	陽7局	4/13	己未	五	陽7局	5/15	庚寅	三	
11	12/12	庚申	三		1/14	辛卯	一		2/12	己未	八	陽4局	3/14	庚寅	六		4/14	庚申	六		5/16	辛卯	四	
12	12/13	辛酉	四		1/15	壬辰	二		2/13	庚申	九		3/15	辛卯	七		4/15	辛酉	七		5/17	壬辰	五	
13	12/14	壬戌	五		1/16	癸巳	三		2/14	辛酉	一		3/16	壬辰	八		4/16	壬戌	八		5/18	癸巳	六	
14	12/15	癸亥	六		1/17	甲午	四	陽9局	2/15	壬戌	二		3/17	癸巳	九		4/17	癸亥	九		5/19	甲午	七	陰9局
15	12/16	甲子	一	陽3局	1/18	乙未	五		2/16	癸亥	三		3/18	甲午	一	陽5局	4/18	甲子	四	陽5局	5/20	乙未	八	
16	12/17	乙丑	二		1/19	丙申	六		2/17	甲子	七	陽3局	3/19	乙未	二		4/19	乙丑	五		5/21	丙申	九	
17	12/18	丙寅	三		1/20	丁酉	七		2/18	乙丑	八		3/20	丙申	三		4/20	丙寅	六		5/22	丁酉	一	
18	12/19	丁卯	四		1/21	戊戌	八		2/19	丙寅	九		3/21	丁酉	四		4/21	丁卯	七		5/23	戊戌	二	
19	12/20	戊辰	五		1/22	己亥	六	陽6局	2/20	丁卯	一		3/22	戊戌	五		4/22	戊辰	八		5/24	己亥	三	陰3局
20	12/21	己巳	六	陽9局	1/23	庚子	七		2/21	戊辰	二		3/23	己亥	三	陽2局	4/23	己巳	九	陽2局	5/25	庚子	四	
21	12/22	庚午	七		1/24	辛丑	八		2/22	己巳	三	陽9局	3/24	庚子	四		4/24	庚午	一		5/26	辛丑	五	
22	12/23	辛未	八		1/25	壬寅	九		2/23	庚午	四		3/25	辛丑	五		4/25	辛未	二		5/27	壬寅	七	
23	12/24	壬申	九		1/26	癸卯	一		2/24	辛未	五		3/26	壬寅	六		4/26	壬申	三		5/28	癸卯	六	
24	12/25	癸酉	一		1/27	甲辰	二	陽3局	2/25	壬申	六		3/27	癸卯	七		4/27	癸酉	四		5/29	甲辰	五	陰6局
25	12/26	甲戌	二	陽6局	1/28	乙巳	三		2/26	癸酉	七		3/28	甲辰	八	陽8局	4/28	甲戌	五	陽8局	5/30	乙巳	四	
26	12/27	乙亥	三		1/29	丙午	四		2/27	甲戌	八	陽6局	3/29	乙巳	九		4/29	乙亥	六		6/1	丙午	三	
27	12/28	丙子	四		1/30	丁未	五		2/28	乙亥	九		3/30	丙午	一		5/1	丙子	七		6/2	丁未	二	
28	12/29	丁丑	五		2/1	戊申	六		2/29	丙子	一		4/1	丁未	二		5/2	丁丑	八		6/3	戊申	一	
29	1/1	戊寅	六						3/1	丁丑	二		4/2	戊申	三		5/3	戊寅	九		6/4	己酉	九	8
30	1/2	己卯	七	8					3/2	戊寅	三		4/3	己酉	四	4	5/4	己卯	一	6	6/5	庚戌	八	
31	1/3	庚辰	八						3/3	己卯	四	4					5/5	庚辰	二					

1986年 丙寅(年)／庚子(月)

月	12月				11月				10月				9月				8月				7月			
月干支	壬子				辛亥				庚戌				己酉				戊申				丁未			
紫白	七赤				八白				九紫				一白				二黒				三碧			
節気	22 冬至 18時46分	8 大雪 0時52分	日紫白	奇門遁甲局数	23 小雪 5時29分	8 立冬 8時6分	日紫白	奇門遁甲局数	24 霜降 8時1分	9 寒露 5時0分	日紫白	奇門遁甲局数	23 秋分 22時45分	8 白露 13時24分	日紫白	奇門遁甲局数	24 処暑 1時10分	8 立秋 10時29分	日紫白	奇門遁甲局数	23 大暑 18時6分	8 小暑 0時39分	日紫白	奇門遁甲局数
新暦	農暦	日干支			農暦	日干支			農暦	日干支			農暦	日干支			農暦	日干支			農暦	日干支		
1	10/11	甲申	四	陰7局	9/10	甲寅	一	陰9局	8/9	癸未	二	6	7/9	癸丑	八	9	閏6/7	壬午	九	2	6/6	辛亥	七	陰8局
2	10/12	乙酉	三		9/11	乙卯	九		8/10	甲申	一	陰9局	7/10	甲寅	七	陰3局	閏6/8	癸未	八		6/7	壬子	六	
3	10/13	丙戌	二		9/12	丙辰	八		8/11	乙酉	九		7/11	乙卯	六		閏6/9	甲申	七	陰5局	6/8	癸丑	五	
4	10/14	丁亥	一		9/13	丁巳	七		8/12	丙戌	八		7/12	丙辰	五		閏6/10	乙酉	六		6/9	甲寅	四	陰2局
5	10/15	戊子	九		9/14	戊午	六		8/13	丁亥	七		7/13	丁巳	四		閏6/11	丙戌	五		6/10	乙卯	三	
6	10/16	己丑	八	陰1局	9/15	己未	五	陰3局	8/14	戊子	六		7/14	戊午	三		閏6/12	丁亥	四		6/11	丙辰	二	
7	10/17	庚寅	七		9/16	庚申	四		8/15	己丑	五	陰3局	7/15	己未	二	陰6局	閏6/13	戊子	三		6/12	丁巳	一	
8	10/18	辛卯	六		9/17	辛酉	三		8/16	庚寅	四		7/16	庚申	一		閏6/14	己丑	二	陰8局	6/13	戊午	九	
9	10/19	壬辰	五		9/18	壬戌	二		8/17	辛卯	三		7/17	辛酉	九		閏6/15	庚寅	一		6/14	己未	八	陰5局
10	10/20	癸巳	四		9/19	癸亥	一		8/18	壬辰	二		7/18	壬戌	八		閏6/16	辛卯	九		6/15	庚申	七	
11	10/21	甲午	三	陰4局・閏	9/20	甲子	六	陰5局	8/19	癸巳	一		7/19	癸亥	七		閏6/17	壬辰	八		6/16	辛酉	六	
12	10/22	乙未	二		9/21	乙丑	五		8/20	甲午	九	陰5局	7/20	甲子	三	陰7局	閏6/18	癸巳	七		6/17	壬戌	五	
13	10/23	丙申	一		9/22	丙寅	四		8/21	乙未	八		7/21	乙丑	二		閏6/19	甲午	六	陰1局	6/18	癸亥	四	
14	10/24	丁酉	九		9/23	丁卯	三		8/22	丙申	七		7/22	丙寅	一		閏6/20	乙未	五		6/19	甲子	九	陰7局
15	10/25	戊戌	八		9/24	戊辰	二		8/23	丁酉	六		7/23	丁卯	九		閏6/21	丙申	四		6/20	乙丑	八	
16	10/26	己亥	七	陰7局・閏	9/25	己巳	一	陰8局	8/24	戊戌	五		7/24	戊辰	八		閏6/22	丁酉	三		6/21	丙寅	七	
17	10/27	庚子	六		9/26	庚午	九		8/25	己亥	四	陰8局	7/25	己巳	七	陰1局	閏6/23	戊戌	二		6/22	丁卯	六	
18	10/28	辛丑	五		9/27	辛未	八		8/26	庚子	三		7/26	庚午	六		閏6/24	己亥	一	陰4局	6/23	戊辰	五	
19	10/29	壬寅	四		9/28	壬申	七		8/27	辛丑	二		7/27	辛未	五		閏6/25	庚子	九		6/24	己巳	四	陰1局
20	10/30	癸卯	三		9/29	癸酉	六		8/28	壬寅	一		7/28	壬申	四		閏6/26	辛丑	八		6/25	庚午	三	
21	11/1	甲辰	二	陰1局・閏	10/1	甲戌	五	陰2局	8/29	癸卯	九		7/29	癸酉	三		閏6/27	壬寅	七		6/26	辛未	二	
22	11/2	乙巳	六		10/2	乙亥	四		8/30	甲辰	八	陰2局	7/30	甲戌	二	陰4局	閏6/28	癸卯	六		6/27	壬申	一	
23	11/3	丙午	七		10/3	丙子	三		9/1	乙巳	七		8/1	乙亥	一		閏6/29	甲辰	五	陰7局	6/28	癸酉	九	
24	11/4	丁未	八		10/4	丁丑	二		9/2	丙午	九		8/2	丙子	九		7/1	乙巳	七		6/29	甲戌	八	陰4局
25	11/5	戊申	九		10/5	戊寅	一		9/3	丁未	八		8/3	丁丑	八		7/2	丙午	六		6/30	乙亥	七	
26	11/6	己酉	一	陽1局	10/6	己卯	九	陰4局	9/4	戊申	七		8/4	戊寅	七		7/3	丁未	五		閏6/1	丙子	六	
27	11/7	庚戌	二		10/7	庚辰	八		9/5	己酉	六	陰6局	8/5	己卯	六	陰6局	7/4	戊申	四		閏6/2	丁丑	五	
28	11/8	辛亥	三		10/8	辛巳	七		9/6	庚戌	五		8/6	庚辰	五		7/5	己酉	三	陰9局	閏6/3	戊寅	四	
29	11/9	壬子	四		10/9	壬午	六		9/7	辛亥	四		8/7	辛巳	四		7/6	庚戌	二		閏6/4	己卯	三	陰2局
30	11/10	癸丑	五		10/10	癸未	五		9/8	壬子	三		8/8	壬午	三		7/7	辛亥	一		閏6/5	庚辰	二	
31	11/11	甲寅	六	7					9/9	癸丑	二						7/8	壬子	九		閏6/6	辛巳	一	

一九八八年 戊辰 三碧

二元八運…「七運」 三元九運…「七運」

6月				5月				4月				3月				2月				1月				月
戊午				丁巳				丙辰				乙卯				甲寅				癸丑 丁卯(年)				月干支
一白				二黒				三碧				四緑				五黄				六白				紫白
21 夏至 12時57分	5 芒種 20時15分	日紫白	奇門遁甲局数	21 小満 4時57分	5 立夏 16時2分	日紫白	奇門遁甲局数	20 穀雨 5時45分	4 清明 22時39分	日紫白	奇門遁甲局数	20 春分 18時39分	5 啓蟄 17時47分	日紫白	奇門遁甲局数	19 雨水 19時35分	4 立春 23時43分	日紫白	奇門遁甲局数	21 大寒 5時24分	6 小寒 12時4分	日紫白	奇門遁甲局数	節気
農暦	日干支			農暦	日干支			農暦	日干支			農暦	日干支			農暦	日干支			農暦	日干支			新暦
4/17	丁亥	九	2	3/16	丙辰	二	陽2局	2/15	丙戌	二	陽9局	1/14	乙卯	四	陽6局	12/14	丙戌	五	陽9局	11/12	乙卯	七	陽7局	1
4/18	戊子	一		3/17	丁巳	三		2/16	丁亥	三		1/15	丙辰	五		12/15	丁亥	六		11/13	丙辰	八		2
4/19	己丑	二	陽8局	3/18	戊午	四		2/17	戊子	四		1/16	丁巳	六		12/16	戊子	七		11/14	丁巳	九		3
4/20	庚寅	三		3/19	己未	五	陽8局	2/18	己丑	五	陽6局	1/17	戊午	七		12/17	己丑	八	陽6局	11/15	戊午	一		4
4/21	辛卯	四		3/20	庚申	六		2/19	庚寅	六		1/18	己未	八	陽3局	12/18	庚寅	九		11/16	己未	二	陽4局	5
4/22	壬辰	五		3/21	辛酉	七		2/20	辛卯	七		1/19	庚申	九		12/19	辛卯	一		11/17	庚申	三		6
4/23	癸巳	六		3/22	壬戌	八		2/21	壬辰	八		1/20	辛酉	一		12/20	壬辰	二		11/18	辛酉	四		7
4/24	甲午	七	陽6局	3/23	癸亥	九		2/22	癸巳	九		1/21	壬戌	二		12/21	癸巳	三		11/19	壬戌	五		8
4/25	乙未	八		3/24	甲子	四	陽4局	2/23	甲午	一	陽4局	1/22	癸亥	三		12/22	甲午	四	陽8局	11/20	癸亥	六		9
4/26	丙申	九		3/25	乙丑	五		2/24	乙未	二		1/23	甲子	七	陽1局	12/23	乙未	五		11/21	甲子	一	陽2局	10
4/27	丁酉	一		3/26	丙寅	六		2/25	丙申	三		1/24	乙丑	八		12/24	丙申	六		11/22	乙丑	二		11
4/28	戊戌	二		3/27	丁卯	七		2/26	丁酉	四		1/25	丙寅	九		12/25	丁酉	七		11/23	丙寅	三		12
4/29	己亥	三	陽3局	3/28	戊辰	八		2/27	戊戌	五		1/26	丁卯	一		12/26	戊戌	八		11/24	丁卯	四		13
5/1	庚子	四		3/29	己巳	九	陽1局	2/28	己亥	六	陽1局	1/27	戊辰	二		12/27	己亥	九	陽5局	11/25	戊辰	五		14
5/2	辛丑	五		3/30	庚午	一		2/29	庚子	七		1/28	己巳	三	陽7局	12/28	庚子	一		11/26	己巳	六	陽8局	15
5/3	壬寅	六		4/1	辛未	二		3/1	辛丑	八		1/29	庚午	四		12/29	辛丑	二		11/27	庚午	七		16
5/4	癸卯	七		4/2	壬申	三		3/2	壬寅	九		1/30	辛未	五		1/1	壬寅	三		11/28	辛未	八		17
5/5	甲辰	八	陽9局	4/3	癸酉	四		3/3	癸卯	一		2/1	壬申	六		1/2	癸卯	四		11/29	壬申	九		18
5/6	乙巳	九		4/4	甲戌	五	陽7局	3/4	甲辰	二	陽7局	2/2	癸酉	七		1/3	甲辰	二	陽2局	12/1	癸酉	一		19
5/7	丙午	一		4/5	乙亥	六		3/5	乙巳	九		2/3	甲戌	八	陽4局	1/4	乙巳	三		12/2	甲戌	二	陽5局	20
5/8	丁未	二		4/6	丙子	七		3/6	丙午	一		2/4	乙亥	九		1/5	丙午	四		12/3	乙亥	三		21
5/9	戊申	一		4/7	丁丑	八		3/7	丁未	二		2/5	丙子	一		1/6	丁未	五		12/4	丙子	四		22
5/10	己酉	九	陰9局	4/8	戊寅	九		3/8	戊申	三		2/6	丁丑	二		1/7	戊申	六		12/5	丁丑	五		23
5/11	庚戌	八		4/9	己卯	一	陽5局	3/9	己酉	四	陽5局	2/7	戊寅	三		1/8	己酉	七	陽9局	12/6	戊寅	六		24
5/12	辛亥	七		4/10	庚辰	二		3/10	庚戌	五		2/8	己卯	四	陽3局	1/9	庚戌	八		12/7	己卯	七	陽3局	25
5/13	壬子	六		4/11	辛巳	三		3/11	辛亥	六		2/9	庚辰	五		1/10	辛亥	九		12/8	庚辰	八		26
5/14	癸丑	五		4/12	壬午	四		3/12	壬子	七		2/10	辛巳	六		1/11	壬子	一		12/9	辛巳	九		27
5/15	甲寅	四	陰3局	4/13	癸未	五		3/13	癸丑	八		2/11	壬午	七		1/12	癸丑	二		12/10	壬午	一		28
5/16	乙卯	三		4/14	甲申	六	陽2局	3/14	甲寅	九	2	2/12	癸未	八		1/13	甲寅	三	6	12/11	癸未	二		29
5/17	丙辰	二		4/15	乙酉	七		3/15	乙卯	一		2/13	甲申	九	9					12/12	甲申	三	9	30
				4/16	丙戌	八						2/14	乙酉	一						12/13	乙酉	四		31

1987年 丁卯(年)／壬子(月)

月	12月				11月				10月				9月				8月				7月			
月干支	甲子				癸亥				壬戌				辛酉				庚申				己未			
紫白	四緑				五黄				六白				七赤				八白				九紫			
節気	22 冬至 0時28分	7 大雪 6時34分	日紫白	奇門遁甲局数	22 小雪 11時12分	7 立冬 13時49分	日紫白	奇門遁甲局数	23 霜降 13時44分	8 寒露 10時45分	日紫白	奇門遁甲局数	23 秋分 4時29分	7 白露 19時12分	日紫白	奇門遁甲局数	23 処暑 6時54分	7 立秋 16時20分	日紫白	奇門遁甲局数	22 大暑 23時51分	7 小暑 6時33分	日紫白	奇門遁甲局数
新暦	農暦	日干支			農暦	日干支			農暦	日干支			農暦	日干支			農暦	日干支			農暦	日干支		
1	10/23	庚寅	七	陰2局	9/22	庚申	四	陰2局	8/21	己丑	五	陰4局	7/21	己未	二	陰7局	6/19	戊子	三	1	5/18	丁巳	一	3
2	10/24	辛卯	六		9/23	辛酉	三		8/22	庚寅	四		7/22	庚申	一		6/20	己丑	二	陰4局	5/19	戊午	九	
3	10/25	壬辰	五		9/24	壬戌	二		8/23	辛卯	三		7/23	辛酉	九		6/21	庚寅	一		5/20	己未	八	陰6局
4	10/26	癸巳	四		9/25	癸亥	一		8/24	壬辰	二		7/24	壬戌	八		6/22	辛卯	九		5/21	庚申	七	
5	10/27	甲午	三	陰4局	9/26	甲子	六	陰6局	8/25	癸巳	一		7/25	癸亥	七		6/23	壬辰	八		5/22	辛酉	六	
6	10/28	乙未	二		9/27	乙丑	五		8/26	甲午	九	陰6局	7/26	甲子	三	陰9局	6/24	癸巳	七		5/23	壬戌	五	
7	10/29	丙申	一		9/28	丙寅	四		8/27	乙未	八		7/27	乙丑	二		6/25	甲午	六	陰2局	5/24	癸亥	四	
8	10/30	丁酉	九		9/29	丁卯	三		8/28	丙申	七		7/28	丙寅	一		6/26	乙未	五		5/25	甲子	九	陰8局
9	11/1	戊戌	八		10/1	戊辰	二		8/29	丁酉	六		7/29	丁卯	九		6/27	丙申	四		5/26	乙丑	八	
10	11/2	己亥	七	陰7局	10/2	己巳	一	陰9局	8/30	戊戌	五		7/30	戊辰	八		6/28	丁酉	三		5/27	丙寅	七	
11	11/3	庚子	六		10/3	庚午	九		9/1	己亥	四	陰9局	8/1	己巳	七	陰3局	6/29	戊戌	二		5/28	丁卯	六	
12	11/4	辛丑	五		10/4	辛未	八		9/2	庚子	三		8/2	庚午	六		7/1	己亥	一	陰5局	5/29	戊辰	五	
13	11/5	壬寅	四		10/5	壬申	七		9/3	辛丑	二		8/3	辛未	五		7/2	庚子	九		5/30	己巳	四	陰2局
14	11/6	癸卯	三		10/6	癸酉	六		9/4	壬寅	一		8/4	壬申	四		7/3	辛丑	八		6/1	庚午	三	
15	11/7	甲辰	二	陰1局	10/7	甲戌	五	陰3局	9/5	癸卯	九		8/5	癸酉	三		7/4	壬寅	七		6/2	辛未	二	
16	11/8	乙巳	一		10/8	乙亥	四		9/6	甲辰	八	陰3局	8/6	甲戌	二	陰6局	7/5	癸卯	六		6/3	壬申	一	
17	11/9	丙午	九		10/9	丙子	三		9/7	乙巳	七		8/7	乙亥	一		7/6	甲辰	五	陰8局	6/4	癸酉	九	
18	11/10	丁未	八		10/10	丁丑	二		9/8	丙午	六		8/8	丙子	九		7/7	乙巳	四		6/5	甲戌	八	陰5局
19	11/11	戊申	七		10/11	戊寅	一		9/9	丁未	五		8/9	丁丑	八		7/8	丙午	三		6/6	乙亥	七	
20	11/12	己酉	六	陽1局	10/12	己卯	九	陰5局	9/10	戊申	四		8/10	戊寅	七		7/9	丁未	二		6/7	丙子	六	
21	11/13	庚戌	五		10/13	庚辰	八		9/11	己酉	三	陰5局	8/11	己卯	六	陰7局	7/10	戊申	一		6/8	丁丑	五	
22	11/14	辛亥	三		10/14	辛巳	七		9/12	庚戌	二		8/12	庚辰	五		7/11	己酉	九	陰1局	6/9	戊寅	四	
23	11/15	壬子	四		10/15	壬午	六		9/13	辛亥	四		8/13	辛巳	四		7/12	庚戌	二		6/10	己卯	三	陰7局
24	11/16	癸丑	五		10/16	癸未	五		9/14	壬子	三		8/14	壬午	三		7/13	辛亥	一		6/11	庚辰	二	
25	11/17	甲寅	六	陽7局	10/17	甲申	四	陰8局	9/15	癸丑	二		8/15	癸未	二		7/14	壬子	九		6/12	辛巳	一	
26	11/18	乙卯	七		10/18	乙酉	三		9/16	甲寅	一	陰8局	8/16	甲申	一	陰1局	7/15	癸丑	八		6/13	壬午	九	
27	11/19	丙辰	八		10/19	丙戌	二		9/17	乙卯	九		8/17	乙酉	九		7/16	甲寅	七	陰4局	6/14	癸未	八	
28	11/20	丁巳	九		10/20	丁亥	一		9/18	丙辰	八		8/18	丙戌	八		7/17	乙卯	六		6/15	甲申	七	陰1局
29	11/21	戊午	一		10/21	戊子	九		9/19	丁巳	七		8/19	丁亥	七		7/18	丙辰	五		6/16	乙酉	六	
30	11/22	己未	二	4	10/22	己丑	八	2	9/20	戊午	六		8/20	戊子	六		7/19	丁巳	四		6/17	丙戌	五	
31	11/23	庚申	三						9/21	己未	五	2					7/20	戊午	三		6/18	丁亥	四	

一九八九年　己巳　二黒

二元八運…「七運」　三元九運…「七運」

新暦	1月 農暦	1月 日干支	1月 日紫白	1月 奇門遁甲局数	2月 農暦	2月 日干支	2月 日紫白	2月 奇門遁甲局数	3月 農暦	3月 日干支	3月 日紫白	3月 奇門遁甲局数
月干支	乙丑 戊辰(年)				丙寅				丁卯			
紫白	三碧				二黒				一白			
節気	5 小寒 17時46分 / 20 大寒 11時7分				4 立春 5時27分 / 19 雨水 1時21分				5 啓蟄 23時34分 / 21 春分 0時28分			
1	11/24	辛酉	四	陽4局	12/25	壬辰	二	6	1/24	庚申	九	陽3局
2	11/25	壬戌	五		12/26	癸巳	三		1/25	辛酉	一	
3	11/26	癸亥	六		12/27	甲午	四		1/26	壬戌	二	
4	11/27	甲子	一	陽2局	12/28	乙未	五	陽8局	1/27	癸亥	三	
5	11/28	乙丑	二		12/29	丙申	六		1/28	甲子	七	陽1局
6	11/29	丙寅	三		1/1	丁酉	七		1/29	乙丑	八	
7	11/30	丁卯	四		1/2	戊戌	八		1/30	丙寅	九	
8	12/1	戊辰	五		1/3	己亥	九	陽5局	2/1	丁卯	一	
9	12/2	己巳	六	陽8局	1/4	庚子	一		2/2	戊辰	二	
10	12/3	庚午	七		1/5	辛丑	二		2/3	己巳	三	陽7局
11	12/4	辛未	八		1/6	壬寅	三		2/4	庚午	四	
12	12/5	壬申	九		1/7	癸卯	四		2/5	辛未	五	
13	12/6	癸酉	一		1/8	甲辰	五	陽2局	2/6	壬申	六	
14	12/7	甲戌	二	陽5局	1/9	乙巳	六		2/7	癸酉	七	
15	12/8	乙亥	三		1/10	丙午	七		2/8	甲戌	八	陽4局
16	12/9	丙子	四		1/11	丁未	八		2/9	乙亥	九	
17	12/10	丁丑	五		1/12	戊申	九		2/10	丙子	一	
18	12/11	戊寅	六		1/13	己酉	一	陽9局	2/11	丁丑	二	
19	12/12	己卯	七	陽3局	1/14	庚戌	八		2/12	戊寅	三	
20	12/13	庚辰	八		1/15	辛亥	九		2/13	己卯	四	陽3局
21	12/14	辛巳	九		1/16	壬子	一		2/14	庚辰	五	
22	12/15	壬午	一		1/17	癸丑	二		2/15	辛巳	六	
23	12/16	癸未	二		1/18	甲寅	三	陽6局	2/16	壬午	七	
24	12/17	甲申	三	陽9局	1/19	乙卯	四		2/17	癸未	八	
25	12/18	乙酉	四		1/20	丙辰	五		2/18	甲申	九	陽9局
26	12/19	丙戌	五		1/21	丁巳	六		2/19	乙酉	一	
27	12/20	丁亥	六		1/22	戊午	七		2/20	丙戌	二	
28	12/21	戊子	七		1/23	己未	八	3	2/21	丁亥	三	
29	12/22	己丑	八	陽6局					2/22	戊子	四	
30	12/23	庚寅	九						2/23	己丑	五	6
31	12/24	辛卯	一						2/24	庚寅	六	

新暦	4月 農暦	4月 日干支	4月 日紫白	4月 奇門遁甲局数	5月 農暦	5月 日干支	5月 日紫白	5月 奇門遁甲局数	6月 農暦	6月 日干支	6月 日紫白	6月 奇門遁甲局数
月干支	戊辰				己巳				庚午			
紫白	九紫				八白				七赤			
節気	5 清明 4時30分 / 20 穀雨 11時39分				5 立夏 21時54分 / 21 小満 10時54分				6 芒種 2時5分 / 21 夏至 18時53分			
1	2/25	辛卯	七	陽6局	3/26	辛酉	七	陽8局	4/28	壬辰	五	8
2	2/26	壬辰	八		3/27	壬戌	八		4/29	癸巳	六	
3	2/27	癸巳	九		3/28	癸亥	九		4/30	甲午	七	陽6局
4	2/28	甲午	一	陽4局	3/29	甲子	四	陽4局	5/1	乙未	八	
5	2/29	乙未	二		4/1	乙丑	五		5/2	丙申	九	
6	3/1	丙申	三		4/2	丙寅	六		5/3	丁酉	一	
7	3/2	丁酉	四		4/3	丁卯	七		5/4	戊戌	二	
8	3/3	戊戌	五		4/4	戊辰	八		5/5	己亥	三	陽3局
9	3/4	己亥	六	陽1局	4/5	己巳	九	陽1局	5/6	庚子	四	
10	3/5	庚子	七		4/6	庚午	一		5/7	辛丑	五	
11	3/6	辛丑	八		4/7	辛未	二		5/8	壬寅	六	
12	3/7	壬寅	九		4/8	壬申	三		5/9	癸卯	七	
13	3/8	癸卯	一		4/9	癸酉	四		5/10	甲辰	八	陽9局
14	3/9	甲辰	二	陽7局	4/10	甲戌	五	陽7局	5/11	乙巳	九	
15	3/10	乙巳	三		4/11	乙亥	六		5/12	丙午	一	
16	3/11	丙午	四		4/12	丙子	七		5/13	丁未	二	
17	3/12	丁未	五		4/13	丁丑	八		5/14	戊申	三	
18	3/13	戊申	六		4/14	戊寅	九		5/15	己酉	四	陰9局
19	3/14	己酉	七	陽5局	4/15	己卯	一	陽5局	5/16	庚戌	五	
20	3/15	庚戌	五		4/16	庚辰	二		5/17	辛亥	六	
21	3/16	辛亥	六		4/17	辛巳	三		5/18	壬子	六	
22	3/17	壬子	七		4/18	壬午	四		5/19	癸丑	五	
23	3/18	癸丑	八		4/19	癸未	五		5/20	甲寅	四	陰3局
24	3/19	甲寅	九	陽2局	4/20	甲申	六	陽2局	5/21	乙卯	三	
25	3/20	乙卯	一		4/21	乙酉	七		5/22	丙辰	二	
26	3/21	丙辰	二		4/22	丙戌	八		5/23	丁巳	一	
27	3/22	丁巳	三		4/23	丁亥	九		5/24	戊午	九	
28	3/23	戊午	四		4/24	戊子	一		5/25	己未	八	陰6局
29	3/24	己未	五	8	4/25	己丑	二	陽8局	5/26	庚申	七	
30	3/25	庚申	六		4/26	庚寅	三		5/27	辛酉	六	
31					4/27	辛卯	四					

1988年 戊辰(年)／甲子(月)

月	12月				11月				10月				9月				8月				7月			
月干支	丙子				乙亥				甲戌				癸酉				壬申				辛未			
紫白	一白				二黒				三碧				四緑				五黄				六白			
節気	22 冬至 6時22分	7 大雪 12時21分	日紫白	奇門遁甲局数	22 小雪 17時5分	7 立冬 19時34分	日紫白	奇門遁甲局数	23 霜降 19時35分	8 寒露 16時27分	日紫白	奇門遁甲局数	23 秋分 10時20分	8 白露 0時54分	日紫白	奇門遁甲局数	23 処暑 12時46分	7 立秋 22時4分	日紫白	奇門遁甲局数	23 大暑 5時45分	7 小暑 12時19分	日紫白	奇門遁甲局数
新暦	農暦	日干支			農暦	日干支			農暦	日干支			農暦	日干支			農暦	日干支			農暦	日干支		
1	11/4	乙未	二	陰4局	10/4	乙丑	五	陰6局	9/2	甲午	九	陰6局	8/2	甲子	三	陰9局	6/30	癸巳	七	4	5/28	壬戌	五	6
2	11/5	丙申	一		10/5	丙寅	四		9/3	乙未	八		8/3	乙丑	二		7/1	甲午	六	陰2局	5/29	癸亥	四	
3	11/6	丁酉	九		10/6	丁卯	三		9/4	丙申	七		8/4	丙寅	一		7/2	乙未	五		6/1	甲子	九	陰8局
4	11/7	戊戌	八		10/7	戊辰	二		9/5	丁酉	六		8/5	丁卯	九		7/3	丙申	四		6/2	乙丑	八	
5	11/8	己亥	七	陰7局	10/8	己巳	一	陰9局	9/6	戊戌	五		8/6	戊辰	八		7/4	丁酉	三		6/3	丙寅	七	
6	11/9	庚子	六		10/9	庚午	九		9/7	己亥	四	陰9局	8/7	己巳	七	陰3局	7/5	戊戌	二		6/4	丁卯	六	
7	11/10	辛丑	五		10/10	辛未	八		9/8	庚子	三		8/8	庚午	六		7/6	己亥	一	陰5局	6/5	戊辰	五	
8	11/11	壬寅	四		10/11	壬申	七		9/9	辛丑	二		8/9	辛未	五		7/7	庚子	九		6/6	己巳	四	陰2局
9	11/12	癸卯	三		10/12	癸酉	六		9/10	壬寅	一		8/10	壬申	四		7/8	辛丑	八		6/7	庚午	三	
10	11/13	甲辰	二	陰1局	10/13	甲戌	五	陰3局	9/11	癸卯	九		8/11	癸酉	三		7/9	壬寅	七		6/8	辛未	二	
11	11/14	乙巳	一		10/14	乙亥	四		9/12	甲辰	八	陰3局	8/12	甲戌	二	陰6局	7/10	癸卯	六		6/9	壬申	一	
12	11/15	丙午	九		10/15	丙子	三		9/13	乙巳	七		8/13	乙亥	一		7/11	甲辰	五	陰8局	6/10	癸酉	九	
13	11/16	丁未	八		10/16	丁丑	二		9/14	丙午	六		8/14	丙子	九		7/12	乙巳	四		6/11	甲戌	八	陰5局
14	11/17	戊申	七		10/17	戊寅	一		9/15	丁未	五		8/15	丁丑	八		7/13	丙午	三		6/12	乙亥	七	
15	11/18	己酉	六	陽1局	10/18	己卯	九	陰5局	9/16	戊申	四		8/16	戊寅	七		7/14	丁未	二		6/13	丙子	六	
16	11/19	庚戌	五		10/19	庚辰	八		9/17	己酉	三	陰5局	8/17	己卯	六	陰7局	7/15	戊申	一		6/14	丁丑	五	
17	11/20	辛亥	四		10/20	辛巳	七		9/18	庚戌	二		8/18	庚辰	五		7/16	己酉	九	陰1局	6/15	戊寅	四	
18	11/21	壬子	三		10/21	壬午	六		9/19	辛亥	一		8/19	辛巳	四		7/17	庚戌	八		6/16	己卯	三	陰7局
19	11/22	癸丑	二		10/22	癸未	五		9/20	壬子	九		8/20	壬午	三		7/18	辛亥	七		6/17	庚辰	二	
20	11/23	甲寅	一	陽7局	10/23	甲申	四	陰8局	9/21	癸丑	八		8/21	癸未	二		7/19	壬子	六		6/18	辛巳	一	
21	11/24	乙卯	九		10/24	乙酉	三		9/22	甲寅	七	陰8局	8/22	甲申	一	陰1局	7/20	癸丑	五		6/19	壬午	九	
22	11/25	丙辰	八		10/25	丙戌	二		9/23	乙卯	六		8/23	乙酉	九		7/21	甲寅	四	陰4局	6/20	癸未	八	
23	11/26	丁巳	九		10/26	丁亥	一		9/24	丙辰	八		8/24	丙戌	八		7/22	乙卯	六		6/21	甲申	七	陰1局
24	11/27	戊午	一		10/27	戊子	九		9/25	丁巳	七		8/25	丁亥	七		7/23	丙辰	五		6/22	乙酉	六	
25	11/28	己未	二	陽4局	10/28	己丑	八	陰2局	9/26	戊午	六		8/26	戊子	六		7/24	丁巳	四		6/23	丙戌	五	
26	11/29	庚申	三		10/29	庚寅	七		9/27	己未	五	陰2局	8/27	己丑	五	陰4局	7/25	戊午	三		6/24	丁亥	四	
27	11/30	辛酉	四		10/30	辛卯	六		9/28	庚申	四		8/28	庚寅	四		7/26	己未	二	陰7局	6/25	戊子	三	
28	12/1	壬戌	五		11/1	壬辰	五		9/29	辛酉	三		8/29	辛卯	三		7/27	庚申	一		6/26	己丑	二	陰4局
29	12/2	癸亥	六		11/2	癸巳	四		10/1	壬戌	二		8/30	壬辰	二		7/28	辛酉	九		6/27	庚寅	一	
30	12/3	甲子	一	2	11/3	甲午	三	4	10/2	癸亥	一		9/1	癸巳	一		7/29	壬戌	八		6/28	辛卯	九	
31	12/4	乙丑	二						10/3	甲子	六	6					8/1	癸亥	七		6/29	壬辰	八	

一九九〇年　庚午　一白

二元八運…「七運」
三元九運…「七運」

月	1月				2月				3月				4月				5月				6月			
月干支	丁丑 己巳(年)				戊寅				己卯				庚辰				辛巳				壬午			
紫白	九紫				八白				七赤				六白				五黄				四緑			
節気	20 大寒 17時2分	5 小寒 23時33分	日紫白	奇門遁甲局数	19 雨水 7時14分	4 立春 11時14分	日紫白	奇門遁甲局数	21 春分 6時19分	6 啓蟄 5時19分	日紫白	奇門遁甲局数	20 穀雨 17時27分	5 清明 10時13分	日紫白	奇門遁甲局数	21 小満 16時37分	6 立夏 3時35分	日紫白	奇門遁甲局数	22 夏至 0時33分	6 芒種 7時46分	日紫白	奇門遁甲局数
新暦	農暦	日干支			農暦	日干支			農暦	日干支			農暦	日干支			農暦	日干支			農暦	日干支		
1	12/5	丙寅	三	陽2局	1/6	丁酉	七	8	2/5	乙丑	八	陽1局	3/6	丙申	三	陽4局	4/7	丙寅	六	陽4局	5/9	丁酉	一	6
2	12/6	丁卯	四		1/7	戊戌	八		2/6	丙寅	九		3/7	丁酉	四		4/8	丁卯	七		5/10	戊戌	二	
3	12/7	戊辰	五		1/8	己亥	九		2/7	丁卯	一		3/8	戊戌	五		4/9	戊辰	八		5/11	己亥	三	陽3局
4	12/8	己巳	六	陽8局	1/9	庚子	一	陽5局	2/8	戊辰	二		3/9	己亥	六	陽1局	4/10	己巳	九	陽1局	5/12	庚子	四	
5	12/9	庚午	七		1/10	辛丑	二		2/9	己巳	三	陽7局	3/10	庚子	七		4/11	庚午	一		5/13	辛丑	五	
6	12/10	辛未	八		1/11	壬寅	三		2/10	庚午	四		3/11	辛丑	八		4/12	辛未	二		5/14	壬寅	六	
7	12/11	壬申	九		1/12	癸卯	四		2/11	辛未	五		3/12	壬寅	九		4/13	壬申	三		5/15	癸卯	七	
8	12/12	癸酉	一		1/13	甲辰	五		2/12	壬申	六		3/13	癸卯	一		4/14	癸酉	四		5/16	甲辰	八	陽9局
9	12/13	甲戌	二	陽5局	1/14	乙巳	六	陽2局	2/13	癸酉	七		3/14	甲辰	二	陽7局	4/15	甲戌	五	陽7局	5/17	乙巳	九	
10	12/14	乙亥	三		1/15	丙午	七		2/14	甲戌	八	陽4局	3/15	乙巳	三		4/16	乙亥	六		5/18	丙午	一	
11	12/15	丙子	四		1/16	丁未	八		2/15	乙亥	九		3/16	丙午	四		4/17	丙子	七		5/19	丁未	二	
12	12/16	丁丑	五		1/17	戊申	九		2/16	丙子	一		3/17	丁未	五		4/18	丁丑	八		5/20	戊申	三	
13	12/17	戊寅	六		1/18	己酉	一		2/17	丁丑	二		3/18	戊申	六		4/19	戊寅	九		5/21	己酉	四	陽6局・閏
14	12/18	己卯	七	陽3局	1/19	庚戌	二	陽9局	2/18	戊寅	三		3/19	己酉	七	陽5局	4/20	己卯	一	陽5局	5/22	庚戌	五	
15	12/19	庚辰	八		1/20	辛亥	三		2/19	己卯	四	陽3局	3/20	庚戌	八		4/21	庚辰	二		5/23	辛亥	六	
16	12/20	辛巳	九		1/21	壬子	四		2/20	庚辰	五		3/21	辛亥	九		4/22	辛巳	三		5/24	壬子	七	
17	12/21	壬午	一		1/22	癸丑	五		2/21	辛巳	六		3/22	壬子	一		4/23	壬午	四		5/25	癸丑	八	
18	12/22	癸未	二		1/23	甲寅	六		2/22	壬午	七		3/23	癸丑	二		4/24	癸未	五		5/26	甲寅	九	陽3局・閏
19	12/23	甲申	三	陽9局	1/24	乙卯	四	陽6局	2/23	癸未	八		3/24	甲寅	三	陽2局	4/25	甲申	六	陽2局	5/27	乙卯	一	
20	12/24	乙酉	四		1/25	丙辰	五		2/24	甲申	九	陽9局	3/25	乙卯	一		4/26	乙酉	七		5/28	丙辰	二	
21	12/25	丙戌	五		1/26	丁巳	六		2/25	乙酉	一		3/26	丙辰	二		4/27	丙戌	八		5/29	丁巳	三	
22	12/26	丁亥	六		1/27	戊午	七		2/26	丙戌	二		3/27	丁巳	三		4/28	丁亥	九		5/30	戊午	九	
23	12/27	戊子	七		1/28	己未	八		2/27	丁亥	三		3/28	戊午	四		4/29	戊子	一		閏5/1	己未	八	陽9局・閏
24	12/28	己丑	八	陽6局	1/29	庚申	九	陽3局	2/28	戊子	四		3/29	己未	五	陽8局	5/1	己丑	二	陽8局	閏5/2	庚申	七	
25	12/29	庚寅	九		2/1	辛酉	一		2/29	己丑	五	陽6局	4/1	庚申	六		5/2	庚寅	三		閏5/3	辛酉	六	
26	12/30	辛卯	一		2/2	壬戌	二		2/30	庚寅	六		4/2	辛酉	七		5/3	辛卯	四		閏5/4	壬戌	五	
27	1/1	壬辰	二		2/3	癸亥	三		3/1	辛卯	七		4/3	壬戌	八		5/4	壬辰	五		閏5/5	癸亥	四	
28	1/2	癸巳	三		2/4	甲子	七	1	3/2	壬辰	八		4/4	癸亥	九		5/5	癸巳	六		閏5/6	甲子	九	陰9局
29	1/3	甲午	四	陽8局					3/3	癸巳	九		4/5	甲子	四	4	5/6	甲午	七	陽6局	閏5/7	乙丑	八	
30	1/4	乙未	五						3/4	甲午	一	4	4/6	乙丑	五		5/7	乙未	八		閏5/8	丙寅	七	
31	1/5	丙申	六						3/5	乙未	二						5/8	丙申	九					

1989年　己巳(年)／丙子(月)

月	12月				11月				10月				9月				8月				7月			
月干支	戊子				丁亥				丙戌				乙酉				甲申				癸未			
紫白	七赤				八白				九紫				一白				二黒				三碧			
節気	22 冬至 12時7分	7 大雪 18時14分	日紫白	奇門遁甲局数	22 小雪 22時47分	8 立冬 1時23分	日紫白	奇門遁甲局数	24 霜降 1時14分	8 寒露 22時14分	日紫白	奇門遁甲局数	23 秋分 15時56分	8 白露 6時37分	日紫白	奇門遁甲局数	23 処暑 18時21分	8 立秋 3時46分	日紫白	奇門遁甲局数	23 大暑 11時22分	7 小暑 18時0分	日紫白	奇門遁甲局数
新暦	農暦	日干支			農暦	日干支			農暦	日干支			農暦	日干支			農暦	日干支			農暦	日干支		
1	10/15	庚子	六		9/15	庚午	九		8/13	己亥	四		7/13	己巳	七		6/11	戊戌	二	7	閏5/9	丁卯	六	9
2	10/16	辛丑	五	陰8局	9/16	辛未	八	陰8局	8/14	庚子	三		7/14	庚午	六	陰4局	6/12	己亥	一		閏5/10	戊辰	五	
3	10/17	壬寅	四		9/17	壬申	七		8/15	辛丑	二	陰1局	7/15	辛未	五		6/13	庚子	九	陰1局	閏5/11	己巳	四	
4	10/18	癸卯	三		9/18	癸酉	六		8/16	壬寅	一		7/16	壬申	四		6/14	辛丑	八		閏5/12	庚午	三	陰3局
5	10/19	甲辰	二		9/19	甲戌	五		8/17	癸卯	九		7/17	癸酉	三		6/15	壬寅	七		閏5/13	辛未	二	
6	10/20	乙巳	一	陰2局	9/20	乙亥	四	陰2局	8/18	甲辰	八		7/18	甲戌	二		6/16	癸卯	六		閏5/14	壬申	一	
7	10/21	丙午	九		9/21	丙子	三		8/19	乙巳	七	陰4局	7/19	乙亥	一	陰7局	6/17	甲辰	五		閏5/15	癸酉	九	
8	10/22	丁未	八		9/22	丁丑	二		8/20	丙午	六		7/20	丙子	九		6/18	乙巳	四	陰4局	閏5/16	甲戌	八	
9	10/23	戊申	七		9/23	戊寅	一		8/21	丁未	五		7/21	丁丑	八		6/19	丙午	三		閏5/17	乙亥	七	陰6局
10	10/24	己酉	六		9/24	己卯	九		8/22	戊申	四		7/22	戊寅	七		6/20	丁未	二		閏5/18	丙子	六	
11	10/25	庚戌	五	陰4局	9/25	庚辰	八	陰6局	8/23	己酉	三		7/23	己卯	六		6/21	戊申	一		閏5/19	丁丑	五	
12	10/26	辛亥	四		9/26	辛巳	七		8/24	庚戌	二	陰6局	7/24	庚辰	五	陰9局	6/22	己酉	九		閏5/20	戊寅	四	
13	10/27	壬子	三		9/27	壬午	六		8/25	辛亥	一		7/25	辛巳	四		6/23	庚戌	八	陰2局	閏5/21	己卯	三	
14	10/28	癸丑	二		9/28	癸未	五		8/26	壬子	九		7/26	壬午	三		6/24	辛亥	七		閏5/22	庚辰	二	陰8局
15	10/29	甲寅	一		9/29	甲申	四		8/27	癸丑	八		7/27	癸未	二		6/25	壬子	六		閏5/23	辛巳	一	
16	10/30	乙卯	九	陰7局	9/30	乙酉	三	陰9局	8/28	甲寅	七		7/28	甲申	一		6/26	癸丑	五		閏5/24	壬午	九	
17	11/1	丙辰	八		10/1	丙戌	二		8/29	乙卯	六	陰9局	7/29	乙酉	九	陰3局	6/27	甲寅	四		閏5/25	癸未	八	
18	11/2	丁巳	七		10/2	丁亥	一		9/1	丙辰	五		7/30	丙戌	八		6/28	乙卯	三	陰5局	閏5/26	甲申	七	
19	11/3	戊午	六		10/3	戊子	九		9/2	丁巳	四		8/1	丁亥	七		6/29	丙辰	二		閏5/27	乙酉	六	陰2局
20	11/4	己未	五		10/4	己丑	八		9/3	戊午	三		8/2	戊子	六		7/1	丁巳	一		閏5/28	丙戌	五	
21	11/5	庚申	四	陰1局	10/5	庚寅	七	陰3局	9/4	己未	二		8/3	己丑	五		7/2	戊午	九		閏5/29	丁亥	四	
22	11/6	辛酉	四		10/6	辛卯	六		9/5	庚申	一	陰3局	8/4	庚寅	四	陰6局	7/3	己未	八		6/1	戊子	三	
23	11/7	壬戌	五		10/7	壬辰	五		9/6	辛酉	九		8/5	辛卯	三		7/4	庚申	一	陰8局	6/2	己丑	二	
24	11/8	癸亥	六		10/8	癸巳	四		9/7	壬戌	二		8/6	壬辰	二		7/5	辛酉	九		6/3	庚寅	一	陰5局
25	11/9	甲子	一		10/9	甲午	三		9/8	癸亥	一		8/7	癸巳	一		7/6	壬戌	八		6/4	辛卯	九	
26	11/10	乙丑	二	陽1局	10/10	乙未	二	陰5局	9/9	甲子	六		8/8	甲午	九		7/7	癸亥	七		6/5	壬辰	八	
27	11/11	丙寅	三		10/11	丙申	一		9/10	乙丑	五	陰5局	8/9	乙未	八	陰7局	7/8	甲子	三		6/6	癸巳	七	
28	11/12	丁卯	四		10/12	丁酉	九		9/11	丙寅	四		8/10	丙申	七		7/9	乙丑	二	陰1局	6/7	甲午	六	
29	11/13	戊辰	五		10/13	戊戌	八		9/12	丁卯	三		8/11	丁酉	六		7/10	丙寅	一		6/8	乙未	五	陰7局
30	11/14	己巳	六	7	10/14	己亥	七	8	9/13	戊辰	二		8/12	戊戌	五		7/11	丁卯	九		6/9	丙申	四	
31	11/15	庚午	七						9/14	己巳	一	8					7/12	戊辰	八		6/10	丁酉	三	

一九九一年　辛未　九紫

一元八運…「七運」　三元九運…「七運」

月	1月				2月				3月				4月				5月				6月			
月干支	己丑 庚午(年)				庚寅				辛卯				壬辰				癸巳				甲午			
紫白	六白				五黄				四緑				三碧				二黒				一白			
節気	6 小寒 5時28分 / 20 大寒 22時47分		日紫白	奇門遁甲局数	4 立春 17時8分 / 19 雨水 12時58分		日紫白	奇門遁甲局数	6 啓蟄 11時12分 / 21 春分 12時2分		日紫白	奇門遁甲局数	5 清明 16時5分 / 20 穀雨 23時8分		日紫白	奇門遁甲局数	6 立夏 9時27分 / 21 小満 22時20分		日紫白	奇門遁甲局数	6 芒種 13時38分 / 22 夏至 6時19分		日紫白	奇門遁甲局数
新暦	農暦	日干支			農暦	日干支			農暦	日干支			農暦	日干支			農暦	日干支			農暦	日干支		
1	11/16	辛未	八	陽7局	12/17	壬寅	三	9	1/15	庚午	四	陽6局	2/17	辛丑	八	陽9局	3/17	辛未	二	陽2局	4/19	壬寅	六	2
2	11/17	壬申	九		12/18	癸卯	四		1/16	辛未	五		2/18	壬寅	九		3/18	壬申	三		4/20	癸卯	七	
3	11/18	癸酉	一		12/19	甲辰	五		1/17	壬申	六		2/19	癸卯	一		3/19	癸酉	四		4/21	甲辰	八	陽8局
4	11/19	甲戌	二	陽4局	12/20	乙巳	六	陽6局	1/18	癸酉	七		2/20	甲辰	二	陽6局	3/20	甲戌	五	陽8局	4/22	乙巳	九	
5	11/20	乙亥	三		12/21	丙午	七		1/19	甲戌	八	陽3局	2/21	乙巳	三		3/21	乙亥	六		4/23	丙午	一	
6	11/21	丙子	四		12/22	丁未	八		1/20	乙亥	九		2/22	丙午	四		3/22	丙子	七		4/24	丁未	二	
7	11/22	丁丑	五		12/23	戊申	九		1/21	丙子	一		2/23	丁未	五		3/23	丁丑	八		4/25	戊申	三	
8	11/23	戊寅	六		12/24	己酉	一		1/22	丁丑	二		2/24	戊申	六		3/24	戊寅	九		4/26	己酉	四	陽6局
9	11/24	己卯	七	陽2局	12/25	庚戌	二	陽8局	1/23	戊寅	三		2/25	己酉	七	陽4局	3/25	己卯	一	陽4局	4/27	庚戌	五	
10	11/25	庚辰	八		12/26	辛亥	三		1/24	己卯	四	陽1局	2/26	庚戌	八		3/26	庚辰	二		4/28	辛亥	六	
11	11/26	辛巳	九		12/27	壬子	四		1/25	庚辰	五		2/27	辛亥	九		3/27	辛巳	三		4/29	壬子	七	
12	11/27	壬午	一		12/28	癸丑	五		1/26	辛巳	六		2/28	壬子	一		3/28	壬午	四		5/1	癸丑	八	
13	11/28	癸未	二		12/29	甲寅	六		1/27	壬午	七		2/29	癸丑	二		3/29	癸未	五		5/2	甲寅	九	陽3局
14	11/29	甲申	三	陽8局	12/30	乙卯	七	陽5局	1/28	癸未	八		2/30	甲寅	三	陽1局	4/1	甲申	六	陽1局	5/3	乙卯	一	
15	11/30	乙酉	四		1/1	丙辰	八		1/29	甲申	九	陽7局	3/1	乙卯	四		4/2	乙酉	七		5/4	丙辰	二	
16	12/1	丙戌	五		1/2	丁巳	九		2/1	乙酉	一		3/2	丙辰	五		4/3	丙戌	八		5/5	丁巳	三	
17	12/2	丁亥	六		1/3	戊午	一		2/2	丙戌	二		3/3	丁巳	六		4/4	丁亥	九		5/6	戊午	四	
18	12/3	戊子	七		1/4	己未	二		2/3	丁亥	三		3/4	戊午	七		4/5	戊子	一		5/7	己未	五	陽9局
19	12/4	己丑	八	陽5局	1/5	庚申	九	陽2局	2/4	戊子	四		3/5	己未	八	陽7局	4/6	己丑	二	陽7局	5/8	庚申	六	
20	12/5	庚寅	九		1/6	辛酉	一		2/5	己丑	五	陽4局	3/6	庚申	六		4/7	庚寅	三		5/9	辛酉	七	
21	12/6	辛卯	一		1/7	壬戌	二		2/6	庚寅	六		3/7	辛酉	七		4/8	辛卯	四		5/10	壬戌	八	
22	12/7	壬辰	二		1/8	癸亥	三		2/7	辛卯	七		3/8	壬戌	八		4/9	壬辰	五		5/11	癸亥	四	
23	12/8	癸巳	三		1/9	甲子	七	陽9局	2/8	壬辰	八		3/9	癸亥	九		4/10	癸巳	六		5/12	甲子	九	陰9局
24	12/9	甲午	四	陽3局	1/10	乙丑	八		2/9	癸巳	九		3/10	甲子	四	陽5局	4/11	甲午	七	陽5局	5/13	乙丑	八	
25	12/10	乙未	五		1/11	丙寅	九		2/10	甲午	一	陽3局	3/11	乙丑	五		4/12	乙未	八		5/14	丙寅	七	
26	12/11	丙申	六		1/12	丁卯	一		2/11	乙未	二		3/12	丙寅	六		4/13	丙申	九		5/15	丁卯	六	
27	12/12	丁酉	七		1/13	戊辰	二		2/12	丙申	三		3/13	丁卯	七		4/14	丁酉	一		5/16	戊辰	五	
28	12/13	戊戌	八		1/14	己巳	三	6	2/13	丁酉	四		3/14	戊辰	八		4/15	戊戌	二		5/17	己巳	四	陰3局
29	12/14	己亥	九	陽9局					2/14	戊戌	五		3/15	己巳	九	2	4/16	己亥	三	陽2局	5/18	庚午	三	
30	12/15	庚子	一						2/15	己亥	六	9	3/16	庚午	一		4/17	庚子	四		5/19	辛未	二	
31	12/16	辛丑	二						2/16	庚子	七						4/18	辛丑	五					

1990年　庚午(年)／戊子(月)

月	12月				11月				10月				9月				8月				7月			
月干支	庚子				己亥				戊戌				丁酉				丙申				乙未			
紫白	四緑				五黄				六白				七赤				八白				九紫			
節気	22 冬至 17時54分	7 大雪 23時56分	日紫白	奇門遁甲局数	23 小雪 4時36分	8 立冬 7時8分	日紫白	奇門遁甲局数	24 霜降 7時5分	9 寒露 4時1分	日紫白	奇門遁甲局数	23 秋分 21時48分	8 白露 12時27分	日紫白	奇門遁甲局数	24 処暑 0時13分	8 立秋 9時37分	日紫白	奇門遁甲局数	23 大暑 17時11分	7 小暑 23時53分	日紫白	奇門遁甲局数
新暦	農暦	日干支			農暦	日干支			農暦	日干支			農暦	日干支			農暦	日干支			農暦	日干支		
1	10/26	乙巳	一	陰2局	9/25	乙亥	四	陰2局	8/24	甲辰	八	陰4局	7/23	甲戌	二	陰7局	6/21	癸卯	六	1	5/20	壬申	一	3
2	10/27	丙午	九		9/26	丙子	三		8/25	乙巳	七		7/24	乙亥	一		6/22	甲辰	五	陰4局	5/21	癸酉	九	
3	10/28	丁未	八		9/27	丁丑	二		8/26	丙午	六		7/25	丙子	九		6/23	乙巳	四		5/22	甲戌	八	陰6局
4	10/29	戊申	七		9/28	戊寅	一		8/27	丁未	五		7/26	丁丑	八		6/24	丙午	三		5/23	乙亥	七	
5	10/30	己酉	六		9/29	己卯	九	陰6局	8/28	戊申	四		7/27	戊寅	七		6/25	丁未	二		5/24	丙子	六	
6	11/1	庚戌	五	陰4局	10/1	庚辰	八		8/29	己酉	三	陰6局	7/28	己卯	六	陰9局	6/26	戊申	一		5/25	丁丑	五	
7	11/2	辛亥	四		10/2	辛巳	七		8/30	庚戌	二		7/29	庚辰	五		6/27	己酉	九	陰2局	5/26	戊寅	四	
8	11/3	壬子	三		10/3	壬午	六		9/1	辛亥	一		8/1	辛巳	四		6/28	庚戌	八		5/27	己卯	三	陰8局
9	11/4	癸丑	二		10/4	癸未	五		9/2	壬子	九		8/2	壬午	三		6/29	辛亥	七		5/28	庚辰	二	
10	11/5	甲寅	一		10/5	甲申	四	陰9局	9/3	癸丑	八		8/3	癸未	二		7/1	壬子	六		5/29	辛巳	一	
11	11/6	乙卯	九	陰7局	10/6	乙酉	三		9/4	甲寅	七	陰9局	8/4	甲申	一	陰3局	7/2	癸丑	五		5/30	壬午	九	
12	11/7	丙辰	八		10/7	丙戌	二		9/5	乙卯	六		8/5	乙酉	九		7/3	甲寅	四	陰5局	6/1	癸未	八	
13	11/8	丁巳	七		10/8	丁亥	一		9/6	丙辰	五		8/6	丙戌	八		7/4	乙卯	三		6/2	甲申	七	陰2局
14	11/9	戊午	六		10/9	戊子	九		9/7	丁巳	四		8/7	丁亥	七		7/5	丙辰	二		6/3	乙酉	六	
15	11/10	己未	五		10/10	己丑	八	陰3局	9/8	戊午	三		8/8	戊子	六		7/6	丁巳	一		6/4	丙戌	五	
16	11/11	庚申	四	陰1局	10/11	庚寅	七		9/9	己未	二	陰3局	8/9	己丑	五	陰6局	7/7	戊午	九		6/5	丁亥	四	
17	11/12	辛酉	三		10/12	辛卯	六		9/10	庚申	一		8/10	庚寅	四		7/8	己未	八	陰8局	6/6	戊子	三	
18	11/13	壬戌	二		10/13	壬辰	五		9/11	辛酉	九		8/11	辛卯	三		7/9	庚申	七		6/7	己丑	二	陰5局
19	11/14	癸亥	一		10/14	癸巳	四		9/12	壬戌	八		8/12	壬辰	二		7/10	辛酉	六		6/8	庚寅	一	
20	11/15	甲子	六	陽1局	10/15	甲午	三	陰5局	9/13	癸亥	七		8/13	癸巳	一		7/11	壬戌	五		6/9	辛卯	九	
21	11/16	乙丑	五		10/16	乙未	二		9/14	甲子	三	陰5局	8/14	甲午	九	陰7局	7/12	癸亥	四		6/10	壬辰	八	
22	11/17	丙寅	三		10/17	丙申	一		9/15	乙丑	二		8/15	乙未	八		7/13	甲子	九	陰1局	6/11	癸巳	七	
23	11/18	丁卯	四		10/18	丁酉	九		9/16	丙寅	一		8/16	丙申	七		7/14	乙丑	八		6/12	甲午	六	陰7局
24	11/19	戊辰	五		10/19	戊戌	八		9/17	丁卯	三		8/17	丁酉	六		7/15	丙寅	一		6/13	乙未	五	
25	11/20	己巳	六	陽7局	10/20	己亥	七	陰8局	9/18	戊辰	二		8/18	戊戌	五		7/16	丁卯	九		6/14	丙申	四	
26	11/21	庚午	七		10/21	庚子	六		9/19	己巳	一	陰8局	8/19	己亥	四	陰1局	7/17	戊辰	八		6/15	丁酉	三	
27	11/22	辛未	八		10/22	辛丑	五		9/20	庚午	九		8/20	庚子	三		7/18	己巳	七	陰4局	6/16	戊戌	二	
28	11/23	壬申	九		10/23	壬寅	四		9/21	辛未	八		8/21	辛丑	二		7/19	庚午	六		6/17	己亥	一	陰1局
29	11/24	癸酉	一		10/24	癸卯	三		9/22	壬申	七		8/22	壬寅	一		7/20	辛未	五		6/18	庚子	九	
30	11/25	甲戌	二	4	10/25	甲辰	二	2	9/23	癸酉	六		8/23	癸卯	九		7/21	壬申	四		6/19	辛丑	八	
31	11/26	乙亥	三						9/24	甲戌	五	2					7/22	癸酉	三		6/20	壬寅	七	

一九九二年 壬申 八白

二元八運…「七運」　三元九運…「七運」

月	1月				2月				3月			
月干支	辛丑 辛未(年)				壬寅				癸卯			
紫白	三碧				二黒				一白			
節気	6 小寒 11時9分				4 立春 22時48分				5 啓蟄 16時52分			
	21 大寒 4時33分				19 雨水 18時44分				20 春分 17時48分			
新暦	農暦	日干支	日紫白	奇門遁甲局数	農暦	日干支	日紫白	奇門遁甲局数	農暦	日干支	日紫白	奇門遁甲局数
1	11/27	丙子	四	陽4局	12/28	丁未	八	6	1/27	丙子	一	陽3局
2	11/28	丁丑	五		12/29	戊申	九		1/28	丁丑	二	
3	11/29	戊寅	六		12/30	己酉	一	陽8局	1/29	戊寅	三	
4	11/30	己卯	七	陽2局	1/1	庚戌	二		2/1	己卯	四	陽1局
5	12/1	庚辰	八		1/2	辛亥	三		2/2	庚辰	五	
6	12/2	辛巳	九		1/3	壬子	四		2/3	辛巳	六	
7	12/3	壬午	一		1/4	癸丑	五		2/4	壬午	七	
8	12/4	癸未	二		1/5	甲寅	六	陽5局	2/5	癸未	八	
9	12/5	甲申	三	陽8局	1/6	乙卯	七		2/6	甲申	九	陽7局
10	12/6	乙酉	四		1/7	丙辰	八		2/7	乙酉	一	
11	12/7	丙戌	五		1/8	丁巳	九		2/8	丙戌	二	
12	12/8	丁亥	六		1/9	戊午	一		2/9	丁亥	三	
13	12/9	戊子	七		1/10	己未	二	陽2局	2/10	戊子	四	
14	12/10	己丑	八	陽5局	1/11	庚申	三		2/11	己丑	五	陽4局
15	12/11	庚寅	九		1/12	辛酉	四		2/12	庚寅	六	
16	12/12	辛卯	一		1/13	壬戌	五		2/13	辛卯	七	
17	12/13	壬辰	二		1/14	癸亥	六		2/14	壬辰	八	
18	12/14	癸巳	三		1/15	甲子	一	陽9局	2/15	癸巳	九	
19	12/15	甲午	四	陽3局	1/16	乙丑	八		2/16	甲午	一	陽3局
20	12/16	乙未	五		1/17	丙寅	九		2/17	乙未	二	
21	12/17	丙申	六		1/18	丁卯	一		2/18	丙申	三	
22	12/18	丁酉	七		1/19	戊辰	二		2/19	丁酉	四	
23	12/19	戊戌	八		1/20	己巳	三	陽6局	2/20	戊戌	五	
24	12/20	己亥	九	陽9局	1/21	庚午	四		2/21	己亥	六	陽9局
25	12/21	庚子	一		1/22	辛未	五		2/22	庚子	七	
26	12/22	辛丑	二		1/23	壬申	六		2/23	辛丑	八	
27	12/23	壬寅	三		1/24	癸酉	七		2/24	壬寅	九	
28	12/24	癸卯	四		1/25	甲戌	八	3	2/25	癸卯	一	
29	12/25	甲辰	五	陽6局	1/26	乙亥	九		2/26	甲辰	二	陽6局
30	12/26	乙巳	六						2/27	乙巳	三	
31	12/27	丙午	七						2/28	丙午	四	

月	4月				5月				6月			
月干支	甲辰				乙巳				丙午			
紫白	九紫				八白				七赤			
節気	4 清明 21時45分				5 立夏 15時9分				5 芒種 19時22分			
	20 穀雨 4時57分				21 小満 4時12分				21 夏至 12時14分			
新暦	農暦	日干支	日紫白	奇門遁甲局数	農暦	日干支	日紫白	奇門遁甲局数	農暦	日干支	日紫白	奇門遁甲局数
1	2/29	丁未	五	6	3/29	丁丑	八	8	5/1	戊申	三	8
2	2/30	戊申	六		3/30	戊寅	九		5/2	己酉	四	陽6局
3	3/1	己酉	七	陽4局	4/1	己卯	一	陽4局	5/3	庚戌	五	
4	3/2	庚戌	八		4/2	庚辰	二		5/4	辛亥	六	
5	3/3	辛亥	九		4/3	辛巳	三		5/5	壬子	七	
6	3/4	壬子	一		4/4	壬午	四		5/6	癸丑	八	
7	3/5	癸丑	二		4/5	癸未	五		5/7	甲寅	九	陽3局
8	3/6	甲寅	三	陽1局	4/6	甲申	六	陽1局	5/8	乙卯	一	
9	3/7	乙卯	四		4/7	乙酉	七		5/9	丙辰	二	
10	3/8	丙辰	五		4/8	丙戌	八		5/10	丁巳	三	
11	3/9	丁巳	六		4/9	丁亥	九		5/11	戊午	四	
12	3/10	戊午	七		4/10	戊子	一		5/12	己未	五	陽9局
13	3/11	己未	八	陽7局	4/11	己丑	二	陽7局	5/13	庚申	六	
14	3/12	庚申	九		4/12	庚寅	三		5/14	辛酉	七	
15	3/13	辛酉	一		4/13	辛卯	四		5/15	壬戌	八	
16	3/14	壬戌	二		4/14	壬辰	五		5/16	癸亥	九	
17	3/15	癸亥	三		4/15	癸巳	六		5/17	甲子	四	陰9局
18	3/16	甲子	七	陽5局	4/16	甲午	七	陽5局	5/18	乙丑	五	
19	3/17	乙丑	八		4/17	乙未	八		5/19	丙寅	六	
20	3/18	丙寅	六		4/18	丙申	九		5/20	丁卯	七	
21	3/19	丁卯	七		4/19	丁酉	一		5/21	戊辰	五	
22	3/20	戊辰	八		4/20	戊戌	二		5/22	己巳	四	陰3局
23	3/21	己巳	九	陽2局	4/21	己亥	三	陽2局	5/23	庚午	三	
24	3/22	庚午	一		4/22	庚子	四		5/24	辛未	二	
25	3/23	辛未	二		4/23	辛丑	五		5/25	壬申	一	
26	3/24	壬申	三		4/24	壬寅	六		5/26	癸酉	九	
27	3/25	癸酉	四		4/25	癸卯	七		5/27	甲戌	八	陰6局
28	3/26	甲戌	五	陽8局	4/26	甲辰	八	陽8局	5/28	乙亥	七	
29	3/27	乙亥	六		4/27	乙巳	九		5/29	丙子	六	
30	3/28	丙子	七		4/28	丙午	一		6/1	丁丑	五	
31					4/29	丁未	二					

1991年 辛未(年)／庚子(月)

月	12月				11月				10月				9月				8月				7月			
月干支	壬子				辛亥				庚戌				己酉				戊申				丁未			
紫白	一白				二黒				三碧				四緑				五黄				六白			
節気	21 冬至 23時43分	7 大雪 5時44分			22 小雪 10時26分	7 立冬 12時57分			23 霜降 12時57分	8 寒露 9時51分			23 秋分 3時43分	7 白露 18時18分			23 処暑 6時10分	7 立秋 15時27分			22 大暑 23時9分	7 小暑 5時40分		
新暦	農暦	日干支	日紫白	奇門遁甲局数	農暦	日干支	日紫白	奇門遁甲局数	農暦	日干支	日紫白	奇門遁甲局数	農暦	日干支	日紫白	奇門遁甲局数	農暦	日干支	日紫白	奇門遁甲局数	農暦	日干支	日紫白	奇門遁甲局数
1	11/8	辛亥	四	陰4局	10/7	辛巳	七	陰6局	9/6	庚戌	二	陰6局	8/5	庚辰	五	陰9局	7/3	己酉	九	陰2局	6/2	戊寅	四	6
2	11/9	壬子	三		10/8	壬午	六		9/7	辛亥	一		8/6	辛巳	四		7/4	庚戌	八		6/3	己卯	三	陰8局
3	11/10	癸丑	二		10/9	癸未	五		9/8	壬子	九		8/7	壬午	三		7/5	辛亥	七		6/4	庚辰	二	
4	11/11	甲寅	一	陰7局	10/10	甲申	四	陰9局	9/9	癸丑	八		8/8	癸未	二		7/6	壬子	六		6/5	辛巳	一	
5	11/12	乙卯	九		10/11	乙酉	三		9/10	甲寅	七	陰9局	8/9	甲申	一	陰3局	7/7	癸丑	五		6/6	壬午	九	
6	11/13	丙辰	八		10/12	丙戌	二		9/11	乙卯	六		8/10	乙酉	九		7/8	甲寅	四	陰5局	6/7	癸未	八	
7	11/14	丁巳	七		10/13	丁亥	一		9/12	丙辰	五		8/11	丙戌	八		7/9	乙卯	三		6/8	甲申	七	陰2局
8	11/15	戊午	六		10/14	戊子	九		9/13	丁巳	四		8/12	丁亥	七		7/10	丙辰	二		6/9	乙酉	六	
9	11/16	己未	五	陰1局	10/15	己丑	八	陰3局	9/14	戊午	三		8/13	戊子	六		7/11	丁巳	一		6/10	丙戌	五	
10	11/17	庚申	四		10/16	庚寅	七		9/15	己未	二	陰3局	8/14	己丑	五	陰6局	7/12	戊午	九		6/11	丁亥	四	
11	11/18	辛酉	三		10/17	辛卯	六		9/16	庚申	一		8/15	庚寅	四		7/13	己未	八	陰8局	6/12	戊子	三	
12	11/19	壬戌	二		10/18	壬辰	五		9/17	辛酉	九		8/16	辛卯	三		7/14	庚申	七		6/13	己丑	二	陰5局
13	11/20	癸亥	一		10/19	癸巳	四		9/18	壬戌	八		8/17	壬辰	二		7/15	辛酉	六		6/14	庚寅	一	
14	11/21	甲子	六	陽1局	10/20	甲午	三	陰5局	9/19	癸亥	七		8/18	癸巳	一		7/16	壬戌	五		6/15	辛卯	九	
15	11/22	乙丑	五		10/21	乙未	二		9/20	甲子	三	陰5局	8/19	甲午	九	陰7局	7/17	癸亥	四		6/16	壬辰	八	
16	11/23	丙寅	四		10/22	丙申	一		9/21	乙丑	二		8/20	乙未	八		7/18	甲子	九	陰1局	6/17	癸巳	七	
17	11/24	丁卯	三		10/23	丁酉	九		9/22	丙寅	一		8/21	丙申	七		7/19	乙丑	八		6/18	甲午	六	陰7局
18	11/25	戊辰	二		10/24	戊戌	八		9/23	丁卯	九		8/22	丁酉	六		7/20	丙寅	七		6/19	乙未	五	
19	11/26	己巳	一	陽7局	10/25	己亥	七	陰8局	9/24	戊辰	八		8/23	戊戌	五		7/21	丁卯	六		6/20	丙申	四	
20	11/27	庚午	九		10/26	庚子	六		9/25	己巳	七	陰8局	8/24	己亥	四	陰1局	7/22	戊辰	五		6/21	丁酉	三	
21	11/28	辛未	八		10/27	辛丑	五		9/26	庚午	六		8/25	庚子	三		7/23	己巳	四	陰4局	6/22	戊戌	二	
22	11/29	壬申	九		10/28	壬寅	四		9/27	辛未	五		8/26	辛丑	二		7/24	庚午	三		6/23	己亥	一	陰1局
23	11/30	癸酉	一		10/29	癸卯	三		9/28	壬申	七		8/27	壬寅	一		7/25	辛未	五		6/24	庚子	九	
24	12/1	甲戌	二	陽4局	11/1	甲辰	二	陰2局	9/29	癸酉	六		8/28	癸卯	九		7/26	壬申	四		6/25	辛丑	八	
25	12/2	乙亥	三		11/2	乙巳	一		9/30	甲戌	五	陰2局	8/29	甲辰	八	陰4局	7/27	癸酉	三		6/26	壬寅	七	
26	12/3	丙子	四		11/3	丙午	九		10/1	乙亥	四		9/1	乙巳	七		7/28	甲戌	二	陰7局	6/27	癸卯	六	
27	12/4	丁丑	五		11/4	丁未	八		10/2	丙子	三		9/2	丙午	六		7/29	乙亥	一		6/28	甲辰	五	陰4局
28	12/5	戊寅	六		11/5	戊申	七		10/3	丁丑	二		9/3	丁未	五		8/1	丙子	九		6/29	乙巳	四	
29	12/6	己卯	七	陽2局	11/6	己酉	六	4	10/4	戊寅	一		9/4	戊申	四		8/2	丁丑	八		6/30	丙午	三	
30	12/7	庚辰	八		11/7	庚戌	五		10/5	己卯	九	6	9/5	己酉	三	6	8/3	戊寅	七		7/1	丁未	二	
31	12/8	辛巳	九						10/6	庚辰	八						8/4	己卯	六	9	7/2	戊申	一	

一九九三年 癸酉 七赤

二元八運…「七運」

三元九運…「七運」

月	1 月	2 月	3 月	4 月	5 月	6 月
月干支	癸丑 壬申(年)	甲寅	乙卯	丙辰	丁巳	戊午
紫白	九紫	八白	七赤	六白	五黄	四緑
節気	5 小寒 16時57分	4 立春 4時37分	5 啓蟄 22時43分	5 清明 3時37分	5 立夏 21時2分	6 芒種 1時15分
節気	20 大寒 10時23分	19 雨水 0時35分	20 春分 23時41分	20 穀雨 10時49分	21 小満 10時2分	21 夏至 18時0分

新暦	1月 農暦	1月 日干支	1月 日紫白	1月 奇門遁甲局数	2月 農暦	2月 日干支	2月 日紫白	2月 奇門遁甲局数	3月 農暦	3月 日干支	3月 日紫白	3月 奇門遁甲局数
1	12/9	壬午	一	2	1/10	癸丑	五	8	2/9	辛巳	六	陽1局
2	12/10	癸未	二		1/11	甲寅	六	陽5局	2/10	壬午	七	
3	12/11	甲申	三	陽8局	1/12	乙卯	七		2/11	癸未	八	
4	12/12	乙酉	四		1/13	丙辰	八		2/12	甲申	九	陽7局
5	12/13	丙戌	五		1/14	丁巳	九		2/13	乙酉	一	
6	12/14	丁亥	六		1/15	戊午	一		2/14	丙戌	二	
7	12/15	戊子	七		1/16	己未	二	陽2局	2/15	丁亥	三	
8	12/16	己丑	八	陽5局	1/17	庚申	三		2/16	戊子	四	
9	12/17	庚寅	九		1/18	辛酉	四		2/17	己丑	五	陽4局
10	12/18	辛卯	一		1/19	壬戌	五		2/18	庚寅	六	
11	12/19	壬辰	二		1/20	癸亥	六		2/19	辛卯	七	
12	12/20	癸巳	三		1/21	甲子	一	陽9局	2/20	壬辰	八	
13	12/21	甲午	四	陽3局	1/22	乙丑	二		2/21	癸巳	九	
14	12/22	乙未	五		1/23	丙寅	三		2/22	甲午	一	陽3局
15	12/23	丙申	六		1/24	丁卯	四		2/23	乙未	二	
16	12/24	丁酉	七		1/25	戊辰	五		2/24	丙申	三	
17	12/25	戊戌	八		1/26	己巳	六	陽6局	2/25	丁酉	四	
18	12/26	己亥	九	陽9局	1/27	庚午	七		2/26	戊戌	五	
19	12/27	庚子	一		1/28	辛未	五		2/27	己亥	六	陽9局
20	12/28	辛丑	二		1/29	壬申	六		2/28	庚子	七	
21	12/29	壬寅	三		2/1	癸酉	七		2/29	辛丑	八	
22	12/30	癸卯	四		2/2	甲戌	八	陽3局	2/30	壬寅	九	
23	1/1	甲辰	五	陽6局	2/3	乙亥	九		3/1	癸卯	一	
24	1/2	乙巳	六		2/4	丙子	一		3/2	甲辰	二	陽6局
25	1/3	丙午	七		2/5	丁丑	二		3/3	乙巳	三	
26	1/4	丁未	八		2/6	戊寅	三		3/4	丙午	四	
27	1/5	戊申	九		2/7	己卯	四	1	3/5	丁未	五	
28	1/6	己酉	一	陽8局	2/8	庚辰	五		3/6	戊申	六	
29	1/7	庚戌	二						3/7	己酉	七	陽4局
30	1/8	辛亥	三						3/8	庚戌	八	
31	1/9	壬子	四						3/9	辛亥	九	

新暦	4月 農暦	4月 日干支	4月 日紫白	4月 奇門遁甲局数	5月 農暦	5月 日干支	5月 日紫白	5月 奇門遁甲局数	6月 農暦	6月 日干支	6月 日紫白	6月 奇門遁甲局数
1	3/10	壬子	一	4	閏3/10	壬午	四	4	4/12	癸丑	八	6
2	3/11	癸丑	二		閏3/11	癸未	五		4/13	甲寅	九	陽3局
3	3/12	甲寅	三	陽1局	閏3/12	甲申	六	陽1局	4/14	乙卯	一	
4	3/13	乙卯	四		閏3/13	乙酉	七		4/15	丙辰	二	
5	3/14	丙辰	五		閏3/14	丙戌	八		4/16	丁巳	三	
6	3/15	丁巳	六		閏3/15	丁亥	九		4/17	戊午	四	
7	3/16	戊午	七		閏3/16	戊子	一		4/18	己未	五	陽9局
8	3/17	己未	八	陽7局	閏3/17	己丑	二	陽7局	4/19	庚申	六	
9	3/18	庚申	九		閏3/18	庚寅	三		4/20	辛酉	七	
10	3/19	辛酉	一		閏3/19	辛卯	四		4/21	壬戌	八	
11	3/20	壬戌	二		閏3/20	壬辰	五		4/22	癸亥	九	
12	3/21	癸亥	三		閏3/21	癸巳	六		4/23	甲子	四	陽6・閏
13	3/22	甲子	七	陽5局	閏3/22	甲午	七	陽5局	4/24	乙丑	五	
14	3/23	乙丑	八		閏3/23	乙未	八		4/25	丙寅	六	
15	3/24	丙寅	九		閏3/24	丙申	九		4/26	丁卯	七	
16	3/25	丁卯	一		閏3/25	丁酉	一		4/27	戊辰	八	
17	3/26	戊辰	二		閏3/26	戊戌	二		4/28	己巳	九	陽3局・閏
18	3/27	己巳	三	陽2局	閏3/27	己亥	三	陽2局	4/29	庚午	一	
19	3/28	庚午	四		閏3/28	庚子	四		4/30	辛未	二	
20	3/29	辛未	二		閏3/29	辛丑	五		5/1	壬申	三	
21	3/30	壬申	三		4/1	壬寅	六		5/2	癸酉	九	
22	閏3/1	癸酉	四		4/2	癸卯	七		5/3	甲戌	八	陽9局・閏
23	閏3/2	甲戌	五	陽8局	4/3	甲辰	八	陽8局	5/4	乙亥	七	
24	閏3/3	乙亥	六		4/4	乙巳	九		5/5	丙子	六	
25	閏3/4	丙子	七		4/5	丙午	一		5/6	丁丑	五	
26	閏3/5	丁丑	八		4/6	丁未	二		5/7	戊寅	四	
27	閏3/6	戊寅	九		4/7	戊申	三		5/8	己卯	三	陰9局
28	閏3/7	己卯	一	陽4局	4/8	己酉	四	陽6局	5/9	庚辰	二	
29	閏3/8	庚辰	二		4/9	庚戌	五		5/10	辛巳	一	
30	閏3/9	辛巳	三		4/10	辛亥	六		5/11	壬午	九	
31					4/11	壬子	七					

1992年 壬申(年)／壬子(月)

月	12月				11月				10月				9月				8月				7月			
月干支	甲子				癸亥				壬戌				辛酉				庚申				己未			
紫白	七赤				八白				九紫				一白				二黒				三碧			
節気	22 冬至 5時26分	7 大雪 11時34分			22 小雪 16時7分	7 立冬 18時46分			23 霜降 18時37分	8 寒露 15時40分			23 秋分 9時22分	8 白露 0時8分			23 処暑 11時50分	7 立秋 21時18分			23 大暑 4時51分	7 小暑 11時32分		
新暦	農暦	日干支	日紫白	奇門遁甲局数	農暦	日干支	日紫白	奇門遁甲局数	農暦	日干支	日紫白	奇門遁甲局数	農暦	日干支	日紫白	奇門遁甲局数	農暦	日干支	日紫白	奇門遁甲局数	農暦	日干支	日紫白	奇門遁甲局数
1	10/18	丙辰	八	陰8局	9/18	丙戌	二	陰8局	8/16	乙卯	六		7/15	乙酉	九	陰4局	6/14	甲寅	四		5/12	癸未	八	9
2	10/19	丁巳	七		9/19	丁亥	一		8/17	丙辰	五	陰1局	7/16	丙戌	八		6/15	乙卯	三	陰1局	5/13	甲申	七	
3	10/20	戊午	六		9/20	戊子	九		8/18	丁巳	四		7/17	丁亥	七		6/16	丙辰	二		5/14	乙酉	六	陰3局
4	10/21	己未	五		9/21	己丑	八		8/19	戊午	三		7/18	戊子	六		6/17	丁巳	一		5/15	丙戌	五	
5	10/22	庚申	四	陰2局	9/22	庚寅	七	陰2局	8/20	己未	二		7/19	己丑	五		6/18	戊午	九		5/16	丁亥	四	
6	10/23	辛酉	三		9/23	辛卯	六		8/21	庚申	一	陰4局	7/20	庚寅	四	陰7局	6/19	己未	八		5/17	戊子	三	
7	10/24	壬戌	二		9/24	壬辰	五		8/22	辛酉	九		7/21	辛卯	三		6/20	庚申	七	陰4局	5/18	己丑	二	
8	10/25	癸亥	一		9/25	癸巳	四		8/23	壬戌	八		7/22	壬辰	二		6/21	辛酉	六		5/19	庚寅	一	陰6局
9	10/26	甲子	六		9/26	甲午	三		8/24	癸亥	七		7/23	癸巳	一		6/22	壬戌	五		5/20	辛卯	九	
10	10/27	乙丑	五	陰4局	9/27	乙未	二	陰6局	8/25	甲子	三		7/24	甲午	九		6/23	癸亥	四		5/21	壬辰	八	
11	10/28	丙寅	四		9/28	丙申	一		8/26	乙丑	二	陰6局	7/25	乙未	八	陰9局	6/24	甲子	九		5/22	癸巳	七	
12	10/29	丁卯	三		9/29	丁酉	九		8/27	丙寅	一		7/26	丙申	七		6/25	乙丑	八	陰2局	5/23	甲午	六	
13	11/1	戊辰	二		9/30	戊戌	八		8/28	丁卯	九		7/27	丁酉	六		6/26	丙寅	七		5/24	乙未	五	陰8局
14	11/2	己巳	一		10/1	己亥	七		8/29	戊辰	八		7/28	戊戌	五		6/27	丁卯	六		5/25	丙申	四	
15	11/3	庚午	九	陰7局	10/2	庚子	六	陰9局	9/1	己巳	七		7/29	己亥	四		6/28	戊辰	五		5/26	丁酉	三	
16	11/4	辛未	八		10/3	辛丑	五		9/2	庚午	六	陰9局	8/1	庚子	三	陰3局	6/29	己巳	四		5/27	戊戌	二	
17	11/5	壬申	七		10/4	壬寅	四		9/3	辛未	五		8/2	辛丑	二		6/30	庚午	三	陰5局	5/28	己亥	一	
18	11/6	癸酉	六		10/5	癸卯	三		9/4	壬申	四		8/3	壬寅	一		7/1	辛未	二		5/29	庚子	九	陰2局
19	11/7	甲戌	五		10/6	甲辰	二		9/5	癸酉	三		8/4	癸卯	九		7/2	壬申	一		6/1	辛丑	八	
20	11/8	乙亥	四	陰1局	10/7	乙巳	一	陰3局	9/6	甲戌	二		8/5	甲辰	八		7/3	癸酉	九		6/2	壬寅	七	
21	11/9	丙子	三		10/8	丙午	九		9/7	乙亥	一	陰3局	8/6	乙巳	七	陰6局	7/4	甲戌	八		6/3	癸卯	六	
22	11/10	丁丑	五		10/9	丁未	八		9/8	丙子	九		8/7	丙午	六		7/5	乙亥	七	陰8局	6/4	甲辰	五	
23	11/11	戊寅	六		10/10	戊申	七		9/9	丁丑	二		8/8	丁未	五		7/6	丙子	九		6/5	乙巳	四	陰5局
24	11/12	己卯	七		10/11	己酉	六		9/10	戊寅	一		8/9	戊申	四		7/7	丁丑	八		6/6	丙午	三	
25	11/13	庚辰	八	陽1局	10/12	庚戌	五	陰5局	9/11	己卯	九		8/10	己酉	三		7/8	戊寅	七		6/7	丁未	二	
26	11/14	辛巳	九		10/13	辛亥	四		9/12	庚辰	八	陰5局	8/11	庚戌	二	陰7局	7/9	己卯	六		6/8	戊申	一	
27	11/15	壬午	一		10/14	壬子	三		9/13	辛巳	七		8/12	辛亥	一		7/10	庚辰	五	陰1局	6/9	己酉	九	
28	11/16	癸未	二		10/15	癸丑	二		9/14	壬午	六		8/13	壬子	九		7/11	辛巳	四		6/10	庚戌	八	陰7局
29	11/17	甲申	三	陽7局	10/16	甲寅	一	8	9/15	癸未	五		8/14	癸丑	八		7/12	壬午	三		6/11	辛亥	七	
30	11/18	乙酉	四		10/17	乙卯	九		9/16	甲申	四		8/15	甲寅	七	1	7/13	癸未	二		6/12	壬子	六	
31	11/19	丙戌	五						9/17	乙酉	三	8					7/14	甲申	一	4	6/13	癸丑	五	

一九九四年 甲戌 六白

二元八運…「七運」

三元九運…「七運」

6月				5月				4月				3月				2月				1月				月
庚午				己巳				戊辰				丁卯				丙寅				乙丑 癸酉(年)				月干支
一白				二黒				三碧				四緑				五黄				六白				紫白
21 夏至 23時48分	6 芒種 7時5分	日紫白	奇門遁甲局数	21 小満 15時48分	6 立夏 2時54分	日紫白	奇門遁甲局数	20 穀雨 16時36分	5 清明 9時32分	日紫白	奇門遁甲局数	21 春分 5時28分	6 啓蟄 4時38分	日紫白	奇門遁甲局数	19 雨水 6時22分	4 立春 10時31分	日紫白	奇門遁甲局数	20 大寒 16時7分	5 小寒 22時48分	日紫白	奇門遁甲局数	節気
農暦	日干支			農暦	日干支			農暦	日干支			農暦	日干支			農暦	日干支			農暦	日干支			新暦
4/22	戊午	四	2	3/21	丁亥	九	2	2/21	丁巳	六	9	1/20	丙戌	二	陽6局	12/21	戊午	一	9	11/20	丁亥	六	7	1
4/23	己未	五	陽8局	3/22	戊子	一		2/22	戊午	七		1/21	丁亥	三		12/22	己未	二	陽6局	11/21	戊子	七		2
4/24	庚申	六		3/23	己丑	二	陽8局	2/23	己未	八	陽6局	1/22	戊子	四		12/23	庚申	三		11/22	己丑	八	陽4局	3
4/25	辛酉	七		3/24	庚寅	三		2/24	庚申	九		1/23	己丑	五	陽3局	12/24	辛酉	四		11/23	庚寅	九		4
4/26	壬戌	八		3/25	辛卯	四		2/25	辛酉	一		1/24	庚寅	六		12/25	壬戌	五		11/24	辛卯	一		5
4/27	癸亥	九		3/26	壬辰	五		2/26	壬戌	二		1/25	辛卯	七		12/26	癸亥	六		11/25	壬辰	二		6
4/28	甲子	四	陽6局	3/27	癸巳	六		2/27	癸亥	三		1/26	壬辰	八		12/27	甲子	一	陽8局	11/26	癸巳	三		7
4/29	乙丑	五		3/28	甲午	七	陽4局	2/28	甲子	七	陽4局	1/27	癸巳	九		12/28	乙丑	二		11/27	甲午	四	陽2局	8
5/1	丙寅	六		3/29	乙未	八		2/29	乙丑	八		1/28	甲午	一	陽1局	12/29	丙寅	三		11/28	乙未	五		9
5/2	丁卯	七		3/30	丙申	九		2/30	丙寅	九		1/29	乙未	二		1/1	丁卯	四		11/29	丙申	六		10
5/3	戊辰	八		4/1	丁酉	一		3/1	丁卯	一		1/30	丙申	三		1/2	戊辰	五		11/30	丁酉	七		11
5/4	己巳	九	陽3局	4/2	戊戌	二		3/2	戊辰	二		2/1	丁酉	四		1/3	己巳	六	陽5局	12/1	戊戌	八		12
5/5	庚午	一		4/3	己亥	三	陽1局	3/3	己巳	三	陽1局	2/2	戊戌	五		1/4	庚午	七		12/2	己亥	九	陽8局	13
5/6	辛未	二		4/4	庚子	四		3/4	庚午	四		2/3	己亥	六	陽7局	1/5	辛未	八		12/3	庚子	一		14
5/7	壬申	三		4/5	辛丑	五		3/5	辛未	五		2/4	庚子	七		1/6	壬申	九		12/4	辛丑	二		15
5/8	癸酉	四		4/6	壬寅	六		3/6	壬申	六		2/5	辛丑	八		1/7	癸酉	一		12/5	壬寅	三		16
5/9	甲戌	五	陽9局	4/7	癸卯	七		3/7	癸酉	七		2/6	壬寅	九		1/8	甲戌	二	陽2局	12/6	癸卯	四		17
5/10	乙亥	六		4/8	甲辰	八	陽7局	3/8	甲戌	八	陽7局	2/7	癸卯	一		1/9	乙亥	三		12/7	甲辰	五	陽5局	18
5/11	丙子	七		4/9	乙巳	九		3/9	乙亥	九		2/8	甲辰	二	陽4局	1/10	丙子	一		12/8	乙巳	六		19
5/12	丁丑	八		4/10	丙午	一		3/10	丙子	七		2/9	乙巳	三		1/11	丁丑	二		12/9	丙午	七		20
5/13	戊寅	四		4/11	丁未	二		3/11	丁丑	八		2/10	丙午	四		1/12	戊寅	三		12/10	丁未	八		21
5/14	己卯	三	陰9局	4/12	戊申	三		3/12	戊寅	九		2/11	丁未	五		1/13	己卯	四	陽9局	12/11	戊申	九		22
5/15	庚辰	二		4/13	己酉	四	陽5局	3/13	己卯	一	陽5局	2/12	戊申	六		1/14	庚辰	五		12/12	己酉	一	陽3局	23
5/16	辛巳	一		4/14	庚戌	五		3/14	庚辰	二		2/13	己酉	七	陽3局	1/15	辛巳	六		12/13	庚戌	二		24
5/17	壬午	九		4/15	辛亥	六		3/15	辛巳	三		2/14	庚戌	八		1/16	壬午	七		12/14	辛亥	三		25
5/18	癸未	八		4/16	壬子	七		3/16	壬午	四		2/15	辛亥	九		1/17	癸未	八		12/15	壬子	四		26
5/19	甲申	七	陰3局	4/17	癸丑	八		3/17	癸未	五		2/16	壬子	一		1/18	甲申	九	6	12/16	癸丑	五		27
5/20	乙酉	六		4/18	甲寅	九	陽2局	3/18	甲申	六	陽2局	2/17	癸丑	二		1/19	乙酉	一		12/17	甲寅	六	陽9局	28
5/21	丙戌	五		4/19	乙卯	一		3/19	乙酉	七		2/18	甲寅	三	陽9局					12/18	乙卯	七		29
5/22	丁亥	四		4/20	丙辰	二		3/20	丙戌	八		2/19	乙卯	四						12/19	丙辰	八		30
				4/21	丁巳	三						2/20	丙辰	五						12/20	丁巳	九		31

1993年 癸酉(年)／甲子(月)

月	12月				11月				10月				9月				8月				7月			
月干支	丙子				乙亥				甲戌				癸酉				壬申				辛未			
紫白	四緑				五黄				六白				七赤				八白				九紫			
節気	22 冬至 11時23分	7 大雪 17時23分	日紫白	奇門遁甲局数	22 小雪 22時6分	8 立冬 0時36分	日紫白	奇門遁甲局数	24 霜降 0時36分	8 寒露 21時29分	日紫白	奇門遁甲局数	23 秋分 15時19分	8 白露 5時55分	日紫白	奇門遁甲局数	23 処暑 17時44分	8 立秋 3時4分	日紫白	奇門遁甲局数	23 大暑 10時41分	7 小暑 17時19分	日紫白	奇門遁甲局数
新暦	農暦	日干支			農暦	日干支			農暦	日干支			農暦	日干支			農暦	日干支			農暦	日干支		
1	10/29	辛酉	三	陰2局	9/28	辛卯	六	陰2局	8/26	庚申	一	陰4局	7/26	庚寅	四	陰7局	6/24	己未	八	陰4局	5/23	戊子	三	3
2	10/30	壬戌	二		9/29	壬辰	五		8/27	辛酉	九		7/27	辛卯	三		6/25	庚申	七		5/24	己丑	二	陰6局
3	11/1	癸亥	一		10/1	癸巳	四		8/28	壬戌	八		7/28	壬辰	二		6/26	辛酉	六		5/25	庚寅	一	
4	11/2	甲子	六	陰4局	10/2	甲午	三	陰6局	8/29	癸亥	七		7/29	癸巳	一		6/27	壬戌	五		5/26	辛卯	九	
5	11/3	乙丑	五		10/3	乙未	二		9/1	甲子	三	陰6局	7/30	甲午	九	陰9局	6/28	癸亥	四		5/27	壬辰	八	
6	11/4	丙寅	四		10/4	丙申	一		9/2	乙丑	二		8/1	乙未	八		6/29	甲子	九	陰2局	5/28	癸巳	七	
7	11/5	丁卯	三		10/5	丁酉	九		9/3	丙寅	一		8/2	丙申	七		7/1	乙丑	八		5/29	甲午	六	陰8局
8	11/6	戊辰	二		10/6	戊戌	八		9/4	丁卯	九		8/3	丁酉	六		7/2	丙寅	七		5/30	乙未	五	
9	11/7	己巳	一	陰7局	10/7	己亥	七	陰9局	9/5	戊辰	八		8/4	戊戌	五		7/3	丁卯	六		6/1	丙申	四	
10	11/8	庚午	九		10/8	庚子	六		9/6	己巳	七	陰9局	8/5	己亥	四	陰3局	7/4	戊辰	五		6/2	丁酉	三	
11	11/9	辛未	八		10/9	辛丑	五		9/7	庚午	六		8/6	庚子	三		7/5	己巳	四	陰5局	6/3	戊戌	二	
12	11/10	壬申	七		10/10	壬寅	四		9/8	辛未	五		8/7	辛丑	二		7/6	庚午	三		6/4	己亥	一	陰2局
13	11/11	癸酉	六		10/11	癸卯	三		9/9	壬申	四		8/8	壬寅	一		7/7	辛未	二		6/5	庚子	九	
14	11/12	甲戌	五	陰1局	10/12	甲辰	二	陰3局	9/10	癸酉	三		8/9	癸卯	九		7/8	壬申	一		6/6	辛丑	八	
15	11/13	乙亥	四		10/13	乙巳	一		9/11	甲戌	二	陰3局	8/10	甲辰	八	陰6局	7/9	癸酉	九		6/7	壬寅	七	
16	11/14	丙子	三		10/14	丙午	九		9/12	乙亥	一		8/11	乙巳	七		7/10	甲戌	八	陰8局	6/8	癸卯	六	
17	11/15	丁丑	二		10/15	丁未	八		9/13	丙子	九		8/12	丙午	六		7/11	乙亥	七		6/9	甲辰	五	陰5局
18	11/16	戊寅	一		10/16	戊申	七		9/14	丁丑	八		8/13	丁未	五		7/12	丙子	六		6/10	乙巳	四	
19	11/17	己卯	九	陽1局	10/17	己酉	六	陰5局	9/15	戊寅	七		8/14	戊申	四		7/13	丁丑	五		6/11	丙午	三	
20	11/18	庚辰	八		10/18	庚戌	五		9/16	己卯	六	陰5局	8/15	己酉	三	陰7局	7/14	戊寅	四		6/12	丁未	二	
21	11/19	辛巳	七		10/19	辛亥	四		9/17	庚辰	五		8/16	庚戌	二		7/15	己卯	三	陰1局	6/13	戊申	一	
22	11/20	壬午	一		10/20	壬子	三		9/18	辛巳	四		8/17	辛亥	一		7/16	庚辰	二		6/14	己酉	九	陰7局
23	11/21	癸未	二		10/21	癸丑	二		9/19	壬午	三		8/18	壬子	九		7/17	辛巳	四		6/15	庚戌	八	
24	11/22	甲申	三	陽7局	10/22	甲寅	一	陰8局	9/20	癸未	五		8/19	癸丑	八		7/18	壬午	三		6/16	辛亥	七	
25	11/23	乙酉	四		10/23	乙卯	九		9/21	甲申	四	陰8局	8/20	甲寅	七	陰1局	7/19	癸未	二		6/17	壬子	六	
26	11/24	丙戌	五		10/24	丙辰	八		9/22	乙酉	三		8/21	乙卯	六		7/20	甲申	一	陰4局	6/18	癸丑	五	
27	11/25	丁亥	六		10/25	丁巳	七		9/23	丙戌	二		8/22	丙辰	五		7/21	乙酉	九		6/19	甲寅	四	陰1局
28	11/26	戊子	七		10/26	戊午	六		9/24	丁亥	一		8/23	丁巳	四		7/22	丙戌	八		6/20	乙卯	三	
29	11/27	己丑	八	陽4局	10/27	己未	五	2	9/25	戊子	九		8/24	戊午	三		7/23	丁亥	七		6/21	丙辰	二	
30	11/28	庚寅	九		10/28	庚申	四		9/26	己丑	八	2	8/25	己未	二	4	7/24	戊子	六		6/22	丁巳	一	
31	11/29	辛卯	一						9/27	庚寅	七						7/25	己丑	五	7	6/23	戊午	九	

一九九五年 乙亥 五黄

二元八運…「七運」 三元九運…「七運」

月	1月				2月				3月			
月干支	丁丑 甲戌(年)				戊寅				己卯			
紫白	三碧				二黒				一白			
節気	6 小寒 4時34分 / 20 大寒 22時0分				4 立春 16時13分 / 19 雨水 12時11分				6 啓蟄 10時16分 / 21 春分 11時14分			
新暦	農暦	日干支	日紫白	奇門遁甲局数	農暦	日干支	日紫白	奇門遁甲局数	農暦	日干支	日紫白	奇門遁甲局数
1	12/1	壬辰	二	4	1/2	癸亥	六	6	2/1	辛卯	七	陽3局
2	12/2	癸巳	三		1/3	甲子	一	陽8局	2/2	壬辰	八	
3	12/3	甲午	四	陽2局	1/4	乙丑	二		2/3	癸巳	九	
4	12/4	乙未	五		1/5	丙寅	三		2/4	甲午	一	陽1局
5	12/5	丙申	六		1/6	丁卯	四		2/5	乙未	二	
6	12/6	丁酉	七		1/7	戊辰	五		2/6	丙申	三	
7	12/7	戊戌	八		1/8	己巳	六	陽5局	2/7	丁酉	四	
8	12/8	己亥	九	陽8局	1/9	庚午	七		2/8	戊戌	五	
9	12/9	庚子	一		1/10	辛未	八		2/9	己亥	六	陽7局
10	12/10	辛丑	二		1/11	壬申	九		2/10	庚子	七	
11	12/11	壬寅	三		1/12	癸酉	一		2/11	辛丑	八	
12	12/12	癸卯	四		1/13	甲戌	二	陽2局	2/12	壬寅	九	
13	12/13	甲辰	五	陽5局	1/14	乙亥	三		2/13	癸卯	一	
14	12/14	乙巳	六		1/15	丙子	四		2/14	甲辰	二	陽4局
15	12/15	丙午	七		1/16	丁丑	五		2/15	乙巳	三	
16	12/16	丁未	八		1/17	戊寅	六		2/16	丙午	四	
17	12/17	戊申	九		1/18	己卯	七	陽9局	2/17	丁未	五	
18	12/18	己酉	一	陽3局	1/19	庚辰	八		2/18	戊申	六	
19	12/19	庚戌	二		1/20	辛巳	六		2/19	己酉	七	陽3局
20	12/20	辛亥	三		1/21	壬午	七		2/20	庚戌	八	
21	12/21	壬子	四		1/22	癸未	八		2/21	辛亥	九	
22	12/22	癸丑	五		1/23	甲申	九	陽6局	2/22	壬子	一	
23	12/23	甲寅	六	陽9局	1/24	乙酉	一		2/23	癸丑	二	
24	12/24	乙卯	七		1/25	丙戌	二		2/24	甲寅	三	陽9局
25	12/25	丙辰	八		1/26	丁亥	三		2/25	乙卯	四	
26	12/26	丁巳	九		1/27	戊子	四		2/26	丙辰	五	
27	12/27	戊午	一		1/28	己丑	五	3	2/27	丁巳	六	
28	12/28	己未	二	陽6局	1/29	庚寅	六		2/28	戊午	七	
29	12/29	庚申	三						2/29	己未	八	陽6局
30	12/30	辛酉	四						2/30	庚申	九	
31	1/1	壬戌	五						3/1	辛酉	一	

月	4月				5月				6月			
月干支	庚辰				辛巳				壬午			
紫白	九紫				八白				七赤			
節気	5 清明 15時8分 / 20 穀雨 22時21分				6 立夏 8時30分 / 21 小満 21時34分				6 芒種 12時42分 / 22 夏至 5時34分			
新暦	農暦	日干支	日紫白	奇門遁甲局数	農暦	日干支	日紫白	奇門遁甲局数	農暦	日干支	日紫白	奇門遁甲局数
1	3/2	壬戌	二	6	4/2	壬辰	五	8	5/4	癸亥	九	8
2	3/3	癸亥	三		4/3	癸巳	六		5/5	甲子	四	陽6局
3	3/4	甲子	七	陽4局	4/4	甲午	七	陽4局	5/6	乙丑	五	
4	3/5	乙丑	八		4/5	乙未	八		5/7	丙寅	六	
5	3/6	丙寅	九		4/6	丙申	九		5/8	丁卯	七	
6	3/7	丁卯	一		4/7	丁酉	一		5/9	戊辰	八	
7	3/8	戊辰	二		4/8	戊戌	二		5/10	己巳	九	陽3局
8	3/9	己巳	三	陽1局	4/9	己亥	三	陽1局	5/11	庚午	一	
9	3/10	庚午	四		4/10	庚子	四		5/12	辛未	二	
10	3/11	辛未	五		4/11	辛丑	五		5/13	壬申	三	
11	3/12	壬申	六		4/12	壬寅	六		5/14	癸酉	四	
12	3/13	癸酉	七		4/13	癸卯	七		5/15	甲戌	五	陽9局
13	3/14	甲戌	八	陽7局	4/14	甲辰	八	陽7局	5/16	乙亥	六	
14	3/15	乙亥	九		4/15	乙巳	九		5/17	丙子	七	
15	3/16	丙子	一		4/16	丙午	一		5/18	丁丑	八	
16	3/17	丁丑	二		4/17	丁未	二		5/19	戊寅	九	
17	3/18	戊寅	三		4/18	戊申	三		5/20	己卯	一	陰9局
18	3/19	己卯	四	陽5局	4/19	己酉	四	陽5局	5/21	庚辰	二	
19	3/20	庚辰	五		4/20	庚戌	五		5/22	辛巳	三	
20	3/21	辛巳	三		4/21	辛亥	六		5/23	壬午	四	
21	3/22	壬午	四		4/22	壬子	七		5/24	癸未	五	
22	3/23	癸未	五		4/23	癸丑	八		5/25	甲申	七	陰3局
23	3/24	甲申	六	陽2局	4/24	甲寅	九	陽2局	5/26	乙酉	六	
24	3/25	乙酉	七		4/25	乙卯	一		5/27	丙戌	五	
25	3/26	丙戌	八		4/26	丙辰	二		5/28	丁亥	四	
26	3/27	丁亥	九		4/27	丁巳	三		5/29	戊子	三	
27	3/28	戊子	一		4/28	戊午	四		5/30	己丑	二	陰6局
28	3/29	己丑	二	陽8局	4/29	己未	五	陽8局	6/1	庚寅	一	
29	3/30	庚寅	三		5/1	庚申	六		6/2	辛卯	九	
30	4/1	辛卯	四		5/2	辛酉	七		6/3	壬辰	八	
31					5/3	壬戌	八					

1994年 甲戌(年)／丙子(月)

月	12 月				11 月				10 月				9 月				8 月				7 月			
月干支	戊子				丁亥				丙戌				乙酉				甲申				癸未			
紫白	一白				二黒				三碧				四緑				五黄				六白			
節気	22 冬至 17時17分	7 大雪 23時22分			23 小雪 4時1分	8 立冬 6時36分			24 霜降 6時32分	9 寒露 3時27分			23 秋分 21時13分	8 白露 11時49分			23 処暑 23時35分	8 立秋 8時52分			23 大暑 16時30分	7 小暑 23時1分		
新暦	農暦	日干支	日紫白	奇門遁甲局数	農暦	日干支	日紫白	奇門遁甲局数	農暦	日干支	日紫白	奇門遁甲局数	農暦	日干支	日紫白	奇門遁甲局数	農暦	日干支	日紫白	奇門遁甲局数	農暦	日干支	日紫白	奇門遁甲局数
1	10/10	丙寅	四	陰4局	9/9	丙申	一	陰6局	閏8/7	乙丑	二	陰6局	8/7	乙未	八	陰9局	7/6	甲子	九	陰2局	6/4	癸巳	七	6
2	10/11	丁卯	三		9/10	丁酉	九		閏8/8	丙寅	一		8/8	丙申	七		7/7	乙丑	八		6/5	甲午	六	陰8局
3	10/12	戊辰	二		9/11	戊戌	八		閏8/9	丁卯	九		8/9	丁酉	六		7/8	丙寅	七		6/6	乙未	五	
4	10/13	己巳	一	陰7局	9/12	己亥	七	陰9局	閏8/10	戊辰	八		8/10	戊戌	五		7/9	丁卯	六		6/7	丙申	四	
5	10/14	庚午	九		9/13	庚子	六		閏8/11	己巳	七	陰9局	8/11	己亥	四	陰3局	7/10	戊辰	五		6/8	丁酉	三	
6	10/15	辛未	八		9/14	辛丑	五		閏8/12	庚午	六		8/12	庚子	三		7/11	己巳	四	陰5局	6/9	戊戌	二	
7	10/16	壬申	七		9/15	壬寅	四		閏8/13	辛未	五		8/13	辛丑	二		7/12	庚午	三		6/10	己亥	一	陰2局
8	10/17	癸酉	六		9/16	癸卯	三		閏8/14	壬申	四		8/14	壬寅	一		7/13	辛未	二		6/11	庚子	九	
9	10/18	甲戌	五	陰1局	9/17	甲辰	二	陰3局	閏8/15	癸酉	三		8/15	癸卯	九		7/14	壬申	一		6/12	辛丑	八	
10	10/19	乙亥	四		9/18	乙巳	一		閏8/16	甲戌	二	陰3局	8/16	甲辰	八	陰6局	7/15	癸酉	九		6/13	壬寅	七	
11	10/20	丙子	三		9/19	丙午	九		閏8/17	乙亥	一		8/17	乙巳	七		7/16	甲戌	八	陰8局	6/14	癸卯	六	
12	10/21	丁丑	二		9/20	丁未	八		閏8/18	丙子	九		8/18	丙午	六		7/17	乙亥	七		6/15	甲辰	五	陰5局
13	10/22	戊寅	一		9/21	戊申	七		閏8/19	丁丑	八		8/19	丁未	五		7/18	丙子	六		6/16	乙巳	四	
14	10/23	己卯	九	陽1局	9/22	己酉	六	陰5局	閏8/20	戊寅	七		8/20	戊申	四		7/19	丁丑	五		6/17	丙午	三	
15	10/24	庚辰	八		9/23	庚戌	五		閏8/21	己卯	六	陰5局	8/21	己酉	三	陰7局	7/20	戊寅	四		6/18	丁未	二	
16	10/25	辛巳	七		9/24	辛亥	四		閏8/22	庚辰	五		8/22	庚戌	二		7/21	己卯	三	陰1局	6/19	戊申	一	
17	10/26	壬午	六		9/25	壬子	三		閏8/23	辛巳	四		8/23	辛亥	一		7/22	庚辰	二		6/20	己酉	九	陰7局
18	10/27	癸未	五		9/26	癸丑	二		閏8/24	壬午	三		8/24	壬子	九		7/23	辛巳	一		6/21	庚戌	八	
19	10/28	甲申	四	陽7局	9/27	甲寅	一	陰8局	閏8/25	癸未	二		8/25	癸丑	八		7/24	壬午	九		6/22	辛亥	七	
20	10/29	乙酉	三		9/28	乙卯	九		閏8/26	甲申	一	陰8局	8/26	甲寅	七	陰1局	7/25	癸未	八		6/23	壬子	六	
21	10/30	丙戌	二		9/29	丙辰	八		閏8/27	乙酉	九		8/27	乙卯	六		7/26	甲申	七	陰4局	6/24	癸丑	五	
22	11/1	丁亥	六		10/1	丁巳	七		閏8/28	丙戌	八		8/28	丙辰	五		7/27	乙酉	六		6/25	甲寅	四	陰1局
23	11/2	戊子	七		10/2	戊午	六		閏8/29	丁亥	七		8/29	丁巳	四		7/28	丙戌	八		6/26	乙卯	三	
24	11/3	己丑	八	陽4局	10/3	己未	五	陰2局	9/1	戊子	九		8/30	戊午	三		7/29	丁亥	七		6/27	丙辰	二	
25	11/4	庚寅	九		10/4	庚申	四		9/2	己丑	八	陰2局	閏8/1	己未	二	陰4局	7/30	戊子	六		6/28	丁巳	一	
26	11/5	辛卯	一		10/5	辛酉	三		9/3	庚寅	七		閏8/2	庚申	一		8/1	己丑	五	陰7局	6/29	戊午	九	
27	11/6	壬辰	二		10/6	壬戌	二		9/4	辛卯	六		閏8/3	辛酉	九		8/2	庚寅	四		7/1	己未	八	陰4局
28	11/7	癸巳	三		10/7	癸亥	一		9/5	壬辰	五		閏8/4	壬戌	八		8/3	辛卯	三		7/2	庚申	七	
29	11/8	甲午	四	陽2局	10/8	甲子	六	4	9/6	癸巳	四		閏8/5	癸亥	七		8/4	壬辰	二		7/3	辛酉	六	
30	11/9	乙未	五		10/9	乙丑	五		9/7	甲午	三	6	閏8/6	甲子	三	6	8/5	癸巳	一		7/4	壬戌	五	
31	11/10	丙申	六						9/8	乙未	二						8/6	甲午	九	9	7/5	癸亥	四	

一九九六年 丙子 四緑

二元八運…「八運」　三元九運…「七運」

月	6月				5月				4月				3月				2月				1月				月
月干支	甲午				癸巳				壬辰				辛卯				庚寅				己丑 乙亥(年)				月干支
紫白	四緑				五黄				六白				七赤				八白				九紫				紫白
節気	21 夏至 11時24分	5 芒種 18時41分	日紫白	奇門遁甲局数	21 小満 3時23分	5 立夏 14時26分	日紫白	奇門遁甲局数	20 穀雨 4時10分	4 清明 21時2分	日紫白	奇門遁甲局数	20 春分 17時3分	5 啓蟄 16時10分	日紫白	奇門遁甲局数	19 雨水 18時1分	4 立春 22時8分	日紫白	奇門遁甲局数	21 大寒 3時52分	6 小寒 10時31分	日紫白	奇門遁甲局数	節気
新暦	農暦	日干支			農暦	日干支			農暦	日干支			農暦	日干支			農暦	日干支			農暦	日干支			新暦
1	4/16	己巳	九	陽3局	3/14	戊戌	二	4	2/14	戊辰	二	4	1/12	丁酉	四	1	12/13	戊辰	五	8	11/11	丁酉	七	2	1
2	4/17	庚午	一		3/15	己亥	三	陽1局	2/15	己巳	三	陽1局	1/13	戊戌	五		12/14	己巳	六	陽5局	11/12	戊戌	八		2
3	4/18	辛未	二		3/16	庚子	四		2/16	庚午	四		1/14	己亥	六	陽7局	12/15	庚午	七		11/13	己亥	九	陽8局	3
4	4/19	壬申	三		3/17	辛丑	五		2/17	辛未	五		1/15	庚子	七		12/16	辛未	八		11/14	庚子	一		4
5	4/20	癸酉	四		3/18	壬寅	六		2/18	壬申	六		1/16	辛丑	八		12/17	壬申	九		11/15	辛丑	二		5
6	4/21	甲戌	五	陽9局	3/19	癸卯	七		2/19	癸酉	七		1/17	壬寅	九		12/18	癸酉	一		11/16	壬寅	三		6
7	4/22	乙亥	六		3/20	甲辰	八	陽7局	2/20	甲戌	八	陽7局	1/18	癸卯	一		12/19	甲戌	二	陽2局	11/17	癸卯	四		7
8	4/23	丙子	七		3/21	乙巳	九		2/21	乙亥	九		1/19	甲辰	二	陽4局	12/20	乙亥	三		11/18	甲辰	五	陽5局	8
9	4/24	丁丑	八		3/22	丙午	一		2/22	丙子	一		1/20	乙巳	三		12/21	丙子	四		11/19	乙巳	六		9
10	4/25	戊寅	九		3/23	丁未	二		2/23	丁丑	二		1/21	丙午	四		12/22	丁丑	五		11/20	丙午	七		10
11	4/26	己卯	一	陽6局・閏	3/24	戊申	三		2/24	戊寅	三		1/22	丁未	五		12/23	戊寅	六		11/21	丁未	八		11
12	4/27	庚辰	二		3/25	己酉	四	陽5局	2/25	己卯	四	陽5局	1/23	戊申	六		12/24	己卯	七	陽9局	11/22	戊申	九		12
13	4/28	辛巳	三		3/26	庚戌	五		2/26	庚辰	五		1/24	己酉	七	陽3局	12/25	庚辰	八		11/23	己酉	一	陽3局	13
14	4/29	壬午	四		3/27	辛亥	六		2/27	辛巳	六		1/25	庚戌	八		12/26	辛巳	九		11/24	庚戌	二		14
15	4/30	癸未	五		3/28	壬子	七		2/28	壬午	七		1/26	辛亥	九		12/27	壬午	一		11/25	辛亥	三		15
16	5/1	甲申	六	陽3局・閏	3/29	癸丑	八		2/29	癸未	八		1/27	壬子	一		12/28	癸未	二		11/26	壬子	四		16
17	5/2	乙酉	七		4/1	甲寅	九	陽2局	2/30	甲申	九	陽2局	1/28	癸丑	二		12/29	甲申	三	陽6局	11/27	癸丑	五		17
18	5/3	丙戌	八		4/2	乙卯	一		3/1	乙酉	一		1/29	甲寅	三	陽9局	12/30	乙酉	四		11/28	甲寅	六	陽9局	18
19	5/4	丁亥	九		4/3	丙辰	二		3/2	丙戌	二		2/1	乙卯	四		1/1	丙戌	二		11/29	乙卯	七		19
20	5/5	戊子	一		4/4	丁巳	三		3/3	丁亥	九		2/2	丙辰	五		1/2	丁亥	三		12/1	丙辰	八		20
21	5/6	己丑	二	陽9局・閏	4/5	戊午	四		3/4	戊子	一		2/3	丁巳	六		1/3	戊子	四		12/2	丁巳	九		21
22	5/7	庚寅	一		4/6	己未	五	陽8局	3/5	己丑	二	陽8局	2/4	戊午	七		1/4	己丑	五	陽3局	12/3	戊午	一		22
23	5/8	辛卯	九		4/7	庚申	六		3/6	庚寅	三		2/5	己未	八	陽6局	1/5	庚寅	六		12/4	己未	二	陽6局	23
24	5/9	壬辰	八		4/8	辛酉	七		3/7	辛卯	四		2/6	庚申	九		1/6	辛卯	七		12/5	庚申	三		24
25	5/10	癸巳	七		4/9	壬戌	八		3/8	壬辰	五		2/7	辛酉	一		1/7	壬辰	八		12/6	辛酉	四		25
26	5/11	甲午	六	陰9局	4/10	癸亥	九		3/9	癸巳	六		2/8	壬戌	二		1/8	癸巳	九		12/7	壬戌	五		26
27	5/12	乙未	五		4/11	甲子	四	陽6局	3/10	甲午	七	陽4局	2/9	癸亥	三		1/9	甲午	一	陽1局	12/8	癸亥	六		27
28	5/13	丙申	四		4/12	乙丑	五		3/11	乙未	八		2/10	甲子	七	陽4局	1/10	乙未	二		12/9	甲子	一	陽8局	28
29	5/14	丁酉	三		4/13	丙寅	六		3/12	丙申	九		2/11	乙丑	八		1/11	丙申	三		12/10	乙丑	二		29
30	5/15	戊戌	二		4/14	丁卯	七		3/13	丁酉	一		2/12	丙寅	九						12/11	丙寅	三		30
31					4/15	戊辰	八						2/13	丁卯	一						12/12	丁卯	四		31

1995年 乙亥(年)／戊子(月)

月	12月				11月				10月				9月				8月				7月			
月干支	庚子				己亥				戊戌				丁酉				丙申				乙未			
紫白	七赤				八白				九紫				一白				二黒				三碧			
節気	21 冬至 23時6分	7 大雪 5時14分	日紫白	奇門遁甲局数	22 小雪 9時49分	7 立冬 12時27分	日紫白	奇門遁甲局数	23 霜降 12時19分	8 寒露 9時19分	日紫白	奇門遁甲局数	23 秋分 3時0分	7 白露 17時42分	日紫白	奇門遁甲局数	23 処暑 5時23分	7 立秋 14時49分	日紫白	奇門遁甲局数	22 大暑 22時19分	7 小暑 5時0分	日紫白	奇門遁甲局数
新暦	農暦	日干支			農暦	日干支			農暦	日干支			農暦	日干支			農暦	日干支			農暦	日干支		
1	10/21	壬申	七	8	9/21	壬寅	四	8	8/19	辛未	五		7/19	辛丑	二		6/17	庚午	三		5/16	己亥	一	
2	10/22	癸酉	六		9/22	癸卯	三		8/20	壬申	四	陰1局	7/20	壬寅	一	陰4局	6/18	辛未	二		5/17	庚子	九	
3	10/23	甲戌	五		9/23	甲辰	二		8/21	癸酉	三		7/21	癸卯	九		6/19	壬申	一	陰1局	5/18	辛丑	八	陰3局
4	10/24	乙亥	四		9/24	乙巳	一		8/22	甲戌	二		7/22	甲辰	八		6/20	癸酉	九		5/19	壬寅	七	
5	10/25	丙子	三	陰2局	9/25	丙午	九	陰2局	8/23	乙亥	一		7/23	乙巳	七		6/21	甲戌	八		5/20	癸卯	六	
6	10/26	丁丑	二		9/26	丁未	八		8/24	丙子	九	陰4局	7/24	丙午	六	陰7局	6/22	乙亥	七		5/21	甲辰	五	
7	10/27	戊寅	一		9/27	戊申	七		8/25	丁丑	八		7/25	丁未	五		6/23	丙子	六		5/22	乙巳	四	
8	10/28	己卯	九		9/28	己酉	六		8/26	戊寅	七		7/26	戊申	四		6/24	丁丑	五	陰4局	5/23	丙午	三	陰6局
9	10/29	庚辰	八		9/29	庚戌	五		8/27	己卯	六		7/27	己酉	三		6/25	戊寅	四		5/24	丁未	二	
10	10/30	辛巳	七	陰4局	9/30	辛亥	四	陰6局	8/28	庚辰	五		7/28	庚戌	二		6/26	己卯	三		5/25	戊申	一	
11	11/1	壬午	六		10/1	壬子	三		8/29	辛巳	四	陰6局	7/29	辛亥	一	陰9局	6/27	庚辰	二		5/26	己酉	九	
12	11/2	癸未	五		10/2	癸丑	二		9/1	壬午	三		7/30	壬子	九		6/28	辛巳	一		5/27	庚戌	八	
13	11/3	甲申	四		10/3	甲寅	一		9/2	癸未	二		8/1	癸丑	八		6/29	壬午	九	陰2局	5/28	辛亥	七	陰8局
14	11/4	乙酉	三		10/4	乙卯	九		9/3	甲申	一		8/2	甲寅	七		7/1	癸未	八		5/29	壬子	六	
15	11/5	丙戌	二	陰7局	10/5	丙辰	八	陰9局	9/4	乙酉	九		8/3	乙卯	六		7/2	甲申	七		5/30	癸丑	五	
16	11/6	丁亥	一		10/6	丁巳	七		9/5	丙戌	八	陰9局	8/4	丙辰	五	陰3局	7/3	乙酉	六		6/1	甲寅	四	
17	11/7	戊子	九		10/7	戊午	六		9/6	丁亥	七		8/5	丁巳	四		7/4	丙戌	五	陰5局	6/2	乙卯	三	
18	11/8	己丑	八		10/8	己未	五		9/7	戊子	六		8/6	戊午	三		7/5	丁亥	四		6/3	丙辰	二	陰2局
19	11/9	庚寅	七		10/9	庚申	四		9/8	己丑	五		8/7	己未	二		7/6	戊子	三		6/4	丁巳	一	
20	11/10	辛卯	六	陰1局	10/10	辛酉	三	陰3局	9/9	庚寅	四		8/8	庚申	一		7/7	己丑	二		6/5	戊午	九	
21	11/11	壬辰	二		10/11	壬戌	二		9/10	辛卯	三	陰3局	8/9	辛酉	九	陰6局	7/8	庚寅	一		6/6	己未	八	
22	11/12	癸巳	三		10/12	癸亥	一		9/11	壬辰	二		8/10	壬戌	八		7/9	辛卯	九	陰8局	6/7	庚申	七	
23	11/13	甲午	四		10/13	甲子	六		9/12	癸巳	四		8/11	癸亥	七		7/10	壬辰	二		6/8	辛酉	六	陰5局
24	11/14	乙未	五		10/14	乙丑	五		9/13	甲午	三		8/12	甲子	三		7/11	癸巳	一		6/9	壬戌	五	
25	11/15	丙申	六	陽1局	10/15	丙寅	四	陰5局	9/14	乙未	二		8/13	乙丑	二		7/12	甲午	九		6/10	癸亥	四	
26	11/16	丁酉	七		10/16	丁卯	三		9/15	丙申	一	陰5局	8/14	丙寅	一	陰7局	7/13	乙未	八		6/11	甲子	九	
27	11/17	戊戌	八		10/17	戊辰	二		9/16	丁酉	九		8/15	丁卯	九		7/14	丙申	七	陰1局	6/12	乙丑	八	
28	11/18	己亥	九		10/18	己巳	一		9/17	戊戌	八		8/16	戊辰	八		7/15	丁酉	六		6/13	丙寅	七	陰7局
29	11/19	庚子	一	陽7局	10/19	庚午	九	陰8局	9/18	己亥	七		8/17	己巳	七		7/16	戊戌	五		6/14	丁卯	六	
30	11/20	辛丑	二		10/20	辛未	八		9/19	庚子	六	陰8局	8/18	庚午	六	1	7/17	己亥	四		6/15	戊辰	五	
31	11/21	壬寅	三						9/20	辛丑	五						7/18	庚子	三	4	6/16	己巳	四	1

一九九七年 丁丑 三碧

二元八運…「八運」
三元九運…「七運」

月	1月				2月				3月			
月干支	辛丑 丙子(年)				壬寅				癸卯			
紫白	六白				五黄				四緑			
節気	5 小寒 16時24分 / 20 大寒 9時42分				4 立春 4時2分 / 18 雨水 23時51分				5 啓蟄 22時4分 / 20 春分 22時55分			
新暦	農暦	日干支	日紫白	奇門遁甲局数	農暦	日干支	日紫白	奇門遁甲局数	農暦	日干支	日紫白	奇門遁甲局数
1	11/22	癸卯	四	7	12/24	甲戌	二	陽6局	1/23	壬寅	九	6
2	11/23	甲辰	五	陽4局	12/25	乙亥	三		1/24	癸卯	一	
3	11/24	乙巳	六		12/26	丙子	四		1/25	甲辰	二	陽3局
4	11/25	丙午	七		12/27	丁丑	五		1/26	乙巳	三	
5	11/26	丁未	八		12/28	戊寅	六		1/27	丙午	四	
6	11/27	戊申	九		12/29	己卯	七	陽8局	1/28	丁未	五	
7	11/28	己酉	一	陽2局	1/1	庚辰	八		1/29	戊申	六	
8	11/29	庚戌	二		1/2	辛巳	九		1/30	己酉	七	陽1局
9	12/1	辛亥	三		1/3	壬午	一		2/1	庚戌	八	
10	12/2	壬子	四		1/4	癸未	二		2/2	辛亥	九	
11	12/3	癸丑	五		1/5	甲申	三	陽5局	2/3	壬子	一	
12	12/4	甲寅	六	陽8局	1/6	乙酉	四		2/4	癸丑	二	
13	12/5	乙卯	七		1/7	丙戌	五		2/5	甲寅	三	陽7局
14	12/6	丙辰	八		1/8	丁亥	六		2/6	乙卯	四	
15	12/7	丁巳	九		1/9	戊子	七		2/7	丙辰	五	
16	12/8	戊午	一		1/10	己丑	八	陽2局	2/8	丁巳	六	
17	12/9	己未	二	陽5局	1/11	庚寅	九		2/9	戊午	七	
18	12/10	庚申	三		1/12	辛卯	七		2/10	己未	八	陽4局
19	12/11	辛酉	四		1/13	壬辰	八		2/11	庚申	九	
20	12/12	壬戌	五		1/14	癸巳	九		2/12	辛酉	一	
21	12/13	癸亥	六		1/15	甲午	一	陽9局	2/13	壬戌	二	
22	12/14	甲子	一	陽3局	1/16	乙未	二		2/14	癸亥	三	
23	12/15	乙丑	二		1/17	丙申	三		2/15	甲子	七	陽3局
24	12/16	丙寅	三		1/18	丁酉	四		2/16	乙丑	八	
25	12/17	丁卯	四		1/19	戊戌	五		2/17	丙寅	九	
26	12/18	戊辰	五		1/20	己亥	六	陽6局	2/18	丁卯	一	
27	12/19	己巳	六	陽9局	1/21	庚子	七		2/19	戊辰	二	
28	12/20	庚午	七		1/22	辛丑	八		2/20	己巳	三	陽9局
29	12/21	辛未	八						2/21	庚午	四	
30	12/22	壬申	九						2/22	辛未	五	
31	12/23	癸酉	一						2/23	壬申	六	

月	4月				5月				6月			
月干支	甲辰				乙巳				丙午			
紫白	三碧				二黒				一白			
節気	5 清明 2時56分 / 20 穀雨 10時3分				5 立夏 20時19分 / 21 小満 9時18分				6 芒種 0時33分 / 21 夏至 17時20分			
新暦	農暦	日干支	日紫白	奇門遁甲局数	農暦	日干支	日紫白	奇門遁甲局数	農暦	日干支	日紫白	奇門遁甲局数
1	2/24	癸酉	七	9	3/25	癸卯	七	2	4/26	甲戌	五	陽8局
2	2/25	甲戌	八	陽6局	3/26	甲辰	八	陽8局	4/27	乙亥	六	
3	2/26	乙亥	九		3/27	乙巳	九		4/28	丙子	七	
4	2/27	丙子	一		3/28	丙午	一		4/29	丁丑	八	
5	2/28	丁丑	二		3/29	丁未	二		5/1	戊寅	九	
6	2/29	戊寅	三		3/30	戊申	三		5/2	己卯	一	陽6局
7	3/1	己卯	四	陽4局	4/1	己酉	四	陽4局	5/3	庚辰	二	
8	3/2	庚辰	五		4/2	庚戌	五		5/4	辛巳	三	
9	3/3	辛巳	六		4/3	辛亥	六		5/5	壬午	四	
10	3/4	壬午	七		4/4	壬子	七		5/6	癸未	五	
11	3/5	癸未	八		4/5	癸丑	八		5/7	甲申	六	陽3局
12	3/6	甲申	九	陽1局	4/6	甲寅	九	陽1局	5/8	乙酉	七	
13	3/7	乙酉	一		4/7	乙卯	一		5/9	丙戌	八	
14	3/8	丙戌	二		4/8	丙辰	二		5/10	丁亥	九	
15	3/9	丁亥	三		4/9	丁巳	三		5/11	戊子	一	
16	3/10	戊子	四		4/10	戊午	四		5/12	己丑	二	陽9局
17	3/11	己丑	五	陽7局	4/11	己未	五	陽7局	5/13	庚寅	三	
18	3/12	庚寅	六		4/12	庚申	六		5/14	辛卯	四	
19	3/13	辛卯	七		4/13	辛酉	七		5/15	壬辰	五	
20	3/14	壬辰	五		4/14	壬戌	八		5/16	癸巳	六	
21	3/15	癸巳	六		4/15	癸亥	九		5/17	甲午	六	陰9局
22	3/16	甲午	七	陽5局	4/16	甲子	四	陽5局	5/18	乙未	五	
23	3/17	乙未	八		4/17	乙丑	五		5/19	丙申	四	
24	3/18	丙申	九		4/18	丙寅	六		5/20	丁酉	三	
25	3/19	丁酉	一		4/19	丁卯	七		5/21	戊戌	二	
26	3/20	戊戌	二		4/20	戊辰	八		5/22	己亥	一	陰3局
27	3/21	己亥	三	陽2局	4/21	己巳	九	陽2局	5/23	庚子	九	
28	3/22	庚子	四		4/22	庚午	一		5/24	辛丑	八	
29	3/23	辛丑	五		4/23	辛未	二		5/25	壬寅	七	
30	3/24	壬寅	六		4/24	壬申	三		5/26	癸卯	六	
31					4/25	癸酉	四					

1996年 丙子(年)/庚子(月)

月	12月				11月				10月				9月				8月				7月			
月干支	壬子				辛亥				庚戌				己酉				戊申				丁未			
紫白	四緑				五黄				六白				七赤				八白				九紫			
節気	22	7	日紫白	奇門遁甲局数	22	7	日紫白	奇門遁甲局数	23	8	日紫白	奇門遁甲局数	23	7	日紫白	奇門遁甲局数	23	7	日紫白	奇門遁甲局数	23	7	日紫白	奇門遁甲局数
	冬至 5時7分	大雪 11時5分			小雪 15時48分	立冬 18時15分			霜降 18時15分	寒露 15時5分			秋分 8時56分	白露 23時29分			処暑 11時19分	立秋 20時36分			大暑 4時15分	小暑 10時49分		
新暦	農暦	日干支			農暦	日干支			農暦	日干支			農暦	日干支			農暦	日干支			農暦	日干支		
1	11/2	丁丑	二	2	10/2	丁未	八	2	8/30	丙子	九	陰4局	7/30	丙午	六	陰7局	6/28	乙亥	七	陰4局	5/27	甲辰	五	陰6局
2	11/3	戊寅	一		10/3	戊申	七		9/1	丁丑	八		8/1	丁未	五		6/29	丙子	六		5/28	乙巳	四	
3	11/4	己卯	九	陰4局	10/4	己酉	六	陰6局	9/2	戊寅	七		8/2	戊申	四		7/1	丁丑	五		5/29	丙午	三	
4	11/5	庚辰	八		10/5	庚戌	五		9/3	己卯	六	陰6局	8/3	己酉	三	陰9局	7/2	戊寅	四		5/30	丁未	二	
5	11/6	辛巳	七		10/6	辛亥	四		9/4	庚辰	五		8/4	庚戌	二		7/3	己卯	三	陰2局	6/1	戊申	一	
6	11/7	壬午	六		10/7	壬子	三		9/5	辛巳	四		8/5	辛亥	一		7/4	庚辰	二		6/2	己酉	九	陰8局
7	11/8	癸未	五		10/8	癸丑	二		9/6	壬午	三		8/6	壬子	九		7/5	辛巳	一		6/3	庚戌	八	
8	11/9	甲申	四	陰7局	10/9	甲寅	一	陰9局	9/7	癸未	二		8/7	癸丑	八		7/6	壬午	九		6/4	辛亥	七	
9	11/10	乙酉	三		10/10	乙卯	九		9/8	甲申	一	陰9局	8/8	甲寅	七	陰3局	7/7	癸未	八		6/5	壬子	六	
10	11/11	丙戌	二		10/11	丙辰	八		9/9	乙酉	九		8/9	乙卯	六		7/8	甲申	七	陰5局	6/6	癸丑	五	
11	11/12	丁亥	一		10/12	丁巳	七		9/10	丙戌	八		8/10	丙辰	五		7/9	乙酉	六		6/7	甲寅	四	陰2局
12	11/13	戊子	九		10/13	戊午	六		9/11	丁亥	七		8/11	丁巳	四		7/10	丙戌	五		6/8	乙卯	三	
13	11/14	己丑	八	陰1局	10/14	己未	五	陰3局	9/12	戊子	六		8/12	戊午	三		7/11	丁亥	四		6/9	丙辰	二	
14	11/15	庚寅	七		10/15	庚申	四		9/13	己丑	五	陰3局	8/13	己未	二	陰6局	7/12	戊子	三		6/10	丁巳	一	
15	11/16	辛卯	六		10/16	辛酉	三		9/14	庚寅	四		8/14	庚申	一		7/13	己丑	二	陰8局	6/11	戊午	九	
16	11/17	壬辰	五		10/17	壬戌	二		9/15	辛卯	三		8/15	辛酉	九		7/14	庚寅	一		6/12	己未	八	陰5局
17	11/18	癸巳	四		10/18	癸亥	一		9/16	壬辰	二		8/16	壬戌	八		7/15	辛卯	九		6/13	庚申	七	
18	11/19	甲午	三	陽1局	10/19	甲子	六	陰5局	9/17	癸巳	一		8/17	癸亥	七		7/16	壬辰	八		6/14	辛酉	六	
19	11/20	乙未	二		10/20	乙丑	五		9/18	甲午	九	陰5局	8/18	甲子	三	陰7局	7/17	癸巳	七		6/15	壬戌	五	
20	11/21	丙申	一		10/21	丙寅	四		9/19	乙未	八		8/19	乙丑	二		7/18	甲午	六	陰1局	6/16	癸亥	四	
21	11/22	丁酉	九		10/22	丁卯	三		9/20	丙申	七		8/20	丙寅	一		7/19	乙未	五		6/17	甲子	九	陰7局
22	11/23	戊戌	八		10/23	戊辰	二		9/21	丁酉	六		8/21	丁卯	九		7/20	丙申	四		6/18	乙丑	八	
23	11/24	己亥	九	陽7局	10/24	己巳	一	陰8局	9/22	戊戌	八		8/22	戊辰	八		7/21	丁酉	六		6/19	丙寅	七	
24	11/25	庚子	一		10/25	庚午	九		9/23	己亥	七	陰8局	8/23	己巳	七	陰1局	7/22	戊戌	五		6/20	丁卯	六	
25	11/26	辛丑	二		10/26	辛未	八		9/24	庚子	六		8/24	庚午	六		7/23	己亥	四	陰4局	6/21	戊辰	五	
26	11/27	壬寅	三		10/27	壬申	七		9/25	辛丑	五		8/25	辛未	五		7/24	庚子	三		6/22	己巳	四	陰1局
27	11/28	癸卯	四		10/28	癸酉	六		9/26	壬寅	四		8/26	壬申	四		7/25	辛丑	二		6/23	庚午	三	
28	11/29	甲辰	五	陽4局	10/29	甲戌	五	陰2局	9/27	癸卯	三		8/27	癸酉	三		7/26	壬寅	一		6/24	辛未	二	
29	11/30	乙巳	六		10/30	乙亥	四		9/28	甲辰	二	陰2局	8/28	甲戌	二	4	7/27	癸卯	九		6/25	壬申	一	
30	12/1	丙午	七		11/1	丙子	三		9/29	乙巳	一		8/29	乙亥	一		7/28	甲辰	八	7	6/26	癸酉	九	
31	12/2	丁未	八						10/1	丙午	九						7/29	乙巳	七		6/27	甲戌	八	4

一九九八年 戊寅 二黒

三元八運…「八運」 三元九運…「七運」

新暦	1月 農暦	1月 日干支	1月 日紫白	1月 奇門遁甲局数	2月 農暦	2月 日干支	2月 日紫白	2月 奇門遁甲局数	3月 農暦	3月 日干支	3月 日紫白	3月 奇門遁甲局数
月干支	癸丑 丁丑(年)				甲寅				乙卯			
紫白	三碧				二黒				一白			
節気	5 小寒 22時18分	20 大寒 15時46分			4 立春 9時57分	19 雨水 5時55分			6 啓蟄 3時57分	21 春分 4時55分		
1	12/3	戊申	九	4	1/5	己卯	七	陽8局	2/3	丁未	五	3
2	12/4	己酉	一	陽2局	1/6	庚辰	八		2/4	戊申	六	
3	12/5	庚戌	二		1/7	辛巳	九		2/5	己酉	七	陽1局
4	12/6	辛亥	三		1/8	壬午	一		2/6	庚戌	八	
5	12/7	壬子	四		1/9	癸未	二		2/7	辛亥	九	
6	12/8	癸丑	五		1/10	甲申	三	陽5局	2/8	壬子	一	
7	12/9	甲寅	六	陽8局	1/11	乙酉	四		2/9	癸丑	二	
8	12/10	乙卯	七		1/12	丙戌	五		2/10	甲寅	三	陽7局
9	12/11	丙辰	八		1/13	丁亥	六		2/11	乙卯	四	
10	12/12	丁巳	九		1/14	戊子	七		2/12	丙辰	五	
11	12/13	戊午	一		1/15	己丑	八	陽2局	2/13	丁巳	六	
12	12/14	己未	二	陽5局	1/16	庚寅	九		2/14	戊午	七	
13	12/15	庚申	三		1/17	辛卯	一		2/15	己未	八	陽4局
14	12/16	辛酉	四		1/18	壬辰	二		2/16	庚申	九	
15	12/17	壬戌	五		1/19	癸巳	三		2/17	辛酉	一	
16	12/18	癸亥	六		1/20	甲午	四	陽9局	2/18	壬戌	二	
17	12/19	甲子	一	陽3局	1/21	乙未	五		2/19	癸亥	三	
18	12/20	乙丑	二		1/22	丙申	六		2/20	甲子	七	陽3局
19	12/21	丙寅	三		1/23	丁酉	四		2/21	乙丑	八	
20	12/22	丁卯	四		1/24	戊戌	五		2/22	丙寅	九	
21	12/23	戊辰	五		1/25	己亥	六	陽6局	2/23	丁卯	一	
22	12/24	己巳	六	陽9局	1/26	庚子	七		2/24	戊辰	二	
23	12/25	庚午	七		1/27	辛丑	八		2/25	己巳	三	陽9局
24	12/26	辛未	八		1/28	壬寅	九		2/26	庚午	四	
25	12/27	壬申	九		1/29	癸卯	一		2/27	辛未	五	
26	12/28	癸酉	一		1/30	甲辰	二	陽3局	2/28	壬申	六	
27	12/29	甲戌	二	陽6局	2/1	乙巳	三		2/29	癸酉	七	
28	1/1	乙亥	三		2/2	丙午	四		3/1	甲戌	八	陽6局
29	1/2	丙子	四						3/2	乙亥	九	
30	1/3	丁丑	五						3/3	丙子	一	
31	1/4	戊寅	六						3/4	丁丑	二	

新暦	4月 農暦	4月 日干支	4月 日紫白	4月 奇門遁甲局数	5月 農暦	5月 日干支	5月 日紫白	5月 奇門遁甲局数	6月 農暦	6月 日干支	6月 日紫白	6月 奇門遁甲局数
月干支	丙辰				丁巳				戊午			
紫白	九紫				八白				七赤			
節気	5 清明 8時45分	20 穀雨 15時57分			6 立夏 2時3分	21 小満 15時5分			6 芒種 6時13分	21 夏至 23時3分		
1	3/5	戊寅	三	6	4/6	戊申	三	8	5/7	己卯	一	陽6局
2	3/6	己卯	四	陽4局	4/7	己酉	四	陽4局	5/8	庚辰	二	
3	3/7	庚辰	五		4/8	庚戌	五		5/9	辛巳	三	
4	3/8	辛巳	六		4/9	辛亥	六		5/10	壬午	四	
5	3/9	壬午	七		4/10	壬子	七		5/11	癸未	五	
6	3/10	癸未	八		4/11	癸丑	八		5/12	甲申	六	陽3局
7	3/11	甲申	九	陽1局	4/12	甲寅	九	陽1局	5/13	乙酉	七	
8	3/12	乙酉	一		4/13	乙卯	一		5/14	丙戌	八	
9	3/13	丙戌	二		4/14	丙辰	二		5/15	丁亥	九	
10	3/14	丁亥	三		4/15	丁巳	三		5/16	戊子	一	
11	3/15	戊子	四		4/16	戊午	四		5/17	己丑	二	陽9局
12	3/16	己丑	五	陽7局	4/17	己未	五	陽7局	5/18	庚寅	三	
13	3/17	庚寅	六		4/18	庚申	六		5/19	辛卯	四	
14	3/18	辛卯	七		4/19	辛酉	七		5/20	壬辰	五	
15	3/19	壬辰	八		4/20	壬戌	八		5/21	癸巳	六	
16	3/20	癸巳	九		4/21	癸亥	九		5/22	甲午	七	陰9局
17	3/21	甲午	一	陽5局	4/22	甲子	四	陽5局	5/23	乙未	八	
18	3/22	乙未	二		4/23	乙丑	五		5/24	丙申	九	
19	3/23	丙申	三		4/24	丙寅	六		5/25	丁酉	一	
20	3/24	丁酉	一		4/25	丁卯	七		5/26	戊戌	二	
21	3/25	戊戌	二		4/26	戊辰	八		5/27	己亥	一	陰3局
22	3/26	己亥	三	陽2局	4/27	己巳	九	陽2局	5/28	庚子	九	
23	3/27	庚子	四		4/28	庚午	一		5/29	辛丑	八	
24	3/28	辛丑	五		4/29	辛未	二		閏5/1	壬寅	七	
25	3/29	壬寅	六		4/30	壬申	三		閏5/2	癸卯	六	
26	4/1	癸卯	七		5/1	癸酉	四		閏5/3	甲辰	五	陰6局
27	4/2	甲辰	八	陽8局	5/2	甲戌	五	陽8局	閏5/4	乙巳	四	
28	4/3	乙巳	九		5/3	乙亥	六		閏5/5	丙午	三	
29	4/4	丙午	一		5/4	丙子	七		閏5/6	丁未	二	
30	4/5	丁未	二		5/5	丁丑	八		閏5/7	戊申	一	
31					5/6	戊寅	九					

1997年 丁丑(年)／壬子(月)

月	12月				11月				10月				9月				8月				7月			
月干支	甲子				癸亥				壬戌				辛酉				庚申				己未			
紫白	一白				二黒				三碧				四緑				五黄				六白			
節気	22 冬至 10時56分	7 大雪 17時2分	日紫白	奇門遁甲局数	22 小雪 21時34分	8 立冬 0時8分	日紫白	奇門遁甲局数	23 霜降 23時59分	8 寒露 20時56分	日紫白	奇門遁甲局数	23 秋分 14時37分	8 白露 5時16分	日紫白	奇門遁甲局数	23 処暑 16時59分	8 立秋 2時20分	日紫白	奇門遁甲局数	23 大暑 9時55分	7 小暑 16時30分	日紫白	奇門遁甲局数
新暦	農暦	日干支			農暦	日干支			農暦	日干支			農暦	日干支			農暦	日干支			農暦	日干支		
1	10/13	壬午	六	4	9/13	壬子	三	6	8/11	辛巳	四	陰6局	7/11	辛亥	一	陰9局	6/10	庚辰	二	陰2局	閏5/8	己酉	九	陰8局
2	10/14	癸未	五		9/14	癸丑	二		8/12	壬午	三		7/12	壬子	九		6/11	辛巳	一		閏5/9	庚戌	八	
3	10/15	甲申	四	陰7局	9/15	甲寅	一	陰9局	8/13	癸未	二		7/13	癸丑	八		6/12	壬午	九		閏5/10	辛亥	七	
4	10/16	乙酉	三		9/16	乙卯	九		8/14	甲申	一	陰9局	7/14	甲寅	七	陰3局	6/13	癸未	八	陰5局	閏5/11	壬子	六	
5	10/17	丙戌	二		9/17	丙辰	八		8/15	乙酉	九		7/15	乙卯	六		6/14	甲申	七		閏5/12	癸丑	五	
6	10/18	丁亥	一		9/18	丁巳	七		8/16	丙戌	八		7/16	丙辰	五		6/15	乙酉	六		閏5/13	甲寅	四	陰2局
7	10/19	戊子	九		9/19	戊午	六		8/17	丁亥	七		7/17	丁巳	四		6/16	丙戌	五		閏5/14	乙卯	三	
8	10/20	己丑	八	陰1局	9/20	己未	五	陰3局	8/18	戊子	六		7/18	戊午	三		6/17	丁亥	四		閏5/15	丙辰	二	
9	10/21	庚寅	七		9/21	庚申	四		8/19	己丑	五	陰3局	7/19	己未	二	陰6局	6/18	戊子	三	陰8局	閏5/16	丁巳	一	
10	10/22	辛卯	六		9/22	辛酉	三		8/20	庚寅	四		7/20	庚申	一		6/19	己丑	二		閏5/17	戊午	九	
11	10/23	壬辰	五		9/23	壬戌	二		8/21	辛卯	三		7/21	辛酉	九		6/20	庚寅	一		閏5/18	己未	八	陰5局
12	10/24	癸巳	四		9/24	癸亥	一		8/22	壬辰	二		7/22	壬戌	八		6/21	辛卯	九		閏5/19	庚申	七	
13	10/25	甲午	三	陰4局・閏	9/25	甲子	六	陰5局	8/23	癸巳	一		7/23	癸亥	七		6/22	壬辰	八		閏5/20	辛酉	六	
14	10/26	乙未	二		9/26	乙丑	五		8/24	甲午	九	陰5局	7/24	甲子	三	陰7局	6/23	癸巳	七	陰1局	閏5/21	壬戌	五	
15	10/27	丙申	一		9/27	丙寅	四		8/25	乙未	八		7/25	乙丑	二		6/24	甲午	六		閏5/22	癸亥	四	
16	10/28	丁酉	九		9/28	丁卯	三		8/26	丙申	七		7/26	丙寅	一		6/25	乙未	五		閏5/23	甲子	九	陰7局
17	10/29	戊戌	八		9/29	戊辰	二		8/27	丁酉	六		7/27	丁卯	九		6/26	丙申	四		閏5/24	乙丑	八	
18	10/30	己亥	七	陰7局・閏	9/30	己巳	一	陰8局	8/28	戊戌	五		7/28	戊辰	八		6/27	丁酉	三		閏5/25	丙寅	七	
19	11/1	庚子	六		10/1	庚午	九		8/29	己亥	四	陰8局	7/29	己巳	七	陰1局	6/28	戊戌	二	陰4局	閏5/26	丁卯	六	
20	11/2	辛丑	五		10/2	辛未	八		9/1	庚子	三		7/30	庚午	六		6/29	己亥	一		閏5/27	戊辰	五	
21	11/3	壬寅	四		10/3	壬申	七		9/2	辛丑	二		8/1	辛未	五		6/30	庚子	九		閏5/28	己巳	四	陰1局
22	11/4	癸卯	四		10/4	癸酉	六		9/3	壬寅	一		8/2	壬申	四		7/1	辛丑	八		閏5/29	庚午	三	
23	11/5	甲辰	五	陰1局・閏	10/5	甲戌	五	陰2局	9/4	癸卯	三		8/3	癸酉	三		7/2	壬寅	一		6/1	辛未	二	
24	11/6	乙巳	六		10/6	乙亥	四		9/5	甲辰	二	陰2局	8/4	甲戌	二	陰4局	7/3	癸卯	九	陰7局	6/2	壬申	一	
25	11/7	丙午	七		10/7	丙子	三		9/6	乙巳	一		8/5	乙亥	一		7/4	甲辰	八		6/3	癸酉	九	
26	11/8	丁未	八		10/8	丁丑	二		9/7	丙午	九		8/6	丙子	九		7/5	乙巳	七		6/4	甲戌	八	陰4局
27	11/9	戊申	九		10/9	戊寅	一		9/8	丁未	八		8/7	丁丑	八		7/6	丙午	六		6/5	乙亥	七	
28	11/10	己酉	一	陽1局	10/10	己卯	九	陰4局	9/9	戊申	七		8/8	戊寅	七		7/7	丁未	五		6/6	丙子	六	
29	11/11	庚戌	二		10/11	庚辰	八		9/10	己酉	六	陰6局	8/9	己卯	六	6	7/8	戊申	四	9	6/7	丁丑	五	
30	11/12	辛亥	三		10/12	辛巳	七		9/11	庚戌	五		8/10	庚辰	五		7/9	己酉	三		6/8	戊寅	四	
31	11/13	壬子	四						9/12	辛亥	四						7/10	庚戌	二		6/9	己卯	三	2

6月				5月				4月				3月				2月				1月				月
庚午				己巳				戊辰				丁卯				丙寅				乙丑 戊寅(年)				月干支
四緑				五黄				六白				七赤				八白				九紫				紫白
22 夏至 4時49分	6 芒種 12時9分	日紫白	奇門遁甲局数	21 小満 20時52分	6 立夏 8時1分	日紫白	奇門遁甲局数	20 穀雨 21時46分	5 清明 14時45分	日紫白	奇門遁甲局数	21 春分 10時46分	6 啓蟄 9時58分	日紫白	奇門遁甲局数	19 雨水 11時47分	4 立春 15時57分	日紫白	奇門遁甲局数	20 大寒 21時37分	6 小寒 4時17分	日紫白	奇門遁甲局数	節気
農暦	日干支			農暦	日干支			農暦	日干支			農暦	日干支			農暦	日干支			農暦	日干支			新暦
4/18	甲申	六	陽2局	3/16	癸丑	八	5	2/15	癸未	八	3	1/14	壬子	一	9	12/16	甲申	三	陽9局	11/14	癸丑	五	1	1
4/19	乙酉	七		3/17	甲寅	九	陽2局	2/16	甲申	九	陽9局	1/15	癸丑	二		12/17	乙酉	四		11/15	甲寅	六	陽7局	2
4/20	丙戌	八		3/18	乙卯	一		2/17	乙酉	一		1/16	甲寅	三	陽6局	12/18	丙戌	五		11/16	乙卯	七		3
4/21	丁亥	九		3/19	丙辰	二		2/18	丙戌	二		1/17	乙卯	四		12/19	丁亥	六		11/17	丙辰	八		4
4/22	戊子	一		3/20	丁巳	三		2/19	丁亥	三		1/18	丙辰	五		12/20	戊子	七		11/18	丁巳	九		5
4/23	己丑	二	陽8局	3/21	戊午	四		2/20	戊子	四		1/19	丁巳	六		12/21	己丑	八	陽6局	11/19	戊午	一		6
4/24	庚寅	三		3/22	己未	五	陽8局	2/21	己丑	五	陽6局	1/20	戊午	七		12/22	庚寅	九		11/20	己未	二	陽4局	7
4/25	辛卯	四		3/23	庚申	六		2/22	庚寅	六		1/21	己未	八	陽3局	12/23	辛卯	一		11/21	庚申	三		8
4/26	壬辰	五		3/24	辛酉	七		2/23	辛卯	七		1/22	庚申	九		12/24	壬辰	二		11/22	辛酉	四		9
4/27	癸巳	六		3/25	壬戌	八		2/24	壬辰	八		1/23	辛酉	一		12/25	癸巳	三		11/23	壬戌	五		10
4/28	甲午	七	陽6局	3/26	癸亥	九		2/25	癸巳	九		1/24	壬戌	二		12/26	甲午	四	陽8局	11/24	癸亥	六		11
4/29	乙未	八		3/27	甲子	四	陽4局	2/26	甲午	一	陽4局	1/25	癸亥	三		12/27	乙未	五		11/25	甲子	一	陽2局	12
4/30	丙申	九		3/28	乙丑	五		2/27	乙未	二		1/26	甲子	七	陽1局	12/28	丙申	六		11/26	乙丑	二		13
5/1	丁酉	一		3/29	丙寅	六		2/28	丙申	三		1/27	乙丑	八		12/29	丁酉	七		11/27	丙寅	三		14
5/2	戊戌	二		4/1	丁卯	七		2/29	丁酉	四		1/28	丙寅	九		12/30	戊戌	八		11/28	丁卯	四		15
5/3	己亥	三	陽3局	4/2	戊辰	八		3/1	戊戌	五		1/29	丁卯	一		1/1	己亥	九	陽5局	11/29	戊辰	五		16
5/4	庚子	四		4/3	己巳	九	陽1局	3/2	己亥	六	陽1局	1/30	戊辰	二		1/2	庚子	一		12/1	己巳	六	陽8局	17
5/5	辛丑	五		4/4	庚午	一		3/3	庚子	七		2/1	己巳	三	陽7局	1/3	辛丑	二		12/2	庚午	七		18
5/6	壬寅	六		4/5	辛未	二		3/4	辛丑	八		2/2	庚午	四		1/4	壬寅	九		12/3	辛未	八		19
5/7	癸卯	七		4/6	壬申	三		3/5	壬寅	六		2/3	辛未	五		1/5	癸卯	一		12/4	壬申	九		20
5/8	甲辰	八	陽9局	4/7	癸酉	四		3/6	癸卯	七		2/4	壬申	六		1/6	甲辰	二	陽2局	12/5	癸酉	一		21
5/9	乙巳	四		4/8	甲戌	五	陽7局	3/7	甲辰	八	陽7局	2/5	癸酉	七		1/7	乙巳	三		12/6	甲戌	二	陽5局	22
5/10	丙午	三		4/9	乙亥	六		3/8	乙巳	九		2/6	甲戌	八	陽4局	1/8	丙午	四		12/7	乙亥	三		23
5/11	丁未	二		4/10	丙子	七		3/9	丙午	一		2/7	乙亥	九		1/9	丁未	五		12/8	丙子	四		24
5/12	戊申	一		4/11	丁丑	八		3/10	丁未	二		2/8	丙子	一		1/10	戊申	六		12/9	丁丑	五		25
5/13	己酉	九	陰9局	4/12	戊寅	九		3/11	戊申	三		2/9	丁丑	二		1/11	己酉	七	陽9局	12/10	戊寅	六		26
5/14	庚戌	八		4/13	己卯	一	陽5局	3/12	己酉	四	陽5局	2/10	戊寅	三		1/12	庚戌	八		12/11	己卯	七	陽3局	27
5/15	辛亥	七		4/14	庚辰	二		3/13	庚戌	五		2/11	己卯	四	陽3局	1/13	辛亥	九		12/12	庚辰	八		28
5/16	壬子	六		4/15	辛巳	三		3/14	辛亥	六		2/12	庚辰	五						12/13	辛巳	九		29
5/17	癸丑	五		4/16	壬午	四		3/15	壬子	七		2/13	辛巳	六						12/14	壬午	一		30
				4/17	癸未	五						2/14	壬午	七						12/15	癸未	二		31

一九九九年 己卯 一白

三元八運…「八運」

三元九運…「七運」

1998年 戊寅(年)／甲子(月)

月	12月				11月				10月				9月				8月				7月			
月干支	丙子				乙亥				甲戌				癸酉				壬申				辛未			
紫白	七赤				八白				九紫				一白				二黒				三碧			
節気	22 冬至 16時44分	7 大雪 22時47分	日紫白	奇門遁甲局数	23 小雪 3時25分	8 立冬 5時58分	日紫白	奇門遁甲局数	24 霜降 5時52分	9 寒露 2時48分	日紫白	奇門遁甲局数	23 秋分 20時31分	8 白露 11時10分	日紫白	奇門遁甲局数	23 処暑 22時51分	8 立秋 8時14分	日紫白	奇門遁甲局数	23 大暑 15時44分	7 小暑 22時25分	日紫白	奇門遁甲局数
新暦	農暦	日干支			農暦	日干支			農暦	日干支			農暦	日干支			農暦	日干支			農暦	日干支		
1	10/24	丁亥	一	8	9/24	丁巳	七	8	8/22	丙戌	八	陰1局	7/22	丙辰	五	陰4局	6/20	乙酉	六	陰1局	5/18	甲寅	四	陰3局
2	10/25	戊子	九		9/25	戊午	六		8/23	丁亥	七		7/23	丁巳	四		6/21	丙戌	五		5/19	乙卯	三	
3	10/26	己丑	八	陰2局	9/26	己未	五	陰2局	8/24	戊子	六		7/24	戊午	三		6/22	丁亥	四		5/20	丙辰	二	
4	10/27	庚寅	七		9/27	庚申	四		8/25	己丑	五	陰4局	7/25	己未	二	陰7局	6/23	戊子	三		5/21	丁巳	一	
5	10/28	辛卯	六		9/28	辛酉	三		8/26	庚寅	四		7/26	庚申	一		6/24	己丑	二	陰4局	5/22	戊午	九	
6	10/29	壬辰	五		9/29	壬戌	二		8/27	辛卯	三		7/27	辛酉	九		6/25	庚寅	一		5/23	己未	八	陰6局
7	10/30	癸巳	四		9/30	癸亥	一		8/28	壬辰	二		7/28	壬戌	八		6/26	辛卯	九		5/24	庚申	七	
8	11/1	甲午	三	陰4局	10/1	甲子	六	陰6局	8/29	癸巳	一		7/29	癸亥	七		6/27	壬辰	八		5/25	辛酉	六	
9	11/2	乙未	二		10/2	乙丑	五		9/1	甲午	九	陰6局	7/30	甲子	三	陰9局	6/28	癸巳	七		5/26	壬戌	五	
10	11/3	丙申	一		10/3	丙寅	四		9/2	乙未	八		8/1	乙丑	二		6/29	甲午	六	陰2局	5/27	癸亥	四	
11	11/4	丁酉	九		10/4	丁卯	三		9/3	丙申	七		8/2	丙寅	一		7/1	乙未	五		5/28	甲子	九	陰8局
12	11/5	戊戌	八		10/5	戊辰	二		9/4	丁酉	六		8/3	丁卯	九		7/2	丙申	四		5/29	乙丑	八	
13	11/6	己亥	七	陰7局	10/6	己巳	一	陰9局	9/5	戊戌	五		8/4	戊辰	八		7/3	丁酉	三		6/1	丙寅	七	
14	11/7	庚子	六		10/7	庚午	九		9/6	己亥	四	陰9局	8/5	己巳	七	陰3局	7/4	戊戌	二		6/2	丁卯	六	
15	11/8	辛丑	五		10/8	辛未	八		9/7	庚子	三		8/6	庚午	六		7/5	己亥	一	陰5局	6/3	戊辰	五	
16	11/9	壬寅	四		10/9	壬申	七		9/8	辛丑	二		8/7	辛未	五		7/6	庚子	九		6/4	己巳	四	陰2局
17	11/10	癸卯	三		10/10	癸酉	六		9/9	壬寅	一		8/8	壬申	四		7/7	辛丑	八		6/5	庚午	三	
18	11/11	甲辰	二	陰1局	10/11	甲戌	五	陰3局	9/10	癸卯	九		8/9	癸酉	三		7/8	壬寅	七		6/6	辛未	二	
19	11/12	乙巳	一		10/12	乙亥	四		9/11	甲辰	八	陰3局	8/10	甲戌	二	陰6局	7/9	癸卯	六		6/7	壬申	一	
20	11/13	丙午	九		10/13	丙子	三		9/12	乙巳	七		8/11	乙亥	一		7/10	甲辰	五	陰8局	6/8	癸酉	九	
21	11/14	丁未	八		10/14	丁丑	二		9/13	丙午	六		8/12	丙子	九		7/11	乙巳	四		6/9	甲戌	八	陰5局
22	11/15	戊申	九		10/15	戊寅	一		9/14	丁未	五		8/13	丁丑	八		7/12	丙午	三		6/10	乙亥	七	
23	11/16	己酉	一	陽1局	10/16	己卯	九	陰5局	9/15	戊申	四		8/14	戊寅	七		7/13	丁未	五		6/11	丙子	六	
24	11/17	庚戌	二		10/17	庚辰	八		9/16	己酉	六	陰5局	8/15	己卯	六	陰7局	7/14	戊申	四		6/12	丁丑	五	
25	11/18	辛亥	三		10/18	辛巳	七		9/17	庚戌	五		8/16	庚辰	五		7/15	己酉	三	陰1局	6/13	戊寅	四	
26	11/19	壬子	四		10/19	壬午	六		9/18	辛亥	四		8/17	辛巳	四		7/16	庚戌	二		6/14	己卯	三	陰7局
27	11/20	癸丑	五		10/20	癸未	五		9/19	壬子	三		8/18	壬午	三		7/17	辛亥	一		6/15	庚辰	二	
28	11/21	甲寅	六	陽7局	10/21	甲申	四	陰8局	9/20	癸丑	二		8/19	癸未	二		7/18	壬子	九		6/16	辛巳	一	
29	11/22	乙卯	七		10/22	乙酉	三		9/21	甲寅	一	陰8局	8/20	甲申	一	1	7/19	癸丑	八		6/17	壬午	九	
30	11/23	丙辰	八		10/23	丙戌	二		9/22	乙卯	九		8/21	乙酉	九		7/20	甲寅	七	4	6/18	癸未	八	
31	11/24	丁巳	九						9/23	丙辰	八						7/21	乙卯	六		6/19	甲申	七	1

二〇〇〇年 庚辰 九紫

二元八運…「八運」

三元九運…「七運」

月	1月				2月				3月				4月				5月				6月			
月干支	丁丑 己卯(年)				戊寅				己卯				庚辰				辛巳				壬午			
紫白	六白				五黄				四緑				三碧				二黒				一白			
節気	21 大寒 3時23分	6 小寒 10時1分			19 雨水 17時33分	4 立春 21時40分			20 春分 16時35分	5 啓蟄 15時43分			20 穀雨 3時40分	4 清明 20時32分			21 小満 2時49分	5 立夏 13時50分			21 夏至 10時48分	5 芒種 17時59分		
新暦	農暦	日干支	日紫白	奇門遁甲局数	農暦	日干支	日紫白	奇門遁甲局数	農暦	日干支	日紫白	奇門遁甲局数	農暦	日干支	日紫白	奇門遁甲局数	農暦	日干支	日紫白	奇門遁甲局数	農暦	日干支	日紫白	奇門遁甲局数
1	11/25	戊午	一	7	12/26	己丑	八	陽6局	1/26	戊午	七	6	2/27	己丑	五	陽6局	3/27	己未	五	陽8局	4/29	庚寅	三	陽8局
2	11/26	己未	二	陽4局	12/27	庚寅	九		1/27	己未	八	陽3局	2/28	庚寅	六		3/28	庚申	六		5/1	辛卯	四	
3	11/27	庚申	三		12/28	辛卯	一		1/28	庚申	九		2/29	辛卯	七		3/29	辛酉	七		5/2	壬辰	五	
4	11/28	辛酉	四		12/29	壬辰	二		1/29	辛酉	一		2/30	壬辰	八		4/1	壬戌	八		5/3	癸巳	六	
5	11/29	壬戌	五		1/1	癸巳	三		1/30	壬戌	二		3/1	癸巳	九		4/2	癸亥	九		5/4	甲午	七	陽6局
6	11/30	癸亥	六		1/2	甲午	四	陽8局	2/1	癸亥	三		3/2	甲午	一	陽4局	4/3	甲子	四	陽4局	5/5	乙未	八	
7	12/1	甲子	一	陽2局	1/3	乙未	五		2/2	甲子	七	陽1局	3/3	乙未	二		4/4	乙丑	五		5/6	丙申	九	
8	12/2	乙丑	二		1/4	丙申	六		2/3	乙丑	八		3/4	丙申	三		4/5	丙寅	六		5/7	丁酉	一	
9	12/3	丙寅	三		1/5	丁酉	七		2/4	丙寅	九		3/5	丁酉	四		4/6	丁卯	七		5/8	戊戌	二	
10	12/4	丁卯	四		1/6	戊戌	八		2/5	丁卯	一		3/6	戊戌	五		4/7	戊辰	八		5/9	己亥	三	陽3局
11	12/5	戊辰	五		1/7	己亥	九	陽5局	2/6	戊辰	二		3/7	己亥	六	陽1局	4/8	己巳	九	陽1局	5/10	庚子	四	
12	12/6	己巳	六	陽8局	1/8	庚子	一		2/7	己巳	三	陽7局	3/8	庚子	七		4/9	庚午	一		5/11	辛丑	五	
13	12/7	庚午	七		1/9	辛丑	二		2/8	庚午	四		3/9	辛丑	八		4/10	辛未	二		5/12	壬寅	六	
14	12/8	辛未	八		1/10	壬寅	三		2/9	辛未	五		3/10	壬寅	九		4/11	壬申	三		5/13	癸卯	七	
15	12/9	壬申	九		1/11	癸卯	四		2/10	壬申	六		3/11	癸卯	一		4/12	癸酉	四		5/14	甲辰	八	陽9局
16	12/10	癸酉	一		1/12	甲辰	五	陽2局	2/11	癸酉	七		3/12	甲辰	二	陽7局	4/13	甲戌	五	陽7局	5/15	乙巳	九	
17	12/11	甲戌	二	陽5局	1/13	乙巳	六		2/12	甲戌	八	陽4局	3/13	乙巳	三		4/14	乙亥	六		5/16	丙午	一	
18	12/12	乙亥	三		1/14	丙午	七		2/13	乙亥	九		3/14	丙午	四		4/15	丙子	七		5/17	丁未	二	
19	12/13	丙子	四		1/15	丁未	五		2/14	丙子	一		3/15	丁未	五		4/16	丁丑	八		5/18	戊申	三	
20	12/14	丁丑	五		1/16	戊申	六		2/15	丁丑	二		3/16	戊申	三		4/17	戊寅	九		5/19	己酉	四	陰9局
21	12/15	戊寅	六		1/17	己酉	七	陽9局	2/16	戊寅	三		3/17	己酉	四	陽5局	4/18	己卯	一	陽5局	5/20	庚戌	八	
22	12/16	己卯	七	陽3局	1/18	庚戌	八		2/17	己卯	四	陽3局	3/18	庚戌	五		4/19	庚辰	二		5/21	辛亥	七	
23	12/17	庚辰	八		1/19	辛亥	九		2/18	庚辰	五		3/19	辛亥	六		4/20	辛巳	三		5/22	壬子	六	
24	12/18	辛巳	九		1/20	壬子	一		2/19	辛巳	六		3/20	壬子	七		4/21	壬午	四		5/23	癸丑	五	
25	12/19	壬午	一		1/21	癸丑	二		2/20	壬午	七		3/21	癸丑	八		4/22	癸未	五		5/24	甲寅	四	陰3局
26	12/20	癸未	二		1/22	甲寅	三	陽6局	2/21	癸未	八		3/22	甲寅	九	陽2局	4/23	甲申	六	陽2局	5/25	乙卯	三	
27	12/21	甲申	三	陽9局	1/23	乙卯	四		2/22	甲申	九	陽9局	3/23	乙卯	一		4/24	乙酉	七		5/26	丙辰	二	
28	12/22	乙酉	四		1/24	丙辰	五		2/23	乙酉	一		3/24	丙辰	二		4/25	丙戌	八		5/27	丁巳	一	
29	12/23	丙戌	五		1/25	丁巳	六		2/24	丙戌	二		3/25	丁巳	三		4/26	丁亥	九		5/28	戊午	九	
30	12/24	丁亥	六						2/25	丁亥	三		3/26	戊午	四		4/27	戊子	一		5/29	己未	八	6
31	12/25	戊子	七						2/26	戊子	四						4/28	己丑	二	8				

1999年 己卯(年)／丙子(月)

月	12月				11月				10月				9月				8月				7月			
月干支	戊子				丁亥				丙戌				乙酉				甲申				癸未			
紫白	四緑				五黄				六白				七赤				八白				九紫			
節気	21 22時37分 冬至	7 4時37分 大雪			22 9時19分 小雪	7 11時48分 立冬			23 11時47分 霜降	8 8時38分 寒露			23 2時28分 秋分	7 16時59分 白露			23 4時49分 処暑	7 14時3分 立秋			22 21時43分 大暑	7 4時14分 小暑		
新暦	農暦	日干支	日紫白	奇門遁甲局数	農暦	日干支	日紫白	奇門遁甲局数	農暦	日干支	日紫白	奇門遁甲局数	農暦	日干支	日紫白	奇門遁甲局数	農暦	日干支	日紫白	奇門遁甲局数	農暦	日干支	日紫白	奇門遁甲局数
1	11/6	癸巳	四	2	10/6	癸亥	一	2	9/4	壬辰	二	4	8/4	壬戌	八	7	7/2	辛卯	九	陰4局	5/30	庚申	七	陰6局
2	11/7	甲午	三	陰4局	10/7	甲子	六	陰6局	9/5	癸巳	一		8/5	癸亥	七		7/3	壬辰	八		6/1	辛酉	六	
3	11/8	乙未	二		10/8	乙丑	五		9/6	甲午	九	陰6局	8/6	甲子	三	陰9局	7/4	癸巳	七		6/2	壬戌	五	
4	11/9	丙申	一		10/9	丙寅	四		9/7	乙未	八		8/7	乙丑	二		7/5	甲午	六	陰2局	6/3	癸亥	四	
5	11/10	丁酉	九		10/10	丁卯	三		9/8	丙申	七		8/8	丙寅	一		7/6	乙未	五		6/4	甲子	九	陰8局
6	11/11	戊戌	八		10/11	戊辰	二		9/9	丁酉	六		8/9	丁卯	九		7/7	丙申	四		6/5	乙丑	八	
7	11/12	己亥	七	陰7局	10/12	己巳	一	陰9局	9/10	戊戌	五		8/10	戊辰	八		7/8	丁酉	三		6/6	丙寅	七	
8	11/13	庚子	六		10/13	庚午	九		9/11	己亥	四	陰9局	8/11	己巳	七	陰3局	7/9	戊戌	二		6/7	丁卯	六	
9	11/14	辛丑	五		10/14	辛未	八		9/12	庚子	三		8/12	庚午	六		7/10	己亥	一	陰5局	6/8	戊辰	五	
10	11/15	壬寅	四		10/15	壬申	七		9/13	辛丑	二		8/13	辛未	五		7/11	庚子	九		6/9	己巳	四	陰2局
11	11/16	癸卯	三		10/16	癸酉	六		9/14	壬寅	一		8/14	壬申	四		7/12	辛丑	八		6/10	庚午	三	
12	11/17	甲辰	二	陰1局	10/17	甲戌	五	陰3局	9/15	癸卯	九		8/15	癸酉	三		7/13	壬寅	七		6/11	辛未	二	
13	11/18	乙巳	一		10/18	乙亥	四		9/16	甲辰	八	陰3局	8/16	甲戌	二	陰6局	7/14	癸卯	六		6/12	壬申	一	
14	11/19	丙午	九		10/19	丙子	三		9/17	乙巳	七		8/17	乙亥	一		7/15	甲辰	五	陰8局	6/13	癸酉	九	
15	11/20	丁未	八		10/20	丁丑	二		9/18	丙午	六		8/18	丙子	九		7/16	乙巳	四		6/14	甲戌	八	陰5局
16	11/21	戊申	七		10/21	戊寅	一		9/19	丁未	五		8/19	丁丑	八		7/17	丙午	三		6/15	乙亥	七	
17	11/22	己酉	六	陽1局	10/22	己卯	九	陰5局	9/20	戊申	四		8/20	戊寅	七		7/18	丁未	二		6/16	丙子	六	
18	11/23	庚戌	五		10/23	庚辰	八		9/21	己酉	三	陰5局	8/21	己卯	六	陰7局	7/19	戊申	一		6/17	丁丑	五	
19	11/24	辛亥	四		10/24	辛巳	七		9/22	庚戌	二		8/22	庚辰	五		7/20	己酉	九	陰1局	6/18	戊寅	四	
20	11/25	壬子	三		10/25	壬午	六		9/23	辛亥	一		8/23	辛巳	四		7/21	庚戌	八		6/19	己卯	三	陰7局
21	11/26	癸丑	五		10/26	癸未	五		9/24	壬子	九		8/24	壬午	三		7/22	辛亥	七		6/20	庚辰	二	
22	11/27	甲寅	六	陽7局	10/27	甲申	四	陰8局	9/25	癸丑	八		8/25	癸未	二		7/23	壬子	六		6/21	辛巳	一	
23	11/28	乙卯	七		10/28	乙酉	三		9/26	甲寅	一	陰8局	8/26	甲申	一	陰1局	7/24	癸丑	八		6/22	壬午	九	
24	11/29	丙辰	八		10/29	丙戌	二		9/27	乙卯	九		8/27	乙酉	九		7/25	甲寅	七	陰4局	6/23	癸未	八	
25	11/30	丁巳	九		10/30	丁亥	一		9/28	丙辰	八		8/28	丙戌	八		7/26	乙卯	六		6/24	甲申	七	陰1局
26	12/1	戊午	一		11/1	戊子	九		9/29	丁巳	七		8/29	丁亥	七		7/27	丙辰	五		6/25	乙酉	六	
27	12/2	己未	二	陽4局	11/2	己丑	八	陰2局	10/1	戊午	六		8/30	戊子	六		7/28	丁巳	四		6/26	丙戌	五	
28	12/3	庚申	三		11/3	庚寅	七		10/2	己未	五	陰2局	9/1	己丑	五	陰4局	7/29	戊午	三		6/27	丁亥	四	
29	12/4	辛酉	四		11/4	辛卯	六		10/3	庚申	四		9/2	庚寅	四		8/1	己未	二	陰7局	6/28	戊子	三	
30	12/5	壬戌	五		11/5	壬辰	五		10/4	辛酉	三		9/3	辛卯	三		8/2	庚申	一		6/29	己丑	二	4
31	12/6	癸亥	六						10/5	壬戌	二						8/3	辛酉	九		7/1	庚寅	一	

二〇〇一年 辛巳 八白

二元八運…「八運」

三元九運…「七運」

月	1月				2月				3月			
月干支	己丑 庚辰(年)				庚寅				辛卯			
紫白	三碧				二黒				一白			
節気	5 小寒 15時49分	20 大寒 9時16分			4 立春 3時29分	18 雨水 23時27分			5 啓蟄 21時32分	20 春分 22時31分		
新暦	農暦	日干支	日紫白	奇門遁甲局数	農暦	日干支	日紫白	奇門遁甲局数	農暦	日干支	日紫白	奇門遁甲局数
1	12/7	甲子	一	陽2局	1/9	乙未	五	陽8局	2/7	癸亥	三	3
2	12/8	乙丑	二		1/10	丙申	六		2/8	甲子	七	陽1局
3	12/9	丙寅	三		1/11	丁酉	七		2/9	乙丑	八	
4	12/10	丁卯	四		1/12	戊戌	八		2/10	丙寅	九	
5	12/11	戊辰	五		1/13	己亥	九	陽5局	2/11	丁卯	一	
6	12/12	己巳	六	陽8局	1/14	庚子	一		2/12	戊辰	二	
7	12/13	庚午	七		1/15	辛丑	二		2/13	己巳	三	陽7局
8	12/14	辛未	八		1/16	壬寅	三		2/14	庚午	四	
9	12/15	壬申	九		1/17	癸卯	四		2/15	辛未	五	
10	12/16	癸酉	一		1/18	甲辰	五	陽2局	2/16	壬申	六	
11	12/17	甲戌	二	陽5局	1/19	乙巳	六		2/17	癸酉	七	
12	12/18	乙亥	三		1/20	丙午	七		2/18	甲戌	八	陽4局
13	12/19	丙子	四		1/21	丁未	八		2/19	乙亥	九	
14	12/20	丁丑	五		1/22	戊申	九		2/20	丙子	一	
15	12/21	戊寅	六		1/23	己酉	一	陽9局	2/21	丁丑	二	
16	12/22	己卯	七	陽3局	1/24	庚戌	二		2/22	戊寅	三	
17	12/23	庚辰	八		1/25	辛亥	三		2/23	己卯	四	陽3局
18	12/24	辛巳	九		1/26	壬子	一		2/24	庚辰	五	
19	12/25	壬午	一		1/27	癸丑	二		2/25	辛巳	六	
20	12/26	癸未	二		1/28	甲寅	三	陽6局	2/26	壬午	七	
21	12/27	甲申	三	陽9局	1/29	乙卯	四		2/27	癸未	八	
22	12/28	乙酉	四		1/30	丙辰	五		2/28	甲申	九	陽9局
23	12/29	丙戌	五		2/1	丁巳	六		2/29	乙酉	一	
24	1/1	丁亥	六		2/2	戊午	七		2/30	丙戌	二	
25	1/2	戊子	七		2/3	己未	八	陽3局	3/1	丁亥	三	
26	1/3	己丑	八	陽6局	2/4	庚申	九		3/2	戊子	四	
27	1/4	庚寅	九		2/5	辛酉	一		3/3	己丑	五	陽6局
28	1/5	辛卯	一		2/6	壬戌	二		3/4	庚寅	六	
29	1/6	壬辰	二						3/5	辛卯	七	
30	1/7	癸巳	三						3/6	壬辰	八	
31	1/8	甲午	四	8					3/7	癸巳	九	

月	4月				5月				6月			
月干支	壬辰				癸巳				甲午			
紫白	九紫				八白				七赤			
節気	5 清明 2時24分	20 穀雨 9時36分			5 立夏 19時45分	21 小満 8時44分			5 芒種 23時54分	21 夏至 16時38分		
新暦	農暦	日干支	日紫白	奇門遁甲局数	農暦	日干支	日紫白	奇門遁甲局数	農暦	日干支	日紫白	奇門遁甲局数
1	3/8	甲午	一	陽4局	4/9	甲子	四	陽4局	閏4/10	乙未	八	陽6局
2	3/9	乙未	二		4/10	乙丑	五		閏4/11	丙申	九	
3	3/10	丙申	三		4/11	丙寅	六		閏4/12	丁酉	一	
4	3/11	丁酉	四		4/12	丁卯	七		閏4/13	戊戌	二	
5	3/12	戊戌	五		4/13	戊辰	八		閏4/14	己亥	三	陽3局
6	3/13	己亥	六	陽1局	4/14	己巳	九	陽1局	閏4/15	庚子	四	
7	3/14	庚子	七		4/15	庚午	一		閏4/16	辛丑	五	
8	3/15	辛丑	八		4/16	辛未	二		閏4/17	壬寅	六	
9	3/16	壬寅	九		4/17	壬申	三		閏4/18	癸卯	七	
10	3/17	癸卯	一		4/18	癸酉	四		閏4/19	甲辰	八	陽9局
11	3/18	甲辰	二	陽7局	4/19	甲戌	五	陽7局	閏4/20	乙巳	九	
12	3/19	乙巳	三		4/20	乙亥	六		閏4/21	丙午	一	
13	3/20	丙午	四		4/21	丙子	七		閏4/22	丁未	二	
14	3/21	丁未	五		4/22	丁丑	八		閏4/23	戊申	三	
15	3/22	戊申	六		4/23	戊寅	九		閏4/24	己酉	四	陰9局
16	3/23	己酉	七	陽5局	4/24	己卯	一	陽5局	閏4/25	庚戌	五	
17	3/24	庚戌	八		4/25	庚辰	二		閏4/26	辛亥	六	
18	3/25	辛亥	九		4/26	辛巳	三		閏4/27	壬子	七	
19	3/26	壬子	一		4/27	壬午	四		閏4/28	癸丑	八	
20	3/27	癸丑	八		4/28	癸未	五		閏4/29	甲寅	九	陰3局
21	3/28	甲寅	九	陽2局	4/29	甲申	六	陽2局	5/1	乙卯	三	
22	3/29	乙卯	一		4/30	乙酉	七		5/2	丙辰	二	
23	4/1	丙辰	二		閏4/1	丙戌	八		5/3	丁巳	一	
24	4/2	丁巳	三		閏4/2	丁亥	九		5/4	戊午	九	
25	4/3	戊午	四		閏4/3	戊子	一		5/5	己未	八	陰6局
26	4/4	己未	五	陽8局	閏4/4	己丑	二	陽8局	5/6	庚申	七	
27	4/5	庚申	六		閏4/5	庚寅	三		5/7	辛酉	六	
28	4/6	辛酉	七		閏4/6	辛卯	四		5/8	壬戌	五	
29	4/7	壬戌	八		閏4/7	壬辰	五		5/9	癸亥	四	
30	4/8	癸亥	九		閏4/8	癸巳	六		5/10	甲子	九	8
31					閏4/9	甲午	七	6				

2000年 庚辰(年)／戊子(月)

月	12月				11月				10月				9月				8月				7月			
月干支	庚子				己亥				戊戌				丁酉				丙申				乙未			
紫白	一白				二黒				三碧				四緑				五黄				六白			
節気	22 冬至 4時21分	7 大雪 10時29分	日紫白	奇門遁甲局数	22 小雪 15時0分	7 立冬 17時37分	日紫白	奇門遁甲局数	23 霜降 17時26分	8 寒露 14時25分	日紫白	奇門遁甲局数	23 秋分 8時4分	7 白露 22時46分	日紫白	奇門遁甲局数	23 処暑 10時27分	7 立秋 19時52分	日紫白	奇門遁甲局数	23 大暑 3時26分	7 小暑 10時7分	日紫白	奇門遁甲局数
新暦	農暦	日干支			農暦	日干支			農暦	日干支			農暦	日干支			農暦	日干支			農暦	日干支		
1	10/17	戊戌	八	4	9/16	戊辰	二	6	8/15	丁酉	六	6	7/14	丁卯	九	9	6/12	丙申	四	陰2局	5/11	乙丑	八	陰8局
2	10/18	己亥	七	陰7局	9/17	己巳	一	陰9局	8/16	戊戌	五		7/15	戊辰	八		6/13	丁酉	三		5/12	丙寅	七	
3	10/19	庚子	六		9/18	庚午	九		8/17	己亥	四	陰9局	7/16	己巳	七	陰3局	6/14	戊戌	二		5/13	丁卯	六	
4	10/20	辛丑	五		9/19	辛未	八		8/18	庚子	三		7/17	庚午	六		6/15	己亥	一	陰5局	5/14	戊辰	五	
5	10/21	壬寅	四		9/20	壬申	七		8/19	辛丑	二		7/18	辛未	五		6/16	庚子	九		5/15	己巳	四	陰2局
6	10/22	癸卯	三		9/21	癸酉	六		8/20	壬寅	一		7/19	壬申	四		6/17	辛丑	八		5/16	庚午	三	
7	10/23	甲辰	二	陰1局	9/22	甲戌	五	陰3局	8/21	癸卯	九		7/20	癸酉	三		6/18	壬寅	七		5/17	辛未	二	
8	10/24	乙巳	一		9/23	乙亥	四		8/22	甲辰	八	陰3局	7/21	甲戌	二	陰6局	6/19	癸卯	六		5/18	壬申	一	
9	10/25	丙午	九		9/24	丙子	三		8/23	乙巳	七		7/22	乙亥	一		6/20	甲辰	五	陰8局	5/19	癸酉	九	
10	10/26	丁未	八		9/25	丁丑	二		8/24	丙午	六		7/23	丙子	九		6/21	乙巳	四		5/20	甲戌	八	陰5局
11	10/27	戊申	七		9/26	戊寅	一		8/25	丁未	五		7/24	丁丑	八		6/22	丙午	三		5/21	乙亥	七	
12	10/28	己酉	六	陰4局・閏	9/27	己卯	九	陰5局	8/26	戊申	四		7/25	戊寅	七		6/23	丁未	二		5/22	丙子	六	
13	10/29	庚戌	五		9/28	庚辰	八		8/27	己酉	三	陰5局	7/26	己卯	六	陰7局	6/24	戊申	一		5/23	丁丑	五	
14	10/30	辛亥	四		9/29	辛巳	七		8/28	庚戌	二		7/27	庚辰	五		6/25	己酉	九	陰1局	5/24	戊寅	四	
15	11/1	壬子	三		10/1	壬午	六		8/29	辛亥	一		7/28	辛巳	四		6/26	庚戌	八		5/25	己卯	三	陰7局
16	11/2	癸丑	二		10/2	癸未	五		8/30	壬子	九		7/29	壬午	三		6/27	辛亥	七		5/26	庚辰	二	
17	11/3	甲寅	一	陰7局・閏	10/3	甲申	四	陰8局	9/1	癸丑	八		8/1	癸未	二		6/28	壬子	六		5/27	辛巳	一	
18	11/4	乙卯	九		10/4	乙酉	三		9/2	甲寅	七	陰8局	8/2	甲申	一	陰1局	6/29	癸丑	五		5/28	壬午	九	
19	11/5	丙辰	八		10/5	丙戌	二		9/3	乙卯	六		8/3	乙酉	九		7/1	甲寅	四	陰4局	5/29	癸未	八	
20	11/6	丁巳	七		10/6	丁亥	一		9/4	丙辰	五		8/4	丙戌	八		7/2	乙卯	三		5/30	甲申	七	陰1局
21	11/7	戊午	六		10/7	戊子	九		9/5	丁巳	四		8/5	丁亥	七		7/3	丙辰	二		6/1	乙酉	六	
22	11/8	己未	二	陰1局・閏	10/8	己丑	八	陰2局	9/6	戊午	三		8/6	戊子	六		7/4	丁巳	一		6/2	丙戌	五	
23	11/9	庚申	三		10/9	庚寅	七		9/7	己未	五	陰2局	8/7	己丑	五	陰4局	7/5	戊午	三		6/3	丁亥	四	
24	11/10	辛酉	四		10/10	辛卯	六		9/8	庚申	四		8/8	庚寅	四		7/6	己未	二	陰7局	6/4	戊子	三	
25	11/11	壬戌	五		10/11	壬辰	五		9/9	辛酉	三		8/9	辛卯	三		7/7	庚申	一		6/5	己丑	二	陰4局
26	11/12	癸亥	六		10/12	癸巳	四		9/10	壬戌	二		8/10	壬辰	二		7/8	辛酉	九		6/6	庚寅	一	
27	11/13	甲子	一	陽1局	10/13	甲午	三	陰4局	9/11	癸亥	一		8/11	癸巳	一		7/9	壬戌	八		6/7	辛卯	九	
28	11/14	乙丑	二		10/14	乙未	二		9/12	甲子	六	陰6局	8/12	甲午	九	陰6局	7/10	癸亥	七		6/8	壬辰	八	
29	11/15	丙寅	三		10/15	丙申	一		9/13	乙丑	五		8/13	乙未	八		7/11	甲子	三	陰9局	6/9	癸巳	七	
30	11/16	丁卯	四		10/16	丁酉	九		9/14	丙寅	四		8/14	丙申	七		7/12	乙丑	二		6/10	甲午	六	2
31	11/17	戊辰	五						9/15	丁卯	三						7/13	丙寅	一		6/11	乙未	五	

二〇〇二年 壬午 七赤

二元八運…「八運」

三元九運…「七運」

6月				5月				4月				3月				2月				1月				月
丙午				乙巳				甲辰				癸卯				壬寅				辛丑 辛巳(年)				月干支
四緑				五黄				六白				七赤				八白				九紫				紫白
21 夏至 22時24分	6 芒種 5時45分			21 小満 14時29分	6 立夏 1時37分			20 穀雨 15時20分	5 清明 8時18分			21 春分 4時16分	6 啓蟄 3時28分			19 雨水 5時13分	4 立春 9時24分			20 大寒 15時2分	5 小寒 21時43分			節気
農暦	日干支	日紫白	奇門遁甲局数	農暦	日干支	日紫白	奇門遁甲局数	農暦	日干支	日紫白	奇門遁甲局数	農暦	日干支	日紫白	奇門遁甲局数	農暦	日干支	日紫白	奇門遁甲局数	農暦	日干支	日紫白	奇門遁甲局数	新暦
4/21	庚子	四	陽2局	3/19	己巳	九	陽2局	2/19	己亥	六	陽9局	1/18	戊辰	二	9	12/20	庚子	一	陽9局	11/18	己巳	六	陽7局	1
4/22	辛丑	五		3/20	庚午	一		2/20	庚子	七		1/19	己巳	三	陽6局	12/21	辛丑	二		11/19	庚午	七		2
4/23	壬寅	六		3/21	辛未	二		2/21	辛丑	八		1/20	庚午	四		12/22	壬寅	三		11/20	辛未	八		3
4/24	癸卯	七		3/22	壬申	三		2/22	壬寅	九		1/21	辛未	五		12/23	癸卯	四	陽6局	11/21	壬申	九		4
4/25	甲辰	八		3/23	癸酉	四		2/23	癸卯	一		1/22	壬申	六		12/24	甲辰	五		11/22	癸酉	一		5
4/26	乙巳	九	陽8局	3/24	甲戌	五	陽8局	2/24	甲辰	二	陽6局	1/23	癸酉	七		12/25	乙巳	六		11/23	甲戌	二	陽4局	6
4/27	丙午	一		3/25	乙亥	六		2/25	乙巳	三		1/24	甲戌	八	陽3局	12/26	丙午	七		11/24	乙亥	三		7
4/28	丁未	二		3/26	丙子	七		2/26	丙午	四		1/25	乙亥	九		12/27	丁未	八		11/25	丙子	四		8
4/29	戊申	三		3/27	丁丑	八		2/27	丁未	五		1/26	丙子	一		12/28	戊申	九	陽8局	11/26	丁丑	五		9
4/30	己酉	四		3/28	戊寅	九		2/28	戊申	六		1/27	丁丑	二		12/29	己酉	一		11/27	戊寅	六		10
5/1	庚戌	五	陽6局	3/29	己卯	一	陽4局	2/29	己酉	七	陽4局	1/28	戊寅	三		12/30	庚戌	二		11/28	己卯	七	陽2局	11
5/2	辛亥	六		4/1	庚辰	二		2/30	庚戌	八		1/29	己卯	四	陽1局	1/1	辛亥	三		11/29	庚辰	八		12
5/3	壬子	七		4/2	辛巳	三		3/1	辛亥	九		1/30	庚辰	五		1/2	壬子	四		12/1	辛巳	九		13
5/4	癸丑	八		4/3	壬午	四		3/2	壬子	一		2/1	辛巳	六		1/3	癸丑	五		12/2	壬午	一		14
5/5	甲寅	九		4/4	癸未	五		3/3	癸丑	二		2/2	壬午	七		1/4	甲寅	六	陽5局	12/3	癸未	二		15
5/6	乙卯	一	陽3局	4/5	甲申	六	陽1局	3/4	甲寅	三	陽1局	2/3	癸未	八		1/5	乙卯	七		12/4	甲申	三	陽8局	16
5/7	丙辰	二		4/6	乙酉	七		3/5	乙卯	四		2/4	甲申	九	陽7局	1/6	丙辰	八		12/5	乙酉	四		17
5/8	丁巳	三		4/7	丙戌	八		3/6	丙辰	五		2/5	乙酉	一		1/7	丁巳	九		12/6	丙戌	五		18
5/9	戊午	四		4/8	丁亥	九		3/7	丁巳	六		2/6	丙戌	二		1/8	戊午	七	陽2局	12/7	丁亥	六		19
5/10	己未	五		4/9	戊子	一		3/8	戊午	四		2/7	丁亥	三		1/9	己未	八		12/8	戊子	七		20
5/11	庚申	七	陽9局	4/10	己丑	二	陽7局	3/9	己未	五	陽7局	2/8	戊子	四		1/10	庚申	九		12/9	己丑	八	陽5局	21
5/12	辛酉	六		4/11	庚寅	三		3/10	庚申	六		2/9	己丑	五	陽4局	1/11	辛酉	一		12/10	庚寅	九		22
5/13	壬戌	五		4/12	辛卯	四		3/11	辛酉	七		2/10	庚寅	六		1/12	壬戌	二		12/11	辛卯	一		23
5/14	癸亥	四		4/13	壬辰	五		3/12	壬戌	八		2/11	辛卯	七		1/13	癸亥	三	陽9局	12/12	壬辰	二		24
5/15	甲子	九	陰9局	4/14	癸巳	六		3/13	癸亥	九		2/12	壬辰	八		1/14	甲子	七		12/13	癸巳	三		25
5/16	乙丑	八		4/15	甲午	七	陽5局	3/14	甲子	四	陽5局	2/13	癸巳	九		1/15	乙丑	八		12/14	甲午	四	陽3局	26
5/17	丙寅	七		4/16	乙未	八		3/15	乙丑	五		2/14	甲午	一	陽3局	1/16	丙寅	九		12/15	乙未	五		27
5/18	丁卯	六		4/17	丙申	九		3/16	丙寅	六		2/15	乙未	二		1/17	丁卯	一		12/16	丙申	六		28
5/19	戊辰	五		4/18	丁酉	一		3/17	丁卯	七		2/16	丙申	三						12/17	丁酉	七		29
5/20	己巳	四	3	4/19	戊戌	二		3/18	戊辰	八		2/17	丁酉	四						12/18	戊戌	八		30
				4/20	己亥	三	2					2/18	戊戌	五						12/19	己亥	九	9	31

2001年 辛巳(年)／庚子(月)

月	12月				11月				10月				9月				8月				7月			
月干支	壬子				辛亥				庚戌				己酉				戊申				丁未			
紫白	七赤				八白				九紫				一白				二黒				三碧			
節気	22 冬至 10時14分	7 大雪 16時14分	日紫白	奇門遁甲局数	22 小雪 20時54分	7 立冬 23時22分	日紫白	奇門遁甲局数	23 霜降 23時18分	8 寒露 20時9分	日紫白	奇門遁甲局数	23 秋分 13時55分	8 白露 4時31分	日紫白	奇門遁甲局数	23 処暑 16時17分	8 立秋 1時39分	日紫白	奇門遁甲局数	23 大暑 9時15分	7 小暑 15時56分	日紫白	奇門遁甲局数
新暦	農暦	日干支			農暦	日干支			農暦	日干支			農暦	日干支			農暦	日干支			農暦	日干支		
1	10/27	癸卯	三	8	9/27	癸酉	六	8	8/25	壬寅	一	1	7/24	壬申	四	4	6/23	辛丑	八	陰1局	5/21	庚午	三	陰3局
2	10/28	甲辰	二	陰2局	9/28	甲戌	五	陰2局	8/26	癸卯	九		7/25	癸酉	三		6/24	壬寅	七		5/22	辛未	二	
3	10/29	乙巳	一		9/29	乙亥	四		8/27	甲辰	八	陰4局	7/26	甲戌	二	陰7局	6/25	癸卯	六		5/23	壬申	一	
4	11/1	丙午	九		9/30	丙子	三		8/28	乙巳	七		7/27	乙亥	一		6/26	甲辰	五	陰4局	5/24	癸酉	九	
5	11/2	丁未	八		10/1	丁丑	二		8/29	丙午	六		7/28	丙子	九		6/27	乙巳	四		5/25	甲戌	八	陰6局
6	11/3	戊申	七		10/2	戊寅	一		9/1	丁未	五		7/29	丁丑	八		6/28	丙午	三		5/26	乙亥	七	
7	11/4	己酉	六	陰4局	10/3	己卯	九	陰6局	9/2	戊申	四		8/1	戊寅	七		6/29	丁未	二		5/27	丙子	六	
8	11/5	庚戌	五		10/4	庚辰	八		9/3	己酉	三	陰6局	8/2	己卯	六	陰9局	6/30	戊申	一		5/28	丁丑	五	
9	11/6	辛亥	四		10/5	辛巳	七		9/4	庚戌	二		8/3	庚辰	五		7/1	己酉	九	陰2局	5/29	戊寅	四	
10	11/7	壬子	三		10/6	壬午	六		9/5	辛亥	一		8/4	辛巳	四		7/2	庚戌	八		6/1	己卯	三	陰8局
11	11/8	癸丑	二		10/7	癸未	五		9/6	壬子	九		8/5	壬午	三		7/3	辛亥	七		6/2	庚辰	二	
12	11/9	甲寅	一	陰7局	10/8	甲申	四	陰9局	9/7	癸丑	八		8/6	癸未	二		7/4	壬子	六		6/3	辛巳	一	
13	11/10	乙卯	九		10/9	乙酉	三		9/8	甲寅	七	陰9局	8/7	甲申	一	陰3局	7/5	癸丑	五		6/4	壬午	九	
14	11/11	丙辰	八		10/10	丙戌	二		9/9	乙卯	六		8/8	乙酉	九		7/6	甲寅	四	陰5局	6/5	癸未	八	
15	11/12	丁巳	七		10/11	丁亥	一		9/10	丙辰	五		8/9	丙戌	八		7/7	乙卯	三		6/6	甲申	七	陰2局
16	11/13	戊午	六		10/12	戊子	九		9/11	丁巳	四		8/10	丁亥	七		7/8	丙辰	二		6/7	乙酉	六	
17	11/14	己未	五	陰1局	10/13	己丑	八	陰3局	9/12	戊午	三		8/11	戊子	六		7/9	丁巳	一		6/8	丙戌	五	
18	11/15	庚申	四		10/14	庚寅	七		9/13	己未	二	陰3局	8/12	己丑	五	陰6局	7/10	戊午	九		6/9	丁亥	四	
19	11/16	辛酉	三		10/15	辛卯	六		9/14	庚申	一		8/13	庚寅	四		7/11	己未	八	陰8局	6/10	戊子	三	
20	11/17	壬戌	二		10/16	壬辰	五		9/15	辛酉	九		8/14	辛卯	三		7/12	庚申	七		6/11	己丑	二	陰5局
21	11/18	癸亥	一		10/17	癸巳	四		9/16	壬戌	八		8/15	壬辰	二		7/13	辛酉	六		6/12	庚寅	一	
22	11/19	甲子	一	陽1局	10/18	甲午	三	陰5局	9/17	癸亥	七		8/16	癸巳	一		7/14	壬戌	五		6/13	辛卯	九	
23	11/20	乙丑	二		10/19	乙未	二		9/18	甲子	六	陰5局	8/17	甲午	九	陰7局	7/15	癸亥	七	陰1局	6/14	壬辰	八	
24	11/21	丙寅	三		10/20	丙申	一		9/19	乙丑	五		8/18	乙未	八		7/16	甲子	三		6/15	癸巳	七	
25	11/22	丁卯	四		10/21	丁酉	九		9/20	丙寅	四		8/19	丙申	七		7/17	乙丑	二		6/16	甲午	六	陰7局
26	11/23	戊辰	五		10/22	戊戌	八		9/21	丁卯	三		8/20	丁酉	六		7/18	丙寅	一		6/17	乙未	五	
27	11/24	己巳	六	陽7局	10/23	己亥	七	陰8局	9/22	戊辰	二		8/21	戊戌	五	陰1局	7/19	丁卯	九		6/18	丙申	四	
28	11/25	庚午	七		10/24	庚子	六		9/23	己巳	一	陰8局	8/22	己亥	四		7/20	戊辰	八		6/19	丁酉	三	
29	11/26	辛未	八		10/25	辛丑	五		9/24	庚午	九		8/23	庚子	三		7/21	己巳	七	陰4局	6/20	戊戌	二	
30	11/27	壬申	九		10/26	壬寅	四		9/25	辛未	八		8/24	辛丑	二		7/22	庚午	六		6/21	己亥	一	1
31	11/28	癸酉	一						9/26	壬申	七						7/23	辛未	五		6/22	庚子	九	

二〇〇三年 癸未 六白

三元八運…「八運」

三元九運…「七運」

1月 癸丑 壬午(年) 六白

節気：6 小寒 3時28分／20 大寒 20時53分

新暦	農暦	日干支	日紫白	奇門遁甲局数
1	11/29	甲戌	二	陽4局
2	11/30	乙亥	三	
3	12/1	丙子	四	
4	12/2	丁丑	五	
5	12/3	戊寅	六	
6	12/4	己卯	七	陽2局
7	12/5	庚辰	八	
8	12/6	辛巳	九	
9	12/7	壬午	一	
10	12/8	癸未	二	
11	12/9	甲申	三	陽8局
12	12/10	乙酉	四	
13	12/11	丙戌	五	
14	12/12	丁亥	六	
15	12/13	戊子	七	
16	12/14	己丑	八	陽5局
17	12/15	庚寅	九	
18	12/16	辛卯	一	
19	12/17	壬辰	二	
20	12/18	癸巳	三	
21	12/19	甲午	四	陽3局
22	12/20	乙未	五	
23	12/21	丙申	六	
24	12/22	丁酉	七	
25	12/23	戊戌	八	
26	12/24	己亥	九	陽9局
27	12/25	庚子	一	
28	12/26	辛丑	二	
29	12/27	壬寅	三	
30	12/28	癸卯	四	
31	12/29	甲辰	五	6

2月 甲寅 五黄

節気：4 立春 15時5分／19 雨水 11時0分

新暦	農暦	日干支	日紫白	奇門遁甲局数
1	1/1	乙巳	六	陽6局
2	1/2	丙午	七	
3	1/3	丁未	八	
4	1/4	戊申	九	
5	1/5	己酉	一	陽8局
6	1/6	庚戌	二	
7	1/7	辛亥	三	
8	1/8	壬子	四	
9	1/9	癸丑	五	
10	1/10	甲寅	六	陽5局
11	1/11	乙卯	七	
12	1/12	丙辰	八	
13	1/13	丁巳	九	
14	1/14	戊午	一	
15	1/15	己未	二	陽2局
16	1/16	庚申	三	
17	1/17	辛酉	四	
18	1/18	壬戌	五	
19	1/19	癸亥	三	
20	1/20	甲子	七	陽9局
21	1/21	乙丑	八	
22	1/22	丙寅	九	
23	1/23	丁卯	一	
24	1/24	戊辰	二	
25	1/25	己巳	三	陽6局
26	1/26	庚午	四	
27	1/27	辛未	五	
28	1/28	壬申	六	

3月 乙卯 四緑

節気：6 啓蟄 9時5分／21 春分 10時0分

新暦	農暦	日干支	日紫白	奇門遁甲局数
1	1/29	癸酉	七	6
2	1/30	甲戌	八	陽3局
3	2/1	乙亥	九	
4	2/2	丙子	一	
5	2/3	丁丑	二	
6	2/4	戊寅	三	
7	2/5	己卯	四	陽1局
8	2/6	庚辰	五	
9	2/7	辛巳	六	
10	2/8	壬午	七	
11	2/9	癸未	八	
12	2/10	甲申	九	陽7局
13	2/11	乙酉	一	
14	2/12	丙戌	二	
15	2/13	丁亥	三	
16	2/14	戊子	四	
17	2/15	己丑	五	陽4局
18	2/16	庚寅	六	
19	2/17	辛卯	七	
20	2/18	壬辰	八	
21	2/19	癸巳	九	
22	2/20	甲午	一	陽3局
23	2/21	乙未	二	
24	2/22	丙申	三	
25	2/23	丁酉	四	
26	2/24	戊戌	五	
27	2/25	己亥	六	陽9局
28	2/26	庚子	七	
29	2/27	辛丑	八	
30	2/28	壬寅	九	
31	2/29	癸卯	一	

4月 丙辰 三碧

節気：5 清明 13時52分／20 穀雨 21時3分

新暦	農暦	日干支	日紫白	奇門遁甲局数
1	2/30	甲辰	二	陽6局
2	3/1	乙巳	三	
3	3/2	丙午	四	
4	3/3	丁未	五	
5	3/4	戊申	六	
6	3/5	己酉	七	陽4局
7	3/6	庚戌	八	
8	3/7	辛亥	九	
9	3/8	壬子	一	
10	3/9	癸丑	二	
11	3/10	甲寅	三	陽1局
12	3/11	乙卯	四	
13	3/12	丙辰	五	
14	3/13	丁巳	六	
15	3/14	戊午	七	
16	3/15	己未	八	陽7局
17	3/16	庚申	九	
18	3/17	辛酉	一	
19	3/18	壬戌	二	
20	3/19	癸亥	九	
21	3/20	甲子	四	陽5局
22	3/21	乙丑	五	
23	3/22	丙寅	六	
24	3/23	丁卯	七	
25	3/24	戊辰	八	
26	3/25	己巳	九	陽2局
27	3/26	庚午	一	
28	3/27	辛未	二	
29	3/28	壬申	三	
30	3/29	癸酉	四	

5月 丁巳 二黒

節気：6 立夏 7時10分／21 小満 20時12分

新暦	農暦	日干支	日紫白	奇門遁甲局数
1	4/1	甲戌	五	陽8局
2	4/2	乙亥	六	
3	4/3	丙子	七	
4	4/4	丁丑	八	
5	4/5	戊寅	九	
6	4/6	己卯	一	陽4局
7	4/7	庚辰	二	
8	4/8	辛巳	三	
9	4/9	壬午	四	
10	4/10	癸未	五	
11	4/11	甲申	六	陽1局
12	4/12	乙酉	七	
13	4/13	丙戌	八	
14	4/14	丁亥	九	
15	4/15	戊子	一	
16	4/16	己丑	二	陽7局
17	4/17	庚寅	三	
18	4/18	辛卯	四	
19	4/19	壬辰	五	
20	4/20	癸巳	六	
21	4/21	甲午	七	陽5局
22	4/22	乙未	八	
23	4/23	丙申	九	
24	4/24	丁酉	一	
25	4/25	戊戌	二	
26	4/26	己亥	三	陽2局
27	4/27	庚子	四	
28	4/28	辛丑	五	
29	4/29	壬寅	六	
30	4/30	癸卯	七	
31	5/1	甲辰	八	8

6月 戊午 一白

節気：6 芒種 11時20分／22 夏至 4時10分

新暦	農暦	日干支	日紫白	奇門遁甲局数
1	5/2	乙巳	九	陽8局
2	5/3	丙午	一	
3	5/4	丁未	二	
4	5/5	戊申	三	
5	5/6	己酉	四	陽6局
6	5/7	庚戌	五	
7	5/8	辛亥	六	
8	5/9	壬子	七	
9	5/10	癸丑	八	
10	5/11	甲寅	九	陽3局
11	5/12	乙卯	一	
12	5/13	丙辰	二	
13	5/14	丁巳	三	
14	5/15	戊午	四	
15	5/16	己未	五	陽9局
16	5/17	庚申	六	
17	5/18	辛酉	七	
18	5/19	壬戌	八	
19	5/20	癸亥	九	
20	5/21	甲子	四	陰9局
21	5/22	乙丑	五	
22	5/23	丙寅	七	
23	5/24	丁卯	六	
24	5/25	戊辰	五	
25	5/26	己巳	四	陰3局
26	5/27	庚午	三	
27	5/28	辛未	二	
28	5/29	壬申	一	
29	5/30	癸酉	九	
30	6/1	甲戌	八	6
31				

2002年 壬午(年)／壬子(月)

月	12月				11月				10月				9月				8月				7月			
月干支	甲子				癸亥				壬戌				辛酉				庚申				己未			
紫白	四緑				五黄				六白				七赤				八白				九紫			
節気	22 冬至 16時4分	7 大雪 22時5分	日紫白	奇門遁甲局数	23 小雪 2時43分	8 立冬 5時13分	日紫白	奇門遁甲局数	24 霜降 5時8分	9 寒露 2時1分	日紫白	奇門遁甲局数	23 秋分 19時47分	8 白露 10時20分	日紫白	奇門遁甲局数	23 処暑 22時8分	8 立秋 7時24分	日紫白	奇門遁甲局数	23 大暑 15時4分	7 小暑 21時36分	日紫白	奇門遁甲局数
新暦	農暦	日干支			農暦	日干支			農暦	日干支			農暦	日干支			農暦	日干支			農暦	日干支		
1	11/8	戊申	七	2	10/8	戊寅	一	2	9/6	丁未	五	4	8/5	丁丑	八	7	7/4	丙午	三	陰4局	6/2	乙亥	七	陰6局
2	11/9	己酉	六	陰4局	10/9	己卯	九	陰6局	9/7	戊申	四		8/6	戊寅	七		7/5	丁未	二		6/3	丙子	六	
3	11/10	庚戌	五		10/10	庚辰	八		9/8	己酉	三	陰6局	8/7	己卯	六	陰9局	7/6	戊申	一		6/4	丁丑	五	
4	11/11	辛亥	四		10/11	辛巳	七		9/9	庚戌	二		8/8	庚辰	五		7/7	己酉	九	陰2局	6/5	戊寅	四	
5	11/12	壬子	三		10/12	壬午	六		9/10	辛亥	一		8/9	辛巳	四		7/8	庚戌	八		6/6	己卯	三	陰8局
6	11/13	癸丑	二		10/13	癸未	五		9/11	壬子	九		8/10	壬午	三		7/9	辛亥	七		6/7	庚辰	二	
7	11/14	甲寅	一	陰7局	10/14	甲申	四	陰9局	9/12	癸丑	八		8/11	癸未	二		7/10	壬子	六		6/8	辛巳	一	
8	11/15	乙卯	九		10/15	乙酉	三		9/13	甲寅	七	陰9局	8/12	甲申	一	陰3局	7/11	癸丑	五		6/9	壬午	九	
9	11/16	丙辰	八		10/16	丙戌	二		9/14	乙卯	六		8/13	乙酉	九		7/12	甲寅	四	陰5局	6/10	癸未	八	
10	11/17	丁巳	七		10/17	丁亥	一		9/15	丙辰	五		8/14	丙戌	八		7/13	乙卯	三		6/11	甲申	七	陰2局
11	11/18	戊午	六		10/18	戊子	九		9/16	丁巳	四		8/15	丁亥	七		7/14	丙辰	二		6/12	乙酉	六	
12	11/19	己未	五	陰1局	10/19	己丑	八	陰3局	9/17	戊午	三		8/16	戊子	六		7/15	丁巳	一		6/13	丙戌	五	
13	11/20	庚申	四		10/20	庚寅	七		9/18	己未	二	陰3局	8/17	己丑	五	陰6局	7/16	戊午	九		6/14	丁亥	四	
14	11/21	辛酉	三		10/21	辛卯	六		9/19	庚申	一		8/18	庚寅	四		7/17	己未	八	陰8局	6/15	戊子	三	
15	11/22	壬戌	二		10/22	壬辰	五		9/20	辛酉	九		8/19	辛卯	三		7/18	庚申	七		6/16	己丑	二	陰5局
16	11/23	癸亥	一		10/23	癸巳	四		9/21	壬戌	八		8/20	壬辰	二		7/19	辛酉	六		6/17	庚寅	一	
17	11/24	甲子	六	陽1局	10/24	甲午	三	陰5局	9/22	癸亥	七		8/21	癸巳	一		7/20	壬戌	五		6/18	辛卯	九	
18	11/25	乙丑	五		10/25	乙未	二		9/23	甲子	三	陰5局	8/22	甲午	九	陰7局	7/21	癸亥	四		6/19	壬辰	八	
19	11/26	丙寅	四		10/26	丙申	一		9/24	乙丑	二		8/23	乙未	八		7/22	甲子	九	陰1局	6/20	癸巳	七	
20	11/27	丁卯	三		10/27	丁酉	九		9/25	丙寅	一		8/24	丙申	七		7/23	乙丑	八		6/21	甲午	六	陰7局
21	11/28	戊辰	二		10/28	戊戌	八		9/26	丁卯	九		8/25	丁酉	六		7/24	丙寅	七		6/22	乙未	五	
22	11/29	己巳	六	陽7局	10/29	己亥	七	陰8局	9/27	戊辰	八		8/26	戊戌	五		7/25	丁卯	六		6/23	丙申	四	
23	12/1	庚午	七		10/30	庚子	六		9/28	己巳	七	陰8局	8/27	己亥	四	陰1局	7/26	戊辰	八		6/24	丁酉	三	
24	12/2	辛未	八		11/1	辛丑	五		9/29	庚午	九		8/28	庚子	三		7/27	己巳	七	陰4局	6/25	戊戌	二	
25	12/3	壬申	九		11/2	壬寅	四		10/1	辛未	八		8/29	辛丑	二		7/28	庚午	六		6/26	己亥	一	陰1局
26	12/4	癸酉	一		11/3	癸卯	三		10/2	壬申	七		9/1	壬寅	一		7/29	辛未	五		6/27	庚子	九	
27	12/5	甲戌	二	陽4局	11/4	甲辰	二	陰2局	10/3	癸酉	六		9/2	癸卯	九		7/30	壬申	四		6/28	辛丑	八	
28	12/6	乙亥	三		11/5	乙巳	一		10/4	甲戌	五	陰2局	9/3	甲辰	八	陰4局	8/1	癸酉	三		6/29	壬寅	七	
29	12/7	丙子	四		11/6	丙午	九		10/5	乙亥	四		9/4	乙巳	七		8/2	甲戌	二	陰7局	7/1	癸卯	六	
30	12/8	丁丑	五		11/7	丁未	八		10/6	丙子	三		9/5	丙午	六		8/3	乙亥	一		7/2	甲辰	五	4
31	12/9	戊寅	六						10/7	丁丑	二						8/4	丙子	九		7/3	乙巳	四	

二〇〇四年　甲申　五黄

二元八運…「八運」　三元九運…「八運」

6月				5月				4月				3月				2月				1月				月
庚午				己巳				戊辰				丁卯				丙寅				乙丑 癸未(年)				月干支
七赤				八白				九紫				一白				二黒				三碧				紫白
21 夏至 9時57分	5 芒種 17時14分	日紫白	奇門遁甲局数	21 小満 1時59分	5 立夏 13時2分	日紫白	奇門遁甲局数	20 穀雨 2時50分	4 清明 19時43分	日紫白	奇門遁甲局数	20 春分 15時49分	5 啓蟄 14時56分	日紫白	奇門遁甲局数	19 雨水 16時50分	4 立春 20時56分	日紫白	奇門遁甲局数	21 大寒 2時42分	6 小寒 9時19分	日紫白	奇門遁甲局数	節気
農暦	日干支			農暦	日干支			農暦	日干支			農暦	日干支			農暦	日干支			農暦	日干支			新暦
4/14	辛亥	六	陽6局	3/13	庚辰	二	陽4局	閏2/12	庚戌	八	陽4局	2/11	己卯	四	陽1局	1/11	庚戌	二	陽8局	12/10	己卯	七	陽2局	1
4/15	壬子	七		3/14	辛巳	三		閏2/13	辛亥	九		2/12	庚辰	五		1/12	辛亥	三		12/11	庚辰	八		2
4/16	癸丑	八		3/15	壬午	四		閏2/14	壬子	一		2/13	辛巳	六		1/13	壬子	四		12/12	辛巳	九		3
4/17	甲寅	九	陽3局	3/16	癸未	五		閏2/15	癸丑	二		2/14	壬午	七		1/14	癸丑	五		12/13	壬午	一		4
4/18	乙卯	一		3/17	甲申	六	陽1局	閏2/16	甲寅	三	陽1局	2/15	癸未	八		1/15	甲寅	六	陽5局	12/14	癸未	二		5
4/19	丙辰	二		3/18	乙酉	七		閏2/17	乙卯	四		2/16	甲申	九	陽7局	1/16	乙卯	七		12/15	甲申	三	陽8局	6
4/20	丁巳	三		3/19	丙戌	八		閏2/18	丙辰	五		2/17	乙酉	一		1/17	丙辰	八		12/16	乙酉	四		7
4/21	戊午	四		3/20	丁亥	九		閏2/19	丁巳	六		2/18	丙戌	二		1/18	丁巳	九		12/17	丙戌	五		8
4/22	己未	五	陽9局	3/21	戊子	一		閏2/20	戊午	七		2/19	丁亥	三		1/19	戊午	一		12/18	丁亥	六		9
4/23	庚申	六		3/22	己丑	二	陽7局	閏2/21	己未	八	陽7局	2/20	戊子	四		1/20	己未	二	陽2局	12/19	戊子	七		10
4/24	辛酉	七		3/23	庚寅	三		閏2/22	庚申	九		2/21	己丑	五	陽4局	1/21	庚申	三		12/20	己丑	八	陽5局	11
4/25	壬戌	八		3/24	辛卯	四		閏2/23	辛酉	一		2/22	庚寅	六		1/22	辛酉	四		12/21	庚寅	九		12
4/26	癸亥	九		3/25	壬辰	五		閏2/24	壬戌	二		2/23	辛卯	七		1/23	壬戌	五		12/22	辛卯	一		13
4/27	甲子	四	陰9局	3/26	癸巳	六		閏2/25	癸亥	三		2/24	壬辰	八		1/24	癸亥	六		12/23	壬辰	二		14
4/28	乙丑	五		3/27	甲午	七	陽5局	閏2/26	甲子	七	陽5局	2/25	癸巳	九		1/25	甲子	一	陽9局	12/24	癸巳	三		15
4/29	丙寅	六		3/28	乙未	八		閏2/27	乙丑	八		2/26	甲午	一	陽3局	1/26	乙丑	二		12/25	甲午	四	陽3局	16
4/30	丁卯	七		3/29	丙申	九		閏2/28	丙寅	九		2/27	乙未	二		1/27	丙寅	三		12/26	乙未	五		17
5/1	戊辰	八		3/30	丁酉	一		閏2/29	丁卯	一		2/28	丙申	三		1/28	丁卯	四		12/27	丙申	六		18
5/2	己巳	九	陰3局	4/1	戊戌	二		3/1	戊辰	二		2/29	丁酉	四		1/29	戊辰	二		12/28	丁酉	七		19
5/3	庚午	一		4/2	己亥	三	陽2局	3/2	己巳	九	陽2局	2/30	戊戌	五		2/1	己巳	三	陽6局	12/29	戊戌	八		20
5/4	辛未	二		4/3	庚子	四		3/3	庚午	一		閏2/1	己亥	六	陽9局	2/2	庚午	四		12/30	己亥	九	陽9局	21
5/5	壬申	一		4/4	辛丑	五		3/4	辛未	二		閏2/2	庚子	七		2/3	辛未	五		1/1	庚子	一		22
5/6	癸酉	九		4/5	壬寅	六		3/5	壬申	三		閏2/3	辛丑	八		2/4	壬申	六		1/2	辛丑	二		23
5/7	甲戌	八	陰6局	4/6	癸卯	七		3/6	癸酉	四		閏2/4	壬寅	九		2/5	癸酉	七		1/3	壬寅	三		24
5/8	乙亥	七		4/7	甲辰	八	陽8局	3/7	甲戌	五	陽8局	閏2/5	癸卯	一		2/6	甲戌	八	陽3局	1/4	癸卯	四		25
5/9	丙子	六		4/8	乙巳	九		3/8	乙亥	六		閏2/6	甲辰	二	陽6局	2/7	乙亥	九		1/5	甲辰	五	陽6局	26
5/10	丁丑	五		4/9	丙午	一		3/9	丙子	七		閏2/7	乙巳	三		2/8	丙子	一		1/6	乙巳	六		27
5/11	戊寅	四		4/10	丁未	二		3/10	丁丑	八		閏2/8	丙午	四		2/9	丁丑	二		1/7	丙午	七		28
5/12	己卯	三	8	4/11	戊申	三		3/11	戊寅	九		閏2/9	丁未	五		2/10	戊寅	三		1/8	丁未	八		29
5/13	庚辰	二		4/12	己酉	四	6	3/12	己卯	一	4	閏2/10	戊申	六						1/9	戊申	九		30
				4/13	庚戌	五						閏2/11	己酉	七	4					1/10	己酉	一	8	31

2003年　癸未(年)／甲子(月)

月	12月				11月				10月				9月				8月				7月			
月干支	丙子				乙亥				甲戌				癸酉				壬申				辛未			
紫白	一白				二黒				三碧				四緑				五黄				六白			
節	21	7	日紫白	奇門遁甲局数	22	7	日紫白	奇門遁甲局数	23	8	日紫白	奇門遁甲局数	23	7	日紫白	奇門遁甲局数	23	7	日紫白	奇門遁甲局数	22	7	日紫白	奇門遁甲局数
気	冬至 21時42分	大雪 3時49分			小雪 8時22分	立冬 10時59分			霜降 10時49分	寒露 7時49分			秋分 1時30分	白露 16時13分			処暑 3時53分	立秋 13時20分			大暑 20時50分	小暑 3時31分		
新暦	農暦	日干支			農暦	日干支			農暦	日干支			農暦	日干支			農暦	日干支			農暦	日干支		
1	10/20	甲寅	一	陰7局	9/19	甲申	四	陰9局	8/18	癸丑	八	6	7/17	癸未	二	9	6/16	壬子	六	2	5/14	辛巳	一	陰8局
2	10/21	乙卯	九		9/20	乙酉	三		8/19	甲寅	七	陰9局	7/18	甲申	一	陰3局	6/17	癸丑	五		5/15	壬午	九	
3	10/22	丙辰	八		9/21	丙戌	二		8/20	乙卯	六		7/19	乙酉	九		6/18	甲寅	四	陰5局	5/16	癸未	八	
4	10/23	丁巳	七		9/22	丁亥	一		8/21	丙辰	五		7/20	丙戌	八		6/19	乙卯	三		5/17	甲申	七	陰2局
5	10/24	戊午	六		9/23	戊子	九		8/22	丁巳	四		7/21	丁亥	七		6/20	丙辰	二		5/18	乙酉	六	
6	10/25	己未	五	陰1局	9/24	己丑	八	陰3局	8/23	戊午	三		7/22	戊子	六		6/21	丁巳	一		5/19	丙戌	五	
7	10/26	庚申	四		9/25	庚寅	七		8/24	己未	二	陰3局	7/23	己丑	五	陰6局	6/22	戊午	九		5/20	丁亥	四	
8	10/27	辛酉	三		9/26	辛卯	六		8/25	庚申	一		7/24	庚寅	四		6/23	己未	八	陰8局	5/21	戊子	三	
9	10/28	壬戌	二		9/27	壬辰	五		8/26	辛酉	九		7/25	辛卯	三		6/24	庚申	七		5/22	己丑	二	陰5局
10	10/29	癸亥	一		9/28	癸巳	四		8/27	壬戌	八		7/26	壬辰	二		6/25	辛酉	六		5/23	庚寅	一	
11	10/30	甲子	六	陰4局・閏	9/29	甲午	三	陰5局	8/28	癸亥	七		7/27	癸巳	一		6/26	壬戌	五		5/24	辛卯	九	
12	11/1	乙丑	五		10/1	乙未	二		8/29	甲子	三	陰5局	7/28	甲午	九	陰7局	6/27	癸亥	四		5/25	壬辰	八	
13	11/2	丙寅	四		10/2	丙申	一		8/30	乙丑	二		7/29	乙未	八		6/28	甲子	九	陰1局	5/26	癸巳	七	
14	11/3	丁卯	三		10/3	丁酉	九		9/1	丙寅	一		8/1	丙申	七		6/29	乙丑	八		5/27	甲午	六	陰7局
15	11/4	戊辰	二		10/4	戊戌	八		9/2	丁卯	九		8/2	丁酉	六		6/30	丙寅	七		5/28	乙未	五	
16	11/5	己巳	一	陰7局・閏	10/5	己亥	七	陰8局	9/3	戊辰	八		8/3	戊戌	五		7/1	丁卯	六		5/29	丙申	四	
17	11/6	庚午	九		10/6	庚子	六		9/4	己巳	七	陰8局	8/4	己亥	四	陰1局	7/2	戊辰	五		6/1	丁酉	三	
18	11/7	辛未	八		10/7	辛丑	五		9/5	庚午	六		8/5	庚子	三		7/3	己巳	四	陰4局	6/2	戊戌	二	
19	11/8	壬申	七		10/8	壬寅	四		9/6	辛未	五		8/6	辛丑	二		7/4	庚午	三		6/3	己亥	一	陰1局
20	11/9	癸酉	六		10/9	癸卯	三		9/7	壬申	四		8/7	壬寅	一		7/5	辛未	二		6/4	庚子	九	
21	11/10	甲戌	二	陰1局・閏	10/10	甲辰	二	陰2局	9/8	癸酉	三		8/8	癸卯	九		7/6	壬申	一		6/5	辛丑	八	
22	11/11	乙亥	三		10/11	乙巳	一		9/9	甲戌	二	陰2局	8/9	甲辰	八	陰4局	7/7	癸酉	九		6/6	壬寅	七	
23	11/12	丙子	四		10/12	丙午	九		9/10	乙亥	四		8/10	乙巳	七		7/8	甲戌	二	陰7局	6/7	癸卯	六	
24	11/13	丁丑	五		10/13	丁未	八		9/11	丙子	三		8/11	丙午	六		7/9	乙亥	一		6/8	甲辰	五	陰4局
25	11/14	戊寅	六		10/14	戊申	七		9/12	丁丑	二		8/12	丁未	五		7/10	丙子	九		6/9	乙巳	四	
26	11/15	己卯	七	陽1局	10/15	己酉	六	陰4局	9/13	戊寅	一		8/13	戊申	四		7/11	丁丑	八		6/10	丙午	三	
27	11/16	庚辰	八		10/16	庚戌	五		9/14	己卯	九	陰6局	8/14	己酉	三	陰6局	7/12	戊寅	七		6/11	丁未	二	
28	11/17	辛巳	九		10/17	辛亥	四		9/15	庚辰	八		8/15	庚戌	二		7/13	己卯	六	陰9局	6/12	戊申	一	
29	11/18	壬午	一		10/18	壬子	三		9/16	辛巳	七		8/16	辛亥	一		7/14	庚辰	五		6/13	己酉	九	陰2局
30	11/19	癸未	二		10/19	癸丑	二		9/17	壬午	六		8/17	壬子	九		7/15	辛巳	四		6/14	庚戌	八	
31	11/20	甲申	三	7					9/18	癸未	五						7/16	壬午	三		6/15	辛亥	七	

二〇〇五年 乙酉 四緑

三元八運…「八運」

三元九運…「八運」

月	1月				2月				3月			
月干支	丁丑 甲申(年)				戊寅				己卯			
紫白	九紫				八白				七赤			
節気	5 小寒 15時3分	20 大寒 8時22分			4 立春 2時43分	18 雨水 22時32分			5 啓蟄 20時45分	20 春分 21時33分		
新暦	農暦	日干支	日紫白	奇門遁甲局数	農暦	日干支	日紫白	奇門遁甲局数	農暦	日干支	日紫白	奇門遁甲局数
1	11/21	乙酉	四		12/23	丙辰	八	陽9局	1/21	甲申	九	
2	11/22	丙戌	五	陽7局	12/24	丁巳	九		1/22	乙酉	一	陽6局
3	11/23	丁亥	六		12/25	戊午	一		1/23	丙戌	二	
4	11/24	戊子	七		12/26	己未	二		1/24	丁亥	三	
5	11/25	己丑	八		12/27	庚申	三	陽6局	1/25	戊子	四	
6	11/26	庚寅	九	陽4局	12/28	辛酉	四		1/26	己丑	五	
7	11/27	辛卯	一		12/29	壬戌	五		1/27	庚寅	六	陽3局
8	11/28	壬辰	二		12/30	癸亥	六		1/28	辛卯	七	
9	11/29	癸巳	三		1/1	甲子	一		1/29	壬辰	八	
10	12/1	甲午	四		1/2	乙丑	二	陽8局	2/1	癸巳	九	
11	12/2	乙未	五	陽2局	1/3	丙寅	三		2/2	甲午	一	
12	12/3	丙申	六		1/4	丁卯	四		2/3	乙未	二	陽1局
13	12/4	丁酉	七		1/5	戊辰	五		2/4	丙申	三	
14	12/5	戊戌	八		1/6	己巳	六		2/5	丁酉	四	
15	12/6	己亥	九		1/7	庚午	七	陽5局	2/6	戊戌	五	
16	12/7	庚子	一	陽8局	1/8	辛未	八		2/7	己亥	六	
17	12/8	辛丑	二		1/9	壬申	九		2/8	庚子	七	陽7局
18	12/9	壬寅	三		1/10	癸酉	七		2/9	辛丑	八	
19	12/10	癸卯	四		1/11	甲戌	八		2/10	壬寅	九	
20	12/11	甲辰	五		1/12	乙亥	九	陽2局	2/11	癸卯	一	
21	12/12	乙巳	六	陽5局	1/13	丙子	一		2/12	甲辰	二	
22	12/13	丙午	七		1/14	丁丑	二		2/13	乙巳	三	陽4局
23	12/14	丁未	八		1/15	戊寅	三		2/14	丙午	四	
24	12/15	戊申	九		1/16	己卯	四		2/15	丁未	五	
25	12/16	己酉	一		1/17	庚辰	五	陽9局	2/16	戊申	六	
26	12/17	庚戌	二	陽3局	1/18	辛巳	六		2/17	己酉	七	
27	12/18	辛亥	三		1/19	壬午	七		2/18	庚戌	八	陽3局
28	12/19	壬子	四		1/20	癸未	八		2/19	辛亥	九	
29	12/20	癸丑	五						2/20	壬子	一	
30	12/21	甲寅	六	9					2/21	癸丑	二	
31	12/22	乙卯	七						2/22	甲寅	三	9

月	4月				5月				6月			
月干支	庚辰				辛巳				壬午			
紫白	六白				五黄				四緑			
節気	5 清明 1時34分	20 穀雨 8時37分			5 立夏 18時53分	21 小満 7時47分			5 芒種 23時2分	21 夏至 15時46分		
新暦	農暦	日干支	日紫白	奇門遁甲局数	農暦	日干支	日紫白	奇門遁甲局数	農暦	日干支	日紫白	奇門遁甲局数
1	2/23	乙卯	四		3/23	乙酉	七		4/25	丙辰	二	陽2局
2	2/24	丙辰	五	陽9局	3/24	丙戌	八	陽2局	4/26	丁巳	三	
3	2/25	丁巳	六		3/25	丁亥	九		4/27	戊午	四	
4	2/26	戊午	七		3/26	戊子	一		4/28	己未	五	
5	2/27	己未	八		3/27	己丑	二		4/29	庚申	六	陽8局
6	2/28	庚申	九	陽6局	3/28	庚寅	三	陽8局	4/30	辛酉	七	
7	2/29	辛酉	一		3/29	辛卯	四		5/1	壬戌	八	
8	2/30	壬戌	二		4/1	壬辰	五		5/2	癸亥	九	
9	3/1	癸亥	三		4/2	癸巳	六		5/3	甲子	四	
10	3/2	甲子	七		4/3	甲午	七		5/4	乙丑	五	陽6局
11	3/3	乙丑	八	陽4局	4/4	乙未	八	陽4局	5/5	丙寅	六	
12	3/4	丙寅	九		4/5	丙申	九		5/6	丁卯	七	
13	3/5	丁卯	一		4/6	丁酉	一		5/7	戊辰	八	
14	3/6	戊辰	二		4/7	戊戌	二		5/8	己巳	九	
15	3/7	己巳	三		4/8	己亥	三		5/9	庚午	一	陽3局
16	3/8	庚午	四	陽1局	4/9	庚子	四	陽1局	5/10	辛未	二	
17	3/9	辛未	五		4/10	辛丑	五		5/11	壬申	三	
18	3/10	壬申	六		4/11	壬寅	六		5/12	癸酉	四	
19	3/11	癸酉	七		4/12	癸卯	七		5/13	甲戌	五	
20	3/12	甲戌	五		4/13	甲辰	八		5/14	乙亥	六	陽9局
21	3/13	乙亥	六	陽7局	4/14	乙巳	九	陽7局	5/15	丙子	六	
22	3/14	丙子	七		4/15	丙午	一		5/16	丁丑	五	
23	3/15	丁丑	八		4/16	丁未	二		5/17	戊寅	四	
24	3/16	戊寅	九		4/17	戊申	三		5/18	己卯	三	
25	3/17	己卯	一		4/18	己酉	四		5/19	庚辰	二	陰9局
26	3/18	庚辰	二	陽5局	4/19	庚戌	五	陽5局	5/20	辛巳	一	
27	3/19	辛巳	三		4/20	辛亥	六		5/21	壬午	九	
28	3/20	壬午	四		4/21	壬子	七		5/22	癸未	八	
29	3/21	癸未	五		4/22	癸丑	八		5/23	甲申	七	3
30	3/22	甲申	六	2	4/23	甲寅	九	2	5/24	乙酉	六	
31					4/24	乙卯	一					

2004年 甲申(年)／丙子(月)

月	12月				11月				10月			
月干支	戊子				丁亥				丙戌			
紫白	七赤				八白				九紫			
節気	22 冬至 3時35分	7 大雪 9時33分	日紫白	奇門遁甲局数	22 小雪 14時15分	7 立冬 16時42分	日紫白	奇門遁甲局数	23 霜降 16時42分	8 寒露 13時33分	日紫白	奇門遁甲局数
新暦	農暦	日干支			農暦	日干支			農暦	日干支		
1	11/1	己未	五	陰2局	9/30	己丑	八	陰2局	8/28	戊午	三	1
2	11/2	庚申	四		10/1	庚寅	七		8/29	己未	二	陰4局
3	11/3	辛酉	三		10/2	辛卯	六		9/1	庚申	一	
4	11/4	壬戌	二		10/3	壬辰	五		9/2	辛酉	九	
5	11/5	癸亥	一		10/4	癸巳	四		9/3	壬戌	八	
6	11/6	甲子	六	陰4局	10/5	甲午	三	陰6局	9/4	癸亥	七	
7	11/7	乙丑	五		10/6	乙未	二		9/5	甲子	三	陰6局
8	11/8	丙寅	四		10/7	丙申	一		9/6	乙丑	二	
9	11/9	丁卯	三		10/8	丁酉	九		9/7	丙寅	一	
10	11/10	戊辰	二		10/9	戊戌	八		9/8	丁卯	九	
11	11/11	己巳	一	陰7局	10/10	己亥	七	陰9局	9/9	戊辰	八	
12	11/12	庚午	九		10/11	庚子	六		9/10	己巳	七	陰9局
13	11/13	辛未	八		10/12	辛丑	五		9/11	庚午	六	
14	11/14	壬申	七		10/13	壬寅	四		9/12	辛未	五	
15	11/15	癸酉	六		10/14	癸卯	三		9/13	壬申	四	
16	11/16	甲戌	五	陰1局	10/15	甲辰	二	陰3局	9/14	癸酉	三	
17	11/17	乙亥	四		10/16	乙巳	一		9/15	甲戌	二	陰3局
18	11/18	丙子	三		10/17	丙午	九		9/16	乙亥	一	
19	11/19	丁丑	二		10/18	丁未	八		9/17	丙子	九	
20	11/20	戊寅	一		10/19	戊申	七		9/18	丁丑	八	
21	11/21	己卯	九	陽1局	10/20	己酉	六	陰5局	9/19	戊寅	七	
22	11/22	庚辰	八		10/21	庚戌	五		9/20	己卯	六	陰5局
23	11/23	辛巳	九		10/22	辛亥	四		9/21	庚辰	八	
24	11/24	壬午	一		10/23	壬子	三		9/22	辛巳	七	
25	11/25	癸未	二		10/24	癸丑	二		9/23	壬午	六	
26	11/26	甲申	三	陽7局	10/25	甲寅	一	陰8局	9/24	癸未	五	
27	11/27	乙酉	四		10/26	乙卯	九		9/25	甲申	四	陰8局
28	11/28	丙戌	五		10/27	丙辰	八		9/26	乙酉	三	
29	11/29	丁亥	六		10/28	丁巳	七		9/27	丙戌	二	
30	11/30	戊子	七		10/29	戊午	六		9/28	丁亥	一	
31	12/1	己丑	八	4					9/29	戊子	九	

月	9月				8月				7月			
月干支	乙酉				甲申				癸未			
紫白	一白				二黒				三碧			
節気	23 秋分 7時23分	7 白露 21時57分	日紫白	奇門遁甲局数	23 処暑 9時45分	7 立秋 19時3分	日紫白	奇門遁甲局数	23 大暑 2時41分	7 小暑 9時17分	日紫白	奇門遁甲局数
新暦	農暦	日干支			農暦	日干支			農暦	日干支		
1	7/28	戊子	六	4	6/27	丁巳	一	1	5/25	丙戌	五	陰3局
2	7/29	己丑	五	陰7局	6/28	戊午	九		5/26	丁亥	四	
3	7/30	庚寅	四		6/29	己未	八	陰4局	5/27	戊子	三	
4	8/1	辛卯	三		6/30	庚申	七		5/28	己丑	二	陰6局
5	8/2	壬辰	二		7/1	辛酉	六		5/29	庚寅	一	
6	8/3	癸巳	一		7/2	壬戌	五		6/1	辛卯	九	
7	8/4	甲午	九	陰9局	7/3	癸亥	四		6/2	壬辰	八	
8	8/5	乙未	八		7/4	甲子	九	陰2局	6/3	癸巳	七	
9	8/6	丙申	七		7/5	乙丑	八		6/4	甲午	六	陰8局
10	8/7	丁酉	六		7/6	丙寅	七		6/5	乙未	五	
11	8/8	戊戌	五		7/7	丁卯	六		6/6	丙申	四	
12	8/9	己亥	四	陰3局	7/8	戊辰	五		6/7	丁酉	三	
13	8/10	庚子	三		7/9	己巳	四	陰5局	6/8	戊戌	二	
14	8/11	辛丑	二		7/10	庚午	三		6/9	己亥	一	陰2局
15	8/12	壬寅	一		7/11	辛未	二		6/10	庚子	九	
16	8/13	癸卯	九		7/12	壬申	一		6/11	辛丑	八	
17	8/14	甲辰	八	陰6局	7/13	癸酉	九		6/12	壬寅	七	
18	8/15	乙巳	七		7/14	甲戌	八	陰8局	6/13	癸卯	六	
19	8/16	丙午	六		7/15	乙亥	七		6/14	甲辰	五	陰5局
20	8/17	丁未	五		7/16	丙子	六		6/15	乙巳	四	
21	8/18	戊申	四		7/17	丁丑	五		6/16	丙午	三	
22	8/19	己酉	三	陰7局	7/18	戊寅	四		6/17	丁未	二	
23	8/20	庚戌	二		7/19	己卯	六	陰1局	6/18	戊申	一	
24	8/21	辛亥	一		7/20	庚辰	五		6/19	己酉	九	陰7局
25	8/22	壬子	九		7/21	辛巳	四		6/20	庚戌	八	
26	8/23	癸丑	八		7/22	壬午	三		6/21	辛亥	七	
27	8/24	甲寅	七	陰1局	7/23	癸未	二		6/22	壬子	六	
28	8/25	乙卯	六		7/24	甲申	一	陰4局	6/23	癸丑	五	
29	8/26	丙辰	五		7/25	乙酉	九		6/24	甲寅	四	陰1局
30	8/27	丁巳	四		7/26	丙戌	八		6/25	乙卯	三	
31					7/27	丁亥	七		6/26	丙辰	二	

二〇〇六年　丙戌　三碧

二元八運…「八運」　三元九運…「八運」

月	1月				2月				3月			
月干支	己丑 乙酉(年)				庚寅				辛卯			
紫白	六白				五黄				四緑			
節気	5 小寒 20時47分 / 20 大寒 14時15分				4 立春 8時27分 / 19 雨水 4時26分				6 啓蟄 2時29分 / 21 春分 3時26分			

新暦	農暦	日干支	日紫白	奇門遁甲局数	農暦	日干支	日紫白	奇門遁甲局数	農暦	日干支	日紫白	奇門遁甲局数
1	12/2	庚寅	九	陽4局	1/4	辛酉	四	陽6局	2/2	己丑	五	陽3局
2	12/3	辛卯	一		1/5	壬戌	五		2/3	庚寅	六	
3	12/4	壬辰	二		1/6	癸亥	六		2/4	辛卯	七	
4	12/5	癸巳	三		1/7	甲子	一	陽8局	2/5	壬辰	八	
5	12/6	甲午	四	陽2局	1/8	乙丑	二		2/6	癸巳	九	
6	12/7	乙未	五		1/9	丙寅	三		2/7	甲午	一	陽1局
7	12/8	丙申	六		1/10	丁卯	四		2/8	乙未	二	
8	12/9	丁酉	七		1/11	戊辰	五		2/9	丙申	三	
9	12/10	戊戌	八		1/12	己巳	六	陽5局	2/10	丁酉	四	
10	12/11	己亥	九	陽8局	1/13	庚午	七		2/11	戊戌	五	
11	12/12	庚子	一		1/14	辛未	八		2/12	己亥	六	陽7局
12	12/13	辛丑	二		1/15	壬申	九		2/13	庚子	七	
13	12/14	壬寅	三		1/16	癸酉	一		2/14	辛丑	八	
14	12/15	癸卯	四		1/17	甲戌	二	陽2局	2/15	壬寅	九	
15	12/16	甲辰	五	陽5局	1/18	乙亥	三		2/16	癸卯	一	
16	12/17	乙巳	六		1/19	丙子	四		2/17	甲辰	二	陽4局
17	12/18	丙午	七		1/20	丁丑	五		2/18	乙巳	三	
18	12/19	丁未	八		1/21	戊寅	六		2/19	丙午	四	
19	12/20	戊申	九		1/22	己卯	四	陽9局	2/20	丁未	五	
20	12/21	己酉	一	陽3局	1/23	庚辰	五		2/21	戊申	六	
21	12/22	庚戌	二		1/24	辛巳	六		2/22	己酉	七	陽3局
22	12/23	辛亥	三		1/25	壬午	七		2/23	庚戌	八	
23	12/24	壬子	四		1/26	癸未	八		2/24	辛亥	九	
24	12/25	癸丑	五		1/27	甲申	九	陽6局	2/25	壬子	一	
25	12/26	甲寅	六	陽9局	1/28	乙酉	一		2/26	癸丑	二	
26	12/27	乙卯	七		1/29	丙戌	二		2/27	甲寅	三	陽9局
27	12/28	丙辰	八		1/30	丁亥	三		2/28	乙卯	四	
28	12/29	丁巳	九		2/1	戊子	四		2/29	丙辰	五	
29	1/1	戊午	一						3/1	丁巳	六	
30	1/2	己未	二	6					3/2	戊午	七	
31	1/3	庚申	三						3/3	己未	八	6

月	4月				5月				6月			
月干支	壬辰				癸巳				甲午			
紫白	三碧				二黒				一白			
節気	5 清明 7時15分 / 20 穀雨 14時26分				6 立夏 0時31分 / 21 小満 13時32分				6 芒種 4時37分 / 21 夏至 21時26分			

新暦	農暦	日干支	日紫白	奇門遁甲局数	農暦	日干支	日紫白	奇門遁甲局数	農暦	日干支	日紫白	奇門遁甲局数
1	3/4	庚申	九	陽6局	4/4	庚寅	三	陽8局	5/6	辛酉	七	陽8局
2	3/5	辛酉	一		4/5	辛卯	四		5/7	壬戌	八	
3	3/6	壬戌	二		4/6	壬辰	五		5/8	癸亥	九	
4	3/7	癸亥	三		4/7	癸巳	六		5/9	甲子	四	陽6局
5	3/8	甲子	七	陽4局	4/8	甲午	七	陽4局	5/10	乙丑	五	
6	3/9	乙丑	八		4/9	乙未	八		5/11	丙寅	六	
7	3/10	丙寅	九		4/10	丙申	九		5/12	丁卯	七	
8	3/11	丁卯	一		4/11	丁酉	一		5/13	戊辰	八	
9	3/12	戊辰	二		4/12	戊戌	二		5/14	己巳	九	陽3局
10	3/13	己巳	三	陽1局	4/13	己亥	三	陽1局	5/15	庚午	一	
11	3/14	庚午	四		4/14	庚子	四		5/16	辛未	二	
12	3/15	辛未	五		4/15	辛丑	五		5/17	壬申	三	
13	3/16	壬申	六		4/16	壬寅	六		5/18	癸酉	四	
14	3/17	癸酉	七		4/17	癸卯	七		5/19	甲戌	五	陽9局
15	3/18	甲戌	八	陽7局	4/18	甲辰	八	陽7局	5/20	乙亥	六	
16	3/19	乙亥	九		4/19	乙巳	九		5/21	丙子	七	
17	3/20	丙子	一		4/20	丙午	一		5/22	丁丑	八	
18	3/21	丁丑	二		4/21	丁未	二		5/23	戊寅	九	
19	3/22	戊寅	三		4/22	戊申	三		5/24	己卯	一	陰9局
20	3/23	己卯	一	陽5局	4/23	己酉	四	陽5局	5/25	庚辰	二	
21	3/24	庚辰	二		4/24	庚戌	五		5/26	辛巳	一	
22	3/25	辛巳	三		4/25	辛亥	六		5/27	壬午	九	
23	3/26	壬午	四		4/26	壬子	七		5/28	癸未	八	
24	3/27	癸未	五		4/27	癸丑	八		5/29	甲申	七	陰3局
25	3/28	甲申	六	陽2局	4/28	甲寅	九	陽2局	5/30	乙酉	六	
26	3/29	乙酉	七		4/29	乙卯	一		6/1	丙戌	五	
27	3/30	丙戌	八		5/1	丙辰	二		6/2	丁亥	四	
28	4/1	丁亥	九		5/2	丁巳	三		6/3	戊子	三	
29	4/2	戊子	一		5/3	戊午	四		6/4	己丑	二	6
30	4/3	己丑	二	8	5/4	己未	五	8	6/5	庚寅	一	
31					5/5	庚申	六					

2005年　乙酉(年)／戊子(月)

月	12月				11月				10月				9月				8月				7月			
月干支	庚子				己亥				戊戌				丁酉				丙申				乙未			
紫白	四緑				五黄				六白				七赤				八白				九紫			
節気	22 冬至 9時22分	7 大雪 15時27分	日紫白	奇門遁甲局数	22 小雪 20時2分	7 立冬 22時35分	日紫白	奇門遁甲局数	23 霜降 22時26分	8 寒露 19時21分	日紫白	奇門遁甲局数	23 秋分 13時3分	8 白露 3時39分	日紫白	奇門遁甲局数	23 処暑 15時23分	8 立秋 0時41分	日紫白	奇門遁甲局数	23 大暑 8時18分	7 小暑 14時51分	日紫白	奇門遁甲局数
新暦	農暦	日干支			農暦	日干支			農暦	日干支			農暦	日干支			農暦	日干支			農暦	日干支		
1	10/11	甲子	六	陰4局	9/11	甲午	三	陰6局	8/10	癸亥	七	4	閏7/9	癸巳	一	7	7/8	壬戌	五	4	6/6	辛卯	九	陰6局
2	10/12	乙丑	五		9/12	乙未	二		8/11	甲子	三	陰6局	閏7/10	甲午	九	陰9局	7/9	癸亥	四		6/7	壬辰	八	
3	10/13	丙寅	四		9/13	丙申	一		8/12	乙丑	二		閏7/11	乙未	八		7/10	甲子	九	陰2局	6/8	癸巳	七	
4	10/14	丁卯	三		9/14	丁酉	九		8/13	丙寅	一		閏7/12	丙申	七		7/11	乙丑	八		6/9	甲午	六	陰8局
5	10/15	戊辰	二		9/15	戊戌	八		8/14	丁卯	九		閏7/13	丁酉	六		7/12	丙寅	七		6/10	乙未	五	
6	10/16	己巳	一	陰7局	9/16	己亥	七	陰9局	8/15	戊辰	八		閏7/14	戊戌	五		7/13	丁卯	六		6/11	丙申	四	
7	10/17	庚午	九		9/17	庚子	六		8/16	己巳	七	陰9局	閏7/15	己亥	四	陰3局	7/14	戊辰	五		6/12	丁酉	三	
8	10/18	辛未	八		9/18	辛丑	五		8/17	庚午	六		閏7/16	庚子	三		7/15	己巳	四	陰5局	6/13	戊戌	二	
9	10/19	壬申	七		9/19	壬寅	四		8/18	辛未	五		閏7/17	辛丑	二		7/16	庚午	三		6/14	己亥	一	陰2局
10	10/20	癸酉	六		9/20	癸卯	三		8/19	壬申	四		閏7/18	壬寅	一		7/17	辛未	二		6/15	庚子	九	
11	10/21	甲戌	五	陰1局	9/21	甲辰	二	陰3局	8/20	癸酉	三		閏7/19	癸卯	九		7/18	壬申	一		6/16	辛丑	八	
12	10/22	乙亥	四		9/22	乙巳	一		8/21	甲戌	二	陰3局	閏7/20	甲辰	八	陰6局	7/19	癸酉	九		6/17	壬寅	七	
13	10/23	丙子	三		9/23	丙午	九		8/22	乙亥	一		閏7/21	乙巳	七		7/20	甲戌	八	陰8局	6/18	癸卯	六	
14	10/24	丁丑	二		9/24	丁未	八		8/23	丙子	九		閏7/22	丙午	六		7/21	乙亥	七		6/19	甲辰	五	陰5局
15	10/25	戊寅	一		9/25	戊申	七		8/24	丁丑	八		閏7/23	丁未	五		7/22	丙子	六		6/20	乙巳	四	
16	10/26	己卯	九	陽1局	9/26	己酉	六	陰5局	8/25	戊寅	七		閏7/24	戊申	四		7/23	丁丑	五		6/21	丙午	三	
17	10/27	庚辰	八		9/27	庚戌	五		8/26	己卯	六	陰5局	閏7/25	己酉	三	陰7局	7/24	戊寅	四		6/22	丁未	二	
18	10/28	辛巳	七		9/28	辛亥	四		8/27	庚辰	五		閏7/26	庚戌	二		7/25	己卯	三	陰1局	6/23	戊申	一	
19	10/29	壬午	六		9/29	壬子	三		8/28	辛巳	四		閏7/27	辛亥	一		7/26	庚辰	二		6/24	己酉	九	陰7局
20	11/1	癸未	五		9/30	癸丑	二		8/29	壬午	三		閏7/28	壬子	九		7/27	辛巳	一		6/25	庚戌	八	
21	11/2	甲申	四	陽7局	10/1	甲寅	一	陰8局	8/30	癸未	二		閏7/29	癸丑	八		7/28	壬午	九		6/26	辛亥	七	
22	11/3	乙酉	四		10/2	乙卯	九		9/1	甲申	一	陰8局	8/1	甲寅	七	陰1局	7/29	癸未	八		6/27	壬子	六	
23	11/4	丙戌	五		10/3	丙辰	八		9/2	乙酉	三		8/2	乙卯	六		7/30	甲申	一	陰4局	6/28	癸丑	五	
24	11/5	丁亥	六		10/4	丁巳	七		9/3	丙戌	二		8/3	丙辰	五		閏7/1	乙酉	九		6/29	甲寅	四	陰1局
25	11/6	戊子	七		10/5	戊午	六		9/4	丁亥	一		8/4	丁巳	四		閏7/2	丙戌	八		7/1	乙卯	三	
26	11/7	己丑	八	陽4局	10/6	己未	五	陰2局	9/5	戊子	九		8/5	戊午	三		閏7/3	丁亥	七		7/2	丙辰	二	
27	11/8	庚寅	九		10/7	庚申	四		9/6	己丑	八	陰2局	8/6	己未	二	陰4局	閏7/4	戊子	六		7/3	丁巳	一	
28	11/9	辛卯	一		10/8	辛酉	三		9/7	庚寅	七		8/7	庚申	一		閏7/5	己丑	五	陰7局	7/4	戊午	九	
29	11/10	壬辰	二		10/9	壬戌	二		9/8	辛卯	六		8/8	辛酉	九		閏7/6	庚寅	四		7/5	己未	八	陰4局
30	11/11	癸巳	三		10/10	癸亥	一		9/9	壬辰	五		8/9	壬戌	八		閏7/7	辛卯	三		7/6	庚申	七	
31	11/12	甲午	四	2					9/10	癸巳	四						閏7/8	壬辰	二		7/7	辛酉	六	

二〇〇七年 丁亥 二黒

三元八運…「八運」

三元九運…「八運」

6月				5月				4月				3月				2月				1月				月
丙午				乙巳				甲辰				癸卯				壬寅				辛丑 丙戌(年)				月干支
七赤				八白				九紫				一白				二黒				三碧				紫白
22 夏至 3時6分	6 芒種 10時27分			21 小満 19時12分	6 立夏 6時20分			20 穀雨 20時7分	5 清明 13時5分			21 春分 9時7分	6 啓蟄 8時18分			19 雨水 10時9分	4 立春 14時18分			20 大寒 20時1分	6 小寒 2時40分			節気
農暦	日干支	日紫白	奇門遁甲局数	農暦	日干支	日紫白	奇門遁甲局数	農暦	日干支	日紫白	奇門遁甲局数	農暦	日干支	日紫白	奇門遁甲局数	農暦	日干支	日紫白	奇門遁甲局数	農暦	日干支	日紫白	奇門遁甲局数	新暦
4/16	丙寅	六	陽6局	3/15	乙未	八	陽4局	2/14	乙丑	八	陽4局	1/12	甲午	一	陽1局	12/14	丙寅	三	陽8局	11/13	乙未	五	陽2局	1
4/17	丁卯	七		3/16	丙申	九		2/15	丙寅	九		1/13	乙未	二		12/15	丁卯	四		11/14	丙申	六		2
4/18	戊辰	八		3/17	丁酉	一		2/16	丁卯	一		1/14	丙申	三		12/16	戊辰	五		11/15	丁酉	七		3
4/19	己巳	九	陽3局	3/18	戊戌	二		2/17	戊辰	二		1/15	丁酉	四		12/17	己巳	六	陽5局	11/16	戊戌	八		4
4/20	庚午	一		3/19	己亥	三	陽1局	2/18	己巳	三	陽1局	1/16	戊戌	五		12/18	庚午	七		11/17	己亥	九		5
4/21	辛未	二		3/20	庚子	四		2/19	庚午	四		1/17	己亥	六	陽7局	12/19	辛未	八		11/18	庚子	一	陽8局	6
4/22	壬申	三		3/21	辛丑	五		2/20	辛未	五		1/18	庚子	七		12/20	壬申	九		11/19	辛丑	二		7
4/23	癸酉	四		3/22	壬寅	六		2/21	壬申	六		1/19	辛丑	八		12/21	癸酉	一		11/20	壬寅	三		8
4/24	甲戌	五	陽9局	3/23	癸卯	七		2/22	癸酉	七		1/20	壬寅	九		12/22	甲戌	二	陽2局	11/21	癸卯	四		9
4/25	乙亥	六		3/24	甲辰	八	陽7局	2/23	甲戌	八	陽7局	1/21	癸卯	一		12/23	乙亥	三		11/22	甲辰	五		10
4/26	丙子	七		3/25	乙巳	九		2/24	乙亥	九		1/22	甲辰	二	陽4局	12/24	丙子	四		11/23	乙巳	六	陽5局	11
4/27	丁丑	八		3/26	丙午	一		2/25	丙子	一		1/23	乙巳	三		12/25	丁丑	五		11/24	丙午	七		12
4/28	戊寅	九		3/27	丁未	二		2/26	丁丑	二		1/24	丙午	四		12/26	戊寅	六		11/25	丁未	八		13
4/29	己卯	一	陰9局	3/28	戊申	三		2/27	戊寅	三		1/25	丁未	五		12/27	己卯	七	陽9局	11/26	戊申	九		14
5/1	庚辰	二		3/29	己酉	四	陽5局	2/28	己卯	四	陽5局	1/26	戊申	六		12/28	庚辰	八		11/27	己酉	一		15
5/2	辛巳	三		3/30	庚戌	五		2/29	庚辰	五		1/27	己酉	七	陽3局	12/29	辛巳	九		11/28	庚戌	二	陽3局	16
5/3	壬午	四		4/1	辛亥	六		3/1	辛巳	六		1/28	庚戌	八		12/30	壬午	一		11/29	辛亥	三		17
5/4	癸未	五		4/2	壬子	七		3/2	壬午	七		1/29	辛亥	九		1/1	癸未	二		11/30	壬子	四		18
5/5	甲申	六	陰3局	4/3	癸丑	八		3/3	癸未	八		2/1	壬子	一		1/2	甲申	九	陽6局	12/1	癸丑	五		19
5/6	乙酉	七		4/4	甲寅	九	陽2局	3/4	甲申	六	陽2局	2/2	癸丑	二		1/3	乙酉	一		12/2	甲寅	六		20
5/7	丙戌	八		4/5	乙卯	一		3/5	乙酉	七		2/3	甲寅	三	陽9局	1/4	丙戌	二		12/3	乙卯	七	陽9局	21
5/8	丁亥	四		4/6	丙辰	二		3/6	丙戌	八		2/4	乙卯	四		1/5	丁亥	三		12/4	丙辰	八		22
5/9	戊子	三		4/7	丁巳	三		3/7	丁亥	九		2/5	丙辰	五		1/6	戊子	四		12/5	丁巳	九		23
5/10	己丑	二	陰6局	4/8	戊午	四		3/8	戊子	一		2/6	丁巳	六		1/7	己丑	五	陽3局	12/6	戊午	一		24
5/11	庚寅	一		4/9	己未	五	陽8局	3/9	己丑	二	陽8局	2/7	戊午	七		1/8	庚寅	六		12/7	己未	二		25
5/12	辛卯	九		4/10	庚申	六		3/10	庚寅	三		2/8	己未	八	陽6局	1/9	辛卯	七		12/8	庚申	三	陽6局	26
5/13	壬辰	八		4/11	辛酉	七		3/11	辛卯	四		2/9	庚申	九		1/10	壬辰	八		12/9	辛酉	四		27
5/14	癸巳	七		4/12	壬戌	八		3/12	壬辰	五		2/10	辛酉	一		1/11	癸巳	九		12/10	壬戌	五		28
5/15	甲午	六	8	4/13	癸亥	九		3/13	癸巳	六		2/11	壬戌	二						12/11	癸亥	六		29
5/16	乙未	五		4/14	甲子	四	6	3/14	甲午	七	4	2/12	癸亥	三						12/12	甲子	一	8	30
				4/15	乙丑	五						2/13	甲子	七	4					12/13	乙丑	二		31

2006年 丙戌(年)／庚子(月)

月	12月				11月				10月				9月				8月				7月			
月干支	壬子				辛亥				庚戌				己酉				戊申				丁未			
紫白	一白				二黒				三碧				四緑				五黄				六白			
節気	22 冬至 15時8分	7 大雪 21時14分	日紫白	奇門遁甲局数	23 小雪 1時50分	8 立冬 4時24分	日紫白	奇門遁甲局数	24 霜降 4時15分	9 寒露 1時12分	日紫白	奇門遁甲局数	23 秋分 18時51分	8 白露 9時29分	日紫白	奇門遁甲局数	23 処暑 21時8分	8 立秋 6時31分	日紫白	奇門遁甲局数	23 大暑 14時0分	7 小暑 20時42分	日紫白	奇門遁甲局数
新暦	農暦	日干支			農暦	日干支			農暦	日干支			農暦	日干支			農暦	日干支			農暦	日干支		
1	10/22	己巳	一	陰7局	9/22	己亥	七	陰9局	8/21	戊辰	八	6	7/20	戊戌	五	9	6/19	丁卯	六	2	5/17	丙申	四	陰8局
2	10/23	庚午	九		9/23	庚子	六		8/22	己巳	七	陰9局	7/21	己亥	四	陰3局	6/20	戊辰	五		5/18	丁酉	三	
3	10/24	辛未	八		9/24	辛丑	五		8/23	庚午	六		7/22	庚子	三		6/21	己巳	四	陰5局	5/19	戊戌	二	
4	10/25	壬申	七		9/25	壬寅	四		8/24	辛未	五		7/23	辛丑	二		6/22	庚午	三		5/20	己亥	一	陰2局
5	10/26	癸酉	六		9/26	癸卯	三		8/25	壬申	四		7/24	壬寅	一		6/23	辛未	二		5/21	庚子	九	
6	10/27	甲戌	五	陰1局	9/27	甲辰	二	陰3局	8/26	癸酉	三		7/25	癸卯	九		6/24	壬申	一		5/22	辛丑	八	
7	10/28	乙亥	四		9/28	乙巳	一		8/27	甲戌	二	陰3局	7/26	甲辰	八	陰6局	6/25	癸酉	九		5/23	壬寅	七	
8	10/29	丙子	三		9/29	丙午	九		8/28	乙亥	一		7/27	乙巳	七		6/26	甲戌	八	陰8局	5/24	癸卯	六	
9	10/30	丁丑	二		9/30	丁未	八		8/29	丙子	九		7/28	丙午	六		6/27	乙亥	七		5/25	甲辰	五	陰5局
10	11/1	戊寅	一		10/1	戊申	七		8/30	丁丑	八		7/29	丁未	五		6/28	丙子	六		5/26	乙巳	四	
11	11/2	己卯	九	陰4局・閏	10/2	己酉	六	陰5局	9/1	戊寅	七		8/1	戊申	四		6/29	丁丑	五		5/27	丙午	三	
12	11/3	庚辰	八		10/3	庚戌	五		9/2	己卯	六	陰5局	8/2	己酉	三	陰7局	6/30	戊寅	四		5/28	丁未	二	
13	11/4	辛巳	七		10/4	辛亥	四		9/3	庚辰	五		8/3	庚戌	二		7/1	己卯	三	陰1局	5/29	戊申	一	
14	11/5	壬午	六		10/5	壬子	三		9/4	辛巳	四		8/4	辛亥	一		7/2	庚辰	二		6/1	己酉	九	陰7局
15	11/6	癸未	五		10/6	癸丑	二		9/5	壬午	三		8/5	壬子	九		7/3	辛巳	一		6/2	庚戌	八	
16	11/7	甲申	四	陰7局・閏	10/7	甲寅	一	陰8局	9/6	癸未	二		8/6	癸丑	八		7/4	壬午	九		6/3	辛亥	七	
17	11/8	乙酉	三		10/8	乙卯	九		9/7	甲申	一	陰8局	8/7	甲寅	七	陰1局	7/5	癸未	八		6/4	壬子	六	
18	11/9	丙戌	二		10/9	丙辰	八		9/8	乙酉	九		8/8	乙卯	六		7/6	甲申	七	陰4局	6/5	癸丑	五	
19	11/10	丁亥	一		10/10	丁巳	七		9/9	丙戌	八		8/9	丙辰	五		7/7	乙酉	六		6/6	甲寅	四	陰1局
20	11/11	戊子	九		10/11	戊午	六		9/10	丁亥	七		8/10	丁巳	四		7/8	丙戌	五		6/7	乙卯	三	
21	11/12	己丑	八	陰1局・閏	10/12	己未	五	陰2局	9/11	戊子	六		8/11	戊午	三		7/9	丁亥	四		6/8	丙辰	二	
22	11/13	庚寅	九		10/13	庚申	四		9/12	己丑	五	陰2局	8/12	己未	二	陰4局	7/10	戊子	三		6/9	丁巳	一	
23	11/14	辛卯	一		10/14	辛酉	三		9/13	庚寅	四		8/13	庚申	一		7/11	己丑	五	陰7局	6/10	戊午	九	
24	11/15	壬辰	二		10/15	壬戌	二		9/14	辛卯	六		8/14	辛酉	九		7/12	庚寅	四		6/11	己未	八	陰4局
25	11/16	癸巳	三		10/16	癸亥	一		9/15	壬辰	五		8/15	壬戌	八		7/13	辛卯	三		6/12	庚申	七	
26	11/17	甲午	四	陽1局	10/17	甲子	六	陰4局	9/16	癸巳	四		8/16	癸亥	七		7/14	壬辰	二		6/13	辛酉	六	
27	11/18	乙未	五		10/18	乙丑	五		9/17	甲午	三	陰6局	8/17	甲子	三	陰6局	7/15	癸巳	一		6/14	壬戌	五	
28	11/19	丙申	六		10/19	丙寅	四		9/18	乙未	二		8/18	乙丑	二		7/16	甲午	九	陰9局	6/15	癸亥	四	
29	11/20	丁酉	七		10/20	丁卯	三		9/19	丙申	一		8/19	丙寅	一		7/17	乙未	八		6/16	甲子	九	陰2局
30	11/21	戊戌	八		10/21	戊辰	二		9/20	丁酉	九		8/20	丁卯	九		7/18	丙申	七		6/17	乙丑	八	
31	11/22	己亥	九	7					9/21	戊戌	八						7/19	丁酉	六		6/18	丙寅	七	

二〇〇八年　戊子　一白

三元八運…「八運」　三元九運…「八運」

月	1月				2月				3月				4月				5月				6月			
月干支	癸丑 丁亥(年)				甲寅				乙卯				丙辰				丁巳				戊午			
紫白	九紫				八白				七赤				六白				五黄				四緑			
節気	6 小寒 8時25分	21 大寒 1時44分			4 立春 20時0分	19 雨水 15時50分			5 啓蟄 13時59分	20 春分 14時48分			4 清明 18時46分	20 穀雨 1時51分			5 立夏 12時3分	21 小満 1時1分			5 芒種 16時12分	21 夏至 8時59分		
新暦	農暦	日干支	日紫白	奇門遁甲局数	農暦	日干支	日紫白	奇門遁甲局数	農暦	日干支	日紫白	奇門遁甲局数	農暦	日干支	日紫白	奇門遁甲局数	農暦	日干支	日紫白	奇門遁甲局数	農暦	日干支	日紫白	奇門遁甲局数
1	11/23	庚子	一	陽7局	12/25	辛未	八	陽9局	1/24	庚子	七	陽6局	2/25	辛未	五	陽9局	3/26	辛丑	五	陽2局	4/28	壬申	三	2
2	11/24	辛丑	二		12/26	壬申	九		1/25	辛丑	八		2/26	壬申	六		3/27	壬寅	六		4/29	癸酉	四	
3	11/25	壬寅	三		12/27	癸酉	一		1/26	壬寅	九		2/27	癸酉	七		3/28	癸卯	七		4/30	甲戌	五	陽8局
4	11/26	癸卯	四		12/28	甲戌	二	陽6局	1/27	癸卯	一		2/28	甲戌	八	陽6局	3/29	甲辰	八	陽8局	5/1	乙亥	六	
5	11/27	甲辰	五	陽4局	12/29	乙亥	三		1/28	甲辰	二	陽3局	2/29	乙亥	九		4/1	乙巳	九		5/2	丙子	七	
6	11/28	乙巳	六		12/30	丙子	四		1/29	乙巳	三		3/1	丙子	一		4/2	丙午	一		5/3	丁丑	八	
7	11/29	丙午	七		1/1	丁丑	五		1/30	丙午	四		3/2	丁丑	二		4/3	丁未	二		5/4	戊寅	九	
8	12/1	丁未	八		1/2	戊寅	六		2/1	丁未	五		3/3	戊寅	三		4/4	戊申	三		5/5	己卯	一	陽6局
9	12/2	戊申	九		1/3	己卯	七	陽8局	2/2	戊申	六		3/4	己卯	四	陽4局	4/5	己酉	四	陽4局	5/6	庚辰	二	
10	12/3	己酉	一	陽2局	1/4	庚辰	八		2/3	己酉	七	陽1局	3/5	庚辰	五		4/6	庚戌	五		5/7	辛巳	三	
11	12/4	庚戌	二		1/5	辛巳	九		2/4	庚戌	八		3/6	辛巳	六		4/7	辛亥	六		5/8	壬午	四	
12	12/5	辛亥	三		1/6	壬午	一		2/5	辛亥	九		3/7	壬午	七		4/8	壬子	七		5/9	癸未	五	
13	12/6	壬子	四		1/7	癸未	二		2/6	壬子	一		3/8	癸未	八		4/9	癸丑	八		5/10	甲申	六	陽3局
14	12/7	癸丑	五		1/8	甲申	三	陽5局	2/7	癸丑	二		3/9	甲申	九	陽1局	4/10	甲寅	九	陽1局	5/11	乙酉	七	
15	12/8	甲寅	六	陽8局	1/9	乙酉	四		2/8	甲寅	三	陽7局	3/10	乙酉	一		4/11	乙卯	一		5/12	丙戌	八	
16	12/9	乙卯	七		1/10	丙戌	五		2/9	乙卯	四		3/11	丙戌	二		4/12	丙辰	二		5/13	丁亥	九	
17	12/10	丙辰	八		1/11	丁亥	六		2/10	丙辰	五		3/12	丁亥	三		4/13	丁巳	三		5/14	戊子	一	
18	12/11	丁巳	九		1/12	戊子	七		2/11	丁巳	六		3/13	戊子	四		4/14	戊午	四		5/15	己丑	二	陽9局
19	12/12	戊午	一		1/13	己丑	五	陽2局	2/12	戊午	七		3/14	己丑	五	陽7局	4/15	己未	五	陽7局	5/16	庚寅	三	
20	12/13	己未	二	陽5局	1/14	庚寅	六		2/13	己未	八	陽4局	3/15	庚寅	三		4/16	庚申	六		5/17	辛卯	四	
21	12/14	庚申	三		1/15	辛卯	七		2/14	庚申	九		3/16	辛卯	四		4/17	辛酉	七		5/18	壬辰	八	
22	12/15	辛酉	四		1/16	壬辰	八		2/15	辛酉	一		3/17	壬辰	五		4/18	壬戌	八		5/19	癸巳	七	
23	12/16	壬戌	五		1/17	癸巳	九		2/16	壬戌	二		3/18	癸巳	六		4/19	癸亥	九		5/20	甲午	六	陰9局
24	12/17	癸亥	六		1/18	甲午	一	陽9局	2/17	癸亥	三		3/19	甲午	七	陽5局	4/20	甲子	四	陽5局	5/21	乙未	五	
25	12/18	甲子	一	陽3局	1/19	乙未	二		2/18	甲子	七	陽3局	3/20	乙未	八		4/21	乙丑	五		5/22	丙申	四	
26	12/19	乙丑	二		1/20	丙申	三		2/19	乙丑	八		3/21	丙申	九		4/22	丙寅	六		5/23	丁酉	三	
27	12/20	丙寅	三		1/21	丁酉	四		2/20	丙寅	九		3/22	丁酉	一		4/23	丁卯	七		5/24	戊戌	二	
28	12/21	丁卯	四		1/22	戊戌	五		2/21	丁卯	一		3/23	戊戌	二		4/24	戊辰	八		5/25	己亥	一	陰3局
29	12/22	戊辰	五		1/23	己亥	六	6	2/22	戊辰	二		3/24	己亥	三	2	4/25	己巳	九	陽2局	5/26	庚子	九	
30	12/23	己巳	六	9					2/23	己巳	三	9	3/25	庚子	四		4/26	庚午	一		5/27	辛丑	八	
31	12/24	庚午	七						2/24	庚午	四						4/27	辛未	二					

2007年　丁亥(年)／壬子(月)

月	12月				11月				10月				9月				8月				7月			
月干支	甲子				癸亥				壬戌				辛酉				庚申				己未			
紫白	七赤				八白				九紫				一白				二黒				三碧			
節気	21 冬至 21時4分	7 大雪 3時2分	日紫白	奇門遁甲局数	22 小雪 7時44分	7 立冬 10時11分	日紫白	奇門遁甲局数	23 霜降 10時9分	8 寒露 6時57分	日紫白	奇門遁甲局数	23 秋分 0時45分	7 白露 15時14分	日紫白	奇門遁甲局数	23 処暑 3時2分	7 立秋 12時16分	日紫白	奇門遁甲局数	22 大暑 19時55分	7 小暑 2時27分	日紫白	奇門遁甲局数
新暦	農暦	日干支			農暦	日干支			農暦	日干支			農暦	日干支			農暦	日干支			農暦	日干支		
1	11/4	乙亥	四	陰2局	10/4	乙巳	一	陰2局	9/3	甲戌	二	陰4局	8/2	甲辰	八	陰7局	7/1	癸酉	九	1	5/28	壬寅	七	3
2	11/5	丙子	三		10/5	丙午	九		9/4	乙亥	一		8/3	乙巳	七		7/2	甲戌	八	陰4局	5/29	癸卯	六	
3	11/6	丁丑	二		10/6	丁未	八		9/5	丙子	九		8/4	丙午	六		7/3	乙亥	七		6/1	甲辰	五	陰6局
4	11/7	戊寅	一		10/7	戊申	七		9/6	丁丑	八		8/5	丁未	五		7/4	丙子	六		6/2	乙巳	四	
5	11/8	己卯	九	陰4局	10/8	己酉	六	陰6局	9/7	戊寅	七		8/6	戊申	四		7/5	丁丑	五		6/3	丙午	三	
6	11/9	庚辰	八		10/9	庚戌	五		9/8	己卯	六	陰6局	8/7	己酉	三	陰9局	7/6	戊寅	四		6/4	丁未	二	
7	11/10	辛巳	七		10/10	辛亥	四		9/9	庚辰	五		8/8	庚戌	二		7/7	己卯	三	陰2局	6/5	戊申	一	
8	11/11	壬午	六		10/11	壬子	三		9/10	辛巳	四		8/9	辛亥	一		7/8	庚辰	二		6/6	己酉	九	陰8局
9	11/12	癸未	五		10/12	癸丑	二		9/11	壬午	三		8/10	壬子	九		7/9	辛巳	一		6/7	庚戌	八	
10	11/13	甲申	四	陰7局	10/13	甲寅	一	陰9局	9/12	癸未	二		8/11	癸丑	八		7/10	壬午	九		6/8	辛亥	七	
11	11/14	乙酉	三		10/14	乙卯	九		9/13	甲申	一	陰9局	8/12	甲寅	七	陰3局	7/11	癸未	八		6/9	壬子	六	
12	11/15	丙戌	二		10/15	丙辰	八		9/14	乙酉	九		8/13	乙卯	六		7/12	甲申	七	陰5局	6/10	癸丑	五	
13	11/16	丁亥	一		10/16	丁巳	七		9/15	丙戌	八		8/14	丙辰	五		7/13	乙酉	六		6/11	甲寅	四	陰2局
14	11/17	戊子	九		10/17	戊午	六		9/16	丁亥	七		8/15	丁巳	四		7/14	丙戌	五		6/12	乙卯	三	
15	11/18	己丑	八	陰1局	10/18	己未	五	陰3局	9/17	戊子	六		8/16	戊午	三		7/15	丁亥	四		6/13	丙辰	二	
16	11/19	庚寅	七		10/19	庚申	四		9/18	己丑	五	陰3局	8/17	己未	二	陰6局	7/16	戊子	三		6/14	丁巳	一	
17	11/20	辛卯	六		10/20	辛酉	三		9/19	庚寅	四		8/18	庚申	一		7/17	己丑	二	陰8局	6/15	戊午	九	
18	11/21	壬辰	五		10/21	壬戌	二		9/20	辛卯	三		8/19	辛酉	九		7/18	庚寅	一		6/16	己未	八	陰5局
19	11/22	癸巳	四		10/22	癸亥	一		9/21	壬辰	二		8/20	壬戌	八		7/19	辛卯	九		6/17	庚申	七	
20	11/23	甲午	三	陽1局	10/23	甲子	六	陰5局	9/22	癸巳	一		8/21	癸亥	七		7/20	壬辰	八		6/18	辛酉	六	
21	11/24	乙未	五		10/24	乙丑	五		9/23	甲午	九	陰5局	8/22	甲子	三	陰7局	7/21	癸巳	七		6/19	壬戌	五	
22	11/25	丙申	六		10/25	丙寅	四		9/24	乙未	八		8/23	乙丑	二		7/22	甲午	六	陰1局	6/20	癸亥	四	
23	11/26	丁酉	七		10/26	丁卯	三		9/25	丙申	一		8/24	丙寅	一		7/23	乙未	八		6/21	甲子	九	陰7局
24	11/27	戊戌	八		10/27	戊辰	二		9/26	丁酉	九		8/25	丁卯	九		7/24	丙申	七		6/22	乙丑	八	
25	11/28	己亥	九	陽7局	10/28	己巳	一	陰8局	9/27	戊戌	八		8/26	戊辰	八		7/25	丁酉	六		6/23	丙寅	七	
26	11/29	庚子	一		10/29	庚午	九		9/28	己亥	七	陰8局	8/27	己巳	七	陰1局	7/26	戊戌	五		6/24	丁卯	六	
27	12/1	辛丑	二		10/30	辛未	八		9/29	庚子	六		8/28	庚午	六		7/27	己亥	四	陰4局	6/25	戊辰	五	
28	12/2	壬寅	三		11/1	壬申	七		9/30	辛丑	五		8/29	辛未	五		7/28	庚子	三		6/26	己巳	四	陰1局
29	12/3	癸卯	四		11/2	癸酉	六		10/1	壬寅	四		9/1	壬申	四		7/29	辛丑	二		6/27	庚午	三	
30	12/4	甲辰	五	4	11/3	甲戌	五	2	10/2	癸卯	三		9/2	癸酉	三		7/30	壬寅	一		6/28	辛未	二	
31	12/5	乙巳	六						10/3	甲辰	二	2					8/1	癸卯	九		6/29	壬申	一	

二〇〇九年　己丑　九紫

三元八運…「八運」

三元九運…「八運」

月	1月				2月				3月				4月				5月				6月			
月干支	乙丑 戊子(年)				丙寅				丁卯				戊辰				己巳				庚午			
紫白	六白				五黄				四緑				三碧				二黒				一白			
節気	20 大寒 7時40分	5 小寒 14時14分			18 雨水 21時46分	4 立春 1時50分			20 春分 20時44分	5 啓蟄 19時48分			20 穀雨 7時44分	5 清明 0時34分			21 小満 6時51分	5 立夏 17時51分			21 夏至 14時46分	5 芒種 21時59分		
新暦	農暦	日干支	日紫白	奇門遁甲局数	農暦	日干支	日紫白	奇門遁甲局数	農暦	日干支	日紫白	奇門遁甲局数	農暦	日干支	日紫白	奇門遁甲局数	農暦	日干支	日紫白	奇門遁甲局数	農暦	日干支	日紫白	奇門遁甲局数
1	12/6	丙午	七	陽4局	1/7	丁丑	五	6	2/5	乙巳	三	陽3局	3/6	丙子	一	陽6局	4/7	丙午	一	陽8局	5/9	丁丑	八	8
2	12/7	丁未	八		1/8	戊寅	六		2/6	丙午	四		3/7	丁丑	二		4/8	丁未	二		5/10	戊寅	九	
3	12/8	戊申	九		1/9	己卯	七	陽8局	2/7	丁未	五		3/8	戊寅	三		4/9	戊申	三		5/11	己卯	一	陽6局
4	12/9	己酉	一	陽2局	1/10	庚辰	八		2/8	戊申	六		3/9	己卯	四	陽4局	4/10	己酉	四	陽4局	5/12	庚辰	二	
5	12/10	庚戌	二		1/11	辛巳	九		2/9	己酉	七	陽1局	3/10	庚辰	五		4/11	庚戌	五		5/13	辛巳	三	
6	12/11	辛亥	三		1/12	壬午	一		2/10	庚戌	八		3/11	辛巳	六		4/12	辛亥	六		5/14	壬午	四	
7	12/12	壬子	四		1/13	癸未	二		2/11	辛亥	九		3/12	壬午	七		4/13	壬子	七		5/15	癸未	五	
8	12/13	癸丑	五		1/14	甲申	三	陽5局	2/12	壬子	一		3/13	癸未	八		4/14	癸丑	八		5/16	甲申	六	陽3局
9	12/14	甲寅	六	陽8局	1/15	乙酉	四		2/13	癸丑	二		3/14	甲申	九	陽1局	4/15	甲寅	九	陽1局	5/17	乙酉	七	
10	12/15	乙卯	七		1/16	丙戌	五		2/14	甲寅	三	陽7局	3/15	乙酉	一		4/16	乙卯	一		5/18	丙戌	八	
11	12/16	丙辰	八		1/17	丁亥	六		2/15	乙卯	四		3/16	丙戌	二		4/17	丙辰	二		5/19	丁亥	九	
12	12/17	丁巳	九		1/18	戊子	七		2/16	丙辰	五		3/17	丁亥	三		4/18	丁巳	三		5/20	戊子	一	
13	12/18	戊午	一		1/19	己丑	八	陽2局	2/17	丁巳	六		3/18	戊子	四		4/19	戊午	四		5/21	己丑	二	陽9局
14	12/19	己未	二	陽5局	1/20	庚寅	九		2/18	戊午	七		3/19	己丑	五	陽7局	4/20	己未	五	陽7局	5/22	庚寅	三	
15	12/20	庚申	三		1/21	辛卯	一		2/19	己未	八	陽4局	3/20	庚寅	六		4/21	庚申	六		5/23	辛卯	四	
16	12/21	辛酉	四		1/22	壬辰	二		2/20	庚申	九		3/21	辛卯	七		4/22	辛酉	七		5/24	壬辰	五	
17	12/22	壬戌	五		1/23	癸巳	三		2/21	辛酉	一		3/22	壬辰	八		4/23	壬戌	八		5/25	癸巳	六	
18	12/23	癸亥	六		1/24	甲午	一	陽9局	2/22	壬戌	二		3/23	癸巳	九		4/24	癸亥	九		5/26	甲午	七	陰9局
19	12/24	甲子	一	陽3局	1/25	乙未	二		2/23	癸亥	三		3/24	甲午	一	陽5局	4/25	甲子	四	陽5局	5/27	乙未	八	
20	12/25	乙丑	二		1/26	丙申	三		2/24	甲子	七	陽3局	3/25	乙未	八		4/26	乙丑	五		5/28	丙申	九	
21	12/26	丙寅	三		1/27	丁酉	四		2/25	乙丑	八		3/26	丙申	九		4/27	丙寅	六		5/29	丁酉	三	
22	12/27	丁卯	四		1/28	戊戌	五		2/26	丙寅	九		3/27	丁酉	一		4/28	丁卯	七		5/30	戊戌	二	
23	12/28	戊辰	五		1/29	己亥	六	陽6局	2/27	丁卯	一		3/28	戊戌	二		4/29	戊辰	八		閏5/1	己亥	一	陰3局
24	12/29	己巳	六	陽9局	1/30	庚子	七		2/28	戊辰	二		3/29	己亥	三	陽2局	5/1	己巳	九	陽2局	閏5/2	庚子	九	
25	12/30	庚午	七		2/1	辛丑	八		2/29	己巳	三	陽9局	4/1	庚子	四		5/2	庚午	一		閏5/3	辛丑	八	
26	1/1	辛未	八		2/2	壬寅	九		2/30	庚午	四		4/2	辛丑	五		5/3	辛未	二		閏5/4	壬寅	七	
27	1/2	壬申	九		2/3	癸卯	一		3/1	辛未	五		4/3	壬寅	六		5/4	壬申	三		閏5/5	癸卯	六	
28	1/3	癸酉	一		2/4	甲辰	二	3	3/2	壬申	六		4/4	癸卯	七		5/5	癸酉	四		閏5/6	甲辰	五	陰6局
29	1/4	甲戌	二	陽6局					3/3	癸酉	七		4/5	甲辰	八	8	5/6	甲戌	五	陽8局	閏5/7	乙巳	四	
30	1/5	乙亥	三						3/4	甲戌	八	6	4/6	乙巳	九		5/7	乙亥	六		閏5/8	丙午	三	
31	1/6	丙子	四						3/5	乙亥	九						5/8	丙子	七					

2008年　戊子(年)／甲子(月)

月	12月				11月				10月				9月				8月				7月			
月干支	丙子				乙亥				甲戌				癸酉				壬申				辛未			
紫白	四緑				五黄				六白				七赤				八白				九紫			
節気	22 冬至 2時47分	7 大雪 8時52分	日紫白	奇門遁甲局数	22 小雪 13時23分	7 立冬 15時56分	日紫白	奇門遁甲局数	23 霜降 15時43分	8 寒露 12時40分	日紫白	奇門遁甲局数	23 秋分 6時19分	7 白露 20時58分	日紫白	奇門遁甲局数	23 処暑 8時39分	7 立秋 18時1分	日紫白	奇門遁甲局数	23 大暑 1時36分	7 小暑 8時13分	日紫白	奇門遁甲局数
新暦	農暦	日干支			農暦	日干支			農暦	日干支			農暦	日干支			農暦	日干支			農暦	日干支		
1	10/15	庚辰	八	陰4局	9/15	庚戌	五	陰6局	8/13	己卯	六	陰6局	7/13	己酉	三	陰9局	6/11	戊寅	四	4	閏5/9	丁未	二	6
2	10/16	辛巳	七		9/16	辛亥	四		8/14	庚辰	五		7/14	庚戌	二		6/12	己卯	三	陰2局	閏5/10	戊申	一	
3	10/17	壬午	六		9/17	壬子	三		8/15	辛巳	四		7/15	辛亥	一		6/13	庚辰	二		閏5/11	己酉	九	陰8局
4	10/18	癸未	五		9/18	癸丑	二		8/16	壬午	三		7/16	壬子	九		6/14	辛巳	一		閏5/12	庚戌	八	
5	10/19	甲申	四	陰7局	9/19	甲寅	一	陰9局	8/17	癸未	二		7/17	癸丑	八		6/15	壬午	九		閏5/13	辛亥	七	
6	10/20	乙酉	三		9/20	乙卯	九		8/18	甲申	一	陰9局	7/18	甲寅	七	陰3局	6/16	癸未	八		閏5/14	壬子	六	
7	10/21	丙戌	二		9/21	丙辰	八		8/19	乙酉	九		7/19	乙卯	六		6/17	甲申	七	陰5局	閏5/15	癸丑	五	
8	10/22	丁亥	一		9/22	丁巳	七		8/20	丙戌	八		7/20	丙辰	五		6/18	乙酉	六		閏5/16	甲寅	四	陰2局
9	10/23	戊子	九		9/23	戊午	六		8/21	丁亥	七		7/21	丁巳	四		6/19	丙戌	五		閏5/17	乙卯	三	
10	10/24	己丑	八	陰1局	9/24	己未	五	陰3局	8/22	戊子	六		7/22	戊午	三		6/20	丁亥	四		閏5/18	丙辰	二	
11	10/25	庚寅	七		9/25	庚申	四		8/23	己丑	五	陰3局	7/23	己未	二	陰6局	6/21	戊子	三		閏5/19	丁巳	一	
12	10/26	辛卯	六		9/26	辛酉	三		8/24	庚寅	四		7/24	庚申	一		6/22	己丑	二	陰8局	閏5/20	戊午	九	
13	10/27	壬辰	五		9/27	壬戌	二		8/25	辛卯	三		7/25	辛酉	九		6/23	庚寅	一		閏5/21	己未	八	陰5局
14	10/28	癸巳	四		9/28	癸亥	一		8/26	壬辰	二		7/26	壬戌	八		6/24	辛卯	九		閏5/22	庚申	七	
15	10/29	甲午	三	陽1局	9/29	甲子	六	陰5局	8/27	癸巳	一		7/27	癸亥	七		6/25	壬辰	八		閏5/23	辛酉	六	
16	11/1	乙未	二		9/30	乙丑	五		8/28	甲午	九	陰5局	7/28	甲子	三	陰7局	6/26	癸巳	七		閏5/24	壬戌	五	
17	11/2	丙申	一		10/1	丙寅	四		8/29	乙未	八		7/29	乙丑	二		6/27	甲午	六	陰1局	閏5/25	癸亥	四	
18	11/3	丁酉	九		10/2	丁卯	三		9/1	丙申	七		7/30	丙寅	一		6/28	乙未	五		閏5/26	甲子	九	陰7局
19	11/4	戊戌	八		10/3	戊辰	二		9/2	丁酉	六		8/1	丁卯	九		6/29	丙申	四		閏5/27	乙丑	八	
20	11/5	己亥	七	陽7局	10/4	己巳	一	陰8局	9/3	戊戌	五		8/2	戊辰	八		7/1	丁酉	三		閏5/28	丙寅	七	
21	11/6	庚子	六		10/5	庚午	九		9/4	己亥	四	陰8局	8/3	己巳	七	陰1局	7/2	戊戌	二		閏5/29	丁卯	六	
22	11/7	辛丑	二		10/6	辛未	八		9/5	庚子	三		8/4	庚午	六		7/3	己亥	一	陰4局	6/1	戊辰	五	
23	11/8	壬寅	三		10/7	壬申	七		9/6	辛丑	五		8/5	辛未	五		7/4	庚子	三		6/2	己巳	四	陰1局
24	11/9	癸卯	四		10/8	癸酉	六		9/7	壬寅	四		8/6	壬申	四		7/5	辛丑	二		6/3	庚午	三	
25	11/10	甲辰	五	陽4局	10/9	甲戌	五	陰2局	9/8	癸卯	三		8/7	癸酉	三		7/6	壬寅	一		6/4	辛未	二	
26	11/11	乙巳	六		10/10	乙亥	四		9/9	甲辰	二	陰2局	8/8	甲戌	二	陰4局	7/7	癸卯	九		6/5	壬申	一	
27	11/12	丙午	七		10/11	丙子	三		9/10	乙巳	一		8/9	乙亥	一		7/8	甲辰	八	陰7局	6/6	癸酉	九	
28	11/13	丁未	八		10/12	丁丑	二		9/11	丙午	九		8/10	丙子	九		7/9	乙巳	七		6/7	甲戌	八	陰4局
29	11/14	戊申	九		10/13	戊寅	一		9/12	丁未	八		8/11	丁丑	八		7/10	丙午	六		6/8	乙亥	七	
30	11/15	己酉	一	2	10/14	己卯	九	4	9/13	戊申	七		8/12	戊寅	七		7/11	丁未	五		6/9	丙子	六	
31	11/16	庚戌	二						9/14	己酉	六	6					7/12	戊申	四		6/10	丁丑	五	

二〇一〇年 庚寅 八白

上元八運…「八運」

三元九運…「八運」

月	1月	2月	3月	4月	5月	6月
月干支	丁丑 己丑(年)	戊寅	己卯	庚辰	辛巳	壬午
紫白	三碧	二黒	一白	九紫	八白	七赤
節気	5 小寒 20時9分 / 20 大寒 13時28分	4 立春 7時48分 / 19 雨水 3時36分	6 啓蟄 1時46分 / 21 春分 2時32分	5 清明 6時30分 / 20 穀雨 13時30分	5 立夏 23時44分 / 21 小満 12時34分	6 芒種 3時49分 / 21 夏至 20時28分

新暦	1月 農暦	1月 日干支	1月 日紫白	1月 奇門遁甲局数	2月 農暦	2月 日干支	2月 日紫白	2月 奇門遁甲局数	3月 農暦	3月 日干支	3月 日紫白	3月 奇門遁甲局数	4月 農暦	4月 日干支	4月 日紫白	4月 奇門遁甲局数	5月 農暦	5月 日干支	5月 日紫白	5月 奇門遁甲局数	6月 農暦	6月 日干支	6月 日紫白	6月 奇門遁甲局数
1	11/17	辛亥	三	陽2局	12/18	壬午	一	8	1/16	庚戌	八	陽1局	2/17	辛巳	六	陽4局	3/18	辛亥	六	陽4局	4/19	壬午	四	6
2	11/18	壬子	四		12/19	癸未	二		1/17	辛亥	九		2/18	壬午	七		3/19	壬子	七		4/20	癸未	五	
3	11/19	癸丑	五		12/20	甲申	三	陽5局	1/18	壬子	一		2/19	癸未	八		3/20	癸丑	八		4/21	甲申	六	陽3局
4	11/20	甲寅	六	陽8局	12/21	乙酉	四		1/19	癸丑	二		2/20	甲申	九	陽1局	3/21	甲寅	九	陽1局	4/22	乙酉	七	
5	11/21	乙卯	七		12/22	丙戌	五		1/20	甲寅	三	陽7局	2/21	乙酉	一		3/22	乙卯	一		4/23	丙戌	八	
6	11/22	丙辰	八		12/23	丁亥	六		1/21	乙卯	四		2/22	丙戌	二		3/23	丙辰	二		4/24	丁亥	九	
7	11/23	丁巳	九		12/24	戊子	七		1/22	丙辰	五		2/23	丁亥	三		3/24	丁巳	三		4/25	戊子	一	
8	11/24	戊午	一		12/25	己丑	八	陽2局	1/23	丁巳	六		2/24	戊子	四		3/25	戊午	四		4/26	己丑	二	陽9局
9	11/25	己未	二	陽5局	12/26	庚寅	九		1/24	戊午	七		2/25	己丑	五	陽7局	3/26	己未	五	陽7局	4/27	庚寅	三	
10	11/26	庚申	三		12/27	辛卯	一		1/25	己未	八	陽4局	2/26	庚寅	六		3/27	庚申	六		4/28	辛卯	四	
11	11/27	辛酉	四		12/28	壬辰	二		1/26	庚申	九		2/27	辛卯	七		3/28	辛酉	七		4/29	壬辰	五	
12	11/28	壬戌	五		12/29	癸巳	三		1/27	辛酉	一		2/28	壬辰	八		3/29	壬戌	八		5/1	癸巳	六	
13	11/29	癸亥	六		12/30	甲午	四	陽9局	1/28	壬戌	二		2/29	癸巳	九		3/30	癸亥	九		5/2	甲午	七	陰9局
14	11/30	甲子	一	陽3局	1/1	乙未	五		1/29	癸亥	三		3/1	甲午	一	陽5局	4/1	甲子	四	陽5局	5/3	乙未	八	
15	12/1	乙丑	二		1/2	丙申	六		1/30	甲子	七	陽3局	3/2	乙未	二		4/2	乙丑	五		5/4	丙申	九	
16	12/2	丙寅	三		1/3	丁酉	七		2/1	乙丑	八		3/3	丙申	三		4/3	丙寅	六		5/5	丁酉	一	
17	12/3	丁卯	四		1/4	戊戌	八		2/2	丙寅	九		3/4	丁酉	四		4/4	丁卯	七		5/6	戊戌	二	
18	12/4	戊辰	五		1/5	己亥	九	陽6局	2/3	丁卯	一		3/5	戊戌	五		4/5	戊辰	八		5/7	己亥	三	陰3局
19	12/5	己巳	六	陽9局	1/6	庚子	七		2/4	戊辰	二		3/6	己亥	六	陽2局	4/6	己巳	九	陽2局	5/8	庚子	四	
20	12/6	庚午	七		1/7	辛丑	八		2/5	己巳	三	陽9局	3/7	庚子	四		4/7	庚午	一		5/9	辛丑	五	
21	12/7	辛未	八		1/8	壬寅	九		2/6	庚午	四		3/8	辛丑	五		4/8	辛未	二		5/10	壬寅	七	
22	12/8	壬申	九		1/9	癸卯	一		2/7	辛未	五		3/9	壬寅	六		4/9	壬申	三		5/11	癸卯	六	
23	12/9	癸酉	一		1/10	甲辰	二	陽3局	2/8	壬申	六		3/10	癸卯	七		4/10	癸酉	四		5/12	甲辰	五	陰6局
24	12/10	甲戌	二	陽6局	1/11	乙巳	三		2/9	癸酉	七		3/11	甲辰	八	陽8局	4/11	甲戌	五	陽8局	5/13	乙巳	四	
25	12/11	乙亥	三		1/12	丙午	四		2/10	甲戌	八	陽6局	3/12	乙巳	九		4/12	乙亥	六		5/14	丙午	三	
26	12/12	丙子	四		1/13	丁未	五		2/11	乙亥	九		3/13	丙午	一		4/13	丙子	七		5/15	丁未	二	
27	12/13	丁丑	五		1/14	戊申	六		2/12	丙子	一		3/14	丁未	二		4/14	丁丑	八		5/16	戊申	一	
28	12/14	戊寅	六		1/15	己酉	七	1	2/13	丁丑	二		3/15	戊申	三		4/15	戊寅	九		5/17	己酉	九	陰8局
29	12/15	己卯	七	陽8局					2/14	戊寅	三		3/16	己酉	四	4	4/16	己卯	一	陽6局	5/18	庚戌	八	
30	12/16	庚辰	八						2/15	己卯	四	4	3/17	庚戌	五		4/17	庚辰	二		5/19	辛亥	七	
31	12/17	辛巳	九						2/16	庚辰	五						4/18	辛巳	三					

2009年 己丑(年)／丙子(月)

月	12月				11月				10月				9月				8月				7月			
月干支	戊子				丁亥				丙戌				乙酉				甲申				癸未			
紫白	一白				二黒				三碧				四緑				五黄				六白			
節気	22 冬至 8時38分	7 大雪 14時38分	日紫白	奇門遁甲局数	22 小雪 19時15分	7 立冬 21時42分	日紫白	奇門遁甲局数	23 霜降 21時35分	8 寒露 18時26分	日紫白	奇門遁甲局数	23 秋分 12時9分	8 白露 2時45分	日紫白	奇門遁甲局数	23 処暑 14時27分	7 立秋 23時49分	日紫白	奇門遁甲局数	23 大暑 7時21分	7 小暑 14時2分	日紫白	奇門遁甲局数
新暦	農暦	日干支			農暦	日干支			農暦	日干支			農暦	日干支			農暦	日干支			農暦	日干支		
1	10/26	乙酉	三	陰7局	9/25	乙卯	九	陰9局	8/24	甲申	一	陰9局	7/23	甲寅	七	陰3局	6/21	癸未	八	2	5/20	壬子	六	8
2	10/27	丙戌	二		9/26	丙辰	八		8/25	乙酉	九		7/24	乙卯	六		6/22	甲申	七	陰5局	5/21	癸丑	五	
3	10/28	丁亥	一		9/27	丁巳	七		8/26	丙戌	八		7/25	丙辰	五		6/23	乙酉	六		5/22	甲寅	四	陰2局
4	10/29	戊子	九		9/28	戊午	六		8/27	丁亥	七		7/26	丁巳	四		6/24	丙戌	五		5/23	乙卯	三	
5	10/30	己丑	八	陰1局	9/29	己未	五	陰3局	8/28	戊子	六		7/27	戊午	三		6/25	丁亥	四		5/24	丙辰	二	
6	11/1	庚寅	七		10/1	庚申	四		8/29	己丑	五	陰3局	7/28	己未	二	陰6局	6/26	戊子	三		5/25	丁巳	一	
7	11/2	辛卯	六		10/2	辛酉	三		8/30	庚寅	四		7/29	庚申	一		6/27	己丑	二	陰8局	5/26	戊午	九	
8	11/3	壬辰	五		10/3	壬戌	二		9/1	辛卯	三		8/1	辛酉	九		6/28	庚寅	一		5/27	己未	八	陰5局
9	11/4	癸巳	四		10/4	癸亥	一		9/2	壬辰	二		8/2	壬戌	八		6/29	辛卯	九		5/28	庚申	七	
10	11/5	甲午	三	陰4局・閏	10/5	甲子	六	陰5局	9/3	癸巳	一		8/3	癸亥	七		7/1	壬辰	八		5/29	辛酉	六	
11	11/6	乙未	二		10/6	乙丑	五		9/4	甲午	九	陰5局	8/4	甲子	三	陰7局	7/2	癸巳	七		5/30	壬戌	五	
12	11/7	丙申	一		10/7	丙寅	四		9/5	乙未	八		8/5	乙丑	二		7/3	甲午	六	陰1局	6/1	癸亥	四	
13	11/8	丁酉	九		10/8	丁卯	三		9/6	丙申	七		8/6	丙寅	一		7/4	乙未	五		6/2	甲子	九	陰7局
14	11/9	戊戌	八		10/9	戊辰	二		9/7	丁酉	六		8/7	丁卯	九		7/5	丙申	四		6/3	乙丑	八	
15	11/10	己亥	七	陰7局・閏	10/10	己巳	一	陰8局	9/8	戊戌	五		8/8	戊辰	八		7/6	丁酉	三		6/4	丙寅	七	
16	11/11	庚子	六		10/11	庚午	九		9/9	己亥	四	陰8局	8/9	己巳	七	陰1局	7/7	戊戌	二		6/5	丁卯	六	
17	11/12	辛丑	五		10/12	辛未	八		9/10	庚子	三		8/10	庚午	六		7/8	己亥	一	陰4局	6/6	戊辰	五	
18	11/13	壬寅	四		10/13	壬申	七		9/11	辛丑	二		8/11	辛未	五		7/9	庚子	九		6/7	己巳	四	陰1局
19	11/14	癸卯	三		10/14	癸酉	六		9/12	壬寅	一		8/12	壬申	四		7/10	辛丑	八		6/8	庚午	三	
20	11/15	甲辰	二	陰1局・閏	10/15	甲戌	五	陰2局	9/13	癸卯	九		8/13	癸酉	三		7/11	壬寅	七		6/9	辛未	二	
21	11/16	乙巳	一		10/16	乙亥	四		9/14	甲辰	八	陰2局	8/14	甲戌	二	陰4局	7/12	癸卯	六		6/10	壬申	一	
22	11/17	丙午	七		10/17	丙子	三		9/15	乙巳	七		8/15	乙亥	一		7/13	甲辰	五	陰7局	6/11	癸酉	九	
23	11/18	丁未	八		10/18	丁丑	二		9/16	丙午	九		8/16	丙子	九		7/14	乙巳	七		6/12	甲戌	八	陰4局
24	11/19	戊申	九		10/19	戊寅	一		9/17	丁未	八		8/17	丁丑	八		7/15	丙午	六		6/13	乙亥	七	
25	11/20	己酉	一	陽1局	10/20	己卯	九	陰4局	9/18	戊申	七		8/18	戊寅	七		7/16	丁未	五		6/14	丙子	六	
26	11/21	庚戌	二		10/21	庚辰	八		9/19	己酉	六	陰6局	8/19	己卯	六	陰6局	7/17	戊申	四		6/15	丁丑	五	
27	11/22	辛亥	三		10/22	辛巳	七		9/20	庚戌	五		8/20	庚辰	五		7/18	己酉	三	陰9局	6/16	戊寅	四	
28	11/23	壬子	四		10/23	壬午	六		9/21	辛亥	四		8/21	辛巳	四		7/19	庚戌	二		6/17	己卯	三	陰2局
29	11/24	癸丑	五		10/24	癸未	五		9/22	壬子	三		8/22	壬午	三		7/20	辛亥	一		6/18	庚辰	二	
30	11/25	甲寅	六	7	10/25	甲申	四	7	9/23	癸丑	二		8/23	癸未	二		7/21	壬子	九		6/19	辛巳	一	
31	11/26	乙卯	七						9/24	甲寅	一	9					7/22	癸丑	八		6/20	壬午	九	

二〇一一年　辛卯　七赤

二元八運…「八運」

三元九運…「八運」

6月				5月				4月				3月				2月				1月				月
甲午				癸巳				壬辰				辛卯				庚寅				己丑 庚寅(年)				月干支
四緑				五黄				六白				七赤				八白				九紫				紫白
22 夏至 2時16分	6 芒種 9時27分			21 小満 18時21分	6 立夏 5時23分			20 穀雨 19時17分	5 清明 12時12分			21 春分 8時21分	6 啓蟄 7時30分			19 雨水 9時25分	4 立春 13時33分			20 大寒 19時19分	6 小寒 1時55分			節気
農暦	日干支	日紫白	奇門遁甲局数	農暦	日干支	日紫白	奇門遁甲局数	農暦	日干支	日紫白	奇門遁甲局数	農暦	日干支	日紫白	奇門遁甲局数	農暦	日干支	日紫白	奇門遁甲局数	農暦	日干支	日紫白	奇門遁甲局数	新暦
4/30	丁亥	九	2	3/29	丙辰	二	陽2局	2/28	丙戌	二	陽9局	1/27	乙卯	四	陽6局	12/29	丁亥	六	9	11/27	丙辰	八	陽7局	1
5/1	戊子	一		3/30	丁巳	三		2/29	丁亥	三		1/28	丙辰	五		12/30	戊子	七		11/28	丁巳	九		2
5/2	己丑	二	陽8局	4/1	戊午	四		3/1	戊子	四		1/29	丁巳	六		1/1	己丑	八	陽6局	11/29	戊午	一		3
5/3	庚寅	三		4/2	己未	五	陽8局	3/2	己丑	五	陽6局	1/30	戊午	七		1/2	庚寅	九		12/1	己未	二	陽4局	4
5/4	辛卯	四		4/3	庚申	六		3/3	庚寅	六		2/1	己未	八	陽3局	1/3	辛卯	一		12/2	庚申	三		5
5/5	壬辰	五		4/4	辛酉	七		3/4	辛卯	七		2/2	庚申	九		1/4	壬辰	二		12/3	辛酉	四		6
5/6	癸巳	六		4/5	壬戌	八		3/5	壬辰	八		2/3	辛酉	一		1/5	癸巳	三		12/4	壬戌	五		7
5/7	甲午	七	陽6局	4/6	癸亥	九		3/6	癸巳	九		2/4	壬戌	二		1/6	甲午	四	陽8局	12/5	癸亥	六		8
5/8	乙未	八		4/7	甲子	四	陽4局	3/7	甲午	一	陽4局	2/5	癸亥	三		1/7	乙未	五		12/6	甲子	一	陽2局	9
5/9	丙申	九		4/8	乙丑	五		3/8	乙未	二		2/6	甲子	七	陽1局	1/8	丙申	六		12/7	乙丑	二		10
5/10	丁酉	一		4/9	丙寅	六		3/9	丙申	三		2/7	乙丑	八		1/9	丁酉	七		12/8	丙寅	三		11
5/11	戊戌	二		4/10	丁卯	七		3/10	丁酉	四		2/8	丙寅	九		1/10	戊戌	八		12/9	丁卯	四		12
5/12	己亥	三	陽3局	4/11	戊辰	八		3/11	戊戌	五		2/9	丁卯	一		1/11	己亥	九	陽5局	12/10	戊辰	五		13
5/13	庚子	四		4/12	己巳	九	陽1局	3/12	己亥	六	陽1局	2/10	戊辰	二		1/12	庚子	一		12/11	己巳	六	陽8局	14
5/14	辛丑	五		4/13	庚午	一		3/13	庚子	七		2/11	己巳	三	陽7局	1/13	辛丑	二		12/12	庚午	七		15
5/15	壬寅	六		4/14	辛未	二		3/14	辛丑	八		2/12	庚午	四		1/14	壬寅	三		12/13	辛未	八		16
5/16	癸卯	七		4/15	壬申	三		3/15	壬寅	九		2/13	辛未	五		1/15	癸卯	四		12/14	壬申	九		17
5/17	甲辰	八	陽9局	4/16	癸酉	四		3/16	癸卯	一		2/14	壬申	六		1/16	甲辰	五	陽2局	12/15	癸酉	一		18
5/18	乙巳	九		4/17	甲戌	五	陽7局	3/17	甲辰	二	陽7局	2/15	癸酉	七		1/17	乙巳	三		12/16	甲戌	二	陽5局	19
5/19	丙午	一		4/18	乙亥	六		3/18	乙巳	九		2/16	甲戌	八	陽4局	1/18	丙午	四		12/17	乙亥	三		20
5/20	丁未	二		4/19	丙子	七		3/19	丙午	一		2/17	乙亥	九		1/19	丁未	五		12/18	丙子	四		21
5/21	戊申	一		4/20	丁丑	八		3/20	丁未	二		2/18	丙子	一		1/20	戊申	六		12/19	丁丑	五		22
5/22	己酉	九	陰9局	4/21	戊寅	九		3/21	戊申	三		2/19	丁丑	二		1/21	己酉	七	陽9局	12/20	戊寅	六		23
5/23	庚戌	八		4/22	己卯	一	陽5局	3/22	己酉	四	陽5局	2/20	戊寅	三		1/22	庚戌	八		12/21	己卯	七	陽3局	24
5/24	辛亥	七		4/23	庚辰	二		3/23	庚戌	五		2/21	己卯	四	陽3局	1/23	辛亥	九		12/22	庚辰	八		25
5/25	壬子	六		4/24	辛巳	三		3/24	辛亥	六		2/22	庚辰	五		1/24	壬子	一		12/23	辛巳	九		26
5/26	癸丑	五		4/25	壬午	四		3/25	壬子	七		2/23	辛巳	六		1/25	癸丑	二		12/24	壬午	一		27
5/27	甲寅	四	陰3局	4/26	癸未	五		3/26	癸丑	八		2/24	壬午	七		1/26	甲寅	三	6	12/25	癸未	二		28
5/28	乙卯	三		4/27	甲申	六	陽2局	3/27	甲寅	九	2	2/25	癸未	八						12/26	甲申	三	陽9局	29
5/29	丙辰	二		4/28	乙酉	七		3/28	乙卯	一		2/26	甲申	九	9					12/27	乙酉	四		30
				4/29	丙戌	八						2/27	乙酉	一						12/28	丙戌	五		31

2010年　庚寅(年)／戊子(月)

月	12月				11月				10月				9月				8月				7月			
月干支	庚子				己亥				戊戌				丁酉				丙申				乙未			
紫白	七赤				八白				九紫				一白				二黒				三碧			
節気	22 冬至 14時30分	7 大雪 20時29分	日紫白	奇門遁甲局数	23 小雪 1時8分	8 立冬 3時35分	日紫白	奇門遁甲局数	24 霜降 3時30分	9 寒露 0時19分	日紫白	奇門遁甲局数	23 秋分 18時5分	8 白露 8時34分	日紫白	奇門遁甲局数	23 処暑 20時21分	8 立秋 5時33分	日紫白	奇門遁甲局数	23 大暑 13時12分	7 小暑 19時42分	日紫白	奇門遁甲局数
新暦	農暦	日干支			農暦	日干支			農暦	日干支			農暦	日干支			農暦	日干支			農暦	日干支		
1	11/7	庚寅	七		10/6	庚申	四		9/5	己丑	五		8/4	己未	二		7/2	戊子	三	1	6/1	丁巳	一	3
2	11/8	辛卯	六	陰2局	10/7	辛酉	三	陰2局	9/6	庚寅	四	陰4局	8/5	庚申	一	陰7局	7/3	己丑	二		6/2	戊午	九	
3	11/9	壬辰	五		10/8	壬戌	二		9/7	辛卯	三		8/6	辛酉	九		7/4	庚寅	一	陰4局	6/3	己未	八	
4	11/10	癸巳	四		10/9	癸亥	一		9/8	壬辰	二		8/7	壬戌	八		7/5	辛卯	九		6/4	庚申	七	陰6局
5	11/11	甲午	三		10/10	甲子	六		9/9	癸巳	一		8/8	癸亥	七		7/6	壬辰	八		6/5	辛酉	六	
6	11/12	乙未	二	陰4局	10/11	乙丑	五	陰6局	9/10	甲午	九		8/9	甲子	三		7/7	癸巳	七		6/6	壬戌	五	
7	11/13	丙申	一		10/12	丙寅	四		9/11	乙未	八	陰6局	8/10	乙丑	二	陰9局	7/8	甲午	六		6/7	癸亥	四	
8	11/14	丁酉	九		10/13	丁卯	三		9/12	丙申	七		8/11	丙寅	一		7/9	乙未	五	陰2局	6/8	甲子	九	
9	11/15	戊戌	八		10/14	戊辰	二		9/13	丁酉	六		8/12	丁卯	九		7/10	丙申	四		6/9	乙丑	八	陰8局
10	11/16	己亥	七		10/15	己巳	一		9/14	戊戌	五		8/13	戊辰	八		7/11	丁酉	三		6/10	丙寅	七	
11	11/17	庚子	六	陰7局	10/16	庚午	九	陰9局	9/15	己亥	四		8/14	己巳	七		7/12	戊戌	二		6/11	丁卯	六	
12	11/18	辛丑	五		10/17	辛未	八		9/16	庚子	三	陰9局	8/15	庚午	六	陰3局	7/13	己亥	一		6/12	戊辰	五	
13	11/19	壬寅	四		10/18	壬申	七		9/17	辛丑	二		8/16	辛未	五		7/14	庚子	九	陰5局	6/13	己巳	四	
14	11/20	癸卯	三		10/19	癸酉	六		9/18	壬寅	一		8/17	壬申	四		7/15	辛丑	八		6/14	庚午	三	陰2局
15	11/21	甲辰	二		10/20	甲戌	五		9/19	癸卯	九		8/18	癸酉	三		7/16	壬寅	七		6/15	辛未	二	
16	11/22	乙巳	一	陰1局	10/21	乙亥	四	陰3局	9/20	甲辰	八		8/19	甲戌	二		7/17	癸卯	六		6/16	壬申	一	
17	11/23	丙午	九		10/22	丙子	三		9/21	乙巳	七	陰3局	8/20	乙亥	一	陰6局	7/18	甲辰	五		6/17	癸酉	九	
18	11/24	丁未	八		10/23	丁丑	二		9/22	丙午	六		8/21	丙子	九		7/19	乙巳	四	陰8局	6/18	甲戌	八	
19	11/25	戊申	七		10/24	戊寅	一		9/23	丁未	五		8/22	丁丑	八		7/20	丙午	三		6/19	乙亥	七	陰5局
20	11/26	己酉	六		10/25	己卯	九		9/24	戊申	四		8/23	戊寅	七		7/21	丁未	二		6/20	丙子	六	
21	11/27	庚戌	五	陽1局	10/26	庚辰	八	陰5局	9/25	己酉	三		8/24	己卯	六		7/22	戊申	一		6/21	丁丑	五	
22	11/28	辛亥	三		10/27	辛巳	七		9/26	庚戌	二	陰5局	8/25	庚辰	五	陰7局	7/23	己酉	九		6/22	戊寅	四	
23	11/29	壬子	四		10/28	壬午	六		9/27	辛亥	一		8/26	辛巳	四		7/24	庚戌	二	陰1局	6/23	己卯	三	
24	11/30	癸丑	五		10/29	癸未	五		9/28	壬子	三		8/27	壬午	三		7/25	辛亥	一		6/24	庚辰	二	陰7局
25	12/1	甲寅	六		11/1	甲申	四		9/29	癸丑	二		8/28	癸未	二		7/26	壬子	九		6/25	辛巳	一	
26	12/2	乙卯	七	陽7局	11/2	乙酉	三	陰8局	9/30	甲寅	一		8/29	甲申	一		7/27	癸丑	八		6/26	壬午	九	
27	12/3	丙辰	八		11/3	丙戌	二		10/1	乙卯	九	陰8局	9/1	乙酉	九	陰1局	7/28	甲寅	七		6/27	癸未	八	
28	12/4	丁巳	九		11/4	丁亥	一		10/2	丙辰	八		9/2	丙戌	八		7/29	乙卯	六	陰4局	6/28	甲申	七	
29	12/5	戊午	一		11/5	戊子	九		10/3	丁巳	七		9/3	丁亥	七		8/1	丙辰	五		6/29	乙酉	六	陰1局
30	12/6	己未	二	4	11/6	己丑	八	2	10/4	戊午	六		9/4	戊子	六		8/2	丁巳	四		6/30	丙戌	五	
31	12/7	庚申	三						10/5	己未	五	2					8/3	戊午	三		7/1	丁亥	四	

二〇一二年　壬辰　六白

二元八運…「八運」　三元九運…「八運」

月	1月				2月				3月				4月				5月				6月			
月干支	辛丑 辛卯(年)				壬寅				癸卯				甲辰				乙巳				丙午			
紫白	六白				五黄				四緑				三碧				二黒				一白			
節気	6 小寒 7時44分	21 大寒 1時10分			4 立春 19時22分	19 雨水 15時18分			5 啓蟄 13時21分	20 春分 14時14分			4 清明 18時6分	20 穀雨 1時12分			5 立夏 11時20分	21 小満 0時16分			5 芒種 15時26分	21 夏至 8時9分		
新暦	農暦	日干支	日紫白	奇門遁甲局数	農暦	日干支	日紫白	奇門遁甲局数	農暦	日干支	日紫白	奇門遁甲局数	農暦	日干支	日紫白	奇門遁甲局数	農暦	日干支	日紫白	奇門遁甲局数	農暦	日干支	日紫白	奇門遁甲局数
1	12/8	辛酉	四	陽4局	1/10	壬辰	二	6	2/9	辛酉	一	陽3局	3/11	壬辰	八	6	4/11	壬戌	八	8	閏4/12	癸巳	六	8
2	12/9	壬戌	五		1/11	癸巳	三		2/10	壬戌	二		3/12	癸巳	九		4/12	癸亥	九		閏4/13	甲午	七	陽6局
3	12/10	癸亥	六		1/12	甲午	四	陽8局	2/11	癸亥	三		3/13	甲午	一	陽4局	4/13	甲子	四	陽4局	閏4/14	乙未	八	
4	12/11	甲子	一	陽2局	1/13	乙未	五		2/12	甲子	七	陽1局	3/14	乙未	二		4/14	乙丑	五		閏4/15	丙申	九	
5	12/12	乙丑	二		1/14	丙申	六		2/13	乙丑	八		3/15	丙申	三		4/15	丙寅	六		閏4/16	丁酉	一	
6	12/13	丙寅	三		1/15	丁酉	七		2/14	丙寅	九		3/16	丁酉	四		4/16	丁卯	七		閏4/17	戊戌	二	
7	12/14	丁卯	四		1/16	戊戌	八		2/15	丁卯	一		3/17	戊戌	五		4/17	戊辰	八		閏4/18	己亥	三	陽3局
8	12/15	戊辰	五		1/17	己亥	九	陽5局	2/16	戊辰	二		3/18	己亥	六	陽1局	4/18	己巳	九	陽1局	閏4/19	庚子	四	
9	12/16	己巳	六	陽8局	1/18	庚子	一		2/17	己巳	三	陽7局	3/19	庚子	七		4/19	庚午	一		閏4/20	辛丑	五	
10	12/17	庚午	七		1/19	辛丑	二		2/18	庚午	四		3/20	辛丑	八		4/20	辛未	二		閏4/21	壬寅	六	
11	12/18	辛未	八		1/20	壬寅	三		2/19	辛未	五		3/21	壬寅	九		4/21	壬申	三		閏4/22	癸卯	七	
12	12/19	壬申	九		1/21	癸卯	四		2/20	壬申	六		3/22	癸卯	一		4/22	癸酉	四		閏4/23	甲辰	八	陽9局
13	12/20	癸酉	一		1/22	甲辰	五	陽2局	2/21	癸酉	七		3/23	甲辰	二	陽7局	4/23	甲戌	五	陽7局	閏4/24	乙巳	九	
14	12/21	甲戌	二	陽5局	1/23	乙巳	六		2/22	甲戌	八	陽4局	3/24	乙巳	三		4/24	乙亥	六		閏4/25	丙午	一	
15	12/22	乙亥	三		1/24	丙午	七		2/23	乙亥	九		3/25	丙午	四		4/25	丙子	七		閏4/26	丁未	二	
16	12/23	丙子	四		1/25	丁未	八		2/24	丙子	一		3/26	丁未	五		4/26	丁丑	八		閏4/27	戊申	三	
17	12/24	丁丑	五		1/26	戊申	九		2/25	丁丑	二		3/27	戊申	六		4/27	戊寅	九		閏4/28	己酉	四	陰9局
18	12/25	戊寅	六		1/27	己酉	一	陽9局	2/26	戊寅	三		3/28	己酉	七	陽5局	4/28	己卯	一	陽5局	閏4/29	庚戌	五	
19	12/26	己卯	七	陽3局	1/28	庚戌	八		2/27	己卯	四	陽3局	3/29	庚戌	八		4/29	庚辰	二		5/1	辛亥	六	
20	12/27	庚辰	八		1/29	辛亥	九		2/28	庚辰	五		3/30	辛亥	六		4/30	辛巳	三		5/2	壬子	七	
21	12/28	辛巳	九		1/30	壬子	一		2/29	辛巳	六		4/1	壬子	七		閏4/1	壬午	四		5/3	癸丑	五	
22	12/29	壬午	一		2/1	癸丑	二		3/1	壬午	七		4/2	癸丑	八		閏4/2	癸未	五		5/4	甲寅	四	陰3局
23	1/1	癸未	二		2/2	甲寅	三	陽6局	3/2	癸未	八		4/3	甲寅	九	陽2局	閏4/3	甲申	六	陽2局	5/5	乙卯	三	
24	1/2	甲申	三	陽9局	2/3	乙卯	四		3/3	甲申	九	陽9局	4/4	乙卯	一		閏4/4	乙酉	七		5/6	丙辰	二	
25	1/3	乙酉	四		2/4	丙辰	五		3/4	乙酉	一		4/5	丙辰	二		閏4/5	丙戌	八		5/7	丁巳	一	
26	1/4	丙戌	五		2/5	丁巳	六		3/5	丙戌	二		4/6	丁巳	三		閏4/6	丁亥	九		5/8	戊午	九	
27	1/5	丁亥	六		2/6	戊午	七		3/6	丁亥	三		4/7	戊午	四		閏4/7	戊子	一		5/9	己未	八	陰6局
28	1/6	戊子	七		2/7	己未	八	3	3/7	戊子	四		4/8	己未	五	陽8局	閏4/8	己丑	二	陽8局	5/10	庚申	七	
29	1/7	己丑	八	陽6局	2/8	庚申	九		3/8	己丑	五	陽6局	4/9	庚申	六		閏4/9	庚寅	三		5/11	辛酉	六	
30	1/8	庚寅	九						3/9	庚寅	六		4/10	辛酉	七		閏4/10	辛卯	四		5/12	壬戌	五	
31	1/9	辛卯	一						3/10	辛卯	七						閏4/11	壬辰	五					

2011年　辛卯(年)／庚子(月)

月	12月				11月				10月				9月				8月				7月			
月干支	壬子				辛亥				庚戌				己酉				戊申				丁未			
紫白	四緑				五黄				六白				七赤				八白				九紫			
節気	21 冬至 20時12分	7 大雪 2時19分	日紫白	奇門遁甲局数	22 小雪 6時50分	7 立冬 9時26分	日紫白	奇門遁甲局数	23 霜降 9時14分	8 寒露 6時12分	日紫白	奇門遁甲局数	22 秋分 23時49分	7 白露 14時29分	日紫白	奇門遁甲局数	23 処暑 2時7分	7 立秋 11時31分	日紫白	奇門遁甲局数	22 大暑 19時1分	7 小暑 1時41分	日紫白	奇門遁甲局数
新暦	農暦	日干支			農暦	日干支			農暦	日干支			農暦	日干支			農暦	日干支			農暦	日干支		
1	10/18	丙申	一	陰4局	9/18	丙寅	四	陰6局	8/16	乙未	八	陰6局	7/16	乙丑	二	陰9局	6/14	甲午	六	陰2局	5/13	癸亥	四	6
2	10/19	丁酉	九		9/19	丁卯	三		8/17	丙申	七		7/17	丙寅	一		6/15	乙未	五		5/14	甲子	九	陰8局
3	10/20	戊戌	八		9/20	戊辰	二		8/18	丁酉	六		7/18	丁卯	九		6/16	丙申	四		5/15	乙丑	八	
4	10/21	己亥	七	陰7局	9/21	己巳	一	陰9局	8/19	戊戌	五		7/19	戊辰	八		6/17	丁酉	三		5/16	丙寅	七	
5	10/22	庚子	六		9/22	庚午	九		8/20	己亥	四	陰9局	7/20	己巳	七	陰3局	6/18	戊戌	二		5/17	丁卯	六	
6	10/23	辛丑	五		9/23	辛未	八		8/21	庚子	三		7/21	庚午	六		6/19	己亥	一	陰5局	5/18	戊辰	五	
7	10/24	壬寅	四		9/24	壬申	七		8/22	辛丑	二		7/22	辛未	五		6/20	庚子	九		5/19	己巳	四	陰2局
8	10/25	癸卯	三		9/25	癸酉	六		8/23	壬寅	一		7/23	壬申	四		6/21	辛丑	八		5/20	庚午	三	
9	10/26	甲辰	二	陰1局	9/26	甲戌	五	陰3局	8/24	癸卯	九		7/24	癸酉	三		6/22	壬寅	七		5/21	辛未	二	
10	10/27	乙巳	一		9/27	乙亥	四		8/25	甲辰	八	陰3局	7/25	甲戌	二	陰6局	6/23	癸卯	六		5/22	壬申	一	
11	10/28	丙午	九		9/28	丙子	三		8/26	乙巳	七		7/26	乙亥	一		6/24	甲辰	五	陰8局	5/23	癸酉	九	
12	10/29	丁未	八		9/29	丁丑	二		8/27	丙午	六		7/27	丙子	九		6/25	乙巳	四		5/24	甲戌	八	陰5局
13	11/1	戊申	七		9/30	戊寅	一		8/28	丁未	五		7/28	丁丑	八		6/26	丙午	三		5/25	乙亥	七	
14	11/2	己酉	六	陽1局	10/1	己卯	九	陰5局	8/29	戊申	四		7/29	戊寅	七		6/27	丁未	二		5/26	丙子	六	
15	11/3	庚戌	五		10/2	庚辰	八		9/1	己酉	三	陰5局	7/30	己卯	六	陰7局	6/28	戊申	一		5/27	丁丑	五	
16	11/4	辛亥	四		10/3	辛巳	七		9/2	庚戌	二		8/1	庚辰	五		6/29	己酉	九	陰1局	5/28	戊寅	四	
17	11/5	壬子	三		10/4	壬午	六		9/3	辛亥	一		8/2	辛巳	四		7/1	庚戌	八		5/29	己卯	三	陰7局
18	11/6	癸丑	二		10/5	癸未	五		9/4	壬子	九		8/3	壬午	三		7/2	辛亥	七		5/30	庚辰	二	
19	11/7	甲寅	一	陽7局	10/6	甲申	四	陰8局	9/5	癸丑	八		8/4	癸未	二		7/3	壬子	六		6/1	辛巳	一	
20	11/8	乙卯	九		10/7	乙酉	三		9/6	甲寅	七	陰8局	8/5	甲申	一	陰1局	7/4	癸丑	五		6/2	壬午	九	
21	11/9	丙辰	八		10/8	丙戌	二		9/7	乙卯	六		8/6	乙酉	九		7/5	甲寅	四	陰4局	6/3	癸未	八	
22	11/10	丁巳	九		10/9	丁亥	一		9/8	丙辰	五		8/7	丙戌	八		7/6	乙卯	三		6/4	甲申	七	陰1局
23	11/11	戊午	一		10/10	戊子	九		9/9	丁巳	七		8/8	丁亥	七		7/7	丙辰	五		6/5	乙酉	六	
24	11/12	己未	二	陽4局	10/11	己丑	八	陰2局	9/10	戊午	六		8/9	戊子	六		7/8	丁巳	四		6/6	丙戌	五	
25	11/13	庚申	三		10/12	庚寅	七		9/11	己未	五	陰2局	8/10	己丑	五	陰4局	7/9	戊午	三		6/7	丁亥	四	
26	11/14	辛酉	四		10/13	辛卯	六		9/12	庚申	四		8/11	庚寅	四		7/10	己未	二	陰7局	6/8	戊子	三	
27	11/15	壬戌	五		10/14	壬辰	五		9/13	辛酉	三		8/12	辛卯	三		7/11	庚申	一		6/9	己丑	二	陰4局
28	11/16	癸亥	六		10/15	癸巳	四		9/14	壬戌	二		8/13	壬辰	二		7/12	辛酉	九		6/10	庚寅	一	
29	11/17	甲子	一	陽2局	10/16	甲午	三	4	9/15	癸亥	一		8/14	癸巳	一		7/13	壬戌	八		6/11	辛卯	九	
30	11/18	乙丑	二		10/17	乙未	二		9/16	甲子	六	6	8/15	甲午	九	6	7/14	癸亥	七		6/12	壬辰	八	
31	11/19	丙寅	三						9/17	乙丑	五						7/15	甲子	三	9	6/13	癸巳	七	

二〇一三年 癸巳 五黄

二元八運…「八運」 三元九運…「八運」

月	1月	2月	3月	4月	5月	6月
月干支	癸丑 壬辰(年)	甲寅	乙卯	丙辰	丁巳	戊午
紫白	三碧	二黒	一白	九紫	八白	七赤
節気	5 小寒 13時34分 / 20 大寒 6時52分	4 立春 1時13分 / 18 雨水 21時2分	5 啓蟄 19時15分 / 20 春分 20時2分	5 清明 0時2分 / 20 穀雨 7時3分	5 立夏 17時18分 / 21 小満 6時10分	5 芒種 21時23分 / 21 夏至 14時4分

新暦	1月 農暦	1月 日干支	日紫白	奇門遁甲局数	2月 農暦	2月 日干支	日紫白	奇門遁甲局数	3月 農暦	3月 日干支	日紫白	奇門遁甲局数
1	11/20	丁卯	四	2	12/21	戊戌	八	8	1/20	丙寅	九	陽1局
2	11/21	戊辰	五		12/22	己亥	九	陽5局	1/21	丁卯	一	
3	11/22	己巳	六	陽8局	12/23	庚子	一		1/22	戊辰	二	
4	11/23	庚午	七		12/24	辛丑	二		1/23	己巳	三	陽7局
5	11/24	辛未	八		12/25	壬寅	三		1/24	庚午	四	
6	11/25	壬申	九		12/26	癸卯	四		1/25	辛未	五	
7	11/26	癸酉	一		12/27	甲辰	五	陽2局	1/26	壬申	六	
8	11/27	甲戌	二	陽5局	12/28	乙巳	六		1/27	癸酉	七	
9	11/28	乙亥	三		12/29	丙午	七		1/28	甲戌	八	陽4局
10	11/29	丙子	四		1/1	丁未	八		1/29	乙亥	九	
11	11/30	丁丑	五		1/2	戊申	九		1/30	丙子	一	
12	12/1	戊寅	六		1/3	己酉	一	陽9局	2/1	丁丑	二	
13	12/2	己卯	七	陽3局	1/4	庚戌	二		2/2	戊寅	三	
14	12/3	庚辰	八		1/5	辛亥	三		2/3	己卯	四	陽3局
15	12/4	辛巳	九		1/6	壬子	四		2/4	庚辰	五	
16	12/5	壬午	一		1/7	癸丑	五		2/5	辛巳	六	
17	12/6	癸未	二		1/8	甲寅	六	陽6局	2/6	壬午	七	
18	12/7	甲申	三	陽9局	1/9	乙卯	四		2/7	癸未	八	
19	12/8	乙酉	四		1/10	丙辰	五		2/8	甲申	九	陽9局
20	12/9	丙戌	五		1/11	丁巳	六		2/9	乙酉	一	
21	12/10	丁亥	六		1/12	戊午	七		2/10	丙戌	二	
22	12/11	戊子	七		1/13	己未	八	陽3局	2/11	丁亥	三	
23	12/12	己丑	八	陽6局	1/14	庚申	九		2/12	戊子	四	
24	12/13	庚寅	九		1/15	辛酉	一		2/13	己丑	五	陽6局
25	12/14	辛卯	一		1/16	壬戌	二		2/14	庚寅	六	
26	12/15	壬辰	二		1/17	癸亥	三		2/15	辛卯	七	
27	12/16	癸巳	三		1/18	甲子	七	1	2/16	壬辰	八	
28	12/17	甲午	四	陽8局	1/19	乙丑	八		2/17	癸巳	九	
29	12/18	乙未	五						2/18	甲午	一	陽4局
30	12/19	丙申	六						2/19	乙未	二	
31	12/20	丁酉	七						2/20	丙申	三	

新暦	4月 農暦	4月 日干支	日紫白	奇門遁甲局数	5月 農暦	5月 日干支	日紫白	奇門遁甲局数	6月 農暦	6月 日干支	日紫白	奇門遁甲局数
1	2/21	丁酉	四	4	3/22	丁卯	七	4	4/23	戊戌	二	6
2	2/22	戊戌	五		3/23	戊辰	八		4/24	己亥	三	陽3局
3	2/23	己亥	六	陽1局	3/24	己巳	九	陽1局	4/25	庚子	四	
4	2/24	庚子	七		3/25	庚午	一		4/26	辛丑	五	
5	2/25	辛丑	八		3/26	辛未	二		4/27	壬寅	六	
6	2/26	壬寅	九		3/27	壬申	三		4/28	癸卯	七	
7	2/27	癸卯	一		3/28	癸酉	四		4/29	甲辰	八	陽9局
8	2/28	甲辰	二	陽7局	3/29	甲戌	五	陽7局	5/1	乙巳	九	
9	2/29	乙巳	三		3/30	乙亥	六		5/2	丙午	一	
10	3/1	丙午	四		4/1	丙子	七		5/3	丁未	二	
11	3/2	丁未	五		4/2	丁丑	八		5/4	戊申	三	
12	3/3	戊申	六		4/3	戊寅	九		5/5	己酉	四	陽6・閏
13	3/4	己酉	七	陽5局	4/4	己卯	一	陽5局	5/6	庚戌	五	
14	3/5	庚戌	八		4/5	庚辰	二		5/7	辛亥	六	
15	3/6	辛亥	九		4/6	辛巳	三		5/8	壬子	七	
16	3/7	壬子	一		4/7	壬午	四		5/9	癸丑	八	
17	3/8	癸丑	二		4/8	癸未	五		5/10	甲寅	九	陽3局・閏
18	3/9	甲寅	三	陽2局	4/9	甲申	六	陽2局	5/11	乙卯	一	
19	3/10	乙卯	四		4/10	乙酉	七		5/12	丙辰	二	
20	3/11	丙辰	二		4/11	丙戌	八		5/13	丁巳	三	
21	3/12	丁巳	三		4/12	丁亥	九		5/14	戊午	九	
22	3/13	戊午	四		4/13	戊子	一		5/15	己未	八	陽9局・閏
23	3/14	己未	五	陽8局	4/14	己丑	二	陽8局	5/16	庚申	七	
24	3/15	庚申	六		4/15	庚寅	三		5/17	辛酉	六	
25	3/16	辛酉	七		4/16	辛卯	四		5/18	壬戌	五	
26	3/17	壬戌	八		4/17	壬辰	五		5/19	癸亥	四	
27	3/18	癸亥	九		4/18	癸巳	六		5/20	甲子	九	陰9局
28	3/19	甲子	四	陽4局	4/19	甲午	七	陽6局	5/21	乙丑	八	
29	3/20	乙丑	五		4/20	乙未	八		5/22	丙寅	七	
30	3/21	丙寅	六		4/21	丙申	九		5/23	丁卯	六	
31					4/22	丁酉	一					

2012年 壬辰(年)／壬子(月)

12月　甲子　一白

節気：22 冬至 2時11分 ／ 7 大雪 8時9分

新暦	農暦	日干支	日紫白	奇門遁甲局数
1	10/29	辛丑	五	陰8局
2	10/30	壬寅	四	
3	11/1	癸卯	三	
4	11/2	甲辰	二	陰2局
5	11/3	乙巳	一	
6	11/4	丙午	九	
7	11/5	丁未	八	
8	11/6	戊申	七	
9	11/7	己酉	六	陰4局
10	11/8	庚戌	五	
11	11/9	辛亥	四	
12	11/10	壬子	三	
13	11/11	癸丑	二	
14	11/12	甲寅	一	陰7局
15	11/13	乙卯	九	
16	11/14	丙辰	八	
17	11/15	丁巳	七	
18	11/16	戊午	六	
19	11/17	己未	五	陰1局
20	11/18	庚申	四	
21	11/19	辛酉	三	
22	11/20	壬戌	五	
23	11/21	癸亥	六	
24	11/22	甲子	一	陽1局
25	11/23	乙丑	二	
26	11/24	丙寅	三	
27	11/25	丁卯	四	
28	11/26	戊辰	五	
29	11/27	己巳	六	陽7局
30	11/28	庚午	七	
31	11/29	辛未	八	

11月　癸亥　二黒

節気：22 小雪 12時48分 ／ 7 立冬 15時14分

新暦	農暦	日干支	日紫白	奇門遁甲局数
1	9/28	辛未	八	陰8局
2	9/29	壬申	七	
3	10/1	癸酉	六	
4	10/2	甲戌	五	陰2局
5	10/3	乙亥	四	
6	10/4	丙子	三	
7	10/5	丁丑	二	
8	10/6	戊寅	一	
9	10/7	己卯	九	陰6局
10	10/8	庚辰	八	
11	10/9	辛巳	七	
12	10/10	壬午	六	
13	10/11	癸未	五	
14	10/12	甲申	四	陰9局
15	10/13	乙酉	三	
16	10/14	丙戌	二	
17	10/15	丁亥	一	
18	10/16	戊子	九	
19	10/17	己丑	八	陰3局
20	10/18	庚寅	七	
21	10/19	辛卯	六	
22	10/20	壬辰	五	
23	10/21	癸巳	四	
24	10/22	甲午	三	陰5局
25	10/23	乙未	二	
26	10/24	丙申	一	
27	10/25	丁酉	九	
28	10/26	戊戌	八	
29	10/27	己亥	七	8
30	10/28	庚子	六	
31				

10月　壬戌　三碧

節気：23 霜降 15時10分 ／ 8 寒露 11時58分

新暦	農暦	日干支	日紫白	奇門遁甲局数
1	8/27	庚子	三	陰1局
2	8/28	辛丑	二	
3	8/29	壬寅	一	
4	8/30	癸卯	九	
5	9/1	甲辰	八	陰4局
6	9/2	乙巳	七	
7	9/3	丙午	六	
8	9/4	丁未	五	
9	9/5	戊申	四	
10	9/6	己酉	三	陰6局
11	9/7	庚戌	二	
12	9/8	辛亥	一	
13	9/9	壬子	九	
14	9/10	癸丑	八	
15	9/11	甲寅	七	陰9局
16	9/12	乙卯	六	
17	9/13	丙辰	五	
18	9/14	丁巳	四	
19	9/15	戊午	三	
20	9/16	己未	二	陰3局
21	9/17	庚申	一	
22	9/18	辛酉	九	
23	9/19	壬戌	二	
24	9/20	癸亥	一	
25	9/21	甲子	六	陰5局
26	9/22	乙丑	五	
27	9/23	丙寅	四	
28	9/24	丁卯	三	
29	9/25	戊辰	二	
30	9/26	己巳	一	8
31	9/27	庚午	九	

9月　辛酉　四緑

節気：23 秋分 5時44分 ／ 7 白露 20時16分

新暦	農暦	日干支	日紫白	奇門遁甲局数
1	7/26	庚午	六	陰4局
2	7/27	辛未	五	
3	7/28	壬申	四	
4	7/29	癸酉	三	
5	8/1	甲戌	二	陰7局
6	8/2	乙亥	一	
7	8/3	丙子	九	
8	8/4	丁丑	八	
9	8/5	戊寅	七	
10	8/6	己卯	六	陰9局
11	8/7	庚辰	五	
12	8/8	辛巳	四	
13	8/9	壬午	三	
14	8/10	癸未	二	
15	8/11	甲申	一	陰3局
16	8/12	乙酉	九	
17	8/13	丙戌	八	
18	8/14	丁亥	七	
19	8/15	戊子	六	
20	8/16	己丑	五	陰6局
21	8/17	庚寅	四	
22	8/18	辛卯	三	
23	8/19	壬辰	二	
24	8/20	癸巳	一	
25	8/21	甲午	九	陰7局
26	8/22	乙未	八	
27	8/23	丙申	七	
28	8/24	丁酉	六	
29	8/25	戊戌	五	
30	8/26	己亥	四	1
31				

8月　庚申　五黄

節気：23 処暑 8時2分 ／ 7 立秋 17時20分

新暦	農暦	日干支	日紫白	奇門遁甲局数
1	6/25	己亥	一	陰1局
2	6/26	庚子	九	
3	6/27	辛丑	八	
4	6/28	壬寅	七	
5	6/29	癸卯	六	
6	6/30	甲辰	五	陰4局
7	7/1	乙巳	四	
8	7/2	丙午	三	
9	7/3	丁未	二	
10	7/4	戊申	一	
11	7/5	己酉	九	陰2局
12	7/6	庚戌	八	
13	7/7	辛亥	七	
14	7/8	壬子	六	
15	7/9	癸丑	五	
16	7/10	甲寅	四	陰5局
17	7/11	乙卯	三	
18	7/12	丙辰	二	
19	7/13	丁巳	一	
20	7/14	戊午	九	
21	7/15	己未	八	陰8局
22	7/16	庚申	七	
23	7/17	辛酉	九	
24	7/18	壬戌	八	
25	7/19	癸亥	七	
26	7/20	甲子	三	陰1局
27	7/21	乙丑	二	
28	7/22	丙寅	一	
29	7/23	丁卯	九	
30	7/24	戊辰	八	
31	7/25	己巳	七	4

7月　己未　六白

節気：23 大暑 0時56分 ／ 7 小暑 7時35分

新暦	農暦	日干支	日紫白	奇門遁甲局数
1	5/24	戊辰	五	9
2	5/25	己巳	四	陰3局
3	5/26	庚午	三	
4	5/27	辛未	二	
5	5/28	壬申	一	
6	5/29	癸酉	九	
7	5/30	甲戌	八	陰6局
8	6/1	乙亥	七	
9	6/2	丙子	六	
10	6/3	丁丑	五	
11	6/4	戊寅	四	
12	6/5	己卯	三	陰8局
13	6/6	庚辰	二	
14	6/7	辛巳	一	
15	6/8	壬午	九	
16	6/9	癸未	八	
17	6/10	甲申	七	陰2局
18	6/11	乙酉	六	
19	6/12	丙戌	五	
20	6/13	丁亥	四	
21	6/14	戊子	三	
22	6/15	己丑	二	陰5局
23	6/16	庚寅	一	
24	6/17	辛卯	九	
25	6/18	壬辰	八	
26	6/19	癸巳	七	
27	6/20	甲午	六	陰7局
28	6/21	乙未	五	
29	6/22	丙申	四	
30	6/23	丁酉	三	
31	6/24	戊戌	二	

二〇一四年 甲午 四緑

二元八運…「八運」
三元九運…「八運」

月	1月	2月	3月	4月	5月	6月
月干支	乙丑 癸巳(年)	丙寅	丁卯	戊辰	己巳	庚午
紫白	九紫	八白	七赤	六白	五黄	四緑
節気	5 小寒 19時24分	4 立春 7時3分	6 啓蟄 1時2分	5 清明 5時47分	5 立夏 22時59分	6 芒種 3時3分
節気	20 大寒 12時51分	19 雨水 2時59分	21 春分 1時57分	20 穀雨 12時56分	21 小満 11時59分	21 夏至 19時51分

新暦	1月 農暦	1月 日干支	1月 日紫白	1月 奇門遁甲局数	2月 農暦	2月 日干支	2月 日紫白	2月 奇門遁甲局数	3月 農暦	3月 日干支	3月 日紫白	3月 奇門遁甲局数	4月 農暦	4月 日干支	4月 日紫白	4月 奇門遁甲局数	5月 農暦	5月 日干支	5月 日紫白	5月 奇門遁甲局数	6月 農暦	6月 日干支	6月 日紫白	6月 奇門遁甲局数
1	12/1	壬申	九	7	1/2	癸卯	四	9	2/1	辛未	五	陽6局	3/2	壬寅	九	9	4/3	壬申	三	2	5/4	癸卯	七	2
2	12/2	癸酉	一		1/3	甲辰	五	陽6局	2/2	壬申	六		3/3	癸卯	一		4/4	癸酉	四		5/5	甲辰	八	陽8局
3	12/3	甲戌	二	陽4局	1/4	乙巳	六		2/3	癸酉	七		3/4	甲辰	二	陽6局	4/5	甲戌	五	陽8局	5/6	乙巳	九	
4	12/4	乙亥	三		1/5	丙午	七		2/4	甲戌	八	陽3局	3/5	乙巳	三		4/6	乙亥	六		5/7	丙午	一	
5	12/5	丙子	四		1/6	丁未	八		2/5	乙亥	九		3/6	丙午	四		4/7	丙子	七		5/8	丁未	二	
6	12/6	丁丑	五		1/7	戊申	九		2/6	丙子	一		3/7	丁未	五		4/8	丁丑	八		5/9	戊申	三	
7	12/7	戊寅	六		1/8	己酉	一	陽8局	2/7	丁丑	二		3/8	戊申	六		4/9	戊寅	九		5/10	己酉	四	陽6局
8	12/8	己卯	七	陽2局	1/9	庚戌	二		2/8	戊寅	三		3/9	己酉	七	陽4局	4/10	己卯	一	陽4局	5/11	庚戌	五	
9	12/9	庚辰	八		1/10	辛亥	三		2/9	己卯	四	陽1局	3/10	庚戌	八		4/11	庚辰	二		5/12	辛亥	六	
10	12/10	辛巳	九		1/11	壬子	四		2/10	庚辰	五		3/11	辛亥	九		4/12	辛巳	三		5/13	壬子	七	
11	12/11	壬午	一		1/12	癸丑	五		2/11	辛巳	六		3/12	壬子	一		4/13	壬午	四		5/14	癸丑	八	
12	12/12	癸未	二		1/13	甲寅	六	陽5局	2/12	壬午	七		3/13	癸丑	二		4/14	癸未	五		5/15	甲寅	九	陽3局
13	12/13	甲申	三	陽8局	1/14	乙卯	七		2/13	癸未	八		3/14	甲寅	三	陽1局	4/15	甲申	六	陽1局	5/16	乙卯	一	
14	12/14	乙酉	四		1/15	丙辰	八		2/14	甲申	九	陽7局	3/15	乙卯	四		4/16	乙酉	七		5/17	丙辰	二	
15	12/15	丙戌	五		1/16	丁巳	九		2/15	乙酉	一		3/16	丙辰	五		4/17	丙戌	八		5/18	丁巳	三	
16	12/16	丁亥	六		1/17	戊午	一		2/16	丙戌	二		3/17	丁巳	六		4/18	丁亥	九		5/19	戊午	四	
17	12/17	戊子	七		1/18	己未	二	陽2局	2/17	丁亥	三		3/18	戊午	七		4/19	戊子	一		5/20	己未	五	陽9局
18	12/18	己丑	八	陽5局	1/19	庚申	三		2/18	戊子	四		3/19	己未	八	陽7局	4/20	己丑	二	陽7局	5/21	庚申	六	
19	12/19	庚寅	九		1/20	辛酉	一		2/19	己丑	五	陽4局	3/20	庚申	九		4/21	庚寅	三		5/22	辛酉	七	
20	12/20	辛卯	一		1/21	壬戌	二		2/20	庚寅	六		3/21	辛酉	七		4/22	辛卯	四		5/23	壬戌	八	
21	12/21	壬辰	二		1/22	癸亥	三		2/21	辛卯	七		3/22	壬戌	八		4/23	壬辰	五		5/24	癸亥	四	
22	12/22	癸巳	三		1/23	甲子	七	陽9局	2/22	壬辰	八		3/23	癸亥	九		4/24	癸巳	六		5/25	甲子	九	陰9局
23	12/23	甲午	四	陽3局	1/24	乙丑	八		2/23	癸巳	九		3/24	甲子	四	陽5局	4/25	甲午	七	陽5局	5/26	乙丑	八	
24	12/24	乙未	五		1/25	丙寅	九		2/24	甲午	一	陽3局	3/25	乙丑	五		4/26	乙未	八		5/27	丙寅	七	
25	12/25	丙申	六		1/26	丁卯	一		2/25	乙未	二		3/26	丙寅	六		4/27	丙申	九		5/28	丁卯	六	
26	12/26	丁酉	七		1/27	戊辰	二		2/26	丙申	三		3/27	丁卯	七		4/28	丁酉	一		5/29	戊辰	五	
27	12/27	戊戌	八		1/28	己巳	三	6	2/27	丁酉	四		3/28	戊辰	八		4/29	戊戌	二		6/1	己巳	四	陰3局
28	12/28	己亥	九	陽9局	1/29	庚午	四		2/28	戊戌	五		3/29	己巳	九	陽2局	4/30	己亥	三	陽2局	6/2	庚午	三	
29	12/29	庚子	一						2/29	己亥	六	陽9局	4/1	庚午	一		5/1	庚子	四		6/3	辛未	二	
30	12/30	辛丑	二						2/30	庚子	七		4/2	辛未	二		5/2	辛丑	五		6/4	壬申	一	
31	1/1	壬寅	三						3/1	辛丑	八						5/3	壬寅	六					

2013年 癸巳(年)／甲子(月)

月	12月				11月				10月				9月				8月				7月			
月干支	丙子				乙亥				甲戌				癸酉				壬申				辛未			
紫白	七赤				八白				九紫				一白				二黒				三碧			
節気	22 冬至 8時3分	7 大雪 14時4分	日紫白	奇門遁甲局数	22 小雪 18時38分	7 立冬 21時7分	日紫白	奇門遁甲局数	23 霜降 20時57分	8 寒露 17時47分	日紫白	奇門遁甲局数	23 秋分 11時29分	8 白露 2時1分	日紫白	奇門遁甲局数	23 処暑 13時46分	7 立秋 23時2分	日紫白	奇門遁甲局数	23 大暑 6時41分	7 小暑 13時15分	日紫白	奇門遁甲局数
新暦	農暦	日干支			農暦	日干支			農暦	日干支			農暦	日干支			農暦	日干支			農暦	日干支		
1	10/10	丙午	九	陰2局	閏9/9	丙子	三	陰2局	9/8	乙巳	七	陰4局	8/8	乙亥	一	陰7局	7/6	甲辰	五	陰4局	6/5	癸酉	九	3
2	10/11	丁未	八		閏9/10	丁丑	二		9/9	丙午	六		8/9	丙子	九		7/7	乙巳	四		6/6	甲戌	八	陰6局
3	10/12	戊申	七		閏9/11	戊寅	一		9/10	丁未	五		8/10	丁丑	八		7/8	丙午	三		6/7	乙亥	七	
4	10/13	己酉	六	陰4局	閏9/12	己卯	九	陰6局	9/11	戊申	四		8/11	戊寅	七		7/9	丁未	二		6/8	丙子	六	
5	10/14	庚戌	五		閏9/13	庚辰	八		9/12	己酉	三	陰6局	8/12	己卯	六	陰9局	7/10	戊申	一		6/9	丁丑	五	
6	10/15	辛亥	四		閏9/14	辛巳	七		9/13	庚戌	二		8/13	庚辰	五		7/11	己酉	九	陰2局	6/10	戊寅	四	
7	10/16	壬子	三		閏9/15	壬午	六		9/14	辛亥	一		8/14	辛巳	四		7/12	庚戌	八		6/11	己卯	三	陰8局
8	10/17	癸丑	二		閏9/16	癸未	五		9/15	壬子	九		8/15	壬午	三		7/13	辛亥	七		6/12	庚辰	二	
9	10/18	甲寅	一	陰7局	閏9/17	甲申	四	陰9局	9/16	癸丑	八		8/16	癸未	二		7/14	壬子	六		6/13	辛巳	一	
10	10/19	乙卯	九		閏9/18	乙酉	三		9/17	甲寅	七	陰9局	8/17	甲申	一	陰3局	7/15	癸丑	五		6/14	壬午	九	
11	10/20	丙辰	八		閏9/19	丙戌	二		9/18	乙卯	六		8/18	乙酉	九		7/16	甲寅	四	陰5局	6/15	癸未	八	
12	10/21	丁巳	七		閏9/20	丁亥	一		9/19	丙辰	五		8/19	丙戌	八		7/17	乙卯	三		6/16	甲申	七	陰2局
13	10/22	戊午	六		閏9/21	戊子	九		9/20	丁巳	四		8/20	丁亥	七		7/18	丙辰	二		6/17	乙酉	六	
14	10/23	己未	五	陰1局	閏9/22	己丑	八	陰3局	9/21	戊午	三		8/21	戊子	六		7/19	丁巳	一		6/18	丙戌	五	
15	10/24	庚申	四		閏9/23	庚寅	七		9/22	己未	二	陰3局	8/22	己丑	五	陰6局	7/20	戊午	九		6/19	丁亥	四	
16	10/25	辛酉	三		閏9/24	辛卯	六		9/23	庚申	一		8/23	庚寅	四		7/21	己未	八	陰8局	6/20	戊子	三	
17	10/26	壬戌	二		閏9/25	壬辰	五		9/24	辛酉	九		8/24	辛卯	三		7/22	庚申	七		6/21	己丑	二	陰5局
18	10/27	癸亥	一		閏9/26	癸巳	四		9/25	壬戌	八		8/25	壬辰	二		7/23	辛酉	六		6/22	庚寅	一	
19	10/28	甲子	六	陽1局	閏9/27	甲午	三	陰5局	9/26	癸亥	七		8/26	癸巳	一		7/24	壬戌	五		6/23	辛卯	九	
20	10/29	乙丑	五		閏9/28	乙未	二		9/27	甲子	三	陰5局	8/27	甲午	九	陰7局	7/25	癸亥	四		6/24	壬辰	八	
21	10/30	丙寅	四		閏9/29	丙申	一		9/28	乙丑	二		8/28	乙未	八		7/26	甲子	九	陰1局	6/25	癸巳	七	
22	11/1	丁卯	四		10/1	丁酉	九		9/29	丙寅	一		8/29	丙申	七		7/27	乙丑	八		6/26	甲午	六	陰7局
23	11/2	戊辰	五		10/2	戊戌	八		9/30	丁卯	三		8/30	丁酉	六		7/28	丙寅	一		6/27	乙未	五	
24	11/3	己巳	六	陽7局	10/3	己亥	七	陰8局	閏9/1	戊辰	二		9/1	戊戌	五		7/29	丁卯	九		6/28	丙申	四	
25	11/4	庚午	七		10/4	庚子	六		閏9/2	己巳	一	陰8局	9/2	己亥	四	陰1局	8/1	戊辰	八		6/29	丁酉	三	
26	11/5	辛未	八		10/5	辛丑	五		閏9/3	庚午	九		9/3	庚子	三		8/2	己巳	七	陰4局	6/30	戊戌	二	
27	11/6	壬申	九		10/6	壬寅	四		閏9/4	辛未	八		9/4	辛丑	二		8/3	庚午	六		7/1	己亥	一	陰1局
28	11/7	癸酉	一		10/7	癸卯	三		閏9/5	壬申	七		9/5	壬寅	一		8/4	辛未	五		7/2	庚子	九	
29	11/8	甲戌	二	陽4局	10/8	甲辰	二	2	閏9/6	癸酉	六		9/6	癸卯	九		8/5	壬申	四		7/3	辛丑	八	
30	11/9	乙亥	三		10/9	乙巳	一		閏9/7	甲戌	五	2	9/7	甲辰	八	4	8/6	癸酉	三		7/4	壬寅	七	
31	11/10	丙子	四						閏9/8	乙亥	四						8/7	甲戌	二	7	7/5	癸卯	六	

二〇一五年　乙未　三碧

二元八運…「八運」　三元九運…「八運」

月	1月				2月				3月			
月干支	丁丑 甲午(年)				戊寅				己卯			
紫白	六白				五黄				四緑			
節気	6 小寒 1時21分 / 20 大寒 18時43分				4 立春 12時58分 / 19 雨水 8時50分				6 啓蟄 6時56分 / 21 春分 7時45分			
新暦	農暦	日干支	日紫白	奇門遁甲局数	農暦	日干支	日紫白	奇門遁甲局数	農暦	日干支	日紫白	奇門遁甲局数
1	11/11	丁丑	五	4	12/13	戊申	九	6	1/11	丙子	一	陽3局
2	11/12	戊寅	六		12/14	己酉	一	陽8局	1/12	丁丑	二	
3	11/13	己卯	七	陽2局	12/15	庚戌	二		1/13	戊寅	三	
4	11/14	庚辰	八		12/16	辛亥	三		1/14	己卯	四	陽1局
5	11/15	辛巳	九		12/17	壬子	四		1/15	庚辰	五	
6	11/16	壬午	一		12/18	癸丑	五		1/16	辛巳	六	
7	11/17	癸未	二		12/19	甲寅	六	陽5局	1/17	壬午	七	
8	11/18	甲申	三	陽8局	12/20	乙卯	七		1/18	癸未	八	
9	11/19	乙酉	四		12/21	丙辰	八		1/19	甲申	九	陽7局
10	11/20	丙戌	五		12/22	丁巳	九		1/20	乙酉	一	
11	11/21	丁亥	六		12/23	戊午	一		1/21	丙戌	二	
12	11/22	戊子	七		12/24	己未	二	陽2局	1/22	丁亥	三	
13	11/23	己丑	八	陽5局	12/25	庚申	三		1/23	戊子	四	
14	11/24	庚寅	九		12/26	辛酉	四		1/24	己丑	五	陽4局
15	11/25	辛卯	一		12/27	壬戌	五		1/25	庚寅	六	
16	11/26	壬辰	二		12/28	癸亥	六		1/26	辛卯	七	
17	11/27	癸巳	三		12/29	甲子	一	陽9局	1/27	壬辰	八	
18	11/28	甲午	四	陽3局	12/30	乙丑	二		1/28	癸巳	九	
19	11/29	乙未	五		1/1	丙寅	九		1/29	甲午	一	陽3局
20	12/1	丙申	六		1/2	丁卯	一		2/1	乙未	二	
21	12/2	丁酉	七		1/3	戊辰	二		2/2	丙申	三	
22	12/3	戊戌	八		1/4	己巳	三	陽6局	2/3	丁酉	四	
23	12/4	己亥	九	陽9局	1/5	庚午	四		2/4	戊戌	五	
24	12/5	庚子	一		1/6	辛未	五		2/5	己亥	六	陽9局
25	12/6	辛丑	二		1/7	壬申	六		2/6	庚子	七	
26	12/7	壬寅	三		1/8	癸酉	七		2/7	辛丑	八	
27	12/8	癸卯	四		1/9	甲戌	八	3	2/8	壬寅	九	
28	12/9	甲辰	五	陽6局	1/10	乙亥	九		2/9	癸卯	一	
29	12/10	乙巳	六						2/10	甲辰	二	陽6局
30	12/11	丙午	七						2/11	乙巳	三	
31	12/12	丁未	八						2/12	丙午	四	

月	4月				5月				6月			
月干支	庚辰				辛巳				壬午			
紫白	三碧				二黒				一白			
節気	5 清明 11時39分 / 20 穀雨 18時42分				6 立夏 4時53分 / 21 小満 17時45分				6 芒種 8時58分 / 22 夏至 1時38分			
新暦	農暦	日干支	日紫白	奇門遁甲局数	農暦	日干支	日紫白	奇門遁甲局数	農暦	日干支	日紫白	奇門遁甲局数
1	2/13	丁未	五	6	3/13	丁丑	八	8	4/15	戊申	三	8
2	2/14	戊申	六		3/14	戊寅	九		4/16	己酉	四	陽6局
3	2/15	己酉	七	陽4局	3/15	己卯	一	陽4局	4/17	庚戌	五	
4	2/16	庚戌	八		3/16	庚辰	二		4/18	辛亥	六	
5	2/17	辛亥	九		3/17	辛巳	三		4/19	壬子	七	
6	2/18	壬子	一		3/18	壬午	四		4/20	癸丑	八	
7	2/19	癸丑	二		3/19	癸未	五		4/21	甲寅	九	陽3局
8	2/20	甲寅	三	陽1局	3/20	甲申	六	陽1局	4/22	乙卯	一	
9	2/21	乙卯	四		3/21	乙酉	七		4/23	丙辰	二	
10	2/22	丙辰	五		3/22	丙戌	八		4/24	丁巳	三	
11	2/23	丁巳	六		3/23	丁亥	九		4/25	戊午	四	
12	2/24	戊午	七		3/24	戊子	一		4/26	己未	五	陽9局
13	2/25	己未	八	陽7局	3/25	己丑	二	陽7局	4/27	庚申	六	
14	2/26	庚申	九		3/26	庚寅	三		4/28	辛酉	七	
15	2/27	辛酉	一		3/27	辛卯	四		4/29	壬戌	八	
16	2/28	壬戌	二		3/28	壬辰	五		5/1	癸亥	九	
17	2/29	癸亥	三		3/29	癸巳	六		5/2	甲子	四	陰9局
18	2/30	甲子	七	陽5局	4/1	甲午	七	陽5局	5/3	乙丑	五	
19	3/1	乙丑	八		4/2	乙未	八		5/4	丙寅	六	
20	3/2	丙寅	六		4/3	丙申	九		5/5	丁卯	七	
21	3/3	丁卯	七		4/4	丁酉	一		5/6	戊辰	八	
22	3/4	戊辰	八		4/5	戊戌	二		5/7	己巳	四	陰3局
23	3/5	己巳	九	陽2局	4/6	己亥	三	陽2局	5/8	庚午	三	
24	3/6	庚午	一		4/7	庚子	四		5/9	辛未	二	
25	3/7	辛未	二		4/8	辛丑	五		5/10	壬申	一	
26	3/8	壬申	三		4/9	壬寅	六		5/11	癸酉	九	
27	3/9	癸酉	四		4/10	癸卯	七		5/12	甲戌	八	陰6局
28	3/10	甲戌	五	陽8局	4/11	甲辰	八	陽8局	5/13	乙亥	七	
29	3/11	乙亥	六		4/12	乙巳	九		5/14	丙子	六	
30	3/12	丙子	七		4/13	丙午	一		5/15	丁丑	五	
31					4/14	丁未	二					

2014年　甲午(年)／丙子(月)

月	12月				11月				10月				9月				8月				7月			
月干支	戊子				丁亥				丙戌				乙酉				甲申				癸未			
紫白	四緑				五黄				六白				七赤				八白				九紫			
節気	22 冬至 13時48分	7 大雪 19時53分	日紫白	奇門遁甲局数	23 小雪 0時25分	8 立冬 2時59分	日紫白	奇門遁甲局数	24 霜降 2時47分	8 寒露 23時43分	日紫白	奇門遁甲局数	23 秋分 17時21分	8 白露 8時0分	日紫白	奇門遁甲局数	23 処暑 19時37分	8 立秋 5時1分	日紫白	奇門遁甲局数	23 大暑 12時30分	7 小暑 19時12分	日紫白	奇門遁甲局数
新暦	農暦	日干支			農暦	日干支			農暦	日干支			農暦	日干支			農暦	日干支			農暦	日干支		
1	10/20	辛亥	四	陰4局	9/20	辛巳	七	陰6局	8/19	庚戌	二	陰6局	7/19	庚辰	五	陰9局	6/17	己酉	九	陰2局	5/16	戊寅	四	6
2	10/21	壬子	三		9/21	壬午	六		8/20	辛亥	一		7/20	辛巳	四		6/18	庚戌	八		5/17	己卯	三	陰8局
3	10/22	癸丑	二		9/22	癸未	五		8/21	壬子	九		7/21	壬午	三		6/19	辛亥	七		5/18	庚辰	二	
4	10/23	甲寅	一	陰7局	9/23	甲申	四	陰9局	8/22	癸丑	八		7/22	癸未	二		6/20	壬子	六		5/19	辛巳	一	
5	10/24	乙卯	九		9/24	乙酉	三		8/23	甲寅	七	陰9局	7/23	甲申	一	陰3局	6/21	癸丑	五		5/20	壬午	九	
6	10/25	丙辰	八		9/25	丙戌	二		8/24	乙卯	六		7/24	乙酉	九		6/22	甲寅	四	陰5局	5/21	癸未	八	
7	10/26	丁巳	七		9/26	丁亥	一		8/25	丙辰	五		7/25	丙戌	八		6/23	乙卯	三		5/22	甲申	七	陰2局
8	10/27	戊午	六		9/27	戊子	九		8/26	丁巳	四		7/26	丁亥	七		6/24	丙辰	二		5/23	乙酉	六	
9	10/28	己未	五	陰1局	9/28	己丑	八	陰3局	8/27	戊午	三		7/27	戊子	六		6/25	丁巳	一		5/24	丙戌	五	
10	10/29	庚申	四		9/29	庚寅	七		8/28	己未	二	陰3局	7/28	己丑	五	陰6局	6/26	戊午	九		5/25	丁亥	四	
11	11/1	辛酉	三		9/30	辛卯	六		8/29	庚申	一		7/29	庚寅	四		6/27	己未	八	陰8局	5/26	戊子	三	
12	11/2	壬戌	二		10/1	壬辰	五		8/30	辛酉	九		7/30	辛卯	三		6/28	庚申	七		5/27	己丑	二	陰5局
13	11/3	癸亥	一		10/2	癸巳	四		9/1	壬戌	八		8/1	壬辰	二		6/29	辛酉	六		5/28	庚寅	一	
14	11/4	甲子	六	陽1局	10/3	甲午	三	陰5局	9/2	癸亥	七		8/2	癸巳	一		7/1	壬戌	五		5/29	辛卯	九	
15	11/5	乙丑	五		10/4	乙未	二		9/3	甲子	三	陰5局	8/3	甲午	九	陰7局	7/2	癸亥	四		5/30	壬辰	八	
16	11/6	丙寅	四		10/5	丙申	一		9/4	乙丑	二		8/4	乙未	八		7/3	甲子	九	陰1局	6/1	癸巳	七	
17	11/7	丁卯	三		10/6	丁酉	九		9/5	丙寅	一		8/5	丙申	七		7/4	乙丑	八		6/2	甲午	六	陰7局
18	11/8	戊辰	二		10/7	戊戌	八		9/6	丁卯	九		8/6	丁酉	六		7/5	丙寅	七		6/3	乙未	五	
19	11/9	己巳	一	陽7局	10/8	己亥	七	陰8局	9/7	戊辰	八		8/7	戊戌	五		7/6	丁卯	六		6/4	丙申	四	
20	11/10	庚午	九		10/9	庚子	六		9/8	己巳	七	陰8局	8/8	己亥	四	陰1局	7/7	戊辰	五		6/5	丁酉	三	
21	11/11	辛未	八		10/10	辛丑	五		9/9	庚午	六		8/9	庚子	三		7/8	己巳	四	陰4局	6/6	戊戌	二	
22	11/12	壬申	九		10/11	壬寅	四		9/10	辛未	五		8/10	辛丑	二		7/9	庚午	三		6/7	己亥	一	陰1局
23	11/13	癸酉	一		10/12	癸卯	三		9/11	壬申	四		8/11	壬寅	一		7/10	辛未	五		6/8	庚子	九	
24	11/14	甲戌	二	陽4局	10/13	甲辰	二	陰2局	9/12	癸酉	六		8/12	癸卯	九		7/11	壬申	四		6/9	辛丑	八	
25	11/15	乙亥	三		10/14	乙巳	一		9/13	甲戌	五	陰2局	8/13	甲辰	八	陰4局	7/12	癸酉	三		6/10	壬寅	七	
26	11/16	丙子	四		10/15	丙午	九		9/14	乙亥	四		8/14	乙巳	七		7/13	甲戌	二	陰7局	6/11	癸卯	六	
27	11/17	丁丑	五		10/16	丁未	八		9/15	丙子	三		8/15	丙午	六		7/14	乙亥	一		6/12	甲辰	五	陰4局
28	11/18	戊寅	六		10/17	戊申	七		9/16	丁丑	二		8/16	丁未	五		7/15	丙子	九		6/13	乙巳	四	
29	11/19	己卯	七	陽2局	10/18	己酉	六	4	9/17	戊寅	一		8/17	戊申	四		7/16	丁丑	八		6/14	丙午	三	
30	11/20	庚辰	八		10/19	庚戌	五		9/18	己卯	九	6	8/18	己酉	三	6	7/17	戊寅	七		6/15	丁未	二	
31	11/21	辛巳	九						9/19	庚辰	八						7/18	己卯	六	9	6/16	戊申	一	

二〇一六年 丙申 二黒

三元八運…「八運」

三元九運…「八運」

6月				5月				4月				3月				2月				1月				月
甲午				癸巳				壬辰				辛卯				庚寅				己丑 乙未(年)				月干支
七赤				八白				九紫				一白				二黒				三碧				紫白
21	5	日紫白	奇門遁甲局数	20	5	日紫白	奇門遁甲局数	20	4	日紫白	奇門遁甲局数	20	5	日紫白	奇門遁甲局数	19	4	日紫白	奇門遁甲局数	21	6	日紫白	奇門遁甲局数	節気
夏至 7時34分	芒種 14時48分			小満 23時36分	立夏 10時42分			穀雨 0時29分	清明 17時27分			春分 13時30分	啓蟄 12時44分			雨水 14時34分	立春 18時46分			大寒 0時27分	小寒 7時8分			
農暦	日干支			農暦	日干支			農暦	日干支			農暦	日干支			農暦	日干支			農暦	日干支			新暦
4/26	甲寅	九	陽3局	3/25	癸未	五	4	2/24	癸丑	二	4	1/23	壬午	七	1	12/23	癸丑	五	8	11/22	壬午	一	2	1
4/27	乙卯	一		3/26	甲申	六	陽1局	2/25	甲寅	三	陽1局	1/24	癸未	八		12/24	甲寅	六	陽5局	11/23	癸未	二		2
4/28	丙辰	二		3/27	乙酉	七		2/26	乙卯	四		1/25	甲申	九	陽7局	12/25	乙卯	七		11/24	甲申	三	陽8局	3
4/29	丁巳	三		3/28	丙戌	八		2/27	丙辰	五		1/26	乙酉	一		12/26	丙辰	八		11/25	乙酉	四		4
5/1	戊午	四		3/29	丁亥	九		2/28	丁巳	六		1/27	丙戌	二		12/27	丁巳	九		11/26	丙戌	五		5
5/2	己未	五	陽9局	3/30	戊子	一		2/29	戊午	七		1/28	丁亥	三		12/28	戊午	一		11/27	丁亥	六		6
5/3	庚申	六		4/1	己丑	二	陽7局	3/1	己未	八	陽7局	1/29	戊子	四		12/29	己未	二	陽2局	11/28	戊子	七		7
5/4	辛酉	七		4/2	庚寅	三		3/2	庚申	九		1/30	己丑	五	陽4局	1/1	庚申	三		11/29	己丑	八	陽5局	8
5/5	壬戌	八		4/3	辛卯	四		3/3	辛酉	一		2/1	庚寅	六		1/2	辛酉	四		11/30	庚寅	九		9
5/6	癸亥	九		4/4	壬辰	五		3/4	壬戌	二		2/2	辛卯	七		1/3	壬戌	五		12/1	辛卯	一		10
5/7	甲子	四	陽6局・閏	4/5	癸巳	六		3/5	癸亥	三		2/3	壬辰	八		1/4	癸亥	六		12/2	壬辰	二		11
5/8	乙丑	五		4/6	甲午	七	陽5局	3/6	甲子	七	陽5局	2/4	癸巳	九		1/5	甲子	一	陽9局	12/3	癸巳	三		12
5/9	丙寅	六		4/7	乙未	八		3/7	乙丑	八		2/5	甲午	一	陽3局	1/6	乙丑	二		12/4	甲午	四	陽3局	13
5/10	丁卯	七		4/8	丙申	九		3/8	丙寅	九		2/6	乙未	二		1/7	丙寅	三		12/5	乙未	五		14
5/11	戊辰	八		4/9	丁酉	一		3/9	丁卯	一		2/7	丙申	三		1/8	丁卯	四		12/6	丙申	六		15
5/12	己巳	九	陽3局・閏	4/10	戊戌	二		3/10	戊辰	二		2/8	丁酉	四		1/9	戊辰	五		12/7	丁酉	七		16
5/13	庚午	一		4/11	己亥	三	陽2局	3/11	己巳	三	陽2局	2/9	戊戌	五		1/10	己巳	六	陽6局	12/8	戊戌	八		17
5/14	辛未	二		4/12	庚子	四		3/12	庚午	四		2/10	己亥	六	陽9局	1/11	庚午	七		12/9	己亥	九	陽9局	18
5/15	壬申	三		4/13	辛丑	五		3/13	辛未	五		2/11	庚子	七		1/12	辛未	五		12/10	庚子	一		19
5/16	癸酉	四		4/14	壬寅	六		3/14	壬申	三		2/12	辛丑	八		1/13	壬申	六		12/11	辛丑	二		20
5/17	甲戌	八	陽9局・閏	4/15	癸卯	七		3/15	癸酉	四		2/13	壬寅	九		1/14	癸酉	七		12/12	壬寅	三		21
5/18	乙亥	七		4/16	甲辰	八	陽8局	3/16	甲戌	五	陽8局	2/14	癸卯	一		1/15	甲戌	八	陽3局	12/13	癸卯	四		22
5/19	丙子	六		4/17	乙巳	九		3/17	乙亥	六		2/15	甲辰	二	陽6局	1/16	乙亥	九		12/14	甲辰	五	陽6局	23
5/20	丁丑	五		4/18	丙午	一		3/18	丙子	七		2/16	乙巳	三		1/17	丙子	一		12/15	乙巳	六		24
5/21	戊寅	四		4/19	丁未	二		3/19	丁丑	八		2/17	丙午	四		1/18	丁丑	二		12/16	丙午	七		25
5/22	己卯	三	陰9局	4/20	戊申	三		3/20	戊寅	九		2/18	丁未	五		1/19	戊寅	三		12/17	丁未	八		26
5/23	庚辰	二		4/21	己酉	四	陽6局	3/21	己卯	一	陽4局	2/19	戊申	六		1/20	己卯	四	陽1局	12/18	戊申	九		27
5/24	辛巳	一		4/22	庚戌	五		3/22	庚辰	二		2/20	己酉	七	陽4局	1/21	庚辰	五		12/19	己酉	一	陽8局	28
5/25	壬午	九		4/23	辛亥	六		3/23	辛巳	三		2/21	庚戌	八		1/22	辛巳	六		12/20	庚戌	二		29
5/26	癸未	八		4/24	壬子	七		3/24	壬午	四		2/22	辛亥	九						12/21	辛亥	三		30
				4/25	癸丑	八						2/23	壬子	一						12/22	壬子	四		31

2015年 乙未(年)／戊子(月)

月	12月				11月				10月				9月				8月				7月			
月干支	庚子				己亥				戊戌				丁酉				丙申				乙未			
紫白	一白				二黒				三碧				四緑				五黄				六白			
節気	21 冬至 19時44分	7 大雪 1時41分	日紫白	奇門遁甲局数	22 小雪 6時22分	7 立冬 8時48分	日紫白	奇門遁甲局数	23 霜降 8時46分	8 寒露 5時33分	日紫白	奇門遁甲局数	22 秋分 23時21分	7 白露 13時51分	日紫白	奇門遁甲局数	23 処暑 1時38分	7 立秋 10時53分	日紫白	奇門遁甲局数	22 大暑 18時30分	7 小暑 1時3分	日紫白	奇門遁甲局数
新暦	農暦	日干支			農暦	日干支			農暦	日干支			農暦	日干支			農暦	日干支			農暦	日干支		
1	11/3	丁巳	七	8	10/2	丁亥	一	8	9/1	丙辰	五	陰1局	8/1	丙戌	八	陰4局	6/29	乙卯	三	陰1局	5/27	甲申	七	陰3局
2	11/4	戊午	六		10/3	戊子	九		9/2	丁巳	四		8/2	丁亥	七		6/30	丙辰	二		5/28	乙酉	六	
3	11/5	己未	五	陰2局	10/4	己丑	八	陰2局	9/3	戊午	三		8/3	戊子	六		7/1	丁巳	一		5/29	丙戌	五	
4	11/6	庚申	四		10/5	庚寅	七		9/4	己未	二	陰4局	8/4	己丑	五	陰7局	7/2	戊午	九		6/1	丁亥	四	
5	11/7	辛酉	三		10/6	辛卯	六		9/5	庚申	一		8/5	庚寅	四		7/3	己未	八	陰4局	6/2	戊子	三	
6	11/8	壬戌	二		10/7	壬辰	五		9/6	辛酉	九		8/6	辛卯	三		7/4	庚申	七		6/3	己丑	二	陰6局
7	11/9	癸亥	一		10/8	癸巳	四		9/7	壬戌	八		8/7	壬辰	二		7/5	辛酉	六		6/4	庚寅	一	
8	11/10	甲子	六	陰4局	10/9	甲午	三	陰6局	9/8	癸亥	七		8/8	癸巳	一		7/6	壬戌	五		6/5	辛卯	九	
9	11/11	乙丑	五		10/10	乙未	二		9/9	甲子	三	陰6局	8/9	甲午	九	陰9局	7/7	癸亥	四		6/6	壬辰	八	
10	11/12	丙寅	四		10/11	丙申	一		9/10	乙丑	二		8/10	乙未	八		7/8	甲子	九	陰2局	6/7	癸巳	七	
11	11/13	丁卯	三		10/12	丁酉	九		9/11	丙寅	一		8/11	丙申	七		7/9	乙丑	八		6/8	甲午	六	陰8局
12	11/14	戊辰	二		10/13	戊戌	八		9/12	丁卯	九		8/12	丁酉	六		7/10	丙寅	七		6/9	乙未	五	
13	11/15	己巳	一	陰7局	10/14	己亥	七	陰9局	9/13	戊辰	八		8/13	戊戌	五		7/11	丁卯	六		6/10	丙申	四	
14	11/16	庚午	九		10/15	庚子	六		9/14	己巳	七	陰9局	8/14	己亥	四	陰3局	7/12	戊辰	五		6/11	丁酉	三	
15	11/17	辛未	八		10/16	辛丑	五		9/15	庚午	六		8/15	庚子	三		7/13	己巳	四	陰5局	6/12	戊戌	二	
16	11/18	壬申	七		10/17	壬寅	四		9/16	辛未	五		8/16	辛丑	二		7/14	庚午	三		6/13	己亥	一	陰2局
17	11/19	癸酉	六		10/18	癸卯	三		9/17	壬申	四		8/17	壬寅	一		7/15	辛未	二		6/14	庚子	九	
18	11/20	甲戌	五	陰1局	10/19	甲辰	二	陰3局	9/18	癸酉	三		8/18	癸卯	九		7/16	壬申	一		6/15	辛丑	八	
19	11/21	乙亥	四		10/20	乙巳	一		9/19	甲戌	二	陰3局	8/19	甲辰	八	陰6局	7/17	癸酉	九		6/16	壬寅	七	
20	11/22	丙子	三		10/21	丙午	九		9/20	乙亥	一		8/20	乙巳	七		7/18	甲戌	八	陰8局	6/17	癸卯	六	
21	11/23	丁丑	五		10/22	丁未	八		9/21	丙子	九		8/21	丙午	六		7/19	乙亥	七		6/18	甲辰	五	陰5局
22	11/24	戊寅	六		10/23	戊申	七		9/22	丁丑	八		8/22	丁未	五		7/20	丙子	六		6/19	乙巳	四	
23	11/25	己卯	七	陽1局	10/24	己酉	六	陰5局	9/23	戊寅	一		8/23	戊申	四		7/21	丁丑	八		6/20	丙午	三	
24	11/26	庚辰	八		10/25	庚戌	五		9/24	己卯	九	陰5局	8/24	己酉	三	陰7局	7/22	戊寅	七		6/21	丁未	二	
25	11/27	辛巳	九		10/26	辛亥	四		9/25	庚辰	八		8/25	庚戌	二		7/23	己卯	六	陰1局	6/22	戊申	一	
26	11/28	壬午	一		10/27	壬子	三		9/26	辛巳	七		8/26	辛亥	一		7/24	庚辰	五		6/23	己酉	九	陰7局
27	11/29	癸未	二		10/28	癸丑	二		9/27	壬午	六		8/27	壬子	九		7/25	辛巳	四		6/24	庚戌	八	
28	11/30	甲申	三	陽7局	10/29	甲寅	一	陰8局	9/28	癸未	五		8/28	癸丑	八		7/26	壬午	三		6/25	辛亥	七	
29	12/1	乙酉	四		11/1	乙卯	九		9/29	甲申	四	陰8局	8/29	甲寅	七	1	7/27	癸未	二		6/26	壬子	六	
30	12/2	丙戌	五		11/2	丙辰	八		9/30	乙酉	三		8/30	乙卯	六		7/28	甲申	一	4	6/27	癸丑	五	
31	12/3	丁亥	六						10/1	丙戌	二						7/29	乙酉	九		6/28	甲寅	四	1

二〇一七年 丁酉 一白

二元八運…「九運」

三元九運…「八運」

月	1月				2月				3月			
月干支	辛丑 丙申(年)				壬寅				癸卯			
紫白	九紫				八白				七赤			
節気	20 大寒 6時24分	5 小寒 12時56分			18 雨水 20時31分	4 立春 0時34分			20 春分 19時29分	5 啓蟄 18時33分		
新暦	農暦	日干支	日紫白	奇門遁甲局数	農暦	日干支	日紫白	奇門遁甲局数	農暦	日干支	日紫白	奇門遁甲局数
1	12/4	戊子	七	7	1/5	己未	二	陽6局	2/4	丁亥	三	6
2	12/5	己丑	八	陽4局	1/6	庚申	三		2/5	戊子	四	
3	12/6	庚寅	九		1/7	辛酉	四		2/6	己丑	五	陽3局
4	12/7	辛卯	一		1/8	壬戌	五		2/7	庚寅	六	
5	12/8	壬辰	二		1/9	癸亥	六		2/8	辛卯	七	
6	12/9	癸巳	三		1/10	甲子	一	陽8局	2/9	壬辰	八	
7	12/10	甲午	四	陽2局	1/11	乙丑	二		2/10	癸巳	九	
8	12/11	乙未	五		1/12	丙寅	三		2/11	甲午	一	陽1局
9	12/12	丙申	六		1/13	丁卯	四		2/12	乙未	二	
10	12/13	丁酉	七		1/14	戊辰	五		2/13	丙申	三	
11	12/14	戊戌	八		1/15	己巳	六	陽5局	2/14	丁酉	四	
12	12/15	己亥	九	陽8局	1/16	庚午	七		2/15	戊戌	五	
13	12/16	庚子	一		1/17	辛未	八		2/16	己亥	六	陽7局
14	12/17	辛丑	二		1/18	壬申	九		2/17	庚子	七	
15	12/18	壬寅	三		1/19	癸酉	一		2/18	辛丑	八	
16	12/19	癸卯	四		1/20	甲戌	二	陽2局	2/19	壬寅	九	
17	12/20	甲辰	五	陽5局	1/21	乙亥	三		2/20	癸卯	一	
18	12/21	乙巳	六		1/22	丙子	一		2/21	甲辰	二	陽4局
19	12/22	丙午	七		1/23	丁丑	二		2/22	乙巳	三	
20	12/23	丁未	八		1/24	戊寅	三		2/23	丙午	四	
21	12/24	戊申	九		1/25	己卯	四	陽9局	2/24	丁未	五	
22	12/25	己酉	一	陽3局	1/26	庚辰	五		2/25	戊申	六	
23	12/26	庚戌	二		1/27	辛巳	六		2/26	己酉	七	陽3局
24	12/27	辛亥	三		1/28	壬午	七		2/27	庚戌	八	
25	12/28	壬子	四		1/29	癸未	八		2/28	辛亥	九	
26	12/29	癸丑	五		2/1	甲申	九	陽6局	2/29	壬子	一	
27	12/30	甲寅	六	陽9局	2/2	乙酉	一		2/30	癸丑	二	
28	1/1	乙卯	七		2/3	丙戌	二		3/1	甲寅	三	陽9局
29	1/2	丙辰	八						3/2	乙卯	四	
30	1/3	丁巳	九						3/3	丙辰	五	
31	1/4	戊午	一						3/4	丁巳	六	

月	4月				5月				6月			
月干支	甲辰				乙巳				丙午			
紫白	六白				五黄				四緑			
節気	20 穀雨 6時27分	4 清明 23時17分			21 小満 5時31分	5 立夏 16時31分			21 夏至 13時24分	5 芒種 20時37分		
新暦	農暦	日干支	日紫白	奇門遁甲局数	農暦	日干支	日紫白	奇門遁甲局数	農暦	日干支	日紫白	奇門遁甲局数
1	3/5	戊午	七	9	4/6	戊子	一	2	5/7	己未	五	陽8局
2	3/6	己未	八	陽6局	4/7	己丑	二	陽8局	5/8	庚申	六	
3	3/7	庚申	九		4/8	庚寅	三		5/9	辛酉	七	
4	3/8	辛酉	一		4/9	辛卯	四		5/10	壬戌	八	
5	3/9	壬戌	二		4/10	壬辰	五		5/11	癸亥	九	
6	3/10	癸亥	三		4/11	癸巳	六		5/12	甲子	四	陽6局
7	3/11	甲子	七	陽4局	4/12	甲午	七	陽4局	5/13	乙丑	五	
8	3/12	乙丑	八		4/13	乙未	八		5/14	丙寅	六	
9	3/13	丙寅	九		4/14	丙申	九		5/15	丁卯	七	
10	3/14	丁卯	一		4/15	丁酉	一		5/16	戊辰	八	
11	3/15	戊辰	二		4/16	戊戌	二		5/17	己巳	九	陽3局
12	3/16	己巳	三	陽1局	4/17	己亥	三	陽1局	5/18	庚午	一	
13	3/17	庚午	四		4/18	庚子	四		5/19	辛未	二	
14	3/18	辛未	五		4/19	辛丑	五		5/20	壬申	三	
15	3/19	壬申	六		4/20	壬寅	六		5/21	癸酉	四	
16	3/20	癸酉	七		4/21	癸卯	七		5/22	甲戌	五	陽9局
17	3/21	甲戌	八	陽7局	4/22	甲辰	八	陽7局	5/23	乙亥	六	
18	3/22	乙亥	九		4/23	乙巳	九		5/24	丙子	七	
19	3/23	丙子	一		4/24	丙午	一		5/25	丁丑	八	
20	3/24	丁丑	八		4/25	丁未	二		5/26	戊寅	九	
21	3/25	戊寅	九		4/26	戊申	三		5/27	己卯	三	陰9局
22	3/26	己卯	一	陽5局	4/27	己酉	四	陽5局	5/28	庚辰	二	
23	3/27	庚辰	二		4/28	庚戌	五		5/29	辛巳	一	
24	3/28	辛巳	三		4/29	辛亥	六		6/1	壬午	九	
25	3/29	壬午	四		4/30	壬子	七		6/2	癸未	八	
26	4/1	癸未	五		5/1	癸丑	八		6/3	甲申	七	陰3局
27	4/2	甲申	六	陽2局	5/2	甲寅	九	陽2局	6/4	乙酉	六	
28	4/3	乙酉	七		5/3	乙卯	一		6/5	丙戌	五	
29	4/4	丙戌	八		5/4	丙辰	二		6/6	丁亥	四	
30	4/5	丁亥	九		5/5	丁巳	三		6/7	戊子	三	
31					5/6	戊午	四					

2016年 丙申(年)／庚子(月)

月	12月				11月				10月				9月				8月				7月			
月干支	壬子				辛亥				庚戌				己酉				戊申				丁未			
紫白	七赤				八白				九紫				一白				二黒				三碧			
節気	22 冬至 1時28分	7 大雪 7時33分			22 小雪 12時5分	7 立冬 14時38分			23 霜降 14時27分	8 寒露 11時22分			23 秋分 5時2分	7 白露 19時39分			23 処暑 7時20分	7 立秋 16時40分			23 大暑 0時15分	7 小暑 6時51分		
新暦	農暦	日干支	日紫白	奇門遁甲局数	農暦	日干支	日紫白	奇門遁甲局数	農暦	日干支	日紫白	奇門遁甲局数	農暦	日干支	日紫白	奇門遁甲局数	農暦	日干支	日紫白	奇門遁甲局数	農暦	日干支	日紫白	奇門遁甲局数
1	10/14	壬戌	二	2	9/13	壬辰	五	2	8/12	辛酉	九	陰4局	7/11	辛卯	三	陰7局	閏6/10	庚申	七	陰4局	6/8	己丑	二	陰6局
2	10/15	癸亥	一		9/14	癸巳	四		8/13	壬戌	八		7/12	壬辰	二		閏6/11	辛酉	六		6/9	庚寅	一	
3	10/16	甲子	六	陰4局	9/15	甲午	三	陰6局	8/14	癸亥	七		7/13	癸巳	一	陰9局	閏6/12	壬戌	五		6/10	辛卯	九	
4	10/17	乙丑	五		9/16	乙未	二		8/15	甲子	三	陰6局	7/14	甲午	九		閏6/13	癸亥	四	陰2局	6/11	壬辰	八	
5	10/18	丙寅	四		9/17	丙申	一		8/16	乙丑	二		7/15	乙未	八		閏6/14	甲子	九		6/12	癸巳	七	陰8局
6	10/19	丁卯	三		9/18	丁酉	九		8/17	丙寅	一		7/16	丙申	七		閏6/15	乙丑	八		6/13	甲午	六	
7	10/20	戊辰	二		9/19	戊戌	八		8/18	丁卯	九		7/17	丁酉	六		閏6/16	丙寅	七		6/14	乙未	五	
8	10/21	己巳	一	陰7局	9/20	己亥	七	陰9局	8/19	戊辰	八		7/18	戊戌	五	陰3局	閏6/17	丁卯	六		6/15	丙申	四	
9	10/22	庚午	九		9/21	庚子	六		8/20	己巳	七	陰9局	7/19	己亥	四		閏6/18	戊辰	五	陰5局	6/16	丁酉	三	
10	10/23	辛未	八		9/22	辛丑	五		8/21	庚午	六		7/20	庚子	三		閏6/19	己巳	四		6/17	戊戌	二	陰2局
11	10/24	壬申	七		9/23	壬寅	四		8/22	辛未	五		7/21	辛丑	二		閏6/20	庚午	三		6/18	己亥	一	
12	10/25	癸酉	六		9/24	癸卯	三		8/23	壬申	四		7/22	壬寅	一		閏6/21	辛未	二		6/19	庚子	九	
13	10/26	甲戌	五	陰1局	9/25	甲辰	二	陰3局	8/24	癸酉	三		7/23	癸卯	九	陰6局	閏6/22	壬申	一		6/20	辛丑	八	
14	10/27	乙亥	四		9/26	乙巳	一		8/25	甲戌	二	陰3局	7/24	甲辰	八		閏6/23	癸酉	九	陰8局	6/21	壬寅	七	
15	10/28	丙子	三		9/27	丙午	九		8/26	乙亥	一		7/25	乙巳	七		閏6/24	甲戌	八		6/22	癸卯	六	陰5局
16	10/29	丁丑	二		9/28	丁未	八		8/27	丙子	九		7/26	丙午	六		閏6/25	乙亥	七		6/23	甲辰	五	
17	10/30	戊寅	一		9/29	戊申	七		8/28	丁丑	八		7/27	丁未	五		閏6/26	丙子	六		6/24	乙巳	四	
18	11/1	己卯	九	陽1局	10/1	己酉	六	陰5局	8/29	戊寅	七		7/28	戊申	四	陰7局	閏6/27	丁丑	五		6/25	丙午	三	
19	11/2	庚辰	八		10/2	庚戌	五		8/30	己卯	六	陰5局	7/29	己酉	三		閏6/28	戊寅	四	陰1局	6/26	丁未	二	
20	11/3	辛巳	七		10/3	辛亥	四		9/1	庚辰	五		8/1	庚戌	二		閏6/29	己卯	三		6/27	戊申	一	陰7局
21	11/4	壬午	六		10/4	壬子	三		9/2	辛巳	四		8/2	辛亥	一		閏6/30	庚辰	二		6/28	己酉	九	
22	11/5	癸未	二		10/5	癸丑	二		9/3	壬午	三		8/3	壬子	九		7/1	辛巳	一		6/29	庚戌	八	
23	11/6	甲申	三	陽7局	10/6	甲寅	一	陰8局	9/4	癸未	五		8/4	癸丑	八	陰1局	7/2	壬午	三		閏6/1	辛亥	七	
24	11/7	乙酉	四		10/7	乙卯	九		9/5	甲申	四	陰8局	8/5	甲寅	七		7/3	癸未	二	陰4局	閏6/2	壬子	六	
25	11/8	丙戌	五		10/8	丙辰	八		9/6	乙酉	三		8/6	乙卯	六		7/4	甲申	一		閏6/3	癸丑	五	陰1局
26	11/9	丁亥	六		10/9	丁巳	七		9/7	丙戌	二		8/7	丙辰	五		7/5	乙酉	九		閏6/4	甲寅	四	
27	11/10	戊子	七		10/10	戊午	六		9/8	丁亥	一		8/8	丁巳	四		7/6	丙戌	八		閏6/5	乙卯	三	
28	11/11	己丑	八	陽4局	10/11	己未	五	陰2局	9/9	戊子	九		8/9	戊午	三	4	7/7	丁亥	七		閏6/6	丙辰	二	
29	11/12	庚寅	九		10/12	庚申	四		9/10	己丑	八	陰2局	8/10	己未	二		7/8	戊子	六	7	閏6/7	丁巳	一	
30	11/13	辛卯	一		10/13	辛酉	三		9/11	庚寅	七		8/11	庚申	一		7/9	己丑	五		閏6/8	戊午	九	4
31	11/14	壬辰	二						9/12	辛卯	六						7/10	庚寅	四		閏6/9	己未	八	

二〇一八年 戊戌 九紫

二元八運…「九運」 三元九運…「八運」

月	1月	2月	3月	4月	5月	6月
月干支	癸丑 丁酉(年)	甲寅	乙卯	丙辰	丁巳	戊午
紫白	六白	五黄	四緑	三碧	二黒	一白
節気	5 小寒 18時49分	4 立春 6時28分	6 啓蟄 0時28分	5 清明 5時13分	5 立夏 22時25分	6 芒種 2時29分
節気	20 大寒 12時9分	19 雨水 2時18分	21 春分 1時15分	20 穀雨 12時12分	21 小満 11時15分	21 夏至 19時7分

新暦	1月 農暦	1月 日干支	1月 日紫白	1月 奇門遁甲局数	2月 農暦	2月 日干支	2月 日紫白	2月 奇門遁甲局数	3月 農暦	3月 日干支	3月 日紫白	3月 奇門遁甲局数	4月 農暦	4月 日干支	4月 日紫白	4月 奇門遁甲局数	5月 農暦	5月 日干支	5月 日紫白	5月 奇門遁甲局数	6月 農暦	6月 日干支	6月 日紫白	6月 奇門遁甲局数
1	11/15	癸巳	三	4	12/16	甲子	一	陽8局	1/14	壬辰	八	3	2/16	癸亥	三	6	3/16	癸巳	六	8	4/18	甲子	四	陽6局
2	11/16	甲午	四	陽2局	12/17	乙丑	二		1/15	癸巳	九		2/17	甲子	七	陽4局	3/17	甲午	七	陽4局	4/19	乙丑	五	
3	11/17	乙未	五		12/18	丙寅	三		1/16	甲午	一	陽1局	2/18	乙丑	八		3/18	乙未	八		4/20	丙寅	六	
4	11/18	丙申	六		12/19	丁卯	四		1/17	乙未	二		2/19	丙寅	九		3/19	丙申	九		4/21	丁卯	七	
5	11/19	丁酉	七		12/20	戊辰	五		1/18	丙申	三		2/20	丁卯	一		3/20	丁酉	一		4/22	戊辰	八	
6	11/20	戊戌	八		12/21	己巳	六	陽5局	1/19	丁酉	四		2/21	戊辰	二		3/21	戊戌	二		4/23	己巳	九	陽3局
7	11/21	己亥	九	陽8局	12/22	庚午	七		1/20	戊戌	五		2/22	己巳	三	陽1局	3/22	己亥	三	陽1局	4/24	庚午	一	
8	11/22	庚子	一		12/23	辛未	八		1/21	己亥	六	陽7局	2/23	庚午	四		3/23	庚子	四		4/25	辛未	二	
9	11/23	辛丑	二		12/24	壬申	九		1/22	庚子	七		2/24	辛未	五		3/24	辛丑	五		4/26	壬申	三	
10	11/24	壬寅	三		12/25	癸酉	一		1/23	辛丑	八		2/25	壬申	六		3/25	壬寅	六		4/27	癸酉	四	
11	11/25	癸卯	四		12/26	甲戌	二	陽2局	1/24	壬寅	九		2/26	癸酉	七		3/26	癸卯	七		4/28	甲戌	五	陽9局
12	11/26	甲辰	五	陽5局	12/27	乙亥	三		1/25	癸卯	一		2/27	甲戌	八	陽7局	3/27	甲辰	八	陽7局	4/29	乙亥	六	
13	11/27	乙巳	六		12/28	丙子	四		1/26	甲辰	二	陽4局	2/28	乙亥	九		3/28	乙巳	九		4/30	丙子	七	
14	11/28	丙午	七		12/29	丁丑	五		1/27	乙巳	三		2/29	丙子	一		3/29	丙午	一		5/1	丁丑	八	
15	11/29	丁未	八		12/30	戊寅	六		1/28	丙午	四		2/30	丁丑	二		4/1	丁未	二		5/2	戊寅	九	
16	11/30	戊申	九		1/1	己卯	七	陽9局	1/29	丁未	五		3/1	戊寅	三		4/2	戊申	三		5/3	己卯	一	陰9局
17	12/1	己酉	一	陽3局	1/2	庚辰	八		2/1	戊申	六		3/2	己卯	四	陽5局	4/3	己酉	四	陽5局	5/4	庚辰	二	
18	12/2	庚戌	二		1/3	辛巳	九		2/2	己酉	七	陽3局	3/3	庚辰	五		4/4	庚戌	五		5/5	辛巳	三	
19	12/3	辛亥	三		1/4	壬午	七		2/3	庚戌	八		3/4	辛巳	六		4/5	辛亥	六		5/6	壬午	四	
20	12/4	壬子	四		1/5	癸未	八		2/4	辛亥	九		3/5	壬午	四		4/6	壬子	七		5/7	癸未	五	
21	12/5	癸丑	五		1/6	甲申	九	陽6局	2/5	壬子	一		3/6	癸未	五		4/7	癸丑	八		5/8	甲申	七	陰3局
22	12/6	甲寅	六	陽9局	1/7	乙酉	一		2/6	癸丑	二		3/7	甲申	六	陽2局	4/8	甲寅	九	陽2局	5/9	乙酉	六	
23	12/7	乙卯	七		1/8	丙戌	二		2/7	甲寅	三	陽9局	3/8	乙酉	七		4/9	乙卯	一		5/10	丙戌	五	
24	12/8	丙辰	八		1/9	丁亥	三		2/8	乙卯	四		3/9	丙戌	八		4/10	丙辰	二		5/11	丁亥	四	
25	12/9	丁巳	九		1/10	戊子	四		2/9	丙辰	五		3/10	丁亥	九		4/11	丁巳	三		5/12	戊子	三	
26	12/10	戊午	一		1/11	己丑	五	陽3局	2/10	丁巳	六		3/11	戊子	一		4/12	戊午	四		5/13	己丑	二	陰6局
27	12/11	己未	二	陽6局	1/12	庚寅	六		2/11	戊午	七		3/12	己丑	二	陽8局	4/13	己未	五	陽8局	5/14	庚寅	一	
28	12/12	庚申	三		1/13	辛卯	七		2/12	己未	八	陽6局	3/13	庚寅	三		4/14	庚申	六		5/15	辛卯	九	
29	12/13	辛酉	四						2/13	庚申	九		3/14	辛卯	四		4/15	辛酉	七		5/16	壬辰	八	
30	12/14	壬戌	五						2/14	辛酉	一		3/15	壬辰	五		4/16	壬戌	八		5/17	癸巳	七	
31	12/15	癸亥	六						2/15	壬戌	二						4/17	癸亥	九					

2017年 丁酉(年)／壬子(月)

月	12月				11月				10月				9月				8月				7月			
月干支	甲子				癸亥				壬戌				辛酉				庚申				己未			
紫白	四緑				五黄				六白				七赤				八白				九紫			
節気	22	7	日紫白	奇門遁甲局数	22	7	日紫白	奇門遁甲局数	23	8	日紫白	奇門遁甲局数	23	8	日紫白	奇門遁甲局数	23	7	日紫白	奇門遁甲局数	23	7	日紫白	奇門遁甲局数
	冬至 7時23分	大雪 13時26分			小雪 18時1分	立冬 20時32分			霜降 20時22分	寒露 17時15分			秋分 10時54分	白露 1時30分			処暑 13時8分	立秋 22時31分			大暑 6時0分	小暑 12時42分		
新暦	農暦	日干支			農暦	日干支			農暦	日干支			農暦	日干支			農暦	日干支			農暦	日干支		
1	10/24	丁卯	三	4	9/24	丁酉	九	6	8/22	丙寅	一	陰6局	7/22	丙申	七	陰9局	6/20	乙丑	八	陰2局	5/18	甲午	六	陰8局
2	10/25	戊辰	二		9/25	戊戌	八		8/23	丁卯	九		7/23	丁酉	六		6/21	丙寅	七		5/19	乙未	五	
3	10/26	己巳	一	陰7局	9/26	己亥	七	陰9局	8/24	戊辰	八		7/24	戊戌	五		6/22	丁卯	六		5/20	丙申	四	
4	10/27	庚午	九		9/27	庚子	六		8/25	己巳	七	陰9局	7/25	己亥	四	陰3局	6/23	戊辰	五		5/21	丁酉	三	
5	10/28	辛未	八		9/28	辛丑	五		8/26	庚午	六		7/26	庚子	三		6/24	己巳	四	陰5局	5/22	戊戌	二	
6	10/29	壬申	七		9/29	壬寅	四		8/27	辛未	五		7/27	辛丑	二		6/25	庚午	三		5/23	己亥	一	陰2局
7	11/1	癸酉	六		9/30	癸卯	三		8/28	壬申	四		7/28	壬寅	一		6/26	辛未	二		5/24	庚子	九	
8	11/2	甲戌	五	陰1局	10/1	甲辰	二	陰3局	8/29	癸酉	三		7/29	癸卯	九		6/27	壬申	一		5/25	辛丑	八	
9	11/3	乙亥	四		10/2	乙巳	一		9/1	甲戌	二	陰3局	7/30	甲辰	八	陰6局	6/28	癸酉	九		5/26	壬寅	七	
10	11/4	丙子	三		10/3	丙午	九		9/2	乙亥	一		8/1	乙巳	七		6/29	甲戌	八	陰8局	5/27	癸卯	六	
11	11/5	丁丑	二		10/4	丁未	八		9/3	丙子	九		8/2	丙午	六		7/1	乙亥	七		5/28	甲辰	五	陰5局
12	11/6	戊寅	一		10/5	戊申	七		9/4	丁丑	八		8/3	丁未	五		7/2	丙子	六		5/29	乙巳	四	
13	11/7	己卯	九	陰4局・閏	10/6	己酉	六	陰5局	9/5	戊寅	七		8/4	戊申	四		7/3	丁丑	五		6/1	丙午	三	
14	11/8	庚辰	八		10/7	庚戌	五		9/6	己卯	六	陰5局	8/5	己酉	三	陰7局	7/4	戊寅	四		6/2	丁未	二	
15	11/9	辛巳	七		10/8	辛亥	四		9/7	庚辰	五		8/6	庚戌	二		7/5	己卯	三	陰1局	6/3	戊申	一	
16	11/10	壬午	六		10/9	壬子	三		9/8	辛巳	四		8/7	辛亥	一		7/6	庚辰	二		6/4	己酉	九	陰7局
17	11/11	癸未	五		10/10	癸丑	二		9/9	壬午	三		8/8	壬子	九		7/7	辛巳	一		6/5	庚戌	八	
18	11/12	甲申	四	陰7局・閏	10/11	甲寅	一	陰8局	9/10	癸未	二		8/9	癸丑	八		7/8	壬午	九		6/6	辛亥	七	
19	11/13	乙酉	三		10/12	乙卯	九		9/11	甲申	一	陰8局	8/10	甲寅	七	陰1局	7/9	癸未	八		6/7	壬子	六	
20	11/14	丙戌	二		10/13	丙辰	八		9/12	乙酉	九		8/11	乙卯	六		7/10	甲申	七	陰4局	6/8	癸丑	五	
21	11/15	丁亥	一		10/14	丁巳	七		9/13	丙戌	八		8/12	丙辰	五		7/11	乙酉	六		6/9	甲寅	四	陰1局
22	11/16	戊子	七		10/15	戊午	六		9/14	丁亥	七		8/13	丁巳	四		7/12	丙戌	五		6/10	乙卯	三	
23	11/17	己丑	八	陰1局・閏	10/16	己未	五	陰2局	9/15	戊子	九		8/14	戊午	三		7/13	丁亥	七		6/11	丙辰	二	
24	11/18	庚寅	九		10/17	庚申	四		9/16	己丑	八	陰2局	8/15	己未	二	陰4局	7/14	戊子	六		6/12	丁巳	一	
25	11/19	辛卯	一		10/18	辛酉	三		9/17	庚寅	七		8/16	庚申	一		7/15	己丑	五	陰7局	6/13	戊午	九	
26	11/20	壬辰	二		10/19	壬戌	二		9/18	辛卯	六		8/17	辛酉	九		7/16	庚寅	四		6/14	己未	八	陰4局
27	11/21	癸巳	三		10/20	癸亥	一		9/19	壬辰	五		8/18	壬戌	八		7/17	辛卯	三		6/15	庚申	七	
28	11/22	甲午	四	陽1局	10/21	甲子	六	陰4局	9/20	癸巳	四		8/19	癸亥	七		7/18	壬辰	二		6/16	辛酉	六	
29	11/23	乙未	五		10/22	乙丑	五		9/21	甲午	三	陰6局	8/20	甲子	三	6	7/19	癸巳	一		6/17	壬戌	五	
30	11/24	丙申	六		10/23	丙寅	四		9/22	乙未	二		8/21	乙丑	二		7/20	甲午	九	9	6/18	癸亥	四	
31	11/25	丁酉	七						9/23	丙申	一						7/21	乙未	八		6/19	甲子	九	2

二〇一九年 己亥 八白

二元八運…「九運」
三元九運…「八運」

月	1月				2月				3月			
月干支	乙丑 戊戌(年)				丙寅				丁卯			
紫白	三碧				二黒				一白			
節気	6 小寒 0時39分 / 20 大寒 17時59分				4 立春 12時14分 / 19 雨水 8時4分				6 啓蟄 6時10分 / 21 春分 6時58分			
新暦	農暦	日干支	日紫白	奇門遁甲局数	農暦	日干支	日紫白	奇門遁甲局数	農暦	日干支	日紫白	奇門遁甲局数
1	11/26	戊戌	八	1	12/27	己巳	六	陽9局	1/25	丁酉	四	9
2	11/27	己亥	九	陽7局	12/28	庚午	七		1/26	戊戌	五	
3	11/28	庚子	一		12/29	辛未	八		1/27	己亥	六	陽6局
4	11/29	辛丑	二		12/30	壬申	九		1/28	庚子	七	
5	11/30	壬寅	三		1/1	癸酉	一		1/29	辛丑	八	
6	12/1	癸卯	四		1/2	甲戌	二	陽6局	1/30	壬寅	九	
7	12/2	甲辰	五	陽4局	1/3	乙亥	三		2/1	癸卯	一	
8	12/3	乙巳	六		1/4	丙子	四		2/2	甲辰	二	陽3局
9	12/4	丙午	七		1/5	丁丑	五		2/3	乙巳	三	
10	12/5	丁未	八		1/6	戊寅	六		2/4	丙午	四	
11	12/6	戊申	九		1/7	己卯	七	陽8局	2/5	丁未	五	
12	12/7	己酉	一	陽2局	1/8	庚辰	八		2/6	戊申	六	
13	12/8	庚戌	二		1/9	辛巳	九		2/7	己酉	七	陽1局
14	12/9	辛亥	三		1/10	壬午	一		2/8	庚戌	八	
15	12/10	壬子	四		1/11	癸未	二		2/9	辛亥	九	
16	12/11	癸丑	五		1/12	甲申	三	陽5局	2/10	壬子	一	
17	12/12	甲寅	六	陽8局	1/13	乙酉	四		2/11	癸丑	二	
18	12/13	乙卯	七		1/14	丙戌	五		2/12	甲寅	三	陽7局
19	12/14	丙辰	八		1/15	丁亥	三		2/13	乙卯	四	
20	12/15	丁巳	九		1/16	戊子	四		2/14	丙辰	五	
21	12/16	戊午	一		1/17	己丑	五	陽2局	2/15	丁巳	六	
22	12/17	己未	二	陽5局	1/18	庚寅	六		2/16	戊午	七	
23	12/18	庚申	三		1/19	辛卯	七		2/17	己未	八	陽4局
24	12/19	辛酉	四		1/20	壬辰	八		2/18	庚申	九	
25	12/20	壬戌	五		1/21	癸巳	九		2/19	辛酉	一	
26	12/21	癸亥	六		1/22	甲午	一	陽9局	2/20	壬戌	二	
27	12/22	甲子	一	陽3局	1/23	乙未	二		2/21	癸亥	三	
28	12/23	乙丑	二		1/24	丙申	三		2/22	甲子	七	陽3局
29	12/24	丙寅	三						2/23	乙丑	八	
30	12/25	丁卯	四						2/24	丙寅	九	
31	12/26	戊辰	五						2/25	丁卯	一	

月	4月				5月				6月			
月干支	戊辰				己巳				庚午			
紫白	九紫				八白				七赤			
節気	5 清明 10時51分 / 20 穀雨 17時55分				6 立夏 4時3分 / 21 小満 16時59分				6 芒種 8時6分 / 22 夏至 0時54分			
新暦	農暦	日干支	日紫白	奇門遁甲局数	農暦	日干支	日紫白	奇門遁甲局数	農暦	日干支	日紫白	奇門遁甲局数
1	2/26	戊辰	二	3	3/27	戊戌	二	5	4/28	己巳	九	陽2局
2	2/27	己巳	三	陽9局	3/28	己亥	三	陽2局	4/29	庚午	一	
3	2/28	庚午	四		3/29	庚子	四		5/1	辛未	二	
4	2/29	辛未	五		3/30	辛丑	五		5/2	壬申	三	
5	3/1	壬申	六		4/1	壬寅	六		5/3	癸酉	四	
6	3/2	癸酉	七		4/2	癸卯	七		5/4	甲戌	五	陽8局
7	3/3	甲戌	八	陽6局	4/3	甲辰	八	陽8局	5/5	乙亥	六	
8	3/4	乙亥	九		4/4	乙巳	九		5/6	丙子	七	
9	3/5	丙子	一		4/5	丙午	一		5/7	丁丑	八	
10	3/6	丁丑	二		4/6	丁未	二		5/8	戊寅	九	
11	3/7	戊寅	三		4/7	戊申	三		5/9	己卯	一	陽6局
12	3/8	己卯	四	陽4局	4/8	己酉	四	陽4局	5/10	庚辰	二	
13	3/9	庚辰	五		4/9	庚戌	五		5/11	辛巳	三	
14	3/10	辛巳	六		4/10	辛亥	六		5/12	壬午	四	
15	3/11	壬午	七		4/11	壬子	七		5/13	癸未	五	
16	3/12	癸未	八		4/12	癸丑	八		5/14	甲申	六	陽3局
17	3/13	甲申	九	陽1局	4/13	甲寅	九	陽1局	5/15	乙酉	七	
18	3/14	乙酉	一		4/14	乙卯	一		5/16	丙戌	八	
19	3/15	丙戌	二		4/15	丙辰	二		5/17	丁亥	九	
20	3/16	丁亥	九		4/16	丁巳	三		5/18	戊子	一	
21	3/17	戊子	一		4/17	戊午	四		5/19	己丑	二	陽9局
22	3/18	己丑	二	陽7局	4/18	己未	五	陽7局	5/20	庚寅	一	
23	3/19	庚寅	三		4/19	庚申	六		5/21	辛卯	九	
24	3/20	辛卯	四		4/20	辛酉	七		5/22	壬辰	八	
25	3/21	壬辰	五		4/21	壬戌	八		5/23	癸巳	七	
26	3/22	癸巳	六		4/22	癸亥	九		5/24	甲午	六	陰9局
27	3/23	甲午	七	陽5局	4/23	甲子	四	陽5局	5/25	乙未	五	
28	3/24	乙未	八		4/24	乙丑	五		5/26	丙申	四	
29	3/25	丙申	九		4/25	丙寅	六		5/27	丁酉	三	
30	3/26	丁酉	一		4/26	丁卯	七		5/28	戊戌	二	
31					4/27	戊辰	八					

2018年 戊戌(年)／甲子(月)

月	12月				11月				10月				9月				8月				7月			
月干支	丙子				乙亥				甲戌				癸酉				壬申				辛未			
紫白	一白				二黒				三碧				四緑				五黄				六白			
節気	22 冬至 13時19分	7 大雪 19時18分	日紫白	奇門遁甲局数	22 小雪 23時59分	8 立冬 2時24分	日紫白	奇門遁甲局数	24 霜降 2時20分	8 寒露 23時6分	日紫白	奇門遁甲局数	23 秋分 16時50分	8 白露 7時17分	日紫白	奇門遁甲局数	23 処暑 19時2分	8 立秋 4時13分	日紫白	奇門遁甲局数	23 大暑 11時50分	7 小暑 18時20分	日紫白	奇門遁甲局数
新暦	農暦	日干支			農暦	日干支			農暦	日干支			農暦	日干支			農暦	日干支			農暦	日干支		
1	11/6	壬申	七	8	10/5	壬寅	四	8	9/3	辛未	五	陰1局	8/3	辛丑	二	陰4局	7/1	庚午	三	陰1局	5/29	己亥	一	陰3局
2	11/7	癸酉	六		10/6	癸卯	三		9/4	壬申	四		8/4	壬寅	一		7/2	辛未	二		5/30	庚子	九	
3	11/8	甲戌	五	陰2局	10/7	甲辰	二	陰2局	9/5	癸酉	三		8/5	癸卯	九		7/3	壬申	一		6/1	辛丑	八	
4	11/9	乙亥	四		10/8	乙巳	一		9/6	甲戌	二	陰4局	8/6	甲辰	八	陰7局	7/4	癸酉	九		6/2	壬寅	七	
5	11/10	丙子	三		10/9	丙午	九		9/7	乙亥	一		8/7	乙巳	七		7/5	甲戌	八	陰4局	6/3	癸卯	六	
6	11/11	丁丑	二		10/10	丁未	八		9/8	丙子	九		8/8	丙午	六		7/6	乙亥	七		6/4	甲辰	五	陰6局
7	11/12	戊寅	一		10/11	戊申	七		9/9	丁丑	八		8/9	丁未	五		7/7	丙子	六		6/5	乙巳	四	
8	11/13	己卯	九	陰4局	10/12	己酉	六	陰6局	9/10	戊寅	七		8/10	戊申	四		7/8	丁丑	五		6/6	丙午	三	
9	11/14	庚辰	八		10/13	庚戌	五		9/11	己卯	六	陰6局	8/11	己酉	三	陰9局	7/9	戊寅	四		6/7	丁未	二	
10	11/15	辛巳	七		10/14	辛亥	四		9/12	庚辰	五		8/12	庚戌	二		7/10	己卯	三	陰2局	6/8	戊申	一	
11	11/16	壬午	六		10/15	壬子	三		9/13	辛巳	四		8/13	辛亥	一		7/11	庚辰	二		6/9	己酉	九	陰8局
12	11/17	癸未	五		10/16	癸丑	二		9/14	壬午	三		8/14	壬子	九		7/12	辛巳	一		6/10	庚戌	八	
13	11/18	甲申	四	陰7局	10/17	甲寅	一	陰9局	9/15	癸未	二		8/15	癸丑	八		7/13	壬午	九		6/11	辛亥	七	
14	11/19	乙酉	三		10/18	乙卯	九		9/16	甲申	一	陰9局	8/16	甲寅	七	陰3局	7/14	癸未	八		6/12	壬子	六	
15	11/20	丙戌	二		10/19	丙辰	八		9/17	乙酉	九		8/17	乙卯	六		7/15	甲申	七	陰5局	6/13	癸丑	五	
16	11/21	丁亥	一		10/20	丁巳	七		9/18	丙戌	八		8/18	丙辰	五		7/16	乙酉	六		6/14	甲寅	四	陰2局
17	11/22	戊子	九		10/21	戊午	六		9/19	丁亥	七		8/19	丁巳	四		7/17	丙戌	五		6/15	乙卯	三	
18	11/23	己丑	八	陰1局	10/22	己未	五	陰3局	9/20	戊子	六		8/20	戊午	三		7/18	丁亥	四		6/16	丙辰	二	
19	11/24	庚寅	七		10/23	庚申	四		9/21	己丑	五	陰3局	8/21	己未	二	陰6局	7/19	戊子	三		6/17	丁巳	一	
20	11/25	辛卯	六		10/24	辛酉	三		9/22	庚寅	四		8/22	庚申	一		7/20	己丑	二	陰8局	6/18	戊午	九	
21	11/26	壬辰	五		10/25	壬戌	二		9/23	辛卯	三		8/23	辛酉	九		7/21	庚寅	一		6/19	己未	八	陰5局
22	11/27	癸巳	三		10/26	癸亥	一		9/24	壬辰	二		8/24	壬戌	八		7/22	辛卯	九		6/20	庚申	七	
23	11/28	甲午	四	陽1局	10/27	甲子	六	陰5局	9/25	癸巳	一		8/25	癸亥	七		7/23	壬辰	二		6/21	辛酉	六	
24	11/29	乙未	五		10/28	乙丑	五		9/26	甲午	三	陰5局	8/26	甲子	三	陰7局	7/24	癸巳	一		6/22	壬戌	五	
25	11/30	丙申	六		10/29	丙寅	四		9/27	乙未	二		8/27	乙丑	二		7/25	甲午	九	陰1局	6/23	癸亥	四	
26	12/1	丁酉	七		11/1	丁卯	三		9/28	丙申	一		8/28	丙寅	一		7/26	乙未	八		6/24	甲子	九	陰7局
27	12/2	戊戌	八		11/2	戊辰	二		9/29	丁酉	九		8/29	丁卯	九		7/27	丙申	七		6/25	乙丑	八	
28	12/3	己亥	九	陽7局	11/3	己巳	一	陰8局	10/1	戊戌	八		8/30	戊辰	八		7/28	丁酉	六		6/26	丙寅	七	
29	12/4	庚子	一		11/4	庚午	九		10/2	己亥	七	陰8局	9/1	己巳	七	1	7/29	戊戌	五		6/27	丁卯	六	
30	12/5	辛丑	二		11/5	辛未	八		10/3	庚子	六		9/2	庚午	六		8/1	己亥	四	4	6/28	戊辰	五	
31	12/6	壬寅	三						10/4	辛丑	五						8/2	庚子	三		6/29	己巳	四	1

二〇二〇年 庚子 七赤

二元八運…「九運」　三元九運…「八運」

月	1月				2月				3月				4月				5月				6月			
月干支	丁丑 己亥(年)				戊寅				己卯				庚辰				辛巳				壬午			
紫白	九紫				八白				七赤				六白				五黄				四緑			
節気	6 小寒 6時30分	20 大寒 23時55分			4 立春 18時3分	19 雨水 13時57分			5 啓蟄 11時57分	20 春分 12時49分			4 清明 16時38分	19 穀雨 23時45分			5 立夏 9時51分	20 小満 22時49分			5 芒種 13時58分	21 夏至 6時44分		
新暦	農暦	日干支	日紫白	奇門遁甲局数	農暦	日干支	日紫白	奇門遁甲局数	農暦	日干支	日紫白	奇門遁甲局数	農暦	日干支	日紫白	奇門遁甲局数	農暦	日干支	日紫白	奇門遁甲局数	農暦	日干支	日紫白	奇門遁甲局数
1	12/7	癸卯	四	7	1/8	甲戌	二	陽6局	2/8	癸卯	一	6	3/9	甲戌	八	陽6局	4/9	甲辰	八	陽8局	閏4/10	乙亥	六	陽8局
2	12/8	甲辰	五	陽4局	1/9	乙亥	三		2/9	甲辰	二	陽3局	3/10	乙亥	九		4/10	乙巳	九		閏4/11	丙子	七	
3	12/9	乙巳	六		1/10	丙子	四		2/10	乙巳	三		3/11	丙子	一		4/11	丙午	一		閏4/12	丁丑	八	
4	12/10	丙午	七		1/11	丁丑	五		2/11	丙午	四		3/12	丁丑	二		4/12	丁未	二		閏4/13	戊寅	九	
5	12/11	丁未	八		1/12	戊寅	六		2/12	丁未	五		3/13	戊寅	三		4/13	戊申	三		閏4/14	己卯	一	
6	12/12	戊申	九		1/13	己卯	七	陽8局	2/13	戊申	六		3/14	己卯	四	陽4局	4/14	己酉	四	陽4局	閏4/15	庚辰	二	陽6局
7	12/13	己酉	一	陽2局	1/14	庚辰	八		2/14	己酉	七	陽1局	3/15	庚辰	五		4/15	庚戌	五		閏4/16	辛巳	三	
8	12/14	庚戌	二		1/15	辛巳	九		2/15	庚戌	八		3/16	辛巳	六		4/16	辛亥	六		閏4/17	壬午	四	
9	12/15	辛亥	三		1/16	壬午	一		2/16	辛亥	九		3/17	壬午	七		4/17	壬子	七		閏4/18	癸未	五	
10	12/16	壬子	四		1/17	癸未	二		2/17	壬子	一		3/18	癸未	八		4/18	癸丑	八		閏4/19	甲申	六	
11	12/17	癸丑	五		1/18	甲申	三	陽5局	2/18	癸丑	二		3/19	甲申	九	陽1局	4/19	甲寅	九	陽1局	閏4/20	乙酉	七	陽3局
12	12/18	甲寅	六	陽8局	1/19	乙酉	四		2/19	甲寅	三	陽7局	3/20	乙酉	一		4/20	乙卯	一		閏4/21	丙戌	八	
13	12/19	乙卯	七		1/20	丙戌	五		2/20	乙卯	四		3/21	丙戌	二		4/21	丙辰	二		閏4/22	丁亥	九	
14	12/20	丙辰	八		1/21	丁亥	六		2/21	丙辰	五		3/22	丁亥	三		4/22	丁巳	三		閏4/23	戊子	一	
15	12/21	丁巳	九		1/22	戊子	七		2/22	丁巳	六		3/23	戊子	四		4/23	戊午	四		閏4/24	己丑	二	
16	12/22	戊午	一		1/23	己丑	八	陽2局	2/23	戊午	七		3/24	己丑	五	陽7局	4/24	己未	五	陽7局	閏4/25	庚寅	三	陽9局
17	12/23	己未	二	陽5局	1/24	庚寅	九		2/24	己未	八	陽4局	3/25	庚寅	六		4/25	庚申	六		閏4/26	辛卯	四	
18	12/24	庚申	三		1/25	辛卯	一		2/25	庚申	九		3/26	辛卯	七		4/26	辛酉	七		閏4/27	壬辰	五	
19	12/25	辛酉	四		1/26	壬辰	八		2/26	辛酉	一		3/27	壬辰	五		4/27	壬戌	八		閏4/28	癸巳	六	
20	12/26	壬戌	五		1/27	癸巳	九		2/27	壬戌	二		3/28	癸巳	六		4/28	癸亥	九		閏4/29	甲午	七	
21	12/27	癸亥	六		1/28	甲午	一	陽9局	2/28	癸亥	三		3/29	甲午	七	陽5局	4/29	甲子	四	陽5局	5/1	乙未	五	陰9局
22	12/28	甲子	一	陽3局	1/29	乙未	二		2/29	甲子	七	陽3局	3/30	乙未	八		4/30	乙丑	五		5/2	丙申	四	
23	12/29	乙丑	二		2/1	丙申	三		2/30	乙丑	八		4/1	丙申	九		閏4/1	丙寅	六		5/3	丁酉	三	
24	12/30	丙寅	三		2/2	丁酉	四		3/1	丙寅	九		4/2	丁酉	一		閏4/2	丁卯	七		5/4	戊戌	二	
25	1/1	丁卯	四		2/3	戊戌	五		3/2	丁卯	一		4/3	戊戌	二		閏4/3	戊辰	八		5/5	己亥	一	
26	1/2	戊辰	五		2/4	己亥	六	陽6局	3/3	戊辰	二		4/4	己亥	三	陽2局	閏4/4	己巳	九	陽2局	5/6	庚子	九	陰3局
27	1/3	己巳	六	陽9局	2/5	庚子	七		3/4	己巳	三	陽9局	4/5	庚子	四		閏4/5	庚午	一		5/7	辛丑	八	
28	1/4	庚午	七		2/6	辛丑	八		3/5	庚午	四		4/6	辛丑	五		閏4/6	辛未	二		5/8	壬寅	七	
29	1/5	辛未	八		2/7	壬寅	九		3/6	辛未	五		4/7	壬寅	六		閏4/7	壬申	三		5/9	癸卯	六	
30	1/6	壬申	九						3/7	壬申	六		4/8	癸卯	七		閏4/8	癸酉	四		5/10	甲辰	五	6
31	1/7	癸酉	一						3/8	癸酉	七						閏4/9	甲戌	五	8				

2019年 己亥(年) ／ 丙子(月)

月	12月				11月				10月				9月				8月				7月			
月干支	戊子				丁亥				丙戌				乙酉				甲申				癸未			
紫白	七赤				八白				九紫				一白				二黒				三碧			
節気	21 冬至 19時2分	7 大雪 1時9分	日紫白	奇門遁甲局数	22 小雪 5時40分	7 立冬 8時14分	日紫白	奇門遁甲局数	23 霜降 7時59分	8 寒露 4時55分	日紫白	奇門遁甲局数	22 秋分 22時31分	7 白露 13時8分	日紫白	奇門遁甲局数	23 処暑 0時45分	7 立秋 10時6分	日紫白	奇門遁甲局数	22 大暑 17時37分	7 小暑 0時14分	日紫白	奇門遁甲局数
新暦	農暦	日干支			農暦	日干支			農暦	日干支			農暦	日干支			農暦	日干支			農暦	日干支		
1	10/17	戊寅	一	2	9/16	戊申	七	2	8/15	丁丑	八	4	7/14	丁未	五	7	6/12	丙子	六	陰4局	5/11	乙巳	四	陰6局
2	10/18	己卯	九	陰4局	9/17	己酉	六	陰6局	8/16	戊寅	七		7/15	戊申	四		6/13	丁丑	五		5/12	丙午	三	
3	10/19	庚辰	八		9/18	庚戌	五		8/17	己卯	六	陰6局	7/16	己酉	三	陰9局	6/14	戊寅	四		5/13	丁未	二	
4	10/20	辛巳	七		9/19	辛亥	四		8/18	庚辰	五		7/17	庚戌	二		6/15	己卯	三	陰2局	5/14	戊申	一	
5	10/21	壬午	六		9/20	壬子	三		8/19	辛巳	四		7/18	辛亥	一		6/16	庚辰	二		5/15	己酉	九	陰8局
6	10/22	癸未	五		9/21	癸丑	二		8/20	壬午	三		7/19	壬子	九		6/17	辛巳	一		5/16	庚戌	八	
7	10/23	甲申	四	陰7局	9/22	甲寅	一	陰9局	8/21	癸未	二		7/20	癸丑	八		6/18	壬午	九		5/17	辛亥	七	
8	10/24	乙酉	三		9/23	乙卯	九		8/22	甲申	一	陰9局	7/21	甲寅	七	陰3局	6/19	癸未	八		5/18	壬子	六	
9	10/25	丙戌	二		9/24	丙辰	八		8/23	乙酉	九		7/22	乙卯	六		6/20	甲申	七	陰5局	5/19	癸丑	五	
10	10/26	丁亥	一		9/25	丁巳	七		8/24	丙戌	八		7/23	丙辰	五		6/21	乙酉	六		5/20	甲寅	四	陰2局
11	10/27	戊子	九		9/26	戊午	六		8/25	丁亥	七		7/24	丁巳	四		6/22	丙戌	五		5/21	乙卯	三	
12	10/28	己丑	八	陰1局	9/27	己未	五	陰3局	8/26	戊子	六		7/25	戊午	三		6/23	丁亥	四		5/22	丙辰	二	
13	10/29	庚寅	七		9/28	庚申	四		8/27	己丑	五	陰3局	7/26	己未	二	陰6局	6/24	戊子	三		5/23	丁巳	一	
14	10/30	辛卯	六		9/29	辛酉	三		8/28	庚寅	四		7/27	庚申	一		6/25	己丑	二	陰8局	5/24	戊午	九	
15	11/1	壬辰	五		10/1	壬戌	二		8/29	辛卯	三		7/28	辛酉	九		6/26	庚寅	一		5/25	己未	八	陰5局
16	11/2	癸巳	四		10/2	癸亥	一		8/30	壬辰	二		7/29	壬戌	八		6/27	辛卯	九		5/26	庚申	七	
17	11/3	甲午	三	陽1局	10/3	甲子	六	陰5局	9/1	癸巳	一		8/1	癸亥	七		6/28	壬辰	八		5/27	辛酉	六	
18	11/4	乙未	二		10/4	乙丑	五		9/2	甲午	九	陰5局	8/2	甲子	三	陰7局	6/29	癸巳	七		5/28	壬戌	五	
19	11/5	丙申	一		10/5	丙寅	四		9/3	乙未	八		8/3	乙丑	二		7/1	甲午	六	陰1局	5/29	癸亥	四	
20	11/6	丁酉	九		10/6	丁卯	三		9/4	丙申	七		8/4	丙寅	一		7/2	乙未	五		5/30	甲子	九	陰7局
21	11/7	戊戌	八		10/7	戊辰	二		9/5	丁酉	六		8/5	丁卯	九		7/3	丙申	四		6/1	乙丑	八	
22	11/8	己亥	九	陽7局	10/8	己巳	一	陰8局	9/6	戊戌	五		8/6	戊辰	八		7/4	丁酉	三		6/2	丙寅	七	
23	11/9	庚子	一		10/9	庚午	九		9/7	己亥	七	陰8局	8/7	己巳	七	陰1局	7/5	戊戌	五		6/3	丁卯	六	
24	11/10	辛丑	二		10/10	辛未	八		9/8	庚子	六		8/8	庚午	六		7/6	己亥	四	陰4局	6/4	戊辰	五	
25	11/11	壬寅	三		10/11	壬申	七		9/9	辛丑	五		8/9	辛未	五		7/7	庚子	三		6/5	己巳	四	陰1局
26	11/12	癸卯	四		10/12	癸酉	六		9/10	壬寅	四		8/10	壬申	四		7/8	辛丑	二		6/6	庚午	三	
27	11/13	甲辰	五	陽4局	10/13	甲戌	五	陰2局	9/11	癸卯	三		8/11	癸酉	三		7/9	壬寅	一		6/7	辛未	二	
28	11/14	乙巳	六		10/14	乙亥	四		9/12	甲辰	二	陰2局	8/12	甲戌	二	陰4局	7/10	癸卯	九		6/8	壬申	一	
29	11/15	丙午	七		10/15	丙子	三		9/13	乙巳	一		8/13	乙亥	一		7/11	甲辰	八	陰7局	6/9	癸酉	九	
30	11/16	丁未	八		10/16	丁丑	二		9/14	丙午	九		8/14	丙子	九		7/12	乙巳	七		6/10	甲戌	八	4
31	11/17	戊申	九						9/15	丁未	八						7/13	丙午	六		6/11	乙亥	七	

6月				5月				4月				3月				2月				1月				月
甲午				癸巳				壬辰				辛卯				庚寅				己丑 庚子(年)				月干支
一白				二黒				三碧				四緑				五黄				六白				紫白
21 夏至 12時32分	5 芒種 19時52分	日紫白	奇門遁甲局数	21 小満 4時37分	5 立夏 15時47分	日紫白	奇門遁甲局数	20 穀雨 5時33分	4 清明 22時35分	日紫白	奇門遁甲局数	20 春分 18時37分	5 啓蟄 17時54分	日紫白	奇門遁甲局数	18 雨水 19時44分	3 立春 23時59分	日紫白	奇門遁甲局数	20 大寒 5時40分	5 小寒 12時23分	日紫白	奇門遁甲局数	節気
農暦	日干支			農暦	日干支			農暦	日干支			農暦	日干支			農暦	日干支			農暦	日干支			新暦
4/21	庚辰	二	陽6局	3/20	己酉	四	陽4局	2/20	己卯	四	陽4局	1/18	戊申	六	3	12/20	庚辰	八	陽8局	11/18	己酉	一	陽2局	1
4/22	辛巳	三		3/21	庚戌	五		2/21	庚辰	五		1/19	己酉	七	陽1局	12/21	辛巳	九		11/19	庚戌	二		2
4/23	壬午	四		3/22	辛亥	六		2/22	辛巳	六		1/20	庚戌	八		12/22	壬午	一		11/20	辛亥	三		3
4/24	癸未	五		3/23	壬子	七		2/23	壬午	七		1/21	辛亥	九		12/23	癸未	二		11/21	壬子	四		4
4/25	甲申	六	陽3局	3/24	癸丑	八		2/24	癸未	八		1/22	壬子	一		12/24	甲申	三	陽5局	11/22	癸丑	五		5
4/26	乙酉	七		3/25	甲寅	九	陽1局	2/25	甲申	九	陽1局	1/23	癸丑	二		12/25	乙酉	四		11/23	甲寅	六	陽8局	6
4/27	丙戌	八		3/26	乙卯	一		2/26	乙酉	一		1/24	甲寅	三	陽7局	12/26	丙戌	五		11/24	乙卯	七		7
4/28	丁亥	九		3/27	丙辰	二		2/27	丙戌	二		1/25	乙卯	四		12/27	丁亥	六		11/25	丙辰	八		8
4/29	戊子	一		3/28	丁巳	三		2/28	丁亥	三		1/26	丙辰	五		12/28	戊子	七		11/26	丁巳	九		9
5/1	己丑	二	陽9局	3/29	戊午	四		2/29	戊子	四		1/27	丁巳	六		12/29	己丑	八	陽2局	11/27	戊午	一		10
5/2	庚寅	三		3/30	己未	五	陽7局	2/30	己丑	五	陽7局	1/28	戊午	七		12/30	庚寅	九		11/28	己未	二	陽5局	11
5/3	辛卯	四		4/1	庚申	六		3/1	庚寅	六		1/29	己未	八	陽4局	1/1	辛卯	一		11/29	庚申	三		12
5/4	壬辰	五		4/2	辛酉	七		3/2	辛卯	七		2/1	庚申	九		1/2	壬辰	二		12/1	辛酉	四		13
5/5	癸巳	六		4/3	壬戌	八		3/3	壬辰	八		2/2	辛酉	一		1/3	癸巳	三		12/2	壬戌	五		14
5/6	甲午	七	陰9局	4/4	癸亥	九		3/4	癸巳	九		2/3	壬戌	二		1/4	甲午	四	陽9局	12/3	癸亥	六		15
5/7	乙未	八		4/5	甲子	四	陽5局	3/5	甲午	一	陽5局	2/4	癸亥	三		1/5	乙未	五		12/4	甲子	一	陽3局	16
5/8	丙申	九		4/6	乙丑	五		3/6	乙未	二		2/5	甲子	七	陽3局	1/6	丙申	六		12/5	乙丑	二		17
5/9	丁酉	一		4/7	丙寅	六		3/7	丙申	三		2/6	乙丑	八		1/7	丁酉	四		12/6	丙寅	三		18
5/10	戊戌	二		4/8	丁卯	七		3/8	丁酉	四		2/7	丙寅	九		1/8	戊戌	五		12/7	丁卯	四		19
5/11	己亥	三	陰3局	4/9	戊辰	八		3/9	戊戌	二		2/8	丁卯	一		1/9	己亥	六	陽6局	12/8	戊辰	五		20
5/12	庚子	九		4/10	己巳	九	陽2局	3/10	己亥	三	陽2局	2/9	戊辰	二		1/10	庚子	七		12/9	己巳	六	陽9局	21
5/13	辛丑	八		4/11	庚午	一		3/11	庚子	四		2/10	己巳	三	陽9局	1/11	辛丑	八		12/10	庚午	七		22
5/14	壬寅	七		4/12	辛未	二		3/12	辛丑	五		2/11	庚午	四		1/12	壬寅	九		12/11	辛未	八		23
5/15	癸卯	六		4/13	壬申	三		3/13	壬寅	六		2/12	辛未	五		1/13	癸卯	一		12/12	壬申	九		24
5/16	甲辰	五	陰6局	4/14	癸酉	四		3/14	癸卯	七		2/13	壬申	六		1/14	甲辰	二	陽3局	12/13	癸酉	一		25
5/17	乙巳	四		4/15	甲戌	五	陽8局	3/15	甲辰	八	陽8局	2/14	癸酉	七		1/15	乙巳	三		12/14	甲戌	二	陽6局	26
5/18	丙午	三		4/16	乙亥	六		3/16	乙巳	九		2/15	甲戌	八	陽6局	1/16	丙午	四		12/15	乙亥	三		27
5/19	丁未	二		4/17	丙子	七		3/17	丙午	一		2/16	乙亥	九		1/17	丁未	五		12/16	丙子	四		28
5/20	戊申	一		4/18	丁丑	八		3/18	丁未	二		2/17	丙子	一						12/17	丁丑	五		29
5/21	己酉	九	8	4/19	戊寅	九		3/19	戊申	三		2/18	丁丑	二						12/18	戊寅	六		30
				4/20	己卯	一	6					2/19	戊寅	三						12/19	己卯	七	8	31

二〇二一年 辛丑 六白

二元八運…「九運」

三元九運…「八運」

2020年 庚子(年)／戊子(月)

月	12月				11月				10月				9月				8月				7月			
月干支	庚子				己亥				戊戌				丁酉				丙申				乙未			
紫白	四緑				五黄				六白				七赤				八白				九紫			
節気	22 冬至 0時59分	7 大雪 6時57分	日紫白	奇門遁甲局数	22 小雪 11時34分	7 立冬 13時59分	日紫白	奇門遁甲局数	23 霜降 13時51分	8 寒露 10時39分	日紫白	奇門遁甲局数	23 秋分 4時21分	7 白露 18時53分	日紫白	奇門遁甲局数	23 処暑 6時35分	7 立秋 15時54分	日紫白	奇門遁甲局数	22 大暑 23時26分	7 小暑 6時5分	日紫白	奇門遁甲局数
新暦	農暦	日干支			農暦	日干支			農暦	日干支			農暦	日干支			農暦	日干支			農暦	日干支		
1	10/27	癸未	五	4	9/27	癸丑	二	6	8/25	壬午	三	6	7/25	壬子	九	9	6/23	辛巳	一	陰2局	5/22	庚戌	八	陰8局
2	10/28	甲申	四	陰7局	9/28	甲寅	一	陰9局	8/26	癸未	二		7/26	癸丑	八		6/24	壬午	九		5/23	辛亥	七	
3	10/29	乙酉	三		9/29	乙卯	九		8/27	甲申	一	陰9局	7/27	甲寅	七	陰3局	6/25	癸未	八		5/24	壬子	六	
4	11/1	丙戌	二		9/30	丙辰	八		8/28	乙酉	九		7/28	乙卯	六		6/26	甲申	七	陰5局	5/25	癸丑	五	
5	11/2	丁亥	一		10/1	丁巳	七		8/29	丙戌	八		7/29	丙辰	五		6/27	乙酉	六		5/26	甲寅	四	陰2局
6	11/3	戊子	九		10/2	戊午	六		9/1	丁亥	七		7/30	丁巳	四		6/28	丙戌	五		5/27	乙卯	三	
7	11/4	己丑	八	陰1局	10/3	己未	五	陰3局	9/2	戊子	六		8/1	戊午	三		6/29	丁亥	四		5/28	丙辰	二	
8	11/5	庚寅	七		10/4	庚申	四		9/3	己丑	五	陰3局	8/2	己未	二	陰6局	7/1	戊子	三		5/29	丁巳	一	
9	11/6	辛卯	六		10/5	辛酉	三		9/4	庚寅	四		8/3	庚申	一		7/2	己丑	二	陰8局	5/30	戊午	九	
10	11/7	壬辰	五		10/6	壬戌	二		9/5	辛卯	三		8/4	辛酉	九		7/3	庚寅	一		6/1	己未	八	陰5局
11	11/8	癸巳	四		10/7	癸亥	一		9/6	壬辰	二		8/5	壬戌	八		7/4	辛卯	九		6/2	庚申	七	
12	11/9	甲午	三	陰4局・閏	10/8	甲子	六	陰5局	9/7	癸巳	一		8/6	癸亥	七		7/5	壬辰	八		6/3	辛酉	六	
13	11/10	乙未	二		10/9	乙丑	五		9/8	甲午	九	陰5局	8/7	甲子	三	陰7局	7/6	癸巳	七		6/4	壬戌	五	
14	11/11	丙申	一		10/10	丙寅	四		9/9	乙未	八		8/8	乙丑	二		7/7	甲午	六	陰1局	6/5	癸亥	四	
15	11/12	丁酉	九		10/11	丁卯	三		9/10	丙申	七		8/9	丙寅	一		7/8	乙未	五		6/6	甲子	九	陰7局
16	11/13	戊戌	八		10/12	戊辰	二		9/11	丁酉	六		8/10	丁卯	九		7/9	丙申	四		6/7	乙丑	八	
17	11/14	己亥	七	陰7局・閏	10/13	己巳	一	陰8局	9/12	戊戌	五		8/11	戊辰	八		7/10	丁酉	三		6/8	丙寅	七	
18	11/15	庚子	六		10/14	庚午	九		9/13	己亥	四	陰8局	8/12	己巳	七	陰1局	7/11	戊戌	二		6/9	丁卯	六	
19	11/16	辛丑	五		10/15	辛未	八		9/14	庚子	三		8/13	庚午	六		7/12	己亥	一	陰4局	6/10	戊辰	五	
20	11/17	壬寅	四		10/16	壬申	七		9/15	辛丑	二		8/14	辛未	五		7/13	庚子	九		6/11	己巳	四	陰1局
21	11/18	癸卯	三		10/17	癸酉	六		9/16	壬寅	一		8/15	壬申	四		7/14	辛丑	八		6/12	庚午	三	
22	11/19	甲辰	五	陰1局・閏	10/18	甲戌	五	陰2局	9/17	癸卯	九		8/16	癸酉	三		7/15	壬寅	七		6/13	辛未	二	
23	11/20	乙巳	六		10/19	乙亥	四		9/18	甲辰	二	陰2局	8/17	甲戌	二	陰4局	7/16	癸卯	九		6/14	壬申	一	
24	11/21	丙午	七		10/20	丙子	三		9/19	乙巳	一		8/18	乙亥	一		7/17	甲辰	八	陰7局	6/15	癸酉	九	
25	11/22	丁未	八		10/21	丁丑	二		9/20	丙午	九		8/19	丙子	九		7/18	乙巳	七		6/16	甲戌	八	陰4局
26	11/23	戊申	九		10/22	戊寅	一		9/21	丁未	八		8/20	丁丑	八		7/19	丙午	六		6/17	乙亥	七	
27	11/24	己酉	一	陽1局	10/23	己卯	九	陰4局	9/22	戊申	七		8/21	戊寅	七		7/20	丁未	五		6/18	丙子	六	
28	11/25	庚戌	二		10/24	庚辰	八		9/23	己酉	六	陰6局	8/22	己卯	六	陰6局	7/21	戊申	四		6/19	丁丑	五	
29	11/26	辛亥	三		10/25	辛巳	七		9/24	庚戌	五		8/23	庚辰	五		7/22	己酉	三	陰9局	6/20	戊寅	四	
30	11/27	壬子	四		10/26	壬午	六		9/25	辛亥	四		8/24	辛巳	四		7/23	庚戌	二		6/21	己卯	三	2
31	11/28	癸丑	五						9/26	壬子	三						7/24	辛亥	一		6/22	庚辰	二	

二〇二二年

壬寅　五黄

二元八運…「九運」

三元九運…「八運」

月	1月	2月	3月	4月	5月	6月
月干支	辛丑 辛丑(年)	壬寅	癸卯	甲辰	乙巳	丙午
紫白	三碧	二黒	一白	九紫	八白	七赤
節気	5 小寒 18時14分 / 20 大寒 11時39分	4 立春 5時51分 / 19 雨水 1時43分	5 啓蟄 23時44分 / 21 春分 0時33分	5 清明 4時20分 / 20 穀雨 11時24分	5 立夏 21時26分 / 21 小満 10時22分	6 芒種 1時26分 / 21 夏至 18時14分

新暦	1月 農暦	1月 日干支	1月 日紫白	1月 奇門遁甲局数	2月 農暦	2月 日干支	2月 日紫白	2月 奇門遁甲局数
1	11/29	甲寅	六	陽7局	1/1	乙酉	四	陽9局
2	11/30	乙卯	七		1/2	丙戌	五	
3	12/1	丙辰	八		1/3	丁亥	六	
4	12/2	丁巳	九		1/4	戊子	七	
5	12/3	戊午	一		1/5	己丑	八	陽6局
6	12/4	己未	二	陽4局	1/6	庚寅	九	
7	12/5	庚申	三		1/7	辛卯	一	
8	12/6	辛酉	四		1/8	壬辰	二	
9	12/7	壬戌	五		1/9	癸巳	三	
10	12/8	癸亥	六		1/10	甲午	四	陽8局
11	12/9	甲子	一	陽2局	1/11	乙未	五	
12	12/10	乙丑	二		1/12	丙申	六	
13	12/11	丙寅	三		1/13	丁酉	七	
14	12/12	丁卯	四		1/14	戊戌	八	
15	12/13	戊辰	五		1/15	己亥	九	陽5局
16	12/14	己巳	六	陽8局	1/16	庚子	一	
17	12/15	庚午	七		1/17	辛丑	二	
18	12/16	辛未	八		1/18	壬寅	三	
19	12/17	壬申	九		1/19	癸卯	一	
20	12/18	癸酉	一		1/20	甲辰	二	陽2局
21	12/19	甲戌	二	陽5局	1/21	乙巳	三	
22	12/20	乙亥	三		1/22	丙午	四	
23	12/21	丙子	四		1/23	丁未	五	
24	12/22	丁丑	五		1/24	戊申	六	
25	12/23	戊寅	六		1/25	己酉	七	陽9局
26	12/24	己卯	七	陽3局	1/26	庚戌	八	
27	12/25	庚辰	八		1/27	辛亥	九	
28	12/26	辛巳	九		1/28	壬子	一	
29	12/27	壬午	一					
30	12/28	癸未	二					
31	12/29	甲申	三	9				

新暦	3月 農暦	3月 日干支	3月 日紫白	3月 奇門遁甲局数	4月 農暦	4月 日干支	4月 日紫白	4月 奇門遁甲局数
1	1/29	癸丑	二	9	3/1	甲申	九	陽9局
2	1/30	甲寅	三	陽6局	3/2	乙酉	一	
3	2/1	乙卯	四		3/3	丙戌	二	
4	2/2	丙辰	五		3/4	丁亥	三	
5	2/3	丁巳	六		3/5	戊子	四	
6	2/4	戊午	七		3/6	己丑	五	陽6局
7	2/5	己未	八	陽3局	3/7	庚寅	六	
8	2/6	庚申	九		3/8	辛卯	七	
9	2/7	辛酉	一		3/9	壬辰	八	
10	2/8	壬戌	二		3/10	癸巳	九	
11	2/9	癸亥	三		3/11	甲午	一	陽4局
12	2/10	甲子	七	陽1局	3/12	乙未	二	
13	2/11	乙丑	八		3/13	丙申	三	
14	2/12	丙寅	九		3/14	丁酉	四	
15	2/13	丁卯	一		3/15	戊戌	五	
16	2/14	戊辰	二		3/16	己亥	六	陽1局
17	2/15	己巳	三	陽7局	3/17	庚子	七	
18	2/16	庚午	四		3/18	辛丑	八	
19	2/17	辛未	五		3/19	壬寅	九	
20	2/18	壬申	六		3/20	癸卯	七	
21	2/19	癸酉	七		3/21	甲辰	八	陽7局
22	2/20	甲戌	八	陽4局	3/22	乙巳	九	
23	2/21	乙亥	九		3/23	丙午	一	
24	2/22	丙子	一		3/24	丁未	二	
25	2/23	丁丑	二		3/25	戊申	三	
26	2/24	戊寅	三		3/26	己酉	四	陽5局
27	2/25	己卯	四	陽3局	3/27	庚戌	五	
28	2/26	庚辰	五		3/28	辛亥	六	
29	2/27	辛巳	六		3/29	壬子	七	
30	2/28	壬午	七		3/30	癸丑	八	
31	2/29	癸未	八					

新暦	5月 農暦	5月 日干支	5月 日紫白	5月 奇門遁甲局数	6月 農暦	6月 日干支	6月 日紫白	6月 奇門遁甲局数
1	4/1	甲寅	九	陽2局	5/3	乙酉	七	陽2局
2	4/2	乙卯	一		5/4	丙戌	八	
3	4/3	丙辰	二		5/5	丁亥	九	
4	4/4	丁巳	三		5/6	戊子	一	
5	4/5	戊午	四		5/7	己丑	二	陽8局
6	4/6	己未	五	陽8局	5/8	庚寅	三	
7	4/7	庚申	六		5/9	辛卯	四	
8	4/8	辛酉	七		5/10	壬辰	五	
9	4/9	壬戌	八		5/11	癸巳	六	
10	4/10	癸亥	九		5/12	甲午	七	陽6局
11	4/11	甲子	四	陽4局	5/13	乙未	八	
12	4/12	乙丑	五		5/14	丙申	九	
13	4/13	丙寅	六		5/15	丁酉	一	
14	4/14	丁卯	七		5/16	戊戌	二	
15	4/15	戊辰	八		5/17	己亥	三	陽3局
16	4/16	己巳	九	陽1局	5/18	庚子	四	
17	4/17	庚午	一		5/19	辛丑	五	
18	4/18	辛未	二		5/20	壬寅	六	
19	4/19	壬申	三		5/21	癸卯	七	
20	4/20	癸酉	四		5/22	甲辰	八	陽9局
21	4/21	甲戌	五	陽7局	5/23	乙巳	四	
22	4/22	乙亥	六		5/24	丙午	三	
23	4/23	丙子	七		5/25	丁未	二	
24	4/24	丁丑	八		5/26	戊申	一	
25	4/25	戊寅	九		5/27	己酉	九	陰9局
26	4/26	己卯	一	陽5局	5/28	庚戌	八	
27	4/27	庚辰	二		5/29	辛亥	七	
28	4/28	辛巳	三		5/30	壬子	六	
29	4/29	壬午	四		6/1	癸丑	五	
30	5/1	癸未	五		6/2	甲寅	四	3
31	5/2	甲申	六	2				

2021年 辛丑(年)／庚子(月)

月	12月				11月				10月				9月				8月				7月			
月干支	壬子				辛亥				庚戌				己酉				戊申				丁未			
紫白	一白				二黒				三碧				四緑				五黄				六白			
節気	22 冬至 6時48分	7 大雪 12時46分	日紫白	奇門遁甲局数	22 小雪 17時20分	7 立冬 19時45分	日紫白	奇門遁甲局数	23 霜降 19時36分	8 寒露 16時22分	日紫白	奇門遁甲局数	23 秋分 10時4分	8 白露 0時32分	日紫白	奇門遁甲局数	23 処暑 12時16分	7 立秋 21時29分	日紫白	奇門遁甲局数	23 大暑 5時7分	7 小暑 11時38分	日紫白	奇門遁甲局数
新暦	農暦	日干支			農暦	日干支			農暦	日干支			農暦	日干支			農暦	日干支			農暦	日干支		
1	11/8	戊子	九	8	10/8	戊午	六	8	9/6	丁亥	七	1	8/6	丁巳	四	4	7/4	丙戌	五	陰1局	6/3	乙卯	三	陰3局
2	11/9	己丑	八	陰2局	10/9	己未	五	陰2局	9/7	戊子	六		8/7	戊午	三		7/5	丁亥	四		6/4	丙辰	二	
3	11/10	庚寅	七		10/10	庚申	四		9/8	己丑	五	陰4局	8/8	己未	二	陰7局	7/6	戊子	三		6/5	丁巳	一	
4	11/11	辛卯	六		10/11	辛酉	三		9/9	庚寅	四		8/9	庚申	一		7/7	己丑	二	陰4局	6/6	戊午	九	
5	11/12	壬辰	五		10/12	壬戌	二		9/10	辛卯	三		8/10	辛酉	九		7/8	庚寅	一		6/7	己未	八	陰6局
6	11/13	癸巳	四		10/13	癸亥	一		9/11	壬辰	二		8/11	壬戌	八		7/9	辛卯	九		6/8	庚申	七	
7	11/14	甲午	三	陰4局	10/14	甲子	六	陰6局	9/12	癸巳	一		8/12	癸亥	七		7/10	壬辰	八		6/9	辛酉	六	
8	11/15	乙未	二		10/15	乙丑	五		9/13	甲午	九	陰6局	8/13	甲子	三	陰9局	7/11	癸巳	七		6/10	壬戌	五	
9	11/16	丙申	一		10/16	丙寅	四		9/14	乙未	八		8/14	乙丑	二		7/12	甲午	六	陰2局	6/11	癸亥	四	
10	11/17	丁酉	九		10/17	丁卯	三		9/15	丙申	七		8/15	丙寅	一		7/13	乙未	五		6/12	甲子	九	陰8局
11	11/18	戊戌	八		10/18	戊辰	二		9/16	丁酉	六		8/16	丁卯	九		7/14	丙申	四		6/13	乙丑	八	
12	11/19	己亥	七	陰7局	10/19	己巳	一	陰9局	9/17	戊戌	五		8/17	戊辰	八		7/15	丁酉	三		6/14	丙寅	七	
13	11/20	庚子	六		10/20	庚午	九		9/18	己亥	四	陰9局	8/18	己巳	七	陰3局	7/16	戊戌	二		6/15	丁卯	六	
14	11/21	辛丑	五		10/21	辛未	八		9/19	庚子	三		8/19	庚午	六		7/17	己亥	一	陰5局	6/16	戊辰	五	
15	11/22	壬寅	四		10/22	壬申	七		9/20	辛丑	二		8/20	辛未	五		7/18	庚子	九		6/17	己巳	四	陰2局
16	11/23	癸卯	三		10/23	癸酉	六		9/21	壬寅	一		8/21	壬申	四		7/19	辛丑	八		6/18	庚午	三	
17	11/24	甲辰	二	陰1局	10/24	甲戌	五	陰3局	9/22	癸卯	九		8/22	癸酉	三		7/20	壬寅	七		6/19	辛未	二	
18	11/25	乙巳	一		10/25	乙亥	四		9/23	甲辰	八	陰3局	8/23	甲戌	二	陰6局	7/21	癸卯	六		6/20	壬申	一	
19	11/26	丙午	九		10/26	丙子	三		9/24	乙巳	七		8/24	乙亥	一		7/22	甲辰	五	陰8局	6/21	癸酉	九	
20	11/27	丁未	八		10/27	丁丑	二		9/25	丙午	六		8/25	丙子	九		7/23	乙巳	四		6/22	甲戌	八	陰5局
21	11/28	戊申	七		10/28	戊寅	一		9/26	丁未	五		8/26	丁丑	八		7/24	丙午	三		6/23	乙亥	七	
22	11/29	己酉	一	陽1局	10/29	己卯	九	陰5局	9/27	戊申	四		8/27	戊寅	七		7/25	丁未	二		6/24	丙子	六	
23	12/1	庚戌	二		10/30	庚辰	八		9/28	己酉	六	陰5局	8/28	己卯	六	陰7局	7/26	戊申	四		6/25	丁丑	五	
24	12/2	辛亥	三		11/1	辛巳	七		9/29	庚戌	五		8/29	庚辰	五		7/27	己酉	三	陰1局	6/26	戊寅	四	
25	12/3	壬子	四		11/2	壬午	六		10/1	辛亥	四		8/30	辛巳	四		7/28	庚戌	二		6/27	己卯	三	陰7局
26	12/4	癸丑	五		11/3	癸未	五		10/2	壬子	三		9/1	壬午	三		7/29	辛亥	一		6/28	庚辰	二	
27	12/5	甲寅	六	陽7局	11/4	甲申	四	陰8局	10/3	癸丑	二		9/2	癸未	二		8/1	壬子	九		6/29	辛巳	一	
28	12/6	乙卯	七		11/5	乙酉	三		10/4	甲寅	一	陰8局	9/3	甲申	一	陰1局	8/2	癸丑	八		6/30	壬午	九	
29	12/7	丙辰	八		11/6	丙戌	二		10/5	乙卯	九		9/4	乙酉	九		8/3	甲寅	七	陰4局	7/1	癸未	八	
30	12/8	丁巳	九		11/7	丁亥	一		10/6	丙辰	八		9/5	丙戌	八		8/4	乙卯	六		7/2	甲申	七	1
31	12/9	戊午	一						10/7	丁巳	七						8/5	丙辰	五		7/3	乙酉	六	

二〇二三年　癸卯　四緑

二元八運…「九運」　三元九運…「八運」

月	1月				2月				3月			
月干支	癸丑 壬寅(年)				甲寅				乙卯			
紫白	九紫				八白				七赤			
節気	6 小寒 0時5分 / 20 大寒 17時29分				4 立春 11時42分 / 19 雨水 7時34分				6 啓蟄 5時36分 / 21 春分 6時24分			
新暦	農暦	日干支	日紫白	奇門遁甲局数	農暦	日干支	日紫白	奇門遁甲局数	農暦	日干支	日紫白	奇門遁甲局数
1	12/10	己未	二	陽4局	1/11	庚寅	九	陽6局	2/10	戊午	七	6
2	12/11	庚申	三		1/12	辛卯	一		2/11	己未	八	陽3局
3	12/12	辛酉	四		1/13	壬辰	二		2/12	庚申	九	
4	12/13	壬戌	五		1/14	癸巳	三		2/13	辛酉	一	
5	12/14	癸亥	六		1/15	甲午	四		2/14	壬戌	二	
6	12/15	甲子	一	陽2局	1/16	乙未	五	陽8局	2/15	癸亥	三	
7	12/16	乙丑	二		1/17	丙申	六		2/16	甲子	七	陽1局
8	12/17	丙寅	三		1/18	丁酉	七		2/17	乙丑	八	
9	12/18	丁卯	四		1/19	戊戌	八		2/18	丙寅	九	
10	12/19	戊辰	五		1/20	己亥	九		2/19	丁卯	一	
11	12/20	己巳	六	陽8局	1/21	庚子	一	陽5局	2/20	戊辰	二	
12	12/21	庚午	七		1/22	辛丑	二		2/21	己巳	三	陽7局
13	12/22	辛未	八		1/23	壬寅	三		2/22	庚午	四	
14	12/23	壬申	九		1/24	癸卯	四		2/23	辛未	五	
15	12/24	癸酉	一		1/25	甲辰	五		2/24	壬申	六	
16	12/25	甲戌	二	陽5局	1/26	乙巳	六	陽2局	2/25	癸酉	七	
17	12/26	乙亥	三		1/27	丙午	七		2/26	甲戌	八	陽4局
18	12/27	丙子	四		1/28	丁未	八		2/27	乙亥	九	
19	12/28	丁丑	五		1/29	戊申	六		2/28	丙子	一	
20	12/29	戊寅	六		2/1	己酉	七		2/29	丁丑	二	
21	12/30	己卯	七	陽3局	2/2	庚戌	八	陽9局	2/30	戊寅	三	
22	1/1	庚辰	八		2/3	辛亥	九		閏2/1	己卯	四	陽3局
23	1/2	辛巳	九		2/4	壬子	一		閏2/2	庚辰	五	
24	1/3	壬午	一		2/5	癸丑	二		閏2/3	辛巳	六	
25	1/4	癸未	二		2/6	甲寅	三		閏2/4	壬午	七	
26	1/5	甲申	三	陽9局	2/7	乙卯	四	陽6局	閏2/5	癸未	八	
27	1/6	乙酉	四		2/8	丙辰	五		閏2/6	甲申	九	陽9局
28	1/7	丙戌	五		2/9	丁巳	六		閏2/7	乙酉	一	
29	1/8	丁亥	六						閏2/8	丙戌	二	
30	1/9	戊子	七						閏2/9	丁亥	三	
31	1/10	己丑	八	6					閏2/10	戊子	四	

月	4月				5月				6月			
月干支	丙辰				丁巳				戊午			
紫白	六白				五黄				四緑			
節気	5 清明 10時13分 / 20 穀雨 17時13分				6 立夏 3時19分 / 21 小満 16時9分				6 芒種 7時18分 / 21 夏至 23時58分			
新暦	農暦	日干支	日紫白	奇門遁甲局数	農暦	日干支	日紫白	奇門遁甲局数	農暦	日干支	日紫白	奇門遁甲局数
1	閏2/11	己丑	五	陽6局	3/12	己未	五	陽8局	4/14	庚寅	三	陽8局
2	閏2/12	庚寅	六		3/13	庚申	六		4/15	辛卯	四	
3	閏2/13	辛卯	七		3/14	辛酉	七		4/16	壬辰	五	
4	閏2/14	壬辰	八		3/15	壬戌	八		4/17	癸巳	六	
5	閏2/15	癸巳	九		3/16	癸亥	九		4/18	甲午	七	
6	閏2/16	甲午	一	陽4局	3/17	甲子	四	陽4局	4/19	乙未	八	陽6局
7	閏2/17	乙未	二		3/18	乙丑	五		4/20	丙申	九	
8	閏2/18	丙申	三		3/19	丙寅	六		4/21	丁酉	一	
9	閏2/19	丁酉	四		3/20	丁卯	七		4/22	戊戌	二	
10	閏2/20	戊戌	五		3/21	戊辰	八		4/23	己亥	三	
11	閏2/21	己亥	六	陽1局	3/22	己巳	九	陽1局	4/24	庚子	四	陽3局
12	閏2/22	庚子	七		3/23	庚午	一		4/25	辛丑	五	
13	閏2/23	辛丑	八		3/24	辛未	二		4/26	壬寅	六	
14	閏2/24	壬寅	九		3/25	壬申	三		4/27	癸卯	七	
15	閏2/25	癸卯	一		3/26	癸酉	四		4/28	甲辰	八	
16	閏2/26	甲辰	二	陽7局	3/27	甲戌	五	陽7局	4/29	乙巳	九	陽9局
17	閏2/27	乙巳	三		3/28	乙亥	六		4/30	丙午	一	
18	閏2/28	丙午	四		3/29	丙子	七		5/1	丁未	二	
19	閏2/29	丁未	五		4/1	丁丑	八		5/2	戊申	三	
20	3/1	戊申	三		4/2	戊寅	九		5/3	己酉	四	
21	3/2	己酉	四	陽5局	4/3	己卯	一	陽5局	5/4	庚戌	八	陰9局
22	3/3	庚戌	五		4/4	庚辰	二		5/5	辛亥	七	
23	3/4	辛亥	六		4/5	辛巳	三		5/6	壬子	六	
24	3/5	壬子	七		4/6	壬午	四		5/7	癸丑	五	
25	3/6	癸丑	八		4/7	癸未	五		5/8	甲寅	四	
26	3/7	甲寅	九	陽2局	4/8	甲申	六	陽2局	5/9	乙卯	三	陰3局
27	3/8	乙卯	一		4/9	乙酉	七		5/10	丙辰	二	
28	3/9	丙辰	二		4/10	丙戌	八		5/11	丁巳	一	
29	3/10	丁巳	三		4/11	丁亥	九		5/12	戊午	九	
30	3/11	戊午	四		4/12	戊子	一		5/13	己未	八	6
31					4/13	己丑	二	8				

2022年 壬寅(年)／壬子(月)

月	12月				11月				10月				9月				8月				7月			
月干支	甲子				癸亥				壬戌				辛酉				庚申				己未			
紫白	七赤				八白				九紫				一白				二黒				三碧			
節気	22	7	日紫白	奇門遁甲局数	22	8	日紫白	奇門遁甲局数	24	8	日紫白	奇門遁甲局数	23	8	日紫白	奇門遁甲局数	23	8	日紫白	奇門遁甲局数	23	7	日紫白	奇門遁甲局数
	冬至 12時27分	大雪 18時33分			小雪 23時2分	立冬 1時35分			霜降 1時21分	寒露 22時15分			秋分 15時50分	白露 6時26分			処暑 18時1分	立秋 3時23分			大暑 10時50分	小暑 17時30分		
新暦	農暦	日干支			農暦	日干支			農暦	日干支			農暦	日干支			農暦	日干支			農暦	日干支		
1	10/19	癸巳	四	2	9/18	癸亥	一	2	8/17	壬辰	二	4	7/17	壬戌	八	7	6/15	辛卯	九	陰4局	5/14	庚申	七	陰6局
2	10/20	甲午	三	陰4局	9/19	甲子	六	陰6局	8/18	癸巳	一		7/18	癸亥	七		6/16	壬辰	八		5/15	辛酉	六	
3	10/21	乙未	二		9/20	乙丑	五		8/19	甲午	九	陰6局	7/19	甲子	三	陰9局	6/17	癸巳	七		5/16	壬戌	五	
4	10/22	丙申	一		9/21	丙寅	四		8/20	乙未	八		7/20	乙丑	二		6/18	甲午	六	陰2局	5/17	癸亥	四	陰8局
5	10/23	丁酉	九		9/22	丁卯	三		8/21	丙申	七		7/21	丙寅	一		6/19	乙未	五		5/18	甲子	九	
6	10/24	戊戌	八		9/23	戊辰	二		8/22	丁酉	六		7/22	丁卯	九		6/20	丙申	四		5/19	乙丑	八	
7	10/25	己亥	七	陰7局	9/24	己巳	一	陰9局	8/23	戊戌	五		7/23	戊辰	八		6/21	丁酉	三		5/20	丙寅	七	
8	10/26	庚子	六		9/25	庚午	九		8/24	己亥	四	陰9局	7/24	己巳	七	陰3局	6/22	戊戌	二		5/21	丁卯	六	
9	10/27	辛丑	五		9/26	辛未	八		8/25	庚子	三		7/25	庚午	六		6/23	己亥	一	陰5局	5/22	戊辰	五	陰2局
10	10/28	壬寅	四		9/27	壬申	七		8/26	辛丑	二		7/26	辛未	五		6/24	庚子	九		5/23	己巳	四	
11	10/29	癸卯	三		9/28	癸酉	六		8/27	壬寅	一		7/27	壬申	四		6/25	辛丑	八		5/24	庚午	三	
12	10/30	甲辰	二	陰1局	9/29	甲戌	五	陰3局	8/28	癸卯	九		7/28	癸酉	三		6/26	壬寅	七		5/25	辛未	二	
13	11/1	乙巳	一		10/1	乙亥	四		8/29	甲辰	八	陰3局	7/29	甲戌	二	陰6局	6/27	癸卯	六		5/26	壬申	一	
14	11/2	丙午	九		10/2	丙子	三		8/30	乙巳	七		7/30	乙亥	一		6/28	甲辰	五	陰8局	5/27	癸酉	九	陰5局
15	11/3	丁未	八		10/3	丁丑	二		9/1	丙午	六		8/1	丙子	九		6/29	乙巳	四		5/28	甲戌	八	
16	11/4	戊申	七		10/4	戊寅	一		9/2	丁未	五		8/2	丁丑	八		7/1	丙午	三		5/29	乙亥	七	
17	11/5	己酉	六	陽1局	10/5	己卯	九	陰5局	9/3	戊申	四		8/3	戊寅	七		7/2	丁未	二		5/30	丙子	六	
18	11/6	庚戌	五		10/6	庚辰	八		9/4	己酉	三	陰5局	8/4	己卯	六	陰7局	7/3	戊申	一		6/1	丁丑	五	
19	11/7	辛亥	四		10/7	辛巳	七		9/5	庚戌	二		8/5	庚辰	五		7/4	己酉	九	陰1局	6/2	戊寅	四	陰7局
20	11/8	壬子	三		10/8	壬午	六		9/6	辛亥	一		8/6	辛巳	四		7/5	庚戌	八		6/3	己卯	三	
21	11/9	癸丑	二		10/9	癸未	五		9/7	壬子	九		8/7	壬午	三		7/6	辛亥	七		6/4	庚辰	二	
22	11/10	甲寅	六	陽7局	10/10	甲申	四	陰8局	9/8	癸丑	八		8/8	癸未	二		7/7	壬子	六		6/5	辛巳	一	
23	11/11	乙卯	七		10/11	乙酉	三		9/9	甲寅	七	陰8局	8/9	甲申	一	陰1局	7/8	癸丑	八		6/6	壬午	九	
24	11/12	丙辰	八		10/12	丙戌	二		9/10	乙卯	九		8/10	乙酉	九		7/9	甲寅	七	陰4局	6/7	癸未	八	陰1局
25	11/13	丁巳	九		10/13	丁亥	一		9/11	丙辰	八		8/11	丙戌	八		7/10	乙卯	六		6/8	甲申	七	
26	11/14	戊午	一		10/14	戊子	九		9/12	丁巳	七		8/12	丁亥	七		7/11	丙辰	五		6/9	乙酉	六	
27	11/15	己未	二	陽4局	10/15	己丑	八	陰2局	9/13	戊午	六		8/13	戊子	六		7/12	丁巳	四		6/10	丙戌	五	
28	11/16	庚申	三		10/16	庚寅	七		9/14	己未	五	陰2局	8/14	己丑	五	陰4局	7/13	戊午	三		6/11	丁亥	四	
29	11/17	辛酉	四		10/17	辛卯	六		9/15	庚申	四		8/15	庚寅	四		7/14	己未	二	陰7局	6/12	戊子	三	4
30	11/18	壬戌	五		10/18	壬辰	五		9/16	辛酉	三		8/16	辛卯	三		7/15	庚申	一		6/13	己丑	二	
31	11/19	癸亥	六						9/17	壬戌	二						7/16	辛酉	九		6/14	庚寅	一	

二〇二四年 甲辰 三碧

二元八運…「九運」

三元九運…「九運」

月	1月				2月				3月				4月				5月				6月			
月干支	乙丑 癸卯(年)				丙寅				丁卯				戊辰				己巳				庚午			
紫白	六白				五黄				四緑				三碧				二黒				一白			
節気	6 小寒 5時49分	20 大寒 23時7分	日紫白	奇門遁甲局数	4 立春 17時27分	19 雨水 13時13分	日紫白	奇門遁甲局数	5 啓蟄 11時23分	20 春分 12時6分	日紫白	奇門遁甲局数	4 清明 16時2分	19 穀雨 23時0分	日紫白	奇門遁甲局数	5 立夏 9時10分	20 小満 21時59分	日紫白	奇門遁甲局数	5 芒種 13時10分	21 夏至 5時51分	日紫白	奇門遁甲局数
新暦	農暦	日干支			農暦	日干支			農暦	日干支			農暦	日干支			農暦	日干支			農暦	日干支		
1	11/20	甲子	一	陽2局	12/22	乙未	五	陽8局	1/21	甲子	七	陽1局	2/23	乙未	二	陽4局	3/23	乙丑	五	陽4局	4/25	丙申	九	陽6局
2	11/21	乙丑	二		12/23	丙申	六		1/22	乙丑	八		2/24	丙申	三		3/24	丙寅	六		4/26	丁酉	一	
3	11/22	丙寅	三		12/24	丁酉	七		1/23	丙寅	九		2/25	丁酉	四		3/25	丁卯	七		4/27	戊戌	二	
4	11/23	丁卯	四		12/25	戊戌	八		1/24	丁卯	一		2/26	戊戌	五		3/26	戊辰	八		4/28	己亥	三	陽3局
5	11/24	戊辰	五		12/26	己亥	九	陽5局	1/25	戊辰	二		2/27	己亥	六	陽1局	3/27	己巳	九	陽1局	4/29	庚子	四	
6	11/25	己巳	六	陽8局	12/27	庚子	一		1/26	己巳	三	陽7局	2/28	庚子	七		3/28	庚午	一		5/1	辛丑	五	
7	11/26	庚午	七		12/28	辛丑	二		1/27	庚午	四		2/29	辛丑	八		3/29	辛未	二		5/2	壬寅	六	
8	11/27	辛未	八		12/29	壬寅	三		1/28	辛未	五		2/30	壬寅	九		4/1	壬申	三		5/3	癸卯	七	
9	11/28	壬申	九		12/30	癸卯	四		1/29	壬申	六		3/1	癸卯	一		4/2	癸酉	四		5/4	甲辰	八	陽9局
10	11/29	癸酉	一		1/1	甲辰	五	陽2局	2/1	癸酉	七		3/2	甲辰	二	陽7局	4/3	甲戌	五	陽7局	5/5	乙巳	九	
11	12/1	甲戌	二	陽5局	1/2	乙巳	六		2/2	甲戌	八	陽4局	3/3	乙巳	三		4/4	乙亥	六		5/6	丙午	一	
12	12/2	乙亥	三		1/3	丙午	七		2/3	乙亥	九		3/4	丙午	四		4/5	丙子	七		5/7	丁未	二	
13	12/3	丙子	四		1/4	丁未	八		2/4	丙子	一		3/5	丁未	五		4/6	丁丑	八		5/8	戊申	三	
14	12/4	丁丑	五		1/5	戊申	九		2/5	丁丑	二		3/6	戊申	六		4/7	戊寅	九		5/9	己酉	四	陰9局
15	12/5	戊寅	六		1/6	己酉	一	陽9局	2/6	戊寅	三		3/7	己酉	七	陽5局	4/8	己卯	一	陽5局	5/10	庚戌	五	
16	12/6	己卯	七	陽3局	1/7	庚戌	二		2/7	己卯	四	陽3局	3/8	庚戌	八		4/9	庚辰	二		5/11	辛亥	六	
17	12/7	庚辰	八		1/8	辛亥	三		2/8	庚辰	五		3/9	辛亥	九		4/10	辛巳	三		5/12	壬子	七	
18	12/8	辛巳	九		1/9	壬子	四		2/9	辛巳	六		3/10	壬子	一		4/11	壬午	四		5/13	癸丑	八	
19	12/9	壬午	一		1/10	癸丑	二		2/10	壬午	七		3/11	癸丑	八		4/12	癸未	五		5/14	甲寅	九	陰3局
20	12/10	癸未	二		1/11	甲寅	三	陽6局	2/11	癸未	八		3/12	甲寅	九	陽2局	4/13	甲申	六	陽2局	5/15	乙卯	一	
21	12/11	甲申	三	陽9局	1/12	乙卯	四		2/12	甲申	九	陽9局	3/13	乙卯	一		4/14	乙酉	七		5/16	丙辰	二	
22	12/12	乙酉	四		1/13	丙辰	五		2/13	乙酉	一		3/14	丙辰	二		4/15	丙戌	八		5/17	丁巳	一	
23	12/13	丙戌	五		1/14	丁巳	六		2/14	丙戌	二		3/15	丁巳	三		4/16	丁亥	九		5/18	戊午	九	
24	12/14	丁亥	六		1/15	戊午	七		2/15	丁亥	三		3/16	戊午	四		4/17	戊子	一		5/19	己未	八	陰6局
25	12/15	戊子	七		1/16	己未	八	陽3局	2/16	戊子	四		3/17	己未	五	陽8局	4/18	己丑	二	陽8局	5/20	庚申	七	
26	12/16	己丑	八	陽6局	1/17	庚申	九		2/17	己丑	五	陽6局	3/18	庚申	六		4/19	庚寅	三		5/21	辛酉	六	
27	12/17	庚寅	九		1/18	辛酉	一		2/18	庚寅	六		3/19	辛酉	七		4/20	辛卯	四		5/22	壬戌	五	
28	12/18	辛卯	一		1/19	壬戌	二		2/19	辛卯	七		3/20	壬戌	八		4/21	壬辰	五		5/23	癸亥	四	
29	12/19	壬辰	二		1/20	癸亥	三		2/20	壬辰	八		3/21	癸亥	九		4/22	癸巳	六		5/24	甲子	九	8
30	12/20	癸巳	三						2/21	癸巳	九		3/22	甲子	四	4	4/23	甲午	七	6	5/25	乙丑	八	
31	12/21	甲午	四	8					2/22	甲午	一	4					4/24	乙未	八					

2023年 癸卯(年)／甲子(月)

月	12月				11月				10月				9月				8月				7月			
月干支	丙子				乙亥				甲戌				癸酉				壬申				辛未			
紫白	四緑				五黄				六白				七赤				八白				九紫			
節気	21 冬至 18時20分	7 大雪 0時17分	日紫白	奇門遁甲局数	22 小雪 4時56分	7 立冬 7時20分	日紫白	奇門遁甲局数	23 霜降 7時15分	8 寒露 4時0分	日紫白	奇門遁甲局数	22 秋分 21時43分	7 白露 12時11分	日紫白	奇門遁甲局数	22 処暑 23時55分	7 立秋 9時9分	日紫白	奇門遁甲局数	22 大暑 16時44分	6 小暑 23時20分	日紫白	奇門遁甲局数
新暦	農暦	日干支			農暦	日干支			農暦	日干支			農暦	日干支			農暦	日干支			農暦	日干支		
1	11/1	己亥	七	陰7局	10/1	己巳	一	陰9局	8/29	戊戌	五	6	7/29	戊辰	八	9	6/27	丁酉	三	2	5/26	丙寅	七	陰8局
2	11/2	庚子	六		10/2	庚午	九		8/30	己亥	四	陰9局	7/30	己巳	七	陰3局	6/28	戊戌	二		5/27	丁卯	六	
3	11/3	辛丑	五		10/3	辛未	八		9/1	庚子	三		8/1	庚午	六		6/29	己亥	一	陰5局	5/28	戊辰	五	
4	11/4	壬寅	四		10/4	壬申	七		9/2	辛丑	二		8/2	辛未	五		7/1	庚子	九		5/29	己巳	四	陰2局
5	11/5	癸卯	三		10/5	癸酉	六		9/3	壬寅	一		8/3	壬申	四		7/2	辛丑	八		5/30	庚午	三	
6	11/6	甲辰	二		10/6	甲戌	五	陰3局	9/4	癸卯	九		8/4	癸酉	三		7/3	壬寅	七		6/1	辛未	二	
7	11/7	乙巳	一	陰1局	10/7	乙亥	四		9/5	甲辰	八	陰3局	8/5	甲戌	二	陰6局	7/4	癸卯	六		6/2	壬申	一	
8	11/8	丙午	九		10/8	丙子	三		9/6	乙巳	七		8/6	乙亥	一		7/5	甲辰	五	陰8局	6/3	癸酉	九	
9	11/9	丁未	八		10/9	丁丑	二		9/7	丙午	六		8/7	丙子	九		7/6	乙巳	四		6/4	甲戌	八	陰5局
10	11/10	戊申	七		10/10	戊寅	一		9/8	丁未	五		8/8	丁丑	八		7/7	丙午	三		6/5	乙亥	七	
11	11/11	己酉	六	陰4局・閏	10/11	己卯	九	陰5局	9/9	戊申	四		8/9	戊寅	七		7/8	丁未	二		6/6	丙子	六	
12	11/12	庚戌	五		10/12	庚辰	八		9/10	己酉	三	陰5局	8/10	己卯	六	陰7局	7/9	戊申	一		6/7	丁丑	五	
13	11/13	辛亥	四		10/13	辛巳	七		9/11	庚戌	二		8/11	庚辰	五		7/10	己酉	九	陰1局	6/8	戊寅	四	
14	11/14	壬子	三		10/14	壬午	六		9/12	辛亥	一		8/12	辛巳	四		7/11	庚戌	八		6/9	己卯	三	陰7局
15	11/15	癸丑	二		10/15	癸未	五		9/13	壬子	九		8/13	壬午	三		7/12	辛亥	七		6/10	庚辰	二	
16	11/16	甲寅	一	陰7局・閏	10/16	甲申	四	陰8局	9/14	癸丑	八		8/14	癸未	二		7/13	壬子	六		6/11	辛巳	一	
17	11/17	乙卯	九		10/17	乙酉	三		9/15	甲寅	七	陰8局	8/15	甲申	一	陰1局	7/14	癸丑	五		6/12	壬午	九	
18	11/18	丙辰	八		10/18	丙戌	二		9/16	乙卯	六		8/16	乙酉	九		7/15	甲寅	四	陰4局	6/13	癸未	八	
19	11/19	丁巳	七		10/19	丁亥	一		9/17	丙辰	五		8/17	丙戌	八		7/16	乙卯	三		6/14	甲申	七	陰1局
20	11/20	戊午	六		10/20	戊子	九		9/18	丁巳	四		8/18	丁亥	七		7/17	丙辰	二		6/15	乙酉	六	
21	11/21	己未	二	陰1局・閏	10/21	己丑	八	陰2局	9/19	戊午	三		8/19	戊子	六		7/18	丁巳	一		6/16	丙戌	五	
22	11/22	庚申	三		10/22	庚寅	七		9/20	己未	二	陰2局	8/20	己丑	五	陰4局	7/19	戊午	三		6/17	丁亥	四	
23	11/23	辛酉	四		10/23	辛卯	六		9/21	庚申	四		8/21	庚寅	四		7/20	己未	二	陰7局	6/18	戊子	三	
24	11/24	壬戌	五		10/24	壬辰	五		9/22	辛酉	三		8/22	辛卯	三		7/21	庚申	一		6/19	己丑	二	陰4局
25	11/25	癸亥	六		10/25	癸巳	四		9/23	壬戌	二		8/23	壬辰	二		7/22	辛酉	九		6/20	庚寅	一	
26	11/26	甲子	一	陽1局	10/26	甲午	三	陰4局	9/24	癸亥	一		8/24	癸巳	一		7/23	壬戌	八		6/21	辛卯	九	
27	11/27	乙丑	二		10/27	乙未	二		9/25	甲子	六	陰6局	8/25	甲午	九	陰6局	7/24	癸亥	七		6/22	壬辰	八	
28	11/28	丙寅	三		10/28	丙申	一		9/26	乙丑	五		8/26	乙未	八		7/25	甲子	三	陰9局	6/23	癸巳	七	
29	11/29	丁卯	四		10/29	丁酉	九		9/27	丙寅	四		8/27	丙申	七		7/26	乙丑	二		6/24	甲午	六	陰2局
30	11/30	戊辰	五		10/30	戊戌	八		9/28	丁卯	三		8/28	丁酉	六		7/27	丙寅	一		6/25	乙未	五	
31	12/1	己巳	六	7					9/29	戊辰	二						7/28	丁卯	九		6/26	丙申	四	

二〇二五年　乙巳　二黒

二元八運…「九運」　三元九運…「九運」

月	1月				2月				3月				4月				5月				6月			
月干支	丁丑 甲辰(年)				戊寅				己卯				庚辰				辛巳				壬午			
紫白	三碧				二黒				一白				九紫				八白				七赤			
節気	5 小寒 11時33分	20 大寒 5時0分			3 立春 23時10分	18 雨水 19時6分			5 啓蟄 17時7分	20 春分 18時1分			4 清明 21時48分	20 穀雨 4時56分			5 立夏 14時57分	21 小満 3時54分			5 芒種 18時56分	21 夏至 11時42分		
新暦	農暦	日干支	日紫白	奇門遁甲局数	農暦	日干支	日紫白	奇門遁甲局数	農暦	日干支	日紫白	奇門遁甲局数	農暦	日干支	日紫白	奇門遁甲局数	農暦	日干支	日紫白	奇門遁甲局数	農暦	日干支	日紫白	奇門遁甲局数
1	12/2	庚午	七	陽7局	1/4	辛丑	二	陽9局	2/2	己巳	三	陽6局	3/4	庚子	七	陽9局	4/4	庚午	一	陽2局	5/6	辛丑	五	陽2局
2	12/3	辛未	八		1/5	壬寅	三		2/3	庚午	四		3/5	辛丑	八		4/5	辛未	二		5/7	壬寅	六	
3	12/4	壬申	九		1/6	癸卯	四		2/4	辛未	五		3/6	壬寅	九		4/6	壬申	三		5/8	癸卯	七	
4	12/5	癸酉	一		1/7	甲辰	五	陽6局	2/5	壬申	六		3/7	癸卯	一		4/7	癸酉	四		5/9	甲辰	八	陽8局
5	12/6	甲戌	二	陽4局	1/8	乙巳	六		2/6	癸酉	七		3/8	甲辰	二	陽6局	4/8	甲戌	五	陽8局	5/10	乙巳	九	
6	12/7	乙亥	三		1/9	丙午	七		2/7	甲戌	八	陽3局	3/9	乙巳	三		4/9	乙亥	六		5/11	丙午	一	
7	12/8	丙子	四		1/10	丁未	八		2/8	乙亥	九		3/10	丙午	四		4/10	丙子	七		5/12	丁未	二	
8	12/9	丁丑	五		1/11	戊申	九		2/9	丙子	一		3/11	丁未	五		4/11	丁丑	八		5/13	戊申	三	
9	12/10	戊寅	六		1/12	己酉	一	陽8局	2/10	丁丑	二		3/12	戊申	六		4/12	戊寅	九		5/14	己酉	四	陽6局
10	12/11	己卯	七	陽2局	1/13	庚戌	二		2/11	戊寅	三		3/13	己酉	七	陽4局	4/13	己卯	一	陽4局	5/15	庚戌	五	
11	12/12	庚辰	八		1/14	辛亥	三		2/12	己卯	四	陽1局	3/14	庚戌	八		4/14	庚辰	二		5/16	辛亥	六	
12	12/13	辛巳	九		1/15	壬子	四		2/13	庚辰	五		3/15	辛亥	九		4/15	辛巳	三		5/17	壬子	七	
13	12/14	壬午	一		1/16	癸丑	五		2/14	辛巳	六		3/16	壬子	一		4/16	壬午	四		5/18	癸丑	八	
14	12/15	癸未	二		1/17	甲寅	六	陽5局	2/15	壬午	七		3/17	癸丑	二		4/17	癸未	五		5/19	甲寅	九	陽3局
15	12/16	甲申	三	陽8局	1/18	乙卯	七		2/16	癸未	八		3/18	甲寅	三	陽1局	4/18	甲申	六	陽1局	5/20	乙卯	一	
16	12/17	乙酉	四		1/19	丙辰	八		2/17	甲申	九	陽7局	3/19	乙卯	四		4/19	乙酉	七		5/21	丙辰	二	
17	12/18	丙戌	五		1/20	丁巳	九		2/18	乙酉	一		3/20	丙辰	五		4/20	丙戌	八		5/22	丁巳	三	
18	12/19	丁亥	六		1/21	戊午	七		2/19	丙戌	二		3/21	丁巳	六		4/21	丁亥	九		5/23	戊午	四	
19	12/20	戊子	七		1/22	己未	八	陽2局	2/20	丁亥	三		3/22	戊午	七		4/22	戊子	一		5/24	己未	五	陽9局
20	12/21	己丑	八	陽5局	1/23	庚申	九		2/21	戊子	四		3/23	己未	五	陽7局	4/23	己丑	二	陽7局	5/25	庚申	六	
21	12/22	庚寅	九		1/24	辛酉	一		2/22	己丑	五	陽4局	3/24	庚申	六		4/24	庚寅	三		5/26	辛酉	六	
22	12/23	辛卯	一		1/25	壬戌	二		2/23	庚寅	六		3/25	辛酉	七		4/25	辛卯	四		5/27	壬戌	五	
23	12/24	壬辰	二		1/26	癸亥	三		2/24	辛卯	七		3/26	壬戌	八		4/26	壬辰	五		5/28	癸亥	四	
24	12/25	癸巳	三		1/27	甲子	七	陽9局	2/25	壬辰	八		3/27	癸亥	九		4/27	癸巳	六		5/29	甲子	九	陰9局
25	12/26	甲午	四	陽3局	1/28	乙丑	八		2/26	癸巳	九		3/28	甲子	四	陽5局	4/28	甲午	七	陽5局	6/1	乙丑	八	
26	12/27	乙未	五		1/29	丙寅	九		2/27	甲午	一	陽3局	3/29	乙丑	五		4/29	乙未	八		6/2	丙寅	七	
27	12/28	丙申	六		1/30	丁卯	一		2/28	乙未	二		3/30	丙寅	六		5/1	丙申	九		6/3	丁卯	六	
28	12/29	丁酉	七		2/1	戊辰	二		2/29	丙申	三		4/1	丁卯	七		5/2	丁酉	一		6/4	戊辰	五	
29	1/1	戊戌	八						3/1	丁酉	四		4/2	戊辰	八		5/3	戊戌	二		6/5	己巳	四	3
30	1/2	己亥	九	9					3/2	戊戌	五		4/3	己巳	九	2	5/4	己亥	三	2	6/6	庚午	三	
31	1/3	庚子	一						3/3	己亥	六	9					5/5	庚子	四					

2024年　甲辰(年)／丙子(月)

月	12月				11月				10月				9月				8月				7月			
月干支	戊子				丁亥				丙戌				乙酉				甲申				癸未			
紫白	一白				二黒				三碧				四緑				五黄				六白			
節気	22 冬至 0時3分	7 大雪 6時4分	日紫白	奇門遁甲局数	22 小雪 10時35分	7 立冬 13時4分	日紫白	奇門遁甲局数	23 霜降 12時51分	8 寒露 9時41分	日紫白	奇門遁甲局数	23 秋分 3時19分	7 白露 17時52分	日紫白	奇門遁甲局数	23 処暑 5時34分	7 立秋 14時51分	日紫白	奇門遁甲局数	22 大暑 22時29分	7 小暑 5時5分	日紫白	奇門遁甲局数
新暦	農暦	日干支			農暦	日干支			農暦	日干支			農暦	日干支			農暦	日干支			農暦	日干支		
1	10/12	甲辰	二		9/12	甲戌	五		8/10	癸卯	九	1	7/10	癸酉	三	4	閏6/8	壬寅	七	1	6/7	辛未	二	陰3局
2	10/13	乙巳	一	陰2局	9/13	乙亥	四	陰2局	8/11	甲辰	八	陰4局	7/11	甲戌	二	陰7局	閏6/9	癸卯	六		6/8	壬申	一	
3	10/14	丙午	九		9/14	丙子	三		8/12	乙巳	七		7/12	乙亥	一		閏6/10	甲辰	五	陰4局	6/9	癸酉	九	
4	10/15	丁未	八		9/15	丁丑	二		8/13	丙午	六		7/13	丙子	九		閏6/11	乙巳	四		6/10	甲戌	八	陰6局
5	10/16	戊申	七		9/16	戊寅	一		8/14	丁未	五		7/14	丁丑	八		閏6/12	丙午	三		6/11	乙亥	七	
6	10/17	己酉	六	陰4局	9/17	己卯	九	陰6局	8/15	戊申	四		7/15	戊寅	七		閏6/13	丁未	二		6/12	丙子	六	
7	10/18	庚戌	五		9/18	庚辰	八		8/16	己酉	三	陰6局	7/16	己卯	六	陰9局	閏6/14	戊申	一		6/13	丁丑	五	
8	10/19	辛亥	四		9/19	辛巳	七		8/17	庚戌	二		7/17	庚辰	五		閏6/15	己酉	九	陰2局	6/14	戊寅	四	
9	10/20	壬子	三		9/20	壬午	六		8/18	辛亥	一		7/18	辛巳	四		閏6/16	庚戌	八		6/15	己卯	三	陰8局
10	10/21	癸丑	二		9/21	癸未	五		8/19	壬子	九		7/19	壬午	三		閏6/17	辛亥	七		6/16	庚辰	二	
11	10/22	甲寅	一	陰7局	9/22	甲申	四	陰9局	8/20	癸丑	八		7/20	癸未	二		閏6/18	壬子	六		6/17	辛巳	一	
12	10/23	乙卯	九		9/23	乙酉	三		8/21	甲寅	七	陰9局	7/21	甲申	一	陰3局	閏6/19	癸丑	五		6/18	壬午	九	
13	10/24	丙辰	八		9/24	丙戌	二		8/22	乙卯	六		7/22	乙酉	九		閏6/20	甲寅	四	陰5局	6/19	癸未	八	
14	10/25	丁巳	七		9/25	丁亥	一		8/23	丙辰	五		7/23	丙戌	八		閏6/21	乙卯	三		6/20	甲申	七	陰2局
15	10/26	戊午	六		9/26	戊子	九		8/24	丁巳	四		7/24	丁亥	七		閏6/22	丙辰	二		6/21	乙酉	六	
16	10/27	己未	五	陰1局	9/27	己丑	八	陰3局	8/25	戊午	三		7/25	戊子	六		閏6/23	丁巳	一		6/22	丙戌	五	
17	10/28	庚申	四		9/28	庚寅	七		8/26	己未	二	陰3局	7/26	己丑	五	陰6局	閏6/24	戊午	九		6/23	丁亥	四	
18	10/29	辛酉	三		9/29	辛卯	六		8/27	庚申	一		7/27	庚寅	四		閏6/25	己未	八	陰8局	6/24	戊子	三	
19	10/30	壬戌	二		9/30	壬辰	五		8/28	辛酉	九		7/28	辛卯	三		閏6/26	庚申	七		6/25	己丑	二	陰5局
20	11/1	癸亥	一		10/1	癸巳	四		8/29	壬戌	八		7/29	壬辰	二		閏6/27	辛酉	六		6/26	庚寅	一	
21	11/2	甲子	六	陽1局	10/2	甲午	三	陰5局	9/1	癸亥	七		7/30	癸巳	一		閏6/28	壬戌	五		6/27	辛卯	九	
22	11/3	乙丑	二		10/3	乙未	二		9/2	甲子	三	陰5局	8/1	甲午	九	陰7局	閏6/29	癸亥	四		6/28	壬辰	八	
23	11/4	丙寅	三		10/4	丙申	一		9/3	乙丑	五		8/2	乙未	八		7/1	甲子	三	陰1局	6/29	癸巳	七	
24	11/5	丁卯	四		10/5	丁酉	九		9/4	丙寅	四		8/3	丙申	七		7/2	乙丑	二		6/30	甲午	六	陰7局
25	11/6	戊辰	五		10/6	戊戌	八		9/5	丁卯	三		8/4	丁酉	六		7/3	丙寅	一		閏6/1	乙未	五	
26	11/7	己巳	六	陽7局	10/7	己亥	七	陰8局	9/6	戊辰	二		8/5	戊戌	五		7/4	丁卯	九		閏6/2	丙申	四	
27	11/8	庚午	七		10/8	庚子	六		9/7	己巳	一	陰8局	8/6	己亥	四	陰1局	7/5	戊辰	八		閏6/3	丁酉	三	
28	11/9	辛未	八		10/9	辛丑	五		9/8	庚午	九		8/7	庚子	三		7/6	己巳	七	陰4局	閏6/4	戊戌	二	
29	11/10	壬申	九		10/10	壬寅	四		9/9	辛未	八		8/8	辛丑	二		7/7	庚午	六		閏6/5	己亥	一	陰1局
30	11/11	癸酉	一		10/11	癸卯	三		9/10	壬申	七		8/9	壬寅	一		7/8	辛未	五		閏6/6	庚子	九	
31	11/12	甲戌	二	4					9/11	癸酉	六						7/9	壬申	四		閏6/7	辛丑	八	

二〇二六年 丙午 一白

二元八運…「九運」　三元九運…「九運」

6月				5月				4月				3月				2月				1月				月
甲午				癸巳				壬辰				辛卯				庚寅				己丑 乙巳(年)				月干支
四緑				五黄				六白				七赤				八白				九紫				紫白
21 夏至 17時24分	6 芒種 0時48分	日紫白	奇門遁甲局数	21 小満 9時36分	5 立夏 20時48分	日紫白	奇門遁甲局数	20 穀雨 10時39分	5 清明 3時40分	日紫白	奇門遁甲局数	20 春分 23時46分	5 啓蟄 22時59分	日紫白	奇門遁甲局数	19 雨水 0時52分	4 立春 5時2分	日紫白	奇門遁甲局数	20 大寒 10時45分	5 小寒 17時23分	日紫白	奇門遁甲局数	節気
農暦	日干支			農暦	日干支			農暦	日干支			農暦	日干支			農暦	日干支			農暦	日干支			新暦
4/16	丙午	一	陽8局	3/15	乙亥	六	陽8局	2/14	乙巳	三	陽6局	1/13	甲戌	八	陽3局	12/14	丙午	七	陽6局	11/13	乙亥	三	陽4局	1
4/17	丁未	二		3/16	丙子	七		2/15	丙午	四		1/14	乙亥	九		12/15	丁未	八		11/14	丙子	四		2
4/18	戊申	三		3/17	丁丑	八		2/16	丁未	五		1/15	丙子	一		12/16	戊申	九		11/15	丁丑	五		3
4/19	己酉	四	陽6局	3/18	戊寅	九		2/17	戊申	六		1/16	丁丑	二		12/17	己酉	一	陽8局	11/16	戊寅	六		4
4/20	庚戌	五		3/19	己卯	一	陽4局	2/18	己酉	七	陽4局	1/17	戊寅	三		12/18	庚戌	二		11/17	己卯	七	陽2局	5
4/21	辛亥	六		3/20	庚辰	二		2/19	庚戌	八		1/18	己卯	四	陽1局	12/19	辛亥	三		11/18	庚辰	八		6
4/22	壬子	七		3/21	辛巳	三		2/20	辛亥	九		1/19	庚辰	五		12/20	壬子	四		11/19	辛巳	九		7
4/23	癸丑	八		3/22	壬午	四		2/21	壬子	一		1/20	辛巳	六		12/21	癸丑	五		11/20	壬午	一		8
4/24	甲寅	九	陽3局	3/23	癸未	五		2/22	癸丑	二		1/21	壬午	七		12/22	甲寅	六	陽5局	11/21	癸未	二		9
4/25	乙卯	一		3/24	甲申	六	陽1局	2/23	甲寅	三	陽1局	1/22	癸未	八		12/23	乙卯	七		11/22	甲申	三	陽8局	10
4/26	丙辰	二		3/25	乙酉	七		2/24	乙卯	四		1/23	甲申	九	陽7局	12/24	丙辰	八		11/23	乙酉	四		11
4/27	丁巳	三		3/26	丙戌	八		2/25	丙辰	五		1/24	乙酉	一		12/25	丁巳	九		11/24	丙戌	五		12
4/28	戊午	四		3/27	丁亥	九		2/26	丁巳	六		1/25	丙戌	二		12/26	戊午	一		11/25	丁亥	六		13
4/29	己未	五	陽9局	3/28	戊子	一		2/27	戊午	七		1/26	丁亥	三		12/27	己未	二	陽2局	11/26	戊子	七		14
5/1	庚申	六		3/29	己丑	二	陽7局	2/28	己未	八	陽7局	1/27	戊子	四		12/28	庚申	三		11/27	己丑	八	陽5局	15
5/2	辛酉	七		3/30	庚寅	三		2/29	庚申	九		1/28	己丑	五	陽4局	12/29	辛酉	四		11/28	庚寅	九		16
5/3	壬戌	八		4/1	辛卯	四		3/1	辛酉	一		1/29	庚寅	六		1/1	壬戌	五		11/29	辛卯	一		17
5/4	癸亥	九		4/2	壬辰	五		3/2	壬戌	二		1/30	辛卯	七		1/2	癸亥	六		11/30	壬辰	二		18
5/5	甲子	四	陰9局	4/3	癸巳	六		3/3	癸亥	三		2/1	壬辰	八		1/3	甲子	七	陽9局	12/1	癸巳	三		19
5/6	乙丑	五		4/4	甲午	七	陽5局	3/4	甲子	四	陽5局	2/2	癸巳	九		1/4	乙丑	八		12/2	甲午	四	陽3局	20
5/7	丙寅	七		4/5	乙未	八		3/5	乙丑	五		2/3	甲午	一	陽3局	1/5	丙寅	九		12/3	乙未	五		21
5/8	丁卯	六		4/6	丙申	九		3/6	丙寅	六		2/4	乙未	二		1/6	丁卯	一		12/4	丙申	六		22
5/9	戊辰	五		4/7	丁酉	一		3/7	丁卯	七		2/5	丙申	三		1/7	戊辰	二		12/5	丁酉	七		23
5/10	己巳	四	陰3局	4/8	戊戌	二		3/8	戊辰	八		2/6	丁酉	四		1/8	己巳	三	陽6局	12/6	戊戌	八		24
5/11	庚午	三		4/9	己亥	三	陽2局	3/9	己巳	九	陽2局	2/7	戊戌	五		1/9	庚午	四		12/7	己亥	九	陽9局	25
5/12	辛未	二		4/10	庚子	四		3/10	庚午	一		2/8	己亥	六	陽9局	1/10	辛未	五		12/8	庚子	一		26
5/13	壬申	一		4/11	辛丑	五		3/11	辛未	二		2/9	庚子	七		1/11	壬申	六		12/9	辛丑	二		27
5/14	癸酉	九		4/12	壬寅	六		3/12	壬申	三		2/10	辛丑	八		1/12	癸酉	七		12/10	壬寅	三		28
5/15	甲戌	八	6	4/13	癸卯	七		3/13	癸酉	四		2/11	壬寅	九						12/11	癸卯	四		29
5/16	乙亥	七		4/14	甲辰	八	8	3/14	甲戌	五	8	2/12	癸卯	一						12/12	甲辰	五	6	30
				4/15	乙巳	九						2/13	甲辰	二	6					12/13	乙巳	六		31

月	12月				11月			
月干支	庚子				己亥			
紫白	七赤				八白			
節気	22	7	日紫白	奇門遁甲局数	22	7	日紫白	奇門遁甲局数
	冬至 5時50分	大雪 11時52分			小雪 16時23分	立冬 18時52分		
新暦	農暦	日干支			農暦	日干支		
1	10/23	己酉	六	陰4局	9/23	己卯	九	陰6局
2	10/24	庚戌	五		9/24	庚辰	八	
3	10/25	辛亥	四		9/25	辛巳	七	
4	10/26	壬子	三		9/26	壬午	六	
5	10/27	癸丑	二		9/27	癸未	五	
6	10/28	甲寅	一	陰7局	9/28	甲申	四	陰9局
7	10/29	乙卯	九		9/29	乙酉	三	
8	10/30	丙辰	八		9/30	丙戌	二	
9	11/1	丁巳	七		10/1	丁亥	一	
10	11/2	戊午	六		10/2	戊子	九	
11	11/3	己未	五	陰1局	10/3	己丑	八	陰3局
12	11/4	庚申	四		10/4	庚寅	七	
13	11/5	辛酉	三		10/5	辛卯	六	
14	11/6	壬戌	二		10/6	壬辰	五	
15	11/7	癸亥	一		10/7	癸巳	四	
16	11/8	甲子	六	陽1局	10/8	甲午	三	陰5局
17	11/9	乙丑	五		10/9	乙未	二	
18	11/10	丙寅	四		10/10	丙申	一	
19	11/11	丁卯	三		10/11	丁酉	九	
20	11/12	戊辰	二		10/12	戊戌	八	
21	11/13	己巳	一	陽7局	10/13	己亥	七	陰8局
22	11/14	庚午	七		10/14	庚子	六	
23	11/15	辛未	八		10/15	辛丑	五	
24	11/16	壬申	九		10/16	壬寅	四	
25	11/17	癸酉	一		10/17	癸卯	三	
26	11/18	甲戌	二	陽4局	10/18	甲辰	二	陰2局
27	11/19	乙亥	三		10/19	乙巳	一	
28	11/20	丙子	四		10/20	丙午	九	
29	11/21	丁丑	五		10/21	丁未	八	
30	11/22	戊寅	六		10/22	戊申	七	
31	11/23	己卯	七	2				

月	10月				9月			
月干支	戊戌				丁酉			
紫白	九紫				一白			
節気	23	8	日紫白	奇門遁甲局数	23	7	日紫白	奇門遁甲局数
	霜降 18時38分	寒露 15時29分			秋分 9時5分	白露 23時41分		
新暦	農暦	日干支			農暦	日干支		
1	8/21	戊申	四	4	7/20	戊寅	七	7
2	8/22	己酉	三	陰6局	7/21	己卯	六	陰9局
3	8/23	庚戌	二		7/22	庚辰	五	
4	8/24	辛亥	一		7/23	辛巳	四	
5	8/25	壬子	九		7/24	壬午	三	
6	8/26	癸丑	八		7/25	癸未	二	
7	8/27	甲寅	七	陰9局	7/26	甲申	一	陰3局
8	8/28	乙卯	六		7/27	乙酉	九	
9	8/29	丙辰	五		7/28	丙戌	八	
10	9/1	丁巳	四		7/29	丁亥	七	
11	9/2	戊午	三		8/1	戊子	六	
12	9/3	己未	二	陰3局	8/2	己丑	五	陰6局
13	9/4	庚申	一		8/3	庚寅	四	
14	9/5	辛酉	九		8/4	辛卯	三	
15	9/6	壬戌	八		8/5	壬辰	二	
16	9/7	癸亥	七		8/6	癸巳	一	
17	9/8	甲子	三	陰5局	8/7	甲午	九	陰7局
18	9/9	乙丑	二		8/8	乙未	八	
19	9/10	丙寅	一		8/9	丙申	七	
20	9/11	丁卯	九		8/10	丁酉	六	
21	9/12	戊辰	八		8/11	戊戌	五	
22	9/13	己巳	七	陰8局	8/12	己亥	四	陰1局
23	9/14	庚午	九		8/13	庚子	三	
24	9/15	辛未	八		8/14	辛丑	二	
25	9/16	壬申	七		8/15	壬寅	一	
26	9/17	癸酉	六		8/16	癸卯	九	
27	9/18	甲戌	五	陰2局	8/17	甲辰	八	陰4局
28	9/19	乙亥	四		8/18	乙巳	七	
29	9/20	丙子	三		8/19	丙午	六	
30	9/21	丁丑	二		8/20	丁未	五	
31	9/22	戊寅	一					

月	8月				7月			
月干支	丙申				乙未			
紫白	二黒				三碧			
節気	23	7	日紫白	奇門遁甲局数	23	7	日紫白	奇門遁甲局数
	処暑 11時19分	立秋 20時42分			大暑 4時13分	小暑 10時57分		
新暦	農暦	日干支			農暦	日干支		
1	6/19	丁未	二	4	5/17	丙子	六	陰6局
2	6/20	戊申	一		5/18	丁丑	五	
3	6/21	己酉	九	陰2局	5/19	戊寅	四	
4	6/22	庚戌	八		5/20	己卯	三	陰8局
5	6/23	辛亥	七		5/21	庚辰	二	
6	6/24	壬子	六		5/22	辛巳	一	
7	6/25	癸丑	五		5/23	壬午	九	
8	6/26	甲寅	四	陰5局	5/24	癸未	八	
9	6/27	乙卯	三		5/25	甲申	七	陰2局
10	6/28	丙辰	二		5/26	乙酉	六	
11	6/29	丁巳	一		5/27	丙戌	五	
12	6/30	戊午	九		5/28	丁亥	四	
13	7/1	己未	八	陰8局	5/29	戊子	三	
14	7/2	庚申	七		6/1	己丑	二	陰5局
15	7/3	辛酉	六		6/2	庚寅	一	
16	7/4	壬戌	五		6/3	辛卯	九	
17	7/5	癸亥	四		6/4	壬辰	八	
18	7/6	甲子	九	陰1局	6/5	癸巳	七	
19	7/7	乙丑	八		6/6	甲午	六	陰7局
20	7/8	丙寅	七		6/7	乙未	五	
21	7/9	丁卯	六		6/8	丙申	四	
22	7/10	戊辰	五		6/9	丁酉	三	
23	7/11	己巳	七	陰4局	6/10	戊戌	二	
24	7/12	庚午	六		6/11	己亥	一	陰1局
25	7/13	辛未	五		6/12	庚子	九	
26	7/14	壬申	四		6/13	辛丑	八	
27	7/15	癸酉	三		6/14	壬寅	七	
28	7/16	甲戌	二	陰7局	6/15	癸卯	六	
29	7/17	乙亥	一		6/16	甲辰	五	陰4局
30	7/18	丙子	九		6/17	乙巳	四	
31	7/19	丁丑	八		6/18	丙午	三	

二〇二七年　丁未　九紫

二元八運…「九運」　三元九運…「九運」

月	1月				2月				3月			
月干支	辛丑 丙午(年)				壬寅				癸卯			
紫白	六白				五黄				四緑			
節気	20 大寒 16時30分	5 小寒 23時10分	日紫白	奇門遁甲局数	19 雨水 6時33分	4 立春 10時46分	日紫白	奇門遁甲局数	21 春分 5時24分	6 啓蟄 4時39分	日紫白	奇門遁甲局数
新暦	農暦	日干支			農暦	日干支			農暦	日干支		
1	11/24	庚辰	八	陽2局	12/25	辛亥	三	陽8局	1/24	己卯	四	陽1局
2	11/25	辛巳	九		12/26	壬子	四		1/25	庚辰	五	
3	11/26	壬午	一		12/27	癸丑	五		1/26	辛巳	六	
4	11/27	癸未	二		12/28	甲寅	六	陽5局	1/27	壬午	七	
5	11/28	甲申	三	陽8局	12/29	乙卯	七		1/28	癸未	八	
6	11/29	乙酉	四		1/1	丙辰	八		1/29	甲申	九	陽7局
7	11/30	丙戌	五		1/2	丁巳	九		1/30	乙酉	一	
8	12/1	丁亥	六		1/3	戊午	一		2/1	丙戌	二	
9	12/2	戊子	七		1/4	己未	二	陽2局	2/2	丁亥	三	
10	12/3	己丑	八	陽5局	1/5	庚申	三		2/3	戊子	四	
11	12/4	庚寅	九		1/6	辛酉	四		2/4	己丑	五	陽4局
12	12/5	辛卯	一		1/7	壬戌	五		2/5	庚寅	六	
13	12/6	壬辰	二		1/8	癸亥	六		2/6	辛卯	七	
14	12/7	癸巳	三		1/9	甲子	一	陽9局	2/7	壬辰	八	
15	12/8	甲午	四	陽3局	1/10	乙丑	二		2/8	癸巳	九	
16	12/9	乙未	五		1/11	丙寅	三		2/9	甲午	一	陽3局
17	12/10	丙申	六		1/12	丁卯	四		2/10	乙未	二	
18	12/11	丁酉	七		1/13	戊辰	五		2/11	丙申	三	
19	12/12	戊戌	八		1/14	己巳	三	陽6局	2/12	丁酉	四	
20	12/13	己亥	九	陽9局	1/15	庚午	四		2/13	戊戌	五	
21	12/14	庚子	一		1/16	辛未	五		2/14	己亥	六	陽9局
22	12/15	辛丑	二		1/17	壬申	六		2/15	庚子	七	
23	12/16	壬寅	三		1/18	癸酉	七		2/16	辛丑	八	
24	12/17	癸卯	四		1/19	甲戌	八	陽3局	2/17	壬寅	九	
25	12/18	甲辰	五	陽6局	1/20	乙亥	九		2/18	癸卯	一	
26	12/19	乙巳	六		1/21	丙子	一		2/19	甲辰	二	陽6局
27	12/20	丙午	七		1/22	丁丑	二		2/20	乙巳	三	
28	12/21	丁未	八		1/23	戊寅	三		2/21	丙午	四	
29	12/22	戊申	九						2/22	丁未	五	
30	12/23	己酉	一	8					2/23	戊申	六	
31	12/24	庚戌	二						2/24	己酉	七	4

月	4月				5月				6月			
月干支	甲辰				乙巳				丙午			
紫白	三碧				二黒				一白			
節気	20 穀雨 16時17分	5 清明 9時17分	日紫白	奇門遁甲局数	21 小満 15時18分	6 立夏 2時25分	日紫白	奇門遁甲局数	21 夏至 23時11分	6 芒種 6時25分	日紫白	奇門遁甲局数
新暦	農暦	日干支			農暦	日干支			農暦	日干支		
1	2/25	庚戌	八	陽4局	3/25	庚辰	二	陽4局	4/27	辛亥	六	陽6局
2	2/26	辛亥	九		3/26	辛巳	三		4/28	壬子	七	
3	2/27	壬子	一		3/27	壬午	四		4/29	癸丑	八	
4	2/28	癸丑	二		3/28	癸未	五		4/30	甲寅	九	陽3局
5	2/29	甲寅	三	陽1局	3/29	甲申	六	陽1局	5/1	乙卯	一	
6	2/30	乙卯	四		4/1	乙酉	七		5/2	丙辰	二	
7	3/1	丙辰	五		4/2	丙戌	八		5/3	丁巳	三	
8	3/2	丁巳	六		4/3	丁亥	九		5/4	戊午	四	
9	3/3	戊午	七		4/4	戊子	一		5/5	己未	五	陽9局
10	3/4	己未	八	陽7局	4/5	己丑	二	陽7局	5/6	庚申	六	
11	3/5	庚申	九		4/6	庚寅	三		5/7	辛酉	七	
12	3/6	辛酉	一		4/7	辛卯	四		5/8	壬戌	八	
13	3/7	壬戌	二		4/8	壬辰	五		5/9	癸亥	九	
14	3/8	癸亥	三		4/9	癸巳	六		5/10	甲子	四	陰9局
15	3/9	甲子	七	陽5局	4/10	甲午	七	陽5局	5/11	乙丑	五	
16	3/10	乙丑	八		4/11	乙未	八		5/12	丙寅	六	
17	3/11	丙寅	九		4/12	丙申	九		5/13	丁卯	七	
18	3/12	丁卯	一		4/13	丁酉	一		5/14	戊辰	八	
19	3/13	戊辰	二		4/14	戊戌	二		5/15	己巳	九	陰3局
20	3/14	己巳	九	陽2局	4/15	己亥	三	陽2局	5/16	庚午	一	
21	3/15	庚午	一		4/16	庚子	四		5/17	辛未	二	
22	3/16	辛未	二		4/17	辛丑	五		5/18	壬申	一	
23	3/17	壬申	三		4/18	壬寅	六		5/19	癸酉	九	
24	3/18	癸酉	四		4/19	癸卯	七		5/20	甲戌	八	陰6局
25	3/19	甲戌	五	陽8局	4/20	甲辰	八	陽8局	5/21	乙亥	七	
26	3/20	乙亥	六		4/21	乙巳	九		5/22	丙子	六	
27	3/21	丙子	七		4/22	丙午	一		5/23	丁丑	五	
28	3/22	丁丑	八		4/23	丁未	二		5/24	戊寅	四	
29	3/23	戊寅	九		4/24	戊申	三		5/25	己卯	三	8
30	3/24	己卯	一	4	4/25	己酉	四	6	5/26	庚辰	二	
31					4/26	庚戌	五					

2026年　丙午(年)／庚子(月)

月	12月				11月				10月				9月				8月				7月			
月干支	壬子				辛亥				庚戌				己酉				戊申				丁未			
紫白	四緑				五黄				六白				七赤				八白				九紫			
節気	22 冬至 11時42分	7 大雪 17時37分	日紫白	奇門遁甲局数	22 小雪 22時16分	8 立冬 0時38分	日紫白	奇門遁甲局数	24 霜降 0時33分	8 寒露 21時17分	日紫白	奇門遁甲局数	23 秋分 15時1分	8 白露 5時28分	日紫白	奇門遁甲局数	23 処暑 17時14分	8 立秋 2時26分	日紫白	奇門遁甲局数	23 大暑 10時4分	7 小暑 16時37分	日紫白	奇門遁甲局数
新暦	農暦	日干支			農暦	日干支			農暦	日干支			農暦	日干支			農暦	日干支			農暦	日干支		
1	11/4	甲寅	一	陰7局	10/4	甲申	四	陰9局	9/2	癸丑	八	6	8/1	癸未	二	9	6/29	壬子	六	2	5/27	辛巳	一	陰8局
2	11/5	乙卯	九		10/5	乙酉	三		9/3	甲寅	七	陰9局	8/2	甲申	一	陰3局	7/1	癸丑	五		5/28	壬午	九	
3	11/6	丙辰	八		10/6	丙戌	二		9/4	乙卯	六		8/3	乙酉	九		7/2	甲寅	四	陰5局	5/29	癸未	八	
4	11/7	丁巳	七		10/7	丁亥	一		9/5	丙辰	五		8/4	丙戌	八		7/3	乙卯	三		6/1	甲申	七	陰2局
5	11/8	戊午	六		10/8	戊子	九		9/6	丁巳	四		8/5	丁亥	七		7/4	丙辰	二		6/2	乙酉	六	
6	11/9	己未	五	陰1局	10/9	己丑	八	陰3局	9/7	戊午	三		8/6	戊子	六		7/5	丁巳	一		6/3	丙戌	五	
7	11/10	庚申	四		10/10	庚寅	七		9/8	己未	二	陰3局	8/7	己丑	五	陰6局	7/6	戊午	九		6/4	丁亥	四	
8	11/11	辛酉	三		10/11	辛卯	六		9/9	庚申	一		8/8	庚寅	四		7/7	己未	八	陰8局	6/5	戊子	三	
9	11/12	壬戌	二		10/12	壬辰	五		9/10	辛酉	九		8/9	辛卯	三		7/8	庚申	七		6/6	己丑	二	陰5局
10	11/13	癸亥	一		10/13	癸巳	四		9/11	壬戌	八		8/10	壬辰	二		7/9	辛酉	六		6/7	庚寅	一	
11	11/14	甲子	六	陰4局・閏	10/14	甲午	三	陰5局	9/12	癸亥	七		8/11	癸巳	一		7/10	壬戌	五		6/8	辛卯	九	
12	11/15	乙丑	五		10/15	乙未	二		9/13	甲子	三	陰5局	8/12	甲午	九	陰7局	7/11	癸亥	四		6/9	壬辰	八	
13	11/16	丙寅	四		10/16	丙申	一		9/14	乙丑	二		8/13	乙未	八		7/12	甲子	九	陰1局	6/10	癸巳	七	
14	11/17	丁卯	三		10/17	丁酉	九		9/15	丙寅	一		8/14	丙申	七		7/13	乙丑	八		6/11	甲午	六	陰7局
15	11/18	戊辰	二		10/18	戊戌	八		9/16	丁卯	九		8/15	丁酉	六		7/14	丙寅	七		6/12	乙未	五	
16	11/19	己巳	一	陰7局・閏	10/19	己亥	七	陰8局	9/17	戊辰	八		8/16	戊戌	五		7/15	丁卯	六		6/13	丙申	四	
17	11/20	庚午	九		10/20	庚子	六		9/18	己巳	七	陰8局	8/17	己亥	四	陰1局	7/16	戊辰	五		6/14	丁酉	三	
18	11/21	辛未	八		10/21	辛丑	五		9/19	庚午	六		8/18	庚子	三		7/17	己巳	四	陰4局	6/15	戊戌	二	
19	11/22	壬申	七		10/22	壬寅	四		9/20	辛未	五		8/19	辛丑	二		7/18	庚午	三		6/16	己亥	一	陰1局
20	11/23	癸酉	六		10/23	癸卯	三		9/21	壬申	四		8/20	壬寅	一		7/19	辛未	二		6/17	庚子	九	
21	11/24	甲戌	五	陰1局・閏	10/24	甲辰	二	陰2局	9/22	癸酉	三		8/21	癸卯	九		7/20	壬申	一		6/18	辛丑	八	
22	11/25	乙亥	三		10/25	乙巳	一		9/23	甲戌	二	陰2局	8/22	甲辰	八	陰4局	7/21	癸酉	九		6/19	壬寅	七	
23	11/26	丙子	四		10/26	丙午	九		9/24	乙亥	一		8/23	乙巳	七		7/22	甲戌	二	陰7局	6/20	癸卯	六	
24	11/27	丁丑	五		10/27	丁未	八		9/25	丙子	三		8/24	丙午	六		7/23	乙亥	一		6/21	甲辰	五	陰4局
25	11/28	戊寅	六		10/28	戊申	七		9/26	丁丑	二		8/25	丁未	五		7/24	丙子	九		6/22	乙巳	四	
26	11/29	己卯	七	陽1局	10/29	己酉	六	陰4局	9/27	戊寅	一		8/26	戊申	四		7/25	丁丑	八		6/23	丙午	三	
27	11/30	庚辰	八		10/30	庚戌	五		9/28	己卯	九	陰6局	8/27	己酉	三	陰6局	7/26	戊寅	七		6/24	丁未	二	
28	12/1	辛巳	九		11/1	辛亥	四		9/29	庚辰	八		8/28	庚戌	二		7/27	己卯	六	陰9局	6/25	戊申	一	
29	12/2	壬午	一		11/2	壬子	三		10/1	辛巳	七		8/29	辛亥	一		7/28	庚辰	五		6/26	己酉	九	陰2局
30	12/3	癸未	二		11/3	癸丑	二		10/2	壬午	六		9/1	壬子	九		7/29	辛巳	四		6/27	庚戌	八	
31	12/4	甲申	三	7					10/3	癸未	五						7/30	壬午	三		6/28	辛亥	七	

二〇二八年　戊申　八白

二元八運…「九運」　三元九運…「九運」

月	1月				2月				3月				4月				5月				6月			
月干支	癸丑 丁未(年)				甲寅				乙卯				丙辰				丁巳				戊午			
紫白	三碧				二黒				一白				九紫				八白				七赤			
節気	6 小寒 4時54分 / 20 大寒 22時22分				4 立春 16時31分 / 19 雨水 12時26分				5 啓蟄 10時24分 / 20 春分 11時17分				4 清明 15時3分 / 19 穀雨 22時9分				5 立夏 8時12分 / 20 小満 21時9分				5 芒種 12時16分 / 21 夏至 5時2分			
新暦	農暦	日干支	日紫白	奇門遁甲局数	農暦	日干支	日紫白	奇門遁甲局数	農暦	日干支	日紫白	奇門遁甲局数	農暦	日干支	日紫白	奇門遁甲局数	農暦	日干支	日紫白	奇門遁甲局数	農暦	日干支	日紫白	奇門遁甲局数
1	12/5	乙酉	四	陽7局	1/7	丙辰	八	陽9局	2/6	乙酉	一	陽6局	3/7	丙辰	五	陽9局	4/7	丙戌	八	陽2局	5/9	丁巳	三	2
2	12/6	丙戌	五		1/8	丁巳	九		2/7	丙戌	二		3/8	丁巳	六		4/8	丁亥	九		5/10	戊午	四	
3	12/7	丁亥	六		1/9	戊午	一		2/8	丁亥	三		3/9	戊午	七		4/9	戊子	一		5/11	己未	五	陽8局
4	12/8	戊子	七		1/10	己未	二	陽6局	2/9	戊子	四		3/10	己未	八	陽6局	4/10	己丑	二	陽8局	5/12	庚申	六	
5	12/9	己丑	八		1/11	庚申	三		2/10	己丑	五	陽3局	3/11	庚申	九		4/11	庚寅	三		5/13	辛酉	七	
6	12/10	庚寅	九	陽4局	1/12	辛酉	四		2/11	庚寅	六		3/12	辛酉	一		4/12	辛卯	四		5/14	壬戌	八	
7	12/11	辛卯	一		1/13	壬戌	五		2/12	辛卯	七		3/13	壬戌	二		4/13	壬辰	五		5/15	癸亥	九	
8	12/12	壬辰	二		1/14	癸亥	六		2/13	壬辰	八		3/14	癸亥	三		4/14	癸巳	六		5/16	甲子	四	陽6局
9	12/13	癸巳	三		1/15	甲子	一	陽8局	2/14	癸巳	九		3/15	甲子	七	陽4局	4/15	甲午	七	陽4局	5/17	乙丑	五	
10	12/14	甲午	四		1/16	乙丑	二		2/15	甲午	一	陽1局	3/16	乙丑	八		4/16	乙未	八		5/18	丙寅	六	
11	12/15	乙未	五	陽2局	1/17	丙寅	三		2/16	乙未	二		3/17	丙寅	九		4/17	丙申	九		5/19	丁卯	七	
12	12/16	丙申	六		1/18	丁卯	四		2/17	丙申	三		3/18	丁卯	一		4/18	丁酉	一		5/20	戊辰	八	
13	12/17	丁酉	七		1/19	戊辰	五		2/18	丁酉	四		3/19	戊辰	二		4/19	戊戌	二		5/21	己巳	九	陽3局
14	12/18	戊戌	八		1/20	己巳	六	陽5局	2/19	戊戌	五		3/20	己巳	三	陽1局	4/20	己亥	三	陽1局	5/22	庚午	一	
15	12/19	己亥	九		1/21	庚午	七		2/20	己亥	六	陽7局	3/21	庚午	四		4/21	庚子	四		5/23	辛未	二	
16	12/20	庚子	一	陽8局	1/22	辛未	八		2/21	庚子	七		3/22	辛未	五		4/22	辛丑	五		5/24	壬申	三	
17	12/21	辛丑	二		1/23	壬申	九		2/22	辛丑	八		3/23	壬申	六		4/23	壬寅	六		5/25	癸酉	四	
18	12/22	壬寅	三		1/24	癸酉	一		2/23	壬寅	九		3/24	癸酉	七		4/24	癸卯	七		5/26	甲戌	五	陽9局
19	12/23	癸卯	四		1/25	甲戌	八	陽2局	2/24	癸卯	一		3/25	甲戌	五	陽7局	4/25	甲辰	八	陽7局	5/27	乙亥	六	
20	12/24	甲辰	五		1/26	乙亥	九		2/25	甲辰	二	陽4局	3/26	乙亥	六		4/26	乙巳	九		5/28	丙子	七	
21	12/25	乙巳	六	陽5局	1/27	丙子	一		2/26	乙巳	三		3/27	丙子	七		4/27	丙午	一		5/29	丁丑	五	
22	12/26	丙午	七		1/28	丁丑	二		2/27	丙午	四		3/28	丁丑	八		4/28	丁未	二		5/30	戊寅	四	
23	12/27	丁未	八		1/29	戊寅	三		2/28	丁未	五		3/29	戊寅	九		4/29	戊申	三		閏5/1	己卯	三	陰9局
24	12/28	戊申	九		1/30	己卯	四	陽9局	2/29	戊申	六		3/30	己卯	一	陽5局	5/1	己酉	四	陽5局	閏5/2	庚辰	二	
25	12/29	己酉	一		2/1	庚辰	五		2/30	己酉	七	陽3局	4/1	庚辰	二		5/2	庚戌	五		閏5/3	辛巳	一	
26	1/1	庚戌	二	陽3局	2/2	辛巳	六		3/1	庚戌	八		4/2	辛巳	三		5/3	辛亥	六		閏5/4	壬午	九	
27	1/2	辛亥	三		2/3	壬午	七		3/2	辛亥	九		4/3	壬午	四		5/4	壬子	七		閏5/5	癸未	八	
28	1/3	壬子	四		2/4	癸未	八		3/3	壬子	一		4/4	癸未	五		5/5	癸丑	八		閏5/6	甲申	七	陰3局
29	1/4	癸丑	五		2/5	甲申	九	6	3/4	癸丑	二		4/5	甲申	六	2	5/6	甲寅	九	陽2局	閏5/7	乙酉	六	
30	1/5	甲寅	六						3/5	甲寅	三	9	4/6	乙酉	七		5/7	乙卯	一		閏5/8	丙戌	五	
31	1/6	乙卯	七	9					3/6	乙卯	四						5/8	丙辰	二					

2027年　丁未(年)／壬子(月)

月	12月				11月				10月				9月				8月				7月			
月干支	甲子				癸亥				壬戌				辛酉				庚申				己未			
紫白	一白				二黒				三碧				四緑				五黄				六白			
節気	21 冬至 17時19分	6 大雪 23時24分	日紫白	奇門遁甲局数	22 小雪 3時54分	7 立冬 6時27分	日紫白	奇門遁甲局数	23 霜降 6時13分	8 寒露 3時8分	日紫白	奇門遁甲局数	22 秋分 20時45分	7 白露 11時22分	日紫白	奇門遁甲局数	22 処暑 23時1分	7 立秋 8時21分	日紫白	奇門遁甲局数	22 大暑 15時54分	6 小暑 22時30分	日紫白	奇門遁甲局数
新暦	農暦	日干支			農暦	日干支			農暦	日干支			農暦	日干支			農暦	日干支			農暦	日干支		
1	10/16	庚申	四	陰2局	9/15	庚寅	七	陰2局	8/13	己未	二	陰4局	7/13	己丑	五	陰7局	6/11	戊午	九	1	閏5/9	丁亥	四	3
2	10/17	辛酉	三		9/16	辛卯	六		8/14	庚申	一		7/14	庚寅	四		6/12	己未	八	陰4局	閏5/10	戊子	三	
3	10/18	壬戌	二		9/17	壬辰	五		8/15	辛酉	九		7/15	辛卯	三		6/13	庚申	七		閏5/11	己丑	二	陰6局
4	10/19	癸亥	一		9/18	癸巳	四		8/16	壬戌	八		7/16	壬辰	二		6/14	辛酉	六		閏5/12	庚寅	一	
5	10/20	甲子	六		9/19	甲午	三	陰6局	8/17	癸亥	七		7/17	癸巳	一		6/15	壬戌	五		閏5/13	辛卯	九	
6	10/21	乙丑	五	陰4局	9/20	乙未	二		8/18	甲子	三	陰6局	7/18	甲午	九	陰9局	6/16	癸亥	四		閏5/14	壬辰	八	
7	10/22	丙寅	四		9/21	丙申	一		8/19	乙丑	二		7/19	乙未	八		6/17	甲子	九	陰2局	閏5/15	癸巳	七	
8	10/23	丁卯	三		9/22	丁酉	九		8/20	丙寅	一		7/20	丙申	七		6/18	乙丑	八		閏5/16	甲午	六	陰8局
9	10/24	戊辰	二		9/23	戊戌	八		8/21	丁卯	九		7/21	丁酉	六		6/19	丙寅	七		閏5/17	乙未	五	
10	10/25	己巳	一		9/24	己亥	七	陰9局	8/22	戊辰	八		7/22	戊戌	五		6/20	丁卯	六		閏5/18	丙申	四	
11	10/26	庚午	九	陰7局	9/25	庚子	六		8/23	己巳	七	陰9局	7/23	己亥	四	陰3局	6/21	戊辰	五		閏5/19	丁酉	三	
12	10/27	辛未	八		9/26	辛丑	五		8/24	庚午	六		7/24	庚子	三		6/22	己巳	四	陰5局	閏5/20	戊戌	二	
13	10/28	壬申	七		9/27	壬寅	四		8/25	辛未	五		7/25	辛丑	二		6/23	庚午	三		閏5/21	己亥	一	陰2局
14	10/29	癸酉	六		9/28	癸卯	三		8/26	壬申	四		7/26	壬寅	一		6/24	辛未	二		閏5/22	庚子	九	
15	10/30	甲戌	五		9/29	甲辰	二	陰3局	8/27	癸酉	三		7/27	癸卯	九		6/25	壬申	一		閏5/23	辛丑	八	
16	11/1	乙亥	四	陰1局	10/1	乙巳	一		8/28	甲戌	二	陰3局	7/28	甲辰	八	陰6局	6/26	癸酉	九		閏5/24	壬寅	七	
17	11/2	丙子	三		10/2	丙午	九		8/29	乙亥	一		7/29	乙巳	七		6/27	甲戌	八	陰8局	閏5/25	癸卯	六	
18	11/3	丁丑	二		10/3	丁未	八		9/1	丙子	九		7/30	丙午	六		6/28	乙亥	七		閏5/26	甲辰	五	陰5局
19	11/4	戊寅	一		10/4	戊申	七		9/2	丁丑	八		8/1	丁未	五		6/29	丙子	六		閏5/27	乙巳	四	
20	11/5	己卯	九	陽1局	10/5	己酉	六	陰5局	9/3	戊寅	七		8/2	戊申	四		7/1	丁丑	五		閏5/28	丙午	三	
21	11/6	庚辰	八		10/6	庚戌	五		9/4	己卯	六	陰5局	8/3	己酉	三	陰7局	7/2	戊寅	四		閏5/29	丁未	二	
22	11/7	辛巳	九		10/7	辛亥	四		9/5	庚辰	五		8/4	庚戌	二		7/3	己卯	六	陰1局	6/1	戊申	一	
23	11/8	壬午	一		10/8	壬子	三		9/6	辛巳	七		8/5	辛亥	一		7/4	庚辰	五		6/2	己酉	九	陰7局
24	11/9	癸未	二		10/9	癸丑	二		9/7	壬午	六		8/6	壬子	九		7/5	辛巳	四		6/3	庚戌	八	
25	11/10	甲申	三	陽7局	10/10	甲寅	一	陰8局	9/8	癸未	五		8/7	癸丑	八		7/6	壬午	三		6/4	辛亥	七	
26	11/11	乙酉	四		10/11	乙卯	九		9/9	甲申	四	陰8局	8/8	甲寅	七	陰1局	7/7	癸未	二		6/5	壬子	六	
27	11/12	丙戌	五		10/12	丙辰	八		9/10	乙酉	三		8/9	乙卯	六		7/8	甲申	一	陰4局	6/6	癸丑	五	
28	11/13	丁亥	六		10/13	丁巳	七		9/11	丙戌	二		8/10	丙辰	五		7/9	乙酉	九		6/7	甲寅	四	陰1局
29	11/14	戊子	七		10/14	戊午	六		9/12	丁亥	一		8/11	丁巳	四		7/10	丙戌	八		6/8	乙卯	三	
30	11/15	己丑	八	4	10/15	己未	五	2	9/13	戊子	九		8/12	戊午	三		7/11	丁亥	七		6/9	丙辰	二	
31	11/16	庚寅	九						9/14	己丑	八	2					7/12	戊子	六		6/10	丁巳	一	

二〇二九年 己酉 七赤

二元八運…「九運」

三元九運…「九運」

月	1月				2月				3月				4月				5月				6月			
月干支	乙丑 戊申(年)				丙寅				丁卯				戊辰				己巳				庚午			
紫白	九紫				八白				七赤				六白				五黄				四緑			
節気	5 小寒 10時42分	20 大寒 4時1分			3 立春 22時20分	18 雨水 18時8分			5 啓蟄 16時17分	20 春分 17時2分			4 清明 20時58分	20 穀雨 3時55分			5 立夏 14時7分	21 小満 2時56分			5 芒種 18時10分	21 夏至 10時48分		
新暦	農暦	日干支	日紫白	奇門遁甲局数	農暦	日干支	日紫白	奇門遁甲局数	農暦	日干支	日紫白	奇門遁甲局数	農暦	日干支	日紫白	奇門遁甲局数	農暦	日干支	日紫白	奇門遁甲局数	農暦	日干支	日紫白	奇門遁甲局数
1	11/17	辛卯	一	陽4局	12/18	壬戌	五	6	1/17	庚寅	六	陽3局	2/18	辛酉	一	陽6局	3/18	辛卯	四	陽8局	4/20	壬戌	八	8
2	11/18	壬辰	二		12/19	癸亥	六		1/18	辛卯	七		2/19	壬戌	二		3/19	壬辰	五		4/21	癸亥	九	
3	11/19	癸巳	三		12/20	甲子	一	陽8局	1/19	壬辰	八		2/20	癸亥	三		3/20	癸巳	六		4/22	甲子	四	陽6局
4	11/20	甲午	四	陽2局	12/21	乙丑	二		1/20	癸巳	九		2/21	甲子	七	陽4局	3/21	甲午	七	陽4局	4/23	乙丑	五	
5	11/21	乙未	五		12/22	丙寅	三		1/21	甲午	一	陽1局	2/22	乙丑	八		3/22	乙未	八		4/24	丙寅	六	
6	11/22	丙申	六		12/23	丁卯	四		1/22	乙未	二		2/23	丙寅	九		3/23	丙申	九		4/25	丁卯	七	
7	11/23	丁酉	七		12/24	戊辰	五		1/23	丙申	三		2/24	丁卯	一		3/24	丁酉	一		4/26	戊辰	八	
8	11/24	戊戌	八		12/25	己巳	六	陽5局	1/24	丁酉	四		2/25	戊辰	二		3/25	戊戌	二		4/27	己巳	九	陽3局
9	11/25	己亥	九	陽8局	12/26	庚午	七		1/25	戊戌	五		2/26	己巳	三	陽1局	3/26	己亥	三	陽1局	4/28	庚午	一	
10	11/26	庚子	一		12/27	辛未	八		1/26	己亥	六	陽7局	2/27	庚午	四		3/27	庚子	四		4/29	辛未	二	
11	11/27	辛丑	二		12/28	壬申	九		1/27	庚子	七		2/28	辛未	五		3/28	辛丑	五		4/30	壬申	三	
12	11/28	壬寅	三		12/29	癸酉	一		1/28	辛丑	八		2/29	壬申	六		3/29	壬寅	六		5/1	癸酉	四	
13	11/29	癸卯	四		1/1	甲戌	二	陽2局	1/29	壬寅	九		2/30	癸酉	七		4/1	癸卯	七		5/2	甲戌	五	陽9局
14	11/30	甲辰	五	陽5局	1/2	乙亥	三		1/30	癸卯	一		3/1	甲戌	八	陽7局	4/2	甲辰	八	陽7局	5/3	乙亥	六	
15	12/1	乙巳	六		1/3	丙子	四		2/1	甲辰	二	陽4局	3/2	乙亥	九		4/3	乙巳	九		5/4	丙子	七	
16	12/2	丙午	七		1/4	丁丑	五		2/2	乙巳	三		3/3	丙子	一		4/4	丙午	一		5/5	丁丑	八	
17	12/3	丁未	八		1/5	戊寅	六		2/3	丙午	四		3/4	丁丑	二		4/5	丁未	二		5/6	戊寅	九	
18	12/4	戊申	九		1/6	己卯	四	陽9局	2/4	丁未	五		3/5	戊寅	三		4/6	戊申	三		5/7	己卯	一	陰9局
19	12/5	己酉	一	陽3局	1/7	庚辰	五		2/5	戊申	六		3/6	己卯	四	陽5局	4/7	己酉	四	陽5局	5/8	庚辰	二	
20	12/6	庚戌	二		1/8	辛巳	六		2/6	己酉	七	陽3局	3/7	庚辰	二		4/8	庚戌	五		5/9	辛巳	三	
21	12/7	辛亥	三		1/9	壬午	七		2/7	庚戌	八		3/8	辛巳	三		4/9	辛亥	六		5/10	壬午	九	
22	12/8	壬子	四		1/10	癸未	八		2/8	辛亥	九		3/9	壬午	四		4/10	壬子	七		5/11	癸未	八	
23	12/9	癸丑	五		1/11	甲申	九	陽6局	2/9	壬子	一		3/10	癸未	五		4/11	癸丑	八		5/12	甲申	七	陰3局
24	12/10	甲寅	六	陽9局	1/12	乙酉	一		2/10	癸丑	二		3/11	甲申	六	陽2局	4/12	甲寅	九	陽2局	5/13	乙酉	六	
25	12/11	乙卯	七		1/13	丙戌	二		2/11	甲寅	三	陽9局	3/12	乙酉	七		4/13	乙卯	一		5/14	丙戌	五	
26	12/12	丙辰	八		1/14	丁亥	三		2/12	乙卯	四		3/13	丙戌	八		4/14	丙辰	二		5/15	丁亥	四	
27	12/13	丁巳	九		1/15	戊子	四		2/13	丙辰	五		3/14	丁亥	九		4/15	丁巳	三		5/16	戊子	三	
28	12/14	戊午	一		1/16	己丑	五	3	2/14	丁巳	六		3/15	戊子	一		4/16	戊午	四		5/17	己丑	二	陰6局
29	12/15	己未	二	陽6局					2/15	戊午	七		3/16	己丑	二	8	4/17	己未	五	陽8局	5/18	庚寅	一	
30	12/16	庚申	三						2/16	己未	八	6	3/17	庚寅	三		4/18	庚申	六		5/19	辛卯	九	
31	12/17	辛酉	四						2/17	庚申	九						4/19	辛酉	七					

2028年 戊申(年)／甲子(月)

月	12月				11月				10月				9月				8月				7月			
月干支	丙子				乙亥				甲戌				癸酉				壬申				辛未			
紫白	七赤				八白				九紫				一白				二黒				三碧			
節気	21 冬至 23時14分	7 大雪 5時13分	日紫白	奇門遁甲局数	22 小雪 9時49分	7 立冬 12時16分	日紫白	奇門遁甲局数	23 霜降 12時8分	8 寒露 8時58分	日紫白	奇門遁甲局数	23 秋分 2時38分	7 白露 17時12分	日紫白	奇門遁甲局数	23 処暑 4時51分	7 立秋 14時11分	日紫白	奇門遁甲局数	22 大暑 21時42分	7 小暑 4時22分	日紫白	奇門遁甲局数
新暦	農暦	日干支			農暦	日干支			農暦	日干支			農暦	日干支			農暦	日干支			農暦	日干支		
1	10/26	乙丑	五	陰4局	9/25	乙未	二	陰6局	8/24	甲子	三	陰6局	7/23	甲午	九	陰9局	6/22	癸亥	四	4	5/20	壬辰	八	6
2	10/27	丙寅	四		9/26	丙申	一		8/25	乙丑	二		7/24	乙未	八		6/23	甲子	九	陰2局	5/21	癸巳	七	
3	10/28	丁卯	三		9/27	丁酉	九		8/26	丙寅	一		7/25	丙申	七		6/24	乙丑	八		5/22	甲午	六	陰8局
4	10/29	戊辰	二		9/28	戊戌	八		8/27	丁卯	九		7/26	丁酉	六		6/25	丙寅	七		5/23	乙未	五	
5	11/1	己巳	一	陰7局	9/29	己亥	七	陰9局	8/28	戊辰	八		7/27	戊戌	五		6/26	丁卯	六		5/24	丙申	四	
6	11/2	庚午	九		10/1	庚子	六		8/29	己巳	七	陰9局	7/28	己亥	四	陰3局	6/27	戊辰	五		5/25	丁酉	三	
7	11/3	辛未	八		10/2	辛丑	五		8/30	庚午	六		7/29	庚子	三		6/28	己巳	四	陰5局	5/26	戊戌	二	
8	11/4	壬申	七		10/3	壬寅	四		9/1	辛未	五		8/1	辛丑	二		6/29	庚午	三		5/27	己亥	一	陰2局
9	11/5	癸酉	六		10/4	癸卯	三		9/2	壬申	四		8/2	壬寅	一		6/30	辛未	二		5/28	庚子	九	
10	11/6	甲戌	五	陰1局	10/5	甲辰	二	陰3局	9/3	癸酉	三		8/3	癸卯	九		7/1	壬申	一		5/29	辛丑	八	
11	11/7	乙亥	四		10/6	乙巳	一		9/4	甲戌	二	陰3局	8/4	甲辰	八	陰6局	7/2	癸酉	九		6/1	壬寅	七	
12	11/8	丙子	三		10/7	丙午	九		9/5	乙亥	一		8/5	乙巳	七		7/3	甲戌	八	陰8局	6/2	癸卯	六	
13	11/9	丁丑	二		10/8	丁未	八		9/6	丙子	九		8/6	丙午	六		7/4	乙亥	七		6/3	甲辰	五	陰5局
14	11/10	戊寅	一		10/9	戊申	七		9/7	丁丑	八		8/7	丁未	五		7/5	丙子	六		6/4	乙巳	四	
15	11/11	己卯	九	陽1局	10/10	己酉	六	陰5局	9/8	戊寅	七		8/8	戊申	四		7/6	丁丑	五		6/5	丙午	三	
16	11/12	庚辰	八		10/11	庚戌	五		9/9	己卯	六	陰5局	8/9	己酉	三	陰7局	7/7	戊寅	四		6/6	丁未	二	
17	11/13	辛巳	七		10/12	辛亥	四		9/10	庚辰	五		8/10	庚戌	二		7/8	己卯	三	陰1局	6/7	戊申	一	
18	11/14	壬午	六		10/13	壬子	三		9/11	辛巳	四		8/11	辛亥	一		7/9	庚辰	二		6/8	己酉	九	陰7局
19	11/15	癸未	五		10/14	癸丑	二		9/12	壬午	三		8/12	壬子	九		7/10	辛巳	一		6/9	庚戌	八	
20	11/16	甲申	四	陽7局	10/15	甲寅	一	陰8局	9/13	癸未	二		8/13	癸丑	八		7/11	壬午	九		6/10	辛亥	七	
21	11/17	乙酉	四		10/16	乙卯	九		9/14	甲申	一	陰8局	8/14	甲寅	七	陰1局	7/12	癸未	八		6/11	壬子	六	
22	11/18	丙戌	五		10/17	丙辰	八		9/15	乙酉	九		8/15	乙卯	六		7/13	甲申	七	陰4局	6/12	癸丑	五	
23	11/19	丁亥	六		10/18	丁巳	七		9/16	丙戌	二		8/16	丙辰	五		7/14	乙酉	九		6/13	甲寅	四	陰1局
24	11/20	戊子	七		10/19	戊午	六		9/17	丁亥	一		8/17	丁巳	四		7/15	丙戌	八		6/14	乙卯	三	
25	11/21	己丑	八	陽4局	10/20	己未	五	陰2局	9/18	戊子	九		8/18	戊午	三		7/16	丁亥	七		6/15	丙辰	二	
26	11/22	庚寅	九		10/21	庚申	四		9/19	己丑	八	陰2局	8/19	己未	二	陰4局	7/17	戊子	六		6/16	丁巳	一	
27	11/23	辛卯	一		10/22	辛酉	三		9/20	庚寅	七		8/20	庚申	一		7/18	己丑	五	陰7局	6/17	戊午	九	
28	11/24	壬辰	二		10/23	壬戌	二		9/21	辛卯	六		8/21	辛酉	九		7/19	庚寅	四		6/18	己未	八	陰4局
29	11/25	癸巳	三		10/24	癸亥	一		9/22	壬辰	五		8/22	壬戌	八		7/20	辛卯	三		6/19	庚申	七	
30	11/26	甲午	四	2	10/25	甲子	六	4	9/23	癸巳	四		8/23	癸亥	七		7/21	壬辰	二		6/20	辛酉	六	
31	11/27	乙未	五						9/24	甲午	三	6					7/22	癸巳	一		6/21	壬戌	五	

二〇三〇年 庚戌 六白

二元八運…「九運」 三元九運…「九運」

月	1月				2月				3月				4月				5月				6月			
月干支	丁丑 己酉(年)				戊寅				己卯				庚辰				辛巳				壬午			
紫白	六白				五黄				四緑				三碧				二黒				一白			
節気	5 小寒 16時30分	20 大寒 9時54分			4 立春 8時8分	19 雨水 0時0分			5 啓蟄 22時3分	20 春分 22時52分			5 清明 2時41分	20 穀雨 9時43分			5 立夏 19時46分	21 小満 8時41分			5 芒種 23時44分	21 夏至 16時31分		
新暦	農暦	日干支	日紫白	奇門遁甲局数	農暦	日干支	日紫白	奇門遁甲局数	農暦	日干支	日紫白	奇門遁甲局数	農暦	日干支	日紫白	奇門遁甲局数	農暦	日干支	日紫白	奇門遁甲局数	農暦	日干支	日紫白	奇門遁甲局数
1	11/28	丙申	六	陽2局	12/29	丁卯	四	8	1/27	乙未	二	陽1局	2/29	丙寅	九	陽4局	3/29	丙申	九	陽4局	5/1	丁卯	七	6
2	11/29	丁酉	七		12/30	戊辰	五		1/28	丙申	三		2/30	丁卯	一		4/1	丁酉	一		5/2	戊辰	八	
3	11/30	戊戌	八		1/1	己巳	六	陽5局	1/29	丁酉	四		3/1	戊辰	二		4/2	戊戌	二		5/3	己巳	九	陽3局
4	12/1	己亥	九	陽8局	1/2	庚午	七		2/1	戊戌	五		3/2	己巳	三	陽1局	4/3	己亥	三	陽1局	5/4	庚午	一	
5	12/2	庚子	一		1/3	辛未	八		2/2	己亥	六	陽7局	3/3	庚午	四		4/4	庚子	四		5/5	辛未	二	
6	12/3	辛丑	二		1/4	壬申	九		2/3	庚子	七		3/4	辛未	五		4/5	辛丑	五		5/6	壬申	三	
7	12/4	壬寅	三		1/5	癸酉	一		2/4	辛丑	八		3/5	壬申	六		4/6	壬寅	六		5/7	癸酉	四	
8	12/5	癸卯	四		1/6	甲戌	二	陽2局	2/5	壬寅	九		3/6	癸酉	七		4/7	癸卯	七		5/8	甲戌	五	陽9局
9	12/6	甲辰	五	陽5局	1/7	乙亥	三		2/6	癸卯	一		3/7	甲戌	八	陽7局	4/8	甲辰	八	陽7局	5/9	乙亥	六	
10	12/7	乙巳	六		1/8	丙子	四		2/7	甲辰	二	陽4局	3/8	乙亥	九		4/9	乙巳	九		5/10	丙子	七	
11	12/8	丙午	七		1/9	丁丑	五		2/8	乙巳	三		3/9	丙子	一		4/10	丙午	一		5/11	丁丑	八	
12	12/9	丁未	八		1/10	戊寅	六		2/9	丙午	四		3/10	丁丑	二		4/11	丁未	二		5/12	戊寅	九	
13	12/10	戊申	九		1/11	己卯	七	陽9局	2/10	丁未	五		3/11	戊寅	三		4/12	戊申	三		5/13	己卯	一	陰9局
14	12/11	己酉	一	陽3局	1/12	庚辰	八		2/11	戊申	六		3/12	己卯	四	陽5局	4/13	己酉	四	陽5局	5/14	庚辰	二	
15	12/12	庚戌	二		1/13	辛巳	九		2/12	己酉	七	陽3局	3/13	庚辰	五		4/14	庚戌	五		5/15	辛巳	三	
16	12/13	辛亥	三		1/14	壬午	一		2/13	庚戌	八		3/14	辛巳	六		4/15	辛亥	六		5/16	壬午	四	
17	12/14	壬子	四		1/15	癸未	二		2/14	辛亥	九		3/15	壬午	七		4/16	壬子	七		5/17	癸未	五	
18	12/15	癸丑	五		1/16	甲申	三	陽6局	2/15	壬子	一		3/16	癸未	八		4/17	癸丑	八		5/18	甲申	六	陰3局
19	12/16	甲寅	六	陽9局	1/17	乙酉	一		2/16	癸丑	二		3/17	甲申	九	陽2局	4/18	甲寅	九	陽2局	5/19	乙酉	七	
20	12/17	乙卯	七		1/18	丙戌	二		2/17	甲寅	三	陽9局	3/18	乙酉	七		4/19	乙卯	一		5/20	丙戌	八	
21	12/18	丙辰	八		1/19	丁亥	三		2/18	乙卯	四		3/19	丙戌	八		4/20	丙辰	二		5/21	丁亥	四	
22	12/19	丁巳	九		1/20	戊子	四		2/19	丙辰	五		3/20	丁亥	九		4/21	丁巳	三		5/22	戊子	三	
23	12/20	戊午	一		1/21	己丑	五	陽3局	2/20	丁巳	六		3/21	戊子	一		4/22	戊午	四		5/23	己丑	二	陰6局
24	12/21	己未	二	陽6局	1/22	庚寅	六		2/21	戊午	七		3/22	己丑	二	陽8局	4/23	己未	五	陽8局	5/24	庚寅	一	
25	12/22	庚申	三		1/23	辛卯	七		2/22	己未	八	陽6局	3/23	庚寅	三		4/24	庚申	六		5/25	辛卯	九	
26	12/23	辛酉	四		1/24	壬辰	八		2/23	庚申	九		3/24	辛卯	四		4/25	辛酉	七		5/26	壬辰	八	
27	12/24	壬戌	五		1/25	癸巳	九		2/24	辛酉	一		3/25	壬辰	五		4/26	壬戌	八		5/27	癸巳	七	
28	12/25	癸亥	六		1/26	甲午	一	1	2/25	壬戌	二		3/26	癸巳	六		4/27	癸亥	九		5/28	甲午	六	陰8局
29	12/26	甲子	一	陽8局					2/26	癸亥	三		3/27	甲午	七	4	4/28	甲子	四	陽6局	5/29	乙未	五	
30	12/27	乙丑	二						2/27	甲子	七	4	3/28	乙未	八		4/29	乙丑	五		5/30	丙申	四	
31	12/28	丙寅	三						2/28	乙丑	八						4/30	丙寅	六					

2029年 己酉(年)／丙子(月)

月	12月				11月				10月				9月				8月				7月			
月干支	戊子				丁亥				丙戌				乙酉				甲申				癸未			
紫白	四緑				五黄				六白				七赤				八白				九紫			
節気	22 冬至 5時9分	7 大雪 11時7分	日紫白	奇門遁甲局数	22 小雪 15時44分	7 立冬 18時8分	日紫白	奇門遁甲局数	23 霜降 18時0分	8 寒露 14時45分	日紫白	奇門遁甲局数	23 秋分 8時26分	7 白露 22時52分	日紫白	奇門遁甲局数	23 処暑 10時36分	7 立秋 19時47分	日紫白	奇門遁甲局数	23 大暑 3時25分	7 小暑 9時55分	日紫白	奇門遁甲局数
新暦	農暦	日干支			農暦	日干支			農暦	日干支			農暦	日干支			農暦	日干支			農暦	日干支		
1	11/7	庚午	九		10/6	庚子	六		9/5	己巳	七		8/4	己亥	四		7/3	戊辰	五	2	6/1	丁酉	三	8
2	11/8	辛未	八	陰7局	10/7	辛丑	五	陰9局	9/6	庚午	六	陰9局	8/5	庚子	三	陰3局	7/4	己巳	四		6/2	戊戌	二	
3	11/9	壬申	七		10/8	壬寅	四		9/7	辛未	五		8/6	辛丑	二		7/5	庚午	三	陰5局	6/3	己亥	一	
4	11/10	癸酉	六		10/9	癸卯	三		9/8	壬申	四		8/7	壬寅	一		7/6	辛未	二		6/4	庚子	九	陰2局
5	11/11	甲戌	五		10/10	甲辰	二		9/9	癸酉	三		8/8	癸卯	九		7/7	壬申	一		6/5	辛丑	八	
6	11/12	乙亥	四	陰1局	10/11	乙巳	一	陰3局	9/10	甲戌	二		8/9	甲辰	八		7/8	癸酉	九		6/6	壬寅	七	
7	11/13	丙子	三		10/12	丙午	九		9/11	乙亥	一	陰3局	8/10	乙巳	七	陰6局	7/9	甲戌	八		6/7	癸卯	六	
8	11/14	丁丑	二		10/13	丁未	八		9/12	丙子	九		8/11	丙午	六		7/10	乙亥	七	陰8局	6/8	甲辰	五	
9	11/15	戊寅	一		10/14	戊申	七		9/13	丁丑	八		8/12	丁未	五		7/11	丙子	六		6/9	乙巳	四	陰5局
10	11/16	己卯	九		10/15	己酉	六		9/14	戊寅	七		8/13	戊申	四		7/12	丁丑	五		6/10	丙午	三	
11	11/17	庚辰	八	陰4局・閏	10/16	庚戌	五	陰5局	9/15	己卯	六		8/14	己酉	三		7/13	戊寅	四		6/11	丁未	二	
12	11/18	辛巳	七		10/17	辛亥	四		9/16	庚辰	五	陰5局	8/15	庚戌	二	陰7局	7/14	己卯	三		6/12	戊申	一	
13	11/19	壬午	六		10/18	壬子	三		9/17	辛巳	四		8/16	辛亥	一		7/15	庚辰	二	陰1局	6/13	己酉	九	
14	11/20	癸未	五		10/19	癸丑	二		9/18	壬午	三		8/17	壬子	九		7/16	辛巳	一		6/14	庚戌	八	陰7局
15	11/21	甲申	四		10/20	甲寅	一		9/19	癸未	二		8/18	癸丑	八		7/17	壬午	九		6/15	辛亥	七	
16	11/22	乙酉	三	陰7局・閏	10/21	乙卯	九	陰8局	9/20	甲申	一		8/19	甲寅	七		7/18	癸未	八		6/16	壬子	六	
17	11/23	丙戌	二		10/22	丙辰	八		9/21	乙酉	九	陰8局	8/20	乙卯	六	陰1局	7/19	甲申	七		6/17	癸丑	五	
18	11/24	丁亥	一		10/23	丁巳	七		9/22	丙戌	八		8/21	丙辰	五		7/20	乙酉	六	陰4局	6/18	甲寅	四	
19	11/25	戊子	九		10/24	戊午	六		9/23	丁亥	七		8/22	丁巳	四		7/21	丙戌	五		6/19	乙卯	三	陰1局
20	11/26	己丑	八		10/25	己未	五		9/24	戊子	六		8/23	戊午	三		7/22	丁亥	四		6/20	丙辰	二	
21	11/27	庚寅	七	陰1局・閏	10/26	庚申	四	陰2局	9/25	己丑	五		8/24	己未	二		7/23	戊子	三		6/21	丁巳	一	
22	11/28	辛卯	一		10/27	辛酉	三		9/26	庚寅	四	陰2局	8/25	庚申	一	陰4局	7/24	己丑	二		6/22	戊午	九	
23	11/29	壬辰	二		10/28	壬戌	二		9/27	辛卯	六		8/26	辛酉	九		7/25	庚寅	四	陰7局	6/23	己未	八	
24	11/30	癸巳	三		10/29	癸亥	一		9/28	壬辰	五		8/27	壬戌	八		7/26	辛卯	三		6/24	庚申	七	陰4局
25	12/1	甲午	四		11/1	甲子	六		9/29	癸巳	四		8/28	癸亥	七		7/27	壬辰	二		6/25	辛酉	六	
26	12/2	乙未	五	陽1局	11/2	乙丑	五	陰4局	9/30	甲午	三		8/29	甲子	三		7/28	癸巳	一		6/26	壬戌	五	
27	12/3	丙申	六		11/3	丙寅	四		10/1	乙未	二	陰6局	9/1	乙丑	二	陰6局	7/29	甲午	九		6/27	癸亥	四	
28	12/4	丁酉	七		11/4	丁卯	三		10/2	丙申	一		9/2	丙寅	一		7/30	乙未	八	陰9局	6/28	甲子	九	
29	12/5	戊戌	八		11/5	戊辰	二		10/3	丁酉	九		9/3	丁卯	九		8/1	丙申	七		6/29	乙丑	八	陰2局
30	12/6	己亥	九	7	11/6	己巳	一	7	10/4	戊戌	八		9/4	戊辰	八		8/2	丁酉	六		7/1	丙寅	七	
31	12/7	庚子	一						10/5	己亥	七	9					8/3	戊戌	五		7/2	丁卯	六	

二〇三一年　辛亥　五黄

二元八運…「九運」　三元九運…「九運」

6月				5月				4月				3月				2月				1月				月
甲午				癸巳				壬辰				辛卯				庚寅				己丑 庚戌(年)				月干支
七赤				八白				九紫				一白				二黒				三碧				紫白
21 夏至 22時17分	6 芒種 5時35分	日紫白	奇門遁甲局数	21 小満 14時28分	6 立夏 1時35分	日紫白	奇門遁甲局数	20 穀雨 15時31分	5 清明 8時28分	日紫白	奇門遁甲局数	21 春分 4時41分	6 啓蟄 3時51分	日紫白	奇門遁甲局数	19 雨水 5時51分	4 立春 9時58分	日紫白	奇門遁甲局数	20 大寒 15時48分	5 小寒 22時23分	日紫白	奇門遁甲局数	節気
農暦	日干支			農暦	日干支			農暦	日干支			農暦	日干支			農暦	日干支			農暦	日干支			新暦
4/12	壬申	三	2	閏3/10	辛丑	五	陽2局	3/10	辛未	五	陽9局	2/9	庚子	七	陽6局	1/10	壬申	九	9	12/8	辛丑	二	陽7局	1
4/13	癸酉	四		閏3/11	壬寅	六		3/11	壬申	六		2/10	辛丑	八		1/11	癸酉	一		12/9	壬寅	三		2
4/14	甲戌	五	陽8局	閏3/12	癸卯	七		3/12	癸酉	七		2/11	壬寅	九		1/12	甲戌	二	陽6局	12/10	癸卯	四		3
4/15	乙亥	六		閏3/13	甲辰	八	陽8局	3/13	甲戌	八	陽6局	2/12	癸卯	一		1/13	乙亥	三		12/11	甲辰	五	陽4局	4
4/16	丙子	七		閏3/14	乙巳	九		3/14	乙亥	九		2/13	甲辰	二	陽3局	1/14	丙子	四		12/12	乙巳	六		5
4/17	丁丑	八		閏3/15	丙午	一		3/15	丙子	一		2/14	乙巳	三		1/15	丁丑	五		12/13	丙午	七		6
4/18	戊寅	九		閏3/16	丁未	二		3/16	丁丑	二		2/15	丙午	四		1/16	戊寅	六		12/14	丁未	八		7
4/19	己卯	一	陽6局	閏3/17	戊申	三		3/17	戊寅	三		2/16	丁未	五		1/17	己卯	七	陽8局	12/15	戊申	九		8
4/20	庚辰	二		閏3/18	己酉	四	陽4局	3/18	己卯	四	陽4局	2/17	戊申	六		1/18	庚辰	八		12/16	己酉	一	陽2局	9
4/21	辛巳	三		閏3/19	庚戌	五		3/19	庚辰	五		2/18	己酉	七	陽1局	1/19	辛巳	九		12/17	庚戌	二		10
4/22	壬午	四		閏3/20	辛亥	六		3/20	辛巳	六		2/19	庚戌	八		1/20	壬午	一		12/18	辛亥	三		11
4/23	癸未	五		閏3/21	壬子	七		3/21	壬午	七		2/20	辛亥	九		1/21	癸未	二		12/19	壬子	四		12
4/24	甲申	六	陽3局	閏3/22	癸丑	八		3/22	癸未	八		2/21	壬子	一		1/22	甲申	三	陽5局	12/20	癸丑	五		13
4/25	乙酉	七		閏3/23	甲寅	九	陽1局	3/23	甲申	九	陽1局	2/22	癸丑	二		1/23	乙酉	四		12/21	甲寅	六	陽8局	14
4/26	丙戌	八		閏3/24	乙卯	一		3/24	乙酉	一		2/23	甲寅	三	陽7局	1/24	丙戌	五		12/22	乙卯	七		15
4/27	丁亥	九		閏3/25	丙辰	二		3/25	丙戌	二		2/24	乙卯	四		1/25	丁亥	六		12/23	丙辰	八		16
4/28	戊子	一		閏3/26	丁巳	三		3/26	丁亥	三		2/25	丙辰	五		1/26	戊子	七		12/24	丁巳	九		17
4/29	己丑	二	陽9局	閏3/27	戊午	四		3/27	戊子	四		2/26	丁巳	六		1/27	己丑	八	陽2局	12/25	戊午	一		18
4/30	庚寅	三		閏3/28	己未	五	陽7局	3/28	己丑	五	陽7局	2/27	戊午	七		1/28	庚寅	六		12/26	己未	二	陽5局	19
5/1	辛卯	四		閏3/29	庚申	六		3/29	庚寅	三		2/28	己未	八	陽4局	1/29	辛卯	七		12/27	庚申	三		20
5/2	壬辰	八		4/1	辛酉	七		3/30	辛卯	四		2/29	庚申	九		2/1	壬辰	八		12/28	辛酉	四		21
5/3	癸巳	七		4/2	壬戌	八		閏3/1	壬辰	五		2/30	辛酉	一		2/2	癸巳	九		12/29	壬戌	五		22
5/4	甲午	六	陰9局	4/3	癸亥	九		閏3/2	癸巳	六		3/1	壬戌	二		2/3	甲午	一	陽9局	1/1	癸亥	六		23
5/5	乙未	五		4/4	甲子	四	陽5局	閏3/3	甲午	七	陽5局	3/2	癸亥	三		2/4	乙未	二		1/2	甲子	一	陽3局	24
5/6	丙申	四		4/5	乙丑	五		閏3/4	乙未	八		3/3	甲子	七	陽3局	2/5	丙申	三		1/3	乙丑	二		25
5/7	丁酉	三		4/6	丙寅	六		閏3/5	丙申	九		3/4	乙丑	八		2/6	丁酉	四		1/4	丙寅	三		26
5/8	戊戌	二		4/7	丁卯	七		閏3/6	丁酉	一		3/5	丙寅	九		2/7	戊戌	五		1/5	丁卯	四		27
5/9	己亥	一	陰3局	4/8	戊辰	八		閏3/7	戊戌	二		3/6	丁卯	一		2/8	己亥	六	6	1/6	戊辰	五		28
5/10	庚子	九		4/9	己巳	九	陽2局	閏3/8	己亥	三	2	3/7	戊辰	二						1/7	己巳	六	陽9局	29
5/11	辛丑	八		4/10	庚午	一		閏3/9	庚子	四		3/8	己巳	三	9					1/8	庚午	七		30
				4/11	辛未	二						3/9	庚午	四						1/9	辛未	八		31

2030年　庚戌(年)／戊子(月)

月	12月				11月				10月				9月				8月				7月			
月干支	庚子				己亥				戊戌				丁酉				丙申				乙未			
紫白	一白				二黒				三碧				四緑				五黄				六白			
節気	22	7	日紫白	奇門遁甲局数	22	8	日紫白	奇門遁甲局数	23	8	日紫白	奇門遁甲局数	23	8	日紫白	奇門遁甲局数	23	8	日紫白	奇門遁甲局数	23	7	日紫白	奇門遁甲局数
	冬至 10時55分	大雪 17時2分			小雪 21時32分	立冬 0時5分			霜降 23時49分	寒露 20時43分			秋分 14時15分	白露 4時50分			処暑 16時23分	立秋 1時43分			大暑 9時10分	小暑 15時48分		
新暦	農暦	日干支			農暦	日干支			農暦	日干支			農暦	日干支			農暦	日干支			農暦	日干支		
1	10/17	乙亥	四	陰2局	9/17	乙巳	一	陰2局	8/15	甲戌	二	陰4局	7/15	甲辰	八	陰7局	6/14	癸酉	九	1	5/12	壬寅	七	3
2	10/18	丙子	三		9/18	丙午	九		8/16	乙亥	一		7/16	乙巳	七		6/15	甲戌	八	陰4局	5/13	癸卯	六	
3	10/19	丁丑	二		9/19	丁未	八		8/17	丙子	九		7/17	丙午	六		6/16	乙亥	七		5/14	甲辰	五	陰6局
4	10/20	戊寅	一		9/20	戊申	七		8/18	丁丑	八		7/18	丁未	五		6/17	丙子	六		5/15	乙巳	四	
5	10/21	己卯	九	陰4局	9/21	己酉	六	陰6局	8/19	戊寅	七		7/19	戊申	四		6/18	丁丑	五		5/16	丙午	三	
6	10/22	庚辰	八		9/22	庚戌	五		8/20	己卯	六	陰6局	7/20	己酉	三	陰9局	6/19	戊寅	四		5/17	丁未	二	
7	10/23	辛巳	七		9/23	辛亥	四		8/21	庚辰	五		7/21	庚戌	二		6/20	己卯	三	陰2局	5/18	戊申	一	
8	10/24	壬午	六		9/24	壬子	三		8/22	辛巳	四		7/22	辛亥	一		6/21	庚辰	二		5/19	己酉	九	陰8局
9	10/25	癸未	五		9/25	癸丑	二		8/23	壬午	三		7/23	壬子	九		6/22	辛巳	一		5/20	庚戌	八	
10	10/26	甲申	四	陰7局	9/26	甲寅	一	陰9局	8/24	癸未	二		7/24	癸丑	八		6/23	壬午	九		5/21	辛亥	七	
11	10/27	乙酉	三		9/27	乙卯	九		8/25	甲申	一	陰9局	7/25	甲寅	七	陰3局	6/24	癸未	八		5/22	壬子	六	
12	10/28	丙戌	二		9/28	丙辰	八		8/26	乙酉	九		7/26	乙卯	六		6/25	甲申	七	陰5局	5/23	癸丑	五	
13	10/29	丁亥	一		9/29	丁巳	七		8/27	丙戌	八		7/27	丙辰	五		6/26	乙酉	六		5/24	甲寅	四	陰2局
14	11/1	戊子	九		9/30	戊午	六		8/28	丁亥	七		7/28	丁巳	四		6/27	丙戌	五		5/25	乙卯	三	
15	11/2	己丑	八	陰1局	10/1	己未	五	陰3局	8/29	戊子	六		7/29	戊午	三		6/28	丁亥	四		5/26	丙辰	二	
16	11/3	庚寅	七		10/2	庚申	四		9/1	己丑	五	陰3局	7/30	己未	二	陰6局	6/29	戊子	三		5/27	丁巳	一	
17	11/4	辛卯	六		10/3	辛酉	三		9/2	庚寅	四		8/1	庚申	一		6/30	己丑	二	陰8局	5/28	戊午	九	
18	11/5	壬辰	五		10/4	壬戌	二		9/3	辛卯	三		8/2	辛酉	九		7/1	庚寅	一		5/29	己未	八	陰5局
19	11/6	癸巳	四		10/5	癸亥	一		9/4	壬辰	二		8/3	壬戌	八		7/2	辛卯	九		6/1	庚申	七	
20	11/7	甲午	三	陽1局	10/6	甲子	六	陰5局	9/5	癸巳	一		8/4	癸亥	七		7/3	壬辰	八		6/2	辛酉	六	
21	11/8	乙未	二		10/7	乙丑	五		9/6	甲午	九	陰5局	8/5	甲子	三	陰7局	7/4	癸巳	七		6/3	壬戌	五	
22	11/9	丙申	六		10/8	丙寅	四		9/7	乙未	八		8/6	乙丑	二		7/5	甲午	六	陰1局	6/4	癸亥	四	
23	11/10	丁酉	七		10/9	丁卯	三		9/8	丙申	一		8/7	丙寅	一		7/6	乙未	八		6/5	甲子	九	陰7局
24	11/11	戊戌	八		10/10	戊辰	二		9/9	丁酉	九		8/8	丁卯	九		7/7	丙申	七		6/6	乙丑	八	
25	11/12	己亥	九	陽7局	10/11	己巳	一	陰8局	9/10	戊戌	八		8/9	戊辰	八		7/8	丁酉	六		6/7	丙寅	七	
26	11/13	庚子	一		10/12	庚午	九		9/11	己亥	七	陰8局	8/10	己巳	七	陰1局	7/9	戊戌	五		6/8	丁卯	六	
27	11/14	辛丑	二		10/13	辛未	八		9/12	庚子	六		8/11	庚午	六		7/10	己亥	四	陰4局	6/9	戊辰	五	
28	11/15	壬寅	三		10/14	壬申	七		9/13	辛丑	五		8/12	辛未	五		7/11	庚子	三		6/10	己巳	四	陰1局
29	11/16	癸卯	四		10/15	癸酉	六		9/14	壬寅	四		8/13	壬申	四		7/12	辛丑	二		6/11	庚午	三	
30	11/17	甲辰	五	4	10/16	甲戌	五	2	9/15	癸卯	三		8/14	癸酉	三		7/13	壬寅	一		6/12	辛未	二	
31	11/18	乙巳	六						9/16	甲辰	二	2					7/14	癸卯	九		6/13	壬申	一	

二〇三二年 壬子 四緑

三元八運…「九運」　三元九運…「九運」

1月　辛丑（辛亥(年)）　九紫

節気：6 小寒 4時16分　20 大寒 21時31分

新暦	農暦	日干支	日紫白	奇門遁甲局数
1	11/19	丙午	七	陽4局
2	11/20	丁未	八	
3	11/21	戊申	九	
4	11/22	己酉	一	陽2局
5	11/23	庚戌	二	
6	11/24	辛亥	三	
7	11/25	壬子	四	
8	11/26	癸丑	五	
9	11/27	甲寅	六	陽8局
10	11/28	乙卯	七	
11	11/29	丙辰	八	
12	11/30	丁巳	九	
13	12/1	戊午	一	
14	12/2	己未	二	陽5局
15	12/3	庚申	三	
16	12/4	辛酉	四	
17	12/5	壬戌	五	
18	12/6	癸亥	六	
19	12/7	甲子	一	陽3局
20	12/8	乙丑	二	
21	12/9	丙寅	三	
22	12/10	丁卯	四	
23	12/11	戊辰	五	
24	12/12	己巳	六	陽9局
25	12/13	庚午	七	
26	12/14	辛未	八	
27	12/15	壬申	九	
28	12/16	癸酉	一	
29	12/17	甲戌	二	陽6局
30	12/18	乙亥	三	
31	12/19	丙子	四	

2月　壬寅　八白

節気：4 立春 15時49分　19 雨水 11時32分

新暦	農暦	日干支	日紫白	奇門遁甲局数
1	12/20	丁丑	五	6
2	12/21	戊寅	六	
3	12/22	己卯	七	
4	12/23	庚辰	八	陽8局
5	12/24	辛巳	九	
6	12/25	壬午	一	
7	12/26	癸未	二	
8	12/27	甲申	三	陽5局
9	12/28	乙酉	四	
10	12/29	丙戌	五	
11	1/1	丁亥	六	
12	1/2	戊子	七	
13	1/3	己丑	八	陽2局
14	1/4	庚寅	九	
15	1/5	辛卯	一	
16	1/6	壬辰	二	
17	1/7	癸巳	三	
18	1/8	甲午	四	陽9局
19	1/9	乙未	二	
20	1/10	丙申	三	
21	1/11	丁酉	四	
22	1/12	戊戌	五	
23	1/13	己亥	六	陽6局
24	1/14	庚子	七	
25	1/15	辛丑	八	
26	1/16	壬寅	九	
27	1/17	癸卯	一	
28	1/18	甲辰	二	3
29	1/19	乙巳	三	

3月　癸卯　七赤

節気：5 啓蟄 9時40分　20 春分 10時21分

新暦	農暦	日干支	日紫白	奇門遁甲局数
1	1/20	丙午	四	陽3局
2	1/21	丁未	五	
3	1/22	戊申	六	
4	1/23	己酉	七	陽1局
5	1/24	庚戌	八	
6	1/25	辛亥	九	
7	1/26	壬子	一	
8	1/27	癸丑	二	
9	1/28	甲寅	三	陽7局
10	1/29	乙卯	四	
11	1/30	丙辰	五	
12	2/1	丁巳	六	
13	2/2	戊午	七	
14	2/3	己未	八	陽4局
15	2/4	庚申	九	
16	2/5	辛酉	一	
17	2/6	壬戌	二	
18	2/7	癸亥	三	
19	2/8	甲子	七	陽3局
20	2/9	乙丑	八	
21	2/10	丙寅	九	
22	2/11	丁卯	一	
23	2/12	戊辰	二	
24	2/13	己巳	三	陽9局
25	2/14	庚午	四	
26	2/15	辛未	五	
27	2/16	壬申	六	
28	2/17	癸酉	七	
29	2/18	甲戌	八	陽6局
30	2/19	乙亥	九	
31	2/20	丙子	一	

4月　甲辰　六白

節気：4 清明 14時17分　19 穀雨 21時14分

新暦	農暦	日干支	日紫白	奇門遁甲局数
1	2/21	丁丑	二	6
2	2/22	戊寅	三	
3	2/23	己卯	四	陽4局
4	2/24	庚辰	五	
5	2/25	辛巳	六	
6	2/26	壬午	七	
7	2/27	癸未	八	
8	2/28	甲申	九	陽1局
9	2/29	乙酉	一	
10	3/1	丙戌	二	
11	3/2	丁亥	三	
12	3/3	戊子	四	
13	3/4	己丑	五	陽7局
14	3/5	庚寅	六	
15	3/6	辛卯	七	
16	3/7	壬辰	八	
17	3/8	癸巳	九	
18	3/9	甲午	一	陽5局
19	3/10	乙未	八	
20	3/11	丙申	九	
21	3/12	丁酉	一	
22	3/13	戊戌	二	
23	3/14	己亥	三	陽2局
24	3/15	庚子	四	
25	3/16	辛丑	五	
26	3/17	壬寅	六	
27	3/18	癸卯	七	
28	3/19	甲辰	八	陽8局
29	3/20	乙巳	九	
30	3/21	丙午	一	

5月　乙巳　五黄

節気：5 立夏 7時25分　20 小満 20時15分

新暦	農暦	日干支	日紫白	奇門遁甲局数
1	3/22	丁未	二	8
2	3/23	戊申	三	
3	3/24	己酉	四	陽4局
4	3/25	庚戌	五	
5	3/26	辛亥	六	
6	3/27	壬子	七	
7	3/28	癸丑	八	
8	3/29	甲寅	九	陽1局
9	4/1	乙卯	一	
10	4/2	丙辰	二	
11	4/3	丁巳	三	
12	4/4	戊午	四	
13	4/5	己未	五	陽7局
14	4/6	庚申	六	
15	4/7	辛酉	七	
16	4/8	壬戌	八	
17	4/9	癸亥	九	
18	4/10	甲子	四	陽5局
19	4/11	乙丑	五	
20	4/12	丙寅	六	
21	4/13	丁卯	七	
22	4/14	戊辰	八	
23	4/15	己巳	九	陽2局
24	4/16	庚午	一	
25	4/17	辛未	二	
26	4/18	壬申	三	
27	4/19	癸酉	四	
28	4/20	甲戌	五	陽8局
29	4/21	乙亥	六	
30	4/22	丙子	七	
31	4/23	丁丑	八	

6月　丙午　四緑

節気：5 芒種 11時28分　21 夏至 4時8分

新暦	農暦	日干支	日紫白	奇門遁甲局数
1	4/24	戊寅	九	8
2	4/25	己卯	一	陽6局
3	4/26	庚辰	二	
4	4/27	辛巳	三	
5	4/28	壬午	四	
6	4/29	癸未	五	
7	4/30	甲申	六	陽3局
8	5/1	乙酉	七	
9	5/2	丙戌	八	
10	5/3	丁亥	九	
11	5/4	戊子	一	
12	5/5	己丑	二	陽9局
13	5/6	庚寅	三	
14	5/7	辛卯	四	
15	5/8	壬辰	五	
16	5/9	癸巳	六	
17	5/10	甲午	七	陰9局
18	5/11	乙未	八	
19	5/12	丙申	九	
20	5/13	丁酉	一	
21	5/14	戊戌	二	
22	5/15	己亥	一	陰3局
23	5/16	庚子	九	
24	5/17	辛丑	八	
25	5/18	壬寅	七	
26	5/19	癸卯	六	
27	5/20	甲辰	五	陰6局
28	5/21	乙巳	四	
29	5/22	丙午	三	
30	5/23	丁未	二	

2031年　辛亥(年)／庚子(月)

月	12月				11月				10月				9月				8月				7月			
月干支	壬子				辛亥				庚戌				己酉				戊申				丁未			
紫白	七赤				八白				九紫				一白				二黒				三碧			
節	21	6	日紫白	奇門遁甲局数	22	7	日紫白	奇門遁甲局数	23	8	日紫白	奇門遁甲局数	22	7	日紫白	奇門遁甲局数	22	7	日紫白	奇門遁甲局数	22	6	日紫白	奇門遁甲局数
気	冬至 16時55分	大雪 22時53分			小雪 3時31分	立冬 5時54分			霜降 5時46分	寒露 2時30分			秋分 20時10分	白露 10時37分			処暑 22時18分	立秋 7時32分			大暑 15時4分	小暑 21時40分		
新暦	農暦	日干支			農暦	日干支			農暦	日干支			農暦	日干支			農暦	日干支			農暦	日干支		
1	10/29	辛巳	七	陰4局	9/29	辛亥	四	陰6局	8/27	庚辰	五	陰6局	7/27	庚戌	二	陰9局	6/26	己卯	三	陰2局	5/24	戊申	一	6
2	10/30	壬午	六		9/30	壬子	三		8/28	辛巳	四		7/28	辛亥	一		6/27	庚辰	二		5/25	己酉	九	陰8局
3	11/1	癸未	五		10/1	癸丑	二		8/29	壬午	三		7/29	壬子	九		6/28	辛巳	一		5/26	庚戌	八	
4	11/2	甲申	四	陰7局	10/2	甲寅	一	陰9局	9/1	癸未	二		7/30	癸丑	八		6/29	壬午	九		5/27	辛亥	七	
5	11/3	乙酉	三		10/3	乙卯	九		9/2	甲申	一	陰9局	8/1	甲寅	七	陰3局	6/30	癸未	八		5/28	壬子	六	
6	11/4	丙戌	二		10/4	丙辰	八		9/3	乙酉	九		8/2	乙卯	六		7/1	甲申	七	陰5局	5/29	癸丑	五	
7	11/5	丁亥	一		10/5	丁巳	七		9/4	丙戌	八		8/3	丙辰	五		7/2	乙酉	六		6/1	甲寅	四	陰2局
8	11/6	戊子	九		10/6	戊午	六		9/5	丁亥	七		8/4	丁巳	四		7/3	丙戌	五		6/2	乙卯	三	
9	11/7	己丑	八	陰1局	10/7	己未	五	陰3局	9/6	戊子	六		8/5	戊午	三		7/4	丁亥	四		6/3	丙辰	二	
10	11/8	庚寅	七		10/8	庚申	四		9/7	己丑	五	陰3局	8/6	己未	二	陰6局	7/5	戊子	三		6/4	丁巳	一	
11	11/9	辛卯	六		10/9	辛酉	三		9/8	庚寅	四		8/7	庚申	一		7/6	己丑	二	陰8局	6/5	戊午	九	
12	11/10	壬辰	五		10/10	壬戌	二		9/9	辛卯	三		8/8	辛酉	九		7/7	庚寅	一		6/6	己未	八	陰5局
13	11/11	癸巳	四		10/11	癸亥	一		9/10	壬辰	二		8/9	壬戌	八		7/8	辛卯	九		6/7	庚申	七	
14	11/12	甲午	三	陽1局	10/12	甲子	六	陰5局	9/11	癸巳	一		8/10	癸亥	七		7/9	壬辰	八		6/8	辛酉	六	
15	11/13	乙未	二		10/13	乙丑	五		9/12	甲午	九	陰5局	8/11	甲子	三	陰7局	7/10	癸巳	七		6/9	壬戌	五	
16	11/14	丙申	一		10/14	丙寅	四		9/13	乙未	八		8/12	乙丑	二		7/11	甲午	六	陰1局	6/10	癸亥	四	
17	11/15	丁酉	九		10/15	丁卯	三		9/14	丙申	七		8/13	丙寅	一		7/12	乙未	五		6/11	甲子	九	陰7局
18	11/16	戊戌	八		10/16	戊辰	二		9/15	丁酉	六		8/14	丁卯	九		7/13	丙申	四		6/12	乙丑	八	
19	11/17	己亥	七	陽7局	10/17	己巳	一	陰8局	9/16	戊戌	五		8/15	戊辰	八		7/14	丁酉	三		6/13	丙寅	七	
20	11/18	庚子	六		10/18	庚午	九		9/17	己亥	四	陰8局	8/16	己巳	七	陰1局	7/15	戊戌	二		6/14	丁卯	六	
21	11/19	辛丑	二		10/19	辛未	八		9/18	庚子	三		8/17	庚午	六		7/16	己亥	一	陰4局	6/15	戊辰	五	
22	11/20	壬寅	三		10/20	壬申	七		9/19	辛丑	二		8/18	辛未	五		7/17	庚子	三		6/16	己巳	四	陰1局
23	11/21	癸卯	四		10/21	癸酉	六		9/20	壬寅	四		8/19	壬申	四		7/18	辛丑	二		6/17	庚午	三	
24	11/22	甲辰	五	陽4局	10/22	甲戌	五	陰2局	9/21	癸卯	三		8/20	癸酉	三		7/19	壬寅	一		6/18	辛未	二	
25	11/23	乙巳	六		10/23	乙亥	四		9/22	甲辰	二	陰2局	8/21	甲戌	二	陰4局	7/20	癸卯	九		6/19	壬申	一	
26	11/24	丙午	七		10/24	丙子	三		9/23	乙巳	一		8/22	乙亥	一		7/21	甲辰	八	陰7局	6/20	癸酉	九	
27	11/25	丁未	八		10/25	丁丑	二		9/24	丙午	九		8/23	丙子	九		7/22	乙巳	七		6/21	甲戌	八	陰4局
28	11/26	戊申	九		10/26	戊寅	一		9/25	丁未	八		8/24	丁丑	八		7/23	丙午	六		6/22	乙亥	七	
29	11/27	己酉	一	陽2局	10/27	己卯	九	4	9/26	戊申	七		8/25	戊寅	七		7/24	丁未	五		6/23	丙子	六	
30	11/28	庚戌	二		10/28	庚辰	八		9/27	己酉	六	6	8/26	己卯	六	6	7/25	戊申	四		6/24	丁丑	五	
31	11/29	辛亥	三						9/28	庚戌	五						7/26	己酉	三	9	6/25	戊寅	四	

二〇三三年 癸丑 三碧

二元八運…「九運」

三元九運…「九運」

1月 癸丑 壬子(年) 六白

節気：5 小寒 10時8分／20 大寒 3時32分

新暦	農暦	日干支	日紫白	奇門遁甲局数
1	12/1	壬子	四	2
2	12/2	癸丑	五	
3	12/3	甲寅	六	陽8局
4	12/4	乙卯	七	
5	12/5	丙辰	八	
6	12/6	丁巳	九	
7	12/7	戊午	一	
8	12/8	己未	二	陽5局
9	12/9	庚申	三	
10	12/10	辛酉	四	
11	12/11	壬戌	五	
12	12/12	癸亥	六	
13	12/13	甲子	一	陽3局
14	12/14	乙丑	二	
15	12/15	丙寅	三	
16	12/16	丁卯	四	
17	12/17	戊辰	五	
18	12/18	己巳	六	陽9局
19	12/19	庚午	七	
20	12/20	辛未	八	
21	12/21	壬申	九	
22	12/22	癸酉	一	
23	12/23	甲戌	二	陽6局
24	12/24	乙亥	三	
25	12/25	丙子	四	
26	12/26	丁丑	五	
27	12/27	戊寅	六	
28	12/28	己卯	七	陽8局
29	12/29	庚辰	八	
30	12/30	辛巳	九	
31	1/1	壬午	一	

2月 甲寅 五黄

節気：3 立春 21時41分／18 雨水 17時33分

新暦	農暦	日干支	日紫白	奇門遁甲局数
1	1/2	癸未	二	8
2	1/3	甲申	三	陽5局
3	1/4	乙酉	四	
4	1/5	丙戌	五	
5	1/6	丁亥	六	
6	1/7	戊子	七	
7	1/8	己丑	八	陽2局
8	1/9	庚寅	九	
9	1/10	辛卯	一	
10	1/11	壬辰	二	
11	1/12	癸巳	三	
12	1/13	甲午	四	陽9局
13	1/14	乙未	五	
14	1/15	丙申	六	
15	1/16	丁酉	七	
16	1/17	戊戌	八	
17	1/18	己亥	九	陽6局
18	1/19	庚子	七	
19	1/20	辛丑	八	
20	1/21	壬寅	九	
21	1/22	癸卯	一	
22	1/23	甲辰	二	陽3局
23	1/24	乙巳	三	
24	1/25	丙午	四	
25	1/26	丁未	五	
26	1/27	戊申	六	
27	1/28	己酉	七	1
28	1/29	庚戌	八	

3月 乙卯 四緑

節気：5 啓蟄 15時32分／20 春分 16時22分

新暦	農暦	日干支	日紫白	奇門遁甲局数
1	2/1	辛亥	九	陽1局
2	2/2	壬子	一	
3	2/3	癸丑	二	
4	2/4	甲寅	三	陽7局
5	2/5	乙卯	四	
6	2/6	丙辰	五	
7	2/7	丁巳	六	
8	2/8	戊午	七	
9	2/9	己未	八	陽4局
10	2/10	庚申	九	
11	2/11	辛酉	一	
12	2/12	壬戌	二	
13	2/13	癸亥	三	
14	2/14	甲子	七	陽3局
15	2/15	乙丑	八	
16	2/16	丙寅	九	
17	2/17	丁卯	一	
18	2/18	戊辰	二	
19	2/19	己巳	三	陽9局
20	2/20	庚午	四	
21	2/21	辛未	五	
22	2/22	壬申	六	
23	2/23	癸酉	七	
24	2/24	甲戌	八	陽6局
25	2/25	乙亥	九	
26	2/26	丙子	一	
27	2/27	丁丑	二	
28	2/28	戊寅	三	
29	2/29	己卯	四	陽4局
30	2/30	庚辰	五	
31	3/1	辛巳	六	

4月 丙辰 三碧

節気：4 清明 20時8分／20 穀雨 3時13分

新暦	農暦	日干支	日紫白	奇門遁甲局数
1	3/2	壬午	七	4
2	3/3	癸未	八	
3	3/4	甲申	九	陽1局
4	3/5	乙酉	一	
5	3/6	丙戌	二	
6	3/7	丁亥	三	
7	3/8	戊子	四	
8	3/9	己丑	五	陽7局
9	3/10	庚寅	六	
10	3/11	辛卯	七	
11	3/12	壬辰	八	
12	3/13	癸巳	九	
13	3/14	甲午	一	陽5局
14	3/15	乙未	二	
15	3/16	丙申	三	
16	3/17	丁酉	四	
17	3/18	戊戌	五	
18	3/19	己亥	六	陽2局
19	3/20	庚子	七	
20	3/21	辛丑	五	
21	3/22	壬寅	六	
22	3/23	癸卯	七	
23	3/24	甲辰	八	陽8局
24	3/25	乙巳	九	
25	3/26	丙午	一	
26	3/27	丁未	二	
27	3/28	戊申	三	
28	3/29	己酉	四	陽4局
29	4/1	庚戌	五	
30	4/2	辛亥	六	

5月 丁巳 二黒

節気：5 立夏 13時13分／21 小満 2時11分

新暦	農暦	日干支	日紫白	奇門遁甲局数
1	4/3	壬子	七	4
2	4/4	癸丑	八	
3	4/5	甲寅	九	陽1局
4	4/6	乙卯	一	
5	4/7	丙辰	二	
6	4/8	丁巳	三	
7	4/9	戊午	四	
8	4/10	己未	五	陽7局
9	4/11	庚申	六	
10	4/12	辛酉	七	
11	4/13	壬戌	八	
12	4/14	癸亥	九	
13	4/15	甲子	四	陽5局
14	4/16	乙丑	五	
15	4/17	丙寅	六	
16	4/18	丁卯	七	
17	4/19	戊辰	八	
18	4/20	己巳	九	陽2局
19	4/21	庚午	一	
20	4/22	辛未	二	
21	4/23	壬申	三	
22	4/24	癸酉	四	
23	4/25	甲戌	五	陽8局
24	4/26	乙亥	六	
25	4/27	丙子	七	
26	4/28	丁丑	八	
27	4/29	戊寅	九	
28	5/1	己卯	一	陽6局
29	5/2	庚辰	二	
30	5/3	辛巳	三	
31	5/4	壬午	四	

6月 戊午 一白

節気：5 芒種 17時13分／21 夏至 10時1分

新暦	農暦	日干支	日紫白	奇門遁甲局数
1	5/5	癸未	五	6
2	5/6	甲申	六	陽3局
3	5/7	乙酉	七	
4	5/8	丙戌	八	
5	5/9	丁亥	九	
6	5/10	戊子	一	
7	5/11	己丑	二	陽9局
8	5/12	庚寅	三	
9	5/13	辛卯	四	
10	5/14	壬辰	五	
11	5/15	癸巳	六	
12	5/16	甲午	七	陽6局・閏
13	5/17	乙未	八	
14	5/18	丙申	九	
15	5/19	丁酉	一	
16	5/20	戊戌	二	
17	5/21	己亥	三	陽3局・閏
18	5/22	庚子	四	
19	5/23	辛丑	五	
20	5/24	壬寅	六	
21	5/25	癸卯	六	
22	5/26	甲辰	五	陽9局・閏
23	5/27	乙巳	四	
24	5/28	丙午	三	
25	5/29	丁未	二	
26	5/30	戊申	一	
27	6/1	己酉	九	陰9局
28	6/2	庚戌	八	
29	6/3	辛亥	七	
30	6/4	壬子	六	

2032年 壬子(年)／壬子(月)

月	12月				11月				10月				9月				8月				7月			
月干支	甲子				癸亥				壬戌				辛酉				庚申				己未			
紫白	四緑				五黄				六白				七赤				八白				九紫			
節気	21 冬至 22時46分	7 大雪 4時44分	日紫白	奇門遁甲局数	22 小雪 9時16分	7 立冬 11時41分	日紫白	奇門遁甲局数	23 霜降 11時27分	8 寒露 8時13分	日紫白	奇門遁甲局数	23 秋分 1時51分	7 白露 16時20分	日紫白	奇門遁甲局数	23 処暑 4時1分	7 立秋 13時15分	日紫白	奇門遁甲局数	22 大暑 20時52分	7 小暑 3時24分	日紫白	奇門遁甲局数
新暦	農暦	日干支			農暦	日干支			農暦	日干支			農暦	日干支			農暦	日干支			農暦	日干支		
1	11/10	丙戌	二	陰8局	10/10	丙辰	八	陰8局	9/9	乙酉	九	陰1局	8/8	乙卯	六	陰4局	7/7	甲申	七	陰1局	6/5	癸丑	五	9
2	11/11	丁亥	一		10/11	丁巳	七		9/10	丙戌	八		8/9	丙辰	五		7/8	乙酉	六		6/6	甲寅	四	陰3局
3	11/12	戊子	九		10/12	戊午	六		9/11	丁亥	七		8/10	丁巳	四		7/9	丙戌	五		6/7	乙卯	三	
4	11/13	己丑	八	陰2局	10/13	己未	五	陰2局	9/12	戊子	六		8/11	戊午	三		7/10	丁亥	四		6/8	丙辰	二	
5	11/14	庚寅	七		10/14	庚申	四		9/13	己丑	五	陰4局	8/12	己未	二	陰7局	7/11	戊子	三		6/9	丁巳	一	
6	11/15	辛卯	六		10/15	辛酉	三		9/14	庚寅	四		8/13	庚申	一		7/12	己丑	二	陰4局	6/10	戊午	九	
7	11/16	壬辰	五		10/16	壬戌	二		9/15	辛卯	三		8/14	辛酉	九		7/13	庚寅	一		6/11	己未	八	陰6局
8	11/17	癸巳	四		10/17	癸亥	一		9/16	壬辰	二		8/15	壬戌	八		7/14	辛卯	九		6/12	庚申	七	
9	11/18	甲午	三	陰4局	10/18	甲子	六	陰6局	9/17	癸巳	一		8/16	癸亥	七		7/15	壬辰	八		6/13	辛酉	六	
10	11/19	乙未	二		10/19	乙丑	五		9/18	甲午	九	陰6局	8/17	甲子	三	陰9局	7/16	癸巳	七		6/14	壬戌	五	
11	11/20	丙申	一		10/20	丙寅	四		9/19	乙未	八		8/18	乙丑	二		7/17	甲午	六	陰2局	6/15	癸亥	四	
12	11/21	丁酉	九		10/21	丁卯	三		9/20	丙申	七		8/19	丙寅	一		7/18	乙未	五		6/16	甲子	九	陰8局
13	11/22	戊戌	八		10/22	戊辰	二		9/21	丁酉	六		8/20	丁卯	九		7/19	丙申	四		6/17	乙丑	八	
14	11/23	己亥	七	陰7局	10/23	己巳	一	陰9局	9/22	戊戌	五		8/21	戊辰	八		7/20	丁酉	三		6/18	丙寅	七	
15	11/24	庚子	六		10/24	庚午	九		9/23	己亥	四	陰9局	8/22	己巳	七	陰3局	7/21	戊戌	二		6/19	丁卯	六	
16	11/25	辛丑	五		10/25	辛未	八		9/24	庚子	三		8/23	庚午	六		7/22	己亥	一	陰5局	6/20	戊辰	五	
17	11/26	壬寅	四		10/26	壬申	七		9/25	辛丑	二		8/24	辛未	五		7/23	庚子	九		6/21	己巳	四	陰2局
18	11/27	癸卯	三		10/27	癸酉	六		9/26	壬寅	一		8/25	壬申	四		7/24	辛丑	八		6/22	庚午	三	
19	11/28	甲辰	二	陰1局	10/28	甲戌	五	陰3局	9/27	癸卯	九	陰3局	8/26	癸酉	三		7/25	壬寅	七		6/23	辛未	二	
20	11/29	乙巳	一		10/29	乙亥	四		9/28	甲辰	八		8/27	甲戌	二	陰6局	7/26	癸卯	六		6/24	壬申	一	
21	11/30	丙午	七		10/30	丙子	三		9/29	乙巳	七		8/28	乙亥	一		7/27	甲辰	五	陰8局	6/25	癸酉	九	
22	閏11/1	丁未	八		11/1	丁丑	二		9/30	丙午	六		8/29	丙子	九		7/28	乙巳	四		6/26	甲戌	八	陰5局
23	閏11/2	戊申	九		11/2	戊寅	一		10/1	丁未	八		9/1	丁丑	八		7/29	丙午	六		6/27	乙亥	七	
24	閏11/3	己酉	一	陽1局	11/3	己卯	九	陰5局	10/2	戊申	七	陰5局	9/2	戊寅	七		7/30	丁未	五		6/28	丙子	六	
25	閏11/4	庚戌	二		11/4	庚辰	八		10/3	己酉	六		9/3	己卯	六	陰7局	8/1	戊申	四		6/29	丁丑	五	
26	閏11/5	辛亥	三		11/5	辛巳	七		10/4	庚戌	五		9/4	庚辰	五		8/2	己酉	三	陰1局	7/1	戊寅	四	
27	閏11/6	壬子	四		11/6	壬午	六		10/5	辛亥	四		9/5	辛巳	四		8/3	庚戌	二		7/2	己卯	三	陰7局
28	閏11/7	癸丑	五		11/7	癸未	五		10/6	壬子	三		9/6	壬午	三		8/4	辛亥	一		7/3	庚辰	二	
29	閏11/8	甲寅	六	陽7局	11/8	甲申	四	8	10/7	癸丑	二	8	9/7	癸未	二		8/5	壬子	九		7/4	辛巳	一	
30	閏11/9	乙卯	七		11/9	乙酉	三		10/8	甲寅	一		9/8	甲申	一	1	8/6	癸丑	八		7/5	壬午	九	
31	閏11/10	丙辰	八						10/9	乙卯	九						8/7	甲寅	七	4	7/6	癸未	八	

二〇三四年　甲寅　二黒

三元八運…「九運」　三元九運…「九運」

月	1月	2月	3月	4月	5月	6月
月干支	乙丑（癸丑(年)）	丙寅	丁卯	戊辰	己巳	庚午
紫白	三碧	二黒	一白	九紫	八白	七赤
節気	5 小寒 16時4分	4 立春 3時41分	5 啓蟄 21時32分	5 清明 2時6分	5 立夏 19時9分	5 芒種 23時6分
節気	20 大寒 9時27分	18 雨水 23時30分	20 春分 22時17分	20 穀雨 9時3分	21 小満 7時56分	21 夏至 15時44分

新暦	1月 農暦	日干支	日紫白	奇門遁甲局数	2月 農暦	日干支	日紫白	奇門遁甲局数	3月 農暦	日干支	日紫白	奇門遁甲局数	4月 農暦	日干支	日紫白	奇門遁甲局数	5月 農暦	日干支	日紫白	奇門遁甲局数	6月 農暦	日干支	日紫白	奇門遁甲局数
1	閏11/11	丁巳	九	7	12/13	戊子	七	9	1/11	丙辰	五	陽6局	2/13	丁亥	三	9	3/13	丁巳	三	2	4/15	戊子	一	2
2	閏11/12	戊午	一		12/14	己丑	八	陽6局	1/12	丁巳	六		2/14	戊子	四		3/14	戊午	四		4/16	己丑	二	陽8局
3	閏11/13	己未	二	陽4局	12/15	庚寅	九		1/13	戊午	七		2/15	己丑	五	陽6局	3/15	己未	五	陽8局	4/17	庚寅	三	
4	閏11/14	庚申	三		12/16	辛卯	一		1/14	己未	八	陽3局	2/16	庚寅	六		3/16	庚申	六		4/18	辛卯	四	
5	閏11/15	辛酉	四		12/17	壬辰	二		1/15	庚申	九		2/17	辛卯	七		3/17	辛酉	七		4/19	壬辰	五	
6	閏11/16	壬戌	五		12/18	癸巳	三		1/16	辛酉	一		2/18	壬辰	八		3/18	壬戌	八		4/20	癸巳	六	
7	閏11/17	癸亥	六		12/19	甲午	四	陽8局	1/17	壬戌	二		2/19	癸巳	九		3/19	癸亥	九		4/21	甲午	七	陽6局
8	閏11/18	甲子	一	陽2局	12/20	乙未	五		1/18	癸亥	三		2/20	甲午	一	陽4局	3/20	甲子	四	陽4局	4/22	乙未	八	
9	閏11/19	乙丑	二		12/21	丙申	六		1/19	甲子	七	陽1局	2/21	乙未	二		3/21	乙丑	五		4/23	丙申	九	
10	閏11/20	丙寅	三		12/22	丁酉	七		1/20	乙丑	八		2/22	丙申	三		3/22	丙寅	六		4/24	丁酉	一	
11	閏11/21	丁卯	四		12/23	戊戌	八		1/21	丙寅	九		2/23	丁酉	四		3/23	丁卯	七		4/25	戊戌	二	
12	閏11/22	戊辰	五		12/24	己亥	九	陽5局	1/22	丁卯	一		2/24	戊戌	五		3/24	戊辰	八		4/26	己亥	三	陽3局
13	閏11/23	己巳	六	陽8局	12/25	庚子	一		1/23	戊辰	二		2/25	己亥	六	陽1局	3/25	己巳	九	陽1局	4/27	庚子	四	
14	閏11/24	庚午	七		12/26	辛丑	二		1/24	己巳	三	陽7局	2/26	庚子	七		3/26	庚午	一		4/28	辛丑	五	
15	閏11/25	辛未	八		12/27	壬寅	三		1/25	庚午	四		2/27	辛丑	八		3/27	辛未	二		4/29	壬寅	六	
16	閏11/26	壬申	九		12/28	癸卯	四		1/26	辛未	五		2/28	壬寅	九		3/28	壬申	三		5/1	癸卯	七	
17	閏11/27	癸酉	一		12/29	甲辰	五	陽2局	1/27	壬申	六		2/29	癸卯	一		3/29	癸酉	四		5/2	甲辰	八	陽9局
18	閏11/28	甲戌	二	陽5局	12/30	乙巳	三		1/28	癸酉	七		2/30	甲辰	二	陽7局	4/1	甲戌	五	陽7局	5/3	乙巳	九	
19	閏11/29	乙亥	三		1/1	丙午	四		1/29	甲戌	八	陽4局	3/1	乙巳	三		4/2	乙亥	六		5/4	丙午	一	
20	12/1	丙子	四		1/2	丁未	五		2/1	乙亥	九		3/2	丙午	一		4/3	丙子	七		5/5	丁未	二	
21	12/2	丁丑	五		1/3	戊申	六		2/2	丙子	一		3/3	丁未	二		4/4	丁丑	八		5/6	戊申	一	
22	12/3	戊寅	六		1/4	己酉	七	陽9局	2/3	丁丑	二		3/4	戊申	三		4/5	戊寅	九		5/7	己酉	九	陰9局
23	12/4	己卯	七	陽3局	1/5	庚戌	八		2/4	戊寅	三		3/5	己酉	四	陽5局	4/6	己卯	一	陽5局	5/8	庚戌	八	
24	12/5	庚辰	八		1/6	辛亥	九		2/5	己卯	四	陽3局	3/6	庚戌	五		4/7	庚辰	二		5/9	辛亥	七	
25	12/6	辛巳	九		1/7	壬子	一		2/6	庚辰	五		3/7	辛亥	六		4/8	辛巳	三		5/10	壬子	六	
26	12/7	壬午	一		1/8	癸丑	二		2/7	辛巳	六		3/8	壬子	七		4/9	壬午	四		5/11	癸丑	五	
27	12/8	癸未	二		1/9	甲寅	三	6	2/8	壬午	七		3/9	癸丑	八		4/10	癸未	五		5/12	甲寅	四	陰3局
28	12/9	甲申	三	陽9局	1/10	乙卯	四		2/9	癸未	八		3/10	甲寅	九	陽2局	4/11	甲申	六	陽2局	5/13	乙卯	三	
29	12/10	乙酉	四						2/10	甲申	九	陽9局	3/11	乙卯	一		4/12	乙酉	七		5/14	丙辰	二	
30	12/11	丙戌	五						2/11	乙酉	一		3/12	丙辰	二		4/13	丙戌	八		5/15	丁巳	一	
31	12/12	丁亥	六						2/12	丙戌	二						4/14	丁亥	九					

2033年　癸丑(年)／甲子(月)

月	12月				11月				10月				9月				8月				7月			
月干支	丙子				乙亥				甲戌				癸酉				壬申				辛未			
紫白	一白				二黒				三碧				四緑				五黄				六白			
節気	22 冬至 4時34分	7 大雪 10時36分	日紫白	奇門遁甲局数	22 小雪 15時4分	7 立冬 17時33分	日紫白	奇門遁甲局数	23 霜降 17時16分	8 寒露 14時7分	日紫白	奇門遁甲局数	23 秋分 7時39分	7 白露 22時14分	日紫白	奇門遁甲局数	23 処暑 9時47分	7 立秋 19時9分	日紫白	奇門遁甲局数	23 大暑 2時36分	7 小暑 9時17分	日紫白	奇門遁甲局数
新暦	農暦	日干支			農暦	日干支			農暦	日干支			農暦	日干支			農暦	日干支			農暦	日干支		
1	10/21	辛卯	六	陰2局	9/21	辛酉	三	陰2局	8/19	庚寅	四	陰4局	7/19	庚申	一	陰7局	6/17	己丑	二	陰4局	5/16	戊午	九	3
2	10/22	壬辰	五		9/22	壬戌	二		8/20	辛卯	三		7/20	辛酉	九		6/18	庚寅	一		5/17	己未	八	陰6局
3	10/23	癸巳	四		9/23	癸亥	一		8/21	壬辰	二		7/21	壬戌	八		6/19	辛卯	九		5/18	庚申	七	
4	10/24	甲午	三	陰4局	9/24	甲子	六	陰6局	8/22	癸巳	一		7/22	癸亥	七		6/20	壬辰	八		5/19	辛酉	六	
5	10/25	乙未	二		9/25	乙丑	五		8/23	甲午	九	陰6局	7/23	甲子	三	陰9局	6/21	癸巳	七		5/20	壬戌	五	
6	10/26	丙申	一		9/26	丙寅	四		8/24	乙未	八		7/24	乙丑	二		6/22	甲午	六	陰2局	5/21	癸亥	四	
7	10/27	丁酉	九		9/27	丁卯	三		8/25	丙申	七		7/25	丙寅	一		6/23	乙未	五		5/22	甲子	九	陰8局
8	10/28	戊戌	八		9/28	戊辰	二		8/26	丁酉	六		7/26	丁卯	九		6/24	丙申	四		5/23	乙丑	八	
9	10/29	己亥	七	陰7局	9/29	己巳	一	陰9局	8/27	戊戌	五		7/27	戊辰	八		6/25	丁酉	三		5/24	丙寅	七	
10	10/30	庚子	六		9/30	庚午	九		8/28	己亥	四	陰9局	7/28	己巳	七	陰3局	6/26	戊戌	二		5/25	丁卯	六	
11	11/1	辛丑	五		10/1	辛未	八		8/29	庚子	三		7/29	庚午	六		6/27	己亥	一	陰5局	5/26	戊辰	五	
12	11/2	壬寅	四		10/2	壬申	七		9/1	辛丑	二		7/30	辛未	五		6/28	庚子	九		5/27	己巳	四	陰2局
13	11/3	癸卯	三		10/3	癸酉	六		9/2	壬寅	一		8/1	壬申	四		6/29	辛丑	八		5/28	庚午	三	
14	11/4	甲辰	二	陰1局	10/4	甲戌	五	陰3局	9/3	癸卯	九		8/2	癸酉	三		7/1	壬寅	七		5/29	辛未	二	
15	11/5	乙巳	一		10/5	乙亥	四		9/4	甲辰	八	陰3局	8/3	甲戌	二	陰6局	7/2	癸卯	六		5/30	壬申	一	
16	11/6	丙午	九		10/6	丙子	三		9/5	乙巳	七		8/4	乙亥	一		7/3	甲辰	五	陰8局	6/1	癸酉	九	
17	11/7	丁未	八		10/7	丁丑	二		9/6	丙午	六		8/5	丙子	九		7/4	乙巳	四		6/2	甲戌	八	陰5局
18	11/8	戊申	七		10/8	戊寅	一		9/7	丁未	五		8/6	丁丑	八		7/5	丙午	三		6/3	乙亥	七	
19	11/9	己酉	六	陽1局	10/9	己卯	九	陰5局	9/8	戊申	四		8/7	戊寅	七		7/6	丁未	二		6/4	丙子	六	
20	11/10	庚戌	五		10/10	庚辰	八		9/9	己酉	三	陰5局	8/8	己卯	六	陰7局	7/7	戊申	一		6/5	丁丑	五	
21	11/11	辛亥	四		10/11	辛巳	七		9/10	庚戌	二		8/9	庚辰	五		7/8	己酉	九	陰1局	6/6	戊寅	四	
22	11/12	壬子	四		10/12	壬午	六		9/11	辛亥	一		8/10	辛巳	四		7/9	庚戌	八		6/7	己卯	三	陰7局
23	11/13	癸丑	五		10/13	癸未	五		9/12	壬子	三		8/11	壬午	三		7/10	辛亥	一		6/8	庚辰	二	
24	11/14	甲寅	六	陽7局	10/14	甲申	四	陰8局	9/13	癸丑	二		8/12	癸未	二		7/11	壬子	九		6/9	辛巳	一	
25	11/15	乙卯	七		10/15	乙酉	三		9/14	甲寅	一	陰8局	8/13	甲申	一	陰1局	7/12	癸丑	八		6/10	壬午	九	
26	11/16	丙辰	八		10/16	丙戌	二		9/15	乙卯	九		8/14	乙酉	九		7/13	甲寅	七	陰4局	6/11	癸未	八	
27	11/17	丁巳	九		10/17	丁亥	一		9/16	丙辰	八		8/15	丙戌	八		7/14	乙卯	六		6/12	甲申	七	陰1局
28	11/18	戊午	一		10/18	戊子	九		9/17	丁巳	七		8/16	丁亥	七		7/15	丙辰	五		6/13	乙酉	六	
29	11/19	己未	二	陽4局	10/19	己丑	八	2	9/18	戊午	六		8/17	戊子	六		7/16	丁巳	四		6/14	丙戌	五	
30	11/20	庚申	三		10/20	庚寅	七		9/19	己未	五	2	8/18	己丑	五	4	7/17	戊午	三		6/15	丁亥	四	
31	11/21	辛酉	四						9/20	庚申	四						7/18	己未	二	7	6/16	戊子	三	

二〇三五年 乙卯 一白

二元八運…「九運」

三元九運…「九運」

月	1月	2月	3月	4月	5月	6月
月干支	丁丑 甲寅(年)	戊寅	己卯	庚辰	辛巳	壬午
紫白	九紫	八白	七赤	六白	五黄	四緑
節気	5 小寒 21時55分 / 20 大寒 15時14分	4 立春 9時31分 / 19 雨水 5時16分	6 啓蟄 3時21分 / 21 春分 4時2分	5 清明 7時53分 / 20 穀雨 14時48分	6 立夏 0時54分 / 21 小満 13時43分	6 芒種 4時50分 / 21 夏至 21時33分

新暦	1月 農暦	1月 日干支	1月 日紫白	1月 奇門遁甲局数	2月 農暦	2月 日干支	2月 日紫白	2月 奇門遁甲局数
1	11/22	壬戌	五	4	12/24	癸巳	三	6
2	11/23	癸亥	六		12/25	甲午	四	陽8局
3	11/24	甲子	一	陽2局	12/26	乙未	五	
4	11/25	乙丑	二		12/27	丙申	六	
5	11/26	丙寅	三		12/28	丁酉	七	
6	11/27	丁卯	四		12/29	戊戌	八	
7	11/28	戊辰	五		12/30	己亥	九	陽5局
8	11/29	己巳	六	陽8局	1/1	庚子	一	
9	12/1	庚午	七		1/2	辛丑	二	
10	12/2	辛未	八		1/3	壬寅	三	
11	12/3	壬申	九		1/4	癸卯	四	
12	12/4	癸酉	一		1/5	甲辰	五	陽2局
13	12/5	甲戌	二	陽5局	1/6	乙巳	六	
14	12/6	乙亥	三		1/7	丙午	七	
15	12/7	丙子	四		1/8	丁未	八	
16	12/8	丁丑	五		1/9	戊申	九	
17	12/9	戊寅	六		1/10	己酉	一	陽9局
18	12/10	己卯	七	陽3局	1/11	庚戌	二	
19	12/11	庚辰	八		1/12	辛亥	九	
20	12/12	辛巳	九		1/13	壬子	一	
21	12/13	壬午	一		1/14	癸丑	二	
22	12/14	癸未	二		1/15	甲寅	三	陽6局
23	12/15	甲申	三	陽9局	1/16	乙卯	四	
24	12/16	乙酉	四		1/17	丙辰	五	
25	12/17	丙戌	五		1/18	丁巳	六	
26	12/18	丁亥	六		1/19	戊午	七	
27	12/19	戊子	七		1/20	己未	八	3
28	12/20	己丑	八	陽6局	1/21	庚申	九	
29	12/21	庚寅	九					
30	12/22	辛卯	一					
31	12/23	壬辰	二					

新暦	3月 農暦	3月 日干支	3月 日紫白	3月 奇門遁甲局数	4月 農暦	4月 日干支	4月 日紫白	4月 奇門遁甲局数
1	1/22	辛酉	一	陽3局	2/23	壬辰	八	6
2	1/23	壬戌	二		2/24	癸巳	九	
3	1/24	癸亥	三		2/25	甲午	一	陽4局
4	1/25	甲子	七	陽1局	2/26	乙未	二	
5	1/26	乙丑	八		2/27	丙申	三	
6	1/27	丙寅	九		2/28	丁酉	四	
7	1/28	丁卯	一		2/29	戊戌	五	
8	1/29	戊辰	二		3/1	己亥	六	陽1局
9	1/30	己巳	三	陽7局	3/2	庚子	七	
10	2/1	庚午	四		3/3	辛丑	八	
11	2/2	辛未	五		3/4	壬寅	九	
12	2/3	壬申	六		3/5	癸卯	一	
13	2/4	癸酉	七		3/6	甲辰	二	陽7局
14	2/5	甲戌	八	陽4局	3/7	乙巳	三	
15	2/6	乙亥	九		3/8	丙午	四	
16	2/7	丙子	一		3/9	丁未	五	
17	2/8	丁丑	二		3/10	戊申	六	
18	2/9	戊寅	三		3/11	己酉	七	陽5局
19	2/10	己卯	四	陽3局	3/12	庚戌	八	
20	2/11	庚辰	五		3/13	辛亥	六	
21	2/12	辛巳	六		3/14	壬子	七	
22	2/13	壬午	七		3/15	癸丑	八	
23	2/14	癸未	八		3/16	甲寅	九	陽2局
24	2/15	甲申	九	陽9局	3/17	乙卯	一	
25	2/16	乙酉	一		3/18	丙辰	二	
26	2/17	丙戌	二		3/19	丁巳	三	
27	2/18	丁亥	三		3/20	戊午	四	
28	2/19	戊子	四		3/21	己未	五	陽8局
29	2/20	己丑	五	陽6局	3/22	庚申	六	
30	2/21	庚寅	六		3/23	辛酉	七	
31	2/22	辛卯	七					

新暦	5月 農暦	5月 日干支	5月 日紫白	5月 奇門遁甲局数	6月 農暦	6月 日干支	6月 日紫白	6月 奇門遁甲局数
1	3/24	壬戌	八	8	4/25	癸巳	六	8
2	3/25	癸亥	九		4/26	甲午	七	陽6局
3	3/26	甲子	四	陽4局	4/27	乙未	八	
4	3/27	乙丑	五		4/28	丙申	九	
5	3/28	丙寅	六		4/29	丁酉	一	
6	3/29	丁卯	七		5/1	戊戌	二	
7	3/30	戊辰	八		5/2	己亥	三	陽3局
8	4/1	己巳	九	陽1局	5/3	庚子	四	
9	4/2	庚午	一		5/4	辛丑	五	
10	4/3	辛未	二		5/5	壬寅	六	
11	4/4	壬申	三		5/6	癸卯	七	
12	4/5	癸酉	四		5/7	甲辰	八	陽9局
13	4/6	甲戌	五	陽7局	5/8	乙巳	九	
14	4/7	乙亥	六		5/9	丙午	一	
15	4/8	丙子	七		5/10	丁未	二	
16	4/9	丁丑	八		5/11	戊申	三	
17	4/10	戊寅	九		5/12	己酉	四	陰9局
18	4/11	己卯	一	陽5局	5/13	庚戌	五	
19	4/12	庚辰	二		5/14	辛亥	六	
20	4/13	辛巳	三		5/15	壬子	七	
21	4/14	壬午	四		5/16	癸丑	五	
22	4/15	癸未	五		5/17	甲寅	四	陰3局
23	4/16	甲申	六	陽2局	5/18	乙卯	三	
24	4/17	乙酉	七		5/19	丙辰	二	
25	4/18	丙戌	八		5/20	丁巳	一	
26	4/19	丁亥	九		5/21	戊午	九	
27	4/20	戊子	一		5/22	己未	八	陰6局
28	4/21	己丑	二	陽8局	5/23	庚申	七	
29	4/22	庚寅	三		5/24	辛酉	六	
30	4/23	辛卯	四		5/25	壬戌	五	
31	4/24	壬辰	五					

2034年 甲寅(年)／丙子(月)

月	12月				11月				10月				9月				8月				7月			
月干支	戊子				丁亥				丙戌				乙酉				甲申				癸未			
紫白	七赤				八白				九紫				一白				二黒				三碧			
節気	22	7	日紫白	奇門遁甲局数	22	7	日紫白	奇門遁甲局数	23	8	日紫白	奇門遁甲局数	23	8	日紫白	奇門遁甲局数	23	8	日紫白	奇門遁甲局数	23	7	日紫白	奇門遁甲局数
	冬至 10時30分	大雪 16時25分			小雪 21時3分	立冬 23時23分			霜降 23時16分	寒露 19時57分			秋分 13時38分	白露 4時2分			処暑 15時44分	立秋 0時54分			大暑 8時28分	小暑 15時1分		
新暦	農暦	日干支			農暦	日干支			農暦	日干支			農暦	日干支			農暦	日干支			農暦	日干支		
1	11/2	丙申	一	陰4局	10/2	丙寅	四	陰6局	9/1	乙未	八	陰6局	7/29	乙丑	二	陰9局	6/28	甲午	六	陰2局	5/26	癸亥	四	6
2	11/3	丁酉	九		10/3	丁卯	三		9/2	丙申	七		8/1	丙寅	一		6/29	乙未	五		5/27	甲子	九	陰8局
3	11/4	戊戌	八		10/4	戊辰	二		9/3	丁酉	六		8/2	丁卯	九		6/30	丙申	四		5/28	乙丑	八	
4	11/5	己亥	七	陰7局	10/5	己巳	一	陰9局	9/4	戊戌	五		8/3	戊辰	八		7/1	丁酉	三		5/29	丙寅	七	
5	11/6	庚子	六		10/6	庚午	九		9/5	己亥	四	陰9局	8/4	己巳	七	陰3局	7/2	戊戌	二		6/1	丁卯	六	
6	11/7	辛丑	五		10/7	辛未	八		9/6	庚子	三		8/5	庚午	六		7/3	己亥	一	陰5局	6/2	戊辰	五	
7	11/8	壬寅	四		10/8	壬申	七		9/7	辛丑	二		8/6	辛未	五		7/4	庚子	九		6/3	己巳	四	陰2局
8	11/9	癸卯	三		10/9	癸酉	六		9/8	壬寅	一		8/7	壬申	四		7/5	辛丑	八		6/4	庚午	三	
9	11/10	甲辰	二	陰1局	10/10	甲戌	五	陰3局	9/9	癸卯	九		8/8	癸酉	三		7/6	壬寅	七		6/5	辛未	二	
10	11/11	乙巳	一		10/11	乙亥	四		9/10	甲辰	八	陰3局	8/9	甲戌	二	陰6局	7/7	癸卯	六		6/6	壬申	一	
11	11/12	丙午	九		10/12	丙子	三		9/11	乙巳	七		8/10	乙亥	一		7/8	甲辰	五	陰8局	6/7	癸酉	九	
12	11/13	丁未	八		10/13	丁丑	二		9/12	丙午	六		8/11	丙子	九		7/9	乙巳	四		6/8	甲戌	八	陰5局
13	11/14	戊申	七		10/14	戊寅	一		9/13	丁未	五		8/12	丁丑	八		7/10	丙午	三		6/9	乙亥	七	
14	11/15	己酉	六	陽1局	10/15	己卯	九	陰5局	9/14	戊申	四		8/13	戊寅	七		7/11	丁未	二		6/10	丙子	六	
15	11/16	庚戌	五		10/16	庚辰	八		9/15	己酉	三	陰5局	8/14	己卯	六	陰7局	7/12	戊申	一		6/11	丁丑	五	
16	11/17	辛亥	四		10/17	辛巳	七		9/16	庚戌	二		8/15	庚辰	五		7/13	己酉	九	陰1局	6/12	戊寅	四	
17	11/18	壬子	三		10/18	壬午	六		9/17	辛亥	一		8/16	辛巳	四		7/14	庚戌	八		6/13	己卯	三	陰7局
18	11/19	癸丑	二		10/19	癸未	五		9/18	壬子	九		8/17	壬午	三		7/15	辛亥	七		6/14	庚辰	二	
19	11/20	甲寅	一	陽7局	10/20	甲申	四	陰8局	9/19	癸丑	八		8/18	癸未	二		7/16	壬子	六		6/15	辛巳	一	
20	11/21	乙卯	九		10/21	乙酉	三		9/20	甲寅	七	陰8局	8/19	甲申	一	陰1局	7/17	癸丑	五		6/16	壬午	九	
21	11/22	丙辰	八		10/22	丙戌	二		9/21	乙卯	六		8/20	乙酉	九		7/18	甲寅	四	陰4局	6/17	癸未	八	
22	11/23	丁巳	九		10/23	丁亥	一		9/22	丙辰	五		8/21	丙戌	八		7/19	乙卯	三		6/18	甲申	七	陰1局
23	11/24	戊午	一		10/24	戊子	九		9/23	丁巳	七		8/22	丁亥	七		7/20	丙辰	五		6/19	乙酉	六	
24	11/25	己未	二	陽4局	10/25	己丑	八	陰2局	9/24	戊午	六		8/23	戊子	六		7/21	丁巳	四		6/20	丙戌	五	
25	11/26	庚申	三		10/26	庚寅	七		9/25	己未	五	陰2局	8/24	己丑	五	陰4局	7/22	戊午	三		6/21	丁亥	四	
26	11/27	辛酉	四		10/27	辛卯	六		9/26	庚申	四		8/25	庚寅	四		7/23	己未	二	陰7局	6/22	戊子	三	
27	11/28	壬戌	五		10/28	壬辰	五		9/27	辛酉	三		8/26	辛卯	三		7/24	庚申	一		6/23	己丑	二	陰4局
28	11/29	癸亥	六		10/29	癸巳	四		9/28	壬戌	二		8/27	壬辰	二		7/25	辛酉	九		6/24	庚寅	一	
29	12/1	甲子	一	陽2局	10/30	甲午	三	4	9/29	癸亥	一		8/28	癸巳	一		7/26	壬戌	八		6/25	辛卯	九	
30	12/2	乙丑	二		11/1	乙未	二		9/30	甲子	六	6	8/29	甲午	九	6	7/27	癸亥	七		6/26	壬辰	八	
31	12/3	丙寅	三						10/1	乙丑	五						7/28	甲子	三	9	6/27	癸巳	七	

二〇三六年 丙辰 九紫

二元八運…「九運」

三元九運…「九運」

新暦	1月 農暦	1月 日干支	1月 日紫白	1月 奇門遁甲局数	2月 農暦	2月 日干支	2月 日紫白	2月 奇門遁甲局数	3月 農暦	3月 日干支	3月 日紫白	3月 奇門遁甲局数
月干支	己丑 乙卯(年)				庚寅				辛卯			
紫白	六白				五黄				四緑			
節気	6 小寒 3時43分	20 大寒 21時11分			4 立春 15時19分	19 雨水 11時14分			5 啓蟄 9時11分	20 春分 10時2分		
1	12/4	丁卯	四	2	1/5	戊戌	八	8	2/4	丁卯	一	1
2	12/5	戊辰	五		1/6	己亥	九	陽5局	2/5	戊辰	二	
3	12/6	己巳	六	陽8局	1/7	庚子	一		2/6	己巳	三	陽7局
4	12/7	庚午	七		1/8	辛丑	二		2/7	庚午	四	
5	12/8	辛未	八		1/9	壬寅	三		2/8	辛未	五	
6	12/9	壬申	九		1/10	癸卯	四		2/9	壬申	六	
7	12/10	癸酉	一		1/11	甲辰	五	陽2局	2/10	癸酉	七	
8	12/11	甲戌	二	陽5局	1/12	乙巳	六		2/11	甲戌	八	陽4局
9	12/12	乙亥	三		1/13	丙午	七		2/12	乙亥	九	
10	12/13	丙子	四		1/14	丁未	八		2/13	丙子	一	
11	12/14	丁丑	五		1/15	戊申	九		2/14	丁丑	二	
12	12/15	戊寅	六		1/16	己酉	一	陽9局	2/15	戊寅	三	
13	12/16	己卯	七	陽3局	1/17	庚戌	二		2/16	己卯	四	陽3局
14	12/17	庚辰	八		1/18	辛亥	三		2/17	庚辰	五	
15	12/18	辛巳	九		1/19	壬子	四		2/18	辛巳	六	
16	12/19	壬午	一		1/20	癸丑	五		2/19	壬午	七	
17	12/20	癸未	二		1/21	甲寅	六	陽6局	2/20	癸未	八	
18	12/21	甲申	三	陽9局	1/22	乙卯	七		2/21	甲申	九	陽9局
19	12/22	乙酉	四		1/23	丙辰	五		2/22	乙酉	一	
20	12/23	丙戌	五		1/24	丁巳	六		2/23	丙戌	二	
21	12/24	丁亥	六		1/25	戊午	七		2/24	丁亥	三	
22	12/25	戊子	七		1/26	己未	八	陽3局	2/25	戊子	四	
23	12/26	己丑	八	陽6局	1/27	庚申	九		2/26	己丑	五	陽6局
24	12/27	庚寅	九		1/28	辛酉	一		2/27	庚寅	六	
25	12/28	辛卯	一		1/29	壬戌	二		2/28	辛卯	七	
26	12/29	壬辰	二		1/30	癸亥	三		2/29	壬辰	八	
27	12/30	癸巳	三		2/1	甲子	七	陽1局	2/30	癸巳	九	
28	1/1	甲午	四	陽8局	2/2	乙丑	八		3/1	甲午	一	陽4局
29	1/2	乙未	五		2/3	丙寅	九		3/2	乙未	二	
30	1/3	丙申	六						3/3	丙申	三	
31	1/4	丁酉	七						3/4	丁酉	四	

新暦	4月 農暦	4月 日干支	4月 日紫白	4月 奇門遁甲局数	5月 農暦	5月 日干支	5月 日紫白	5月 奇門遁甲局数	6月 農暦	6月 日干支	6月 日紫白	6月 奇門遁甲局数
月干支	壬辰				癸巳				甲午			
紫白	三碧				二黒				一白			
節気	4 清明 13時46分	19 穀雨 20時50分			5 立夏 6時49分	20 小満 19時44分			5 芒種 10時46分	21 夏至 3時32分		
1	3/5	戊戌	五	4	4/6	戊辰	八	4	5/7	己亥	三	陽3局
2	3/6	己亥	六	陽1局	4/7	己巳	九	陽1局	5/8	庚子	四	
3	3/7	庚子	七		4/8	庚午	一		5/9	辛丑	五	
4	3/8	辛丑	八		4/9	辛未	二		5/10	壬寅	六	
5	3/9	壬寅	九		4/10	壬申	三		5/11	癸卯	七	
6	3/10	癸卯	一		4/11	癸酉	四		5/12	甲辰	八	陽9局
7	3/11	甲辰	二	陽7局	4/12	甲戌	五	陽7局	5/13	乙巳	九	
8	3/12	乙巳	三		4/13	乙亥	六		5/14	丙午	一	
9	3/13	丙午	四		4/14	丙子	七		5/15	丁未	二	
10	3/14	丁未	五		4/15	丁丑	八		5/16	戊申	三	
11	3/15	戊申	六		4/16	戊寅	九		5/17	己酉	四	陽6局・閏
12	3/16	己酉	七	陽5局	4/17	己卯	一	陽5局	5/18	庚戌	五	
13	3/17	庚戌	八		4/18	庚辰	二		5/19	辛亥	六	
14	3/18	辛亥	九		4/19	辛巳	三		5/20	壬子	七	
15	3/19	壬子	一		4/20	壬午	四		5/21	癸丑	八	
16	3/20	癸丑	二		4/21	癸未	五		5/22	甲寅	九	陽3局・閏
17	3/21	甲寅	三	陽2局	4/22	甲申	六	陽2局	5/23	乙卯	一	
18	3/22	乙卯	四		4/23	乙酉	七		5/24	丙辰	二	
19	3/23	丙辰	二		4/24	丙戌	八		5/25	丁巳	三	
20	3/24	丁巳	三		4/25	丁亥	九		5/26	戊午	四	
21	3/25	戊午	四		4/26	戊子	一		5/27	己未	八	陽9局・閏
22	3/26	己未	五	陽8局	4/27	己丑	二	陽8局	5/28	庚申	七	
23	3/27	庚申	六		4/28	庚寅	三		5/29	辛酉	六	
24	3/28	辛酉	七		4/29	辛卯	四		6/1	壬戌	五	
25	3/29	壬戌	八		4/30	壬辰	五		6/2	癸亥	四	
26	4/1	癸亥	九		5/1	癸巳	六		6/3	甲子	九	陰9局
27	4/2	甲子	四	陽4局	5/2	甲午	七	陽6局	6/4	乙丑	八	
28	4/3	乙丑	五		5/3	乙未	八		6/5	丙寅	七	
29	4/4	丙寅	六		5/4	丙申	九		6/6	丁卯	六	
30	4/5	丁卯	七		5/5	丁酉	一		6/7	戊辰	五	
31					5/6	戊戌	二					

2035年 乙卯(年)／戊子(月)

月	12月				11月				10月				9月				8月				7月			
月干支	庚子				己亥				戊戌				丁酉				丙申				乙未			
紫白	四緑				五黄				六白				七赤				八白				九紫			
節気	21 16時12分 冬至	6 22時15分 大雪	日紫白	奇門遁甲局数	22 2時45分 小雪	7 5時14分 立冬	日紫白	奇門遁甲局数	23 4時58分 霜降	8 1時48分 寒露	日紫白	奇門遁甲局数	22 19時23分 秋分	7 9時54分 白露	日紫白	奇門遁甲局数	22 21時32分 処暑	7 6時48分 立秋	日紫白	奇門遁甲局数	22 14時22分 大暑	6 20時57分 小暑	日紫白	奇門遁甲局数
新暦	農暦	日干支			農暦	日干支			農暦	日干支			農暦	日干支			農暦	日干支			農暦	日干支		
1	10/14	壬寅	四	8	9/14	壬申	七	8	8/12	辛丑	二	陰1局	7/11	辛未	五	陰4局	閏6/10	庚子	九	陰1局	6/8	己巳	四	陰3局
2	10/15	癸卯	三		9/15	癸酉	六		8/13	壬寅	一		7/12	壬申	四		閏6/11	辛丑	八		6/9	庚午	三	
3	10/16	甲辰	二	陰2局	9/16	甲戌	五	陰2局	8/14	癸卯	九		7/13	癸酉	三		閏6/12	壬寅	七		6/10	辛未	二	
4	10/17	乙巳	一		9/17	乙亥	四		8/15	甲辰	八	陰4局	7/14	甲戌	二	陰7局	閏6/13	癸卯	六		6/11	壬申	一	
5	10/18	丙午	九		9/18	丙子	三		8/16	乙巳	七		7/15	乙亥	一		閏6/14	甲辰	五	陰4局	6/12	癸酉	九	
6	10/19	丁未	八		9/19	丁丑	二		8/17	丙午	六		7/16	丙子	九		閏6/15	乙巳	四		6/13	甲戌	八	陰6局
7	10/20	戊申	七		9/20	戊寅	一		8/18	丁未	五		7/17	丁丑	八		閏6/16	丙午	三		6/14	乙亥	七	
8	10/21	己酉	六	陰4局	9/21	己卯	九	陰6局	8/19	戊申	四		7/18	戊寅	七		閏6/17	丁未	二		6/15	丙子	六	
9	10/22	庚戌	五		9/22	庚辰	八		8/20	己酉	三	陰6局	7/19	己卯	六	陰9局	閏6/18	戊申	一		6/16	丁丑	五	
10	10/23	辛亥	四		9/23	辛巳	七		8/21	庚戌	二		7/20	庚辰	五		閏6/19	己酉	九	陰2局	6/17	戊寅	四	
11	10/24	壬子	三		9/24	壬午	六		8/22	辛亥	一		7/21	辛巳	四		閏6/20	庚戌	八		6/18	己卯	三	陰8局
12	10/25	癸丑	二		9/25	癸未	五		8/23	壬子	九		7/22	壬午	三		閏6/21	辛亥	七		6/19	庚辰	二	
13	10/26	甲寅	一	陰7局	9/26	甲申	四	陰9局	8/24	癸丑	八		7/23	癸未	二		閏6/22	壬子	六		6/20	辛巳	一	
14	10/27	乙卯	九		9/27	乙酉	三		8/25	甲寅	七	陰9局	7/24	甲申	一	陰3局	閏6/23	癸丑	五		6/21	壬午	九	
15	10/28	丙辰	八		9/28	丙戌	二		8/26	乙卯	六		7/25	乙酉	九		閏6/24	甲寅	四	陰5局	6/22	癸未	八	
16	10/29	丁巳	七		9/29	丁亥	一		8/27	丙辰	五		7/26	丙戌	八		閏6/25	乙卯	三		6/23	甲申	七	陰2局
17	11/1	戊午	六		9/30	戊子	九		8/28	丁巳	四		7/27	丁亥	七		閏6/26	丙辰	二		6/24	乙酉	六	
18	11/2	己未	五	陰1局	10/1	己丑	八	陰3局	8/29	戊午	三		7/28	戊子	六		閏6/27	丁巳	一		6/25	丙戌	五	
19	11/3	庚申	四		10/2	庚寅	七		9/1	己未	二	陰3局	7/29	己丑	五	陰6局	閏6/28	戊午	九		6/26	丁亥	四	
20	11/4	辛酉	三		10/3	辛卯	六		9/2	庚申	一		8/1	庚寅	四		閏6/29	己未	八	陰8局	6/27	戊子	三	
21	11/5	壬戌	五		10/4	壬辰	五		9/3	辛酉	九		8/2	辛卯	三		閏6/30	庚申	七		6/28	己丑	二	陰5局
22	11/6	癸亥	六		10/5	癸巳	四		9/4	壬戌	八		8/3	壬辰	二		7/1	辛酉	九		6/29	庚寅	一	
23	11/7	甲子	一	陽1局	10/6	甲午	三	陰5局	9/5	癸亥	一		8/4	癸巳	一		7/2	壬戌	八		閏6/1	辛卯	九	
24	11/8	乙丑	二		10/7	乙未	二		9/6	甲子	六	陰5局	8/5	甲午	九	陰7局	7/3	癸亥	七		閏6/2	壬辰	八	
25	11/9	丙寅	三		10/8	丙申	一		9/7	乙丑	五		8/6	乙未	八		7/4	甲子	三	陰1局	閏6/3	癸巳	七	
26	11/10	丁卯	四		10/9	丁酉	九		9/8	丙寅	四		8/7	丙申	七		7/5	乙丑	二		閏6/4	甲午	六	陰7局
27	11/11	戊辰	五		10/10	戊戌	八		9/9	丁卯	三		8/8	丁酉	六		7/6	丙寅	一		閏6/5	乙未	五	
28	11/12	己巳	六	陽7局	10/11	己亥	七	陰8局	9/10	戊辰	二		8/9	戊戌	五		7/7	丁卯	九		閏6/6	丙申	四	
29	11/13	庚午	七		10/12	庚子	六		9/11	己巳	一	陰8局	8/10	己亥	四	1	7/8	戊辰	八		閏6/7	丁酉	三	
30	11/14	辛未	八		10/13	辛丑	五		9/12	庚午	九		8/11	庚子	三		7/9	己巳	七	4	閏6/8	戊戌	二	
31	11/15	壬申	九						9/13	辛未	八						7/10	庚午	六		閏6/9	己亥	一	1

二〇三七年　丁巳　八白

三元八運…「九運」
三元九運…「九運」

月	1月				2月				3月				4月				5月				6月			
月干支	辛丑 丙辰(年)				壬寅				癸卯				甲辰				乙巳				丙午			
紫白	三碧				二黒				一白				九紫				八白				七赤			
節気	5 小寒 9時34分	20 大寒 2時53分			3 立春 21時11分	18 雨水 16時58分			5 啓蟄 15時6分	20 春分 15時50分			4 清明 19時43分	20 穀雨 2時40分			5 立夏 12時49分	21 小満 1時35分			5 芒種 16時46分	21 夏至 9時22分		
新暦	農暦	日干支	日紫白	奇門遁甲局数	農暦	日干支	日紫白	奇門遁甲局数	農暦	日干支	日紫白	奇門遁甲局数	農暦	日干支	日紫白	奇門遁甲局数	農暦	日干支	日紫白	奇門遁甲局数	農暦	日干支	日紫白	奇門遁甲局数
1	11/16	癸酉	一	7	12/17	甲辰	五	陽6局	1/15	壬申	六	6	2/16	癸卯	一	9	3/16	癸酉	四	2	4/18	甲辰	八	陽8局
2	11/17	甲戌	二	陽4局	12/18	乙巳	六		1/16	癸酉	七		2/17	甲辰	二	陽6局	3/17	甲戌	五	陽8局	4/19	乙巳	九	
3	11/18	乙亥	三		12/19	丙午	七		1/17	甲戌	八	陽3局	2/18	乙巳	三		3/18	乙亥	六		4/20	丙午	一	
4	11/19	丙子	四		12/20	丁未	八		1/18	乙亥	九		2/19	丙午	四		3/19	丙子	七		4/21	丁未	二	
5	11/20	丁丑	五		12/21	戊申	九		1/19	丙子	一		2/20	丁未	五		3/20	丁丑	八		4/22	戊申	三	
6	11/21	戊寅	六		12/22	己酉	一	陽8局	1/20	丁丑	二		2/21	戊申	六		3/21	戊寅	九		4/23	己酉	四	陽6局
7	11/22	己卯	七	陽2局	12/23	庚戌	二		1/21	戊寅	三		2/22	己酉	七	陽4局	3/22	己卯	一	陽4局	4/24	庚戌	五	
8	11/23	庚辰	八		12/24	辛亥	三		1/22	己卯	四	陽1局	2/23	庚戌	八		3/23	庚辰	二		4/25	辛亥	六	
9	11/24	辛巳	九		12/25	壬子	四		1/23	庚辰	五		2/24	辛亥	九		3/24	辛巳	三		4/26	壬子	七	
10	11/25	壬午	一		12/26	癸丑	五		1/24	辛巳	六		2/25	壬子	一		3/25	壬午	四		4/27	癸丑	八	
11	11/26	癸未	二		12/27	甲寅	六	陽5局	1/25	壬午	七		2/26	癸丑	二		3/26	癸未	五		4/28	甲寅	九	陽3局
12	11/27	甲申	三	陽8局	12/28	乙卯	七		1/26	癸未	八		2/27	甲寅	三	陽1局	3/27	甲申	六	陽1局	4/29	乙卯	一	
13	11/28	乙酉	四		12/29	丙辰	八		1/27	甲申	九	陽7局	2/28	乙卯	四		3/28	乙酉	七		4/30	丙辰	二	
14	11/29	丙戌	五		12/30	丁巳	九		1/28	乙酉	一		2/29	丙辰	五		3/29	丙戌	八		5/1	丁巳	三	
15	11/30	丁亥	六		1/1	戊午	一		1/29	丙戌	二		2/30	丁巳	六		4/1	丁亥	九		5/2	戊午	四	
16	12/1	戊子	七		1/2	己未	二	陽2局	1/30	丁亥	三		3/1	戊午	七		4/2	戊子	一		5/3	己未	五	陽9局
17	12/2	己丑	八	陽5局	1/3	庚申	三		2/1	戊子	四		3/2	己未	八	陽7局	4/3	己丑	二	陽7局	5/4	庚申	六	
18	12/3	庚寅	九		1/4	辛酉	一		2/2	己丑	五	陽4局	3/3	庚申	九		4/4	庚寅	三		5/5	辛酉	七	
19	12/4	辛卯	一		1/5	壬戌	二		2/3	庚寅	六		3/4	辛酉	一		4/5	辛卯	四		5/6	壬戌	八	
20	12/5	壬辰	二		1/6	癸亥	三		2/4	辛卯	七		3/5	壬戌	八		4/6	壬辰	五		5/7	癸亥	九	
21	12/6	癸巳	三		1/7	甲子	七	陽9局	2/5	壬辰	八		3/6	癸亥	九		4/7	癸巳	六		5/8	甲子	九	陰9局
22	12/7	甲午	四	陽3局	1/8	乙丑	八		2/6	癸巳	九		3/7	甲子	四	陽5局	4/8	甲午	七	陽5局	5/9	乙丑	八	
23	12/8	乙未	五		1/9	丙寅	九		2/7	甲午	一	陽3局	3/8	乙丑	五		4/9	乙未	八		5/10	丙寅	七	
24	12/9	丙申	六		1/10	丁卯	一		2/8	乙未	二		3/9	丙寅	六		4/10	丙申	九		5/11	丁卯	六	
25	12/10	丁酉	七		1/11	戊辰	二		2/9	丙申	三		3/10	丁卯	七		4/11	丁酉	一		5/12	戊辰	五	
26	12/11	戊戌	八		1/12	己巳	三	陽6局	2/10	丁酉	四		3/11	戊辰	八		4/12	戊戌	二		5/13	己巳	四	陰3局
27	12/12	己亥	九	陽9局	1/13	庚午	四		2/11	戊戌	五		3/12	己巳	九	陽2局	4/13	己亥	三	陽2局	5/14	庚午	三	
28	12/13	庚子	一		1/14	辛未	五		2/12	己亥	六	陽9局	3/13	庚午	一		4/14	庚子	四		5/15	辛未	二	
29	12/14	辛丑	二						2/13	庚子	七		3/14	辛未	二		4/15	辛丑	五		5/16	壬申	一	
30	12/15	壬寅	三						2/14	辛丑	八		3/15	壬申	三		4/16	壬寅	六		5/17	癸酉	九	
31	12/16	癸卯	四						2/15	壬寅	九						4/17	癸卯	七					

2036年　丙辰(年)／庚子(月)

月	12 月				11 月				10 月				9 月				8 月				7 月			
月干支	壬子				辛亥				庚戌				己酉				戊申				丁未			
紫白	一白				二黒				三碧				四緑				五黄				六白			
節気	21 冬至 22時7分	7 大雪 4時7分	日紫白	奇門遁甲局数	22 小雪 8時38分	7 立冬 11時4分	日紫白	奇門遁甲局数	23 霜降 10時49分	8 寒露 7時37分	日紫白	奇門遁甲局数	23 秋分 1時13分	7 白露 15時45分	日紫白	奇門遁甲局数	23 処暑 3時21分	7 立秋 12時42分	日紫白	奇門遁甲局数	22 大暑 20時12分	7 小暑 2時55分	日紫白	奇門遁甲局数
新暦	農暦	日干支			農暦	日干支			農暦	日干支			農暦	日干支			農暦	日干支			農暦	日干支		
1	10/25	丁未	八	2	9/24	丁丑	二	2	8/22	丙午	六	陰4局	7/22	丙子	九	陰7局	6/20	乙巳	四	陰4局	5/18	甲戌	八	陰6局
2	10/26	戊申	七		9/25	戊寅	一		8/23	丁未	五		7/23	丁丑	八		6/21	丙午	三		5/19	乙亥	七	
3	10/27	己酉	六	陰4局	9/26	己卯	九	陰6局	8/24	戊申	四		7/24	戊寅	七		6/22	丁未	二		5/20	丙子	六	
4	10/28	庚戌	五		9/27	庚辰	八		8/25	己酉	三	陰6局	7/25	己卯	六	陰9局	6/23	戊申	一	陰2局	5/21	丁丑	五	
5	10/29	辛亥	四		9/28	辛巳	七		8/26	庚戌	二		7/26	庚辰	五		6/24	己酉	九		5/22	戊寅	四	
6	10/30	壬子	三		9/29	壬午	六		8/27	辛亥	一		7/27	辛巳	四		6/25	庚戌	八		5/23	己卯	三	陰8局
7	11/1	癸丑	二		10/1	癸未	五		8/28	壬子	九		7/28	壬午	三		6/26	辛亥	七		5/24	庚辰	二	
8	11/2	甲寅	一	陰7局	10/2	甲申	四	陰9局	8/29	癸丑	八		7/29	癸未	二		6/27	壬子	六		5/25	辛巳	一	
9	11/3	乙卯	九		10/3	乙酉	三		9/1	甲寅	七	陰9局	7/30	甲申	一	陰3局	6/28	癸丑	五	陰5局	5/26	壬午	九	
10	11/4	丙辰	八		10/4	丙戌	二		9/2	乙卯	六		8/1	乙酉	九		6/29	甲寅	四		5/27	癸未	八	
11	11/5	丁巳	七		10/5	丁亥	一		9/3	丙辰	五		8/2	丙戌	八		7/1	乙卯	三		5/28	甲申	七	陰2局
12	11/6	戊午	六		10/6	戊子	九		9/4	丁巳	四		8/3	丁亥	七		7/2	丙辰	二		5/29	乙酉	六	
13	11/7	己未	五	陰1局	10/7	己丑	八	陰3局	9/5	戊午	三		8/4	戊子	六		7/3	丁巳	一		6/1	丙戌	五	
14	11/8	庚申	四		10/8	庚寅	七		9/6	己未	二	陰3局	8/5	己丑	五	陰6局	7/4	戊午	九	陰8局	6/2	丁亥	四	
15	11/9	辛酉	三		10/9	辛卯	六		9/7	庚申	一		8/6	庚寅	四		7/5	己未	八		6/3	戊子	三	
16	11/10	壬戌	二		10/10	壬辰	五		9/8	辛酉	九		8/7	辛卯	三		7/6	庚申	七		6/4	己丑	二	陰5局
17	11/11	癸亥	一		10/11	癸巳	四		9/9	壬戌	八		8/8	壬辰	二		7/7	辛酉	六		6/5	庚寅	一	
18	11/12	甲子	六	陽1局	10/12	甲午	三	陰5局	9/10	癸亥	七		8/9	癸巳	一		7/8	壬戌	五		6/6	辛卯	九	
19	11/13	乙丑	五		10/13	乙未	二		9/11	甲子	三	陰5局	8/10	甲午	九	陰7局	7/9	癸亥	四	陰1局	6/7	壬辰	八	
20	11/14	丙寅	四		10/14	丙申	一		9/12	乙丑	二		8/11	乙未	八		7/10	甲子	九		6/8	癸巳	七	
21	11/15	丁卯	四		10/15	丁酉	九		9/13	丙寅	一		8/12	丙申	七		7/11	乙丑	八		6/9	甲午	六	陰7局
22	11/16	戊辰	五		10/16	戊戌	八		9/14	丁卯	九		8/13	丁酉	六		7/12	丙寅	七		6/10	乙未	五	
23	11/17	己巳	六	陽7局	10/17	己亥	七	陰8局	9/15	戊辰	二		8/14	戊戌	五		7/13	丁卯	九		6/11	丙申	四	
24	11/18	庚午	七		10/18	庚子	六		9/16	己巳	一	陰8局	8/15	己亥	四	陰1局	7/14	戊辰	八	陰4局	6/12	丁酉	三	
25	11/19	辛未	八		10/19	辛丑	五		9/17	庚午	九		8/16	庚子	三		7/15	己巳	七		6/13	戊戌	二	
26	11/20	壬申	九		10/20	壬寅	四		9/18	辛未	八		8/17	辛丑	二		7/16	庚午	六		6/14	己亥	一	陰1局
27	11/21	癸酉	一		10/21	癸卯	三		9/19	壬申	七		8/18	壬寅	一		7/17	辛未	五		6/15	庚子	九	
28	11/22	甲戌	二	陽4局	10/22	甲辰	二	陰2局	9/20	癸酉	六		8/19	癸卯	九		7/18	壬申	四		6/16	辛丑	八	
29	11/23	乙亥	三		10/23	乙巳	一		9/21	甲戌	五	陰2局	8/20	甲辰	八	4	7/19	癸酉	三	7	6/17	壬寅	七	
30	11/24	丙子	四		10/24	丙午	九		9/22	乙亥	四		8/21	乙巳	七		7/20	甲戌	二		6/18	癸卯	六	
31	11/25	丁丑	五						9/23	丙子	三						7/21	乙亥	一		6/19	甲辰	五	4

二〇三八年　戊午　七赤

二元八運…「九運」
三元九運…「九運」

月	1月				2月				3月				4月				5月				6月			
月干支	癸丑 丁巳(年)				甲寅				乙卯				丙辰				丁巳				戊午			
紫白	九紫				八白				七赤				六白				五黄				四緑			
節気	5 小寒 15時26分	20 大寒 8時48分			4 立春 3時3分	18 雨水 22時52分			5 啓蟄 20時55分	20 春分 21時40分			5 清明 1時29分	20 穀雨 8時28分			5 立夏 18時31分	21 小満 7時22分			5 芒種 22時25分	21 夏至 15時9分		
新暦	農暦	日干支	日紫白	奇門遁甲局数	農暦	日干支	日紫白	奇門遁甲局数	農暦	日干支	日紫白	奇門遁甲局数	農暦	日干支	日紫白	奇門遁甲局数	農暦	日干支	日紫白	奇門遁甲局数	農暦	日干支	日紫白	奇門遁甲局数
1	11/26	戊寅	六	4	12/28	己酉	一	陽8局	1/26	丁丑	二	3	2/27	戊申	六	6	3/27	戊寅	九	8	4/29	己酉	四	陽6局
2	11/27	己卯	七	陽2局	12/29	庚戌	二		1/27	戊寅	三		2/28	己酉	七	陽4局	3/28	己卯	一	陽4局	4/30	庚戌	五	
3	11/28	庚辰	八		12/30	辛亥	三		1/28	己卯	四	陽1局	2/29	庚戌	八		3/29	庚辰	二		5/1	辛亥	六	
4	11/29	辛巳	九		1/1	壬子	四		1/29	庚辰	五		2/30	辛亥	九		4/1	辛巳	三		5/2	壬子	七	
5	12/1	壬午	一		1/2	癸丑	五		1/30	辛巳	六		3/1	壬子	一		4/2	壬午	四		5/3	癸丑	八	
6	12/2	癸未	二	陽8局	1/3	甲寅	六	陽5局	2/1	壬午	七		3/2	癸丑	二		4/3	癸未	五		5/4	甲寅	九	陽3局
7	12/3	甲申	三		1/4	乙卯	七		2/2	癸未	八		3/3	甲寅	三	陽1局	4/4	甲申	六	陽1局	5/5	乙卯	一	
8	12/4	乙酉	四		1/5	丙辰	八		2/3	甲申	九	陽7局	3/4	乙卯	四		4/5	乙酉	七		5/6	丙辰	二	
9	12/5	丙戌	五		1/6	丁巳	九		2/4	乙酉	一		3/5	丙辰	五		4/6	丙戌	八		5/7	丁巳	三	
10	12/6	丁亥	六		1/7	戊午	一		2/5	丙戌	二		3/6	丁巳	六		4/7	丁亥	九		5/8	戊午	四	
11	12/7	戊子	七	陽5局	1/8	己未	二	陽2局	2/6	丁亥	三		3/7	戊午	七		4/8	戊子	一		5/9	己未	五	陽9局
12	12/8	己丑	八		1/9	庚申	三		2/7	戊子	四		3/8	己未	八	陽7局	4/9	己丑	二	陽7局	5/10	庚申	六	
13	12/9	庚寅	九		1/10	辛酉	四		2/8	己丑	五	陽4局	3/9	庚申	九		4/10	庚寅	三		5/11	辛酉	七	
14	12/10	辛卯	一		1/11	壬戌	五		2/9	庚寅	六		3/10	辛酉	一		4/11	辛卯	四		5/12	壬戌	八	
15	12/11	壬辰	二		1/12	癸亥	六		2/10	辛卯	七		3/11	壬戌	二		4/12	壬辰	五		5/13	癸亥	九	
16	12/12	癸巳	三	陽3局	1/13	甲子	一	陽9局	2/11	壬辰	八		3/12	癸亥	三		4/13	癸巳	六		5/14	甲子	四	陰9局
17	12/13	甲午	四		1/14	乙丑	二		2/12	癸巳	九		3/13	甲子	七	陽5局	4/14	甲午	七	陽5局	5/15	乙丑	五	
18	12/14	乙未	五		1/15	丙寅	九		2/13	甲午	一	陽3局	3/14	乙丑	八		4/15	乙未	八		5/16	丙寅	六	
19	12/15	丙申	六		1/16	丁卯	一		2/14	乙未	二		3/15	丙寅	九		4/16	丙申	九		5/17	丁卯	七	
20	12/16	丁酉	七		1/17	戊辰	二		2/15	丙申	三		3/16	丁卯	七		4/17	丁酉	一		5/18	戊辰	八	
21	12/17	戊戌	八	陽9局	1/18	己巳	三	陽6局	2/16	丁酉	四		3/17	戊辰	八		4/18	戊戌	二		5/19	己巳	四	陰3局
22	12/18	己亥	九		1/19	庚午	四		2/17	戊戌	五		3/18	己巳	九	陽2局	4/19	己亥	三	陽2局	5/20	庚午	三	
23	12/19	庚子	一		1/20	辛未	五		2/18	己亥	六	陽9局	3/19	庚午	一		4/20	庚子	四		5/21	辛未	二	
24	12/20	辛丑	二		1/21	壬申	六		2/19	庚子	七		3/20	辛未	二		4/21	辛丑	五		5/22	壬申	一	
25	12/21	壬寅	三		1/22	癸酉	七		2/20	辛丑	八		3/21	壬申	三		4/22	壬寅	六		5/23	癸酉	九	
26	12/22	癸卯	四	陽6局	1/23	甲戌	八	陽3局	2/21	壬寅	九		3/22	癸酉	四		4/23	癸卯	七		5/24	甲戌	八	陰6局
27	12/23	甲辰	五		1/24	乙亥	九		2/22	癸卯	一		3/23	甲戌	五	陽8局	4/24	甲辰	八	陽8局	5/25	乙亥	七	
28	12/24	乙巳	六		1/25	丙子	一		2/23	甲辰	二	陽6局	3/24	乙亥	六		4/25	乙巳	九		5/26	丙子	六	
29	12/25	丙午	七						2/24	乙巳	三		3/25	丙子	七		4/26	丙午	一		5/27	丁丑	五	
30	12/26	丁未	八						2/25	丙午	四		3/26	丁丑	八		4/27	丁未	二		5/28	戊寅	四	
31	12/27	戊申	九						2/26	丁未	五						4/28	戊申	三					

2037年 丁巳(年)／壬子(月)

月	12月				11月				10月			
月干支	甲子				癸亥				壬戌			
紫白	七赤				八白				九紫			
節気	22 冬至 4時2分	7 大雪 9時56分	日紫白	奇門遁甲局数	22 小雪 14時31分	7 立冬 16時50分	日紫白	奇門遁甲局数	23 霜降 16時40分	8 寒露 13時21分	日紫白	奇門遁甲局数
新暦	農暦	日干支			農暦	日干支			農暦	日干支		
1	11/6	壬子	三	4	10/5	壬午	六	6	9/3	辛亥	一	陰6局
2	11/7	癸丑	二		10/6	癸未	五		9/4	壬子	九	
3	11/8	甲寅	一	陰7局	10/7	甲申	四	陰9局	9/5	癸丑	八	
4	11/9	乙卯	九		10/8	乙酉	三		9/6	甲寅	七	陰9局
5	11/10	丙辰	八		10/9	丙戌	二		9/7	乙卯	六	
6	11/11	丁巳	七		10/10	丁亥	一		9/8	丙辰	五	
7	11/12	戊午	六		10/11	戊子	九		9/9	丁巳	四	
8	11/13	己未	五	陰1局	10/12	己丑	八	陰3局	9/10	戊午	三	
9	11/14	庚申	四		10/13	庚寅	七		9/11	己未	二	陰3局
10	11/15	辛酉	三		10/14	辛卯	六		9/12	庚申	一	
11	11/16	壬戌	二		10/15	壬辰	五		9/13	辛酉	九	
12	11/17	癸亥	一		10/16	癸巳	四		9/14	壬戌	八	
13	11/18	甲子	六	陰4局・閏	10/17	甲午	三	陰5局	9/15	癸亥	七	
14	11/19	乙丑	五		10/18	乙未	二		9/16	甲子	三	陰5局
15	11/20	丙寅	四		10/19	丙申	一		9/17	乙丑	二	
16	11/21	丁卯	三		10/20	丁酉	九		9/18	丙寅	一	
17	11/22	戊辰	二		10/21	戊戌	八		9/19	丁卯	九	
18	11/23	己巳	一	陰7局・閏	10/22	己亥	七	陰8局	9/20	戊辰	八	
19	11/24	庚午	九		10/23	庚子	六		9/21	己巳	七	陰8局
20	11/25	辛未	八		10/24	辛丑	五		9/22	庚午	六	
21	11/26	壬申	七		10/25	壬寅	四		9/23	辛未	五	
22	11/27	癸酉	一		10/26	癸卯	三		9/24	壬申	四	
23	11/28	甲戌	二	陰1局・閏	10/27	甲辰	二	陰2局	9/25	癸酉	六	
24	11/29	乙亥	三		10/28	乙巳	一		9/26	甲戌	五	陰2局
25	11/30	丙子	四		10/29	丙午	九		9/27	乙亥	四	
26	12/1	丁丑	五		11/1	丁未	八		9/28	丙子	三	
27	12/2	戊寅	六		11/2	戊申	七		9/29	丁丑	二	
28	12/3	己卯	七	陽1局	11/3	己酉	六	陰4局	10/1	戊寅	一	
29	12/4	庚辰	八		11/4	庚戌	五		10/2	己卯	九	陰6局
30	12/5	辛巳	九		11/5	辛亥	四		10/3	庚辰	八	
31	12/6	壬午	一						10/4	辛巳	七	

月	9月				8月				7月			
月干支	辛酉				庚申				己未			
紫白	一白				二黒				三碧			
節気	23 秋分 7時2分	7 白露 21時26分	日紫白	奇門遁甲局数	23 処暑 9時10分	7 立秋 18時21分	日紫白	奇門遁甲局数	23 大暑 1時59分	7 小暑 8時32分	日紫白	奇門遁甲局数
新暦	農暦	日干支			農暦	日干支			農暦	日干支		
1	8/3	辛巳	四	陰9局	7/1	庚戌	八	陰2局	5/29	己卯	三	陰8局
2	8/4	壬午	三		7/2	辛亥	七		6/1	庚辰	二	
3	8/5	癸未	二		7/3	壬子	六		6/2	辛巳	一	
4	8/6	甲申	一	陰3局	7/4	癸丑	五		6/3	壬午	九	
5	8/7	乙酉	九		7/5	甲寅	四	陰5局	6/4	癸未	八	
6	8/8	丙戌	八		7/6	乙卯	三		6/5	甲申	七	陰2局
7	8/9	丁亥	七		7/7	丙辰	二		6/6	乙酉	六	
8	8/10	戊子	六		7/8	丁巳	一		6/7	丙戌	五	
9	8/11	己丑	五	陰6局	7/9	戊午	九		6/8	丁亥	四	
10	8/12	庚寅	四		7/10	己未	八	陰8局	6/9	戊子	三	
11	8/13	辛卯	三		7/11	庚申	七		6/10	己丑	二	陰5局
12	8/14	壬辰	二		7/12	辛酉	六		6/11	庚寅	一	
13	8/15	癸巳	一		7/13	壬戌	五		6/12	辛卯	九	
14	8/16	甲午	九	陰7局	7/14	癸亥	四		6/13	壬辰	八	
15	8/17	乙未	八		7/15	甲子	九	陰1局	6/14	癸巳	七	
16	8/18	丙申	七		7/16	乙丑	八		6/15	甲午	六	陰7局
17	8/19	丁酉	六		7/17	丙寅	七		6/16	乙未	五	
18	8/20	戊戌	五		7/18	丁卯	六		6/17	丙申	四	
19	8/21	己亥	四	陰1局	7/19	戊辰	五		6/18	丁酉	三	
20	8/22	庚子	三		7/20	己巳	四	陰4局	6/19	戊戌	二	
21	8/23	辛丑	二		7/21	庚午	三		6/20	己亥	一	陰1局
22	8/24	壬寅	一		7/22	辛未	二		6/21	庚子	九	
23	8/25	癸卯	九		7/23	壬申	四		6/22	辛丑	八	
24	8/26	甲辰	八	陰4局	7/24	癸酉	三		6/23	壬寅	七	
25	8/27	乙巳	七		7/25	甲戌	二	陰7局	6/24	癸卯	六	
26	8/28	丙午	六		7/26	乙亥	一		6/25	甲辰	五	陰4局
27	8/29	丁未	五		7/27	丙子	九		6/26	乙巳	四	
28	8/30	戊申	四		7/28	丁丑	八		6/27	丙午	三	
29	9/1	己酉	三	6	7/29	戊寅	七		6/28	丁未	二	
30	9/2	庚戌	二		8/1	己卯	六	9	6/29	戊申	一	
31					8/2	庚辰	五		6/30	己酉	九	2

二〇三九年 己未 六白

三元八運…「九運」

三元九運…「九運」

月	1月	2月	3月	4月	5月	6月
月干支	乙丑 戊午(年)	丙寅	丁卯	戊辰	己巳	庚午
紫白	六白	五黄	四緑	三碧	二黒	一白
節気	5 小寒 21時16分 / 20 大寒 14時43分	4 立春 8時52分 / 19 雨水 4時45分	6 啓蟄 2時42分 / 21 春分 3時31分	5 清明 7時15分 / 20 穀雨 14時17分	6 立夏 0時18分 / 21 小満 13時10分	6 芒種 4時15分 / 21 夏至 20時57分

新暦	1月 農暦	日干支	日紫白	奇門遁甲局数	2月 農暦	日干支	日紫白	奇門遁甲局数	3月 農暦	日干支	日紫白	奇門遁甲局数	4月 農暦	日干支	日紫白	奇門遁甲局数	5月 農暦	日干支	日紫白	奇門遁甲局数	6月 農暦	日干支	日紫白	奇門遁甲局数
1	12/7	癸未	二	1	1/9	甲寅	六	陽9局	2/7	壬午	七	9	3/8	癸丑	二	3	4/9	癸未	五	5	5/10	甲寅	九	陽2局
2	12/8	甲申	三	陽7局	1/10	乙卯	七		2/8	癸未	八		3/9	甲寅	三	陽9局	4/10	甲申	六	陽2局	5/11	乙卯	一	
3	12/9	乙酉	四		1/11	丙辰	八		2/9	甲申	九	陽6局	3/10	乙卯	四		4/11	乙酉	七		5/12	丙辰	二	
4	12/10	丙戌	五		1/12	丁巳	九		2/10	乙酉	一		3/11	丙辰	五		4/12	丙戌	八		5/13	丁巳	三	
5	12/11	丁亥	六		1/13	戊午	一		2/11	丙戌	二		3/12	丁巳	六		4/13	丁亥	九		5/14	戊午	四	
6	12/12	戊子	七		1/14	己未	二	陽6局	2/12	丁亥	三		3/13	戊午	七		4/14	戊子	一		5/15	己未	五	陽8局
7	12/13	己丑	八	陽4局	1/15	庚申	三		2/13	戊子	四		3/14	己未	八	陽6局	4/15	己丑	二	陽8局	5/16	庚申	六	
8	12/14	庚寅	九		1/16	辛酉	四		2/14	己丑	五	陽3局	3/15	庚申	九		4/16	庚寅	三		5/17	辛酉	七	
9	12/15	辛卯	一		1/17	壬戌	五		2/15	庚寅	六		3/16	辛酉	一		4/17	辛卯	四		5/18	壬戌	八	
10	12/16	壬辰	二		1/18	癸亥	六		2/16	辛卯	七		3/17	壬戌	二		4/18	壬辰	五		5/19	癸亥	九	
11	12/17	癸巳	三		1/19	甲子	一	陽8局	2/17	壬辰	八		3/18	癸亥	三		4/19	癸巳	六		5/20	甲子	四	陽6局
12	12/18	甲午	四	陽2局	1/20	乙丑	二		2/18	癸巳	九		3/19	甲子	七	陽4局	4/20	甲午	七	陽4局	5/21	乙丑	五	
13	12/19	乙未	五		1/21	丙寅	三		2/19	甲午	一	陽1局	3/20	乙丑	八		4/21	乙未	八		5/22	丙寅	六	
14	12/20	丙申	六		1/22	丁卯	四		2/20	乙未	二		3/21	丙寅	九		4/22	丙申	九		5/23	丁卯	七	
15	12/21	丁酉	七		1/23	戊辰	五		2/21	丙申	三		3/22	丁卯	一		4/23	丁酉	一		5/24	戊辰	八	
16	12/22	戊戌	八		1/24	己巳	六	陽5局	2/22	丁酉	四		3/23	戊辰	二		4/24	戊戌	二		5/25	己巳	九	陽3局
17	12/23	己亥	九	陽8局	1/25	庚午	七		2/23	戊戌	五		3/24	己巳	三	陽1局	4/25	己亥	三	陽1局	5/26	庚午	一	
18	12/24	庚子	一		1/26	辛未	八		2/24	己亥	六	陽7局	3/25	庚午	四		4/26	庚子	四		5/27	辛未	二	
19	12/25	辛丑	二		1/27	壬申	六		2/25	庚子	七		3/26	辛未	五		4/27	辛丑	五		5/28	壬申	三	
20	12/26	壬寅	三		1/28	癸酉	七		2/26	辛丑	八		3/27	壬申	三		4/28	壬寅	六		5/29	癸酉	四	
21	12/27	癸卯	四		1/29	甲戌	八	陽2局	2/27	壬寅	九		3/28	癸酉	四		4/29	癸卯	七		5/30	甲戌	八	陽9局
22	12/28	甲辰	五	陽5局	1/30	乙亥	九		2/28	癸卯	一		3/29	甲戌	五	陽7局	4/30	甲辰	八	陽7局	閏5/1	乙亥	七	
23	12/29	乙巳	六		2/1	丙子	一		2/29	甲辰	二	陽4局	4/1	乙亥	六		5/1	乙巳	九		閏5/2	丙子	六	
24	1/1	丙午	七		2/2	丁丑	二		2/30	乙巳	三		4/2	丙子	七		5/2	丙午	一		閏5/3	丁丑	五	
25	1/2	丁未	八		2/3	戊寅	三		3/1	丙午	四		4/3	丁丑	八		5/3	丁未	二		閏5/4	戊寅	四	
26	1/3	戊申	九		2/4	己卯	四	陽9局	3/2	丁未	五		4/4	戊寅	九		5/4	戊申	三		閏5/5	己卯	三	陰9局
27	1/4	己酉	一	陽3局	2/5	庚辰	五		3/3	戊申	六		4/5	己卯	一	陽5局	5/5	己酉	四	陽5局	閏5/6	庚辰	二	
28	1/5	庚戌	二		2/6	辛巳	六		3/4	己酉	七	陽3局	4/6	庚辰	二		5/6	庚戌	五		閏5/7	辛巳	一	
29	1/6	辛亥	三						3/5	庚戌	八		4/7	辛巳	三		5/7	辛亥	六		閏5/8	壬午	九	
30	1/7	壬子	四						3/6	辛亥	九		4/8	壬午	四		5/8	壬子	七		閏5/9	癸未	八	
31	1/8	癸丑	五						3/7	壬子	一						5/9	癸丑	八					

2038年 戊午(年)／甲子(月)

月	12月				11月				10月				9月				8月				7月			
月干支	丙子				乙亥				甲戌				癸酉				壬申				辛未			
紫白	四緑				五黄				六白				七赤				八白				九紫			
節気	22 9時40分 冬至	7 15時44分 大雪	日紫白	奇門遁甲局数	22 20時12分 小雪	7 22時42分 立冬	日紫白	奇門遁甲局数	23 22時24分 霜降	8 19時17分 寒露	日紫白	奇門遁甲局数	23 12時49分 秋分	8 3時23分 白露	日紫白	奇門遁甲局数	23 14時58分 処暑	8 0時18分 立秋	日紫白	奇門遁甲局数	23 7時48分 大暑	7 14時26分 小暑	日紫白	奇門遁甲局数
新暦	農暦	日干支			農暦	日干支			農暦	日干支			農暦	日干支			農暦	日干支			農暦	日干支		
1	10/16	丁巳	七	8	9/15	丁亥	一	8	8/14	丙辰	五	陰1局	7/13	丙戌	八	陰4局	6/12	乙卯	三	陰1局	閏5/10	甲申	七	陰3局
2	10/17	戊午	六		9/16	戊子	九		8/15	丁巳	四		7/14	丁亥	七		6/13	丙辰	二		閏5/11	乙酉	六	
3	10/18	己未	五	陰2局	9/17	己丑	八	陰2局	8/16	戊午	三		7/15	戊子	六		6/14	丁巳	一		閏5/12	丙戌	五	
4	10/19	庚申	四		9/18	庚寅	七		8/17	己未	二	陰4局	7/16	己丑	五	陰7局	6/15	戊午	九		閏5/13	丁亥	四	
5	10/20	辛酉	三		9/19	辛卯	六		8/18	庚申	一		7/17	庚寅	四		6/16	己未	八	陰4局	閏5/14	戊子	三	
6	10/21	壬戌	二		9/20	壬辰	五		8/19	辛酉	九		7/18	辛卯	三		6/17	庚申	七		閏5/15	己丑	二	陰6局
7	10/22	癸亥	一		9/21	癸巳	四		8/20	壬戌	八		7/19	壬辰	二		6/18	辛酉	六		閏5/16	庚寅	一	
8	10/23	甲子	六	陰4局	9/22	甲午	三	陰6局	8/21	癸亥	七		7/20	癸巳	一		6/19	壬戌	五		閏5/17	辛卯	九	
9	10/24	乙丑	五		9/23	乙未	二		8/22	甲子	三	陰6局	7/21	甲午	九	陰9局	6/20	癸亥	四		閏5/18	壬辰	八	
10	10/25	丙寅	四		9/24	丙申	一		8/23	乙丑	二		7/22	乙未	八		6/21	甲子	九	陰2局	閏5/19	癸巳	七	
11	10/26	丁卯	三		9/25	丁酉	九		8/24	丙寅	一		7/23	丙申	七		6/22	乙丑	八		閏5/20	甲午	六	陰8局
12	10/27	戊辰	二		9/26	戊戌	八		8/25	丁卯	九		7/24	丁酉	六		6/23	丙寅	七		閏5/21	乙未	五	
13	10/28	己巳	一	陰7局	9/27	己亥	七	陰9局	8/26	戊辰	八		7/25	戊戌	五		6/24	丁卯	六		閏5/22	丙申	四	
14	10/29	庚午	九		9/28	庚子	六		8/27	己巳	七	陰9局	7/26	己亥	四	陰3局	6/25	戊辰	五		閏5/23	丁酉	三	
15	10/30	辛未	八		9/29	辛丑	五		8/28	庚午	六		7/27	庚子	三		6/26	己巳	四	陰5局	閏5/24	戊戌	二	
16	11/1	壬申	七		10/1	壬寅	四		8/29	辛未	五		7/28	辛丑	二		6/27	庚午	三		閏5/25	己亥	一	陰2局
17	11/2	癸酉	六		10/2	癸卯	三		8/30	壬申	四		7/29	壬寅	一		6/28	辛未	二		閏5/26	庚子	九	
18	11/3	甲戌	五	陰1局	10/3	甲辰	二	陰3局	9/1	癸酉	三		8/1	癸卯	九		6/29	壬申	一		閏5/27	辛丑	八	
19	11/4	乙亥	四		10/4	乙巳	一		9/2	甲戌	二	陰3局	8/2	甲辰	八	陰6局	6/30	癸酉	九		閏5/28	壬寅	七	
20	11/5	丙子	三		10/5	丙午	九		9/3	乙亥	一		8/3	乙巳	七		7/1	甲戌	八	陰8局	閏5/29	癸卯	六	
21	11/6	丁丑	二		10/6	丁未	八		9/4	丙子	九		8/4	丙午	六		7/2	乙亥	七		6/1	甲辰	五	陰5局
22	11/7	戊寅	六		10/7	戊申	七		9/5	丁丑	八		8/5	丁未	五		7/3	丙子	六		6/2	乙巳	四	
23	11/8	己卯	七	陽1局	10/8	己酉	六	陰5局	9/6	戊寅	一		8/6	戊申	四		7/4	丁丑	八		6/3	丙午	三	
24	11/9	庚辰	八		10/9	庚戌	五		9/7	己卯	九	陰5局	8/7	己酉	三	陰7局	7/5	戊寅	七		6/4	丁未	二	
25	11/10	辛巳	九		10/10	辛亥	四		9/8	庚辰	八		8/8	庚戌	二		7/6	己卯	六	陰1局	6/5	戊申	一	
26	11/11	壬午	一		10/11	壬子	三		9/9	辛巳	七		8/9	辛亥	一		7/7	庚辰	五		6/6	己酉	九	陰7局
27	11/12	癸未	二		10/12	癸丑	二		9/10	壬午	六		8/10	壬子	九		7/8	辛巳	四		6/7	庚戌	八	
28	11/13	甲申	三	陽7局	10/13	甲寅	一	陰8局	9/11	癸未	五		8/11	癸丑	八		7/9	壬午	三		6/8	辛亥	七	
29	11/14	乙酉	四		10/14	乙卯	九		9/12	甲申	四	陰8局	8/12	甲寅	七	1	7/10	癸未	二		6/9	壬子	六	
30	11/15	丙戌	五		10/15	丙辰	八		9/13	乙酉	三		8/13	乙卯	六		7/11	甲申	一	4	6/10	癸丑	五	
31	11/16	丁亥	六						9/14	丙戌	二						7/12	乙酉	九		6/11	甲寅	四	1

二〇四〇年 庚申 五黄

二元八運…「九運」　三元九運…「九運」

月	1月	2月	3月	4月	5月	6月
月干支	丁丑 己未(年)	戊寅	己卯	庚辰	辛巳	壬午
紫白	三碧	二黒	一白	九紫	八白	七赤
節気	6 小寒 3時3分 / 20 大寒 20時20分	4 立春 14時39分 / 19 雨水 10時23分	5 啓蟄 8時31分 / 20 春分 9時11分	4 清明 13時5分 / 19 穀雨 19時59分	5 立夏 6時9分 / 20 小満 18時55分	5 芒種 10時7分 / 21 夏至 2時46分

1月・2月・3月

新暦	1月 農暦	1月 日干支	1月 日紫白	1月 奇門遁甲局数	2月 農暦	2月 日干支	2月 日紫白	2月 奇門遁甲局数	3月 農暦	3月 日干支	3月 日紫白	3月 奇門遁甲局数
1	11/17	戊子	七	7	12/19	己未	二	陽6局	1/19	戊子	四	6
2	11/18	己丑	八	陽4局	12/20	庚申	三		1/20	己丑	五	陽3局
3	11/19	庚寅	九		12/21	辛酉	四		1/21	庚寅	六	
4	11/20	辛卯	一		12/22	壬戌	五		1/22	辛卯	七	
5	11/21	壬辰	二		12/23	癸亥	六		1/23	壬辰	八	
6	11/22	癸巳	三		12/24	甲子	一	陽8局	1/24	癸巳	九	
7	11/23	甲午	四	陽2局	12/25	乙丑	二		1/25	甲午	一	陽1局
8	11/24	乙未	五		12/26	丙寅	三		1/26	乙未	二	
9	11/25	丙申	六		12/27	丁卯	四		1/27	丙申	三	
10	11/26	丁酉	七		12/28	戊辰	五		1/28	丁酉	四	
11	11/27	戊戌	八		12/29	己巳	六	陽5局	1/29	戊戌	五	
12	11/28	己亥	九	陽8局	1/1	庚午	七		1/30	己亥	六	陽7局
13	11/29	庚子	一		1/2	辛未	八		2/1	庚子	七	
14	12/1	辛丑	二		1/3	壬申	九		2/2	辛丑	八	
15	12/2	壬寅	三		1/4	癸酉	一		2/3	壬寅	九	
16	12/3	癸卯	四		1/5	甲戌	二	陽2局	2/4	癸卯	一	
17	12/4	甲辰	五	陽5局	1/6	乙亥	三		2/5	甲辰	二	陽4局
18	12/5	乙巳	六		1/7	丙子	四		2/6	乙巳	三	
19	12/6	丙午	七		1/8	丁丑	二		2/7	丙午	四	
20	12/7	丁未	八		1/9	戊寅	三		2/8	丁未	五	
21	12/8	戊申	九		1/10	己卯	四	陽9局	2/9	戊申	六	
22	12/9	己酉	一	陽3局	1/11	庚辰	五		2/10	己酉	七	陽3局
23	12/10	庚戌	二		1/12	辛巳	六		2/11	庚戌	八	
24	12/11	辛亥	三		1/13	壬午	七		2/12	辛亥	九	
25	12/12	壬子	四		1/14	癸未	八		2/13	壬子	一	
26	12/13	癸丑	五		1/15	甲申	九	陽6局	2/14	癸丑	二	
27	12/14	甲寅	六	陽9局	1/16	乙酉	一		2/15	甲寅	三	陽9局
28	12/15	乙卯	七		1/17	丙戌	二		2/16	乙卯	四	
29	12/16	丙辰	八		1/18	丁亥	三		2/17	丙辰	五	
30	12/17	丁巳	九						2/18	丁巳	六	
31	12/18	戊午	一						2/19	戊午	七	

4月・5月・6月

新暦	4月 農暦	4月 日干支	4月 日紫白	4月 奇門遁甲局数	5月 農暦	5月 日干支	5月 日紫白	5月 奇門遁甲局数	6月 農暦	6月 日干支	6月 日紫白	6月 奇門遁甲局数
1	2/20	己未	八	陽6局	3/21	己丑	二	陽8局	4/22	庚申	六	陽8局
2	2/21	庚申	九		3/22	庚寅	三		4/23	辛酉	七	
3	2/22	辛酉	一		3/23	辛卯	四		4/24	壬戌	八	
4	2/23	壬戌	二		3/24	壬辰	五		4/25	癸亥	九	
5	2/24	癸亥	三		3/25	癸巳	六		4/26	甲子	四	陽6局
6	2/25	甲子	七	陽4局	3/26	甲午	七	陽4局	4/27	乙丑	五	
7	2/26	乙丑	八		3/27	乙未	八		4/28	丙寅	六	
8	2/27	丙寅	九		3/28	丙申	九		4/29	丁卯	七	
9	2/28	丁卯	一		3/29	丁酉	一		4/30	戊辰	八	
10	2/29	戊辰	二		3/30	戊戌	二		5/1	己巳	九	陽3局
11	3/1	己巳	三	陽1局	4/1	己亥	三	陽1局	5/2	庚午	一	
12	3/2	庚午	四		4/2	庚子	四		5/3	辛未	二	
13	3/3	辛未	五		4/3	辛丑	五		5/4	壬申	三	
14	3/4	壬申	六		4/4	壬寅	六		5/5	癸酉	四	
15	3/5	癸酉	七		4/5	癸卯	七		5/6	甲戌	五	陽9局
16	3/6	甲戌	八	陽7局	4/6	甲辰	八	陽7局	5/7	乙亥	六	
17	3/7	乙亥	九		4/7	乙巳	九		5/8	丙子	七	
18	3/8	丙子	一		4/8	丙午	一		5/9	丁丑	八	
19	3/9	丁丑	八		4/9	丁未	二		5/10	戊寅	九	
20	3/10	戊寅	九		4/10	戊申	三		5/11	己卯	一	陰9局
21	3/11	己卯	一	陽5局	4/11	己酉	四	陽5局	5/12	庚辰	二	
22	3/12	庚辰	二		4/12	庚戌	五		5/13	辛巳	一	
23	3/13	辛巳	三		4/13	辛亥	六		5/14	壬午	九	
24	3/14	壬午	四		4/14	壬子	七		5/15	癸未	八	
25	3/15	癸未	五		4/15	癸丑	八		5/16	甲申	七	陰3局
26	3/16	甲申	六	陽2局	4/16	甲寅	九	陽2局	5/17	乙酉	六	
27	3/17	乙酉	七		4/17	乙卯	一		5/18	丙戌	五	
28	3/18	丙戌	八		4/18	丙辰	二		5/19	丁亥	四	
29	3/19	丁亥	九		4/19	丁巳	三		5/20	戊子	三	
30	3/20	戊子	一		4/20	戊午	四		5/21	己丑	二	6
31					4/21	己未	五	8				

2039年 己未(年)／丙子(月)

月	12 月				11 月				10 月				9 月				8 月				7 月			
月干支	戊子				丁亥				丙戌				乙酉				甲申				癸未			
紫白	一白				二黒				三碧				四緑				五黄				六白			
節気	21	6	日紫白	奇門遁甲局数	22	7	日紫白	奇門遁甲局数	23	8	日紫白	奇門遁甲局数	22	7	日紫白	奇門遁甲局数	22	7	日紫白	奇門遁甲局数	22	6	日紫白	奇門遁甲局数
	冬至 15時32分	大雪 21時29分			小雪 2時5分	立冬 4時29分			霜降 4時19分	寒露 1時5分			秋分 18時44分	白露 9時13分			処暑 20時53分	立秋 6時9分			大暑 13時40分	小暑 20時19分		
新暦	農暦	日干支			農暦	日干支			農暦	日干支			農暦	日干支			農暦	日干支			農暦	日干支		
1	10/27	癸亥	一	2	9/27	癸巳	四	2	8/26	壬戌	八	4	7/25	壬辰	二	7	6/24	辛酉	六	陰4局	5/22	庚寅	一	陰6局
2	10/28	甲子	六	陰4局	9/28	甲午	三	陰6局	8/27	癸亥	七		7/26	癸巳	一		6/25	壬戌	五		5/23	辛卯	九	
3	10/29	乙丑	五		9/29	乙未	二		8/28	甲子	三	陰6局	7/27	甲午	九	陰9局	6/26	癸亥	四		5/24	壬辰	八	
4	11/1	丙寅	四		9/30	丙申	一		8/29	乙丑	二		7/28	乙未	八		6/27	甲子	九	陰2局	5/25	癸巳	七	
5	11/2	丁卯	三		10/1	丁酉	九		8/30	丙寅	一		7/29	丙申	七		6/28	乙丑	八		5/26	甲午	六	陰8局
6	11/3	戊辰	二		10/2	戊戌	八		9/1	丁卯	九		8/1	丁酉	六		6/29	丙寅	七		5/27	乙未	五	
7	11/4	己巳	一	陰7局	10/3	己亥	七	陰9局	9/2	戊辰	八		8/2	戊戌	五		6/30	丁卯	六		5/28	丙申	四	
8	11/5	庚午	九		10/4	庚子	六		9/3	己巳	七	陰9局	8/3	己亥	四	陰3局	7/1	戊辰	五		5/29	丁酉	三	
9	11/6	辛未	八		10/5	辛丑	五		9/4	庚午	六		8/4	庚子	三		7/2	己巳	四	陰5局	6/1	戊戌	二	
10	11/7	壬申	七		10/6	壬寅	四		9/5	辛未	五		8/5	辛丑	二		7/3	庚午	三		6/2	己亥	一	陰2局
11	11/8	癸酉	六		10/7	癸卯	三		9/6	壬申	四		8/6	壬寅	一		7/4	辛未	二		6/3	庚子	九	
12	11/9	甲戌	五	陰1局	10/8	甲辰	二	陰3局	9/7	癸酉	三		8/7	癸卯	九		7/5	壬申	一		6/4	辛丑	八	
13	11/10	乙亥	四		10/9	乙巳	一		9/8	甲戌	二	陰3局	8/8	甲辰	八	陰6局	7/6	癸酉	九		6/5	壬寅	七	
14	11/11	丙子	三		10/10	丙午	九		9/9	乙亥	一		8/9	乙巳	七		7/7	甲戌	八	陰8局	6/6	癸卯	六	
15	11/12	丁丑	二		10/11	丁未	八		9/10	丙子	九		8/10	丙午	六		7/8	乙亥	七		6/7	甲辰	五	陰5局
16	11/13	戊寅	一		10/12	戊申	七		9/11	丁丑	八		8/11	丁未	五		7/9	丙子	六		6/8	乙巳	四	
17	11/14	己卯	九	陽1局	10/13	己酉	六	陰5局	9/12	戊寅	七		8/12	戊申	四		7/10	丁丑	五		6/9	丙午	三	
18	11/15	庚辰	八		10/14	庚戌	五		9/13	己卯	六	陰5局	8/13	己酉	三	陰7局	7/11	戊寅	四		6/10	丁未	二	
19	11/16	辛巳	七		10/15	辛亥	四		9/14	庚辰	五		8/14	庚戌	二		7/12	己卯	三	陰1局	6/11	戊申	一	
20	11/17	壬午	六		10/16	壬子	三		9/15	辛巳	四		8/15	辛亥	一		7/13	庚辰	二		6/12	己酉	九	陰7局
21	11/18	癸未	二		10/17	癸丑	二		9/16	壬午	三		8/16	壬子	九		7/14	辛巳	一		6/13	庚戌	八	
22	11/19	甲申	三	陽7局	10/18	甲寅	一	陰8局	9/17	癸未	二		8/17	癸丑	八		7/15	壬午	三		6/14	辛亥	七	
23	11/20	乙酉	四		10/19	乙卯	九		9/18	甲申	四	陰8局	8/18	甲寅	七	陰1局	7/16	癸未	二		6/15	壬子	六	
24	11/21	丙戌	五		10/20	丙辰	八		9/19	乙酉	三		8/19	乙卯	六		7/17	甲申	一	陰4局	6/16	癸丑	五	
25	11/22	丁亥	六		10/21	丁巳	七		9/20	丙戌	二		8/20	丙辰	五		7/18	乙酉	九		6/17	甲寅	四	陰1局
26	11/23	戊子	七		10/22	戊午	六		9/21	丁亥	一		8/21	丁巳	四		7/19	丙戌	八		6/18	乙卯	三	
27	11/24	己丑	八	陽4局	10/23	己未	五	陰2局	9/22	戊子	九		8/22	戊午	三		7/20	丁亥	七		6/19	丙辰	二	
28	11/25	庚寅	九		10/24	庚申	四		9/23	己丑	八	陰2局	8/23	己未	二	陰4局	7/21	戊子	六		6/20	丁巳	一	
29	11/26	辛卯	一		10/25	辛酉	三		9/24	庚寅	七		8/24	庚申	一		7/22	己丑	五	陰7局	6/21	戊午	九	
30	11/27	壬辰	二		10/26	壬戌	二		9/25	辛卯	六		8/25	辛酉	九		7/23	庚寅	四		6/22	己未	八	4
31	11/28	癸巳	三						9/26	壬辰	五						7/24	辛卯	三		6/23	庚申	七	

二〇四一年 辛酉 四緑

二元八運…「九運」
三元九運…「九運」

月	1月				2月				3月			
月干支	己丑 庚申(年)				庚寅				辛卯			
紫白	九紫				八白				七赤			
節気	5 小寒 8時47分	20 大寒 2時13分			3 立春 20時25分	18 雨水 16時17分			5 啓蟄 14時17分	20 春分 15時6分		
新暦	農暦	日干支	日紫白	奇門遁甲局数	農暦	日干支	日紫白	奇門遁甲局数	農暦	日干支	日紫白	奇門遁甲局数
1	11/29	甲午	四	陽2局	1/1	乙丑	二	陽8局	1/29	癸巳	九	3
2	11/30	乙未	五		1/2	丙寅	三		2/1	甲午	一	陽1局
3	12/1	丙申	六		1/3	丁卯	四		2/2	乙未	二	
4	12/2	丁酉	七		1/4	戊辰	五		2/3	丙申	三	
5	12/3	戊戌	八		1/5	己巳	六		2/4	丁酉	四	
6	12/4	己亥	九	陽8局	1/6	庚午	七	陽5局	2/5	戊戌	五	
7	12/5	庚子	一		1/7	辛未	八		2/6	己亥	六	陽7局
8	12/6	辛丑	二		1/8	壬申	九		2/7	庚子	七	
9	12/7	壬寅	三		1/9	癸酉	一		2/8	辛丑	八	
10	12/8	癸卯	四		1/10	甲戌	二		2/9	壬寅	九	
11	12/9	甲辰	五	陽5局	1/11	乙亥	三	陽2局	2/10	癸卯	一	
12	12/10	乙巳	六		1/12	丙子	四		2/11	甲辰	二	陽4局
13	12/11	丙午	七		1/13	丁丑	五		2/12	乙巳	三	
14	12/12	丁未	八		1/14	戊寅	六		2/13	丙午	四	
15	12/13	戊申	九		1/15	己卯	七		2/14	丁未	五	
16	12/14	己酉	一	陽3局	1/16	庚辰	八	陽9局	2/15	戊申	六	
17	12/15	庚戌	二		1/17	辛巳	九		2/16	己酉	七	陽3局
18	12/16	辛亥	三		1/18	壬午	七		2/17	庚戌	八	
19	12/17	壬子	四		1/19	癸未	八		2/18	辛亥	九	
20	12/18	癸丑	五		1/20	甲申	九		2/19	壬子	一	
21	12/19	甲寅	六	陽9局	1/21	乙酉	一	陽6局	2/20	癸丑	二	
22	12/20	乙卯	七		1/22	丙戌	二		2/21	甲寅	三	陽9局
23	12/21	丙辰	八		1/23	丁亥	三		2/22	乙卯	四	
24	12/22	丁巳	九		1/24	戊子	四		2/23	丙辰	五	
25	12/23	戊午	一		1/25	己丑	五		2/24	丁巳	六	
26	12/24	己未	二	陽6局	1/26	庚寅	六	陽3局	2/25	戊午	七	
27	12/25	庚申	三		1/27	辛卯	七		2/26	己未	八	陽6局
28	12/26	辛酉	四		1/28	壬辰	八		2/27	庚申	九	
29	12/27	壬戌	五						2/28	辛酉	一	
30	12/28	癸亥	六						2/29	壬戌	二	
31	12/29	甲子	一	8					2/30	癸亥	三	

月	4月				5月				6月			
月干支	壬辰				癸巳				甲午			
紫白	六白				五黄				四緑			
節気	4 清明 18時52分	20 穀雨 1時54分			5 立夏 11時54分	21 小満 0時48分			5 芒種 15時49分	21 夏至 8時35分		
新暦	農暦	日干支	日紫白	奇門遁甲局数	農暦	日干支	日紫白	奇門遁甲局数	農暦	日干支	日紫白	奇門遁甲局数
1	3/1	甲子	七	陽4局	4/2	甲午	七	陽4局	5/3	乙丑	五	陽6局
2	3/2	乙丑	八		4/3	乙未	八		5/4	丙寅	六	
3	3/3	丙寅	九		4/4	丙申	九		5/5	丁卯	七	
4	3/4	丁卯	一		4/5	丁酉	一		5/6	戊辰	八	
5	3/5	戊辰	二		4/6	戊戌	二		5/7	己巳	九	陽3局
6	3/6	己巳	三	陽1局	4/7	己亥	三	陽1局	5/8	庚午	一	
7	3/7	庚午	四		4/8	庚子	四		5/9	辛未	二	
8	3/8	辛未	五		4/9	辛丑	五		5/10	壬申	三	
9	3/9	壬申	六		4/10	壬寅	六		5/11	癸酉	四	
10	3/10	癸酉	七		4/11	癸卯	七		5/12	甲戌	五	陽9局
11	3/11	甲戌	八	陽7局	4/12	甲辰	八	陽7局	5/13	乙亥	六	
12	3/12	乙亥	九		4/13	乙巳	九		5/14	丙子	七	
13	3/13	丙子	一		4/14	丙午	一		5/15	丁丑	八	
14	3/14	丁丑	二		4/15	丁未	二		5/16	戊寅	九	
15	3/15	戊寅	三		4/16	戊申	三		5/17	己卯	一	陰9局
16	3/16	己卯	四	陽5局	4/17	己酉	四	陽5局	5/18	庚辰	二	
17	3/17	庚辰	五		4/18	庚戌	五		5/19	辛巳	三	
18	3/18	辛巳	六		4/19	辛亥	六		5/20	壬午	四	
19	3/19	壬午	七		4/20	壬子	七		5/21	癸未	五	
20	3/20	癸未	五		4/21	癸丑	八		5/22	甲申	六	陰3局
21	3/21	甲申	六	陽2局	4/22	甲寅	九	陽2局	5/23	乙酉	六	
22	3/22	乙酉	七		4/23	乙卯	一		5/24	丙戌	五	
23	3/23	丙戌	八		4/24	丙辰	二		5/25	丁亥	四	
24	3/24	丁亥	九		4/25	丁巳	三		5/26	戊子	三	
25	3/25	戊子	一		4/26	戊午	四		5/27	己丑	二	陰6局
26	3/26	己丑	二	陽8局	4/27	己未	五	陽8局	5/28	庚寅	一	
27	3/27	庚寅	三		4/28	庚申	六		5/29	辛卯	九	
28	3/28	辛卯	四		4/29	辛酉	七		6/1	壬辰	八	
29	3/29	壬辰	五		4/30	壬戌	八		6/2	癸巳	七	
30	4/1	癸巳	六		5/1	癸亥	九		6/3	甲午	六	8
31					5/2	甲子	四	6				

2040年 庚申(年)／戊子(月)

月	12 月				11 月				10 月				9 月				8 月				7 月			
月干支	庚子				己亥				戊戌				丁酉				丙申				乙未			
紫白	七赤				八白				九紫				一白				二黒				三碧			
節気	21 冬至 21時18分	7 大雪 3時15分	日紫白	奇門遁甲局数	22 小雪 7時49分	7 立冬 10時12分	日紫白	奇門遁甲局数	23 霜降 10時1分	8 寒露 6時46分	日紫白	奇門遁甲局数	23 秋分 0時26分	7 白露 14時53分	日紫白	奇門遁甲局数	23 処暑 2時36分	7 立秋 11時48分	日紫白	奇門遁甲局数	22 大暑 19時26分	7 小暑 1時58分	日紫白	奇門遁甲局数
新暦	農暦	日干支			農暦	日干支			農暦	日干支			農暦	日干支			農暦	日干支			農暦	日干支		
1	11/8	戊辰	二	4	10/8	戊戌	八	6	9/7	丁卯	九	6	8/6	丁酉	六	9	7/5	丙寅	七	陰2局	6/4	乙未	五	陰8局
2	11/9	己巳	一	陰7局	10/9	己亥	七	陰9局	9/8	戊辰	八		8/7	戊戌	五		7/6	丁卯	六		6/5	丙申	四	
3	11/10	庚午	九		10/10	庚子	六		9/9	己巳	七	陰9局	8/8	己亥	四	陰3局	7/7	戊辰	五		6/6	丁酉	三	
4	11/11	辛未	八		10/11	辛丑	五		9/10	庚午	六		8/9	庚子	三		7/8	己巳	四	陰5局	6/7	戊戌	二	
5	11/12	壬申	七		10/12	壬寅	四		9/11	辛未	五		8/10	辛丑	二		7/9	庚午	三		6/8	己亥	一	陰2局
6	11/13	癸酉	六		10/13	癸卯	三		9/12	壬申	四		8/11	壬寅	一		7/10	辛未	二		6/9	庚子	九	
7	11/14	甲戌	五	陰1局	10/14	甲辰	二	陰3局	9/13	癸酉	三		8/12	癸卯	九		7/11	壬申	一		6/10	辛丑	八	
8	11/15	乙亥	四		10/15	乙巳	一		9/14	甲戌	二	陰3局	8/13	甲辰	八	陰6局	7/12	癸酉	九		6/11	壬寅	七	
9	11/16	丙子	三		10/16	丙午	九		9/15	乙亥	一		8/14	乙巳	七		7/13	甲戌	八	陰8局	6/12	癸卯	六	
10	11/17	丁丑	二		10/17	丁未	八		9/16	丙子	九		8/15	丙午	六		7/14	乙亥	七		6/13	甲辰	五	陰5局
11	11/18	戊寅	一		10/18	戊申	七		9/17	丁丑	八		8/16	丁未	五		7/15	丙子	六		6/14	乙巳	四	
12	11/19	己卯	九	陰4局・閏	10/19	己酉	六	陰5局	9/18	戊寅	七		8/17	戊申	四		7/16	丁丑	五		6/15	丙午	三	
13	11/20	庚辰	八		10/20	庚戌	五		9/19	己卯	六	陰5局	8/18	己酉	三	陰7局	7/17	戊寅	四		6/16	丁未	二	
14	11/21	辛巳	七		10/21	辛亥	四		9/20	庚辰	五		8/19	庚戌	二		7/18	己卯	三	陰1局	6/17	戊申	一	
15	11/22	壬午	六		10/22	壬子	三		9/21	辛巳	四		8/20	辛亥	一		7/19	庚辰	二		6/18	己酉	九	陰7局
16	11/23	癸未	五		10/23	癸丑	二		9/22	壬午	三		8/21	壬子	九		7/20	辛巳	一		6/19	庚戌	八	
17	11/24	甲申	四	陰7局・閏	10/24	甲寅	一	陰8局	9/23	癸未	二		8/22	癸丑	八		7/21	壬午	九		6/20	辛亥	七	
18	11/25	乙酉	三		10/25	乙卯	九		9/24	甲申	一	陰8局	8/23	甲寅	七	陰1局	7/22	癸未	八		6/21	壬子	六	
19	11/26	丙戌	二		10/26	丙辰	八		9/25	乙酉	九		8/24	乙卯	六		7/23	甲申	七	陰4局	6/22	癸丑	五	
20	11/27	丁亥	一		10/27	丁巳	七		9/26	丙戌	八		8/25	丙辰	五		7/24	乙酉	六		6/23	甲寅	四	陰1局
21	11/28	戊子	七		10/28	戊午	六		9/27	丁亥	七		8/26	丁巳	四		7/25	丙戌	五		6/24	乙卯	三	
22	11/29	己丑	八	陰1局・閏	10/29	己未	五	陰2局	9/28	戊子	六		8/27	戊午	三		7/26	丁亥	四		6/25	丙辰	二	
23	12/1	庚寅	九		10/30	庚申	四		9/29	己丑	八	陰2局	8/28	己未	二	陰4局	7/27	戊子	六		6/26	丁巳	一	
24	12/2	辛卯	一		11/1	辛酉	三		9/30	庚寅	七		8/29	庚申	一		7/28	己丑	五	陰7局	6/27	戊午	九	
25	12/3	壬辰	二		11/2	壬戌	二		10/1	辛卯	六		9/1	辛酉	九		7/29	庚寅	四		6/28	己未	八	陰4局
26	12/4	癸巳	三		11/3	癸亥	一		10/2	壬辰	五		9/2	壬戌	八		7/30	辛卯	三		6/29	庚申	七	
27	12/5	甲午	四	陽1局	11/4	甲子	六	陰4局	10/3	癸巳	四		9/3	癸亥	七		8/1	壬辰	二		6/30	辛酉	六	
28	12/6	乙未	五		11/5	乙丑	五		10/4	甲午	三	陰6局	9/4	甲子	三	陰6局	8/2	癸巳	一		7/1	壬戌	五	
29	12/7	丙申	六		11/6	丙寅	四		10/5	乙未	二		9/5	乙丑	二		8/3	甲午	九	陰9局	7/2	癸亥	四	
30	12/8	丁酉	七		11/7	丁卯	三		10/6	丙申	一		9/6	丙寅	一		8/4	乙未	八		7/3	甲子	九	2
31	12/9	戊戌	八						10/7	丁酉	九						8/5	丙申	七		7/4	乙丑	八	

二〇四二年 壬戌 三碧

二元八運…「九運」 三元九運…「九運」

月	6月	5月	4月	3月	2月	1月
月干支	丙午	乙巳	甲辰	癸卯	壬寅	辛丑 辛酉(年)
紫白	一白	二黒	三碧	四緑	五黄	六白
節気	5 芒種 21時38分 21 夏至 14時15分	5 立夏 17時42分 21 小満 6時31分	5 清明 0時40分 20 穀雨 7時39分	5 啓蟄 20時5分 20 春分 20時53分	4 立春 2時12分 18 雨水 22時4分	5 小寒 14時34分 20 大寒 7時59分

6月 農暦	日干支	日紫白	奇門遁甲局数	5月 農暦	日干支	日紫白	奇門遁甲局数	4月 農暦	日干支	日紫白	奇門遁甲局数	新暦
4/14	庚午	一	陽2局	3/12	己亥	三	陽2局	閏2/11	己巳	三	陽9局	1
4/15	辛未	二		3/13	庚子	四		閏2/12	庚午	四		2
4/16	壬申	三		3/14	辛丑	五		閏2/13	辛未	五		3
4/17	癸酉	四		3/15	壬寅	六		閏2/14	壬申	六		4
4/18	甲戌	五	陽8局	3/16	癸卯	七		閏2/15	癸酉	七		5
4/19	乙亥	六		3/17	甲辰	八	陽8局	閏2/16	甲戌	八	陽6局	6
4/20	丙子	七		3/18	乙巳	九		閏2/17	乙亥	九		7
4/21	丁丑	八		3/19	丙午	一		閏2/18	丙子	一		8
4/22	戊寅	九		3/20	丁未	二		閏2/19	丁丑	二		9
4/23	己卯	一	陽6局	3/21	戊申	三		閏2/20	戊寅	三		10
4/24	庚辰	二		3/22	己酉	四	陽4局	閏2/21	己卯	四	陽4局	11
4/25	辛巳	三		3/23	庚戌	五		閏2/22	庚辰	五		12
4/26	壬午	四		3/24	辛亥	六		閏2/23	辛巳	六		13
4/27	癸未	五		3/25	壬子	七		閏2/24	壬午	七		14
4/28	甲申	六	陽3局	3/26	癸丑	八		閏2/25	癸未	八		15
4/29	乙酉	七		3/27	甲寅	九	陽1局	閏2/26	甲申	九	陽1局	16
4/30	丙戌	八		3/28	乙卯	一		閏2/27	乙酉	一		17
5/1	丁亥	九		3/29	丙辰	二		閏2/28	丙戌	二		18
5/2	戊子	一		4/1	丁巳	三		閏2/29	丁亥	三		19
5/3	己丑	二	陽9局	4/2	戊午	四		3/1	戊子	一		20
5/4	庚寅	一		4/3	己未	五	陽7局	3/2	己丑	二	陽7局	21
5/5	辛卯	九		4/4	庚申	六		3/3	庚寅	三		22
5/6	壬辰	八		4/5	辛酉	七		3/4	辛卯	四		23
5/7	癸巳	七		4/6	壬戌	八		3/5	壬辰	五		24
5/8	甲午	六	陰9局	4/7	癸亥	九		3/6	癸巳	六		25
5/9	乙未	五		4/8	甲子	四	陽5局	3/7	甲午	七	陽5局	26
5/10	丙申	四		4/9	乙丑	五		3/8	乙未	八		27
5/11	丁酉	三		4/10	丙寅	六		3/9	丙申	九		28
5/12	戊戌	二		4/11	丁卯	七		3/10	丁酉	一		29
5/13	己亥	一	3	4/12	戊辰	八		3/11	戊戌	二		30
				4/13	己巳	九	2					31

3月 農暦	日干支	日紫白	奇門遁甲局数	2月 農暦	日干支	日紫白	奇門遁甲局数	1月 農暦	日干支	日紫白	奇門遁甲局数	新暦
2/10	戊戌	五	9	1/11	庚午	七	陽9局	12/10	己亥	九	陽7局	1
2/11	己亥	六	陽6局	1/12	辛未	八		12/11	庚子	一		2
2/12	庚子	七		1/13	壬申	九		12/12	辛丑	二		3
2/13	辛丑	八		1/14	癸酉	一		12/13	壬寅	三		4
2/14	壬寅	九		1/15	甲戌	二	陽6局	12/14	癸卯	四		5
2/15	癸卯	一		1/16	乙亥	三		12/15	甲辰	五	陽4局	6
2/16	甲辰	二	陽3局	1/17	丙子	四		12/16	乙巳	六		7
2/17	乙巳	三		1/18	丁丑	五		12/17	丙午	七		8
2/18	丙午	四		1/19	戊寅	六		12/18	丁未	八		9
2/19	丁未	五		1/20	己卯	七	陽8局	12/19	戊申	九		10
2/20	戊申	六		1/21	庚辰	八		12/20	己酉	一	陽2局	11
2/21	己酉	七	陽1局	1/22	辛巳	九		12/21	庚戌	二		12
2/22	庚戌	八		1/23	壬午	一		12/22	辛亥	三		13
2/23	辛亥	九		1/24	癸未	二		12/23	壬子	四		14
2/24	壬子	一		1/25	甲申	三	陽5局	12/24	癸丑	五		15
2/25	癸丑	二		1/26	乙酉	四		12/25	甲寅	六	陽8局	16
2/26	甲寅	三	陽7局	1/27	丙戌	五		12/26	乙卯	七		17
2/27	乙卯	四		1/28	丁亥	三		12/27	丙辰	八		18
2/28	丙辰	五		1/29	戊子	四		12/28	丁巳	九		19
2/29	丁巳	六		2/1	己丑	五	陽2局	12/29	戊午	一		20
2/30	戊午	七		2/2	庚寅	六		12/30	己未	二	陽5局	21
閏2/1	己未	八	陽4局	2/3	辛卯	七		1/1	庚申	三		22
閏2/2	庚申	九		2/4	壬辰	八		1/2	辛酉	四		23
閏2/3	辛酉	一		2/5	癸巳	九		1/3	壬戌	五		24
閏2/4	壬戌	二		2/6	甲午	一	陽9局	1/4	癸亥	六		25
閏2/5	癸亥	三		2/7	乙未	二		1/5	甲子	一	陽3局	26
閏2/6	甲子	七	陽3局	2/8	丙申	三		1/6	乙丑	二		27
閏2/7	乙丑	八		2/9	丁酉	四		1/7	丙寅	三		28
閏2/8	丙寅	九						1/8	丁卯	四		29
閏2/9	丁卯	一						1/9	戊辰	五		30
閏2/10	戊辰	二						1/10	己巳	六	9	31

2041年 辛酉(年)／庚子(月)

月	12月				11月			
月干支	壬子				辛亥			
紫白	四緑				五黄			
節気	22 冬至 3時3分	7 大雪 9時9分			22 小雪 13時37分	7 立冬 16時7分		
新暦	農暦	日干支	日紫白	奇門遁甲局数	農暦	日干支	日紫白	奇門遁甲局数
1	10/19	癸酉	六	8	9/19	癸卯	三	8
2	10/20	甲戌	五	陰2局	9/20	甲辰	二	陰2局
3	10/21	乙亥	四		9/21	乙巳	一	
4	10/22	丙子	三		9/22	丙午	九	
5	10/23	丁丑	二		9/23	丁未	八	
6	10/24	戊寅	一		9/24	戊申	七	
7	10/25	己卯	九	陰4局	9/25	己酉	六	陰6局
8	10/26	庚辰	八		9/26	庚戌	五	
9	10/27	辛巳	七		9/27	辛亥	四	
10	10/28	壬午	六		9/28	壬子	三	
11	10/29	癸未	五		9/29	癸丑	二	
12	11/1	甲申	四	陰7局	9/30	甲寅	一	陰9局
13	11/2	乙酉	三		10/1	乙卯	九	
14	11/3	丙戌	二		10/2	丙辰	八	
15	11/4	丁亥	一		10/3	丁巳	七	
16	11/5	戊子	九		10/4	戊午	六	
17	11/6	己丑	八	陰1局	10/5	己未	五	陰3局
18	11/7	庚寅	七		10/6	庚申	四	
19	11/8	辛卯	六		10/7	辛酉	三	
20	11/9	壬辰	五		10/8	壬戌	二	
21	11/10	癸巳	四		10/9	癸亥	一	
22	11/11	甲午	四	陽1局	10/10	甲子	六	陰5局
23	11/12	乙未	五		10/11	乙丑	五	
24	11/13	丙申	六		10/12	丙寅	四	
25	11/14	丁酉	七		10/13	丁卯	三	
26	11/15	戊戌	八		10/14	戊辰	二	
27	11/16	己亥	九	陽7局	10/15	己巳	一	陰8局
28	11/17	庚子	一		10/16	庚午	九	
29	11/18	辛丑	二		10/17	辛未	八	
30	11/19	壬寅	三		10/18	壬申	七	
31	11/20	癸卯	四					

月	10月				9月			
月干支	庚戌				己酉			
紫白	六白				七赤			
節気	23 霜降 15時49分	8 寒露 12時40分			23 秋分 6時11分	7 白露 20時45分		
新暦	農暦	日干支	日紫白	奇門遁甲局数	農暦	日干支	日紫白	奇門遁甲局数
1	8/18	壬申	四	1	7/17	壬寅	一	4
2	8/19	癸酉	三		7/18	癸卯	九	
3	8/20	甲戌	二	陰4局	7/19	甲辰	八	陰7局
4	8/21	乙亥	一		7/20	乙巳	七	
5	8/22	丙子	九		7/21	丙午	六	
6	8/23	丁丑	八		7/22	丁未	五	
7	8/24	戊寅	七		7/23	戊申	四	
8	8/25	己卯	六	陰6局	7/24	己酉	三	陰9局
9	8/26	庚辰	五		7/25	庚戌	二	
10	8/27	辛巳	四		7/26	辛亥	一	
11	8/28	壬午	三		7/27	壬子	九	
12	8/29	癸未	二		7/28	癸丑	八	
13	8/30	甲申	一	陰9局	7/29	甲寅	七	陰3局
14	9/1	乙酉	九		8/1	乙卯	六	
15	9/2	丙戌	八		8/2	丙辰	五	
16	9/3	丁亥	七		8/3	丁巳	四	
17	9/4	戊子	六		8/4	戊午	三	
18	9/5	己丑	五	陰3局	8/5	己未	二	陰6局
19	9/6	庚寅	四		8/6	庚申	一	
20	9/7	辛卯	三		8/7	辛酉	九	
21	9/8	壬辰	二		8/8	壬戌	八	
22	9/9	癸巳	一		8/9	癸亥	七	
23	9/10	甲午	三	陰5局	8/10	甲子	三	陰7局
24	9/11	乙未	二		8/11	乙丑	二	
25	9/12	丙申	一		8/12	丙寅	一	
26	9/13	丁酉	九		8/13	丁卯	九	
27	9/14	戊戌	八		8/14	戊辰	八	
28	9/15	己亥	七	陰8局	8/15	己巳	七	陰1局
29	9/16	庚子	六		8/16	庚午	六	
30	9/17	辛丑	五		8/17	辛未	五	
31	9/18	壬寅	四					

月	8月				7月			
月干支	戊申				丁未			
紫白	八白				九紫			
節気	23 処暑 8時17分	7 立秋 17時38分			23 大暑 1時6分	7 小暑 7時47分		
新暦	農暦	日干支	日紫白	奇門遁甲局数	農暦	日干支	日紫白	奇門遁甲局数
1	6/16	辛未	二	陰1局	5/14	庚子	九	陰3局
2	6/17	壬申	一		5/15	辛丑	八	
3	6/18	癸酉	九		5/16	壬寅	七	
4	6/19	甲戌	八	陰4局	5/17	癸卯	六	
5	6/20	乙亥	七		5/18	甲辰	五	陰6局
6	6/21	丙子	六		5/19	乙巳	四	
7	6/22	丁丑	五		5/20	丙午	三	
8	6/23	戊寅	四		5/21	丁未	二	
9	6/24	己卯	三	陰2局	5/22	戊申	一	
10	6/25	庚辰	二		5/23	己酉	九	陰8局
11	6/26	辛巳	一		5/24	庚戌	八	
12	6/27	壬午	九		5/25	辛亥	七	
13	6/28	癸未	八		5/26	壬子	六	
14	6/29	甲申	七	陰5局	5/27	癸丑	五	
15	6/30	乙酉	六		5/28	甲寅	四	陰2局
16	7/1	丙戌	五		5/29	乙卯	三	
17	7/2	丁亥	四		6/1	丙辰	二	
18	7/3	戊子	三		6/2	丁巳	一	
19	7/4	己丑	二	陰8局	6/3	戊午	九	
20	7/5	庚寅	一		6/4	己未	八	陰5局
21	7/6	辛卯	九		6/5	庚申	七	
22	7/7	壬辰	八		6/6	辛酉	六	
23	7/8	癸巳	一		6/7	壬戌	五	
24	7/9	甲午	九	陰1局	6/8	癸亥	四	
25	7/10	乙未	八		6/9	甲子	九	陰7局
26	7/11	丙申	七		6/10	乙丑	八	
27	7/12	丁酉	六		6/11	丙寅	七	
28	7/13	戊戌	五		6/12	丁卯	六	
29	7/14	己亥	四	陰4局	6/13	戊辰	五	
30	7/15	庚子	三		6/14	己巳	四	1
31	7/16	辛丑	二		6/15	庚午	三	

二〇四三年 癸亥 二黒

三元八運…「九運」　三元九運…「九運」

6月 戊午 七赤

節気：6 芒種 3時17分／21 夏至 19時58分

新暦	農暦	日干支	日紫白	奇門遁甲局数
1	4/24	乙亥	六	陽8局
2	4/25	丙子	七	
3	4/26	丁丑	八	
4	4/27	戊寅	九	
5	4/28	己卯	一	陽6局
6	4/29	庚辰	二	
7	5/1	辛巳	三	
8	5/2	壬午	四	
9	5/3	癸未	五	
10	5/4	甲申	六	陽3局
11	5/5	乙酉	七	
12	5/6	丙戌	八	
13	5/7	丁亥	九	
14	5/8	戊子	一	
15	5/9	己丑	二	陽9局
16	5/10	庚寅	三	
17	5/11	辛卯	四	
18	5/12	壬辰	五	
19	5/13	癸巳	六	
20	5/14	甲午	七	陰9局
21	5/15	乙未	五	
22	5/16	丙申	四	
23	5/17	丁酉	三	
24	5/18	戊戌	二	
25	5/19	己亥	一	陰3局
26	5/20	庚子	九	
27	5/21	辛丑	八	
28	5/22	壬寅	七	
29	5/23	癸卯	六	
30	5/24	甲辰	五	6
31				

5月 丁巳 八白

節気：5 立夏 23時21分／21 小満 12時8分

新暦	農暦	日干支	日紫白	奇門遁甲局数
1	3/22	甲辰	八	陽8局
2	3/23	乙巳	九	
3	3/24	丙午	一	
4	3/25	丁未	二	
5	3/26	戊申	三	
6	3/27	己酉	四	陽4局
7	3/28	庚戌	五	
8	3/29	辛亥	六	
9	4/1	壬子	七	
10	4/2	癸丑	八	
11	4/3	甲寅	九	陽1局
12	4/4	乙卯	一	
13	4/5	丙辰	二	
14	4/6	丁巳	三	
15	4/7	戊午	四	
16	4/8	己未	五	陽7局
17	4/9	庚申	六	
18	4/10	辛酉	七	
19	4/11	壬戌	八	
20	4/12	癸亥	九	
21	4/13	甲子	四	陽5局
22	4/14	乙丑	五	
23	4/15	丙寅	六	
24	4/16	丁卯	七	
25	4/17	戊辰	八	
26	4/18	己巳	九	陽2局
27	4/19	庚午	一	
28	4/20	辛未	二	
29	4/21	壬申	三	
30	4/22	癸酉	四	
31	4/23	甲戌	五	8

4月 丙辰 九紫

節気：5 清明 6時20分／20 穀雨 13時14分

新暦	農暦	日干支	日紫白	奇門遁甲局数
1	2/22	甲戌	八	陽6局
2	2/23	乙亥	九	
3	2/24	丙子	一	
4	2/25	丁丑	二	
5	2/26	戊寅	三	
6	2/27	己卯	四	陽4局
7	2/28	庚辰	五	
8	2/29	辛巳	六	
9	2/30	壬午	七	
10	3/1	癸未	八	
11	3/2	甲申	九	陽1局
12	3/3	乙酉	一	
13	3/4	丙戌	二	
14	3/5	丁亥	三	
15	3/6	戊子	四	
16	3/7	己丑	五	陽7局
17	3/8	庚寅	六	
18	3/9	辛卯	七	
19	3/10	壬辰	八	
20	3/11	癸巳	六	
21	3/12	甲午	七	陽5局
22	3/13	乙未	八	
23	3/14	丙申	九	
24	3/15	丁酉	一	
25	3/16	戊戌	二	
26	3/17	己亥	三	陽2局
27	3/18	庚子	四	
28	3/19	辛丑	五	
29	3/20	壬寅	六	
30	3/21	癸卯	七	
31				

3月 乙卯 一白

節気：6 啓蟄 1時47分／21 春分 2時27分

新暦	農暦	日干支	日紫白	奇門遁甲局数
1	1/20	癸卯	一	6
2	1/21	甲辰	二	陽3局
3	1/22	乙巳	三	
4	1/23	丙午	四	
5	1/24	丁未	五	
6	1/25	戊申	六	
7	1/26	己酉	七	陽1局
8	1/27	庚戌	八	
9	1/28	辛亥	九	
10	1/29	壬子	一	
11	2/1	癸丑	二	
12	2/2	甲寅	三	陽7局
13	2/3	乙卯	四	
14	2/4	丙辰	五	
15	2/5	丁巳	六	
16	2/6	戊午	七	
17	2/7	己未	八	陽4局
18	2/8	庚申	九	
19	2/9	辛酉	一	
20	2/10	壬戌	二	
21	2/11	癸亥	三	
22	2/12	甲子	七	陽3局
23	2/13	乙丑	八	
24	2/14	丙寅	九	
25	2/15	丁卯	一	
26	2/16	戊辰	二	
27	2/17	己巳	三	陽9局
28	2/18	庚午	四	
29	2/19	辛未	五	
30	2/20	壬申	六	
31	2/21	癸酉	七	

2月 甲寅 二黒

節気：4 立春 7時58分／19 雨水 3時41分

新暦	農暦	日干支	日紫白	奇門遁甲局数
1	12/22	乙亥	三	陽6局
2	12/23	丙子	四	
3	12/24	丁丑	五	
4	12/25	戊寅	六	
5	12/26	己卯	七	陽8局
6	12/27	庚辰	八	
7	12/28	辛巳	九	
8	12/29	壬午	一	
9	12/30	癸未	二	
10	1/1	甲申	三	陽5局
11	1/2	乙酉	四	
12	1/3	丙戌	五	
13	1/4	丁亥	六	
14	1/5	戊子	七	
15	1/6	己丑	八	陽2局
16	1/7	庚寅	九	
17	1/8	辛卯	一	
18	1/9	壬辰	二	
19	1/10	癸巳	九	
20	1/11	甲午	一	陽9局
21	1/12	乙未	二	
22	1/13	丙申	三	
23	1/14	丁酉	四	
24	1/15	戊戌	五	
25	1/16	己亥	六	陽6局
26	1/17	庚子	七	
27	1/18	辛丑	八	
28	1/19	壬寅	九	
29				
30				
31				

1月 癸丑 壬戌(年) 三碧

節気：5 小寒 20時25分／20 大寒 13時41分

新暦	農暦	日干支	日紫白	奇門遁甲局数
1	11/21	甲辰	五	陽4局
2	11/22	乙巳	六	
3	11/23	丙午	七	
4	11/24	丁未	八	
5	11/25	戊申	九	
6	11/26	己酉	一	陽2局
7	11/27	庚戌	二	
8	11/28	辛亥	三	
9	11/29	壬子	四	
10	11/30	癸丑	五	
11	12/1	甲寅	六	陽8局
12	12/2	乙卯	七	
13	12/3	丙辰	八	
14	12/4	丁巳	九	
15	12/5	戊午	一	
16	12/6	己未	二	陽5局
17	12/7	庚申	三	
18	12/8	辛酉	四	
19	12/9	壬戌	五	
20	12/10	癸亥	六	
21	12/11	甲子	一	陽3局
22	12/12	乙丑	二	
23	12/13	丙寅	三	
24	12/14	丁卯	四	
25	12/15	戊辰	五	
26	12/16	己巳	六	陽9局
27	12/17	庚午	七	
28	12/18	辛未	八	
29	12/19	壬申	九	
30	12/20	癸酉	一	
31	12/21	甲戌	二	6

2042年 壬戌(年)／壬子(月)

月	12月				11月				10月				9月				8月				7月			
月干支	甲子				癸亥				壬戌				辛酉				庚申				己未			
紫白	一白				二黒				三碧				四緑				五黄				六白			
節気	22	7	日紫白	奇門遁甲局数	22	7	日紫白	奇門遁甲局数	23	8	日紫白	奇門遁甲局数	23	8	日紫白	奇門遁甲局数	23	7	日紫白	奇門遁甲局数	23	7	日紫白	奇門遁甲局数
	冬至 9時1分	大雪 14時57分			小雪 19時34分	立冬 21時55分			霜降 21時46分	寒露 18時27分			秋分 12時6分	白露 2時30分			処暑 14時9分	立秋 23時20分			大暑 6時53分	小暑 13時27分		
新暦	農暦	日干支			農暦	日干支			農暦	日干支			農暦	日干支			農暦	日干支			農暦	日干支		
1	11/1	戊寅	一	2	9/30	戊申	七	2	8/29	丁丑	八	4	7/28	丁未	五	7	6/26	丙子	六	陰4局	5/25	乙巳	四	陰6局
2	11/2	己卯	九	陰4局	10/1	己酉	六	陰6局	8/30	戊寅	七		7/29	戊申	四		6/27	丁丑	五		5/26	丙午	三	
3	11/3	庚辰	八		10/2	庚戌	五		9/1	己卯	六	陰6局	8/1	己酉	三	陰9局	6/28	戊寅	四		5/27	丁未	二	
4	11/4	辛巳	七		10/3	辛亥	四		9/2	庚辰	五		8/2	庚戌	二		6/29	己卯	三	陰2局	5/28	戊申	一	
5	11/5	壬午	六		10/4	壬子	三		9/3	辛巳	四		8/3	辛亥	一		7/1	庚辰	二		5/29	己酉	九	陰8局
6	11/6	癸未	五		10/5	癸丑	二		9/4	壬午	三		8/4	壬子	九		7/2	辛巳	一		5/30	庚戌	八	
7	11/7	甲申	四	陰7局	10/6	甲寅	一	陰9局	9/5	癸未	二		8/5	癸丑	八		7/3	壬午	九		6/1	辛亥	七	
8	11/8	乙酉	三		10/7	乙卯	九		9/6	甲申	一	陰9局	8/6	甲寅	七	陰3局	7/4	癸未	八		6/2	壬子	六	
9	11/9	丙戌	二		10/8	丙辰	八		9/7	乙酉	九		8/7	乙卯	六		7/5	甲申	七	陰5局	6/3	癸丑	五	
10	11/10	丁亥	一		10/9	丁巳	七		9/8	丙戌	八		8/8	丙辰	五		7/6	乙酉	六		6/4	甲寅	四	陰2局
11	11/11	戊子	九		10/10	戊午	六		9/9	丁亥	七		8/9	丁巳	四		7/7	丙戌	五		6/5	乙卯	三	
12	11/12	己丑	八	陰1局	10/11	己未	五	陰3局	9/10	戊子	六		8/10	戊午	三		7/8	丁亥	四		6/6	丙辰	二	
13	11/13	庚寅	七		10/12	庚申	四		9/11	己丑	五	陰3局	8/11	己未	二	陰6局	7/9	戊子	三		6/7	丁巳	一	
14	11/14	辛卯	六		10/13	辛酉	三		9/12	庚寅	四		8/12	庚申	一		7/10	己丑	二	陰8局	6/8	戊午	九	
15	11/15	壬辰	五		10/14	壬戌	二		9/13	辛卯	三		8/13	辛酉	九		7/11	庚寅	一		6/9	己未	八	陰5局
16	11/16	癸巳	四		10/15	癸亥	一		9/14	壬辰	二		8/14	壬戌	八		7/12	辛卯	九		6/10	庚申	七	
17	11/17	甲午	三	陽1局	10/16	甲子	六	陰5局	9/15	癸巳	一		8/15	癸亥	七		7/13	壬辰	八		6/11	辛酉	六	
18	11/18	乙未	二		10/17	乙丑	五		9/16	甲午	九	陰5局	8/16	甲子	三	陰7局	7/14	癸巳	七		6/12	壬戌	五	
19	11/19	丙申	一		10/18	丙寅	四		9/17	乙未	八		8/17	乙丑	二		7/15	甲午	六	陰1局	6/13	癸亥	四	
20	11/20	丁酉	九		10/19	丁卯	三		9/18	丙申	七		8/18	丙寅	一		7/16	乙未	五		6/14	甲子	九	陰7局
21	11/21	戊戌	八		10/20	戊辰	二		9/19	丁酉	六		8/19	丁卯	九		7/17	丙申	四		6/15	乙丑	八	
22	11/22	己亥	九	陽7局	10/21	己巳	一	陰8局	9/20	戊戌	五		8/20	戊辰	八		7/18	丁酉	三		6/16	丙寅	七	
23	11/23	庚子	一		10/22	庚午	九		9/21	己亥	七	陰8局	8/21	己巳	七	陰1局	7/19	戊戌	五		6/17	丁卯	六	
24	11/24	辛丑	二		10/23	辛未	八		9/22	庚子	六		8/22	庚午	六		7/20	己亥	四	陰4局	6/18	戊辰	五	
25	11/25	壬寅	三		10/24	壬申	七		9/23	辛丑	五		8/23	辛未	五		7/21	庚子	三		6/19	己巳	四	陰1局
26	11/26	癸卯	四		10/25	癸酉	六		9/24	壬寅	四		8/24	壬申	四		7/22	辛丑	二		6/20	庚午	三	
27	11/27	甲辰	五	陽4局	10/26	甲戌	五	陰2局	9/25	癸卯	三		8/25	癸酉	三		7/23	壬寅	一		6/21	辛未	二	
28	11/28	乙巳	六		10/27	乙亥	四		9/26	甲辰	二	陰2局	8/26	甲戌	二	陰4局	7/24	癸卯	九		6/22	壬申	一	
29	11/29	丙午	七		10/28	丙子	三		9/27	乙巳	一		8/27	乙亥	一		7/25	甲辰	八	陰7局	6/23	癸酉	九	
30	11/30	丁未	八		10/29	丁丑	二		9/28	丙午	九		8/28	丙子	九		7/26	乙巳	七		6/24	甲戌	八	4
31	12/1	戊申	九						9/29	丁未	八						7/27	丙午	六		6/25	乙亥	七	

二〇四四年　甲子　一白

二元八運…「一運」

三元九運…「一運」

月	1月	2月	3月	4月	5月	6月
月干支	乙丑 癸亥(年)	丙寅	丁卯	戊辰	己巳	庚午
紫白	九紫	八白	七赤	六白	五黄	四緑
節気	6 小寒 2時12分 20 大寒 19時37分	4 立春 13時44分 19 雨水 9時35分	5 啓蟄 7時31分 20 春分 8時20分	4 清明 12時2分 19 穀雨 19時6分	5 立夏 5時5分 20 小満 18時1分	5 芒種 9時3分 21 夏至 1時50分

新暦	1月 農暦	1月 日干支	1月 日紫白	1月 奇門遁甲局数	2月 農暦	2月 日干支	2月 日紫白	2月 奇門遁甲局数	3月 農暦	3月 日干支	3月 日紫白	3月 奇門遁甲局数	4月 農暦	4月 日干支	4月 日紫白	4月 奇門遁甲局数	5月 農暦	5月 日干支	5月 日紫白	5月 奇門遁甲局数	6月 農暦	6月 日干支	6月 日紫白	6月 奇門遁甲局数
1	12/2	己酉	一	陽2局	1/3	庚辰	八	陽8局	2/2	己酉	七	陽1局	3/4	庚辰	五	陽4局	4/4	庚戌	五	陽4局	5/6	辛巳	三	陽6局
2	12/3	庚戌	二		1/4	辛巳	九		2/3	庚戌	八		3/5	辛巳	六		4/5	辛亥	六		5/7	壬午	四	
3	12/4	辛亥	三		1/5	壬午	一		2/4	辛亥	九		3/6	壬午	七		4/6	壬子	七		5/8	癸未	五	
4	12/5	壬子	四		1/6	癸未	二		2/5	壬子	一		3/7	癸未	八		4/7	癸丑	八		5/9	甲申	六	陽3局
5	12/6	癸丑	五		1/7	甲申	三	陽5局	2/6	癸丑	二		3/8	甲申	九	陽1局	4/8	甲寅	九	陽1局	5/10	乙酉	七	
6	12/7	甲寅	六	陽8局	1/8	乙酉	四		2/7	甲寅	三	陽7局	3/9	乙酉	一		4/9	乙卯	一		5/11	丙戌	八	
7	12/8	乙卯	七		1/9	丙戌	五		2/8	乙卯	四		3/10	丙戌	二		4/10	丙辰	二		5/12	丁亥	九	
8	12/9	丙辰	八		1/10	丁亥	六		2/9	丙辰	五		3/11	丁亥	三		4/11	丁巳	三		5/13	戊子	一	
9	12/10	丁巳	九		1/11	戊子	七		2/10	丁巳	六		3/12	戊子	四		4/12	戊午	四		5/14	己丑	二	陽9局
10	12/11	戊午	一		1/12	己丑	八	陽2局	2/11	戊午	七		3/13	己丑	五	陽7局	4/13	己未	五	陽7局	5/15	庚寅	三	
11	12/12	己未	二	陽5局	1/13	庚寅	九		2/12	己未	八	陽4局	3/14	庚寅	六		4/14	庚申	六		5/16	辛卯	四	
12	12/13	庚申	三		1/14	辛卯	一		2/13	庚申	九		3/15	辛卯	七		4/15	辛酉	七		5/17	壬辰	五	
13	12/14	辛酉	四		1/15	壬辰	二		2/14	辛酉	一		3/16	壬辰	八		4/16	壬戌	八		5/18	癸巳	六	
14	12/15	壬戌	五		1/16	癸巳	三		2/15	壬戌	二		3/17	癸巳	九		4/17	癸亥	九		5/19	甲午	七	陰9局
15	12/16	癸亥	六		1/17	甲午	四	陽9局	2/16	癸亥	三		3/18	甲午	一	陽5局	4/18	甲子	四	陽5局	5/20	乙未	八	
16	12/17	甲子	一	陽3局	1/18	乙未	五		2/17	甲子	七	陽3局	3/19	乙未	二		4/19	乙丑	五		5/21	丙申	九	
17	12/18	乙丑	二		1/19	丙申	六		2/18	乙丑	八		3/20	丙申	三		4/20	丙寅	六		5/22	丁酉	一	
18	12/19	丙寅	三		1/20	丁酉	七		2/19	丙寅	九		3/21	丁酉	四		4/21	丁卯	七		5/23	戊戌	二	
19	12/20	丁卯	四		1/21	戊戌	五		2/20	丁卯	一		3/22	戊戌	二		4/22	戊辰	八		5/24	己亥	三	陰3局
20	12/21	戊辰	五		1/22	己亥	六	陽6局	2/21	戊辰	二		3/23	己亥	三	陽2局	4/23	己巳	九	陽2局	5/25	庚子	四	
21	12/22	己巳	六	陽9局	1/23	庚子	七		2/22	己巳	三	陽9局	3/24	庚子	四		4/24	庚午	一		5/26	辛丑	八	
22	12/23	庚午	七		1/24	辛丑	八		2/23	庚午	四		3/25	辛丑	五		4/25	辛未	二		5/27	壬寅	七	
23	12/24	辛未	八		1/25	壬寅	九		2/24	辛未	五		3/26	壬寅	六		4/26	壬申	三		5/28	癸卯	六	
24	12/25	壬申	九		1/26	癸卯	一		2/25	壬申	六		3/27	癸卯	七		4/27	癸酉	四		5/29	甲辰	五	陰6局
25	12/26	癸酉	一		1/27	甲辰	二	陽3局	2/26	癸酉	七		3/28	甲辰	八	陽8局	4/28	甲戌	五	陽8局	6/1	乙巳	四	
26	12/27	甲戌	二	陽6局	1/28	乙巳	三		2/27	甲戌	八	陽6局	3/29	乙巳	九		4/29	乙亥	六		6/2	丙午	三	
27	12/28	乙亥	三		1/29	丙午	四		2/28	乙亥	九		3/30	丙午	一		5/1	丙子	七		6/3	丁未	二	
28	12/29	丙子	四		1/30	丁未	五		2/29	丙子	一		4/1	丁未	二		5/2	丁丑	八		6/4	戊申	一	
29	12/30	丁丑	五		2/1	戊申	六		3/1	丁丑	二		4/2	戊申	三		5/3	戊寅	九		6/5	己酉	九	8
30	1/1	戊寅	六						3/2	戊寅	三		4/3	己酉	四	4	5/4	己卯	一	6	6/6	庚戌	八	
31	1/2	己卯	七	8					3/3	己卯	四	4					5/5	庚辰	二					

2043年　癸亥(年)／甲子(月)

月	12月				11月				10月				9月				8月				7月			
月干支	丙子				乙亥				甲戌				癸酉				壬申				辛未			
紫白	七赤				八白				九紫				一白				二黒				三碧			
節	21	6	日紫白	奇門遁甲局数	22	7	日紫白	奇門遁甲局数	23	8	日紫白	奇門遁甲局数	22	7	日紫白	奇門遁甲局数	22	7	日紫白	奇門遁甲局数	22	6	日紫白	奇門遁甲局数
気	冬至 14時43分	大雪 20時44分			小雪 1時15分	立冬 3時41分			霜降 3時26分	寒露 0時13分			秋分 17時47分	白露 8時16分			処暑 19時54分	立秋 5時8分			大暑 12時43分	小暑 19時15分		
新暦	農暦	日干支			農暦	日干支			農暦	日干支			農暦	日干支			農暦	日干支			農暦	日干支		
1	10/13	甲申	四	陰7局	9/12	甲寅	一	陰9局	8/11	癸未	二	6	閏7/10	癸丑	八	9	7/8	壬午	九	2	6/7	辛亥	七	陰8局
2	10/14	乙酉	三		9/13	乙卯	九		8/12	甲申	一	陰9局	閏7/11	甲寅	七	陰3局	7/9	癸未	八		6/8	壬子	六	
3	10/15	丙戌	二		9/14	丙辰	八		8/13	乙酉	九		閏7/12	乙卯	六		7/10	甲申	七	陰5局	6/9	癸丑	五	陰2局
4	10/16	丁亥	一		9/15	丁巳	七		8/14	丙戌	八		閏7/13	丙辰	五		7/11	乙酉	六		6/10	甲寅	四	
5	10/17	戊子	九		9/16	戊午	六		8/15	丁亥	七		閏7/14	丁巳	四		7/12	丙戌	五		6/11	乙卯	三	
6	10/18	己丑	八	陰1局	9/17	己未	五	陰3局	8/16	戊子	六		閏7/15	戊午	三		7/13	丁亥	四		6/12	丙辰	二	
7	10/19	庚寅	七		9/18	庚申	四		8/17	己丑	五	陰3局	閏7/16	己未	二	陰6局	7/14	戊子	三		6/13	丁巳	一	
8	10/20	辛卯	六		9/19	辛酉	三		8/18	庚寅	四		閏7/17	庚申	一		7/15	己丑	二	陰8局	6/14	戊午	九	陰5局
9	10/21	壬辰	五		9/20	壬戌	二		8/19	辛卯	三		閏7/18	辛酉	九		7/16	庚寅	一		6/15	己未	八	
10	10/22	癸巳	四		9/21	癸亥	一		8/20	壬辰	二		閏7/19	壬戌	八		7/17	辛卯	九		6/16	庚申	七	
11	10/23	甲午	三	陰4局・閏	9/22	甲子	六	陰5局	8/21	癸巳	一		閏7/20	癸亥	七		7/18	壬辰	八		6/17	辛酉	六	
12	10/24	乙未	二		9/23	乙丑	五		8/22	甲午	九	陰5局	閏7/21	甲子	三	陰7局	7/19	癸巳	七		6/18	壬戌	五	
13	10/25	丙申	一		9/24	丙寅	四		8/23	乙未	八		閏7/22	乙丑	二		7/20	甲午	六	陰1局	6/19	癸亥	四	陰7局
14	10/26	丁酉	九		9/25	丁卯	三		8/24	丙申	七		閏7/23	丙寅	一		7/21	乙未	五		6/20	甲子	九	
15	10/27	戊戌	八		9/26	戊辰	二		8/25	丁酉	六		閏7/24	丁卯	九		7/22	丙申	四		6/21	乙丑	八	
16	10/28	己亥	七	陰7局・閏	9/27	己巳	一	陰8局	8/26	戊戌	五		閏7/25	戊辰	八		7/23	丁酉	三		6/22	丙寅	七	
17	10/29	庚子	六		9/28	庚午	九		8/27	己亥	四	陰8局	閏7/26	己巳	七	陰1局	7/24	戊戌	二		6/23	丁卯	六	
18	10/30	辛丑	五		9/29	辛未	八		8/28	庚子	三		閏7/27	庚午	六		7/25	己亥	一	陰4局	6/24	戊辰	五	陰1局
19	11/1	壬寅	四		10/1	壬申	七		8/29	辛丑	二		閏7/28	辛未	五		7/26	庚子	九		6/25	己巳	四	
20	11/2	癸卯	三		10/2	癸酉	六		8/30	壬寅	一		閏7/29	壬申	四		7/27	辛丑	八		6/26	庚午	三	
21	11/3	甲辰	五	陰1局・閏	10/3	甲戌	五	陰2局	9/1	癸卯	九		8/1	癸酉	三		7/28	壬寅	七		6/27	辛未	二	
22	11/4	乙巳	六		10/4	乙亥	四		9/2	甲辰	八	陰2局	8/2	甲戌	二	陰4局	7/29	癸卯	九		6/28	壬申	一	
23	11/5	丙午	七		10/5	丙子	三		9/3	乙巳	一		8/3	乙亥	一		閏7/1	甲辰	八	陰7局	6/29	癸酉	九	陰4局
24	11/6	丁未	八		10/6	丁丑	二		9/4	丙午	九		8/4	丙子	九		閏7/2	乙巳	七		6/30	甲戌	八	
25	11/7	戊申	九		10/7	戊寅	一		9/5	丁未	八		8/5	丁丑	八		閏7/3	丙午	六		7/1	乙亥	七	
26	11/8	己酉	一	陽1局	10/8	己卯	九	陰4局	9/6	戊申	七		8/6	戊寅	七		閏7/4	丁未	五		7/2	丙子	六	
27	11/9	庚戌	二		10/9	庚辰	八		9/7	己酉	六	陰6局	8/7	己卯	六	陰6局	閏7/5	戊申	四		7/3	丁丑	五	
28	11/10	辛亥	三		10/10	辛巳	七		9/8	庚戌	五		8/8	庚辰	五		閏7/6	己酉	三	陰9局	7/4	戊寅	四	陰2局
29	11/11	壬子	四		10/11	壬午	六		9/9	辛亥	四		8/9	辛巳	四		閏7/7	庚戌	二		7/5	己卯	三	
30	11/12	癸丑	五		10/12	癸未	五		9/10	壬子	三		8/10	壬午	三		閏7/8	辛亥	一		7/6	庚辰	二	
31	11/13	甲寅	六	7					9/11	癸丑	二						閏7/9	壬子	九		7/7	辛巳	一	

二〇四五年 乙丑 九紫

二元八運…「一運」

三元九運…「一運」

1月　丁丑 甲子(年)　六白

節気：5 小寒 8時2分／20 大寒 1時22分

新暦	農暦	日干支	日紫白	奇門遁甲局数
1	11/14	乙卯	七	陽7局
2	11/15	丙辰	八	
3	11/16	丁巳	九	
4	11/17	戊午	一	
5	11/18	己未	二	陽4局
6	11/19	庚申	三	
7	11/20	辛酉	四	
8	11/21	壬戌	五	
9	11/22	癸亥	六	
10	11/23	甲子	一	陽2局
11	11/24	乙丑	二	
12	11/25	丙寅	三	
13	11/26	丁卯	四	
14	11/27	戊辰	五	
15	11/28	己巳	六	陽8局
16	11/29	庚午	七	
17	11/30	辛未	八	
18	12/1	壬申	九	
19	12/2	癸酉	一	
20	12/3	甲戌	二	陽5局
21	12/4	乙亥	三	
22	12/5	丙子	四	
23	12/6	丁丑	五	
24	12/7	戊寅	六	
25	12/8	己卯	七	陽3局
26	12/9	庚辰	八	
27	12/10	辛巳	九	
28	12/11	壬午	一	
29	12/12	癸未	二	
30	12/13	甲申	三	9
31	12/14	乙酉	四	

2月　戊寅　五黄

節気：3 立春 19時36分／18 雨水 15時22分

新暦	農暦	日干支	日紫白	奇門遁甲局数
1	12/15	丙戌	五	陽9局
2	12/16	丁亥	六	
3	12/17	戊子	七	
4	12/18	己丑	八	陽6局
5	12/19	庚寅	九	
6	12/20	辛卯	一	
7	12/21	壬辰	二	
8	12/22	癸巳	三	
9	12/23	甲午	四	陽8局
10	12/24	乙未	五	
11	12/25	丙申	六	
12	12/26	丁酉	七	
13	12/27	戊戌	八	
14	12/28	己亥	九	陽5局
15	12/29	庚子	一	
16	12/30	辛丑	二	
17	1/1	壬寅	三	
18	1/2	癸卯	一	
19	1/3	甲辰	二	陽2局
20	1/4	乙巳	三	
21	1/5	丙午	四	
22	1/6	丁未	五	
23	1/7	戊申	六	
24	1/8	己酉	七	陽9局
25	1/9	庚戌	八	
26	1/10	辛亥	九	
27	1/11	壬子	一	
28	1/12	癸丑	二	
29				
30				
31				

3月　己卯　四緑

節気：5 啓蟄 13時24分／20 春分 14時7分

新暦	農暦	日干支	日紫白	奇門遁甲局数
1	1/13	甲寅	三	陽6局
2	1/14	乙卯	四	
3	1/15	丙辰	五	
4	1/16	丁巳	六	
5	1/17	戊午	七	
6	1/18	己未	八	陽3局
7	1/19	庚申	九	
8	1/20	辛酉	一	
9	1/21	壬戌	二	
10	1/22	癸亥	三	
11	1/23	甲子	七	陽1局
12	1/24	乙丑	八	
13	1/25	丙寅	九	
14	1/26	丁卯	一	
15	1/27	戊辰	二	
16	1/28	己巳	三	陽7局
17	1/29	庚午	四	
18	1/30	辛未	五	
19	2/1	壬申	六	
20	2/2	癸酉	七	
21	2/3	甲戌	八	陽4局
22	2/4	乙亥	九	
23	2/5	丙子	一	
24	2/6	丁丑	二	
25	2/7	戊寅	三	
26	2/8	己卯	四	陽3局
27	2/9	庚辰	五	
28	2/10	辛巳	六	
29	2/11	壬午	七	
30	2/12	癸未	八	
31	2/13	甲申	九	9

4月　庚辰　三碧

節気：4 清明 17時57分／20 穀雨 0時52分

新暦	農暦	日干支	日紫白	奇門遁甲局数
1	2/14	乙酉	一	陽9局
2	2/15	丙戌	二	
3	2/16	丁亥	三	
4	2/17	戊子	四	
5	2/18	己丑	五	陽6局
6	2/19	庚寅	六	
7	2/20	辛卯	七	
8	2/21	壬辰	八	
9	2/22	癸巳	九	
10	2/23	甲午	一	陽4局
11	2/24	乙未	二	
12	2/25	丙申	三	
13	2/26	丁酉	四	
14	2/27	戊戌	五	
15	2/28	己亥	六	陽1局
16	2/29	庚子	七	
17	3/1	辛丑	八	
18	3/2	壬寅	九	
19	3/3	癸卯	一	
20	3/4	甲辰	八	陽7局
21	3/5	乙巳	九	
22	3/6	丙午	一	
23	3/7	丁未	二	
24	3/8	戊申	三	
25	3/9	己酉	四	陽5局
26	3/10	庚戌	五	
27	3/11	辛亥	六	
28	3/12	壬子	七	
29	3/13	癸丑	八	
30	3/14	甲寅	九	2
31				

5月　辛巳　二黒

節気：5 立夏 10時59分／20 小満 23時45分

新暦	農暦	日干支	日紫白	奇門遁甲局数
1	3/15	乙卯	一	陽2局
2	3/16	丙辰	二	
3	3/17	丁巳	三	
4	3/18	戊午	四	
5	3/19	己未	五	陽8局
6	3/20	庚申	六	
7	3/21	辛酉	七	
8	3/22	壬戌	八	
9	3/23	癸亥	九	
10	3/24	甲子	四	陽4局
11	3/25	乙丑	五	
12	3/26	丙寅	六	
13	3/27	丁卯	七	
14	3/28	戊辰	八	
15	3/29	己巳	九	陽1局
16	3/30	庚午	一	
17	4/1	辛未	二	
18	4/2	壬申	三	
19	4/3	癸酉	四	
20	4/4	甲戌	五	陽7局
21	4/5	乙亥	六	
22	4/6	丙子	七	
23	4/7	丁丑	八	
24	4/8	戊寅	九	
25	4/9	己卯	一	陽5局
26	4/10	庚辰	二	
27	4/11	辛巳	三	
28	4/12	壬午	四	
29	4/13	癸未	五	
30	4/14	甲申	六	2
31	4/15	乙酉	七	

6月　壬午　一白

節気：5 芒種 14時56分／21 夏至 7時33分

新暦	農暦	日干支	日紫白	奇門遁甲局数
1	4/16	丙戌	八	陽2局
2	4/17	丁亥	九	
3	4/18	戊子	一	
4	4/19	己丑	二	陽8局
5	4/20	庚寅	三	
6	4/21	辛卯	四	
7	4/22	壬辰	五	
8	4/23	癸巳	六	
9	4/24	甲午	七	陽6局
10	4/25	乙未	八	
11	4/26	丙申	九	
12	4/27	丁酉	一	
13	4/28	戊戌	二	
14	4/29	己亥	三	陽3局
15	5/1	庚子	四	
16	5/2	辛丑	五	
17	5/3	壬寅	六	
18	5/4	癸卯	七	
19	5/5	甲辰	八	陽9局
20	5/6	乙巳	九	
21	5/7	丙午	三	
22	5/8	丁未	二	
23	5/9	戊申	一	
24	5/10	己酉	九	陰9局
25	5/11	庚戌	八	
26	5/12	辛亥	七	
27	5/13	壬子	六	
28	5/14	癸丑	五	
29	5/15	甲寅	四	3
30	5/16	乙卯	三	
31				

2044年　甲子(年)／丙子(月)

月	12月				11月				10月				9月				8月				7月			
月干支	戊子				丁亥				丙戌				乙酉				甲申				癸未			
紫白	四緑				五黄				六白				七赤				八白				九紫			
節気	21 冬至 20時34分	7 大雪 2時35分	日紫白	奇門遁甲局数	22 小雪 7時3分	7 立冬 9時29分	日紫白	奇門遁甲局数	23 霜降 9時12分	8 寒露 6時0分	日紫白	奇門遁甲局数	22 秋分 23時32分	7 白露 14時5分	日紫白	奇門遁甲局数	23 処暑 1時38分	7 立秋 10時59分	日紫白	奇門遁甲局数	22 大暑 18時26分	7 小暑 1時7分	日紫白	奇門遁甲局数
新暦	農暦	日干支			農暦	日干支			農暦	日干支			農暦	日干支			農暦	日干支			農暦	日干支		
1	10/23	己丑	八	陰2局	9/23	己未	五	陰2局	8/21	戊子	六	1	7/20	戊午	三	4	6/19	丁亥	四	1	5/17	丙辰	二	陰3局
2	10/24	庚寅	七		9/24	庚申	四		8/22	己丑	五	陰4局	7/21	己未	二	陰7局	6/20	戊子	三		5/18	丁巳	一	
3	10/25	辛卯	六		9/25	辛酉	三		8/23	庚寅	四		7/22	庚申	一		6/21	己丑	二	陰4局	5/19	戊午	九	
4	10/26	壬辰	五		9/26	壬戌	二		8/24	辛卯	三		7/23	辛酉	九		6/22	庚寅	一		5/20	己未	八	陰6局
5	10/27	癸巳	四		9/27	癸亥	一		8/25	壬辰	二		7/24	壬戌	八		6/23	辛卯	九		5/21	庚申	七	
6	10/28	甲午	三	陰4局	9/28	甲子	六	陰6局	8/26	癸巳	一		7/25	癸亥	七		6/24	壬辰	八		5/22	辛酉	六	
7	10/29	乙未	二		9/29	乙丑	五		8/27	甲午	九	陰6局	7/26	甲子	三	陰9局	6/25	癸巳	七		5/23	壬戌	五	
8	11/1	丙申	一		9/30	丙寅	四		8/28	乙未	八		7/27	乙丑	二		6/26	甲午	六	陰2局	5/24	癸亥	四	
9	11/2	丁酉	九		10/1	丁卯	三		8/29	丙申	七		7/28	丙寅	一		6/27	乙未	五		5/25	甲子	九	陰8局
10	11/3	戊戌	八		10/2	戊辰	二		9/1	丁酉	六		7/29	丁卯	九		6/28	丙申	四		5/26	乙丑	八	
11	11/4	己亥	七	陰7局	10/3	己巳	一	陰9局	9/2	戊戌	五		8/1	戊辰	八		6/29	丁酉	三		5/27	丙寅	七	
12	11/5	庚子	六		10/4	庚午	九		9/3	己亥	四	陰9局	8/2	己巳	七	陰3局	6/30	戊戌	二		5/28	丁卯	六	
13	11/6	辛丑	五		10/5	辛未	八		9/4	庚子	三		8/3	庚午	六		7/1	己亥	一	陰5局	5/29	戊辰	五	
14	11/7	壬寅	四		10/6	壬申	七		9/5	辛丑	二		8/4	辛未	五		7/2	庚子	九		6/1	己巳	四	陰2局
15	11/8	癸卯	三		10/7	癸酉	六		9/6	壬寅	一		8/5	壬申	四		7/3	辛丑	八		6/2	庚午	三	
16	11/9	甲辰	二	陰1局	10/8	甲戌	五	陰3局	9/7	癸卯	九		8/6	癸酉	三		7/4	壬寅	七		6/3	辛未	二	
17	11/10	乙巳	一		10/9	乙亥	四		9/8	甲辰	八	陰3局	8/7	甲戌	二	陰6局	7/5	癸卯	六		6/4	壬申	一	
18	11/11	丙午	九		10/10	丙子	三		9/9	乙巳	七		8/8	乙亥	一		7/6	甲辰	五	陰8局	6/5	癸酉	九	
19	11/12	丁未	八		10/11	丁丑	二		9/10	丙午	六		8/9	丙子	九		7/7	乙巳	四		6/6	甲戌	八	陰5局
20	11/13	戊申	七		10/12	戊寅	一		9/11	丁未	五		8/10	丁丑	八		7/8	丙午	三		6/7	乙亥	七	
21	11/14	己酉	一	陽1局	10/13	己卯	九	陰5局	9/12	戊申	四		8/11	戊寅	七		7/9	丁未	二		6/8	丙子	六	
22	11/15	庚戌	二		10/14	庚辰	八		9/13	己酉	三	陰5局	8/12	己卯	六	陰7局	7/10	戊申	一		6/9	丁丑	五	
23	11/16	辛亥	三		10/15	辛巳	七		9/14	庚戌	五		8/13	庚辰	五		7/11	己酉	三	陰1局	6/10	戊寅	四	
24	11/17	壬子	四		10/16	壬午	六		9/15	辛亥	四		8/14	辛巳	四		7/12	庚戌	二		6/11	己卯	三	陰7局
25	11/18	癸丑	五		10/17	癸未	五		9/16	壬子	三		8/15	壬午	三		7/13	辛亥	一		6/12	庚辰	二	
26	11/19	甲寅	六	陽7局	10/18	甲申	四	陰8局	9/17	癸丑	二		8/16	癸未	二		7/14	壬子	九		6/13	辛巳	一	
27	11/20	乙卯	七		10/19	乙酉	三		9/18	甲寅	一	陰8局	8/17	甲申	一	陰1局	7/15	癸丑	八		6/14	壬午	九	
28	11/21	丙辰	八		10/20	丙戌	二		9/19	乙卯	九		8/18	乙酉	九		7/16	甲寅	七	陰4局	6/15	癸未	八	
29	11/22	丁巳	九		10/21	丁亥	一		9/20	丙辰	八		8/19	丙戌	八		7/17	乙卯	六		6/16	甲申	七	陰1局
30	11/23	戊午	一		10/22	戊子	九		9/21	丁巳	七		8/20	丁亥	七		7/18	丙辰	五		6/17	乙酉	六	
31	11/24	己未	二	4					9/22	戊午	六						7/19	丁巳	四		6/18	丙戌	五	

二〇四六年　丙寅　八白

三元八運…「二運」　三元九運…「一運」

月	1月				2月				3月				4月				5月				6月			
月干支	己丑 乙丑(年)				庚寅				辛卯				壬辰				癸巳				甲午			
紫白	三碧				二黒				一白				九紫				八白				七赤			
節気	5 小寒 13時55分	20 大寒 7時15分			4 立春 1時30分	18 雨水 21時15分			5 啓蟄 19時17分	20 春分 19時57分			4 清明 23時44分	20 穀雨 6時38分			5 立夏 16時40分	21 小満 5時28分			5 芒種 20時32分	21 夏至 13時14分		
新暦	農暦	日干支	日紫白	奇門遁甲局数	農暦	日干支	日紫白	奇門遁甲局数	農暦	日干支	日紫白	奇門遁甲局数	農暦	日干支	日紫白	奇門遁甲局数	農暦	日干支	日紫白	奇門遁甲局数	農暦	日干支	日紫白	奇門遁甲局数
1	11/25	庚申	三	陽4局	12/26	辛卯	一	陽6局	1/24	己未	八	陽3局	2/25	庚寅	六	陽6局	3/26	庚申	六	陽8局	4/27	辛卯	四	陽8局
2	11/26	辛酉	四		12/27	壬辰	二		1/25	庚申	九		2/26	辛卯	七		3/27	辛酉	七		4/28	壬辰	五	
3	11/27	壬戌	五		12/28	癸巳	三		1/26	辛酉	一		2/27	壬辰	八		3/28	壬戌	八		4/29	癸巳	六	
4	11/28	癸亥	六		12/29	甲午	四	陽8局	1/27	壬戌	二		2/28	癸巳	九		3/29	癸亥	九		5/1	甲午	七	陽6局
5	11/29	甲子	一	陽2局	12/30	乙未	五		1/28	癸亥	三		2/29	甲午	一	陽4局	3/30	甲子	四	陽4局	5/2	乙未	八	
6	11/30	乙丑	二		1/1	丙申	六		1/29	甲子	七	陽1局	3/1	乙未	二		4/1	乙丑	五		5/3	丙申	九	
7	12/1	丙寅	三		1/2	丁酉	七		1/30	乙丑	八		3/2	丙申	三		4/2	丙寅	六		5/4	丁酉	一	
8	12/2	丁卯	四		1/3	戊戌	八		2/1	丙寅	九		3/3	丁酉	四		4/3	丁卯	七		5/5	戊戌	二	
9	12/3	戊辰	五		1/4	己亥	九	陽5局	2/2	丁卯	一		3/4	戊戌	五		4/4	戊辰	八		5/6	己亥	三	陽3局
10	12/4	己巳	六	陽8局	1/5	庚子	一		2/3	戊辰	二		3/5	己亥	六	陽1局	4/5	己巳	九	陽1局	5/7	庚子	四	
11	12/5	庚午	七		1/6	辛丑	二		2/4	己巳	三	陽7局	3/6	庚子	七		4/6	庚午	一		5/8	辛丑	五	
12	12/6	辛未	八		1/7	壬寅	三		2/5	庚午	四		3/7	辛丑	八		4/7	辛未	二		5/9	壬寅	六	
13	12/7	壬申	九		1/8	癸卯	四		2/6	辛未	五		3/8	壬寅	九		4/8	壬申	三		5/10	癸卯	七	
14	12/8	癸酉	一		1/9	甲辰	五	陽2局	2/7	壬申	六		3/9	癸卯	一		4/9	癸酉	四		5/11	甲辰	八	陽9局
15	12/9	甲戌	二	陽5局	1/10	乙巳	六		2/8	癸酉	七		3/10	甲辰	二	陽7局	4/10	甲戌	五	陽7局	5/12	乙巳	九	
16	12/10	乙亥	三		1/11	丙午	七		2/9	甲戌	八	陽4局	3/11	乙巳	三		4/11	乙亥	六		5/13	丙午	一	
17	12/11	丙子	四		1/12	丁未	八		2/10	乙亥	九		3/12	丙午	四		4/12	丙子	七		5/14	丁未	二	
18	12/12	丁丑	五		1/13	戊申	六		2/11	丙子	一		3/13	丁未	五		4/13	丁丑	八		5/15	戊申	三	
19	12/13	戊寅	六		1/14	己酉	七	陽9局	2/12	丁丑	二		3/14	戊申	六		4/14	戊寅	九		5/16	己酉	四	陰9局
20	12/14	己卯	七	陽3局	1/15	庚戌	八		2/13	戊寅	三		3/15	己酉	四	陽5局	4/15	己卯	一	陽5局	5/17	庚戌	五	
21	12/15	庚辰	八		1/16	辛亥	九		2/14	己卯	四	陽3局	3/16	庚戌	五		4/16	庚辰	二		5/18	辛亥	七	
22	12/16	辛巳	九		1/17	壬子	一		2/15	庚辰	五		3/17	辛亥	六		4/17	辛巳	三		5/19	壬子	六	
23	12/17	壬午	一		1/18	癸丑	二		2/16	辛巳	六		3/18	壬子	七		4/18	壬午	四		5/20	癸丑	五	
24	12/18	癸未	二		1/19	甲寅	三	陽6局	2/17	壬午	七		3/19	癸丑	八		4/19	癸未	五		5/21	甲寅	四	陰3局
25	12/19	甲申	三	陽9局	1/20	乙卯	四		2/18	癸未	八		3/20	甲寅	九	陽2局	4/20	甲申	六	陽2局	5/22	乙卯	三	
26	12/20	乙酉	四		1/21	丙辰	五		2/19	甲申	九	陽9局	3/21	乙卯	一		4/21	乙酉	七		5/23	丙辰	二	
27	12/21	丙戌	五		1/22	丁巳	六		2/20	乙酉	一		3/22	丙辰	二		4/22	丙戌	八		5/24	丁巳	一	
28	12/22	丁亥	六		1/23	戊午	七		2/21	丙戌	二		3/23	丁巳	三		4/23	丁亥	九		5/25	戊午	九	
29	12/23	戊子	七						2/22	丁亥	三		3/24	戊午	四		4/24	戊子	一		5/26	己未	八	6
30	12/24	己丑	八	6					2/23	戊子	四		3/25	己未	五	8	4/25	己丑	二	8	5/27	庚申	七	
31	12/25	庚寅	九						2/24	己丑	五	6					4/26	庚寅	三					

2045年　乙丑(年)／戊子(月)

月	12月				11月			
月干支	庚子				己亥			
紫白	一白				二黒			
節気	22 冬至 2時28分	7 大雪 8時21分	日紫白	奇門遁甲局数	22 小雪 12時56分	7 立冬 15時13分	日紫白	奇門遁甲局数
新暦	農暦	日干支			農暦	日干支		
1	11/4	甲午	三		10/4	甲子	六	
2	11/5	乙未	二	陰4局	10/5	乙丑	五	陰6局
3	11/6	丙申	一		10/6	丙寅	四	
4	11/7	丁酉	九		10/7	丁卯	三	
5	11/8	戊戌	八		10/8	戊辰	二	
6	11/9	己亥	七	陰7局	10/9	己巳	一	陰9局
7	11/10	庚子	六		10/10	庚午	九	
8	11/11	辛丑	五		10/11	辛未	八	
9	11/12	壬寅	四		10/12	壬申	七	
10	11/13	癸卯	三		10/13	癸酉	六	
11	11/14	甲辰	二	陰1局	10/14	甲戌	五	陰3局
12	11/15	乙巳	一		10/15	乙亥	四	
13	11/16	丙午	九		10/16	丙子	三	
14	11/17	丁未	八		10/17	丁丑	二	
15	11/18	戊申	七		10/18	戊寅	一	
16	11/19	己酉	六	陽1局	10/19	己卯	九	陰5局
17	11/20	庚戌	五		10/20	庚辰	八	
18	11/21	辛亥	四		10/21	辛巳	七	
19	11/22	壬子	三		10/22	壬午	六	
20	11/23	癸丑	二		10/23	癸未	五	
21	11/24	甲寅	一	陽7局	10/24	甲申	四	陰8局
22	11/25	乙卯	七		10/25	乙酉	三	
23	11/26	丙辰	八		10/26	丙戌	二	
24	11/27	丁巳	九		10/27	丁亥	一	
25	11/28	戊午	一		10/28	戊子	九	
26	11/29	己未	二	陽4局	10/29	己丑	八	陰2局
27	12/1	庚申	三		10/30	庚寅	七	
28	12/2	辛酉	四		11/1	辛卯	六	
29	12/3	壬戌	五		11/2	壬辰	五	
30	12/4	癸亥	六		11/3	癸巳	四	
31	12/5	甲子	一	2				

月	10月				9月			
月干支	戊戌				丁酉			
紫白	三碧				四緑			
節気	23 霜降 15時3分	8 寒露 11時42分	日紫白	奇門遁甲局数	23 秋分 5時21分	7 白露 19時43分	日紫白	奇門遁甲局数
新暦	農暦	日干支			農暦	日干支		
1	9/2	癸巳	一	4	8/1	癸亥	七	7
2	9/3	甲午	九	陰6局	8/2	甲子	三	陰9局
3	9/4	乙未	八		8/3	乙丑	二	
4	9/5	丙申	七		8/4	丙寅	一	
5	9/6	丁酉	六		8/5	丁卯	九	
6	9/7	戊戌	五		8/6	戊辰	八	
7	9/8	己亥	四	陰9局	8/7	己巳	七	陰3局
8	9/9	庚子	三		8/8	庚午	六	
9	9/10	辛丑	二		8/9	辛未	五	
10	9/11	壬寅	一		8/10	壬申	四	
11	9/12	癸卯	九		8/11	癸酉	三	
12	9/13	甲辰	八	陰3局	8/12	甲戌	二	陰6局
13	9/14	乙巳	七		8/13	乙亥	一	
14	9/15	丙午	六		8/14	丙子	九	
15	9/16	丁未	五		8/15	丁丑	八	
16	9/17	戊申	四		8/16	戊寅	七	
17	9/18	己酉	三	陰5局	8/17	己卯	六	陰7局
18	9/19	庚戌	二		8/18	庚辰	五	
19	9/20	辛亥	一		8/19	辛巳	四	
20	9/21	壬子	九		8/20	壬午	三	
21	9/22	癸丑	八		8/21	癸未	二	
22	9/23	甲寅	七	陰8局	8/22	甲申	一	陰1局
23	9/24	乙卯	九		8/23	乙酉	九	
24	9/25	丙辰	八		8/24	丙戌	八	
25	9/26	丁巳	七		8/25	丁亥	七	
26	9/27	戊午	六		8/26	戊子	六	
27	9/28	己未	五	陰2局	8/27	己丑	五	陰4局
28	9/29	庚申	四		8/28	庚寅	四	
29	10/1	辛酉	三		8/29	辛卯	三	
30	10/2	壬戌	二		9/1	壬辰	二	
31	10/3	癸亥	一					

月	8月				7月			
月干支	丙申				乙未			
紫白	五黄				六白			
節気	23 処暑 7時24分	7 立秋 16時33分	日紫白	奇門遁甲局数	23 大暑 0時8分	7 小暑 6時40分	日紫白	奇門遁甲局数
新暦	農暦	日干支			農暦	日干支		
1	6/29	壬辰	八	4	5/28	辛酉	六	陰6局
2	7/1	癸巳	七		5/29	壬戌	五	
3	7/2	甲午	六	陰2局	5/30	癸亥	四	
4	7/3	乙未	五		6/1	甲子	九	陰8局
5	7/4	丙申	四		6/2	乙丑	八	
6	7/5	丁酉	三		6/3	丙寅	七	
7	7/6	戊戌	二		6/4	丁卯	六	
8	7/7	己亥	一	陰5局	6/5	戊辰	五	
9	7/8	庚子	九		6/6	己巳	四	陰2局
10	7/9	辛丑	八		6/7	庚午	三	
11	7/10	壬寅	七		6/8	辛未	二	
12	7/11	癸卯	六		6/9	壬申	一	
13	7/12	甲辰	五	陰8局	6/10	癸酉	九	
14	7/13	乙巳	四		6/11	甲戌	八	陰5局
15	7/14	丙午	三		6/12	乙亥	七	
16	7/15	丁未	二		6/13	丙子	六	
17	7/16	戊申	一		6/14	丁丑	五	
18	7/17	己酉	九	陰1局	6/15	戊寅	四	
19	7/18	庚戌	八		6/16	己卯	三	陰7局
20	7/19	辛亥	七		6/17	庚辰	二	
21	7/20	壬子	六		6/18	辛巳	一	
22	7/21	癸丑	五		6/19	壬午	九	
23	7/22	甲寅	七	陰4局	6/20	癸未	八	
24	7/23	乙卯	六		6/21	甲申	七	陰1局
25	7/24	丙辰	五		6/22	乙酉	六	
26	7/25	丁巳	四		6/23	丙戌	五	
27	7/26	戊午	三		6/24	丁亥	四	
28	7/27	己未	二	陰7局	6/25	戊子	三	
29	7/28	庚申	一		6/26	己丑	二	陰4局
30	7/29	辛酉	九		6/27	庚寅	一	
31	7/30	壬戌	八		6/28	辛卯	九	

二〇四七年　丁卯　七赤

二元八運…「一運」

三元九運…「一運」

月	1月				2月				3月				4月				5月				6月			
月干支	辛丑 丙寅(年)				壬寅				癸卯				甲辰				乙巳				丙午			
紫白	九紫				八白				七赤				六白				五黄				四緑			
節気	20 大寒 13時9分	5 小寒 19時42分	日紫白	奇門遁甲局数	19 雨水 3時10分	4 立春 7時17分	日紫白	奇門遁甲局数	21 春分 1時52分	6 啓蟄 1時5分	日紫白	奇門遁甲局数	20 穀雨 12時32分	5 清明 5時32分	日紫白	奇門遁甲局数	21 小満 11時19分	5 立夏 22時28分	日紫白	奇門遁甲局数	21 夏至 19時3分	6 芒種 2時20分	日紫白	奇門遁甲局数
新暦	農暦	日干支			農暦	日干支			農暦	日干支			農暦	日干支			農暦	日干支			農暦	日干支		
1	12/6	乙丑	二	陽2局	1/7	丙申	六	陽8局	2/5	甲子	七	陽1局	3/7	乙未	二	陽4局	4/7	乙丑	五	陽4局	5/8	丙申	九	陽6局
2	12/7	丙寅	三		1/8	丁酉	七		2/6	乙丑	八		3/8	丙申	三		4/8	丙寅	六		5/9	丁酉	一	
3	12/8	丁卯	四		1/9	戊戌	八		2/7	丙寅	九		3/9	丁酉	四		4/9	丁卯	七		5/10	戊戌	二	
4	12/9	戊辰	五	陽8局	1/10	己亥	九	陽5局	2/8	丁卯	一		3/10	戊戌	五		4/10	戊辰	八		5/11	己亥	三	陽3局
5	12/10	己巳	六		1/11	庚子	一		2/9	戊辰	二		3/11	己亥	六	陽1局	4/11	己巳	九	陽1局	5/12	庚子	四	
6	12/11	庚午	七		1/12	辛丑	二		2/10	己巳	三	陽7局	3/12	庚子	七		4/12	庚午	一		5/13	辛丑	五	
7	12/12	辛未	八		1/13	壬寅	三		2/11	庚午	四		3/13	辛丑	八		4/13	辛未	二		5/14	壬寅	六	
8	12/13	壬申	九		1/14	癸卯	四		2/12	辛未	五		3/14	壬寅	九		4/14	壬申	三		5/15	癸卯	七	
9	12/14	癸酉	一	陽5局	1/15	甲辰	五	陽2局	2/13	壬申	六		3/15	癸卯	一		4/15	癸酉	四		5/16	甲辰	八	陽9局
10	12/15	甲戌	二		1/16	乙巳	六		2/14	癸酉	七		3/16	甲辰	二	陽7局	4/16	甲戌	五	陽7局	5/17	乙巳	九	
11	12/16	乙亥	三		1/17	丙午	七		2/15	甲戌	八	陽4局	3/17	乙巳	三		4/17	乙亥	六		5/18	丙午	一	
12	12/17	丙子	四		1/18	丁未	八		2/16	乙亥	九		3/18	丙午	四		4/18	丙子	七		5/19	丁未	二	
13	12/18	丁丑	五		1/19	戊申	九		2/17	丙子	一		3/19	丁未	五		4/19	丁丑	八		5/20	戊申	三	
14	12/19	戊寅	六	陽3局	1/20	己酉	一	陽9局	2/18	丁丑	二		3/20	戊申	六		4/20	戊寅	九		5/21	己酉	四	陰9局
15	12/20	己卯	七		1/21	庚戌	二		2/19	戊寅	三		3/21	己酉	七	陽5局	4/21	己卯	一	陽5局	5/22	庚戌	五	
16	12/21	庚辰	八		1/22	辛亥	三		2/20	己卯	四	陽3局	3/22	庚戌	八		4/22	庚辰	二		5/23	辛亥	六	
17	12/22	辛巳	九		1/23	壬子	四		2/21	庚辰	五		3/23	辛亥	九		4/23	辛巳	三		5/24	壬子	七	
18	12/23	壬午	一		1/24	癸丑	五		2/22	辛巳	六		3/24	壬子	一		4/24	壬午	四		5/25	癸丑	八	
19	12/24	癸未	二	陽9局	1/25	甲寅	三	陽6局	2/23	壬午	七		3/25	癸丑	二		4/25	癸未	五		5/26	甲寅	九	陰3局
20	12/25	甲申	三		1/26	乙卯	四		2/24	癸未	八		3/26	甲寅	九	陽2局	4/26	甲申	六	陽2局	5/27	乙卯	一	
21	12/26	乙酉	四		1/27	丙辰	五		2/25	甲申	九	陽9局	3/27	乙卯	一		4/27	乙酉	七		5/28	丙辰	二	
22	12/27	丙戌	五		1/28	丁巳	六		2/26	乙酉	一		3/28	丙辰	二		4/28	丙戌	八		5/29	丁巳	一	
23	12/28	丁亥	六		1/29	戊午	七		2/27	丙戌	二		3/29	丁巳	三		4/29	丁亥	九		閏5/1	戊午	九	
24	12/29	戊子	七	陽6局	1/30	己未	八	陽3局	2/28	丁亥	三		3/30	戊午	四		4/30	戊子	一		閏5/2	己未	八	陰6局
25	12/30	己丑	八		2/1	庚申	九		2/29	戊子	四		4/1	己未	五	陽8局	5/1	己丑	二	陽8局	閏5/3	庚申	七	
26	1/1	庚寅	九		2/2	辛酉	一		3/1	己丑	五	陽6局	4/2	庚申	六		5/2	庚寅	三		閏5/4	辛酉	六	
27	1/2	辛卯	一		2/3	壬戌	二		3/2	庚寅	六		4/3	辛酉	七		5/3	辛卯	四		閏5/5	壬戌	五	
28	1/3	壬辰	二		2/4	癸亥	三		3/3	辛卯	七		4/4	壬戌	八		5/4	壬辰	五		閏5/6	癸亥	四	
29	1/4	癸巳	三	8					3/4	壬辰	八		4/5	癸亥	九		5/5	癸巳	六		閏5/7	甲子	九	8
30	1/5	甲午	四						3/5	癸巳	九		4/6	甲子	四	4	5/6	甲午	七	6	閏5/8	乙丑	八	
31	1/6	乙未	五						3/6	甲午	一	4					5/7	乙未	八					

2046年　丙寅(年)／庚子(月)

月	12月				11月				10月				9月				8月				7月			
月干支	壬子				辛亥				庚戌				己酉				戊申				丁未			
紫白	七赤				八白				九紫				一白				二黒				三碧			
節気	22 冬至 8時6分	7 大雪 14時10分	日紫白	奇門遁甲局数	22 小雪 18時38分	7 立冬 21時7分	日紫白	奇門遁甲局数	23 霜降 20時48分	8 寒露 17時37分	日紫白	奇門遁甲局数	23 秋分 11時7分	8 白露 1時37分	日紫白	奇門遁甲局数	23 処暑 13時10分	7 立秋 22時25分	日紫白	奇門遁甲局数	23 大暑 5時55分	7 小暑 12時30分	日紫白	奇門遁甲局数
新暦	農暦	日干支			農暦	日干支			農暦	日干支			農暦	日干支			農暦	日干支			農暦	日干支		
1	10/15	己亥	七	陰7局	9/14	己巳	一	陰9局	8/12	戊戌	五	6	7/12	戊辰	八	9	6/10	丁酉	三	2	閏5/9	丙寅	七	陰8局
2	10/16	庚子	六		9/15	庚午	九		8/13	己亥	四	陰9局	7/13	己巳	七	陰3局	6/11	戊戌	二		閏5/10	丁卯	六	
3	10/17	辛丑	五		9/16	辛未	八		8/14	庚子	三		7/14	庚午	六		6/12	己亥	一	陰5局	閏5/11	戊辰	五	
4	10/18	壬寅	四		9/17	壬申	七		8/15	辛丑	二		7/15	辛未	五		6/13	庚子	九		閏5/12	己巳	四	陰2局
5	10/19	癸卯	三		9/18	癸酉	六		8/16	壬寅	一		7/16	壬申	四		6/14	辛丑	八		閏5/13	庚午	三	
6	10/20	甲辰	二	陰1局	9/19	甲戌	五	陰3局	8/17	癸卯	九		7/17	癸酉	三		6/15	壬寅	七		閏5/14	辛未	二	
7	10/21	乙巳	一		9/20	乙亥	四		8/18	甲辰	八	陰3局	7/18	甲戌	二	陰6局	6/16	癸卯	六		閏5/15	壬申	一	
8	10/22	丙午	九		9/21	丙子	三		8/19	乙巳	七		7/19	乙亥	一		6/17	甲辰	五	陰8局	閏5/16	癸酉	九	
9	10/23	丁未	八		9/22	丁丑	二		8/20	丙午	六		7/20	丙子	九		6/18	乙巳	四		閏5/17	甲戌	八	陰5局
10	10/24	戊申	七		9/23	戊寅	一		8/21	丁未	五		7/21	丁丑	八		6/19	丙午	三		閏5/18	乙亥	七	
11	10/25	己酉	六	陰4局・閏	9/24	己卯	九	陰5局	8/22	戊申	四		7/22	戊寅	七		6/20	丁未	二		閏5/19	丙子	六	
12	10/26	庚戌	五		9/25	庚辰	八		8/23	己酉	三	陰5局	7/23	己卯	六	陰7局	6/21	戊申	一		閏5/20	丁丑	五	
13	10/27	辛亥	四		9/26	辛巳	七		8/24	庚戌	二		7/24	庚辰	五		6/22	己酉	九	陰1局	閏5/21	戊寅	四	
14	10/28	壬子	三		9/27	壬午	六		8/25	辛亥	一		7/25	辛巳	四		6/23	庚戌	八		閏5/22	己卯	三	陰7局
15	10/29	癸丑	二		9/28	癸未	五		8/26	壬子	九		7/26	壬午	三		6/24	辛亥	七		閏5/23	庚辰	二	
16	10/30	甲寅	一	陰7局・閏	9/29	甲申	四	陰8局	8/27	癸丑	八		7/27	癸未	二		6/25	壬子	六		閏5/24	辛巳	一	
17	11/1	乙卯	九		10/1	乙酉	三		8/28	甲寅	七	陰8局	7/28	甲申	一	陰1局	6/26	癸丑	五		閏5/25	壬午	九	
18	11/2	丙辰	八		10/2	丙戌	二		8/29	乙卯	六		7/29	乙酉	九		6/27	甲寅	四	陰4局	閏5/26	癸未	八	
19	11/3	丁巳	七		10/3	丁亥	一		9/1	丙辰	五		7/30	丙戌	八		6/28	乙卯	三		閏5/27	甲申	七	陰1局
20	11/4	戊午	六		10/4	戊子	九		9/2	丁巳	四		8/1	丁亥	七		6/29	丙辰	二		閏5/28	乙酉	六	
21	11/5	己未	五	陰1局・閏	10/5	己丑	八	陰2局	9/3	戊午	三		8/2	戊子	六		7/1	丁巳	一		閏5/29	丙戌	五	
22	11/6	庚申	三		10/6	庚寅	七		9/4	己未	二	陰2局	8/3	己丑	五	陰4局	7/2	戊午	九		閏5/30	丁亥	四	
23	11/7	辛酉	四		10/7	辛卯	六		9/5	庚申	四		8/4	庚寅	四		7/3	己未	二	陰7局	6/1	戊子	三	
24	11/8	壬戌	五		10/8	壬辰	五		9/6	辛酉	三		8/5	辛卯	三		7/4	庚申	一		6/2	己丑	二	陰4局
25	11/9	癸亥	六		10/9	癸巳	四		9/7	壬戌	二		8/6	壬辰	二		7/5	辛酉	九		6/3	庚寅	一	
26	11/10	甲子	一	陽1局	10/10	甲午	三	陰4局	9/8	癸亥	一		8/7	癸巳	一		7/6	壬戌	八		6/4	辛卯	九	
27	11/11	乙丑	二		10/11	乙未	二		9/9	甲子	六	陰6局	8/8	甲午	九	陰6局	7/7	癸亥	七		6/5	壬辰	八	
28	11/12	丙寅	三		10/12	丙申	一		9/10	乙丑	五		8/9	乙未	八		7/8	甲子	三	陰9局	6/6	癸巳	七	
29	11/13	丁卯	四		10/13	丁酉	九		9/11	丙寅	四		8/10	丙申	七		7/9	乙丑	二		6/7	甲午	六	陰2局
30	11/14	戊辰	五		10/14	戊戌	八		9/12	丁卯	三		8/11	丁酉	六		7/10	丙寅	一		6/8	乙未	五	
31	11/15	己巳	六	7					9/13	戊辰	二						7/11	丁卯	九		6/9	丙申	四	

二〇四八年 戊辰 六白

二元八運…「一運」　三元九運…「一運」

月	1月	2月	3月	4月	5月	6月
月干支	癸丑 丁卯(年)	甲寅	乙卯	丙辰	丁巳	戊午
紫白	六白	五黄	四緑	三碧	二黒	一白
節気	6 小寒 1時29分 / 20 大寒 18時46分	4 立春 13時4分 / 19 雨水 8時48分	5 啓蟄 6時53分 / 20 春分 7時33分	4 清明 11時25分 / 19 穀雨 18時17分	5 立夏 4時24分 / 20 小満 17時7分	5 芒種 8時18分 / 21 夏至 0時53分

新暦	1月 農暦	日干支	日紫白	奇門遁甲局数	2月 農暦	日干支	日紫白	奇門遁甲局数	3月 農暦	日干支	日紫白	奇門遁甲局数
1	11/16	庚午	七	陽7局	12/18	辛丑	二	陽9局	1/17	庚午	四	陽6局
2	11/17	辛未	八		12/19	壬寅	三		1/18	辛未	五	
3	11/18	壬申	九		12/20	癸卯	四		1/19	壬申	六	
4	11/19	癸酉	一	陽4局	12/21	甲辰	五	陽6局	1/20	癸酉	七	陽3局
5	11/20	甲戌	二		12/22	乙巳	六		1/21	甲戌	八	
6	11/21	乙亥	三		12/23	丙午	七		1/22	乙亥	九	
7	11/22	丙子	四		12/24	丁未	八		1/23	丙子	一	
8	11/23	丁丑	五		12/25	戊申	九		1/24	丁丑	二	
9	11/24	戊寅	六	陽2局	12/26	己酉	一	陽8局	1/25	戊寅	三	陽1局
10	11/25	己卯	七		12/27	庚戌	二		1/26	己卯	四	
11	11/26	庚辰	八		12/28	辛亥	三		1/27	庚辰	五	
12	11/27	辛巳	九		12/29	壬子	四		1/28	辛巳	六	
13	11/28	壬午	一		12/30	癸丑	五		1/29	壬午	七	
14	11/29	癸未	二	陽8局	1/1	甲寅	六	陽5局	2/1	癸未	八	陽7局
15	12/1	甲申	三		1/2	乙卯	七		2/2	甲申	九	
16	12/2	乙酉	四		1/3	丙辰	八		2/3	乙酉	一	
17	12/3	丙戌	五		1/4	丁巳	九		2/4	丙戌	二	
18	12/4	丁亥	六		1/5	戊午	一		2/5	丁亥	三	
19	12/5	戊子	七	陽5局	1/6	己未	八	陽2局	2/6	戊子	四	陽4局
20	12/6	己丑	八		1/7	庚申	九		2/7	己丑	五	
21	12/7	庚寅	九		1/8	辛酉	一		2/8	庚寅	六	
22	12/8	辛卯	一		1/9	壬戌	二		2/9	辛卯	七	
23	12/9	壬辰	二		1/10	癸亥	三		2/10	壬辰	八	
24	12/10	癸巳	三	陽3局	1/11	甲子	七	陽9局	2/11	癸巳	九	陽3局
25	12/11	甲午	四		1/12	乙丑	八		2/12	甲午	一	
26	12/12	乙未	五		1/13	丙寅	九		2/13	乙未	二	
27	12/13	丙申	六		1/14	丁卯	一		2/14	丙申	三	
28	12/14	丁酉	七		1/15	戊辰	二		2/15	丁酉	四	
29	12/15	戊戌	八	9	1/16	己巳	三	6	2/16	戊戌	五	9
30	12/16	己亥	九						2/17	己亥	六	
31	12/17	庚子	一						2/18	庚子	七	

新暦	4月 農暦	日干支	日紫白	奇門遁甲局数	5月 農暦	日干支	日紫白	奇門遁甲局数	6月 農暦	日干支	日紫白	奇門遁甲局数
1	2/19	辛丑	八	陽9局	3/19	辛未	二	陽2局	4/20	壬寅	六	2
2	2/20	壬寅	九		3/20	壬申	三		4/21	癸卯	七	
3	2/21	癸卯	一		3/21	癸酉	四		4/22	甲辰	八	
4	2/22	甲辰	二	陽6局	3/22	甲戌	五	陽8局	4/23	乙巳	九	陽8局
5	2/23	乙巳	三		3/23	乙亥	六		4/24	丙午	一	
6	2/24	丙午	四		3/24	丙子	七		4/25	丁未	二	
7	2/25	丁未	五		3/25	丁丑	八		4/26	戊申	三	
8	2/26	戊申	六		3/26	戊寅	九		4/27	己酉	四	
9	2/27	己酉	七	陽4局	3/27	己卯	一	陽4局	4/28	庚戌	五	陽6局
10	2/28	庚戌	八		3/28	庚辰	二		4/29	辛亥	六	
11	2/29	辛亥	九		3/29	辛巳	三		5/1	壬子	七	
12	2/30	壬子	一		3/30	壬午	四		5/2	癸丑	八	
13	3/1	癸丑	二		4/1	癸未	五		5/3	甲寅	九	
14	3/2	甲寅	三	陽1局	4/2	甲申	六	陽1局	5/4	乙卯	一	陽3局
15	3/3	乙卯	四		4/3	乙酉	七		5/5	丙辰	二	
16	3/4	丙辰	五		4/4	丙戌	八		5/6	丁巳	三	
17	3/5	丁巳	六		4/5	丁亥	九		5/7	戊午	四	
18	3/6	戊午	七		4/6	戊子	一		5/8	己未	五	
19	3/7	己未	五	陽7局	4/7	己丑	二	陽7局	5/9	庚申	六	陽9局
20	3/8	庚申	六		4/8	庚寅	三		5/10	辛酉	七	
21	3/9	辛酉	七		4/9	辛卯	四		5/11	壬戌	五	
22	3/10	壬戌	八		4/10	壬辰	五		5/12	癸亥	四	
23	3/11	癸亥	九		4/11	癸巳	六		5/13	甲子	九	陰9局
24	3/12	甲子	四	陽5局	4/12	甲午	七	陽5局	5/14	乙丑	八	
25	3/13	乙丑	五		4/13	乙未	八		5/15	丙寅	七	
26	3/14	丙寅	六		4/14	丙申	九		5/16	丁卯	六	
27	3/15	丁卯	七		4/15	丁酉	一		5/17	戊辰	五	
28	3/16	戊辰	八		4/16	戊戌	二		5/18	己巳	四	陰3局
29	3/17	己巳	九	2	4/17	己亥	三	陽2局	5/19	庚午	三	
30	3/18	庚午	一		4/18	庚子	四		5/20	辛未	二	
31					4/19	辛丑	五					

2047年　丁卯(年)／壬子(月)

月	12月				11月				10月				9月				8月				7月			
月干支	甲子				癸亥				壬戌				辛酉				庚申				己未			
紫白	四緑				五黄				六白				七赤				八白				九紫			
節気	21 冬至 14時2分	6 大雪 20時0分	日紫白	奇門遁甲局数	22 小雪 0時33分	7 立冬 2時56分	日紫白	奇門遁甲局数	23 霜降 2時42分	7 寒露 23時26分	日紫白	奇門遁甲局数	22 秋分 17時0分	7 白露 7時27分	日紫白	奇門遁甲局数	22 処暑 19時2分	7 立秋 4時18分	日紫白	奇門遁甲局数	22 大暑 11時46分	6 小暑 18時26分	日紫白	奇門遁甲局数
新暦	農暦	日干支			農暦	日干支			農暦	日干支			農暦	日干支			農暦	日干支			農暦	日干支		
1	10/26	乙巳	一	陰2局	9/25	乙亥	四	陰2局	8/24	甲辰	八	陰4局	7/23	甲戌	二	陰7局	6/22	癸卯	六	1	5/21	壬申	一	3
2	10/27	丙午	九		9/26	丙子	三		8/25	乙巳	七		7/24	乙亥	一		6/23	甲辰	五	陰4局	5/22	癸酉	九	
3	10/28	丁未	八		9/27	丁丑	二		8/26	丙午	六		7/25	丙子	九		6/24	乙巳	四		5/23	甲戌	八	陰6局
4	10/29	戊申	七		9/28	戊寅	一		8/27	丁未	五		7/26	丁丑	八		6/25	丙午	三		5/24	乙亥	七	
5	11/1	己酉	六		9/29	己卯	九		8/28	戊申	四		7/27	戊寅	七		6/26	丁未	二		5/25	丙子	六	
6	11/2	庚戌	五	陰4局	10/1	庚辰	八	陰6局	8/29	己酉	三	陰6局	7/28	己卯	六	陰9局	6/27	戊申	一		5/26	丁丑	五	
7	11/3	辛亥	四		10/2	辛巳	七		8/30	庚戌	二		7/29	庚辰	五		6/28	己酉	九	陰2局	5/27	戊寅	四	
8	11/4	壬子	三		10/3	壬午	六		9/1	辛亥	一		8/1	辛巳	四		6/29	庚戌	八		5/28	己卯	三	陰8局
9	11/5	癸丑	二		10/4	癸未	五		9/2	壬子	九		8/2	壬午	三		6/30	辛亥	七		5/29	庚辰	二	
10	11/6	甲寅	一		10/5	甲申	四		9/3	癸丑	八		8/3	癸未	二		7/1	壬子	六		5/30	辛巳	一	
11	11/7	乙卯	九	陰7局	10/6	乙酉	三	陰9局	9/4	甲寅	七	陰9局	8/4	甲申	一	陰3局	7/2	癸丑	五		6/1	壬午	九	
12	11/8	丙辰	八		10/7	丙戌	二		9/5	乙卯	六		8/5	乙酉	九		7/3	甲寅	四	陰5局	6/2	癸未	八	
13	11/9	丁巳	七		10/8	丁亥	一		9/6	丙辰	五		8/6	丙戌	八		7/4	乙卯	三		6/3	甲申	七	陰2局
14	11/10	戊午	六		10/9	戊子	九		9/7	丁巳	四		8/7	丁亥	七		7/5	丙辰	二		6/4	乙酉	六	
15	11/11	己未	五		10/10	己丑	八		9/8	戊午	三		8/8	戊子	六		7/6	丁巳	一		6/5	丙戌	五	
16	11/12	庚申	四	陰1局	10/11	庚寅	七	陰3局	9/9	己未	二	陰3局	8/9	己丑	五	陰6局	7/7	戊午	九		6/6	丁亥	四	
17	11/13	辛酉	三		10/12	辛卯	六		9/10	庚申	一		8/10	庚寅	四		7/8	己未	八	陰8局	6/7	戊子	三	
18	11/14	壬戌	二		10/13	壬辰	五		9/11	辛酉	九		8/11	辛卯	三		7/9	庚申	七		6/8	己丑	二	陰5局
19	11/15	癸亥	一		10/14	癸巳	四		9/12	壬戌	八		8/12	壬辰	二		7/10	辛酉	六		6/9	庚寅	一	
20	11/16	甲子	六	陽1局	10/15	甲午	三		9/13	癸亥	七		8/13	癸巳	一		7/11	壬戌	五		6/10	辛卯	九	
21	11/17	乙丑	二		10/16	乙未	二	陰5局	9/14	甲子	三	陰5局	8/14	甲午	九	陰7局	7/12	癸亥	四		6/11	壬辰	八	
22	11/18	丙寅	三		10/17	丙申	一		9/15	乙丑	二		8/15	乙未	八		7/13	甲子	三	陰1局	6/12	癸巳	七	
23	11/19	丁卯	四		10/18	丁酉	九		9/16	丙寅	四		8/16	丙申	七		7/14	乙丑	二		6/13	甲午	六	陰7局
24	11/20	戊辰	五		10/19	戊戌	八		9/17	丁卯	三		8/17	丁酉	六		7/15	丙寅	一		6/14	乙未	五	
25	11/21	己巳	六	陽7局	10/20	己亥	七		9/18	戊辰	二		8/18	戊戌	五		7/16	丁卯	九		6/15	丙申	四	
26	11/22	庚午	七		10/21	庚子	六	陰8局	9/19	己巳	一	陰8局	8/19	己亥	四	陰1局	7/17	戊辰	八		6/16	丁酉	三	
27	11/23	辛未	八		10/22	辛丑	五		9/20	庚午	九		8/20	庚子	三		7/18	己巳	七	陰4局	6/17	戊戌	二	
28	11/24	壬申	九		10/23	壬寅	四		9/21	辛未	八		8/21	辛丑	二		7/19	庚午	六		6/18	己亥	一	陰1局
29	11/25	癸酉	一		10/24	癸卯	三		9/22	壬申	七		8/22	壬寅	一		7/20	辛未	五		6/19	庚子	九	
30	11/26	甲戌	二	4	10/25	甲辰	二	2	9/23	癸酉	六		8/23	癸卯	九		7/21	壬申	四		6/20	辛丑	八	
31	11/27	乙亥	三						9/24	甲戌	五	2					7/22	癸酉	三		6/21	壬寅	七	

二〇四九年 己巳 五黄

二元八運…「一運」

三元九運…「一運」

月	1月				2月				3月				4月				5月				6月			
月干支	乙丑 戊辰(年)				丙寅				丁卯				戊辰				己巳				庚午			
紫白	三碧				二黒				一白				九紫				八白				七赤			
節気	20 大寒 0時40分	5 小寒 7時18分			18 雨水 14時42分	3 立春 18時53分			20 春分 13時28分	5 啓蟄 12時42分			20 穀雨 0時13分	4 清明 17時14分			20 小満 23時3分	5 立夏 10時12分			21 夏至 6時47分	5 芒種 14時3分		
新暦	農暦	日干支	日紫白	奇門遁甲局数	農暦	日干支	日紫白	奇門遁甲局数	農暦	日干支	日紫白	奇門遁甲局数	農暦	日干支	日紫白	奇門遁甲局数	農暦	日干支	日紫白	奇門遁甲局数	農暦	日干支	日紫白	奇門遁甲局数
1	11/28	丙子	四	陽4局	12/29	丁未	八	6	1/28	乙亥	九	陽3局	2/29	丙午	四	陽6局	3/30	丙子	七	陽8局	5/2	丁未	二	8
2	11/29	丁丑	五		1/1	戊申	九		1/29	丙子	一		3/1	丁未	五		4/1	丁丑	八		5/3	戊申	三	
3	11/30	戊寅	六		1/2	己酉	一	陽8局	1/30	丁丑	二		3/2	戊申	六		4/2	戊寅	九		5/4	己酉	四	陽6局
4	12/1	己卯	七	陽2局	1/3	庚戌	二		2/1	戊寅	三		3/3	己酉	七	陽4局	4/3	己卯	一	陽4局	5/5	庚戌	五	
5	12/2	庚辰	八		1/4	辛亥	三		2/2	己卯	四	陽1局	3/4	庚戌	八		4/4	庚辰	二		5/6	辛亥	六	
6	12/3	辛巳	九		1/5	壬子	四		2/3	庚辰	五		3/5	辛亥	九		4/5	辛巳	三		5/7	壬子	七	
7	12/4	壬午	一		1/6	癸丑	五		2/4	辛巳	六		3/6	壬子	一		4/6	壬午	四		5/8	癸丑	八	
8	12/5	癸未	二		1/7	甲寅	六	陽5局	2/5	壬午	七		3/7	癸丑	二		4/7	癸未	五		5/9	甲寅	九	陽3局
9	12/6	甲申	三	陽8局	1/8	乙卯	七		2/6	癸未	八		3/8	甲寅	三	陽1局	4/8	甲申	六	陽1局	5/10	乙卯	一	
10	12/7	乙酉	四		1/9	丙辰	八		2/7	甲申	九	陽7局	3/9	乙卯	四		4/9	乙酉	七		5/11	丙辰	二	
11	12/8	丙戌	五		1/10	丁巳	九		2/8	乙酉	一		3/10	丙辰	五		4/10	丙戌	八		5/12	丁巳	三	
12	12/9	丁亥	六		1/11	戊午	一		2/9	丙戌	二		3/11	丁巳	六		4/11	丁亥	九		5/13	戊午	四	
13	12/10	戊子	七		1/12	己未	二	陽2局	2/10	丁亥	三		3/12	戊午	七		4/12	戊子	一		5/14	己未	五	陽9局
14	12/11	己丑	八	陽5局	1/13	庚申	三		2/11	戊子	四		3/13	己未	八	陽7局	4/13	己丑	二	陽7局	5/15	庚申	六	
15	12/12	庚寅	九		1/14	辛酉	四		2/12	己丑	五	陽4局	3/14	庚申	九		4/14	庚寅	三		5/16	辛酉	七	
16	12/13	辛卯	一		1/15	壬戌	五		2/13	庚寅	六		3/15	辛酉	一		4/15	辛卯	四		5/17	壬戌	八	
17	12/14	壬辰	二		1/16	癸亥	六		2/14	辛卯	七		3/16	壬戌	二		4/16	壬辰	五		5/18	癸亥	九	
18	12/15	癸巳	三		1/17	甲子	七	陽9局	2/15	壬辰	八		3/17	癸亥	三		4/17	癸巳	六		5/19	甲子	四	陰9局
19	12/16	甲午	四	陽3局	1/18	乙丑	八		2/16	癸巳	九		3/18	甲子	七	陽5局	4/18	甲午	七	陽5局	5/20	乙丑	五	
20	12/17	乙未	五		1/19	丙寅	九		2/17	甲午	一	陽3局	3/19	乙丑	五		4/19	乙未	八		5/21	丙寅	六	
21	12/18	丙申	六		1/20	丁卯	一		2/18	乙未	二		3/20	丙寅	六		4/20	丙申	九		5/22	丁卯	六	
22	12/19	丁酉	七		1/21	戊辰	二		2/19	丙申	三		3/21	丁卯	七		4/21	丁酉	一		5/23	戊辰	五	
23	12/20	戊戌	八		1/22	己巳	三	陽6局	2/20	丁酉	四		3/22	戊辰	八		4/22	戊戌	二		5/24	己巳	四	陰3局
24	12/21	己亥	九	陽9局	1/23	庚午	四		2/21	戊戌	五		3/23	己巳	九	陽2局	4/23	己亥	三	陽2局	5/25	庚午	三	
25	12/22	庚子	一		1/24	辛未	五		2/22	己亥	六	陽9局	3/24	庚午	一		4/24	庚子	四		5/26	辛未	二	
26	12/23	辛丑	二		1/25	壬申	六		2/23	庚子	七		3/25	辛未	二		4/25	辛丑	五		5/27	壬申	一	
27	12/24	壬寅	三		1/26	癸酉	七		2/24	辛丑	八		3/26	壬申	三		4/26	壬寅	六		5/28	癸酉	九	
28	12/25	癸卯	四		1/27	甲戌	八	3	2/25	壬寅	九		3/27	癸酉	四		4/27	癸卯	七		5/29	甲戌	八	陰6局
29	12/26	甲辰	五	陽6局					2/26	癸卯	一		3/28	甲戌	五	8	4/28	甲辰	八	陽8局	5/30	乙亥	七	
30	12/27	乙巳	六						2/27	甲辰	二	6	3/29	乙亥	六		4/29	乙巳	九		6/1	丙子	六	
31	12/28	丙午	七						2/28	乙巳	三						5/1	丙午	一					

2048年 戊辰(年)／甲子(月)

月	12月	11月	10月	9月	8月	7月
月干支	丙子	乙亥	甲戌	癸酉	壬申	辛未
紫白	一白	二黒	三碧	四緑	五黄	六白
節気	7 大雪 1時46分 21 冬至 19時51分	7 立冬 8時38分 22 小雪 6時19分	8 寒露 5時4分 23 霜降 8時24分	7 白露 13時5分 22 秋分 22時42分	7 立秋 9時57分 23 処暑 0時47分	7 小暑 0時8分 22 大暑 17時36分

12月 丙子 一白

新暦	農暦	日干支	日紫白	奇門遁甲局数
1	11/7	庚戌	五	陰4局
2	11/8	辛亥	四	
3	11/9	壬子	三	
4	11/10	癸丑	二	
5	11/11	甲寅	一	
6	11/12	乙卯	九	陰7局
7	11/13	丙辰	八	
8	11/14	丁巳	七	
9	11/15	戊午	六	
10	11/16	己未	五	
11	11/17	庚申	四	陰1局
12	11/18	辛酉	三	
13	11/19	壬戌	二	
14	11/20	癸亥	一	
15	11/21	甲子	六	陽1局
16	11/22	乙丑	五	
17	11/23	丙寅	四	
18	11/24	丁卯	三	
19	11/25	戊辰	二	
20	11/26	己巳	一	陽7局
21	11/27	庚午	七	
22	11/28	辛未	八	
23	11/29	壬申	九	
24	11/30	癸酉	一	
25	12/1	甲戌	二	陽4局
26	12/2	乙亥	三	
27	12/3	丙子	四	
28	12/4	丁丑	五	
29	12/5	戊寅	六	
30	12/6	己卯	七	2
31	12/7	庚辰	八	

11月 乙亥 二黒

新暦	農暦	日干支	日紫白	奇門遁甲局数
1	10/6	庚辰	八	陰6局
2	10/7	辛巳	七	
3	10/8	壬午	六	
4	10/9	癸未	五	
5	10/10	甲申	四	
6	10/11	乙酉	三	陰9局
7	10/12	丙戌	二	
8	10/13	丁亥	一	
9	10/14	戊子	九	
10	10/15	己丑	八	
11	10/16	庚寅	七	陰3局
12	10/17	辛卯	六	
13	10/18	壬辰	五	
14	10/19	癸巳	四	
15	10/20	甲午	三	
16	10/21	乙未	二	陰5局
17	10/22	丙申	一	
18	10/23	丁酉	九	
19	10/24	戊戌	八	
20	10/25	己亥	七	
21	10/26	庚子	六	陰8局
22	10/27	辛丑	五	
23	10/28	壬寅	四	
24	10/29	癸卯	三	
25	11/1	甲辰	二	
26	11/2	乙巳	一	陰2局
27	11/3	丙午	九	
28	11/4	丁未	八	
29	11/5	戊申	七	
30	11/6	己酉	六	4
31				

10月 甲戌 三碧

新暦	農暦	日干支	日紫白	奇門遁甲局数
1	9/5	己酉	三	陰6局
2	9/6	庚戌	二	
3	9/7	辛亥	一	
4	9/8	壬子	九	
5	9/9	癸丑	八	
6	9/10	甲寅	七	陰9局
7	9/11	乙卯	六	
8	9/12	丙辰	五	
9	9/13	丁巳	四	
10	9/14	戊午	三	
11	9/15	己未	二	陰3局
12	9/16	庚申	一	
13	9/17	辛酉	九	
14	9/18	壬戌	八	
15	9/19	癸亥	七	
16	9/20	甲子	三	陰5局
17	9/21	乙丑	二	
18	9/22	丙寅	一	
19	9/23	丁卯	九	
20	9/24	戊辰	八	
21	9/25	己巳	七	陰8局
22	9/26	庚午	六	
23	9/27	辛未	八	
24	9/28	壬申	七	
25	9/29	癸酉	六	
26	9/30	甲戌	五	陰2局
27	10/1	乙亥	四	
28	10/2	丙子	三	
29	10/3	丁丑	二	
30	10/4	戊寅	一	
31	10/5	己卯	九	6

9月 癸酉 四緑

新暦	農暦	日干支	日紫白	奇門遁甲局数
1	8/5	己卯	六	陰9局
2	8/6	庚辰	五	
3	8/7	辛巳	四	
4	8/8	壬午	三	
5	8/9	癸未	二	
6	8/10	甲申	一	陰3局
7	8/11	乙酉	九	
8	8/12	丙戌	八	
9	8/13	丁亥	七	
10	8/14	戊子	六	
11	8/15	己丑	五	陰6局
12	8/16	庚寅	四	
13	8/17	辛卯	三	
14	8/18	壬辰	二	
15	8/19	癸巳	一	
16	8/20	甲午	九	陰7局
17	8/21	乙未	八	
18	8/22	丙申	七	
19	8/23	丁酉	六	
20	8/24	戊戌	五	
21	8/25	己亥	四	陰1局
22	8/26	庚子	三	
23	8/27	辛丑	二	
24	8/28	壬寅	一	
25	8/29	癸卯	九	
26	8/30	甲辰	八	陰4局
27	9/1	乙巳	七	
28	9/2	丙午	六	
29	9/3	丁未	五	
30	9/4	戊申	四	
31				

8月 壬申 五黄

新暦	農暦	日干支	日紫白	奇門遁甲局数
1	7/3	戊申	一	4
2	7/4	己酉	九	陰2局
3	7/5	庚戌	八	
4	7/6	辛亥	七	
5	7/7	壬子	六	
6	7/8	癸丑	五	
7	7/9	甲寅	四	陰5局
8	7/10	乙卯	三	
9	7/11	丙辰	二	
10	7/12	丁巳	一	
11	7/13	戊午	九	
12	7/14	己未	八	陰8局
13	7/15	庚申	七	
14	7/16	辛酉	六	
15	7/17	壬戌	五	
16	7/18	癸亥	四	
17	7/19	甲子	九	陰1局
18	7/20	乙丑	八	
19	7/21	丙寅	七	
20	7/22	丁卯	六	
21	7/23	戊辰	五	
22	7/24	己巳	四	陰4局
23	7/25	庚午	六	
24	7/26	辛未	五	
25	7/27	壬申	四	
26	7/28	癸酉	三	
27	7/29	甲戌	二	陰7局
28	8/1	乙亥	一	
29	8/2	丙子	九	
30	8/3	丁丑	八	
31	8/4	戊寅	七	

7月 辛未 六白

新暦	農暦	日干支	日紫白	奇門遁甲局数
1	6/2	丁丑	五	6
2	6/3	戊寅	四	
3	6/4	己卯	三	陰8局
4	6/5	庚辰	二	
5	6/6	辛巳	一	
6	6/7	壬午	九	
7	6/8	癸未	八	
8	6/9	甲申	七	陰2局
9	6/10	乙酉	六	
10	6/11	丙戌	五	
11	6/12	丁亥	四	
12	6/13	戊子	三	
13	6/14	己丑	二	陰5局
14	6/15	庚寅	一	
15	6/16	辛卯	九	
16	6/17	壬辰	八	
17	6/18	癸巳	七	
18	6/19	甲午	六	陰7局
19	6/20	乙未	五	
20	6/21	丙申	四	
21	6/22	丁酉	三	
22	6/23	戊戌	二	
23	6/24	己亥	一	陰1局
24	6/25	庚子	九	
25	6/26	辛丑	八	
26	6/27	壬寅	七	
27	6/28	癸卯	六	
28	6/29	甲辰	五	陰4局
29	6/30	乙巳	四	
30	7/1	丙午	三	
31	7/2	丁未	二	

二〇五〇年 庚午 四緑

二元八運…「一運」　三元九運…「一運」

月	1月				2月				3月			
月干支	丁丑 己巳(年)				戊寅				己卯			
紫白	九紫				八白				七赤			
節気	5 小寒 13時7分	20 大寒 6時33分			4 立春 0時43分	18 雨水 20時34分			5 啓蟄 18時32分	20 春分 19時19分		
新暦	農暦	日干支	日紫白	奇門遁甲局数	農暦	日干支	日紫白	奇門遁甲局数	農暦	日干支	日紫白	奇門遁甲局数
1	12/8	辛巳	九	陽2局	1/10	壬子	四	8	2/9	庚辰	五	陽1局
2	12/9	壬午	一		1/11	癸丑	五		2/10	辛巳	六	
3	12/10	癸未	二		1/12	甲寅	六		2/11	壬午	七	
4	12/11	甲申	三	陽8局	1/13	乙卯	七	陽5局	2/12	癸未	八	
5	12/12	乙酉	四		1/14	丙辰	八		2/13	甲申	九	陽7局
6	12/13	丙戌	五		1/15	丁巳	九		2/14	乙酉	一	
7	12/14	丁亥	六		1/16	戊午	一		2/15	丙戌	二	
8	12/15	戊子	七		1/17	己未	二		2/16	丁亥	三	
9	12/16	己丑	八	陽5局	1/18	庚申	三	陽2局	2/17	戊子	四	
10	12/17	庚寅	九		1/19	辛酉	四		2/18	己丑	五	陽4局
11	12/18	辛卯	一		1/20	壬戌	五		2/19	庚寅	六	
12	12/19	壬辰	二		1/21	癸亥	六		2/20	辛卯	七	
13	12/20	癸巳	三		1/22	甲子	一		2/21	壬辰	八	
14	12/21	甲午	四	陽3局	1/23	乙丑	二	陽9局	2/22	癸巳	九	
15	12/22	乙未	五		1/24	丙寅	三		2/23	甲午	一	陽5局
16	12/23	丙申	六		1/25	丁卯	四		2/24	乙未	二	
17	12/24	丁酉	七		1/26	戊辰	五		2/25	丙申	三	
18	12/25	戊戌	八		1/27	己巳	三		2/26	丁酉	四	
19	12/26	己亥	九	陽9局	1/28	庚午	四	陽6局	2/27	戊戌	五	
20	12/27	庚子	一		1/29	辛未	五		2/28	己亥	六	陽2局
21	12/28	辛丑	二		2/1	壬申	六		2/29	庚子	七	
22	12/29	壬寅	三		2/2	癸酉	七		2/30	辛丑	八	
23	1/1	癸卯	四		2/3	甲戌	八		3/1	壬寅	九	
24	1/2	甲辰	五	陽6局	2/4	乙亥	九	陽3局	3/2	癸卯	一	
25	1/3	乙巳	六		2/5	丙子	一		3/3	甲辰	二	陽8局
26	1/4	丙午	七		2/6	丁丑	二		3/4	乙巳	三	
27	1/5	丁未	八		2/7	戊寅	三		3/5	丙午	四	
28	1/6	戊申	九		2/8	己卯	四	1	3/6	丁未	五	
29	1/7	己酉	一	陽8局					3/7	戊申	六	4
30	1/8	庚戌	二						3/8	己酉	七	
31	1/9	辛亥	三						3/9	庚戌	八	

月	4月				5月				6月			
月干支	庚辰				辛巳				壬午			
紫白	六白				五黄				四緑			
節気	4 清明 23時2分	20 穀雨 6時1分			5 立夏 16時1分	21 小満 4時50分			5 芒種 19時54分	21 夏至 12時32分		
新暦	農暦	日干支	日紫白	奇門遁甲局数	農暦	日干支	日紫白	奇門遁甲局数	農暦	日干支	日紫白	奇門遁甲局数
1	3/10	辛亥	九	陽4局	閏3/11	辛巳	三	陽4局	4/12	壬子	七	6
2	3/11	壬子	一		閏3/12	壬午	四		4/13	癸丑	八	
3	3/12	癸丑	二		閏3/13	癸未	五		4/14	甲寅	九	陽3局
4	3/13	甲寅	三		閏3/14	甲申	六	陽1局	4/15	乙卯	一	
5	3/14	乙卯	四	陽1局	閏3/15	乙酉	七		4/16	丙辰	二	
6	3/15	丙辰	五		閏3/16	丙戌	八		4/17	丁巳	三	
7	3/16	丁巳	六		閏3/17	丁亥	九		4/18	戊午	四	
8	3/17	戊午	七		閏3/18	戊子	一		4/19	己未	五	陽9局
9	3/18	己未	八		閏3/19	己丑	二	陽7局	4/20	庚申	六	
10	3/19	庚申	九	陽7局	閏3/20	庚寅	三		4/21	辛酉	七	
11	3/20	辛酉	一		閏3/21	辛卯	四		4/22	壬戌	八	
12	3/21	壬戌	二		閏3/22	壬辰	五		4/23	癸亥	九	
13	3/22	癸亥	三		閏3/23	癸巳	六		4/24	甲子	四	陰9局
14	3/23	甲子	七		閏3/24	甲午	七	陽5局	4/25	乙丑	五	
15	3/24	乙丑	八	陽5局	閏3/25	乙未	八		4/26	丙寅	六	
16	3/25	丙寅	九		閏3/26	丙申	九		4/27	丁卯	七	
17	3/26	丁卯	一		閏3/27	丁酉	一		4/28	戊辰	八	
18	3/27	戊辰	二		閏3/28	戊戌	二		4/29	己巳	九	陰3局
19	3/28	己巳	三		閏3/29	己亥	三	陽2局	5/1	庚午	一	
20	3/29	庚午	一	陽2局	閏3/30	庚子	四		5/2	辛未	二	
21	閏3/1	辛未	二		4/1	辛丑	五		5/3	壬申	一	
22	閏3/2	壬申	三		4/2	壬寅	六		5/4	癸酉	九	
23	閏3/3	癸酉	四		4/3	癸卯	七		5/5	甲戌	八	陰6局
24	閏3/4	甲戌	五		4/4	甲辰	八	陽8局	5/6	乙亥	七	
25	閏3/5	乙亥	六	陽8局	4/5	乙巳	九		5/7	丙子	六	
26	閏3/6	丙子	七		4/6	丙午	一		5/8	丁丑	五	
27	閏3/7	丁丑	八		4/7	丁未	二		5/9	戊寅	四	
28	閏3/8	戊寅	九		4/8	戊申	三		5/10	己卯	三	陰8局
29	閏3/9	己卯	一	4	4/9	己酉	四	陽6局	5/11	庚辰	二	
30	閏3/10	庚辰	二		4/10	庚戌	五		5/12	辛巳	一	
31					4/11	辛亥	六					

2049年 己巳(年)／丙子(月)

月	12 月	11 月	10 月	9 月	8 月	7 月
月干支	戊子	丁亥	丙戌	乙酉	甲申	癸未
紫白	七赤	八白	九紫	一白	二黒	三碧
節気	22 冬至 1時38分 / 7 大雪 7時41分	22 小雪 12時6分 / 7 立冬 14時33分	23 霜降 14時11分 / 8 寒露 10時59分	23 秋分 4時28分 / 7 白露 19時0分	23 処暑 6時32分 / 7 立秋 15時52分	22 大暑 23時21分 / 7 小暑 6時1分

12 月

新暦	農暦	日干支	日紫白	奇門遁甲局数
1	10/18	乙卯	九	陰7局
2	10/19	丙辰	八	
3	10/20	丁巳	七	
4	10/21	戊午	六	
5	10/22	己未	五	陰1局
6	10/23	庚申	四	
7	10/24	辛酉	三	
8	10/25	壬戌	二	
9	10/26	癸亥	一	
10	10/27	甲子	六	陰4局・閏
11	10/28	乙丑	五	
12	10/29	丙寅	四	
13	10/30	丁卯	三	
14	11/1	戊辰	二	
15	11/2	己巳	一	陰7局・閏
16	11/3	庚午	九	
17	11/4	辛未	八	
18	11/5	壬申	七	
19	11/6	癸酉	六	
20	11/7	甲戌	五	陰1局・閏
21	11/8	乙亥	四	
22	11/9	丙子	四	
23	11/10	丁丑	五	
24	11/11	戊寅	六	
25	11/12	己卯	七	陽1局
26	11/13	庚辰	八	
27	11/14	辛巳	九	
28	11/15	壬午	一	
29	11/16	癸未	二	
30	11/17	甲申	三	7
31	11/18	乙酉	四	

11 月

新暦	農暦	日干支	日紫白	奇門遁甲局数
1	9/17	乙酉	三	陰9局
2	9/18	丙戌	二	
3	9/19	丁亥	一	
4	9/20	戊子	九	
5	9/21	己丑	八	陰3局
6	9/22	庚寅	七	
7	9/23	辛卯	六	
8	9/24	壬辰	五	
9	9/25	癸巳	四	
10	9/26	甲午	三	陰5局
11	9/27	乙未	二	
12	9/28	丙申	一	
13	9/29	丁酉	九	
14	10/1	戊戌	八	
15	10/2	己亥	七	陰8局
16	10/3	庚子	六	
17	10/4	辛丑	五	
18	10/5	壬寅	四	
19	10/6	癸卯	三	
20	10/7	甲辰	二	陰2局
21	10/8	乙巳	一	
22	10/9	丙午	九	
23	10/10	丁未	八	
24	10/11	戊申	七	
25	10/12	己酉	六	陰4局
26	10/13	庚戌	五	
27	10/14	辛亥	四	
28	10/15	壬子	三	
29	10/16	癸丑	二	
30	10/17	甲寅	一	7
31				

10 月

新暦	農暦	日干支	日紫白	奇門遁甲局数
1	8/16	甲寅	七	陰9局
2	8/17	乙卯	六	
3	8/18	丙辰	五	
4	8/19	丁巳	四	
5	8/20	戊午	三	
6	8/21	己未	二	陰3局
7	8/22	庚申	一	
8	8/23	辛酉	九	
9	8/24	壬戌	八	
10	8/25	癸亥	七	
11	8/26	甲子	三	陰5局
12	8/27	乙丑	二	
13	8/28	丙寅	一	
14	8/29	丁卯	九	
15	8/30	戊辰	八	
16	9/1	己巳	七	陰8局
17	9/2	庚午	六	
18	9/3	辛未	五	
19	9/4	壬申	四	
20	9/5	癸酉	三	
21	9/6	甲戌	二	陰2局
22	9/7	乙亥	一	
23	9/8	丙子	三	
24	9/9	丁丑	二	
25	9/10	戊寅	一	
26	9/11	己卯	九	陰6局
27	9/12	庚辰	八	
28	9/13	辛巳	七	
29	9/14	壬午	六	
30	9/15	癸未	五	
31	9/16	甲申	四	9

9 月

新暦	農暦	日干支	日紫白	奇門遁甲局数
1	7/16	甲申	一	陰3局
2	7/17	乙酉	九	
3	7/18	丙戌	八	
4	7/19	丁亥	七	
5	7/20	戊子	六	
6	7/21	己丑	五	陰6局
7	7/22	庚寅	四	
8	7/23	辛卯	三	
9	7/24	壬辰	二	
10	7/25	癸巳	一	
11	7/26	甲午	九	陰7局
12	7/27	乙未	八	
13	7/28	丙申	七	
14	7/29	丁酉	六	
15	7/30	戊戌	五	
16	8/1	己亥	四	陰1局
17	8/2	庚子	三	
18	8/3	辛丑	二	
19	8/4	壬寅	一	
20	8/5	癸卯	九	
21	8/6	甲辰	八	陰4局
22	8/7	乙巳	七	
23	8/8	丙午	六	
24	8/9	丁未	五	
25	8/10	戊申	四	
26	8/11	己酉	三	陰6局
27	8/12	庚戌	二	
28	8/13	辛亥	一	
29	8/14	壬子	九	
30	8/15	癸丑	八	
31				

8 月

新暦	農暦	日干支	日紫白	奇門遁甲局数
1	6/14	癸丑	五	2
2	6/15	甲寅	四	陰5局
3	6/16	乙卯	三	
4	6/17	丙辰	二	
5	6/18	丁巳	一	
6	6/19	戊午	九	
7	6/20	己未	八	陰8局
8	6/21	庚申	七	
9	6/22	辛酉	六	
10	6/23	壬戌	五	
11	6/24	癸亥	四	
12	6/25	甲子	九	陰1局
13	6/26	乙丑	八	
14	6/27	丙寅	七	
15	6/28	丁卯	六	
16	6/29	戊辰	五	
17	7/1	己巳	四	陰4局
18	7/2	庚午	三	
19	7/3	辛未	二	
20	7/4	壬申	一	
21	7/5	癸酉	九	
22	7/6	甲戌	八	陰7局
23	7/7	乙亥	一	
24	7/8	丙子	九	
25	7/9	丁丑	八	
26	7/10	戊寅	七	
27	7/11	己卯	六	陰9局
28	7/12	庚辰	五	
29	7/13	辛巳	四	
30	7/14	壬午	三	
31	7/15	癸未	二	

7 月

新暦	農暦	日干支	日紫白	奇門遁甲局数
1	5/13	壬午	九	8
2	5/14	癸未	八	
3	5/15	甲申	七	陰2局
4	5/16	乙酉	六	
5	5/17	丙戌	五	
6	5/18	丁亥	四	
7	5/19	戊子	三	
8	5/20	己丑	二	陰5局
9	5/21	庚寅	一	
10	5/22	辛卯	九	
11	5/23	壬辰	八	
12	5/24	癸巳	七	
13	5/25	甲午	六	陰7局
14	5/26	乙未	五	
15	5/27	丙申	四	
16	5/28	丁酉	三	
17	5/29	戊戌	二	
18	5/30	己亥	一	陰1局
19	6/1	庚子	九	
20	6/2	辛丑	八	
21	6/3	壬寅	七	
22	6/4	癸卯	六	
23	6/5	甲辰	五	陰4局
24	6/6	乙巳	四	
25	6/7	丙午	三	
26	6/8	丁未	二	
27	6/9	戊申	一	
28	6/10	己酉	九	陰2局
29	6/11	庚戌	八	
30	6/12	辛亥	七	
31	6/13	壬子	六	

二〇五一年　辛未　三碧

二元八運…「一運」
三元九運…「一運」

月	1月	2月	3月	4月	5月	6月
月干支	己丑 庚午(年)	庚寅	辛卯	壬辰	癸巳	甲午
紫白	六白	五黄	四緑	三碧	二黒	一白
節気	5 小寒 19時1分 20 大寒 12時18分	4 立春 6時35分 19 雨水 2時17分	6 啓蟄 0時21分 21 春分 0時58分	5 清明 4時49分 20 穀雨 11時40分	5 立夏 21時46分 21 小満 10時31分	6 芒種 1時40分 21 夏至 18時18分

新暦	1月 農暦	1月 日干支	1月 日紫白	1月 奇門遁甲局数	2月 農暦	2月 日干支	2月 日紫白	2月 奇門遁甲局数	3月 農暦	3月 日干支	3月 日紫白	3月 奇門遁甲局数	4月 農暦	4月 日干支	4月 日紫白	4月 奇門遁甲局数	5月 農暦	5月 日干支	5月 日紫白	5月 奇門遁甲局数	6月 農暦	6月 日干支	6月 日紫白	6月 奇門遁甲局数
1	11/19	丙戌	五	陽7局	12/20	丁巳	九	9	1/19	乙酉	一	陽6局	2/20	丙辰	五	陽9局	3/21	丙戌	八	陽2局	4/23	丁巳	三	2
2	11/20	丁亥	六		12/21	戊午	一		1/20	丙戌	二		2/21	丁巳	六		3/22	丁亥	九		4/24	戊午	四	
3	11/21	戊子	七		12/22	己未	二	陽6局	1/21	丁亥	三		2/22	戊午	七		3/23	戊子	一		4/25	己未	五	陽8局
4	11/22	己丑	八	陽4局	12/23	庚申	三		1/22	戊子	四		2/23	己未	八	陽6局	3/24	己丑	二	陽8局	4/26	庚申	六	
5	11/23	庚寅	九		12/24	辛酉	四		1/23	己丑	五	陽3局	2/24	庚申	九		3/25	庚寅	三		4/27	辛酉	七	
6	11/24	辛卯	一		12/25	壬戌	五		1/24	庚寅	六		2/25	辛酉	一		3/26	辛卯	四		4/28	壬戌	八	
7	11/25	壬辰	二		12/26	癸亥	六		1/25	辛卯	七		2/26	壬戌	二		3/27	壬辰	五		4/29	癸亥	九	
8	11/26	癸巳	三		12/27	甲子	一	陽8局	1/26	壬辰	八		2/27	癸亥	三		3/28	癸巳	六		4/30	甲子	四	陽6局
9	11/27	甲午	四	陽2局	12/28	乙丑	二		1/27	癸巳	九		2/28	甲子	七	陽4局	3/29	甲午	七	陽4局	5/1	乙丑	五	
10	11/28	乙未	五		12/29	丙寅	三		1/28	甲午	一	陽1局	2/29	乙丑	八		4/1	乙未	八		5/2	丙寅	六	
11	11/29	丙申	六		1/1	丁卯	四		1/29	乙未	二		3/1	丙寅	九		4/2	丙申	九		5/3	丁卯	七	
12	11/30	丁酉	七		1/2	戊辰	五		1/30	丙申	三		3/2	丁卯	一		4/3	丁酉	一		5/4	戊辰	八	
13	12/1	戊戌	八		1/3	己巳	六	陽5局	2/1	丁酉	四		3/3	戊辰	二		4/4	戊戌	二		5/5	己巳	九	陽3局
14	12/2	己亥	九	陽8局	1/4	庚午	七		2/2	戊戌	五		3/4	己巳	三	陽1局	4/5	己亥	三	陽1局	5/6	庚午	一	
15	12/3	庚子	一		1/5	辛未	八		2/3	己亥	六	陽7局	3/5	庚午	四		4/6	庚子	四		5/7	辛未	二	
16	12/4	辛丑	二		1/6	壬申	九		2/4	庚子	七		3/6	辛未	五		4/7	辛丑	五		5/8	壬申	三	
17	12/5	壬寅	三		1/7	癸酉	一		2/5	辛丑	八		3/7	壬申	六		4/8	壬寅	六		5/9	癸酉	四	
18	12/6	癸卯	四		1/8	甲戌	二	陽2局	2/6	壬寅	九		3/8	癸酉	七		4/9	癸卯	七		5/10	甲戌	五	陽9局
19	12/7	甲辰	五	陽5局	1/9	乙亥	九		2/7	癸卯	一		3/9	甲戌	八	陽7局	4/10	甲辰	八	陽7局	5/11	乙亥	六	
20	12/8	乙巳	六		1/10	丙子	一		2/8	甲辰	二	陽4局	3/10	乙亥	六		4/11	乙巳	九		5/12	丙子	七	
21	12/9	丙午	七		1/11	丁丑	二		2/9	乙巳	三		3/11	丙子	七		4/12	丙午	一		5/13	丁丑	五	
22	12/10	丁未	八		1/12	戊寅	三		2/10	丙午	四		3/12	丁丑	八		4/13	丁未	二		5/14	戊寅	四	
23	12/11	戊申	九		1/13	己卯	四	陽9局	2/11	丁未	五		3/13	戊寅	九		4/14	戊申	三		5/15	己卯	三	陰9局
24	12/12	己酉	一	陽3局	1/14	庚辰	五		2/12	戊申	六		3/14	己卯	一	陽5局	4/15	己酉	四	陽5局	5/16	庚辰	二	
25	12/13	庚戌	二		1/15	辛巳	六		2/13	己酉	七	陽3局	3/15	庚辰	二		4/16	庚戌	五		5/17	辛巳	一	
26	12/14	辛亥	三		1/16	壬午	七		2/14	庚戌	八		3/16	辛巳	三		4/17	辛亥	六		5/18	壬午	九	
27	12/15	壬子	四		1/17	癸未	八		2/15	辛亥	九		3/17	壬午	四		4/18	壬子	七		5/19	癸未	八	
28	12/16	癸丑	五		1/18	甲申	九	6	2/16	壬子	一		3/18	癸未	五		4/19	癸丑	八		5/20	甲申	七	陰3局
29	12/17	甲寅	六	陽9局					2/17	癸丑	二		3/19	甲申	六	2	4/20	甲寅	九	陽2局	5/21	乙酉	六	
30	12/18	乙卯	七						2/18	甲寅	三	9	3/20	乙酉	七		4/21	乙卯	一		5/22	丙戌	五	
31	12/19	丙辰	八						2/19	乙卯	四						4/22	丙辰	二					

2050年　庚午(年)／戊子(月)

月	12月				11月				10月				9月				8月				7月			
月干支	庚子				己亥				戊戌				丁酉				丙申				乙未			
紫白	四緑				五黄				六白				七赤				八白				九紫			
節気	22 冬至 7時33分	7 大雪 13時28分	日紫白	奇門遁甲局数	22 小雪 18時2分	7 立冬 20時21分	日紫白	奇門遁甲局数	23 霜降 20時9分	8 寒露 16時50分	日紫白	奇門遁甲局数	23 秋分 10時27分	8 白露 0時51分	日紫白	奇門遁甲局数	23 処暑 12時28分	7 立秋 21時41分	日紫白	奇門遁甲局数	23 大暑 5時12分	7 小暑 11時49分	日紫白	奇門遁甲局数
新暦	農暦	日干支			農暦	日干支			農暦	日干支			農暦	日干支			農暦	日干支			農暦	日干支		
1	10/29	庚申	四	陰2局	9/28	庚寅	七	陰2局	8/27	己未	二	陰4局	7/27	己丑	五	陰7局	6/25	戊午	九	1	5/23	丁亥	四	3
2	10/30	辛酉	三		9/29	辛卯	六		8/28	庚申	一		7/28	庚寅	四		6/26	己未	八	陰4局	5/24	戊子	三	
3	11/1	壬戌	二		10/1	壬辰	五		8/29	辛酉	九		7/29	辛卯	三		6/27	庚申	七		5/25	己丑	二	陰6局
4	11/2	癸亥	一		10/2	癸巳	四		8/30	壬戌	八		7/30	壬辰	二		6/28	辛酉	六		5/26	庚寅	一	
5	11/3	甲子	六	陰4局	10/3	甲午	三	陰6局	9/1	癸亥	七		8/1	癸巳	一		6/29	壬戌	五		5/27	辛卯	九	
6	11/4	乙丑	五		10/4	乙未	二		9/2	甲子	三	陰6局	8/2	甲午	九	陰9局	7/1	癸亥	四		5/28	壬辰	八	
7	11/5	丙寅	四		10/5	丙申	一		9/3	乙丑	二		8/3	乙未	八		7/2	甲子	九	陰2局	5/29	癸巳	七	
8	11/6	丁卯	三		10/6	丁酉	九		9/4	丙寅	一		8/4	丙申	七		7/3	乙丑	八		6/1	甲午	六	陰8局
9	11/7	戊辰	二		10/7	戊戌	八		9/5	丁卯	九		8/5	丁酉	六		7/4	丙寅	七		6/2	乙未	五	
10	11/8	己巳	一	陰7局	10/8	己亥	七	陰9局	9/6	戊辰	八		8/6	戊戌	五		7/5	丁卯	六		6/3	丙申	四	
11	11/9	庚午	九		10/9	庚子	六		9/7	己巳	七	陰9局	8/7	己亥	四	陰3局	7/6	戊辰	五		6/4	丁酉	三	
12	11/10	辛未	八		10/10	辛丑	五		9/8	庚午	六		8/8	庚子	三		7/7	己巳	四	陰5局	6/5	戊戌	二	
13	11/11	壬申	七		10/11	壬寅	四		9/9	辛未	五		8/9	辛丑	二		7/8	庚午	三		6/6	己亥	一	陰2局
14	11/12	癸酉	六		10/12	癸卯	三		9/10	壬申	四		8/10	壬寅	一		7/9	辛未	二		6/7	庚子	九	
15	11/13	甲戌	五	陰1局	10/13	甲辰	二	陰3局	9/11	癸酉	三		8/11	癸卯	九		7/10	壬申	一		6/8	辛丑	八	
16	11/14	乙亥	四		10/14	乙巳	一		9/12	甲戌	二	陰3局	8/12	甲辰	八	陰6局	7/11	癸酉	九		6/9	壬寅	七	
17	11/15	丙子	三		10/15	丙午	九		9/13	乙亥	一		8/13	乙巳	七		7/12	甲戌	八	陰8局	6/10	癸卯	六	
18	11/16	丁丑	二		10/16	丁未	八		9/14	丙子	九		8/14	丙午	六		7/13	乙亥	七		6/11	甲辰	五	陰5局
19	11/17	戊寅	一		10/17	戊申	七		9/15	丁丑	八		8/15	丁未	五		7/14	丙子	六		6/12	乙巳	四	
20	11/18	己卯	九	陽1局	10/18	己酉	六	陰5局	9/16	戊寅	七		8/16	戊申	四		7/15	丁丑	五		6/13	丙午	三	
21	11/19	庚辰	八		10/19	庚戌	五		9/17	己卯	六	陰5局	8/17	己酉	三	陰7局	7/16	戊寅	四		6/14	丁未	二	
22	11/20	辛巳	九		10/20	辛亥	四		9/18	庚辰	五		8/18	庚戌	二		7/17	己卯	三	陰1局	6/15	戊申	一	
23	11/21	壬午	一		10/21	壬子	三		9/19	辛巳	七		8/19	辛亥	一		7/18	庚辰	五		6/16	己酉	九	陰7局
24	11/22	癸未	二		10/22	癸丑	二		9/20	壬午	六		8/20	壬子	九		7/19	辛巳	四		6/17	庚戌	八	
25	11/23	甲申	三	陽7局	10/23	甲寅	一	陰8局	9/21	癸未	五		8/21	癸丑	八		7/20	壬午	三		6/18	辛亥	七	
26	11/24	乙酉	四		10/24	乙卯	九		9/22	甲申	四	陰8局	8/22	甲寅	七	陰1局	7/21	癸未	二		6/19	壬子	六	
27	11/25	丙戌	五		10/25	丙辰	八		9/23	乙酉	三		8/23	乙卯	六		7/22	甲申	一	陰4局	6/20	癸丑	五	
28	11/26	丁亥	六		10/26	丁巳	七		9/24	丙戌	二		8/24	丙辰	五		7/23	乙酉	九		6/21	甲寅	四	陰1局
29	11/27	戊子	七		10/27	戊午	六		9/25	丁亥	一		8/25	丁巳	四		7/24	丙戌	八		6/22	乙卯	三	
30	11/28	己丑	八	4	10/28	己未	五	2	9/26	戊子	九		8/26	戊午	三		7/25	丁亥	七		6/23	丙辰	二	
31	11/29	庚寅	九						9/27	己丑	八	2					7/26	戊子	六		6/24	丁巳	一	

二〇五二年 壬申 二黒

三元八運…「二運」
三元九運…「一運」

月	1月				2月				3月				4月				5月				6月			
月干支	辛丑 辛未(年)				壬寅				癸卯				甲辰				乙巳				丙午			
紫白	三碧				二黒				一白				九紫				八白				七赤			
節気	6 小寒 0時48分	20 大寒 18時13分			4 立春 12時22分	19 雨水 8時13分			5 啓蟄 6時9分	20 春分 6時55分			4 清明 10時37分	19 穀雨 17時37分			5 立夏 3時34分	20 小満 16時28分			5 芒種 7時29分	21 夏至 0時15分		
新暦	農暦	日干支	日紫白	奇門遁甲局数	農暦	日干支	日紫白	奇門遁甲局数	農暦	日干支	日紫白	奇門遁甲局数	農暦	日干支	日紫白	奇門遁甲局数	農暦	日干支	日紫白	奇門遁甲局数	農暦	日干支	日紫白	奇門遁甲局数
1	11/30	辛卯	一	陽4局	1/1	壬戌	五	6	2/1	辛卯	七	陽3局	3/2	壬戌	二	6	4/3	壬辰	五	8	5/5	癸亥	九	8
2	12/1	壬辰	二		1/2	癸亥	六		2/2	壬辰	八		3/3	癸亥	三		4/4	癸巳	六		5/6	甲子	四	陽6局
3	12/2	癸巳	三		1/3	甲子	一	陽8局	2/3	癸巳	九		3/4	甲子	七	陽4局	4/5	甲午	七	陽4局	5/7	乙丑	五	
4	12/3	甲午	四	陽2局	1/4	乙丑	二		2/4	甲午	一	陽1局	3/5	乙丑	八		4/6	乙未	八		5/8	丙寅	六	
5	12/4	乙未	五		1/5	丙寅	三		2/5	乙未	二		3/6	丙寅	九		4/7	丙申	九		5/9	丁卯	七	
6	12/5	丙申	六		1/6	丁卯	四		2/6	丙申	三		3/7	丁卯	一		4/8	丁酉	一		5/10	戊辰	八	
7	12/6	丁酉	七		1/7	戊辰	五		2/7	丁酉	四		3/8	戊辰	二		4/9	戊戌	二		5/11	己巳	九	陽3局
8	12/7	戊戌	八		1/8	己巳	六	陽5局	2/8	戊戌	五		3/9	己巳	三	陽1局	4/10	己亥	三	陽1局	5/12	庚午	一	
9	12/8	己亥	九	陽8局	1/9	庚午	七		2/9	己亥	六	陽7局	3/10	庚午	四		4/11	庚子	四		5/13	辛未	二	
10	12/9	庚子	一		1/10	辛未	八		2/10	庚子	七		3/11	辛未	五		4/12	辛丑	五		5/14	壬申	三	
11	12/10	辛丑	二		1/11	壬申	九		2/11	辛丑	八		3/12	壬申	六		4/13	壬寅	六		5/15	癸酉	四	
12	12/11	壬寅	三		1/12	癸酉	一		2/12	壬寅	九		3/13	癸酉	七		4/14	癸卯	七		5/16	甲戌	五	陽9局
13	12/12	癸卯	四		1/13	甲戌	二	陽2局	2/13	癸卯	一		3/14	甲戌	八	陽7局	4/15	甲辰	八	陽7局	5/17	乙亥	六	
14	12/13	甲辰	五	陽5局	1/14	乙亥	三		2/14	甲辰	二	陽4局	3/15	乙亥	九		4/16	乙巳	九		5/18	丙子	七	
15	12/14	乙巳	六		1/15	丙子	四		2/15	乙巳	三		3/16	丙子	一		4/17	丙午	一		5/19	丁丑	八	
16	12/15	丙午	七		1/16	丁丑	五		2/16	丙午	四		3/17	丁丑	二		4/18	丁未	二		5/20	戊寅	九	
17	12/16	丁未	八		1/17	戊寅	六		2/17	丁未	五		3/18	戊寅	三		4/19	戊申	三		5/21	己卯	一	陰9局
18	12/17	戊申	九		1/18	己卯	七	陽9局	2/18	戊申	六		3/19	己卯	四	陽5局	4/20	己酉	四	陽5局	5/22	庚辰	二	
19	12/18	己酉	一	陽3局	1/19	庚辰	五		2/19	己酉	七	陽3局	3/20	庚辰	二		4/21	庚戌	五		5/23	辛巳	三	
20	12/19	庚戌	二		1/20	辛巳	六		2/20	庚戌	八		3/21	辛巳	三		4/22	辛亥	六		5/24	壬午	四	
21	12/20	辛亥	三		1/21	壬午	七		2/21	辛亥	九		3/22	壬午	四		4/23	壬子	七		5/25	癸未	八	
22	12/21	壬子	四		1/22	癸未	八		2/22	壬子	一		3/23	癸未	五		4/24	癸丑	八		5/26	甲申	七	陰3局
23	12/22	癸丑	五		1/23	甲申	九	陽6局	2/23	癸丑	二		3/24	甲申	六	陽2局	4/25	甲寅	九	陽2局	5/27	乙酉	六	
24	12/23	甲寅	六	陽9局	1/24	乙酉	一		2/24	甲寅	三	陽9局	3/25	乙酉	七		4/26	乙卯	一		5/28	丙戌	五	
25	12/24	乙卯	七		1/25	丙戌	二		2/25	乙卯	四		3/26	丙戌	八		4/27	丙辰	二		5/29	丁亥	四	
26	12/25	丙辰	八		1/26	丁亥	三		2/26	丙辰	五		3/27	丁亥	九		4/28	丁巳	三		5/30	戊子	三	
27	12/26	丁巳	九		1/27	戊子	四		2/27	丁巳	六		3/28	戊子	一		4/29	戊午	四		6/1	己丑	二	陰6局
28	12/27	戊午	一		1/28	己丑	五	3	2/28	戊午	七		3/29	己丑	二	陽8局	5/1	己未	五	陽8局	6/2	庚寅	一	
29	12/28	己未	二	陽6局	1/29	庚寅	六		2/29	己未	八	陽6局	4/1	庚寅	三		5/2	庚申	六		6/3	辛卯	九	
30	12/29	庚申	三						2/30	庚申	九		4/2	辛卯	四		5/3	辛酉	七		6/4	壬辰	八	
31	12/30	辛酉	四						3/1	辛酉	一						5/4	壬戌	八					

2051年 辛未(年)／庚子(月)

月	12月				11月				10月			
月干支	壬子				辛亥				庚戌			
紫白	一白				二黒				三碧			
節気	21 冬至 13時16分	6 大雪 19時15分	日紫白	奇門遁甲局数	21 小雪 23時45分	7 立冬 2時9分	日紫白	奇門遁甲局数	23 霜降 1時54分	7 寒露 22時39分	日紫白	奇門遁甲局数
新暦	農暦	日干支			農暦	日干支			農暦	日干支		
1	10/11	丙寅	四	陰4局	9/11	丙申	一	陰6局	閏8/9	乙丑	二	陰6局
2	10/12	丁卯	三		9/12	丁酉	九		閏8/10	丙寅	一	
3	10/13	戊辰	二		9/13	戊戌	八		閏8/11	丁卯	九	
4	10/14	己巳	一	陰7局	9/14	己亥	七	陰9局	閏8/12	戊辰	八	
5	10/15	庚午	九		9/15	庚子	六		閏8/13	己巳	七	陰9局
6	10/16	辛未	八		9/16	辛丑	五		閏8/14	庚午	六	
7	10/17	壬申	七		9/17	壬寅	四		閏8/15	辛未	五	
8	10/18	癸酉	六		9/18	癸卯	三		閏8/16	壬申	四	
9	10/19	甲戌	五	陰1局	9/19	甲辰	二	陰3局	閏8/17	癸酉	三	
10	10/20	乙亥	四		9/20	乙巳	一		閏8/18	甲戌	二	陰3局
11	10/21	丙子	三		9/21	丙午	九		閏8/19	乙亥	一	
12	10/22	丁丑	二		9/22	丁未	八		閏8/20	丙子	九	
13	10/23	戊寅	一		9/23	戊申	七		閏8/21	丁丑	八	
14	10/24	己卯	九	陽1局	9/24	己酉	六	陰5局	閏8/22	戊寅	七	
15	10/25	庚辰	八		9/25	庚戌	五		閏8/23	己卯	六	陰5局
16	10/26	辛巳	七		9/26	辛亥	四		閏8/24	庚辰	五	
17	10/27	壬午	六		9/27	壬子	三		閏8/25	辛巳	四	
18	10/28	癸未	五		9/28	癸丑	二		閏8/26	壬午	三	
19	10/29	甲申	四	陽7局	9/29	甲寅	一	陰8局	閏8/27	癸未	二	
20	10/30	乙酉	三		9/30	乙卯	九		閏8/28	甲申	一	陰8局
21	11/1	丙戌	五		10/1	丙辰	八		閏8/29	乙酉	九	
22	11/2	丁亥	六		10/2	丁巳	七		9/1	丙戌	八	
23	11/3	戊子	七		10/3	戊午	六		9/2	丁亥	一	
24	11/4	己丑	八	陽4局	10/4	己未	五	陰2局	9/3	戊子	九	
25	11/5	庚寅	九		10/5	庚申	四		9/4	己丑	八	陰2局
26	11/6	辛卯	一		10/6	辛酉	三		9/5	庚寅	七	
27	11/7	壬辰	二		10/7	壬戌	二		9/6	辛卯	六	
28	11/8	癸巳	三		10/8	癸亥	一		9/7	壬辰	五	
29	11/9	甲午	四	陽2局	10/9	甲子	六	4	9/8	癸巳	四	
30	11/10	乙未	五		10/10	乙丑	五		9/9	甲午	三	6
31	11/11	丙申	六						9/10	乙未	二	

月	9月				8月				7月			
月干支	己酉				戊申				丁未			
紫白	四緑				五黄				六白			
節気	22 秋分 16時15分	7 白露 6時41分	日紫白	奇門遁甲局数	22 処暑 18時21分	7 立秋 3時32分	日紫白	奇門遁甲局数	22 大暑 11時8分	6 小暑 17時39分	日紫白	奇門遁甲局数
新暦	農暦	日干支			農暦	日干支			農暦	日干支		
1	8/9	乙未	八	陰9局	7/7	甲子	九	陰2局	6/5	癸巳	七	6
2	8/10	丙申	七		7/8	乙丑	八		6/6	甲午	六	陰8局
3	8/11	丁酉	六		7/9	丙寅	七		6/7	乙未	五	
4	8/12	戊戌	五		7/10	丁卯	六		6/8	丙申	四	
5	8/13	己亥	四	陰3局	7/11	戊辰	五		6/9	丁酉	三	
6	8/14	庚子	三		7/12	己巳	四	陰5局	6/10	戊戌	二	
7	8/15	辛丑	二		7/13	庚午	三		6/11	己亥	一	陰2局
8	8/16	壬寅	一		7/14	辛未	二		6/12	庚子	九	
9	8/17	癸卯	九		7/15	壬申	一		6/13	辛丑	八	
10	8/18	甲辰	八	陰6局	7/16	癸酉	九		6/14	壬寅	七	
11	8/19	乙巳	七		7/17	甲戌	八	陰8局	6/15	癸卯	六	
12	8/20	丙午	六		7/18	乙亥	七		6/16	甲辰	五	陰5局
13	8/21	丁未	五		7/19	丙子	六		6/17	乙巳	四	
14	8/22	戊申	四		7/20	丁丑	五		6/18	丙午	三	
15	8/23	己酉	三	陰7局	7/21	戊寅	四		6/19	丁未	二	
16	8/24	庚戌	二		7/22	己卯	三	陰1局	6/20	戊申	一	
17	8/25	辛亥	一		7/23	庚辰	二		6/21	己酉	九	陰7局
18	8/26	壬子	九		7/24	辛巳	一		6/22	庚戌	八	
19	8/27	癸丑	八		7/25	壬午	九		6/23	辛亥	七	
20	8/28	甲寅	七	陰1局	7/26	癸未	八		6/24	壬子	六	
21	8/29	乙卯	六		7/27	甲申	七	陰4局	6/25	癸丑	五	
22	8/30	丙辰	五		7/28	乙酉	九		6/26	甲寅	四	陰1局
23	閏8/1	丁巳	四		7/29	丙戌	八		6/27	乙卯	三	
24	閏8/2	戊午	三		8/1	丁亥	七		6/28	丙辰	二	
25	閏8/3	己未	二	陰4局	8/2	戊子	六		6/29	丁巳	一	
26	閏8/4	庚申	一		8/3	己丑	五	陰7局	7/1	戊午	九	
27	閏8/5	辛酉	九		8/4	庚寅	四		7/2	己未	八	陰4局
28	閏8/6	壬戌	八		8/5	辛卯	三		7/3	庚申	七	
29	閏8/7	癸亥	七		8/6	壬辰	二		7/4	辛酉	六	
30	閏8/8	甲子	三	6	8/7	癸巳	一		7/5	壬戌	五	
31					8/8	甲午	九	9	7/6	癸亥	四	

二〇五三年 癸酉 一白

三元八運…「一運」

三元九運…「一運」

1月 癸丑 壬申(年) 九紫

節気：5 小寒 6時35分／19 大寒 23時58分

新暦	農暦	日干支	日紫白	奇門遁甲局数
1	11/12	丁酉	七	2
2	11/13	戊戌	八	
3	11/14	己亥	九	陽8局
4	11/15	庚子	一	
5	11/16	辛丑	二	
6	11/17	壬寅	三	
7	11/18	癸卯	四	
8	11/19	甲辰	五	陽5局
9	11/20	乙巳	六	
10	11/21	丙午	七	
11	11/22	丁未	八	
12	11/23	戊申	九	
13	11/24	己酉	一	陽3局
14	11/25	庚戌	二	
15	11/26	辛亥	三	
16	11/27	壬子	四	
17	11/28	癸丑	五	
18	11/29	甲寅	六	陽9局
19	11/30	乙卯	七	
20	12/1	丙辰	八	
21	12/2	丁巳	九	
22	12/3	戊午	一	
23	12/4	己未	二	陽6局
24	12/5	庚申	三	
25	12/6	辛酉	四	
26	12/7	壬戌	五	
27	12/8	癸亥	六	
28	12/9	甲子	一	陽8局
29	12/10	乙丑	二	
30	12/11	丙寅	三	
31	12/12	丁卯	四	

2月 甲寅 八白

節気：3 立春 18時12分／18 雨水 14時1分

新暦	農暦	日干支	日紫白	奇門遁甲局数
1	12/13	戊辰	五	8
2	12/14	己巳	六	陽5局
3	12/15	庚午	七	
4	12/16	辛未	八	
5	12/17	壬申	九	
6	12/18	癸酉	一	
7	12/19	甲戌	二	陽2局
8	12/20	乙亥	三	
9	12/21	丙子	四	
10	12/22	丁丑	五	
11	12/23	戊寅	六	
12	12/24	己卯	七	陽9局
13	12/25	庚辰	八	
14	12/26	辛巳	九	
15	12/27	壬午	一	
16	12/28	癸未	二	
17	12/29	甲申	三	陽6局
18	12/30	乙酉	一	
19	1/1	丙戌	二	
20	1/2	丁亥	三	
21	1/3	戊子	四	
22	1/4	己丑	五	陽3局
23	1/5	庚寅	六	
24	1/6	辛卯	七	
25	1/7	壬辰	八	
26	1/8	癸巳	九	
27	1/9	甲午	一	1
28	1/10	乙未	二	

3月 乙卯 七赤

節気：5 啓蟄 12時3分／20 春分 12時47分

新暦	農暦	日干支	日紫白	奇門遁甲局数
1	1/11	丙申	三	陽1局
2	1/12	丁酉	四	
3	1/13	戊戌	五	
4	1/14	己亥	六	陽7局
5	1/15	庚子	七	
6	1/16	辛丑	八	
7	1/17	壬寅	九	
8	1/18	癸卯	一	
9	1/19	甲辰	二	陽4局
10	1/20	乙巳	三	
11	1/21	丙午	四	
12	1/22	丁未	五	
13	1/23	戊申	六	
14	1/24	己酉	七	陽3局
15	1/25	庚戌	八	
16	1/26	辛亥	九	
17	1/27	壬子	一	
18	1/28	癸丑	二	
19	1/29	甲寅	三	陽9局
20	2/1	乙卯	四	
21	2/2	丙辰	五	
22	2/3	丁巳	六	
23	2/4	戊午	七	
24	2/5	己未	八	陽6局
25	2/6	庚申	九	
26	2/7	辛酉	一	
27	2/8	壬戌	二	
28	2/9	癸亥	三	
29	2/10	甲子	七	陽4局
30	2/11	乙丑	八	
31	2/12	丙寅	九	

4月 丙辰 六白

節気：4 清明 16時34分／19 穀雨 23時29分

新暦	農暦	日干支	日紫白	奇門遁甲局数
1	2/13	丁卯	一	4
2	2/14	戊辰	二	
3	2/15	己巳	三	陽1局
4	2/16	庚午	四	
5	2/17	辛未	五	
6	2/18	壬申	六	
7	2/19	癸酉	七	
8	2/20	甲戌	八	陽7局
9	2/21	乙亥	九	
10	2/22	丙子	一	
11	2/23	丁丑	二	
12	2/24	戊寅	三	
13	2/25	己卯	四	陽5局
14	2/26	庚辰	五	
15	2/27	辛巳	六	
16	2/28	壬午	七	
17	2/29	癸未	八	
18	2/30	甲申	九	陽2局
19	3/1	乙酉	七	
20	3/2	丙戌	八	
21	3/3	丁亥	九	
22	3/4	戊子	一	
23	3/5	己丑	二	陽8局
24	3/6	庚寅	三	
25	3/7	辛卯	四	
26	3/8	壬辰	五	
27	3/9	癸巳	六	
28	3/10	甲午	七	陽4局
29	3/11	乙未	八	
30	3/12	丙申	九	

5月 丁巳 五黄

節気：5 立夏 9時33分／20 小満 22時19分

新暦	農暦	日干支	日紫白	奇門遁甲局数
1	3/13	丁酉	一	4
2	3/14	戊戌	二	
3	3/15	己亥	三	陽1局
4	3/16	庚子	四	
5	3/17	辛丑	五	
6	3/18	壬寅	六	
7	3/19	癸卯	七	
8	3/20	甲辰	八	陽7局
9	3/21	乙巳	九	
10	3/22	丙午	一	
11	3/23	丁未	二	
12	3/24	戊申	三	
13	3/25	己酉	四	陽5局
14	3/26	庚戌	五	
15	3/27	辛亥	六	
16	3/28	壬子	七	
17	3/29	癸丑	八	
18	4/1	甲寅	九	陽2局
19	4/2	乙卯	一	
20	4/3	丙辰	二	
21	4/4	丁巳	三	
22	4/5	戊午	四	
23	4/6	己未	五	陽8局
24	4/7	庚申	六	
25	4/8	辛酉	七	
26	4/9	壬戌	八	
27	4/10	癸亥	九	
28	4/11	甲子	四	陽6局
29	4/12	乙丑	五	
30	4/13	丙寅	六	
31	4/14	丁卯	七	

6月 戊午 四緑

節気：5 芒種 13時27分／21 夏至 6時3分

新暦	農暦	日干支	日紫白	奇門遁甲局数
1	4/15	戊辰	八	6
2	4/16	己巳	九	陽3局
3	4/17	庚午	一	
4	4/18	辛未	二	
5	4/19	壬申	三	
6	4/20	癸酉	四	
7	4/21	甲戌	五	陽9局
8	4/22	乙亥	六	
9	4/23	丙子	七	
10	4/24	丁丑	八	
11	4/25	戊寅	九	
12	4/26	己卯	一	陽6局・閏
13	4/27	庚辰	二	
14	4/28	辛巳	三	
15	4/29	壬午	四	
16	5/1	癸未	五	
17	5/2	甲申	六	陽3局・閏
18	5/3	乙酉	七	
19	5/4	丙戌	八	
20	5/5	丁亥	九	
21	5/6	戊子	三	
22	5/7	己丑	二	陽9局・閏
23	5/8	庚寅	一	
24	5/9	辛卯	九	
25	5/10	壬辰	八	
26	5/11	癸巳	七	
27	5/12	甲午	六	陰9局
28	5/13	乙未	五	
29	5/14	丙申	四	
30	5/15	丁酉	三	

2052年 壬申(年)／壬子(月)

月	12月				11月				10月				9月				8月				7月			
月干支	甲子				癸亥				壬戌				辛酉				庚申				己未			
紫白	七赤				八白				九紫				一白				二黒				三碧			
節気	21 冬至 19時9分	7 大雪 1時11分	日紫白	奇門遁甲局数	22 小雪 5時38分	7 立冬 8時5分	日紫白	奇門遁甲局数	23 霜降 7時46分	8 寒露 4時35分	日紫白	奇門遁甲局数	22 秋分 22時6分	7 白露 12時38分	日紫白	奇門遁甲局数	23 処暑 0時9分	7 立秋 9時29分	日紫白	奇門遁甲局数	22 大暑 16時55分	6 小暑 23時36分	日紫白	奇門遁甲局数
新暦	農暦	日干支			農暦	日干支			農暦	日干支			農暦	日干支			農暦	日干支			農暦	日干支		
1	10/22	辛未	八	陰8局	9/21	辛丑	五	陰8局	8/20	庚午	六	陰1局	7/19	庚子	三	陰4局	6/17	己巳	四	陰1局	5/16	戊戌	二	9
2	10/23	壬申	七		9/22	壬寅	四		8/21	辛未	五		7/20	辛丑	二		6/18	庚午	三		5/17	己亥	一	陰3局
3	10/24	癸酉	六		9/23	癸卯	三		8/22	壬申	四		7/21	壬寅	一		6/19	辛未	二		5/18	庚子	九	
4	10/25	甲戌	五	陰2局	9/24	甲辰	二	陰2局	8/23	癸酉	三		7/22	癸卯	九		6/20	壬申	一		5/19	辛丑	八	
5	10/26	乙亥	四		9/25	乙巳	一		8/24	甲戌	二	陰4局	7/23	甲辰	八	陰7局	6/21	癸酉	九		5/20	壬寅	七	
6	10/27	丙子	三		9/26	丙午	九		8/25	乙亥	一		7/24	乙巳	七		6/22	甲戌	八	陰4局	5/21	癸卯	六	
7	10/28	丁丑	二		9/27	丁未	八		8/26	丙子	九		7/25	丙午	六		6/23	乙亥	七		5/22	甲辰	五	陰6局
8	10/29	戊寅	一		9/28	戊申	七		8/27	丁丑	八		7/26	丁未	五		6/24	丙子	六		5/23	乙巳	四	
9	10/30	己卯	九	陰4局	9/29	己酉	六	陰6局	8/28	戊寅	七		7/27	戊申	四		6/25	丁丑	五		5/24	丙午	三	
10	11/1	庚辰	八		10/1	庚戌	五		8/29	己卯	六	陰6局	7/28	己酉	三	陰9局	6/26	戊寅	四		5/25	丁未	二	
11	11/2	辛巳	七		10/2	辛亥	四		8/30	庚辰	五		7/29	庚戌	二		6/27	己卯	三	陰2局	5/26	戊申	一	
12	11/3	壬午	六		10/3	壬子	三		9/1	辛巳	四		8/1	辛亥	一		6/28	庚辰	二		5/27	己酉	九	陰8局
13	11/4	癸未	五		10/4	癸丑	二		9/2	壬午	三		8/2	壬子	九		6/29	辛巳	一		5/28	庚戌	八	
14	11/5	甲申	四	陰7局	10/5	甲寅	一	陰9局	9/3	癸未	二		8/3	癸丑	八		7/1	壬午	九		5/29	辛亥	七	
15	11/6	乙酉	三		10/6	乙卯	九		9/4	甲申	一	陰9局	8/4	甲寅	七	陰3局	7/2	癸未	八		5/30	壬子	六	
16	11/7	丙戌	二		10/7	丙辰	八		9/5	乙酉	九		8/5	乙卯	六		7/3	甲申	七	陰5局	6/1	癸丑	五	
17	11/8	丁亥	一		10/8	丁巳	七		9/6	丙戌	八		8/6	丙辰	五		7/4	乙酉	六		6/2	甲寅	四	陰2局
18	11/9	戊子	九		10/9	戊午	六		9/7	丁亥	七		8/7	丁巳	四		7/5	丙戌	五		6/3	乙卯	三	
19	11/10	己丑	八	陰1局	10/10	己未	五	陰3局	9/8	戊子	六		8/8	戊午	三		7/6	丁亥	四		6/4	丙辰	二	
20	11/11	庚寅	七		10/11	庚申	四		9/9	己丑	五	陰3局	8/9	己未	二	陰6局	7/7	戊子	三		6/5	丁巳	一	
21	11/12	辛卯	一		10/12	辛酉	三		9/10	庚寅	四		8/10	庚申	一		7/8	己丑	二	陰8局	6/6	戊午	九	
22	11/13	壬辰	二		10/13	壬戌	二		9/11	辛卯	三		8/11	辛酉	九		7/9	庚寅	一		6/7	己未	八	陰5局
23	11/14	癸巳	三		10/14	癸亥	一		9/12	壬辰	五		8/12	壬戌	八		7/10	辛卯	三		6/8	庚申	七	
24	11/15	甲午	四	陽1局	10/15	甲子	六	陰5局	9/13	癸巳	四		8/13	癸亥	七		7/11	壬辰	二		6/9	辛酉	六	
25	11/16	乙未	五		10/16	乙丑	五		9/14	甲午	三	陰5局	8/14	甲子	三	陰7局	7/12	癸巳	一		6/10	壬戌	五	
26	11/17	丙申	六		10/17	丙寅	四		9/15	乙未	二		8/15	乙丑	二		7/13	甲午	九	陰1局	6/11	癸亥	四	
27	11/18	丁酉	七		10/18	丁卯	三		9/16	丙申	一		8/16	丙寅	一		7/14	乙未	八		6/12	甲子	九	陰7局
28	11/19	戊戌	八		10/19	戊辰	二		9/17	丁酉	九		8/17	丁卯	九		7/15	丙申	七		6/13	乙丑	八	
29	11/20	己亥	九	陽7局	10/20	己巳	一	8	9/18	戊戌	八		8/18	戊辰	八		7/16	丁酉	六		6/14	丙寅	七	
30	11/21	庚子	一		10/21	庚午	九		9/19	己亥	七	8	8/19	己巳	七	1	7/17	戊戌	五		6/15	丁卯	六	
31	11/22	辛丑	二						9/20	庚子	六						7/18	己亥	四	4	6/16	戊辰	五	

二〇五四年 甲戌 九紫

三元八運…「一運」

三元九運…「一運」

月	1月				2月				3月				4月				5月				6月			
月干支	乙丑 癸酉(年)				丙寅				丁卯				戊辰				己巳				庚午			
紫白	六白				五黄				四緑				三碧				二黒				一白			
節気	5 小寒 12時32分	20 大寒 5時50分			4 立春 0時7分	18 雨水 19時51分			5 啓蟄 17時55分	20 春分 18時34分			4 清明 22時22分	20 穀雨 5時14分			5 立夏 15時17分	21 小満 4時2分			5 芒種 19時7分	21 夏至 11時46分		
新暦	農暦	日干支	日紫白	奇門遁甲局数	農暦	日干支	日紫白	奇門遁甲局数	農暦	日干支	日紫白	奇門遁甲局数	農暦	日干支	日紫白	奇門遁甲局数	農暦	日干支	日紫白	奇門遁甲局数	農暦	日干支	日紫白	奇門遁甲局数
1	11/23	壬寅	三	7	12/24	癸酉	一	9	1/22	辛丑	八	陽6局	2/24	壬申	六	9	3/24	壬寅	六	2	4/25	癸酉	四	2
2	11/24	癸卯	四		12/25	甲戌	二	陽6局	1/23	壬寅	九		2/25	癸酉	七		3/25	癸卯	七		4/26	甲戌	五	陽8局
3	11/25	甲辰	五	陽4局	12/26	乙亥	三		1/24	癸卯	一		2/26	甲戌	八	陽6局	3/26	甲辰	八	陽8局	4/27	乙亥	六	
4	11/26	乙巳	六		12/27	丙子	四		1/25	甲辰	二	陽3局	2/27	乙亥	九		3/27	乙巳	九		4/28	丙子	七	
5	11/27	丙午	七		12/28	丁丑	五		1/26	乙巳	三		2/28	丙子	一		3/28	丙午	一		4/29	丁丑	八	
6	11/28	丁未	八		12/29	戊寅	六		1/27	丙午	四		2/29	丁丑	二		3/29	丁未	二		5/1	戊寅	九	
7	11/29	戊申	九		12/30	己卯	七	陽8局	1/28	丁未	五		2/30	戊寅	三		3/30	戊申	三		5/2	己卯	一	陽6局
8	11/30	己酉	一	陽2局	1/1	庚辰	八		1/29	戊申	六		3/1	己卯	四	陽4局	4/1	己酉	四	陽4局	5/3	庚辰	二	
9	12/1	庚戌	二		1/2	辛巳	九		2/1	己酉	七	陽1局	3/2	庚辰	五		4/2	庚戌	五		5/4	辛巳	三	
10	12/2	辛亥	三		1/3	壬午	一		2/2	庚戌	八		3/3	辛巳	六		4/3	辛亥	六		5/5	壬午	四	
11	12/3	壬子	四		1/4	癸未	二		2/3	辛亥	九		3/4	壬午	七		4/4	壬子	七		5/6	癸未	五	
12	12/4	癸丑	五		1/5	甲申	三	陽5局	2/4	壬子	一		3/5	癸未	八		4/5	癸丑	八		5/7	甲申	六	陽3局
13	12/5	甲寅	六	陽8局	1/6	乙酉	四		2/5	癸丑	二		3/6	甲申	九	陽1局	4/6	甲寅	九	陽1局	5/8	乙酉	七	
14	12/6	乙卯	七		1/7	丙戌	五		2/6	甲寅	三	陽7局	3/7	乙酉	一		4/7	乙卯	一		5/9	丙戌	八	
15	12/7	丙辰	八		1/8	丁亥	六		2/7	乙卯	四		3/8	丙戌	二		4/8	丙辰	二		5/10	丁亥	九	
16	12/8	丁巳	九		1/9	戊子	七		2/8	丙辰	五		3/9	丁亥	三		4/9	丁巳	三		5/11	戊子	一	
17	12/9	戊午	一		1/10	己丑	八	陽2局	2/9	丁巳	六		3/10	戊子	四		4/10	戊午	四		5/12	己丑	二	陽9局
18	12/10	己未	二	陽5局	1/11	庚寅	六		2/10	戊午	七		3/11	己丑	五	陽7局	4/11	己未	五	陽7局	5/13	庚寅	三	
19	12/11	庚申	三		1/12	辛卯	七		2/11	己未	八	陽4局	3/12	庚寅	六		4/12	庚申	六		5/14	辛卯	四	
20	12/12	辛酉	四		1/13	壬辰	八		2/12	庚申	九		3/13	辛卯	四		4/13	辛酉	七		5/15	壬辰	五	
21	12/13	壬戌	五		1/14	癸巳	九		2/13	辛酉	一		3/14	壬辰	五		4/14	壬戌	八		5/16	癸巳	七	
22	12/14	癸亥	六		1/15	甲午	一	陽9局	2/14	壬戌	二		3/15	癸巳	六		4/15	癸亥	九		5/17	甲午	六	陰9局
23	12/15	甲子	一	陽3局	1/16	乙未	二		2/15	癸亥	三		3/16	甲午	七	陽5局	4/16	甲子	四	陽5局	5/18	乙未	五	
24	12/16	乙丑	二		1/17	丙申	三		2/16	甲子	七	陽3局	3/17	乙未	八		4/17	乙丑	五		5/19	丙申	四	
25	12/17	丙寅	三		1/18	丁酉	四		2/17	乙丑	八		3/18	丙申	九		4/18	丙寅	六		5/20	丁酉	三	
26	12/18	丁卯	四		1/19	戊戌	五		2/18	丙寅	九		3/19	丁酉	一		4/19	丁卯	七		5/21	戊戌	二	
27	12/19	戊辰	五		1/20	己亥	六	6	2/19	丁卯	一		3/20	戊戌	二		4/20	戊辰	八		5/22	己亥	一	陰3局
28	12/20	己巳	六	陽9局	1/21	庚子	七		2/20	戊辰	二		3/21	己亥	三	陽2局	4/21	己巳	九	陽2局	5/23	庚子	九	
29	12/21	庚午	七						2/21	己巳	三	陽9局	3/22	庚子	四		4/22	庚午	一		5/24	辛丑	八	
30	12/22	辛未	八						2/22	庚午	四		3/23	辛丑	五		4/23	辛未	二		5/25	壬寅	七	
31	12/23	壬申	九						2/23	辛未	五						4/24	壬申	三					

2053年 癸酉(年)／甲子(月)

月	12月				11月				10月				9月				8月				7月			
月干支	丙子				乙亥				甲戌				癸酉				壬申				辛未			
紫白	四緑				五黄				六白				七赤				八白				九紫			
節気	22 冬至 1時9分	7 大雪 7時3分	日紫白	奇門遁甲局数	22 小雪 11時38分	7 立冬 13時56分	日紫白	奇門遁甲局数	23 霜降 13時44分	8 寒露 10時21分	日紫白	奇門遁甲局数	23 秋分 3時59分	7 白露 18時19分	日紫白	奇門遁甲局数	23 処暑 5時58分	7 立秋 15時6分	日紫白	奇門遁甲局数	22 大暑 22時40分	7 小暑 5時13分	日紫白	奇門遁甲局数
新暦	農暦	日干支			農暦	日干支			農暦	日干支			農暦	日干支			農暦	日干支			農暦	日干支		
1	11/3	丙子	三	陰2局	10/2	丙午	九	陰2局	9/1	乙亥	一	陰4局	7/29	乙巳	七	陰7局	6/28	甲戌	八	陰4局	5/26	癸卯	六	3
2	11/4	丁丑	二		10/3	丁未	八		9/2	丙子	九		8/1	丙午	六		6/29	乙亥	七		5/27	甲辰	五	陰6局
3	11/5	戊寅	一		10/4	戊申	七		9/3	丁丑	八		8/2	丁未	五		6/30	丙子	六		5/28	乙巳	四	
4	11/6	己卯	九	陰4局	10/5	己酉	六	陰6局	9/4	戊寅	七		8/3	戊申	四		7/1	丁丑	五		5/29	丙午	三	
5	11/7	庚辰	八		10/6	庚戌	五		9/5	己卯	六	陰6局	8/4	己酉	三	陰9局	7/2	戊寅	四		6/1	丁未	二	
6	11/8	辛巳	七		10/7	辛亥	四		9/6	庚辰	五		8/5	庚戌	二		7/3	己卯	三	陰2局	6/2	戊申	一	
7	11/9	壬午	六		10/8	壬子	三		9/7	辛巳	四		8/6	辛亥	一		7/4	庚辰	二		6/3	己酉	九	陰8局
8	11/10	癸未	五		10/9	癸丑	二		9/8	壬午	三		8/7	壬子	九		7/5	辛巳	一		6/4	庚戌	八	
9	11/11	甲申	四	陰7局	10/10	甲寅	一	陰9局	9/9	癸未	二		8/8	癸丑	八		7/6	壬午	九		6/5	辛亥	七	
10	11/12	乙酉	三		10/11	乙卯	九		9/10	甲申	一	陰9局	8/9	甲寅	七	陰3局	7/7	癸未	八		6/6	壬子	六	
11	11/13	丙戌	二		10/12	丙辰	八		9/11	乙酉	九		8/10	乙卯	六		7/8	甲申	七	陰5局	6/7	癸丑	五	
12	11/14	丁亥	一		10/13	丁巳	七		9/12	丙戌	八		8/11	丙辰	五		7/9	乙酉	六		6/8	甲寅	四	陰2局
13	11/15	戊子	九		10/14	戊午	六		9/13	丁亥	七		8/12	丁巳	四		7/10	丙戌	五		6/9	乙卯	三	
14	11/16	己丑	八	陰1局	10/15	己未	五	陰3局	9/14	戊子	六		8/13	戊午	三		7/11	丁亥	四		6/10	丙辰	二	
15	11/17	庚寅	七		10/16	庚申	四		9/15	己丑	五	陰3局	8/14	己未	二	陰6局	7/12	戊子	三		6/11	丁巳	一	
16	11/18	辛卯	六		10/17	辛酉	三		9/16	庚寅	四		8/15	庚申	一		7/13	己丑	二	陰8局	6/12	戊午	九	
17	11/19	壬辰	五		10/18	壬戌	二		9/17	辛卯	三		8/16	辛酉	九		7/14	庚寅	一		6/13	己未	八	陰5局
18	11/20	癸巳	四		10/19	癸亥	一		9/18	壬辰	二		8/17	壬戌	八		7/15	辛卯	九		6/14	庚申	七	
19	11/21	甲午	三	陽1局	10/20	甲子	六	陰5局	9/19	癸巳	一		8/18	癸亥	七		7/16	壬辰	八		6/15	辛酉	六	
20	11/22	乙未	二		10/21	乙丑	五		9/20	甲午	九	陰5局	8/19	甲子	三	陰7局	7/17	癸巳	七		6/16	壬戌	五	
21	11/23	丙申	一		10/22	丙寅	四		9/21	乙未	八		8/20	乙丑	二		7/18	甲午	六	陰1局	6/17	癸亥	四	
22	11/24	丁酉	七		10/23	丁卯	三		9/22	丙申	七		8/21	丙寅	一		7/19	乙未	五		6/18	甲子	九	陰7局
23	11/25	戊戌	八		10/24	戊辰	二		9/23	丁酉	九		8/22	丁卯	九		7/20	丙申	七		6/19	乙丑	八	
24	11/26	己亥	九	陽7局	10/25	己巳	一	陰8局	9/24	戊戌	八		8/23	戊辰	八		7/21	丁酉	六		6/20	丙寅	七	
25	11/27	庚子	一		10/26	庚午	九		9/25	己亥	七	陰8局	8/24	己巳	七	陰1局	7/22	戊戌	五		6/21	丁卯	六	
26	11/28	辛丑	二		10/27	辛未	八		9/26	庚子	六		8/25	庚午	六		7/23	己亥	四	陰4局	6/22	戊辰	五	
27	11/29	壬寅	三		10/28	壬申	七		9/27	辛丑	五		8/26	辛未	五		7/24	庚子	三		6/23	己巳	四	陰1局
28	11/30	癸卯	四		10/29	癸酉	六		9/28	壬寅	四		8/27	壬申	四		7/25	辛丑	二		6/24	庚午	三	
29	12/1	甲辰	五	陽4局	11/1	甲戌	五	2	9/29	癸卯	三		8/28	癸酉	三		7/26	壬寅	一		6/25	辛未	二	
30	12/2	乙巳	六		11/2	乙亥	四		9/30	甲辰	二	2	8/29	甲戌	二	4	7/27	癸卯	九		6/26	壬申	一	
31	12/3	丙午	七						10/1	乙巳	一						7/28	甲辰	八	7	6/27	癸酉	九	

二〇五五年 乙亥 八白

二元八運…「一運」
三元九運…「一運」

月	1月				2月				3月				4月				5月				6月			
月干支	丁丑 甲戌(年)				戊寅				己卯				庚辰				辛巳				壬午			
紫白	三碧				二黒				一白				九紫				八白				七赤			
節気	5 小寒 18時22分	20 大寒 11時48分			4 立春 5時55分	19 雨水 1時47分			5 啓蟄 23時41分	21 春分 0時28分			5 清明 4時7分	20 穀雨 11時8分			5 立夏 21時3分	21 小満 9時55分			6 芒種 0時55分	21 夏至 17時39分		
新暦	農暦	日干支	日紫白	奇門遁甲局数	農暦	日干支	日紫白	奇門遁甲局数	農暦	日干支	日紫白	奇門遁甲局数	農暦	日干支	日紫白	奇門遁甲局数	農暦	日干支	日紫白	奇門遁甲局数	農暦	日干支	日紫白	奇門遁甲局数
1	12/4	丁未	八	4	1/5	戊寅	六	6	2/4	丙午	四	陽3局	3/5	丁丑	二	6	4/5	丁未	二	8	5/7	戊寅	九	8
2	12/5	戊申	九		1/6	己卯	七	陽8局	2/5	丁未	五		3/6	戊寅	三		4/6	戊申	三		5/8	己卯	一	陽6局
3	12/6	己酉	一	陽2局	1/7	庚辰	八		2/6	戊申	六		3/7	己卯	四	陽4局	4/7	己酉	四	陽4局	5/9	庚辰	二	
4	12/7	庚戌	二		1/8	辛巳	九		2/7	己酉	七	陽1局	3/8	庚辰	五		4/8	庚戌	五		5/10	辛巳	三	
5	12/8	辛亥	三		1/9	壬午	一		2/8	庚戌	八		3/9	辛巳	六		4/9	辛亥	六		5/11	壬午	四	
6	12/9	壬子	四		1/10	癸未	二		2/9	辛亥	九		3/10	壬午	七		4/10	壬子	七		5/12	癸未	五	
7	12/10	癸丑	五		1/11	甲申	三	陽5局	2/10	壬子	一		3/11	癸未	八		4/11	癸丑	八		5/13	甲申	六	陽3局
8	12/11	甲寅	六	陽8局	1/12	乙酉	四		2/11	癸丑	二		3/12	甲申	九	陽1局	4/12	甲寅	九	陽1局	5/14	乙酉	七	
9	12/12	乙卯	七		1/13	丙戌	五		2/12	甲寅	三	陽7局	3/13	乙酉	一		4/13	乙卯	一		5/15	丙戌	八	
10	12/13	丙辰	八		1/14	丁亥	六		2/13	乙卯	四		3/14	丙戌	二		4/14	丙辰	二		5/16	丁亥	九	
11	12/14	丁巳	九		1/15	戊子	七		2/14	丙辰	五		3/15	丁亥	三		4/15	丁巳	三		5/17	戊子	一	
12	12/15	戊午	一		1/16	己丑	八	陽2局	2/15	丁巳	六		3/16	戊子	四		4/16	戊午	四		5/18	己丑	二	陽9局
13	12/16	己未	二	陽5局	1/17	庚寅	九		2/16	戊午	七		3/17	己丑	五	陽7局	4/17	己未	五	陽7局	5/19	庚寅	三	
14	12/17	庚申	三		1/18	辛卯	一		2/17	己未	八	陽4局	3/18	庚寅	六		4/18	庚申	六		5/20	辛卯	四	
15	12/18	辛酉	四		1/19	壬辰	二		2/18	庚申	九		3/19	辛卯	七		4/19	辛酉	七		5/21	壬辰	五	
16	12/19	壬戌	五		1/20	癸巳	三		2/19	辛酉	一		3/20	壬辰	八		4/20	壬戌	八		5/22	癸巳	六	
17	12/20	癸亥	六		1/21	甲午	四	陽9局	2/20	壬戌	二		3/21	癸巳	九		4/21	癸亥	九		5/23	甲午	七	陰9局
18	12/21	甲子	一	陽3局	1/22	乙未	五		2/21	癸亥	三		3/22	甲午	一	陽5局	4/22	甲子	四	陽5局	5/24	乙未	八	
19	12/22	乙丑	二		1/23	丙申	三		2/22	甲子	七	陽3局	3/23	乙未	二		4/23	乙丑	五		5/25	丙申	九	
20	12/23	丙寅	三		1/24	丁酉	四		2/23	乙丑	八		3/24	丙申	九		4/24	丙寅	六		5/26	丁酉	一	
21	12/24	丁卯	四		1/25	戊戌	五		2/24	丙寅	九		3/25	丁酉	一		4/25	丁卯	七		5/27	戊戌	二	
22	12/25	戊辰	五		1/26	己亥	六	陽6局	2/25	丁卯	一		3/26	戊戌	二		4/26	戊辰	八		5/28	己亥	一	陰3局
23	12/26	己巳	六	陽9局	1/27	庚子	七		2/26	戊辰	二		3/27	己亥	三	陽2局	4/27	己巳	九	陽2局	5/29	庚子	九	
24	12/27	庚午	七		1/28	辛丑	八		2/27	己巳	三	陽9局	3/28	庚子	四		4/28	庚午	一		5/30	辛丑	八	
25	12/28	辛未	八		1/29	壬寅	九		2/28	庚午	四		3/29	辛丑	五		4/29	辛未	二		6/1	壬寅	七	
26	12/29	壬申	九		2/1	癸卯	一		2/29	辛未	五		3/30	壬寅	六		5/1	壬申	三		6/2	癸卯	六	
27	12/30	癸酉	一		2/2	甲辰	二	3	2/30	壬申	六		4/1	癸卯	七		5/2	癸酉	四		6/3	甲辰	五	陰6局
28	1/1	甲戌	二	陽6局	2/3	乙巳	三		3/1	癸酉	七		4/2	甲辰	八	陽8局	5/3	甲戌	五	陽8局	6/4	乙巳	四	
29	1/2	乙亥	三						3/2	甲戌	八	陽6局	4/3	乙巳	九		5/4	乙亥	六		6/5	丙午	三	
30	1/3	丙子	四						3/3	乙亥	九		4/4	丙午	一		5/5	丙子	七		6/6	丁未	二	
31	1/4	丁丑	五						3/4	丙子	一						5/6	丁丑	八					

2054年 甲戌(年)／丙子(月)

月	12 月				11 月				10 月				9 月				8 月				7 月			
月干支	戊子				丁亥				丙戌				乙酉				甲申				癸未			
紫白	一白				二黒				三碧				四緑				五黄				六白			
節気	22 冬至 6時55分	7 大雪 12時58分	日紫白	奇門遁甲局数	22 小雪 17時25分	7 立冬 19時52分	日紫白	奇門遁甲局数	23 霜降 19時33分	8 寒露 16時18分	日紫白	奇門遁甲局数	23 秋分 9時48分	8 白露 0時15分	日紫白	奇門遁甲局数	23 処暑 11時48分	7 立秋 21時0分	日紫白	奇門遁甲局数	23 大暑 4時31分	7 小暑 11時4分	日紫白	奇門遁甲局数
新暦	農暦	日干支			農暦	日干支			農暦	日干支			農暦	日干支			農暦	日干支			農暦	日干支		
1	10/13	辛巳	七	陰4局	9/13	辛亥	四	陰6局	8/11	庚辰	五	陰6局	7/10	庚戌	二	陰9局	閏6/9	己卯	三	陰2局	6/7	戊申	一	6
2	10/14	壬午	六		9/14	壬子	三		8/12	辛巳	四		7/11	辛亥	一		閏6/10	庚辰	二		6/8	己酉	九	陰8局
3	10/15	癸未	五		9/15	癸丑	二		8/13	壬午	三		7/12	壬子	九		閏6/11	辛巳	一		6/9	庚戌	八	
4	10/16	甲申	四	陰7局	9/16	甲寅	一	陰9局	8/14	癸未	二		7/13	癸丑	八		閏6/12	壬午	九		6/10	辛亥	七	
5	10/17	乙酉	三		9/17	乙卯	九		8/15	甲申	一	陰9局	7/14	甲寅	七	陰3局	閏6/13	癸未	八		6/11	壬子	六	
6	10/18	丙戌	二		9/18	丙辰	八		8/16	乙酉	九		7/15	乙卯	六		閏6/14	甲申	七	陰5局	6/12	癸丑	五	
7	10/19	丁亥	一		9/19	丁巳	七		8/17	丙戌	八		7/16	丙辰	五		閏6/15	乙酉	六		6/13	甲寅	四	陰2局
8	10/20	戊子	九		9/20	戊午	六		8/18	丁亥	七		7/17	丁巳	四		閏6/16	丙戌	五		6/14	乙卯	三	
9	10/21	己丑	八	陰1局	9/21	己未	五	陰3局	8/19	戊子	六		7/18	戊午	三		閏6/17	丁亥	四		6/15	丙辰	二	
10	10/22	庚寅	七		9/22	庚申	四		8/20	己丑	五	陰3局	7/19	己未	二	陰6局	閏6/18	戊子	三		6/16	丁巳	一	
11	10/23	辛卯	六		9/23	辛酉	三		8/21	庚寅	四		7/20	庚申	一		閏6/19	己丑	二	陰8局	6/17	戊午	九	
12	10/24	壬辰	五		9/24	壬戌	二		8/22	辛卯	三		7/21	辛酉	九		閏6/20	庚寅	一		6/18	己未	八	陰5局
13	10/25	癸巳	四		9/25	癸亥	一		8/23	壬辰	二		7/22	壬戌	八		閏6/21	辛卯	九		6/19	庚申	七	
14	10/26	甲午	三	陽1局	9/26	甲子	六	陰5局	8/24	癸巳	一		7/23	癸亥	七		閏6/22	壬辰	八		6/20	辛酉	六	
15	10/27	乙未	二		9/27	乙丑	五		8/25	甲午	九	陰5局	7/24	甲子	三	陰7局	閏6/23	癸巳	七		6/21	壬戌	五	
16	10/28	丙申	一		9/28	丙寅	四		8/26	乙未	八		7/25	乙丑	二		閏6/24	甲午	六	陰1局	6/22	癸亥	四	
17	10/29	丁酉	九		9/29	丁卯	三		8/27	丙申	七		7/26	丙寅	一		閏6/25	乙未	五		6/23	甲子	九	陰7局
18	11/1	戊戌	八		9/30	戊辰	二		8/28	丁酉	六		7/27	丁卯	九		閏6/26	丙申	四		6/24	乙丑	八	
19	11/2	己亥	七	陽7局	10/1	己巳	一	陰8局	8/29	戊戌	五		7/28	戊辰	八		閏6/27	丁酉	三		6/25	丙寅	七	
20	11/3	庚子	六		10/2	庚午	九		9/1	己亥	四	陰8局	7/29	己巳	七	陰1局	閏6/28	戊戌	二		6/26	丁卯	六	
21	11/4	辛丑	五		10/3	辛未	八		9/2	庚子	三		8/1	庚午	六		閏6/29	己亥	一	陰4局	6/27	戊辰	五	
22	11/5	壬寅	三		10/4	壬申	七		9/3	辛丑	二		8/2	辛未	五		閏6/30	庚子	九		6/28	己巳	四	陰1局
23	11/6	癸卯	四		10/5	癸酉	六		9/4	壬寅	四		8/3	壬申	四		7/1	辛丑	二		6/29	庚午	三	
24	11/7	甲辰	五	陽4局	10/6	甲戌	五	陰2局	9/5	癸卯	三		8/4	癸酉	三		7/2	壬寅	一		閏6/1	辛未	二	
25	11/8	乙巳	六		10/7	乙亥	四		9/6	甲辰	二	陰2局	8/5	甲戌	二	陰4局	7/3	癸卯	九		閏6/2	壬申	一	
26	11/9	丙午	七		10/8	丙子	三		9/7	乙巳	一		8/6	乙亥	一		7/4	甲辰	八	陰7局	閏6/3	癸酉	九	
27	11/10	丁未	八		10/9	丁丑	二		9/8	丙午	九		8/7	丙子	九		7/5	乙巳	七		閏6/4	甲戌	八	陰4局
28	11/11	戊申	九		10/10	戊寅	一		9/9	丁未	八		8/8	丁丑	八		7/6	丙午	六		閏6/5	乙亥	七	
29	11/12	己酉	一	陽2局	10/11	己卯	九	4	9/10	戊申	七		8/9	戊寅	七		7/7	丁未	五		閏6/6	丙子	六	
30	11/13	庚戌	二		10/12	庚辰	八		9/11	己酉	六	6	8/10	己卯	六	6	7/8	戊申	四		閏6/7	丁丑	五	
31	11/14	辛亥	三						9/12	庚戌	五						7/9	己酉	三	9	閏6/8	戊寅	四	

二〇五六年 丙子 七赤

三元八運…「一運」 三元九運…「一運」

月	1月				2月				3月				4月				5月				6月			
月干支	己丑 乙亥(年)				庚寅				辛卯				壬辰				癸巳				甲午			
紫白	九紫				八白				七赤				六白				五黄				四緑			
節気	20 大寒 17時32分	6 小寒 0時15分			19 雨水 7時29分	4 立春 11時46分			20 春分 6時10分	5 啓蟄 5時31分			19 穀雨 16時51分	4 清明 9時59分			20 小満 15時41分	5 立夏 2時57分			23 夏至 23時27分 [20]	5 芒種 6時52分		
新暦	農暦	日干支	日紫白	奇門遁甲局数	農暦	日干支	日紫白	奇門遁甲局数	農暦	日干支	日紫白	奇門遁甲局数	農暦	日干支	日紫白	奇門遁甲局数	農暦	日干支	日紫白	奇門遁甲局数	農暦	日干支	日紫白	奇門遁甲局数
1	11/15	壬子	四	2	12/16	癸未	二	8	1/16	壬子	一	1	2/17	癸未	八	4	3/17	癸丑	八	4	4/18	甲申	六	陽3局
2	11/16	癸丑	五		12/17	甲申	三	陽5局	1/17	癸丑	二		2/18	甲申	九	陽1局	3/18	甲寅	九	陽1局	4/19	乙酉	七	
3	11/17	甲寅	六	陽8局	12/18	乙酉	四		1/18	甲寅	三	陽7局	2/19	乙酉	一		3/19	乙卯	一		4/20	丙戌	八	
4	11/18	乙卯	七		12/19	丙戌	五		1/19	乙卯	四		2/20	丙戌	二		3/20	丙辰	二		4/21	丁亥	九	
5	11/19	丙辰	八		12/20	丁亥	六		1/20	丙辰	五		2/21	丁亥	三		3/21	丁巳	三		4/22	戊子	一	
6	11/20	丁巳	九		12/21	戊子	七		1/21	丁巳	六		2/22	戊子	四		3/22	戊午	四		4/23	己丑	二	陽9局
7	11/21	戊午	一		12/22	己丑	八	陽2局	1/22	戊午	七		2/23	己丑	五	陽7局	3/23	己未	五	陽7局	4/24	庚寅	三	
8	11/22	己未	二	陽5局	12/23	庚寅	九		1/23	己未	八	陽4局	2/24	庚寅	六		3/24	庚申	六		4/25	辛卯	四	
9	11/23	庚申	三		12/24	辛卯	一		1/24	庚申	九		2/25	辛卯	七		3/25	辛酉	七		4/26	壬辰	五	
10	11/24	辛酉	四		12/25	壬辰	二		1/25	辛酉	一		2/26	壬辰	八		3/26	壬戌	八		4/27	癸巳	六	
11	11/25	壬戌	五		12/26	癸巳	三		1/26	壬戌	二		2/27	癸巳	九		3/27	癸亥	九		4/28	甲午	七	陽6局・閏
12	11/26	癸亥	六		12/27	甲午	四	陽9局	1/27	癸亥	三		2/28	甲午	一	陽5局	3/28	甲子	四	陽5局	4/29	乙未	八	
13	11/27	甲子	一	陽3局	12/28	乙未	五		1/28	甲子	七	陽3局	2/29	乙未	二		3/29	乙丑	五		5/1	丙申	九	
14	11/28	乙丑	二		12/29	丙申	六		1/29	乙丑	八		2/30	丙申	三		3/30	丙寅	六		5/2	丁酉	一	
15	11/29	丙寅	三		1/1	丁酉	七		1/30	丙寅	九		3/1	丁酉	四		4/1	丁卯	七		5/3	戊戌	二	
16	11/30	丁卯	四		1/2	戊戌	八		2/1	丁卯	一		3/2	戊戌	五		4/2	戊辰	八		5/4	己亥	三	陽3局・閏
17	12/1	戊辰	五		1/3	己亥	九	陽6局	2/2	戊辰	二		3/3	己亥	六	陽2局	4/3	己巳	九	陽2局	5/5	庚子	四	
18	12/2	己巳	六	陽9局	1/4	庚子	一		2/3	己巳	三	陽9局	3/4	庚子	七		4/4	庚午	一		5/6	辛丑	五	
19	12/3	庚午	七		1/5	辛丑	八		2/4	庚午	四		3/5	辛丑	五		4/5	辛未	二		5/7	壬寅	六	
20	12/4	辛未	八		1/6	壬寅	九		2/5	辛未	五		3/6	壬寅	六		4/6	壬申	三		5/8	癸卯	六	
21	12/5	壬申	九		1/7	癸卯	一		2/6	壬申	六		3/7	癸卯	七		4/7	癸酉	四		5/9	甲辰	五	陽9局・閏
22	12/6	癸酉	一		1/8	甲辰	二	陽3局	2/7	癸酉	七		3/8	甲辰	八	陽8局	4/8	甲戌	五	陽8局	5/10	乙巳	四	
23	12/7	甲戌	二	陽6局	1/9	乙巳	三		2/8	甲戌	八	陽6局	3/9	乙巳	九		4/9	乙亥	六		5/11	丙午	三	
24	12/8	乙亥	三		1/10	丙午	四		2/9	乙亥	九		3/10	丙午	一		4/10	丙子	七		5/12	丁未	二	
25	12/9	丙子	四		1/11	丁未	五		2/10	丙子	一		3/11	丁未	二		4/11	丁丑	八		5/13	戊申	一	
26	12/10	丁丑	五		1/12	戊申	六		2/11	丁丑	二		3/12	戊申	三		4/12	戊寅	九		5/14	己酉	九	陰9局
27	12/11	戊寅	六		1/13	己酉	七	陽1局	2/12	戊寅	三		3/13	己酉	四	陽4局	4/13	己卯	一	陽6局	5/15	庚戌	八	
28	12/12	己卯	七	陽8局	1/14	庚戌	八		2/13	己卯	四	陽4局	3/14	庚戌	五		4/14	庚辰	二		5/16	辛亥	七	
29	12/13	庚辰	八		1/15	辛亥	九		2/14	庚辰	五		3/15	辛亥	六		4/15	辛巳	三		5/17	壬子	六	
30	12/14	辛巳	九						2/15	辛巳	六		3/16	壬子	七		4/16	壬午	四		5/18	癸丑	五	
31	12/15	壬午	一						2/16	壬午	七						4/17	癸未	五					

2055年 乙亥(年)／戊子(月)

月	12月				11月				10月				9月				8月				7月			
月干支	庚子				己亥				戊戌				丁酉				丙申				乙未			
紫白	七赤				八白				九紫				一白				二黒				三碧			
節気	21 冬至 12時51分	6 大雪 18時50分			21 小雪 23時19分	7 立冬 1時43分			23 霜降 1時25分	7 寒露 22時8分			22 秋分 15時39分	7 白露 6時7分			22 処暑 17時38分	7 立秋 2時55分			22 大暑 10時21分	6 小暑 17時2分		
新暦	農暦	日干支	日紫白	奇門遁甲局数	農暦	日干支	日紫白	奇門遁甲局数	農暦	日干支	日紫白	奇門遁甲局数	農暦	日干支	日紫白	奇門遁甲局数	農暦	日干支	日紫白	奇門遁甲局数	農暦	日干支	日紫白	奇門遁甲局数
1	10/25	丁亥	一	8	9/24	丁巳	七	8	8/22	丙戌	八	陰1局	7/22	丙辰	五	陰4局	6/20	乙酉	六	陰1局	5/19	甲寅	四	陰3局
2	10/26	戊子	九		9/25	戊午	六		8/23	丁亥	七		7/23	丁巳	四		6/21	丙戌	五		5/20	乙卯	三	
3	10/27	己丑	八	陰2局	9/26	己未	五	陰2局	8/24	戊子	六		7/24	戊午	三		6/22	丁亥	四		5/21	丙辰	二	
4	10/28	庚寅	七		9/27	庚申	四		8/25	己丑	五	陰4局	7/25	己未	二	陰7局	6/23	戊子	三		5/22	丁巳	一	
5	10/29	辛卯	六		9/28	辛酉	三		8/26	庚寅	四		7/26	庚申	一		6/24	己丑	二	陰4局	5/23	戊午	九	
6	10/30	壬辰	五		9/29	壬戌	二		8/27	辛卯	三		7/27	辛酉	九		6/25	庚寅	一		5/24	己未	八	陰6局
7	11/1	癸巳	四		10/1	癸亥	一		8/28	壬辰	二		7/28	壬戌	八		6/26	辛卯	九		5/25	庚申	七	
8	11/2	甲午	三	陰4局	10/2	甲子	六	陰6局	8/29	癸巳	一		7/29	癸亥	七		6/27	壬辰	八		5/26	辛酉	六	
9	11/3	乙未	二		10/3	乙丑	五		9/1	甲午	九	陰6局	7/30	甲子	三	陰9局	6/28	癸巳	七		5/27	壬戌	五	
10	11/4	丙申	一		10/4	丙寅	四		9/2	乙未	八		8/1	乙丑	二		6/29	甲午	六	陰2局	5/28	癸亥	四	
11	11/5	丁酉	九		10/5	丁卯	三		9/3	丙申	七		8/2	丙寅	一		7/1	乙未	五		5/29	甲子	九	陰8局
12	11/6	戊戌	八		10/6	戊辰	二		9/4	丁酉	六		8/3	丁卯	九		7/2	丙申	四		5/30	乙丑	八	
13	11/7	己亥	七	陰7局	10/7	己巳	一	陰9局	9/5	戊戌	五		8/4	戊辰	八		7/3	丁酉	三		6/1	丙寅	七	
14	11/8	庚子	六		10/8	庚午	九		9/6	己亥	四	陰9局	8/5	己巳	七	陰3局	7/4	戊戌	二		6/2	丁卯	六	
15	11/9	辛丑	五		10/9	辛未	八		9/7	庚子	三		8/6	庚午	六		7/5	己亥	一	陰5局	6/3	戊辰	五	
16	11/10	壬寅	四		10/10	壬申	七		9/8	辛丑	二		8/7	辛未	五		7/6	庚子	九		6/4	己巳	四	陰2局
17	11/11	癸卯	三		10/11	癸酉	六		9/9	壬寅	一		8/8	壬申	四		7/7	辛丑	八		6/5	庚午	三	
18	11/12	甲辰	二	陰1局	10/12	甲戌	五	陰3局	9/10	癸卯	九		8/9	癸酉	三		7/8	壬寅	七		6/6	辛未	二	
19	11/13	乙巳	一		10/13	乙亥	四		9/11	甲辰	八	陰3局	8/10	甲戌	二	陰6局	7/9	癸卯	六		6/7	壬申	一	
20	11/14	丙午	九		10/14	丙子	三		9/12	乙巳	七		8/11	乙亥	一		7/10	甲辰	五	陰8局	6/8	癸酉	九	
21	11/15	丁未	八		10/15	丁丑	二		9/13	丙午	六		8/12	丙子	九		7/11	乙巳	四		6/9	甲戌	八	陰5局
22	11/16	戊申	九		10/16	戊寅	一		9/14	丁未	五		8/13	丁丑	八		7/12	丙午	六		6/10	乙亥	七	
23	11/17	己酉	一	陽1局	10/17	己卯	九	陰5局	9/15	戊申	七		8/14	戊寅	七		7/13	丁未	五		6/11	丙子	六	
24	11/18	庚戌	二		10/18	庚辰	八		9/16	己酉	六	陰5局	8/15	己卯	六	陰7局	7/14	戊申	四		6/12	丁丑	五	
25	11/19	辛亥	三		10/19	辛巳	七		9/17	庚戌	五		8/16	庚辰	五		7/15	己酉	三	陰1局	6/13	戊寅	四	
26	11/20	壬子	四		10/20	壬午	六		9/18	辛亥	四		8/17	辛巳	四		7/16	庚戌	二		6/14	己卯	三	陰7局
27	11/21	癸丑	五		10/21	癸未	五		9/19	壬子	三		8/18	壬午	三		7/17	辛亥	一		6/15	庚辰	二	
28	11/22	甲寅	六	陽7局	10/22	甲申	四	陰8局	9/20	癸丑	二		8/19	癸未	二		7/18	壬子	九		6/16	辛巳	一	
29	11/23	乙卯	七		10/23	乙酉	三		9/21	甲寅	一	陰8局	8/20	甲申	一	1	7/19	癸丑	八		6/17	壬午	九	
30	11/24	丙辰	八		10/24	丙戌	二		9/22	乙卯	九		8/21	乙酉	九		7/20	甲寅	七	4	6/18	癸未	八	
31	11/25	丁巳	九						9/23	丙辰	八						7/21	乙卯	六		6/19	甲申	七	1

二〇五七年 丁丑 六白

二元八運…「一運」

三元九運…「一運」

6月				5月				4月				3月				2月				1月				月
丙午				乙巳				甲辰				癸卯				壬寅				辛丑 丙子(年)				月干支
一白				二黒				三碧				四緑				五黄				六白				紫白
21 夏至 5時18分	5 芒種 12時36分	日紫白	奇門遁甲局数	20 小満 21時34分	5 立夏 8時46分	日紫白	奇門遁甲局数	19 穀雨 22時47分	4 清明 15時52分	日紫白	奇門遁甲局数	20 春分 12時7分	5 啓蟄 11時26分	日紫白	奇門遁甲局数	18 雨水 13時27分	3 立春 17時42分	日紫白	奇門遁甲局数	19 大寒 23時29分	5 小寒 6時9分	日紫白	奇門遁甲局数	節気
農暦	日干支			農暦	日干支			農暦	日干支			農暦	日干支			農暦	日干支			農暦	日干支			新暦
4/29	己丑	二	陽8局	3/28	戊午	四	2	2/28	戊子	四	9	1/26	丁巳	六	6	12/28	己丑	八	陽6局	11/26	戊午	一	7	1
5/1	庚寅	三		3/29	己未	五	陽8局	2/29	己丑	五	陽6局	1/27	戊午	七		12/29	庚寅	九		11/27	己未	二	陽4局	2
5/2	辛卯	四		3/30	庚申	六		2/30	庚寅	六		1/28	己未	八	陽3局	12/30	辛卯	一		11/28	庚申	三		3
5/3	壬辰	五		4/1	辛酉	七		3/1	辛卯	七		1/29	庚申	九		1/1	壬辰	二		11/29	辛酉	四		4
5/4	癸巳	六		4/2	壬戌	八		3/2	壬辰	八		2/1	辛酉	一		1/2	癸巳	三		12/1	壬戌	五		5
5/5	甲午	七	陽6局	4/3	癸亥	九		3/3	癸巳	九		2/2	壬戌	二		1/3	甲午	四	陽8局	12/2	癸亥	六		6
5/6	乙未	八		4/4	甲子	四	陽4局	3/4	甲午	一	陽4局	2/3	癸亥	三		1/4	乙未	五		12/3	甲子	一	陽2局	7
5/7	丙申	九		4/5	乙丑	五		3/5	乙未	二		2/4	甲子	七	陽1局	1/5	丙申	六		12/4	乙丑	二		8
5/8	丁酉	一		4/6	丙寅	六		3/6	丙申	三		2/5	乙丑	八		1/6	丁酉	七		12/5	丙寅	三		9
5/9	戊戌	二		4/7	丁卯	七		3/7	丁酉	四		2/6	丙寅	九		1/7	戊戌	八		12/6	丁卯	四		10
5/10	己亥	三	陽3局	4/8	戊辰	八		3/8	戊戌	五		2/7	丁卯	一		1/8	己亥	九	陽5局	12/7	戊辰	五		11
5/11	庚子	四		4/9	己巳	九	陽1局	3/9	己亥	六	陽1局	2/8	戊辰	二		1/9	庚子	一		12/8	己巳	六	陽8局	12
5/12	辛丑	五		4/10	庚午	一		3/10	庚子	七		2/9	己巳	三	陽7局	1/10	辛丑	二		12/9	庚午	七		13
5/13	壬寅	六		4/11	辛未	二		3/11	辛丑	八		2/10	庚午	四		1/11	壬寅	三		12/10	辛未	八		14
5/14	癸卯	七		4/12	壬申	三		3/12	壬寅	九		2/11	辛未	五		1/12	癸卯	四		12/11	壬申	九		15
5/15	甲辰	八	陽9局	4/13	癸酉	四		3/13	癸卯	一		2/12	壬申	六		1/13	甲辰	五	陽2局	12/12	癸酉	一		16
5/16	乙巳	九		4/14	甲戌	五	陽7局	3/14	甲辰	二	陽7局	2/13	癸酉	七		1/14	乙巳	六		12/13	甲戌	二	陽5局	17
5/17	丙午	一		4/15	乙亥	六		3/15	乙巳	三		2/14	甲戌	八	陽4局	1/15	丙午	四		12/14	乙亥	三		18
5/18	丁未	二		4/16	丙子	七		3/16	丙午	一		2/15	乙亥	九		1/16	丁未	五		12/15	丙子	四		19
5/19	戊申	三		4/17	丁丑	八		3/17	丁未	二		2/16	丙子	一		1/17	戊申	六		12/16	丁丑	五		20
5/20	己酉	九	陰9局	4/18	戊寅	九		3/18	戊申	三		2/17	丁丑	二		1/18	己酉	七	陽9局	12/17	戊寅	六		21
5/21	庚戌	八		4/19	己卯	一	陽5局	3/19	己酉	四	陽5局	2/18	戊寅	三		1/19	庚戌	八		12/18	己卯	七	陽3局	22
5/22	辛亥	七		4/20	庚辰	二		3/20	庚戌	五		2/19	己卯	四	陽3局	1/20	辛亥	九		12/19	庚辰	八		23
5/23	壬子	六		4/21	辛巳	三		3/21	辛亥	六		2/20	庚辰	五		1/21	壬子	一		12/20	辛巳	九		24
5/24	癸丑	五		4/22	壬午	四		3/22	壬子	七		2/21	辛巳	六		1/22	癸丑	二		12/21	壬午	一		25
5/25	甲寅	四	陰3局	4/23	癸未	五		3/23	癸丑	八		2/22	壬午	七		1/23	甲寅	三	陽6局	12/22	癸未	二		26
5/26	乙卯	三		4/24	甲申	六	陽2局	3/24	甲寅	九	陽2局	2/23	癸未	八		1/24	乙卯	四		12/23	甲申	三	陽9局	27
5/27	丙辰	二		4/25	乙酉	七		3/25	乙卯	一		2/24	甲申	九	陽9局	1/25	丙辰	五		12/24	乙酉	四		28
5/28	丁巳	一		4/26	丙戌	八		3/26	丙辰	二		2/25	乙酉	一						12/25	丙戌	五		29
5/29	戊午	九		4/27	丁亥	九		3/27	丁巳	三		2/26	丙戌	二						12/26	丁亥	六		30
				4/28	戊子	一						2/27	丁亥	三						12/27	戊子	七		31

2056年 丙子(年)／庚子(月)

月	12月				11月				10月				9月				8月				7月			
月干支	壬子				辛亥				庚戌				己酉				戊申				丁未			
紫白	四緑				五黄				六白				七赤				八白				九紫			
節気	21	7	日紫白	奇門遁甲局数	22	7	日紫白	奇門遁甲局数	23	8	日紫白	奇門遁甲局数	22	7	日紫白	奇門遁甲局数	22	7	日紫白	奇門遁甲局数	22	6	日紫白	奇門遁甲局数
	冬至 18時42分	大雪 0時34分			小雪 5時6分	立冬 7時22分			霜降 7時8分	寒露 3時45分			秋分 21時23分	白露 11時43分			処暑 23時24分	立秋 8時33分			大暑 16時10分	小暑 22時42分		
新暦	農暦	日干支			農暦	日干支			農暦	日干支			農暦	日干支			農暦	日干支			農暦	日干支		
1	11/6	壬辰	五	2	10/5	壬戌	二	2	9/3	辛卯	三	陰4局	8/3	辛酉	九	陰7局	7/2	庚寅	一	陰4局	5/30	己未	八	陰6局
2	11/7	癸巳	四		10/6	癸亥	一		9/4	壬辰	二		8/4	壬戌	八		7/3	辛卯	九		6/1	庚申	七	
3	11/8	甲午	三	陰4局	10/7	甲子	六	陰6局	9/5	癸巳	一		8/5	癸亥	七		7/4	壬辰	八		6/2	辛酉	六	
4	11/9	乙未	二		10/8	乙丑	五		9/6	甲午	九	陰6局	8/6	甲子	三	陰9局	7/5	癸巳	七		6/3	壬戌	五	
5	11/10	丙申	一		10/9	丙寅	四		9/7	乙未	八		8/7	乙丑	二		7/6	甲午	六	陰2局	6/4	癸亥	四	
6	11/11	丁酉	九		10/10	丁卯	三		9/8	丙申	七		8/8	丙寅	一		7/7	乙未	五		6/5	甲子	九	陰8局
7	11/12	戊戌	八		10/11	戊辰	二		9/9	丁酉	六		8/9	丁卯	九		7/8	丙申	四		6/6	乙丑	八	
8	11/13	己亥	七	陰7局	10/12	己巳	一	陰9局	9/10	戊戌	五		8/10	戊辰	八		7/9	丁酉	三		6/7	丙寅	七	
9	11/14	庚子	六		10/13	庚午	九		9/11	己亥	四	陰9局	8/11	己巳	七	陰3局	7/10	戊戌	二		6/8	丁卯	六	
10	11/15	辛丑	五		10/14	辛未	八		9/12	庚子	三		8/12	庚午	六		7/11	己亥	一	陰5局	6/9	戊辰	五	
11	11/16	壬寅	四		10/15	壬申	七		9/13	辛丑	二		8/13	辛未	五		7/12	庚子	九		6/10	己巳	四	陰2局
12	11/17	癸卯	三		10/16	癸酉	六		9/14	壬寅	一		8/14	壬申	四		7/13	辛丑	八		6/11	庚午	三	
13	11/18	甲辰	二	陰1局	10/17	甲戌	五	陰3局	9/15	癸卯	九		8/15	癸酉	三		7/14	壬寅	七		6/12	辛未	二	
14	11/19	乙巳	一		10/18	乙亥	四		9/16	甲辰	八	陰3局	8/16	甲戌	二	陰6局	7/15	癸卯	六		6/13	壬申	一	
15	11/20	丙午	九		10/19	丙子	三		9/17	乙巳	七		8/17	乙亥	一		7/16	甲辰	五	陰8局	6/14	癸酉	九	
16	11/21	丁未	八		10/20	丁丑	二		9/18	丙午	六		8/18	丙子	九		7/17	乙巳	四		6/15	甲戌	八	陰5局
17	11/22	戊申	七		10/21	戊寅	一		9/19	丁未	五		8/19	丁丑	八		7/18	丙午	三		6/16	乙亥	七	
18	11/23	己酉	六	陽1局	10/22	己卯	九	陰5局	9/20	戊申	四		8/20	戊寅	七		7/19	丁未	二		6/17	丙子	六	
19	11/24	庚戌	五		10/23	庚辰	八		9/21	己酉	三	陰5局	8/21	己卯	六	陰7局	7/20	戊申	一		6/18	丁丑	五	
20	11/25	辛亥	四		10/24	辛巳	七		9/22	庚戌	二		8/22	庚辰	五		7/21	己酉	九	陰1局	6/19	戊寅	四	
21	11/26	壬子	四		10/25	壬午	六		9/23	辛亥	一		8/23	辛巳	四		7/22	庚戌	八		6/20	己卯	三	陰7局
22	11/27	癸丑	五		10/26	癸未	五		9/24	壬子	九		8/24	壬午	三		7/23	辛亥	一		6/21	庚辰	二	
23	11/28	甲寅	六	陽7局	10/27	甲申	四	陰8局	9/25	癸丑	二		8/25	癸未	二		7/24	壬子	九		6/22	辛巳	一	
24	11/29	乙卯	七		10/28	乙酉	三		9/26	甲寅	一	陰8局	8/26	甲申	一	陰1局	7/25	癸丑	八		6/23	壬午	九	
25	11/30	丙辰	八		10/29	丙戌	二		9/27	乙卯	九		8/27	乙酉	九		7/26	甲寅	七	陰4局	6/24	癸未	八	
26	12/1	丁巳	九		11/1	丁亥	一		9/28	丙辰	八		8/28	丙戌	八		7/27	乙卯	六		6/25	甲申	七	陰1局
27	12/2	戊午	一		11/2	戊子	九		9/29	丁巳	七		8/29	丁亥	七		7/28	丙辰	五		6/26	乙酉	六	
28	12/3	己未	二	陽4局	11/3	己丑	八	陰2局	10/1	戊午	六		8/30	戊子	六		7/29	丁巳	四		6/27	丙戌	五	
29	12/4	庚申	三		11/4	庚寅	七		10/2	己未	五	陰2局	9/1	己丑	五	4	7/30	戊午	三		6/28	丁亥	四	
30	12/5	辛酉	四		11/5	辛卯	六		10/3	庚申	四		9/2	庚寅	四		8/1	己未	二	7	6/29	戊子	三	
31	12/6	壬戌	五						10/4	辛酉	三						8/2	庚申	一		7/1	己丑	二	4

二〇五八年 戊寅 五黄

二元八運…「一運」

三元九運…「一運」

新暦	1月 農暦	日干支	日紫白	奇門遁甲局数	2月 農暦	日干支	日紫白	奇門遁甲局数	3月 農暦	日干支	日紫白	奇門遁甲局数
月干支	癸丑 丁丑(年)				甲寅				乙卯			
紫白	三碧				二黒				一白			
節気	5 小寒 11時58分	20 大寒 5時25分			3 立春 23時34分	18 雨水 19時25分			5 啓蟄 17時19分	20 春分 18時4分		
1	12/7	癸亥	六	4	1/9	甲午	四	陽8局	2/7	壬戌	二	3
2	12/8	甲子	一	陽2局	1/10	乙未	五		2/8	癸亥	三	
3	12/9	乙丑	二		1/11	丙申	六		2/9	甲子	七	陽1局
4	12/10	丙寅	三		1/12	丁酉	七		2/10	乙丑	八	
5	12/11	丁卯	四		1/13	戊戌	八		2/11	丙寅	九	
6	12/12	戊辰	五		1/14	己亥	九	陽5局	2/12	丁卯	一	
7	12/13	己巳	六	陽8局	1/15	庚子	一		2/13	戊辰	二	
8	12/14	庚午	七		1/16	辛丑	二		2/14	己巳	三	陽7局
9	12/15	辛未	八		1/17	壬寅	三		2/15	庚午	四	
10	12/16	壬申	九		1/18	癸卯	四		2/16	辛未	五	
11	12/17	癸酉	一		1/19	甲辰	五	陽2局	2/17	壬申	六	
12	12/18	甲戌	二	陽5局	1/20	乙巳	六		2/18	癸酉	七	
13	12/19	乙亥	三		1/21	丙午	七		2/19	甲戌	八	陽4局
14	12/20	丙子	四		1/22	丁未	八		2/20	乙亥	九	
15	12/21	丁丑	五		1/23	戊申	九		2/21	丙子	一	
16	12/22	戊寅	六		1/24	己酉	一	陽9局	2/22	丁丑	二	
17	12/23	己卯	七	陽3局	1/25	庚戌	二		2/23	戊寅	三	
18	12/24	庚辰	八		1/26	辛亥	九		2/24	己卯	四	陽3局
19	12/25	辛巳	九		1/27	壬子	一		2/25	庚辰	五	
20	12/26	壬午	一		1/28	癸丑	二		2/26	辛巳	六	
21	12/27	癸未	二		1/29	甲寅	三	陽6局	2/27	壬午	七	
22	12/28	甲申	三	陽9局	1/30	乙卯	四		2/28	癸未	八	
23	12/29	乙酉	四		2/1	丙辰	五		2/29	甲申	九	陽9局
24	1/1	丙戌	五		2/2	丁巳	六		3/1	乙酉	一	
25	1/2	丁亥	六		2/3	戊午	七		3/2	丙戌	二	
26	1/3	戊子	七		2/4	己未	八	陽3局	3/3	丁亥	三	
27	1/4	己丑	八	陽6局	2/5	庚申	九		3/4	戊子	四	
28	1/5	庚寅	九		2/6	辛酉	一		3/5	己丑	五	陽6局
29	1/6	辛卯	一						3/6	庚寅	六	
30	1/7	壬辰	二						3/7	辛卯	七	
31	1/8	癸巳	三						3/8	壬辰	八	

新暦	4月 農暦	日干支	日紫白	奇門遁甲局数	5月 農暦	日干支	日紫白	奇門遁甲局数	6月 農暦	日干支	日紫白	奇門遁甲局数
月干支	丙辰				丁巳				戊午			
紫白	九紫				八白				七赤			
節気	4 清明 21時43分	20 穀雨 4時40分			5 立夏 14時35分	21 小満 3時23分			5 芒種 18時24分	21 夏至 11時3分		
1	3/9	癸巳	九	6	4/9	癸亥	九	8	閏4/11	甲午	七	陽6局
2	3/10	甲午	一	陽4局	4/10	甲子	四	陽4局	閏4/12	乙未	八	
3	3/11	乙未	二		4/11	乙丑	五		閏4/13	丙申	九	
4	3/12	丙申	三		4/12	丙寅	六		閏4/14	丁酉	一	
5	3/13	丁酉	四		4/13	丁卯	七		閏4/15	戊戌	二	
6	3/14	戊戌	五		4/14	戊辰	八		閏4/16	己亥	三	陽3局
7	3/15	己亥	六	陽1局	4/15	己巳	九	陽1局	閏4/17	庚子	四	
8	3/16	庚子	七		4/16	庚午	一		閏4/18	辛丑	五	
9	3/17	辛丑	八		4/17	辛未	二		閏4/19	壬寅	六	
10	3/18	壬寅	九		4/18	壬申	三		閏4/20	癸卯	七	
11	3/19	癸卯	一		4/19	癸酉	四		閏4/21	甲辰	八	陽9局
12	3/20	甲辰	二	陽7局	4/20	甲戌	五	陽7局	閏4/22	乙巳	九	
13	3/21	乙巳	三		4/21	乙亥	六		閏4/23	丙午	一	
14	3/22	丙午	四		4/22	丙子	七		閏4/24	丁未	二	
15	3/23	丁未	五		4/23	丁丑	八		閏4/25	戊申	三	
16	3/24	戊申	六		4/24	戊寅	九		閏4/26	己酉	四	陰9局
17	3/25	己酉	七	陽5局	4/25	己卯	一	陽5局	閏4/27	庚戌	五	
18	3/26	庚戌	八		4/26	庚辰	二		閏4/28	辛亥	六	
19	3/27	辛亥	九		4/27	辛巳	三		閏4/29	壬子	七	
20	3/28	壬子	七		4/28	壬午	四		閏4/30	癸丑	八	
21	3/29	癸丑	八		4/29	癸未	五		5/1	甲寅	四	陰3局
22	3/30	甲寅	九	陽2局	閏4/1	甲申	六	陽2局	5/2	乙卯	三	
23	4/1	乙卯	一		閏4/2	乙酉	七		5/3	丙辰	二	
24	4/2	丙辰	二		閏4/3	丙戌	八		5/4	丁巳	一	
25	4/3	丁巳	三		閏4/4	丁亥	九		5/5	戊午	九	
26	4/4	戊午	四		閏4/5	戊子	一		5/6	己未	八	陰6局
27	4/5	己未	五	陽8局	閏4/6	己丑	二	陽8局	5/7	庚申	七	
28	4/6	庚申	六		閏4/7	庚寅	三		5/8	辛酉	六	
29	4/7	辛酉	七		閏4/8	辛卯	四		5/9	壬戌	五	
30	4/8	壬戌	八		閏4/9	壬辰	五		5/10	癸亥	四	
31					閏4/10	癸巳	六					

2057年 丁丑(年)／壬子(月)

月	12月				11月				10月				9月				8月				7月			
月干支	甲子				癸亥				壬戌				辛酉				庚申				己未			
紫白	一白				二黒				三碧				四緑				五黄				六白			
節	22	7	日紫白	奇門遁甲局数	22	7	日紫白	奇門遁甲局数	23	8	日紫白	奇門遁甲局数	23	7	日紫白	奇門遁甲局数	23	7	日紫白	奇門遁甲局数	22	7	日紫白	奇門遁甲局数
気	冬至 0時24分	大雪 6時27分			小雪 10時50分	立冬 13時16分			霜降 12時54分	寒露 9時40分			秋分 3時8分	白露 17時37分			処暑 5時8分	立秋 14時25分			大暑 21時53分	小暑 4時31分		
新暦	農暦	日干支			農暦	日干支			農暦	日干支			農暦	日干支			農暦	日干支			農暦	日干支		
1	10/16	丁酉	九	4	9/16	丁卯	三	6	8/14	丙申	七	陰6局	7/14	丙寅	一	陰9局	6/13	乙未	五	陰2局	5/11	甲子	九	陰8局
2	10/17	戊戌	八		9/17	戊辰	二		8/15	丁酉	六		7/15	丁卯	九		6/14	丙申	四		5/12	乙丑	八	
3	10/18	己亥	七	陰7局	9/18	己巳	一	陰9局	8/16	戊戌	五		7/16	戊辰	八		6/15	丁酉	三		5/13	丙寅	七	
4	10/19	庚子	六		9/19	庚午	九		8/17	己亥	四	陰9局	7/17	己巳	七	陰3局	6/16	戊戌	二		5/14	丁卯	六	
5	10/20	辛丑	五		9/20	辛未	八		8/18	庚子	三		7/18	庚午	六		6/17	己亥	一	陰5局	5/15	戊辰	五	
6	10/21	壬寅	四		9/21	壬申	七		8/19	辛丑	二		7/19	辛未	五		6/18	庚子	九		5/16	己巳	四	陰2局
7	10/22	癸卯	三		9/22	癸酉	六		8/20	壬寅	一		7/20	壬申	四		6/19	辛丑	八		5/17	庚午	三	
8	10/23	甲辰	二	陰1局	9/23	甲戌	五	陰3局	8/21	癸卯	九		7/21	癸酉	三		6/20	壬寅	七		5/18	辛未	二	
9	10/24	乙巳	一		9/24	乙亥	四		8/22	甲辰	八	陰3局	7/22	甲戌	二	陰6局	6/21	癸卯	六		5/19	壬申	一	
10	10/25	丙午	九		9/25	丙子	三		8/23	乙巳	七		7/23	乙亥	一		6/22	甲辰	五	陰8局	5/20	癸酉	九	
11	10/26	丁未	八		9/26	丁丑	二		8/24	丙午	六		7/24	丙子	九		6/23	乙巳	四		5/21	甲戌	八	陰5局
12	10/27	戊申	七		9/27	戊寅	一		8/25	丁未	五		7/25	丁丑	八		6/24	丙午	三		5/22	乙亥	七	
13	10/28	己酉	六	陰4局・閏	9/28	己卯	九	陰5局	8/26	戊申	四		7/26	戊寅	七		6/25	丁未	二		5/23	丙子	六	
14	10/29	庚戌	五		9/29	庚辰	八		8/27	己酉	三	陰5局	7/27	己卯	六	陰7局	6/26	戊申	一		5/24	丁丑	五	
15	10/30	辛亥	四		9/30	辛巳	七		8/28	庚戌	二		7/28	庚辰	五		6/27	己酉	九	陰1局	5/25	戊寅	四	
16	11/1	壬子	三		10/1	壬午	六		8/29	辛亥	一		7/29	辛巳	四		6/28	庚戌	八		5/26	己卯	三	陰7局
17	11/2	癸丑	二		10/2	癸未	五		9/1	壬子	九		7/30	壬午	三		6/29	辛亥	七		5/27	庚辰	二	
18	11/3	甲寅	一	陰7局・閏	10/3	甲申	四	陰8局	9/2	癸丑	八		8/1	癸未	二		6/30	壬子	六		5/28	辛巳	一	
19	11/4	乙卯	九		10/4	乙酉	三		9/3	甲寅	七	陰8局	8/2	甲申	一	陰1局	7/1	癸丑	五		5/29	壬午	九	
20	11/5	丙辰	八		10/5	丙戌	二		9/4	乙卯	六		8/3	乙酉	九		7/2	甲寅	四	陰4局	6/1	癸未	八	
21	11/6	丁巳	七		10/6	丁亥	一		9/5	丙辰	五		8/4	丙戌	八		7/3	乙卯	三		6/2	甲申	七	陰1局
22	11/7	戊午	一		10/7	戊子	九		9/6	丁巳	四		8/5	丁亥	七		7/4	丙辰	二		6/3	乙酉	六	
23	11/8	己未	二	陰1局・閏	10/8	己丑	八	陰2局	9/7	戊午	六		8/6	戊子	六		7/5	丁巳	四		6/4	丙戌	五	
24	11/9	庚申	三		10/9	庚寅	七		9/8	己未	五	陰2局	8/7	己丑	五	陰4局	7/6	戊午	三		6/5	丁亥	四	
25	11/10	辛酉	四		10/10	辛卯	六		9/9	庚申	四		8/8	庚寅	四		7/7	己未	二	陰7局	6/6	戊子	三	
26	11/11	壬戌	五		10/11	壬辰	五		9/10	辛酉	三		8/9	辛卯	三		7/8	庚申	一		6/7	己丑	二	陰4局
27	11/12	癸亥	六		10/12	癸巳	四		9/11	壬戌	二		8/10	壬辰	二		7/9	辛酉	九		6/8	庚寅	一	
28	11/13	甲子	一	陽1局	10/13	甲午	三	陰4局	9/12	癸亥	一		8/11	癸巳	一		7/10	壬戌	八		6/9	辛卯	九	
29	11/14	乙丑	二		10/14	乙未	二		9/13	甲子	六	陰6局	8/12	甲午	九	6	7/11	癸亥	七		6/10	壬辰	八	
30	11/15	丙寅	三		10/15	丙申	一		9/14	乙丑	五		8/13	乙未	八		7/12	甲子	三	9	6/11	癸巳	七	
31	11/16	丁卯	四						9/15	丙寅	四						7/13	乙丑	二		6/12	甲午	六	2

二〇五九年 己卯 四緑

二元八運…「一運」　三元九運…「一運」

月	1月				2月				3月			
月干支	乙丑 戊寅(年)				丙寅				丁卯			
紫白	九紫				八白				七赤			
節気	20 大寒 11時6分	5 小寒 17時48分			19 雨水 1時4分	4 立春 5時23分			20 春分 23時44分	5 啓蟄 23時8分		
新暦	農暦	日干支	日紫白	奇門遁甲局数	農暦	日干支	日紫白	奇門遁甲局数	農暦	日干支	日紫白	奇門遁甲局数
1	11/17	戊辰	五	1	12/19	己亥	九	陽9局	1/18	丁卯	一	9
2	11/18	己巳	六	陽7局	12/20	庚子	一		1/19	戊辰	二	
3	11/19	庚午	七		12/21	辛丑	二		1/20	己巳	三	陽6局
4	11/20	辛未	八		12/22	壬寅	三		1/21	庚午	四	
5	11/21	壬申	九		12/23	癸卯	四		1/22	辛未	五	
6	11/22	癸酉	一		12/24	甲辰	五	陽6局	1/23	壬申	六	
7	11/23	甲戌	二	陽4局	12/25	乙巳	六		1/24	癸酉	七	
8	11/24	乙亥	三		12/26	丙午	七		1/25	甲戌	八	陽3局
9	11/25	丙子	四		12/27	丁未	八		1/26	乙亥	九	
10	11/26	丁丑	五		12/28	戊申	九		1/27	丙子	一	
11	11/27	戊寅	六		12/29	己酉	一	陽8局	1/28	丁丑	二	
12	11/28	己卯	七	陽2局	1/1	庚戌	二		1/29	戊寅	三	
13	11/29	庚辰	八		1/2	辛亥	三		1/30	己卯	四	陽1局
14	12/1	辛巳	九		1/3	壬子	四		2/1	庚辰	五	
15	12/2	壬午	一		1/4	癸丑	五		2/2	辛巳	六	
16	12/3	癸未	二		1/5	甲寅	六	陽5局	2/3	壬午	七	
17	12/4	甲申	三	陽8局	1/6	乙卯	七		2/4	癸未	八	
18	12/5	乙酉	四		1/7	丙辰	八		2/5	甲申	九	陽7局
19	12/6	丙戌	五		1/8	丁巳	六		2/6	乙酉	一	
20	12/7	丁亥	六		1/9	戊午	七		2/7	丙戌	二	
21	12/8	戊子	七		1/10	己未	八	陽2局	2/8	丁亥	三	
22	12/9	己丑	八	陽5局	1/11	庚申	九		2/9	戊子	四	
23	12/10	庚寅	九		1/12	辛酉	一		2/10	己丑	五	陽4局
24	12/11	辛卯	一		1/13	壬戌	二		2/11	庚寅	六	
25	12/12	壬辰	二		1/14	癸亥	三		2/12	辛卯	七	
26	12/13	癸巳	三		1/15	甲子	七	陽9局	2/13	壬辰	八	
27	12/14	甲午	四	陽3局	1/16	乙丑	八		2/14	癸巳	九	
28	12/15	乙未	五		1/17	丙寅	九		2/15	甲午	一	陽3局
29	12/16	丙申	六						2/16	乙未	二	
30	12/17	丁酉	七						2/17	丙申	三	
31	12/18	戊戌	八						2/18	丁酉	四	

月	4月				5月				6月			
月干支	戊辰				己巳				庚午			
紫白	六白				五黄				四緑			
節気	20 穀雨 10時20分	5 清明 3時32分			21 小満 9時4分	5 立夏 20時23分			21 夏至 16時47分	6 芒種 0時12分		
新暦	農暦	日干支	日紫白	奇門遁甲局数	農暦	日干支	日紫白	奇門遁甲局数	農暦	日干支	日紫白	奇門遁甲局数
1	2/19	戊戌	五	3	3/20	戊辰	八	5	4/21	己亥	三	陽2局
2	2/20	己亥	六	陽9局	3/21	己巳	九	陽2局	4/22	庚子	四	
3	2/21	庚子	七		3/22	庚午	一		4/23	辛丑	五	
4	2/22	辛丑	八		3/23	辛未	二		4/24	壬寅	六	
5	2/23	壬寅	九		3/24	壬申	三		4/25	癸卯	七	
6	2/24	癸卯	一		3/25	癸酉	四		4/26	甲辰	八	陽8局
7	2/25	甲辰	二	陽6局	3/26	甲戌	五	陽8局	4/27	乙巳	九	
8	2/26	乙巳	三		3/27	乙亥	六		4/28	丙午	一	
9	2/27	丙午	四		3/28	丙子	七		4/29	丁未	二	
10	2/28	丁未	五		3/29	丁丑	八		5/1	戊申	三	
11	2/29	戊申	六		3/30	戊寅	九		5/2	己酉	四	陽6局
12	3/1	己酉	七	陽4局	4/1	己卯	一	陽4局	5/3	庚戌	五	
13	3/2	庚戌	八		4/2	庚辰	二		5/4	辛亥	六	
14	3/3	辛亥	九		4/3	辛巳	三		5/5	壬子	七	
15	3/4	壬子	一		4/4	壬午	四		5/6	癸丑	八	
16	3/5	癸丑	二		4/5	癸未	五		5/7	甲寅	九	陽3局
17	3/6	甲寅	三	陽1局	4/6	甲申	六	陽1局	5/8	乙卯	一	
18	3/7	乙卯	四		4/7	乙酉	七		5/9	丙辰	二	
19	3/8	丙辰	五		4/8	丙戌	八		5/10	丁巳	三	
20	3/9	丁巳	三		4/9	丁亥	九		5/11	戊午	四	
21	3/10	戊午	四		4/10	戊子	一		5/12	己未	八	陽9局
22	3/11	己未	五	陽7局	4/11	己丑	二	陽7局	5/13	庚申	七	
23	3/12	庚申	六		4/12	庚寅	三		5/14	辛酉	六	
24	3/13	辛酉	七		4/13	辛卯	四		5/15	壬戌	五	
25	3/14	壬戌	八		4/14	壬辰	五		5/16	癸亥	四	
26	3/15	癸亥	九		4/15	癸巳	六		5/17	甲子	九	陰9局
27	3/16	甲子	四	陽5局	4/16	甲午	七	陽5局	5/18	乙丑	八	
28	3/17	乙丑	五		4/17	乙未	八		5/19	丙寅	七	
29	3/18	丙寅	六		4/18	丙申	九		5/20	丁卯	六	
30	3/19	丁卯	七		4/19	丁酉	一		5/21	戊辰	五	
31					4/20	戊戌	二					

2058年 戊寅(年)／甲子(月)

月	12月				11月				10月				9月				8月				7月			
月干支	丙子				乙亥				甲戌				癸酉				壬申				辛未			
紫白	七赤				八白				九紫				一白				二黒				三碧			
節気	22 冬至 6時17分	7 大雪 12時13分	日紫白	奇門遁甲局数	22 小雪 16時45分	7 立冬 19時5分	日紫白	奇門遁甲局数	23 霜降 18時50分	8 寒露 15時30分	日紫白	奇門遁甲局数	23 秋分 9時3分	7 白露 23時26分	日紫白	奇門遁甲局数	23 処暑 10時59分	7 立秋 20時12分	日紫白	奇門遁甲局数	23 大暑 3時40分	7 小暑 10時18分	日紫白	奇門遁甲局数
新暦	農暦	日干支			農暦	日干支			農暦	日干支			農暦	日干支			農暦	日干支			農暦	日干支		
1	10/27	壬寅	四	8	9/27	壬申	七	8	8/25	辛丑	二	陰1局	7/25	辛未	五	陰4局	6/23	庚子	九	陰1局	5/22	己巳	四	陰3局
2	10/28	癸卯	三		9/28	癸酉	六		8/26	壬寅	一		7/26	壬申	四		6/24	辛丑	八		5/23	庚午	三	
3	10/29	甲辰	二	陰2局	9/29	甲戌	五	陰2局	8/27	癸卯	九		7/27	癸酉	三		6/25	壬寅	七		5/24	辛未	二	
4	10/30	乙巳	一		9/30	乙亥	四		8/28	甲辰	八	陰4局	7/28	甲戌	二	陰7局	6/26	癸卯	六		5/25	壬申	一	
5	11/1	丙午	九		10/1	丙子	三		8/29	乙巳	七		7/29	乙亥	一		6/27	甲辰	五	陰4局	5/26	癸酉	九	
6	11/2	丁未	八		10/2	丁丑	二		9/1	丙午	六		7/30	丙子	九		6/28	乙巳	四		5/27	甲戌	八	陰6局
7	11/3	戊申	七		10/3	戊寅	一		9/2	丁未	五		8/1	丁丑	八		6/29	丙午	三		5/28	乙亥	七	
8	11/4	己酉	六	陰4局	10/4	己卯	九	陰6局	9/3	戊申	四		8/2	戊寅	七		7/1	丁未	二		5/29	丙子	六	
9	11/5	庚戌	五		10/5	庚辰	八		9/4	己酉	三	陰6局	8/3	己卯	六	陰9局	7/2	戊申	一		5/30	丁丑	五	
10	11/6	辛亥	四		10/6	辛巳	七		9/5	庚戌	二		8/4	庚辰	五		7/3	己酉	九	陰2局	6/1	戊寅	四	
11	11/7	壬子	三		10/7	壬午	六		9/6	辛亥	一		8/5	辛巳	四		7/4	庚戌	八		6/2	己卯	三	陰8局
12	11/8	癸丑	二		10/8	癸未	五		9/7	壬子	九		8/6	壬午	三		7/5	辛亥	七		6/3	庚辰	二	
13	11/9	甲寅	一	陰7局	10/9	甲申	四	陰9局	9/8	癸丑	八		8/7	癸未	二		7/6	壬子	六		6/4	辛巳	一	
14	11/10	乙卯	九		10/10	乙酉	三		9/9	甲寅	七	陰9局	8/8	甲申	一	陰3局	7/7	癸丑	五		6/5	壬午	九	
15	11/11	丙辰	八		10/11	丙戌	二		9/10	乙卯	六		8/9	乙酉	九		7/8	甲寅	四	陰5局	6/6	癸未	八	
16	11/12	丁巳	七		10/12	丁亥	一		9/11	丙辰	五		8/10	丙戌	八		7/9	乙卯	三		6/7	甲申	七	陰2局
17	11/13	戊午	六		10/13	戊子	九		9/12	丁巳	四		8/11	丁亥	七		7/10	丙辰	二		6/8	乙酉	六	
18	11/14	己未	五	陰1局	10/14	己丑	八	陰3局	9/13	戊午	三		8/12	戊子	六		7/11	丁巳	一		6/9	丙戌	五	
19	11/15	庚申	四		10/15	庚寅	七		9/14	己未	二	陰3局	8/13	己丑	五	陰6局	7/12	戊午	九		6/10	丁亥	四	
20	11/16	辛酉	三		10/16	辛卯	六		9/15	庚申	一		8/14	庚寅	四		7/13	己未	八	陰8局	6/11	戊子	三	
21	11/17	壬戌	二		10/17	壬辰	五		9/16	辛酉	九		8/15	辛卯	三		7/14	庚申	七		6/12	己丑	二	陰5局
22	11/18	癸亥	六		10/18	癸巳	四		9/17	壬戌	八		8/16	壬辰	二		7/15	辛酉	六		6/13	庚寅	一	
23	11/19	甲子	一	陽1局	10/19	甲午	三	陰5局	9/18	癸亥	一		8/17	癸巳	一		7/16	壬戌	八		6/14	辛卯	九	
24	11/20	乙丑	二		10/20	乙未	二		9/19	甲子	六	陰5局	8/18	甲午	九	陰7局	7/17	癸亥	七		6/15	壬辰	八	
25	11/21	丙寅	三		10/21	丙申	一		9/20	乙丑	五		8/19	乙未	八		7/18	甲子	三	陰1局	6/16	癸巳	七	
26	11/22	丁卯	四		10/22	丁酉	九		9/21	丙寅	四		8/20	丙申	七		7/19	乙丑	二		6/17	甲午	六	陰7局
27	11/23	戊辰	五		10/23	戊戌	八		9/22	丁卯	三		8/21	丁酉	六		7/20	丙寅	一		6/18	乙未	五	
28	11/24	己巳	六	陽7局	10/24	己亥	七	陰8局	9/23	戊辰	二		8/22	戊戌	五		7/21	丁卯	九		6/19	丙申	四	
29	11/25	庚午	七		10/25	庚子	六		9/24	己巳	一	陰8局	8/23	己亥	四	1	7/22	戊辰	八		6/20	丁酉	三	
30	11/26	辛未	八		10/26	辛丑	五		9/25	庚午	九		8/24	庚子	三		7/23	己巳	七	4	6/21	戊戌	二	
31	11/27	壬申	九						9/26	辛未	八						7/24	庚午	六		6/22	己亥	一	1

二〇六〇年 庚辰 三碧

二元八運…「一運」　三元九運…「一運」

月	1月				2月				3月				4月				5月				6月			
月干支	丁丑 己卯(年)				戊寅				己卯				庚辰				辛巳				壬午			
紫白	六白				五黄				四緑				三碧				二黒				一白			
節気	5 小寒 23時33分	20 大寒 16時57分			4 立春 11時7分	19 雨水 6時57分			5 啓蟄 4時53分	20 春分 5時38分			4 清明 9時19分	19 穀雨 16時17分			5 立夏 2時12分	20 小満 15時3分			5 芒種 6時1分	20 夏至 22時45分		
新暦	農暦	日干支	日紫白	奇門遁甲局数	農暦	日干支	日紫白	奇門遁甲局数	農暦	日干支	日紫白	奇門遁甲局数	農暦	日干支	日紫白	奇門遁甲局数	農暦	日干支	日紫白	奇門遁甲局数	農暦	日干支	日紫白	奇門遁甲局数
1	11/28	癸酉	一	7	12/29	甲辰	五	陽6局	1/29	癸酉	七	6	3/1	甲辰	二	陽6局	4/2	甲戌	五	陽8局	5/3	乙巳	九	陽8局
2	11/29	甲戌	二	陽4局	1/1	乙巳	六		1/30	甲戌	八	陽3局	3/2	乙巳	三		4/3	乙亥	六		5/4	丙午	一	
3	11/30	乙亥	三		1/2	丙午	七		2/1	乙亥	九		3/3	丙午	四		4/4	丙子	七		5/5	丁未	二	
4	12/1	丙子	四		1/3	丁未	八		2/2	丙子	一		3/4	丁未	五		4/5	丁丑	八		5/6	戊申	三	
5	12/2	丁丑	五		1/4	戊申	九		2/3	丁丑	二		3/5	戊申	六		4/6	戊寅	九		5/7	己酉	四	陽6局
6	12/3	戊寅	六		1/5	己酉	一	陽8局	2/4	戊寅	三		3/6	己酉	七	陽4局	4/7	己卯	一	陽4局	5/8	庚戌	五	
7	12/4	己卯	七	陽2局	1/6	庚戌	二		2/5	己卯	四	陽1局	3/7	庚戌	八		4/8	庚辰	二		5/9	辛亥	六	
8	12/5	庚辰	八		1/7	辛亥	三		2/6	庚辰	五		3/8	辛亥	九		4/9	辛巳	三		5/10	壬子	七	
9	12/6	辛巳	九		1/8	壬子	四		2/7	辛巳	六		3/9	壬子	一		4/10	壬午	四		5/11	癸丑	八	
10	12/7	壬午	一		1/9	癸丑	五		2/8	壬午	七		3/10	癸丑	二		4/11	癸未	五		5/12	甲寅	九	陽3局
11	12/8	癸未	二		1/10	甲寅	六	陽5局	2/9	癸未	八		3/11	甲寅	三	陽1局	4/12	甲申	六	陽1局	5/13	乙卯	一	
12	12/9	甲申	三	陽8局	1/11	乙卯	七		2/10	甲申	九	陽7局	3/12	乙卯	四		4/13	乙酉	七		5/14	丙辰	二	
13	12/10	乙酉	四		1/12	丙辰	八		2/11	乙酉	一		3/13	丙辰	五		4/14	丙戌	八		5/15	丁巳	三	
14	12/11	丙戌	五		1/13	丁巳	九		2/12	丙戌	二		3/14	丁巳	六		4/15	丁亥	九		5/16	戊午	四	
15	12/12	丁亥	六		1/14	戊午	一		2/13	丁亥	三		3/15	戊午	七		4/16	戊子	一		5/17	己未	五	陽9局
16	12/13	戊子	七		1/15	己未	二	陽2局	2/14	戊子	四		3/16	己未	八	陽7局	4/17	己丑	二	陽7局	5/18	庚申	六	
17	12/14	己丑	八	陽5局	1/16	庚申	三		2/15	己丑	五	陽4局	3/17	庚申	九		4/18	庚寅	三		5/19	辛酉	七	
18	12/15	庚寅	九		1/17	辛酉	四		2/16	庚寅	六		3/18	辛酉	一		4/19	辛卯	四		5/20	壬戌	八	
19	12/16	辛卯	一		1/18	壬戌	二		2/17	辛卯	七		3/19	壬戌	八		4/20	壬辰	五		5/21	癸亥	九	
20	12/17	壬辰	二		1/19	癸亥	三		2/18	壬辰	八		3/20	癸亥	九		4/21	癸巳	六		5/22	甲子	九	陰9局
21	12/18	癸巳	三		1/20	甲子	七	陽9局	2/19	癸巳	九		3/21	甲子	四	陽5局	4/22	甲午	七	陽5局	5/23	乙丑	八	
22	12/19	甲午	四	陽3局	1/21	乙丑	八		2/20	甲午	一	陽3局	3/22	乙丑	五		4/23	乙未	八		5/24	丙寅	七	
23	12/20	乙未	五		1/22	丙寅	九		2/21	乙未	二		3/23	丙寅	六		4/24	丙申	九		5/25	丁卯	六	
24	12/21	丙申	六		1/23	丁卯	一		2/22	丙申	三		3/24	丁卯	七		4/25	丁酉	一		5/26	戊辰	五	
25	12/22	丁酉	七		1/24	戊辰	二		2/23	丁酉	四		3/25	戊辰	八		4/26	戊戌	二		5/27	己巳	四	陰3局
26	12/23	戊戌	八		1/25	己巳	三	陽6局	2/24	戊戌	五		3/26	己巳	九	陽2局	4/27	己亥	三	陽2局	5/28	庚午	三	
27	12/24	己亥	九	陽9局	1/26	庚午	四		2/25	己亥	六	陽9局	3/27	庚午	一		4/28	庚子	四		5/29	辛未	二	
28	12/25	庚子	一		1/27	辛未	五		2/26	庚子	七		3/28	辛未	二		4/29	辛丑	五		6/1	壬申	一	
29	12/26	辛丑	二		1/28	壬申	六		2/27	辛丑	八		3/29	壬申	三		4/30	壬寅	六		6/2	癸酉	九	
30	12/27	壬寅	三						2/28	壬寅	九		4/1	癸酉	四		5/1	癸卯	七		6/3	甲戌	八	6
31	12/28	癸卯	四						2/29	癸卯	一						5/2	甲辰	八	8				

2059年 己卯(年)／丙子(月)

月	12月				11月				10月				9月				8月				7月			
月干支	戊子				丁亥				丙戌				乙酉				甲申				癸未			
紫白	四緑				五黄				六白				七赤				八白				九紫			
節気	21 冬至 12時1分	6 大雪 17時57分	日紫白	奇門遁甲局数	21 小雪 22時28分	7 立冬 0時48分	日紫白	奇門遁甲局数	23 霜降 0時33分	7 寒露 21時13分	日紫白	奇門遁甲局数	22 秋分 14時47分	7 白露 5時10分	日紫白	奇門遁甲局数	22 処暑 16時49分	7 立秋 1時58分	日紫白	奇門遁甲局数	22 大暑 9時35分	6 小暑 16時7分	日紫白	奇門遁甲局数
新暦	農暦	日干支			農暦	日干支			農暦	日干支			農暦	日干支			農暦	日干支			農暦	日干支		
1	11/9	戊申	七	2	10/9	戊寅	一	2	9/8	丁未	五	4	8/7	丁丑	八	7	7/6	丙午	三	陰4局	6/4	乙亥	七	陰6局
2	11/10	己酉	六	陰4局	10/10	己卯	九	陰6局	9/9	戊申	四		8/8	戊寅	七		7/7	丁未	二		6/5	丙子	六	
3	11/11	庚戌	五		10/11	庚辰	八		9/10	己酉	三	陰6局	8/9	己卯	六	陰9局	7/8	戊申	一		6/6	丁丑	五	
4	11/12	辛亥	四		10/12	辛巳	七		9/11	庚戌	二		8/10	庚辰	五		7/9	己酉	九	陰2局	6/7	戊寅	四	
5	11/13	壬子	三		10/13	壬午	六		9/12	辛亥	一		8/11	辛巳	四		7/10	庚戌	八		6/8	己卯	三	陰8局
6	11/14	癸丑	二		10/14	癸未	五		9/13	壬子	九		8/12	壬午	三		7/11	辛亥	七		6/9	庚辰	二	
7	11/15	甲寅	一	陰7局	10/15	甲申	四	陰9局	9/14	癸丑	八		8/13	癸未	二		7/12	壬子	六		6/10	辛巳	一	
8	11/16	乙卯	九		10/16	乙酉	三		9/15	甲寅	七	陰9局	8/14	甲申	一	陰3局	7/13	癸丑	五		6/11	壬午	九	
9	11/17	丙辰	八		10/17	丙戌	二		9/16	乙卯	六		8/15	乙酉	九		7/14	甲寅	四	陰5局	6/12	癸未	八	
10	11/18	丁巳	七		10/18	丁亥	一		9/17	丙辰	五		8/16	丙戌	八		7/15	乙卯	三		6/13	甲申	七	陰2局
11	11/19	戊午	六		10/19	戊子	九		9/18	丁巳	四		8/17	丁亥	七		7/16	丙辰	二		6/14	乙酉	六	
12	11/20	己未	五	陰1局	10/20	己丑	八	陰3局	9/19	戊午	三		8/18	戊子	六		7/17	丁巳	一		6/15	丙戌	五	
13	11/21	庚申	四		10/21	庚寅	七		9/20	己未	二	陰3局	8/19	己丑	五	陰6局	7/18	戊午	九		6/16	丁亥	四	
14	11/22	辛酉	三		10/22	辛卯	六		9/21	庚申	一		8/20	庚寅	四		7/19	己未	八	陰8局	6/17	戊子	三	
15	11/23	壬戌	二		10/23	壬辰	五		9/22	辛酉	九		8/21	辛卯	三		7/20	庚申	七		6/18	己丑	二	陰5局
16	11/24	癸亥	一		10/24	癸巳	四		9/23	壬戌	八		8/22	壬辰	二		7/21	辛酉	六		6/19	庚寅	一	
17	11/25	甲子	六	陽1局	10/25	甲午	三	陰5局	9/24	癸亥	七		8/23	癸巳	一		7/22	壬戌	五		6/20	辛卯	九	
18	11/26	乙丑	五		10/26	乙未	二		9/25	甲子	三	陰5局	8/24	甲午	九	陰7局	7/23	癸亥	四		6/21	壬辰	八	
19	11/27	丙寅	四		10/27	丙申	一		9/26	乙丑	二		8/25	乙未	八		7/24	甲子	九	陰1局	6/22	癸巳	七	
20	11/28	丁卯	三		10/28	丁酉	九		9/27	丙寅	一		8/26	丙申	七		7/25	乙丑	八		6/23	甲午	六	陰7局
21	11/29	戊辰	五		10/29	戊戌	八		9/28	丁卯	九		8/27	丁酉	六		7/26	丙寅	七		6/24	乙未	五	
22	11/30	己巳	六	陽7局	10/30	己亥	七	陰8局	9/29	戊辰	八		8/28	戊戌	五		7/27	丁卯	九		6/25	丙申	四	
23	12/1	庚午	七		11/1	庚子	六		9/30	己巳	一	陰8局	8/29	己亥	四	陰1局	7/28	戊辰	八		6/26	丁酉	三	
24	12/2	辛未	八		11/2	辛丑	五		10/1	庚午	九		9/1	庚子	三		7/29	己巳	七	陰4局	6/27	戊戌	二	
25	12/3	壬申	九		11/3	壬寅	四		10/2	辛未	八		9/2	辛丑	二		7/30	庚午	六		6/28	己亥	一	陰1局
26	12/4	癸酉	一		11/4	癸卯	三		10/3	壬申	七		9/3	壬寅	一		8/1	辛未	五		6/29	庚子	九	
27	12/5	甲戌	二	陽4局	11/5	甲辰	二	陰2局	10/4	癸酉	六		9/4	癸卯	九		8/2	壬申	四		7/1	辛丑	八	
28	12/6	乙亥	三		11/6	乙巳	一		10/5	甲戌	五	陰2局	9/5	甲辰	八	陰4局	8/3	癸酉	三		7/2	壬寅	七	
29	12/7	丙子	四		11/7	丙午	九		10/6	乙亥	四		9/6	乙巳	七		8/4	甲戌	二	陰7局	7/3	癸卯	六	
30	12/8	丁丑	五		11/8	丁未	八		10/7	丙子	三		9/7	丙午	六		8/5	乙亥	一		7/4	甲辰	五	4
31	12/9	戊寅	六						10/8	丁丑	二						8/6	丙子	九		7/5	乙巳	四	

二〇六一年 辛巳 二黒

二元八運…「一運」
三元九運…「一運」

6月				5月				4月				3月				2月				1月				月
甲午				癸巳				壬辰				辛卯				庚寅				己丑 庚辰(年)				月干支
七赤				八白				九紫				一白				二黒				三碧				紫白
21 夏至 4時31分	5 芒種 11時56分			20 小満 20時52分	5 立夏 8時6分			19 穀雨 22時6分	4 清明 15時10分			20 春分 11時26分	5 啓蟄 10時41分			18 雨水 12時42分	3 立春 16時53分			19 大寒 22時42分	5 小寒 5時18分			節気
農暦	日干支	日紫白	奇門遁甲局数	農暦	日干支	日紫白	奇門遁甲局数	農暦	日干支	日紫白	奇門遁甲局数	農暦	日干支	日紫白	奇門遁甲局数	農暦	日干支	日紫白	奇門遁甲局数	農暦	日干支	日紫白	奇門遁甲局数	新暦
4/14	庚戌	五	陽6局	閏3/12	己卯	一	陽4局	3/11	己酉	七	陽4局	2/10	戊寅	三	3	1/12	庚戌	二	陽8局	12/10	己卯	七	陽2局	1
4/15	辛亥	六		閏3/13	庚辰	二		3/12	庚戌	八		2/11	己卯	四	陽1局	1/13	辛亥	三		12/11	庚辰	八		2
4/16	壬子	七		閏3/14	辛巳	三		3/13	辛亥	九		2/12	庚辰	五		1/14	壬子	四		12/12	辛巳	九		3
4/17	癸丑	八		閏3/15	壬午	四		3/14	壬子	一		2/13	辛巳	六		1/15	癸丑	五		12/13	壬午	一		4
4/18	甲寅	九	陽3局	閏3/16	癸未	五		3/15	癸丑	二		2/14	壬午	七		1/16	甲寅	六	陽5局	12/14	癸未	二		5
4/19	乙卯	一		閏3/17	甲申	六	陽1局	3/16	甲寅	三	陽1局	2/15	癸未	八		1/17	乙卯	七		12/15	甲申	三	陽8局	6
4/20	丙辰	二		閏3/18	乙酉	七		3/17	乙卯	四		2/16	甲申	九	陽7局	1/18	丙辰	八		12/16	乙酉	四		7
4/21	丁巳	三		閏3/19	丙戌	八		3/18	丙辰	五		2/17	乙酉	一		1/19	丁巳	九		12/17	丙戌	五		8
4/22	戊午	四		閏3/20	丁亥	九		3/19	丁巳	六		2/18	丙戌	二		1/20	戊午	一		12/18	丁亥	六		9
4/23	己未	五	陽9局	閏3/21	戊子	一		3/20	戊午	七		2/19	丁亥	三		1/21	己未	二	陽2局	12/19	戊子	七		10
4/24	庚申	六		閏3/22	己丑	二	陽7局	3/21	己未	八	陽7局	2/20	戊子	四		1/22	庚申	三		12/20	己丑	八	陽5局	11
4/25	辛酉	七		閏3/23	庚寅	三		3/22	庚申	九		2/21	己丑	五	陽4局	1/23	辛酉	四		12/21	庚寅	九		12
4/26	壬戌	八		閏3/24	辛卯	四		3/23	辛酉	一		2/22	庚寅	六		1/24	壬戌	五		12/22	辛卯	一		13
4/27	癸亥	九		閏3/25	壬辰	五		3/24	壬戌	二		2/23	辛卯	七		1/25	癸亥	六		12/23	壬辰	二		14
4/28	甲子	四	陰9局	閏3/26	癸巳	六		3/25	癸亥	三		2/24	壬辰	八		1/26	甲子	一	陽9局	12/24	癸巳	三		15
4/29	乙丑	五		閏3/27	甲午	七	陽5局	3/26	甲子	七	陽5局	2/25	癸巳	九		1/27	乙丑	二		12/25	甲午	四	陽3局	16
4/30	丙寅	六		閏3/28	乙未	八		3/27	乙丑	八		2/26	甲午	一	陽3局	1/28	丙寅	三		12/26	乙未	五		17
5/1	丁卯	七		閏3/29	丙申	九		3/28	丙寅	九		2/27	乙未	二		1/29	丁卯	一		12/27	丙申	六		18
5/2	戊辰	八		4/1	丁酉	一		3/29	丁卯	七		2/28	丙申	三		1/30	戊辰	二		12/28	丁酉	七		19
5/3	己巳	九	陰3局	4/2	戊戌	二		閏3/1	戊辰	八		2/29	丁酉	四		2/1	己巳	三	陽6局	12/29	戊戌	八		20
5/4	庚午	三		4/3	己亥	三	陽2局	閏3/2	己巳	九	陽2局	2/30	戊戌	五		2/2	庚午	四		1/1	己亥	九	陽9局	21
5/5	辛未	二		4/4	庚子	四		閏3/3	庚午	一		3/1	己亥	六	陽9局	2/3	辛未	五		1/2	庚子	一		22
5/6	壬申	一		4/5	辛丑	五		閏3/4	辛未	二		3/2	庚子	七		2/4	壬申	六		1/3	辛丑	二		23
5/7	癸酉	九		4/6	壬寅	六		閏3/5	壬申	三		3/3	辛丑	八		2/5	癸酉	七		1/4	壬寅	三		24
5/8	甲戌	八	陰6局	4/7	癸卯	七		閏3/6	癸酉	四		3/4	壬寅	九		2/6	甲戌	八	陽3局	1/5	癸卯	四		25
5/9	乙亥	七		4/8	甲辰	八	陽8局	閏3/7	甲戌	五	陽8局	3/5	癸卯	一		2/7	乙亥	九		1/6	甲辰	五	陽6局	26
5/10	丙子	六		4/9	乙巳	九		閏3/8	乙亥	六		3/6	甲辰	二	陽6局	2/8	丙子	一		1/7	乙巳	六		27
5/11	丁丑	五		4/10	丙午	一		閏3/9	丙子	七		3/7	乙巳	三		2/9	丁丑	二		1/8	丙午	七		28
5/12	戊寅	四		4/11	丁未	二		閏3/10	丁丑	八		3/8	丙午	四						1/9	丁未	八		29
5/13	己卯	三	8	4/12	戊申	三		閏3/11	戊寅	九		3/9	丁未	五						1/10	戊申	九		30
				4/13	己酉	四	6					3/10	戊申	六						1/11	己酉	一	8	31

2060年 庚辰(年)／戊子(月)

月	12月				11月				10月				9月				8月				7月			
月干支	庚子				己亥				戊戌				丁酉				丙申				乙未			
紫白	一白				二黒				三碧				四緑				五黄				六白			
節	21	6	日紫白	奇門遁甲局数	22	7	日紫白	奇門遁甲局数	23	8	日紫白	奇門遁甲局数	22	7	日紫白	奇門遁甲局数	22	7	日紫白	奇門遁甲局数	22	6	日紫白	奇門遁甲局数
気	17時48分 冬至	23時50分 大雪			4時13分 小雪	6時39分 立冬			6時16分 霜降	3時3分 寒露			20時31分 秋分	11時2分 白露			22時32分 処暑	7時52分 立秋			15時20分 大暑	22時1分 小暑		
新暦	農暦	日干支			農暦	日干支			農暦	日干支			農暦	日干支			農暦	日干支			農暦	日干支		
1	10/20	癸丑	二	4	9/20	癸未	五	6	8/18	壬子	九	6	7/18	壬午	三	9	6/16	辛亥	七	陰2局	5/14	庚辰	二	陰8局
2	10/21	甲寅	一	陰7局	9/21	甲申	四	陰9局	8/19	癸丑	八		7/19	癸未	二		6/17	壬子	六		5/15	辛巳	一	
3	10/22	乙卯	九		9/22	乙酉	三		8/20	甲寅	七	陰9局	7/20	甲申	一	陰3局	6/18	癸丑	五		5/16	壬午	九	
4	10/23	丙辰	八		9/23	丙戌	二		8/21	乙卯	六		7/21	乙酉	九		6/19	甲寅	四	陰5局	5/17	癸未	八	
5	10/24	丁巳	七		9/24	丁亥	一		8/22	丙辰	五		7/22	丙戌	八		6/20	乙卯	三		5/18	甲申	七	陰2局
6	10/25	戊午	六		9/25	戊子	九		8/23	丁巳	四		7/23	丁亥	七		6/21	丙辰	二		5/19	乙酉	六	
7	10/26	己未	五	陰1局	9/26	己丑	八	陰3局	8/24	戊午	三		7/24	戊子	六		6/22	丁巳	一		5/20	丙戌	五	
8	10/27	庚申	四		9/27	庚寅	七		8/25	己未	二	陰3局	7/25	己丑	五	陰6局	6/23	戊午	九		5/21	丁亥	四	
9	10/28	辛酉	三		9/28	辛卯	六		8/26	庚申	一		7/26	庚寅	四		6/24	己未	八	陰8局	5/22	戊子	三	
10	10/29	壬戌	二		9/29	壬辰	五		8/27	辛酉	九		7/27	辛卯	三		6/25	庚申	七		5/23	己丑	二	陰5局
11	10/30	癸亥	一		9/30	癸巳	四		8/28	壬戌	八		7/28	壬辰	二		6/26	辛酉	六		5/24	庚寅	一	
12	11/1	甲子	六	陰4局・閏	10/1	甲午	三	陰5局	8/29	癸亥	七		7/29	癸巳	一		6/27	壬戌	五		5/25	辛卯	九	
13	11/2	乙丑	五		10/2	乙未	二		9/1	甲子	三	陰5局	7/30	甲午	九	陰7局	6/28	癸亥	四		5/26	壬辰	八	
14	11/3	丙寅	四		10/3	丙申	一		9/2	乙丑	二		8/1	乙未	八		6/29	甲子	九	陰1局	5/27	癸巳	七	
15	11/4	丁卯	三		10/4	丁酉	九		9/3	丙寅	一		8/2	丙申	七		7/1	乙丑	八		5/28	甲午	六	陰7局
16	11/5	戊辰	二		10/5	戊戌	八		9/4	丁卯	九		8/3	丁酉	六		7/2	丙寅	七		5/29	乙未	五	
17	11/6	己巳	一	陰7局・閏	10/6	己亥	七	陰8局	9/5	戊辰	八		8/4	戊戌	五		7/3	丁卯	六		6/1	丙申	四	
18	11/7	庚午	九		10/7	庚子	六		9/6	己巳	七	陰8局	8/5	己亥	四	陰1局	7/4	戊辰	五		6/2	丁酉	三	
19	11/8	辛未	八		10/8	辛丑	五		9/7	庚午	六		8/6	庚子	三		7/5	己巳	四	陰4局	6/3	戊戌	二	
20	11/9	壬申	七		10/9	壬寅	四		9/8	辛未	五		8/7	辛丑	二		7/6	庚午	三		6/4	己亥	一	陰1局
21	11/10	癸酉	一		10/10	癸卯	三		9/9	壬申	四		8/8	壬寅	一		7/7	辛未	二		6/5	庚子	九	
22	11/11	甲戌	二	陰1局・閏	10/11	甲辰	二	陰2局	9/10	癸酉	三		8/9	癸卯	九		7/8	壬申	四		6/6	辛丑	八	
23	11/12	乙亥	三		10/12	乙巳	一		9/11	甲戌	五	陰2局	8/10	甲辰	八	陰4局	7/9	癸酉	三		6/7	壬寅	七	
24	11/13	丙子	四		10/13	丙午	九		9/12	乙亥	四		8/11	乙巳	七		7/10	甲戌	二	陰7局	6/8	癸卯	六	
25	11/14	丁丑	五		10/14	丁未	八		9/13	丙子	三		8/12	丙午	六		7/11	乙亥	一		6/9	甲辰	五	陰4局
26	11/15	戊寅	六		10/15	戊申	七		9/14	丁丑	二		8/13	丁未	五		7/12	丙子	九		6/10	乙巳	四	
27	11/16	己卯	七	陽1局	10/16	己酉	六	陰4局	9/15	戊寅	一		8/14	戊申	四		7/13	丁丑	八		6/11	丙午	三	
28	11/17	庚辰	八		10/17	庚戌	五		9/16	己卯	九	陰6局	8/15	己酉	三	陰6局	7/14	戊寅	七		6/12	丁未	二	
29	11/18	辛巳	九		10/18	辛亥	四		9/17	庚辰	八		8/16	庚戌	二		7/15	己卯	六	陰9局	6/13	戊申	一	
30	11/19	壬午	一		10/19	壬子	三		9/18	辛巳	七		8/17	辛亥	一		7/16	庚辰	五		6/14	己酉	九	2
31	11/20	癸未	二						9/19	壬午	六						7/17	辛巳	四		6/15	庚戌	八	

二〇六二年 壬午 一白

二元八運…「二運」
三元九運…「一運」

6月				5月				4月				3月				2月				1月				月
丙午				乙巳				甲辰				癸卯				壬寅				辛丑 辛巳(年)				月干支
四緑				五黄				六白				七赤				八白				九紫				紫白
21 夏至 10時11分	5 芒種 17時34分	日紫白	奇門遁甲局数	21 小満 2時29分	5 立夏 13時47分	日紫白	奇門遁甲局数	20 穀雨 3時44分	4 清明 20時55分	日紫白	奇門遁甲局数	20 春分 17時7分	5 啓蟄 16時31分	日紫白	奇門遁甲局数	18 雨水 18時28分	3 立春 22時46分	日紫白	奇門遁甲局数	20 大寒 4時29分	5 小寒 11時12分	日紫白	奇門遁甲局数	節気
農暦	日干支			農暦	日干支			農暦	日干支			農暦	日干支			農暦	日干支			農暦	日干支			新暦
4/24	乙卯	一	陽2局	3/22	甲申	六	陽2局	2/22	甲寅	三	陽9局	1/21	癸未	八	9	12/22	乙卯	七	陽9局	11/21	甲申	三	陽7局	1
4/25	丙辰	二		3/23	乙酉	七		2/23	乙卯	四		1/22	甲申	九	陽6局	12/23	丙辰	八		11/22	乙酉	四		2
4/26	丁巳	三		3/24	丙戌	八		2/24	丙辰	五		1/23	乙酉	一		12/24	丁巳	九		11/23	丙戌	五		3
4/27	戊午	四		3/25	丁亥	九		2/25	丁巳	六		1/24	丙戌	二		12/25	戊午	一		11/24	丁亥	六		4
4/28	己未	五	陽8局	3/26	戊子	一		2/26	戊午	七		1/25	丁亥	三		12/26	己未	二	陽6局	11/25	戊子	七		5
4/29	庚申	六		3/27	己丑	二	陽8局	2/27	己未	八	陽6局	1/26	戊子	四		12/27	庚申	三		11/26	己丑	八	陽4局	6
5/1	辛酉	七		3/28	庚寅	三		2/28	庚申	九		1/27	己丑	五	陽3局	12/28	辛酉	四		11/27	庚寅	九		7
5/2	壬戌	八		3/29	辛卯	四		2/29	辛酉	一		1/28	庚寅	六		12/29	壬戌	五		11/28	辛卯	一		8
5/3	癸亥	九		4/1	壬辰	五		2/30	壬戌	二		1/29	辛卯	七		1/1	癸亥	六		11/29	壬辰	二		9
5/4	甲子	四	陽6局	4/2	癸巳	六		3/1	癸亥	三		1/30	壬辰	八		1/2	甲子	一	陽8局	11/30	癸巳	三		10
5/5	乙丑	五		4/3	甲午	七	陽4局	3/2	甲子	七	陽4局	2/1	癸巳	九		1/3	乙丑	二		12/1	甲午	四	陽2局	11
5/6	丙寅	六		4/4	乙未	八		3/3	乙丑	八		2/2	甲午	一	陽1局	1/4	丙寅	三		12/2	乙未	五		12
5/7	丁卯	七		4/5	丙申	九		3/4	丙寅	九		2/3	乙未	二		1/5	丁卯	四		12/3	丙申	六		13
5/8	戊辰	八		4/6	丁酉	一		3/5	丁卯	一		2/4	丙申	三		1/6	戊辰	五		12/4	丁酉	七		14
5/9	己巳	九	陽3局	4/7	戊戌	二		3/6	戊辰	二		2/5	丁酉	四		1/7	己巳	六	陽5局	12/5	戊戌	八		15
5/10	庚午	一		4/8	己亥	三	陽1局	3/7	己巳	三	陽1局	2/6	戊戌	五		1/8	庚午	七		12/6	己亥	九	陽8局	16
5/11	辛未	二		4/9	庚子	四		3/8	庚午	四		2/7	己亥	六	陽7局	1/9	辛未	八		12/7	庚子	一		17
5/12	壬申	三		4/10	辛丑	五		3/9	辛未	五		2/8	庚子	七		1/10	壬申	六		12/8	辛丑	二		18
5/13	癸酉	四		4/11	壬寅	六		3/10	壬申	六		2/9	辛丑	八		1/11	癸酉	七		12/9	壬寅	三		19
5/14	甲戌	五	陽9局	4/12	癸卯	七		3/11	癸酉	四		2/10	壬寅	九		1/12	甲戌	八	陽2局	12/10	癸卯	四		20
5/15	乙亥	七		4/13	甲辰	八	陽7局	3/12	甲戌	五	陽7局	2/11	癸卯	一		1/13	乙亥	九		12/11	甲辰	五	陽5局	21
5/16	丙子	六		4/14	乙巳	九		3/13	乙亥	六		2/12	甲辰	二	陽4局	1/14	丙子	一		12/12	乙巳	六		22
5/17	丁丑	五		4/15	丙午	一		3/14	丙子	七		2/13	乙巳	三		1/15	丁丑	二		12/13	丙午	七		23
5/18	戊寅	四		4/16	丁未	二		3/15	丁丑	八		2/14	丙午	四		1/16	戊寅	三		12/14	丁未	八		24
5/19	己卯	三	陰9局	4/17	戊申	三		3/16	戊寅	九		2/15	丁未	五		1/17	己卯	四	陽9局	12/15	戊申	九		25
5/20	庚辰	二		4/18	己酉	四	陽5局	3/17	己卯	一	陽5局	2/16	戊申	六		1/18	庚辰	五		12/16	己酉	一	陽3局	26
5/21	辛巳	一		4/19	庚戌	五		3/18	庚辰	二		2/17	己酉	七	陽3局	1/19	辛巳	六		12/17	庚戌	二		27
5/22	壬午	九		4/20	辛亥	六		3/19	辛巳	三		2/18	庚戌	八		1/20	壬午	七		12/18	辛亥	三		28
5/23	癸未	八		4/21	壬子	七		3/20	壬午	四		2/19	辛亥	九						12/19	壬子	四		29
5/24	甲申	七	3	4/22	癸丑	八		3/21	癸未	五		2/20	壬子	一						12/20	癸丑	五		30
				4/23	甲寅	九	2					2/21	癸丑	二						12/21	甲寅	六	9	31

2061年 辛巳(年) ／ 庚子(月)

月	12月				11月				10月			
月干支	壬子				辛亥				庚戌			
紫白	七赤				八白				九紫			
節気	21 冬至 23時42分	7 大雪 5時34分	日紫白	奇門遁甲局数	22 小雪 10時6分	7 立冬 12時22分	日紫白	奇門遁甲局数	23 霜降 12時8分	8 寒露 8時44分	日紫白	奇門遁甲局数
新暦	農暦	日干支			農暦	日干支			農暦	日干支		
1	11/1	戊午	六	8	10/1	戊子	九	8	8/29	丁巳	四	1
2	11/2	己未	五	陰2局	10/2	己丑	八	陰2局	8/30	戊午	三	
3	11/3	庚申	四		10/3	庚寅	七		9/1	己未	二	陰4局
4	11/4	辛酉	三		10/4	辛卯	六		9/2	庚申	一	
5	11/5	壬戌	二		10/5	壬辰	五		9/3	辛酉	九	
6	11/6	癸亥	一		10/6	癸巳	四		9/4	壬戌	八	
7	11/7	甲子	六	陰4局	10/7	甲午	三	陰6局	9/5	癸亥	七	
8	11/8	乙丑	五		10/8	乙未	二		9/6	甲子	三	陰6局
9	11/9	丙寅	四		10/9	丙申	一		9/7	乙丑	二	
10	11/10	丁卯	三		10/10	丁酉	九		9/8	丙寅	一	
11	11/11	戊辰	二		10/11	戊戌	八		9/9	丁卯	九	
12	11/12	己巳	一	陰7局	10/12	己亥	七	陰9局	9/10	戊辰	八	
13	11/13	庚午	九		10/13	庚子	六		9/11	己巳	七	陰9局
14	11/14	辛未	八		10/14	辛丑	五		9/12	庚午	六	
15	11/15	壬申	七		10/15	壬寅	四		9/13	辛未	五	
16	11/16	癸酉	六		10/16	癸卯	三		9/14	壬申	四	
17	11/17	甲戌	五	陰1局	10/17	甲辰	二	陰3局	9/15	癸酉	三	
18	11/18	乙亥	四		10/18	乙巳	一		9/16	甲戌	二	陰3局
19	11/19	丙子	三		10/19	丙午	九		9/17	乙亥	一	
20	11/20	丁丑	二		10/20	丁未	八		9/18	丙子	九	
21	11/21	戊寅	六		10/21	戊申	七		9/19	丁丑	八	
22	11/22	己卯	七	陽1局	10/22	己酉	六	陰5局	9/20	戊寅	七	
23	11/23	庚辰	八		10/23	庚戌	五		9/21	己卯	九	陰5局
24	11/24	辛巳	九		10/24	辛亥	四		9/22	庚辰	八	
25	11/25	壬午	一		10/25	壬子	三		9/23	辛巳	七	
26	11/26	癸未	二		10/26	癸丑	二		9/24	壬午	六	
27	11/27	甲申	三	陽7局	10/27	甲寅	一	陰8局	9/25	癸未	五	
28	11/28	乙酉	四		10/28	乙卯	九		9/26	甲申	四	陰8局
29	11/29	丙戌	五		10/29	丙辰	八		9/27	乙酉	三	
30	11/30	丁亥	六		10/30	丁巳	七		9/28	丙戌	二	
31	12/1	戊子	七						9/29	丁亥	一	

月	9月				8月				7月			
月干支	己酉				戊申				丁未			
紫白	一白				二黒				三碧			
節気	23 秋分 2時19分	7 白露 16時40分	日紫白	奇門遁甲局数	23 処暑 4時18分	7 立秋 13時28分	日紫白	奇門遁甲局数	22 大暑 21時1分	7 小暑 3時38分	日紫白	奇門遁甲局数
新暦	農暦	日干支			農暦	日干支			農暦	日干支		
1	7/28	丁亥	七	4	6/26	丙辰	二	陰1局	5/25	乙酉	六	陰3局
2	7/29	戊子	六		6/27	丁巳	一		5/26	丙戌	五	
3	8/1	己丑	五	陰7局	6/28	戊午	九		5/27	丁亥	四	
4	8/2	庚寅	四		6/29	己未	八	陰4局	5/28	戊子	三	
5	8/3	辛卯	三		7/1	庚申	七		5/29	己丑	二	陰6局
6	8/4	壬辰	二		7/2	辛酉	六		5/30	庚寅	一	
7	8/5	癸巳	一		7/3	壬戌	五		6/1	辛卯	九	
8	8/6	甲午	九	陰9局	7/4	癸亥	四		6/2	壬辰	八	
9	8/7	乙未	八		7/5	甲子	九	陰2局	6/3	癸巳	七	
10	8/8	丙申	七		7/6	乙丑	八		6/4	甲午	六	陰8局
11	8/9	丁酉	六		7/7	丙寅	七		6/5	乙未	五	
12	8/10	戊戌	五		7/8	丁卯	六		6/6	丙申	四	
13	8/11	己亥	四	陰3局	7/9	戊辰	五		6/7	丁酉	三	
14	8/12	庚子	三		7/10	己巳	四	陰5局	6/8	戊戌	二	
15	8/13	辛丑	二		7/11	庚午	三		6/9	己亥	一	陰2局
16	8/14	壬寅	一		7/12	辛未	二		6/10	庚子	九	
17	8/15	癸卯	九		7/13	壬申	一		6/11	辛丑	八	
18	8/16	甲辰	八	陰6局	7/14	癸酉	九		6/12	壬寅	七	
19	8/17	乙巳	七		7/15	甲戌	八	陰8局	6/13	癸卯	六	
20	8/18	丙午	六		7/16	乙亥	七		6/14	甲辰	五	陰5局
21	8/19	丁未	五		7/17	丙子	六		6/15	乙巳	四	
22	8/20	戊申	四		7/18	丁丑	五		6/16	丙午	三	
23	8/21	己酉	三	陰7局	7/19	戊寅	七		6/17	丁未	二	
24	8/22	庚戌	二		7/20	己卯	六	陰1局	6/18	戊申	一	
25	8/23	辛亥	一		7/21	庚辰	五		6/19	己酉	九	陰7局
26	8/24	壬子	九		7/22	辛巳	四		6/20	庚戌	八	
27	8/25	癸丑	八		7/23	壬午	三		6/21	辛亥	七	
28	8/26	甲寅	七	陰1局	7/24	癸未	二		6/22	壬子	六	
29	8/27	乙卯	六		7/25	甲申	一	陰4局	6/23	癸丑	五	
30	8/28	丙辰	五		7/26	乙酉	九		6/24	甲寅	四	1
31					7/27	丙戌	八		6/25	乙卯	三	

二〇六三年 癸未 九紫

二元八運…「二運」　三元九運…「一運」

新暦	1月 農暦	1月 日干支	1月 日紫白	1月 奇門遁甲局数	2月 農暦	2月 日干支	2月 日紫白	2月 奇門遁甲局数	3月 農暦	3月 日干支	3月 日紫白	3月 奇門遁甲局数	4月 農暦	4月 日干支	4月 日紫白	4月 奇門遁甲局数	5月 農暦	5月 日干支	5月 日紫白	5月 奇門遁甲局数	6月 農暦	6月 日干支	6月 日紫白	6月 奇門遁甲局数
月干支	癸丑 壬午(年)				甲寅				乙卯				丙辰				丁巳				戊午			
紫白	六白				五黄				四緑				三碧				二黒				一白			
節気	5 小寒 16時56分	20 大寒 10時23分			4 立春 4時30分	19 雨水 0時21分			5 啓蟄 22時14分	20 春分 22時58分			5 清明 2時36分	20 穀雨 9時34分			5 立夏 19時28分	21 小満 8時19分			5 芒種 23時17分	21 夏至 16時1分		
1	12/2	己丑	八	陽4局	1/4	庚申	三	陽6局	2/2	戊子	四	6	3/3	己未	八	陽6局	4/4	己丑	二	陽8局	5/5	庚申	六	陽8局
2	12/3	庚寅	九		1/5	辛酉	四		2/3	己丑	五	陽3局	3/4	庚申	九		4/5	庚寅	三		5/6	辛酉	七	
3	12/4	辛卯	一		1/6	壬戌	五		2/4	庚寅	六		3/5	辛酉	一		4/6	辛卯	四		5/7	壬戌	八	
4	12/5	壬辰	二		1/7	癸亥	六	陽8局	2/5	辛卯	七		3/6	壬戌	二		4/7	壬辰	五		5/8	癸亥	九	
5	12/6	癸巳	三		1/8	甲子	一		2/6	壬辰	八		3/7	癸亥	三		4/8	癸巳	六		5/9	甲子	四	陽6局
6	12/7	甲午	四	陽2局	1/9	乙丑	二		2/7	癸巳	九	陽1局	3/8	甲子	七	陽4局	4/9	甲午	七	陽4局	5/10	乙丑	五	
7	12/8	乙未	五		1/10	丙寅	三		2/8	甲午	一		3/9	乙丑	八		4/10	乙未	八		5/11	丙寅	六	
8	12/9	丙申	六		1/11	丁卯	四		2/9	乙未	二		3/10	丙寅	九		4/11	丙申	九		5/12	丁卯	七	
9	12/10	丁酉	七		1/12	戊辰	五	陽5局	2/10	丙申	三		3/11	丁卯	一		4/12	丁酉	一		5/13	戊辰	八	
10	12/11	戊戌	八		1/13	己巳	六		2/11	丁酉	四		3/12	戊辰	二		4/13	戊戌	二		5/14	己巳	九	陽3局
11	12/12	己亥	九	陽8局	1/14	庚午	七		2/12	戊戌	五	陽7局	3/13	己巳	三	陽1局	4/14	己亥	三	陽1局	5/15	庚午	一	
12	12/13	庚子	一		1/15	辛未	八		2/13	己亥	六		3/14	庚午	四		4/15	庚子	四		5/16	辛未	二	
13	12/14	辛丑	二		1/16	壬申	九		2/14	庚子	七		3/15	辛未	五		4/16	辛丑	五		5/17	壬申	三	
14	12/15	壬寅	三		1/17	癸酉	一	陽2局	2/15	辛丑	八		3/16	壬申	六		4/17	壬寅	六		5/18	癸酉	四	
15	12/16	癸卯	四		1/18	甲戌	二		2/16	壬寅	九		3/17	癸酉	七		4/18	癸卯	七		5/19	甲戌	五	陽9局
16	12/17	甲辰	五	陽5局	1/19	乙亥	三		2/17	癸卯	一	陽4局	3/18	甲戌	八	陽7局	4/19	甲辰	八	陽7局	5/20	乙亥	六	
17	12/18	乙巳	六		1/20	丙子	四		2/18	甲辰	二		3/19	乙亥	九		4/20	乙巳	九		5/21	丙子	七	
18	12/19	丙午	七		1/21	丁丑	五		2/19	乙巳	三		3/20	丙子	一		4/21	丙午	一		5/22	丁丑	八	
19	12/20	丁未	八		1/22	戊寅	三	陽9局	2/20	丙午	四		3/21	丁丑	二		4/22	丁未	二		5/23	戊寅	九	
20	12/21	戊申	九		1/23	己卯	四		2/21	丁未	五		3/22	戊寅	九		4/23	戊申	三		5/24	己卯	一	陰9局
21	12/22	己酉	一	陽3局	1/24	庚辰	五		2/22	戊申	六	陽3局	3/23	己卯	一	陽5局	4/24	己酉	四	陽5局	5/25	庚辰	二	
22	12/23	庚戌	二		1/25	辛巳	六		2/23	己酉	七		3/24	庚辰	二		4/25	庚戌	五		5/26	辛巳	一	
23	12/24	辛亥	三		1/26	壬午	七		2/24	庚戌	八		3/25	辛巳	三		4/26	辛亥	六		5/27	壬午	九	
24	12/25	壬子	四		1/27	癸未	八	陽6局	2/25	辛亥	九		3/26	壬午	四		4/27	壬子	七		5/28	癸未	八	
25	12/26	癸丑	五		1/28	甲申	九		2/26	壬子	一		3/27	癸未	五		4/28	癸丑	八		5/29	甲申	七	陰3局
26	12/27	甲寅	六	陽9局	1/29	乙酉	一		2/27	癸丑	二	陽9局	3/28	甲申	六	陽2局	4/29	甲寅	九	陽2局	6/1	乙酉	六	
27	12/28	乙卯	七		1/30	丙戌	二		2/28	甲寅	三		3/29	乙酉	七		4/30	乙卯	一		6/2	丙戌	五	
28	12/29	丙辰	八		2/1	丁亥	三		2/29	乙卯	四		4/1	丙戌	八		5/1	丙辰	二		6/3	丁亥	四	
29	1/1	丁巳	九						2/30	丙辰	五		4/2	丁亥	九		5/2	丁巳	三		6/4	戊子	三	
30	1/2	戊午	一						3/1	丁巳	六		4/3	戊子	一		5/3	戊午	四		6/5	己丑	二	6
31	1/3	己未	二	6					3/2	戊午	七						5/4	己未	五	8				

2062年 壬午(年)／壬子(月)

月	12月				11月				10月				9月				8月				7月			
月干支	甲子				癸亥				壬戌				辛酉				庚申				己未			
紫白	四緑				五黄				六白				七赤				八白				九紫			
節	22	7			22	7			23	8			23	7			23	7			23	7		
気	冬至 5時20分	大雪 11時20分			小雪 15時48分	立冬 18時11分			霜降 17時53分	寒露 14時36分			秋分 8時7分	白露 22時33分			処暑 10時8分	立秋 19時19分			大暑 2時53分	小暑 9時25分		
新暦	農暦	日干支	日紫白	奇門遁甲局数	農暦	日干支	日紫白	奇門遁甲局数	農暦	日干支	日紫白	奇門遁甲局数	農暦	日干支	日紫白	奇門遁甲局数	農暦	日干支	日紫白	奇門遁甲局数	農暦	日干支	日紫白	奇門遁甲局数
1	10/12	癸亥	一	2	9/11	癸巳	四	2	8/10	壬戌	八	4	閏7/9	壬辰	二	7	7/7	辛酉	六	陰4局	6/6	庚寅	一	陰6局
2	10/13	甲子	六	陰4局	9/12	甲午	三	陰6局	8/11	癸亥	七		閏7/10	癸巳	一		7/8	壬戌	五		6/7	辛卯	九	
3	10/14	乙丑	五		9/13	乙未	二		8/12	甲子	三	陰6局	閏7/11	甲午	九	陰9局	7/9	癸亥	四		6/8	壬辰	八	
4	10/15	丙寅	四		9/14	丙申	一		8/13	乙丑	二		閏7/12	乙未	八		7/10	甲子	九	陰2局	6/9	癸巳	七	
5	10/16	丁卯	三		9/15	丁酉	九		8/14	丙寅	一		閏7/13	丙申	七		7/11	乙丑	八		6/10	甲午	六	陰8局
6	10/17	戊辰	二		9/16	戊戌	八		8/15	丁卯	九		閏7/14	丁酉	六		7/12	丙寅	七		6/11	乙未	五	
7	10/18	己巳	一	陰7局	9/17	己亥	七	陰9局	8/16	戊辰	八		閏7/15	戊戌	五		7/13	丁卯	六		6/12	丙申	四	
8	10/19	庚午	九		9/18	庚子	六		8/17	己巳	七	陰9局	閏7/16	己亥	四	陰3局	7/14	戊辰	五		6/13	丁酉	三	
9	10/20	辛未	八		9/19	辛丑	五		8/18	庚午	六		閏7/17	庚子	三		7/15	己巳	四	陰5局	6/14	戊戌	二	
10	10/21	壬申	七		9/20	壬寅	四		8/19	辛未	五		閏7/18	辛丑	二		7/16	庚午	三		6/15	己亥	一	陰2局
11	10/22	癸酉	六		9/21	癸卯	三		8/20	壬申	四		閏7/19	壬寅	一		7/17	辛未	二		6/16	庚子	九	
12	10/23	甲戌	五	陰1局	9/22	甲辰	二	陰3局	8/21	癸酉	三		閏7/20	癸卯	九		7/18	壬申	一		6/17	辛丑	八	
13	10/24	乙亥	四		9/23	乙巳	一		8/22	甲戌	二	陰3局	閏7/21	甲辰	八	陰6局	7/19	癸酉	九		6/18	壬寅	七	
14	10/25	丙子	三		9/24	丙午	九		8/23	乙亥	一		閏7/22	乙巳	七		7/20	甲戌	八	陰8局	6/19	癸卯	六	
15	10/26	丁丑	二		9/25	丁未	八		8/24	丙子	九		閏7/23	丙午	六		7/21	乙亥	七		6/20	甲辰	五	陰5局
16	10/27	戊寅	一		9/26	戊申	七		8/25	丁丑	八		閏7/24	丁未	五		7/22	丙子	六		6/21	乙巳	四	
17	10/28	己卯	九	陽1局	9/27	己酉	六	陰5局	8/26	戊寅	七		閏7/25	戊申	四		7/23	丁丑	五		6/22	丙午	三	
18	10/29	庚辰	八		9/28	庚戌	五		8/27	己卯	六	陰5局	閏7/26	己酉	三	陰7局	7/24	戊寅	四		6/23	丁未	二	
19	10/30	辛巳	七		9/29	辛亥	四		8/28	庚辰	五		閏7/27	庚戌	二		7/25	己卯	三	陰1局	6/24	戊申	一	
20	11/1	壬午	六		10/1	壬子	三		8/29	辛巳	四		閏7/28	辛亥	一		7/26	庚辰	二		6/25	己酉	九	陰7局
21	11/2	癸未	五		10/2	癸丑	二		8/30	壬午	三		閏7/29	壬子	九		7/27	辛巳	一		6/26	庚戌	八	
22	11/3	甲申	三	陽7局	10/3	甲寅	一	陰8局	9/1	癸未	二		8/1	癸丑	八		7/28	壬午	九		6/27	辛亥	七	
23	11/4	乙酉	四		10/4	乙卯	九		9/2	甲申	四	陰8局	8/2	甲寅	七	陰1局	7/29	癸未	二		6/28	壬子	六	
24	11/5	丙戌	五		10/5	丙辰	八		9/3	乙酉	三		8/3	乙卯	六		閏7/1	甲申	一	陰4局	6/29	癸丑	五	
25	11/6	丁亥	六		10/6	丁巳	七		9/4	丙戌	二		8/4	丙辰	五		閏7/2	乙酉	九		6/30	甲寅	四	陰1局
26	11/7	戊子	七		10/7	戊午	六		9/5	丁亥	一		8/5	丁巳	四		閏7/3	丙戌	八		7/1	乙卯	三	
27	11/8	己丑	八	陽4局	10/8	己未	五	陰2局	9/6	戊子	九		8/6	戊午	三		閏7/4	丁亥	七		7/2	丙辰	二	
28	11/9	庚寅	九		10/9	庚申	四		9/7	己丑	八	陰2局	8/7	己未	二	陰4局	閏7/5	戊子	六		7/3	丁巳	一	
29	11/10	辛卯	一		10/10	辛酉	三		9/8	庚寅	七		8/8	庚申	一		閏7/6	己丑	五	陰7局	7/4	戊午	九	
30	11/11	壬辰	二		10/11	壬戌	二		9/9	辛卯	六		8/9	辛酉	九		閏7/7	庚寅	四		7/5	己未	八	4
31	11/12	癸巳	三						9/10	壬辰	五						閏7/8	辛卯	三		7/6	庚申	七	

二〇六四年 甲申 八白

二元八運…「一運」　三元九運…「二運」

月	6月				5月				4月				3月				2月				1月			
月干支	庚午				己巳				戊辰				丁卯				丙寅				乙丑 癸未(年)			
紫白	七赤				八白				九紫				一白				二黒				三碧			
節気	20 夏至 21時45分	5 芒種 5時9分			20 小満 14時1分	5 立夏 1時18分			19 穀雨 15時15分	4 清明 8時24分			20 春分 4時38分	5 啓蟄 3時59分			19 雨水 5時59分	4 立春 10時14分			20 大寒 16時1分	5 小寒 22時41分		
新暦	農暦	日干支	日紫白	奇門遁甲局数	農暦	日干支	日紫白	奇門遁甲局数	農暦	日干支	日紫白	奇門遁甲局数	農暦	日干支	日紫白	奇門遁甲局数	農暦	日干支	日紫白	奇門遁甲局数	農暦	日干支	日紫白	奇門遁甲局数
1	4/17	丙寅	六	陽6局	3/15	乙未	八	陽4局	2/15	乙丑	八	陽4局	1/14	甲午	一	陽1局	12/15	乙丑	二	陽8局	11/13	甲午	四	陽2局
2	4/18	丁卯	七		3/16	丙申	九		2/16	丙寅	九		1/15	乙未	二		12/16	丙寅	三		11/14	乙未	五	
3	4/19	戊辰	八		3/17	丁酉	一		2/17	丁卯	一		1/16	丙申	三		12/17	丁卯	四		11/15	丙申	六	
4	4/20	己巳	九	陽3局	3/18	戊戌	二		2/18	戊辰	二		1/17	丁酉	四		12/18	戊辰	五		11/16	丁酉	七	
5	4/21	庚午	一		3/19	己亥	三	陽1局	2/19	己巳	三	陽1局	1/18	戊戌	五		12/19	己巳	六	陽5局	11/17	戊戌	八	
6	4/22	辛未	二		3/20	庚子	四		2/20	庚午	四		1/19	己亥	六	陽7局	12/20	庚午	七		11/18	己亥	九	陽8局
7	4/23	壬申	三		3/21	辛丑	五		2/21	辛未	五		1/20	庚子	七		12/21	辛未	八		11/19	庚子	一	
8	4/24	癸酉	四		3/22	壬寅	六		2/22	壬申	六		1/21	辛丑	八		12/22	壬申	九		11/20	辛丑	二	
9	4/25	甲戌	五	陽9局	3/23	癸卯	七		2/23	癸酉	七		1/22	壬寅	九		12/23	癸酉	一		11/21	壬寅	三	
10	4/26	乙亥	六		3/24	甲辰	八	陽7局	2/24	甲戌	八	陽7局	1/23	癸卯	一		12/24	甲戌	二	陽2局	11/22	癸卯	四	
11	4/27	丙子	七		3/25	乙巳	九		2/25	乙亥	九		1/24	甲辰	二	陽4局	12/25	乙亥	三		11/23	甲辰	五	陽5局
12	4/28	丁丑	八		3/26	丙午	一		2/26	丙子	一		1/25	乙巳	三		12/26	丙子	四		11/24	乙巳	六	
13	4/29	戊寅	九		3/27	丁未	二		2/27	丁丑	二		1/26	丙午	四		12/27	丁丑	五		11/25	丙午	七	
14	4/30	己卯	一	陰9局	3/28	戊申	三		2/28	戊寅	三		1/27	丁未	五		12/28	戊寅	六		11/26	丁未	八	
15	5/1	庚辰	二		3/29	己酉	四	陽5局	2/29	己卯	四	陽5局	1/28	戊申	六		12/29	己卯	七	陽9局	11/27	戊申	九	
16	5/2	辛巳	三		4/1	庚戌	五		2/30	庚辰	五		1/29	己酉	七	陽3局	12/30	庚辰	八		11/28	己酉	一	陽3局
17	5/3	壬午	四		4/2	辛亥	六		3/1	辛巳	六		1/30	庚戌	八		1/1	辛巳	九		11/29	庚戌	二	
18	5/4	癸未	五		4/3	壬子	七		3/2	壬午	七		2/1	辛亥	九		1/2	壬午	一		12/1	辛亥	三	
19	5/5	甲申	六	陰3局	4/4	癸丑	八		3/3	癸未	五		2/2	壬子	一		1/3	癸未	八		12/2	壬子	四	
20	5/6	乙酉	六		4/5	甲寅	九	陽2局	3/4	甲申	六	陽2局	2/3	癸丑	二		1/4	甲申	九	陽6局	12/3	癸丑	五	
21	5/7	丙戌	五		4/6	乙卯	一		3/5	乙酉	七		2/4	甲寅	三	陽9局	1/5	乙酉	一		12/4	甲寅	六	陽9局
22	5/8	丁亥	四		4/7	丙辰	二		3/6	丙戌	八		2/5	乙卯	四		1/6	丙戌	二		12/5	乙卯	七	
23	5/9	戊子	三		4/8	丁巳	三		3/7	丁亥	九		2/6	丙辰	五		1/7	丁亥	三		12/6	丙辰	八	
24	5/10	己丑	二	陰6局	4/9	戊午	四		3/8	戊子	一		2/7	丁巳	六		1/8	戊子	四		12/7	丁巳	九	
25	5/11	庚寅	一		4/10	己未	五	陽8局	3/9	己丑	二	陽8局	2/8	戊午	七		1/9	己丑	五	陽3局	12/8	戊午	一	
26	5/12	辛卯	九		4/11	庚申	六		3/10	庚寅	三		2/9	己未	八	陽6局	1/10	庚寅	六		12/9	己未	二	陽6局
27	5/13	壬辰	八		4/12	辛酉	七		3/11	辛卯	四		2/10	庚申	九		1/11	辛卯	七		12/10	庚申	三	
28	5/14	癸巳	七		4/13	壬戌	八		3/12	壬辰	五		2/11	辛酉	一		1/12	壬辰	八		12/11	辛酉	四	
29	5/15	甲午	六	8	4/14	癸亥	九		3/13	癸巳	六		2/12	壬戌	二		1/13	癸巳	九		12/12	壬戌	五	
30	5/16	乙未	五		4/15	甲子	四	6	3/14	甲午	七	4	2/13	癸亥	三						12/13	癸亥	六	
31					4/16	乙丑	五						2/14	甲子	七	4					12/14	甲子	一	8

2063年 癸未(年)／甲子(月)

月	12月				11月				10月				9月				8月				7月			
月干支	丙子				乙亥				甲戌				癸酉				壬申				辛未			
紫白	一白				二黒				三碧				四緑				五黄				六白			
節気	21 冬至 11時8分	6 大雪 17時9分	日紫白	奇門遁甲局数	21 小雪 21時36分	7 立冬 0時1分	日紫白	奇門遁甲局数	22 霜降 23時42分	7 寒露 20時27分	日紫白	奇門遁甲局数	22 秋分 13時56分	7 白露 4時26分	日紫白	奇門遁甲局数	22 処暑 15時56分	7 立秋 1時14分	日紫白	奇門遁甲局数	22 大暑 8時39分	6 小暑 15時19分	日紫白	奇門遁甲局数
新暦	農暦	日干支			農暦	日干支			農暦	日干支			農暦	日干支			農暦	日干支			農暦	日干支		
1	10/23	己巳	一	陰7局	9/23	己亥	七	陰9局	8/21	戊辰	八	6	7/20	戊戌	五	9	6/19	丁卯	六	2	5/17	丙申	四	陰8局
2	10/24	庚午	九		9/24	庚子	六		8/22	己巳	七	陰9局	7/21	己亥	四	陰3局	6/20	戊辰	五		5/18	丁酉	三	
3	10/25	辛未	八		9/25	辛丑	五		8/23	庚午	六		7/22	庚子	三		6/21	己巳	四	陰5局	5/19	戊戌	二	
4	10/26	壬申	七		9/26	壬寅	四		8/24	辛未	五		7/23	辛丑	二		6/22	庚午	三		5/20	己亥	一	陰2局
5	10/27	癸酉	六		9/27	癸卯	三		8/25	壬申	四		7/24	壬寅	一		6/23	辛未	二		5/21	庚子	九	
6	10/28	甲戌	五	陰1局	9/28	甲辰	二	陰3局	8/26	癸酉	三		7/25	癸卯	九		6/24	壬申	一		5/22	辛丑	八	
7	10/29	乙亥	四		9/29	乙巳	一		8/27	甲戌	二	陰3局	7/26	甲辰	八	陰6局	6/25	癸酉	九		5/23	壬寅	七	
8	11/1	丙子	三		9/30	丙午	九		8/28	乙亥	一		7/27	乙巳	七		6/26	甲戌	八	陰8局	5/24	癸卯	六	
9	11/2	丁丑	二		10/1	丁未	八		8/29	丙子	九		7/28	丙午	六		6/27	乙亥	七		5/25	甲辰	五	陰5局
10	11/3	戊寅	一		10/2	戊申	七		9/1	丁丑	八		7/29	丁未	五		6/28	丙子	六		5/26	乙巳	四	
11	11/4	己卯	九	陰4局・閏	10/3	己酉	六	陰5局	9/2	戊寅	七		8/1	戊申	四		6/29	丁丑	五		5/27	丙午	三	
12	11/5	庚辰	八		10/4	庚戌	五		9/3	己卯	六	陰5局	8/2	己酉	三	陰7局	6/30	戊寅	四		5/28	丁未	二	
13	11/6	辛巳	七		10/5	辛亥	四		9/4	庚辰	五		8/3	庚戌	二		7/1	己卯	三	陰1局	5/29	戊申	一	
14	11/7	壬午	六		10/6	壬子	三		9/5	辛巳	四		8/4	辛亥	一		7/2	庚辰	二		6/1	己酉	九	陰7局
15	11/8	癸未	五		10/7	癸丑	二		9/6	壬午	三		8/5	壬子	九		7/3	辛巳	一		6/2	庚戌	八	
16	11/9	甲申	四	陰7局・閏	10/8	甲寅	一	陰8局	9/7	癸未	二		8/6	癸丑	八		7/4	壬午	九		6/3	辛亥	七	
17	11/10	乙酉	三		10/9	乙卯	九		9/8	甲申	一	陰8局	8/7	甲寅	七	陰1局	7/5	癸未	八		6/4	壬子	六	
18	11/11	丙戌	二		10/10	丙辰	八		9/9	乙酉	九		8/8	乙卯	六		7/6	甲申	七	陰4局	6/5	癸丑	五	
19	11/12	丁亥	一		10/11	丁巳	七		9/10	丙戌	八		8/9	丙辰	五		7/7	乙酉	六		6/6	甲寅	四	陰1局
20	11/13	戊子	九		10/12	戊午	六		9/11	丁亥	七		8/10	丁巳	四		7/8	丙戌	五		6/7	乙卯	三	
21	11/14	己丑	八	陰1局・閏	10/13	己未	五	陰2局	9/12	戊子	六		8/11	戊午	三		7/9	丁亥	四		6/8	丙辰	二	
22	11/15	庚寅	九		10/14	庚申	四		9/13	己丑	八	陰2局	8/12	己未	二	陰4局	7/10	戊子	六		6/9	丁巳	一	
23	11/16	辛卯	一		10/15	辛酉	三		9/14	庚寅	七		8/13	庚申	一		7/11	己丑	五	陰7局	6/10	戊午	九	
24	11/17	壬辰	二		10/16	壬戌	二		9/15	辛卯	六		8/14	辛酉	九		7/12	庚寅	四		6/11	己未	八	陰4局
25	11/18	癸巳	三		10/17	癸亥	一		9/16	壬辰	五		8/15	壬戌	八		7/13	辛卯	三		6/12	庚申	七	
26	11/19	甲午	四	陽1局	10/18	甲子	六	陰4局	9/17	癸巳	四		8/16	癸亥	七		7/14	壬辰	二		6/13	辛酉	六	
27	11/20	乙未	五		10/19	乙丑	五		9/18	甲午	三	陰6局	8/17	甲子	三	陰6局	7/15	癸巳	一		6/14	壬戌	五	
28	11/21	丙申	六		10/20	丙寅	四		9/19	乙未	二		8/18	乙丑	二		7/16	甲午	九	陰9局	6/15	癸亥	四	
29	11/22	丁酉	七		10/21	丁卯	三		9/20	丙申	一		8/19	丙寅	一		7/17	乙未	八		6/16	甲子	九	陰2局
30	11/23	戊戌	八		10/22	戊辰	二		9/21	丁酉	九		8/20	丁卯	九		7/18	丙申	七		6/17	乙丑	八	
31	11/24	己亥	九	7					9/22	戊戌	八						7/19	丁酉	六		6/18	丙寅	七	

第三章

万年暦の活用方法

八字命理
はちじめいり

五虎遁（ごとん）——年干と月支から月干を割り出す規則

月柱 ＼ 年干	農暦 正月 新暦 2月	農暦 二月 新暦 3月	農暦 三月 新暦 4月	農暦 四月 新暦 5月	農暦 五月 新暦 6月	農暦 六月 新暦 7月	農暦 七月 新暦 8月	農暦 八月 新暦 9月	農暦 九月 新暦 10月	農暦 十月 新暦 11月	農暦 十一月 新暦 12月	農暦 十二月 新暦 1月
甲	丙寅	丁卯	戊辰	己巳	庚午	辛未	壬申	癸酉	甲戌	乙亥	丙子	丁丑
乙	戊寅	己卯	庚辰	辛巳	壬午	癸未	甲申	乙酉	丙戌	丁亥	戊子	己丑
丙	庚寅	辛卯	壬辰	癸巳	甲午	乙未	丙申	丁酉	戊戌	己亥	庚子	辛丑
丁	壬寅	癸卯	甲辰	乙巳	丙午	丁未	戊申	己酉	庚戌	辛亥	壬子	癸丑
戊	甲寅	乙卯	丙辰	丁巳	戊午	己未	庚申	辛酉	壬戌	癸亥	甲子	乙丑
己	丙寅	丁卯	戊辰	己巳	庚午	辛未	壬申	癸酉	甲戌	乙亥	丙子	丁丑
庚	戊寅	己卯	庚辰	辛巳	壬午	癸未	甲申	乙酉	丙戌	丁亥	戊子	己丑
辛	庚寅	辛卯	壬辰	癸巳	甲午	乙未	丙申	丁酉	戊戌	己亥	庚子	辛丑
壬	壬寅	癸卯	甲辰	乙巳	丙午	丁未	戊申	己酉	庚戌	辛亥	壬子	癸丑
癸	甲寅	乙卯	丙辰	丁巳	戊午	己未	庚申	辛酉	壬戌	癸亥	甲子	乙丑

五虎遁（ごことん）法の原理

陽干	陰干	合化	相生	五虎遁
甲（木）	己（土）	土	↑火	丙（火）寅
庚（金）	乙（木）	金	↑土	戊（土）寅
丙（火）	辛（金）	水	↑金	庚（金）寅
壬（水）	丁（火）	木	↑水	壬（水）寅
戊（土）	癸（水）	火	↑木	甲（木）寅

※↑は相生の関係をあらわす。

五鼠遁（ごそとん）——日干と時支から時干を割り出す規則

日干＼時支	子 23時～1時	丑 1時～3時	寅 3時～5時	卯 5時～7時	辰 7時～9時	巳 9時～11時	午 11時～13時	未 13時～15時	申 15時～17時	酉 17時～19時	戌 19時～21時	亥 21時～23時
甲	甲子	乙丑	丙寅	丁卯	戊辰	己巳	庚午	辛未	壬申	癸酉	甲戌	乙亥
乙	丙子	丁丑	戊寅	己卯	庚辰	辛巳	壬午	癸未	甲申	乙酉	丙戌	丁亥
丙	戊子	己丑	庚寅	辛卯	壬辰	癸巳	甲午	乙未	丙申	丁酉	戊戌	己亥
丁	庚子	辛丑	壬寅	癸卯	甲辰	乙巳	丙午	丁未	戊申	己酉	庚戌	辛亥
戊	壬子	癸丑	甲寅	乙卯	丙辰	丁巳	戊午	己未	庚申	辛酉	壬戌	癸亥
己	甲子	乙丑	丙寅	丁卯	戊辰	己巳	庚午	辛未	壬申	癸酉	甲戌	乙亥
庚	丙子	丁丑	戊寅	己卯	庚辰	辛巳	壬午	癸未	甲申	乙酉	丙戌	丁亥
辛	戊子	己丑	庚寅	辛卯	壬辰	癸巳	甲午	乙未	丙申	丁酉	戊戌	己亥
壬	庚子	辛丑	壬寅	癸卯	甲辰	乙巳	丙午	丁未	戊申	己酉	庚戌	辛亥
癸	壬子	癸丑	甲寅	乙卯	丙辰	丁巳	戊午	己未	庚申	辛酉	壬戌	癸亥

五鼠遁（ごそとん）法の原理

陽干	陰干	合化	相剋	五鼠遁
甲（木）	己（土）	土	↑木	甲（木）子
庚（金）	乙（木）	金	↑火	丙（火）子
丙（火）	辛（金）	水	↑土	戊（土）子
壬（水）	丁（火）	木	↑金	庚（金）子
戊（土）	癸（水）	火	↑水	壬（水）子

※↑は相剋の関係をあらわす。

零時区切りの時柱表

日干＼時支	子 0時～1時	丑 1時～3時	寅 3時～5時	卯 5時～7時	辰 7時～9時	巳 9時～11時	午 11時～13時	未 13時～15時	申 15時～17時	酉 17時～19時	戌 19時～21時	亥 21時～23時	子 23時～0時
甲	甲子	乙丑	丙寅	丁卯	戊辰	己巳	庚午	辛未	壬申	癸酉	甲戌	乙亥	丙子
乙	丙子	丁丑	戊寅	己卯	庚辰	辛巳	壬午	癸未	甲申	乙酉	丙戌	丁亥	戊子
丙	戊子	己丑	庚寅	辛卯	壬辰	癸巳	甲午	乙未	丙申	丁酉	戊戌	己亥	庚子
丁	庚子	辛丑	壬寅	癸卯	甲辰	乙巳	丙午	丁未	戊申	己酉	庚戌	辛亥	壬子
戊	壬子	癸丑	甲寅	乙卯	丙辰	丁巳	戊午	己未	庚申	辛酉	壬戌	癸亥	甲子
己	甲子	乙丑	丙寅	丁卯	戊辰	己巳	庚午	辛未	壬申	癸酉	甲戌	乙亥	丙子
庚	丙子	丁丑	戊寅	己卯	庚辰	辛巳	壬午	癸未	甲申	乙酉	丙戌	丁亥	戊子
辛	戊子	己丑	庚寅	辛卯	壬辰	癸巳	甲午	乙未	丙申	丁酉	戊戌	己亥	庚子
壬	庚子	辛丑	壬寅	癸卯	甲辰	乙巳	丙午	丁未	戊申	己酉	庚戌	辛亥	壬子
癸	壬子	癸丑	甲寅	乙卯	丙辰	丁巳	戊午	己未	庚申	辛酉	壬戌	癸亥	甲子

農暦と新暦の節入り対照表

月の十二支	農暦の月	新暦の月	節気	節入りの日
寅月	1月	2月	立春	2月4日頃
卯月	2月	3月	啓蟄	3月6日頃
辰月	3月	4月	清明	4月5日頃
巳月	4月	5月	立夏	5月6日頃
午月	5月	6月	芒種	6月6日頃
未月	6月	7月	小暑	7月7日頃
申月	7月	8月	立秋	8月7日頃
酉月	8月	9月	白露	9月8日頃
戌月	9月	10月	寒露	10月8日頃
亥月	10月	11月	立冬	11月7日頃
子月	11月	12月	大雪	12月7日頃
丑月	12月	1月	小寒	1月5日頃

二十四節気

節気（正節/しょうせつ）（節/せつ）	中気/ちゅうき（気）
立春 / りっしゅん（315度、2月4日頃）	雨水 / うすい（330度、2月19日頃）
啓蟄 / けいちつ（345度、3月6日頃）	春分 / しゅんぶん（0度、3月21日頃）
清明 / せいめい（15度、4月5日頃）	穀雨 / こくう（30度、4月20日頃）
立夏 / りっか（45度、5月6日頃）	小満 / しょうまん（60度、5月21日頃）
芒種 / ぼうしゅ（75度、6月6日頃）	夏至 / げし（90度、6月21日頃）
小暑 / しょうしょ（105度、7月7日頃）	大暑 / たいしょ（120度、7月23日頃）
立秋 / りっしゅう（135度、8月7日頃）	処暑 / しょしょ（150度、8月23日頃）
白露 / はくろ（165度、9月8日頃）	秋分 / しゅうぶん（180度、9月23日頃）
寒露 / かんろ（195度、10月8日頃）	霜降 / そうこう（210度、10月23日頃）
立冬 / りっとう（225度、11月7日頃）	小雪 / しょうせつ（240度、11月22日頃）
大雪 / たいせつ（255度、12月7日頃）	冬至 / とうじ（270度、12月22日頃）
小寒 / しょうかん（285度、1月5日頃）	大寒 / だいかん（300度、1月20日頃）

※表内の月・日は新暦表記

サマータイム表（日本国内）

西暦	昭和	サマータイム期間
1948年	昭和23年	5月1日～9月12日
1949年	昭和24年	4月2日～9月11日
1950年	昭和25年	5月6日～9月10日
1951年	昭和26年	5月5日～9月9日

※表内の月・日は新暦表記

安命宮生時表

辰宮	巳宮	午宮	未宮	申宮	酉宮	戌宮	亥宮	子宮	丑宮	寅宮	卯宮	安命宮 ／ 生時の時季
戌時	酉時	申時	未時	午時	巳時	辰時	卯時	寅時	丑時	子時	亥時	2月 雨水の後 3月 春分の前
酉時	申時	未時	午時	巳時	辰時	卯時	寅時	丑時	子時	亥時	戌時	3月 春分の後 4月 穀雨の前
申時	未時	午時	巳時	辰時	卯時	寅時	丑時	子時	亥時	戌時	酉時	4月 穀雨の後 5月 小満の前
未時	午時	巳時	辰時	卯時	寅時	丑時	子時	亥時	戌時	酉時	申時	5月 小満の後 6月 夏至の前
午時	巳時	辰時	卯時	寅時	丑時	子時	亥時	戌時	酉時	申時	未時	6月 夏至の後 7月 大暑の前
巳時	辰時	卯時	寅時	丑時	子時	亥時	戌時	酉時	申時	未時	午時	7月 大暑の後 8月 処暑の前
辰時	卯時	寅時	丑時	子時	亥時	戌時	酉時	申時	未時	午時	巳時	8月 処暑の後 9月 秋分の前
卯時	寅時	丑時	子時	亥時	戌時	酉時	申時	未時	午時	巳時	辰時	9月 秋分の後 10月 霜降の前
寅時	丑時	子時	亥時	戌時	酉時	申時	未時	午時	巳時	辰時	卯時	10月 霜降の後 11月 小雪の前
丑時	子時	亥時	戌時	酉時	申時	未時	午時	巳時	辰時	卯時	寅時	11月 小雪の後 12月 冬至の前
子時	亥時	戌時	酉時	申時	未時	午時	巳時	辰時	卯時	寅時	丑時	12月 冬至の後 1月 大寒の前
亥時	戌時	酉時	申時	未時	午時	巳時	辰時	卯時	寅時	丑時	子時	1月 大寒の後 2月 雨水の前

※表内の月は新暦表記

五行相生・相剋図

木
火
土
金
水
もくしょうか
木生火
かしょうど
火生土
どしょうきん
土生金
きんしょうすい
金生水
すいしょうもく
水生木
もっこくど
木剋土
かこくきん
火剋金
どこくすい
土剋水
きんこくもく
金剋木
すいこくか
水剋火

五行と干支・季節・方位

五行	天干		地支		季節	方位
木	甲	乙	寅	卯	春	東方
火	丙	丁	巳	午	夏	南方
土	戊	己	戌・辰	未・丑	長夏	中央
金	庚	辛	申	酉	秋	西方
水	壬	癸	子	亥	冬	北方

五行の分類

土	火	水	木	金	五行
黄	赤	黒	青	白	五色
黄麒麟	朱雀	玄武	青龍	白虎	五獣
中	南	北	東	西	五方
長夏	夏	冬	春	秋	五季
戊己	丙丁	壬癸	甲乙	庚辛	五干
辰未戌丑	巳午	亥子	寅卯	申酉	五支
端午	上巳	重陽	新年	七夕	五節
土星	火星	水星	木星	金星	五星
宮	徵	羽	角	商	五音
脾	心	腎	肝	肺	五臓
胃	小腸	膀胱	膽	大腸	五腑
拇指	中指	小指	食指	無名指	五指
口	舌	耳	目	鼻	五官
味	觸	聲	色	香	五覚
甘	苦	鹹	酸	辛	五味
信	禮	智	仁	義	五常
憂思	喜	恐	怒	悲	五志

十干

順序	音読み	十干	訓読み
1	こう	甲	きのえ
2	おつ	乙	きのと
3	へい	丙	ひのえ
4	てい	丁	ひのと
5	ぼ	戊	つちのえ
6	き	己	つちのと
7	こう	庚	かのえ
8	しん	辛	かのと
9	じん	壬	みずのえ
10	き	癸	みずのと

十二支

順序	十二支	訓読み
1	子	ね
2	丑	うし
3	寅	とら
4	卯	う
5	辰	たつ
6	巳	み
7	午	うま
8	未	ひつじ
9	申	さる
10	酉	とり
11	戌	いぬ
12	亥	い

十二直

順序	十二直	訓読み
1	建	たつ
2	除	のぞく
3	満	みつ
4	平	たいら
5	定	さだん
6	執	とる
7	破	やぶる
8	危	あやぶ
9	成	なる
10	収	おさん
11	開	ひらく
12	閉	とづ

支合

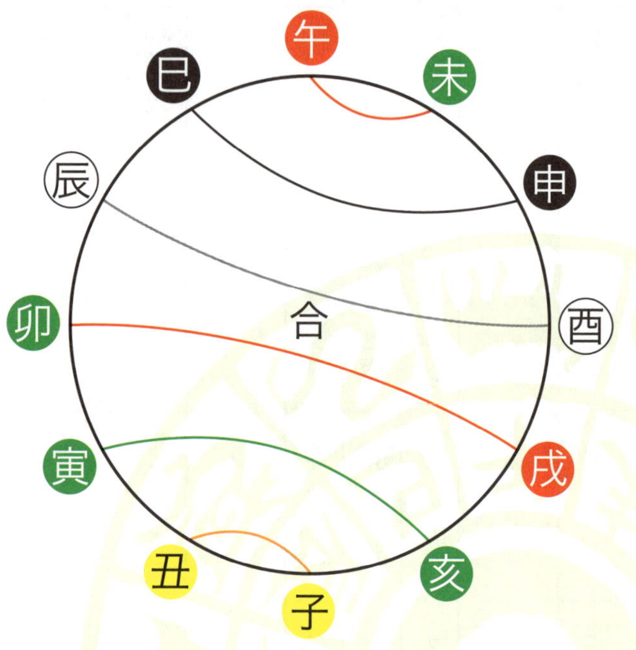
午
未
巳
申
辰
酉
合
卯
戌
寅
亥
丑
子

地　支		合 化
陽 支	陰 支	
子(水)	丑(土)	土
寅(木)	亥(水)	木
戌(土)	卯(木)	火
辰(土)	酉(金)	金
申(金)	巳(火)	水
午(火)	未(土)	火

地　支	三　合
申・子	水局半合
子・辰	
亥・卯	木局半合
卯・未	
寅・午	火局半合
午・戌	
巳・酉	金局半合
酉・丑	

三合

午
未
申
酉
戌
亥
子
丑
寅
卯
辰
巳
局

地　支	三　合
申・子・辰	水局（すいきょく）
亥・卯・未	木局（もっきょく）
寅・午・戌	火局（かきょく）
巳・酉・丑	金局（きんきょく）
辰・戌・丑・未	土局（どきょく）（四墓／しぼ）

三會

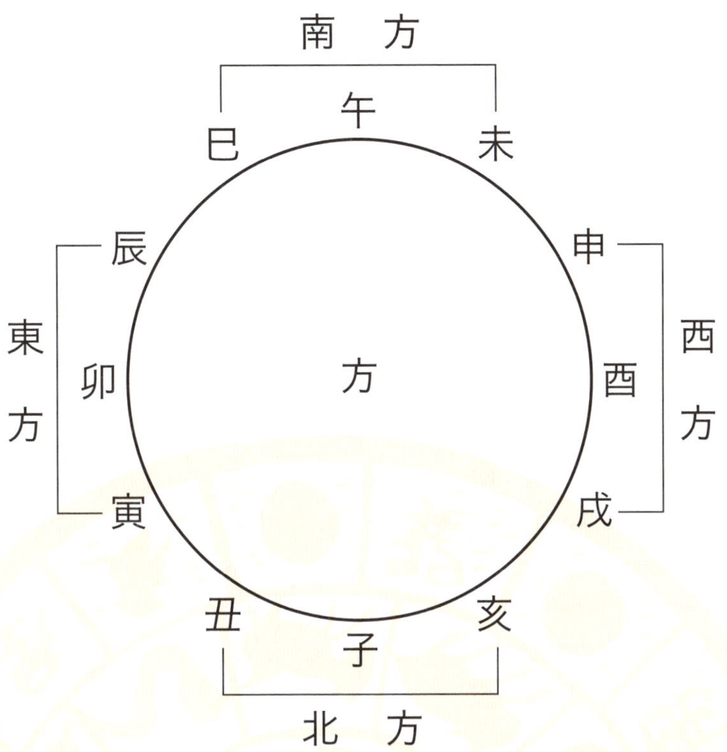
南　方
午
巳
未
辰
申
東
方
卯
方
酉
西
方
寅
戌
丑
亥
子
北　方

方位	三會	五行
東　方	寅・卯・辰	木
南　方	巳・午・未	火
西　方	申・酉・戌	金
北　方	亥・子・丑	水

三會と官殺

日干	月支		三會
	孟月	仲月	
	寅・申・巳・亥	子・午・卯・酉	
甲	申・酉・戌	申・酉・戌	地支にある三會が全て官殺となる
	七殺	正官	
丙	亥・子・丑	亥・子・丑	
	七殺	正官	
戊	寅・卯・辰	寅・卯・辰	
	七殺	正官	
庚	巳・午・未	巳・午・未	
	七殺	正官	
壬	丑・辰・未・戌	丑・辰・未・戌	
	七殺	正官	
乙	申・酉・戌	申・酉・戌	
	正官	七殺	
丁	亥・子・丑	亥・子・丑	
	正官	七殺	
己	寅・卯・辰	寅・卯・辰	
	正官	七殺	
辛	巳・午・未	巳・午・未	
	正官	七殺	
癸	丑・辰・未・戌	丑・辰・未・戌	
	正官	七殺	

地支の六沖

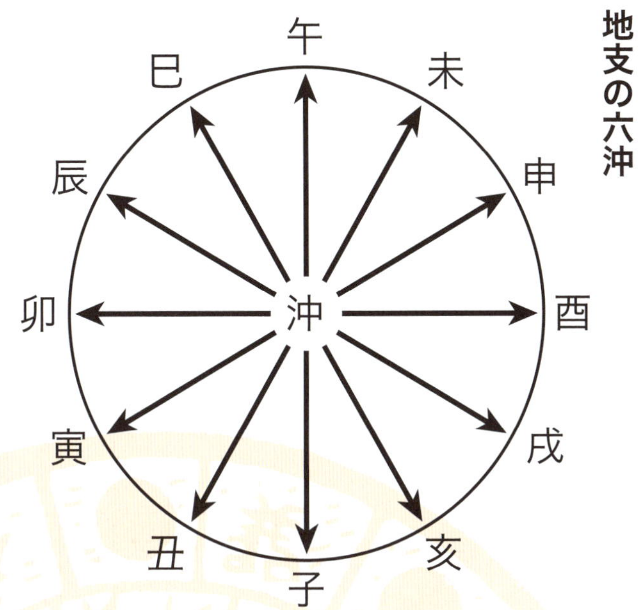

午
未
申
酉
戌
亥
子
丑
寅
卯
辰
巳
沖

区分	支	支
陽支	子（水）	午（火）
陰支	丑（土）	未（土）
陽支	寅（木）	申（金）
陰支	卯（木）	酉（金）
陽支	辰（土）	戌（土）
陰支	巳（火）	亥（水）

相沖の勝敗表

相沖	本気 ①	余気 ②	余気 ③	本気と余気・余気と余気	得時（四時の旺）	本気と余気・余気と余気	得時（四時の旺）	本気と余気・余気と余気	得時（四時の旺）
子	癸 ○			癸 ×	土旺				
午	丁 ×		己 －	己 ○					
丑	己 －	癸 ○	辛 ○	己 ×	木旺	辛 ×	火旺	癸 ×	土旺
未	己 －	丁 ×	乙 ×	乙 ○		丁 ○		己 ○	
寅	甲 ×	丙 ×	戊 －	丙 ×	水旺	丙 ○	火旺	甲 ○	木旺
申	庚 ○	壬 ○	戊 －	壬 ○		庚 ×		戊 ×	
卯	乙 ×								
酉	辛 ○								
辰	戊 －	乙 ×	癸 ○	乙 ×	金旺	乙 ○	木旺	癸 ×	土旺
戌	戊 －	辛 ○	丁 ×	辛 ○		戊 ×		戊 ○	
巳	丙 ×	庚 －	戊 ×	庚 ○	金旺	戊 ×	木旺	戊 ○	土旺
亥	壬 ○		甲 ○	甲 ×		甲 ○		壬 ×	

（子↔午、丑↔未、寅↔申、卯↔酉、辰↔戌、巳↔亥）

○勝利　×敗北　－均衡

地支の相刑

相刑①

無恩の刑	無礼の刑	自刑	恃勢の刑
申↓寅	子↓卯	辰↓辰	戌↓未
寅↓巳	卯↓子	午↓午	未↓丑
巳↓申		酉↓酉	丑↓戌
火の三刑：寅巳申		亥↓亥	土の三刑：丑戌未

※矢印↓の方向は、刑す側と刑される側をあらわす。

相刑②

三合		三會
申	刑	寅
子	刑	卯
辰	自刑	辰
寅	刑	巳
午	自刑	午
戌	刑	未
巳	刑	申
酉	自刑	酉
丑	刑	戌
亥	自刑	亥
卯	刑	子
未	刑	丑

三合と三會の関係から見る刑

十二運	木局		北方	金局		西方	火局		南方	水局		東方
（長）生	亥	↓	亥	巳	↓	申	寅	↓	巳	申	↓	寅
（帝）旺	卯	↓	子	酉	↓	酉	午	↓	午	子	↓	卯
墓	未	↓	丑	丑	↓	戌	戌	↓	未	辰	↓	辰

※矢印↓の方向は、刑す側と刑される側をあらわす。

地支の六害

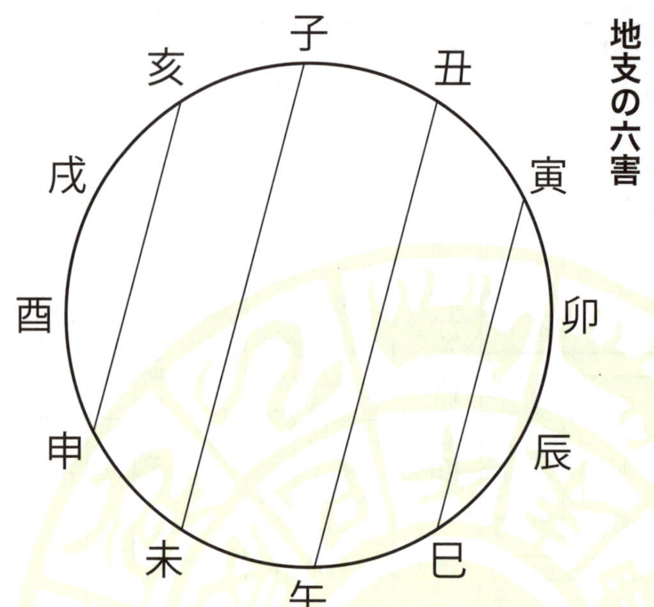
子
丑
寅
卯
辰
巳
午
未
申
酉
戌
亥

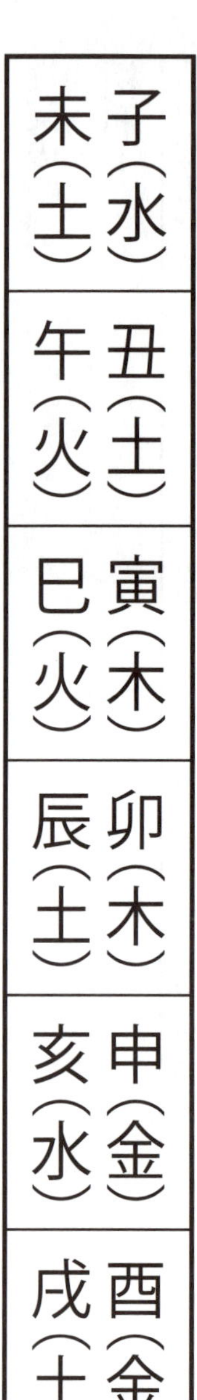

子（水）	未（土）
丑（土）	午（火）
寅（木）	巳（火）
卯（木）	辰（土）
申（金）	亥（水）
酉（金）	戌（土）

地支蔵干の図

午
丁
未
己
丁
乙
申
庚
戊
壬
酉
辛
戌
辛
丁
戊
亥
壬
甲
子
癸
丑
己
癸
辛
寅
甲
丙
戊
卯
乙
辰
戊
乙
癸
巳
丙
庚
戊

蔵干の本気と余気

地支	蔵干	
	本気	余気
子	癸	
丑	己	癸辛
寅	甲	丙戊
卯	乙	
辰	戊	乙癸
巳	丙	庚戊
午	丁	己
未	己	丁乙
申	庚	戊壬
酉	辛	
戌	戊	辛丁
亥	壬	甲

地支の合・沖・刑・害対照表

	子	丑	寅	卯	辰	巳	午	未	申	酉	戌	亥
子		六合		刑	三合		沖	六害	三合			
丑	六合					三合	六害	刑沖		三合	刑	
寅						刑六害	三合		刑沖		三合	六合
卯	刑				六害			三合		沖	六合	三合
辰	三合			六害	刑				三合	六合	沖	
巳		三合	刑六害						六合刑	三合		沖
午	沖	六害	三合				刑	六合			三合	
未	六害	刑沖		三合			六合				刑	三合
申	三合		刑沖		三合	六合刑						六害
酉		三合		沖	六合	三合				刑	六害	
戌		刑	三合	六合	沖		三合	刑		六害		
亥			六合	三合		沖		三合	六害			刑

干合

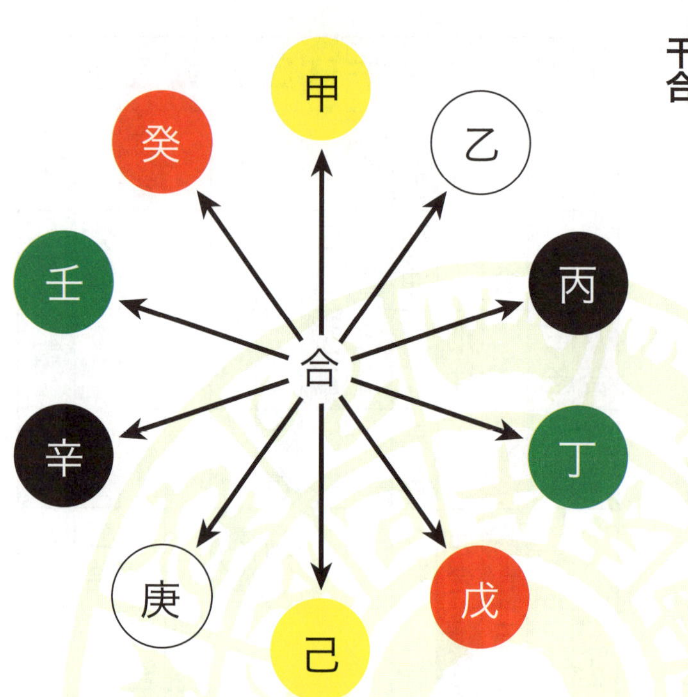
甲
乙
丙
丁
戊
己
庚
辛
壬
癸
合

陽干	陰干	合化
甲（木）	己（土）	土
庚（金）	乙（木）	金
丙（火）	辛（金）	水
壬（水）	丁（火）	木
戊（土）	癸（水）	火

日干の合化条件

陽干	陰干	合化	月支
甲（木）	己（土）	土	辰・戌・未・丑
庚（金）	乙（木）	金	巳・酉・丑・申
丙（火）	辛（金）	水	申・子・辰・亥
壬（水）	丁（火）	木	亥・卯・未・寅
戊（土）	癸（水）	火	寅・午・戌・巳

六十甲子の表

六甲											
六旬	六十甲子										空亡
甲子旬	甲子	乙丑	丙寅	丁卯	戊辰	己巳	庚午	辛未	壬申	癸酉	戌・亥
甲戌旬	甲戌	乙亥	丙子	丁丑	戊寅	己卯	庚辰	辛巳	壬午	癸未	申・酉
甲申旬	甲申	乙酉	丙戌	丁亥	戊子	己丑	庚寅	辛卯	壬辰	癸巳	午・未
甲午旬	甲午	乙未	丙申	丁酉	戊戌	己亥	庚子	辛丑	壬寅	癸卯	辰・巳
甲辰旬	甲辰	乙巳	丙午	丁未	戊申	己酉	庚戌	辛亥	壬子	癸丑	寅・卯
甲寅旬	甲寅	乙卯	丙辰	丁巳	戊午	己未	庚申	辛酉	壬戌	癸亥	子・丑

干支時計

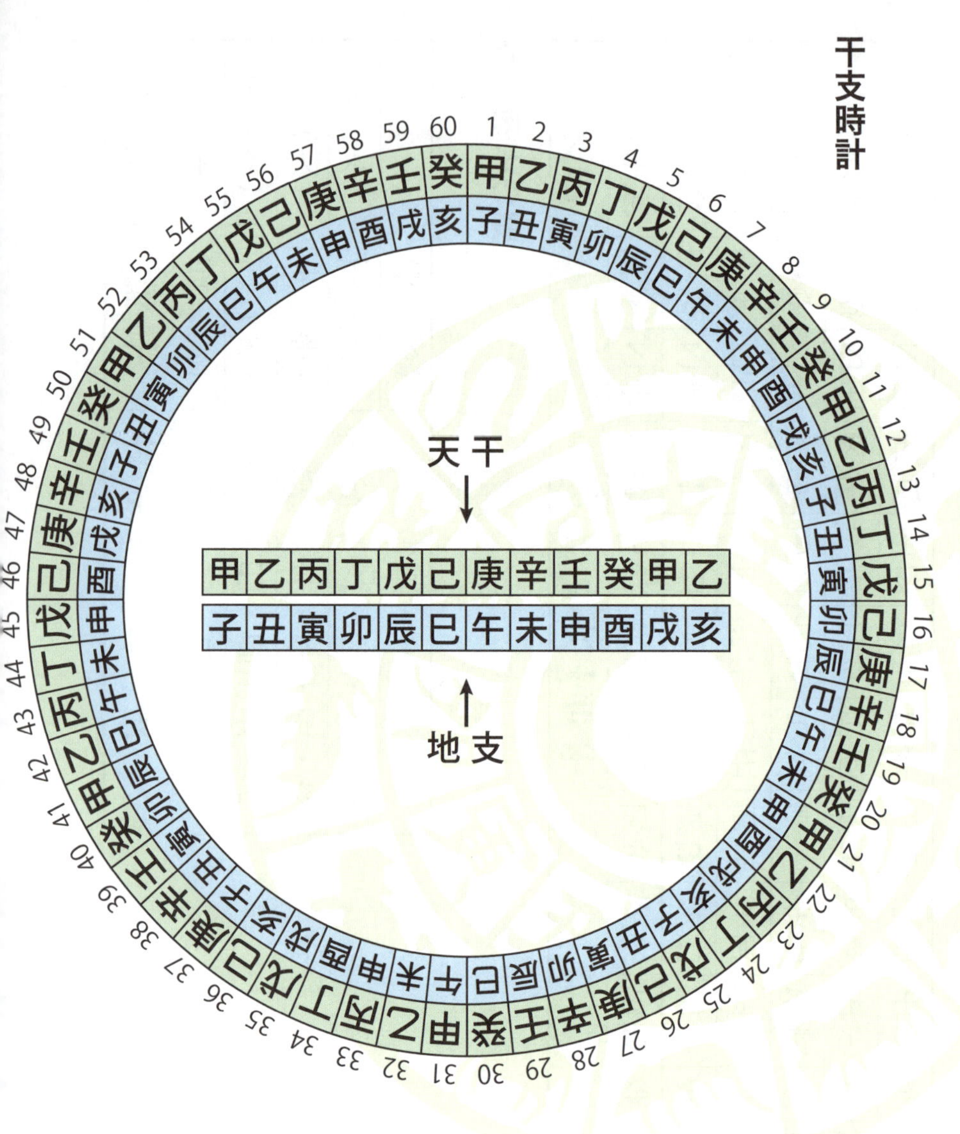

天干
甲 乙 丙 丁 戊 己 庚 辛 壬 癸 甲 乙
子 丑 寅 卯 辰 巳 午 未 申 酉 戌 亥
地支

六十甲子納音便覧

納　音	六十甲子
海中金 かいちゅうきん	甲子 乙丑
爐中火 ろちゅうか	丙寅 丁卯
大林木 たいりんぼく	戊辰 己巳
路傍土 ろぼうど	庚午 辛未
釼鋒金 じんぼうきん	壬申 癸酉
山頭火 さんとうか	甲戌 乙亥
澗下水 じゅんげすい	丙子 丁丑
城頭土 じょうとうど	戊寅 己卯
白鑞金 はくろうきん	庚辰 辛巳
楊柳木 ようりゅうぼく	壬午 癸未
井泉水 せいせんすい	甲申 乙酉
屋上土 おくじょうど	丙戌 丁亥
霹靂火 へきれきか	戊子 己丑
松柏木 しょうはくぼく	庚寅 辛卯
長流水 ちょうりゅうすい	壬辰 癸巳

納　音	六十甲子
沙中金 さちゅうきん	甲午 乙未
山下火 さんげか	丙申 丁酉
平地木 へいちぼく	戊戌 己亥
壁上土 へきじょうど	庚子 辛丑
金箔金 きんぱくきん	壬寅 癸卯
覆燈火 ふくとうか	甲辰 乙巳
天河水 てんがすい	丙午 丁未
大駅土 たいえきど	戊申 己酉
釵釧金 さいせんきん	庚戌 辛亥
桑柘木 そうしゃくもく	壬子 癸丑
大溪水 だいけいすい	甲寅 乙卯
沙中土 さちゅうど	丙辰 丁巳
天上火 てんじょうか	戊午 己未
柘榴木 ざくろぼく	庚申 辛酉
大海水 たいかいすい	壬戌 癸亥

納音五行図

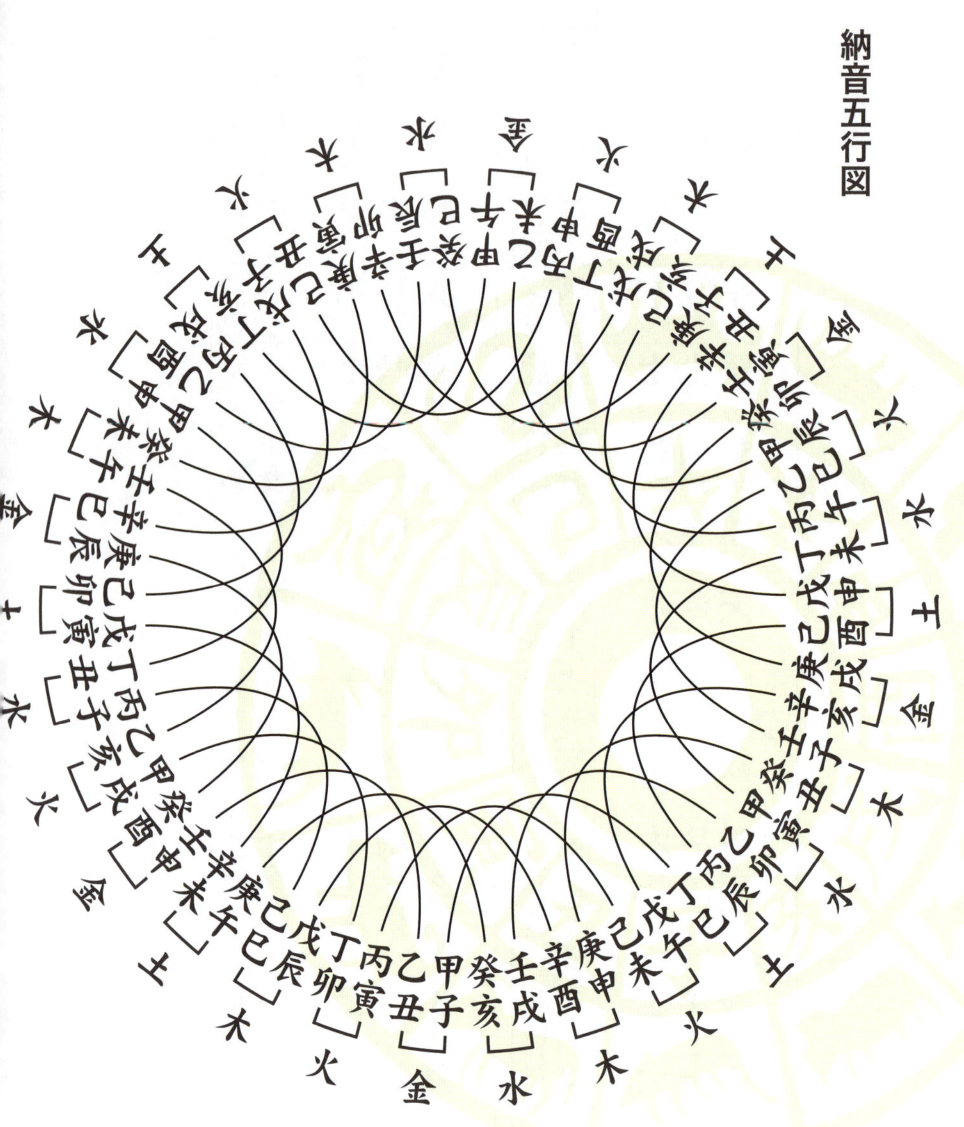

甲子 乙丑 金
丙寅 丁卯 火
戊辰 己巳 木
庚午 辛未 土
壬申 癸酉 金
甲戌 乙亥 火
丙子 丁丑 水
戊寅 己卯 土
庚辰 辛巳 金
壬午 癸未 木
甲申 乙酉 水
丙戌 丁亥 土
戊子 己丑 火
庚寅 辛卯 木
壬辰 癸巳 水
甲午 乙未 金
丙申 丁酉 火
戊戌 己亥 木
庚子 辛丑 土
壬寅 癸卯 金
甲辰 乙巳 火
丙午 丁未 水
戊申 己酉 土
庚戌 辛亥 金
壬子 癸丑 木
甲寅 乙卯 水
丙辰 丁巳 土
戊午 己未 火
庚申 辛酉 木
壬戌 癸亥 水

六神の相生・相剋

六神の相生・相剋

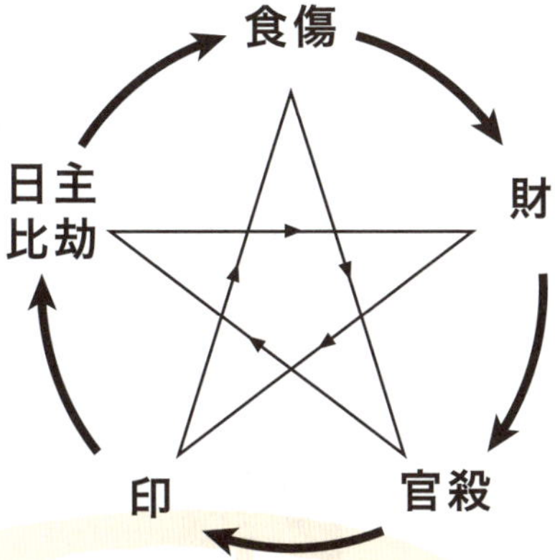

食傷
財
官殺
印
日主
比劫

佳格

①食神制殺格：身強の七殺(偏官)格のこと。用神が食神となり、七殺を制殺(化殺)するのを理想である佳格だと述べている。

②傷官駕殺格：身強の七殺(偏官)格のこと。用神が傷官となり、七殺を駕殺(化殺)するのを理想である佳格だと述べている。駕とは「制(剋)」のことであり、傷官が七殺を制殺することを駕殺という。

③正印化殺格：身弱の七殺(偏官)格のこと。用神が印(正印・偏印)となり、七殺が化印する(七殺が印に洩弱する)のが理想とする佳格だと述べている。この格は別称として、印綬化殺格、殺印相生格が挙げられる。

④傷官佩印格：身弱の傷官格のこと。用神が印となり、佩印(印を佩(帯)びること)で、印が傷官を剋することを理想とする佳格だと述べている。

⑤財滋弱殺格：身強にとって七殺(偏官)が弱い場合、財が来ることで日主は剋して損(弱くなる)。財は七殺を生じ、強くなった七殺は日主をより強く剋してなお喜ばしい。財が殺を生じて喜神となる。

六神象意

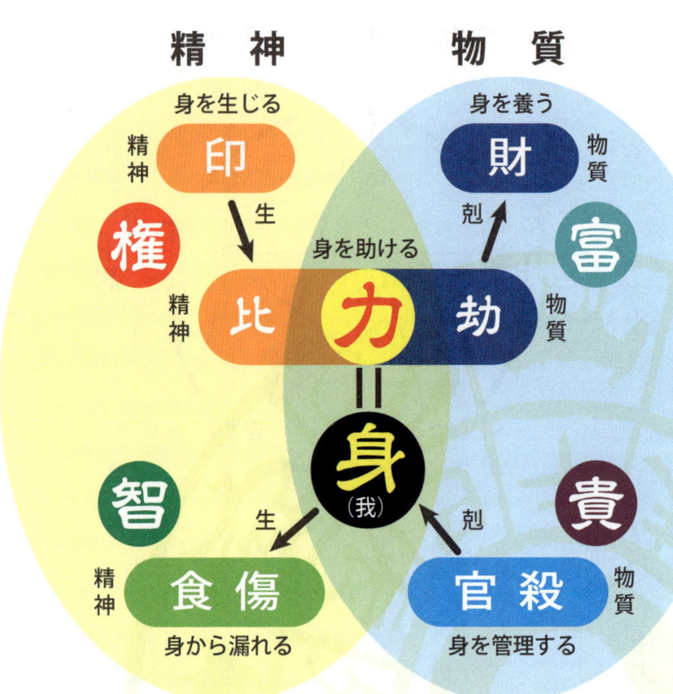
精神
物質
身を生じる
印
精神
生
権
身を助ける
比
力
劫
精神
物質
身を養う
財
物質
剋
富
身
(我)
智
生
食傷
精神
身から漏れる
貴
剋
官殺
物質
身を管理する

子平八字の六神象意

◎**官殺【正官・七殺】**
貴の象徴。内格の身強は官殺があれば貴命。

◎**財【正財・偏財】**
富の象徴。内格の身強で財旺は富翁。

◎**印【正印・偏印】**
内格の身弱で財・官があり、さらに身を弱くする場合、印があるか、あるいは印が来れば化して権となる（化殺）。

◎**食傷【食神・傷官】**
内格の身強で食傷があれば、食傷吐秀となる。聡明で才知に長ける。
食傷生財（食傷が財を生じること）は、経済能力が優れている。

◎**比劫【比肩・劫財】**
内格の身弱を助けて強くする。ただし、身強にとっては妨害となる。

天干六神表

日干＼天干	甲	乙	丙	丁	戊	己	庚	辛	壬	癸
甲	比肩	劫財	食神	傷官	偏財	正財	七殺	正官	偏印	正印
乙	劫財	比肩	傷官	食神	正財	偏財	正官	七殺	正印	偏印
丙	偏印	正印	比肩	劫財	食神	傷官	偏財	正財	七殺	正官
丁	正印	偏印	劫財	比肩	傷官	食神	正財	偏財	正官	七殺
戊	七殺	正官	偏印	正印	比肩	劫財	食神	傷官	偏財	正財
己	正官	七殺	正印	偏印	劫財	比肩	傷官	食神	正財	偏財
庚	偏財	正財	七殺	正官	偏印	正印	比肩	劫財	食神	傷官
辛	正財	偏財	正官	七殺	正印	偏印	劫財	比肩	傷官	食神
壬	食神	傷官	偏財	正財	七殺	正官	偏印	正印	比肩	劫財
癸	傷官	食神	正財	偏財	正官	七殺	正印	偏印	劫財	比肩

支蔵天干六神表

地支	日主	甲	乙	丙	丁	戊	己	庚	辛	壬	癸
子	癸	正印	偏印	正官	七殺	正財	偏財	傷官	食神	劫財	比肩
丑	癸	正印	偏印	正官	七殺	正財	偏財	傷官	食神	劫財	比肩
	己	正財	偏財	傷官	食神	劫財	比肩	正印	偏印	正官	七殺
	辛	正官	七殺	正財	偏財	傷官	食神	劫財	比肩	正印	偏印
寅	丙	食神	傷官	比肩	劫財	偏印	正印	七殺	正官	偏財	正財
	甲	比肩	劫財	偏印	正印	七殺	正官	偏財	正財	食神	傷官
	戊	偏財	正財	食神	傷官	比肩	劫財	偏印	正印	七殺	正官
卯	乙	劫財	比肩	正印	偏印	正官	七殺	正財	偏財	傷官	食神
辰	乙	劫財	比肩	正印	偏印	正官	七殺	正財	偏財	傷官	食神
	戊	偏財	正財	食神	傷官	比肩	劫財	偏印	正印	七殺	正官
	癸	正印	偏印	正官	七殺	正財	偏財	傷官	食神	劫財	比肩
巳	戊	偏財	正財	食神	傷官	比肩	劫財	偏印	正印	七殺	正官
	丙	食神	傷官	比肩	劫財	偏印	正印	七殺	正官	偏財	正財
	庚	七殺	正官	偏財	正財	食神	傷官	比肩	劫財	偏印	正印
午	丁	傷官	食神	劫財	比肩	正印	偏印	正官	七殺	正財	偏財
	己	正財	偏財	傷官	食神	劫財	比肩	正印	偏印	正官	七殺
未	乙	劫財	比肩	正印	偏印	正官	七殺	正財	偏財	傷官	食神
	己	正財	偏財	傷官	食神	劫財	比肩	正印	偏印	正官	七殺
	丁	傷官	食神	劫財	比肩	正印	偏印	正官	七殺	正財	偏財
申	戊	偏財	正財	食神	傷官	比肩	劫財	偏印	正印	七殺	正官
	庚	七殺	正官	偏財	正財	食神	傷官	比肩	劫財	偏印	正印
	壬	偏印	正印	七殺	正官	偏財	正財	食神	傷官	比肩	劫財
酉	辛	正官	七殺	正財	偏財	傷官	食神	劫財	比肩	正印	偏印
戌	辛	正官	七殺	正財	偏財	傷官	食神	劫財	比肩	正印	偏印
	戊	偏財	正財	食神	傷官	比肩	劫財	偏印	正印	七殺	正官
	丁	傷官	食神	劫財	比肩	正印	偏印	正官	七殺	正財	偏財
亥	壬	偏印	正印	七殺	正官	偏財	正財	食神	傷官	比肩	劫財
	甲	比肩	劫財	偏印	正印	七殺	正官	偏財	正財	食神	傷官

十二長生の表

癸	壬	辛	庚	己	戊	丁	丙	乙	甲	天干／十二運
卯	申	子	巳	酉	寅	酉	寅	午	亥	**長生**
寅	酉	亥	午	申	卯	申	卯	巳	子	**沐浴**
丑	戌	戌	未	未	辰	未	辰	辰	丑	**冠帯**
子	亥	酉	申	午	巳	午	巳	卯	寅	**臨官**
亥	子	申	酉	巳	午	巳	午	寅	卯	**帝旺**
戌	丑	未	戌	辰	未	辰	未	丑	辰	**衰**
酉	寅	午	亥	卯	申	卯	申	子	巳	**病**
申	卯	巳	子	寅	酉	寅	酉	亥	午	**死**
未	辰	辰	丑	丑	戌	丑	戌	戌	未	**墓**
午	巳	卯	寅	子	亥	子	亥	酉	申	**絶**
巳	午	寅	卯	亥	子	亥	子	申	酉	**胎**
辰	未	丑	辰	戌	丑	戌	丑	未	戌	**養**

十二長生の陰陽原理図

	壬	庚	丙 戊	甲	陽干／十二長生
死	申	巳	寅	亥	長生
病	酉	午	卯	子	沐浴
衰	戌	未	辰	丑	冠帯
帝旺	亥	申	巳	寅	臨官
臨官	子	酉	午	卯	帝旺
冠帯	丑	戌	未	辰	衰
沐浴	寅	亥	申	巳	病
長生	卯	子	酉	午	死
養	辰	丑	戌	未	墓
胎	巳	寅	亥	申	絶
絶	午	卯	子	酉	胎
墓	未	辰	丑	戌	養
十二長生／陰干	癸	辛	丁 己	乙	

①年干・日干から、年、月、日、時の地支を見る神煞

癸	壬	辛	庚	己	戊	丁	丙	乙	甲	年干・日干
卯 巳	巳 卯	午 寅	未 丑	申 子	未 丑	酉 亥	亥 酉	子 申	丑 未	天乙貴人
卯	寅	子	亥	酉	申	酉	申	午	巳	文昌
卯	申	子	巳	酉	寅	酉	寅	午	亥	学堂
子	亥	酉	申	午	巳	午	巳	卯	寅	十干禄
丑	子	戌	酉	未	午	未	午	辰	卯	羊刃
申	子	酉	戌	辰	辰	未	寅	午	午	紅艶煞

②年支・日支から、年、月、日、時の地支を見る神煞

亥	戌	酉	申	未	午	巳	辰	卯	寅	丑	子	年支・日支
卯	午	酉	子	卯	午	酉	子	卯	午	酉	子	将星
未	戌	丑	辰	未	戌	丑	辰	未	戌	丑	辰	華蓋
巳	申	亥	寅	巳	申	亥	寅	巳	申	亥	寅	駅馬
申	亥	寅	巳	申	亥	寅	巳	申	亥	寅	巳	劫煞
寅	巳	申	亥	寅	巳	申	亥	寅	巳	申	亥	亡神
子	卯	午	酉	子	卯	午	酉	子	卯	午	酉	桃花煞

③月支から日干支を見る神煞

亥	戌	酉	申	未	午	巳	辰	卯	寅	丑	子	月支
乙	丙	寅	癸	甲	亥	辛	壬	申	丁	庚	巳	天徳貴人 （日干支）
甲	丙	庚	壬	甲	丙	庚	壬	甲	丙	庚	壬	月徳貴人 （日干）

④年柱の地支（年支）から、月、日、時の地支を見る神煞

亥	戌	酉	申	未	午	巳	辰	卯	寅	丑	子	年支	
寅	亥	亥	亥	申	申	申	巳	巳	巳	寅	寅	孤辰	
戌	未	未	未	辰	辰	辰	丑	丑	丑	戌	戌	寡宿	
丑	子	亥	戌	酉	申	未	午	巳	辰	卯	寅	喪門	
酉	申	未	午	巳	辰	卯	寅	丑	子	亥	戌	弔客	
午	巳	辰	卯	寅	丑	子	亥	戌	酉	申	未	陽年干の男 陰年干の女	元辰
辰	卯	寅	丑	子	亥	戌	酉	申	未	午	巳	陰年干の男 陽年干の女	

⑤空亡の地支

空亡	六十甲子										六旬
戌・亥	癸酉	壬申	辛未	庚午	己巳	戊辰	丁卯	丙寅	乙丑	甲子	甲子旬
申・酉	癸未	壬午	辛巳	庚辰	己卯	戊寅	丁丑	丙子	乙亥	甲戌	甲戌旬
午・未	癸巳	壬辰	辛卯	庚寅	己丑	戊子	丁亥	丙戌	乙酉	甲申	甲申旬
辰・巳	癸卯	壬寅	辛丑	庚子	己亥	戊戌	丁酉	丙申	乙未	甲午	甲午旬
寅・卯	癸丑	壬子	辛亥	庚戌	己酉	戊申	丁未	丙午	乙巳	甲辰	甲辰旬
子・丑	癸亥	壬戌	辛酉	庚申	己未	戊午	丁巳	丙辰	乙卯	甲寅	甲寅旬

⑥三奇早見表

人中の三奇				地上の三奇				天上の三奇				
逆		順		逆		順		逆		順		
	壬		辛		乙		丁		甲		庚	年干
壬	癸	辛	癸	乙	丙	丁	丙	甲	戊	庚	戊	月干
癸	辛	癸	壬	丙	丁	丙	乙	戊	庚	戊	甲	日干
辛		壬		丁		乙		庚		甲		時干

⑦日柱の干支による神煞

魁罡（日柱の干支）
庚 戌
庚 辰
戊 戌
壬 辰

四季の十二ヵ月の用語表

季節	月				
春	正月	寅	端	正	孟
	二月	卯	花	令	仲
	三月	辰	桐	嘉	季
夏	四月	巳	梅	麥	孟
	五月	午	蒲	皐	仲
	六月	未	茘	暑	季
秋	七月	申	瓜	涼	孟
	八月	酉	桂	状	仲
	九月	戌	菊	玄	季
冬	十月	亥	陽	良	孟
	十一月	子	葭	辜	仲
	十二月	丑	臘	蠟	季

※表内の月は農暦表記

旺相休囚死の一覧

	春	夏	秋	冬
旺	寅卯木	巳午火	申酉金	亥子水
相	巳午火	辰戌丑未土	亥子水	寅卯木
死	辰戌丑未土	申酉金	寅卯木	巳午火
囚	申酉金	亥子水	巳午火	辰戌丑未土
休	亥子水	寅卯木	辰戌丑未土	申酉金

天干と身体・地支と身体

頭	肝臓・胆嚢	甲
首	肝臓	乙
肩	小腸	丙
	心臓	丁
胸部	胃	戊
腹部	脾臓・膵臓	己
へそ	大腸	庚
臀部	肺	辛
脚	膀胱	壬
足	腎臓	癸

耳	腎臓・膀胱	子
脾臓・膵臓	腹部	丑
静脈	肝臓・胆嚢	寅
指	肝臓	卯
胃・胸部	皮膚	辰
小腸・歯	顔	巳
心臓・精神	目	午
背中	脾臓・胃	未
肺	大腸	申
血液	肺・腸	酉
胃・足	脚	戌
膀胱・脳	頭	亥

五運の気（陽干太過・陰干不足）

五運	天干	天干
土運	甲 陽干太過	己 陰干不足
金運	乙 陰干不足	庚 陽干太過
水運	丙 陽干太過	辛 陰干不足
木運	丁 陰干不足	壬 陽干太過
火運	戊 陽干太過	癸 陰干不足

十二地支を六気に配する表

五運	地支	地支	六気	臓腑
火	子	午	少陰君火	心　小腸
土	丑	未	太陰湿土	脾　胃
火	寅	申	少陽相火	三焦包絡
金	卯	酉	陽明燥金	肺　大腸
水	辰	戌	太陽寒水	腎　膀胱
木	巳	亥	厥陰風木	肝　胆

五運六気と節気

六気	主気	客気	二十四節気
初気	厥陰風木	少陽相火	大寒～春分
二気	少陰君火	陽明燥金	春分～小満
三気	少陽相火	太陽寒水	小満～大暑
四気	太陰湿土	厥陰風木	大暑～秋分
五気	陽明燥金	少陰君火	秋分～小雪
六気	太陽寒水	太陰湿土	小雪～大寒

【四柱推命】普通格局分類表

格局		用神格局名	日主強弱	命式内の六神の状況	用神	喜神	忌神
1 正官格	①	正官用財格	強	食傷が多い	財星	官殺	比劫
	②	正官用財格	強	印星が多い	財星	食傷	比劫・印星
	③	正官用官格	強	比劫が多い	官殺	財星	比劫・印星
	④	正官用印格	弱	官殺が多い	印星	比劫	官殺・財星
	⑤	正官用印格	弱	食傷が多い	印星	官星	食傷・財星
	⑥	正官用比劫格	財多身弱	財星が多い	比劫	印星	官殺・財星
	⑦	正官用印格	財多身弱	財星が多く、命式に比劫がない場合	印星	比劫	官殺・財星
2 七殺格	①	七殺用食傷格	強	官殺が多い	食傷	食傷	官殺・印星
	②	七殺用財格	強	印星が多い	財星	食傷	比劫・印星
	③	七殺用殺格	強	比劫が多い	官殺	財星	比劫・印星
	④	七殺用印格	弱	官殺が多い	印星	比劫	財星・官殺
	⑤	七殺用印格	弱	食傷が多い	印星	印星	財星・食傷
	⑥	七殺用比劫格	財多身弱	財星が多い	比肩	印星	財星・食傷
3 財格（正財格／偏財格）	①	財用財格	強	印星が多い	正財	食傷	比劫・印星
	②	財用食傷格	強	比劫が多い	食傷	財星	印星・比劫
	③	財用官殺格	強	比劫が多い	官殺	財星	印星・比劫
	④	財用印格	弱	官殺が多い	印星	比劫	財星・官殺
	⑤	財用印格	弱	食傷が多い	印星	比劫	財星・官殺
	⑥	財用比劫格	財多身弱	財星が多い	比劫	印星	官殺・食傷・財星

格局		用神格局名	日主強弱	命式内の六神の状況	用神	喜神	忌神
4 印格（正印格／偏印格）	①	印用官殺格	強	財星が多い	官殺	印星	食傷・財星
	②	印用財格	強	印星が多い	財星	食傷	比劫・印星
	③	印用官殺格	強	比劫が多く、命式に官殺がある場合	官殺	官殺	印星・比劫
	④	印用食傷格	強	比劫が多く、命式に官殺がない場合	食傷	食傷	印星・比劫
	⑤	印用比劫格	財多身弱	財星が多い	比劫	比劫	財星・食傷
	⑥	印用印格	弱	食傷が多い	印星	比劫	財星・食傷
	⑦	印用印格	弱	官殺が多い	印星	比劫	財星・官殺
5 食神格	①	食神用官殺格	強	財星が多い	官殺	財星	印星・比劫
	②	食神用食傷格	強	比劫が多い	食傷	財星	印星・比劫
	③	食神用財格	強	印星が多い	財星	食傷	比劫・印星
	④	食神用印格	弱	食傷が多い	印星	官星	財星・食傷
	⑤	食神用印格	弱	官殺が多い	印星	比劫	財星・官殺
	⑥	食神用比劫格	財多身弱	財星が多い	比劫	印星	官殺・財星
6 傷官格	①	傷官用財格	強	印星が多い	財星	食傷	比劫・印星
	②	傷官用殺格	強	比劫が多い	官殺	財星	印星・比劫
	③	傷官用印格	弱	官殺が多い	印星	比劫	財星・官殺
	④	傷官用印格	弱	食傷が多い	印星	官星	財星・食傷
	⑤	傷官用比劫格	財多身弱	財星が多い	比劫	印星	官殺・財星

※歳運で用神・喜神の運に逢うのを吉とする。
※歳運で忌神の運に逢うのを凶とする。

【四柱推命】特別格局分類表

格局		日主強弱	命式内の六神の状況	喜用神 用神	喜用神 喜神	忌神
1 建禄格	説明	建禄格の日干は強い。用神と喜忌の取り方は以下のようになる。				
	①	従強格	印星が多い	印星・比劫・食傷		財星・官殺（犯旺）
	②	従強格	比劫か多い	印星・比劫・食傷		財星・官殺（犯旺）
	③	強	官殺が多い	財星	食傷	印星・比劫
	③	強	日干に対して官殺が強い	印星	印星・比劫	財星・官殺
	④	強	食傷が多い	財星	食傷	印星・比劫
	④	強	日干に対して食傷が強い	印星	印星・比劫	財星・食傷
	⑤	強	財星が多い	官星	官殺・財星	印星・比劫
	⑤	強	日干に対して財星が強い	比劫	印星	財星・官殺
2 月刃格	説明	月刃格は、日干が月令を得、旺気が合して一つとなり出来上がる格局であり、普通格局の日干が月令を得ているだけの格局とは旺気が異なる。ゆえにその用神の取り方や喜忌も普通格局と同じではない。				
	①	従旺格	比劫が多い	印星・比劫・食傷		財星・官殺（犯旺）
	②	従旺格	印星が多い	印星・比劫・食傷		財星・官殺（犯旺）
	③	強	財星が多い	官殺	官殺・財星	印星・比劫
	④	強	官殺が多い	財星	食傷・財星	財星・官殺（犯旺）
	⑤	強	食傷が多い	財星	食傷・財星	財星・官殺（犯旺）
	⑥	弱	満盤財官、財星・官殺と、食傷ばかりの命式	印星	印星・比劫	財星・官殺・食傷

格局		日主強弱	命式内の六神の状況	喜用神：用神	喜用神：喜神	忌神
3　従格	説明	我を剋すもの（官殺）、我が剋するもの（財星）、我が洩らす（食傷）が多く、我を弱めるものに従うゆえに「従格」という。				
	①	弱	従官殺格	官殺	財星	食傷・印星・比劫
	②	弱	従財格	財星	食傷	比劫・印星・官殺
	③	弱	従食傷格	食傷	財星	印星・比劫・官殺
4　化気格	説明	化気格は破格することによって成格へと転じている。救助の神を用となすのである。 喜神：化神が旺じて、洩を取ること、また生助を取るのが宜しい。喜神として順用神（相生）を喜ぶ。 忌神：化神が剋され衰えるのを忌むため、逆用神（相剋）を忌神とする。 ※化気格は、⑴内格（身強・身弱）、⑵従強／旺格、一行得気格、⑶従格と考え喜忌を考える必要がある。 下記の喜忌は⑵従強／旺格、一行得気格の場合である。				
	①		化土格	火・土・金		木
	②		化金格	土・金・水		火
	③		化水格	金・水・木		土
	④		化木格	水・木・火		金
	⑤		化火格	木・火・土		水
5　一行得気格	説明	一行得気格は、その一行に特化した秀気をもって気が集まり用神となる。 喜神：印星・比劫・食傷。忌神：官殺				
	①		曲直格	木	水・木・火	金・土
	②		炎上格	火	木・火・土	水・金
	③		従革格	金	土・金・水	火・木
	④		潤下格	水	金・水・木	土・火
	⑤		稼穡格	土	火・土・金	木・水

6　両神成象格

格局	日主強弱	命式内の六神の状況	喜用神	忌神
説明	両神成象格の用神の取り方は、従格に類似する。 相生格の喜忌：順用神（相生）を喜神とする。逆用神（相剋）を忌神とする。 相成格の喜忌：通関する五行を喜神とする。逆用神を忌み逆用神があれば破局する。また、通関神を剋制するものを忌む。例えば、木土相成格において木を剋する逆用神は忌神である。 また、火の通関神を剋する水も忌む。 ※通関：相剋の中間の五行である。例えば、木土相成格において木は土を剋し、木と土の中間の火があれば、火が通関神である。つまり五行相剋の調和者である。			
①		水木相生格	水・木・火	土・金
②		木火相生格	木・火・土	金・水
③		火土相生格	火・土・金	水・木
④		土金相生格	土・金・水	木・火
⑤		金水相生格	金・水・木	火・土
⑥		木土相成格	土・火	木・水・金
⑦		土水相成格	水・金	土・火・木
⑧		水火相成格	火・木	水・金・土
⑨		火金相成格	金・土	火・木・水
⑩		金木相成格	金・水	金・土・火

格局		日主強弱	命式内の六神の状況	喜用神	忌神
7 暗沖格					
説明	暗沖格とは、局中に官星が無く、地支に日支と相同するものが三つ以上ある（井欄叉格の場合は、地支に三合水局が成立）。暗中に官星を沖出する暗沖（擬態）としての官星を用神としている。暗沖は填実（破格となること）を忌む。填実となるものが凶である。				
①		丙午日	倒沖禄馬格	申・丑	壬・子・未
②		丁巳日		寅・卯	癸・亥・申
③		庚子日	飛天禄馬格	未・寅	丙・午・丑
④		壬子日			
⑤		辛亥日		申・酉	丁・巳・寅
⑥		癸亥日			
⑦		庚子、庚申、庚辰日	井欄叉格（せいらんしゃかく）	亥・卯・未	丙・丁・寅・午・戌
8 暗合格					
説明	暗合格とは、局中に官星が無く、地支に日支と相同するものが三つ以上ある。暗中に官星を合（六合）し引き出し用神としている。暗合は填実（破格となること）を忌む。填実となるものが凶である。				
①		甲辰日	暗合酉格	辰　春令生まれを喜ぶ	酉・戌
②		戊戌日	暗合卯格	戌　秋冬令生まれを喜ぶ	卯・辰
③		癸卯日	暗合戌格	卯　春令生まれを喜ぶ	戌・酉
④		癸酉日	暗合辰格	酉　秋冬令生まれを喜ぶ	辰・卯

易占（えきせん）

六十四卦の表

土	土	水	木	木	火	金	金	宮卦の五行
坤宮(地) 8	艮宮(山) 7	坎宮(水) 6	巽宮(風) 5	震宮(雷) 4	離宮(火) 3	兌宮(沢) 2	乾宮(天) 1	宮卦／世爻
こん 坤 88 こんいち 坤為地	ごん 艮 77 ごんいさん 艮為山	かん 坎 66 かんいすい 坎為水	そん 巽 55 そんいふう 巽為風	しん 震 44 しんいらい 震為雷	り 離 33 りいか 離為火	だ 兌 22 だいたく 兌為沢	けん 乾 11 けんいてん 乾為天	6
ふく 復 84 ちらいふく 地雷復	ひ 賁 73 さんかひ 山火賁	せつ 節 62 すいたくせつ 水沢節	しょうちく 小畜 51 ふうてんしょうちく 風天小畜	よ 豫 48 らいちよ 雷地豫	りょ 旅 37 かざんりょ 火山旅	こん 困 26 たくすいこん 沢水困	こう 姤 15 てんぷうこう 天風姤	1
りん 臨 82 ちたくりん 地沢臨	たいちく 大畜 71 さんてんたいちく 山天大畜	ちゅん 屯 64 すいらいちゅん 水雷屯	かじん 家人 53 ふうかかじん 風火家人	かい 解 46 らいすいかい 雷水解	てい 鼎 35 かふうてい 火風鼎	すい 萃 28 たくちすい 沢地萃	とん 遯 17 てんざんとん 天山遯	2
たい 泰 81 ちてんたい 地天泰	そん 損 72 さんたくそん 山沢損	きせい 既済 63 すいかきせい 水火既済	えき 益 54 ふうらいえき 風雷益	こう 恒 45 らいふうこう 雷風恒	びせい 未済 36 かすいびせい 火水未済	かん 咸 27 たくさんかん 沢山咸	ひ 否 18 てんちひ 天地否	3
たいそう 大壮 41 らいてんたいそう 雷天大壮	けい 睽 32 かたくけい 火沢睽	かく 革 23 たくかかく 沢火革	むぼう 无妄 14 てんらいむぼう 天雷无妄	しょう 升 85 ちふうしょう 地風升	もう 蒙 76 さんすいもう 山水蒙	けん 蹇 67 すいざんけん 水山蹇	かん 観 58 ふうちかん 風地観	4
かい 夬 21 たくてんかい 沢天夬	り 履 12 てんたくり 天沢履	ほう 豊 43 らいかほう 雷火豊	ぜいこう 噬嗑 34 からいぜいこう 火雷噬嗑	せい 井 65 すいふうせい 水風井	かん 渙 56 ふうすいかん 風水渙	けん 謙 87 ちざんけん 地山謙	はく 剥 78 さんちはく 山地剥	5
じゅ 需 61 すいてんじゅ 水天需	ちゅうふ 中孚 52 ふうたくちゅうふ 風沢中孚	めいい 明夷 83 ちかめいい 地火明夷	い 頤 74 さんらいい 山雷頤	たいか 大過 25 たくふうたいか 沢風大過	しょう 訟 16 てんすいしょう 天水訟	しょうか 小過 47 らいざんしょうか 雷山小過	しん 晋 38 かちしん 火地晋	4
ひ 比 68 すいちひ 水地比	ぜん 漸 57 ふうざんぜん 風山漸	し 師 86 ちすいし 地水師	こ 蠱 75 さんぷうこ 山風蠱	ずい 随 24 たくらいずい 沢雷随	どうじん 同人 13 てんかどうじん 天火同人	きまい 帰妹 42 らいたくきまい 雷沢帰妹	たいゆう 大有 31 かてんたいゆう 火天大有	3

断易―十二支の五行

十二支	
子　陽水	午　陽火
丑　陰土	未　陰土
寅　陽木	申　陽金
卯　陰木	酉　陰金
辰　陽土	戌　陽土
巳　陰火	亥　陰水

断易における六神象意

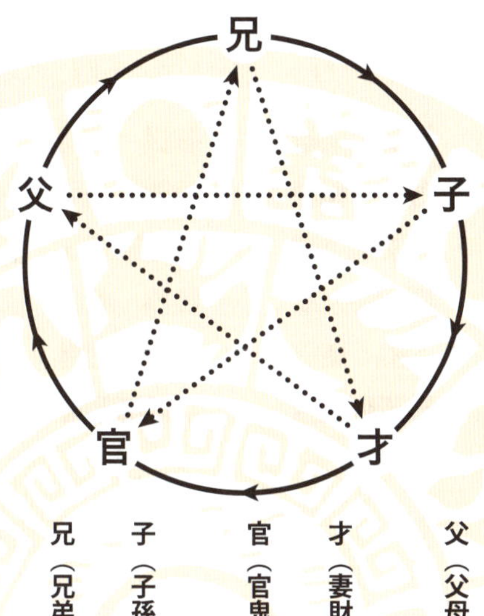

兄
子
才
官
父

父（父母）：宮卦の五行を生じる五行。
両親、教師、師、家、手紙、衣服、契約、教育、困難。

才（妻財）：宮卦の五行が剋する五行。
妻、従者、物質的な対象。

官（官鬼）：宮卦の五行を剋する五行。
地位、夫、強奪者、役職、圧力、責任、病気、心配。

子（子孫）：宮卦の五行が生じる五行。
財産、医者、ペット、動物、生徒。

兄（兄弟）：宮卦の五行と同じ五行。
兄弟姉妹、友だち、競争相手。

断易—装卦の表

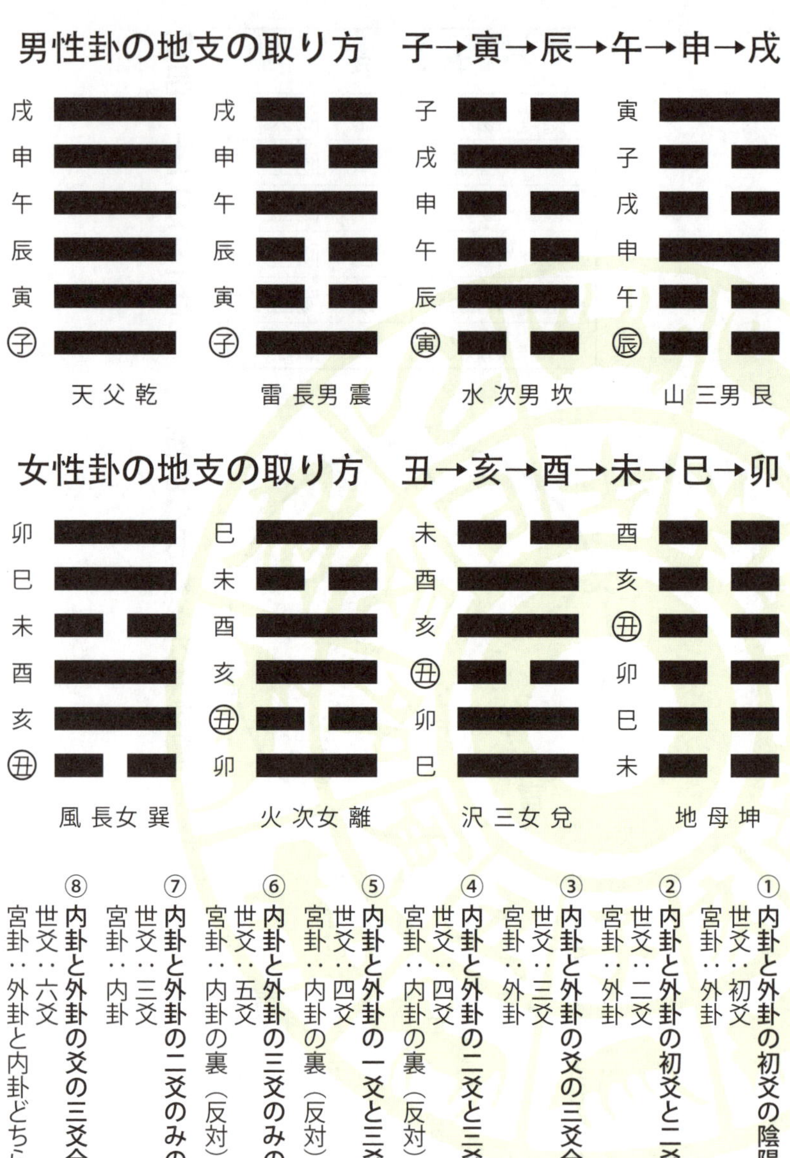

男性卦の地支の取り方　子→寅→辰→午→申→戌
戌 申 午 辰 寅 ㋜子
天 父 乾
戌 申 午 辰 寅 ㋜子
雷 長男 震
子 戌 申 午 辰 ㋜寅
水 次男 坎
寅 子 戌 申 午 ㋜辰
山 三男 艮
女性卦の地支の取り方　丑→亥→酉→未→巳→卯
卯 巳 未 酉 亥 ㋜丑
風 長女 巽
巳 未 酉 亥 ㋜丑 卯
火 次女 離
未 酉 亥 ㋜丑 卯 巳
沢 三女 兌
酉 亥 ㋜丑 卯 巳 未
地 母 坤

①**内卦と外卦の初爻の陰陽が異なる**
世爻：初爻
宮卦：外卦

②**内卦と外卦の初爻と二爻の陰陽が異なる**
世爻：二爻
宮卦：外卦

③**内卦と外卦の爻の三爻全部陰陽が異なる**
世爻：三爻
宮卦：外卦

④**内卦と外卦の二爻と三爻の陰陽が異なる**
世爻：四爻
宮卦：内卦の裏（反対）

⑤**内卦と外卦の一爻と三爻の陰陽が異なる**
世爻：四爻
宮卦：内卦の裏（反対）

⑥**内卦と外卦の三爻のみの陰陽が異なる**
世爻：五爻
宮卦：内卦の裏（反対）

⑦**内卦と外卦の二爻のみの陰陽が異なる**
世爻：三爻
宮卦：内卦

⑧**内卦と外卦の爻の三爻全部陰陽が同じ**
世爻：六爻
宮卦：外卦と内卦どちらでも（同じ）

断易——六獣の表

日干	上爻	五爻	四爻	三爻	二爻	初爻
甲乙日	玄武	白虎	螣蛇	勾陳	朱雀	青龍
丙丁日	青龍	玄武	白虎	螣蛇	勾陳	朱雀
戊日	朱雀	青龍	玄武	白虎	螣蛇	勾陳
己日	勾陳	朱雀	青龍	玄武	白虎	螣蛇
庚辛日	螣蛇	勾陳	朱雀	青龍	玄武	白虎
壬癸日	白虎	螣蛇	勾陳	朱雀	青龍	玄武

空亡表

日辰										空亡
甲子	乙丑	丙寅	丁卯	戊辰	己巳	庚午	辛未	壬申	癸酉	戌・亥
甲戌	乙亥	丙子	丁丑	戊寅	己卯	庚辰	辛巳	壬午	癸未	申・酉
甲申	乙酉	丙戌	丁亥	戊子	己丑	庚寅	辛卯	壬辰	癸巳	午・未
甲午	乙未	丙申	丁酉	戊戌	己亥	庚子	辛丑	壬寅	癸卯	辰・巳
甲辰	乙巳	丙午	丁未	戊申	己酉	庚戌	辛亥	壬子	癸丑	寅・卯
甲寅	乙卯	丙辰	丁巳	戊午	己未	庚申	辛酉	壬戌	癸亥	子・丑

堪輿（かんよ）

三元地盤正針二十四山

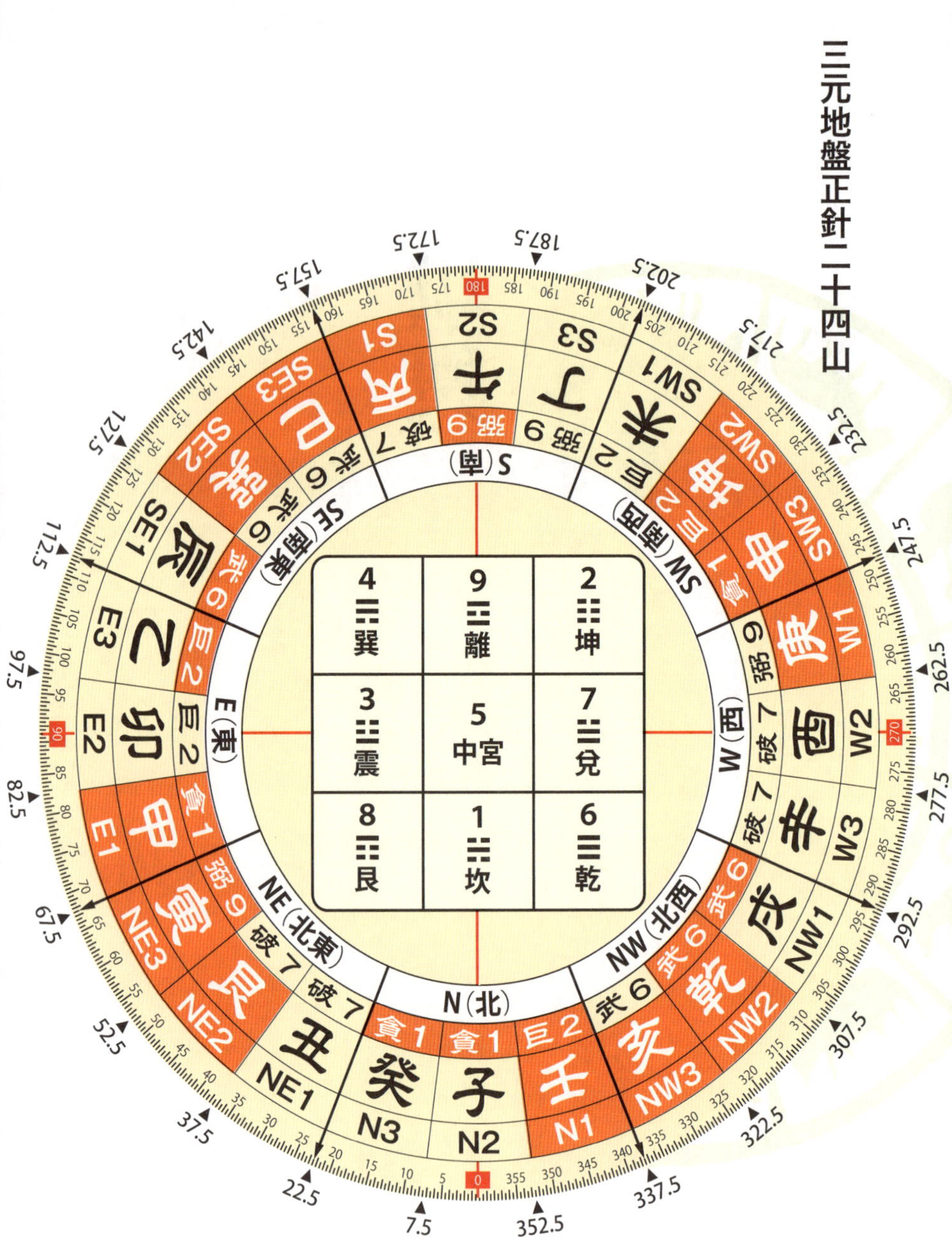

4 巽
9 離
2 坤
3 震
5 中宮
7 兌
8 艮
1 坎
6 乾
N（北）
NE（北東）
E（東）
SE（南東）
S（南）
SW（南西）
W（西）
NW（北西）
子 N2
癸 N3
丑 NE1
艮 NE2
寅 NE3
甲 E1
卯 E2
乙 E3
辰 SE1
巽 SE2
巳 SE3
丙 S1
午 S2
丁 S3
未 SW1
坤 SW2
申 SW3
庚 W1
酉 W2
辛 W3
戌 NW1
乾 NW2
亥 NW3
壬 N1
貪1
巨2
武6
破7
弼9
7.5
22.5
37.5
52.5
67.5
82.5
97.5
112.5
127.5
142.5
157.5
172.5
187.5
202.5
217.5
232.5
247.5
262.5
277.5
292.5
307.5
322.5
337.5
352.5

三元玄空大卦羅盤

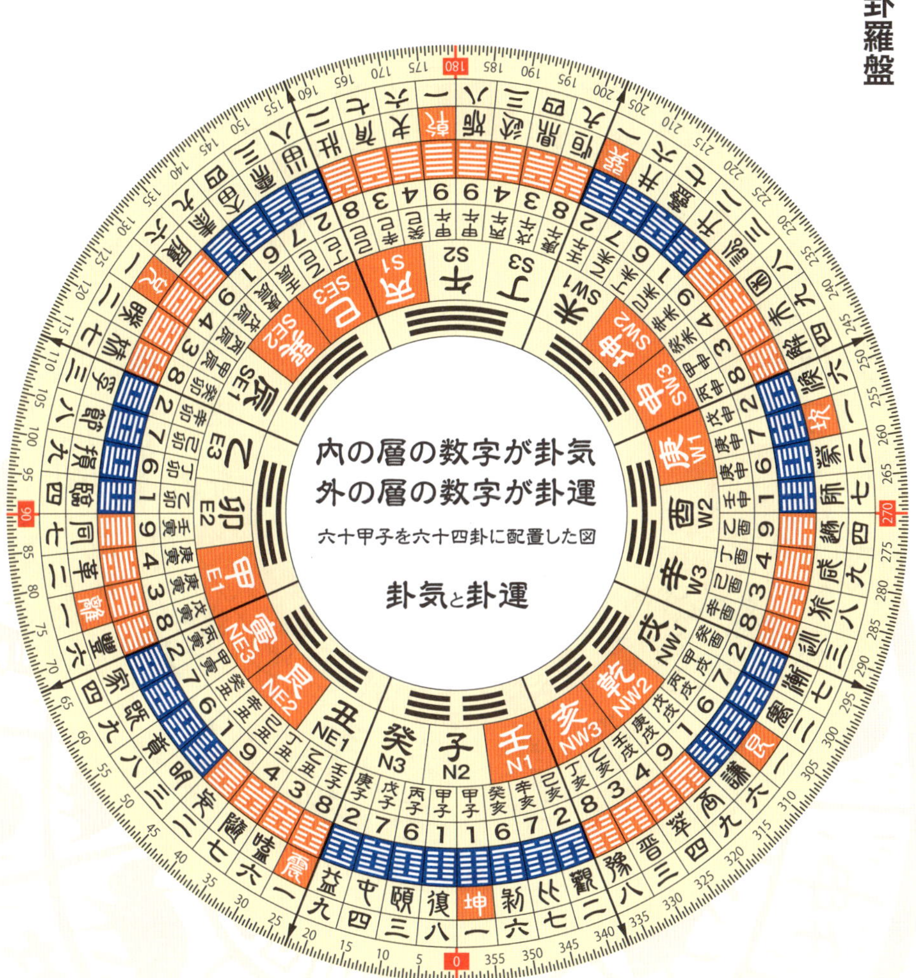
内の層の数字が卦気
外の層の数字が卦運
六十甲子を六十四卦に配置した図
卦気と卦運

三合羅盤常用層一

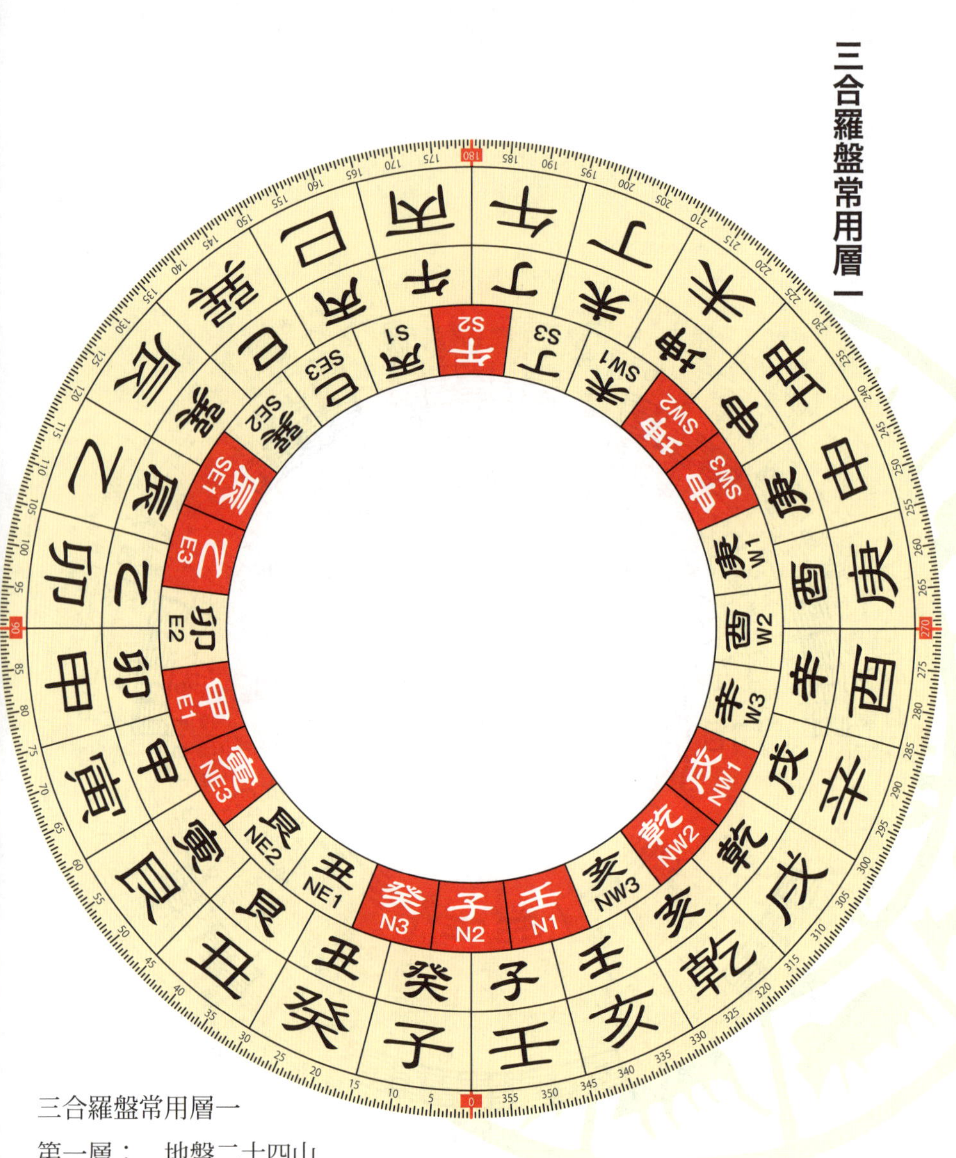

午 S2
丁 S3
未 SW1
坤 SW2
申 SW3
庚 W1
酉 W2
辛 W3
戌 NW1
乾 NW2
亥 NW3
壬 N1
子 N2
癸 N3
丑 NE1
艮 NE2
寅 NE3
甲 E1
卯 E2
乙 E3
辰 SE1
巽 SE2
巳 SE3
丙 S1

三合羅盤常用層一

第一層：　地盤二十四山

第二層：　人盤二十四山

第三層：　天盤二十四山

※中心に近い層から第一層

三合羅盤常用層二

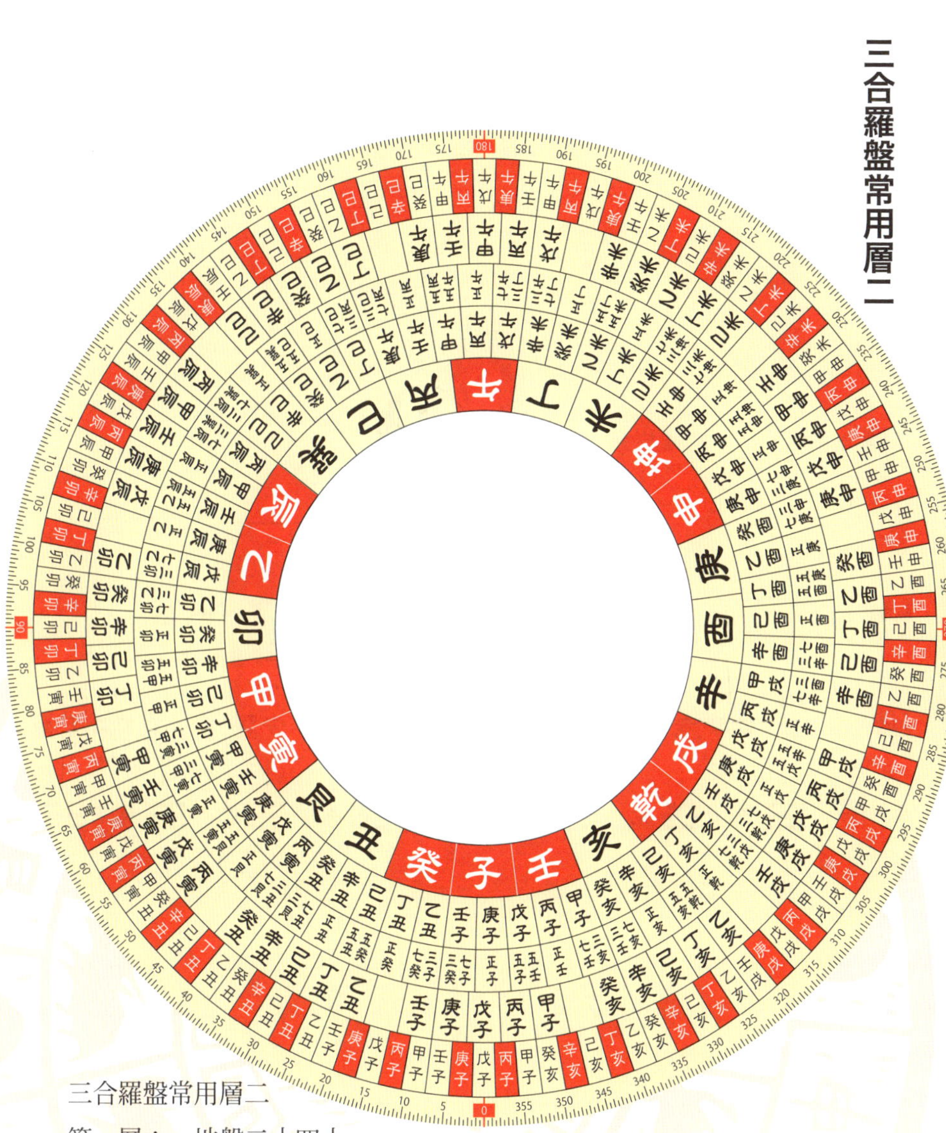
午
丁
未
坤
申
庚
酉
辛
戌
乾
亥
壬
子
癸
丑
艮
寅
甲
卯
乙
辰
巽
巳
丙

三合羅盤常用層二

第一層：　地盤二十四山

第二・三層：　透地六十龍

第四層：　穿山七十二龍

第五層：　地盤百二十分金

※中心に近い層から第一層

太極〜森羅万象

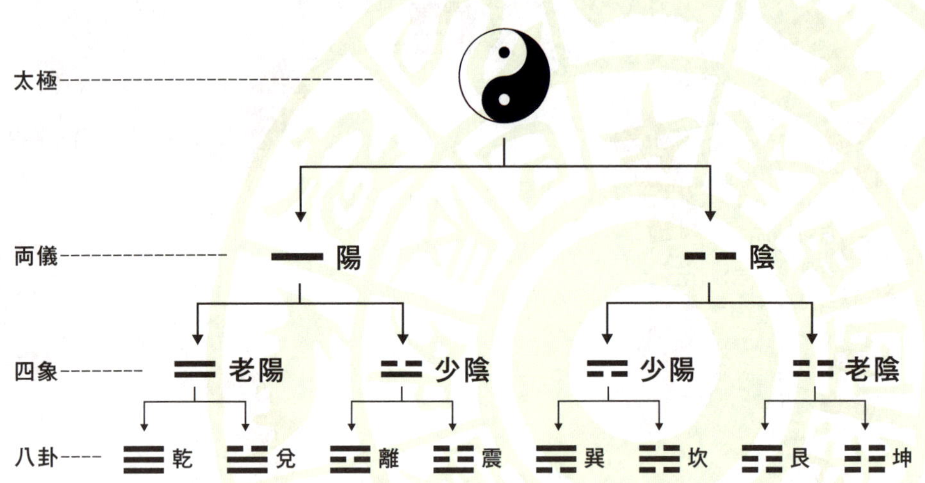

太極
両儀
陽
陰
四象
老陽
少陰
少陽
老陰
八卦
乾
兌
離
震
巽
坎
艮
坤

河図—十数図／十数図の配置

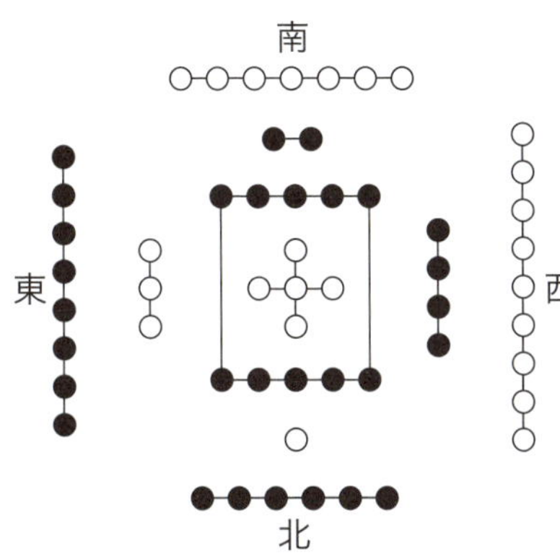
南
東
西
北

	二・七 火 南方	
三・八 木 東方	五・十 土 中央	四・九 金 西方
	一・六 水 北方	

洛書—洛書図／九数図の配置

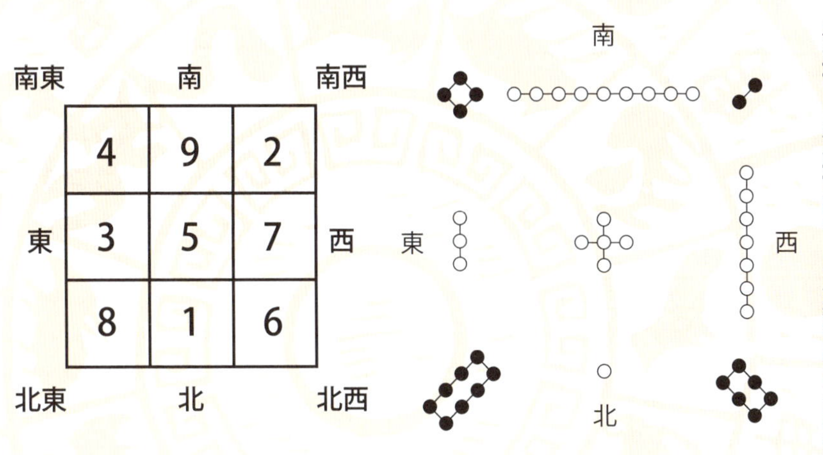
南東
南
南西
4
9
2
東
3
5
7
西
8
1
6
北東
北
北西
南
東
西
北

洛書と後天図

洛書における数と
方位八卦と数の対応関係は
後天図と呼ばれている。

長女 ☴ 巽風	中女 ☲ 離火	母 ☷ 坤地
長男 ☳ 震雷		少女 ☱ 兌沢
小男 ☶ 艮山	中男 ☵ 坎水	父 ☰ 乾天

乾為父得 6　坤為母得 2
震長男得 3　巽長女得 4
坎中男得 1　離中女得 9
艮少男得 8　兌少女得 7

河図〜五行相生・洛書〜五行相剋

河図ー五行相生

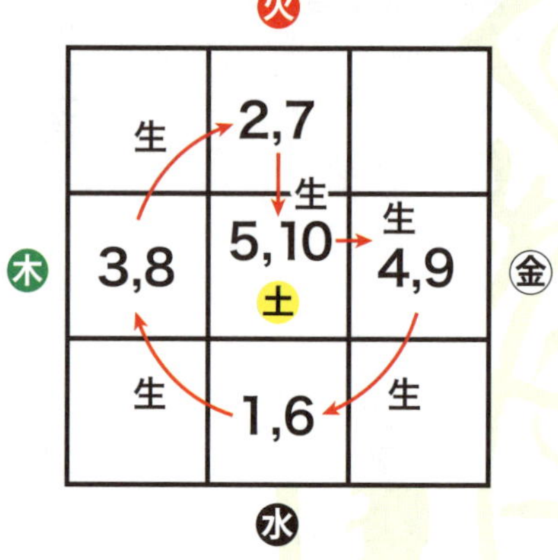
火
木
金
水
土
生
生
生
生
生
2,7
3,8
5,10
4,9
1,6

洛書ー五行相剋

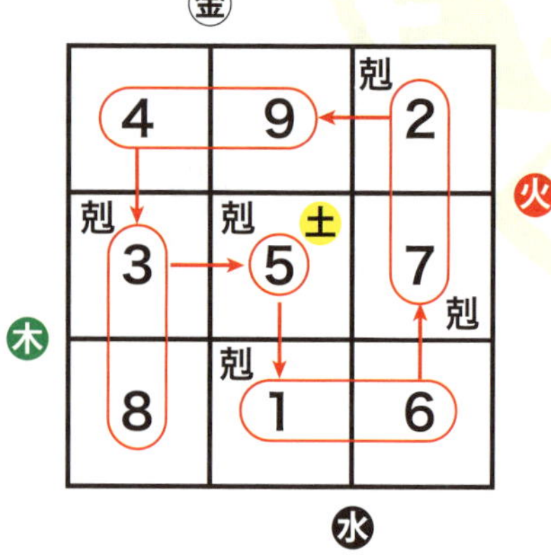
金
火
木
水
土
剋
剋
剋
剋
剋
4
9
2
3
5
7
8
1
6

八卦の分類

卦	後天数	先天数	性質	家族	動物	後天方位	身体	五行
☰ 乾	6	1	天	父	馬	北西	頭	金
☵ 坎	1	6	水	次男	豚	北	耳	水
☶ 艮	8	7	山	三男	犬	北東	手	土
☳ 震	3	4	雷	長男	龍	東	脚	木
☴ 巽	4	5	風	長女	鶏	南東	尻	木
☲ 離	9	3	火	次女	鳥	南	目	火
☷ 坤	2	8	地	母	牛	南西	腹	土
☱ 兌	7	2	沢	三女	羊	西	口	金

1

先天卦と先天数（河図数）

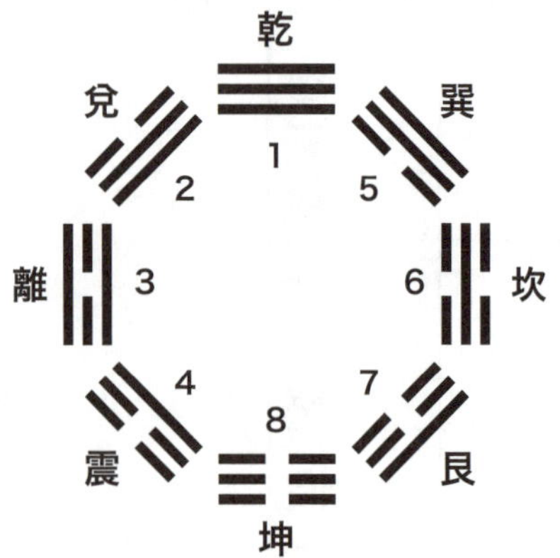
乾
兌
巽
1
2
5
離
3
6
坎
4
7
8
震
艮
坤

先天卦に河図の象を配する図
（先天卦と先天数）

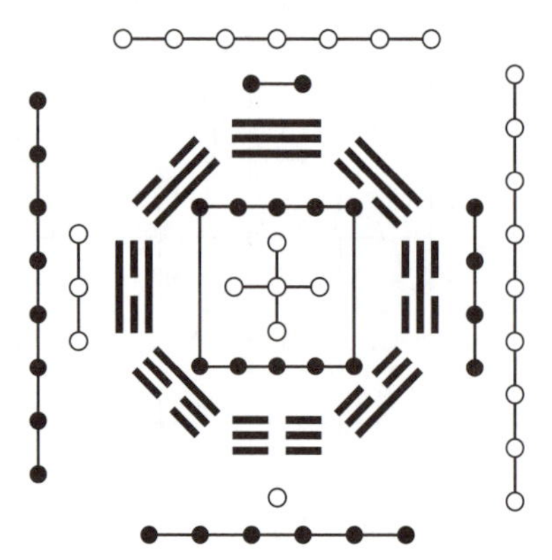

八卦の爻

例：兌卦　上爻 陰爻　中爻 陽爻　下爻 陽爻

※八卦を内側から見ている。外が上爻、内が下爻。

2

後天卦と先天数（河図数）

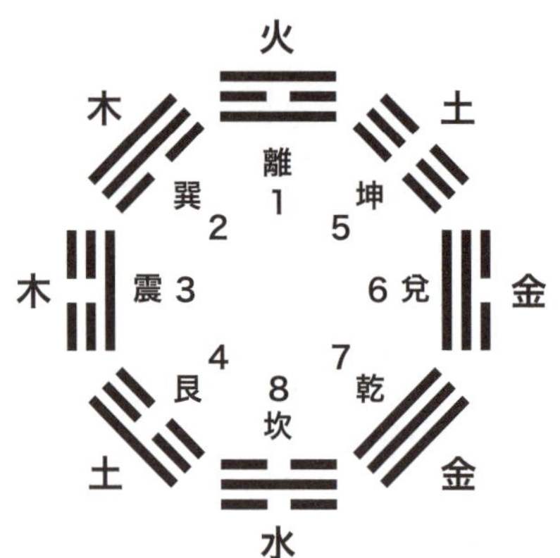
火
木
土
離
1
巽
2
坤
5
木
震 3
6 兌
金
4
艮
8
坎
7
乾
土
金
水

後天卦に河図の象を配する図
（後天卦と先天数）

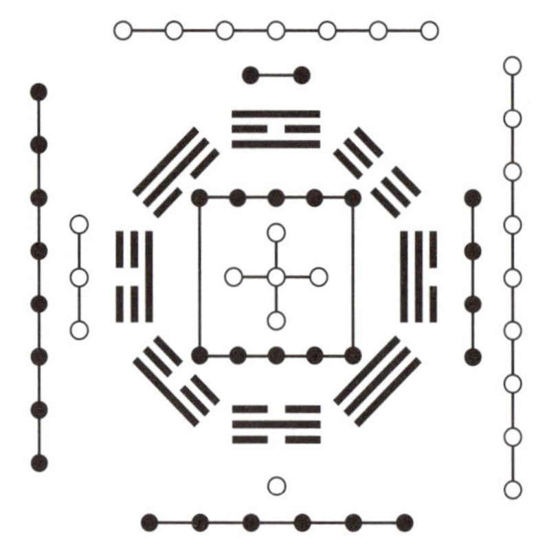

3

先天卦と後天数（洛書数）

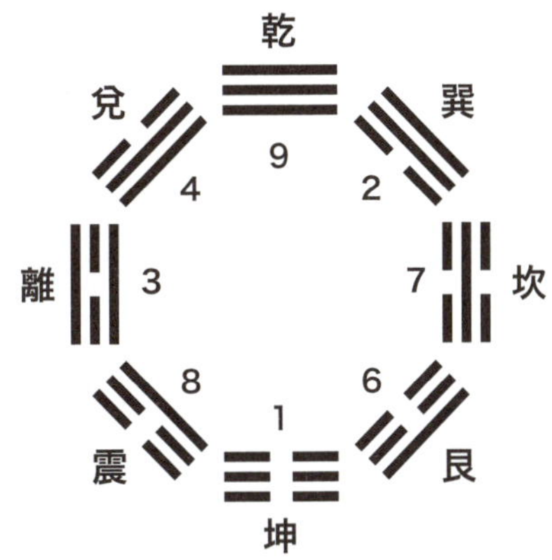
乾
9
巽
2
坎
7
艮
6
坤
1
震
8
離
3
兌
4

先天卦に洛書の数を配する図
（先天卦と後天数）

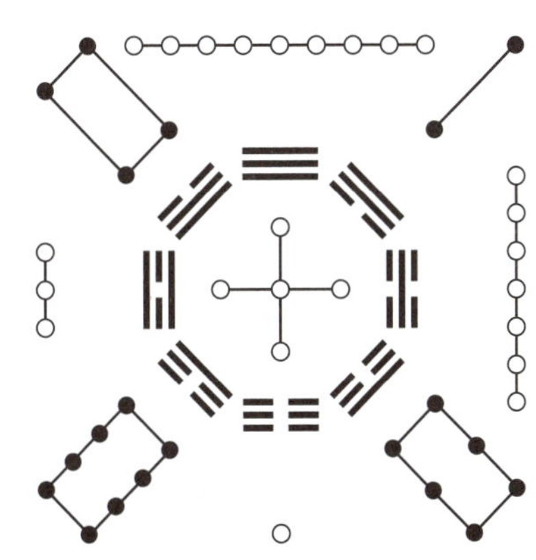

八卦の爻

例：艮卦 上爻 陽爻 中爻 陰爻 下爻 陰爻

※八卦を内側から見ている。
外が上爻、内が下爻。

4

後天卦と後天数（洛書数）

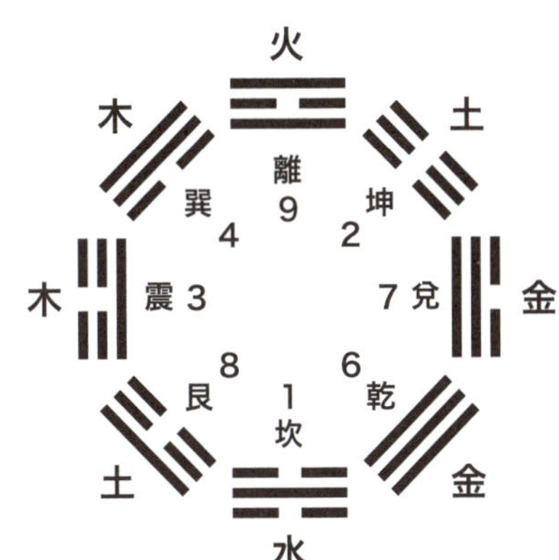
火
離
9
土
坤
2
金
兌
7
金
乾
6
水
坎
1
土
艮
8
木
震
3
木
巽
4

後天卦に洛書の数を配する図
（後天卦と後天数）

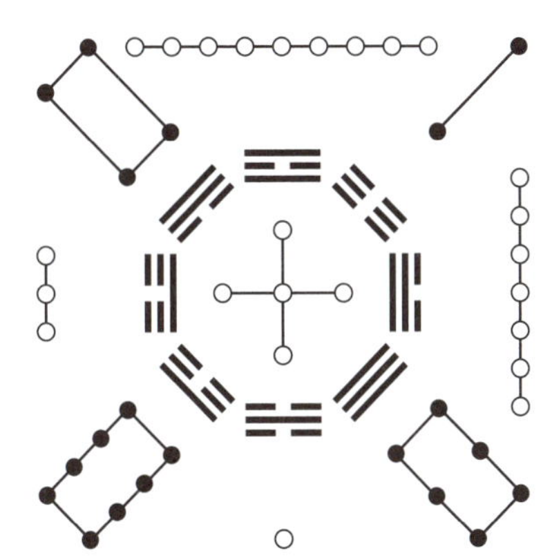

三元九運と吉星・凶星の関係

元運	吉星	凶星
1運	1・2・3	4・5・6・7・8・9
2運	2・3・4	5・6・7・8・9・1
3運	3・4・5	6・7・8・9・1・2
4運	4・5・6	7・8・9・1・2・3
5運	5・6・7	8・9・1・2・3・4
6運	6・7・8	9・1・2・3・4・5
7運	7・8・9	1・2・3・4・5・6
8運	8・9・1	2・3・4・5・6・7
9運	9・1・2	3・4・5・6・7・8

水の流れ	水の流れる位置	水の名前	坐山							
			北西	北	北東	東	南東	南	南西	西
来水	先天位	先天水	南	西	北西	北東	南西	東	北	南東
来水	後天位	後天水	北東	南西	東	南	西	北西	南東	北
去水	天劫	天劫水	東	南東	南	北西	北	北東	東	北東
来水	地刑	地劫水	南	南西	西	南西	西	北西	北	南東
去水	向	案劫水	南東	南	南西	西	北西	北	北東	東
去水	賓位	賓水	南西	東	北	南東	南	西	北西	北東
去水	客位	客水	西	北西	南東	北	北東	南西	東	南
去水	出水口		甲(E1)	巽(SE2)	坤(SW2)	乾(NW2)	壬(N1)	艮(NE2)	艮(NE2)	艮(NE2)
			乙(E3)	丙(S1)	丙(S1)	庚(W1)	癸(N3)	壬(N1)	甲(E1)	甲(E1)
			巽(SE2)	丁(S3)	丁(S3)	辛(W3)	乾(NW2)	癸(N3)	乙(E3)	乙(E3)

震卦山

震
兌
乾
坎
艮
巽
離
坤
辛酉庚
亥乾戌
壬子癸
丑艮寅
甲卯乙
辰巽巳
丙午丁
未坤申
案劫位
大劫位
客位庫池位
先天位
坐山位
賓位
後天位
地刑輔卦位

坎卦山

坎
離
坤
兌
乾
艮
震
巽
丁午丙
未坤申
庚酉辛
戌乾亥
壬子癸
丑艮寅
甲卯乙
辰巽巳
案劫位
殺天地刑位
先天位
客位
坐山位
輔卦位
賓位
大劫正竅位

巽卦山

巽
乾
坎
艮
震
離
坤
兌
亥乾戌
癸子壬
寅艮丑
乙卯甲
巳巽辰
丁午丙
申坤未
辛酉庚
案劫位
大劫位
客位
輔卦位
坐山位
賓位
先天庫池位
殺天地刑位

離卦山

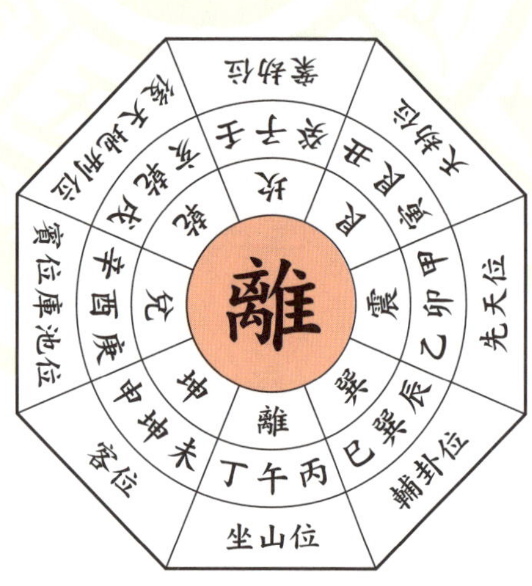
離
坎
艮
震
巽
坤
兌
乾
癸子壬
寅艮丑
乙卯甲
巳巽辰
丁午丙
申坤未
辛酉庚
亥乾戌
案劫位
大劫位
先天位
輔卦位
坐山位
客位
賓位庫池位
殺天地刑位

艮卦山

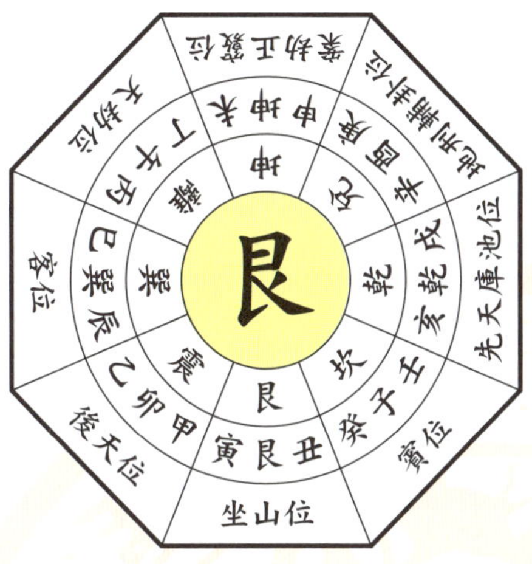
艮
坤
兌
乾
坎
艮
震
巽
離
申坤未
庚酉辛
戌乾亥
壬子癸
寅艮丑
甲卯乙
辰巽巳
丙午丁
案劫正殺位
地元輔卦位
先天庫池位
賓位
坐山位
後天位
客位
大劫位

乾卦山

乾
巽
離
坤
兌
乾
坎
艮
震
巳巽辰
丙午丁
未坤申
庚酉辛
亥乾戌
癸子壬
寅艮丑
甲卯乙
案劫正殺位
先天地元位
賓位
客位
坐山位
輔卦位
後天庫池位
大劫位

坤卦山

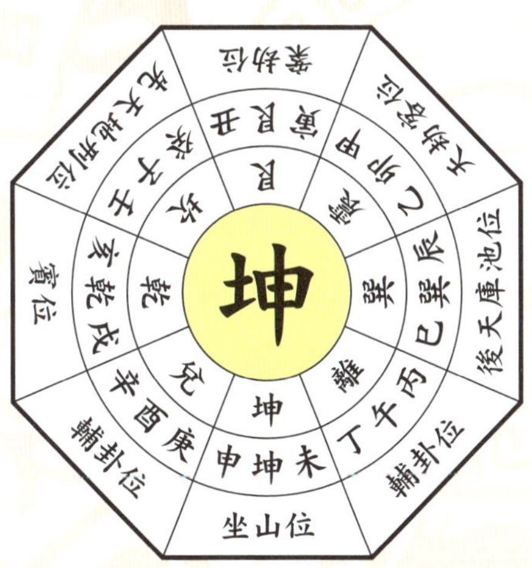
坤
艮
震
巽
離
坤
兌
乾
坎
寅艮丑
甲卯乙
辰巽巳
丙午丁
申坤未
庚酉辛
亥乾戌
癸子壬
案劫位
大劫案位
後天庫池位
輔卦位
坐山位
輔卦位
賓位
先天地元位

兌卦山

兌
震
巽
離
坤
兌
乾
坎
艮
乙卯甲
巳巽辰
丙午丁
申坤未
辛酉庚
亥乾戌
癸子壬
寅艮丑
案劫正殺位
先天地元位
客位
輔卦位
坐山位
輔卦位
後天庫池位
賓位大劫位

飛星番号の五行と化煞・改善・活性化

1〜9までの星が「凶星」になる時→生出・剋出の五行を使い、悪い影響を減少させる。

飛星番号	五行	象徴	化煞のための五行と具体的方法	避けるべき五行とアイテム
1 坎	水	学問 水害	**木・火**：木材のアイテム・赤色	**金・水・土**：金属のアイテム・金銀の物・黒・石・陶器・水槽
2 坤	土	病気	**金・水**：水・銅風鈴・六帝古銭・瓢箪・食塩水を丸い形のガラス瓶に入れる・丸い水槽に黒い魚を一匹	**火・土・木**：赤・紫色・尖ったもの・蝋燭やガスレンジ・四角形・陶器・石・木のアイテム・植物・花
3 震	木	争い	**火・土**：赤・紫のアイテム・陶器・石・赤い陶器が最適	**水・木・金**：水生植物・金属のアイテム
4 巽	木	桃花	**火・土**：赤・紫のアイテム・陶器・石・赤い陶器が最適	**水・木・金**：水生植物・金属のアイテム
5	土	不運	**金・水**：水・金属のアイテム・銅風鈴・食塩水を丸い形のガラス瓶に入れる・丸い水槽に黒い魚を一匹	**火・土・木**：赤・紫色・尖ったもの・蝋燭やガスレンジ・四角形・陶器・石・木のアイテム・植物・花
6 乾	金	法律問題 呼吸器	**水・木**：水生植物・ガラス容器に入った食塩水や酸っぱい水の瓶・三本の水竹	**土・金・火**：陶器・金属のアイテム・蝋燭やガスレンジ
7 兌	金	スキャンダル 破壊	**水・木**：水生植物・ガラス容器に入った食塩水や酸っぱい水の瓶・三本の水竹	**土・金・火**：陶器・金属のアイテム・蝋燭やガスレンジ
8 艮	土	子ども	**金・水**：水・金属のアイテム・銅風鈴・食塩水を丸い形のガラス瓶に入れる・丸い水槽に黒い魚を一匹	**火・土・木**：赤・紫色・尖ったもの・蝋燭やガスレンジ・四角形、陶器・石・木のアイテム・植物・花
9 離	火	火災	**土・金**：水・四角や丸い陶器・石・金属のアイテム	**木・火・水**：水生植物・花・赤・紫・黒・水槽・蝋燭やガスレンジ

1〜9までの星が「吉星」になる時→生入・剋入・比和の五行を使い、良い影響を活性化させる。

飛星番号	五行	象徴	活性化のための五行と具体的方法	避けるべき五行とアイテム
1 坎	水	学問 水害	**金・水・土**：金属のアイテム・金銀の物・黒・石・陶器・食塩水を丸い形のガラス瓶に入れる	**木・火**：木材のアイテム・赤色・蝋燭やガスレンジ
2 坤	土	病気	**火・土・木**：赤・紫色・尖ったもの・蝋燭やガスレンジ・四角形・陶器・石・木のアイテム・植物・花	**金・水**：金属のアイテム・水槽等水に関係するもの・丸い容器
3 震	木	争い	**水・木・金**：水生植物・金属のアイテム・三本の水竹	**火・土**：赤・紫のアイテム・陶器・石・陶器・蝋燭やガスレンジ
4 巽	木	桃花	**水・木・金**：水生植物・金属のアイテム・三本の水竹	**火・土**：水赤・紫のアイテム・陶器・石・陶器・蝋燭やガスレンジ
5	土	不運	**火・土・木**：赤・紫色・尖ったもの・蝋燭やガスレンジ・四角形・陶器・石・木のアイテム・植物・花	**金・水**：金属のアイテム・水槽等水に関係するもの・丸い容器
6 乾	金	法律問題 呼吸器	**土・金・火**：赤・紫色・尖ったもの・四角・丸の形・陶器・金属のアイテム	**水・木**：水生植物・水槽等水に関係するもの
7 兌	金	スキャンダル 破壊	**土・金・火**：赤・紫色・尖ったもの・四角・丸の形・陶器・金属のアイテム	**水・木**：水生植物・水槽等水に関係するもの
8 艮	土	子ども	**火・土・木**：赤・紫色・尖ったもの・蝋燭やガスレンジ・四角形・陶器・石・木のアイテム・植物・花	**金・水**：金属のアイテム・水槽等水に関係するもの・丸い容器
9 離	火	火炎	**木・火・水**：水生植物・花・赤・紫・黒・食塩水をガラス瓶に入れる	**土・金**：陶器・石・金属のアイテム

些子水法～九星吉凶判断

些子水法による合局、破局の解説です。些子水法による合局、破局は坐山における易卦の後天数と来水、去水、それぞれの後天数の合算をもって判断します。以下、坐山の後天数と合計し、合局になった場合と破局になった場合の象意を解説します。合計数が十を超えた場合は、十を引いて余った数を星数とします。五と十は廉貞水となり、五鬼水となります。

地盤配後天数

二十四山
地盤

二十四山	子	癸	丑	艮	寅	甲	卯	乙	辰	巽	巳	丙	午	丁	未	坤	申	庚	酉	辛	戌	乾	亥	壬
後天数	1	1	7	8	9	6	3	2	1	4	7	8	9	7	3	2	1	3	7	4	9	6	3	9

後天洛書納甲数

二十四坐山方位	後天数
丁巳酉丑	7
癸申子辰	1
丙艮	8
乙坤	2
壬寅午戌	9
辛巽	4
甲乾	6
庚亥卯未	3

九星数の表

九星	九星数	来水	去水
貪狼	1	吉水	凶水
巨門	2	吉水	凶水
禄存	3	凶水	吉水
文曲	4	凶水	吉水
廉貞五鬼	5，10	凶水	吉水
武曲	6	吉水	凶水
破軍	7	凶水	吉水
左輔	8	吉水	凶水
右弼	9	吉水	凶水

1. 貪狼星数一「紫気（しき）」

人の口に入り、体から出てはいけないとされる。震卦にあり生気となる。五行における一番目の陽木。長男、四男、七男が亥、卯、未年に大きく福に恵まれるとされる。木を得て旺じる（盛んになる）年月日時に福が迅速に舞い込むとされる。

貪狼来水―合局吉論：聡明・孝行・友情・田や土地に携わる・金銭が豊かになる・試験に合格する

貪狼去水―破局凶論：酒浸り・放蕩・破産

破局疾病論：肝臓病・腰や足の病・鬱病・脚気・梅毒・リューマチ・不眠症・不安や恐れ

2. 巨門星数二「天財（てんざい）」

人の胃に入り、体から出てはいけないとされる。坤卦にあり天医となる。五行における一番目の陰土とされる。次男、五男、八男が、辰、戌、丑、未年に大きく福に恵まれるとされる。土を得て旺じる年月日時に福が迅速に舞い込むとされる。

巨門来水―合局吉論：忠孝・神童が多く出る・ビジネスの成功・福に恵まれる・秀才・出藍の誉れ

巨門去水―破局凶論：訴訟の巻き添え・一家離散・破産・孤児

破局疾病論：胃腸・舌や唇の怪我・皮膚病・胸部の病・飲食不振

3. 禄存星数三　「孤曜（こよう）」

人の小便より出て、体に入ってはいけないとされる。艮卦にあり絶体となる。五行における二番目の陽土。三男、六男、九男が辰、戌、丑、未年に大きな禍があるとされる。土を得て旺じる年月日時に禍と出会いやすいとされる。

禄存去水―合局吉論：慎ましく財を守る・安定した職業・精神的な安定感・節約・倹約・貯金
禄存来水―破局凶論：愚鈍・鈍感・妄想症候群・離郷・出家・服毒自殺・好酒・好色・賭博・発狂・夭折（若死）・跡継ぎが途絶える・受傷
破局疾病論：胃腸障害・水腫・肥満・神経系の異常

4. 文曲星数四　「掃蕩（そうとう）」

人の耳より出て、体に入ってはならないとされる。坎卦にあり遊魂となる。五行における一番目の陽水。長男、四男、七男が申、子、辰年に大きな禍があるとされる。水を得て旺じる年月日時に禍と出会いやすいとされる。

文曲去水―合局吉論：吉凶に係わらず桃花がある・貴い生まれ・家財豊か・妾や愛人がある・学術・芸術
文曲来水―破局凶論：男女共に淫乱・酒と賭博・離婚・訴訟・家族の不和・冷たい家族関係・堕胎・自殺・水難事故
破局疾病論：子宮の病・下半身の病・リューマチ・ヘルニア・膀胱の病・睾丸の病・腎臓病・耳の病気・血液の病・心筋梗塞

5. 廉貞星数五、十　「燥火（そうか）」

人の目より出て、体に入ってはならないとされる。離卦にあり五鬼となる。五行における陰火。長男、四男、七男が寅、午、戌年に大きな禍があるとされる。火を得て旺じる年月日時に禍と出会いやすいとされる。

廉貞去水―合局吉論：健康・長寿・栄華・富貴
廉貞来水―破局凶論：陰険な性格・礼儀知らず・勇猛果敢・疫病・流行病・巫師術士・火災・自殺・形態異常児・堕胎
破局疾病論：眼の病・外科手術の失敗・心気の不足・血液の癌・腸の病。

6. 武曲星数六　「金水」

人の腹に入り、体から出てはいけないとされる。兌卦にあり福徳となる。五行における陰金。三男、六男、九男が巳、酉、丑年に大きく福に恵まれるとされる。金を得て旺じる年月日時に福が迅速に舞い込むとされる。

武曲来水―合局吉論：セレブ・上品・試験の合格・福寿・高級官僚・政治家
武曲去水―破局凶論：子供の死・愚鈍な子供・家出・離郷・出血による死・交通事故
破局疾病論：喉疾・喘息・呼吸器系の病・梅毒・気管支の病・肺の病・鼻血

7. 破軍星数七「天罡（てんこう）」

人の大便より出て、体に入ってはならないとされる。乾卦にあり絶命となる。五行における陽金。長男、四男、七男が申、子、辰年に大きな禍があるとされる。金を得て旺じる年月日時に禍と出会いやすいとされる。

破軍去水―合局吉論：権力・権威・投資の成功・英雄・勇気

破軍来水―破局凶論：凶暴・暴力・訴訟事件・強盗・略奪・横領・流行り病・感染症・詐欺・裏切り・返済不能・死産・跡継ぎが途絶える・投身自殺・殺人

破局疾病論：脚の腫れ・唇の病気・聾唖（ろうあ）（言語能力を欠く者）・白痴・肺病・精神病・神経痛・手術・大腸病・骨癌

8. 左輔星数八「太陽」

人の喉に入り、体から出てはいけないとされる。巽卦にある本宮となる。五行における陰木。長男、四男が、亥、卯、未年に大きく福に恵まれるとされる。木を得て旺じる年月日時に福が迅速に舞い込むとされる。

左輔来水―合局吉論：慈悲・優しさ・夫婦の和合・親孝行な子女・富貴な幸福・長寿

左輔去水―破局凶論：夫婦の不和・子女の親不孝・孤独な寡婦

破局疾病論：股の病気・関節痛・腸病・肺病・扁桃腺の病・喉の病・視覚障害・色盲

9. 右弼星数九「太陰」

人の腹に入り、体から出てはいけないとされる。坎卦にある本宮となる。五行における陽水。長男、四男が、申、子、辰年に大きく福に恵まれるとされる。水を得て旺じる年月日時に福が迅速に舞い込むとされる。

右弼来水―合局吉論：徳・夫妻仲が良い・孝順・面倒見の良い子供

右弼去水―破局凶論：夫妻の不和・親の言うことを聞かない子供・孤独・寡婦

破局疾病論：精神の病・躁うつ病・冷え性・生理不順・神経症

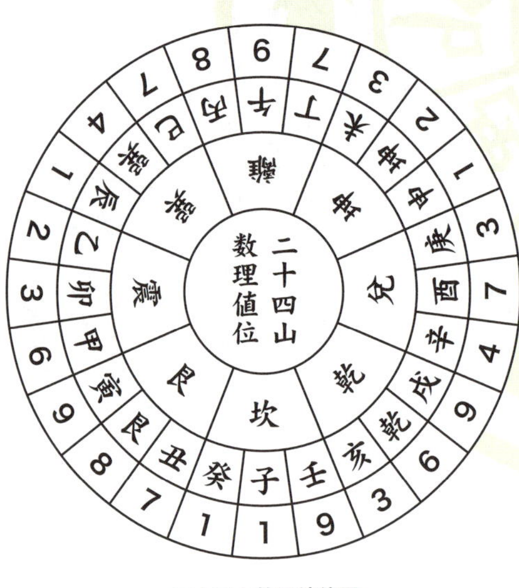
二十四山数理値位
坎
艮
震
巽
離
坤
兌
乾
子 1
癸 1
丑 7
艮 8
寅 9
甲 6
卯 3
乙 2
辰 1
巽 4
巳 7
丙 8
午 9
丁 7
未 3
坤 2
申 1
庚 3
酉 7
辛 4
戌 9
乾 6
亥 3
壬 9
二十四山数理値位図

些子水法早見表～滅龍・九煞・桃花煞・四金煞

地盤二十四山と滅龍

地盤二十四山		滅龍
		収水または走水方位 ※二つ以上の収水は滅龍とならない。
1	壬山丙向	庚,亥,卯,未,甲,乾
2	子山午向	乙,坤,丁,巳,酉,丑
3	癸山丁向	乙,坤,丁,巳,酉,丑
4	丑山未向	癸,申,子,辰,辛,巽
5	艮山坤向	庚,亥,卯,未,甲,乾
6	寅山申向	庚,亥,卯,未,甲,乾
7	甲山庚向	丙,艮,壬,寅,午,戌
8	卯山酉向	壬,寅,午,戌,丙,艮
9	乙山辛向	辛,巽,癸,申,子,辰
10	辰山戌向	乙,坤,丁,巳,酉,丑
11	巽山乾向	丁,巳,酉,丑,乙,坤
12	巳山亥向	癸,申,子,辰,辛,巽
13	丙山壬向	庚,亥,卯,未,甲,乾
14	午山子向	庚,亥,卯,未,甲,乾
15	丁山癸向	癸,申,子,辰,辛,巽
16	未山丑向	壬,寅,午,戌,丙,艮
17	坤山艮向	辛,巽,癸,申,子,辰
18	申山寅向	乙,坤,丁,巳,酉,丑
19	庚山甲向	壬,寅,午,戌,丙,艮
20	酉山卯向	癸,申,子,辰,辛,巽
21	辛山乙向	丁,巳,酉,丑,乙,坤
22	戌山辰向	庚,亥,卯,未,甲,乾
23	乾山巽向	丙,艮,壬,寅,午,戌
24	亥山巳向	壬,寅,午,戌,丙,艮

地盤二十四山と九煞

地盤二十四山		九煞
		収水・走水の方位 ※二つ以上の収水は九煞とならない。
1	壬山丙向	庚,亥,卯,未,癸,申,子,辰,甲,乾,丙,艮
2	子山午向	壬,寅,午,戌,癸,申,子,辰,庚,亥,卯,未
3	癸山丁向	壬,寅,午,戌,癸,申,子,辰,庚,亥,卯,未
4	丑山未向	丁,巳,酉,丑,辛,巽
5	艮山坤向	壬,寅,午,戌
6	寅山申向	庚,亥,卯,未,癸,申,子,辰,甲,乾,丙,艮
7	甲山庚向	壬,寅,午,戌
8	卯山酉向	癸,申,子,辰,乙,坤,壬,寅,午,戌
9	乙山辛向	庚,亥,卯,未
10	辰山戌向	壬,寅,午,戌,癸,申,子,辰,庚,亥,卯,未
11	巽山乾向	丁,巳,酉,丑
12	巳山亥向	丁,巳,酉,丑,辛,巽
13	丙山壬向	壬,寅,午,戌
14	午山子向	庚,亥,卯,未,癸,申,子,辰,甲,乾,丙,艮
15	丁山癸向	丁,巳,酉,丑,辛,巽
16	未山丑向	癸,申,子,辰,乙,坤,壬,寅,午,戌
17	坤山艮向	庚,亥,卯,未
18	申山寅向	壬,寅,午,戌,癸,申,子,辰,庚,亥,卯,未
19	庚山甲向	癸,申,子,辰,乙,坤,壬,寅,午,戌
20	酉山卯向	丁,巳,酉,丑,辛,巽
21	辛山乙向	丁,巳,酉,丑
22	戌山辰向	庚,亥,卯,未,癸,申,子,辰,甲,乾,丙,艮
23	乾山巽向	壬,寅,午,戌
24	亥山巳向	癸,申,子,辰,乙,坤,壬,寅,午,戌

地盤二十四山と桃花煞

地盤二十四山		桃花煞
		収水(来水)方位 ※二つ以上の収水は桃花水とならない。
2	子山午向	酉
4	丑山未向	午
6	寅山申向	卯
8	卯山酉向	子
10	辰山戌向	酉
12	巳山亥向	午
14	午山子向	卯
16	未山丑向	子
18	申山寅向	酉
20	酉山卯向	午
22	戌山辰向	卯
24	亥山巳向	子

地盤二十四山と四金煞

地盤二十四山		四金煞
		収水または走水方位 ※二つ以上の収水は四金煞とならない。
4	丑山未向	辰,戌
10	辰山戌向	丑,未
16	未山丑向	辰,戌
22	戌山辰向	丑,未

乾坤國寶と桃花水

地盤二十四山		桃花水
		収水または水口方位
2	子山午向	子,午（来水は吉）,卯,酉
8	卯山酉向	子,午,卯,酉（来水は吉）
14	午山子向	子（来水は吉）,午,卯,酉
20	酉山卯向	子,午,卯（来水は吉）,酉

一卦純清の城門吉水

地盤二十四山		一卦純清
		去水・来水方位 ※去水・来水の二つと坐山で三合を形成 ※下記の二つの方位の内どちらかが来水・どちらかが去水になればよい。
2	子山午向	申・辰
4	丑山未向	酉・巳
6	寅山申向	午・戌
8	卯山酉向	亥・未
10	辰山戌向	子・申
12	巳山亥向	丑・酉
14	午山子向	寅・戌
16	未山丑向	亥・卯
18	申山寅向	子・辰
20	酉山卯向	丑・巳
22	戌山辰向	寅・午
24	亥山巳向	卯・未

男女命星早見表

上元男女立命九星表

宮	命							
坎一宮	男命	甲子	癸酉	壬午	辛卯	庚子	己酉	戊午
坎一宮	女命	己巳	戊寅	丁亥	丙申	乙巳	甲寅	癸亥
離九宮	男命	乙丑	甲戌	癸未	壬辰	辛丑	庚戌	己未
離九宮	女命	戊辰	丁丑	丙戌	乙未	甲辰	癸丑	壬戌
艮八宮	男命	丙寅	乙亥	甲申	癸巳	壬寅	辛亥	庚申
艮八宮	女命	丁卯	丙子	乙酉	甲午	癸卯	壬子	辛酉
兌七宮	男命	丁卯	丙子	乙酉	甲午	癸卯	壬子	辛酉
兌七宮	女命	丙寅	乙亥	甲申	癸巳	壬寅	辛亥	庚申
乾六宮	男命	戊辰	丁丑	丙戌	乙未	甲辰	癸丑	壬戌
乾六宮	女命	乙丑	甲戌	癸未	壬辰	辛丑	庚戌	己未
中五宮	男命	己巳	戊寅	丁亥	丙申	乙巳	甲寅	癸亥
中五宮	女命	甲子	癸酉	壬午	辛卯	庚子	己酉	戊午
巽四宮	男命	庚午	己卯	戊子	丁酉	丙午	乙卯	
巽四宮	女命	壬申	辛巳	庚寅	己亥	戊申	丁巳	
震三宮	男命	辛未	庚辰	己丑	戊戌	丁未	丙辰	
震三宮	女命	辛未	庚辰	己丑	戊戌	丁未	丙辰	
坤二宮	男命	壬申	辛巳	庚寅	己亥	戊申	丁巳	
坤二宮	女命	庚午	己卯	戊子	丁酉	丙午	乙卯	

（一八六四年～一九二三年生まれ）

中元男女立命九星表

宮	命							
巽四宮	男命	甲子	癸酉	壬午	辛卯	庚子	己酉	戊午
巽四宮	女命	丙寅	乙亥	甲申	癸巳	壬寅	辛亥	庚申
震三宮	男命	乙丑	甲戌	癸未	壬辰	辛丑	庚戌	己未
震三宮	女命	乙丑	甲戌	癸未	壬辰	辛丑	庚戌	己未
坤二宮	男命	丙寅	乙亥	甲申	癸巳	壬寅	辛亥	庚申
坤二宮	女命	甲子	癸酉	壬午	辛卯	庚子	己酉	戊午
坎一宮	男命	丁卯	丙子	乙酉	甲午	癸卯	壬子	辛酉
坎一宮	女命	壬申	辛巳	庚寅	己亥	戊申	丁巳	
離九宮	男命	戊辰	丁丑	丙戌	乙未	甲辰	癸丑	壬戌
離九宮	女命	辛未	庚辰	己丑	戊戌	丁未	丙辰	
艮八宮	男命	己巳	戊寅	丁亥	丙申	乙巳	甲寅	癸亥
艮八宮	女命	庚午	己卯	戊子	丁酉	丙午	乙卯	
兌七宮	男命	庚午	己卯	戊子	丁酉	丙午	乙卯	
兌七宮	女命	己巳	戊寅	丁亥	丙申	乙巳	甲寅	癸亥
乾六宮	男命	辛未	庚辰	己丑	戊戌	丁未	丙辰	
乾六宮	女命	戊辰	丁丑	丙戌	乙未	甲辰	癸丑	壬戌
中五宮	男命	壬申	辛巳	庚寅	己亥	戊申	丁巳	
中五宮	女命	丁卯	丙子	乙酉	甲午	癸卯	壬子	辛酉

（一九二四年～一九八四年生まれ）

下元男女立命九星表

宮	命							
兌七宮	男命	甲子	癸酉	壬午	辛卯	庚子	己酉	戊午
兌七宮	女命	壬申	辛巳	庚寅	己亥	戊申	丁巳	
乾六宮	男命	乙丑	甲戌	癸未	壬辰	辛丑	庚戌	己未
乾六宮	女命	辛未	庚辰	己丑	戊戌	丁未	丙辰	
中五宮	男命	丙寅	乙亥	甲申	癸巳	壬寅	辛亥	庚申
中五宮	女命	庚午	己卯	戊子	丁酉	丙午	乙卯	
巽四宮	男命	丁卯	丙子	乙酉	甲午	癸卯	壬子	辛酉
巽四宮	女命	己巳	戊寅	丁亥	丙申	乙巳	甲寅	癸亥
震三宮	男命	戊辰	丁丑	丙戌	乙未	甲辰	癸丑	壬戌
震三宮	女命	戊辰	丁丑	丙戌	乙未	甲辰	癸丑	壬戌
坤二宮	男命	己巳	戊寅	丁亥	丙申	乙巳	甲寅	癸亥
坤二宮	女命	丁卯	丙子	乙酉	甲午	癸卯	壬子	辛酉
坎一宮	男命	庚午	己卯	戊子	丁酉	丙午	乙卯	
坎一宮	女命	丙寅	乙亥	甲申	癸巳	壬寅	辛亥	庚申
離九宮	男命	辛未	庚辰	己丑	戊戌	丁未	丙辰	
離九宮	女命	乙丑	甲戌	癸未	壬辰	辛丑	庚戌	己未
艮八宮	男命	壬申	辛巳	庚寅	己亥	戊申	丁巳	
艮八宮	女命	甲子	癸酉	壬午	辛卯	庚子	己酉	戊午

（一九八四年～二〇四三年生まれ）

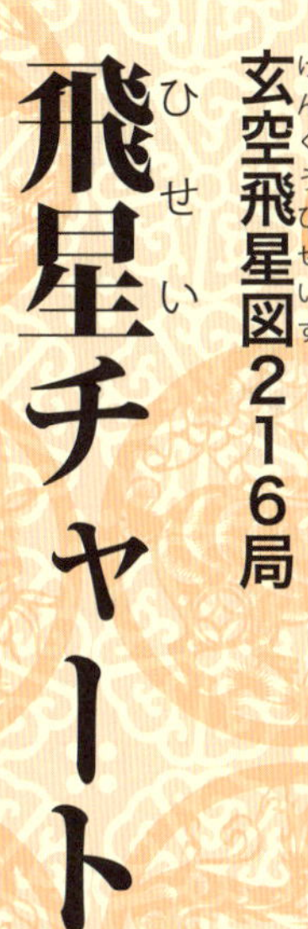

玄空飛星図216局

飛星チャート

①壬山丙向（N1→S1）の飛星チャート

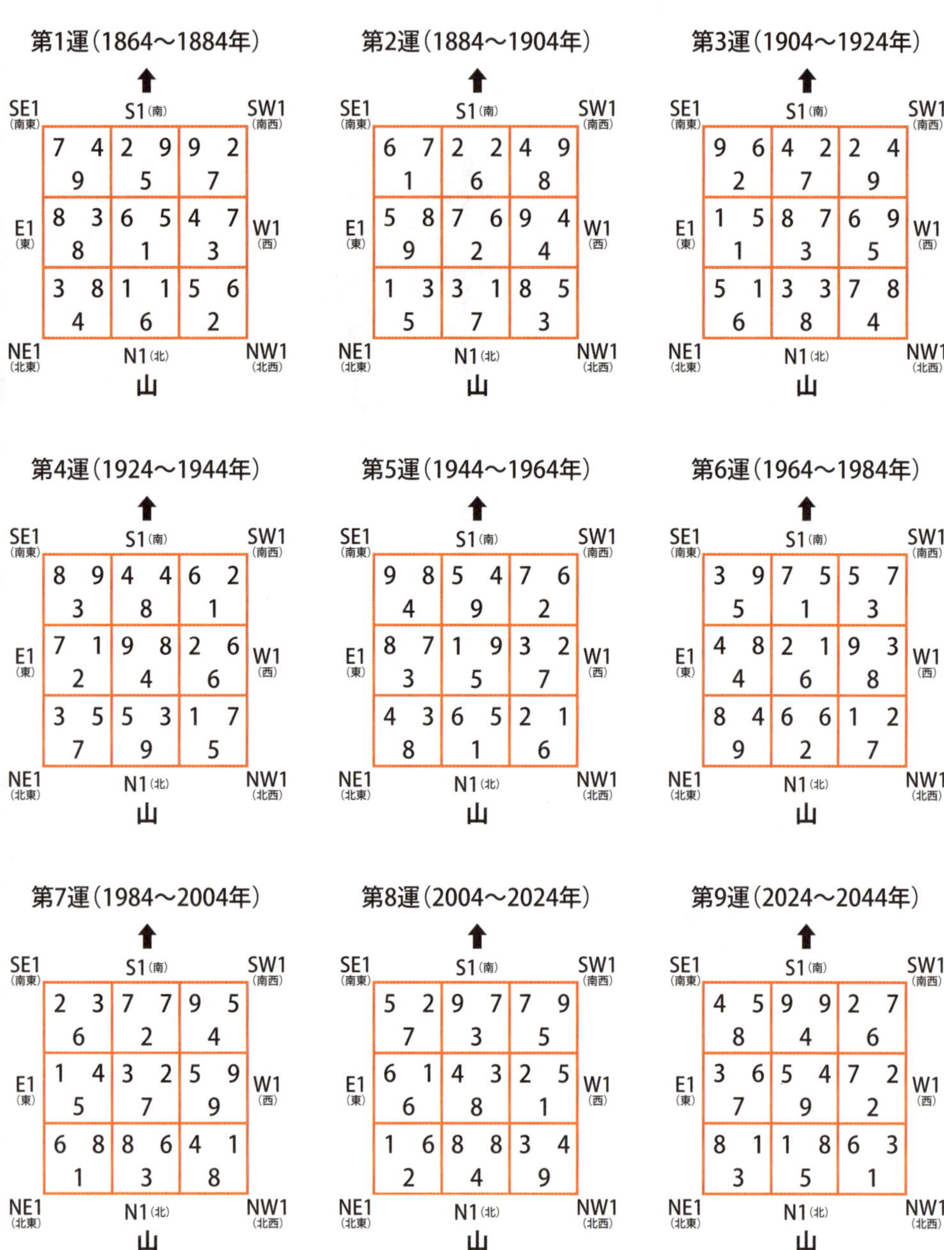
第1運（1864～1884年）
SE1（南東） S1（南） SW1（南西）
7 4 2 9 9 2
9 5 7
E1（東） 8 3 6 5 4 7 W1（西）
8 1 3
3 8 1 1 5 6
4 6 2
NE1（北東） N1（北） NW1（北西）
山
第2運（1884～1904年）
SE1（南東） S1（南） SW1（南西）
6 7 2 2 4 9
1 6 8
E1（東） 5 8 7 6 9 4 W1（西）
9 2 4
1 3 3 1 8 5
5 7 3
NE1（北東） N1（北） NW1（北西）
山
第3運（1904～1924年）
SE1（南東） S1（南） SW1（南西）
9 6 4 2 2 4
2 7 9
E1（東） 1 5 8 7 6 9 W1（西）
1 3 5
5 1 3 3 7 8
6 8 4
NE1（北東） N1（北） NW1（北西）
山
第4運（1924～1944年）
SE1（南東） S1（南） SW1（南西）
8 9 4 4 6 2
3 8 1
E1（東） 7 1 9 8 2 6 W1（西）
2 4 6
3 5 5 3 1 7
7 9 5
NE1（北東） N1（北） NW1（北西）
山
第5運（1944～1964年）
SE1（南東） S1（南） SW1（南西）
9 8 5 4 7 6
4 9 2
E1（東） 8 7 1 9 3 2 W1（西）
3 5 7
4 3 6 5 2 1
8 1 6
NE1（北東） N1（北） NW1（北西）
山
第6運（1964～1984年）
SE1（南東） S1（南） SW1（南西）
3 9 7 5 5 7
5 1 3
E1（東） 4 8 2 1 9 3 W1（西）
4 6 8
8 4 6 6 1 2
9 2 7
NE1（北東） N1（北） NW1（北西）
山
第7運（1984～2004年）
SE1（南東） S1（南） SW1（南西）
2 3 7 7 9 5
6 2 4
E1（東） 1 4 3 2 5 9 W1（西）
5 7 9
6 8 8 6 4 1
1 3 8
NE1（北東） N1（北） NW1（北西）
山
第8運（2004～2024年）
SE1（南東） S1（南） SW1（南西）
5 2 9 7 7 9
7 3 5
E1（東） 6 1 4 3 2 5 W1（西）
6 8 1
1 6 8 8 3 4
2 4 9
NE1（北東） N1（北） NW1（北西）
山
第9運（2024～2044年）
SE1（南東） S1（南） SW1（南西）
4 5 9 9 2 7
8 4 6
E1（東） 3 6 5 4 7 2 W1（西）
7 9 2
8 1 1 8 6 3
3 5 1
NE1（北東） N1（北） NW1（北西）
山

②子山午向（N2→S2）の飛星チャート

第1運（1864～1884年）

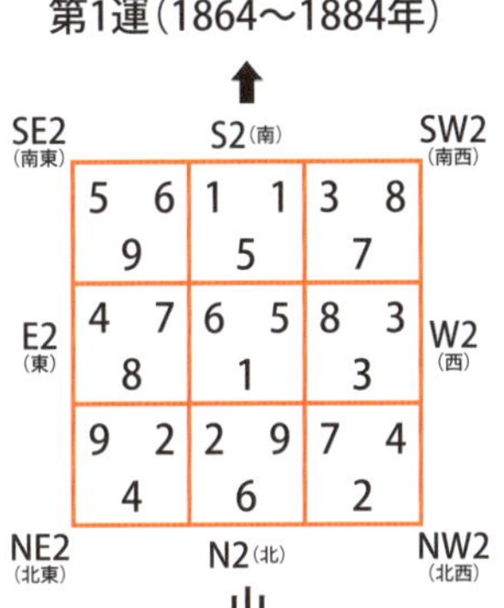
SE2（南東）
S2（南）
SW2（南西）
5 6 9 | 1 1 5 | 3 8 7
4 7 8 | 6 5 1 | 8 3 3
9 2 4 | 2 9 6 | 7 4 2
E2（東）
W2（西）
NE2（北東）
N2（北）
NW2（北西）
山

第2運（1884～1904年）

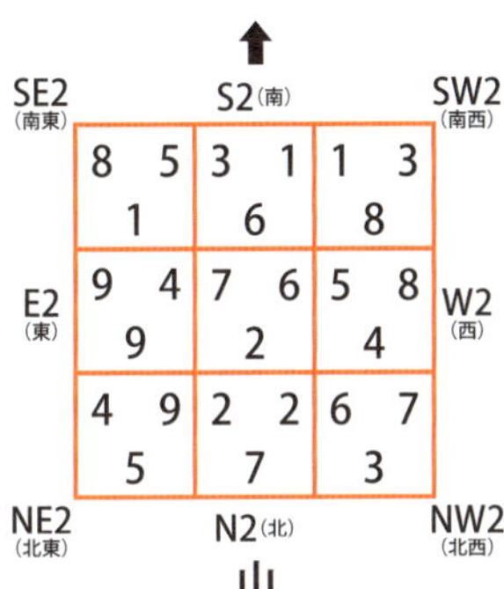
SE2（南東）
S2（南）
SW2（南西）
8 5 1 | 3 1 6 | 1 3 8
9 4 9 | 7 6 2 | 5 8 4
4 9 5 | 2 2 7 | 6 7 3
E2（東）
W2（西）
NE2（北東）
N2（北）
NW2（北西）
山

第3運（1904～1924年）

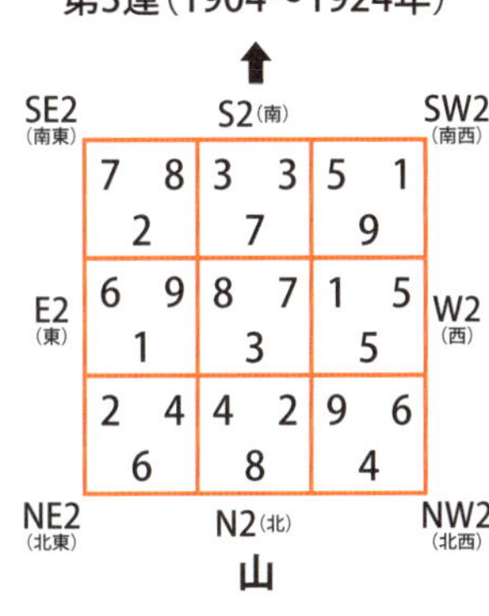
SE2（南東）
S2（南）
SW2（南西）
7 8 2 | 3 3 7 | 5 1 9
6 9 1 | 8 7 3 | 1 5 5
2 4 6 | 4 2 8 | 9 6 4
E2（東）
W2（西）
NE2（北東）
N2（北）
NW2（北西）
山

第4運（1924～1944年）

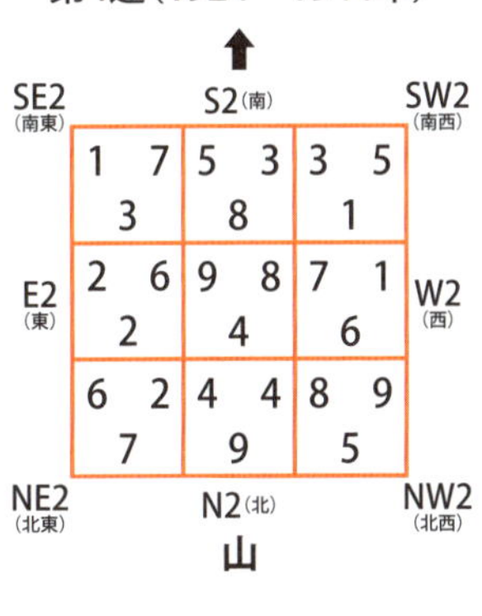
SE2（南東）
S2（南）
SW2（南西）
1 7 3 | 5 3 8 | 3 5 1
2 6 2 | 9 8 4 | 7 1 6
6 2 7 | 4 4 9 | 8 9 5
E2（東）
W2（西）
NE2（北東）
N2（北）
NW2（北西）
山

第5運（1944～1964年）

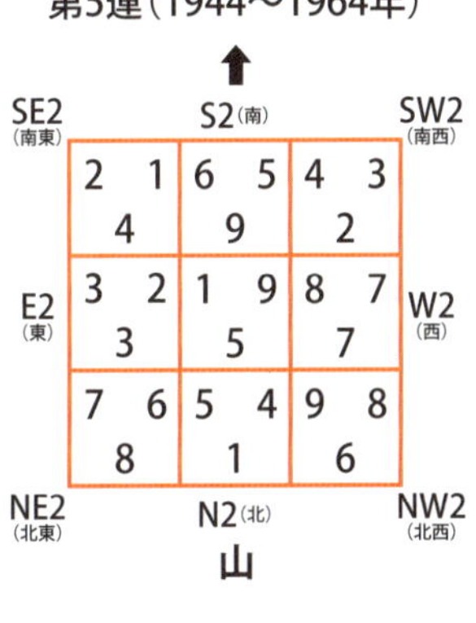
SE2（南東）
S2（南）
SW2（南西）
2 1 4 | 6 5 9 | 4 3 2
3 2 3 | 1 9 5 | 8 7 7
7 6 8 | 5 4 1 | 9 8 6
E2（東）
W2（西）
NE2（北東）
N2（北）
NW2（北西）
山

第6運（1964～1984年）

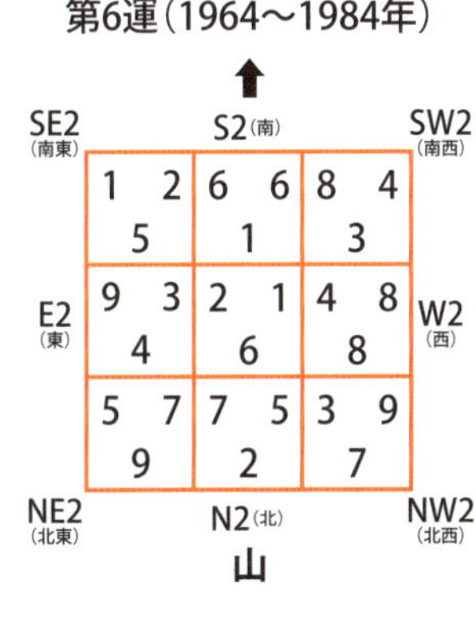
SE2（南東）
S2（南）
SW2（南西）
1 2 5 | 6 6 1 | 8 4 3
9 3 4 | 2 1 6 | 4 8 8
5 7 9 | 7 5 2 | 3 9 7
E2（東）
W2（西）
NE2（北東）
N2（北）
NW2（北西）
山

第7運（1984～2004年）

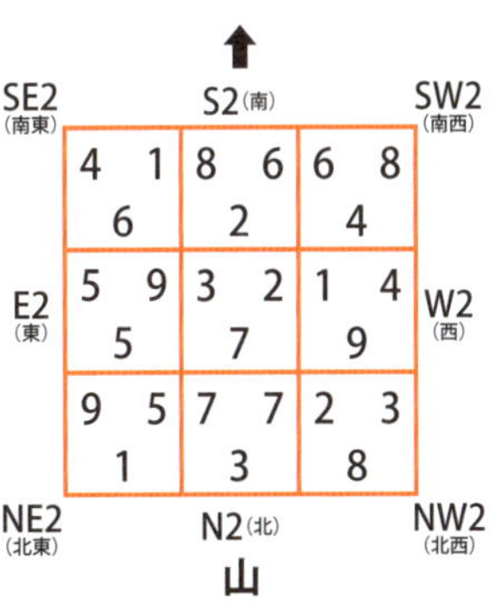
SE2（南東）
S2（南）
SW2（南西）
4 1 6 | 8 6 2 | 6 8 4
5 9 5 | 3 2 7 | 1 4 9
9 5 1 | 7 7 3 | 2 3 8
E2（東）
W2（西）
NE2（北東）
N2（北）
NW2（北西）
山

第8運（2004～2024年）

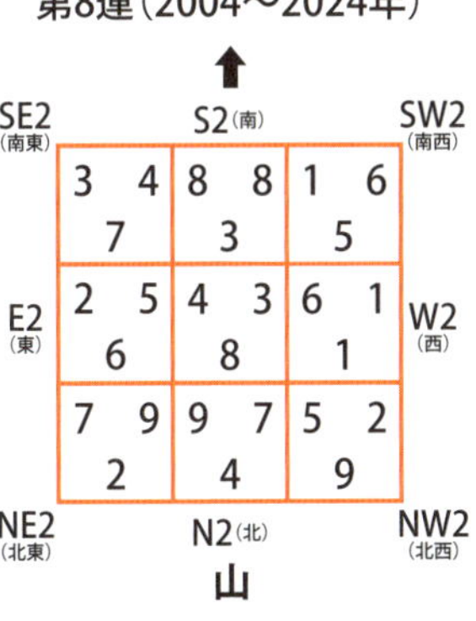
SE2（南東）
S2（南）
SW2（南西）
3 4 7 | 8 8 3 | 1 6 5
2 5 6 | 4 3 8 | 6 1 1
7 9 2 | 9 7 4 | 5 2 9
E2（東）
W2（西）
NE2（北東）
N2（北）
NW2（北西）
山

第9運（2024～2044年）

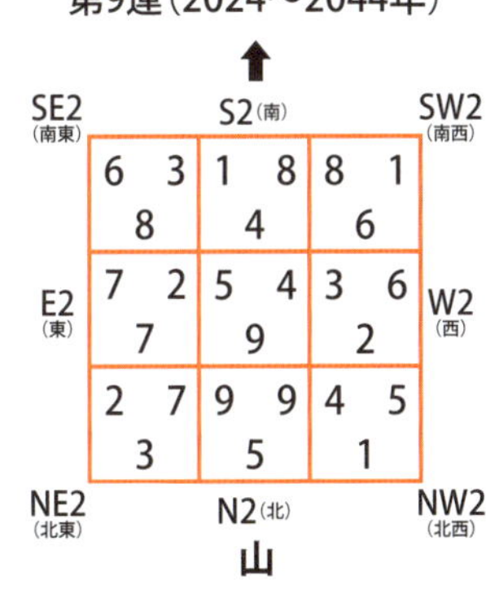
SE2（南東）
S2（南）
SW2（南西）
6 3 8 | 1 8 4 | 8 1 6
7 2 7 | 5 4 9 | 3 6 2
2 7 3 | 9 9 5 | 4 5 1
E2（東）
W2（西）
NE2（北東）
N2（北）
NW2（北西）
山

③癸山丁向（N3→S3）の飛星チャート

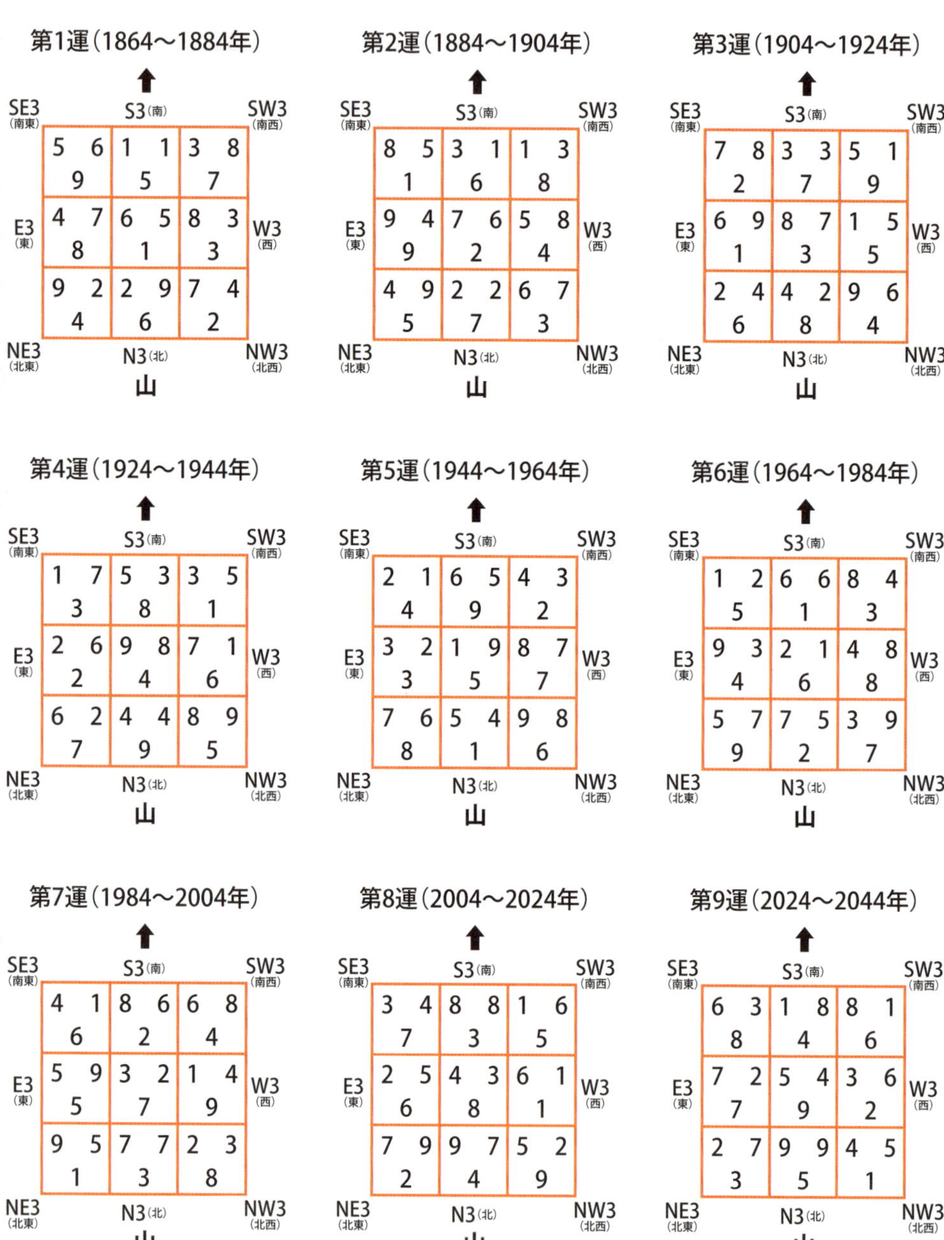
第1運（1864～1884年）
SE3（南東） S3（南） SW3（南西）
5 6 1 1 3 8
9 5 7
E3（東） 4 7 6 5 8 3 W3（西）
8 1 3
9 2 2 9 7 4
4 6 2
NE3（北東） N3（北） NW3（北西）
山
第2運（1884～1904年）
SE3（南東） S3（南） SW3（南西）
8 5 3 1 1 3
1 6 8
E3（東） 9 4 7 6 5 8 W3（西）
9 2 4
4 9 2 2 6 7
5 7 3
NE3（北東） N3（北） NW3（北西）
山
第3運（1904～1924年）
SE3（南東） S3（南） SW3（南西）
7 8 3 3 5 1
2 7 9
E3（東） 6 9 8 7 1 5 W3（西）
1 3 5
2 4 4 2 9 6
6 8 4
NE3（北東） N3（北） NW3（北西）
山
第4運（1924～1944年）
SE3（南東） S3（南） SW3（南西）
1 7 5 3 3 5
3 8 1
E3（東） 2 6 9 8 7 1 W3（西）
2 4 6
6 2 4 4 8 9
7 9 5
NE3（北東） N3（北） NW3（北西）
山
第5運（1944～1964年）
SE3（南東） S3（南） SW3（南西）
2 1 6 5 4 3
4 9 2
E3（東） 3 2 1 9 8 7 W3（西）
3 5 7
7 6 5 4 9 8
8 1 6
NE3（北東） N3（北） NW3（北西）
山
第6運（1964～1984年）
SE3（南東） S3（南） SW3（南西）
1 2 6 6 8 4
5 1 3
E3（東） 9 3 2 1 4 8 W3（西）
4 6 8
5 7 7 5 3 9
9 2 7
NE3（北東） N3（北） NW3（北西）
山
第7運（1984～2004年）
SE3（南東） S3（南） SW3（南西）
4 1 8 6 6 8
6 2 4
E3（東） 5 9 3 2 1 4 W3（西）
5 7 9
9 5 7 7 2 3
1 3 8
NE3（北東） N3（北） NW3（北西）
山
第8運（2004～2024年）
SE3（南東） S3（南） SW3（南西）
3 4 8 8 1 6
7 3 5
E3（東） 2 5 4 3 6 1 W3（西）
6 8 1
7 9 9 7 5 2
2 4 9
NE3（北東） N3（北） NW3（北西）
山
第9運（2024～2044年）
SE3（南東） S3（南） SW3（南西）
6 3 1 8 8 1
8 4 6
E3（東） 7 2 5 4 3 6 W3（西）
7 9 2
2 7 9 9 4 5
3 5 1
NE3（北東） N3（北） NW3（北西）
山

④丑山未向（NE1→SW1）の飛星チャート

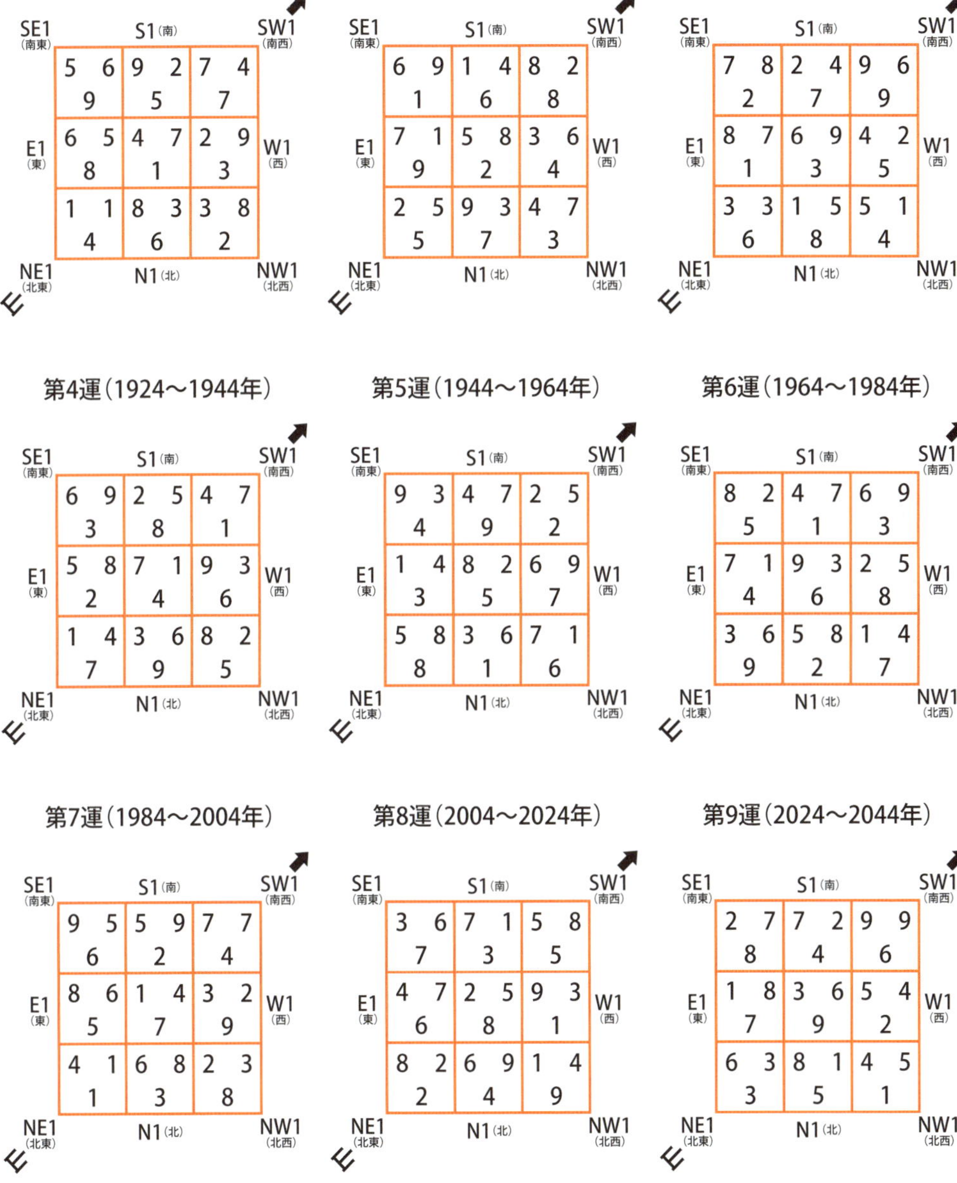
第1運（1864～1884年）
SE1（南東） S1（南） SW1（南西）
5 6 9 2 7 4
9 5 7
E1（東） 6 5 4 7 2 9 W1（西）
8 1 3
1 1 8 3 3 8
4 6 2
NE1（北東） N1（北） NW1（北西）
山
第2運（1884～1904年）
SE1（南東） S1（南） SW1（南西）
6 9 1 4 8 2
1 6 8
E1（東） 7 1 5 8 3 6 W1（西）
9 2 4
2 5 9 3 4 7
5 7 3
NE1（北東） N1（北） NW1（北西）
山
第3運（1904～1924年）
SE1（南東） S1（南） SW1（南西）
7 8 2 4 9 6
2 7 9
E1（東） 8 7 6 9 4 2 W1（西）
1 3 5
3 3 1 5 5 1
6 8 4
NE1（北東） N1（北） NW1（北西）
山
第4運（1924～1944年）
SE1（南東） S1（南） SW1（南西）
6 9 2 5 4 7
3 8 1
E1（東） 5 8 7 1 9 3 W1（西）
2 4 6
1 4 3 6 8 2
7 9 5
NE1（北東） N1（北） NW1（北西）
山
第5運（1944～1964年）
SE1（南東） S1（南） SW1（南西）
9 3 4 7 2 5
4 9 2
E1（東） 1 4 8 2 6 9 W1（西）
3 5 7
5 8 3 6 7 1
8 1 6
NE1（北東） N1（北） NW1（北西）
山
第6運（1964～1984年）
SE1（南東） S1（南） SW1（南西）
8 2 4 7 6 9
5 1 3
E1（東） 7 1 9 3 2 5 W1（西）
4 6 8
3 6 5 8 1 4
9 2 7
NE1（北東） N1（北） NW1（北西）
山
第7運（1984～2004年）
SE1（南東） S1（南） SW1（南西）
9 5 5 9 7 7
6 2 4
E1（東） 8 6 1 4 3 2 W1（西）
5 7 9
4 1 6 8 2 3
1 3 8
NE1（北東） N1（北） NW1（北西）
山
第8運（2004～2024年）
SE1（南東） S1（南） SW1（南西）
3 6 7 1 5 8
7 3 5
E1（東） 4 7 2 5 9 3 W1（西）
6 8 1
8 2 6 9 1 4
2 4 9
NE1（北東） N1（北） NW1（北西）
山
第9運（2024～2044年）
SE1（南東） S1（南） SW1（南西）
2 7 7 2 9 9
8 4 6
E1（東） 1 8 3 6 5 4 W1（西）
7 9 2
6 3 8 1 4 5
3 5 1
NE1（北東） N1（北） NW1（北西）
山

⑤艮山坤向（NE2→SW2）の飛星チャート

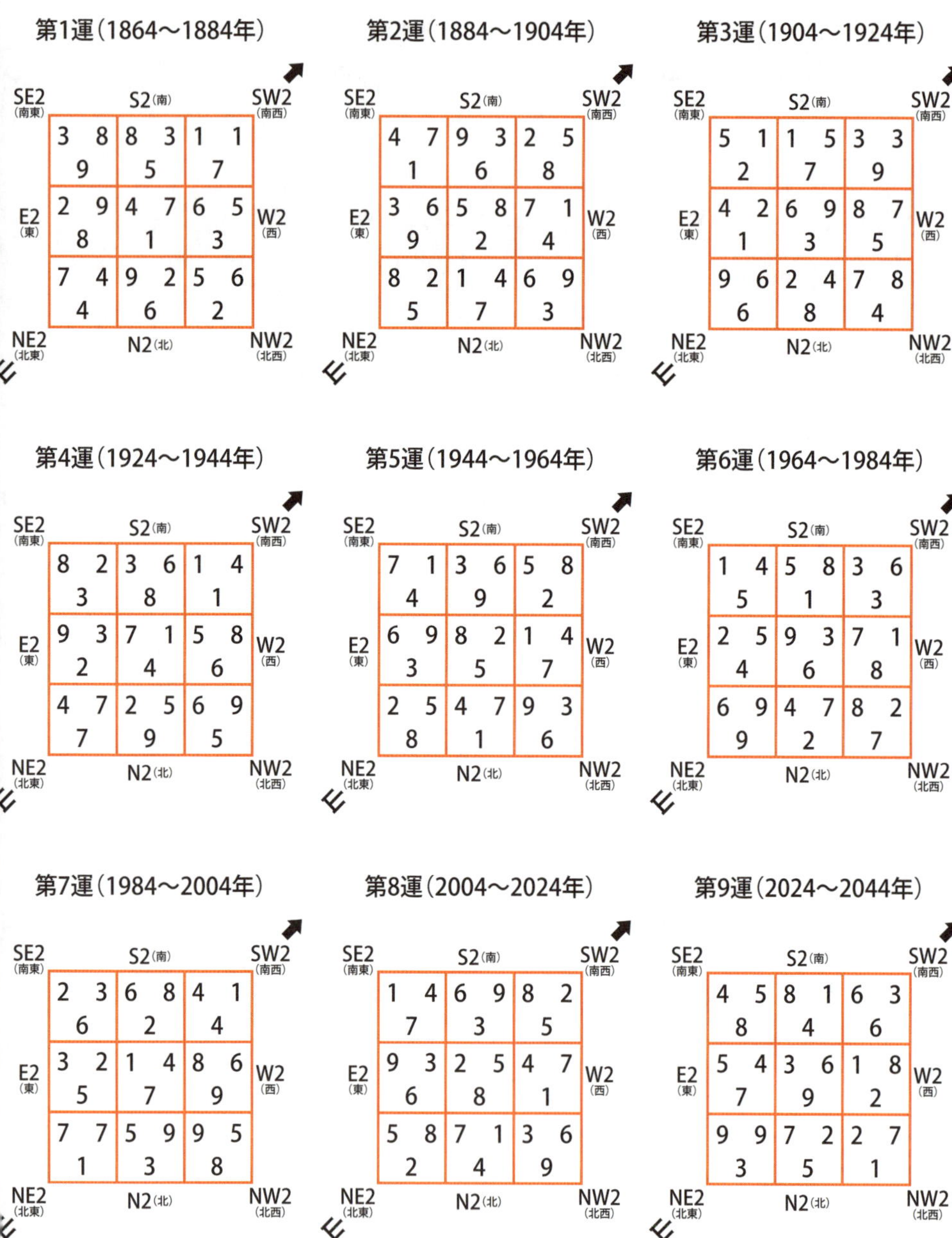

第1運（1864～1884年）

	SE2（南東）	S2（南）	SW2（南西）	
	3 8 9	8 3 5	1 1 7	
E2（東）	2 9 8	4 7 1	6 5 3	W2（西）
	7 4 4	9 2 6	5 6 2	
	NE2（北東）	N2（北）	NW2（北西）	

第2運（1884～1904年）

	SE2（南東）	S2（南）	SW2（南西）	
	4 7 1	9 3 6	2 5 8	
E2（東）	3 6 9	5 8 2	7 1 4	W2（西）
	8 2 5	1 4 7	6 9 3	
	NE2（北東）	N2（北）	NW2（北西）	

第3運（1904～1924年）

	SE2（南東）	S2（南）	SW2（南西）	
	5 1 2	1 5 7	3 3 9	
E2（東）	4 2 1	6 9 3	8 7 5	W2（西）
	9 6 6	2 4 8	7 8 4	
	NE2（北東）	N2（北）	NW2（北西）	

第4運（1924～1944年）

	SE2（南東）	S2（南）	SW2（南西）	
	8 2 3	3 6 8	1 4 1	
E2（東）	9 3 2	7 1 4	5 8 6	W2（西）
	4 7 7	2 5 9	6 9 5	
	NE2（北東）	N2（北）	NW2（北西）	

第5運（1944～1964年）

	SE2（南東）	S2（南）	SW2（南西）	
	7 1 4	3 6 9	5 8 2	
E2（東）	6 9 3	8 2 5	1 4 7	W2（西）
	2 5 8	4 7 1	9 3 6	
	NE2（北東）	N2（北）	NW2（北西）	

第6運（1964～1984年）

	SE2（南東）	S2（南）	SW2（南西）	
	1 4 5	5 8 1	3 6 3	
E2（東）	2 5 4	9 3 6	7 1 8	W2（西）
	6 9 9	4 7 2	8 2 7	
	NE2（北東）	N2（北）	NW2（北西）	

第7運（1984～2004年）

	SE2（南東）	S2（南）	SW2（南西）	
	2 3 6	6 8 2	4 1 4	
E2（東）	3 2 5	1 4 7	8 6 9	W2（西）
	7 7 1	5 9 3	9 5 8	
	NE2（北東）	N2（北）	NW2（北西）	

第8運（2004～2024年）

	SE2（南東）	S2（南）	SW2（南西）	
	1 4 7	6 9 3	8 2 5	
E2（東）	9 3 6	2 5 8	4 7 1	W2（西）
	5 8 2	7 1 4	3 6 9	
	NE2（北東）	N2（北）	NW2（北西）	

第9運（2024～2044年）

	SE2（南東）	S2（南）	SW2（南西）	
	4 5 8	8 1 4	6 3 6	
E2（東）	5 4 7	3 6 9	1 8 2	W2（西）
	9 9 3	7 2 5	2 7 1	
	NE2（北東）	N2（北）	NW2（北西）	

⑥寅山申向（NE3→SW3）の飛星チャート

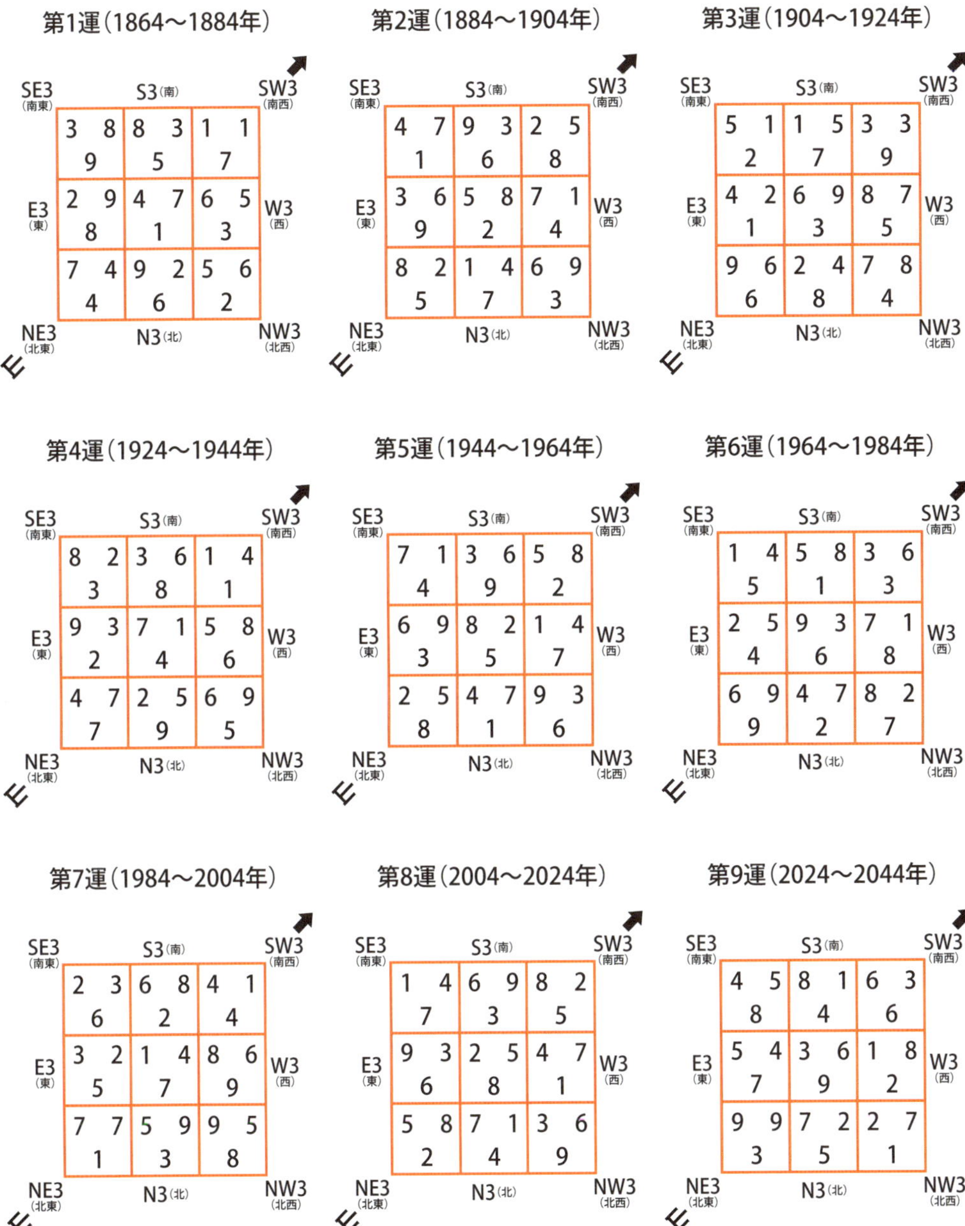
第1運（1864～1884年）
SE3（南東） S3（南） SW3（南西）
3 8 8 3 1 1
9 5 7
E3（東） 2 9 4 7 6 5 W3（西）
8 1 3
7 4 9 2 5 6
4 6 2
NE3（北東） N3（北） NW3（北西）
第2運（1884～1904年）
SE3（南東） S3（南） SW3（南西）
4 7 9 3 2 5
1 6 8
E3（東） 3 6 5 8 7 1 W3（西）
9 2 4
8 2 1 4 6 9
5 7 3
NE3（北東） N3（北） NW3（北西）
第3運（1904～1924年）
SE3（南東） S3（南） SW3（南西）
5 1 1 5 3 3
2 7 9
E3（東） 4 2 6 9 8 7 W3（西）
1 3 5
9 6 2 4 7 8
6 8 4
NE3（北東） N3（北） NW3（北西）
第4運（1924～1944年）
SE3（南東） S3（南） SW3（南西）
8 2 3 6 1 4
3 8 1
E3（東） 9 3 7 1 5 8 W3（西）
2 4 6
4 7 2 5 6 9
7 9 5
NE3（北東） N3（北） NW3（北西）
第5運（1944～1964年）
SE3（南東） S3（南） SW3（南西）
7 1 3 6 5 8
4 9 2
E3（東） 6 9 8 2 1 4 W3（西）
3 5 7
2 5 4 7 9 3
8 1 6
NE3（北東） N3（北） NW3（北西）
第6運（1964～1984年）
SE3（南東） S3（南） SW3（南西）
1 4 5 8 3 6
5 1 3
E3（東） 2 5 9 3 7 1 W3（西）
4 6 8
6 9 4 7 8 2
9 2 7
NE3（北東） N3（北） NW3（北西）
第7運（1984～2004年）
SE3（南東） S3（南） SW3（南西）
2 3 6 8 4 1
6 2 4
E3（東） 3 2 1 4 8 6 W3（西）
5 7 9
7 7 5 9 9 5
1 3 8
NE3（北東） N3（北） NW3（北西）
第8運（2004～2024年）
SE3（南東） S3（南） SW3（南西）
1 4 6 9 8 2
7 3 5
E3（東） 9 3 2 5 4 7 W3（西）
6 8 1
5 8 7 1 3 6
2 4 9
NE3（北東） N3（北） NW3（北西）
第9運（2024～2044年）
SE3（南東） S3（南） SW3（南西）
4 5 8 1 6 3
8 4 6
E3（東） 5 4 3 6 1 8 W3（西）
7 9 2
9 9 7 2 2 7
3 5 1
NE3（北東） N3（北） NW3（北西）

⑦甲山庚向（E1→W1）の飛星チャート

第1運（1864～1884年）

SE1（南東）		S1（南）		SW1（南西）
	9 2 / 9	4 7 / 5	2 9 / 7	
E1（東）	1 1 / 8	8 3 / 1	6 5 / 3	W1（西）→
	5 6 / 4	3 8 / 6	7 4 / 2	
NE1（北東）		N1（北）		NW1（北西）

第2運（1884～1904年）

SE1（南東）		S1（南）		SW1（南西）
	8 5 / 1	4 9 / 6	6 7 / 8	
E1（東）	7 6 / 9	9 4 / 2	2 2 / 4	W1（西）→
	3 1 / 5	5 8 / 7	1 3 / 3	
NE1（北東）		N1（北）		NW1（北西）

第3運（1904～1924年）

SE1（南東）		S1（南）		SW1（南西）
	9 4 / 2	5 9 / 7	7 2 / 9	
E1（東）	8 3 / 1	1 5 / 3	3 7 / 5	W1（西）→
	4 8 / 6	6 1 / 8	2 6 / 4	
NE1（北東）		N1（北）		NW1（北西）

第4運（1924～1944年）

SE1（南東）		S1（南）		SW1（南西）
	3 7 / 3	7 2 / 8	5 9 / 1	
E1（東）	4 8 / 2	2 6 / 4	9 4 / 6	W1（西）→
	8 3 / 7	6 1 / 9	1 5 / 5	
NE1（北東）		N1（北）		NW1（北西）

第5運（1944～1964年）

SE1（南東）		S1（南）		SW1（南西）
	2 6 / 4	7 2 / 9	9 4 / 2	
E1（東）	1 5 / 3	3 7 / 5	5 9 / 7	W1（西）→
	6 1 / 8	8 3 / 1	4 8 / 6	
NE1（北東）		N1（北）		NW1（北西）

第6運（1964～1984年）

SE1（南東）		S1（南）		SW1（南西）
	5 9 / 5	9 4 / 1	7 2 / 3	
E1（東）	6 1 / 4	4 8 / 6	2 6 / 8	W1（西）→
	1 5 / 9	8 3 / 2	3 7 / 7	
NE1（北東）		N1（北）		NW1（北西）

第7運（1984～2004年）

SE1（南東）		S1（南）		SW1（南西）
	4 8 / 6	9 4 / 2	2 6 / 4	
E1（東）	3 7 / 5	5 9 / 7	7 2 / 9	W1（西）→
	8 3 / 1	1 5 / 3	6 1 / 8	
NE1（北東）		N1（北）		NW1（北西）

第8運（2004～2024年）

SE1（南東）		S1（南）		SW1（南西）
	7 9 / 7	2 5 / 3	9 7 / 5	
E1（東）	8 8 / 6	6 1 / 8	4 3 / 1	W1（西）→
	3 4 / 2	1 6 / 4	5 2 / 9	
NE1（北東）		N1（北）		NW1（北西）

第9運（2024～2044年）

SE1（南東）		S1（南）		SW1（南西）
	6 3 / 8	2 7 / 4	4 5 / 6	
E1（東）	5 4 / 7	7 2 / 9	9 9 / 2	W1（西）→
	1 8 / 3	3 6 / 5	8 1 / 1	
NE1（北東）		N1（北）		NW1（北西）

⑧卯山酉向（E2→W2）の飛星チャート

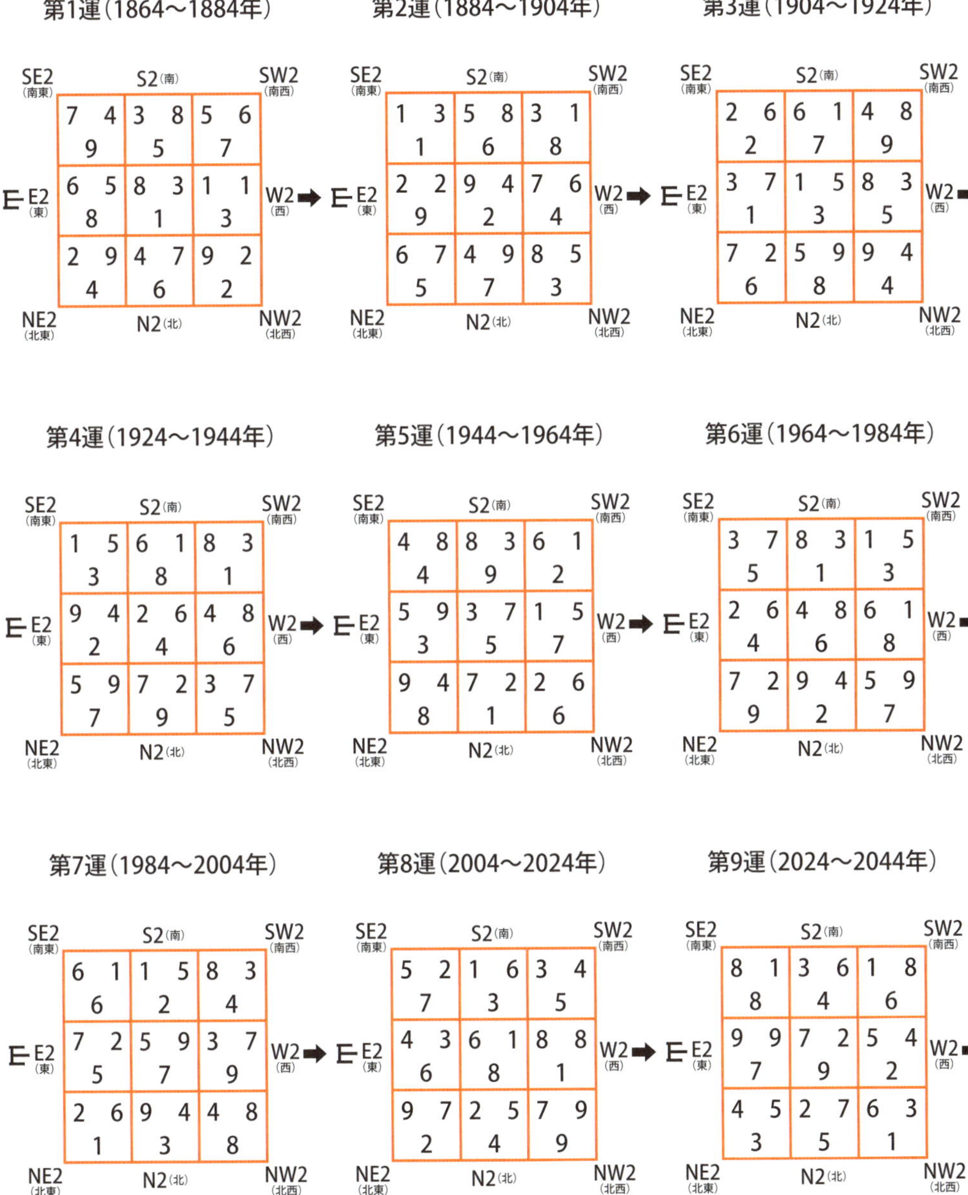

第1運（1864～1884年）
SE2（南東） S2（南） SW2（南西）
7 4 9 | 3 8 5 | 5 6 7
E2（東） 6 5 8 | 8 3 1 | 1 1 3 W2（西）
2 9 4 | 4 7 6 | 9 2 2
NE2（北東） N2（北） NW2（北西）
第2運（1884～1904年）
SE2（南東） S2（南） SW2（南西）
1 3 1 | 5 8 6 | 3 1 8
E2（東） 2 2 9 | 9 4 2 | 7 6 4 W2（西）
6 7 5 | 4 9 7 | 8 5 3
NE2（北東） N2（北） NW2（北西）
第3運（1904～1924年）
SE2（南東） S2（南） SW2（南西）
2 6 2 | 6 1 7 | 4 8 9
E2（東） 3 7 1 | 1 5 3 | 8 3 5 W2（西）
7 2 6 | 5 9 8 | 9 4 4
NE2（北東） N2（北） NW2（北西）
第4運（1924～1944年）
SE2（南東） S2（南） SW2（南西）
1 5 3 | 6 1 8 | 8 3 1
E2（東） 9 4 2 | 2 6 4 | 4 8 6 W2（西）
5 9 7 | 7 2 9 | 3 7 5
NE2（北東） N2（北） NW2（北西）
第5運（1944～1964年）
SE2（南東） S2（南） SW2（南西）
4 8 4 | 8 3 9 | 6 1 2
E2（東） 5 9 3 | 3 7 5 | 1 5 7 W2（西）
9 4 8 | 7 2 1 | 2 6 6
NE2（北東） N2（北） NW2（北西）
第6運（1964～1984年）
SE2（南東） S2（南） SW2（南西）
3 7 5 | 8 3 1 | 1 5 3
E2（東） 2 6 4 | 4 8 6 | 6 1 8 W2（西）
7 2 9 | 9 4 2 | 5 9 7
NE2（北東） N2（北） NW2（北西）
第7運（1984～2004年）
SE2（南東） S2（南） SW2（南西）
6 1 6 | 1 5 2 | 8 3 4
E2（東） 7 2 5 | 5 9 7 | 3 7 9 W2（西）
2 6 1 | 9 4 3 | 4 8 8
NE2（北東） N2（北） NW2（北西）
第8運（2004～2024年）
SE2（南東） S2（南） SW2（南西）
5 2 7 | 1 6 3 | 3 4 5
E2（東） 4 3 6 | 6 1 8 | 8 8 1 W2（西）
9 7 2 | 2 5 4 | 7 9 9
NE2（北東） N2（北） NW2（北西）
第9運（2024～2044年）
SE2（南東） S2（南） SW2（南西）
8 1 8 | 3 6 4 | 1 8 6
E2（東） 9 9 7 | 7 2 9 | 5 4 2 W2（西）
4 5 3 | 2 7 5 | 6 3 1
NE2（北東） N2（北） NW2（北西）

⑨乙山辛向（E3→W3）の飛星チャート

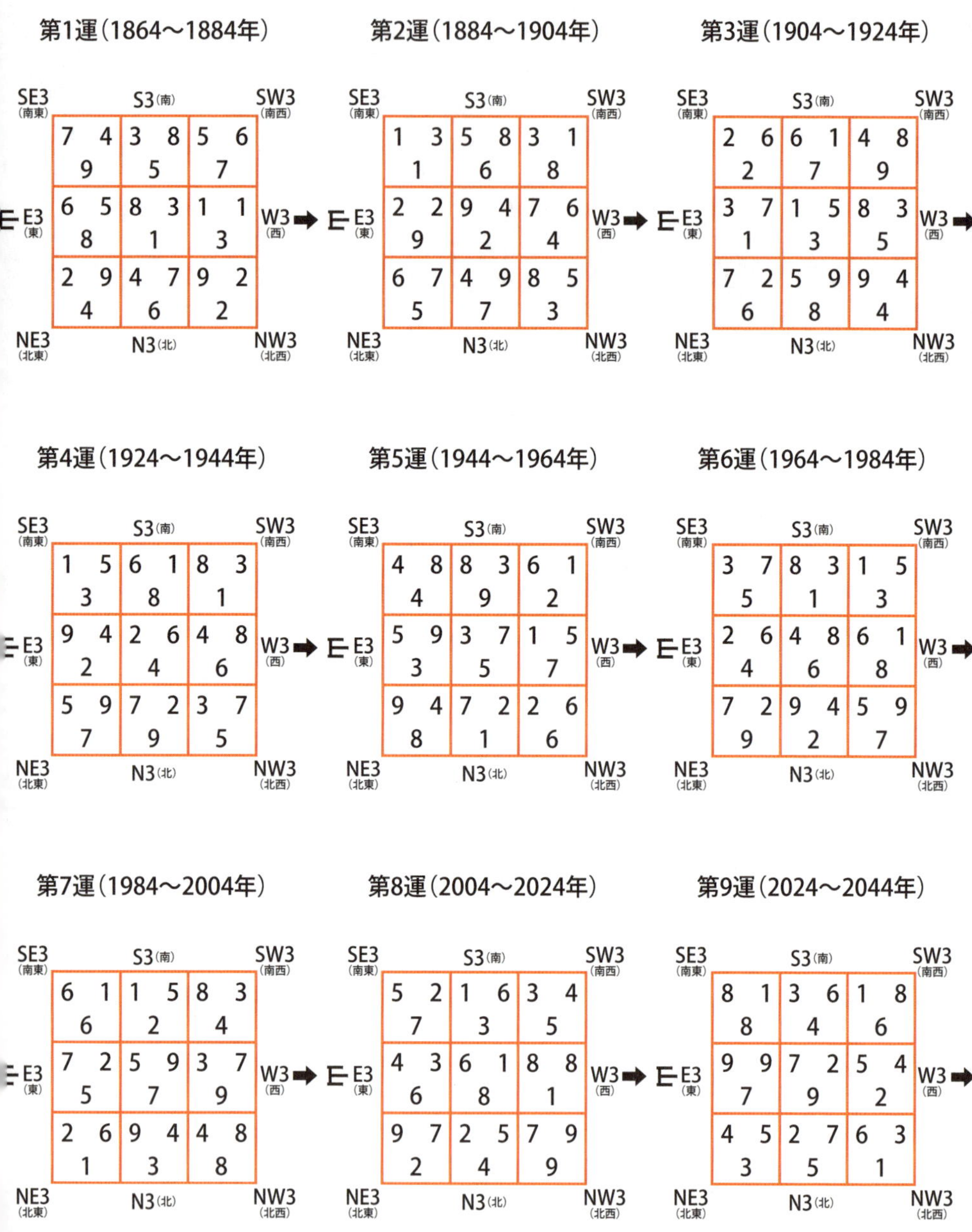
第1運（1864〜1884年）
SE3（南東） S3（南） SW3（南西）
7 4 9 | 3 8 5 | 5 6 7
E3（東） 6 5 8 | 8 3 1 | 1 1 3 W3（西）
2 9 4 | 4 7 6 | 9 2 2
NE3（北東） N3（北） NW3（北西）
第2運（1884〜1904年）
SE3（南東） S3（南） SW3（南西）
1 3 1 | 5 8 6 | 3 1 8
E3（東） 2 2 9 | 9 4 2 | 7 6 4 W3（西）
6 7 5 | 4 9 7 | 8 5 3
NE3（北東） N3（北） NW3（北西）
第3運（1904〜1924年）
SE3（南東） S3（南） SW3（南西）
2 6 2 | 6 1 7 | 4 8 9
E3（東） 3 7 1 | 1 5 3 | 8 3 5 W3（西）
7 2 6 | 5 9 8 | 9 4 4
NE3（北東） N3（北） NW3（北西）
第4運（1924〜1944年）
SE3（南東） S3（南） SW3（南西）
1 5 3 | 6 1 8 | 8 3 1
E3（東） 9 4 2 | 2 6 4 | 4 8 6 W3（西）
5 9 7 | 7 2 9 | 3 7 5
NE3（北東） N3（北） NW3（北西）
第5運（1944〜1964年）
SE3（南東） S3（南） SW3（南西）
4 8 4 | 8 3 9 | 6 1 2
E3（東） 5 9 3 | 3 7 5 | 1 5 7 W3（西）
9 4 8 | 7 2 1 | 2 6 6
NE3（北東） N3（北） NW3（北西）
第6運（1964〜1984年）
SE3（南東） S3（南） SW3（南西）
3 7 5 | 8 3 1 | 1 5 3
E3（東） 2 6 4 | 4 8 6 | 6 1 8 W3（西）
7 2 9 | 9 4 2 | 5 9 7
NE3（北東） N3（北） NW3（北西）
第7運（1984〜2004年）
SE3（南東） S3（南） SW3（南西）
6 1 6 | 1 5 2 | 8 3 4
E3（東） 7 2 5 | 5 9 7 | 3 7 9 W3（西）
2 6 1 | 9 4 3 | 4 8 8
NE3（北東） N3（北） NW3（北西）
第8運（2004〜2024年）
SE3（南東） S3（南） SW3（南西）
5 2 7 | 1 6 3 | 3 4 5
E3（東） 4 3 6 | 6 1 8 | 8 8 1 W3（西）
9 7 2 | 2 5 4 | 7 9 9
NE3（北東） N3（北） NW3（北西）
第9運（2024〜2044年）
SE3（南東） S3（南） SW3（南西）
8 1 8 | 3 6 4 | 1 8 6
E3（東） 9 9 7 | 7 2 9 | 5 4 2 W3（西）
4 5 3 | 2 7 5 | 6 3 1
NE3（北東） N3（北） NW3（北西）

⑩辰山戌向（SE1→NW1）の飛星チャート

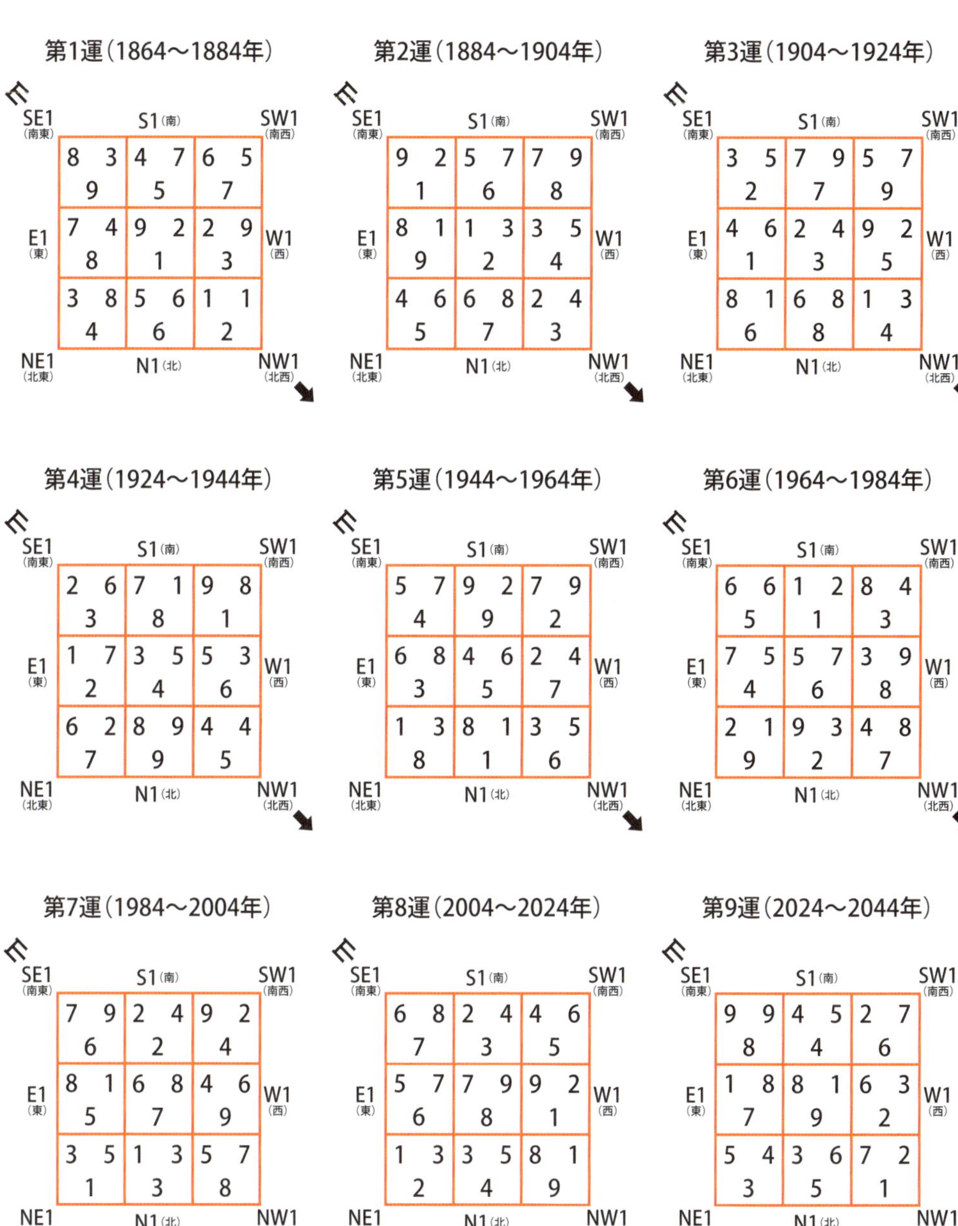
第1運（1864～1884年）
SE1（南東）
S1（南）
SW1（南西）
8 3 | 4 7 | 6 5
9 | 5 | 7
E1（東）
W1（西）
7 4 | 9 2 | 2 9
8 | 1 | 3
3 8 | 5 6 | 1 1
4 | 6 | 2
NE1（北東）
N1（北）
NW1（北西）
第2運（1884～1904年）
SE1（南東）
S1（南）
SW1（南西）
9 2 | 5 7 | 7 9
1 | 6 | 8
E1（東）
W1（西）
8 1 | 1 3 | 3 5
9 | 2 | 4
4 6 | 6 8 | 2 4
5 | 7 | 3
NE1（北東）
N1（北）
NW1（北西）
第3運（1904～1924年）
SE1（南東）
S1（南）
SW1（南西）
3 5 | 7 9 | 5 7
2 | 7 | 9
E1（東）
W1（西）
4 6 | 2 4 | 9 2
1 | 3 | 5
8 1 | 6 8 | 1 3
6 | 8 | 4
NE1（北東）
N1（北）
NW1（北西）
第4運（1924～1944年）
SE1（南東）
S1（南）
SW1（南西）
2 6 | 7 1 | 9 8
3 | 8 | 1
E1（東）
W1（西）
1 7 | 3 5 | 5 3
2 | 4 | 6
6 2 | 8 9 | 4 4
7 | 9 | 5
NE1（北東）
N1（北）
NW1（北西）
第5運（1944～1964年）
SE1（南東）
S1（南）
SW1（南西）
5 7 | 9 2 | 7 9
4 | 9 | 2
E1（東）
W1（西）
6 8 | 4 6 | 2 4
3 | 5 | 7
1 3 | 8 1 | 3 5
8 | 1 | 6
NE1（北東）
N1（北）
NW1（北西）
第6運（1964～1984年）
SE1（南東）
S1（南）
SW1（南西）
6 6 | 1 2 | 8 4
5 | 1 | 3
E1（東）
W1（西）
7 5 | 5 7 | 3 9
4 | 6 | 8
2 1 | 9 3 | 4 8
9 | 2 | 7
NE1（北東）
N1（北）
NW1（北西）
第7運（1984～2004年）
SE1（南東）
S1（南）
SW1（南西）
7 9 | 2 4 | 9 2
6 | 2 | 4
E1（東）
W1（西）
8 1 | 6 8 | 4 6
5 | 7 | 9
3 5 | 1 3 | 5 7
1 | 3 | 8
NE1（北東）
N1（北）
NW1（北西）
第8運（2004～2024年）
SE1（南東）
S1（南）
SW1（南西）
6 8 | 2 4 | 4 6
7 | 3 | 5
E1（東）
W1（西）
5 7 | 7 9 | 9 2
6 | 8 | 1
1 3 | 3 5 | 8 1
2 | 4 | 9
NE1（北東）
N1（北）
NW1（北西）
第9運（2024～2044年）
SE1（南東）
S1（南）
SW1（南西）
9 9 | 4 5 | 2 7
8 | 4 | 6
E1（東）
W1（西）
1 8 | 8 1 | 6 3
7 | 9 | 2
5 4 | 3 6 | 7 2
3 | 5 | 1
NE1（北東）
N1（北）
NW1（北西）

⑪巽山乾向(SE2→NW2)の飛星チャート

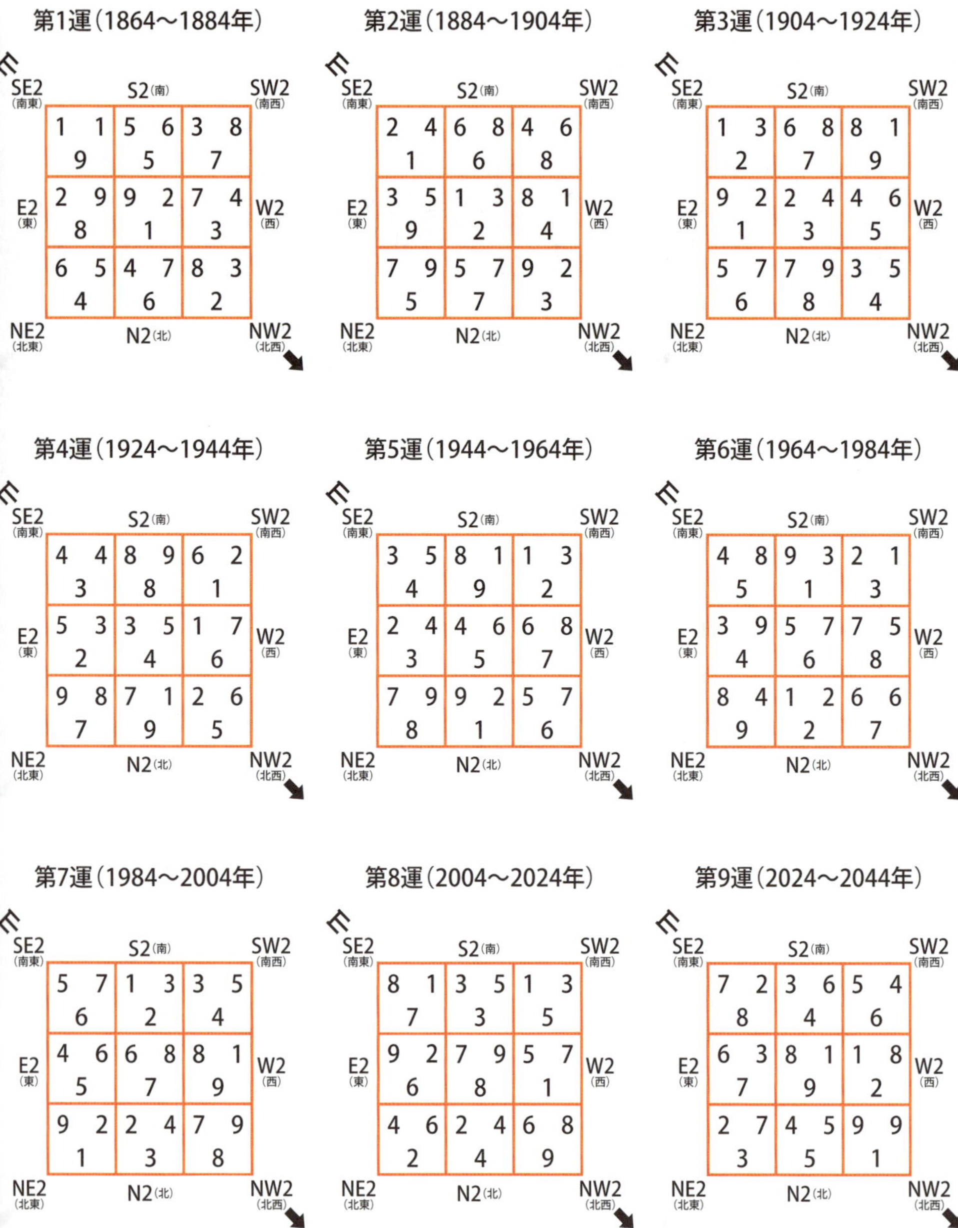
第1運(1864〜1884年)
SE2 (南東) S2 (南) SW2 (南西)
1 1 | 5 6 | 3 8
9 | 5 | 7
E2 (東) 2 9 | 9 2 | 7 4 W2 (西)
8 | 1 | 3
6 5 | 4 7 | 8 3
4 | 6 | 2
NE2 (北東) N2 (北) NW2 (北西)
第2運(1884〜1904年)
SE2 (南東) S2 (南) SW2 (南西)
2 4 | 6 8 | 4 6
1 | 6 | 8
E2 (東) 3 5 | 1 3 | 8 1 W2 (西)
9 | 2 | 4
7 9 | 5 7 | 9 2
5 | 7 | 3
NE2 (北東) N2 (北) NW2 (北西)
第3運(1904〜1924年)
SE2 (南東) S2 (南) SW2 (南西)
1 3 | 6 8 | 8 1
2 | 7 | 9
E2 (東) 9 2 | 2 4 | 4 6 W2 (西)
1 | 3 | 5
5 7 | 7 9 | 3 5
6 | 8 | 4
NE2 (北東) N2 (北) NW2 (北西)
第4運(1924〜1944年)
SE2 (南東) S2 (南) SW2 (南西)
4 4 | 8 9 | 6 2
3 | 8 | 1
E2 (東) 5 3 | 3 5 | 1 7 W2 (西)
2 | 4 | 6
9 8 | 7 1 | 2 6
7 | 9 | 5
NE2 (北東) N2 (北) NW2 (北西)
第5運(1944〜1964年)
SE2 (南東) S2 (南) SW2 (南西)
3 5 | 8 1 | 1 3
4 | 9 | 2
E2 (東) 2 4 | 4 6 | 6 8 W2 (西)
3 | 5 | 7
7 9 | 9 2 | 5 7
8 | 1 | 6
NE2 (北東) N2 (北) NW2 (北西)
第6運(1964〜1984年)
SE2 (南東) S2 (南) SW2 (南西)
4 8 | 9 3 | 2 1
5 | 1 | 3
E2 (東) 3 9 | 5 7 | 7 5 W2 (西)
4 | 6 | 8
8 4 | 1 2 | 6 6
9 | 2 | 7
NE2 (北東) N2 (北) NW2 (北西)
第7運(1984〜2004年)
SE2 (南東) S2 (南) SW2 (南西)
5 7 | 1 3 | 3 5
6 | 2 | 4
E2 (東) 4 6 | 6 8 | 8 1 W2 (西)
5 | 7 | 9
9 2 | 2 4 | 7 9
1 | 3 | 8
NE2 (北東) N2 (北) NW2 (北西)
第8運(2004〜2024年)
SE2 (南東) S2 (南) SW2 (南西)
8 1 | 3 5 | 1 3
7 | 3 | 5
E2 (東) 9 2 | 7 9 | 5 7 W2 (西)
6 | 8 | 1
4 6 | 2 4 | 6 8
2 | 4 | 9
NE2 (北東) N2 (北) NW2 (北西)
第9運(2024〜2044年)
SE2 (南東) S2 (南) SW2 (南西)
7 2 | 3 6 | 5 4
8 | 4 | 6
E2 (東) 6 3 | 8 1 | 1 8 W2 (西)
7 | 9 | 2
2 7 | 4 5 | 9 9
3 | 5 | 1
NE2 (北東) N2 (北) NW2 (北西)

⑫巳山亥向（SE3→NW3）の飛星チャート

第1運（1864～1884年）

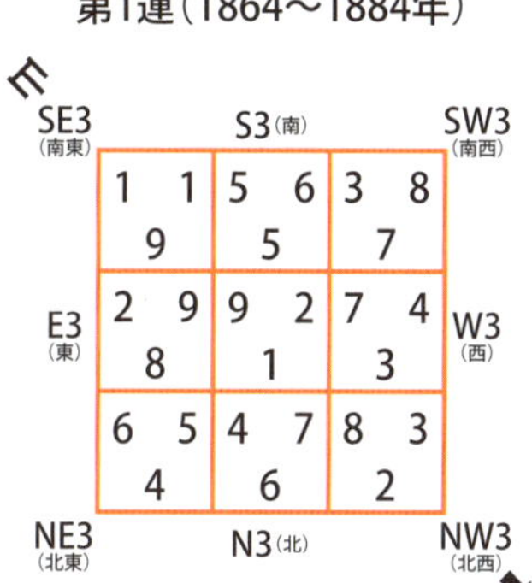
SE3 (南東)
S3 (南)
SW3 (南西)
1 1 | 5 6 | 3 8
9 | 5 | 7
E3 (東)
2 9 | 9 2 | 7 4
8 | 1 | 3
W3 (西)
6 5 | 4 7 | 8 3
4 | 6 | 2
NE3 (北東)
N3 (北)
NW3 (北西)

第2運（1884～1904年）

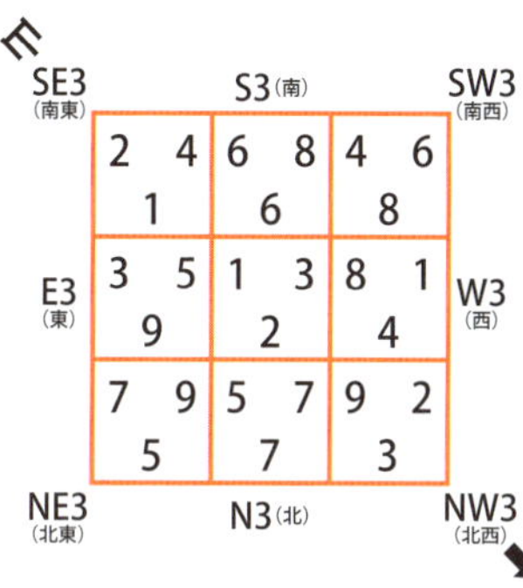
SE3 (南東)
S3 (南)
SW3 (南西)
2 4 | 6 8 | 4 6
1 | 6 | 8
E3 (東)
3 5 | 1 3 | 8 1
9 | 2 | 4
W3 (西)
7 9 | 5 7 | 9 2
5 | 7 | 3
NE3 (北東)
N3 (北)
NW3 (北西)

第3運（1904～1924年）

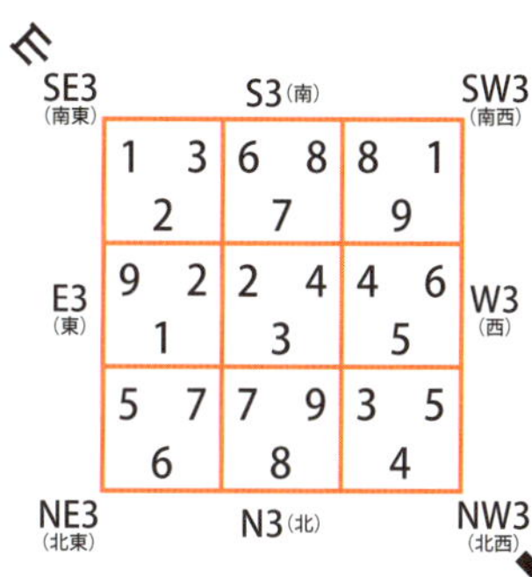
SE3 (南東)
S3 (南)
SW3 (南西)
1 3 | 6 8 | 8 1
2 | 7 | 9
E3 (東)
9 2 | 2 4 | 4 6
1 | 3 | 5
W3 (西)
5 7 | 7 9 | 3 5
6 | 8 | 4
NE3 (北東)
N3 (北)
NW3 (北西)

第4運（1924～1944年）

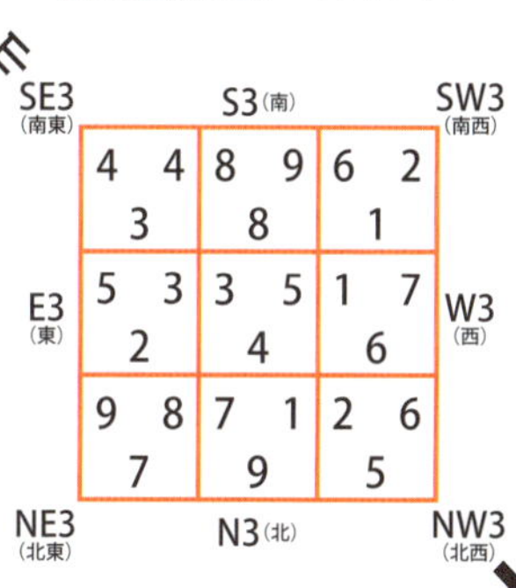
SE3 (南東)
S3 (南)
SW3 (南西)
4 4 | 8 9 | 6 2
3 | 8 | 1
E3 (東)
5 3 | 3 5 | 1 7
2 | 4 | 6
W3 (西)
9 8 | 7 1 | 2 6
7 | 9 | 5
NE3 (北東)
N3 (北)
NW3 (北西)

第5運（1944～1964年）

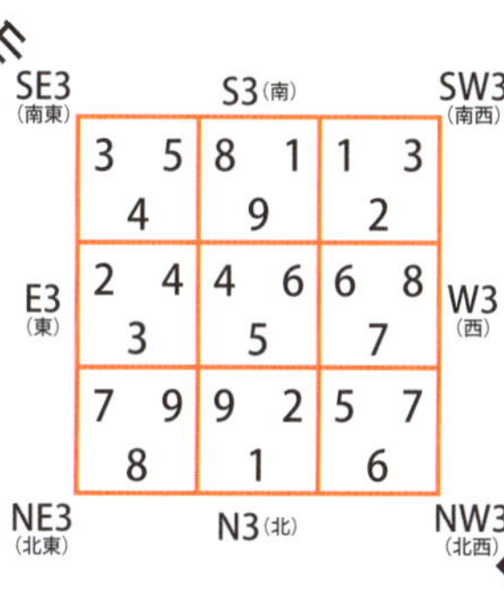
SE3 (南東)
S3 (南)
SW3 (南西)
3 5 | 8 1 | 1 3
4 | 9 | 2
E3 (東)
2 4 | 4 6 | 6 8
3 | 5 | 7
W3 (西)
7 9 | 9 2 | 5 7
8 | 1 | 6
NE3 (北東)
N3 (北)
NW3 (北西)

第6運（1964～1984年）

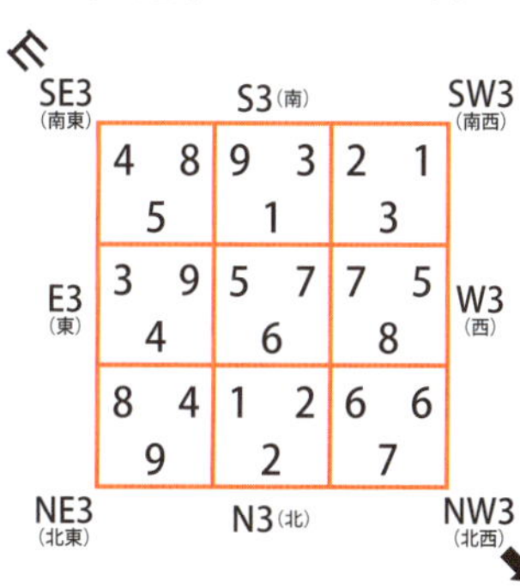
SE3 (南東)
S3 (南)
SW3 (南西)
4 8 | 9 3 | 2 1
5 | 1 | 3
E3 (東)
3 9 | 5 7 | 7 5
4 | 6 | 8
W3 (西)
8 4 | 1 2 | 6 6
9 | 2 | 7
NE3 (北東)
N3 (北)
NW3 (北西)

第7運（1984～2004年）

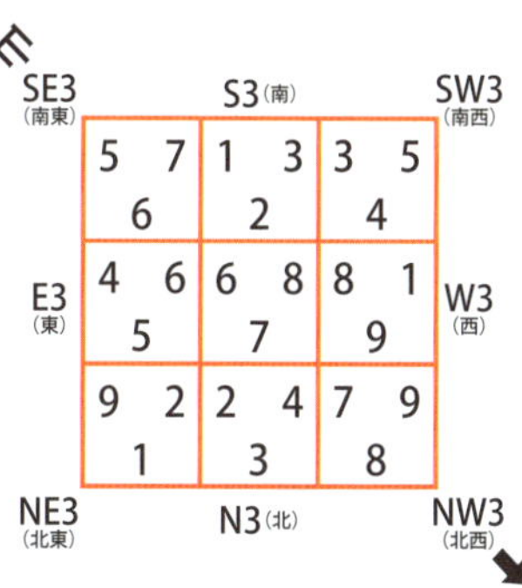
SE3 (南東)
S3 (南)
SW3 (南西)
5 7 | 1 3 | 3 5
6 | 2 | 4
E3 (東)
4 6 | 6 8 | 8 1
5 | 7 | 9
W3 (西)
9 2 | 2 4 | 7 9
1 | 3 | 8
NE3 (北東)
N3 (北)
NW3 (北西)

第8運（2004～2024年）

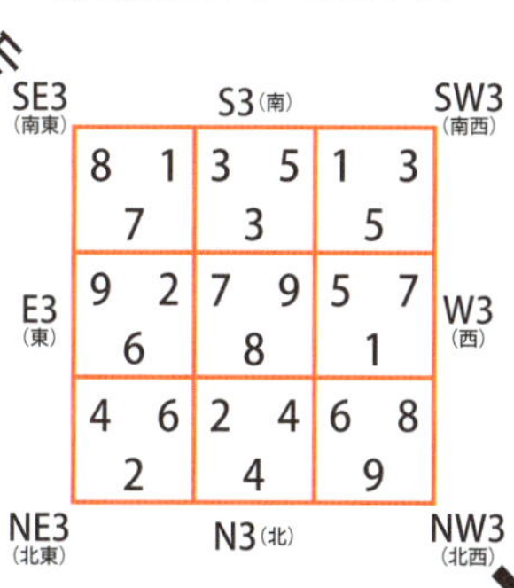
SE3 (南東)
S3 (南)
SW3 (南西)
8 1 | 3 5 | 1 3
7 | 3 | 5
E3 (東)
9 2 | 7 9 | 5 7
6 | 8 | 1
W3 (西)
4 6 | 2 4 | 6 8
2 | 4 | 9
NE3 (北東)
N3 (北)
NW3 (北西)

第9運（2024～2044年）

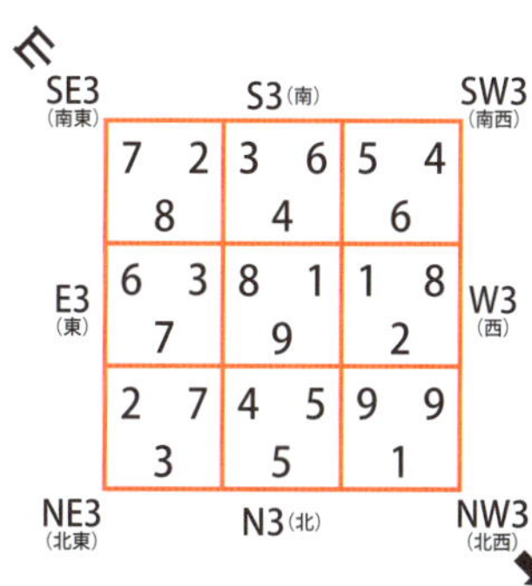
SE3 (南東)
S3 (南)
SW3 (南西)
7 2 | 3 6 | 5 4
8 | 4 | 6
E3 (東)
6 3 | 8 1 | 1 8
7 | 9 | 2
W3 (西)
2 7 | 4 5 | 9 9
3 | 5 | 1
NE3 (北東)
N3 (北)
NW3 (北西)

⑬丙山壬向（S1→N1）の飛星チャート

第1運（1864～1884年）

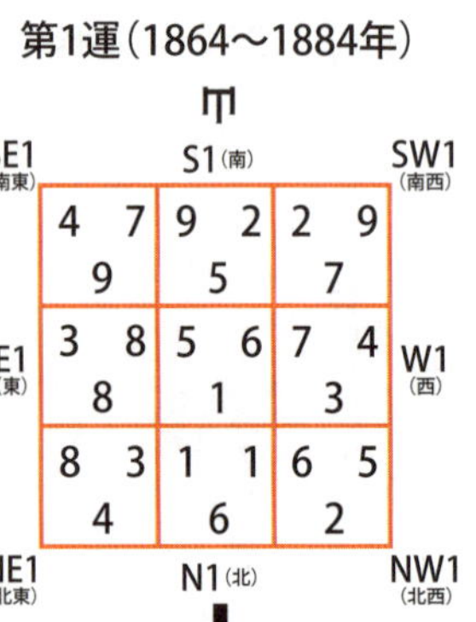

SE1（南東）
S1（南）
SW1（南西）
4 7 / 9 | 9 2 / 5 | 2 9 / 7
E1（東）
3 8 / 8 | 5 6 / 1 | 7 4 / 3
W1（西）
8 3 / 4 | 1 1 / 6 | 6 5 / 2
NE1（北東）
N1（北）
NW1（北西）

第2運（1884～1904年）

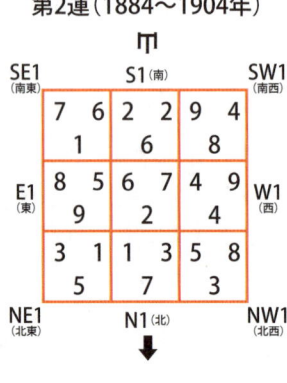

SE1（南東）	S1（南）	SW1（南西）
7 6 / 1	2 2 / 6	9 4 / 8
8 5 / 9	6 7 / 2	4 9 / 4
3 1 / 5	1 3 / 7	5 8 / 3
NE1（北東）	N1（北）	NW1（北西）

E1（東） W1（西）

第3運（1904～1924年）

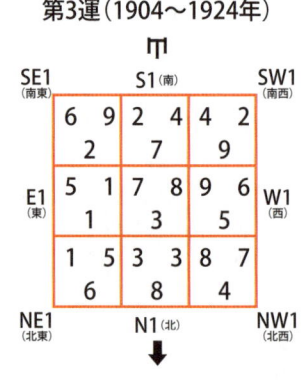

SE1（南東）	S1（南）	SW1（南西）
6 9 / 2	2 4 / 7	4 2 / 9
5 1 / 1	7 8 / 3	9 6 / 5
1 5 / 6	3 3 / 8	8 7 / 4
NE1（北東）	N1（北）	NW1（北西）

E1（東） W1（西）

第4運（1924～1944年）

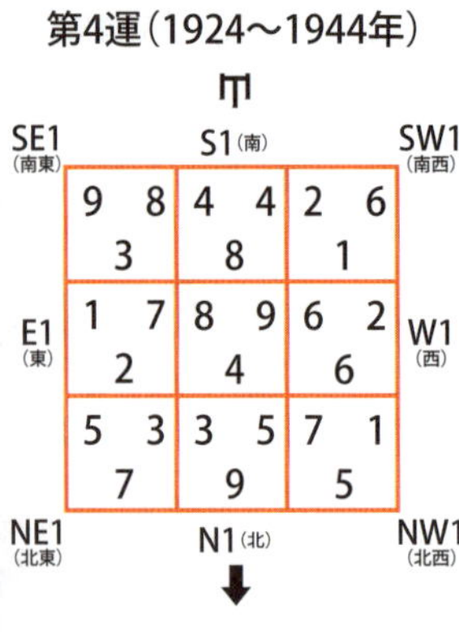

SE1（南東）
S1（南）
SW1（南西）
9 8 / 3 | 4 4 / 8 | 2 6 / 1
E1（東）
1 7 / 2 | 8 9 / 4 | 6 2 / 6
W1（西）
5 3 / 7 | 3 5 / 9 | 7 1 / 5
NE1（北東）
N1（北）
NW1（北西）

第5運（1944～1964年）

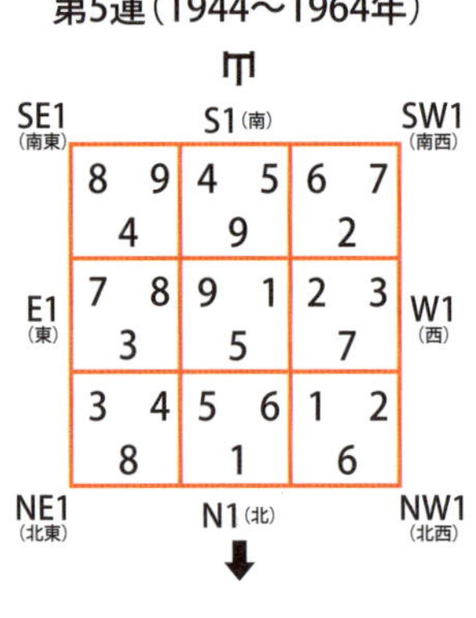

SE1（南東）
S1（南）
SW1（南西）
8 9 / 4 | 4 5 / 9 | 6 7 / 2
E1（東）
7 8 / 3 | 9 1 / 5 | 2 3 / 7
W1（西）
3 4 / 8 | 5 6 / 1 | 1 2 / 6
NE1（北東）
N1（北）
NW1（北西）

第6運（1964～1984年）

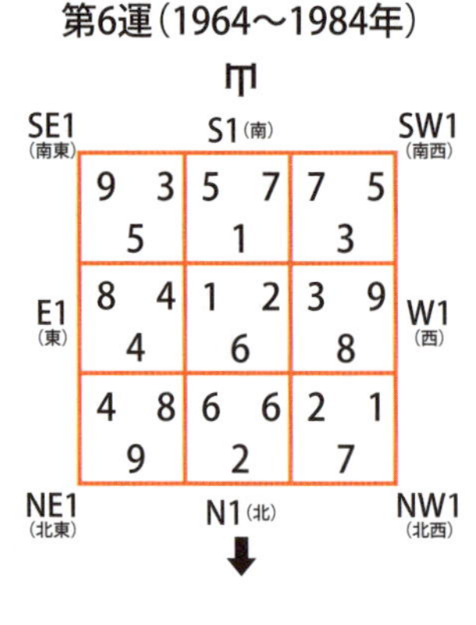

SE1（南東）
S1（南）
SW1（南西）
9 3 / 5 | 5 7 / 1 | 7 5 / 3
E1（東）
8 4 / 4 | 1 2 / 6 | 3 9 / 8
W1（西）
4 8 / 9 | 6 6 / 2 | 2 1 / 7
NE1（北東）
N1（北）
NW1（北西）

第7運（1984～2004年）

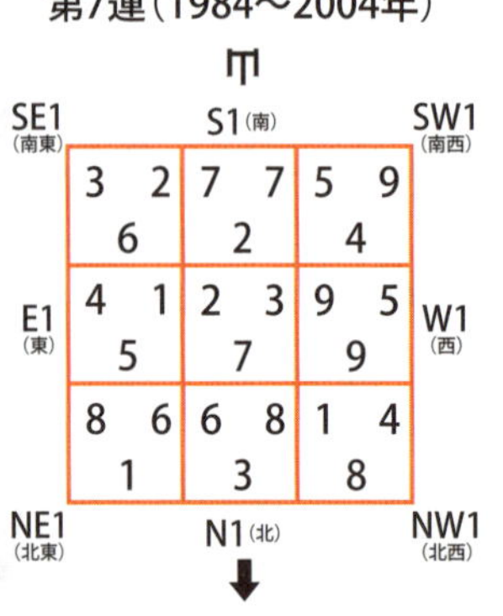

SE1（南東）
S1（南）
SW1（南西）
3 2 / 6 | 7 7 / 2 | 5 9 / 4
E1（東）
4 1 / 5 | 2 3 / 7 | 9 5 / 9
W1（西）
8 6 / 1 | 6 8 / 3 | 1 4 / 8
NE1（北東）
N1（北）
NW1（北西）

第8運（2004～2024年）

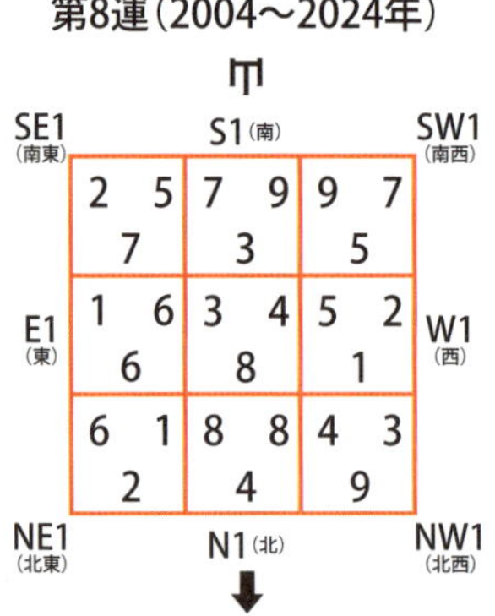

SE1（南東）
S1（南）
SW1（南西）
2 5 / 7 | 7 9 / 3 | 9 7 / 5
E1（東）
1 6 / 6 | 3 4 / 8 | 5 2 / 1
W1（西）
6 1 / 2 | 8 8 / 4 | 4 3 / 9
NE1（北東）
N1（北）
NW1（北西）

第9運（2024～2044年）

SE1（南東）	S1（南）	SW1（南西）
5 4 / 8	9 9 / 4	7 2 / 6
6 3 / 7	4 5 / 9	2 7 / 2
1 8 / 3	8 1 / 5	3 6 / 1
NE1（北東）	N1（北）	NW1（北西）

E1（東） W1（西）

⑭午山子向（S2→N2）の飛星チャート

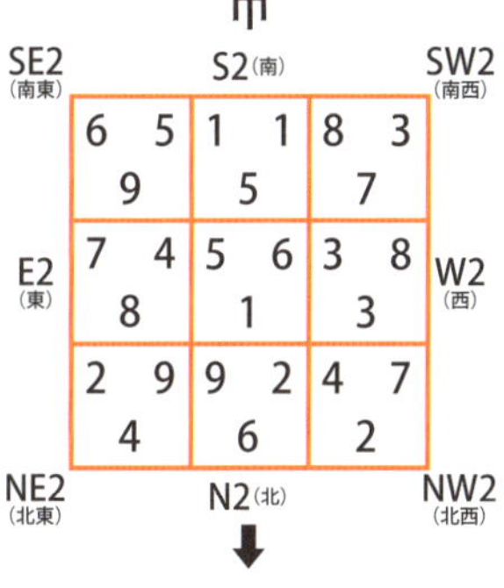

第1運（1864～1884年）
午
SE2（南東）
S2（南）
SW2（南西）
6 5 1 1 8 3
9 5 7
E2（東）
7 4 5 6 3 8
8 1 3
W2（西）
2 9 9 2 4 7
4 6 2
NE2（北東）
N2（北）
NW2（北西）

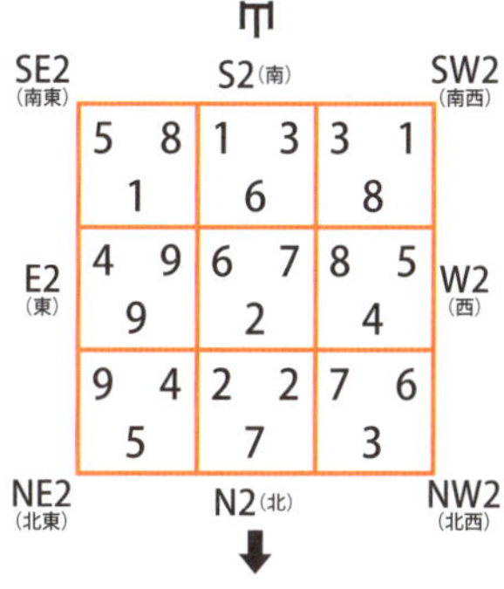

第2運（1884～1904年）
午
SE2（南東）
S2（南）
SW2（南西）
5 8 1 3 3 1
1 6 8
E2（東）
4 9 6 7 8 5
9 2 4
W2（西）
9 4 2 2 7 6
5 7 3
NE2（北東）
N2（北）
NW2（北西）

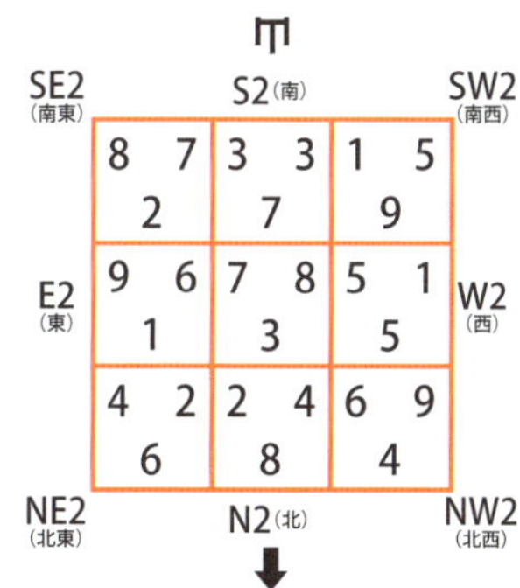

第3運（1904～1924年）
午
SE2（南東）
S2（南）
SW2（南西）
8 7 3 3 1 5
2 7 9
E2（東）
9 6 7 8 5 1
1 3 5
W2（西）
4 2 2 4 6 9
6 8 4
NE2（北東）
N2（北）
NW2（北西）

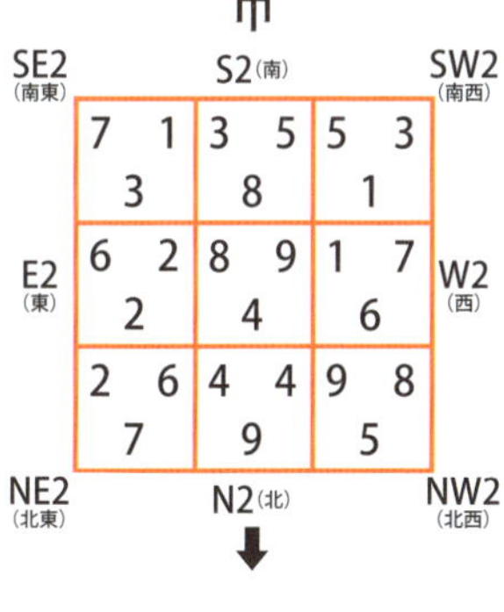

第4運（1924～1944年）
午
SE2（南東）
S2（南）
SW2（南西）
7 1 3 5 5 3
3 8 1
E2（東）
6 2 8 9 1 7
2 4 6
W2（西）
2 6 4 4 9 8
7 9 5
NE2（北東）
N2（北）
NW2（北西）

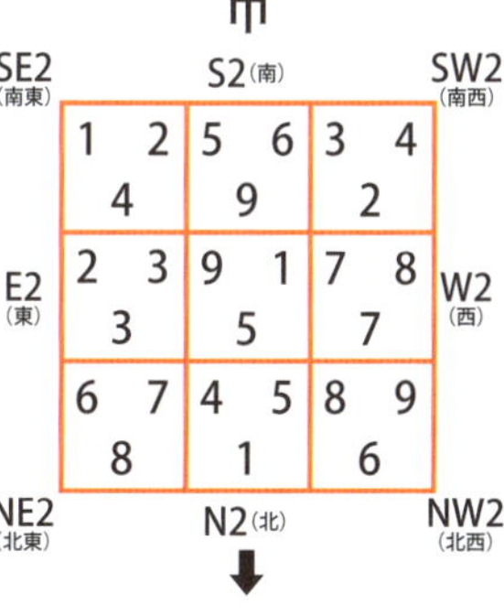

第5運（1944～1964年）
午
SE2（南東）
S2（南）
SW2（南西）
1 2 5 6 3 4
4 9 2
E2（東）
2 3 9 1 7 8
3 5 7
W2（西）
6 7 4 5 8 9
8 1 6
NE2（北東）
N2（北）
NW2（北西）

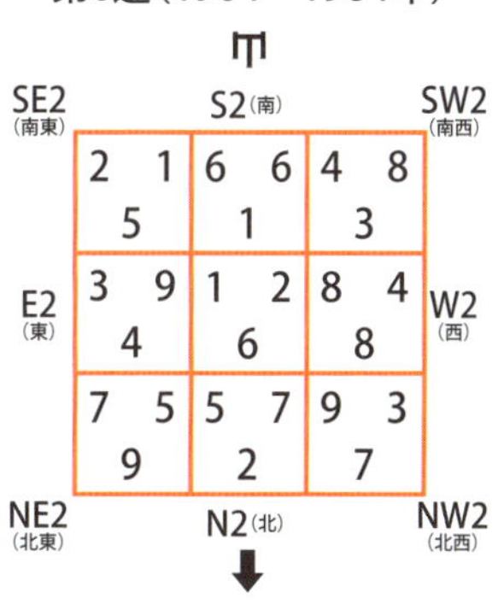

第6運（1964～1984年）
午
SE2（南東）
S2（南）
SW2（南西）
2 1 6 6 4 8
5 1 3
E2（東）
3 9 1 2 8 4
4 6 8
W2（西）
7 5 5 7 9 3
9 2 7
NE2（北東）
N2（北）
NW2（北西）

第7運（1984～2004年）

午

SE2（南東）		S2（南）		SW2（南西）
	1 4 6	6 8 2	8 6 4	
E2（東）	9 5 5	2 3 7	4 1 9	W2（西）
	5 9 1	7 7 3	3 2 8	
NE2（北東）		N2（北）		NW2（北西）

第8運（2004～2024年）

午

SE2（南東）		S2（南）		SW2（南西）
	4 3 7	8 8 3	6 1 5	
E2（東）	5 2 6	3 4 8	1 6 1	W2（西）
	9 7 2	7 9 4	2 5 9	
NE2（北東）		N2（北）		NW2（北西）

第9運（2024～2044年）

午

SE2（南東）		S2（南）		SW2（南西）
	3 6 8	8 1 4	1 8 6	
E2（東）	2 7 7	4 5 9	6 3 2	W2（西）
	7 2 3	9 9 5	5 4 1	
NE2（北東）		N2（北）		NW2（北西）

⑮丁山癸向（S3→N3）の飛星チャート

第1運（1864〜1884年）

SE3（南東）		S3（南）		SW3（南西）
	6 5 9	1 1 5	8 3 7	
E3（東）	7 4 8	5 6 1	3 8 3	W3（西）
	2 9 4	9 2 6	4 7 2	
NE3（北東）		N3（北）		NW3（北西）

第2運（1884〜1904年）

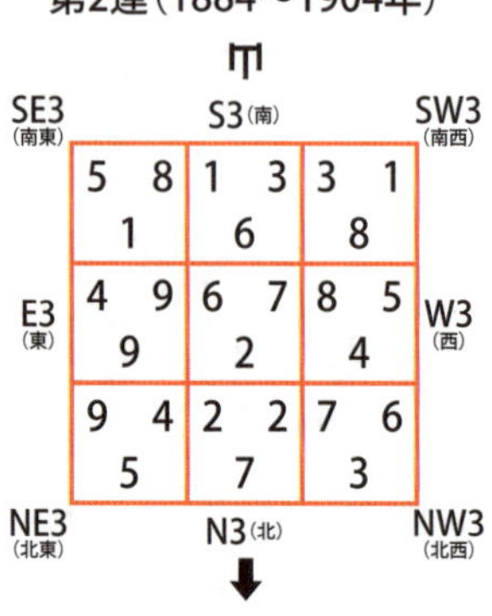

SE3（南東）		S3（南）		SW3（南西）
	5 8 1	1 3 6	3 1 8	
E3（東）	4 9 9	6 7 2	8 5 4	W3（西）
	9 4 5	2 2 7	7 6 3	
NE3（北東）		N3（北）		NW3（北西）

第3運（1904〜1924年）

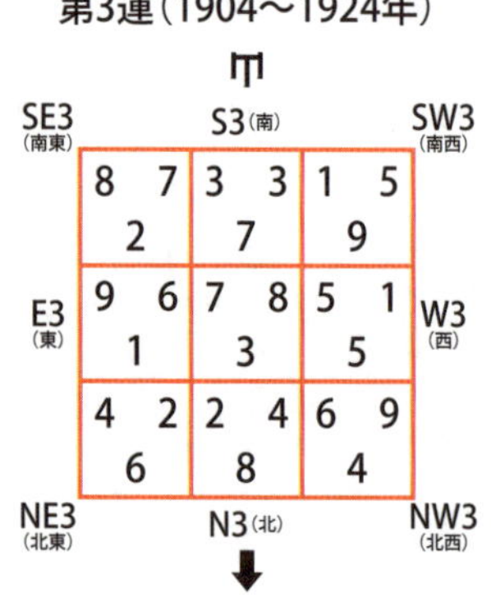

SE3（南東）		S3（南）		SW3（南西）
	8 7 2	3 3 7	1 5 9	
E3（東）	9 6 1	7 8 3	5 1 5	W3（西）
	4 2 6	2 4 8	6 9 4	
NE3（北東）		N3（北）		NW3（北西）

第4運（1924〜1944年）

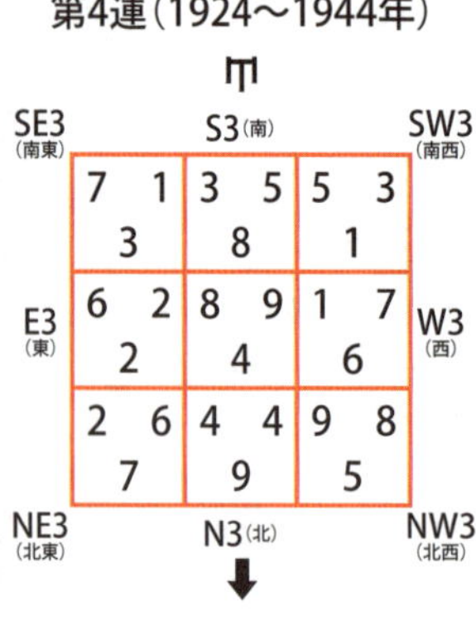

SE3（南東）		S3（南）		SW3（南西）
	7 1 3	3 5 8	5 3 1	
E3（東）	6 2 2	8 9 4	1 7 6	W3（西）
	2 6 7	4 4 9	9 8 5	
NE3（北東）		N3（北）		NW3（北西）

第5運（1944〜1964年）

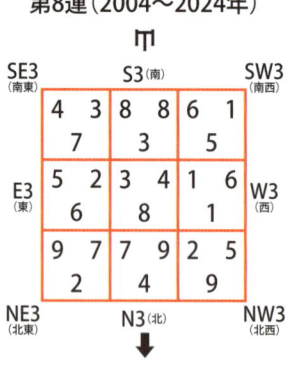

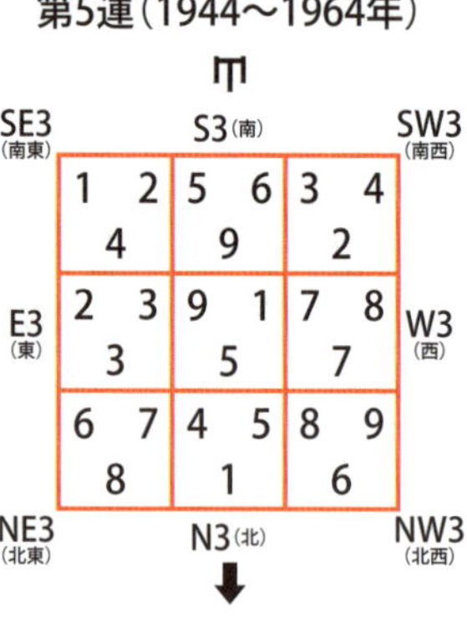

SE3（南東）		S3（南）		SW3（南西）
	1 2 4	5 6 9	3 4 2	
E3（東）	2 3 3	9 1 5	7 8 7	W3（西）
	6 7 8	4 5 1	8 9 6	
NE3（北東）		N3（北）		NW3（北西）

第6運（1964〜1984年）

SE3（南東）		S3（南）		SW3（南西）
	2 1 5	6 6 1	4 8 3	
E3（東）	3 9 4	1 2 6	8 4 8	W3（西）
	7 5 9	5 7 2	9 3 7	
NE3（北東）		N3（北）		NW3（北西）

第7運（1984〜2004年）

SE3（南東）		S3（南）		SW3（南西）
	1 4 6	6 8 2	8 6 4	
E3（東）	9 5 5	2 3 7	4 1 9	W3（西）
	5 9 1	7 7 3	3 2 8	
NE3（北東）		N3（北）		NW3（北西）

第8運（2004〜2024年）

SE3（南東）		S3（南）		SW3（南西）
	4 3 7	8 8 3	6 1 5	
E3（東）	5 2 6	3 4 8	1 6 1	W3（西）
	9 7 2	7 9 4	2 5 9	
NE3（北東）		N3（北）		NW3（北西）

第9運（2024〜2044年）

SE3（南東）		S3（南）		SW3（南西）
	3 6 8	8 1 4	1 8 6	
E3（東）	2 7 7	4 5 9	6 3 2	W3（西）
	7 2 3	9 9 5	5 4 1	
NE3（北東）		N3（北）		NW3（北西）

⑯未山丑向（SW1→NE1）の飛星チャート

第1運（1864〜1884年）

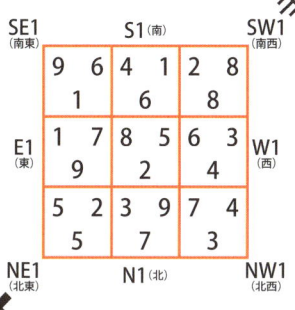

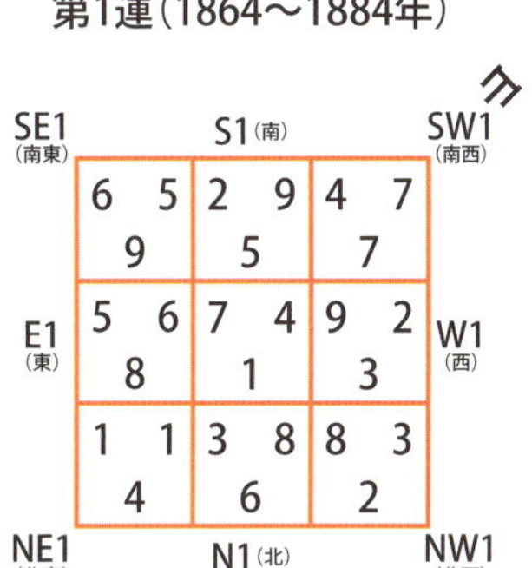

SE1（南東）
S1（南）
SW1（南西）
6 5 9
2 9 5
4 7 7
E1（東）
5 6 8
7 4 1
9 2 3
W1（西）
1 1 4
3 8 6
8 3 2
NE1（北東）
N1（北）
NW1（北西）

第2運（1884〜1904年）

SE1（南東）	S1（南）	SW1（南西）
9 6 / 1	4 1 / 6	2 8 / 8
1 7 / 9	8 5 / 2	6 3 / 4
5 2 / 5	3 9 / 7	7 4 / 3
NE1（北東）	N1（北）	NW1（北西）

E1（東）　W1（西）

第3運（1904〜1924年）

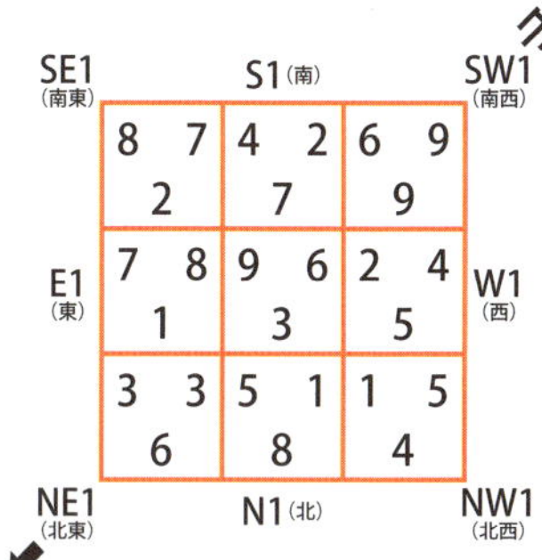

SE1（南東）
S1（南）
SW1（南西）
8 7 2
4 2 7
6 9 9
E1（東）
7 8 1
9 6 3
2 4 5
W1（西）
3 3 6
5 1 8
1 5 4
NE1（北東）
N1（北）
NW1（北西）

第4運（1924〜1944年）

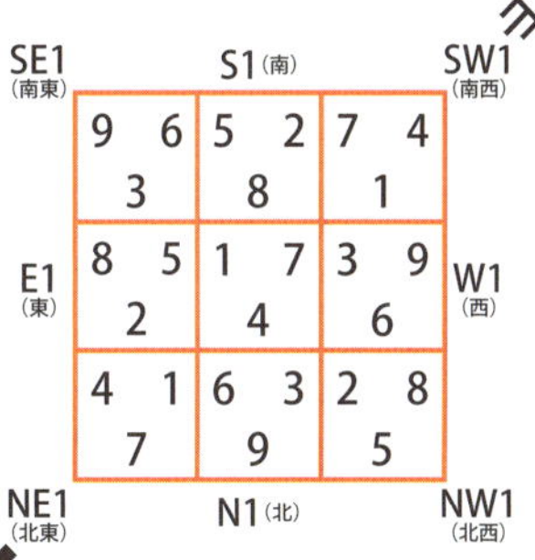

SE1（南東）
S1（南）
SW1（南西）
9 6 3
5 2 8
7 4 1
E1（東）
8 5 2
1 7 4
3 9 6
W1（西）
4 1 7
6 3 9
2 8 5
NE1（北東）
N1（北）
NW1（北西）

第5運（1944〜1964年）

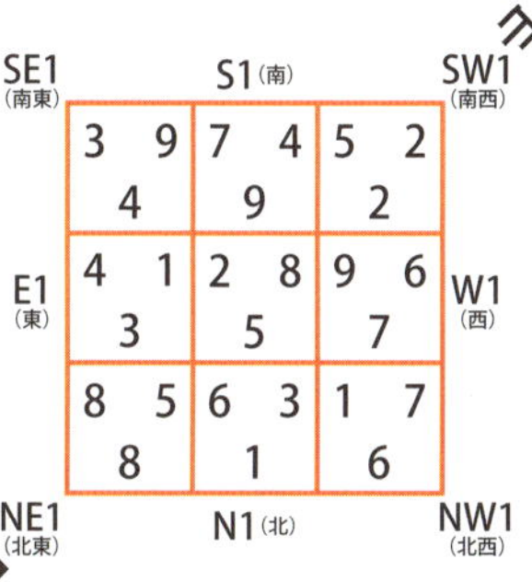

SE1（南東）
S1（南）
SW1（南西）
3 9 4
7 4 9
5 2 2
E1（東）
4 1 3
2 8 5
9 6 7
W1（西）
8 5 8
6 3 1
1 7 6
NE1（北東）
N1（北）
NW1（北西）

第6運（1964〜1984年）

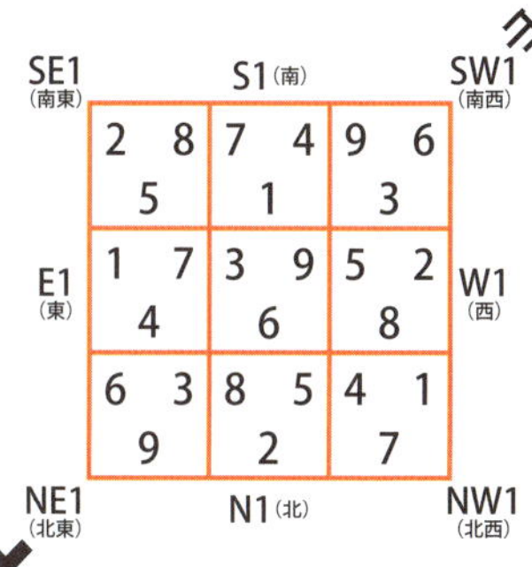

SE1（南東）
S1（南）
SW1（南西）
2 8 5
7 4 1
9 6 3
E1（東）
1 7 4
3 9 6
5 2 8
W1（西）
6 3 9
8 5 2
4 1 7
NE1（北東）
N1（北）
NW1（北西）

第7運（1984〜2004年）

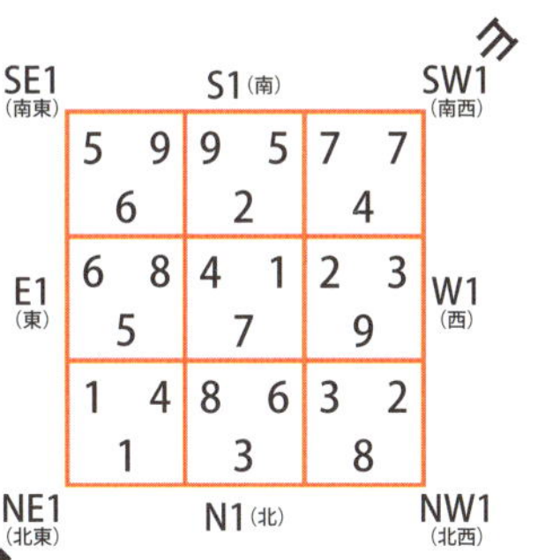

SE1（南東）
S1（南）
SW1（南西）
5 9 6
9 5 2
7 7 4
E1（東）
6 8 5
4 1 7
2 3 9
W1（西）
1 4 1
8 6 3
3 2 8
NE1（北東）
N1（北）
NW1（北西）

第8運（2004〜2024年）

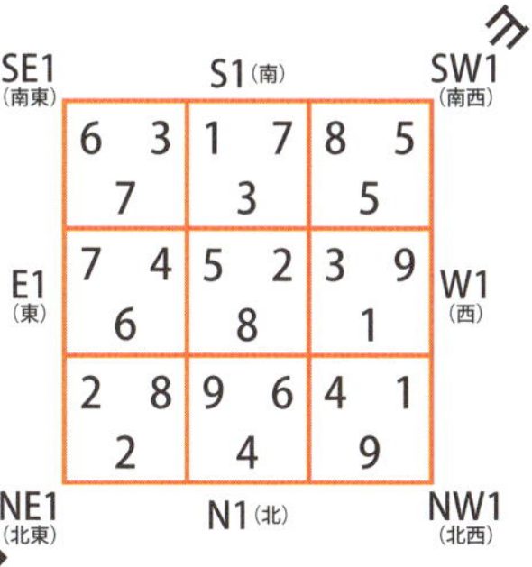

SE1（南東）
S1（南）
SW1（南西）
6 3 7
1 7 3
8 5 5
E1（東）
7 4 6
5 2 8
3 9 1
W1（西）
2 8 2
9 6 4
4 1 9
NE1（北東）
N1（北）
NW1（北西）

第9運（2024〜2044年）

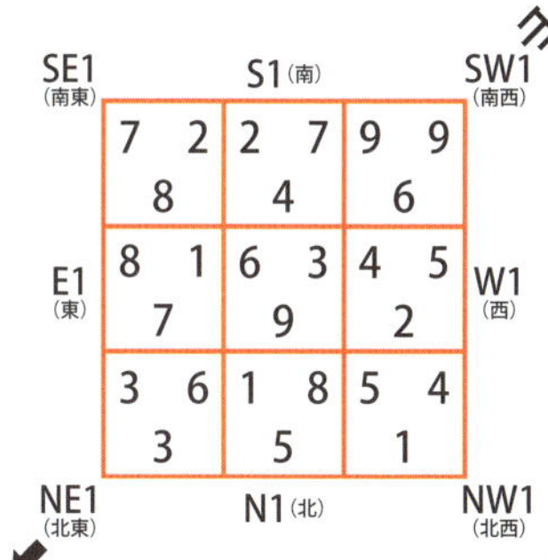

SE1（南東）
S1（南）
SW1（南西）
7 2 8
2 7 4
9 9 6
E1（東）
8 1 7
6 3 9
4 5 2
W1（西）
3 6 3
1 8 5
5 4 1
NE1（北東）
N1（北）
NW1（北西）

⑰坤山艮向（SW2→NE2）の飛星チャート

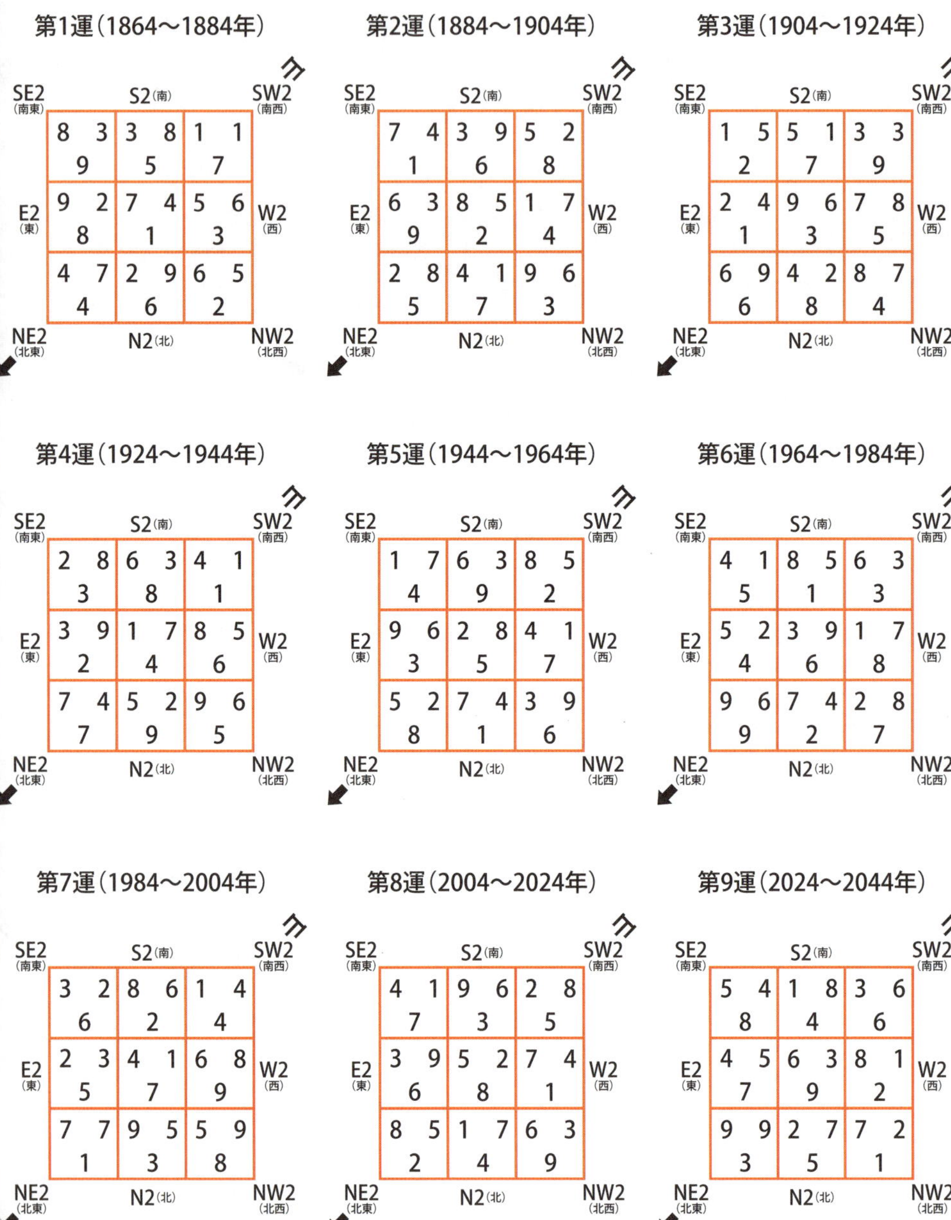
第1運（1864～1884年）
向
SE2（南東） S2（南） SW2（南西）
8 3 3 8 1 1
9 5 7
E2（東） 9 2 7 4 5 6 W2（西）
8 1 3
4 7 2 9 6 5
4 6 2
NE2（北東） N2（北） NW2（北西）
第2運（1884～1904年）
向
SE2（南東） S2（南） SW2（南西）
7 4 3 9 5 2
1 6 8
E2（東） 6 3 8 5 1 7 W2（西）
9 2 4
2 8 4 1 9 6
5 7 3
NE2（北東） N2（北） NW2（北西）
第3運（1904～1924年）
向
SE2（南東） S2（南） SW2（南西）
1 5 5 1 3 3
2 7 9
E2（東） 2 4 9 6 7 8 W2（西）
1 3 5
6 9 4 2 8 7
6 8 4
NE2（北東） N2（北） NW2（北西）
第4運（1924～1944年）
向
SE2（南東） S2（南） SW2（南西）
2 8 6 3 4 1
3 8 1
E2（東） 3 9 1 7 8 5 W2（西）
2 4 6
7 4 5 2 9 6
7 9 5
NE2（北東） N2（北） NW2（北西）
第5運（1944～1964年）
向
SE2（南東） S2（南） SW2（南西）
1 7 6 3 8 5
4 9 2
E2（東） 9 6 2 8 4 1 W2（西）
3 5 7
5 2 7 4 3 9
8 1 6
NE2（北東） N2（北） NW2（北西）
第6運（1964～1984年）
向
SE2（南東） S2（南） SW2（南西）
4 1 8 5 6 3
5 1 3
E2（東） 5 2 3 9 1 7 W2（西）
4 6 8
9 6 7 4 2 8
9 2 7
NE2（北東） N2（北） NW2（北西）
第7運（1984～2004年）
向
SE2（南東） S2（南） SW2（南西）
3 2 8 6 1 4
6 2 4
E2（東） 2 3 4 1 6 8 W2（西）
5 7 9
7 7 9 5 5 9
1 3 8
NE2（北東） N2（北） NW2（北西）
第8運（2004～2024年）
向
SE2（南東） S2（南） SW2（南西）
4 1 9 6 2 8
7 3 5
E2（東） 3 9 5 2 7 4 W2（西）
6 8 1
8 5 1 7 6 3
2 4 9
NE2（北東） N2（北） NW2（北西）
第9運（2024～2044年）
向
SE2（南東） S2（南） SW2（南西）
5 4 1 8 3 6
8 4 6
E2（東） 4 5 6 3 8 1 W2（西）
7 9 2
9 9 2 7 7 2
3 5 1
NE2（北東） N2（北） NW2（北西）

⑱申山寅向（SW3→NE3）の飛星チャート

第1運（1864〜1884年）

	SE3（南東）	S3（南）	SW3（南西）	
	8 3 9	3 8 5	1 1 7	
E3（東）	9 2 8	7 4 1	5 6 3	W3（西）
	4 7 4	2 9 6	6 5 2	
	NE3（北東）	N3（北）	NW3（北西）	

第2運（1884〜1904年）

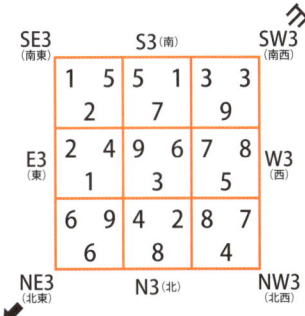

	SE3（南東）	S3（南）	SW3（南西）	
	7 4 1	3 9 6	5 2 8	
E3（東）	6 3 9	8 5 2	1 7 4	W3（西）
	2 8 5	4 1 7	9 6 3	
	NE3（北東）	N3（北）	NW3（北西）	

第3運（1904〜1924年）

	SE3（南東）	S3（南）	SW3（南西）	
	1 5 2	5 1 7	3 3 9	
E3（東）	2 4 1	9 6 3	7 8 5	W3（西）
	6 9 6	4 2 8	8 7 4	
	NE3（北東）	N3（北）	NW3（北西）	

第4運（1924〜1944年）

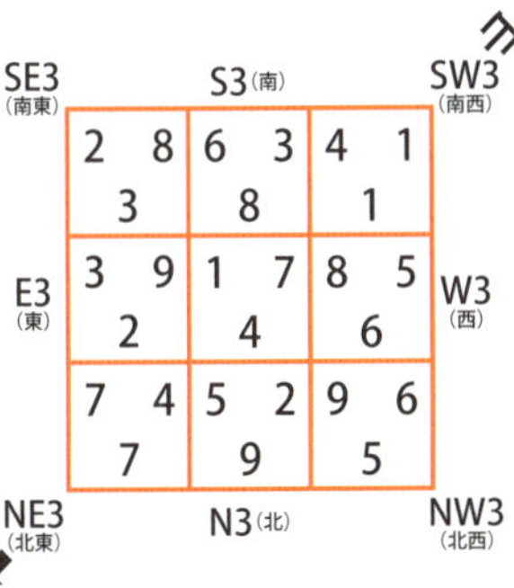

	SE3（南東）	S3（南）	SW3（南西）	
	2 8 3	6 3 8	4 1 1	
E3（東）	3 9 2	1 7 4	8 5 6	W3（西）
	7 4 7	5 2 9	9 6 5	
	NE3（北東）	N3（北）	NW3（北西）	

第5運（1944〜1964年）

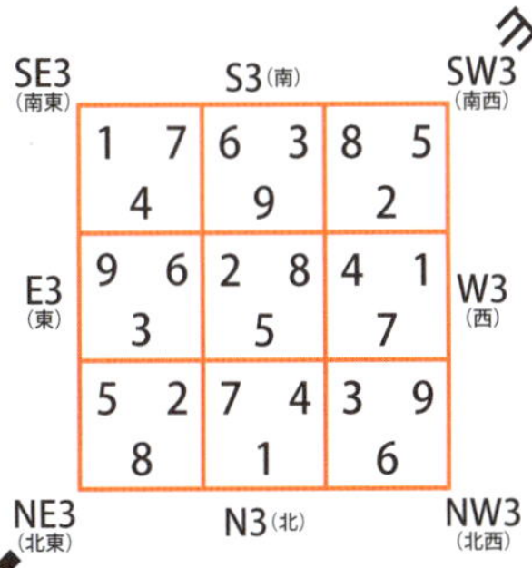

	SE3（南東）	S3（南）	SW3（南西）	
	1 7 4	6 3 9	8 5 2	
E3（東）	9 6 3	2 8 5	4 1 7	W3（西）
	5 2 8	7 4 1	3 9 6	
	NE3（北東）	N3（北）	NW3（北西）	

第6運（1964〜1984年）

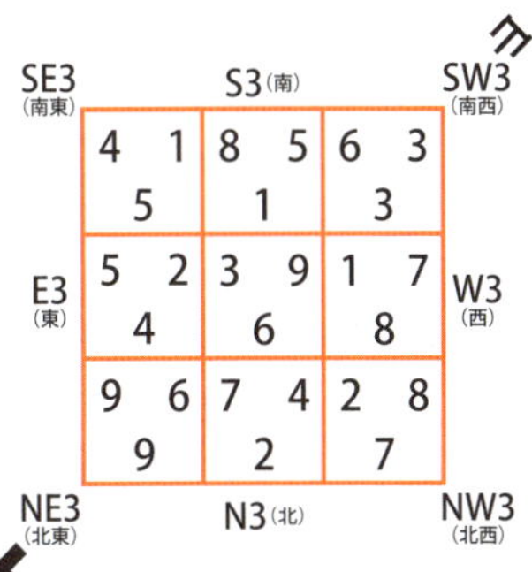

	SE3（南東）	S3（南）	SW3（南西）	
	4 1 5	8 5 1	6 3 3	
E3（東）	5 2 4	3 9 6	1 7 8	W3（西）
	9 6 9	7 4 2	2 8 7	
	NE3（北東）	N3（北）	NW3（北西）	

第7運（1984〜2004年）

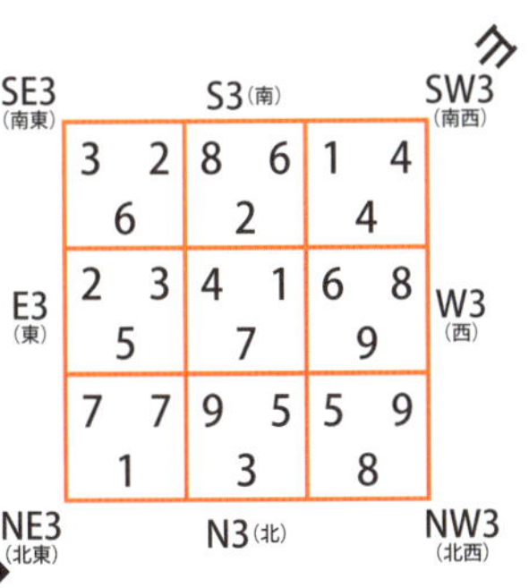

	SE3（南東）	S3（南）	SW3（南西）	
	3 2 6	8 6 2	1 4 4	
E3（東）	2 3 5	4 1 7	6 8 9	W3（西）
	7 7 1	9 5 3	5 9 8	
	NE3（北東）	N3（北）	NW3（北西）	

第8運（2004〜2024年）

	SE3（南東）	S3（南）	SW3（南西）	
	4 1 7	9 6 3	2 8 5	
E3（東）	3 9 6	5 2 8	7 4 1	W3（西）
	8 5 2	1 7 4	6 3 9	
	NE3（北東）	N3（北）	NW3（北西）	

第9運（2024〜2044年）

	SE3（南東）	S3（南）	SW3（南西）	
	5 4 8	1 8 4	3 6 6	
E3（東）	4 5 7	6 3 9	8 1 2	W3（西）
	9 9 3	2 7 5	7 2 1	
	NE3（北東）	N3（北）	NW3（北西）	

⑲庚山甲向（W1→E1）の飛星チャート

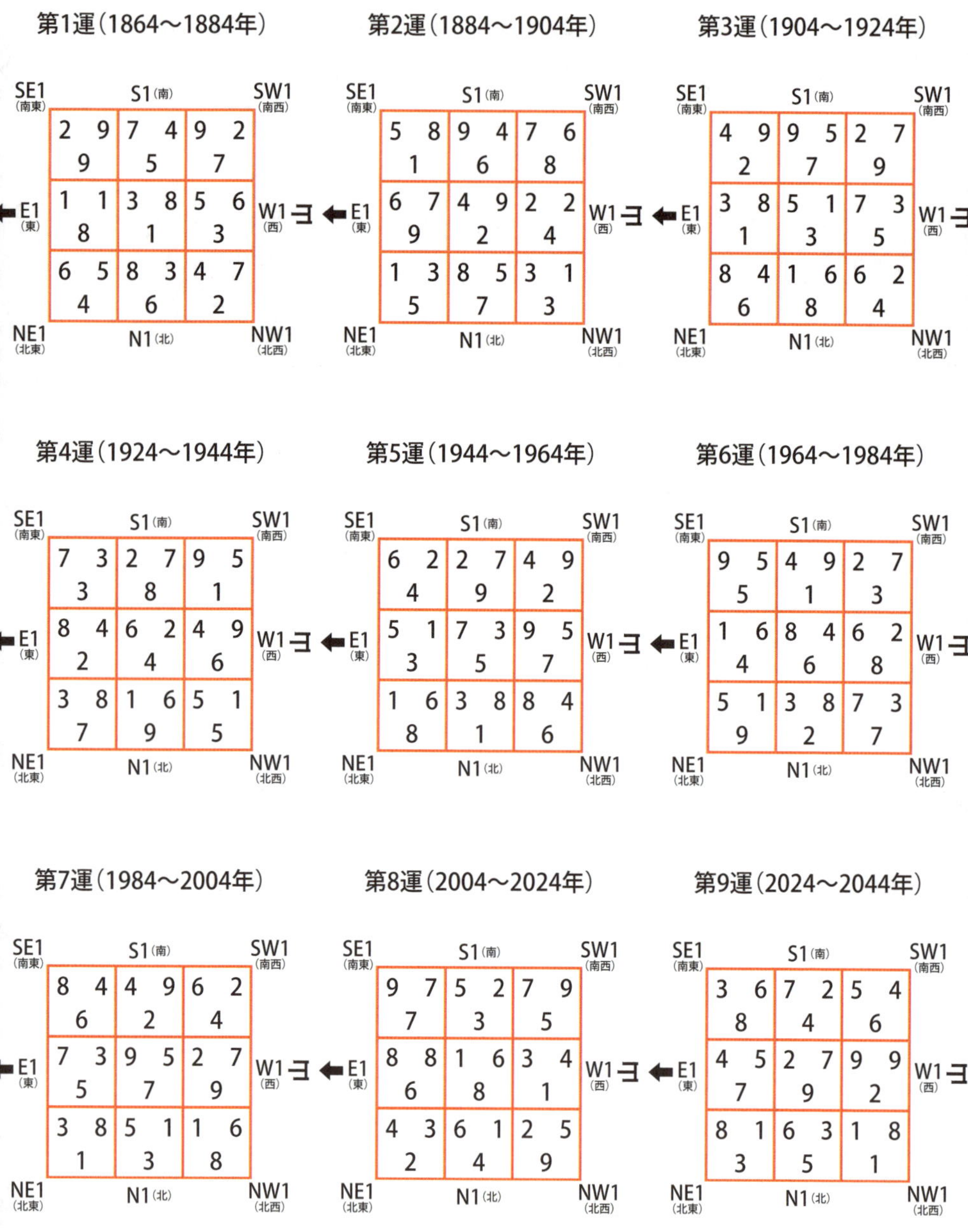
第1運（1864〜1884年）
SE1（南東） S1（南） SW1（南西）
2 9 | 7 4 | 9 2
9 | 5 | 7
1 1 | 3 8 | 5 6
8 | 1 | 3
6 5 | 8 3 | 4 7
4 | 6 | 2
NE1（北東） N1（北） NW1（北西）
E1（東） W1（西）
第2運（1884〜1904年）
SE1（南東） S1（南） SW1（南西）
5 8 | 9 4 | 7 6
1 | 6 | 8
6 7 | 4 9 | 2 2
9 | 2 | 4
1 3 | 8 5 | 3 1
5 | 7 | 3
NE1（北東） N1（北） NW1（北西）
E1（東） W1（西）
第3運（1904〜1924年）
SE1（南東） S1（南） SW1（南西）
4 9 | 9 5 | 2 7
2 | 7 | 9
3 8 | 5 1 | 7 3
1 | 3 | 5
8 4 | 1 6 | 6 2
6 | 8 | 4
NE1（北東） N1（北） NW1（北西）
E1（東） W1（西）
第4運（1924〜1944年）
SE1（南東） S1（南） SW1（南西）
7 3 | 2 7 | 9 5
3 | 8 | 1
8 4 | 6 2 | 4 9
2 | 4 | 6
3 8 | 1 6 | 5 1
7 | 9 | 5
NE1（北東） N1（北） NW1（北西）
E1（東） W1（西）
第5運（1944〜1964年）
SE1（南東） S1（南） SW1（南西）
6 2 | 2 7 | 4 9
4 | 9 | 2
5 1 | 7 3 | 9 5
3 | 5 | 7
1 6 | 3 8 | 8 4
8 | 1 | 6
NE1（北東） N1（北） NW1（北西）
E1（東） W1（西）
第6運（1964〜1984年）
SE1（南東） S1（南） SW1（南西）
9 5 | 4 9 | 2 7
5 | 1 | 3
1 6 | 8 4 | 6 2
4 | 6 | 8
5 1 | 3 8 | 7 3
9 | 2 | 7
NE1（北東） N1（北） NW1（北西）
E1（東） W1（西）
第7運（1984〜2004年）
SE1（南東） S1（南） SW1（南西）
8 4 | 4 9 | 6 2
6 | 2 | 4
7 3 | 9 5 | 2 7
5 | 7 | 9
3 8 | 5 1 | 1 6
1 | 3 | 8
NE1（北東） N1（北） NW1（北西）
E1（東） W1（西）
第8運（2004〜2024年）
SE1（南東） S1（南） SW1（南西）
9 7 | 5 2 | 7 9
7 | 3 | 5
8 8 | 1 6 | 3 4
6 | 8 | 1
4 3 | 6 1 | 2 5
2 | 4 | 9
NE1（北東） N1（北） NW1（北西）
E1（東） W1（西）
第9運（2024〜2044年）
SE1（南東） S1（南） SW1（南西）
3 6 | 7 2 | 5 4
8 | 4 | 6
4 5 | 2 7 | 9 9
7 | 9 | 2
8 1 | 6 3 | 1 8
3 | 5 | 1
NE1（北東） N1（北） NW1（北西）
E1（東） W1（西）

⑳酉山卯向（W2→E2）の飛星チャート

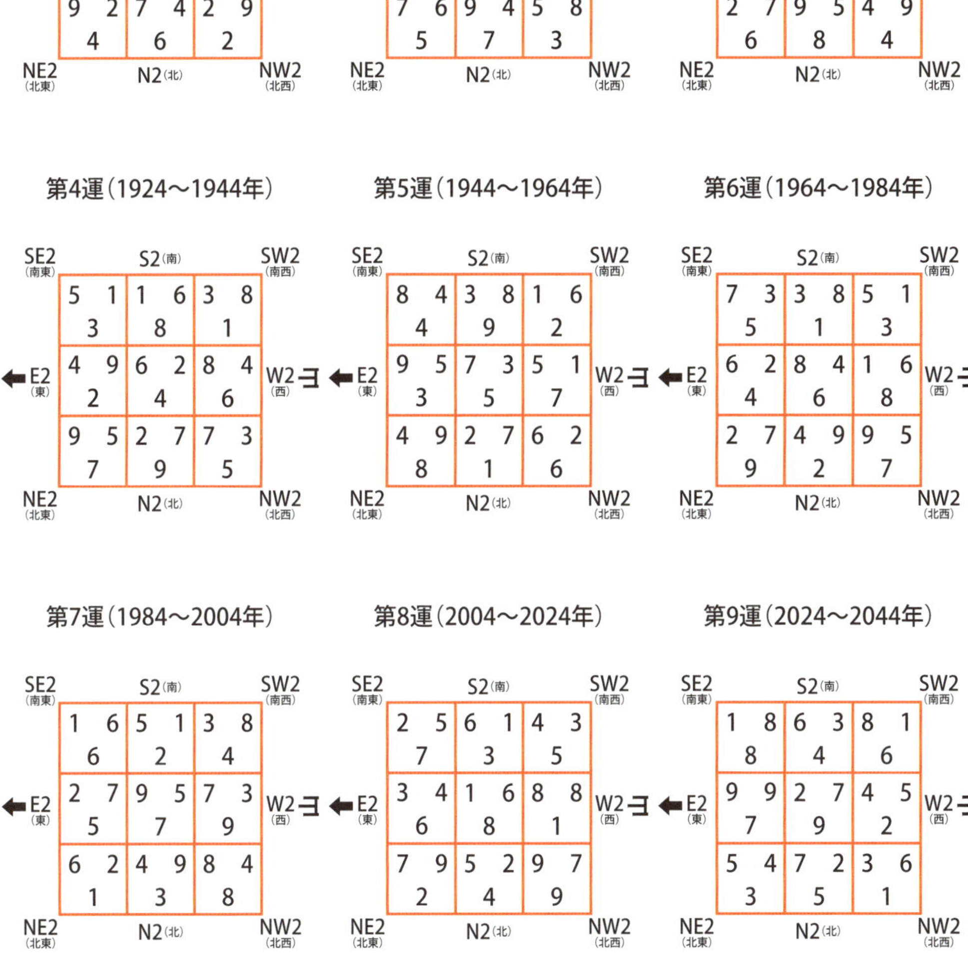

第1運（1864～1884年）

	SE2（南東）	S2（南）	SW2（南西）	
	4 7 9	8 3 5	6 5 7	
← E2（東）	5 6 8	3 8 1	1 1 3	W2（西）山
	9 2 4	7 4 6	2 9 2	
	NE2（北東）	N2（北）	NW2（北西）	

第2運（1884～1904年）

	SE2（南東）	S2（南）	SW2（南西）	
	3 1 1	8 5 6	1 3 8	
← E2（東）	2 2 9	4 9 2	6 7 4	W2（西）山
	7 6 5	9 4 7	5 8 3	
	NE2（北東）	N2（北）	NW2（北西）	

第3運（1904～1924年）

	SE2（南東）	S2（南）	SW2（南西）	
	6 2 2	1 6 7	8 4 9	
← E2（東）	7 3 1	5 1 3	3 8 5	W2（西）山
	2 7 6	9 5 8	4 9 4	
	NE2（北東）	N2（北）	NW2（北西）	

第4運（1924～1944年）

	SE2（南東）	S2（南）	SW2（南西）	
	5 1 3	1 6 8	3 8 1	
← E2（東）	4 9 2	6 2 4	8 4 6	W2（西）山
	9 5 7	2 7 9	7 3 5	
	NE2（北東）	N2（北）	NW2（北西）	

第5運（1944～1964年）

	SE2（南東）	S2（南）	SW2（南西）	
	8 4 4	3 8 9	1 6 2	
← E2（東）	9 5 3	7 3 5	5 1 7	W2（西）山
	4 9 8	2 7 1	6 2 6	
	NE2（北東）	N2（北）	NW2（北西）	

第6運（1964～1984年）

	SE2（南東）	S2（南）	SW2（南西）	
	7 3 5	3 8 1	5 1 3	
← E2（東）	6 2 4	8 4 6	1 6 8	W2（西）山
	2 7 9	4 9 2	9 5 7	
	NE2（北東）	N2（北）	NW2（北西）	

第7運（1984～2004年）

	SE2（南東）	S2（南）	SW2（南西）	
	1 6 6	5 1 2	3 8 4	
← E2（東）	2 7 5	9 5 7	7 3 9	W2（西）山
	6 2 1	4 9 3	8 4 8	
	NE2（北東）	N2（北）	NW2（北西）	

第8運（2004～2024年）

	SE2（南東）	S2（南）	SW2（南西）	
	2 5 7	6 1 3	4 3 5	
← E2（東）	3 4 6	1 6 8	8 8 1	W2（西）山
	7 9 2	5 2 4	9 7 9	
	NE2（北東）	N2（北）	NW2（北西）	

第9運（2024～2044年）

	SE2（南東）	S2（南）	SW2（南西）	
	1 8 8	6 3 4	8 1 6	
← E2（東）	9 9 7	2 7 9	4 5 2	W2（西）山
	5 4 3	7 2 5	3 6 1	
	NE2（北東）	N2（北）	NW2（北西）	

㉑辛山乙向（W3→E3）の飛星チャート

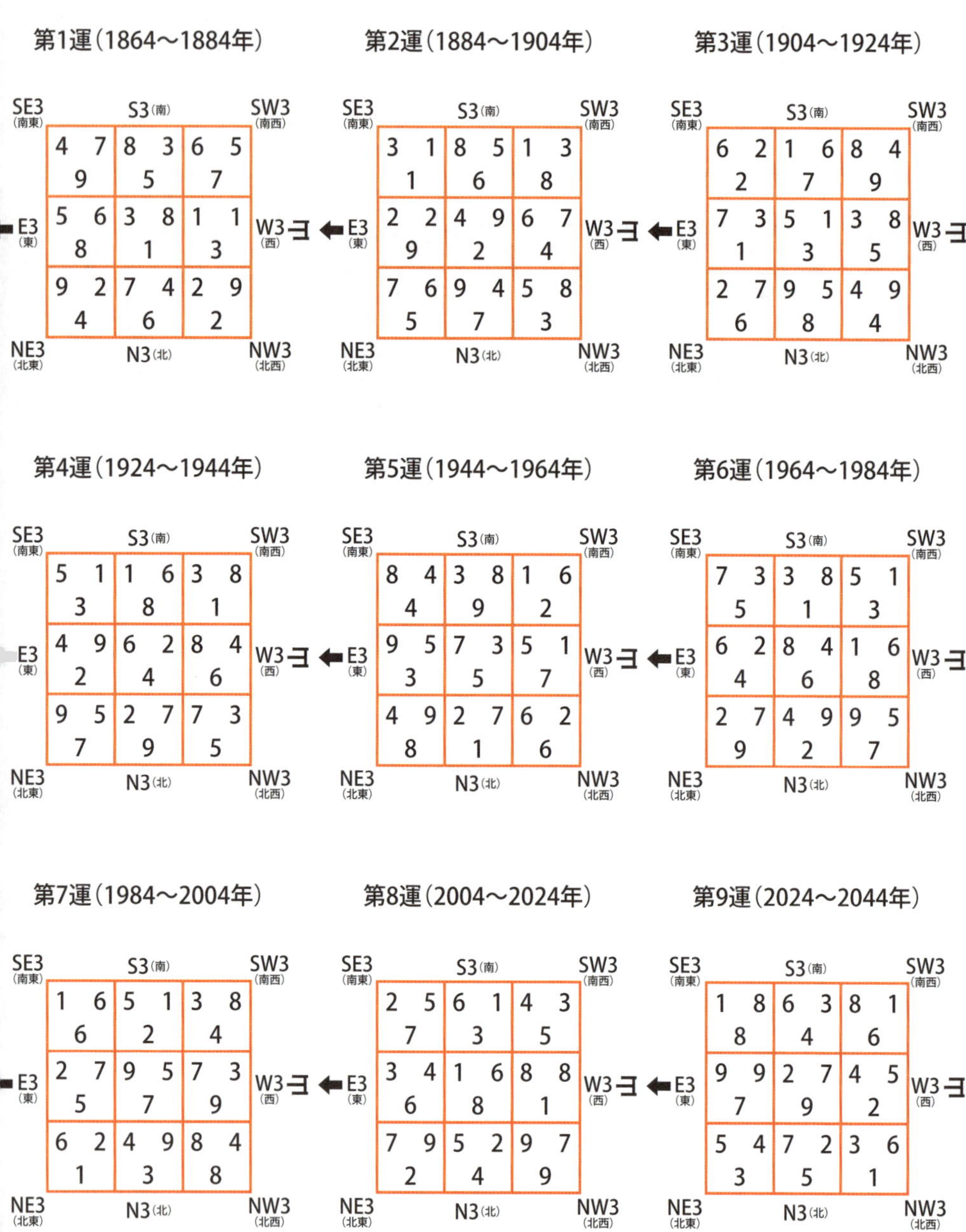

第1運（1864～1884年）
SE3（南東） S3（南） SW3（南西）
4 7 9 | 8 3 5 | 6 5 7
5 6 8 | 3 8 1 | 1 1 3
9 2 4 | 7 4 6 | 2 9 2
E3（東） W3（西）
NE3（北東） N3（北） NW3（北西）
第2運（1884～1904年）
SE3（南東） S3（南） SW3（南西）
3 1 1 | 8 5 6 | 1 3 8
2 2 9 | 4 9 2 | 6 7 4
7 6 5 | 9 4 7 | 5 8 3
E3（東） W3（西）
NE3（北東） N3（北） NW3（北西）
第3運（1904～1924年）
SE3（南東） S3（南） SW3（南西）
6 2 2 | 1 6 7 | 8 4 9
7 3 1 | 5 1 3 | 3 8 5
2 7 6 | 9 5 8 | 4 9 4
E3（東） W3（西）
NE3（北東） N3（北） NW3（北西）
第4運（1924～1944年）
SE3（南東） S3（南） SW3（南西）
5 1 3 | 1 6 8 | 3 8 1
4 9 2 | 6 2 4 | 8 4 6
9 5 7 | 2 7 9 | 7 3 5
E3（東） W3（西）
NE3（北東） N3（北） NW3（北西）
第5運（1944～1964年）
SE3（南東） S3（南） SW3（南西）
8 4 4 | 3 8 9 | 1 6 2
9 5 3 | 7 3 5 | 5 1 7
4 9 8 | 2 7 1 | 6 2 6
E3（東） W3（西）
NE3（北東） N3（北） NW3（北西）
第6運（1964～1984年）
SE3（南東） S3（南） SW3（南西）
7 3 5 | 3 8 1 | 5 1 3
6 2 4 | 8 4 6 | 1 6 8
2 7 9 | 4 9 2 | 9 5 7
E3（東） W3（西）
NE3（北東） N3（北） NW3（北西）
第7運（1984～2004年）
SE3（南東） S3（南） SW3（南西）
1 6 6 | 5 1 2 | 3 8 4
2 7 5 | 9 5 7 | 7 3 9
6 2 1 | 4 9 3 | 8 4 8
E3（東） W3（西）
NE3（北東） N3（北） NW3（北西）
第8運（2004～2024年）
SE3（南東） S3（南） SW3（南西）
2 5 7 | 6 1 3 | 4 3 5
3 4 6 | 1 6 8 | 8 8 1
7 9 2 | 5 2 4 | 9 7 9
E3（東） W3（西）
NE3（北東） N3（北） NW3（北西）
第9運（2024～2044年）
SE3（南東） S3（南） SW3（南西）
1 8 8 | 6 3 4 | 8 1 6
9 9 7 | 2 7 9 | 4 5 2
5 4 3 | 7 2 5 | 3 6 1
E3（東） W3（西）
NE3（北東） N3（北） NW3（北西）

㉒戌山辰向（NW1→SE1）の飛星チャート

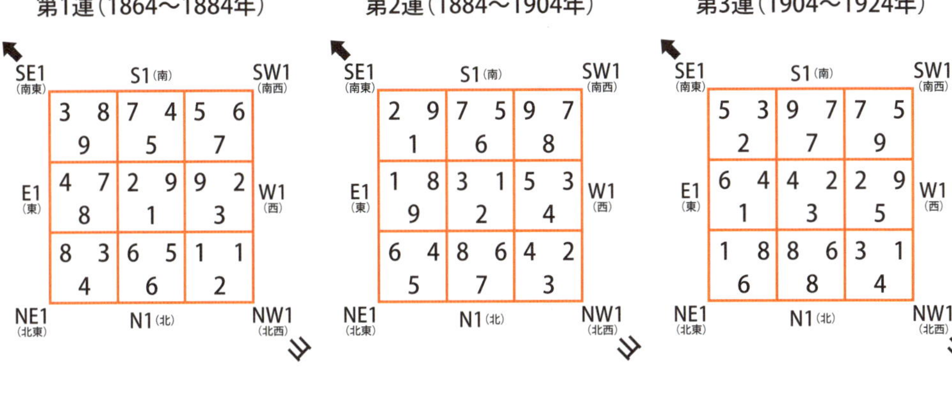
第1運（1864～1884年）
SE1（南東） S1（南） SW1（南西）
3 8 | 7 4 | 5 6
9 | 5 | 7
E1（東） 4 7 | 2 9 | 9 2 W1（西）
8 | 1 | 3
8 3 | 6 5 | 1 1
4 | 6 | 2
NE1（北東） N1（北） NW1（北西）
山
第2運（1884～1904年）
SE1（南東） S1（南） SW1（南西）
2 9 | 7 5 | 9 7
1 | 6 | 8
E1（東） 1 8 | 3 1 | 5 3 W1（西）
9 | 2 | 4
6 4 | 8 6 | 4 2
5 | 7 | 3
NE1（北東） N1（北） NW1（北西）
山
第3運（1904～1924年）
SE1（南東） S1（南） SW1（南西）
5 3 | 9 7 | 7 5
2 | 7 | 9
E1（東） 6 4 | 4 2 | 2 9 W1（西）
1 | 3 | 5
1 8 | 8 6 | 3 1
6 | 8 | 4
NE1（北東） N1（北） NW1（北西）

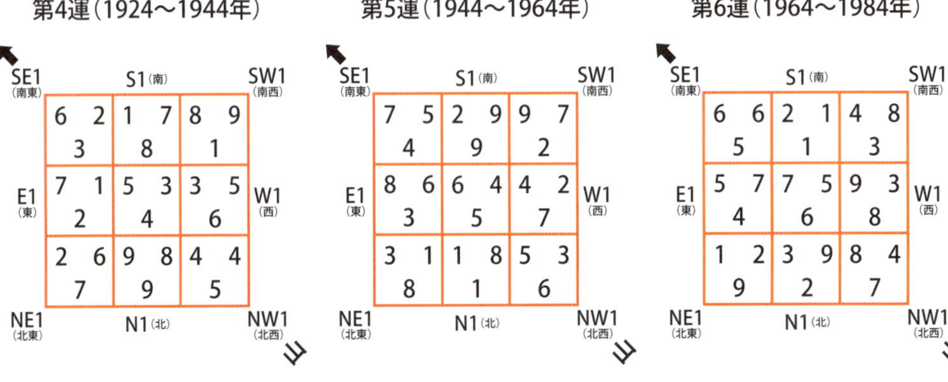
第4運（1924～1944年）
SE1（南東） S1（南） SW1（南西）
6 2 | 1 7 | 8 9
3 | 8 | 1
E1（東） 7 1 | 5 3 | 3 5 W1（西）
2 | 4 | 6
2 6 | 9 8 | 4 4
7 | 9 | 5
NE1（北東） N1（北） NW1（北西）
山
第5運（1944～1964年）
SE1（南東） S1（南） SW1（南西）
7 5 | 2 9 | 9 7
4 | 9 | 2
E1（東） 8 6 | 6 4 | 4 2 W1（西）
3 | 5 | 7
3 1 | 1 8 | 5 3
8 | 1 | 6
NE1（北東） N1（北） NW1（北西）
山
第6運（1964～1984年）
SE1（南東） S1（南） SW1（南西）
6 6 | 2 1 | 4 8
5 | 1 | 3
E1（東） 5 7 | 7 5 | 9 3 W1（西）
4 | 6 | 8
1 2 | 3 9 | 8 4
9 | 2 | 7
NE1（北東） N1（北） NW1（北西）

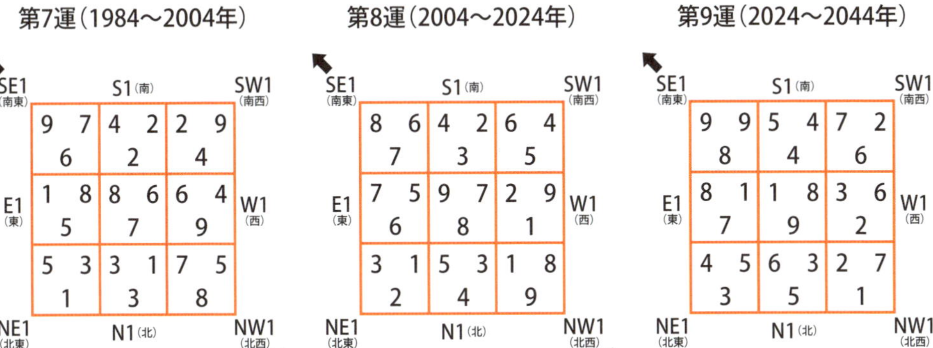
第7運（1984～2004年）
SE1（南東） S1（南） SW1（南西）
9 7 | 4 2 | 2 9
6 | 2 | 4
E1（東） 1 8 | 8 6 | 6 4 W1（西）
5 | 7 | 9
5 3 | 3 1 | 7 5
1 | 3 | 8
NE1（北東） N1（北） NW1（北西）
山
第8運（2004～2024年）
SE1（南東） S1（南） SW1（南西）
8 6 | 4 2 | 6 4
7 | 3 | 5
E1（東） 7 5 | 9 7 | 2 9 W1（西）
6 | 8 | 1
3 1 | 5 3 | 1 8
2 | 4 | 9
NE1（北東） N1（北） NW1（北西）
山
第9運（2024～2044年）
SE1（南東） S1（南） SW1（南西）
9 9 | 5 4 | 7 2
8 | 4 | 6
E1（東） 8 1 | 1 8 | 3 6 W1（西）
7 | 9 | 2
4 5 | 6 3 | 2 7
3 | 5 | 1
NE1（北東） N1（北） NW1（北西）

㉓乾山巽向（NW2→SE2）の飛星チャート

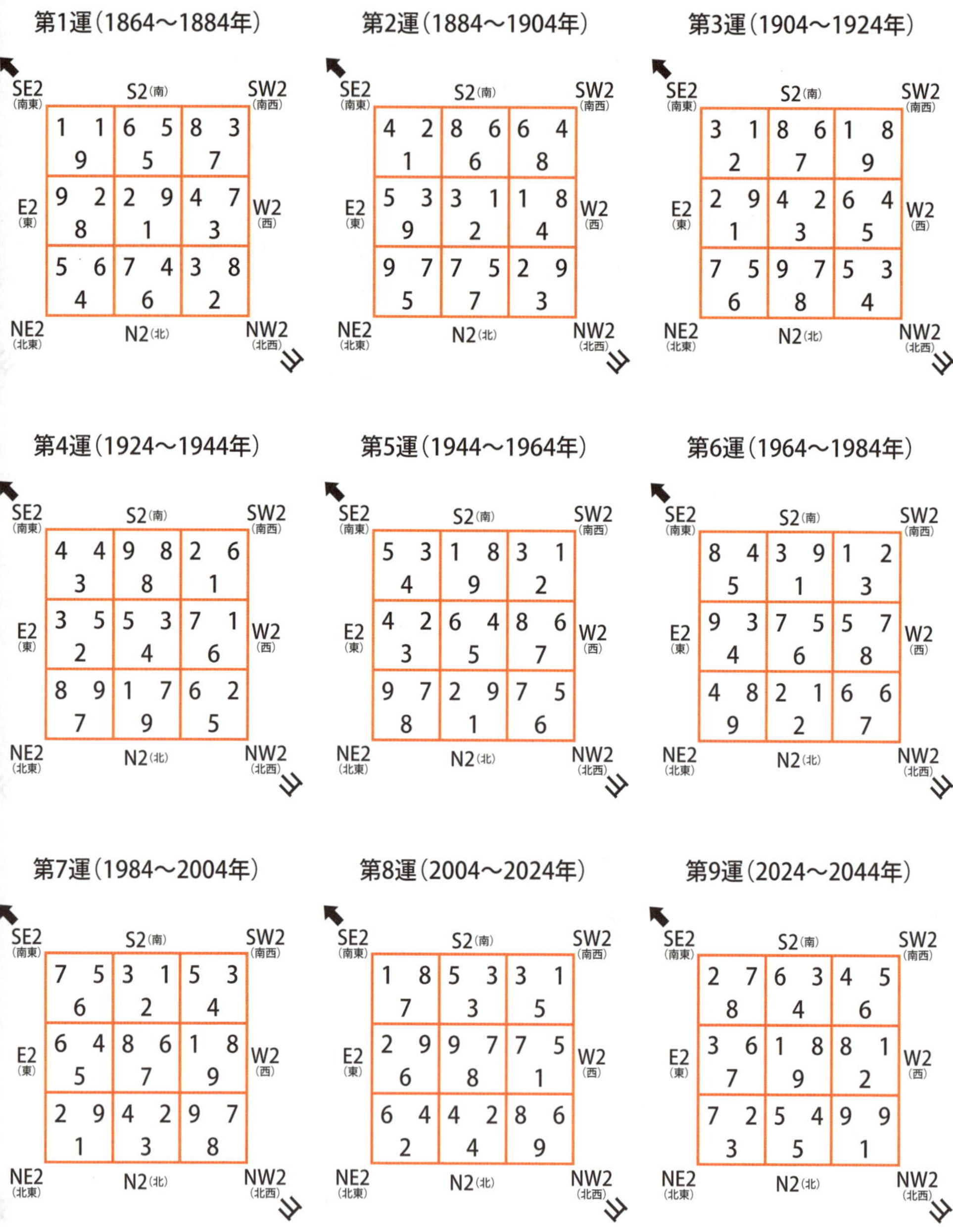

第1運（1864～1884年）
SE2（南東） S2（南） SW2（南西）
1 1 | 6 5 | 8 3
9 | 5 | 7
E2（東） 9 2 | 2 9 | 4 7 W2（西）
8 | 1 | 3
5 6 | 7 4 | 3 8
4 | 6 | 2
NE2（北東） N2（北） NW2（北西） 山
第2運（1884～1904年）
SE2（南東） S2（南） SW2（南西）
4 2 | 8 6 | 6 4
1 | 6 | 8
E2（東） 5 3 | 3 1 | 1 8 W2（西）
9 | 2 | 4
9 7 | 7 5 | 2 9
5 | 7 | 3
NE2（北東） N2（北） NW2（北西） 山
第3運（1904～1924年）
SE2（南東） S2（南） SW2（南西）
3 1 | 8 6 | 1 8
2 | 7 | 9
E2（東） 2 9 | 4 2 | 6 4 W2（西）
1 | 3 | 5
7 5 | 9 7 | 5 3
6 | 8 | 4
NE2（北東） N2（北） NW2（北西） 山
第4運（1924～1944年）
SE2（南東） S2（南） SW2（南西）
4 4 | 9 8 | 2 6
3 | 8 | 1
E2（東） 3 5 | 5 3 | 7 1 W2（西）
2 | 4 | 6
8 9 | 1 7 | 6 2
7 | 9 | 5
NE2（北東） N2（北） NW2（北西） 山
第5運（1944～1964年）
SE2（南東） S2（南） SW2（南西）
5 3 | 1 8 | 3 1
4 | 9 | 2
E2（東） 4 2 | 6 4 | 8 6 W2（西）
3 | 5 | 7
9 7 | 2 9 | 7 5
8 | 1 | 6
NE2（北東） N2（北） NW2（北西） 山
第6運（1964～1984年）
SE2（南東） S2（南） SW2（南西）
8 4 | 3 9 | 1 2
5 | 1 | 3
E2（東） 9 3 | 7 5 | 5 7 W2（西）
4 | 6 | 8
4 8 | 2 1 | 6 6
9 | 2 | 7
NE2（北東） N2（北） NW2（北西） 山
第7運（1984～2004年）
SE2（南東） S2（南） SW2（南西）
7 5 | 3 1 | 5 3
6 | 2 | 4
E2（東） 6 4 | 8 6 | 1 8 W2（西）
5 | 7 | 9
2 9 | 4 2 | 9 7
1 | 3 | 8
NE2（北東） N2（北） NW2（北西） 山
第8運（2004～2024年）
SE2（南東） S2（南） SW2（南西）
1 8 | 5 3 | 3 1
7 | 3 | 5
E2（東） 2 9 | 9 7 | 7 5 W2（西）
6 | 8 | 1
6 4 | 4 2 | 8 6
2 | 4 | 9
NE2（北東） N2（北） NW2（北西） 山
第9運（2024～2044年）
SE2（南東） S2（南） SW2（南西）
2 7 | 6 3 | 4 5
8 | 4 | 6
E2（東） 3 6 | 1 8 | 8 1 W2（西）
7 | 9 | 2
7 2 | 5 4 | 9 9
3 | 5 | 1
NE2（北東） N2（北） NW2（北西） 山

㉔亥山巳向（NW3→SE3）の飛星チャート

第1運（1864～1884年）

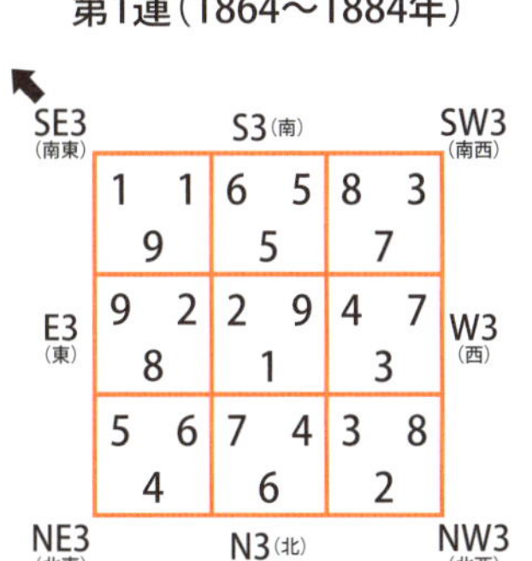
SE3
(南東)
S3(南)
SW3
(南西)
1 1 9
6 5 5
8 3 7
E3
(東)
9 2 8
2 9 1
4 7 3
W3
(西)
5 6 4
7 4 6
3 8 2
NE3
(北東)
N3(北)
NW3
(北西)
山

第2運（1884～1904年）

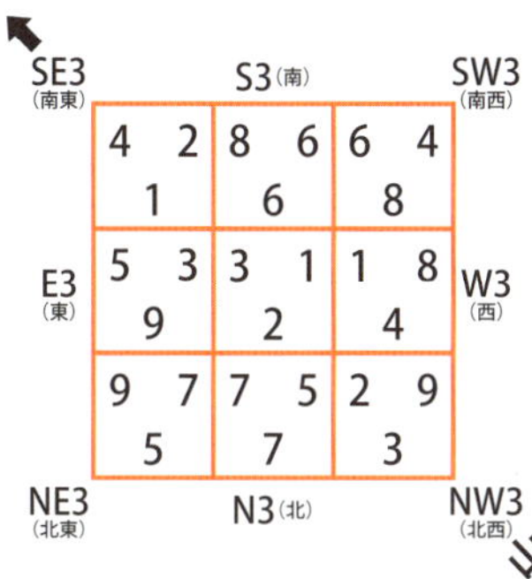
SE3
(南東)
S3(南)
SW3
(南西)
4 2 1
8 6 6
6 4 8
E3
(東)
5 3 9
3 1 2
1 8 4
W3
(西)
9 7 5
7 5 7
2 9 3
NE3
(北東)
N3(北)
NW3
(北西)
山

第3運（1904～1924年）

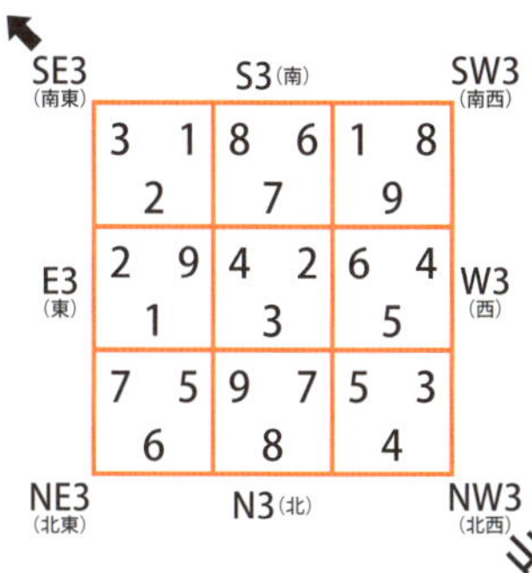
SE3
(南東)
S3(南)
SW3
(南西)
3 1 2
8 6 7
1 8 9
E3
(東)
2 9 1
4 2 3
6 4 5
W3
(西)
7 5 6
9 7 8
5 3 4
NE3
(北東)
N3(北)
NW3
(北西)
山

第4運（1924～1944年）

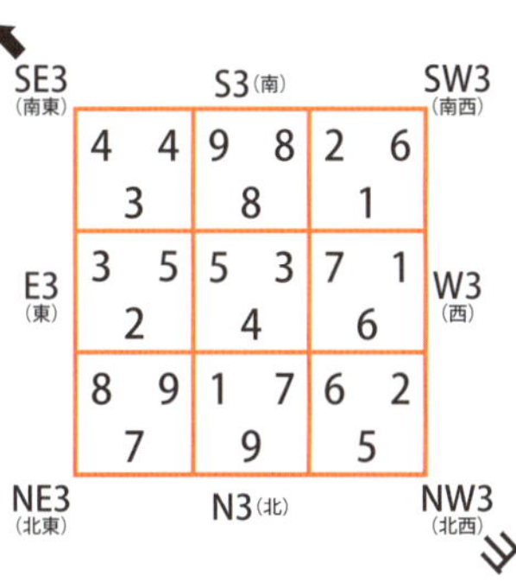
SE3
(南東)
S3(南)
SW3
(南西)
4 4 3
9 8 8
2 6 1
E3
(東)
3 5 2
5 3 4
7 1 6
W3
(西)
8 9 7
1 7 9
6 2 5
NE3
(北東)
N3(北)
NW3
(北西)
山

第5運（1944～1964年）

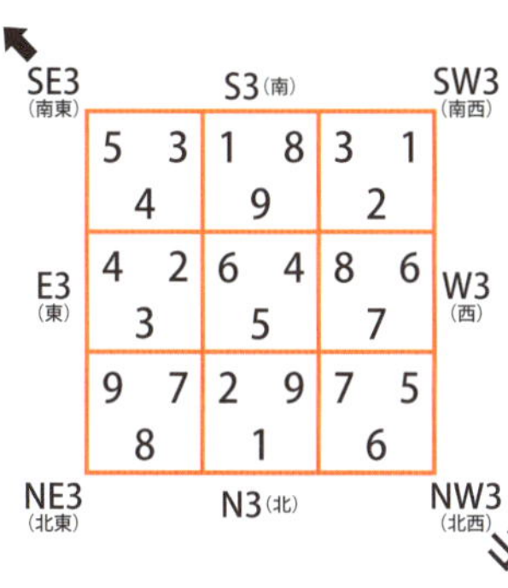
SE3
(南東)
S3(南)
SW3
(南西)
5 3 4
1 8 9
3 1 2
E3
(東)
4 2 3
6 4 5
8 6 7
W3
(西)
9 7 8
2 9 1
7 5 6
NE3
(北東)
N3(北)
NW3
(北西)
山

第6運（1964～1984年）

SE3（南東）	S3（南）	SW3（南西）
8 4 5	3 9 1	1 2 3
9 3 4	7 5 6	5 7 8
4 8 9	2 1 2	6 6 7
NE3（北東）	N3（北）	NW3（北西）

E3（東） W3（西） 山

第7運（1984～2004年）

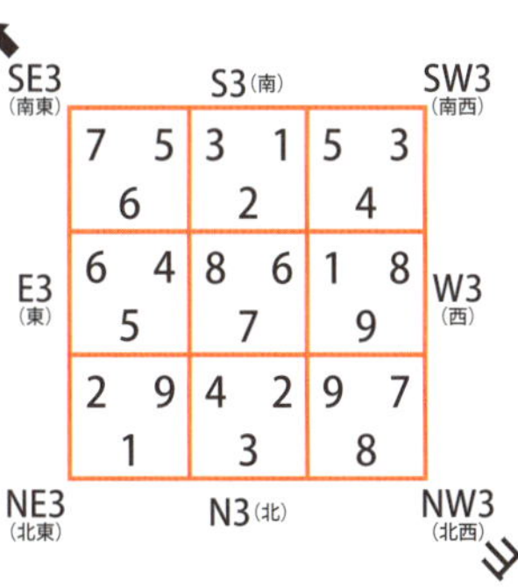
SE3
(南東)
S3(南)
SW3
(南西)
7 5 6
3 1 2
5 3 4
E3
(東)
6 4 5
8 6 7
1 8 9
W3
(西)
2 9 1
4 2 3
9 7 8
NE3
(北東)
N3(北)
NW3
(北西)
山

第8運（2004～2024年）

SE3（南東）	S3（南）	SW3（南西）
1 8 7	5 3 3	3 1 5
2 9 6	9 7 8	7 5 1
6 4 2	4 2 4	8 6 9
NE3（北東）	N3（北）	NW3（北西）

E3（東） W3（西） 山

第9運（2024～2044年）

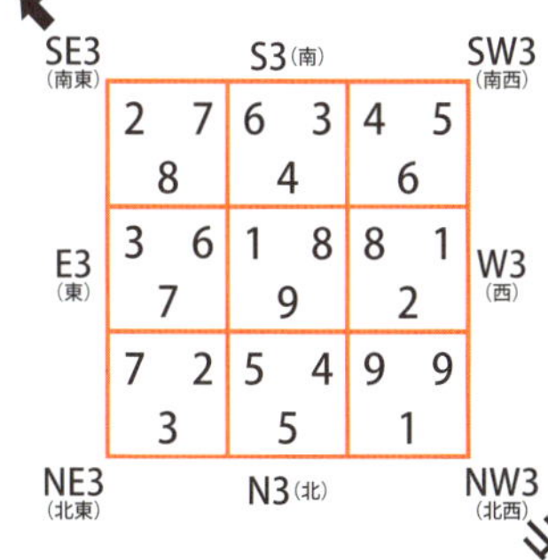
SE3
(南東)
S3(南)
SW3
(南西)
2 7 8
6 3 4
4 5 6
E3
(東)
3 6 7
1 8 9
8 1 2
W3
(西)
7 2 3
5 4 5
9 9 1
NE3
(北東)
N3(北)
NW3
(北西)
山

擇日（たくじつ）

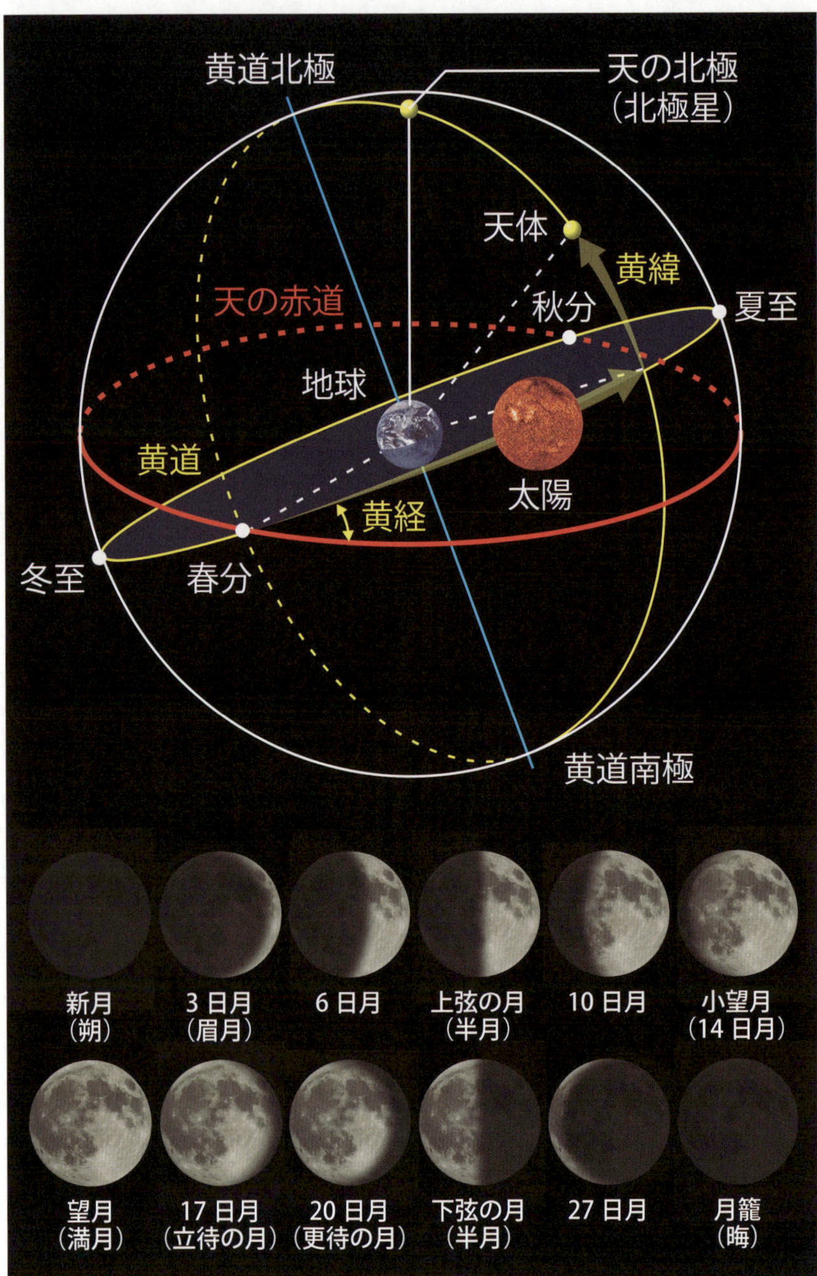
黄道北極
天の北極
（北極星）
天体
黄緯
天の赤道
秋分
夏至
地球
黄道
太陽
黄経
冬至
春分
黄道南極
新月
（朔）
3日月
（眉月）
6日月
上弦の月
（半月）
10日月
小望月
（14日月）
望月
（満月）
17日月
（立待の月）
20日月
（更待の月）
下弦の月
（半月）
27日月
月籠
（晦）

古代王朝の月序

太陽年を基準			太陰年を基準		
農暦月序	季月名	建月名	夏正月序	殷正月序	周正月序
一月	孟春	寅	正月	二月	三月
二月	仲春	卯	二月	三月	四月
三月	季春	辰	三月	四月	五月
四月	孟夏	巳	四月	五月	六月
五月	仲夏	午	五月	六月	七月
六月	季夏	未	六月	七月	八月
七月	孟秋	申	七月	八月	九月
八月	仲秋	酉	八月	九月	十月
九月	季秋	戌	九月	十月	十一月
十月	孟冬	亥	十月	十一月	十二月
十一月	仲冬	子	十一月	十二月	正月
十二月	季冬	丑	十二月	正月	二月

十二月建の表

節月（農暦）	節月（新暦）	二十四節気	節月の十二支	十二月建	最初の建の日	子の日	丑の日	寅の日	卯の日	辰の日	巳の日	午の日	未の日	申の日	酉の日	戌の日	亥の日
正月節	2月節	立春	寅	建寅	立春後の最初の寅の日	開	閉	建	除	満	平	定	執	破	危	成	収
2月節	3月節	啓蟄	卯	建卯	啓蟄後の最初の卯の日	収	開	閉	建	除	満	平	定	執	破	危	成
3月節	4月節	清明	辰	建辰	清明後の最初の辰の日	成	収	開	閉	建	除	満	平	定	執	破	危
4月節	5月節	立夏	巳	建巳	立夏後の最初の巳の日	危	成	収	開	閉	建	除	満	平	定	執	破
5月節	6月節	芒種	午	建午	芒種後の最初の午の日	破	危	成	収	開	閉	建	除	満	平	定	執
6月節	7月節	小暑	未	建未	小暑後の最初の未の日	執	破	危	成	収	開	閉	建	除	満	平	定
7月節	8月節	立秋	申	建申	立秋後の最初の申の日	定	執	破	危	成	収	開	閉	建	除	満	平
8月節	9月節	白露	酉	建酉	白露後の最初の酉の日	平	定	執	破	危	成	収	開	閉	建	除	満
9月節	10月節	寒露	戌	建戌	寒露後の最初の戌の日	満	平	定	執	破	危	成	収	開	閉	建	除
10月節	11月節	立冬	亥	建亥	立冬後の最初の亥の日	除	満	平	定	執	破	危	成	収	開	閉	建
11月節	12月節	大雪	子	建子	大雪後の最初の子の日	建	除	満	平	定	執	破	危	成	収	開	閉
12月節	正月節	小雪	丑	建丑	小雪後の最初の丑の日	閉	建	除	満	平	定	執	破	危	成	収	開

二十八宿便覧

七曜	星期	東方七宿	北方七宿	西方七宿	南方七宿
木	四	角	斗	奎	井
金	五	亢	牛	婁	鬼
土	六	氐	女	胃	柳
日	日	房	虚	昴	星
月	一	心	危	畢	張
火	二	尾	室	觜	翼
水	三	箕	壁	参	軫

日支／七曜	申子辰	巳酉丑	寅午戌	亥卯未
日	虚	房	星	昴
月	畢	危	心	張
火	翼	觜	室	尾
水	箕	軫	参	壁
木	奎	斗	角	井
金	鬼	婁	牛	亢
土	氐	柳	胃	女

将頭 値日	一将 甲子	二将 己卯	三将 甲午	四将 己酉
一元	虚	張	室	軫
二元	奎	亢	胃	房
三元	畢	尾	参	斗
四元	鬼	女	星	危
五元	翼	壁	角	婁
六元	氐	昴	心	觜
七元	箕	井	牛	柳

二十八宿

※上図の内側の二十八宿は『果老星宗』に見られる唐代のもの、
外側の二十八宿は２０１７年のもの。

二十八宿の距星と幅（全幅は365・25弱）

青龍：東方七宿

宿名	距星名（現在名）	幅（中国度）
角（かく）	おとめ座 α	一二・一〇
亢（こう）	おとめ座 κ	九・二〇
氐（てい）	てんびん座 α	一六・三〇
房（ぼう）	さそり座 π	五・六〇
心（しん）	さそり座 σ	六・五〇
尾（び）	さそり座 μ^1	一九・一〇
箕（き）	いて座 γ	一〇・四〇

玄武：北方七宿

宿名	距星名（現在名）	幅（中国度）
斗（と）	いて座 φ	二五・二〇
牛（ぎゅう）	やぎ座 β	七・二〇
女（じょ）	みずがめ座 ε	一一・三五
虚（きょ）	みずがめ座 β	八・九五弱
危（き）	みずがめ座 α	一五・四〇
室（しつ）	ペガサス座 α	一七・一〇
壁（へき）	ペガサス座 γ	八・六〇

白虎：西方七宿

宿名	距星名（現在名）	幅（中国度）
奎（けい）	アンドロメダ座 ζ	一六・六〇
婁（ろう）	おひつじ座 β	一一・八〇
胃（い）	おひつじ座 35	一五・六〇
昴（こう）	おうし座 17	一一・三〇
畢（ひつ）	おうし座 ε	一七・四〇
觜（し）	オリオン座 λ^1	〇・〇五
参（しん）	オリオン座 ζ	一一・一〇

朱雀：南方七宿

宿名	距星名（現在名）	幅（中国度）
井（せい）	ふたご座 μ	三三・三〇
鬼（き）	かに座 θ	二・二〇
柳（りゅう）	うみへび座 δ	一三・三〇
星（せい）	うみへび座 α	六・三〇
張（ちょう）	うみへび座 ν^1	一七・二五
翼（よく）	コップ座 α	一八・七五
軫（しん）	からす座 γ	一七・三〇

沖太歳

子
丑
寅
卯
辰
巳
午
未
申
酉
戌
亥

生まれ年の地支と
沖をする年を
沖太歳といいます。
丑年生まれの人は
未年が沖太歳になり、
注意が必要とされます。

犯太歳・沖太歳早見表

太歳年の地支	犯太歳	沖太歳
子	子	午
丑	丑	未
寅	寅	申
卯	卯	酉
辰	辰	戌
巳	巳	亥
午	午	子
未	未	丑
申	申	寅
酉	酉	卯
戌	戌	辰
亥	亥	巳

三煞早見表

山頭三煞（建物の建築・修理・修復・修造・リフォームに使用することを忌む建物の坐山方位）

年支・月支			坐山（東西南北）							
申	子	辰	坤兼未	未	丁	午	丙	巳	巽兼巳	南
寅	午	戌	艮兼丑	丑	癸	子	壬	亥	乾兼亥	北
亥	卯	未	乾兼戌	戌	辛	酉	庚	申	坤兼申	西
巳	酉	丑	巽兼辰	辰	乙	卯	甲	寅	艮兼寅	東

命家三煞（結婚式に使用してはいけない日時）

出生年支			日支・時支（墓庫煞）
申	子	辰	未
寅	午	戌	丑
亥	卯	未	戌
巳	酉	丑	辰

沖煞日早見表（沖煞日に該当する日は、万事に注意が必要です）

沖殺日・年柱	沖殺日・年柱	沖殺日・年柱	沖殺日・年柱	沖殺日・年柱
甲子日沖戊午人	丙子日沖庚午人	戊子日沖壬午人	庚子日沖甲午人	壬子日沖丙午人
乙丑日沖己未人	丁丑日沖辛未人	己丑日沖癸未人	辛丑日沖乙未人	癸丑日沖丁未人
丙寅日沖庚申人	戊寅日沖壬申人	庚寅日沖甲申人	壬寅日沖丙申人	甲寅日沖戊申人
丁卯日沖辛酉人	己卯日沖癸酉人	辛卯日沖乙酉人	癸卯日沖丁酉人	乙卯日沖己酉人
戊辰日沖壬戌人	庚辰日沖甲戌人	壬辰日沖丙戌人	甲辰日沖戊戌人	丙辰日沖庚戌人
己巳日沖癸亥人	辛巳日沖乙亥人	癸巳日沖丁亥人	乙巳日沖己亥人	丁巳日沖辛亥人
庚午日沖甲子人	壬午日沖丙子人	甲午日沖戊子人	丙午日沖庚子人	戊午日沖壬子人
辛未日沖乙丑人	癸未日沖丁丑人	乙未日沖己丑人	丁未日沖辛丑人	己未日沖癸丑人
壬申日沖丙寅人	甲申日沖戊寅人	丙申日沖庚寅人	戊申日沖壬寅人	庚申日沖甲寅人
癸酉日沖丁卯人	乙酉日沖己卯人	丁酉日沖辛卯人	己酉日沖癸卯人	辛酉日沖乙卯人
甲戌日沖戊辰人	丙戌日沖庚辰人	戊戌日沖壬辰人	庚戌日沖甲辰人	壬戌日沖丙辰人
乙亥日沖己巳人	丁亥日沖辛巳人	己亥日沖癸巳人	辛亥日沖乙巳人	癸亥日沖丁巳人

的呼（きょうく）の人早見表（的呼に該当する日は、お葬式に参列するのを忌みます）

的呼の日・年柱					
甲子日 的呼 辛丑人	己巳日 的呼 甲辰人 己未人	甲戌日 的呼 戊子人	己卯日 的呼 丁亥人 己未人	甲申日 的呼 壬辰人	己丑日 的呼 丁未人
乙丑日 的呼 辛巳人	庚午日 的呼 壬戌人	乙亥日 的呼 乙未人	庚辰日 的呼 戊辰人 戊戌人	乙酉日 的呼 丙子人	庚寅日 的呼 丙申人
丙寅日 的呼 丙午人	辛未日 的呼 己亥人	丙子日 的呼 丁丑人	辛巳日 的呼 己未人	丙戌日 的呼 甲子人	辛卯日 的呼 辛未人
丁卯日 的呼 甲午人 甲戌人	壬申日 的呼 丁巳人	丁丑日 的呼 癸未人	壬午日 的呼 壬寅人	丁亥日 的呼 丁亥人 丁巳人	壬辰日 的呼 壬申人
戊辰日 的呼 癸酉人 癸未人	癸酉日 的呼 辛丑人	戊寅日 的呼 甲辰人 丙午人	癸未日 的呼 甲申人	戊子日 的呼 己卯人	癸巳日 的呼 甲午人

甲午日 的呼 丁酉人 庚子人	己亥日 的呼 辛未人	甲辰日 的呼 庚辰人	己酉日 的呼 庚申人	甲寅日 的呼 癸巳人 癸未人	己未日 的呼 丙戌人
乙未日 的呼 丙子人 丙申人	庚子日 的呼 乙未人	乙巳日 的呼 丙子人	庚戌日 的呼 辛丑人	乙卯日 的呼 戊子人 丙辰人	庚申日 的呼 辛酉人 辛巳人
丙申日 的呼 乙丑人	辛丑日 的呼 壬子人	丙午日 的呼 丁巳人 丁未人	辛亥日 的呼 辛亥人	丙辰日 的呼 甲辰人 甲申人	辛酉日 的呼 庚辰人
丁酉日 的呼 丁酉人	壬寅日 的呼 甲辰人	丁未日 的呼 己未人	壬子日 的呼 乙亥人	丁巳日 的呼 庚子人	壬戌日 的呼 辛丑人 辛酉人
戊戌日 的呼 癸亥人	癸卯日 的呼 丁巳人 丙辰人	戊申日 的呼 庚戌人	癸丑日 的呼 丁亥人 甲寅人	戊午日 的呼 辛未人	癸亥日 的呼 丙寅人

嫁娶周堂（かしゅしゅうどう）

嫁娶とは、嫁入りと嫁取りであり、結婚する日選びの吉凶をあらわします。

洪潮和（こうちょうわ）著『剋擇講義（こくたくこうぎ）』に基づく結婚日として避けるべき日です。

「農暦」において「大月」とは三十日まである月であり、「小月」とは二十九日までの月をいいます。農暦で区別があるので注意が必要です。

○「大月（たいげつ）」の月の忌日

「値夫」の農暦1・9・17・25日を結婚日に使用してはならないとされます。

「値婦」の農暦7・15・23日を結婚日に使用してはならないとされます。

○「小月（しょうげつ）」の月の忌日

「値夫」の農暦7・15・23日を結婚日に使用してはならないとされます。

「値婦」の農暦1・9・17・25日を結婚日に使用してはならないとされます。

大月 農暦の30日まである月

農暦	吉凶	
1日・9日・17日・25日・	凶	周堂値夫
2日・10日・18日・26日・	吉	周堂値姑
3日・11日・19日・27日・	吉	周堂値堂
4日・12日・20日・28日・	吉	周堂値翁
5日・13日・21日・29日・	吉	周堂値第
6日・14日・22日・30日・	吉	周堂値灶
7日・15日・23日	凶	周堂値婦
8日・16日・24日	吉	周堂値厨

小月 農暦の29日までの月

農暦	吉凶	
1日・9日・17日・25日・	凶	周堂値婦
2日・10日・18日・26日・	吉	周堂値灶
3日・11日・19日・27日・	吉	周堂値第
4日・12日・20日・28日・	吉	周堂値翁
5日・13日・21日・29日・	吉	周堂値堂
6日・14日・22日・	吉	周堂値姑
7日・15日・23日	凶	周堂値夫
8日・16日・24日	吉	周堂値厨

董公選擇日要覧 ― 日時の組み合わせ（截路空亡付）

甲子日

時刻	時干支	吉凶神	吉凶
23時～1時	甲子	金匱	吉
1時～3時	乙丑	天徳	吉
3時～5時	丙寅	白虎	凶
5時～7時	丁卯	玉堂	吉
7時～9時	戊辰	天牢	凶
9時～11時	己巳	玄武	凶
11時～13時	庚午	司命	吉
13時～15時	辛未	勾陳	凶
15時～17時	壬申	青龍 截路空亡	吉 凶
17時～19時	癸酉	明堂 截路空亡	吉 凶
19時～21時	甲戌	天刑	凶
21時～23時	乙亥	朱雀	凶

乙丑日

時刻	時干支	吉凶神	吉凶
23時～1時	丙子	天刑	凶
1時～3時	丁丑	朱雀	凶
3時～5時	戊寅	金匱	吉
5時～7時	己卯	天徳	吉
7時～9時	庚辰	白虎	凶
9時～11時	辛巳	玉堂	吉
11時～13時	壬午	天牢 截路空亡	凶
13時～15時	癸未	玄武 截路空亡	凶
15時～17時	甲申	司命	吉
17時～19時	乙酉	勾陳	凶
19時～21時	丙戌	青龍	吉
21時～23時	丁亥	明堂	吉

丙寅日

時刻	時干支	吉凶神	吉凶
23時～1時	戊子	青龍	吉
1時～3時	己丑	明堂	吉
3時～5時	庚寅	天刑	凶
5時～7時	辛卯	朱雀	凶
7時～9時	壬辰	金匱 截路空亡	吉 凶
9時～11時	癸巳	天徳 截路空亡	吉 凶
11時～13時	甲午	白虎	凶
13時～15時	乙未	玉堂	吉
15時～17時	丙申	天牢	凶
17時～19時	丁酉	玄武	凶
19時～21時	戊戌	司命	吉
21時～23時	己亥	勾陳	凶

丁卯日

時刻	時干支	吉凶神	吉凶
23時～1時	庚子	司命	吉
1時～3時	辛丑	勾陳	凶
3時～5時	壬寅	青龍 截路空亡	吉 凶
5時～7時	癸卯	明堂 截路空亡	吉 凶
7時～9時	甲辰	天刑	凶
9時～11時	乙巳	朱雀	凶
11時～13時	丙午	金匱	吉
13時～15時	丁未	天徳	吉
15時～17時	戊申	白虎	凶
17時～19時	己酉	玉堂	吉
19時～21時	庚戌	天牢	凶
21時～23時	辛亥	玄武	凶

戊辰日

時刻	時干支	吉凶神	吉凶
23時～1時	壬子	天牢 截路空亡	凶
1時～3時	癸丑	玄武 截路空亡	凶
3時～5時	甲寅	司命	吉
5時～7時	乙卯	勾陳	凶
7時～9時	丙辰	青龍	吉
9時～11時	丁巳	明堂	吉
11時～13時	戊午	天刑	凶
13時～15時	己未	朱雀	凶
15時～17時	庚申	金匱	吉
17時～19時	辛酉	天徳	吉
19時～21時	壬戌	白虎 截路空亡	凶
21時～23時	癸亥	玉堂 截路空亡	吉 凶

己巳日

時刻	時干支	吉凶神	吉凶
23時～1時	甲子	白虎	凶
1時～3時	乙丑	玉堂	吉
3時～5時	丙寅	天牢	凶
5時～7時	丁卯	玄武	凶
7時～9時	戊辰	司命	吉
9時～11時	己巳	勾陳	凶
11時～13時	庚午	青龍	吉
13時～15時	辛未	明堂	吉
15時～17時	壬申	天刑 截路空亡	凶
17時～19時	癸酉	朱雀 截路空亡	凶
19時～21時	甲戌	金匱	吉
21時～23時	乙亥	天徳	吉

庚午日

	時干支	吉凶神	吉凶
23時～1時	丙子	金匱	吉
1時～3時	丁丑	天徳	吉
3時～5時	戊寅	白虎	凶
5時～7時	己卯	玉堂	吉
7時～9時	庚辰	天牢	凶
9時～11時	辛巳	玄武	凶
11時～13時	壬午	司命 截路空亡	吉凶
13時～15時	癸未	勾陳 截路空亡	凶
15時～17時	甲申	青龍	吉
17時～19時	乙酉	明堂	吉
19時～21時	丙戌	天刑	凶
21時～23時	丁亥	朱雀	凶

辛未日

	時干支	吉凶神	吉凶
23時～1時	戊子	天刑	凶
1時～3時	己丑	朱雀	凶
3時～5時	庚寅	金匱	吉
5時～7時	辛卯	天徳	吉
7時～9時	壬辰	白虎 截路空亡	凶
9時～11時	癸巳	玉堂 截路空亡	吉凶
11時～13時	甲午	天牢	凶
13時～15時	乙未	玄武	凶
15時～17時	丙申	司命	吉
17時～19時	丁酉	勾陳	凶
19時～21時	戊戌	青龍	吉
21時～23時	己亥	明堂	吉

壬申日

	時干支	吉凶神	吉凶
23時～1時	庚子	青龍	吉
1時～3時	辛丑	明堂	吉
3時～5時	壬寅	天刑 截路空亡	凶
5時～7時	癸卯	朱雀 截路空亡	凶
7時～9時	甲辰	金匱	吉
9時～11時	乙巳	天徳	吉
11時～13時	丙午	白虎	凶
13時～15時	丁未	玉堂	吉
15時～17時	戊申	天牢	凶
17時～19時	己酉	玄武	凶
19時～21時	庚戌	司命	吉
21時～23時	辛亥	勾陳	凶

癸酉日

時間	時干支	吉凶神	吉凶
23時~1時	壬子	司命 截路空亡	吉/凶
1時~3時	癸丑	勾陳 截路空亡	凶
3時~5時	甲寅	青龍	吉
5時~7時	乙卯	明堂	吉
7時~9時	丙辰	天刑	凶
9時~11時	丁巳	朱雀	凶
11時~13時	戊午	金匱	吉
13時~15時	己未	天徳	吉
15時~17時	庚申	白虎	凶
17時~19時	辛酉	玉堂	吉
19時~21時	壬戌	天牢 截路空亡	凶
21時~23時	癸亥	玄武 截路空亡	凶

甲戌日

時間	時干支	吉凶神	吉凶
23時~1時	甲子	天牢	凶
1時~3時	乙丑	玄武	凶
3時~5時	丙寅	司命	吉
5時~7時	丁卯	勾陳	凶
7時~9時	戊辰	青龍	吉
9時~11時	己巳	明堂	吉
11時~13時	庚午	天刑	凶
13時~15時	辛未	朱雀	凶
15時~17時	壬申	金匱 截路空亡	吉/凶
17時~19時	癸酉	天徳 截路空亡	吉/凶
19時~21時	甲戌	白虎	凶
21時~23時	乙亥	玉堂	吉

乙亥日

時間	時干支	吉凶神	吉凶
23時~1時	丙子	白虎	凶
1時~3時	丁丑	玉堂	吉
3時~5時	戊寅	天牢	凶
5時~7時	己卯	玄武	凶
7時~9時	庚辰	司命	吉
9時~11時	辛巳	勾陳	凶
11時~13時	壬午	青龍 截路空亡	吉/凶
13時~15時	癸未	明堂 截路空亡	吉/凶
15時~17時	甲申	天刑	凶
17時~19時	乙酉	朱雀	凶
19時~21時	丙戌	金匱	吉
21時~23時	丁亥	天徳	吉

丙子日

時間	時干支	吉凶神	吉凶
23時~1時	戊子	金匱	吉
1時~3時	己丑	天徳	吉
3時~5時	庚寅	白虎	凶
5時~7時	辛卯	玉堂	吉
7時~9時	壬辰	天牢 截路空亡	凶
9時~11時	癸巳	玄武 截路空亡	凶
11時~13時	甲午	司命	吉
13時~15時	乙未	勾陳	凶
15時~17時	丙申	青龍	吉
17時~19時	丁酉	明堂	吉
19時~21時	戊戌	天刑	凶
21時~23時	己亥	朱雀	凶

丁丑日

時間	時干支	吉凶神	吉凶
23時~1時	庚子	天刑	凶
1時~3時	辛丑	朱雀	凶
3時~5時	壬寅	金匱 截路空亡	吉 凶
5時~7時	癸卯	天徳 截路空亡	吉 凶
7時~9時	甲辰	白虎	凶
9時~11時	乙巳	玉堂	吉
11時~13時	丙午	天牢	凶
13時~15時	丁未	玄武	凶
15時~17時	戊申	司命	吉
17時~19時	己酉	勾陳	凶
19時~21時	庚戌	青龍	吉
21時~23時	辛亥	明堂	吉

戊寅日

時間	時干支	吉凶神	吉凶
23時~1時	壬子	青龍 截路空亡	吉 凶
1時~3時	癸丑	明堂 截路空亡	吉 凶
3時~5時	甲寅	天刑	凶
5時~7時	乙卯	朱雀	凶
7時~9時	丙辰	金匱	吉
9時~11時	丁巳	天徳	吉
11時~13時	戊午	白虎	凶
13時~15時	己未	玉堂	吉
15時~17時	庚申	天牢	凶
17時~19時	辛酉	玄武	凶
19時~21時	壬戌	司命 截路空亡	吉 凶
21時~23時	癸亥	勾陳 截路空亡	凶

己卯日

時	時干支	吉凶神	吉凶
23時～1時	甲子	司命	吉
1時～3時	乙丑	勾陳	凶
3時～5時	丙寅	青龍	吉
5時～7時	丁卯	明堂	吉
7時～9時	戊辰	天刑	凶
9時～11時	己巳	朱雀	凶
11時～13時	庚午	金匱	吉
13時～15時	辛未	天徳	吉
15時～17時	壬申	白虎 截路空亡	凶
17時～19時	癸酉	玉堂 截路空亡	吉／凶
19時～21時	甲戌	天牢	凶
21時～23時	乙亥	玄武	凶

庚辰日

時	時干支	吉凶神	吉凶
23時～1時	丙子	天牢	凶
1時～3時	丁丑	玄武	凶
3時～5時	戊寅	司命	吉
5時～7時	己卯	勾陳	凶
7時～9時	庚辰	青龍	吉
9時～11時	辛巳	明堂	吉
11時～13時	壬午	天刑 截路空亡	凶
13時～15時	癸未	朱雀 截路空亡	凶
15時～17時	甲申	金匱	吉
17時～19時	乙酉	天徳	吉
19時～21時	丙戌	白虎	凶
21時～23時	丁亥	玉堂	吉

辛巳日

時	時干支	吉凶神	吉凶
23時～1時	戊子	白虎	凶
1時～3時	己丑	玉堂	吉
3時～5時	庚寅	天牢	凶
5時～7時	辛卯	玄武	凶
7時～9時	壬辰	司命 截路空亡	吉／凶
9時～11時	癸巳	勾陳 截路空亡	凶
11時～13時	甲午	青龍	吉
13時～15時	乙未	明堂	吉
15時～17時	丙申	天刑	凶
17時～19時	丁酉	朱雀	凶
19時～21時	戊戌	金匱	吉
21時～23時	己亥	天徳	吉

壬午日

時干支	庚子	辛丑	壬寅	癸卯	甲辰	乙巳	丙午	丁未	戊申	己酉	庚戌	辛亥
時間	23時～1時	1時～3時	3時～5時	5時～7時	7時～9時	9時～11時	11時～13時	13時～15時	15時～17時	17時～19時	19時～21時	21時～23時
吉凶神	金匱	天徳	白虎 截路空亡	玉堂 截路空亡	天牢	玄武	司命	勾陳	青龍	明堂	天刑	朱雀
吉凶	吉	吉	凶	吉 凶	凶	凶	吉	凶	吉	吉	凶	凶

癸未日

時干支	壬子	癸丑	甲寅	乙卯	丙辰	丁巳	戊午	己未	庚申	辛酉	壬戌	癸亥
吉凶神	天刑 截路空亡	朱雀 截路空亡	金匱	天徳	白虎	玉堂	天牢	玄武	司命	勾陳	青龍 截路空亡	明堂 截路空亡
吉凶	凶	凶	吉	吉	凶	吉	凶	凶	吉	凶	吉 凶	吉 凶

甲申日

時干支	甲子	乙丑	丙寅	丁卯	戊辰	己巳	庚午	辛未	壬申	癸酉	甲戌	乙亥
吉凶神	青龍	明堂	天刑	朱雀	金匱	天徳	白虎	玉堂	天牢 截路空亡	玄武 截路空亡	司命	勾陳
吉凶	吉	吉	凶	凶	吉	吉	凶	吉	凶	凶	吉	凶

乙酉日

時間	時干支	吉凶神	吉凶
23時～1時	丙子	司命	吉
1時～3時	丁丑	勾陳	凶
3時～5時	戊寅	青龍	吉
5時～7時	己卯	明堂	吉
7時～9時	庚辰	天刑	凶
9時～11時	辛巳	朱雀	凶
11時～13時	壬午	金匱 截路空亡	吉 凶
13時～15時	癸未	天徳 截路空亡	吉 凶
15時～17時	甲申	白虎	凶
17時～19時	乙酉	玉堂	吉
19時～21時	丙戌	天牢	凶
21時～23時	丁亥	玄武	凶

丙戌日

時間	時干支	吉凶神	吉凶
23時～1時	戊子	天牢	凶
1時～3時	己丑	玄武	凶
3時～5時	庚寅	司命	吉
5時～7時	辛卯	勾陳	凶
7時～9時	壬辰	青龍 截路空亡	吉 凶
9時～11時	癸巳	明堂 截路空亡	吉 凶
11時～13時	甲午	天刑	凶
13時～15時	乙未	朱雀	凶
15時～17時	丙申	金匱	吉
17時～19時	丁酉	天徳	吉
19時～21時	戊戌	白虎	凶
21時～23時	己亥	玉堂	吉

丁亥日

時間	時干支	吉凶神	吉凶
23時～1時	庚子	白虎	凶
1時～3時	辛丑	玉堂	吉
3時～5時	壬寅	天牢 截路空亡	凶
5時～7時	癸卯	玄武 截路空亡	凶
7時～9時	甲辰	司命	吉
9時～11時	乙巳	勾陳	凶
11時～13時	丙午	青龍	吉
13時～15時	丁未	明堂	吉
15時～17時	戊申	天刑	凶
17時～19時	己酉	朱雀	凶
19時～21時	庚戌	金匱	吉
21時～23時	辛亥	天徳	吉

戊子日

時	時干支	吉凶神	吉凶
23時～1時	壬子	金匱 截路空亡	吉 凶
1時～3時	癸丑	天徳 截路空亡	吉 凶
3時～5時	甲寅	白虎	凶
5時～7時	乙卯	玉堂	吉
7時～9時	丙辰	天牢	凶
9時～11時	丁巳	玄武	凶
11時～13時	戊午	司命	吉
13時～15時	己未	勾陳	凶
15時～17時	庚申	青龍	吉
17時～19時	辛酉	明堂	吉
19時～21時	壬戌	天刑 截路空亡	凶
21時～23時	癸亥	朱雀 截路空亡	凶

己丑日

時	時干支	吉凶神	吉凶
23時～1時	甲子	天刑	凶
1時～3時	乙丑	朱雀	凶
3時～5時	丙寅	金匱	吉
5時～7時	丁卯	天徳	吉
7時～9時	戊辰	白虎	凶
9時～11時	己巳	玉堂	吉
11時～13時	庚午	天牢	凶
13時～15時	辛未	玄武	凶
15時～17時	壬申	司命 截路空亡	吉 凶
17時～19時	癸酉	勾陳 截路空亡	凶
19時～21時	甲戌	青龍	吉
21時～23時	乙亥	明堂	吉

庚寅日

時	時干支	吉凶神	吉凶
23時～1時	丙子	青龍	吉
1時～3時	丁丑	明堂	吉
3時～5時	戊寅	天刑	凶
5時～7時	己卯	朱雀	凶
7時～9時	庚辰	金匱	吉
9時～11時	辛巳	天徳	吉
11時～13時	壬午	白虎 截路空亡	凶
13時～15時	癸未	玉堂 截路空亡	吉 凶
15時～17時	甲申	天牢	凶
17時～19時	乙酉	玄武	凶
19時～21時	丙戌	司命	吉
21時～23時	丁亥	勾陳	凶

辛卯日

時間	時干支	吉凶神	吉凶
23時〜1時	戊子	司命	吉
1時〜3時	己丑	勾陳	凶
3時〜5時	庚寅	青龍	吉
5時〜7時	辛卯	明堂	吉
7時〜9時	壬辰	天刑 截路空亡	凶
9時〜11時	癸巳	朱雀 截路空亡	凶
11時〜13時	甲午	金匱	吉
13時〜15時	乙未	天徳	吉
15時〜17時	丙申	白虎	凶
17時〜19時	丁酉	玉堂	吉
19時〜21時	戊戌	天牢	凶
21時〜23時	己亥	玄武	凶

壬辰日

時間	時干支	吉凶神	吉凶
23時〜1時	庚子	天牢	凶
1時〜3時	辛丑	玄武	凶
3時〜5時	壬寅	司命 截路空亡	吉 凶
5時〜7時	癸卯	勾陳 截路空亡	凶
7時〜9時	甲辰	青龍	吉
9時〜11時	乙巳	明堂	吉
11時〜13時	丙午	天刑	凶
13時〜15時	丁未	朱雀	凶
15時〜17時	戊申	金匱	吉
17時〜19時	己酉	天徳	吉
19時〜21時	庚戌	白虎	凶
21時〜23時	辛亥	玉堂	吉

癸巳日

時間	時干支	吉凶神	吉凶
23時〜1時	壬子	白虎 截路空亡	凶
1時〜3時	癸丑	玉堂 截路空亡	吉 凶
3時〜5時	甲寅	天牢	凶
5時〜7時	乙卯	玄武	凶
7時〜9時	丙辰	司命	吉
9時〜11時	丁巳	勾陳	凶
11時〜13時	戊午	青龍	吉
13時〜15時	己未	明堂	吉
15時〜17時	庚申	天刑	凶
17時〜19時	辛酉	朱雀	凶
19時〜21時	壬戌	金匱 截路空亡	吉 凶
21時〜23時	癸亥	天徳 截路空亡	吉 凶

甲午日

	23時～1時	1時～3時	3時～5時	5時～7時	7時～9時	9時～11時	11時～13時	13時～15時	15時～17時	17時～19時	19時～21時	21時～23時
時干支	甲子	乙丑	丙寅	丁卯	戊辰	己巳	庚午	辛未	壬申	癸酉	甲戌	乙亥
吉凶神	金匱	天徳	白虎	玉堂	天牢	玄武	司命	勾陳	青龍 截路空亡	明堂 截路空亡	天刑	朱雀
吉凶	吉	吉	凶	吉	凶	凶	吉	凶	吉 凶	吉 凶	凶	凶

乙未日

	23時～1時	1時～3時	3時～5時	5時～7時	7時～9時	9時～11時	11時～13時	13時～15時	15時～17時	17時～19時	19時～21時	21時～23時
時干支	丙子	丁丑	戊寅	己卯	庚辰	辛巳	壬午	癸未	甲申	乙酉	丙戌	丁亥
吉凶神	天刑	朱雀	金匱	天徳	白虎	玉堂	天牢 截路空亡	玄武 截路空亡	司命	勾陳	青龍	明堂
吉凶	凶	凶	吉	吉	凶	吉	凶	凶	吉	凶	吉	吉

丙申日

	23時～1時	1時～3時	3時～5時	5時～7時	7時～9時	9時～11時	11時～13時	13時～15時	15時～17時	17時～19時	19時～21時	21時～23時
時干支	戊子	己丑	庚寅	辛卯	壬辰	癸巳	甲午	乙未	丙申	丁酉	戊戌	己亥
吉凶神	青龍	明堂	天刑	朱雀	金匱 截路空亡	天徳 截路空亡	白虎	玉堂	天牢	玄武	司命	勾陳
吉凶	吉	吉	凶	凶	吉 凶	吉 凶	凶	吉	凶	凶	吉	凶

丁酉日

時間	時干支	吉凶神	吉凶
23時~1時	庚子	司命	吉
1時~3時	辛丑	勾陳	凶
3時~5時	壬寅	青龍 截路空亡	吉 凶
5時~7時	癸卯	明堂 截路空亡	吉 凶
7時~9時	甲辰	天刑	凶
9時~11時	乙巳	朱雀	凶
11時~13時	丙午	金匱	吉
13時~15時	丁未	天徳	吉
15時~17時	戊申	白虎	凶
17時~19時	己酉	玉堂	吉
19時~21時	庚戌	天牢	凶
21時~23時	辛亥	玄武	凶

戊戌日

時間	時干支	吉凶神	吉凶
23時~1時	壬子	天牢 截路空亡	凶
1時~3時	癸丑	玄武 截路空亡	凶
3時~5時	甲寅	司命	吉
5時~7時	乙卯	勾陳	凶
7時~9時	丙辰	青龍	吉
9時~11時	丁巳	明堂	吉
11時~13時	戊午	天刑	凶
13時~15時	己未	朱雀	凶
15時~17時	庚申	金匱	吉
17時~19時	辛酉	天徳	吉
19時~21時	壬戌	白虎 截路空亡	凶
21時~23時	癸亥	玉堂 截路空亡	吉 凶

己亥日

時間	時干支	吉凶神	吉凶
23時~1時	甲子	白虎	凶
1時~3時	乙丑	玉堂	吉
3時~5時	丙寅	天牢	凶
5時~7時	丁卯	玄武	凶
7時~9時	戊辰	司命	吉
9時~11時	己巳	勾陳	凶
11時~13時	庚午	青龍	吉
13時~15時	辛未	明堂	吉
15時~17時	壬申	天刑 截路空亡	凶
17時~19時	癸酉	朱雀 截路空亡	凶
19時~21時	甲戌	金匱	吉
21時~23時	乙亥	天徳	吉

庚子日

時間	時干支	吉凶神	吉凶
23時〜1時	丙子	金匱	吉
1時〜3時	丁丑	天徳	吉
3時〜5時	戊寅	白虎	凶
5時〜7時	己卯	玉堂	吉
7時〜9時	庚辰	天牢	凶
9時〜11時	辛巳	玄武	凶
11時〜13時	壬午	司命 截路空亡	吉／凶
13時〜15時	癸未	勾陳 截路空亡	凶
15時〜17時	甲申	青龍	吉
17時〜19時	乙酉	明堂	吉
19時〜21時	丙戌	天刑	凶
21時〜23時	丁亥	朱雀	凶

辛丑日

時間	時干支	吉凶神	吉凶
23時〜1時	戊子	天刑	凶
1時〜3時	己丑	朱雀	凶
3時〜5時	庚寅	金匱	吉
5時〜7時	辛卯	天徳	吉
7時〜9時	壬辰	白虎 截路空亡	凶
9時〜11時	癸巳	玉堂 截路空亡	吉／凶
11時〜13時	甲午	天牢	凶
13時〜15時	乙未	玄武	凶
15時〜17時	丙申	司命	吉
17時〜19時	丁酉	勾陳	凶
19時〜21時	戊戌	青龍	吉
21時〜23時	己亥	明堂	吉

壬寅日

時間	時干支	吉凶神	吉凶
23時〜1時	庚子	青龍	吉
1時〜3時	辛丑	明堂	吉
3時〜5時	壬寅	天刑 截路空亡	凶
5時〜7時	癸卯	朱雀 截路空亡	凶
7時〜9時	甲辰	金匱	吉
9時〜11時	乙巳	天徳	吉
11時〜13時	丙午	白虎	凶
13時〜15時	丁未	玉堂	吉
15時〜17時	戊申	天牢	凶
17時〜19時	己酉	玄武	凶
19時〜21時	庚戌	司命	吉
21時〜23時	辛亥	勾陳	凶

癸卯日

時間	時干支	吉凶神	吉凶
23時~1時	壬子	司命 截路空亡	吉 凶
1時~3時	癸丑	勾陳 截路空亡	凶
3時~5時	甲寅	青龍	吉
5時~7時	乙卯	明堂	吉
7時~9時	丙辰	天刑	凶
9時~11時	丁巳	朱雀	凶
11時~13時	戊午	金匱	吉
13時~15時	己未	天徳	吉
15時~17時	庚申	白虎	凶
17時~19時	辛酉	玉堂	吉
19時~21時	壬戌	天牢 截路空亡	凶
21時~23時	癸亥	玄武 截路空亡	凶

甲辰日

時間	時干支	吉凶神	吉凶
23時~1時	甲子	天牢	凶
1時~3時	乙丑	玄武	凶
3時~5時	丙寅	司命	吉
5時~7時	丁卯	勾陳	凶
7時~9時	戊辰	青龍	吉
9時~11時	己巳	明堂	吉
11時~13時	庚午	天刑	凶
13時~15時	辛未	朱雀	凶
15時~17時	壬申	金匱 截路空亡	吉 凶
17時~19時	癸酉	天徳 截路空亡	吉 凶
19時~21時	甲戌	白虎	凶
21時~23時	乙亥	玉堂	吉

乙巳日

時間	時干支	吉凶神	吉凶
23時~1時	丙子	白虎	凶
1時~3時	丁丑	玉堂	吉
3時~5時	戊寅	天牢	凶
5時~7時	己卯	玄武	凶
7時~9時	庚辰	司命	吉
9時~11時	辛巳	勾陳	凶
11時~13時	壬午	青龍 截路空亡	吉 凶
13時~15時	癸未	明堂 截路空亡	吉 凶
15時~17時	甲申	天刑	凶
17時~19時	乙酉	朱雀	凶
19時~21時	丙戌	金匱	吉
21時~23時	丁亥	天徳	吉

丙午日

時間	時干支	吉凶神	吉凶
23時～1時	戊子	金匱	吉
1時～3時	己丑	天徳	吉
3時～5時	庚寅	白虎	凶
5時～7時	辛卯	玉堂	吉
7時～9時	壬辰	天牢 截路空亡	凶
9時～11時	癸巳	玄武 截路空亡	凶
11時～13時	甲午	司命	吉
13時～15時	乙未	勾陳	凶
15時～17時	丙申	青龍	吉
17時～19時	丁酉	明堂	吉
19時～21時	戊戌	天刑	凶
21時～23時	己亥	朱雀	凶

丁未日

時間	時干支	吉凶神	吉凶
23時～1時	庚子	天刑	凶
1時～3時	辛丑	朱雀	凶
3時～5時	壬寅	金匱 截路空亡	吉 凶
5時～7時	癸卯	天徳 截路空亡	吉 凶
7時～9時	甲辰	白虎	凶
9時～11時	乙巳	玉堂	吉
11時～13時	丙午	天牢	凶
13時～15時	丁未	玄武	凶
15時～17時	戊申	司命	吉
17時～19時	己酉	勾陳	凶
19時～21時	庚戌	青龍	吉
21時～23時	辛亥	明堂	吉

戊申日

時間	時干支	吉凶神	吉凶
23時～1時	壬子	青龍 截路空亡	吉 凶
1時～3時	癸丑	明堂 截路空亡	吉 凶
3時～5時	甲寅	天刑	凶
5時～7時	乙卯	朱雀	凶
7時～9時	丙辰	金匱	吉
9時～11時	丁巳	天徳	吉
11時～13時	戊午	白虎	凶
13時～15時	己未	玉堂	吉
15時～17時	庚申	天牢	凶
17時～19時	辛酉	玄武	凶
19時～21時	壬戌	司命 截路空亡	吉 凶
21時～23時	癸亥	勾陳 截路空亡	凶

己酉日

時間	時干支	吉凶神	吉凶
23時~1時	甲子	司命	吉
1時~3時	乙丑	勾陳	凶
3時~5時	丙寅	青龍	吉
5時~7時	丁卯	明堂	吉
7時~9時	戊辰	天刑	凶
9時~11時	己巳	朱雀	凶
11時~13時	庚午	金匱	吉
13時~15時	辛未	天徳	吉
15時~17時	壬申	白虎 截路空亡	凶
17時~19時	癸酉	玉堂 截路空亡	吉 凶
19時~21時	甲戌	天牢	凶
21時~23時	乙亥	玄武	凶

庚戌日

時間	時干支	吉凶神	吉凶
23時~1時	丙子	天牢	凶
1時~3時	丁丑	玄武	凶
3時~5時	戊寅	司命	吉
5時~7時	己卯	勾陳	凶
7時~9時	庚辰	青龍	吉
9時~11時	辛巳	明堂	吉
11時~13時	壬午	天刑 截路空亡	凶
13時~15時	癸未	朱雀 截路空亡	凶
15時~17時	甲申	金匱	吉
17時~19時	乙酉	天徳	吉
19時~21時	丙戌	白虎	凶
21時~23時	丁亥	玉堂	吉

辛亥日

時間	時干支	吉凶神	吉凶
23時~1時	戊子	白虎	凶
1時~3時	己丑	玉堂	吉
3時~5時	庚寅	天牢	凶
5時~7時	辛卯	玄武	凶
7時~9時	壬辰	司命 截路空亡	吉 凶
9時~11時	癸巳	勾陳 截路空亡	凶
11時~13時	甲午	青龍	吉
13時~15時	乙未	明堂	吉
15時~17時	丙申	天刑	凶
17時~19時	丁酉	朱雀	凶
19時~21時	戊戌	金匱	吉
21時~23時	己亥	天徳	吉

壬子日

時刻	時干支	吉凶神	吉凶
23時～1時	庚子	金匱	吉
1時～3時	辛丑	天徳	吉
3時～5時	壬寅	白虎 截路空亡	凶
5時～7時	癸卯	玉堂 截路空亡	吉 凶
7時～9時	甲辰	天牢	凶
9時～11時	乙巳	玄武	凶
11時～13時	丙午	司命	吉
13時～15時	丁未	勾陳	凶
15時～17時	戊申	青龍	吉
17時～19時	己酉	明堂	吉
19時～21時	庚戌	天刑	凶
21時～23時	辛亥	朱雀	凶

癸丑日

時刻	時干支	吉凶神	吉凶
23時～1時	壬子	天刑 截路空亡	凶
1時～3時	癸丑	朱雀 截路空亡	凶
3時～5時	甲寅	金匱	吉
5時～7時	乙卯	天徳	吉
7時～9時	丙辰	白虎	凶
9時～11時	丁巳	玉堂	吉
11時～13時	戊午	天牢	凶
13時～15時	己未	玄武	凶
15時～17時	庚申	司命	吉
17時～19時	辛酉	勾陳	凶
19時～21時	壬戌	青龍 截路空亡	吉 凶
21時～23時	癸亥	明堂 截路空亡	吉 凶

甲寅日

時刻	時干支	吉凶神	吉凶
23時～1時	甲子	青龍	吉
1時～3時	乙丑	明堂	吉
3時～5時	丙寅	天刑	凶
5時～7時	丁卯	朱雀	凶
7時～9時	戊辰	金匱	吉
9時～11時	己巳	天徳	吉
11時～13時	庚午	白虎	凶
13時～15時	辛未	玉堂	吉
15時～17時	壬申	天牢 截路空亡	凶
17時～19時	癸酉	玄武 截路空亡	凶
19時～21時	甲戌	司命	吉
21時～23時	乙亥	勾陳	凶

日		23時～1時	1時～3時	3時～5時	5時～7時	7時～9時	9時～11時	11時～13時	13時～15時	15時～17時	17時～19時	19時～21時	21時～23時
乙卯日	時干支	丙子	丁丑	戊寅	己卯	庚辰	辛巳	壬午	癸未	甲申	乙酉	丙戌	丁亥
	吉凶神	司命	勾陳	青龍	明堂	天刑	朱雀	金匱 截路空亡	天徳 截路空亡	白虎	玉堂	天牢	玄武
	吉凶	吉	凶	吉	吉	凶	凶	吉 凶	吉 凶	凶	吉	凶	凶
丙辰日	時干支	戊子	己丑	庚寅	辛卯	壬辰	癸巳	甲午	乙未	丙申	丁酉	戊戌	己亥
	吉凶神	天牢	玄武	司命	勾陳	青龍 截路空亡	明堂 截路空亡	天刑	朱雀	金匱	天徳	白虎	玉堂
	吉凶	凶	凶	吉	凶	吉 凶	吉 凶	凶	凶	吉	吉	凶	吉
丁巳日	時干支	庚子	辛丑	壬寅	癸卯	甲辰	乙巳	丙午	丁未	戊申	己酉	庚戌	辛亥
	吉凶神	白虎	玉堂	天牢 截路空亡	玄武 截路空亡	司命	勾陳	青龍	明堂	天刑	朱雀	金匱	天徳
	吉凶	凶	吉	凶	凶	吉	凶	吉	吉	凶	凶	吉	吉

戊午日

時間	23時～1時	1時～3時	3時～5時	5時～7時	7時～9時	9時～11時	11時～13時	13時～15時	15時～17時	17時～19時	19時～21時	21時～23時
時干支	壬子	癸丑	甲寅	乙卯	丙辰	丁巳	戊午	己未	庚申	辛酉	壬戌	癸亥
吉凶神	金匱 截路空亡	天徳 截路空亡	白虎	玉堂	天牢	玄武	司命	勾陳	青龍	明堂	天刑 截路空亡	朱雀 截路空亡
吉凶	吉/凶	吉/凶	凶	吉	凶	凶	吉	凶	吉	吉	凶	凶

己未日

時間	23時～1時	1時～3時	3時～5時	5時～7時	7時～9時	9時～11時	11時～13時	13時～15時	15時～17時	17時～19時	19時～21時	21時～23時
時干支	甲子	乙丑	丙寅	丁卯	戊辰	己巳	庚午	辛未	壬申	癸酉	甲戌	乙亥
吉凶神	天刑	朱雀	金匱	天徳	白虎	玉堂	天牢	玄武	司命 截路空亡	勾陳 截路空亡	青龍	明堂
吉凶	凶	凶	吉	吉	凶	吉	凶	凶	吉/凶	凶	吉	吉

庚申日

時間	23時～1時	1時～3時	3時～5時	5時～7時	7時～9時	9時～11時	11時～13時	13時～15時	15時～17時	17時～19時	19時～21時	21時～23時
時干支	丙子	丁丑	戊寅	己卯	庚辰	辛巳	壬午	癸未	甲申	乙酉	丙戌	丁亥
吉凶神	青龍	明堂	天刑	朱雀	金匱	天徳	白虎 截路空亡	玉堂 截路空亡	天牢	玄武	司命	勾陳
吉凶	吉	吉	凶	凶	吉	吉	凶	吉/凶	凶	凶	吉	凶

辛酉日

時間	時干支	吉凶神	吉凶
23時～1時	戊子	司命	吉
1時～3時	己丑	勾陳	凶
3時～5時	庚寅	青龍	吉
5時～7時	辛卯	明堂	吉
7時～9時	壬辰	天刑 截路空亡	凶
9時～11時	癸巳	朱雀 截路空亡	凶
11時～13時	甲午	金匱	吉
13時～15時	乙未	天徳	吉
15時～17時	丙申	白虎	凶
17時～19時	丁酉	玉堂	吉
19時～21時	戊戌	天牢	凶
21時～23時	己亥	玄武	凶

壬戌日

時間	時干支	吉凶神	吉凶
23時～1時	庚子	天牢	凶
1時～3時	辛丑	玄武	凶
3時～5時	壬寅	司命 截路空亡	吉 凶
5時～7時	癸卯	勾陳 截路空亡	凶
7時～9時	甲辰	青龍	吉
9時～11時	乙巳	明堂	吉
11時～13時	丙午	天刑	凶
13時～15時	丁未	朱雀	凶
15時～17時	戊申	金匱	吉
17時～19時	己酉	天徳	吉
19時～21時	庚戌	白虎	凶
21時～23時	辛亥	玉堂	吉

癸亥日

時間	時干支	吉凶神	吉凶
23時～1時	壬子	白虎 截路空亡	凶
1時～3時	癸丑	玉堂 截路空亡	吉 凶
3時～5時	甲寅	天牢	凶
5時～7時	乙卯	玄武	凶
7時～9時	丙辰	司命	吉
9時～11時	丁巳	勾陳	凶
11時～13時	戊午	青龍	吉
13時～15時	己未	明堂	吉
15時～17時	庚申	天刑	凶
17時～19時	辛酉	朱雀	凶
19時～21時	壬戌	金匱 截路空亡	吉 凶
21時～23時	癸亥	天徳 截路空亡	吉 凶

三合擇日吉曜時法―截路空亡

吉神時法

日支＼時辰	子	午	丑	未	寅	申	卯	酉	辰	戌	巳	亥
青龍（せいりゅう）	申時		戌時		子時		寅時		辰時		午時	
明堂（めいどう）	酉時		亥時		丑時		卯時		巳時		未時	
金匱（きんき）	子時		寅時		辰時		午時		申時		戌時	
天徳（てんとく）	丑時		卯時		巳時		未時		酉時		亥時	
玉堂（ぎょくどう）	卯時		巳時		未時		酉時		亥時		丑時	
司命（しめい）	午時		申時		戌時		子時		寅時		辰時	

凶神時法

日支＼時辰	子	午	丑	未	寅	申	卯	酉	辰	戌	巳	亥
天刑（てんけい）	戌時		子時		寅時		辰時		午時		申時	
朱雀（すざく）	亥時		丑時		卯時		巳時		未時		酉時	
白虎（びゃっこ）	寅時		辰時		午時		申時		戌時		子時	
天牢（てんろう）	辰時		午時		申時		戌時		子時		寅時	
玄武（げんぶ）	巳時		未時		酉時		亥時		丑時		卯時	
勾陳（こうちん）	未時		酉時		亥時		丑時		卯時		巳時	

截路空亡（せつろくうぼう）

日干	甲	己	庚	乙	丙	辛	壬	丁	戊	癸
凶神	申時 酉時		午時 未時		辰時 巳時		寅時 卯時		子時、丑時 戌時、亥時	

太陽到山到向擇日法（地盤二十四山の各坐山ごとの建物を建てるのに縁起のよい日付）

坐山方位　太陽の位置が建物の坐山方位の位置にあること。**立向方位**　太陽の位置が建物の立向方位の位置にあること。

日　付　節気の日付は年によって変動するため本書万年暦から毎年の節気の日付を確認すること。記載されているのは新暦。

左記の二十四山と二十四節気の対応は『祝氏天機人倫妙選（しゅくしてんきじんりんみょうせん）』に基づく。

太陽の位置								地盤二十四山
三合會局方位				立向方位		坐山方位		建物の坐山
乙山（E3）		坤山（SW2）		日付	節気	日付	節気	壬山（N1）
10/23	霜降	6/21	夏至	8/23	処暑	2/19	雨水	
11/7	立冬	7/7	小暑	9/8	白露	3/6	啓蟄	
辰山（SE1）		申山（SW3）		日付	節気	日付	節気	子山（N2）
10/8	寒露	6/6	芒種	8/7	立秋	2/4	立春	
10/23	霜降	6/21	夏至	8/23	処暑	2/19	雨水	
巽山（SE2）		庚山（W1）		日付	節気	日付	節気	癸山（N3）
9/23	秋分	5/21	小満	7/23	大暑	1/20	大寒	
10/8	寒露	6/6	芒種	8/7	立秋	2/4	立春	
巳山（SE3）		酉山（W2）		日付	節気	日付	節気	丑山（NE1）
9/8	白露	5/6	立夏	7/7	小暑	1/5	小寒	
9/23	秋分	5/21	小満	7/23	大暑	1/20	大寒	
丙山（S1）		辛山（W3）		日付	節気	日付	節気	艮山（NE2）
8/23	処暑	4/20	穀雨	6/21	夏至	12/22	冬至	
9/8	白露	5/6	立夏	7/7	小暑	1/5	小寒	
午山（S2）		戌山（NW1）		日付	節気	日付	節気	寅山（NE3）
8/7	立秋	4/5	清明	6/6	芒種	12/7	大雪	
8/23	処暑	4/20	穀雨	6/21	夏至	12/22	冬至	
丁山（S3）		乾山（NW2）		日付	節気	日付	節気	甲山（E1）
7/23	大暑	3/21	春分	5/21	小満	11/22	小雪	
8/7	立秋	4/5	清明	6/6	芒種	12/7	大雪	
未山（SW1）		亥山（NW3）		日付	節気	日付	節気	卯山（E2）
7/7	小暑	3/6	啓蟄	5/6	立夏	11/7	立冬	
7/23	大暑	3/21	春分	5/21	小満	11/22	小雪	
坤山（SW2）		壬山（N1）		日付	節気	日付	節気	乙山（E3）
6/21	夏至	2/19	雨水	4/20	穀雨	10/23	霜降	
7/7	小暑	3/6	啓蟄	5/6	立夏	11/7	立冬	
申山（SW3）		子山（N2）		日付	節気	日付	節気	辰山（SE1）
6/6	芒種	2/4	立春	4/5	清明	10/8	寒露	
6/21	夏至	2/19	雨水	4/20	穀雨	10/23	霜降	
庚山（W1）		癸山（N3）		日付	節気	日付	節気	巽山（SE2）
5/21	小満	1/20	大寒	3/21	春分	9/23	秋分	
6/6	芒種	2/4	立春	4/5	清明	10/8	寒露	
酉山（W2）		丑山（NE1）		日付	節気	日付	節気	巳山（SE3）
5/6	立夏	1/5	小寒	3/6	啓蟄	9/8	白露	
5/21	小満	1/20	大寒	3/21	春分	9/23	秋分	

太陽の位置								地盤二十四山
三合會局方位				立向方位		坐山方位		建物の坐山
辛山(W3)		艮山(NE2)		日付	節気	日付	節気	丙山(S1)
4/20	穀雨	12/22	冬至	2/19	雨水	8/23	処暑	
5/6	立夏	1/5	小寒	3/6	啓蟄	9/8	白露	
戊山(NW1)		寅山(NE3)		日付	節気	日付	節気	午山(S2)
4/5	清明	12/7	大雪	2/4	立春	8/7	立秋	
4/20	穀雨	12/22	冬至	2/19	雨水	8/23	処暑	
乾山(NW2)		甲山(E1)		日付	節気	日付	節気	丁山(S3)
3/21	春分	11/22	小雪	1/20	大寒	7/23	大暑	
4/5	清明	12/7	大雪	2/4	立春	8/7	立秋	
亥山(NW3)		卯山(E2)		日付	節気	日付	節気	未山(SW1)
3/6	啓蟄	11/7	立冬	1/5	小寒	7/7	小暑	
3/21	春分	11/22	小雪	1/20	大寒	7/23	大暑	
壬山(N1)		乙山(E3)		日付	節気	日付	節気	坤山(SW2)
2/19	雨水	10/23	霜降	12/22	冬至	6/21	夏至	
3/6	啓蟄	11/7	立冬	1/5	小寒	7/7	小暑	
子山(N2)		辰山(SE1)		日付	節気	日付	節気	申山(SW3)
2/4	立春	10/8	寒露	12/7	大雪	6/6	芒種	
2/19	雨水	10/23	霜降	12/22	冬至	6/21	夏至	
癸山(N3)		巽山(SE2)		日付	節気	日付	節気	庚山(W1)
1/20	大寒	9/23	秋分	11/22	小雪	5/21	小満	
2/4	立春	10/8	寒露	12/7	大雪	6/6	芒種	
丑山(NE1)		巳山(SE3)		日付	節気	日付	節気	酉山(W2)
1/5	小寒	9/8	白露	11/7	立冬	5/6	立夏	
1/20	大寒	9/23	秋分	11/22	小雪	5/21	小満	
艮山(NE2)		丙山(S1)		日付	節気	日付	節気	辛山(W3)
12/22	冬至	8/23	処暑	10/23	霜降	4/20	穀雨	
1/5	小寒	9/8	白露	11/7	立冬	5/6	立夏	
寅山(NE3)		午山(S2)		日付	節気	日付	節気	戊山(NW1)
12/7	大雪	8/7	立秋	10/8	寒露	4/5	清明	
12/22	冬至	8/23	処暑	10/23	霜降	4/20	穀雨	
甲山(E1)		丁山(S3)		日付	節気	日付	節気	乾山(NW2)
11/22	小雪	7/23	大暑	9/23	秋分	3/21	春分	
12/7	大雪	8/7	立秋	10/8	寒露	4/5	清明	
卯山(E2)		未山(SW1)		日付	節気	日付	節気	亥山(NW3)
11/7	立冬	7/7	小暑	9/8	白露	3/6	啓蟄	
11/22	小雪	7/23	大暑	9/23	秋分	3/21	春分	

三元玄空大卦六十甲子五行卦運表

六十甲子	玄空五行	卦運挨星
甲子	1水	一
乙丑	3木	六
丙寅	2火	四
丁卯	6水	九
戊辰	9金	六
己巳	8木	二
庚午	8木	九
辛未	9金	三
壬申	1水	七
癸酉	2火	七
甲戌	7火	二
乙亥	3木	三
丙子	6水	三
丁丑	4金	七
戊寅	8木	六
己卯	7火	八
庚辰	1水	九
辛巳	3木	七
壬午	2火	一
癸未	4金	八
甲申	3木	九
乙酉	9金	四
丙戌	6水	一
丁亥	8木	八
戊子	7火	四
己丑	9金	二
庚寅	3木	一
辛卯	2火	三
壬辰	6水	四
癸巳	4金	六
甲午	9金	一
乙未	7火	六
丙申	8木	四
丁酉	4金	九
戊戌	1水	六
己亥	2火	二
庚子	2火	九
辛丑	1水	三
壬寅	9金	七
癸卯	8木	七
甲辰	3木	二
乙巳	7火	三
丙午	4金	三
丁未	6水	七
戊申	2火	六
己酉	3木	八
庚戌	9金	九
辛亥	7火	七
壬子	8木	一
癸丑	6水	八
甲寅	7火	九
乙卯	1水	四
丙辰	4金	一
丁巳	2火	八
戊午	3木	四
己未	1水	二
庚申	7火	一
辛酉	8木	三
壬戌	4金	四
癸亥	6水	六

伏羲六十四卦の図

坤（地）	艮（山）	坎（水）	巽（風）	震（雷）	離（火）	兌（沢）	乾（天）	上卦／下卦
2 こんいち 坤為地	23 さんちはく 山地剥	8 すいちひ 水地比	20 ふうちかん 風地観	16 らいちよ 雷地豫	35 かちしん 火地晋	45 たくちすい 沢地萃	12 てんちひ 天地否	坤（地）
15 ちざんけん 地山謙	52 ごんいさん 艮為山	39 すいざんけん 水山蹇	53 ふうざんぜん 風山漸	62 らいざんしょうか 雷山小過	56 かざんりょ 火山旅	31 たくさんかん 沢山咸	33 てんざんとん 天山遯	艮（山）
7 ちすいし 地水師	4 さんすいもう 山水蒙	29 かんいすい 坎為水	59 ふうすいかん 風水渙	40 らいすいかい 雷水解	64 かすいびせい 火水未済	47 たくすいこん 沢水困	6 てんすいしょう 天水訟	坎（水）
46 ちふうしょう 地風升	18 さんぷうこ 山風蠱	48 すいふうせい 水風井	57 そんいふう 巽為風	32 らいふうこう 雷風恒	50 かふうてい 火風鼎	28 たくふうたいか 沢風大過	44 てんぷうこう 天風姤	巽（風）
24 ちらいふく 地雷復	27 さんらいい 山雷頤	3 すいらいちゅん 水雷屯	42 ふうらいえき 風雷益	51 しんいらい 震為雷	21 からいぜいこう 火雷噬嗑	17 たくらいずい 沢雷随	25 てんらいむぼう 天雷无妄	震（雷）
36 ちかめいい 地火明夷	22 さんかひ 山火賁	63 すいかきせい 水火既済	37 ふうかかじん 風火家人	55 らいかほう 雷火豊	30 りいか 離為火	49 たくかかく 沢火革	13 てんかどうじん 天火同人	離（火）
19 ちたくりん 地沢臨	41 さんたくそん 山沢損	60 すいたくせつ 水沢節	61 ふうたくちゅうふ 風沢中孚	54 らいたくきまい 雷沢帰妹	38 かたくけい 火沢睽	58 だいたく 兌為沢	10 てんたくり 天沢履	兌（沢）
11 ちてんたい 地天泰	26 さんてんたいちく 山天大畜	5 すいてんじゅ 水天需	9 ふうてんしょうちく 風天小畜	34 らいてんたいそう 雷天大壮	14 かてんたいゆう 火天大有	43 たくてんかい 沢天夬	1 けんいてん 乾為天	乾（天）

二元八運

二元八運は三元派の卦理分金派における玄空大卦に使用される時間概念である。
卦運は星運、運数、九星とも呼ばれ、周易を源泉とし、
陰⚋爻を六年と為し、陽⚊爻を九年とする。

河図先天の卦象は、九十年となり、上元の運を構成する。
貪狼一運坤卦☷は一運で、三つの陰爻、主に十八年間を司る。
巨門二運巽卦☴は二運で、二つの陽爻と一つの陰爻として、主に二十四年間を司る。
禄存三運離卦☲は三運で、二つの陽爻と一つの陰爻、主に二十四年間を司る。
文曲四運兌卦☱は四運で、二つの陽爻と一つの陰爻、主に二十四年間を司る。

河図先天の卦象は、九十年となり、下元の運を構成する。
武曲六運艮卦☶六運は、一つの陽爻と二つの陰爻、主に二十一年間を司る。
破軍七運坎卦☵七運は、一つの陽爻と二つの陰爻、主に二十一年間を司る。
左輔八運震卦☳八運は、一つの陽爻と二つの陰爻、主に二十一年間を司る。
右弼九運乾卦☰九運は、三つの陽爻、主に二十七年間を司る。

上元運

巽	四運	兌	☱	6 9 9 / 24年
震	三運	離	☲	9 6 9 / 24年
坤	二運	巽	☴	9 9 6 / 24年
坎	一運	坤	☷	6 6 6 / 18年
（後天卦）		（先天卦）		共90年

下元運

乾	六運	艮	☶	9 6 6 / 21年
兌	七運	坎	☵	6 9 6 / 21年
艮	八運	震	☳	6 6 9 / 21年
離	九運	乾	☰	9 9 9 / 27年
（後天卦）		（先天卦）		共90年

＜二元八運表＞

上元	一運	甲子～辛巳 十八年間	一八六四年～一八八一年までの 十八年間	貪狼坤卦一運
	二運	壬午～乙巳 二十四年間	一八八二年～一九〇五年までの 二十四年間	巨門巽卦二運
	三運	丙午～己巳 二十四年間	一九〇六年～一九二九年までの 二十四年間	禄存離卦三運
	四運	庚午～癸巳 二十四年間	一九三〇年～一九五三年までの 二十四年間	文曲兌卦四運
下元	六運	甲午～甲寅 二十一年間	一九五四年～一九七四年までの 二十一年間	武曲艮卦六運
	七運	乙卯～乙亥 二十一年間	一九七五年～一九九五年までの 二十一年間	破軍坎卦七運
	八運	丙子～丙申 二十一年間	一九九六年～二〇一六年までの 二十一年間	左輔震卦八運
	九運	丁酉～癸亥 二十七年間	二〇一七年～二〇四三年までの 二十七年間	右弼乾卦九運
三元の気運を上下の二元に分かつ。一運から四運までの九十年間。六運から九運の九十年間となる。				

三元派玄空大卦擇日―卦気(卦数・洛数)・卦運(星運・運数)年月局一覧

年	月	上数	下数	卦
甲子年	月局	1	1	坤
甲子年	月局	1	8	復
	丙寅月	2	4	家人
	丁卯月	6	9	損
	戊辰月	9	6	履
	己巳月	8	2	大壮
	庚午月	8	9	恒
	辛未月	9	3	訟
	壬申月	1	7	師
	癸酉月	2	7	漸
	甲戌月	7	2	蹇
	乙亥月	3	3	晋
	丙子月	6	3	頤
	丁丑月	4	7	随
乙丑年	月局	3	6	噬嗑
	戊寅月	8	6	豊
	己卯月	7	8	節
	庚辰月	1	9	泰
	辛巳月	3	7	有
	壬午月	2	1	巽
	癸未月	4	8	困
	甲申月	3	9	未
	乙酉月	9	4	遯
	丙戌月	6	1	艮
	丁亥月	8	8	豫
	戊子月	7	4	屯
	己丑月	9	2	妄
丙寅年	月局	2	4	家人
	庚寅月	3	1	離
	庚寅月	4	2	革
	辛卯月	2	3	孚
	壬辰月	6	4	大畜
	癸巳月	4	6	夬
	甲午月	9	1	乾
	甲午月	9	8	姤
	乙未月	7	6	井
	丙申月	8	4	解
	丁酉月	4	9	咸
	戊戌月	1	6	謙
	己亥月	2	2	観
	庚子月	2	9	益
	辛丑月	1	3	明
丁卯年	月局	6	9	損
	壬寅月	9	7	同
	癸卯月	8	7	帰妹
	甲辰月	3	2	睽
	乙巳月	7	3	需
	丙午月	4	3	大過
	丁未月	6	7	蠱
	戊申月	2	6	渙
	己酉月	3	8	旅
	庚戌月	9	9	否
	辛亥月	7	7	比
	壬子月	8	1	震
	癸丑月	6	8	賁

戊辰年	9 6 履	月局
甲寅月 7 9 既	戊午月 3 4 鼎	壬戌月 4 4 萃
乙卯月 1 4 臨	己未月 1 2 升	癸亥月 6 6 剝
丙辰月 4 1 兌	庚申月 7 1 坎 / 6 2 蒙	甲子月 1 1 坤 / 1 8 復
丁巳月 2 8 小畜	辛酉月 8 3 小過	乙丑月 3 6 噬嗑

己巳年	8 2 大壮	月局
丙寅月 2 4 家人	庚午月 8 9 恒	甲戌月 7 2 蹇
丁卯月 6 9 損	辛未月 9 3 訟	乙亥月 3 3 晋
戊辰月 9 6 履	壬申月 1 7 師	丙子月 6 3 頤
己巳月 8 2 大壮	癸酉月 2 7 漸	丁丑月 4 7 随

庚午年	8 9 恒	月局
戊寅月 8 6 豊	壬午月 2 1 巽	丙戌月 6 1 艮
己卯月 7 8 節	癸未月 4 8 困	丁亥月 8 8 豫
庚辰月 1 9 泰	甲申月 3 9 未	戊子月 7 4 屯
辛巳月 3 7 有	乙酉月 9 4 遯	己丑月 9 2 妄

辛未年	9 3 訟	月局
庚寅月 3 1 離 / 4 2 革	甲午月 9 1 乾 / 9 8 姤	戊戌月 1 6 謙
辛卯月 2 3 孚	乙未月 7 6 井	己亥月 2 2 観
壬辰月 6 4 大畜	丙申月 8 4 解	庚子月 2 9 益
癸巳月 4 6 夬	丁酉月 4 9 咸	辛丑月 1 3 明

壬申年 1／7 師 月局

月	上	下	卦
壬寅月	9	7	同
癸卯月	8	7	帰妹
甲辰月	3	2	睽
乙巳月	7	3	需
丙午月	4	3	大過
丁未月	6	7	蠱
戊申月	2	6	渙
己酉月	3	8	旅
庚戌月	9	9	否
辛亥月	7	7	比
壬子月	8	1	震
癸丑月	6	8	賁

癸酉年 2／7 漸 月局

月	上	下	卦
甲寅月	7	9	既
乙卯月	1	4	臨
丙辰月	4	1	兌
丁巳月	2	8	小畜
戊午月	3	4	鼎
己未月	1	2	升
庚申月	6 7	2 1	蒙 坎
辛酉月	8	3	小過
壬戌月	4	4	萃
癸亥月	6	6	剝
甲子月	1 1	8 1	復 坤
乙丑月	3	6	噬嗑

甲戌年 7／2 蹇 月局

月	上	下	卦
丙寅月	2	4	家人
丁卯月	6	9	損
戊辰月	9	6	履
己巳月	8	2	大壮
庚午月	8	9	恒
辛未月	9	3	訟
壬申月	1	7	師
癸酉月	2	7	漸
甲戌月	7	2	蹇
乙亥月	3	3	晋
丙子月	6	3	頤
丁丑月	4	7	随

乙亥年 3／3 晋 月局

月	上	下	卦
戊寅月	8	6	豊
己卯月	7	8	節
庚辰月	1	9	泰
辛巳月	3	7	有
壬午月	2	1	巽
癸未月	4	8	困
甲申月	3	9	未
乙酉月	9	4	遯
丙戌月	6	1	艮
丁亥月	8	8	豫
戊子月	7	4	屯
己丑月	9	2	妄

丙子年

月局：6 / 3 頤

月	上	下	卦
庚寅月	3	1	離
庚寅月	4	2	革
甲午月	9	1	乾
甲午月	9	8	姤
戊戌月	1	6	謙
辛卯月	2	3	孚
乙未月	7	6	井
己亥月	2	2	観
壬辰月	6	4	大畜
丙申月	8	4	解
庚子月	2	9	益
癸巳月	4	6	夬
丁酉月	4	9	咸
辛丑月	1	3	明

丁丑年

月局：4 / 7 随

月	上	下	卦
壬寅月	9	7	同
丙午月	4	3	大過
庚戌月	9	9	否
癸卯月	8	7	帰妹
丁未月	6	7	蠱
辛亥月	7	7	比
甲辰月	3	2	睽
戊申月	2	6	渙
壬子月	8	1	震
乙巳月	7	3	需
己酉月	3	8	旅
癸丑月	6	8	賁

戊寅年

月局：8 / 6 豊

月	上	下	卦
甲寅月	7	9	既
戊午月	3	4	鼎
壬戌月	4	4	萃
乙卯月	1	4	臨
己未月	1	2	升
癸亥月	6	6	剝
丙辰月	4	1	兌
庚申月	7	1	坎
庚申月	6	2	蒙
甲子月	1	1	坤
甲子月	1	8	復
丁巳月	2	8	小畜
辛酉月	8	3	小過
乙丑月	3	6	噬嗑

己卯年

月局：7 / 8 節

月	上	下	卦
丙寅月	2	4	家人
庚午月	8	9	恒
甲戌月	7	2	蹇
丁卯月	6	9	損
辛未月	9	3	訟
乙亥月	3	3	晋
戊辰月	9	6	履
壬申月	1	7	師
丙子月	6	3	頤
己巳月	8	2	大壮
癸酉月	2	7	漸
丁丑月	4	7	随

庚辰年 月局	1	9	泰
戊寅月	8	6	豊
己卯月	7	8	節
庚辰月	1	9	泰
辛巳月	3	7	有
壬午月	2	1	巽
癸未月	4	8	困
甲申月	3	9	未
乙酉月	9	4	遯
丙戌月	6	1	艮
丁亥月	8	8	豫
戊子月	7	4	屯
己丑月	9	2	妄

辛巳年 月局	3	7	有
庚寅月	4	2	革
庚寅月	3	1	離
辛卯月	2	3	孚
壬辰月	6	4	大畜
癸巳月	4	6	夬
甲午月	9	8	姤
甲午月	9	1	乾
乙未月	7	6	井
丙申月	8	4	解
丁酉月	4	9	咸
戊戌月	1	6	謙
己亥月	2	2	観
庚子月	2	9	益
辛丑月	1	3	明

壬午年 月局	2	1	巽
壬寅月	9	7	同
癸卯月	8	7	帰妹
甲辰月	3	2	睽
乙巳月	7	3	需
丙午月	4	3	大過
丁未月	6	7	蠱
戊申月	2	6	渙
己酉月	3	8	旅
庚戌月	9	9	否
辛亥月	7	7	比
壬子月	8	1	震
癸丑月	6	8	賁

癸未年 月局	4	8	困
甲寅月	7	9	既
乙卯月	1	4	臨
丙辰月	4	1	兌
丁巳月	2	8	小畜
戊午月	3	4	鼎
己未月	1	2	升
庚申月	6	2	蒙
庚申月	7	1	坎
辛酉月	8	3	小過
壬戌月	4	4	萃
癸亥月	6	6	剝
甲子月	1	8	復
甲子月	1	1	坤
乙丑月	3	6	噬嗑

甲申年	3	9	未
月局			
丙寅月	2	4	家人
丁卯月	6	9	損
戊辰月	9	6	履
己巳月	8	2	大壮
庚午月	8	9	恒
辛未月	9	3	訟
壬申月	1	7	師
癸酉月	2	7	漸
甲戌月	7	2	蹇
乙亥月	3	3	晋
丙子月	6	3	頤
丁丑月	4	7	随

乙酉年	9	4	遯
月局			
戊寅月	8	6	豊
己卯月	7	8	節
庚辰月	1	9	泰
辛巳月	3	7	有
壬午月	2	1	巽
癸未月	4	8	困
甲申月	3	9	未
乙酉月	9	4	遯
丙戌月	6	1	艮
丁亥月	8	8	豫
戊子月	7	4	屯
己丑月	9	2	妄

丙戌年	6	1	艮
月局			
庚寅月	3	1	離
庚寅月	4	2	革
辛卯月	2	3	孚
壬辰月	6	4	大畜
癸巳月	4	6	夬
甲午月	9	1	乾
甲午月	9	8	姤
乙未月	7	6	井
丙申月	8	4	解
丁酉月	4	9	咸
戊戌月	1	6	謙
己亥月	2	2	観
庚子月	2	9	益
辛丑月	1	3	明

丁亥年	8	8	豫
月局			
壬寅月	9	7	同
癸卯月	8	7	帰妹
甲辰月	3	2	睽
乙巳月	7	3	需
丙午月	4	3	大過
丁未月	6	7	蠱
戊申月	2	6	渙
己酉月	3	8	旅
庚戌月	9	9	否
辛亥月	7	7	比
壬子月	8	1	震
癸丑月	6	8	賁

戊子年 月局	上	下	卦
年	7	4	屯
甲寅月	7	9	既
乙卯月	1	4	臨
丙辰月	4	1	兌
丁巳月	2	8	小畜
戊午月	3	4	鼎
己未月	1	2	升
庚申月	6 7	2 1	蒙 坎
辛酉月	8	3	小過
壬戌月	4	4	萃
癸亥月	6	6	剝
甲子月	1 1	8 1	復 坤
乙丑月	3	6	噬嗑

己丑年 月局	上	下	卦
年	9	2	妄
丙寅月	2	4	家人
丁卯月	6	9	損
戊辰月	9	6	履
己巳月	8	2	大壮
庚午月	8	9	恒
辛未月	9	3	訟
壬申月	1	7	師
癸酉月	2	7	漸
甲戌月	7	2	蹇
乙亥月	3	3	晋
丙子月	6	3	頤
丁丑月	4	7	随

庚寅年 月局	上	下	卦
年	4 3	2 1	革 離
戊寅月	8	6	豊
己卯月	7	8	節
庚辰月	1	9	泰
辛巳月	3	7	有
壬午月	2	1	巽
癸未月	4	8	困
甲申月	3	9	未
乙酉月	9	4	遯
丙戌月	6	1	艮
丁亥月	8	8	豫
戊子月	7	4	屯
己丑月	9	2	妄

辛卯年 月局	上	下	卦
年	2	3	孚
庚寅月	4 3	2 1	革 離
辛卯月	2	3	孚
壬辰月	6	4	大畜
癸巳月	4	6	夬
甲午月	9 9	8 1	姤 乾
乙未月	7	6	井
丙申月	8	4	解
丁酉月	4	9	咸
戊戌月	1	6	謙
己亥月	2	2	観
庚子月	2	9	益
辛丑月	1	3	明

壬辰年 月局 6 / 4 大畜

月	上	下	卦
壬寅月	9	7	同
丙午月	4	3	大過
庚戌月	9	9	否
癸卯月	8	7	帰妹
丁未月	6	7	蠱
辛亥月	7	7	比
甲辰月	3	2	睽
戊申月	2	6	渙
壬子月	8	1	震
乙巳月	7	3	需
己酉月	3	8	旅
癸丑月	6	8	賁

癸巳年 月局 4 / 6 夬

月	上	下	卦
甲寅月	7	9	既
戊午月	3	4	鼎
壬戌月	4	4	萃
乙卯月	1	4	臨
己未月	1	2	升
癸亥月	6	6	剝
丙辰月	4	1	兌
庚申月	6	2	蒙
庚申月	7	1	坎
甲子月	1	8	復
甲子月	1	1	坤
丁巳月	2	8	小畜
辛酉月	8	3	小過
乙丑月	3	6	噬嗑

甲午年 月局 9 / 1 乾　9 / 8 姤

月	上	下	卦
丙寅月	2	4	家人
庚午月	8	9	恒
甲戌月	7	2	蹇
丁卯月	6	9	損
辛未月	9	3	訟
乙亥月	3	3	晋
戊辰月	9	6	履
壬申月	1	7	師
丙子月	6	3	頤
己巳月	8	2	大壮
癸酉月	2	7	漸
丁丑月	4	7	随

乙未年 月局 7 / 6 井

月	上	下	卦
戊寅月	8	6	豊
壬午月	2	1	巽
丙戌月	6	1	艮
己卯月	7	8	節
癸未月	4	8	困
丁亥月	8	8	豫
庚辰月	1	9	泰
甲申月	3	9	未
戊子月	7	4	屯
辛巳月	3	7	有
乙酉月	9	4	遯
己丑月	9	2	妄

年	上	下	卦	月	上	下	卦
丙申年	8	4	解	庚寅月	3	1	離
				庚寅月	4	2	革
				辛卯月	2	3	孚
				壬辰月	6	4	大畜
				癸巳月	4	6	夬
				甲午月	9	1	乾
				甲午月	9	8	姤
				乙未月	7	6	井
				丙申月	8	4	解
				丁酉月	4	9	咸
				戊戌月	1	6	謙
				己亥月	2	2	観
				庚子月	2	9	益
				辛丑月	1	3	明
丁酉年	4	9	咸	壬寅月	9	7	同
				癸卯月	8	7	帰妹
				甲辰月	3	2	睽
				乙巳月	7	3	需
				丙午月	4	3	大過
				丁未月	6	7	蠱
				戊申月	2	6	渙
				己酉月	3	8	旅
				庚戌月	9	9	否
				辛亥月	7	7	比
				壬子月	8	1	震
				癸丑月	6	8	賁
戊戌年	1	6	謙	甲寅月	7	9	既
				乙卯月	1	4	臨
				丙辰月	4	1	兌
				丁巳月	2	8	小畜
				戊午月	3	4	鼎
				己未月	1	2	升
				庚申月	7	1	坎
				庚申月	6	2	蒙
				辛酉月	8	3	小過
				壬戌月	4	4	萃
				癸亥月	6	6	剝
				甲子月	1	1	坤
				甲子月	1	8	復
				乙丑月	3	6	噬嗑
己亥年	2	2	観	丙寅月	2	4	家人
				丁卯月	6	9	損
				戊辰月	9	6	履
				己巳月	8	2	大壮
				庚午月	8	9	恒
				辛未月	9	3	訟
				壬申月	1	7	師
				癸酉月	2	7	漸
				甲戌月	7	2	蹇
				乙亥月	3	3	晋
				丙子月	6	3	頤
				丁丑月	4	7	随

(各年: 月局)

庚子年 月局	上	下	卦
庚子年 月局	2	9	益
戊寅月	8	6	豊
己卯月	7	8	節
庚辰月	1	9	泰
辛巳月	3	7	有
壬午月	2	1	巽
癸未月	4	8	困
甲申月	3	9	未
乙酉月	9	4	遯
丙戌月	6	1	艮
丁亥月	8	8	豫
戊子月	7	4	屯
己丑月	9	2	妄

辛丑年 月局	上	下	卦
辛丑年 月局	1	3	明
庚寅月	3	1	離
庚寅月	4	2	革
辛卯月	2	3	孚
壬辰月	6	4	大畜
癸巳月	4	6	夬
甲午月	9	1	乾
甲午月	9	8	姤
乙未月	7	6	井
丙申月	8	4	解
丁酉月	4	9	咸
戊戌月	1	6	謙
己亥月	2	2	観
庚子月	2	9	益
辛丑月	1	3	明

壬寅年 月局	上	下	卦
壬寅年 月局	9	7	同
壬寅月	9	7	同
癸卯月	8	7	帰妹
甲辰月	3	2	睽
乙巳月	7	3	需
丙午月	4	3	大過
丁未月	6	7	蠱
戊申月	2	6	渙
己酉月	3	8	旅
庚戌月	9	9	否
辛亥月	7	7	比
壬子月	8	1	震
癸丑月	6	8	賁

癸卯年 月局	上	下	卦
癸卯年 月局	8	7	帰妹
甲寅月	7	9	既
乙卯月	1	4	臨
丙辰月	4	1	兌
丁巳月	2	8	小畜
戊午月	3	4	鼎
己未月	1	2	升
庚申月	7	1	坎
庚申月	6	2	蒙
辛酉月	8	3	小過
壬戌月	4	4	萃
癸亥月	6	6	剝
甲子月	1	1	坤
甲子月	1	8	復
乙丑月	3	6	噬嗑

甲辰年 月局（3／2 睽）

月	上	下	卦
丙寅月	2	4	家人
丁卯月	6	9	損
戊辰月	9	6	履
己巳月	8	2	大壮
庚午月	8	9	恒
辛未月	9	3	訟
壬申月	1	7	師
癸酉月	2	7	漸
甲戌月	7	2	蹇
乙亥月	3	3	晋
丙子月	6	3	頤
丁丑月	4	7	随

乙巳年 月局（7／3 需）

月	上	下	卦
戊寅月	8	6	豊
己卯月	7	8	節
庚辰月	1	9	泰
辛巳月	3	7	有
壬午月	2	1	巽
癸未月	4	8	困
甲申月	3	9	未
乙酉月	9	4	遯
丙戌月	6	1	艮
丁亥月	8	8	豫
戊子月	7	4	屯
己丑月	9	2	妄

丙午年 月局（4／3 大過）

月	上	下	卦
庚寅月	3	1	離
庚寅月	4	2	革
辛卯月	2	3	孚
壬辰月	6	4	大畜
癸巳月	4	6	夬
甲午月	9	1	乾
甲午月	9	8	姤
乙未月	7	6	井
丙申月	8	4	解
丁酉月	4	9	咸
戊戌月	1	6	謙
己亥月	2	2	観
庚子月	2	9	益
辛丑月	1	3	明

丁未年 月局（6／7 蠱）

月	上	下	卦
壬寅月	9	7	同
癸卯月	8	7	帰妹
甲辰月	3	2	睽
乙巳月	7	3	需
丙午月	4	3	大過
丁未月	6	7	蠱
戊申月	2	6	渙
己酉月	3	8	旅
庚戌月	9	9	否
辛亥月	7	7	比
壬子月	8	1	震
癸丑月	6	8	賁

戊申年	2 / 6 渙	月局
甲寅月	7 / 9	既
乙卯月	1 / 4	臨
丙辰月	4 / 1	兌
丁巳月	2 / 8	小畜
戊午月	3 / 4	鼎
己未月	1 / 2	升
庚申月	7 / 1, 6 / 2	坎, 蒙
辛酉月	8 / 3	小過
壬戌月	4 / 4	萃
癸亥月	6 / 6	剝
甲子月	1 / 1, 1 / 8	坤, 復
乙丑月	3 / 6	噬嗑

己酉年	3 / 8 旅	月局
丙寅月	2 / 4	家人
丁卯月	6 / 9	損
戊辰月	9 / 6	履
己巳月	8 / 2	大壮
庚午月	8 / 9	恒
辛未月	9 / 3	訟
壬申月	1 / 7	師
癸酉月	2 / 7	漸
甲戌月	7 / 2	蹇
乙亥月	3 / 3	晋
丙子月	6 / 3	頤
丁丑月	4 / 7	随

庚戌年	9 / 9 否	月局
戊寅月	8 / 6	豊
己卯月	7 / 8	節
庚辰月	1 / 9	泰
辛巳月	3 / 7	有
壬午月	2 / 1	巽
癸未月	4 / 8	困
甲申月	3 / 9	未
乙酉月	9 / 4	遯
丙戌月	6 / 1	艮
丁亥月	8 / 8	豫
戊子月	7 / 4	屯
己丑月	9 / 2	妄

辛亥年	7 / 7 比	月局
庚寅月	3 / 1, 4 / 2	離, 革
辛卯月	2 / 3	孚
壬辰月	6 / 4	大畜
癸巳月	4 / 6	夬
甲午月	9 / 1, 9 / 8	乾, 姤
乙未月	7 / 6	井
丙申月	8 / 4	解
丁酉月	4 / 9	咸
戊戌月	1 / 6	謙
己亥月	2 / 2	観
庚子月	2 / 9	益
辛丑月	1 / 3	明

壬子年	8 / 1 震	月局
壬寅月 9 / 7 同	丙午月 4 / 3 大過	庚戌月 9 / 9 否
癸卯月 8 / 7 帰妹	丁未月 6 / 7 蠱	辛亥月 7 / 7 比
甲辰月 3 / 2 睽	戊申月 2 / 6 渙	壬子月 8 / 1 震
乙巳月 7 / 3 需	己酉月 3 / 8 旅	癸丑月 6 / 8 賁

癸丑年	6 / 8 賁	月局
甲寅月 7 / 9 既	戊午月 3 / 4 鼎	壬戌月 4 / 4 萃
乙卯月 1 / 4 臨	己未月 1 / 2 升	癸亥月 6 / 6 剝
丙辰月 4 / 1 兌	庚申月 6 / 2 蒙　7 / 1 坎	甲子月 1 / 8 復　1 / 1 坤
丁巳月 2 / 8 小畜	辛酉月 8 / 3 小過	乙丑月 3 / 6 噬嗑

甲寅年	7 / 9 既	月局
丙寅月 2 / 4 家人	庚午月 8 / 9 恒	甲戌月 7 / 2 蹇
丁卯月 6 / 9 損	辛未月 9 / 3 訟	乙亥月 3 / 3 晋
戊辰月 9 / 6 履	壬申月 1 / 7 師	丙子月 6 / 3 頤
己巳月 8 / 2 大壮	癸酉月 2 / 7 漸	丁丑月 4 / 7 随

乙卯年	1 / 4 臨	月局
戊寅月 8 / 6 豊	壬午月 2 / 1 巽	丙戌月 6 / 1 艮
己卯月 7 / 8 節	癸未月 4 / 8 困	丁亥月 8 / 8 豫
庚辰月 1 / 9 泰	甲申月 3 / 9 未	戊子月 7 / 4 屯
辛巳月 3 / 7 有	乙酉月 9 / 4 遯	己丑月 9 / 2 妄

丙辰年 月局　4／1 兌

月	上	下	卦
庚寅月	4	2	革
庚寅月	3	1	離
甲午月	9	8	姤
甲午月	9	1	乾
戊戌月	1	6	謙
辛卯月	2	3	孚
乙未月	7	6	井
己亥月	2	2	観
壬辰月	6	4	大畜
丙申月	8	4	解
庚子月	2	9	益
癸巳月	4	6	夬
丁酉月	4	9	咸
辛丑月	1	3	明

丁巳年 月局　2／8 小畜

月	上	下	卦
壬寅月	9	7	同
丙午月	4	3	大過
庚戌月	9	9	否
癸卯月	8	7	帰妹
丁未月	6	7	蠱
辛亥月	7	7	比
甲辰月	3	2	睽
戊申月	2	6	渙
壬子月	8	1	震
乙巳月	7	3	需
己酉月	3	8	旅
癸丑月	6	8	賁

戊午年 月局　3／4 鼎

月	上	下	卦
甲寅月	7	9	既
戊午月	3	4	鼎
壬戌月	4	4	萃
乙卯月	1	4	臨
己未月	1	2	升
癸亥月	6	6	剝
丙辰月	4	1	兌
庚申月	6	2	蒙
庚申月	7	1	坎
甲子月	1	8	復
甲子月	1	1	坤
丁巳月	2	8	小畜
辛酉月	8	3	小過
乙丑月	3	6	噬嗑

己未年 月局　1／2 升

月	上	下	卦
丙寅月	2	4	家人
庚午月	8	9	恒
甲戌月	7	2	蹇
丁卯月	6	9	損
辛未月	9	3	訟
乙亥月	3	3	晋
戊辰月	9	6	履
壬申月	1	7	師
丙子月	6	3	頤
己巳月	8	2	大壮
癸酉月	2	7	漸
丁丑月	4	7	随

庚申年 月局 7/1 坎 6/2 蒙	辛酉年 月局 8/3 小過	壬戌年 月局 4/4 萃	癸亥年 月局 6/6 剝
戊寅月 8/6 豊	庚寅月 3/1 離 4/2 革	壬寅月 9/7 同	甲寅月 7/9 既
壬午月 2/1 巽	甲午月 9/1 乾 9/8 姤	丙午月 4/3 大過	戊午月 3/4 鼎
丙戌月 6/1 艮	戊戌月 1/6 謙	庚戌月 9/9 否	壬戌月 4/4 萃
己卯月 7/8 節	辛卯月 2/3 孚	癸卯月 8/7 帰妹	乙卯月 1/4 臨
癸未月 4/8 困	乙未月 7/6 井	丁未月 6/7 蠱	己未月 1/2 升
丁亥月 8/8 豫	己亥月 2/2 観	辛亥月 7/7 比	癸亥月 6/6 剝
庚辰月 1/9 泰	壬辰月 6/4 大畜	甲辰月 3/2 睽	丙辰月 4/1 兌
甲申月 3/9 未	丙申月 8/4 解	戊申月 2/6 渙	庚申月 7/1 坎 6/2 蒙
戊子月 7/4 屯	庚子月 2/9 益	壬子月 8/1 震	甲子月 1/1 坤 1/8 復
辛巳月 3/7 有	癸巳月 4/6 夬	乙巳月 7/3 需	丁巳月 2/8 小畜
乙酉月 9/4 遯	丁酉月 4/9 咸	己酉月 3/8 旅	辛酉月 8/3 小過
己丑月 9/2 妄	辛丑月 1/3 明	癸丑月 6/8 賁	乙丑月 3/6 噬嗑

三元派玄空大卦擇日―卦気（卦数・洛数）・卦運（星運・運数）日時局一覧

甲子日

	上数	下数	卦名
甲子日	1	1	坤
甲子日	1	8	復

時局	上数	下数	卦名
甲子時	1	1	坤
甲子時	1	8	復
戊辰時	9	6	履
壬申時	1	7	師
乙丑時	3	6	噬嗑
己巳時	8	2	大壮
癸酉時	2	7	漸
丙寅時	2	4	家人
庚午時	8	9	恒
甲戌時	7	2	蹇
丁卯時	6	9	損
辛未時	9	3	訟
乙亥時	3	3	晋

乙丑日

	上数	下数	卦名
乙丑日	3	6	噬嗑

時局	上数	下数	卦名
丙子時	6	3	頤
庚辰時	1	9	泰
甲申時	3	9	未
丁丑時	4	7	随
辛巳時	3	7	有
乙酉時	9	4	遯
戊寅時	8	6	豊
壬午時	2	1	巽
丙戌時	6	1	艮
己卯時	7	8	節
癸未時	4	8	困
丁亥時	8	8	豫

丙寅日

	上数	下数	卦名
丙寅日	2	4	家人

時局	上数	下数	卦名
戊子時	7	4	屯
壬辰時	6	4	大畜
丙申時	8	4	解
己丑時	9	2	妄
癸巳時	4	6	夬
丁酉時	4	9	咸
庚寅時	3	1	離
庚寅時	4	2	革
甲午時	9	1	乾
甲午時	9	8	姤
戊戌時	1	6	謙
辛卯時	2	3	孚
乙未時	7	6	井
己亥時	2	2	観

丁卯日

	上数	下数	卦名
丁卯日	6	9	損

時局	上数	下数	卦名
庚子時	2	9	益
甲辰時	3	2	睽
戊申時	2	6	渙
辛丑時	1	3	明
乙巳時	7	3	需
己酉時	3	8	旅
壬寅時	9	7	同
丙午時	4	3	大過
庚戌時	9	9	否
癸卯時	8	7	帰妹
丁未時	6	7	蠱
辛亥時	7	7	比

戊辰日	9 / 6 履	時局
壬子時	8 / 1	震
癸丑時	6 / 8	賁
甲寅時	7 / 9	既
乙卯時	1 / 4	臨
丙辰時	4 / 1	兌
丁巳時	2 / 8	小畜
戊午時	3 / 4	鼎
己未時	1 / 2	升
庚申時	7 / 1	坎
庚申時	6 / 2	蒙
辛酉時	8 / 3	小過
壬戌時	4 / 4	萃
癸亥時	6 / 6	剝

己巳日	8 / 2 大壮	時局
甲子時	1 / 1	坤
甲子時	1 / 8	復
乙丑時	3 / 6	噬嗑
丙寅時	2 / 4	家人
丁卯時	6 / 9	損
戊辰時	9 / 6	履
己巳時	8 / 2	大壮
庚午時	8 / 9	恒
辛未時	9 / 3	訟
壬申時	1 / 7	師
癸酉時	2 / 7	漸
甲戌時	7 / 2	蹇
乙亥時	3 / 3	晋

庚午日	8 / 9 恒	時局
丙子時	6 / 3	頤
丁丑時	4 / 7	随
戊寅時	8 / 6	豊
己卯時	7 / 8	節
庚辰時	1 / 9	泰
辛巳時	3 / 7	有
壬午時	2 / 1	巽
癸未時	4 / 8	困
甲申時	3 / 9	未
乙酉時	9 / 4	遯
丙戌時	6 / 1	艮
丁亥時	8 / 8	豫

辛未日	9 / 3 訟	時局
戊子時	7 / 4	屯
己丑時	9 / 2	妄
庚寅時	3 / 1	離
庚寅時	4 / 2	革
辛卯時	2 / 3	孚
壬辰時	6 / 4	大畜
癸巳時	4 / 6	夬
甲午時	9 / 1	乾
甲午時	9 / 8	姤
乙未時	7 / 6	井
丙申時	8 / 4	解
丁酉時	4 / 9	咸
戊戌時	1 / 6	謙
己亥時	2 / 2	観

壬申日 時局 1 / 7 師

時	上	下	卦
庚子時	2	9	益
辛丑時	1	3	明
壬寅時	9	7	同
癸卯時	8	7	帰妹
甲辰時	3	2	睽
乙巳時	7	3	需
丙午時	4	3	大過
丁未時	6	7	蠱
戊申時	2	6	渙
己酉時	3	8	旅
庚戌時	9	9	否
辛亥時	7	7	比

癸酉日 時局 2 / 7 漸

時	上	下	卦
壬子時	8	1	震
癸丑時	6	8	賁
甲寅時	7	9	既
乙卯時	1	4	臨
丙辰時	4	1	兌
丁巳時	2	8	小畜
戊午時	3	4	鼎
己未時	1	2	升
庚申時	7	1	坎
庚申時	6	2	蒙
辛酉時	8	3	小過
壬戌時	4	4	萃
癸亥時	6	6	剝

甲戌日 時局 7 / 2 蹇

時	上	下	卦
甲子時	1	1	坤
甲子時	1	8	復
乙丑時	3	6	噬嗑
丙寅時	2	4	家人
丁卯時	6	9	損
戊辰時	9	6	履
己巳時	8	2	大壮
庚午時	8	9	恒
辛未時	9	3	訟
壬申時	1	7	師
癸酉時	2	7	漸
甲戌時	7	2	蹇
乙亥時	3	3	晋

乙亥日 時局 3 / 3 晋

時	上	下	卦
丙子時	6	3	頤
丁丑時	4	7	随
戊寅時	8	6	豊
己卯時	7	8	節
庚辰時	1	9	泰
辛巳時	3	7	有
壬午時	2	1	巽
癸未時	4	8	困
甲申時	3	9	未
乙酉時	9	4	遯
丙戌時	6	1	艮
丁亥時	8	8	豫

丙子日	時局
6 / 3	頤

時	上	下	卦
戊子時	7	4	屯
壬辰時	6	4	大畜
丙申時	8	4	解
己丑時	9	2	妄
癸巳時	4	6	夬
丁酉時	4	9	咸
庚寅時	3	1	離
庚寅時	4	2	革
甲午時	9	1	乾
甲午時	9	8	姤
戊戌時	1	6	謙
辛卯時	2	3	孚
乙未時	7	6	井
己亥時	2	2	観

丁丑日	時局
4 / 7	随

時	上	下	卦
庚子時	2	9	益
甲辰時	3	2	睽
戊申時	2	6	渙
辛丑時	1	3	明
乙巳時	7	3	需
己酉時	3	8	旅
壬寅時	9	7	同
丙午時	4	3	大過
庚戌時	9	9	否
癸卯時	8	7	帰妹
丁未時	6	7	蠱
辛亥時	7	7	比

戊寅日	時局
8 / 6	豊

時	上	下	卦
壬子時	8	1	震
丙辰時	4	1	兌
庚申時	7	1	坎
庚申時	6	2	蒙
癸丑時	6	8	賁
丁巳時	2	8	小畜
辛酉時	8	3	小過
甲寅時	7	9	既
戊午時	3	4	鼎
壬戌時	4	4	萃
乙卯時	1	4	臨
己未時	1	2	升
癸亥時	6	6	剝

己卯日	時局
7 / 8	節

時	上	下	卦
甲子時	1	1	坤
甲子時	1	8	復
戊辰時	9	6	履
壬申時	1	7	師
乙丑時	3	6	噬嗑
己巳時	8	2	大壮
癸酉時	2	7	漸
丙寅時	2	4	家人
庚午時	8	9	恒
甲戌時	7	2	蹇
丁卯時	6	9	損
辛未時	9	3	訟
乙亥時	3	3	晋

日	日の卦	時	上	下	卦
庚辰日 時局	1 / 9 泰	丙子時	6	3	頤
		庚辰時	1	9	泰
		甲申時	3	9	未
		丁丑時	4	7	随
		辛巳時	3	7	有
		乙酉時	9	4	遯
		戊寅時	8	6	豊
		壬午時	2	1	巽
		丙戌時	6	1	艮
		己卯時	7	8	節
		癸未時	4	8	困
		丁亥時	8	8	豫
辛巳日 時局	3 / 7 有	戊子時	7	4	屯
		壬辰時	6	4	大畜
		丙申時	8	4	解
		己丑時	9	2	妄
		癸巳時	4	6	夬
		丁酉時	4	9	咸
		庚寅時	4	2	革
			3	1	離
		甲午時	9	8	姤
			9	1	乾
		戊戌時	1	6	謙
		辛卯時	2	3	孚
		乙未時	7	6	井
		己亥時	2	2	観
壬午日 時局	2 / 1 巽	庚子時	2	9	益
		甲辰時	3	2	睽
		戊申時	2	6	渙
		辛丑時	1	3	明
		乙巳時	7	3	需
		己酉時	3	8	旅
		壬寅時	9	7	同
		丙午時	4	3	大過
		庚戌時	9	9	否
		癸卯時	8	7	帰妹
		丁未時	6	7	蠱
		辛亥時	7	7	比
癸未日 時局	4 / 8 困	壬子時	8	1	震
		丙辰時	4	1	兌
		庚申時	6	2	蒙
			7	1	坎
		癸丑時	6	8	賁
		丁巳時	2	8	小畜
		辛酉時	8	3	小過
		甲寅時	7	9	既
		戊午時	3	4	鼎
		壬戌時	4	4	萃
		乙卯時	1	4	臨
		己未時	1	2	升
		癸亥時	6	6	剝

甲申日 時局 3 9 未

時	上	下	卦
甲子時	1 / 1	1 / 8	坤 / 復
乙丑時	3	6	噬嗑
丙寅時	2	4	家人
丁卯時	6	9	損
戊辰時	9	6	履
己巳時	8	2	大壮
庚午時	8	9	恒
辛未時	9	3	訟
壬申時	1	7	師
癸酉時	2	7	漸
甲戌時	7	2	蹇
乙亥時	3	3	晋

乙酉日 時局 9 4 遯

時	上	下	卦
丙子時	6	3	頤
丁丑時	4	7	随
戊寅時	8	6	豊
己卯時	7	8	節
庚辰時	1	9	泰
辛巳時	3	7	有
壬午時	2	1	巽
癸未時	4	8	困
甲申時	3	9	未
乙酉時	9	4	遯
丙戌時	6	1	艮
丁亥時	8	8	豫

丙戌日 時局 6 1 艮

時	上	下	卦
戊子時	7	4	屯
己丑時	9	2	妄
庚寅時	3 / 4	1 / 2	離 / 革
辛卯時	2	3	孚
壬辰時	6	4	大畜
癸巳時	4	6	夬
甲午時	9 / 9	1 / 8	乾 / 姤
乙未時	7	6	井
丙申時	8	4	解
丁酉時	4	9	咸
戊戌時	1	6	謙
己亥時	2	2	観

丁亥日 時局 8 8 豫

時	上	下	卦
庚子時	2	9	益
辛丑時	1	3	明
壬寅時	9	7	同
癸卯時	8	7	帰妹
甲辰時	3	2	睽
乙巳時	7	3	需
丙午時	4	3	大過
丁未時	6	7	蠱
戊申時	2	6	渙
己酉時	3	8	旅
庚戌時	9	9	否
辛亥時	7	7	比

戊子日 時局（7・4 屯）

時	上	下	卦
壬子時	8	1	震
丙辰時	4	1	兌
庚申時	6 7	2 1	蒙 坎
癸丑時	6	8	賁
丁巳時	2	8	小畜
辛酉時	8	3	小過
甲寅時	7	9	既
戊午時	3	4	鼎
壬戌時	4	4	萃
乙卯時	1	4	臨
己未時	1	2	升
癸亥時	6	6	剝

己丑日 時局（9・2 妄）

時	上	下	卦
甲子時	1 1	8 1	復 坤
戊辰時	9	6	履
壬申時	1	7	師
乙丑時	3	6	噬嗑
己巳時	8	2	大壮
癸酉時	2	7	漸
丙寅時	2	4	家人
庚午時	8	9	恒
甲戌時	7	2	蹇
丁卯時	6	9	損
辛未時	9	3	訟
乙亥時	3	3	晋

庚寅日 時局（3・1 離／4・2 革）

時	上	下	卦
丙子時	6	3	頤
庚辰時	1	9	泰
甲申時	3	9	未
丁丑時	4	7	随
辛巳時	3	7	有
乙酉時	9	4	遯
戊寅時	8	6	豊
壬午時	2	1	巽
丙戌時	6	1	艮
己卯時	7	8	節
癸未時	4	8	困
丁亥時	8	8	豫

辛卯日 時局（2・3 孚）

時	上	下	卦
戊子時	7	4	屯
壬辰時	6	4	大畜
丙申時	8	4	解
己丑時	9	2	妄
癸巳時	4	6	夬
丁酉時	4	9	咸
庚寅時	4 3	2 1	革 離
甲午時	9 9	8 1	姤 乾
戊戌時	1	6	謙
辛卯時	2	3	孚
乙未時	7	6	井
己亥時	2	2	観

日	時	上	下	卦
壬辰日	時局	6	4	大畜
	庚子時	2	9	益
	辛丑時	1	3	明
	壬寅時	9	7	同
	癸卯時	8	7	帰妹
	甲辰時	3	2	睽
	乙巳時	7	3	需
	丙午時	4	3	大過
	丁未時	6	7	蠱
	戊申時	2	6	渙
	己酉時	3	8	旅
	庚戌時	9	9	否
	辛亥時	7	7	比
癸巳日	時局	4	6	夬
	壬子時	8	1	震
	癸丑時	6	8	賁
	甲寅時	7	9	既
	乙卯時	1	4	臨
	丙辰時	4	1	兌
	丁巳時	2	8	小畜
	戊午時	3	4	鼎
	己未時	1	2	升
	庚申時	6 7	2 1	蒙 坎
	辛酉時	8	3	小過
	壬戌時	4	4	萃
	癸亥時	6	6	剝
甲午日	時局	9 9	8 1	姤 乾
	甲子時	1 1	8 1	復 坤
	乙丑時	3	6	噬嗑
	丙寅時	2	4	家人
	丁卯時	6	9	損
	戊辰時	9	6	履
	己巳時	8	2	大壮
	庚午時	8	9	恒
	辛未時	9	3	訟
	壬申時	1	7	師
	癸酉時	2	7	漸
	甲戌時	7	2	蹇
	乙亥時	3	3	晋
乙未日	時局	7	6	井
	丙子時	6	3	頤
	丁丑時	4	7	随
	戊寅時	8	6	豊
	己卯時	7	8	節
	庚辰時	1	9	泰
	辛巳時	3	7	有
	壬午時	2	1	巽
	癸未時	4	8	困
	甲申時	3	9	未
	乙酉時	9	4	遯
	丙戌時	6	1	艮
	丁亥時	8	8	豫

丙申日 時局

8 / 4 解

時	上	下	卦
戊子時	7	4	屯
己丑時	9	2	妄
庚寅時	4 3	2 1	革 離
辛卯時	2	3	孚
壬辰時	6	4	大畜
癸巳時	4	6	夬
甲午時	9 9	8 1	姤 乾
乙未時	7	6	井
丙申時	8	4	解
丁酉時	4	9	咸
戊戌時	1	6	謙
己亥時	2	2	観

丁酉日 時局

4 / 9 咸

時	上	下	卦
庚子時	2	9	益
辛丑時	1	3	明
壬寅時	9	7	同
癸卯時	8	7	帰妹
甲辰時	3	2	睽
乙巳時	7	3	需
丙午時	4	3	大過
丁未時	6	7	蠱
戊申時	2	6	渙
己酉時	3	8	旅
庚戌時	9	9	否
辛亥時	7	7	比

戊戌日 時局

1 / 6 謙

時	上	下	卦
壬子時	8	1	震
癸丑時	6	8	賁
甲寅時	7	9	既
乙卯時	1	4	臨
丙辰時	4	1	兌
丁巳時	2	8	小畜
戊午時	3	4	鼎
己未時	1	2	升
庚申時	6 7	2 1	蒙 坎
辛酉時	8	3	小過
壬戌時	4	4	萃
癸亥時	6	6	剝

己亥日 時局

2 / 2 観

時	上	下	卦
甲子時	1 1	8 1	復 坤
乙丑時	3	6	噬嗑
丙寅時	2	4	家人
丁卯時	6	9	損
戊辰時	9	6	履
己巳時	8	2	大壮
庚午時	8	9	恒
辛未時	9	3	訟
壬申時	1	7	師
癸酉時	2	7	漸
甲戌時	7	2	蹇
乙亥時	3	3	晋

庚子日 時局

2
9 益

時	上	下	卦
丙子時	6	3	頤
庚辰時	1	9	泰
甲申時	3	9	未
丁丑時	4	7	随
辛巳時	3	7	有
乙酉時	9	4	遯
戊寅時	8	6	豊
壬午時	2	1	巽
丙戌時	6	1	艮
己卯時	7	8	節
癸未時	4	8	困
丁亥時	8	8	豫

辛丑日 時局

1
3 明

時	上	下	卦
戊子時	7	4	屯
壬辰時	6	4	大畜
丙申時	8	4	解
己丑時	9	2	妄
癸巳時	4	6	夬
丁酉時	4	9	咸
庚寅時	4	2	革
庚寅時	3	1	離
甲午時	9	8	姤
甲午時	9	1	乾
戊戌時	1	6	謙
辛卯時	2	3	孚
乙未時	7	6	井
己亥時	2	2	観

壬寅日 時局

9
7 同

時	上	下	卦
庚子時	2	9	益
甲辰時	3	2	睽
戊申時	2	6	渙
辛丑時	1	3	明
乙巳時	7	3	需
己酉時	3	8	旅
壬寅時	9	7	同
丙午時	4	3	大過
庚戌時	9	9	否
癸卯時	8	7	帰妹
丁未時	6	7	蠱
辛亥時	7	7	比

癸卯日 時局

8
7 帰妹

時	上	下	卦
壬子時	8	1	震
丙辰時	4	1	兌
庚申時	6	2	蒙
庚申時	7	1	坎
癸丑時	6	8	賁
丁巳時	2	8	小畜
辛酉時	8	3	小過
甲寅時	7	9	既
戊午時	3	4	鼎
壬戌時	4	4	萃
乙卯時	1	4	臨
己未時	1	2	升
癸亥時	6	6	剝

甲辰日 時局	3	2	睽
甲子時	1	1	坤
甲子時	1	8	復
乙丑時	3	6	噬嗑
丙寅時	2	4	家人
丁卯時	6	9	損
戊辰時	9	6	履
己巳時	8	2	大壮
庚午時	8	9	恒
辛未時	9	3	訟
壬申時	1	7	師
癸酉時	2	7	漸
甲戌時	7	2	蹇
乙亥時	3	3	晋

乙巳日 時局	7	3	需
丙子時	6	3	頤
丁丑時	4	7	随
戊寅時	8	6	豊
己卯時	7	8	節
庚辰時	1	9	泰
辛巳時	3	7	有
壬午時	2	1	巽
癸未時	4	8	困
甲申時	3	9	未
乙酉時	9	4	遯
丙戌時	6	1	艮
丁亥時	8	8	豫

丙午日 時局	4	3	大過
戊子時	7	4	屯
己丑時	9	2	妄
庚寅時	3	1	離
庚寅時	4	2	革
辛卯時	2	3	孚
壬辰時	6	4	大畜
癸巳時	4	6	夬
甲午時	9	1	乾
甲午時	9	8	姤
乙未時	7	6	井
丙申時	8	4	解
丁酉時	4	9	咸
戊戌時	1	6	謙
己亥時	2	2	観

丁未日 時局	6	7	蠱
庚子時	2	9	益
辛丑時	1	3	明
壬寅時	9	7	同
癸卯時	8	7	帰妹
甲辰時	3	2	睽
乙巳時	7	3	需
丙午時	4	3	大過
丁未時	6	7	蠱
戊申時	2	6	渙
己酉時	3	8	旅
庚戌時	9	9	否
辛亥時	7	7	比

戊申日 時局 2/6 渙

時	上	下	卦
壬子時	8	1	震
丙辰時	4	1	兌
庚申時	7	1	坎
庚申時	6	2	蒙
癸丑時	6	8	賁
丁巳時	2	8	小畜
辛酉時	8	3	小過
甲寅時	7	9	既
戊午時	3	4	鼎
壬戌時	4	4	萃
乙卯時	1	4	臨
己未時	1	2	升
癸亥時	6	6	剝

己酉日 時局 3/8 旅

時	上	下	卦
甲子時	1	1	坤
甲子時	1	8	復
戊辰時	9	6	履
壬申時	1	7	師
乙丑時	3	6	噬嗑
己巳時	8	2	大壮
癸酉時	2	7	漸
丙寅時	2	4	家人
庚午時	8	9	恒
甲戌時	7	2	蹇
丁卯時	6	9	損
辛未時	9	3	訟
乙亥時	3	3	晋

庚戌日 時局 9/9 否

時	上	下	卦
丙子時	6	3	頤
庚辰時	1	9	泰
甲申時	3	9	未
丁丑時	4	7	随
辛巳時	3	7	有
乙酉時	9	4	遯
戊寅時	8	6	豊
壬午時	2	1	巽
丙戌時	6	1	艮
己卯時	7	8	節
癸未時	4	8	困
丁亥時	8	8	豫

辛亥日 時局 7/7 比

時	上	下	卦
戊子時	7	4	屯
壬辰時	6	4	大畜
丙申時	8	4	解
己丑時	9	2	妄
癸巳時	4	6	夬
丁酉時	4	9	咸
庚寅時	3	1	離
庚寅時	4	2	革
甲午時	9	1	乾
甲午時	9	8	姤
戊戌時	1	6	謙
辛卯時	2	3	孚
乙未時	7	6	井
己亥時	2	2	観

壬子日 時局	8 / 1	震
庚子時	2 / 9	益
辛丑時	1 / 3	明
壬寅時	9 / 7	同
癸卯時	8 / 7	帰妹
甲辰時	3 / 2	睽
乙巳時	7 / 3	需
丙午時	4 / 3	大過
丁未時	6 / 7	蠱
戊申時	2 / 6	渙
己酉時	3 / 8	旅
庚戌時	9 / 9	否
辛亥時	7 / 7	比

癸丑日 時局	6 / 8	賁
壬子時	8 / 1	震
癸丑時	6 / 8	賁
甲寅時	7 / 9	既
乙卯時	1 / 4	臨
丙辰時	4 / 1	兌
丁巳時	2 / 8	小畜
戊午時	3 / 4	鼎
己未時	1 / 2	升
庚申時	6 / 2・7 / 1	蒙・坎
辛酉時	8 / 3	小過
壬戌時	4 / 4	萃
癸亥時	6 / 6	剝

甲寅日 時局	7 / 9	既
甲子時	1 / 8・1 / 1	復・坤
乙丑時	3 / 6	噬嗑
丙寅時	2 / 4	家人
丁卯時	6 / 9	損
戊辰時	9 / 6	履
己巳時	8 / 2	大壮
庚午時	8 / 9	恒
辛未時	9 / 3	訟
壬申時	1 / 7	師
癸酉時	2 / 7	漸
甲戌時	7 / 2	蹇
乙亥時	3 / 3	晋

乙卯日 時局	1 / 4	臨
丙子時	6 / 3	頤
丁丑時	4 / 7	随
戊寅時	8 / 6	豊
己卯時	7 / 8	節
庚辰時	1 / 9	泰
辛巳時	3 / 7	有
壬午時	2 / 1	巽
癸未時	4 / 8	困
甲申時	3 / 9	未
乙酉時	9 / 4	遯
丙戌時	6 / 1	艮
丁亥時	8 / 8	豫

丙辰日 時局 4/1 兌

時	上	下	卦
戊子時	7	4	屯
壬辰時	6	4	大畜
丙申時	8	4	解
己丑時	9	2	妄
癸巳時	4	6	夬
丁酉時	4	9	咸
庚寅時	3	1	離
	4	2	革
甲午時	9	1	乾
	9	8	姤
戊戌時	1	6	謙
辛卯時	2	3	孚
乙未時	7	6	井
己亥時	2	2	観

丁巳日 時局 2/8 小畜

時	上	下	卦
庚子時	2	9	益
甲辰時	3	2	睽
戊申時	2	6	渙
辛丑時	1	3	明
乙巳時	7	3	需
己酉時	3	8	旅
壬寅時	9	7	同
丙午時	4	3	大過
庚戌時	9	9	否
癸卯時	8	7	帰妹
丁未時	6	7	蠱
辛亥時	7	7	比

戊午日 時局 3/4 鼎

時	上	下	卦
壬子時	8	1	震
丙辰時	4	1	兌
庚申時	7	1	坎
	6	2	蒙
癸丑時	6	8	賁
丁巳時	2	8	小畜
辛酉時	8	3	小過
甲寅時	7	9	既
戊午時	3	4	鼎
壬戌時	4	4	萃
乙卯時	1	4	臨
己未時	1	2	升
癸亥時	6	6	剝

己未日 時局 1/2 升

時	上	下	卦
甲子時	1	1	坤
	1	8	復
戊辰時	9	6	履
壬申時	1	7	師
乙丑時	3	6	噬嗑
己巳時	8	2	大壮
癸酉時	2	7	漸
丙寅時	2	4	家人
庚午時	8	9	恒
甲戌時	7	2	蹇
丁卯時	6	9	損
辛未時	9	3	訟
乙亥時	3	3	晋

庚申日

時局：6/2 蒙、7/1 坎

時	上	下	卦
丙子時	6	3	頤
庚辰時	1	9	泰
甲申時	3	9	未
丁丑時	4	7	随
辛巳時	3	7	有
乙酉時	9	4	遯
戊寅時	8	6	豊
壬午時	2	1	巽
丙戌時	6	1	艮
己卯時	7	8	節
癸未時	4	8	困
丁亥時	8	8	豫

辛酉日

時局：8/3 小過

時	上	下	卦
戊子時	7	4	屯
壬辰時	6	4	大畜
丙申時	8	4	解
己丑時	9	2	妄
癸巳時	4	6	夬
丁酉時	4	9	咸
庚寅時	3 / 4	1 / 2	離 / 革
甲午時	9 / 9	1 / 8	乾 / 姤
戊戌時	1	6	謙
辛卯時	2	3	孚
乙未時	7	6	井
己亥時	2	2	観

壬戌日

時局：4/4 萃

時	上	下	卦
庚子時	2	9	益
甲辰時	3	2	睽
戊申時	2	6	渙
辛丑時	1	3	明
乙巳時	7	3	需
己酉時	3	8	旅
壬寅時	9	7	同
丙午時	4	3	大過
庚戌時	9	9	否
癸卯時	8	7	帰妹
丁未時	6	7	蠱
辛亥時	7	7	比

癸亥日

時局：6/6 剝

時	上	下	卦
壬子時	8	1	震
丙辰時	4	1	兌
庚申時	7 / 6	1 / 2	坎 / 蒙
癸丑時	6	8	賁
丁巳時	2	8	小畜
辛酉時	8	3	小過
甲寅時	7	9	既
戊午時	3	4	鼎
壬戌時	4	4	萃
乙卯時	1	4	臨
己未時	1	2	升
癸亥時	6	6	剝

年紫白の求め方

毎年巡る流年紫白の求め方は、左の図を参考にします。

１９８４年から２０４４年までの大運は下元です。例えば２０１９年は己亥年なので、表を見ると、「八白」が中宮に入るのがわかります。

八白を中宮において、洛書の軌跡と同じように数字を進めます。（飛星を順行）

三元・年九星が中宮に入る

上元	中元	下元	三元太歳（年）の所在						
一白	四緑	七赤	甲子	癸酉	壬午	辛卯	庚子	己酉	戊午
九紫	三碧	六白	乙丑	甲戌	癸未	壬辰	辛丑	庚戌	己未
八白	二黒	五黄	丙寅	乙亥	甲申	癸巳	壬寅	辛亥	庚申
七赤	一白	四緑	丁卯	丙子	乙酉	甲午	癸卯	壬子	辛酉
六白	九紫	三碧	戊辰	丁丑	丙戌	乙未	甲辰	癸丑	壬戌
五黄	八白	二黒	己巳	戊寅	丁亥	丙申	乙巳	甲寅	癸亥
四緑	七赤	一白	庚午	己卯	戊子	丁酉	丙午	乙卯	
三碧	六白	九紫	辛未	庚辰	己丑	戊戌	丁未	丙辰	
二黒	五黄	八白	壬申	辛巳	庚寅	己亥	戊申	丁巳	

８（中宮）↓９（北西）↓１（西）↓

２（北東）↓３（南）↓４（北）↓

５（南西）↓６（東）↓７（南東）

2019年（己亥）紫白チャート

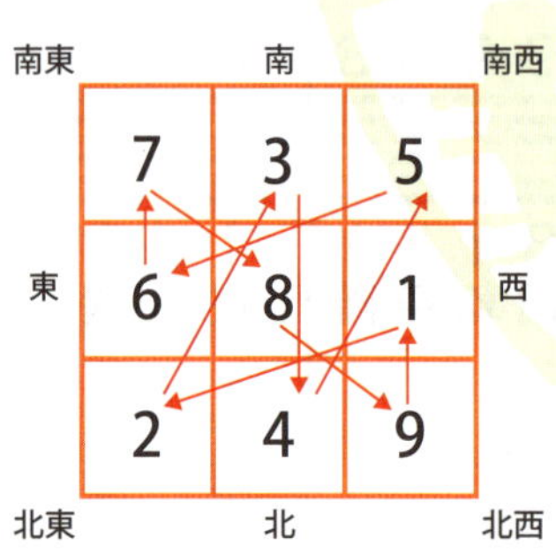
南東
南
南西
7
3
5
東
6
8
1
西
2
4
9
北東
北
北西

流年九星配置表（上元）—1864年～1924年

1872 壬申	1871 辛未	1870 庚午	1869 己巳	1868 戊辰	1867 丁卯	1866 丙寅	1865 乙丑	1864 甲子	上元運 六十甲子流年
1881 辛巳	1880 庚辰	1879 己卯	1878 戊寅	1877 丁丑	1876 丙子	1875 乙亥	1874 甲戌	1873 癸酉	
1890 庚寅	1889 己丑	1888 戊子	1887 丁亥	1886 丙戌	1885 乙酉	1884 甲申	1883 癸未	1882 壬午	
1899 己亥	1898 戊戌	1897 丁酉	1896 丙申	1895 乙未	1894 甲午	1893 癸巳	1892 壬辰	1891 辛卯	
1908 戊申	1907 丁未	1906 丙午	1905 乙巳	1904 甲辰	1903 癸卯	1902 壬寅	1901 辛丑	1900 庚子	
1917 丁巳	1916 丙辰	1915 乙卯	1914 甲寅	1913 癸丑	1912 壬子	1911 辛亥	1910 庚戌	1909 己酉	
上元運 1864-1923年			1923 癸亥	1922 壬戌	1921 辛酉	1920 庚申	1919 己未	1918 戊午	

巽	震	坤	坎	離	艮	兌	乾	中	一白
中	巽	震	坤	坎	離	艮	兌	乾	二黒
乾	中	巽	震	坤	坎	離	艮	兌	三碧
兌	乾	中	巽	震	坤	坎	離	艮	四緑
艮	兌	乾	中	巽	震	坤	坎	離	五黄
離	艮	兌	乾	中	巽	震	坤	坎	六白
坎	離	艮	兌	乾	中	巽	震	坤	七赤
坤	坎	離	艮	兌	乾	中	巽	震	八白
震	坤	坎	離	艮	兌	乾	中	巽	九紫

流年九星配置表（中元）—1924年～1984年

1932 壬申	1931 辛未	1930 庚午	1929 己巳	1928 戊辰	1927 丁卯	1926 丙寅	1925 乙丑	1924 甲子	中元運 六十甲子流年
1941 辛巳	1940 庚辰	1939 己卯	1938 戊寅	1937 丁丑	1936 丙子	1935 乙亥	1934 甲戌	1933 癸酉	
1950 庚寅	1949 己丑	1948 戊子	1947 丁亥	1946 丙戌	1945 乙酉	1944 甲申	1943 癸未	1942 壬午	
1959 己亥	1958 戊戌	1957 丁酉	1956 丙申	1955 乙未	1954 甲午	1953 癸巳	1952 壬辰	1951 辛卯	
1968 戊申	1967 丁未	1966 丙午	1965 乙巳	1964 甲辰	1963 癸卯	1962 壬寅	1961 辛丑	1960 庚子	
1977 丁巳	1976 丙辰	1975 乙卯	1974 甲寅	1973 癸丑	1972 壬子	1971 辛亥	1970 庚戌	1969 己酉	
中元運 1924-1983年			1983 癸亥	1982 壬戌	1981 辛酉	1980 庚申	1979 己未	1978 戊午	

巽	震	坤	坎	離	艮	兌	乾	中	四緑
中	巽	震	坤	坎	離	艮	兌	乾	五黄
乾	中	巽	震	坤	坎	離	艮	兌	六白
兌	乾	中	巽	震	坤	坎	離	艮	七赤
艮	兌	乾	中	巽	震	坤	坎	離	八白
離	艮	兌	乾	中	巽	震	坤	坎	九紫
坎	離	艮	兌	乾	中	巽	震	坤	一白
坤	坎	離	艮	兌	乾	中	巽	震	二黒
震	坤	坎	離	艮	兌	乾	中	巽	三碧

流年九星配置表（下元）—1984年～2044年

1992 壬申	1991 辛未	1990 庚午	1989 己巳	1988 戊辰	1987 丁卯	1986 丙寅	1985 乙丑	1984 甲子	下元運 六十甲子流年
2001 辛巳	2000 庚辰	1999 己卯	1998 戊寅	1997 丁丑	1996 丙子	1995 乙亥	1994 甲戌	1993 癸酉	
2010 庚寅	2009 己丑	2008 戊子	2007 丁亥	2006 丙戌	2005 乙酉	2004 甲申	2003 癸未	2002 壬午	
2019 己亥	2018 戊戌	2017 丁酉	2016 丙申	2015 乙未	2014 甲午	2013 癸巳	2012 壬辰	2011 辛卯	
2028 戊申	2027 丁未	2026 丙午	2025 乙巳	2024 甲辰	2023 癸卯	2022 壬寅	2021 辛丑	2020 庚子	
2037 丁巳	2036 丙辰	2035 乙卯	2034 甲寅	2033 癸丑	2032 壬子	2031 辛亥	2030 庚戌	2029 己酉	
下元運 1984-2043年			2043 癸亥	2042 壬戌	2041 辛酉	2040 庚申	2039 己未	2038 戊午	

巽	震	坤	坎	離	艮	兌	乾	中	七赤
中	巽	震	坤	坎	離	艮	兌	乾	八白
乾	中	巽	震	坤	坎	離	艮	兌	九紫
兌	乾	中	巽	震	坤	坎	離	艮	一白
艮	兌	乾	中	巽	震	坤	坎	離	二黒
離	艮	兌	乾	中	巽	震	坤	坎	三碧
坎	離	艮	兌	乾	中	巽	震	坤	四緑
坤	坎	離	艮	兌	乾	中	巽	震	五黄
震	坤	坎	離	艮	兌	乾	中	巽	六白

月紫白の求め方

現在の日本では、1月1日を新年一日目の正月として迎えていますが、風水で使用する暦は、立春（2月4頃）から一年が始まります。また月の切り替わりは西暦での毎月1日の切り替わりではなく、二十四節気の節入りで切り替わることに注意が必要です。

流月紫白九星表

月紫白が中宮に入る表

子午卯酉年 月支	新暦	紫白	辰戌丑未年 月支	新暦	紫白	寅申巳亥年 月支	新暦	紫白
寅月	2月	八白	寅月	2月	五黄	寅月	2月	二黒
卯月	3月	七赤	卯月	3月	四緑	卯月	3月	一白
辰月	4月	六白	辰月	4月	三碧	辰月	4月	九紫
巳月	5月	五黄	巳月	5月	二黒	巳月	5月	八白
午月	6月	四緑	午月	6月	一白	午月	6月	七赤
未月	7月	三碧	未月	7月	九紫	未月	7月	六白
申月	8月	二黒	申月	8月	八白	申月	8月	五黄
酉月	9月	一白	酉月	9月	七赤	酉月	9月	四緑
戌月	10月	九紫	戌月	10月	六白	戌月	10月	三碧
亥月	11月	八白	亥月	11月	五黄	亥月	11月	二黒
子月	12月	七赤	子月	12月	四緑	子月	12月	一白
丑月	1月	六白	丑月	1月	三碧	丑月	1月	九紫

＊次のような規則で求めることができます。
子・午・卯・酉年＝上元
正月（2月4日頃の立春）から八白が中央に入る。
辰・戌・丑・未年＝中元
正月（2月4日頃の立春）から五黄が中央に入る。
寅・申・巳・亥年＝下元
正月（2月4日頃の立春）から二黒が中央に入る。
そして月をおうごとに逆転（逆行）する。
年紫白と同じく、中宮の数字は洛書の軌跡によって配置されます。

（例）２０１８年3月17日の月紫白のチャートを出します。
２０１８年（戊年）の2月は、中宮に五黄が入るので、3月の中宮は四緑となります。

2018年3月（乙卯月）チャート

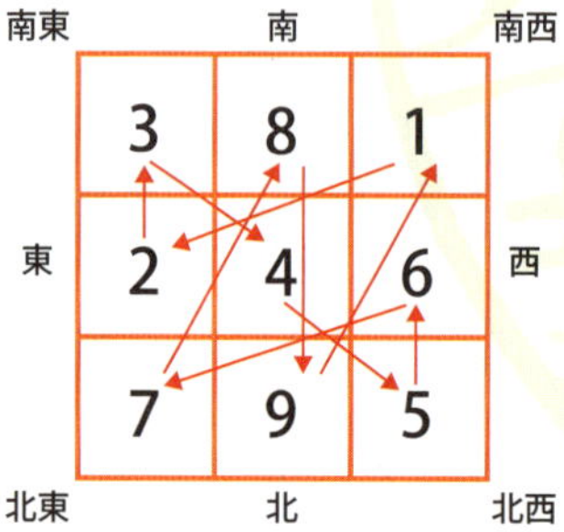

南東	南	南西
3	8	1
東 2	4	6 西
7	9	5
北東	北	北西

流年・月紫白九星早見表

月支	寅	卯	辰	巳	午	未	申	酉	戌	亥	子	丑
農暦	正月	二月	三月	四月	五月	六月	七月	八月	九月	十月	十一月	十二月
節入り	立春	啓蟄	清明	立夏	芒種	小暑	立秋	白露	寒露	立冬	大雪	小寒
2013年 癸巳 年五黄 月紫白	2月4日 二黒	3月5日 一白	4月5日 九紫	5月5日 八白	6月5日 七赤	7月7日 六白	8月7日 五黄	9月7日 四緑	10月8日 三碧	11月7日 二黒	12月7日 一白	1月5日 九紫
2014年 甲午 年四緑 月紫白	2月4日 八白	3月6日 七赤	4月5日 六白	5月5日 五黄	6月6日 四緑	7月7日 三碧	8月7日 二黒	9月8日 一白	10月8日 九紫	11月7日 八白	12月7日 七赤	1月6日 六白
2015年 乙未 年三碧 月紫白	2月4日 五黄	3月6日 四緑	4月5日 三碧	5月6日 二黒	6月6日 一白	7月7日 九紫	8月8日 八白	9月8日 七赤	10月8日 六白	11月8日 五黄	12月7日 四緑	1月6日 三碧
2016年 丙申 年二黒 月紫白	2月4日 二黒	3月5日 一白	4月5日 九紫	5月5日 八白	6月5日 七赤	7月7日 六白	8月7日 五黄	9月7日 四緑	10月8日 三碧	11月7日 二黒	12月7日 一白	1月5日 九紫
2017年 丁酉 年一白 月紫白	2月4日 八白	3月5日 七赤	4月4日 六白	5月5日 五黄	6月5日 四緑	7月7日 三碧	8月7日 二黒	9月7日 一白	10月8日 九紫	11月7日 八白	12月7日 七赤	1月5日 六白
2018年 戊戌 年九紫 月紫白	2月4日 五黄	3月6日 四緑	4月5日 三碧	5月5日 二黒	6月6日 一白	7月7日 九紫	8月7日 八白	9月8日 七赤	10月8日 六白	11月7日 五黄	12月7日 四緑	1月6日 三碧
2019年 己亥 年八白 月紫白	2月4日 二黒	3月6日 一白	4月5日 九紫	5月6日 八白	6月6日 七赤	7月7日 六白	8月8日 五黄	9月8日 四緑	10月8日 三碧	11月8日 二黒	12月7日 一白	1月6日 九紫
2020年 庚子 年七赤 月紫白	2月4日 八白	3月5日 七赤	4月4日 六白	5月5日 五黄	6月5日 四緑	7月7日 三碧	8月7日 二黒	9月7日 一白	10月8日 九紫	11月7日 八白	12月7日 七赤	1月5日 六白
2021年 辛丑 年六白 月紫白	2月3日 五黄	3月5日 四緑	4月4日 三碧	5月5日 二黒	6月5日 一白	7月7日 九紫	8月7日 八白	9月7日 七赤	10月8日 六白	11月7日 五黄	12月7日 四緑	1月5日 三碧
2022年 壬寅 年五黄 月紫白	2月4日 二黒	3月5日 一白	4月5日 九紫	5月5日 八白	6月6日 七赤	7月7日 六白	8月7日 五黄	9月8日 四緑	10月8日 三碧	11月7日 二黒	12月7日 一白	1月6日 九紫
2023年 癸卯 年四緑 月紫白	2月4日 八白	3月6日 七赤	4月5日 六白	5月6日 五黄	6月6日 四緑	7月7日 三碧	8月8日 二黒	9月8日 一白	10月8日 九紫	11月8日 八白	12月7日 七赤	1月6日 六白
2024年 甲辰 年三碧 月紫白	2月4日 五黄	3月5日 四緑	4月4日 三碧	5月5日 二黒	6月5日 一白	7月6日 九紫	8月7日 八白	9月7日 七赤	10月8日 六白	11月7日 五黄	12月7日 四緑	1月5日 三碧
2025年 乙巳 年二黒 月紫白	2月3日 二黒	3月5日 一白	4月4日 九紫	5月5日 八白	6月5日 七赤	7月7日 六白	8月7日 五黄	9月7日 四緑	10月8日 三碧	11月7日 二黒	12月7日 一白	1月5日 九紫
2026年 丙午 年一白 月紫白	2月4日 八白	3月5日 七赤	4月5日 六白	5月5日 五黄	6月6日 四緑	7月7日 三碧	8月7日 二黒	9月7日 一白	10月8日 九紫	11月7日 八白	12月7日 七赤	1月5日 六白
2027年 丁未 年九紫 月紫白	2月4日 五黄	3月6日 四緑	4月5日 三碧	5月6日 二黒	6月6日 一白	7月7日 九紫	8月8日 八白	9月8日 七赤	10月8日 六白	11月8日 五黄	12月7日 四緑	1月6日 三碧
2028年 戊申 年八白 月紫白	2月4日 二黒	3月5日 一白	4月4日 九紫	5月5日 八白	6月5日 七赤	7月6日 六白	8月7日 五黄	9月7日 四緑	10月8日 三碧	11月7日 二黒	12月6日 一白	1月5日 九紫
2029年 己酉 年七赤 月紫白	2月3日 八白	3月5日 七赤	4月4日 六白	5月5日 五黄	6月5日 四緑	7月7日 三碧	8月7日 二黒	9月7日 一白	10月8日 九紫	11月7日 八白	12月7日 七赤	1月5日 六白
2030年 庚戌 年六白 月紫白	2月4日 五黄	3月5日 四緑	4月5日 三碧	5月5日 二黒	6月5日 一白	7月7日 九紫	8月7日 八白	9月7日 七赤	10月8日 六白	11月7日 五黄	12月7日 四緑	1月5日 三碧
2031年 辛亥 年五黄 月紫白	2月4日 二黒	3月6日 一白	4月5日 九紫	5月6日 八白	6月6日 七赤	7月7日 六白	8月8日 五黄	9月8日 四緑	10月8日 三碧	11月8日 二黒	12月7日 一白	1月6日 九紫
2032年 壬子 年四緑 月紫白	2月4日 八白	3月5日 七赤	4月4日 六白	5月5日 五黄	6月5日 四緑	7月6日 三碧	8月7日 二黒	9月7日 一白	10月8日 九紫	11月7日 八白	12月6日 七赤	1月5日 六白
2033年 癸丑 年三碧 月紫白	2月3日 五黄	3月5日 四緑	4月4日 三碧	5月5日 二黒	6月5日 一白	7月7日 九紫	8月7日 八白	9月7日 七赤	10月8日 六白	11月7日 五黄	12月7日 四緑	1月5日 三碧
2034年 甲寅 年二黒 月紫白	2月4日 二黒	3月5日 一白	4月5日 九紫	5月5日 八白	6月5日 七赤	7月7日 六白	8月7日 五黄	9月7日 四緑	10月8日 三碧	11月7日 二黒	12月7日 一白	1月5日 九紫
2035年 乙卯 年一白 月紫白	2月4日 八白	3月6日 七赤	4月5日 六白	5月6日 五黄	6月6日 四緑	7月7日 三碧	8月8日 二黒	9月8日 一白	10月8日 九紫	11月7日 八白	12月7日 七赤	1月6日 六白
2036年 丙辰 年九紫 月紫白	2月4日 五黄	3月5日 四緑	4月4日 三碧	5月5日 二黒	6月5日 一白	7月6日 九紫	8月7日 八白	9月7日 七赤	10月8日 六白	11月7日 五黄	12月6日 四緑	1月5日 三碧
2037年 丁巳 年八白 月紫白	2月3日 二黒	3月5日 一白	4月4日 九紫	5月5日 八白	6月5日 七赤	7月7日 六白	8月7日 五黄	9月7日 四緑	10月8日 三碧	11月7日 二黒	12月7日 一白	1月5日 九紫
2038年 戊午 年七赤 月紫白	2月4日 八白	3月5日 七赤	4月5日 六白	5月5日 五黄	6月5日 四緑	7月7日 三碧	8月7日 二黒	9月7日 一白	10月8日 九紫	11月7日 八白	12月7日 七赤	1月5日 六白
2039年 己未 年六白 月紫白	2月4日 五黄	3月6日 四緑	4月5日 三碧	5月6日 二黒	6月6日 一白	7月7日 九紫	8月8日 八白	9月8日 七赤	10月8日 六白	11月7日 五黄	12月7日 四緑	1月6日 三碧
2040年 庚申 年五黄 月紫白	2月4日 二黒	3月5日 一白	4月4日 九紫	5月5日 八白	6月5日 七赤	7月6日 六白	8月7日 五黄	9月7日 四緑	10月8日 三碧	11月7日 二黒	12月6日 一白	1月5日 九紫
2041年 辛酉 年四緑 月紫白	2月3日 八白	3月5日 七赤	4月4日 六白	5月5日 五黄	6月5日 四緑	7月7日 三碧	8月7日 二黒	9月7日 一白	10月8日 九紫	11月7日 八白	12月7日 七赤	1月5日 六白
2042年 壬戌 年三碧 月紫白	2月4日 五黄	3月5日 四緑	4月5日 三碧	5月5日 二黒	6月5日 一白	7月7日 九紫	8月7日 八白	9月7日 七赤	10月8日 六白	11月7日 五黄	12月7日 四緑	1月5日 三碧
2043年 癸亥 年二黒 月紫白	2月4日 二黒	3月6日 一白	4月5日 九紫	5月5日 八白	6月6日 七赤	7月7日 六白	8月7日 五黄	9月8日 四緑	10月8日 三碧	11月7日 二黒	12月7日 一白	1月6日 九紫
2044年 甲子 年一白 月紫白	2月4日 八白	3月5日 七赤	4月4日 六白	5月5日 五黄	6月5日 四緑	7月6日 三碧	8月7日 二黒	9月7日 一白	10月8日 九紫	11月7日 八白	12月6日 七赤	1月5日 六白

日紫白の求め方

六宮	開始日	順逆	起点紫白	日紫白配置方法	期間
冬至 12／22頃	冬至	順	仮の一白	冬至の直前の❻甲子日に一白を仮配置し冬至まで紫白を順行して数え冬至の日の紫白を割り出したものを冬至の日に配置し、①甲子日まで順行して配置	冬至から①甲子日まで
	①甲子日	順	一白	①甲子日に一白を配置し翌年（立春以降）の雨水まで紫白を順行（甲子1→乙丑2）して紫白九星を配置	①甲子日から翌年（立春以降）の雨水まで
雨水 2／19頃	雨水	順	仮の七赤	①甲子日に七赤を仮配置し雨水まで紫白を順行して数え雨水の日の紫白を割り出したものを雨水の日に配置し、②甲子日まで順行して配置	雨水から②甲子日まで
	翌年（立春以降）の②甲子日	順	七赤	②甲子日に七赤を配置し穀雨まで紫白を順行（甲子7→乙丑8）して紫白九星を配置	②甲子日から穀雨まで
穀雨 4／20頃	穀雨	順	仮の四緑	②甲子日に四緑を仮配置し穀雨まで紫白を順行して数え穀雨の日の紫白を割り出したものを穀雨の日に配置し、③甲子日まで順行して配置	穀雨から③甲子日まで
	③甲子日	順	四緑	③甲子日に四緑を配置し夏至まで紫白を順行（甲子4→乙丑5）して紫白九星を配置	③甲子日から夏至まで
夏至 6／21頃	夏至	逆	仮の九紫	③甲子日に九紫を仮配置し夏至まで紫白を逆行して数え夏至の日の紫白を割り出したものを夏至の日に配置し、④甲子日まで逆行して配置	夏至から④甲子日まで
	④甲子日	逆	九紫	④甲子日に九紫を配置し処暑まで紫白を逆行（甲子9→乙丑8）して紫白九星を配置	④甲子日から処暑まで
処暑 8／23頃	処暑	逆	仮の三碧	④甲子日に三碧を仮配置し処暑まで紫白を逆行して数え処暑の日の紫白を割り出したものを処暑の日に配置し、⑤甲子日まで逆行して配置	処暑から⑤甲子日まで
	⑤甲子日	逆	三碧	⑤甲子日に三碧を配置し霜降まで紫白を逆行（甲子3→乙丑2）して紫白九星を配置	⑤甲子日から霜降まで
霜降 10／23頃	霜降	逆	仮の六白	⑤甲子日に六白を仮配置し霜降まで紫白を逆行して数え霜降の日の紫白を割り出したものを霜降の日に配置し、⑥甲子日まで逆行して配置	霜降から⑥甲子日まで
	⑥甲子日	逆	六白	⑥甲子日に六白を配置し冬至まで紫白を逆行（甲子6→乙丑5）して紫白九星を配置	⑥甲子日から冬至まで

（例）２０１８年3月17日の日紫白を出します。

２０１７年12月22日：冬至
２０１８年2月1日：甲子日①
２０１８年2月19日：雨水
２０１８年3月17日：日紫白を求めたい日

甲子日①に七赤を入れて雨水まで順行して紫白を入れます。

2月1日：（七赤）【甲子①】
2月2日：（八白）
2月3日：（九紫）
2月4日：（一白）
2月5日：（二黒）
2月6日：（三碧）
2月7日：（四緑）
2月8日：（五黄）
2月9日：（六白）
2月10日：（七赤）
2月11日：（八白）
2月12日：（九紫）
2月13日：（一白）
2月14日：（二黒）
2月15日：（三碧）
2月16日：（四緑）
2月17日：（五黄）
2月18日：（六白）
2月19日：七赤【雨水】
2月20日：八白
2月21日：九紫
2月22日：一白
2月23日：二黒
2月24日：三碧
2月25日：四緑
2月26日：五黄
2月27日：六白
2月28日：七赤
3月1日：八白
3月2日：九紫
3月3日：一白
3月4日：二黒
3月5日：三碧

3月6日：四緑
3月7日：五黄
3月8日：六白
3月9日：七赤
3月10日：八白
3月11日：九紫
3月12日：一白
3月13日：二黒
3月14日：三碧
3月15日：四緑
3月16日：五黄
3月17日：六白

※（　）内は仮配置

冬至以降夏至前は、
中宮に配置した飛星を順行して九星を各宮に配置します。

夏至以降冬至前は、
中宮に配置した飛星を逆行して九星を各宮に配置します。

２０１８年３月17日の日紫白は「六白」となり、中宮には「６」が入ります。
冬至以降夏至前なので、６を順行させます。

2018年3月17日チャート

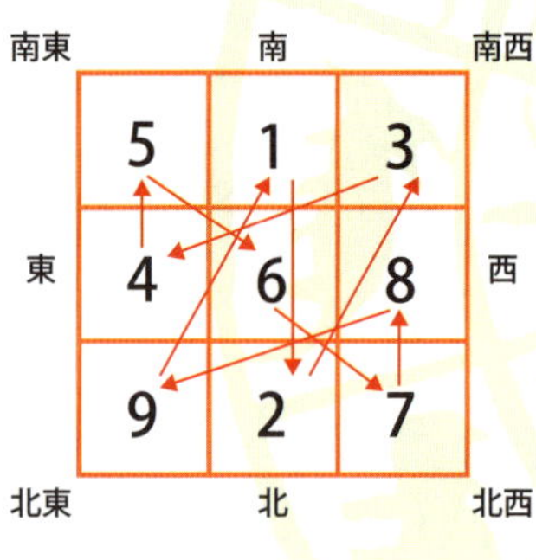
南東
南
南西
東
西
北東
北
北西
5
1
3
4
6
8
9
2
7

時紫白の求め方

冬至後（順行）

子・午・酉・卯日＝子時から一白が起き、順行する。

辰・戌・丑・未日＝子時から四緑が起き、順行する。

寅・申・巳・亥日＝子時から七赤が起き、順行する。

夏至後（逆行）

子・午・酉・卯日＝子時から九紫が起き、逆行する。

辰・戌・丑・未日＝子時から六白が起き、逆行する。

寅・申・巳・亥日＝子時から三碧が起き、逆行する。

干支の時刻

時刻	干支
（前日の）（当日の）23時〜1時	子時
1時〜3時	丑時
3時〜5時	寅時
5時〜7時	卯時
7時〜9時	辰時
9時〜11時	巳時
11時〜13時	午時
13時〜15時	未時
15時〜17時	申時
17時〜19時	酉時
19時〜21時	戌時
21時〜23時	亥時

※厳密には、日本標準時（兵庫県明石市の緯度135°）との時差があります。

（例）２０１８年３月17日　17時30分

戊戌年　乙卯月　戊申日　辛酉時

冬至後の申日なので、

ルールに従うと子時は四緑が中宮に入る。

子時（23時―1時）七赤

丑時（1時―3時）八白

寅時（3時―5時）九紫

卯時（5時―7時）一白

辰時（7時―9時）二黒

巳時（9時―11時）三碧

午時（11時―13時）四緑

未時（13時―15時）五黄

申時（15時―17時）六白

酉時（17時―19時）七赤

2018年3月17日酉時チャート

南東	南	南西
6	2	4
5	7	9
1	3	8
北東	北	北西

（東：5の列／西：9の列）

中宮に入る流時九星表

夏至後・冬至前 逆行			冬至後・夏至前 順行			
寅申 巳亥日	辰戌 丑未日	子午 卯酉日	寅申 巳亥日	辰戌 丑未日	子午 卯酉日	
3	6	9	7	4	1	子時
2	5	8	8	5	2	丑時
1	4	7	9	6	3	寅時
9	3	6	1	7	4	卯時
8	2	5	2	8	5	辰時
7	1	4	3	9	6	巳時
6	9	3	4	1	7	午時
5	8	2	5	2	8	未時
4	7	1	6	3	9	申時
3	6	9	7	4	1	酉時
2	5	8	8	5	2	戌時
1	4	7	9	6	3	亥時

年月日時紫白ルールまとめ

年紫白	飛星は順行のみ	紫白の運行は逆行
月紫白	飛星は順行のみ	紫白の運行は逆行
日紫白	飛星は順逆あり	紫白の運行は 冬至から順行 夏至から逆行
時紫白	飛星は順逆あり	紫白の運行は 冬至から順行 夏至から逆行

奇門遁甲（きもんとんこう）

時家奇門局数

時家奇門：①十時一局と②六十時一局

奇門遁甲の時間は年家奇門、月家奇門、日家奇門、時家奇門の四種に分かれています。この四種は全て数理奇門に属します。その特徴は式盤によって未来を予測することにあります。以下に時家奇門について説明します。

時家奇門とは一つの時辰（一刻、2時間）につき、一つの格局、時盤を構成します。奇門暦法の上では、毎年冬至から次の年の冬至までを一つの循環とし、合計で360日とします。毎日は12の時辰（一刻、2時間）に分け、一年（奇門遁甲の一年は360日）で総格局数は4320局（360×12＝4320）あります。この4320局のうち、実際には各局が重複することが四度あるため、一年で時辰によってできる格局類型の総数は1080局（1080種）となります。

また次のように考えることもできます。

陽遁局総数：　五鼠遁の5日×12時辰×9局＝540局
陰遁局総数：　五鼠遁の5日×12時辰×9局＝540局
時盤総数　：　1080局

この1080局は、陽遁九局と陰遁九局に分けられます。冬至からはじまり芒種が終わるまでが陽遁、夏至からはじまり大雪が終わるまでが陰遁です。つまり、1080局には陽遁、陰遁がそれぞれ540種（540局）あります。

一つの節気（15日間）は上元、中元、下元の三元に分けられます。一元が五日、一日が十二時で、「六十時で一局」とは、つまり五日間（六十時）で一局となります。「十時で一局」とは、五日間（六十時）で六局となります。時家奇門の局数は、①十時一局と②六十時一局の二系統があります。本書では、②六十時一局（五日間で一つの局数を扱う）を採用しています。

定局数：陰遁局と陽遁局

陽遁局、陰遁局の分別があるのは、日家奇門と時家奇門です。年家奇門と月家奇門は全て陰遁局となります。

予測する時間概念が決定した後、まずは根拠となる「局数（きょくすう）」を確定しなければいけません。まず陽遁局か陰遁局かを分別します。その方法は、「用事」となる時間が冬至以後ならば「陽遁順局」を用います。「用事」となる時間が夏至以後ならば「陰遁逆局」を用います。

陽遁局を用いる節気は、冬至、小寒、大寒、立春、雨水、驚蟄、春分、清明、穀雨、立夏、小満、芒種です。

陰遁局を用いる節気は、夏至、小暑、大暑、立秋、處暑、白露、秋分、寒露、霜降、立冬、小雪、大雪です。

節気によって三元を定める

陰陽遁はそれぞれ九局あり、全部で十八局あります。陽遁局か陰遁局かが確定した後、局数を割り出さなければなりません。

これは年家、月家、日家、時家それぞれすべて節気から三元を確定しなければなりません。これは局数を確定するということです。

一年に二十四節気があり、毎月ごとに二つの節気があります。全ての節気にはまた三候があります。一候とは即ち一元であり、一つの節気には上、中、下の三元の区別があります。

一元ごとに五日間あり、全ての節気は十五日間あります。対象となる「用事」の日は、どの節気に属するかを探します。簡単な方法として万年暦から探せばいいわけです。そして、「用事」の日がどの一元であるか（三元のうちのどの元であるか）を割り出します。つまり調べたい日にちの干支がわかれば六十甲子の順番から判明します。

六十甲子から五日ごとに一元となるのをもって計算すれば、十二の干支が区切りとなります。即ち、1甲子、6己巳、11甲戌、16己卯、21甲申、26己丑、31甲午、36己亥、41甲辰、46己酉、51甲寅、56己未。

その中でも、甲子、己卯、甲午、己酉の四つの干支は、符頭（上元のはじまりの日）となります。己巳、甲申、己亥、甲寅の四つの干支は、中元のはじまりとなります。甲戌、己丑、甲辰、己未の四つの干支は、下元のはじまりとなります。

六十甲子

51	41	31	21	11	1
甲寅	甲辰	甲午	甲申	甲戌	甲子
52	42	32	22	12	2
乙卯	乙巳	乙未	乙酉	乙亥	乙丑
53	43	33	23	13	3
丙辰	丙午	丙申	丙戌	丙子	丙寅
54	44	34	24	14	4
丁巳	丁未	丁酉	丁亥	丁丑	丁卯
55	45	35	25	15	5
戊午	戊申	戊戌	戊子	戊寅	戊辰
56	46	36	26	16	6
己未	己酉	己亥	己丑	己卯	己巳
57	47	37	27	17	7
庚申	庚戌	庚子	庚寅	庚辰	庚午
58	48	38	28	18	8
辛酉	辛亥	辛丑	辛卯	辛巳	辛未
59	49	39	29	19	9
壬戌	壬子	壬寅	壬辰	壬午	壬申
60	50	40	30	20	10
癸亥	癸丑	癸卯	癸巳	癸未	癸酉

上元のはじまり（1 甲子、31 甲午、16 己卯、46 己酉）
中元のはじまり（21 甲申、51 甲寅、6 己巳、36 己亥）
下元のはじまり（11 甲戌、41 甲辰、26 己丑、56 己未）

起宮の歌訣

「用事」がどの三元かを確定した後は、次の歌訣に基づきその局数を割り出します。この時盤局数の割り出し方は諸説があり原典に随って異なっています。

下記は、中国後漢末期から三国時代の蜀漢の政治家・軍師の諸葛亮（181～234年）著『奇門遁甲統宗』に基づく局数の算出方法です。

陽遁順局起局歌訣

冬至驚蟄一七四，小寒二八五相隨，大寒春分三九六，芒種六三九是儀，穀雨 小滿五二八，立春八五二相宜，清明立夏四一七，雨水九六三為期。

冬至と啓蟄は174（節気卦宮の①）、小寒は285（②）に相随う。大寒と春分は396（③）、芒種639（⑥）これを儀とする。穀雨と小満は528（⑤）、立春は852（⑧）で相宜しい。清明と立夏は417（④）、雨水は693（⑨）を期と為す。

陰遁逆局起局歌

夏至白露九三六，小暑八二五之間，大暑秋分七一四，霜降小雪五八二，大雪四七一相關，處暑排來一四七，立冬寒露六九三。

夏至と白露は936（⑨）で、小暑は825（⑧）で、これの間。大暑と秋分は714（⑦）、霜降と小雪は582（⑤）、大雪は471（④）相関する。処暑は147（①）をもって排する。立冬と寒露は693（⑥）。

この二つの歌訣は「用事」の時間における節気の中にある三つの数字を述べています。どの宮位にある上元、中元、下元の三元かを見て、どの局数になるかをあらわしています。例えば冬至あるいは啓蟄の節気では、上元では陽遁一局、中元では陽遁七局、下元では陽遁四局を用いているということです。

歌訣をまとめると、次の「節気卦宮」の図ができあがります。これで局数はある法則性のもとに一貫した論理の上で成り立っていることがわかります。

中宮に五を排して、洛書運行（九宮数、洛書定位）した数字が各八分割（二分四立、八節、黄道の八つの基点）された宮位内のはじまりの節気の数字となり、冬至と夏至の境となる陰陽遁分解線に基づき、その数字の順逆となっています。

陽遁の時はその飛宮した数字から順行し、陰遁の時はその頭の数字から逆行します。そして、向かい合う各節気は洛書の「合十」となり、節気内の各三元もまた向かい合うものと「合十」となっています。この普遍的な法則性には全て洛書の「合十」の摂理を見出すことができるのです。それは陽遁と陰遁で完全な対応をしており、定局（数）は「節気」と「卦宮」が根拠となっています。

節気卦宮・陰陽遁局数

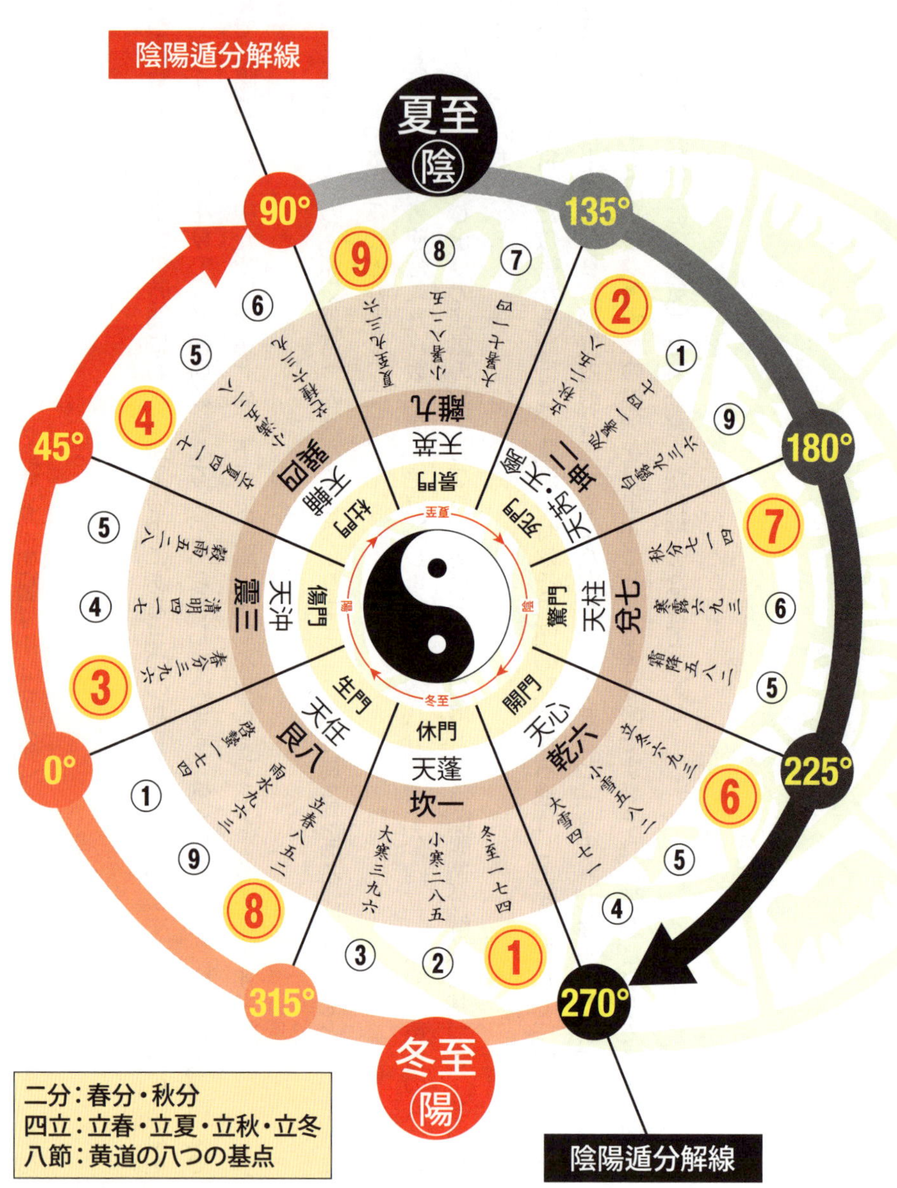

陰陽遁分解線
夏至
陰
90°
135°
180°
225°
270°
315°
0°
45°
冬至
陽
陰陽遁分解線
離九
坤二
兌七
乾六
坎一
艮八
震三
巽四
天英
天芮・天禽
天柱
天心
天蓬
天任
天沖
天輔
景門
死門
驚門
開門
休門
生門
傷門
杜門
冬至一七四
小寒二八五
大寒三九六
立春八五二
雨水九六三
啓蟄一七四
春分三九六
清明四一七
穀雨五二八
立夏四一七
小満五二八
芒種六三九
夏至九三六
小暑八二五
大暑七一四
立秋二五八
処暑一四七
白露九三六
秋分七一四
寒露六九三
霜降五八二
立冬六九三
小雪五八二
大雪四七一
二分：春分・秋分
四立：立春・立夏・立秋・立冬
八節：黄道の八つの基点

超神の現象

節気における三元の分割における問題として、奇門遁甲では一年間という時間単位を扱う際に、閏を除き３６０日として計算します。しかし実際には一年は３６５・２４２２日あるわけです。つまり、全ての節気に対して平均すると厳密には１５・２１４８日あるということになります。これはちょうど十五日間ということではないのです。このように節気の切り替わりとなる日にちが、「符頭」（上元のはじまりの日）となる日にちの干支、つまり「甲子・甲午・己卯・己酉」と一致しない場合、符頭は節気の前に現われてしまうという現象が起きてしまいます。これを「超神」といいます。逆に符頭が節気の後にあらわれることを「接気」といいます。

符頭（甲子、己卯、甲午、己酉）と節気が同じ日になり一致することを「正授」といいます。「正授」が理想ですから、「正授」している二至（夏至、冬至）を見つけてそこから数えることで、それ以降の閏日（3年で15日間、三元を置く）によるずれを正しく把握できます。

３６５—３６０＝5、つまり3年で15日はずれます。15日以上ずれてしまえば一つの節気（15日間）分ずれているので、修正が必要となるわけです。その修正を奇門遁甲の「置閏法」といい、閏日は必ず冬至か夏至の前、つまり大雪の後、もしくは芒種の後に置かれます。15日のずれ、つまり一つの節気分ずれるということを起こさないために閏日を置くことが必要となります。

置閏法（閏日を置く方法）

閏日

もし超神となる日が二至（夏至・冬至）の九日以上前ならば（閏局が必要）、節気一つ分がずれるのを防ぐために改善しなければなりません。すなわち一つの閏（ずれを調節するための日）となる局を多く置きます。これを「置閏」といいます。置閏は必ず二至の前（芒種・大雪）となります。置閏の後に符頭（上元の始まりの日）が二至の後になることを「接気」といいます。

（例1）1974年6月22日夏至
この夏至の日の日干支は「甲午」日で符頭（上元はじまりの日）であり、「正授」といいます。

（例2）1975年6月22日夏至
この夏至の日の日干支は「己亥」日で6月17日が「甲午」日で、符頭（上元はじまりの日）は夏至の前であるため、「超神」です。ただし、超神はわずか六日であり、置閏とはなりません。置閏は九日以上で閏局を置くためです。

（例3）1979年6月22日夏至
この夏至の日の日干支は「庚申」日で6月26日が「甲子」日で、符頭（上元の始まりの日）は夏至の後であるため、「接気」です。

（例4）１９７６年６月21日夏至

陽遁の最後の陽九局は６月10日で終わります。しかし、実際の夏至（６月21日）まで、夏至の日を含めて11日もあるため、ここまでのズレを修正するために、閏置法を用いて、ここで15日間の修正を入れます。すなわち、芒種をもう一度繰り返します。６月11日から15日まで陽六局、16日から20日まで陽三局、21日から25日まで陽九局と、三元、つまり15日間を加え、奇門遁甲の陰陽の区分としての「夏至」は６月26日から陰九局が始まるものとします。これが奇門遁甲における置閏法です。

一九七六年　丙辰　六白

二元八運…「七運」　三元九運…「六運」

月	6月					
月干支	甲午					
紫白	一白					
節気				5 芒種 22時31分	21 夏至 15時24分	
新暦	奇門遁甲局数	日紫白	日干支	農暦		
1	陽3局	六	甲申	5/4		
2		七	乙酉	5/5		
3		八	丙戌	5/6		
4		九	丁亥	5/7		
5		一	戊子	5/8		
6	陽9局	二	己丑	5/9		
7		三	庚寅	5/10		
8		四	辛卯	5/11		
9		五	壬辰	5/12		
10		六	癸巳	5/13		陽９局最終日
11	陽6局・閏	七	甲午	5/14	1	
12		八	乙未	5/15	2	
13		九	丙申	5/16	3	
14		一	丁酉	5/17	4	
15		二	戊戌	5/18	5	
16	陽3局・閏	三	己亥	5/19	6	
17		四	庚子	5/20	7	
18		五	辛丑	5/21	8	
19		六	壬寅	5/22	9	
20		七	癸卯	5/23	10	
21	陽9局・閏	五	甲辰	5/24	11	夏至
22		四	乙巳	5/25		
23		三	丙午	5/26		
24		二	丁未	5/27		
25		一	戊申	5/28		
26	陰9局	九	己酉	5/29		
27		八	庚戌	6/1		
28		七	辛亥	6/2		
29		六	壬子	6/3		
30		五	癸丑	6/4		
31						

時盤定局の方法～五日一局の表（時盤の局数）

時盤の局数を割り出すためには、冬至から夏至までの陽遁か夏至からの冬至までの陰遁になるかの判別をし、節気における三元のどの元にあるかを精査します。

すなわち、二至（冬至と夏至）の上元の符頭（上元の始まりの日）である**甲子日**、**己卯日**、**甲午日**、**己酉日**を求め、符頭から甲子時を割り振り、五日で六十甲子が一循環し一つの局数を終えます。

※必ず八節の符頭から再び局数を数える。

1：冬至―陽遁―冬至の符頭の局数は①
上元の五日間は①、中元の五日間は⑦、下元の五日間は④。

2：小寒―陽遁
上元の五日間は②、中元の五日間は⑧、下元の五日間は⑤。

3：大寒―陽遁
上元の五日間は③、中元の五日間は⑨、下元の五日間は⑥。

4：立春—陽遁—立春の符頭の局数は⑧

上元の五日間は⑧、中元の五日間は⑤、下元の五日間は②。

5：雨水—陽遁

上元の五日間は⑨、中元の五日間は⑥、下元の五日間は③。

6：啓蟄—陽遁

上元の五日間は①、中元の五日間は⑦、下元の五日間は④。

7：春分—陽遁—春分の符頭の局数は③

上元の五日間は③、中元の五日間は⑨、下元の五日間は⑥。

8：清明—陽遁

上元の五日間は④、中元の五日間は①、下元の五日間は⑦。

9：穀雨—陽遁

上元の五日間は⑤、中元の五日間は②、下元の五日間は⑧。

10：立夏—陽遁—立夏の符頭の局数は④

上元の五日間は④、中元の五日間は①、下元の五日間は⑦。

11：小満—陽遁

上元の五日間は⑤、中元の五日間は②、下元の五日間は⑧。

12：芒種—陽遁

上元の五日間は⑥、中元の五日間は③、下元の五日間は⑨。

13：夏至―陰遁―夏至の符頭の局数は⑨

上元の五日間は⑨、中元の五日間は③、下元の五日間は⑥。

14：小暑―陰遁

上元の五日間は⑧、中元の五日間は②、下元の五日間は⑤。

15：大暑―陰遁

上元の五日間は⑦、中元の五日間は①、下元の五日間は④。

16：立秋―陰遁―立秋の符頭の局数は②

上元の五日間は②、中元の五日間は⑤、下元の五日間は⑧。

17：処暑―陰遁

上元の五日間は①、中元の五日間は④、下元の五日間は⑦。

18：白露―陰遁

上元の五日間は⑨、中元の五日間は③、下元の五日間は⑥。

19：秋分―陰遁―秋分の符頭の局数は⑦

上元の五日間は⑦、中元の五日間は①、下元の五日間は④。

20：寒露―陰遁

上元の五日間は⑥、中元の五日間は⑨、下元の五日間は③。

21：霜降―陰遁

上元の五日間は⑤、中元の五日間は⑧、下元の五日間は②。

22：立冬—陰遁—立冬の符頭は⑥

上元の五日間は⑥、中元の五日間は⑨、下元の五日間は③。

23：小雪—陰遁

上元の五日間は⑤、中元の五日間は⑧、下元の五日間は②。

24：大雪—陰遁

上元の五日間は④、中元の五日間は⑦、下元の五日間は①。

清の康熙帝が陳夢雷（ちんむらい）（1651～1741年）らに命じて編纂を開始した中国・清代の百科事典である『古今図書集成（ここんとしょしゅうせい）』所収の『奇門遁甲大全（きもんとんこうたいぜん）』で説かれる、「五日都來換一元」（五日ごとに一元を替える）の意味は、次のとおりです。

「五日一元」とは、一日が十二時で、五日で六十時で一元が終わります。

「一元一局」とは、節気卦宮に基づき、五日で一局（一つの局数）を終えます。

つまり、この「五日（六十時）一局の表」の表内で出てくる時盤の構成単位としての「十時一局」が六巡して、一元を終えます。つまり10×6＝六十時＝五日という単位で、時盤の局数が変わるということを述べています。これは五日（六十時）一局の時盤の局数となります。『奇門遁甲大全』『御定奇門寶鑑（ぎょていきもんほうかん）』共通です。

（例1）2015年9月8日午前10時の時盤の局数

9月8日白露で上元の始まりである符頭（甲子日、己卯日、甲午日、己酉日）を前に探すと、8月31日の己卯日が符頭であるため、ここから五日間を白露の上元として⑨、9月5日から9月10日までが中元で③となります。つまり、9月8日は陰三局だとわかります。

（例2）２０１９年９月10日午前10時の時盤の局数

９月８日白露で上元の始まりである符頭（甲子日、己卯日、甲午日、己酉日）を後ろに探すと、９月９日の己酉が符頭であるため、ここから五日間を白露の上元として⑨、９月９日から９月14日までが上元で⑨となります。つまり、９月10日は陰九局だとわかります。

上元の始まりである符頭が節気の前にくるか後にくるかは、どちらもあり得ます。どちらにずれるかは、「正授」している二至を見つけてそこから数えることで、確認します。

後跋

「万年暦」とは1年だけでなく、長年役立つ暦という意味があります。本万年暦では１９２４年から２０６４年まで、１４１年分の干支暦、旧暦（時憲暦に基づく）を所収し、占術に携わる皆様から長年ご愛顧していただけるようにと丹精を込めて制作いたしました。

東アジア圏である、中国、台湾、香港、韓国、日本では、様々な文化や慣習が太陰太陽暦に端を発し、今でも旧暦という呼び名でそれは生き残っています。伝統的な中国のシンボリズムである干支を通じて、暦は干支暦として時間の楔を今でも刻み続けています。このアジア圏に共通の時間概念を一冊の万年暦として世に残す作業に従事できたことを光栄に思います。

本万年暦の特徴ですがカラフルで見やすく新暦で並べ直した作り込みとデザインは画期的であり、初学者が旧暦と新暦を混同しないように意図して作り込まれています。

そして、万年暦では定番となる様々な術のあんちょこを盛り込んだ言わば付録部分には、術の早見表などをつけました。対応する時間と関係した占術として、四柱推命、断易をはじめとし、擇日に使用する三合派の通書擇日、三元派の玄空大卦擇日における早見表、風水においては玄空飛星の飛星盤などを網羅し、風水で暦を使用する際にも見やすい工夫を凝らし、充実させせました。本書は万年暦であり、術理や使用方法を事細かく解説するのを意図していません。あくまでも付録として様々な術数を使用する人々に有意義に使っていただけたらという意味合いですのでご了承ください。

長年使用していただく暦なので、間違いがあってはいけません。そのため、確認作業には三人の生徒とともに注意深く進め、本万年暦作成にあたって確認作業に努めてくれた島内大乾氏、池上弘康氏、そしてデザイナーの上田壽彦氏に感謝申し上げます。

草稿を細かくチェックしてくださった鍾進添老師と師母に感謝申し上げます。

またこれは定番なのかわからないですが、デッドラインを超えても寛容な心をもって、仏教でもキリスト教でも最も重要な教えの一つである、人を許す優しき心で最後まで応援して、編集作業を進めてくださった初鹿野剛氏、版元の今井博揮社長に、感謝いたします。

2013年9月8日

増補改訂版に寄せて

本書『風水・擇日 万年暦』を２０１３年に発刊して以来、多くの人が五術学習に必要な座右の書として愛用してくださり、大変うれしく思います。そして、これまでに多くの読者から改善点や工夫をご指摘いただき、また私自らも本書を使用するに際して気づいたことを盛り込んで、増補改訂版を作りたいという想いは日増しに強くなりました。それは本の製本及び材料となるハードの面から、肝心な万年暦として活用する上での内容となるソフトの面にまでいたります。

まず、ハード面の改善点は分厚い本書を多くの人が持ち歩き、何度もページを手繰って使用してもそれに耐えられるだけの強度をあげたことです。そのためにカバーの材質から紙の綴じ方までを刷新してほしいと版元の今井社長にお願いしました。

そして、ソフト面の改善内容は、「奇門遁甲」「紫白訣」を用いる際にも有用な暦として使用できるように、時家定局となる「時家局数」及び日々の紫白である「日紫白」の欄を新たに作り、１９２４年から２０６４年までの膨大な暦に対して、新たにこれらの二つの日々に有用な情報を算出し記載するに際して、その算出方法の原典を尋ね説明するために加筆もしたことです。

非常に煩雑であり、誤植を見逃さないために多くの生徒たちの協力を得て、この増補改訂版となる『風水・擇日・奇門 万年暦』は完成しました。ここで、「時家局数」「日紫白」を新たに盛り込むのに制作協力してくれた、（五十音順、敬称略）池上弘康、岩澤恵子、大槻直子、岡幸子、織路由麻、亀井伸之、河野宗智、小園浩、小谷康子、新宅良規、高橋清美、高橋多恵子、滝澤孝一、谷川佶峻、畠中傳志、濱本紀子、前田彩優子、武藤茅末、本村真砂美、矢葺幸光、山下芳恵に感謝いたします。また、膨大な量のイラストを組みなおしてくださった上田壽彦氏にお礼申し上げます。

2019年8月28日

山道帰一

【著者紹介】

山道 帰一（やまみち・きいつ）

東洋大学印度哲学科卒。五術に造詣の深い家元に生まれ、幼少の頃より五術を学ぶ。台湾師範大学に留学し、仙道、道教のフィールドワークを開始、風水を正統に伝える老師たちに師事する。韓国西江大学留学を経て帰国。台湾五術界の人間国宝である鍾進添老師の高弟。株式会社 Five Arts にて風水学、命理学、人相学、養生学など五術全般にわたる指導を行う。烏龍茶専門のネットショップ「茶通」を運営。

ブログ風水山道	http://blog.yamamichi.org/
鑑定山道	http://yamamichi.five-arts.com/index.html
風水山道講座	http://yamamichi.five-arts.com/kouza.html
風水通信講座	http://blog.yamamichi.org/kiitsu-course.html
茶通	https://chatsu.jp/

著書
『玄空飛星派風水大全』（太玄社）
『風水住宅図鑑』（太玄社）
『風水・擇日 万年暦』（太玄社）
『完全定本〈実践〉地理風水大全』（河出書房新社）
『完全定本 人相学大全』（河出書房新社）
『完全定本 暦大全』（河出書房新社）
『はじめての台湾茶』（ACCESS）
『風水パワースポット紀行』（メディア総合研究所）

訳書
『完全定本 風水大全』盧恆立著（河出書房新社）
『完全定本 易占大全』盧恆立著（河出書房新社）
『完全定本 四柱推命大全』鍾進添著（河出書房新社）
『〈実践〉四柱推命』盧恆立著（太玄社）

風水・擇日・奇門　**万年暦**【増補改訂版】

2013 年 11 月 20 日　初版発行
2019 年 10 月 26 日　増補改訂版初版発行
2025 年 6 月 19 日　増補改訂版第 3 刷発行

著　者……………………………………山道帰一
編　集……………………………………初鹿野剛
装　幀……………………………………上田壽彦

発行者……………………………………今井博揮
発行所……………………………………株式会社太玄社
電話：03-6427-9268　FAX：03-6450-5978
E-mail：info@taigensha.com　HP：https://www.taigensha.com/
発売所……………………………………株式会社ナチュラルスピリット
〒 101-0052　東京都千代田区神田小川町 3-6-10　M.O ビル 5 階
電話：03-6450-5938　FAX：03-6450-5978
印　刷……………………………………シナノ印刷株式会社

ISBN 978-4-906724-47-5 C2078
Printed in Japan